Stefan Grüner
Geplantes „Wirtschaftswunder"?

Quellen und Darstellungen zur
Zeitgeschichte
Herausgegeben vom Institut für
Zeitgeschichte

Band 58

Bayern im Bund
Band 7

R. Oldenbourg Verlag München 2009

Stefan Grüner

Geplantes „Wirtschaftswunder"?

Industrie- und Strukturpolitik in Bayern
1945 bis 1973

R. Oldenbourg Verlag München 2009

Gefördert duch das Bayerische Staatsministerium für Wissenschaft,
Forschung und Kunst

Bibliographische Information der Deutschen Nationalbibliothek
Die Deutsche Nationalbibliothek verzeichnet diese Publikation in der Deutschen
Nationalbibliographie; detaillierte bibliographische Daten sind im Internet
über http://dnb.d-nb.de abrufbar.

© 2009 Oldenbourg Wissenschaftsverlag GmbH, München
Rosenheimer Straße 145, D-81671 München
Internet: oldenbourg.de

Das Werk einschließlich aller Abbildungen ist urheberrechtlich geschützt. Jede Verwertung
außerhalb der Grenzen des Urheberrechtsgesetzes ist ohne Zustimmung des Verlages unzulässig und strafbar. Dies gilt insbesondere für Vervielfältigungen, Übersetzungen, Mikroverfilmungen und die Einspeicherung und Bearbeitung in elektronischen Systemen.

Umschlaggestaltung: Dieter Vollendorf
Umschlagabbildung: Foto links: Übersichtskarte zur „Industrie in Bayern" bei der Exportschau im Münchner Haus der Kunst; Fotographie: 7.12.1947; Haus der Bayerischen Geschichte Augsburg (Bayer. Pressebild); Foto rechts: „Autowelle" 1960/1965; Bayerische Staatsbibliothek München, Fruhstorfer

Gedruckt auf säurefreiem, alterungsbeständigem Papier (chlorfrei gebleicht)
Satz: Typodata GmbH, München
Druck: Memminger MedienCentrum, Memmingen
Bindung: Buchbinderei Klotz, Jettingen-Scheppach

ISBN 978-3-486-56600-0

Inhalt

Vorwort 1

Einleitung 3

Erster Teil

*Aufbaupolitik in Bayern zwischen Nachkriegsnot und „Gründungskrise",
1945-1949/50* 15

I. Ein bayerischer Sonderweg? Regionale Aspekte des ökonomischen Strukturwandels in Deutschland seit dem späten 19. Jahrhundert   17

II. Ausgangslage, Ordnungsvorstellungen und Wiederaufbaupraxis in der Nachkriegszeit 23
   1. Kriegsfolgen und Handlungsspielräume 23
      a) Demographischer Wandel und materielle Kriegsschäden ... 23
      b) Strukturelle Belastungsfaktoren und alliierte Vorgaben 36
   2. Das Erbe des Rüstungsbooms: Demontage und Konversionsansätze 44
   3. Diskurse und Leitbilder der Krisenbewältigung 66
      a) Adolf Weber und die „Volkswirtschaftliche Arbeitsgemeinschaft für Bayern" 67
      b) Marktwirtschaft oder Plan? 72
      c) Sozialisierung und Gemeinwirtschaft 87
      d) Industriewirtschaftliche Erschließung des Landes 93
   4. Improvisierte Lenkung: zwei Fallstudien zur Praxis des industriell-gewerblichen Wiederaufbaus 101
   5. Industriepolitik als Flüchtlingspolitik 117
      a) Von der gewerblichen Flüchtlingsansiedlung zur Kreditpolitik 119
      b) Vertriebenenzustrom und ökonomischer Strukturwandel .. 137

Zweiter Teil

*Bayern als Nachzügler im bundesdeutschen „Wirtschaftswunder",
1950-1958/59* 157

I. Interregionaler Ausgleich und politische Konkurrenz im föderalen Staat 159
   1. Bayerische Finanzpolitik zwischen eigener „relativer Leistungsschwäche" und Expansionsstreben des Bundes 160

a) Finanzlage und Staatsverschuldung Bayerns seit 1949/50... 161
b) Bayern als Empfängerland: Die Gestaltung des Finanzausgleichs zwischen Bund und Ländern in der Ära Schäffer .. 167

2. Hilfen aus Bonn: Von der Notstandsbekämpfung
zur regionalen Wirtschaftspolitik 191
 a) Die Herausbildung der bundesdeutschen Förderstrategie .. 195
 b) Die regionale Subventionspraxis und die bayerischen
 Interessen 210
 c) Die Einführung der Zonenrandförderung als Streitfeld
 zwischen Bund und Land............................. 216

II. Die Aktivierung der Landesplanung als Arbeitsinstrument 225

 1. Standortlehre und räumliches Gleichgewicht:
 zum theoretischen Rüstzeug der Industriepolitik 226
 2. Pragmatischer Beginn: der Streit um die Landesplanung
 und deren praktische Spielräume 234
 3. Wandlungen des Planungsverständnisses in den Parteien 258
 4. Planen in der Marktwirtschaft 263

III. Wirtschaftspolitische Steuerungspraxis zwischen staatlichem
 Unternehmertum und öffentlichem Auftragswesen 271

 1. Industriepolitik als „Staatskapitalismus"? Der bayerische Staat
 als Unternehmer..................................... 272
 2. Bundesaufträge für Bayern: Vom öffentlichen Beschaffungswesen zur Wiederkehr der Rüstungswirtschaft.............. 284

IV. Das Ende der Nachkriegszeit und der Wandel der demographisch-industriellen Raumstruktur – ein Zwischenresümee und Ausblick
 für Bayern 297

 1. Nord-Süd-Bewegung: Bevölkerung und Wirtschaft in Bayern
 und im Bund 298
 2. Die gewerbliche Durchdringung des Landes 310

Dritter Teil

*„Bayern auf festerem Fundament" - Strukturpolitik in der Phase der
Expansion, 1958/59–1973*.. 321

 I. Raum, Wirtschaftswachstum und Modernisierung der Politik ... 323
 1. Bayern im vergrößerten Wirtschaftsraum der Europäischen
 Wirtschaftsgemeinschaft: Perzeption und Anpassungsprobleme 323
 a) Am Rande Europas? Bayern und die frühe Regionalpolitik
 der Gemeinschaft................................... 324

b) Die „größte und schwierigste Aufgabe der Nachkriegszeit":
Planung im Zeichen der Integration von Landwirtschafts-
und Industriestrukturpolitik 335
2. Zwischen Effektivitätsstreben und Konfliktreduktion: Bayern
und die Expansion der Regionalförderung des Bundes,
1958-1969 345
a) Verzögerte Reform: politische Debatten um die
Neuabgrenzung der Fördergebiete 346
b) Intensivierung und Koordination: der Weg zur
Gemeinschaftsaufgabe „Verbesserung der regionalen
Wirtschaftsstruktur" 353

II. Raumordnung als Gesellschaftspolitik? 365
1. Gedachte Räume: Ballungsproblematik, Leitbilddiskussion
und Bundesraumordnung 367
2. „Nur eine lästige Pflichtübung"? Politische Debatten um die
Neuordnung des bayerischen Landesplanungsrechts 378

III. Prüfstein Kohlenbergbau: die bayerische Energiepolitik und der
Weg von der regionalen monoindustriellen Prägung zur
gewerblichen Diversifikation 384

IV. Ausblick: Bayern im „kooperative[n] Wettbewerb" 1969-1973 .. 396

Zusammenfassende Schlußbetrachtung 419

Anhang 433

I. Verzeichnis der Abkürzungen 435

II. Quellen- und Literaturverzeichnis 437
1. Ungedruckte Quellen................................... 437
2. Zeitgenössische statistische Publikationen................. 438
3. Gedruckte Quellen und Literatur....................... 441

III. Verzeichnis der Tabellen und Abbildungen 487

IV. Register... 489

Vorwort

Die vorliegende Arbeit stellt die überarbeitete Fassung meiner Habilitationsschrift dar, die im Sommersemester 2007 von der Philologisch-Historischen Fakultät der Universität Augsburg angenommen wurde. Während der Zeit der Beschäftigung mit dem Thema habe ich von so vielen Seiten Anregungen und Zuspruch erfahren, daß es kaum möglich sein wird, allen Helfern die gebührende Referenz zu erweisen. Mein erster und herzlicher Dank gilt Herrn Prof. Dr. Andreas Wirsching. Seine langjährige freundschaftliche Förderung und die anregende Arbeitsatmosphäre an seinem Lehrstuhl haben entscheidenden Anteil daran, daß die Studie in dieser Form entstehen konnte.

Speziellen Dank schulde ich darüber hinaus den Kolleginnen und Kollegen des Forschungsprojekts „Gesellschaft und Politik in Bayern 1949 bis 1973" am Münchner Institut für Zeitgeschichte, allen voran Dr. Hans Woller, daneben Dr. Jaromír Balcar, Dr. Katja Klee, PD Dr. Thomas Schlemmer und Dr. Dietmar Süß. Sie alle waren stets zu Diskussion und Rat bereit und schonten ihre eigene Zeit nicht, wenn es darum ging, in Arbeitsgesprächen den Weg zu neuen Einsichten zu bahnen.

Ein Feodor-Lynen-Stipendium der Alexander von Humboldt-Stiftung und die Einladung von Prof. Dr. James Retallack erlaubten mir einen Forschungsaufenthalt an der University of Toronto. Die Gastfreundschaft, die ich hier von vielen Seiten erfahren habe, die multiethnisch geprägte, intellektuelle Vielfalt von Stadt und Universität werden mir unvergessen bleiben. Daß sich kanadische Zuhörer für die ökonomische Entwicklung Bayerns im 20. Jahrhundert interessieren könnten, wäre mir vor meiner entsprechenden Vortragserfahrung am Munk Centre der University of Toronto unvorstellbar gewesen. Jim Retallack und seiner Familie sei es gedankt, daß die Eingewöhnung leicht, der Abschied aber schwer fiel.

Verpflichtet fühle ich mich den Gutachtern der Habilitationskommission, den Herren Prof. Dr. Andreas Wirsching, Prof. Dr. Wolfgang Weber und Prof. Dr. Horst Möller. Ihm und Herrn Prof. Dr. Udo Wengst danke ich ebenso wie den unbekannten Mitgliedern des Wissenschaftlichen Beirats des Instituts für Zeitgeschichte für die Aufnahme meiner Studie in die Reihe „Quellen und Darstellungen zur Zeitgeschichte". Schlechterdings unverzichtbar war die Unterstützung jener Archivarinnen und Archivare, die mir zwischen Washington und München mit Rat und tätiger Hilfe beistanden. Stellvertretend geht mein Dank an die Mitarbeiter des Bayerischen Wirtschaftsarchivs, Frau Dr. Eva Moser, Dr. Richard Winkler und Harald Müller M.A., deren langjährige Aufbau- und Erschließungsarbeit eine der Grundlagen für die vorliegende Studie konstituiert hat.

Dr. Jürgen Pöhlmann, Dr. Rebecca Heinemann, PD Dr. Thomas Schlemmer, Dr. Katja Klee, Dr. Elke Seefried und Dr. Karin Amtmann haben das Manuskript ganz oder in Teilen gelesen. Von ihren Hinweisen hat der Text erheblich profitiert, ebenso wie von der unermüdlichen und effektiven Unterstützung bei der Materialbeschaffung, die Frank Schweizer und Stefan Schäfler leisteten. Gabriele Jaroschka vom Oldenbourg Verlag schließlich hat das Manuskript mit Geduld und Umsicht betreut. Ihnen allen danke ich herzlich.

Gewidmet ist dieses Buch Karin, Jonas und meinen Eltern – die je auf ihre Art dazu beigetragen haben, ein „bayerisches Wirtschaftswunder" Gestalt annehmen zu lassen.

München, im Frühjahr 2009　　　　　　　　　　　　　　　　Stefan Grüner

Einleitung

Die Periode der „Goldenen Jahre"[1] hohen Wirtschaftswachstums und beschleunigten strukturellen Wandels nach dem Zweiten Weltkrieg zählt zu den prägnantesten Abschnitten der neueren europäischen Zeitgeschichte. Im Verlauf von annähernd zweieinhalb Jahrzehnten erlebten die meisten westlichen Industriestaaten zwischen den ausgehenden 1940er Jahren und der durch den Ölpreisschock von 1973 hervorgerufenen Rezession eine bis dahin nicht gekannte Phase der Prosperität. Sie verband sich mit einem ungewöhnlich raschen Tempo der Veränderungsvorgänge. Zusammen mit sprunghaft ansteigenden Realeinkommen und wachsendem Lebensstandard stellten sich neue Wohn-, Konsum- und Freizeitgewohnheiten ein. Die Arbeitsbedingungen und Beschäftigungsmöglichkeiten der Menschen wandelten sich grundlegend, wozu der wachstumsbegleitende intersektorale Strukturwandel ein Gutteil beitrug, welcher in Westdeutschland die Qualität einer „fast dramatisch zu nennenden Umschichtung"[2] annahm. Das sozialökonomische Verhältnis zwischen städtischen Agglomerationen und ländlichen Gebieten geriet ebenso neu in Fluß, wie sich wirtschaftliche Potentiale zwischen den deutschen Regionen und Bundesländern verschoben. Die finanziellen Handlungsspielräume der Regierungen und Kommunen erweiterten sich in einer Weise, die nachhaltige Spuren etwa in der Ausgestaltung des westdeutschen Sozialstaats hinterließ und mit zur Herausbildung einer kollektiven politischen Identität der jungen Bundesrepublik führte, die wesentlich von ihrer ökonomischen Erfolgsgeschichte getragen war.[3]

Die Einsicht, wonach der ökonomisch-politische Prozeß in den Regionen und Teilräumen der Bundesrepublik für diesen Zeitraum keineswegs einheitlich verlief, ist ebenso zutreffend, wie sie ihrerseits der wissenschaftlichen Untermauerung bedarf. Die vorliegende Studie wird die Neuformierungsprozesse im Westdeutschland der ersten Nachkriegsdekaden deshalb von der Warte der regionalen Ebene aus in den Blick nehmen. Diesem Ansatz liegt die Überzeugung zugrunde, daß die nach wie vor dominierende gesamtstaatliche Analyse sozialökonomischer Wandlungsvorgänge in Deutschland dringend der Ergänzung bedarf, da erst der thematisch gebündelte Zugriff von der Mesoebene aus zusätzliche Tiefenschärfe liefern

---

[1] Stephen A. Marglin/Juliet Schor (Hg.), The Golden Age of Capitalism. Reinterpreting the Postwar Experience, Oxford 1990; Nicholas F.R. Crafts, The Golden Age of economic growth in Western Europe, 1950-1973, in: Economic History Review 48 (1995), S. 429-447.
[2] Gerold Ambrosius, Wirtschaftlicher Strukturwandel und Technikentwicklung, in: Axel Schildt/Arnold Sywottek (Hg.), Modernisierung im Wiederaufbau. Die westdeutsche Gesellschaft der 50er Jahre, Studienausgabe, Bonn 1998, S. 107-128 (Zitat: S. 125).
[3] Gerold Ambrosius/Hartmut Kaelble, Einleitung: Gesellschaftliche und wirtschaftliche Folgen des Booms der 1950er und 1960er Jahre, in: Hartmut Kaelble (Hg.), Der Boom 1948-1973. Gesellschaftliche und wirtschaftliche Folgen in der Bundesrepublik Deutschland und in Europa, Opladen 1992, S. 7-32; Werner Abelshauser, Deutsche Wirtschaftsgeschichte seit 1945, Bonn 2005; Wolfgang J. Mommsen, Wandlungen der nationalen Identität, in: Werner Weidenfeld (Hg.), Die Identität der Deutschen, Bonn 1983, S. 173-192; Harold James, Die D-Mark, in: Etienne François/Hagen Schulze (Hg.), Deutsche Erinnerungsorte. Band II, München 2001, S. 434-449.

und das „Überdenken genereller Erklärungen für die nationale Ebene"[4] anregen kann. Immer noch gilt, was Wolfgang Köllmann vor über zwei Jahrzehnten formulierte: „Nur am Ort lassen sich Voraussetzungen, Ansätze und Verlaufsformen strukturwandelnder Prozesse aufspüren und einwirkende Faktoren in ihrer Gewichtung und Tragweite erkennen. [...] Nur am Ort lassen sich Differenzierungen innerhalb der allgemeinen Prozesse erkennen, die Rückschlüsse auf beschleunigende und retardierende Momente zulassen."[5]

Unter Konzentration auf das Politikfeld der Industrie- und Strukturpolitik wird diese Arbeit politisch-institutionelle Steuerungsansätze zur Lenkung des sozialökonomischen Strukturwandels exemplarisch anhand des besonders geeigneten Untersuchungsraumes Bayern, doch stets mit Blick auf den bundesdeutschen Rahmen erkunden. Dabei wird das Augenmerk in erster Linie den Handlungsspielräumen, Konzepten und Aktionsfeldern im Aufgabenbereich des Wirtschafts- und Finanzressorts gelten. Diese Gestaltung des analytischen Zugriffs liegt aus mehreren Gründen nahe.

Zunächst und *erstens* kann festgehalten werden, daß der sozialökonomische Wandel in Bayern nach dem Zweiten Weltkrieg ein in seiner Nachhaltigkeit zwar vielbeschworenes, doch bislang in seinen Wurzeln, Verlaufsformen und Folgen noch kaum hinreichend erforschtes Phänomen darstellt. Insbesondere der Übergang vom industriell nur schwach besetzten Agrarland zur agrarisch geprägten Industrie- und Dienstleistungsregion gewann hier im Laufe des 20. Jahrhunderts zunehmend an Geschwindigkeit, wobei die Entwicklung seit der Jahrhundertmitte grundstürzende Ausmaße annahm. Zugleich war in Bayern zwischen 1950 und 1980 eine bis dahin nicht dagewesene Verdreizehnfachung des erwirtschafteten Bruttoinlandsprodukts zu verbuchen und damit ein Wachstum, dessen Konturen gerade im bundesdeutschen wie interregionalen Vergleich zutage treten. So verzeichnete das bayerische Bruttoinlandsprodukt seit Anfang der sechziger Jahre innerhalb von drei Dekaden eine Steigerung, die real um fast 53 Prozentpunkte über dem entsprechenden Wert des Bundes lag. Rechnerisch bezogen auf die jeweilige Einwohnerzahl, überflügelte das Bruttoinlandsprodukt Bayerns im Jahr 1988 erstmals den westdeutschen Durchschnittswert, nachdem es zwischen 1961 und 1974 noch um etwa 8 bis 9% darunter gelegen hatte. Um die Mitte der achtziger Jahre hatte Bayern in dieser Hinsicht die bis dahin stärker positionierten Bundesländer Nordrhein-Westfalen, Schleswig-Holstein, Niedersachsen sowie die norddeutschen Stadtstaaten überholt. Im Hinblick auf die *Zuwachsraten* des Bruttoinlandsprodukts schließlich wies die bayerische Wirtschaft schon seit Anfang der 1960er Jahre fast durchwegs höhere Werte auf als der Bund.[6] Begleitet wurde diese Entwicklung von einem erheblichen Strukturwandel in der Erwerbstätigkeit

---

[4] James Retallack, Einleitung, in: ders. (Hg.), Sachsen in Deutschland. Politik, Kultur und Gesellschaft 1830–1918, Bielefeld 2000, S. 11–32, hier: S. 18.
[5] Wolfgang Köllmann, Die Bedeutung der Regionalgeschichte im Rahmen struktur- und sozialgeschichtlicher Konzeptionen, in: Archiv für Sozialgeschichte 11 (1975), S. 43–50, hier: S. 45 und 47.
[6] Das Bruttoinlandsprodukt in Bayern und im Bundesgebiet 1960–1982, in: Bayern in Zahlen 37 (1983), S. 156–162; Robert Koll/Eberhard von Pilgrim, Entwicklungsperspektiven der bayerischen Wirtschaft – Wege zur Sicherung und Stärkung der Wirtschaftskraft Bayerns (ifo studien zur regional- und stadtökonomie 1), München 1991, S. 22–30.

der bayerischen Bevölkerung. Umfaßte der landwirtschaftliche Sektor im Jahre 1907 noch fast 53% aller Beschäftigten, so ging dieser Anteil bis 1970 auf kaum mehr als 13% zurück. In Industrie und Handwerk sowie im Dienstleistungssektor wuchs der Beschäftigtenanteil hingegen bis 1970 auf über 47 bzw. 39% an.[7] Innerhalb von wenigen Jahrzehnten also wandelte sich Bayern zu einer führenden Industrie- und Dienstleistungsregion, die seit Ende der 1950er und bis in die 1990er Jahre die höchsten ökonomischen Zuwachsraten im Bund zu verzeichnen hatte.

Vorstaatliche und staatliche Institutionen, gesellschaftliche Gruppen und Einzelpersonen haben in Bayern *zweitens* wie in kaum einem anderen Bundesland versucht, diese Entwicklung steuernd zu beeinflussen. Gerade die Komplexität der Krisenlage in dieser wirtschaftlich zunächst unterdurchschnittlich leistungsfähigen, vom kriegsbedingten demographischen Wandel hingegen besonders stark belasteten Region trug wesentlich zur Formierung von ersten Lenkungsansätzen bei. So zielten bayerische Politiker und Verwaltungsstellen bereits seit der zweiten Hälfte der vierziger Jahre darauf ab, jene strukturellen Defizite auszugleichen, die bis dahin die Hauptfaktoren für die „geminderte"[8] industrielle und gesamtwirtschaftliche Entwicklung des Landes seit dem 19. Jahrhundert gebildet hatten: die Rohstoffarmut Bayerns, seine Abhängigkeit von Kohlelieferungen vornehmlich aus dem Ruhrgebiet und die Randlage bezogen auf die großen europäischen Industrieregionen, welche sich nach 1945 in einem zunehmend geteilten Europa weiter verschärfte. Wenn also die Rolle des bayerischen Staates im Prozeß des Aufbaus und des strukturellen Wandels zu beleuchten sein wird, so zielt dieser Ansatz doch nicht auf eine allein regional gerichtete oder etatistisch-monokausale Deutung. Vielmehr wird es darum gehen, einen Prozeß kollektiver Krisenbewältigung und politischen Interessenausgleichs in der frühen Bundesrepublik exemplarisch sichtbar zu machen. Inwieweit dieser hochkomplexe Vorgang, der in der Forschung trotz seiner sehr irdischen Hintergründe als „bayerische[s] Wirtschaftswunder"[9] bezeichnet wurde, der Lenkung unterlag, wird unter anderem Gegenstand dieser Arbeit sein.

Unter diesem Aspekt hat sich die historische Forschung mit Problemen der Industrie- und Strukturpolitik regionalen Zuschnitts oder regionaler Provenienz für die Zeit zwischen Kriegsende und den frühen 1970er Jahren noch kaum in vertiefter, empirisch breit abgestützter Weise befaßt. Von wenigen Ausnahmen zur Industriegeschichte der Besatzungszeit und der frühen 1950er Jahre abgesehen[10], existieren vorwiegend Überblicksdarstellungen, die sich dem Themenkreis unter

---

[7] Christian Arnold, Strukturwandlungen in der Erwerbsbevölkerung Bayerns seit 1882, in: Bayern in Zahlen 23 (1969), S. 357-359.
[8] Karl Bosl, Die „geminderte" Industrialisierung in Bayern, in: Claus Grimm (Hg.), Aufbruch ins Industriezeitalter. Band 1, München 1985, S. 22-39.
[9] Maximilian Lanzinner, Zwischen Sternenbanner und Bundesadler. Bayern im Wiederaufbau 1945-1958, Regensburg 1996, S. 251. Vgl. zur Problematisierung des Begriffs vom bundesdeutschen „Wirtschaftswunder": Ludger Lindlar, Das mißverstandene Wirtschaftswunder. Westdeutschland und die westeuropäische Nachkriegsprosperität, Tübingen 1997.
[10] Rudolf Laufer, Industrie und Energiewirtschaft im Land Baden 1945-1952. Südbaden unter französischer Besatzung (Forschungen zur Oberrheinischen Landesgeschichte XXVIII), Freiburg/München 1979; Martina Köchling, Demontagepolitik und Wiederaufbau in Nordrhein-Westfalen, Essen 1995.

anderem von der Warte der Wirtschaftsförderung her annähern.[11] Allerdings erfuhr der Prozeß der „Entindustrialisierung" am Beispiel des Ruhrgebiets aufgrund seiner Bedeutung für die industrielle Entwicklung der Bundesrepublik schlechthin mittlerweile eine eingehende, empirisch untermauerte Betrachtung.[12] Für Bayern hat die Forschungslandschaft erst in jüngerer Zeit eine deutliche Belebung erfahren. Dabei sind neben Arbeiten, die dem bayerischen Industrialisierungsprozeß seit dem frühen 20. Jahrhundert vorwiegend anhand statistischer Erhebungen[13], im Überblick[14] oder auch mittels vergleichender Perspektiven nachgehen[15], insbesondere die Ergebnisse des am Münchner Institut für Zeitgeschichte angesiedelten Forschungsprojekts „Gesellschaft und Politik in Bayern 1949 bis 1973" hervorzuheben.[16] In thematisch aufgefächerter Herangehensweise beschäftigten sich die Autoren dreier Sammelbände unter anderem mit den energie- und verkehrspolitischen Aspekten der bayerischen Industrialisierungspolitik[17]; größere monographische Studien rückten bislang exemplarisch das Arbeitermilieu der bayerischen

---

[11] Willi A. Boelcke, „Glück für das Land". Die Erfolgsgeschichte der Wirtschaftsförderung von Steinbeis bis heute, Stuttgart 1992; Dietmar Petzina, Eine Industrieregion im Wandel. Siegerland, Wittgenstein und Südsauerland. Wirtschaftsgeschichte des Kammerbezirks Siegen seit dem Zweiten Weltkrieg, Siegen 1995.
[12] Christoph Nonn, Die Ruhrbergbaukrise. Entindustrialisierung und Politik 1958-1969, Göttingen 2001; zuvor bereits: Werner Abelshauser, Der Ruhrkohlenbergbau seit 1945. Wiederaufbau, Krise, Anpassung, München 1984, S. 87-149; Karl Lauschke, Schwarze Fahnen an der Ruhr. Die Politik der IG Bergbau und Energie während der Kohlenkrise 1958-1968, Marburg 1984.
[13] Alfons Frey, Die industrielle Entwicklung Bayerns von 1925 bis 1975. Eine vergleichende Untersuchung über die Rolle städtischer Agglomerationen im Industrialisierungsprozeß (Schriften zur Wirtschafts- und Sozialgeschichte 76), Berlin 2003. Die Arbeit besteht zu mehr als der Hälfte ihres Umfangs aus Tabellen.
[14] Klaus Schreyer, Bayern – ein Industriestaat. Die importierte Industrialisierung. Das wirtschaftliche Wachstum nach 1945 als Ordnungs- und Strukturproblem, München/Wien 1969; Lanzinner, Zwischen Sternenbanner und Bundesadler; Karl-Ulrich Gelberg, Vom Kriegsende bis zum Ausgang der Ära Goppel (1945-1978), in: Alois Schmid (Hg.), Handbuch der Geschichte Bayerns, Band IV, München 2003, S. 635-956. Erst nach Abschluß des Manuskripts war mir zugänglich: Christoph Daxelmüller u. a. (Hg.), Wiederaufbau und Wirtschaftswunder in Bayern. Aufsätze zur bayerischen Landesausstellung 2009, Regensburg 2009; Jürgen Kniep/Evamaria Brockhoff (Hg.), Wiederaufbau und Wirtschaftswunder in Bayern. Bildband zur Bayerischen Landesausstellung 2009, Regensburg 2009.
[15] Paul Erker, Keine Sehnsucht nach der Ruhr. Grundzüge der Industrialisierung in Bayern 1900-1970, in: Geschichte und Gesellschaft 17 (1991), S. 480-511; ders., Industriewirtschaft und regionaler Wandel. Überlegungen zu einer Wirtschaftsgeschichte Bayerns 1945-1995, in: Maximilian Lanzinner/Michael Henker (Hg.), Landesgeschichte und Zeitgeschichte. Forschungsperspektiven zur Geschichte Bayerns nach 1945, Augsburg 1997, S. 41-51.
[16] Thomas Schlemmer/Hans Woller (Hg.), Bayern im Bund, Band 1: Die Erschließung des Landes 1949 bis 1973, München 2001; dies. (Hg.), Bayern im Bund, Band 2: Gesellschaft im Wandel 1949 bis 1973, München 2002; dies. (Hg.), Bayern im Bund, Band 3: Politik und Kultur im föderativen Staat 1949 bis 1973, München 2004; Dietmar Süß, Kumpel und Genossen. Arbeiterschaft, Betrieb und Sozialdemokratie in der bayerischen Montanindustrie 1945 bis 1976 (Bayern im Bund, Band 4), München 2003; Jaromír Balcar, Politik auf dem Land. Studien zur bayerischen Provinz 1945 bis 1972 (Bayern im Bund, Band 5), München 2004; Thomas Schlemmer, Industriemoderne in der Provinz. Die Region Ingolstadt zwischen Neubeginn, Boom und Krise 1945 bis 1975 (Bayern im Bund, Band 6), München 2009.
[17] Stephan Deutinger, Eine „Lebensfrage für die bayerische Industrie". Energiepolitik und regionale Energieversorgung 1945 bis 1980, in: Schlemmer/Woller (Hg.), Bayern im Bund, Band 1, S. 33-118; Alexander Gall, „Gute Straßen bis ins kleinste Dorf!" Verkehrspolitik und Landesplanung 1945 bis 1976, in: ebenda, S. 119-204; zu diesem Themenbereich auch: ders., „Gute Straßen bis ins kleinste Dorf!" Verkehrspolitik in Bayern zwischen Wiederaufbau und Ölkrise (Beiträge zur historischen Verkehrsforschung 7), Frankfurt/New York 2005.

Einleitung 7

Braunkohlenindustrie um Wackersdorf, den Strukturwandel der ländlichen Gesellschaft Bayerns und die Entwicklung der „Boomregion" Ingolstadt in den Mittelpunkt.[18] Das wachsende Interesse an der Wirtschaftsgeschichte Bayerns dokumentieren darüber hinaus zwei neuere Dissertationen, die sich mit der Industrieansiedlungspolitik staatlicher Stellen in den Problemgebieten Bayerns nach 1958 bzw. mit der Rolle der CSU und insbesondere von Franz Josef Strauß im Modernisierungsprozeß befassen.[19] Eine Studie mit übergreifendem Anspruch, die den Versuch unternähme, politische Ansätze zur Veränderung der bayerischen Wirtschaftsstruktur seit Kriegsende im zeitlichen Zusammenhang und auch mit Blick auf die Stellung Bayerns in der Bundesrepublik darzustellen, existiert hingegen bislang nicht.

Dabei wurde regionale Industrie- und Strukturpolitik in Bayern und im Bund betrieben, noch bevor die Volkswirtschaftslehre sich mit diesem Thema systematisch befaßte[20] oder die „Intensivierung und Koordinierung der regionalen Strukturpolitik"[21] in der zweiten Hälfte der 1960er Jahre zum Schlagwort aufrückte, in dem sich eine Neugestaltung des bereits etablierten Politikfelds zwischen Bund und Ländern ankündigte. Begreift man ökonomische Strukturpolitik im Anschluß an den Ökonomen Assar Lindbeck vornehmlich als allgemeine Industrie- und Gewerbeförderung sowie öffentliche Infrastrukturpolitik[22] – und die vorliegende Arbeit legt diese gängige Definition zugrunde – dann lassen sich deren Ursprünge für *Bayern* nach dem Zweiten Weltkrieg bereits um 1946/47 datieren. Der Umgang mit den direkten Kriegsfolgen und vor allem die erzwungene Zuwanderung von nahezu 2 Millionen Flüchtlingen und Vertriebenen machten Lenkungsmaßnahmen nötig, denen bald strukturprägende Absicht anhaftete und die noch vor Gründung der Bundesrepublik in die Anfänge einer bayerischen Industriepolitik mündeten.

Für das Land Bayern nahm der Verlauf dieser frühen politischen Steuerungsversuche geradezu existentielle Bedeutung an. Nur wenn es gelang – dies war den politisch Verantwortlichen dort rasch klar – die industriepolitische Erschließung des Landes wesentlich voranzutreiben, bestanden realistische Aussichten, das demographische Krisenpotential des Vertriebenenzustroms durch sozialökonomische

---

[18] Süß, Kumpel und Genossen; Balcar, Politik auf dem Land; Schlemmer, Industriemoderne in der Provinz.
[19] Stephan Hofmann, Industriepolitik und Landesplanung in Bayern 1958-1970, Diss. München 2004; Mark S. Milosch, Modernizing Bavaria. The Politics of Franz Josef Strauß and the CSU, 1949-1969 (Monographs in German History 15), New York/Oxford 2006.
[20] Elisabeth Lauschmann, Grundlagen einer Theorie der Regionalpolitik, Hannover 1970; Wolfgang Albert, Die Entwicklung der regionalen Wirtschaftspolitik in der Bundesrepublik Deutschland, in: Hans H. Eberstein (Hg.), Handbuch der regionalen Wirtschaftsförderung, Köln 1971 (Loseblattsammlung), Teil II A, S. 1-16; Josef Heinz Müller, Regionale Strukturpolitik in der Bundesrepublik. Kritische Bestandsaufnahme (Schriften der Kommission für wirtschaftlichen und sozialen Wandel 3), Göttingen 1973; Claus Noé, Regionale Wirtschaftspolitik, in: Grundriß der Raumordnung. Hg. von der Akademie für Raumforschung und Landesplanung, Hannover 1982, S. 496-503.
[21] Intensivierung und Koordinierung der regionalen Strukturpolitik. Vorschläge des Bundesministers für Wirtschaft (BMWI-Texte), Bonn o. J. [1969].
[22] Assar Lindbeck, Industrial Policy as an Issue in the Economic Environment, in: The World Economy 4 (1981), S. 391-406; Roland Czada, Wirtschaftsstrukturpolitik: Institutionen, Strategien, Konfliktlinien, in: Klaus von Beyme/Manfred G. Schmidt (Hg.), Politik in der Bundesrepublik Deutschland, Opladen 1990, S. 283-308, hier: S. 287.

Integration zu entschärfen und den Anschluß an die wirtschaftliche Entwicklung im Bund zu wahren. Ohne Hilfen aus Bonn aber – auch davon waren bayerische Wirtschaftspolitiker früh überzeugt – würde dieses Unterfangen zum Scheitern verurteilt sein. Auf der *Bundesebene* wurden Ansätze zur Beeinflussung der regionalen Wirtschaftsstruktur erstmals mit dem Beginn der Förderung von sogenannten „Notstandsgebieten" seit 1950/51 manifest.[23] Bayern gehörte hierbei von Anfang an zu den prominenten Empfängerländern und versuchte seinerseits, durch Interventionen verschiedenster Art in Bonn die Entfaltung dieses neuen wirtschaftspolitischen Aufgabenfelds voranzutreiben und vergrößerte Handlungsspielräume zur Umsetzung eigener strukturbezogener Konzepte zu gewinnen.

Daß dem Einfluß des Staates eine genauer zu gewichtende Rolle im Prozeß der regionalen Industrialisierung zufiel (und zufällt), ist in der historisch arbeitenden Wirtschaftsforschung unbestritten. Diese Einsicht bestärkten unter anderem jüngere Arbeiten zur Wirtschaftsentwicklung von sogenannten „late-late-industrializers": also von vornehmlich ostasiatischen Staaten wie Südkorea, deren positiver Entwicklungsgang bei ausgeprägtem Lenkungsanspruch staatlicher Stellen auffällig mit den gegenteiligen Tendenzen in ausgewählten afrikanischen Ökonomien kontrastiert.[24] Einen idealtypischen Pfad zum erstrebten strukturellen Wandel oder eine stets ausschlaggebende Kombination von Faktoren für den ökonomischen Aufstieg lassen diese Studien nicht erkennen, und zwar auch und vor allem dann nicht, sobald sie eine unmittelbar vergleichende Perspektive einnehmen.[25]

Diese seit den frühesten Ansätzen zur Deutung divergierender Industrieentwicklung in Europa[26] immer deutlicher zutage getretene Tatsache historisch begründeter Komplexität und Vielfalt bedingt bis heute das Fehlen umfassender Interpretationsansätze. Eine allgemeine Theorie des sozialökonomischen Wandels existiert ebensowenig[27] wie ein „ökonometrisches Strukturwandelsmodell"[28] oder ein umfassender Erklärungsansatz, der alle Faktoren des regional differenzierten Wirtschaftswachstums erfassen würde, darunter solche politischer, soziologischer oder technischer Natur.[29] Seit sich die Wirtschaftstheorie nach dem Zweiten Welt-

---

[23] Horst Zimmermann/Rolf-Dieter Postlep, Regionale Strukturpolitik, in: Kurt G.A. Jeserich/Hans Pohl/Georg-Christoph von Unruh (Hg.), Deutsche Verwaltungsgeschichte. Band 5: Die Bundesrepublik Deutschland, Stuttgart 1987, S. 861-874.
[24] Alice Amsden, Asia's Next Giant. South Korea and Late Industrialization, New York 1989; Robert Wade, Governing the Market: Economic Theory and the Role of Government in East Asian Industrialization, Princeton 1990; Stephen Haggard, Pathways from the Periphery. The Politics of Growth in the Newly Developing Countries, Ithaca 1990; Peter Evans, Embedded Autonomy. State and Industrial Transformation, Princeton 1995; Richard Sandbrook, Politics of Africa's Economic Stagnation, Cambridge 1985.
[25] Vgl. etwa jüngst anhand einer vergleichenden Untersuchung der Industrialisierungsprozesse in Korea, Brasilien, Indien und Nigeria seit 1950: Atul Kohli, State-Directed Development. Political Power and Industrialization in the Global Periphery, Cambridge 2004, S. 367–425.
[26] Vgl. bereits Alexander Gerschenkron, Economic Backwardness in Historical Perspective, Cambridge 1962.
[27] Gerold Ambrosius, Wirtschaftsstruktur und Strukturwandel: Gesamtwirtschaft, in: ders./Dietmar Petzina/Werner Plumpe (Hg.), Moderne Wirtschaftsgeschichte. Eine Einführung für Historiker und Ökonomen, München 1996, S. 175-191, hier: S. 188.
[28] Czada, Wirtschaftsstrukturpolitik, S. 286.
[29] Paul Velsinger/Roger Lienenkamp, Raumwirtschaftslehre, in: Helmut W. Jenkis (Hg.), Raumordnung und Raumordnungspolitik, München/Wien 1996, S. 23-53, hier: S. 33.

krieg der räumlichen Dimension ökonomischer Prozesse zuwandte, entstand zwar eine Reihe von Partialmodellen, die auf der Analyse hochaggregierter Faktoren des Wandels aufbauten und die Rolle der Mobilität von Produktionsfaktoren, der Beschäftigung, der interregionalen Transportkosten oder der regionalen Exportleistung in den Vordergrund rückten. Doch abgesehen davon, daß diese Modelle jeweils eine erhebliche Reduktion der betrachteten Variablen vornehmen mußten oder von unrealistischen Vorannahmen ausgingen, manifestiert sich in ihnen eine generelle Uneinigkeit über die Entwicklungsrichtung regionalen Wachstums. Nach wie vor scheiden sich die Ansätze bereits an der grundlegenden Frage, ob in Anlehnung an die neoklassische Theorie von einer auf Dauer gleichgewichtigen Entwicklung der regionalen Wachstumstrends oder eher von einer sukzessiven Verstärkung existierender Ungleichgewichte zwischen ökonomischen Zentren und der Peripherie auszugehen ist.[30]

Eine theoriegestützte, gleichsam naturwissenschaftlich-präzise Bewertung der Effekte staatlichen Handelns wird deshalb auch der vorliegenden Arbeit verwehrt bleiben. Vielmehr wird es nötig sein, in pragmatischem Umgang mit den Ergebnissen der Wirtschaftsgeschichtsschreibung, der Raumforschung, der Wirtschaftsgeographie und der allgemeinen Historiographie die dem Thema inhärente quantitative und qualitative Ebene zu verbinden. Dazu ermuntern in zweierlei Hinsicht gerade auch die Ergebnisse der neueren regionalen Industrialisierungsforschung oder der jüngsten Arbeiten zum regionalen Strukturwandel in Deutschland. *Zum einen* relativieren sie auch für diesen geographischen Raum die Annahme zwangsläufiger, nahezu gesetzesmäßig bestimmbarer Ursachen für den wirtschaftlichen Aufstieg bestimmter Regionen. Dieser Befund schließt eine mögliche große Bedeutung einzelner Faktoren des Wandels oder allgemeiner Veränderungstendenzen nicht aus, doch gilt es, die spezifische Wirkung im Individualfall stets neu zu bestimmen.[31] Ein individualisierender historisch-empirischer Zugriff kann demzufolge *zum anderen* davon ausgehen, daß Gestaltungsspielräume für Regionen gerade auch dann erwachsen, wenn neben den „harten" Faktoren der regionalen Infrastruktur oder des Arbeitskräfteangebots die „Offenheit", „Neues aufzunehmen" und die „Flexibilität, diesem Neuen auch regionale Ressourcen für die Weiterentwicklung" zu gewähren, gegeben ist.[32] Der „Akzeptanz neuer Entwicklungen und der damit verbundenen Anpassungsnotwendigkeiten"[33] kommt in dieser Sicht wesentliche Bedeutung für das Gelingen zu.

Die vorliegende Studie gliedert ihren Betrachtungszeitraum, der sich über die Periode der unmittelbaren Nachkriegsjahre und die Phase außergewöhnlichen

---

[30] Christiane Krieger-Boden, Die räumliche Dimension in der Wirtschaftstheorie. Ältere und neuere Erklärungsansätze, Kiel 1995; Ludwig Schätzl, Wirtschaftsgeographie 1: Theorie, 6. Aufl. Paderborn u. a. 1996, S. 129-217; Velsinger/Lienenkamp, Raumwirtschaftslehre. Vgl. dazu auch Kapitel IV.1. des zweiten Teils dieser Arbeit.
[31] Vgl. hierzu die Resümees bei: Hubert Kiesewetter, Erklärungshypothesen zur regionalen Industrialisierung in Deutschland im 19. Jahrhundert, in: Vierteljahrschrift für Sozial- und Wirtschaftsgeschichte 67 (1980), S.305-333; Martin Gornig, Gesamtwirtschaftliche Leitsektoren und regionaler Strukturwandel. Eine theoretische und empirische Analyse der sektoralen und regionalen Wirtschaftsentwicklung in Deutschland 1895-1987, Berlin 2000, S.255-271.
[32] Gornig, Gesamtwirtschaftliche Leitsektoren und regionaler Strukturwandel, S.265.
[33] Ebenda, S.266.

Wirtschaftswachstums in Westdeutschland 1945 bis 1973 erstreckt, in drei chronologisch-sachlich angelegte Teile. Kaum einer eingehenden Begründung bedarf die Setzung einer ersten Zäsur um 1949/50. Zwar kommt kein Einschnitt der westdeutschen Nachkriegsgeschichte der Wirtschafts- und Währungsreform vom Juni 1948 an ökonomischer Relevanz und psychologischer Wirkung gleich. Dies trifft auch für Bayern zu.[34] Doch markiert das Entstehen des gemeinsamen Wirtschaftsraums der Bundesrepublik schon deshalb durchaus eine bedeutsame Wendung, da den Ländern in Gestalt des Bundes fortan ein kollektiver politischer Akteur gegenüberstand, der sich bald gewillt zeigte, über eine allgemeine Wachstumspolitik hinaus auch im Bereich der regionalen Strukturpolitik gewichtige Initiativen zu ergreifen. Der erste Teil der Arbeit wird sich daher den Voraussetzungen, Grundlagen und ersten Ausprägungen einer bayerischen Industrie- und Strukturpolitik nach 1945 widmen: Im Anschluß an die Analyse längerfristig wirksamer Entwicklungstendenzen des regionalen Strukturwandels in Deutschland werden die Folgelasten des Weltkrieges, die frühen Diskurse der Krisenbewältigung und die improvisierten Lenkungsansätze bayerischer Stellen während der Zeit der Verwaltungswirtschaft 1945 bis 1949 sowie insbesondere die ökonomischen Konnotationen des Vertriebenenproblems darzustellen sein.

Um die Möglichkeiten und Grenzen einer bayerischen Strukturpolitik im bundesdeutschen Rahmen von der Makroebene her zu fassen, legt die Arbeit in ihrem zweiten und dritten Teil die drei eng miteinander verflochtenen Politikfelder *Finanzausgleich*, *Landesplanung/Raumordnung* und *regionale Wirtschaftspolitik* als zentrale Untersuchungskategorien zugrunde. Sie bezeichnen nicht nur bis heute entscheidende Schnittstellen im politischen Beziehungsgeflecht des westdeutschen föderalen Systems. Zur Zeit der frühen Bundesrepublik der 1950er und 1960er Jahre lagen hier außerdem erhebliche Gestaltungsräume innerhalb der grundgesetzlichen Ordnung, soweit sie das Bund-Länder-Verhältnis betraf. Insbesondere auf den chronologisch zuerst relevanten Aufgabenfeldern des Finanzausgleichs[35] und der entstehenden regionalen Wirtschaftspolitik[36] hatte sich das Bemühen der Länder zu bewähren, eigene Entwicklungsmöglichkeiten in Verhandlungen mit dem Bund und in der Konkurrenz untereinander zu mehren. Zugleich manifestierte sich eben hier das zunehmend erfolgreiche Bestreben des Bundes, seine haushalts- und strukturpolitischen Gestaltungsmöglichkeiten zu Lasten der Länder zu erweitern. Für die bayerische Politik avancierte deshalb die aktive Mitwirkung an der praktischen Ausgestaltung der bundesdeutschen Finanzverfassung

---

[34] Knut Borchardt, Zäsuren in der wirtschaftlichen Entwicklung. Zwei, drei oder vier Perioden?, in: Martin Broszat (Hg.), Zäsuren nach 1945. Essays zur Periodisierung der deutschen Nachkriegsgeschichte, München 1990, S. 21-33, hier: S. 21; Hanns Seidel, Die Bedeutung der Währungsreform für die Entwicklung der bayerischen Industrie, in: Bayerische Staatszeitung, 19. 6. 1954.
[35] Wolfgang Renzsch, Finanzverfassung und Finanzausgleich. Die Auseinandersetzungen um ihre politische Gestaltung in der Bundesrepublik Deutschland zwischen Währungsreform und deutscher Vereinigung (1948 bis 1990), Bonn 1991; Hans Pagenkopf, Der Finanzausgleich im Bundesstaat. Theorie und Praxis, Stuttgart u. a. 1981.
[36] Dietrich Fürst/Paul Klemmer/Klaus Zimmermann, Regionale Wirtschaftspolitik, Tübingen 1976; Helmut Karl/Helmut Krämer-Eis, Entwicklung der regionalen Wirtschaftspolitik in Deutschland, in: Hans H. Eberstein/Helmut Karl (Hg.), Handbuch der regionalen Wirtschaftsförderung, 3. Aufl. Köln 1996 (Loseblattsammlung), Teil A, Abschnitt II, S. 1-58.

oder des regionalen Fördersystems zu einer Aufgabe von höchster Priorität. Jene ordnungspolitischen, finanzwirtschaftlichen, staatsrechtlichen oder kreditpolitischen Spielräume, die man sich hier eröffnete, bestimmten in der Folgezeit wesentlich die Optionen, die für eigene wirtschaftspolitische Interventionen zur Verfügung standen.

So nimmt der zweite Teil der Studie eine Periode in den Blick, die gleichermaßen konstitutiv für die Ausgestaltung der marktwirtschaftlichen Ordnung in Westdeutschland und für jenen Prozeß war, der Bayern bis gegen Ende der 1950er Jahre Anschluß an das bundesdeutsche „Wirtschaftswunder" gewinnen ließ. Wie gelang es, so wird zu fragen sein, jene restringierende finanzwirtschaftliche Situation zu überwinden, die das Land Bayern über mehr als ein Jahrzehnt hinweg mit dem Makel hoher Staatsverschuldung und unausgeglichener Haushalte belastete? Weit davon entfernt, ein von den übrigen Bereichen der Staatstätigkeit isolierbares Problem zu sein, bestand die ernstzunehmende Gefahr, daß sich die Effekte mangelnder Finanzausstattung, zurückbleibender Wirtschaftskraft und unzureichender wirtschaftsfördernder Maßnahmen als *circulus vitiosus* zum Schaden der Gesamtentwicklung des Landes verselbständigen könnten. Ist somit für das Feld des Finanzausgleichs, der ökonomischen Regionalpolitik und des öffentlichen Auftragswesens das Gewicht bundesstaatlicher Transfers herauszuarbeiten, so tritt mit der bayerischen Landesplanung ein länderspezifisches Arbeitsinstrument zur Steuerung des strukturellen Wandels in den Mittelpunkt. Theoretische Grundlagen und praktische Arbeitsfelder insbesondere im Bereich des Infrastrukturausbaus werden ebenso zu beleuchten sein wie die Debatten um die Ausgestaltung dieses Politikfeldes. Hieran wie an den Diskussionen um die Rolle des bayerischen Staates als „Unternehmer" wird es möglich sein, unterschiedliche Konzepte von staatlicher Steuerungsmacht, ökonomischer Modernisierung und Planung für Bayern näher zu bemessen.[37] Ein resümierender Abschnitt wird den gegen Ende der 1950er Jahre erreichten Entwicklungsstand im Hinblick auf die wichtigsten Tendenzen des raumstrukturellen Wandels in Bayern und im Bund analysieren und für die folgende Betrachtungsdekade der 1960er Jahre weiterverfolgen.

Der dritte Teil befaßt sich mit den „langen" sechziger Jahren bis 1973 als jener Phase der bayerischen Nachkriegsentwicklung, die zum erstenmal von einer Verstetigung des regionalen Wachstums gekennzeichnet war. Daß Bayern seit dieser

---

[37] Vgl. zur Planungsgeschichte der Bundesrepublik: Michael Ruck, Ein kurzer Sommer der konkreten Utopie – Zur westdeutschen Planungsgeschichte der langen 60er Jahre, in: Axel Schildt/ Detlef Siegfried/Karl Christian Lammers (Hg.), Dynamische Zeiten. Die 60er Jahre in den beiden deutschen Gesellschaften (Hamburger Beiträge zur Sozial- und Zeitgeschichte 37), Hamburg 2000, S. 362–401; Gabriele Metzler, Am Ende aller Krisen? Politisches Denken und Handeln in der Bundesrepublik der sechziger Jahre, in: Historische Zeitschrift 275 (2002), S. 57–103; dies., Konzeptionen politischen Handelns von Adenauer bis Brandt. Politische Planung in der pluralistischen Gesellschaft, Paderborn u. a. 2005; Winfried Süß, „Wer aber denkt für das Ganze?" Aufstieg und Fall der ressortübergreifenden Planung im Bundeskanzleramt, in: Matthias Frese u. a. (Hg.), Demokratisierung und gesellschaftlicher Aufbruch. Die sechziger Jahre als Wendezeit der Bundesrepublik, Paderborn 2003, S. 349–377; Thomas Schlemmer/Stefan Grüner/Jaromír Balcar, „Entwicklungshilfe im eigenen Lande" – Landesplanung in Bayern nach 1945, in: Frese/Paulus/Teppe (Hg.), Demokratisierung und gesellschaftlicher Aufbruch, S. 379–450; Dirk van Laak, Planung. Geschichte und Gegenwart des Vorgriffs auf die Zukunft, in: Geschichte und Gesellschaft 34 (2008), S. 305–326.

Zeit „auf festerem Fundament"[38] stand, entsprach zurecht bereits der zeitgenössischen Wahrnehmung. Wie bereits im vorangegangenen Teil der Arbeit werden hier die Handlungsfelder der regionalen Wirtschaftspolitik – von der Notstandsgebietsförderung über die Industrieansiedlung in ländlichen, strukturschwachen Gebieten bis hin zur Betreuung von Räumen mit einseitiger, altindustrieller Wirtschaftsstruktur – darzustellen sein.[39] So bietet sich insbesondere die Gelegenheit, den spezifisch bayerischen Umgang mit der Problematik altindustrieller Krisenregionen am Beispiel der oberbayerischen Kohlenfördergebiete zu erörtern. Die europäische Integration, die Neubelebung der politischen Idee von der planenden Gestaltung des Raumes unter dem Leitbegriff der „Raumordnung"[40] auf Bundesebene und die Rezessionskrise von 1966/67 boten in dieser Periode die wichtigsten exogenen Impulse. Auf mehreren Ebenen werden in diesem Teil der Arbeit die Konsequenzen für die verfügbaren strukturpolitischen Handlungsspielräume und die Entwicklung des Planungsgedankens in der bayerischen Politik zu beleuchten sein.

Ökonomische Tatbestände, wie sie dem Betrachter in „objektivierter" Form aus akkumulierten Datenbeständen entgegentreten, sind zweifellos für die vorliegende Studie unverzichtbar. Zur Erfassung wirtschaftspolitischen Handelns unterschiedlicher Provenienz bedarf diese Perspektive jedoch der Ergänzung. So wird es nötig sein, den Prozeß der Formulierung und Umsetzung bayerischer Industrie- und Strukturpolitik dort zu erfassen, wo er seinen institutionalisierten oder informellen Austrag fand: in den Parteien und im Landtag, in der veröffentlichten Meinung und in den Kommunikations- oder Verhandlungskanälen der öffentlichen Verwaltung, der Ministerien und der Staatsregierung; daneben aber auch im Bereich solcher Scharnierstellen zwischen Bayern und Bund, die sich kaum über eine Tätigkeitsanalyse offizieller Gremien und Institutionen erfassen lassen, wohl aber anhand der Beobachtung persönlicher Kontakte und der Netzwerkbildungen.

Zur Umsetzung dieses Unterfangens kann sich die vorliegende Arbeit auf eine breite Quellenbasis stützen. Deren Schwerpunkte liegen im Bereich der Akten der Bayerischen Staatskanzlei und der Ministerien, darunter insbesondere des Wirtschafts- und Finanzressorts. Ausgewählte Bestände des Bundesarchivs verhelfen dazu, die Perspektive des Bundeskanzleramts sowie der Bundesministerien für Wirtschaft oder für den Wohnungsbau zu den Themenkreisen der Raumordnung und der regionalen Wirtschaftspolitik in die Darstellung zu integrieren. Ergänzend hierzu wurden Nachlässe bayerischer Politiker einbezogen, wobei sich die hinterlassenen Papiere von Persönlichkeiten wie des Präsidenten der Bayerischen Staatsbank, Franz Elsen, oder des langjährigen Leiters der Bayerischen Staatskanzlei, Karl Schwend, im Hinblick auf die Dichte des enthaltenen Hintergrundmaterials nicht selten als ergiebiger entpuppten als jene ihrer bekannteren Kollegen Hans Ehard, Hanns Seidel oder Otto Schedl. Die Verhandlungen des bayerischen Landtagsplenums sind unverzichtbar, um die widerstreitenden Positionen der baye-

---

[38] Geschäftsbericht der Vereinigung der Arbeitgeberverbände in Bayern 1958/1959. Materialien zur wirtschaftlichen und sozialen Entwicklung in Bayern und im Bund, München 1959, S. 65.
[39] Wilhelm Giel, Die Grundzüge der regionalen Wirtschaftspolitik in der Bundesrepublik, in: Raumforschung und Raumordnung 22 (1964), S. 113-117, hier: S. 116.
[40] Helmut W. Jenkis (Hg.), Raumordnung und Raumordnungspolitik, München/Wien 1996.

rischen Parteien in Fragen der Planung und Strukturpolitik zu fassen, bedürfen allerdings der Erweiterung anhand der einschlägigen Ausschußdebatten, in denen sich die Einschätzungen oft ungeschützter widerspiegeln. So bietet zudem der Bestand der CSU-Landesgruppe im Deutschen Bundestag gleichermaßen Einblicke in den Entscheidungsbildungsprozeß innerhalb jener Partei, die seit 1946 und mit Ausnahme der „Viererkoalition" zwischen 1954 und 1957 an allen bayerischen Kabinetten beteiligt war, wie in deren Versuche, bayerische Positionen in Bonn zur Geltung zu bringen. Weniger ergiebig in dieser Hinsicht waren die Materialien der bayerischen SPD, die zum Zeitpunkt der Benutzung noch ungeordnet vorlagen und nur sporadische Funde erlaubten. Zur Rekonstruktion unter anderem der Demontage-, Konversions- und Flüchtlingspolitik erwiesen sich schließlich die Bestände des Bayerischen Wirtschaftsarchivs als ebenso hilfreich wie die reichen und bislang so gut wie nicht ausgewerteten archivalischen Hinterlassenschaften des bis 1952 amtierenden US-amerikanischen „Land Commissioner for Bavaria".

Erster Teil

Aufbaupolitik in Bayern zwischen Nachkriegsnot und „Gründungskrise", 1945–1949/50

I. Ein bayerischer Sonderweg? Regionale Aspekte des ökonomischen Strukturwandels in Deutschland seit dem späten 19. Jahrhundert

Der ökonomische Aufstieg Bayerns und die damit einhergehenden Strukturveränderungen der bayerischen Wirtschaft nahmen ihren Ausgang keineswegs erst in den Jahrzehnten nach 1945.[1] Das auf den ersten Blick eindeutige Bild einer erfolgreichen Nachkriegsentwicklung im Rahmen des bundesdeutschen „Wirtschaftswunders" erweitert und differenziert sich, sobald man längerfristige Wandlungsprozesse der wirtschaftsgeographischen Struktur Deutschlands in die Betrachtung einbezieht. Ungeachtet der grundlegenden Veränderungen, denen die politische, demographische oder ökonomische Landkarte Deutschlands und gerade auch Bayerns nach 1945 ausgesetzt war[2], kann doch für die 1950er und 1960er Jahre eine Wiederaufnahme und Vertiefung von Trends konstatiert werden, die sich in Ansätzen schon zwischen den Weltkriegen abgezeichnet hatten. So zeigt ein systematischer Vergleich der Wirtschaftskraft deutscher Regionen seit der Jahrhundertwende, daß der Transfer von ökonomischen Standortpotentialen zugunsten des Südens spätestens in den Jahren vor dem Ersten Weltkrieg eingesetzt und bis Mitte der 1930er Jahre bereits ein bemerkenswertes Ausmaß erreicht hatte. Dieser Befund spiegelt zugleich eine wachstumsgeographische Tendenzwende in der deutschen Industrialisierungsgeschichte. Während noch die Phase der Früh- und Hochindustrialisierung von der Verstärkung sozialer und ökonomischer Ungleichheiten zwischen vorwiegend agrar- bzw. industriewirtschaftlich geprägten Regionen konstitutiv gekennzeichnet war, kehrte sich dieser Trend etwa seit Beginn des 20. Jahrhunderts um. Das bis dahin etablierte gewerbliche Standortmuster, geprägt von überdurchschnittlich industrialisierten Gebieten im Westen, um Berlin oder in Teilen Sachsens und Schlesiens, erfuhr eine sukzessive Erweiterung und Auflockerung. Bis 1936 konnten nicht nur einige agrarisch strukturierte ostelbische Gebiete aufholen. Markanter noch entwickelte sich der Süden Deutschlands, besonders dessen westlicher Teil, zur Zone des stärksten Wachstums.[3]

Bayern gehörte zu dieser Gruppe neuer Wachstumsregionen im Deutschen Reich. Deren Zugewinn an ökonomischem Gewicht manifestierte sich vor allem im Bereich der weit überdurchschnittlichen Zuwachsraten des Pro-Kopf-Einkommens. Dieser Bedeutungsgewinn erhielt zusätzliche Signifikanz aufgrund der Tat-

---

[1] So hingegen konstatiert bei: Hans Mayer, Probleme und Strukturen der bayerischen Wirtschaft – Bayerns Entwicklung vom Agrar- zum Industriestaat, in: Rainer A. Roth (Hg.), Freistaat Bayern. Die politische Wirklichkeit eines Landes der Bundesrepublik Deutschland, 4. Aufl. München 1986, S. 371-386.
[2] Vgl. hierzu das folgende Kapitel II.1. dieser Arbeit.
[3] Dietmar Petzina, Standortverschiebungen und regionale Wirtschaftskraft in der Bundesrepublik Deutschland seit den fünfziger Jahren, in: Josef Wysocki (Hg.), Wirtschaftliche Integration und Wandel von Raumstrukturen im 19. und 20. Jahrhundert, Berlin 1994, S. 101-127, bes. S. 103-111. Bezogen auf die Einkommensentwicklung in Deutschland im 20. Jahrhundert bis in die fünfziger Jahre auch: Jeffrey Williamson, Regional Inequality and the Process of National Development: A Description of the Pattern, in: Economic Development and Cultural Change 13 (1965), S. 178-196.

sache, daß gleichzeitig ein relativer Schwund an wirtschaftlicher Leistungsfähigkeit bei jenen Wirtschaftsregionen zu vermerken war, die noch vor dem Ersten Weltkrieg eine klare Führungsstellung innegehabt hatten. Gemessen an den Zuwachsraten vor dem Ersten Weltkrieg konnten Berlin, Hamburg, Sachsen, Hessen oder auch das Rheinland bis 1936 eine nurmehr abgeschwächt expandierende, stagnierende oder sogar rückläufige Entwicklung ihres einwohnerbezogenen Volkseinkommens verzeichnen.[4] Im Hinblick darauf nahm Bayern bereits um 1913 zusammen mit Württemberg, Baden und auch Hessen eine „ökonomische Mittelstellung" ein. Bis gegen Mitte der dreißiger Jahre konnten Bayern, Baden und Württemberg zusammen beim durchschnittlichen Bevölkerungseinkommen sogar mit dem stark industrialisierten Westen (Westfalen, Rheinprovinz und Hessen) gleichziehen.[5] Der zeitgenössischen Fachwissenschaft blieb dieses einigermaßen überraschende Phänomen nicht verborgen, und weitsichtige Beobachter faßten schon gegen Ende der 1920er Jahre die Perspektive einer Nord-Süd-Verschiebung der dominierenden Wachstumskräfte ins Auge.[6]

Freilich bleibt festzuhalten, daß Bayern im Bereich der absoluten Zahlenwerte oder auch im direkten Vergleich der neuen „Boom-Regionen" untereinander noch kaum konkurrieren konnte. Zwar gehörte es mit einer 11-prozentigen Zuwachsrate zwischen 1913 und 1936 beim einwohnerbezogenen Volkseinkommen zusammen mit Pommern und Ostpreußen zu den Spitzenreitern im Deutschen Reich. An die herausragende Bilanz Württembergs mit 32% Zunahme reichte die Region indes nicht heran. Zudem lag der reale Durchschnittsverdienst bayerischer Erwerbstätiger mit durchschnittlich 1049 Reichsmark noch im Jahr 1936 am unteren Ende der Skala, unterboten lediglich von den Vergleichswerten für Westfalen und einige Regionen Ostdeutschlands.[7] Gleichwohl setzte sich die Tendenz zur Annäherung der Einkommensentwicklung in den deutschen Regionen auch nach 1945 beschleunigt fort. Bezogen auf die Entwicklung des Bruttosozialprodukts pro Kopf sank der Variationskoeffizient zwischen den Bundesländern von 29% im Jahr 1950 bis auf 18% im Jahr 1970.[8]

---

[4] Petzina, Standortverschiebungen und regionale Wirtschaftskraft, S. 104.
[5] Hubert Kiesewetter, Regionale Lohndisparitäten und innerdeutsche Wanderungen im Kaiserreich, in: Jürgen Bergmann u. a., Regionen im historischen Vergleich. Studien zu Deutschland im 19. und 20. Jahrhundert, Opladen 1989, S. 133-199, hier: S. 149; Petzina, Standortverschiebungen und regionale Wirtschaftskraft, S. 104f.
[6] Edgar Salin, Standortsverschiebungen der deutschen Wirtschaft, in: Bernhard Harms (Hg.), Strukturwandlungen der Deutschen Volkswirtschaft. Vorlesungen gehalten während des Herbst-Lehrganges 1927 der Deutschen Vereinigung für Staatswissenschaftliche Fortbildung. Erster Band, Berlin 1928, S. 75-108.
[7] Zahlen nach Petzina, Standortverschiebungen und regionale Wirtschaftskraft, S. 105; zum Vergleich mit der Entwicklung Württembergs auch: Paul Erker, Keine Sehnsucht nach der Ruhr. Grundzüge der Industrialisierung in Bayern 1900-1970, in: Geschichte und Gesellschaft 17 (1991), S. 480-511, hier: S. 484f.
[8] Vgl. zur regionalen Einkommensentwicklung in der Bundesrepublik: Dieter Biehl u. a., Zur regionalen Einkommensverteilung in der Europäischen Wirtschaftsgemeinschaft, in: Weltwirtschaftliches Archiv 1 (1972), S. 64-78; Willem Molle u. a., Regional Disparity and Economic Development in the European Community, Westmead 1980, S. 16ff., 392.; Christiane Krieger/Carsten S. Thoroe/Wolfgang Weskamp, Regionales Wirtschaftswachstum und sektoraler Strukturwandel in der Europäischen Gemeinschaft, Tübingen 1985, S. 124, 161 (Demzufolge sank die Variationsbreite zwischen den westdeutschen Planungsregionen von 24% 1965 auf 20% 1980). Vgl. auch Williamson, Regional Inequality.

I. Ein bayerischer Sonderweg? 19

Der ökonomische Aufholprozeß Bayerns gegenüber dem bundesdeutschen Durchschnitt nach 1945 ruhte somit auf einem Fundament, das in Gestalt überdurchschnittlicher Zuwächse gegenüber dem Reichsniveau seit 1913 entstanden war. In der Phase des Wiederaufbaues nach dem Zweiten Weltkrieg nahmen die Zuwächse nicht nur größeren Umfang an, sondern lagen seit Mitte der fünfziger Jahre im Bereich des einwohnerbezogenen Bruttoinlandsprodukts konstant über jenen des Bundes. Dabei verringerte sich der Abstand der absoluten Werte seit 1950 kontinuierlich. Waren im Jahre 1913 82%, bis 1928 beinahe 88%, bis 1934 hingegen bereits 91% des Reichsdurchschnitts erreicht, so arbeitete sich die bayerische Wirtschaft von 85% des Bundesdurchschnitts im Jahr 1950 bis auf 95% im Jahr 1980 an den nationalen Wert heran.[9]

Tabelle 1: Volkseinkommen (1913-1936) bzw. Bruttoinlandsprodukt (seit 1950) je Einwohner in Bayern und im Reich bzw. in der Bundesrepublik, 1913-1980

	Bayern	Reich
1913	629	766
1926	879 (+39,7)	997 (+30,1)
1928	1041 (+18,4)	1185 (+18,8)
1932	624 (-40,0)	696 (-41,3)
1934	733 (+17,5)	804 (+15,5)
1936	861 (+17,5)	963 (+19,8)

	Bayern	Bundesrepublik
1950	1778	2085
1952	2359 (+32,7)	2860 (+37,2)
1955	3110 (+31,8)	3675 (+28,5)
1957	3650 (+17,4)	4291 (+16,8)
1960	4706 (+28,9)	5351 (+24,7)
1965	7022 (+49,2)	7690 (+43,7)
1967	7420 (+5,7)	8117 (+5,5)
1970	10244 (+38,0)	11134 (+37,2)
1980	22823 (+122,8)	24061 (+116,1)

Quelle: Verändert nach Erker, Keine Sehnsucht nach der Ruhr, S. 485.

Diese Beobachtungen werden in ihrer Tendenz unterstützt durch einen weiteren Indikator, die Wandlungen der Erwerbsstruktur in Deutschland.[10] Dabei ist für die gegebene Fragestellung neben der interregionalen Streuung der Beschäftigung in den großen Sektoren insbesondere die regionale Entwicklung im Verhältnis zum nationalen Durchschnitt von Interesse. Und ähnlich dem oben bereits festgestellten

---
[9] Vgl. hierzu auch Erker, Keine Sehnsucht nach der Ruhr, S. 484-486.
[10] Hartmut Kaelble/Rüdiger Hohls, Der Wandel der regionalen Disparitäten in der Erwerbsstruktur Deutschlands 1895-1970, in: Bergmann u. a. (Hg.), Regionen im historischen Vergleich, S. 288-413. Eine vollständige Edition des im vorgenannten Aufsatz benutzten Datensatzes findet sich in: Rüdiger Hohls/Hartmut Kaelble (Hg.), Die regionale Erwerbsstruktur im Deutschen Reich und in der Bundesrepublik 1895-1970 (Quellen und Forschungen zur historischen Statistik von Deutschland 9), St. Katharinen 1989. Für den Zeitraum 1861 bis 1907, doch anhand geringer differenzierter Regionen: Frank B. Tipton, Regional Variations in the Economic Development of Germany During the 19th Century, Middletown 1976.

Trend, wonach sich Wirtschaftskraft und Einkommen in Deutschland drastisch angeglichen haben, zeichnet sich auch auf diesem Feld eine Tendenz zur Relativierung regionaler Disparitäten ab. Während nachweisbar seit etwa 1895 und noch bis in die 1920er Jahre hinein für das Gebiet des Deutschen Reichs von einer Verschärfung der Unterschiede in der Beschäftigtenstruktur gesprochen werden kann, setzte hier ebenfalls bereits *vor Beginn* des westdeutschen ökonomischen Wiederaufstiegs nach 1945 der Umschwung ein. Insgesamt spielte sich diese Trendwende hin zur Abschwächung regionaler Disparitäten in der Erwerbstätigkeit innerhalb von zweieinhalb Dekaden ab, und zwar etwa zwischen 1925 und 1950. In den 1950er und 1960er Jahren schließlich nahm der Angleichungsprozeß an Tempo zu und gewann damit wie der Abbau des Wohlstandsgefälles zugleich an neuer Qualität.[11]

Bemerkenswert ist hierbei nicht zuletzt mit Blick auf Bayern, daß in dem beschriebenen Veränderungsprozeß weniger den bereits durchschnittlich bis überdurchschnittlich industrialisierten Regionen als den ursprünglich *stark agrarisch geprägten Gebieten* besonderes Gewicht zufiel. So *vergrößerten* sich die interregionalen Disparitäten im Bereich der Erwerbsstruktur bis zur Mitte der 1920er Jahre in erster Linie deshalb, weil sich der Anteil der landwirtschaftlich Beschäftigten in den stark agrarisch geprägten Regionen als überdurchschnittlich stabil erwies: Er ging dort teilweise bedeutend langsamer zurück als im nationalen Durchschnitt, während die Zunahme der gewerblich erwerbstätigen Bevölkerung den allgemeinen Populationszuwachs nicht überstieg. Im Industrie- und Dienstleistungsbereich der *industrialisierten Regionen* hingegen übertraf die Erschließung weiterer Arbeitsplätze in diesem Zeitraum nicht mehr den Durchschnitt im Reich und erlangte somit nur geringe Veränderungsrelevanz. Umgekehrt beruhte die *Verringerung* regionaler Ungleichgewichte seit den 1950er Jahren weniger auf der weiteren Expansion gewerblicher Arbeit in industrialisierten Regionen, als vor allem darauf, daß ehedem *hochagrarische Gebiete* eine zunehmende gewerbliche Durchdringung erfuhren.

Bayerische Regierungsbezirke waren in diesem Kreis stark vertreten. So fanden sich im Jahr 1895 unter den zehn am stärksten agrarisch geprägten Gebieten Deutschlands nicht weniger als drei bayerische Bezirke (Niederbayern, Oberpfalz und Unterfranken); mit Niederbayern stellte man zudem den Spitzenreiter in dieser Kategorie: Über 67% aller erwerbstätigen Niederbayern waren um die Jahrhundertwende in der Landwirtschaft tätig. Noch 1950 in der – nunmehr gewandelten – Zehnergruppe vertreten, hatten diese Regierungsbezirke bemerkenswerten Anteil an der beschriebenen allgemeineren Tendenz zur nachholenden Vergewerblichung. Im Vergleich mit den Regionen Trier, Aurich, Osnabrück, Koblenz, Lüneburg oder Oberhessen, die für den Zeitraum 1950 bis 1970 fast ausnahmslos ohnehin bereits überdurchschnittliche Steigerungsraten von 10 bis über 15% aufwiesen, konnten die drei bayerischen Regierungsbezirke mit die höchsten Zuwachszahlen verbuchen. Der bundesdeutsche Durchschnittswert lag demgegenüber bei 9,5%.[12]

---

[11] Kaelble/Hohls, Wandel der regionalen Disparitäten, S. 295 ff.; Petzina, Standortverschiebungen und regionale Wirtschaftskraft, S. 107.
[12] Kaelble/Hohls, Wandel der regionalen Disparitäten, S. 311-328, 377 (Tabelle A13), 380 (Tabelle A16), 383 (Tabelle A19) sowie eigene Berechnungen. Die Daten in Tabelle A13 wurden vom Vf. nach der Rangfolge des Jahres 1950 umgestellt.

I. Ein bayerischer Sonderweg? 21

Tabelle 2: Veränderungen der Erwerbsstruktur in Deutschland, 1895-1970

Regierungs- bezirke	Anteile regionaler landwirtschaftlicher Erwerbstätigkeit 1895-1970 (in %, geordnet nach den Werten für 1950)						Regionale Beschäf- tigungsanteile in der Industrie 1950-1970 (in %)			Zuwachs- raten indus- trieller Be- schäftigung
	1895	1907	1925	1950	1961	1970	1950	1961	1970	1950-1970
Trier	62,7	67,0	63,9	54,7	38,4	22,3	20,7	28,2	34,3	13,6
Niederbayern	67,2	69,8	66,1	46,3	39,2	26,0	27,9	35,4	42,4	14,5
Stade	50,5	48,7	55,9	43,0	32,0	19,8	27,8	33,6	36,2	8,4
Aurich	47,5	52,5	53,8	42,8	30,2	16,5	23,3	30,6	38,7	15,4
Oberpfalz	62,5	63,4	57,4	38,3	27,8	17,2	32,3	42,8	46,8	14,5
Osnabrück	55,9	57,7	53,1	37,7	25,7	14,8	34,8	41,6	45,3	10,5
Unterfranken	57,5	58,4	54,2	37,2	26,1	13,5	34,0	44,0	49,9	15,9
Koblenz	47,4	48,4	46,5	36,8	22,2	9,8	33,1	40,6	43,9	10,8
Lüneburg	55,9	57,5	57,8	36,4	22,7	11,9	31,4	41,9	45,8	14,4
Oberhessen	53,2	47,2	53,1	35,6	23,4	12,3	32,1	41,7	45,0	12,9

Quelle: Eigene Berechnungen nach Kaelble/Hohls, Wandel der regionalen Disparitäten; Petzina, Standortverschiebungen und regionale Wirtschaftskraft.

Interessant ist in diesem Zusammenhang auch die Entwicklung des Dienstleistungssektors. Zwar waren dort die regionalen Unterschiede schon um die Jahrhundertwende deutlich schwächer ausgeprägt als in den beiden übrigen Sektoren; in Teilbereichen verminderten sich die bestehenden Disparitäten sogar schon vor 1925. Bis 1970 stellte sich aber auch dort ein derart drastischer Abbau von Beschäftigungsunterschieden ein, daß von den Dienstleistungsbranchen als den „Hauptmotoren" der Angleichungsbewegung gesprochen werden kann. Wiederum war Bayern prominent vertreten. Unter den zehn deutschen Regierungsbezirken, die noch 1970 die geringsten Anteile an Dienstleistungsbeschäftigten aufwiesen, stellte Bayern alleine sechs. Nur Oberbayern, traditionell die bayerische Region mit dem stärksten Dienstleistungsbereich, konnte sich hiervon deutlich absetzen. Ungeachtet dessen hatten erneut vielfach solche Bezirke hohe Zuwachsraten zu verzeichnen, die von einem niedrigen Ausgangsniveau aus starteten, und diese waren zu einem Gutteil bayerisch. So legte Niederbayern zwischen 1925 und 1970 von 15% auf knapp 32% zu, Oberfranken von etwa 17% auf ebenfalls fast 32%, die Oberpfalz, Schwaben und Unterfranken von etwa 15, 21 bzw. 20% auf jeweils 36%, Mittelfranken schließlich von knapp 23% auf fast 38%.[13]

Neben der offensichtlichen Binnendifferenzierung Bayerns, auf die im folgenden noch näher einzugehen sein wird, legen die bisher festgestellten überregionalen Entwicklungstendenzen in Deutschland bereits einige Schlüsse nahe. Zum

---

Zu den methodischen Vorentscheidungen von Kaelble/Hohls bei der statistischen Bearbeitung des Datenmaterials: ebenda, S. 355-362. Das dort praktizierte Verfahren, die Grenzen der gewählten Untersuchungseinheiten der Regierungsbezirke auf der Basis des Gebietsstandes von 1970 in die Vergangenheit zurückzuprojizieren, bringt für Bayern nur geringfügige Verschiebungen mit sich.
[13] Kaelble/Hohls, Wandel der regionalen Disparitäten, S. 297 (Tabelle 1), 301 f., 328-330, 389 (Tabelle A25), Zitat: 330.

einen kann selbst unter Verweis auf die Rolle Bayerns als eines „industriellen Nachzüglers" nur bedingt von einer wirklichen „Sondergeschichte der Bayerischen Industrialisierung"[14] gesprochen werden. Vielmehr ordnet sich der bayerische Fall, so spektakulär er für sich betrachtet erscheinen mag, aus raumwirtschaftlicher Perspektive eindeutig in übergeordnete Prozesse ein, welche die Gesamtheit der deutschen Regionen berührten. Diese Vorgänge der Abschwächung regionaler Disparitäten besaßen ein bemerkenswertes Maß an Autonomie, umfaßten sie doch sowohl Phasen der konjunkturellen Krise und Stagnation nach 1925 wie auch Perioden der Hochkonjunktur seit 1945. Insgesamt konnte auch die Wachstumsbeschleunigung an der generellen Tendenz zum binnenökonomischen Ausgleich nichts ändern. *Zum anderen* bleibt festzuhalten, daß sich die bayerische Spielart des deutschen „Wirtschaftswunders" im Lichte des bisher Gesagten – und im übrigen auch der neueren bayernspezifischen Forschung[15] – in mehrfacher Hinsicht geradezu als Wiederaufnahme und Fortsetzung von bereits beschrittenen Entwicklungspfaden darstellt.

Gleichwohl kann natürlich von einer spezifischen Signatur des bayerischen Aufbruchs in die industriewirtschaftliche Moderne gesprochen werden. Insgesamt läßt sich das bayerische Muster einer von drei Varianten regionaler Industrialisierung in Deutschland zuordnen, die zeitlich versetzt auftraten und von unterschiedlichen Leitsektoren geprägt waren. Neben den frühen Beispielen Sachsens und des Rheinlands, deren schwer- bzw. textilindustrielle Ausrichtung bestimmend war, und dem gegen Ende des 19. Jahrhunderts greifenden, gemischtwirtschaftlichen Modell Württembergs, verkörperte Bayern einen weiteren Typus. Charakteristisch war hier im Vergleich ein Prozeß nachholender industrieller Durchdringung, der im wesentlichen erst im 20. Jahrhundert einsetzte, in Konkurrenz und im Austausch mit einer lange stark entwickelten Landwirtschaft vonstatten ging und seine Leitsektoren in der Elektro- und Chemieindustrie fand.[16]

---

[14] Walter L. Bühl, Die Sondergeschichte der Bayerischen Industrialisierung im Blick auf die postindustrielle Gesellschaft. Vom industriellen Nachzügler zum postindustriellen Vorreiter?, in: Claus Grimm (Hg.), Aufbruch ins Industriezeitalter. Band 1, München 1985, S. 203–227, hier: S. 206.
[15] Vgl. v.a. Erker, Keine Sehnsucht nach der Ruhr.
[16] Erker, Keine Sehnsucht nach der Ruhr, S. 481; Friedrich-Wilhelm Henning, Die Industrialisierung in Deutschland 1800 bis 1914, 9. Aufl. Paderborn u. a. 1995; Hubert Kiesewetter, Industrielle Revolution in Deutschland (1815–1914), Frankfurt/Main 1989; Tipton, Regional Variations in the Economic Development; Frey, Industrielle Entwicklung Bayerns, S. 231–234.

II. Ausgangslage, Ordnungsvorstellungen und Wiederaufbaupraxis in der Nachkriegszeit

1. Kriegsfolgen und Handlungsspielräume

„Es ist eine Lage wie ungefähr nach dem 30-jährigen Krieg. Wenn jetzt etwas versäumt wird, wird man es in Bayern Jahrhunderte tragen müssen. Es gibt ungeheure Gestaltungsmöglichkeiten".[1] Mit diesen lakonischen Worten umschrieb im Sommer 1945 der Staatssekretär in der bayerischen Staatskanzlei, Anton Pfeiffer, seine Sicht der Lage. Und gewiß hätten viele Zeitgenossen zumindest dem ersten Teil der Ausführungen zustimmen können, sofern denn die interne Denkschrift, in der Pfeiffer seine Situationsanalyse darlegte, an die Öffentlichkeit gelangt wäre. Der Topos von den erschütternden Verheerungen im Land reflektierte ein verbreitetes Stimmungsbild der ersten Nachkriegsmonate. Wohl deshalb auch fanden sich weit ausgreifende historische Vergleiche in dieser Zeit häufig in den Äußerungen bayerischer Behördenvertreter und Regierungsmitglieder bis hin zum Ministerpräsidenten selbst.[2] Umso erstaunlicher mutet daneben der Gestaltungsoptimismus des Staatssekretärs an. Er formulierte ihn zu einem Zeitpunkt, da die Trümmerlandschaften in den bayerischen Großstädten, die sichtbaren oder erahnten Zerstörungen von Kulturgütern, Wohnraum, Industrieanlagen und Verkehrswegen, die Not Hunderttausender von Evakuierten, Flüchtlingen oder befreiten ausländischen Zwangsarbeitern und Kriegsgefangenen selbst dem nüchternen Beobachter mehr offene Problemstellungen als Lösungsmöglichkeiten boten.

a) Demographischer Wandel und materielle Kriegsschäden

Die materielle und humanitäre Lage im Sommer 1945 reflektierte kaum mehr, daß Bayern lange eher im Windschatten des Krieges gestanden hatte. Aufgrund seiner geographischen Lage, der vergleichsweise geringen industriellen Durchdringung und der vorwiegend ländlichen Siedlungsstruktur hatten besonders die südlichen Landesteile seit Kriegsbeginn als sichere Zufluchtsräume für die Bewohner luftkriegsgefährdeter Regionen des Reiches gegolten. Bis Sommer 1943 waren deshalb aufgrund behördlicher Umquartierungsmaßnahmen oder individueller Initiative mehr als 146 000 Evakuierte in die Gaue Bayreuth, Mainfranken, München-Ober-

---

[1] BayHStA, NL Pfeiffer 41, Anton Pfeiffer/Karl Schwend, „Unsere Lage im Sommer 1945. Bayerns Erbteil aus der Naziherrschaft. Gedanken und Vorfragen zur Parteienbildung", 25.8.1945, S. 8. Zur Person Pfeiffers: Christiane Reuter, „Graue Eminenz der bayerischen Politik". Eine politische Biographie Anton Pfeiffers (1888-1957) (Miscellanea Bavarica Monacensia 117), München 1987.
[2] Vgl. etwa Georg Lill, Um Bayerns Kulturbauten. Zerstörung und Wiederaufbau (Geistiges München 2), München 1946, S. 5 f.; Wiederabdruck in: Karlheinz Hemmeter, Bayerische Baudenkmäler im Zweiten Weltkrieg: Verluste, Schäden, Wiederaufbau, München 1995, S. VII-XVIII, hier: S. VII. Georg Lill leitete zwischen 1929 und 1950 das Bayerische Landesamt für Denkmalpflege. Siehe zum Bild vom „Dreißigjährigen Krieg" auch: BayHStA, NL Pfeiffer 41, Rede des bayerischen Ministerpräsidenten Dr. Wilhelm Hoegner in der ersten Versammlung der Sozialdemokratischen Partei München am 25. November 1945.

bayern und Schwaben gelangt. Gegen Ende Juni 1945 hatte sich diese Zahl für Gesamtbayern nach einer Schätzung des Bayerischen Statistischen Landesamts auf mindestens 678 000 erhöht. Dieses der spezifischen Lage Bayerns geschuldete, personelle Erbe der Kriegszeit wurde jedoch schon bald überschichtet durch den Zustrom von Flüchtlingen. Es waren dies jene deutschen und „fremdvölkischen" Menschen, die vor den heranrückenden russischen Truppen ins Reichsinnere geflüchtet oder bereits Opfer erster, unsystematischer Austreibungen in Ost- oder Südosteuropa geworden waren. Während die Zahl der außerbayerischen Evakuierten ab der zweiten Jahreshälfte 1945 bis Ende 1947 kontinuierlich zurückging, gewann parallel dazu der Flüchtlingszustrom spürbar an Gewicht. So hielten sich zum Jahresende 1945 bereits über 710 000 Flüchtlinge in Bayern auf.[3] Nach Beginn der systematischen Austreibungsaktionen Anfang 1946 wuchs die Zahl der Vertriebenen und Flüchtlinge bis Jahresende 1947 auf 1 824 000, bis Mitte 1949 schließlich auf insgesamt 1 913 687 Personen an.[4]

In der bayerischen Staatskanzlei ging man Ende August 1945 von einer „ganz bunt zusammengewürfelten Masse von nahezu 4 Millionen fremder Gäste" in Bayern aus. Die Zahl erscheint heute selbst bei umfassender Betrachtung als deutlich zu hoch gegriffen; bereits im Herbst 1945 konnte sie aufgrund einer eingehenden Erhebung des Statistischen Landesamts nach unten korrigiert werden.[5] Sie gewinnt jedoch an Bedeutung, sobald man sie als Synonym für den enormen Umfang des kriegsbedingten Bevölkerungszustroms und für die wahrgenommene Größe der Aufgabe begreift, welche die Verantwortlichen zu Recht dahinter vermuteten, in ihrem konkreten Ausmaß jedoch allenfalls ahnen konnten. Relativ rasch zeichneten sich zum Leidwesen vieler Gemeinden und Landkreise die kurz- und mittelfristigen Belastungen ab, die aus der Unterbringung, materiellen Versorgung und administrativen Betreuung der Zugewanderten erwuchsen. Erst allmählich aber stellte sich Klarheit über die weitreichenden strukturellen Folgen ein, die der demographische Wandel für Bayern bringen würde. Seit 1942 war wegen Personal- und Datenmangels keine statistische Erfassung der Wanderungsbewegungen in der Bevölkerung mehr möglich gewesen. Als diese Form der Statistik im Januar 1946 auf Anordnung des bayerischen Innenministeriums neu belebt wurde, zeigte sich, daß in den Jahren seit der Volkszählung von 1933 ein langdauernder Trend der bayerischen Bevölkerungsgeschichte unterbrochen worden war. Zum erstenmal seit der Zählung von 1871 hatte sich die durchwegs negative Wanderungsbilanz des Landes in ihr Gegenteil verkehrt. Dies war im ganzen weniger überraschend

---

[3] Katja Klee, Im „Luftschutzkeller des Reiches". Evakuierte in Bayern 1939–1953: Politik, soziale Lage, Erfahrungen (Schriftenreihe der Vierteljahrshefte für Zeitgeschichte 78), München 1999, S. 83ff., hier S. 127, 187, 190; Amtliches Zahlenmaterial zum Flüchtlingsproblem in Bayern. Hg. vom Bayerischen Staatsministerium des Innern, Staatskommissar für das Flüchtlingswesen. Folge I, München 1946, S. 6 und 12f.
[4] Berichte zur Wirtschaftslage 1/1 (1948), S. 7; Walter Swoboda, Bayern und Bund. Die Heimatvertriebenen in Bayern und in der Bundesrepublik, in: Bayern in Zahlen 4 (1950), S. 97–100.
[5] Vgl. wiederum die Einschätzung Pfeiffers: BayHStA, NL Pfeiffer 41, Anton Pfeiffer/Karl Schwend, „Unsere Lage im Sommer 1945. Bayerns Erbteil aus der Naziherrschaft. Gedanken und Vorfragen zur Parteienbildung", 25. 8. 1945, S. 4 (Zitat). Die Unterlagen der Bevölkerungserhebung vom Sommer/Herbst 1945 finden sich in: BayHStA, MArb-Landesflüchtlingsverwaltung 532, Berichte vom 8. 8. und 8. 10. 1945; siehe dazu auch die Auswertung der Daten bei Klee, „Luftschutzkeller", S. 209f.

1. Kriegsfolgen und Handlungsspielräume

als die Tatsache, daß schon zwischen 1933 und 1939 fast 100000 Personen mehr nach Bayern gekommen als abgewandert waren. Bis 1946 hatte sich dann nochmals ein Zuwanderungsgewinn ergeben, der selbst bei Berücksichtigung der Kriegstoten, Vermißten und Kriegsgefangenen gegenüber 1939 in der Größenordnung von 2,3 Millionen Menschen lag.

Mit der Zusammensetzung der Zuwandererströme hatten sich auch die Gründe und Motive ihres Kommens verändert. Seit den frühen dreißiger Jahren war es die voranschreitende industrielle Erschließung des Landes gewesen, die dann forciert ab 1936 und über den Kriegsbeginn hinaus Arbeitskräfte an den Rüstungsstandort Bayern geführt hatte. Die zunehmenden Beschäftigungsmöglichkeiten im Land, bedingt auch durch den massiven Ausbau von NS-Parteidienststellen im Raum München-Oberbayern, erlaubten es zudem vielen Bayern, in ihrer Geburtsregion Arbeit zu finden, statt ihr aus Erwerbsgründen den Rücken zu kehren. Seit der Endphase des Krieges machten dann, wie bereits gesehen, Evakuierte, Flüchtlinge und bald auch Vertriebene den Löwenanteil unter den Zugewanderten aus. Zu einem geringeren, doch gewichtigen Anteil gehörten zu jenen, die seit 1939 dauernd oder auf Zeit über die Landesgrenzen gekommen waren, auch Fremd- und Zwangsarbeiter, Asylsuchende aus osteuropäischen Ländern oder ehemalige Wehrmachtsangehörige, die nach der Auflösung ihrer Einheiten im Land geblieben waren.[6]

In den ersten Monaten und Jahren nach Kriegsende stachen den bayerischen Statistikern zunächst die auffälligen Veränderungen der räumlichen Bevölkerungsverteilung innerhalb Bayerns ins Auge, die den Umsiedlungsprozeß offensichtlich begleiteten. Wiederum schien ein säkularer Trend in seiner Wirkung relativiert oder möglicherweise gar beendet zu sein. Noch in den Jahrzehnten zwischen der Reichsgründung und dem Ausbruch des Zweiten Weltkriegs hatte die Verstädterung nicht nur im Deutschen Reich insgesamt, sondern auch in Bayern deutliche Fortschritte gemacht. Obwohl das Land innerhalb Deutschlands nach wie vor zu den am stärksten landwirtschaftlich geprägten Regionen zählte, lebten dort im Jahr 1939 nurmehr etwa 46% der Bevölkerung in Gemeinden unter 2000 Einwohnern, also am „flachen Land". Bis 1946 steigerte sich dieser Wert jedoch wiederum auf fast 54%. Demgegenüber hatten die Land- und Kleinstädte ein weitaus schwächeres Wachstum aufzuweisen, während die Mittel- und Großstädte ab 10000 Einwohnern im ersten Nachkriegsjahr einen klar geringeren Anteil der bayerischen Bevölkerung beherbergten als noch sieben Jahre zuvor. So stellte sich den Beobachtern vor allem die Frage, ob im Gefolge des Krieges „eine nahezu 100-jährige Entwicklung der Siedlungsstruktur abzubrechen" im Begriff war.[7] Für eine kurze Phase bayerischer Nachkriegsgeschichte stand die Möglichkeit im Raum, daß der jahrzehntelang prägende Zug in die Stadt sich abschwächte oder gar zu Ende ging. Unter den Bedingungen des Wiederaufbaus öffnete sich damit ein Zeitfenster für jene Versuche, ältere raumplanerische Konzepte zur Auflockerung und

---

[6] Oskar Roscher, Die Wanderungsbewegungen in Bayern in den Jahren 1947, 1948 und 1949, in: Zeitschrift des Bayerischen Statistischen Landesamts 82 (1950), S. 137–140.
[7] Adolf Voelcker, Die Verteilung der Bevölkerung Bayerns auf Stadt und Land, in: Bayern in Zahlen 1 (1947), S. 135f. (Zitat: S. 136).

Dezentralisierung deutscher Großstädte oder Industrien neu zur Diskussion zu stellen. In Bayern gingen dazu während einiger Jahre von den Arbeiten des Münchner Nationalökonomen Adolf Weber[8] und seiner Schüler wesentliche Anregungen aus.[9] Eine eindeutige Bewertung der Bevölkerungsbewegungen zu geben war allerdings vorerst unmöglich. Es lag auf der Hand, daß die Stadt-Land-Verschiebungen keinen organischen Vorgang darstellten, daß ihnen vorwiegend die Flüchtlings- und Vertriebeneneinweisungen in ländliche Räume zugrunde lagen und daß die demographische Situation weiterhin in Bewegung blieb. Die Analysen machten sukzessive vor allem klar, daß auch noch in den Jahren 1947 bis 1949 auf bayerischem Boden ein komplexer, kriegsbedingter Binnenwanderungs-, Zu- und Fortzugsprozeß im Gange war.

Erst im Rückblick zeigte sich, daß eine neue Landflucht in die Städte schon 1947 eingesetzt hatte. Sie relativierte den vorangegangenen Zug aufs Dorf und ging vor allem zu Lasten von Gemeinden unter 5000 Einwohnern. Mehr noch, gewann bereits in der zweiten Jahreshälfte 1948 die Zahl derer, die Bayern verließen, wieder die Oberhand über die Quote der Zuziehenden.[10] Im Jahr 1949 war Bayern erneut zu einem Abwanderungsland geworden und blieb es bis gegen Ende der 1950er Jahre. Ob freilich die annähernd 2 Millionen Heimatvertriebenen, die bis Mitte 1950 in Bayern verblieben waren, auf Dauer eher als Belastung oder als volkswirtschaftliche Chance zu interpretieren waren, ob das temporäre Anwachsen der Landbevölkerung den „Ausgangspunkt" eines „wirtschaftlichen Strukturwandels"[11] zur Erneuerung ländlicher Problemregionen bilden konnte, war allein aufgrund demographischer Basisdaten nicht zu entscheiden. Entsprechend zurückhaltend in ihren Prognosen blieben die bayerischen Statistiker. Recht bald schon allerdings formulierten westdeutsche Wirtschaftsexperten die Überzeugung, daß die kriegsbedingten Veränderungen am „deutschen Volkskörper" ungleich dauerhaftere Wirkung zeitigen würden als die Einbußen an Kapital und Produktivkraft vermuten ließen.[12] Diese sehr pauschale Einsicht war auf das Gebiet aller vier Besatzungszonen zugeschnitten, doch traf sie mutatis mutandis auch auf Bayern zu. Nicht die direkt entstandenen Kriegsschäden, sondern die indirekten Folgen des Krieges, darunter in erster Linie das demographische Wachstum, stellten Bayerns Wirtschaft und Gesellschaft in den Jahren des Wiederaufbaus vor die bedeutendere Belastungsprobe.

Bayern war seit Beginn der alliierten Bombenangriffe auf Deutschland im Frühjahr 1940 auch Zielregion gewesen. Der Hauptanteil der Bombenschäden aller-

---

[8] Adolf Weber (1876–1963), Wirtschaftswissenschaftler, 1908–1914 Professor an der Handelshochschule in Köln, 1914–1919 Professor an der Universität Breslau, 1917 Gründung des Osteuropa-Institutes in Breslau, 1919–1921 Professor in Frankfurt a. M., 1921–1948 Professor für Volkswirtschaft und Finanzwissenschaften an der Universität München.
[9] Vgl. hierzu eingehender Kap. II.3.a) des ersten Teils dieser Arbeit.
[10] Roscher, Wanderungsbewegungen in Bayern, S. 140.
[11] Volks- und Berufszählung am 13. September 1950 in Bayern. Volkszählung, Band 1: Gliederung der Wohnbevölkerung (Beiträge zur Statistik Bayerns 171), München 1952; Zitat: Voelcker, Verteilung der Bevölkerung, S. 135.
[12] Hierzu und zum demographischen Kenntnisstand gegen Mitte des Jahres 1947: Wilhelm Bauer, Die Kriegsschäden am deutschen Volkskörper, in: Die deutsche Wirtschaft zwei Jahre nach dem Zusammenbruch. Tatsachen und Probleme. Hg. vom Deutschen Institut für Wirtschaftsforschung (Institut für Konjunkturforschung), Berlin 1947, S. 14–36, hier: S. 36.

1. Kriegsfolgen und Handlungsspielräume

dings, die in bayerischen Städten und an ihren Baudenkmälern bis Mai 1945 zu beklagen waren, resultierte aus den Attacken des letzten Kriegsabschnitts seit Sommer 1944. Dieser Nachkriegsbefund der bayerischen Denkmalpflege kann kaum grundsätzlich überraschen: Mehr als 70% der Gesamtmenge an Bomben, die im Zweiten Weltkrieg auf Deutschland niederging, wurde erst in jener Phase abgeworfen.[13] Für Bayern waren die Angriffe bis dahin mit wenigen Ausnahmen auf die Großstädte und die wichtigeren Industrieorte beschränkt geblieben. Dort allerdings waren ganz erhebliche Verluste zu verzeichnen. Der Ablauf und die Intensität der britischen und amerikanischen Angriffe folgten dabei weniger einem feststehenden Plan als der sich wandelnden strategischen Logik und auch den taktischen Zufälligkeiten des alliierten Bombenkriegs. Das Schicksal Augsburgs kann dies illustrieren. Das dortige Werk der MAN geriet erstmals im August 1940 ins Visier der britischen Royal Air Force, die im Zusammenhang der Luftschlacht um England zu diesem Zeitpunkt konzentrierte Angriffe auf deutsche Industrieziele erprobte. Bis August 1942 folgten drei weitere Luftangriffe auf das Stadtgebiet, deren letzter bereits den taktischen Wechsel hin zur „area attack", also zur nächtlichen Bombardierung ganzer Stadtteile widerspiegelte. Ungeachtet dessen hatte die eingesetzte Bombenlast vorerst nur relativ geringen Umfang, und die bewirkten Schäden am Boden blieben vergleichsweise begrenzt. Im Herbst 1943 und vor allem in den ersten Monaten des Jahres 1944 änderte sich dies ebenso wie der Umfang der Angriffe grundsätzlich. Seit die US Air Force im August 1942 in die Bombenflüge am europäischen Kontinent eingegriffen hatte, waren sukzessive die norddeutschen U-Boot-Werften, die süddeutsche Kugellagerindustrie und die Flugzeugproduktion als Schwerpunktziele ausgewählt worden. Im April 1944 folgten intensivierte Attacken auf die Treibstoffherstellung, im Herbst des Jahres schließlich ging man zu den bis dahin schwersten Angriffen auf das deutsche Transportsystem über. Für Augsburg hatte diese Strategie die verheerendsten Zerstörungen seiner Geschichte zur Folge, als am 25./26. Februar 1944 die Messerschmitt-Flugzeugwerke und das übrige Stadtgebiet unter Beschuß gerieten. Vergleichbare Angriffsmuster wiederholten sich noch mehrmals bis Jahresende, bevor die Stadt im Januar und Februar 1945 verstärkt in ihrer Eigenschaft als Eisenbahnknotenpunkt attackiert wurde.[14]

Mit einem Zerstörungsgrad von etwa 24% des verfügbaren Wohnraums lag Augsburg im Bereich der vernichteten Substanz an Wohngebäuden im Mittelfeld der bayerischen Groß- und Industriestädte. Schwerste Zerstörungen hatte dane-

---

[13] David MacIsaac, General Introduction, in: ders. (Hg.), The United States Strategic Bombing Survey. Band I, New York/London 1976, S. XVIII.; Lill, Bayerns Kulturbauten.
[14] Vgl. hierzu die von einer amerikanischen Untersuchungseinheit im Sommer 1945 erarbeiteten Aufstellungen: IfZ-Archiv, MA 1566/3, The United States Strategic Bombing Survey, Civilian Defense Division, Augsburg Field Report (January 1947), Exhibit A-3 und J-1. Die beiden Tabellen stimmen nicht in allen Angaben überein. Zu den Zerstörungen allgemein auch: Heinrich Götzger, Augsburg. Ein Beitrag zum Wiederaufbau zerstörter Altstädte, München 1948; Wiederaufbau und Tradition kirchlicher und profaner Bauten in Augsburg und Schwaben. Hg. vom Historischen Verein für Schwaben, Augsburg 1951; Wolfgang Domarus, Nationalsozialismus, Krieg und Bevölkerung. Untersuchungen zur Lage, Volksstimmung und Struktur in Augsburg während des Dritten Reiches, München 1977, S. 128; Karl Filser/Peter Sobczyk, Augsburg im Dritten Reich, in: Gunther Gottlieb u. a. (Hg.), Geschichte der Stadt Augsburg. 2000 Jahre von der Römerzeit bis zur Gegenwart, Stuttgart 1984, S. 620–637, bes. S. 632–634.

ben München zu verzeichnen. Zwischen Juni 1940 und Februar 1945 war die Stadt über 60mal zum Ziel von Luftangriffen geworden und hatte eine Verminderung des Wohnraums um mehr als 50% hinnehmen müssen. Auch Nürnberg zählte im Mai 1945 zu den am härtesten getroffenen deutschen Städten mit etwa 50% schwer beschädigter oder zerstörter Gebäude. Etwa der halbe Wohnungsbestand wurde auch in Schweinfurt vernichtet, während in Würzburg vorwiegend aufgrund der Zerstörungen vom März 1945 knapp Dreiviertel der Wohnsubstanz betroffen war. Relativ glimpflich kamen Regensburg, Erlangen und Fürth davon. Umgekehrt verloren jedoch zahlreiche kleinere Orte, die nicht aufgrund ihrer Größe der systematischen Zerstörung durch die alliierten Luftflotten anheimfielen, wertvolle Bausubstanz, sofern sie wie etwa Schweinfurt, Aschaffenburg, Ingolstadt oder Donauwörth als Standort kriegswichtiger Betriebe oder Rangierbahnhöfe ins Visier gerieten. Im Zuge der Eroberung Bayerns durch amerikanische und französische Bodentruppen zwischen Anfang April und Anfang Mai 1945 erweiterte sich die Zerstörungsbilanz nochmals.[15]

Die Wirkungen, welche die alliierten Bomberoffensiven im Produktionsapparat der bayerischen Wirtschaft hinterließen, sind nur schwer zu erfassen und allenfalls in ihren relativen Proportionen zu beschreiben, nicht jedoch in absoluten Werten zu beziffern. Dabei hatte es unmittelbar nach Kriegsende keineswegs am politischen Willen gefehlt, eine derartige dokumentarische Lücke im Rahmen des Möglichen zu schließen. Bereits am 8. August 1945 hatte Ministerpräsident Schäffer dem bayerischen Innenministerium den Auftrag erteilt, sämtliche Kriegssachschäden in Bayern zu erfassen. Bei dem ambitiösen Unternehmen sollten sowohl Sachschäden als auch sogenannte Nutzungsschäden und Plünderungsverluste berücksichtigt werden. De facto gelangten die Arbeiten jedoch über eine bloß vorläufige und, wie sich bald herausstellte, dauerhaft unvollständige Erhebung nicht hinaus. Der Hauptgrund lag darin, daß ein zentrales Quellenkorpus nicht mehr zur Verfügung stand:

---

[15] Siehe dazu im einzelnen Karlheinz Hemmeter, Bayerische Baudenkmäler im Zweiten Weltkrieg: Verluste, Schäden, Wiederaufbau, München 1995, passim sowie die Zerstörungshistorie bayerischer Orte in: Hartwig Beseler/Niels Gutschow, Kriegsschicksale deutscher Architektur. Verluste-Schäden-Wiederaufbau. Eine Dokumentation für das Gebiet der Bundesrepublik Deutschland. Band II: Süd, Neumünster 1988, S. 1315-1517; Dokumente deutscher Kriegsschäden: Evakuierte, Kriegssachgeschädigte, Währungsgeschädigte. Die geschichtliche und rechtliche Entwicklung. Hg. vom Bundesminister für Vertriebene, Flüchtlinge und Kriegsgeschädigte, Bonn 1964; Schreyer, Bayern – ein Industriestaat, S. 200f. Daneben bieten eine Fülle von stadtgeschichtlich orientierten Studien auch Hinweise auf die Geschichte und das Ausmaß der Zerstörungen in den bayerischen Städten, darunter unter anderem: Richard Bauer, Fliegeralarm. Luftangriffe auf München 1940-1945, München 1987; Nina A. Krieg, München, leuchtend und ausgebrannt ... Denkmalpflege und Wiederaufbau in den Nachkriegsjahren, in: Friedrich Prinz (Hg.), Trümmerzeit in München. Kultur und Gesellschaft einer deutschen Großstadt im Aufbruch 1945-1949, München 1984, S. 69-87; Erich Mulzer, Der Wiederaufbau der Altstadt von Nürnberg 1945 bis 1970 (Erlanger Geographische Arbeiten 31), Erlangen 1972; Irene Handfest, Der Luftkrieg in Nürnberg. Quellen des Stadtarchivs vom 2. Januar 1945, Nürnberg 1985; Christian Koch/Rainer Büschel/Uli Kuhnle, Trümmerjahre. Nürnberg 1945-1955, München 1989; Max Domarus, Der Untergang des alten Würzburg im Luftkrieg gegen die deutschen Großstädte, 7. Aufl. Gerolzhofen 1995; Jörg Paczkowski, Der Wiederaufbau der Stadt Würzburg nach 1945 (Mainfränkische Studien 30), Würzburg 1982; In stummer Klage. Zeugnisse der Zerstörung Würzburgs. Zur Sonderausstellung aus Anlaß der 40. Wiederkehr des 16. März 1945, Würzburg 1985; Alois Stadtmüller, Maingebiet und Spessart im Zweiten Weltkrieg. Überblick – Luftkrieg – Eroberung, Aschaffenburg 1982; Paul Hoser, Die Geschichte der Stadt Memmingen. Band 2: Vom Neubeginn im Königreich Bayern bis 1945, Stuttgart 2001, S. 281-292.

1. Kriegsfolgen und Handlungsspielräume 29

Jene Aktenbestände nämlich, die das Finanzministerium noch bis ins Jahr 1945 zur Abrechnung von Kriegsschäden angelegt hatte, waren gegen Kriegsende weitgehend einer Brandkatastrophe zum Opfer gefallen. Als es im Jahr 1950 darum ging, mögliche Entschädigungsansprüche zu prüfen, sahen sich weder die Bayerische Staatskanzlei noch das Innenministerium oder das Finanzressort in der Lage, präzisere Unterlagen zu liefern. Von offizieller bayerischer Seite liegen damit bis heute lediglich Berechnungen des Statistischen Landesamts zu den bis Mai 1945 entstandenen „Kriegsschäden an Wohngebäuden, anderen Gebäuden und Kulturbauten" vor.[16] Ihnen zufolge waren 3955 Industriegebäude völlig zerstört worden, wovon über die Hälfte in Mittelfranken gestanden hatte.[17]

Daß sich die nachfolgenden Schätzungen dennoch zumindest auf einen gesicherten Bestand an Indizien stützen können, ist einer Untersuchung des bayerischen Finanzministeriums zu verdanken. Im Bemühen, den eigenen Aufgabenbereich organisatorisch wieder in den Griff zu bekommen und handlungsfähig zu werden, erteilte das Ministerium den Oberfinanzpräsidenten in München und Nürnberg am 20. Juli 1945 den Auftrag, durch Betriebsbefragungen eine möglichst repräsentative Bestandsaufnahme der „Wirtschaftslage im rechtsrheinischen Bayern" zu erheben.[18] Dieser erste Versuch, eine Überblicksdarstellung zu erarbeiten, erbrachte ein düsteres, doch keineswegs hoffnungsloses Bild. Ein konstitutiver, in sich bereits aussagekräftiger Bestandteil des entstehenden Mosaiks lag freilich schon in den Schwierigkeiten, die sich der Durchführung des Unternehmens entgegenstellten. Da noch kein geregelter Post-, Fernsprech- oder Telegraphenverkehr möglich war, ging die Anordnung des Münchner Finanzministeriums erst zwei Wochen später in Nürnberg ein, von wo die Erhebungsbögen wegen Papiermangels nicht vor Mitte August an die beauftragten Finanzämter versandt werden konnten. Entlegenere Dienststellen kamen so erst mit knapp einmonatiger Verzögerung in den Besitz des Erlasses und der benötigten Unterlagen. Doch selbst wo diese Hürde überwunden war, erreichten die Prüfer aufgrund zerstörter Verkehrsverbindungen, fehlender Transportmittel oder verweigerter Passiergenehmigungen viele Betriebe nicht oder nur mit großen Verzögerungen. Die Befragungsaktion litt zudem unter dem spürbaren Personalmangel, der sich in den bayerischen Finanzämtern im Sommer 1945 aufgrund von Entlassungen im Gefolge der ersten Entnazifizierungsmaßnahmen eingestellt hatte. Umso erstaunlicher ist es, daß immerhin mehr als 350 gewerbliche Betriebe ausgewählter, repräsentativer Sparten in ganz Bayern auf der Basis einer einheitlichen Erhebungsprozedur befragt werden konnten. Ihre Meldungen zeichnen eine Schadens- und Mangelsituation, die bei allen Differenzierungen in der individuellen Ausprägung doch einige klare Grundlinien erkennen läßt.

Im Frühherbst 1945 zeigte sich die bayerische Wirtschaft durch die Folgen des Zusammenbruchs in sehr unterschiedlichem Maße beeinträchtigt. Am stärksten

---

[16] BayHStA, MInn 79663, Bayerisches Staatsministerium des Innern an das Statistische Landesamt München, 21.7.1949; ebenda, Bayerisches Staatsministerium des Innern an das Amt des Landeskommissars für Bayern, Reports and Intelligence Branch, 26.6.1950 (Zitat); ebenda, Bayerische Staatskanzlei an das Bayerische Staatsministerium des Innern, 6.7.1950.
[17] Statistisches Jahrbuch für Bayern 1947, München 1948, S. 227 (Tabelle 9).
[18] BayHStA, MF 71765, Das Bayerische Ministerium der Finanzen an die Herren Oberfinanzpräsidenten München und Nürnberg. Betreff: Die Wirtschaftslage im rechtsrheinischen Bayern, 20.7.1945.

betroffen von Kapazitäts- und Umsatzverlusten aufgrund von Kriegsschäden waren die Großbetriebe aller untersuchten Gewerbesparten. Dies traf sowohl im nördlichen als auch im südlichen Teil Bayerns zu. Daß die ökonomischen Einbußen in mittleren und kleineren Unternehmen weniger gravierend ausgefallen waren, führten die Beobachter der Finanzbehörden auf deren geringere Abhängigkeit vom „Zustand der Betriebsanlagen" zurück und auf die „größere Anpassungsfähigkeit an die neuen Verhältnisse".[19] In Stadt-Land-Kategorien ausgedrückt, entfalteten die Kriegsschäden im Wirtschaftsgefüge der von Bomben am schwersten getroffenen Städte Nordbayerns relativ gesehen die fatalste Wirkung: In Aschaffenburg, Nürnberg, Schweinfurt und Würzburg lag die gewerbliche Tätigkeit im September 1945 noch weitgehend am Boden. Hingegen hatte die geringere Schadensbilanz in den kleineren Städten und am Land zur Folge, daß die Unternehmen dort bereits nach relativ kurzer Arbeitsunterbrechung zu ihrer vorherigen Tätigkeit zurückkehren konnten. In der Regel verband sich diese allerdings mit reduziertem Personalbestand und Umsatz.

Bemerkenswert ist außerdem, daß sich für alle befragten Gewerbesparten die direkten Bombenschäden nur als Teil eines sehr viel breiteren Spektrums von produktionshemmenden Faktoren darstellten. Darunter fielen etwa die grassierende Rohstoff- und Kohlenknappheit als Fortsetzung der Kriegsmangelsituation, fehlende Baumaterialien, Transport- und Verkehrsprobleme, Kapitalmangel oder nicht erteilte Betriebsgenehmigungen im Zusammenhang mit dem Status als ehemalige Rüstungsbetriebe. In der Einschätzung der Befragten kamen diese Hemmnisse oft den Wirkungen der Kriegsschäden gleich oder überwogen sie sogar deutlich. Erhebliche und dominante Sachschäden wiesen demzufolge städtische Gewerbezweige wie die Großbrauereien in Nürnberg und München auf, ebenso das dortige Druck- und Verlagsgewerbe, die Münchner Mühlenindustrie, die für Nürnberg typische Pinsel- und Bürstenherstellung, die Nürnberger Elektrotechnik, die Augsburger Textilindustrie, die Bekleidungsproduktion in Aschaffenburg oder die Kugellagerindustrie in und um Schweinfurt.[20]

Auch im südbayerischen Apparate- und Maschinenbau, der stark in die Rüstungsproduktion involviert gewesen war, rangierten die Schäden in der Größenordnung von 5% bis 60% der Produktionskapazitäten, wobei einige größere Betriebe auffälligerweise lediglich Schadensquoten zwischen 5% und 20% konstatierten. Hier schrieben die Verantwortlichen daneben der Tatsache, daß bereits gelieferte Rüstungsgüter noch nicht bezahlt oder bereits hergestellte nicht mehr absetzbar waren, einen Hauptanteil an den eigenen betriebswirtschaftlichen Verlusten zu. Schwierigkeiten bei der Umstellung des betrieblichen Fertigungsprogramms auf die Friedensproduktion beschäftigten diesen Gewerbezweig in ganz Bayern und wurden auch aus der nordbayerischen Elektroindustrie gemeldet. Aus

---

[19] Vgl. hierzu und zum folgenden: BayHStA, MF 71765, Der Oberfinanzpräsident München. Betrifft: Die Wirtschaftslage im rechtsrheinischen Bayern, 10.9.1945; ebenda, Der Oberfinanzpräsident Nürnberg. Betrifft: Erhebungen über die Wirtschaftslage im rechtsrheinischen Bayern, 8.9.1945 (Zitat: Anlage 2, S. 2).
[20] Vgl. hierzu auch die Schätzungen bei Otmar Emminger, Die bayerische Industrie (Bayerns Wirtschaft. Schriftenreihe der „Volkswirtschaftlichen Arbeitsgemeinschaft für Bayern" 2), München 1947, S. 44–46.

1. Kriegsfolgen und Handlungsspielräume 31

der bayerischen Chemieindustrie gingen Berichte über Sachschäden im Wert von ca. 30 Mio. RM für die Werke innerhalb der Landesgrenzen ein. Die Produktionskapazitäten waren dort im Frühherbst 1945 zu 10% bis 60% ausgelastet. Der bedeutendste bayerische Betrieb, die Alexander Wacker AG, hatte erst etwa 15% des Vorkriegspotentials reaktiviert. Und wiederum wurden die Gründe für die geringe Produktivität „nicht so sehr in unmittelbaren Kriegsschäden als im Mangel an Rohstoffen und den derzeitigen Verkehrsschwierigkeiten" verortet. Ganz besonders glimpflich waren im Bereich der Sachschäden so unterschiedliche Gewerbesparten wie die bayerische Industrie der Steine und Erden, das holzverarbeitende Gewerbe oder die Elektrizitätserzeugung davongekommen. Auch das Nahrungsmittelgewerbe und die voll ausgelasteten Mühlenbetriebe außerhalb der ausgebombten Städte rechneten für das Geschäftsjahr 1945 bereits wieder mit Gewinnen ähnlich jenen des Jahres 1943.[21]

Alles in allem zeichnet sich aufgrund der Befragungsergebnisse eine lose Korrelation von räumlicher Lage und Schadensverteilung zwischen den Gewerbesparten ab. Offensichtlich hatten jene bayerischen Gewerbezweige mit den höchsten zerstörungsbedingten Einbußen zurechtzukommen, welche in den Groß- und Mittelstädten durchschnittlich bis überdurchschnittlich vertreten waren, darunter die Elektrotechnik, der Maschinenbau, die Druckindustrie oder die papierverarbeitende Industrie, die Textil- und Bekleidungsherstellung, die Chemie und das Brauereigewerbe. Daß umgekehrt beispielsweise die Industrie der Steine und Erden, die Sägewerke und die Holzverarbeitung so gering geschädigt waren, hatte direkt mit der Tatsache zu tun, daß sie in Bayern typischerweise in kleinen und kleinsten Gemeinden unterhalb von 10000 Einwohnern anzutreffen waren, welche kein bevorzugtes Bombenziel abgegeben hatten.[22] Als durchgehende Regel ist diese Beobachtung jedoch nicht aufzufassen. Lokale und rüstungsstrukturelle Besonderheiten oder der taktische Einsatz von Bombardements zur Unterstützung der vorrückenden Truppen in der letzten Kriegsphase konnten das Bild im Einzelfall deutlich in Richtung stärkerer oder geringerer Zerstörungsintensität prägen. So spielten die in der Erhebung des Finanzministeriums nicht erfaßten Werke der militärischen Luftfahrtindustrie in Bayern gewiß eine Sonderrolle. Die Messerschmitt-Flugzeugwerke in Augsburg und Regensburg, die meisten Dornier-Niederlassungen in Oberbayern oder auch die BMW-Flugmotorenherstellung im Raum München hatten schwerste Angriffe hinnehmen müssen. Bekanntlich war davon die erstaunliche Regenerationsfähigkeit dieses prioritären Rüstungszweigs erst spät in der zweiten Hälfte des Jahres 1944 beeinträchtigt worden. Gegen Kriegsende hatte gleichwohl beispielsweise die Augsburger Stammniederlassung der Messerschmitt AG den Verlust von mindestens 75% ihrer Werksanlagen zu verzeichnen.[23]

[21] BayHStA, MF 71765, Der Oberfinanzpräsident München. Betrifft: Die Wirtschaftslage im rechtsrheinischen Bayern, 10.9.1945 (Zitat: S.8); ebenda, Der Oberfinanzpräsident Nürnberg. Betrifft: Erhebungen über die Wirtschaftslage im rechtsrheinischen Bayern, 8.9.1945.
[22] Vgl. eine Analyse der Verteilungsverhältnisse in den frühen Nachkriegsjahren: Rosemarie Bassenge, Die Beschäftigten in der Industrie und ihre Verteilung auf die Gemeindegrößenklassen, in: Bayern in Zahlen 4 (1950), S. 327-331.
[23] Aircraft Division Industry Report, in: David MacIsaac (Hg.), The United States Strategic Bombing Survey. Band II, New York/London 1976, bes. S. 5-11, 61-66; Christopher Magnus Andres, Die bundesdeutsche Luft- und Raumfahrtindustrie 1945-1970. Ein Industriebereich im

Umgekehrt ist die auffällig rasche Erholung der bayerischen Kapazitäten zur Stromgewinnung unter anderem darauf zurückzuführen, daß die deutsche Elektrizitätserzeugung insgesamt nie von den Alliierten als Schwerpunktziel ihrer strategischen Bomberattacken ausgewählt worden war. Da Bayerns Stromerzeugung zu über 90% auf Wasserkraft beruhte, stellte sich die Branche auch hinreichend dezentralisiert dar, um nicht den Angriffen auf die städtischen Ballungszentren zum Opfer zu fallen.[24] Ähnliches galt für die Chemie: Abgesehen von der synthetischen Treibstoffherstellung in den Hydrierwerken und der damit verbundenen Nitrogen-, Methanol- und Gummiproduktion war kein Bereich der deutschen chemischen Industrie von den Alliierten als „priority target" systematisch anvisiert worden. So überstand in Bayern etwa das Werk Gendorf der Anorgana GmbH die Kriegsereignisse so gut wie unversehrt, obwohl dort bis 1945 unter anderem das Giftgas Lost in großem Umfang produziert worden war.[25]

Insgesamt stützen diese Beobachtungen den Befund, wonach auch in Bayern die Bombenschäden an der betrieblichen Substanz keineswegs als ausschlaggebend für den Kollaps des Wirtschaftslebens im Frühjahr 1945 einzuschätzen sind. Es waren die jungen Wirtschaftsexperten der amerikanischen „Strategic Bombing Survey" unter der Leitung von John K. Galbraith, die bereits wenige Monate nach Kriegsende erstmals zu diesem Schluß gelangt waren. Im Auftrag der US Air Force von Bad Nauheim aus tätig, boten ihre auf der Basis von erbeutetem produktionsstatistischem Material des Statistischen Reichsamts, über Befragungen vor Ort und unter Mithilfe des deutschen Ökonomen Rolf Wagenführ erarbeiteten Studien ein differenzierteres Bild. Demnach war der in der zweiten Jahreshälfte 1944 zu beobachtende Rückgang in der deutschen Rüstungserzeugung ganz überwiegend auf die Ausschaltung lebenswichtiger Transportsysteme zurückzuführen. Die amerikanischen Experten haben sich nie mit Bayern als ökonomischer Einheit beschäftigt. Sie konnten jedoch für Süddeutschland als eines „outstanding example of regional failure" überzeugend klarmachen, daß die Region von der Transportkrise im Gefolge der gezielten Luftattacken auf deutsche Verkehrswege seit Herbst 1944 hart getroffen worden war. Demzufolge war es in erster Linie der aus Transportproblemen resultierende Kohlen- und Rohstoffmangel, der südlich des Mains in

---

Spannungsfeld von Politik, Wirtschaft und Militär (Münchner Studien zur neueren und neuesten Geschichte 15), Frankfurt/Main u. a. 1996, S. 54. Allgemein zur Entwicklung der deutschen militärischen Luftfahrtindustrie: Lutz Budraß, Flugzeugindustrie und Luftrüstung in Deutschland 1918-1945, Düsseldorf 1998.

[24] The United States Strategic Bombing Survey. Over-all Report (European War), in: David MacIsaac (Hg.), The United States Strategic Bombing Survey, Band I, New York/London 1976, S. 82-85.

[25] Ebenda, S. 39-58 sowie Oil Division, Final Report, in: David MacIsaac (Hg.), The United States Strategic Bombing Survey. Band V, New York/London 1976 (Die Bände der Edition enthalten keine durchgehende Seitennumerierung). Vgl. zu den chemischen Werken in Bayern, die sich entweder im unmittelbaren Besitz der I.G. Farben befanden bzw. durch zum I.G. Farben-Konzern gehörende Firmen gebaut oder betrieben wurden: ACSP, NL Elsen 6.7.7, K. Bender, Werke der I.G.-Farbenindustrie A.G. in Bayern, 5. 8. 1946.
Zur Geschichte des I.G.-Konzerns und seiner bayerischen Betriebe allgemein: Gottfried Plumpe, Die I.G. Farbenindustrie AG. Wirtschaft, Technik und Politik 1904-1945, Berlin 1990, S. 606-608; Ernst Bäumler, Farben, Formeln, Forscher. Hoechst und die Geschichte der industriellen Chemie in Deutschland, München 1989, S. 284 f.; ders., Die Fabrik im Grünen – oder Das Werk, das niemand haben wollte, Burgkirchen 1990; Robert Deser/Sieghard Riedel, Die Fabrik im Grünen – Geschichte des Werkes Gendorf der Hoechst AG, in: Öttinger Land 1 (1981), S. 61-65.

1. Kriegsfolgen und Handlungsspielräume   33

steigendem Maße zu Produktionsausfällen und schließlich zur Lähmung wichtiger Wirtschaftszweige geführt hatte.[26] Diese Gewichtung erlaubt wiederum die Schlußfolgerung, wonach auch in Bayern der Wert des im Sommer 1945 existierenden Anlagevermögens der Wirtschaft nicht stark unter oder sogar über dem Stand des letzten Normaljahres 1936 lag.[27] Dies gilt besonders für die maschinelle Ausstattung. Immer wieder mußten die Berichterstatter der „Strategic Bombing Survey" bei ihren Lokalterminen und Befragungen in den Betrieben des frühen Nachkriegsdeutschland feststellen, daß die Luftangriffe sehr viel geringere Wirkungen auf den Maschinenpark als auf den Gebäudebestand der Unternehmen entfaltet hatten. Eine Studie, die den ökonomischen Effekt der Flächenbombardements anhand ausgewählter deutscher Städte untersuchte, kam zu dem Schluß, daß dort insgesamt nicht mehr als 6,5% aller Werkzeugmaschinen zerstört werden konnten. Diese Tendenz manifestierte sich auch in Bayern. Selbst bei hochkonzentrierten Angriffen auf industrielle Agglomerationen vom Zuschnitt der Schweinfurter Kugellagerindustrie wurden nur unter 5% der vorhandenen Maschinen tatsächlich dauerhaft außer Betrieb gesetzt. Die meisten der beschädigten Aggregate waren nach weniger als zwei Monaten wieder einsatzbereit oder sogar durch neue ergänzt worden. So standen etwa der Firma Kugelfischer nach Aussagen von Mitarbeitern im Gefolge der Angriffe mehr Werkzeugmaschinen zur Verfügung als je zuvor. Ein ernüchtertes Resümee der Amerikaner von Januar 1947 betonte deshalb die eher *indirekte* Wirkung von „area raids" auf die deutsche Kriegsproduktion: Vorwiegend indem man die Zivilbevölkerung traf und so die Quote der Abwesenheit vom Arbeitsplatz steigerte, habe man im allgemeinen den entscheidenden Teil der Produktionseinbußen bewirkt.[28]

Andere informierte zeitgenössische Beobachter teilten dieses Urteil im Grundsätzlichen. Ungeachtet des vernichtenden ersten Gesamteindrucks der Kriegszer-

---

[26] Transportation Division, The Effects of Strategic Bombing on German Transportation, in: David MacIsaac (Hg.), The United States Strategic Bombing Survey. Band VI, New York/London 1976, darin besonders der Abschnitt „Economic Effects of Air Attacks on Transportation", S. 78-86 (Zitat: S. 79). Zur Rolle des Transportwesens in der Schlußphase des Krieges auch: Alfred C. Mierzejewski, The Collapse of the German War Economy, 1944-1945, Chapel Hill/London 1988. Zur Wirkung des alliierten strategischen Bombenkriegs auf die deutsche Kriegswirtschaft detailliert und zusammenfassend: Overall Economic Effects Division, The Effects of Strategic Bombing on the German War Economy, in: MacIsaac (Hg.), The United States Strategic Bombing Survey. Band I, S. 1-14. Der Bericht wurde unter der Federführung des amerikanischen Ökonomen John Kenneth Galbraith verfaßt. Zur Geschichte der USSBS: David MacIsaac, Strategic Bombing in World War Two: The Story of the United States Strategic Bombing Survey, New York 1976; John K. Galbraith, Leben in entscheidender Zeit, München 1981, S. 201-227.
[27] Für die anglo-amerikanischen Besatzungszonen bzw. für die Westzonen insgesamt argumentieren im Sinne eines höheren Werts des industriellen Anlagekapitals im Jahre 1945 gegenüber 1936: Werner Abelshauser, Wirtschaft in Westdeutschland 1945-1948. Rekonstruktion und Wachstumsbedingungen in der amerikanischen und britischen Zone, Stuttgart 1975; ders., Wirtschaftsgeschichte der Bundesrepublik Deutschland 1945-1980, Frankfurt/Main 1983, S. 20-24; ders., Deutsche Wirtschaftsgeschichte seit 1945, S. 67-74; Dietrich Eichholtz, Geschichte der deutschen Kriegswirtschaft 1939-1945. Band III: 1943-1945, Teil 2, München 1999, S. 669-679.
[28] Area Studies Division Report, in: David MacIsaac (Hg.), The United States Strategic Bombing Survey. Band II, New York/London 1976, S. 17-24; Equipment Division, The German Anti-Friction Bearings Industry, in: MacIsaac (Hg.), The United States Strategic Bombing Survey. Band III, S. 36-39. Vgl. auch: Physical Damage Division Report (ETO), in: MacIsaac (Hg.), The United States Strategic Bombing Survey. Band V, S. 59-76, bes. S. 76. Zu den aufgrund von Bombenangriffen verlorenen Arbeitsstunden in der oberbayerischen Industrie: The Effects of Strategic Bombing on German Morale, in: MacIsaac (Hg.), The United States Strategic Bombing Survey. Band IV, S. 59.

störungen zeigten sich in Bayern in den ersten Nachkriegsjahren sowohl führende Vertreter der amerikanischen Militärverwaltung als auch Beamte des Statistischen Landesamts und einheimische Wirtschaftspolitiker darin einig, daß die Schäden am Wirtschaftskörper des Landes geographisch und sektoral ebenso begrenzt wie im innerdeutschen Maßstab vergleichsweise gering ausgeprägt waren. So ging der Land Director für Bayern, Murray D. Van Wagoner[29], im Juli 1949 davon aus, daß kaum mehr als ein Siebtel der Produktionskapazitäten der bayerischen Wirtschaft den Kriegseinwirkungen zum Opfer gefallen war: „War damage to industry, less in Bavaria than in most of the rest of Germany, was confined for the most part to the large cities and largely to the metal and machinery industries. It is estimated that Bavaria's industrial capacity was reduced about 15 percent by war damage."[30] Ähnlich konnte der bayerische Wirtschaftsminister Zorn[31] in einer volkswirtschaftlichen Bestandsaufnahme vor dem bayerischen Landtag im Juni 1947 feststellen, daß das Land „den größten Teil" seiner „Produktionskapazität über die Wirren des Krieges und des Zusammenbruchs hinweggerettet" habe. Schätzungen des Statistischen Landesamts bestätigten wenige Jahre später die Tendenz dieser Befunde.[32]

Ein vergleichender Blick auf den Produktionsfaktor Arbeit in Verbindung mit der Entwicklung der Arbeitsplatzkapazitäten in der bayerischen Industrie kann diese Beobachtungen ergänzen und untermauern. Folgt man den Daten der Industrieberichterstattung, dann kamen in der bayerischen Industrie im April 1947 auf rund 564000 Arbeitsplätze für Arbeiter etwa 412000 Beschäftigte, davon knapp 350000 Arbeiter und Lehrlinge. Demzufolge wurde die verfügbare Arbeiterplatzkapazität zu kaum mehr als 61% ausgenutzt. Entsprechende industriestatistische Kapazitätserhebungen für die Vorkriegszeit fehlen in hinreichender regionaler Tiefe, doch können Vergleichszahlen durch Extrapolation ermittelt werden. Legt man für das Jahr 1936 eine nachgewiesene industrielle Beschäftigung in Bayern von etwa 478000 Arbeitern und Angestellten (ohne Bauindustrie) zugrunde, wovon rund 400000 Plätze auf die Arbeiterschaft entfielen, und geht man weiterhin von einer am Reichsdurchschnitt orientierten Kapazitätsauslastung von 70 bis 75% aus, dann ergibt sich für Bayern eine Kapazität der Industrie für das Jahr 1936 (ohne Bauindustrie) von etwa 530000 bis etwa 570000 Arbeiterplätzen. Vor dem Hintergrund von rund 564000 Arbeitsplätzen im Frühjahr 1947 läßt die angestellte Vergleichsrechnung den Schluß zu, daß die industrielle Kapazität Bayerns seit 1936 keine wesentliche Verminderung, vermutlich sogar eine absolute Ausweitung erfahren hat.[33]

---

[29] Murray D. Van Wagoner (1898-1986), US-Diplomat, 1921-1940 Bezirksbauingenieur für den Staat Michigan, 1940-1942 Gouverneur von Michigan, 1947-1949 Direktor der amerikanischen Militärregierung in Bayern.
[30] BayHStA, OMGBY 13/141-1/14, Murray D. Van Wagoner, The situation in Bavaria, 20.7.1949, S. 54.
[31] Rudolf Zorn (1893-1966), Jurist, SPD-Politiker, 1927-1933 Bürgermeister in Oppau (Pfalz), 1934-1945 Mitarbeiter, später Vorstandsvorsitzender einer Zigarettenfabrik, 1946-47 Bayerischer Wirtschaftsminister, 1951 Bayerischer Finanzminister.
[32] Stenographischer Bericht über die 22. Sitzung des Bayerischen Landtags am 26.6.1947, S. 667; G. von Pokorny, Wo steht die bayerische Wirtschaft?, in: Bayern in Zahlen 6 (1952), S. 242-245, hier: S. 243.
[33] Vgl. für den Grundgedanken der Vergleichsrechnung: Emminger, Bayerische Industrie, S. 46f.; die verwendeten Zahlen für 1936 berücksichtigen die Bauwirtschaft nicht. Grunddaten zur In-

1. Kriegsfolgen und Handlungsspielräume

Es ist für den weiteren Verlauf dieser Betrachtungen wesentlich, daß offensichtlich auch die folgenden alliierten Demontageentnahmen aus der bayerischen Wirtschaft an dem relativ positiven Kapazitätsbefund nichts Grundsätzliches ändern konnten. Diese überraschende Einsicht wird an anderer Stelle der Arbeit eingehender zu erläutern sein.[34] Es sei aber hier bereits auf ein weiteres Indiz verwiesen, das verdeutlicht, wie vergleichsweise günstig sich die Grundstruktur der bayerischen Wirtschaft bereits zu Beginn des Betrachtungszeitraums im Hinblick auf die industriellen Produktionskapazitäten darstellte. So zeigt die Entwicklung des Index der industriellen Produktion Westdeutschlands in den ersten Jahren nach der Währungsreform, daß Bayern im Vergleich der Bundesländer überraschend gut abschnitt. Bezogen wiederum auf das Ausgangsjahr 1936 war hier und in Württemberg-Baden der deutlichste Anstieg der monatsdurchschnittlichen Gesamtproduktion zu verbuchen.

Tabelle 3: Index der industriellen Produktion in Bayern, in ausgewählten Bundesländern und im Bundesgebiet, 1948–1951

Produktion/	Monatsdurchschnitt (1936 = 100)			
regionale Ebene	1948	1949	1950	1951
Gesamtproduktion[35]				
Bayern	69	97	116	141
Württemberg-Baden	60	93	125	151
Hessen	57	84	104	121
Nordrhein-Westfalen	68	86	104	122
Bundesgebiet	60	89	113	136
Allg. Produktionsgüter (einschließlich Energie)				
Bayern	135	147	167	188
Württemberg-Baden	86	93	127	142
Hessen	64	82	101	122
Nordrhein-Westfalen	86	103	119	136
Bundesgebiet	83	107	127	147
Investitionsgüter (ohne Bau)				
Bayern	58	91	112	146
Württemberg-Baden	54	92	128	162
Hessen	51	77	99	117
Nordrhein-Westfalen	60	76	95	114
Bundesgebiet	50	82	110	139
Verbrauchsgüter (ohne Nahrungs- und Genußmittel)				
Bayern	58	85	101	118
Württemberg-Baden	53	85	112	127
Hessen	62	109	124	129
Nordrhein-Westfalen	59	82	104	118
Bundesgebiet	51	80	103	118

Quelle: Statistisches Jahrbuch für Bayern 1952, S. 460 (Tabelle 14) und eigene Berechnungen.

dustrieproduktion des Reichs bietet: Rolf Wagenführ, Die deutsche Industrie im Kriege 1939–1945 (Unveränderter Nachdruck der 1954 erschienenen ersten Auflage), 3. Aufl. Berlin 2006.
[34] Siehe hierzu den folgenden Abschnitt II.2.
[35] Ohne Bau, ohne Nahrungs- und Genußmittel, einschließlich Energie.

Auch wenn zu berücksichtigen ist, daß der Anstieg der bayerischen Industrieproduktion auf einem deutlich niedrigeren Gesamtniveau aufbaute als etwa in Nordrhein-Westfalen und deshalb ein statistisch relevantes Ergebnis relativ leichter zu realisieren war, bleibt doch bemerkenswert, wie deutlich die frühe Expansion der Produktion im Bereich der allgemeinen Produktionsgüter und der Investitionsgüter ausfiel. Sie übertraf den Anstieg der Verbrauchsgüterproduktion bei weitem und ist kaum anders als durch das Vorhandensein eines relativ umfangreichen Kapitalstocks in der bayerischen Industrie zu erklären, dessen Umfang und Zuschnitt zuletzt während der nationalsozialistischen Hochrüstungsphase geprägt worden war.[36] An der solchermaßen „wachstumsbegünstigenden Ausgangsstruktur"[37] der bayerischen Wirtschaft hatten die industriell-gewerblichen Unternehmensgründungen der Flüchtlinge und Vertriebenen vor 1950 aufgrund ihrer geringen Zahl nur einen kleinen Anteil. Da sie generell überwiegend im Bereich der Verbrauchsgüterproduktion angesiedelt waren, können sie außerdem den zu beobachtenden Produktionszuwachs im Investitionsgüterbereich nicht primär plausibel machen. Anders verhält es sich mit den ökonomischen Effekten der zugewanderten Flüchtlingsarbeitskraft schlechthin, die an geeigneter Stelle zu diskutieren sein werden.[38]

Festzuhalten bleibt freilich auch, daß mit der überraschend starken Zunahme des Volumens der industriellen Gütererzeugung bis zum ersten Halbjahr 1951 ein Aspekt des ökonomischen Wiederaufbaus in Bayern benannt ist, der keineswegs repräsentativ für das Gesamtbild stehen kann. In der Reihe jener Faktoren, die die Handlungsspielräume bayerischer Politiker, Verbands- oder Wirtschaftsvertreter bestimmten, überwogen noch um 1950 zweifellos die fortbestehenden Hemmnisse und ungelösten Wirtschaftsprobleme die bereits erzielten Erfolge. Neben den Regelungen des Besatzungsrechts und den Vorgaben der amerikanischen Besatzungsmacht auf ökonomischem Feld, die anhand der Demontagefrage an anderer Stelle ausführlicher zu erörten sind, waren es vorwiegend die *indirekten* Folgen der Kriegsereignisse, die den bayerischen Wiederaufbau vor die gravierendsten Probleme stellten. Einige dieser Elemente verloren mit der Währungsreform an Bedeutung, andere hingegen wirkten als strukturelle Belastungsfaktoren über Jahre oder sogar Jahrzehnte fort.

b) Strukturelle Belastungsfaktoren und alliierte Vorgaben

Zu den letzteren zählten die ökonomischen Folgen der Zoneneinteilung, die Bayern als rohstoffarme Region besonders nachhaltig trafen. Der Verlust der deutschen Gebiete im Osten und die zunehmende Abschottung der sowjetischen Besatzungszone bzw. der DDR stellten die außenwirtschaftliche Einbettung Bay-

---

[36] Vgl. hierzu eingehender das folgende Kapitel II.2.
[37] Abelshauser, Deutsche Wirtschaftsgeschichte seit 1945, S. 318.
[38] Siehe hierzu die Zahlenangaben in: Karl Pechartscheck, Die Entwicklung der bayerischen Flüchtlingsindustrie im Jahre 1950, in: Bayern in Zahlen 5 (1951), S. 173 f.; ders., Die Flüchtlingsindustrie in Bayern im August 1949, in: Bayern in Zahlen 4 (1950), S. 325–327; Statistisches Jahrbuch für Bayern 1952, S. 163 (Tabelle 4). Vgl. zur Gewichtung des Zustroms von Flüchtlingen und Vertriebenen für den Industrialisierungsprozeß in Bayern eingehend Kapitel II.5. des ersten Teils dieser Arbeit.

1. Kriegsfolgen und Handlungsspielräume

erns ernsthaft in Frage, noch bevor ab Sommer 1952 die Sperrmaßnahmen entlang der Zonengrenze die endgültige Abschließung vorwegnahmen. Bedeutende Absatz- und Bezugsgebiete der bayerischen Wirtschaft waren nurmehr unter Schwierigkeiten zugänglich oder gingen völlig verloren. Dies beeinträchtigte nicht nur den Transport von Kohle, die das wichtigste bayerische Importgut darstellte und nurmehr in stark abnehmendem Maße aus den günstig gelegenen sächsischen, tschechischen oder oberschlesischen Kohlerevieren beschafft werden konnte. Vor allem gingen dem oberfränkischen Industriegebiet jene lebendigen Wirtschaftsverflechtungen verloren, die es etwa mit dem sächsischen Textilzentrum im Vogtland oder mit den bevölkerungsstarken Absatzmärkten seiner Konsumgüterindustrie in Sachsen, Thüringen und Schlesien verbunden hatten. Ein quantitatives Resümee des Eisenbahngüterverkehrs von und nach dem bayerischen Wirtschaftsraum kann verdeutlichen, in welchem Maße die Verkehrsorientierung vorwiegend des nordbayerischen Industriegebiets, die bis zum Zweiten Weltkrieg überwiegend in Richtung Norden gewiesen hatte, seit 1945 über die Neuanbindung nach Westen hin umstrukturiert werden mußte.

Tabelle 4: Eisenbahngüterverkehr Bayerns mit nichtbayerischen Gebieten, 1938 und 1951

Güterverkehr mit	1938		1951	
	Versand in t	Einfuhr in t	Versand in t	Einfuhr in t
Bundesgebiet	4 638 759	8 655 127	5 489 819	15 085 321
Mitteldeutschland bzw. SBZ/DDR	2 942 121	5 598 955	13 105	523 593
Saargebiet	194 311	1 354 206	9 147	527 971
Ausland	416 461	1 836 294	734 980	1 837 999
Insgesamt	8 191 652	17 444 582	6 247 051	17 974 884

Quelle: Emmert, Staatliche Subventionierung, S. 240.

Bei etwa gleichbleibendem Umfang der Gütereinfuhr nach Bayern stellte sich die Verteilung der Bezugsgebiete bereits 1951 grundlegend anders dar als vor Kriegsbeginn. Während noch 1938 fast ein Drittel aller Güter aus Mitteldeutschland und nur etwa die Hälfte aus dem späteren Bundesgebiet nach Bayern eingeführt worden war, verschoben sich die Anteile bis 1951 auf 2,9 bzw. fast 84%. Auch als Absatzmarkt verlor die „Ostzone" rapide an Gewicht, machte doch die Ausfuhr bayerischer Güter dorthin nurmehr 0,45% des Vorkriegswertes aus. Die wirtschaftlichen Folgen waren gravierend. Da etwa im Bereich des Kohle- und Rohstoffbezugs die Saar aufgrund der französischen Separationspolitik ebenfalls an Relevanz einbüßte, war die bayerische Industrie zunehmend auf Lieferungen aus Nordrhein-Westfalen angewiesen. In der Folge sahen sich einheimische Unternehmen unter den neuen grenzpolitischen Bedingungen genötigt, zusätzliche Transportwege von bis zu 250 km in Kauf zu nehmen, um Anschluß an die Hauptverkehrsströme Westdeutschlands zu gewinnen. Die erzwungene Suche nach neuen Bezugsquellen oder Absatzmärkten im Westen und im Ausland generierte Umwegkosten, die beispielsweise durch den verstärkt notwendigen Transportverkehr über die deutschen Seehäfen zustandekamen. Im Ergebnis verminderten sich die Wettbewerbsfähigkeit und der Ertrag der bayerischen Wirtschaft aufgrund der altbekannten, gleichwohl neu akzentuierten „Revierferne" des Landes und der angewachsenen Transportkosten erheblich.[39] Doch damit bei weitem nicht genug. Vielmehr sahen sich bayerische Politiker in den ersten Nachkriegsjahren einem Konglomerat von kriegsbedingten sozial-ökonomischen Problemlagen gegenüber, welche die wirtschaftspolitischen Spielräume maßgeblich bestimmten. Darunter rangierten die grassierenden Versorgungsengpässe bei Kohle, Eisen und Strom, die bis 1948 prekäre Ernährungslage, das Flüchtlingsproblem, die Unzulänglichkeiten des Bewirtschaftungssystems und die industriepolitischen Maßnahmen der Alliierten, die geringe Arbeitsproduktivität und die relativ hohe Arbeitslosigkeit im Land sicherlich an erster Stelle. Um die wichtigsten Wirtschaftsprobleme in ihrer komplexen Verwobenheit zu fassen, bietet es sich an, einen analytischen Querschnitt gegen Ende des Jahres 1947 anzusetzen – zu einem Zeitpunkt also, da die zentralen Fragen des Wiederaufbaus auch in Bayern voll entfaltet, die stimulierenden Wirkungen der Wirtschafts- und Währungsreform vom Juni 1948 jedoch noch nicht eingetreten waren.

Ein erster bedeutenderer Anstieg der industriellen Produktion setzte in Bayern wie in der britisch-amerikanischen Besatzungszone insgesamt nicht vor der zweiten Jahreshälfte 1947 ein.[40] Noch gegen Ende des Jahres machte die industrielle Gütererzeugung allerdings weniger als die Hälfte jenes Monatsdurchschnitts aus, der im Jahre 1936 erreicht worden war. Diesem Phänomen lag keineswegs eine Verringerung des Arbeitskräftepotentials zugrunde. Zwar ergab eine demographische Bestandsaufnahme vom Juni 1947 mehr als 212000 kriegsgefangene und über 233000 vermißte Soldaten bayerischer Herkunft, die somit dem Prozeß des Wiederaufbaus vorläufig oder auf Dauer entzogen waren. Insbesondere durch die massive Zuwanderungsbewegung waren diese Verluste aber mehr als ausgeglichen worden. So entsprach ungeachtet der schmerzlichen Kriegsverluste die Zahl der Beschäftigten in der bayerischen Industrie zweieinhalb Jahre nach Kriegsende bereits wieder dem Niveau des letzten ökonomischen Normaljahres von 1936.[41] Die individuelle Arbeitsproduktivität war also drastisch auf rund die Hälfte des Standes von 1936 zurückgegangen, wobei dieses Faktum zugleich Element und Indikator in einem komplizierten Geflecht von vorerst produktionshemmenden Faktoren war. In der Selbsteinschätzung der bayerischen Industriebetriebe rangierte im Frühjahr 1948 der Rohstoffmangel noch klar an der Spitze der identifizierten

---

[39] Friedrich-Carl Schultze-Rhonhof, Die Verkehrsströme der Kohle im Raum der Bundesrepublik zwischen 1913 und 1957. Eine wirtschaftsgeographische Untersuchung (Forschungen zur deutschen Landeskunde 146), Flensburg 1964; Otto Schlier, Verkehrsströme des deutschen Güterverkehrs vor und nach dem Kriege (Forschungs- und Sitzungsberichte der Akademie für Raumforschung und Landesplanung VII), Bremen-Horn 1957, S. 79–110; Rudolf Bauer, Der Wandel der Bedeutung der Verkehrsmittel im nordbayerischen Raum (Mitteilungen der Fränkischen Geographischen Gesellschaft 9), Erlangen-Nürnberg 1962, S. 162; H. Ringelmann/ B. Stiglitz, Die Frachthilfemaßnahmen in Bayern, München 1956, S. 5–10.
[40] Abelshauser, Wirtschaftsgeschichte der Bundesrepublik Deutschland, S. 40–45; ders., Deutsche Wirtschaftsgeschichte seit 1945, S. 106–119. Die bayerischen Produktionszahlen finden sich in: Statistisches Jahrbuch für Bayern 1952, München 1952, S. 176f. (Tabelle 6: Index der industriellen Produktion Bayerns seit 1947).
[41] Berichte zur Wirtschaftslage. Hg. vom Bayerischen Statistischen Landesamt, Heft 1/1 (1948), S. 7–19; Statistisches Jahrbuch für Bayern 1947, München 1948, S. 35; Wirtschaftspolitik und Wirtschaftsentwicklung in Bayern im Jahre 1947. Jahresbericht des Bayerischen Staatsministeriums für Wirtschaft, München 1948, S. 1 ff.

1. Kriegsfolgen und Handlungsspielräume 39

Engpaßelemente. Erst in gewissem Abstand folgten auf der Liste der Gravamina fehlende Hilfsarbeiter, ausbleibende Maschinen- und Ersatzteillieferungen sowie unzureichende Transport- und Versandmöglichkeiten. Während zu diesem Zeitpunkt die mangelhafte Strom- und Gasversorgung als Ursache von Produktionseinschränkungen stark zurückgetreten war, blieb der Kohlenmangel ein dauerhaftes, vielbeklagtes Ärgernis.[42] Das reduzierte Kohlenaufkommen limitierte die industrielle Produktionsentwicklung Bayerns in der Art eines Nadelöhrs. Die verarbeitende Industrie wurde dabei zweifach getroffen, nämlich als Endverbraucherin ebenso wie als Bezieherin von zwangsläufig reduzierten Produktionsmengen der Grundstoffindustrie. Verglichen mit dem Vorkriegsverbrauch konnte die bayerische Industrie in den Jahren 1946 und 1947 erst über 57% bzw. knapp 60% ihres Kohlekonsums von 1936 verfügen. Dies lag nicht in der Förderleistung des bayerischen Bergbaus begründet, der die Kriegsereignisse ohne wesentliche Schäden überstanden hatte. Vielmehr waren, wie gesehen, die traditionellen Bezugsgebiete im schlesischen Kohlerevier, an der Saar und an der Ruhr in ihrer Förderleistung reduziert bzw. durch Zonengrenzen unerreichbar geworden.[43]

Erhebliche Wirkung auf die Produktivkraft der bayerischen Wirtschaft entfalteten zudem die geradezu paradox anmutenden Verwerfungen auf dem Arbeitsmarkt. So kontrastierte im Jahresverlauf 1947 eine relativ ausgeprägte Arbeitslosigkeit mit einer starken Nachfrage nach Arbeitskräften, während zugleich ein vergleichsweise hoher Beschäftigungsstand erreicht war. Nach Einschätzung der bayerischen Arbeitsverwaltung stand dahinter zu einem Teil die Tatsache, daß zeitweise mehr als ein Drittel der registrierten Arbeitslosen aufgrund körperlicher Behinderungen, ungeeigneter Ausbildung oder des erreichten Lebensalters nicht vermittelbar war. In Fällen, in denen die Arbeitslosen dem Kreis der Flüchtlinge und Vertriebenen entstammten, erwies es sich als besonders schwierig, die angebotene Arbeitskraft räumlich an die verfügbare Arbeit anzunähern. Nicht zufällig stellten die Heimatvertriebenen in der ersten Jahreshälfte 1948 mehr als 37% aller bayerischen Arbeitslosen, ein Prozentsatz, der deutlich über ihrem Bevölkerungsanteil von etwas über 20% lag. Während die Zugewanderten vorwiegend in ländlichen Gebieten untergebracht worden waren, konzentrierte sich das bestehende Kräftebedarf in erster Linie auf die bayerischen Großstädte. Hier aber bot der fehlende Wohnraum ein ernsthaftes Ansiedlungshindernis.[44]

Zudem litten jene bayerischen Arbeitnehmer, die in einem Arbeitsverhältnis standen, vielfach unter den körperlichen Folgen der Ernährungslage. Seit sich die ohnehin angespannte Situation im Laufe des harten Winters 1946/47 zu einer veri-

---

[42] G. von Pokorny, Die bayerische Industrie im Februar 1948, in: Bayern in Zahlen 2 (1948), S. 126f., ders., Die bayerische Industrie im März 1948, ebenda, S. 127f. Zur Erstellung der Untersuchungen wurden die der monatlichen Industrieberichterstattung integrierten bayerischen Betriebe mit mehr als 10 Beschäftigten befragt.
[43] Ferdinand Friedensburg, Drei Grundprobleme der deutschen Wirtschaft: Kohle, in: Die deutsche Wirtschaft zwei Jahre nach dem Zusammenbruch. Tatsachen und Probleme. Hg. vom Deutschen Institut für Wirtschaftsforschung (Institut für Konjunkturforschung), Berlin 1947, S. 144-158; Berichte zur Wirtschaftslage 1/1 (1948), S. 16-19.
[44] Berechnet nach: Statistisches Jahrbuch für Bayern 1952, S. 89 (Tabelle 1) und S. 13 (Tabellen 4 und 6). Zur Situation insgesamt: Arbeit und Wirtschaft in Bayern im Jahre 1946. Hg. vom Bayerischen Staatsministerium für Arbeit und Soziale Fürsorge, o. O. o. J., S. 3-13; Berichte zur Wirtschaftslage 1/1 (1948), S. 10-12.

II. Ausgangslage, Ordnungsvorstellungen und Wiederaufbaupraxis

tablen Hungerkrise verschärft hatte, war es geradezu alltäglich geworden, daß Beschäftigte ihre Arbeitsplätze wegen Entkräftung verließen. Offensichtlich setzte sich hier ein Verhaltensmuster in die Friedenszeit fort, das auch in Bayern bereits im letzten Kriegsjahr aus Gründen der Luftkriegsbedrohung virulent geworden war. Die „Hungerstreiks" der Jahre 1947 und 1948 in bayerischen Betrieben mit zeitweise mehr als 1,3 Mio. Streikbeteiligten erhöhten die Zahl der Ausfalltage weiter. Da zudem die regulären, in Papiergeld ausbezahlten niedrigen Verdienste oft nicht zur Deckung der dringendsten Bedürfnisse ausreichten, wandten viele Beschäftigte einen Teil ihrer Arbeitszeit auf, um vielfach unter hohem Reiseaufwand Lebensmittel und Gegenstände des täglichen Bedarfs auf dem Weg des Tauschhandels zu „hamstern". Sofern derartige Schwarzmarktgeschäfte nicht nur als notwendige Ergänzung, sondern als Haupterwerb im größeren Stil betrieben wurden, waren damit bis Juni 1948 oftmals deutlich höhere Einkommen zu erzielen als durch reguläre Tätigkeit.[45]

Bei geringer Pro-Kopf-Produktivität und hohem Einstellungsbedarf der bayerischen Betriebe existierte deshalb noch im Herbst 1947 ein erhebliches, unausgeschöpftes Reservoir von potentiellen Arbeitskräften, die vorerst von erspartem Kapital oder aber als scheinbar Selbständige lebten. Aus der Sicht der Unternehmen und der bayerischen Wirtschaftspolitik hatte diese Konstellation erhöhte Kosten bei verminderter, doch verteuerter Güterproduktion zur Folge. Erst mit der Währungsreform löste sich ein Teil der Verwerfungen des bayerischen Arbeitsmarktes. Freilich geschah dies um den Preis steigender Arbeitslosenzahlen, die im Winter 1949/50 ihren höchsten Nachkriegswert von 524 806 registrierten Personen ohne Beschäftigung erreichten. Als strukturelles Problem blieb die hohe Arbeitslosigkeit der bayerischen Wirtschaft indes noch für mehr als ein Jahrzehnt erhalten.[46] Sie bot zusammen mit ihren Begleit- und Folgeproblemen im Bereich des Wohnungsbaus, der ökonomischen Vertriebeneneingliederung oder der Investitionsförderung den wichtigsten Anstoß für die bayerische Politik, den Ausgleich der Schwächen der Wirtschaftsstruktur und der gegebenen Standortnachteile des Landes durch eine Strategie der Steigerung des Sozialprodukts und der Produktivität vornehmlich im industriell-gewerblichen Sektor anzustreben.

Die Möglichkeiten hierzu blieben mindestens bis zur Wirtschafts- und Währungsreform vom Juni 1948 äußerst beschränkt. Im bayerischen Wirtschaftsministerium

---

[45] The Effects of Strategic Bombing on German Morale, in: MacIsaac (Hg.), The United States Strategic Bombing Survey. Band IV, S. 59; Paul Erker, Ernährungskrise und Nachkriegsgesellschaft. Bauern und Arbeiterschaft in Bayern 1943–1953, Stuttgart 1990, S. 196-221; Hans Schlange-Schöningen (Hg.), Im Schatten des Hungers. Dokumentarisches zur Ernährungspolitik und Ernährungswirtschaft in den Jahren 1945–1949, Hamburg 1955.
[46] Vgl. dazu die Monatsberichterstattung des Bayerischen Staatsministeriums für Arbeit und soziale Fürsorge, insbesondere die Ausgaben der Zeitschrift „Arbeit und Wirtschaft in Bayern" für die Monate Februar, März, April, November und Dezember 1947. Hierzu auch: Berichte zur Wirtschaftslage 1/1 (1948), S. 10-22.
Eine plastische Schilderung der allgemeinen Wirtschaftslage in Deutschland vor der Währungsreform, die sich dem geschärften Blick des Nationalökonomen und des Zeitgenossen gleichermaßen verdankt, findet sich bei: Walter Eucken, Deutschland vor und nach der Währungsreform, in: Albert Hunold (Hg.), Vollbeschäftigung, Inflation und Planwirtschaft, Erlenbach/Zürich 1951, S. 134-183; wiederabgedruckt in: Jürgen Schneider/Wolfgang Harbrecht (Hg.), Wirtschaftsordnung und Wirtschaftspolitik in Deutschland (1933–1993) (Beiträge zur Wirtschafts- und Sozialgeschichte 63), Stuttgart 1996, S. 327-360.

1. Kriegsfolgen und Handlungsspielräume

ging man noch zu Beginn des Jahres davon aus, daß vorerst weder die nötige materielle Basis noch eine hinreichend stabile Wirtschaftsordnung für den Wiederaufbau gegeben waren. Es bleibe keine andere Wahl, als sich mit der „undankbaren Rolle [zu] begnügen, wieder und wieder am Notdach über der wirtschaftlichen Ruine Deutschland zu flicken."[47] Hohen Anteil an dieser Einschätzung hatten neben den enttäuschten Hoffnungen des Vorjahres, neben dem erforderlichen großen Aufwand, um „auch nur mit den akuten Bedrohungen und Krisen jeweils fertig zu werden" oder der „verwirrenden Fülle von günstigen und ungünstigen Entwicklungen" vor allem der Zuschnitt und der Wandel der wirtschaftspolitischen Kompetenzverteilung im Gefüge der bayerischen Nachkriegspolitik.[48]

Auch nach der Verabschiedung der bayerischen Verfassung und dem Amtsantritt der ersten gewählten Landesregierung unter Hans Ehard[49] im Dezember 1946 besaß die amerikanische Militärregierung wesentliche Überwachungs- und Eingriffsrechte. Diese bezogen sich formal vorwiegend auf die Prüfung von Gesetzen und Verordnungen, die durch das Kabinett bereits im Entwurfsstadium den zuständigen amerikanischen Stellen vorzulegen waren. Nach wie vor konnten deutsche Gesetze suspendiert oder mit Durchführungsauflagen versehen werden. Sachlich hatten sich die Amerikaner vor allem auf den Feldern der Flüchtlingspolitik und der politischen Säuberung spezielle Vorbehaltsrechte zurückbehalten. Darüber hinaus wurde für bayerische Stellen zunehmend von Bedeutung, daß die Zugeständnisse, die den Ländern in der amerikanischen Besatzungszone seitens der Besatzungsmacht schon ab Ende 1945 in bezug auf die Ausübung des Besatzungsregimes gewährt wurden, ihre Entsprechung und Ergänzung in der Stärkung von deutschen Verwaltungsgremien oberhalb der Landesebene fanden. Die von der Verfassung neu legitimierten Träger der bayerischen Landespolitik sahen sich damit in eine komplexe staatsrechtliche Situation gestellt. Im Frühjahr 1947 hatten sie bei ihrer eigenen, an die Kontrolle durch die amerikanische Militärregierung in Bayern (OMGB) gebundenen gesetzgeberischen Arbeit nicht nur die Gesetze und Anordnungen des Alliierten Kontrollrats und der amerikanischen Militärregierung in Deutschland (OMGUS) zu beachten. Daneben waren die Beschlüsse des Stuttgarter Länderrats und, nach Beginn der wirtschaftlichen Verschmelzung der anglo-amerikanischen Besatzungsgebiete seit Herbst 1946, auch die Gesetzesvorschläge der bizonalen Verwaltungsräte anzuwenden bzw. in Landesregelungen umzusetzen, sofern jeweils die Genehmigung von OMGUS erfolgt war. All dies stand weiterhin unter dem Generalvorbehalt, daß sämtliche Rechte der bayerischen Staatsregierung und des Landtags von der Besatzungsmacht nötigenfalls wieder außer Kraft gesetzt werden konnten.[50]

---

[47] Wirtschaftspolitik und Wirtschaftsentwicklung in Bayern im Jahre 1947. Jahresbericht des Bayerischen Staatsministeriums für Wirtschaft, München 1948, S. 3.
[48] Ebenda, S. 1 f.
[49] Hans Ehard (1887-1980), Jurist, BVP/CSU-Politiker, 1945/46 Staatssekretär im Bayerischen Justizministerium, 1946-1966 MdL (CSU), 1946-1954 und 1960-1962 Bayerischer Ministerpräsident, 1949-1955 Vorsitzender der CSU, 1962-1966 Bayerischer Justizminister.
[50] Vgl. hierzu die Regierungserklärung von Hans Ehard in: Stenographischer Bericht über die 3. Sitzung des Bayerischen Landtags am 10.1.1947, S. 31-43, hier: S. 34-36; G.H. Garde, OMGUS, an die Leiter der Militärregierungen in Bayern, Württemberg-Baden, Groß-Hessen, Bremen und Berlin, 30.9.1946, in: Fritz Baer, Die Ministerpräsidenten Bayerns 1945-1962. Dokumenta-

Für das Feld der Wirtschaftspolitik eröffnete diese Konstellation allenfalls enge Spielräume. Deren Grenzen wurden primär von jenen potentiellen Aufgabenfeldern abgesteckt, die dem Einfluß deutscher und bayerischer Stellen entzogen waren. Hierzu zählte zum Bedauern des bayerischen Wirtschaftsministers Zorn vor allem die Währungs-, Steuer- oder Preispolitik. Eigenständige Initiativen zur Währungssanierung als Voraussetzung einer wirtschaftlichen Gesundung oder zur Korrektur der als exzessiv erachteten amerikanischen Steuergesetzgebung waren somit nicht möglich. Auch war offensichtlich, daß auf absehbare Zeit weder die ökonomischen Effekte der amerikanischen Restitutions-, Reparations- und Demontagepolitik noch diejenigen der aktuellen Entnahmepraxis der Besatzungsarmee vorhersagbar waren. Vor diesem Hintergrund blieben nach Einschätzung des Ministers als vorerst wichtigste landeseigene Handlungsfelder lediglich Maßnahmen zur effektiveren Gestaltung des Bewirtschaftungssystems, zur gerechteren Verteilung von Rohstoffen und Gütern sowie zur Steigerung der Produktion.[51]

Ein schwieriges Handlungsfeld bayerischer Politik erwuchs in eben dieser Hinsicht aus der wachsenden Notwendigkeit, die ökonomischen Interessen des Landes auch nach außen hin nachdrücklich zu vertreten. Insbesondere die Reorganisation der deutschen Wirtschaftsverwaltung im Zuge der Bizonengründung setzte einen Stachel ins Fleisch bayerischer Wirtschaftspolitik, der langdauernde Wirkung zeitigte. Die „Außenbeziehungen" Bayerns waren fortan verstärkt innerhalb eines Spannungsfelds deutscher und amerikanischer Interessen zu gestalten, worin die föderalistisch orientierte Politik der bayerischen Staatsregierung oft nur schwer mit dem von der Besatzungsmacht gewünschten Maß an wirtschaftlicher Kooperation in Einklang zu bringen war. Aus bayerischer Sicht lag dies vorwiegend daran, daß die Länder des amerikanischen Besatzungsgebiets mit dem 1. Januar 1947 eine Reihe von Kompetenzen an länderübergreifende deutsche Gremien verloren, die sie seit Kriegsende wieder hatten übernehmen können. Bis dahin konnten wirt-

---

tion und Analyse, München 1971, S. 262-265. Zur Rechtslage im Überblick: Lothar Schmidt, Das Besatzungsrecht in der U.S. Zone Deutschlands 1945-1948. Rechtsbildung und Rechtsentwicklung, o. O. 1948; Alfred Dehlinger, Reichsrecht, Bundesrecht, Besatzungsrecht und völkerrechtliche Verträge seit 1867. Systematische Übersicht nach dem Stand vom 1.1.1950, 23. Aufl. Stuttgart 1950; Gustav von Schmoller/Hedwig Maier/Achim Tobler, Handbuch des Besatzungsrechts. 2 Bände, Tübingen 1951; Lia Härtel, Der Länderrat des amerikanischen Besatzungsgebiets, Stuttgart 1951, S. 88, 228-232; Gelberg, Vom Kriegsende, S. 656-666. Allgemein zur Politik der amerikanischen Besatzungsmacht in Bayern sind neben den Überblicksdarstellungen zur amerikanischen Besatzungspolitik in Deutschland besonders zu nennen: Thomas Schlemmer, Die Amerikaner in Bayern. Militärregierung und Demokratisierung nach 1945, in: Heinrich Oberreuter/Jürgen Weber (Hg.), Freundliche Feinde? Die Alliierten und die Demokratiegründung in Deutschland, München u. a. 1996, S. 67-99; Lutz Niethammer, Die amerikanische Besatzungsmacht zwischen Verwaltungstradition und politischen Parteien in Bayern 1945, in: Vierteljahrshefte für Zeitgeschichte 15 (1967), S. 153-210; Winfried Becker, Stationen amerikanischer Besatzungspolitik am Beispiel Bayerns, in: ders. (Hg.), Die Kapitulation von 1945 und der Neubeginn in Deutschland. Symposion an der Universität Passau, 30.-31. 10. 1985, Köln u. a. 1987, S. 155-180; Rebecca L. Boehling, A Question of Priorities. Democratic Reforms and Economic Recovery in Postwar Germany. Frankfurt, Munich, and Stuttgart under U.S. Occupation 1945-1949, Providence u. a. 1996; Constantin Goschler, Reformversuche gegen siegreiche Traditionen. Bayerische Politik und amerikanische Kontrolle, in: Wolfgang Benz (Hg.), Neuanfang in Bayern 1945-1949. Politik und Gesellschaft in der Nachkriegszeit, München 1988, S. 64-81.
[51] Stenographischer Bericht über die 22. Sitzung des Bayerischen Landtags am 26.6.1947, S. 660-674, hier: S. 661 f.

1. Kriegsfolgen und Handlungsspielräume

schaftspolitische Entscheidungen Bayerns zwar jederzeit durch die Besatzungsmacht überspielt, nicht aber durch den seit Ende 1945 existierenden Länderrat eingeschränkt werden. Dessen Ausschüsse nahmen zwar auch Aufgaben im Bereich der Lenkung von Warenproduktion und -verteilung wahr. Da jedoch alle Entscheidungen nur bei Einstimmigkeit wirksam werden konnten, durften die Länderregierungen darauf bauen, keine unerwünschten Eingriffe durch deutsche Stellen hinnehmen zu müssen. Mit dem „Vorläufigen Abkommen über die Bildung einer deutschen Wirtschaftsverwaltung" vom 11. September 1946 und dem Washingtoner Abkommen vom 2. Dezember 1946 änderte sich diese Konstellation grundlegend.

Die Neuordnung der länderübergeordneten deutschen Wirtschaftsverwaltung rief von Anfang an das Mißtrauen des bayerischen Kabinetts hervor, da man befürchtete, daß durch direkte Weisungen seitens des „Verwaltungsrats für Wirtschaft" bzw. seines ausführenden „Verwaltungsamts" an die Landeswirtschaftsämter oder Betriebe die Gesetzgebungs- und Weisungskompetenzen der Länder entscheidend zurückgedrängt werden könnten.[52]

Die Reformen, denen die Bizonenverwaltung im Mai/Juni 1947 und Februar 1948 unter anderem mit der Schaffung und dem Ausbau des Frankfurter „Wirtschaftsrats" unterworfen wurde, vertieften diese Vorbehalte. Neben der Sorge vor der Implementierung zentralstaatlicher Elemente, die vor allem Ministerpräsident Ehard im Hinblick auf eine künftige Verfassungsordnung umtrieb, spielte seit der legislativen Aufwertung des Wirtschaftsrats in den Reihen der CSU-dominierten Staatsregierung zunehmend auch der Gedanke der parteipolitischen Zurücksetzung gegenüber der SPD eine Rolle. Dies förderte die Bereitschaft zur Bildung einer Fraktionsgemeinschaft mit der konservativen Schwesterpartei, was der CSU wiederum auf längere Sicht eine stabile Basis zur Vertretung bayerischer Landesinteressen verschaffte.[53]

Weitgehend unabhängig von der parteipolitischen Orientierung neigte man in den bayerischen Ministerien und im Kabinett dazu, die heimische Wirtschaft zunehmend als Objekt einer planwirtschaftlichen Lenkungsmanie der Mindener und Frankfurter Institutionen wahrzunehmen. Daß diese auf regionale Besonderheiten nur in Ansätzen eingehen konnten, galt in solcher Sichtweise als ausgemacht. Vor allem die interzonalen Abgabeverpflichtungen Bayerns im Bereich der Ernäh-

---

[52] Siehe zu den Befürchtungen im Ministerrat etwa: Protokolle des Bayerischen Ministerrats, Kabinett Ehard I, S. 139–144 (8.2.1947), 200–203 (15.2.1947) oder 374–378 (12.4.1947). Zur Geschichte und Organisation des sogenannten „Verwaltungsamts für Wirtschaft des amerikanischen und britischen Besatzungsgebietes" in Minden: Walter Vogel, Westdeutschland 1945–1950. Der Aufbau von Verfassungs- und Verwaltungseinrichtungen über den Ländern der drei westlichen Besatzungszonen. Teil II: Einzelne Verwaltungszweige: Wirtschaft, Marshallplan, Statistik (Schriften des Bundesarchivs 12), Boppard 1964, S. 127–156; Gerold Ambrosius, Funktionswandel und Strukturveränderung der Bürokratie 1945–1949: das Beispiel der Wirtschaftsverwaltung, in: Heinrich A. Winkler (Hg.), Politische Weichenstellungen im Nachkriegsdeutschland 1945–1953 (Geschichte und Gesellschaft, Sonderheft 5), Göttingen 1979, S. 167–207. Zu Konfliktfeldern und Interessenlagen auch: Marie Else Foelz-Schroeter, Föderalistische Politik und nationale Repräsentation 1945–1947. Westdeutsche Länderregierungen, zonale Bürokratie und politische Parteien im Widerstreit, Stuttgart 1974. Vgl. zur bayerischen Politik bislang lediglich die Arbeit von Karl-Ulrich Gelberg, Hans Ehard sowie Christiane Reuter, „Graue Eminenz der bayerischen Politik", S. 135 ff.

[53] Gerold Ambrosius, Die Durchsetzung der Sozialen Marktwirtschaft in Westdeutschland 1945–1949, Stuttgart 1977, S. 87.

rungswirtschaft oder der Produktion von Holz, Häuten, Zellstoff und Papier provozierten im Ministerrat kontinuierliche Kritik, zumal die Gegenlieferungen an Kohle und Eisen in ihrem Umfang nicht den Erwartungen der bayerischen Stellen entsprachen.[54] Zwar dürfte schwerlich nachzuweisen sein, daß der Weg Bayerns in die Bundesrepublik in verteilungspolitischer Hinsicht tatsächlich über eine Abfolge von Zurücksetzungen verlief. Eine diesbezügliche interne Umfrage im bayerischen Wirtschaftsministerium vom Dezember 1948, die der Zusammenarbeit mit der bizonalen Wirtschaftsverwaltung gewidmet war, erbrachte jedenfalls mit Ausnahme des Eisensektors keine Beschwerden der zuständigen Referenten über die erfolgten Kontingentszuteilungen. Eindeutige Anhaltspunkte ergaben sich zu diesem Zeitpunkt allerdings dafür, daß die Verwaltung für Wirtschaft versuchte, die Wirtschaftsverwaltungen der Länder zunehmend zu übergehen und als Funktionsträger zwischen sich und den Unternehmen oder Wirtschaftsverbänden auszuschalten.[55] Die Perzeption einer materiellen Benachteiligung Bayerns und die Annahme, daß die Interessen des Landes in den Gremien des Frankfurter Wirtschaftsrats nur unzureichend begriffen und umgesetzt würden, blieb gleichwohl ein dauerhaft anzutreffendes Leitmotiv in der bayerischen Politik vor Gründung der Bundesrepublik. Es wurde mit ausschlaggebend dafür, daß der bayerische Ministerrat in der Folge besonderen Wert darauf legte, bayerische Standpunkte im Parlamentarischen Rat erfolgreicher als bis dahin geltend zu machen.[56]

2. Das Erbe des Rüstungsbooms: Demontage und Konversionsansätze

Während die Diplomatiegeschichte der Reparations- und Demontageproblematik für die Zeit vor und nach 1945 relativ gut geklärt ist[57], existieren bislang kaum

---

[54] Vgl. u. a. die Protokolle des Bayerischen Ministerrats, Kabinett Ehard I, S. 209-211 (25. 2. 1947); Wirtschaftspolitik und Wirtschaftsentwicklung, S. 4-9. Siehe zur Reorganisation des Vereinigten Wirtschaftsgebiets u. a. General Clays Proklamation Nr. 5, in deren Anhang die Bildung eines Wirtschaftsrats für die amerikanische und britische Zone am 29. 5. 1947 bekanntgegeben wurde, in: BayGVBl. 1947, S. 125. Die Neuordnung der Bizonenstruktur trat am 10. 6. 1947 in Kraft; zur zweiten Neuordnung im Februar 1948 u. a. Gelberg, Hans Ehard, S. 104-118 sowie ders., Einleitung, in: Protokolle des Bayerischen Ministerrats, Kabinett Ehard II/1, S. XIX-CXX, hier: S. LXXXIVf. Zur bayerischen Kritik auch: Foelz-Schroeter, Föderalistische Politik, S. 141 f.; Ambrosius, Durchsetzung der Sozialen Marktwirtschaft, S. 82-95, bes. S. 83, 87; zu „Kartoffelkrieg" und „Hühnerfutterrede": Baer, Ministerpräsidenten Bayerns, S. 91-97.
[55] Vgl. hierzu BayHStA, MWI 9840, Bayerisches Landeswirtschaftsamt, Regierungsrat Weigand, An die Leiter der Fachgebiete, 2. 12. 1948; ebenda, Bayerisches Staatsministerium für Wirtschaft, Gruppenleiter I an A/1d im Hause, 3. 12. 1948 sowie die Antworten der verschiedenen Fachstellenleiter, darunter u. a. Bayerisches Landeswirtschaftsamt B/7/VI an das Bayerische Landeswirtschaftsamt, Referat A/1d, im Hause, 4. 12. 1948.
[56] Vgl. Die CDU/CSU im Frankfurter Wirtschaftsrat. Protokolle der Unionsfraktion 1947-1949. Bearb. v. Rainer Salzmann (Forschungen und Quellen zur Zeitgeschichte 13), Düsseldorf 1988, S. 24 f.
[57] Bruce Kuklick, American Policy and the Division of Germany. The Clash with Russia over Reparations, London 1972; Friedrich Jerchow, Deutschland in der Weltwirtschaft 1944-1947. Alliierte Deutschland- und Reparationspolitik und die Anfänge der westdeutschen Außenwirtschaft, Düsseldorf 1978; Walter Först, Die Politik der Demontage, in: ders. (Hg.), Entscheidungen im Westen, Köln/Berlin 1979, S. 111-143; Otto Nübel, Die amerikanische Reparationspolitik gegenüber Deutschland 1941-1945 (Dokumente zur Deutschlandpolitik, Beihefte 4),

2. Das Erbe des Rüstungsbooms

moderne, zusammenfassende Darstellungen der von den Alliierten gewählten Demontage*praxis* in Deutschland.[58] Die existierenden neueren Studien sind überwiegend regional, sektoral oder lokal zugeschnitten und beschäftigen sich in erster Linie mit den Brennpunkten des Demontagegeschehens, welche vorwiegend in der industriell dicht besetzten britischen Zone lokalisiert wurden.[59] Im Gegensatz zu den zeitnah entstandenen, meist von vernichtender Kritik an der alliierten Reparationspraxis geprägten Darstellungen[60] rückten diese jüngeren Untersuchungen vielfach eine differenzierte, in mancher Hinsicht mildere Einschätzung in den Vordergrund.[61] Für Bayern stehen derart eingehende, quellengestützte Arbeiten indes noch völlig aus.[62] Auch der folgende Abschnitt beabsichtigt nicht, diese For-

---

Frankfurt/Main 1980; Josef Foschepoth, Konflikte in der Reparationspolitik der Alliierten, in: ders. (Hg.), Kalter Krieg und Deutsche Frage. Deutschland im Widerstreit der Mächte 1945-1952, Göttingen/Zürich 1985, S. 175-197; Alec Cairncross, A Country to Play with. Level of Industry Negotiations in Berlin 1945-1946, Gerrads Cross 1987; ders., The Price of War. British Policy on German Reparations, 1941-1949, Oxford/New York 1986. Wichtig für die amerikanische Politik auch: Wilfried Mausbach, Zwischen Morgenthau und Marshall. Das wirtschaftspolitische Deutschlandkonzept der USA 1944-1947 (Forschungen und Quellen zur Zeitgeschichte 30), Düsseldorf 1996.

[58] Vgl. hingegen: Jörg Fisch, Reparationen nach dem Zweiten Weltkrieg, München 1992; Nicholas Balabkins, Germany under Direct Controls. Economic Aspects of Industrial Disarmament 1945-1948, New Brunswick 1964. Die beiden Arbeiten stützen sich ausschließlich auf gedruckt zugängliches Material.

[59] Wilhelm Treue, Die Demontagepolitik der Westmächte nach dem Zweiten Weltkrieg. Unter besonderer Berücksichtigung ihrer Wirkung auf die Wirtschaft in Niedersachsen, Frankfurt/Zürich 1967; Matthias Riedel, Vorgeschichte, Entstehung und Demontage der Reichswerke im Salzgittergebiet, Düsseldorf 1967; Hein Hoebink, Demontage in Nordrhein-Westfalen, 1947-1950, in: Westfälische Forschungen 30 (1980), S. 47-59; Karl Wagemann, Die Stunde Null – 40 Jahre danach. Zerstörung, Demontage, Wiederaufstieg und Zukunft der Wirtschaft am Beispiel der Region Duisburg, Duisburg 1984; Manfred Rasch, Ruhrchemie AG 1945-1951. Wiederaufbau, Entnazifizierung und Demontage, in: Technikgeschichte 54 (1987), S. 101-120; Alan Kramer, Die britische Demontagepolitik am Beispiel Hamburgs, 1945-1950, Hamburg 1991; ders., British Dismantling Politics, 1945-9. A Reassessment, in: Ian Turner (Hg.), Reconstruction in Post-War Germany. British Occupation Policy and the Western Zones 1945-55, Oxford/New York/München 1989, S. 125-154; Ian Turner, British Policy Towards German Industry, 1945-9: Reconstruction, Restriction or Exploitation?, in: ebenda, S. 67-91; Helmut Fiereder, Demontage in Deutschland nach 1945 unter besonderer Berücksichtigung der Montanindustrien, in: Zeitschrift für Unternehmensgeschichte 34 (1989), S. 209-239; Martina Köchling, Demontagepolitik und Wiederaufbau in Nordrhein-Westfalen, Essen 1995.

[60] Gustav W. Harmssen, Reparationen, Sozialprodukt, Lebensstandard. Hauptheft mit zwölf Anlagen, Bremen 1947; ders., Am Abend der Demontage. Sechs Jahre Reparationspolitik, Bremen 1951; Wilhelm Hasenack, Betriebsdemontage als Reparation. 2 Teile, Essen bzw. Köln/Opladen 1948; ders., Bilanz der Demontage. Nachkriegsmethoden internationaler Industriepolitik und ihr Einfluß auf die Zukunft der europäischen Wirtschaft, in: Jahrbuch der Sozialwissenschaften 2 (1951), S. 21-61; Christopher Emmet/Fritz Baade, Destruction at our Expense, New York 1947 [dt.: Zerstörung auf unsere Kosten. Wie die Demontage von Fabriken in Deutschland der Inflation in den USA hilft und den Marshallplan sabotiert, Hamburg 1948]; Wolfgang Schneider, Der Marshallplan und die Demontage in der westdeutschen Industrie, Frankfurt/Main 1948; Freda Utley, The High Cost of Vengeance, Chicago 1949 [dt.: Kostspielige Rache, Hamburg 1950]. Zu dieser Gruppe von Texten zählt trotz des jüngeren Entstehungsjahrs auch: Hanns D. Ahrens, Demontage. Nachkriegspolitik der Alliierten, München 1982.

[61] Vgl. etwa Köchling, Demontagepolitik und Wiederaufbau, S. 47-50; Abelshauser, Deutsche Wirtschaftsgeschichte seit 1945, S. 75-84, bes. S. 82.

[62] Siehe deshalb immer noch die Ausführungen bei Schreyer, Bayern – ein Industriestaat, S. 201-221; zur Demontage der Firma Kugelfischer: Birgit Peterson, Die amerikanische Reparationspolitik in Deutschland 1945-1949 im Spannungsfeld der deutschlandpolitischen Zielsetzungen der vier Mächte, Diss. Würzburg 1993, S. 298-345; Hans Ferdinand Groß, Hanns Seidel 1901-1961. Eine politische Biographie (Untersuchungen und Quellen zur Zeitgeschichte 1), München 1992, S. 72-76.

schungslücke zu füllen. Er wird vielmehr den logischen und historisch-empirischen Zusammenhang verfolgen, der zwischen der strukturellen Prägung der bayerischen Wirtschaft durch den NS-Rüstungsboom, der alliierten Entmilitarisierungs- und Demontagepolitik nach 1945 sowie den frühen deutschen Anstrengungen zur Konversion vormals militärisch genutzter Wirtschaftskapazitäten bestand. Dieses Vorhaben schließt neben einer quantitativen und qualitativen Bewertung der Reparationsentnahmen von bayerischem Boden vor allem die Frage nach den frühen „industriepolitischen" Reaktionsmöglichkeiten auf deutscher Seite ein.

Auch im Bayern der ersten Nachkriegszeit bildete unter anderem die Umwandlung von ursprünglich kriegswirtschaftlich bestimmtem Betriebspotential in Richtung friedlicher Produktionsziele ein Mittel, dessen sich staatliche und nichtstaatliche Stellen bedienten, um die alliierten Demontagemaßnahmen in ihrer Wirkung zu relativieren, Arbeitsplätze zu erhalten oder die industrielle Ausgangsbasis des Landes nach Kräften zu stabilisieren. Als Gegenstand historischer Forschungsarbeiten wurde dieser Themenkreis erst seit den 1990er Jahren aufgenommen[63], obwohl sich doch das Problem der Konversion in Deutschland wie in Bayern nach 1945 keineswegs zum ersten Mal stellte.[64] Die Untersuchungen machten deutlich, daß es im Deutschland der frühen Nachkriegszeit, wie kaum anders zu erwarten, keine staatlicherseits umfassend gesteuerte Konversion wie etwa in den USA gab. Gleichwohl bietet die jüngere Forschung mittlerweile zahlreiche Hinweise auf Formen improvisierten, regionalen oder lokalen Vorgehens in den westdeutschen Besatzungszonen.[65] Für Bayern bleibt insbesondere zu klären, inwieweit hier im

---

[63] Insbesondere im Gefolge des Zweiten Weltkriegs schien sich das Abrüstungsproblem aufgrund der angenommenen Wirkung der Bombenangriffe und der nachfolgenden alliierten Abbaumaßnahmen ohnehin durch Einwirkung von außen erledigt zu haben. Vgl. als Beispiel für diese ältere Sichtweise: Helmut Maneval, Theoretische und empirische Grundlagen der volkswirtschaftlichen Untersuchung von Rüstungskonversion, in: Lutz Köllner/Burkhardt J. Huck, Abrüstung und Konversion. Politische Voraussetzungen und wirtschaftliche Folgen in der Bundesrepublik, Frankfurt/New York 1990, S. 211-233; Lutz Köllner, Abrüstung und Konversion als Problem der Wirtschaftspolitik der Bundesrepublik Deutschland, in: Detlef Bald (Hg.), Militär, Ökonomie und Konversion. Beiträge und Bibliographie. Das Werk von Lutz Köllner, Baden-Baden 1993, S. 19-32, bes. S. 19-21.
[64] Hierzu für das Land Bayern nach dem Ersten Weltkrieg: Gabriela Sperl, Wirtschaft und Staat in Bayern 1914-1924 (Schriften der Historischen Kommission zu Berlin 6), Berlin 1996, S. 211 ff.; für Deutschland: Günter Bouwer, Rüstungsproduktion und Rüstungskonversion in Deutschland, 1883-1956, in: Ulrich Albrecht u. a. (Hg.), Rüstung und soziale Sicherheit, Frankfurt/Main 1985, S. 193-226; Michael Salewski, Entwaffnung und Militärkontrolle in Deutschland, 1919-1927, München 1966. Vgl. spezieller auch die Beispiele für Konversion und neuerliche Re-Konversion in der Kieler Marinerüstungsindustrie nach 1918 bei: Eberhard Dittrich/Martin Grundmann, Kiel – Marine, Rüstungsindustrie und Konversion, in: Detlef Bald (Hg.), Rüstungsbestimmte Geschichte und das Problem der Konversion in Deutschland im 20. Jahrhundert (Jahrbuch für Historische Friedensforschung 1992), Münster/Hamburg 1993, S. 48-67.
[65] Für die USA: Jack Stokes Ballard, The Shock of Peace. Military and Economic Demobilization after World War Two, Washington 1983. Vgl. für Deutschland nach dem Zweiten Weltkrieg die Beiträge in: Bald (Hg.), Rüstungsbestimmte Geschichte sowie Gottfried Niedhart, Lernfähigkeit und Lernbereitschaft nach Kriegen. Beobachtungen im Anschluß an die deutschen Nachkriegszeiten im 20. Jahrhundert, in: Detlef Bald/Paul Klein (Hg.), Historische Leitlinien für das Militär der neunziger Jahre, Baden-Baden 1988, S. 13-27. Am Beispiel der deutschen Luftfahrtindustrie insbesondere: Lutz Budraß/Stefan Prott, Demontage und Konversion. Zur Einbindung rüstungsindustrieller Kapazitäten in technologiepolitische Strategien im Deutschland der Nachkriegszeit, in: Johannes Bähr/Dietmar Petzina (Hg.), Innovationsverhalten und Entscheidungsstrukturen. Vergleichende Studien zur wirtschaftlichen Entwicklung im geteilten Deutschland 1945-1990, Berlin 1996, S. 303-339.

2. Das Erbe des Rüstungsbooms

Bereich einer staatlich oder vorstaatlich initiierten Politik der Demontageabwehr die Wurzeln einer organisierten, institutionell verdichteten Industriepolitik zu verorten sind – so wie dies in Nordrhein-Westfalen ab Herbst 1947 der Fall war.[66] Zur Gesamteinschätzung der Ausgangslage bayerischer Aufbaupolitik am Ende der Besatzungszeit wird dieser Befund wesentlich beitragen.

Als der britische und der amerikanische Zonenbefehlshaber, Luftmarschall Sir Sholto Douglas und General Lucius D. Clay, am 16. Oktober 1947 die „endgültige" Demontageliste für die Bizone bekanntgaben, nahm die bayerische Industrie darin auf den ersten Blick einen oberen Mittelplatz ein. Gemessen an der Anzahl der abzubauenden Werke stand sie mit nicht weniger als 88 von 682 betroffenen Betrieben hinter Nordrhein-Westfalen und Niedersachsen an dritter Stelle. Erst bei näherem Hinsehen wird freilich klar, in welchem Maße die geplanten und zu diesem Zeitpunkt teilweise bereits vollzogenen Einschnitte die industrielle Struktur und die Produktionskapazitäten in Bayern tatsächlich beeinflußten.

Tabelle 5: Demontagebetriebe nach Ländern der britischen und amerikanischen Zone

Industriezweige	Länder der britischen Zone					Länder der amerikan. Zone					
	Nordrhein-Westfalen	Niedersachsen	Schleswig-Holstein	Hamburg	Berlin	Bayern	Hessen	Württemb.-Baden	Bremen	Berlin	Bizone
Rüstungswerke	43	92	40	22	1	64	27	9	4	0	302
Eisenverarbeitung	77	9	1	0	0	0	3	1	1	0	92
Nichteisenverarbeitg.	4	1	0	1	0	2	2	1	0	0	11
Chemie	19	3	1	1	0	7	8	3	0	0	42
Maschinenbau	151	8	0	16	0	13	11	24	0	1	224
Elektrotechnik	0	1	2	1	0	0	0	0	0	0	4
Schiffswerften	0	1	0	1	0	0	0	0	1	0	3
Elektrizitätswerke	0	0	0	0	0	2	0	1	1	0	4
Insgesamt:	294	115	44	42	1	88	51	39	7	1	682

Quelle: Werner-Otto Reichelt, Die Demontageliste. Eine vollständige Übersicht über die Reparationsbetriebe sowie die amtlichen Erklärungen der Militärbefehlshaber der Britischen und USA-Zone, Hamburg 1947, S. 6. Hier übernommen unter Korrektur der Übersetzung aus dem Amerikanischen anhand der Originalliste „Summary of Plants and Part Plants listed for Reparations from U.S. and U.K. Zones" (BayHStA, OMGBY 13/110-2/1).

Den westalliierten Vorgaben vom Herbst 1947 zufolge waren in den drei Westzonen insgesamt 918 Betriebe zu demontieren. Davon entfielen auf das britische Besatzungsgebiet 496, auf die amerikanische Zone 186 und auf das französische Gebiet 236 Demontageobjekte. In Fortschreibung der grundlegenden industriepolitischen Ziele der Alliierten wurde dabei für jede Besatzungszone nach Unternehmen unterschieden, die man eindeutig als Rüstungsbetriebe zu identifizieren glaubte, und solchen Kapazitäten, die im Sinne des zweiten Industrieplans für das Vereinigte Wirtschaftsgebiet vom August 1947 als überflüssig galten. Während erstere als Demilitarisierungsobjekte vollständig abgebaut werden mußten, umfaßten

---

[66] Köchling, Demontagepolitik und Wiederaufbau, S. 92 ff.

letztere in der Mehrzahl der Fälle nurmehr die Teildemontage von Werksanlagen, nicht mehr den Abbau ganzer Betriebe.[67] Die von der deutschen Wirtschaft lange mit Spannung erwartete Liste bildete die erste spezifizierte Aufzählung von Demontagebetrieben in Westdeutschland, die der Öffentlichkeit zugänglich war. Damit bot sie sowohl den alliierten Stellen vor Ort als auch den deutschen Reparationsgegnern in Politik, Wirtschaft und Verwaltung eine zentrale Arbeitsgrundlage. Was die tatsächliche Durchführung der Abbaumaßnahmen anging, markierte die Zusammenstellung indessen eher eine neuerliche alliierte Zielbestimmung als einen wirklich definitiven Plan. Bereits die Umsetzung der Ausgangsliste blieb aus Sicht der Alliierten hinter den Erwartungen zurück. Im Zuge der Entfaltung des Kalten Krieges, deutsch-alliierter Vereinbarungen wie des Petersberger Abkommens vom November 1949 oder im Anschluß an Empfehlungen alliierter Kommissionen wurde sie außerdem weiteren Reduktionen unterworfen. Der Abschluß des Deutschlandvertrags im Mai 1952 brachte das offizielle Ende deutscher Reparationsleistungen.[68]

Den politisch Verantwortlichen in Bayern stand spätestens seit Herbst 1945 klar vor Augen, daß Reparationsverluste aus der heimischen Wirtschaftssubstanz nicht zu vermeiden waren. Das genaue Ausmaß der Eingriffe jedoch blieb vorerst offen. Bekanntlich hatten sich die Alliierten im Verlauf ihrer Konferenzen von Jalta und Potsdam nicht auf eine klare Definition der Art und Höhe deutscher Reparationsleistungen einigen können. Es war aber immerhin deutlich geworden, daß man deutsche Wiedergutmachungs- und Sicherheitsleistungen anders als nach dem Ersten Weltkrieg nicht in Form von Geldzahlungen einfordern wollte. De facto implizierte dies zumindest aus Sicht der Briten und Amerikaner den Verzicht auf Entnahmen aus der laufenden Produktion zugunsten von industriellen Demontagen. Diesem Prinzip blieben die Westmächte in der Folge im wesentlichen treu, auch wenn erste ungeordnete Entnahmen durch die Besatzungstruppen im Jahr 1945 nicht nur in Bayern die laufende Produktion in bestimmten Sektoren empfindlich beeinträchtigten. Jedenfalls aber hatten alternative Reparationsstrategien, wie sie in den Reihen der US-Diplomatie zeitweise im Hinblick auf eine Einigung mit der UdSSR diskutiert wurden, spätestens seit Herbst 1947 für die Westzonen keine Realisierungschancen mehr.[69]

Alliierte Industrieentnahmen in Gestalt von Vorauslieferungen hatten indes bereits im Oktober 1945 eingesetzt, also noch bevor die Demontageaktionen am 1. Januar 1946 offiziell in Gang kamen. Bayern blieb davon nicht verschont. So

---

[67] Zur Bewertung der Demontageliste vom Oktober 1947 in ihren wirtschaftlichen Auswirkungen auf das britische und amerikanische Besatzungsgebiet vgl. Kramer, Britische Demontagepolitik, S. 376 ff.; Abelshauser, Wirtschaft in Westdeutschland 1945–1948, S. 119 ff.
[68] Vgl. zur Gesamtentwicklung: Gerd Hardach, Der Marshall-Plan. Auslandshilfe und Wiederaufbau in Westdeutschland 1948–1952, München 1994, S. 77–84; Michael J. Hogan, The Marshall Plan. America, Britain and the Reconstruction of Western Europe 1947–1952, New York 1987, S. 174–179, 194–201, 287 f.; Wolfgang Krieger, General Lucius D. Clay und die amerikanische Deutschlandpolitik 1945–1949 (Forschungen und Quellen zur Zeitgeschichte 10), Stuttgart 1987, S. 440–445.
[69] Wirtschaftspolitik und Wirtschaftsentwicklung in Bayern im Jahre 1947. Jahresbericht des Bayerischen Staatsministeriums für Wirtschaft, München 1948, S. 35 f.; Heiner Timmermann (Hg.), Potsdam 1945. Konzept, Taktik, Irrtum?, Berlin 1997; Fisch, Reparationen, S. 96 und 92–104.

2. Das Erbe des Rüstungsbooms 49

wurde im Frühjahr 1946 damit begonnen, die Maschinenausstattung der Kugelfischerwerke in Schweinfurt, zwei BMW-Teilwerke in München, das Wärmekraftwerk des Anorgana-Werks in Gendorf sowie Teile der Elektrizitätserzeugung der Töginger Aluminiumhütte als „advanced reparations" zu verschiffen.[70] Währenddessen hatte der Erste Industrieplan vom 28. März 1946 die allgemein gehaltenen Potsdamer Reparationsregelungen in konkretere Form gegossen. Zur Errichtung und Aufrechterhaltung einer deutschen Friedenswirtschaft sahen die Alliierten hier die Begrenzung der gesamtdeutschen Industrieproduktion auf etwa 50–55% des Standes von 1938 bzw. 75% des Produktionsniveaus von 1936 vor. Obwohl der Plan von den Verhandlungspartnern selbst als ermutigendes Zeichen alliierter Kooperationsfähigkeit angesehen wurde, bildete er doch eher ein Dokument politischen Verständigungswillens als ökonomischer Realitätsnähe. So entpuppte es sich in der volkswirtschaftlichen Praxis schlichtweg als unmöglich, seine widerstreitenden Ziele umzusetzen: Diese umfaßten gleichermaßen die Beseitigung des industriellen Rüstungspotentials in Deutschland, die Bereitstellung von Reparationen, die Förderung deutscher Friedensindustrien und die Beschränkung des deutschen Lebensstandards entsprechend den Potsdamer Beschlüssen, wobei zudem ein sich selbst tragendes Wirtschaftsgefüge entstehen sollte. Es war vor allem die vorgesehene drastische Beschneidung der deutschen Schwerindustrien, die dem Gesamtkonzept den Charakter eines wenig durchdachten, planwirtschaftlich anmutenden Konstrukts verlieh. Sowohl Skeptiker in der Wirtschaftsabteilung von OMGUS als auch deutsche Experten und Politiker übten denn auch sofort Kritik an den Berechnungsgrundlagen oder an der zu gering angesetzten Stahlproduktionsquote. Daneben wurde darauf aufmerksam gemacht, daß die insbesondere von den USA erstrebte Restrukturierung der deutschen Wirtschaft zugunsten der „Leicht"- und Verbrauchsgüterindustrien schon aufgrund der vorgesehenen Limitierungen des Investitionsgüterbereichs zum Scheitern verurteilt sei.[71]

Im bayerischen Wirtschaftsministerium sah man die Dinge zunächst eher gelassen. Minister Erhard zeigte sich in ersten Äußerungen bereit, Einzelkritik am Industrieplan in der Hoffnung auf künftige Korrekturen zurückzustellen. Speziell mit Blick auf die bayerische Entwicklung glaubte er sogar Grund zu haben, seiner „Befriedigung darüber Ausdruck zu geben, daß gerade unserer typisch heimischen Industrie in ihrer weiteren Betätigung keine Grenzen gesetzt sind und daß wir im ganzen der vorgezeichneten Entwicklung mit einiger Zuversicht entgegensehen

---

[70] BayHStA, OMGBY 13/110-2/1, Statement made by General Walter J. Muller, Land Director, at Reparations Conference, 20.10.1947. Vgl. auch ebenda, Walter J. Muller, Land Director, to the Minister President, 22.10.1947.
[71] Zur Entstehungsgeschichte und Bewertung des Ersten Industrieplans: Mausbach, Zwischen Morgenthau und Marshall, S.190–222; Cairncross, Country to play with. Die Industriequoten finden sich im Detail publiziert in: Die deutsche Wirtschaft seit Potsdam. Ein Arbeitsbericht der Wirtschaftsabteilung der amerikanischen Militärregierung (Dokumente und Berichte des Europa-Archivs I), Oberursel im Ts. 1947, S.65–70. Vgl. zu den deutschen Argumenten etwa: Franz Seume, Drei Grundprobleme der deutschen Wirtschaft: Industrie, in: Die deutsche Wirtschaft zwei Jahre nach dem Zusammenbruch. Tatsachen und Probleme, Berlin 1947, S.104–143; Wilhelm Bauer, Der gegenwärtige und künftige Lebensstandard in Deutschland, in: ebenda, S.159–194. Eine zeitgenössisch-pessimistische Analyse der wirtschaftlichen Entwicklungsmöglichkeiten Deutschlands unter dem ersten Industrieplan bietet auch: Deutsche Wirtschaft und Industrieplan. Hg. vom Institut für Weltwirtschaft an der Universität Kiel, Essen 1947.

dürfen."[72] Gewiß ist dieser Optimismus des Ministers zunächst einmal allgemein funktional zu verstehen. Erhard war sich im klaren darüber, daß das Vertrauen der Deutschen in die eigene Kraft zum Wiederaufbau kein bloßer Begleitumstand, sondern ein konstitutiver Faktor des ökonomischen Prozesses war. So stand seine Einschätzung des Industrieplans einerseits im Kontext einer harschen Abrechnung mit jenen Wiederaufbauskeptikern unter seinen Kritikern, die er recht unverblümt mit „feigem Pessimismus und skeptischem Beiseitestehen"[73] in Verbindung brachte – eine Haltung, der er schädigende nationalökonomische Wirkung zuschrieb. Andererseits fiel Erhard der ostentative Optimismus wohl auch deshalb nicht schwer, da Bayerns Wirtschaft zumindest in traditioneller Wahrnehmung überwiegend auf die Konsumgüterproduktion ausgerichtet war und von einer Umstrukturierung des deutschen Wirtschaftsgefüges im amerikanischen Sinne sogar Vorteile erwarten konnte.

Ungeachtet solcher Überlegungen blieb Bayern, ohne unter den Ländern im besetzten Deutschland ein Hauptadressat zu sein, auch weiterhin Objekt einer konsequent durchgeführten amerikanischen Demontagepolitik. Zum Erstaunen vieler konnte hieran auch weder die von General Clay angeordnete Einstellung von Reparationslieferungen aus der US-Zone im Mai 1946 noch die Verabschiedung eines neuen, realistischeren Industrieplans im Oktober 1947 Wesentliches ändern.[74] Bereits im Laufe des Jahres 1946 hatte sich in Washington wachsender Widerstand gegen ein Reparationskonzept formiert, das die Rekonstruktionsbemühungen der USA in der eigenen Zone zu torpedieren drohte. Beeinflußt durch den Reisebericht von Ex-Präsident Hoover über die Wirtschaftslage im besetzten Deutschland hatte die Kritik an den amerikanischen Restrukturierungsplänen im Folgejahr an Umfang und Schärfe sogar noch zugenommen. Es war jedoch erst der Perzeptionswandel in der amerikanischen Politik infolge des sich verschärfenden Ost-West-Konflikts, die nachfolgende Verkündung der Truman-Doktrin und die Einbeziehung Deutschlands in den Marshall-Plan, welche schließlich das im Ersten Industrieplan angelegte ökonomische Umbauprogramm für seine Anhänger in der amerikanischen Politik unhaltbar machten. Damit trat die seit Gründung der Bizone diskutierte Erarbeitung eines erneuerten Industrieplans im Sommer 1947 in eine akute Phase. Nach neuer amerikanischer Auffassung sollte die deutsche schwerindustrielle Produktion in dem für Gesamteuropa nötigen Maß angehoben werden, ohne doch zugleich jene Kapazitäten an Investitionsgütern innerhalb der westlichen Besatzungszonen zu binden, deren Abbau nötig war, um die Wünsche der Reparationsgläubiger Deutschlands zu befriedigen. Besonders Frankreich agierte als ein schwieriger Partner. In Paris schätzte man die Intentionen des ersten Industrieplans als essentiellen Beitrag zur eigenen Sicherheits- und Wiederaufbaupolitik und lenkte erst nach amerikanischen Konzessionen in der Ruhrfrage im

---

[72] Ludwig Erhard, Ausblicke, in: Deutsche Zeitung und Wirtschaftszeitung, 17.5.1946; wiederabgedruckt in: ders., Gedanken aus fünf Jahrzehnten. Reden und Schriften, Düsseldorf/Wien/New York 1988, S. 62–65 (Zitat: S. 65). Dazu auch Mausbach, Zwischen Morgenthau und Marshall, S. 220f.
[73] Erhard, Ausblicke, S. 65.
[74] Zur Relativierung des Clay'schen Reparationsstops als Zäsur in der amerikanischen Wirtschaftspolitik gegenüber dem besetzten Deutschland vgl. Gimbel, Amerikanische Besatzungspolitik, S. 87–92.

2. Das Erbe des Rüstungsbooms

August 1947 ein. Der zweite, nunmehr allein westalliierte Industrieplan vom 29. August 1947[75] repräsentierte somit kein Konzept mehr, das vorwiegend mittels Reparationsentnahmen auf die ökonomische Abrüstung Deutschlands zielte. Er legte vielmehr ein reduziertes, aber weiterhin substantielles Mindestmaß an Reparationslieferungen fest, das zwei schwer miteinander zu vereinbarenden Zielen zu dienen hatte. Zum einen ging es darum, den unabdingbaren Beitrag der bizonalen Wirtschaft für den europäischen Wiederaufbau zu gewährleisten; zum anderen sollte gleichzeitig die notwendige politische Mitarbeit der westeuropäischen Reparationsempfänger bei der Umsetzung des Marshall-Plans sichergestellt werden.[76]

Dieser reparationspolitische Interessenabgleich zwischen den Siegermächten bzw. zwischen State Department, Pentagon und US-Militärregierung für die amerikanische Zonenebene stellte den beteiligten alliierten Gremien und Akteuren eine Koordinations- und Planungsaufgabe ersten Ranges. Vor Ort indes, in den bayerischen Ministerien oder im Landtag, in den betroffenen Unternehmen und den Wirtschaftsverbänden, war die Genese der so geschaffenen Situation schlichtweg nicht nachvollziehbar. Bereits im Laufe des Jahres 1947, als zunehmend Gerüchte über die Erfassung ganzer Betriebe als Demontageobjekte aufgetaucht waren, hatte sich der Landtag deshalb gezwungen gesehen, auf die „Notschreie aus dem ganzen Land" zu reagieren. Bei unterschiedlicher Schwerpunktsetzung zeigten sich die Redner der SPD, der CSU und der FDP einig in der Ablehnung von Demontageentnahmen. Mit Ausnahme der Sozialdemokraten stimmte man auch in der Kritik am ersten Industrieplan überein. Insbesondere die Eingaben an den Landtag, die seitens betroffener Unternehmen, der Industrie- und Handelskammern oder über Gewerkschaftsvertreter formuliert worden waren und um Hilfestellung beim Erhalt bestimmter Schlüsselbetriebe ersuchten, trafen auf ein überparteiliches Echo. Sie hatten Katalysatorwirkung, lenkten die Aufmerksamkeit der Abgeordneten auf die Situation in der Schweinfurter Kugellagerindustrie, bei den Augsburger MAN-Werken oder in der Gablonzer Schmuckwarenherstellung, und mündeten in mehreren Fällen in einstimmig gefaßte Aufforderungen an die Staatsregierung, mit den Militärbehörden rasch in einschlägige Verhandlungen zu treten.[77]

Stellvertretend für seine Kabinettskollegen formulierte Ministerpräsident Ehard am 30. Oktober den Protest der bayerischen Staatsregierung gegen die „schlimmen Folgen" der Demontageliste und verweigerte die Zustimmung. Er erneuerte dabei jene Forderung, die seit Sommer 1947 die offizielle Verhandlungsposition Bayerns bestimmte: Demontagen sollten auf solche kriegswirtschaftliche Anlagen be-

---

[75] Siehe den Text in: A Decade of American Foreign Policy. Basic Documents 1941-1949. Prepared at the Request of the Senate Committee on Foreign Relations by the Staff of the Committee and the Department of State, Washington 1950, S. 563-568.
[76] Zu den komplizierten Neujustierungs- und Abstimmungsvorgängen zwischen den Westalliierten sowie den beteiligten amerikanischen Ministerien und OMGUS vgl. Mausbach, Zwischen Morgenthau und Marshall, S. 231-367, hier: S. 363.
[77] Vgl. die Stenographischen Berichte über die 4. Sitzung des Bayerischen Landtags am 29.1.1947, S. 68f. (Stock), die 24. Sitzung am 16.7.1947, S. 754f. (Emmert) sowie die 24. Sitzung am 16.7.1947, S. 758 (Dehler). Zu den zahlreichen einschlägigen Beschlüssen des Landtags u.a. Bayerischer Landtag, I. Tagung 1946, Beilagen-Band I, Beilagen 65, 111, 134, 251, 252, 288, 471, 611 bzw. Stenographischer Bericht über die 5. Sitzung des Bayerischen Landtags am 30.1.1947, S. 79 (Plenumsbeschluß); Zitat: Stenographischer Bericht über die 27. Sitzung des Bayerischen Landtags am 19.7.1947, S. 888.

schränkt bleiben, die für Zwecke der Friedensproduktion ohnehin unbrauchbar waren.[78] Was Ehard nicht aussprach, doch zweifellos präsent hielt, war die Tatsache, daß die für Bayern aufgelisteten reinen Rüstungsbetriebe einschließlich der „advanced deliveries" im Herbst 1947 bereits weitgehend demontiert oder zerstört waren. Die Umsetzung des bayerischen Vorschlags wäre damit faktisch einer sofortigen Einstellung der Demontagelieferungen nahegekommen. Für die amerikanische Militärregierung, das mochte Ehard wohl auch ahnen, war eine derart radikale Option zum gegebenen Zeitpunkt völlig inakzeptabel. Aus der Sicht von OMGB traf das Demontageprogramm vielmehr exakt jene Kapazitäten, die im Zuge der Rüstungsexpansion der bayerischen Industrie nach 1933 *zusätzlich* aufgebaut worden waren: „The Bavarian industrial machine was expanded under the Nazis when almost all economic expansion went into war potential. This development took place mainly in two industries, aircraft and chemicals, including explosives, toxic gas and synthetic fibres."[79]

Anders als in Nordrhein-Westfalen oder auch in Württemberg-Baden lag der Anteil von „war plants" an den Demontagebetrieben in Bayern deutlich über dem bizonalen Durchschnitt (siehe oben Tabelle 5). Konkret bedeutete dies, daß die Abbaumaßnahmen hier tatsächlich vorwiegend auf die betrieblichen Kapazitäten der beiden Hauptträger der Rüstungsexpansion im Lande zielten: die Luftfahrtindustrie und die ehemals unmittelbar kriegswichtige waffenchemische Produktion. Mindestens 57 der 88 bayerischen Demontagebetriebe gehörten diesen beiden Sparten an. Betroffen waren sämtliche Werke der Flugzeughersteller Messerschmitt und Dornier einschließlich ihrer dezentral über Bayern verstreuten Zweigwerke, eine Reihe von Zulieferbetrieben sowie die Flugmotorenherstellung der Bayerischen Motorenwerke. Zum vollständigen Abbau bestimmt waren außerdem die zahlreichen Herstellungs- oder Verarbeitungsanlagen im Bereich der Pulver-, Sprengstoff- und Giftgasproduktion. Sie hatten in Bayern wie im übrigen Reichsgebiet als Heeres- und Luftmunitionsanstalten firmiert, waren als Niederlassungen der I.G. Farben-Tochtergesellschaft Dynamit AG betrieben oder von der reichseigenen „Verwertungsgesellschaft für Montanindustrie GmbH" („Montan") verwaltet worden. Neben diesen hochspezialisierten, klar als Rüstungsproduzenten identifizierbaren Betriebseinheiten benannte die Liste eine begrenzte Zahl weiterer Unternehmen, deren Status weniger eindeutig festzulegen war. Sie hatten als entbehrliche Überkapazitäten im Sinne des revidierten Industrieplans Aufnahme gefunden. So firmierten hier mehrere Betriebe der Sparten Elektrotechnik, Maschinen- bzw. Fahrzeugbau und Chemie, darunter an prominenter Stelle die Noris Zündlicht AG (Nürnberg), die Firma Kugelfischer (Schweinfurt), Teile des MAN-Werks Augsburg, die Herkules-Werke (Nürnberg) und ein Teilwerk der Anorgana GmbH (Gendorf).[80]

---

[78] Siehe die Erklärung von Ministerpräsident Ehard in: Stenographischer Bericht über die 32. Sitzung des Bayerischen Landtags am 30.10.1947, S. 113–115 (Zitat: S. 113). Zuvor auch schon: Stenographischer Bericht über die 3. Sitzung des Bayerischen Landtags am 10.1.1947, S. 38.
[79] BayHStA, OMGBY 13/141-1/14, Murray D. Van Wagoner, The situation in Bavaria, 20.7.1949, S. 54.
[80] Werner-Otto Reichelt, Die Demontageliste. Eine vollständige Übersicht über die Reparationsbetriebe sowie die amtlichen Erklärungen der Militärbefehlshaber der Britischen und USA-Zone, Hamburg 1947, S. 38–40. Vgl. zur geographischen Lage der waffenchemischen Produk-

2. Das Erbe des Rüstungsbooms

In einer Besprechung mit dem Ministerpräsidenten, mit Kabinettsmitgliedern, Ministerialbeamten und Gewerkschaftsvertretern hatte Land Director Walter J. Muller wenige Tage nach Verkündung des Demontageplans klar gemacht, daß diese amerikanischen Vorgaben nicht verhandelbar waren. Die Eingriffe seien gering genug, um der bayerischen Wirtschaft keine gravierenden Rückschläge zu bescheren, die Auswahl sei nach zweijähriger Erkundungsarbeit mit Bedacht vorgenommen worden und überdies unter Berücksichtigung der geringstmöglichen Freisetzung von Arbeitskräften erfolgt. Der Leiter der Wirtschaftsabteilung bei der Militärregierung, Colonel McGiffert, faßte sein Resümee noch knapper: „No reparation is desirable. But the system we worked out is good and I think Bavaria is very lucky."[81]

Die tatsächlichen Auswirkungen dieser Demontagemaßnahmen sind nicht leicht zu ermessen. Im interregionalen Vergleich kam Bayern sicherlich zugute, daß es hier niemals, auch nicht in Zeiten der kriegswirtschaftlichen Aufrüstung, Standorte schwerindustrieller Prägung von der Größe und regionalen Bedeutung etwa der „Reichswerke Hermann Göring" in Salzgitter oder des Wilhelmshavener Schiffsbaus gegeben hatte. Während dort und im Land Nordrhein-Westfalen buchstäblich Hunderttausende von Arbeitsplätzen auf dem Spiel standen, deren Wegfall die Wirtschaftsstruktur der Regionen ernsthaft gefährden konnte, belief sich die Zahl der betroffenen Arbeitnehmer in Bayern nach schlüssigen Berechnungen der Militärregierung auf etwa 3021. Nach dem Stand vom April 1947 entsprach dies einem Anteil von 0,7% der bayerischen Industriebeschäftigten.[82] Doch zweifellos sind die Angaben der Militärregierung mit Vorsicht zu bewerten. So blieb darin das Schicksal der mittelbar involvierten Zulieferbetriebe unberücksichtigt, zu denen die Experten von OMGB keine näheren Untersuchungen angestellt hatten. Für die „organisch gewachsene, eng ineinander verzahnte, stark arbeitsteilige Wirtschaft" Bayerns waren deshalb schwer kalkulierbare Folgen nicht auszuschließen, ganz abgesehen davon, daß einige der anvisierten Betriebe im Bereich der Grundindustrien oder der Exportwirtschaft nach Einschätzung des Wirtschaftsministeriums unentbehrlich waren.[83] Zudem waren auf Anordnung der amerikanischen Militärregierung in Bayern sämtliche Kosten für den Abbau der Demontagegüter durch Mittel aus dem bayerischen Staatshaushalt aufzubringen. Ebenfalls auf Anweisung der Besatzungsmacht richtete die Staatsregierung daraufhin am 12. September 1946 drei Dienststellen ein, die mit Wirkung vom 27. November 1947 zum „Amt für Reparationsangelegenheiten" zusammengefaßt wurden. In

---

tion im Deutschen Reich und zum Anteil Bayerns: Johannes Preuß/Rainer Haas, Die Standorte der Pulver-, Sprengstoff-, Kampf- und Nebelstofferzeugung im ehemaligen Deutschen Reich, in: Geographische Rundschau 39 (1987), S. 578-584. Zu den organisatorischen Verflechtungen im Bereich der Sprengstoff- und Kampfmittelproduktion: Barbara Hopmann, Von der Montan zur Industrieverwaltungsgesellschaft (IVG), 1916-1951, Stuttgart 1996.
[81] BayHStA, OMGBY 13/110-2/1, Walter G. Muller, Land Director, Office of Military Government for Bavaria, to Minister President, 22.10.1947; ebenda, Meeting in the library on the 20 Oct. 1947. Subject: Reparations-Plants, o.D. (Zitat: S. 5f.).
[82] Riedel, Reichswerke im Salzgittergebiet; Hoebink, Demontage in Nordrhein-Westfalen; Treue, Demontagepolitik der Westmächte, S. 55f., 82-88. Für Bayern: BayHStA, OMGBY 13/110-2/1, Meeting in the library on the 20 Oct. 1947. Subject: Reparations-Plants, o.D., S. 4f.
[83] Stenographischer Bericht über die 33. Sitzung des Bayerischen Landtags am 31.10.1947, S. 133-135 (Zitat Seidel: S. 134).

seinem Auftrag waren im März 1948 mehr als 4200 Arbeitskräfte in verschiedenen Teilen Bayerns mit Abbau-, Versand- und Demilitarisierungsmaßnahmen im Gefolge der alliierten Reparationsforderungen beschäftigt, woraus bis Jahresende 1948 mehr als 27 Millionen Reichsmark an Kosten aufliefen. Nach der Währungsreform wuchsen diese um weitere 13,8 Millionen DM an.[84]

Diese Belastungen und die zeitgenössischen Befürchtungen relativieren sich indes, sofern man das Gesamtbild der Wirtschaftsentwicklung Bayerns für die unmittelbare Nachkriegszeit in die Betrachtung einbezieht. Anhand des Vergleichs der industriellen Produktionswerte der Länder in der US-Zone und Nordrhein-Westfalens konnte bereits gezeigt werden, daß Bayern in den ersten Friedensjahren eine überdurchschnittlich gute Bilanz vorzuweisen hatte. Im Jahr 1949 erreichte hier der Umfang der Gesamtproduktion bereits wieder annähernd das Niveau von 1936, während die Vergleichsregionen bezogen auf den Stand des gleichen Referenzjahres teilweise noch deutlich zurücklagen (siehe oben Tabelle 3). Besonders klar manifestierte sich die rasche Erholung der bayerischen Industrieerzeugung im Bereich der Allgemeinen Produktionsgüter, wo bereits im Jahr 1948 um ein Drittel, im Folgejahr fast um die Hälfte mehr produziert wurde als noch 1936. Weder die Kriegszerstörungen noch die in Bayern bis 1951 andauernden Demontagearbeiten der Folgezeit haben also eine die bayerische Wirtschaftsentwicklung strangulierende Engpaßwirkung ausüben können.

Zur Erklärung dieses Befunds ist zunächst von Interesse, daß für das britisch-amerikanische Besatzungsgebiet insgesamt selbst bei rechnerischer Berücksichtigung der Demontage- und Restitutionsleistungen bis Ende 1948 von einem Zuwachs des industriellen Anlagevermögens um etwa 11% gegenüber 1936 gesprochen werden kann.[85] Zwar darf dieser stark aggregierte Wert nicht ohne weiteres auf den bayerischen Teilfall übertragen werden. Auch besteht grundsätzlich kein volkswirtschaftlich zwingender Konnex zwischen Produktionsleistung und Anlagevermögen in der Industrie. Doch liegt die Vermutung sehr nahe, daß die überdurchschnittlich rasche Produktionsausweitung im Bayern der frühen Nachkriegszeit in engem Zusammenhang mit dem Struktur- und Kapazitätswandel in der bayerischen Industrie zwischen 1936 und 1944 steht. Dieser Wandel wies deutliche Parallelen zu den rüstungsbedingten Verschiebungen in der deutschen Wirtschaftsstruktur schlechthin auf, von denen reichsweit besonders die Wirtschaftsgruppen Maschinenbau, Elektrotechnik, Fahrzeugbau und Luftfahrtindustrie profitierten. Auch in Bayern konnten die Sparten Maschinen-, Fahrzeug- und Stahlbau neben der Elektroindustrie und der Chemischen Industrie für den fraglichen Zeitraum hohe Zuwachsraten im Bereich der Beschäftigtenzahlen verbuchen.[86] Da nun die alliierten Abbaumaß-

---

[84] Vgl. zum normativen Rahmen BayGVBl. 1946, S. 381 und BayGVBl. 1947, S. 217. Zur Praxis der bayerischen Reparationsverwaltung auch: BayHStA, Amt für Reparationsangelegenheiten (AfR) 9, Bayerisches Staatsministerium der Finanzen an sämtliche Oberbürgermeister und Landräte, 22.7.1946; BayHStA, AfR 7, Der Staatsbeauftragte für Reparationsangelegenheiten, Vormerkung, 3.3.1948; Die Wirtschaftsentwicklung Bayerns im Jahr 1948. Jahresbericht des Bayerischen Staatsministeriums für Wirtschaft, München 1949, S. 21.
[85] Hierzu immer noch grundlegend: Abelshauser, Wirtschaft in Westdeutschland 1945-1948, S. 114-130.
[86] Zum industriellen Strukturwandel auf Reichsebene: Wagenführ, Die deutsche Industrie im Kriege 1939-1945; für Bayern: Frey, Industrielle Entwicklung Bayerns, S. 104-114, hier: S. 104.

2. Das Erbe des Rüstungsbooms

nahmen in Bayern ganz überwiegend in eben diesen Wachstumsbranchen der Kriegszeit zum Tragen kamen, ist vor dem Hintergrund der oben dargelegten Produktionszuwächse eine unverhältnismäßig starke Schädigung des Produktionsgüterbereichs eindeutig auszuschließen. Vielmehr war es gerade der nach 1945 fortbestehende Kapazitätsüberhang in dieser Industriehauptgruppe, der im Zusammenspiel mit dem angewachsenen Arbeitskräftepotential und der Marshallplanhilfe das überraschende Aufholtempo in der bayerischen Industrieproduktion der frühen Nachkriegszeit ermöglichte. Diese erst im Rückblick mögliche Analyse der mittelfristigen Rekonstruktionsentwicklung bestätigt die Wertung der Militärregierung und des Land Director: Gemessen an den Abbaumaßnahmen im Westen und Norden Deutschlands stellte Bayern tatsächlich eher einen Nebenschauplatz dar; die Wirkung der Kapazitätsverminderung blieb vergleichsweise begrenzt.

Als Gegenstand konzertierter industriepolitischer Ansätze deutscher Stellen, wie sie zur gleichen Zeit in Nordrhein-Westfalen entstanden, nahm die Demontageproblematik in Bayern eine nicht unerhebliche, doch insgesamt nachrangige Stellung ein. Sowohl was die Perzeption durch bayerische Regierungsstellen als auch was den Umfang des bis zum Ende der Besatzungszeit tatsächlich realisierten kreditpolitischen Engagements des bayerischen Staates anging, trat sie deutlich hinter die Flüchtlingsfrage zurück.[87] Ungeachtet dessen blieb eine Politik der Demontageabwehr und der Rüstungskonversion auch in Bayern nicht ohne Eingriffsmöglichkeiten und Erfolgsaussichten. Ihre Konturen und ihr Beitrag zum industriellen Wiederaufbau werden besonders im Kontrast der westdeutschen Länder deutlich. Die nordrhein-westfälische Landesregierung hatte im Oktober 1947 die Federführung in den Reparations- und Demontageverhandlungen mit der Besatzungsmacht für die gesamte britische Zone übernommen. Auf Wunsch der Militärregierung hin etablierten sich regelmäßig tagende deutsch-britische Kommissionen und Arbeitsgruppen, in denen zwischen November 1947 und Juli 1948 die technischen Modalitäten des industriellen Abbaus besprochen wurden – bei letztlich geringen Resultaten und beschränkten deutschen Einwirkungsmöglichkeiten. Gleichwohl kam es auf deutscher Seite als direkte Folge dieser Gespräche zur Intensivierung der Kontakte zwischen Wirtschaftsverbänden, Gewerkschaften und Landesministerien, welche sich in der Folge zum frühen Nucleus einer nordrhein-westfälischen Industriepolitik entwickelten. Diese löste sich bald aus dem engeren Zusammenhang der Reparationsverhandlungen und mündete bis zur Jahreswende 1948/49 in das erste Kreditprogramm einer westdeutschen Landesregierung zugunsten ihrer demontagegeschädigten Industrie. Der Weg dorthin hatte indes über zeitweise erhebliche Friktionen zwischen der SPD-Landesregierung und Vertretern der Wirtschaft geführt. Vielfach unterstellte man insbesondere Ministerpräsident Arnold und Wirtschaftsminister Nölting, in Demontagefragen die Zusammenarbeit mit den Briten zu suchen, um die Restrukturierung der Schlüsselindustrien des Landes unter Sozialisierungsgesichtspunkten einzuleiten.[88]

Anders als die Briten setzten die USA ihre Reparationspolitik im eigenen Besatzungsgebiet ohne vergleichbar institutionalisierte deutsche Beteiligungsmöglich-

---

[87] Vgl. hierzu ausführlich das folgende Kapitel II.5.
[88] Köchling, Demontagepolitik und Wiederaufbau, S. 126–203.

keiten durch. So hielten sich die Verhandlungskontakte der bayerischen Kabinettsmitglieder mit den Vertretern der Militärregierung im wesentlichen auf der Ebene von brieflichen Interventionen und ad hoc anberaumten, themenbezogenen Treffen. Der Ministerpräsident blieb bevorzugter Ansprechpartner und wurde vom Land Director direkt für die Durchführung der angeordneten Abbaumaßnahmen verantwortlich gemacht. Zugleich hatten die Amerikaner in ihrem Machtbereich früher schon als die Briten, nämlich ab Jahresende 1945, den direkten technischen Meinungsaustausch zwischen den Länderministerien und den zuständigen Abteilungen der jeweiligen Industry Branches zugelassen. Diese Konstellation kanalisierte die Kommunikation auf bayerischer Landesebene im Sinne der Militärregierung, die vor allem an klaren Weisungsstrukturen interessiert war. Wie sich in der Praxis zeigte, beließ die Regelung der bayerischen Seite tatsächlich nur sehr begrenzten Manövrierspielraum; elastische Absprachen verhinderte sie jedoch keineswegs. Sie führte dazu, daß bayerische Ministerien und Regierungsmitglieder auf dem Feld der Demontagepolitik ein weitgehendes Vertretungsmonopol für Wirtschaftsbelange einnahmen und zugleich nach außen hin in aller Eindeutigkeit als weisungsgebundene Instanzen erkennbar waren. Entsprechend war die Reparationsliste für Bayern ohne offizielle Beteiligung deutscher Politiker entstanden, wenngleich sie unter anderem auf Sachinformationen aus dem bayerischen Wirtschaftsministerium fußte.[89]

Aus dieser generellen Konstellation konnten *beide* Seiten Vorteile ziehen: Bayerische Politiker erhielten die Chance, sich auf einem sensiblen Politikfeld weitestmöglich aus der Schußlinie von Kollaborations- und Verratsvorwürfen antidemokratischer Provenienz zu halten, die nicht nur in Bayern seit 1946 neuen Nährboden fanden.[90] Für die Landespolitik erwuchs so aus der Demontagefrage insbesondere gegenüber der bayerischen Wirtschaft kaum Anlaß, ein allmählich wachsendes Vertrauensverhältnis in Frage gestellt zu sehen. Die Militärregierung profitierte ihrerseits davon, daß sich unter diesen klar definierten Vorzeichen in der Staatskanzlei und im Wirtschaftsministerium die Maxime durchgesetzt hatte, im Umgang mit der Besatzungsmacht Seriosität zu demonstrieren, auf Vertrauensgewinn zu setzen und nicht durch Aktionen der Verweigerung, sondern über fortgesetzte Gesprächstätigkeit auf Veränderungen hinzuarbeiten. So praktizierte die Staatsregierung im Gefolge der Veröffentlichung der Demontageliste eine Strategie der präventiven Konfliktentschärfung und der Schadensbegrenzung. Ministerpräsident Ehard mahnte öffentlich zur Besonnenheit und sprach sich klar gegen Streikaktionen aus.[91] Bei aller öffentlichen Kritik, die er und Wirtschaftsminister

---

[89] BayHStA, OMGBY 13/110-2/1, Murray D. Van Wagoner an Minister President. Subject: Südwerke Bamberg, 28.11.1947.
[90] Hans Woller, Zur Demokratiebereitschaft in der Provinz des amerikanischen Besatzungsgebiets. Aus den Stimmungsberichten des Ansbacher Oberbürgermeisters an die Militärregierung 1946-1949, in: Vierteljahrshefte für Zeitgeschichte 31 (1983), S. 335-364, hier: S. 342 f.; für die amerikanische Besatzungszone insgesamt: Walter L. Dorn, Inspektionsreisen in der US-Zone. Notizen, Denkschriften und Erinnerungen aus dem Nachlaß übersetzt und herausgegeben von Lutz Niethammer, Stuttgart 1973, S. 79; zu den diffamierenden demontagekritischen Aktivitäten des Publizisten Eugen Budde im britischen Besatzungsgebiet: Köchling, Demontagepolitik und Wiederaufbau, S. 124.
[91] Vgl. das Interview mit Hans Ehard in: Süddeutsche Zeitung, 18.10.1947, S. 3 sowie den Stenographischen Bericht über die 32. Sitzung des Bayerischen Landtags am 30.10.1947, S. 113.

2. Das Erbe des Rüstungsbooms 57

Seidel[92] aus Sorge um Schlüsselbranchen der bayerischen Wirtschaft weiterhin an den Demontagemaßnahmen übten, achteten beide Politiker doch grundsätzlich darauf, das Demontageproblem weder zu „bagatellisieren" noch zu „dramatisieren".[93] Im Gegenzug nahm man seitens der Militärregierung bayerische Kabinettsmitglieder bereitwillig gegen „ungerechte Kritik" im Zusammenhang mit der Auswahl von Reparationsbetrieben in Schutz.[94]

Vor dem Hintergrund dieses modus vivendi machte sich Seidel denn auch zunächst begründete Hoffnungen darauf, durch eine Verschleppung des Demontagebeginns in den aufgelisteten Friedensbetrieben vom Anwachsen der reparationskritischen Stimmung in den USA zu profitieren.[95] Tatsächlich gewannen die Demontagegegner im amerikanischen Kongreß während des Herbstes 1947 immer vernehmbarer an Stimme; die Entsendung zweier Senatskommissionen zur Prüfung der wirtschaftlichen Lage im besetzten Deutschland ließ dort zusätzliche Hoffnung aufkeimen.[96] Entsprechend dieser Logik konnte die praktizierte, ökonomisch fundierte Demontagekritik bayerischer Politiker, verbunden mit der drastischen Schilderung der Reparationsfolgen für den Wiederaufbau in der Region, in Deutschland und in Europa, die Chancen auf Gehör und auf sukzessive Erleichterungen durchaus vergrößern. Ohnehin hatten bayerische Parteipolitiker jeglicher Couleur angesichts der demontagefeindlichen Stimmung in der Bevölkerung ein ausgeprägtes Interesse daran, öffentlich kundzutun, daß sie die Belange der betroffenen Betriebe und Arbeitnehmer engagiert vertraten.

De facto blieb jedoch der praktische Mehrwert, den diese generelle Verhandlungstaktik einbrachte, enttäuschend gering. Bis Januar 1948 konnte Seidel nur im Falle von sechs Betrieben erreichen, daß Teile der anvisierten Demontagekapazitäten vom Abbau ausgenommen wurden und vor Ort verblieben. Darüber hinaus war die Militärregierung lediglich zu terminlichen Zugeständnissen bereit. So wurde auf Vorstellungen Seidels hin der Beginn der Demontagemaßnahmen für bayerische Betriebe, die nicht dem Bereich der reinen Rüstungsindustrien entstammten, keineswegs pauschal auf den 1. Dezember 1947 festgesetzt, sondern bis zum 1. Februar 1948 gestaffelt. Den Vorschlag des Ministers, ersatzweise Demontagegüter zu stellen, die nicht den ausgewählten Reparationsbetrieben entstammten, lehnte

---
[92] Hanns Seidel (1901-1961), Jurist, BVP/CSU-Politiker, 1945-1947 Landrat des Kreises Aschaffenburg, 1946-1961 MdL (CSU), 1947-1954 Bayerischer Wirtschaftsminister, 1955-1961 Vorsitzender der CSU, 1957-1960 Bayerischer Ministerpräsident.
[93] Vgl. etwa die Ausführungen Seidels in: Stenographischer Bericht über die 33. Sitzung des Bayerischen Landtags am 31. 10. 1947, S. 133-135 (Zitat: S. 135).
[94] Vgl. etwa BayHStA, OMGBY 13/110-2/1, Murray D. Van Wagoner an Minister President. Subject: Südwerke Bamberg, 28. 11. 1947. Zum Kontext auch: ebenda, Murray D. Van Wagoner, Land Director, to Office of Military Government for Germany (US), Deputy Military Governor, 29. 11. 1947.
[95] Siehe hierzu die Stellungnahme des Wirtschaftsministers im Landtagsausschuß für Wirtschaftsfragen und den Bericht im Plenum: Stenographischer Bericht über die 45. Sitzung des Bayerischen Landtags am 16. 1. 1948, S. 584 f.
[96] Die Parlamentsberatungen finden sich in: U.S. House of Representatives, Committee on International Relations. Selected Executive Session Hearings of the Committee, 1943-1950. Band II: Problems of World War II and Its Aftermath. Part 2, Washington 1976, S. 499-599; der Krug-Bericht in Auszügen: Final Report on Dismantling of Industrial Plants Located in the Three Western Zones of Occupation of Germany, July 1948, in: FRUS 1948/II, S. 778-788; Empfehlungen der Humphrey-Kommission: Europa-Archiv 4 (1949), S. 2113 f. Zum Gesamtzusammenhang auch Krieger, General Lucius D. Clay, S. 440 ff.

Land Director Muller jedoch entsprechend seinen Instruktionen ab. Nach Ansicht der Militärregierung bot die bis zum Demontagebeginn verbleibende Zeit den bayerischen Stellen genügend Spielraum, um im Zuge des Maschinenausgleichs Ersatzaggregate in nicht erfaßten Betrieben ausfindig zu machen.[97] Wie von Seidel ursprünglich erhofft, erwies sich tatsächlich der auf Weisung von OMGUS durch die bayerische Militärregierung anberaumte Endtermin für die Abbaumaßnahmen, der 31. März 1948, als nicht einzuhalten. Vielmehr waren die praktischen Demilitarisierungs-, Restitutions- und Demontageabbaumaßnahmen in Bayern erst gegen Jahresende 1948 „im wesentlichen abgeschlossen"; der Abtransport der Reparationsgüter stand allerdings auch zu diesem Zeitpunkt in vielen Fällen noch aus.[98]

Entgegen den bayerischen Erwartungen schlug sich diese Verzögerung jedoch nicht in einer nennenswerten weiteren Verminderung des Demontageumfangs nieder. Diejenigen geringfügigen Verbesserungen, die dennoch erreicht wurden, gingen nicht auf die bayerische Verschleppungstaktik, sondern auf bewußtes Entgegenkommen aus den Reihen der amerikanischen Militärregierung in Bayern zurück. Insbesondere Land Director Van Wagoner machte dem Ministerpräsidenten unmißverständlich klar, daß er die bayerische Verzögerungstaktik durchschaute und nicht hinzunehmen gewillt war. Gleichwohl setzte er sich unter anderem gegenüber Militärgouverneur Clay wiederholt für die Prüfung bayerischer Belange oder den Erhalt einzelner Schlüsselbetriebe ein.[99] Die Sympathien für die bayerische Sache waren in der Münchner Militärregierung spürbar gewachsen, seitdem das Anlaufen der Marshallplanhilfe die fortgesetzten amerikanischen Reparationsentnahmen mit absurden Zügen versehen hatte. Seitens der Leitung der Industrieabteilung innerhalb der Economics Division von OMGB fand man dafür klare Worte: „From a practical viewpoint, it does appear somewhat inconsistent that huge sums of money are being appropriated for western German recovery on the one hand, and on the other hand industrial equipment which would no doubt materially aid in economic recovery is being shipped out as reparations."[100] Noch gegen Jahresende 1948 scheiterte indes ein erneuter Vorstoß Seidels, den immer offenkundigeren Widerspruch zwischen Rekonstruktion und Destruktion im Interesse der bayerischen Sache umzumünzen, an der Unnachgiebigkeit des amerikanischen Zonengouverneurs. Mit Unterstützung aus der Frankfurter Verwaltung

---

[97] Vgl. hierzu den Briefwechsel in: BayHStA, OMGBY 13/110-2/1, Der bayerische Ministerpräsident to the Director OMGB, Walter J. Muller, 29.10.1947; ebenda, Walter J. Muller to Minister President, 30.10.1947. Siehe auch den Zwischenbericht Seidels im Plenum: Stenographischer Bericht über die 45. Sitzung des Bayerischen Landtags am 16.1.1948, S.584.
[98] BayHStA, OMGBY 13/110-2/1, George P. Hays, Deputy Military Governor, OMGUS, to Director, Office of Military Government for Bavaria, 27.11.1947. Zum Fortschritt der Abbaumaßnahmen: ebenda, J.F. McCaslin, Chief, Industry Branch, to Land Director, OMGB, Subject: Progress Reparations Program, 2.4.1948; BayHStA, AfR 7, Bayerisches Staatsministerium für Wirtschaft an die Bayerische Staatskanzlei, 30.12.1948 (Zitat).
[99] BayHStA, OMGBY 13/110-2/1, Murray D. Van Wagoner, Land Director, to Minister President, Subject: Instructions re Dismantling and Shipping of Reparations Plants, 16.1.1948; ebenda, Murray D. Van Wagoner, Land Director, to Deputy Military Governor OMGUS, Subject: Release of Inventoried Plants on the Reparations List, 7.1.1948; ebenda, Murray D. Van Wagoner, Land Director, to General Lucius D. Clay, Military Governor, Subject: Classification of „Level of Industry" Plants Listed for Reparations, 26.3.1948.
[100] BayHStA, OMGBY 13/110-2/1, H.A. Taylor, Chief, Industry Branch to Land Director, 18.12.1947; ebenda, H.A. Taylor, Economics Adviser, to Land Director, 16.9.1948.

2. Das Erbe des Rüstungsbooms

für Wirtschaft und der US-Militärregierung in Bayern versuchte er, die Maschinenausstattung von sieben bayerischen Werken vom Abtransport freistellen zu lassen. Darunter befanden sich unter anderem die Ultra-Präzisionswerke (Aschaffenburg) und das Metall- und Preßwerk Heinrich Diehl (Nürnberg) sowie Ausstattungsteile der Wacker-Werke (Burghausen), der Anorgana-Anlagen in Gendorf und der Herkules-Werke (Nürnberg). Ungeachtet aller Vorstellungen Seidels veranlaßte OMGUS indes im Falle des Aschaffenburger Meßgeräteherstellers und der in der gleichen Branche tätigen Firma O&K Geissler (München) den Abtransport, obwohl die Betriebe zuvor von Land Director Van Wagoner gegenüber Clay als „misclassified" eingestuft worden waren. Auch die Tätigkeit der sogenannten „Marshall-Hoffmann-Kommission", deren Vertreter Bayern im Oktober 1948 besuchten, um eine mögliche Revision des Reparationsprogramms zu prüfen, erbrachte keinerlei Änderung mehr an den einmal festgelegten Verschiffungsvorhaben.[101]

Das wohl aufsehenerregendste Beispiel US-amerikanischer Unnachgiebigkeit in Reparationsangelegenheiten stellte der Fall der Vereinigten Aluminiumwerke in Töging bei Mühldorf/Inn dar. Seit 1924 war in Töging Rohaluminium hergestellt worden, wobei die Anlagen in den Jahren 1937 und 1939 im Zuge der deutschen Aufrüstung eine erhebliche Ausweitung erfahren hatten. Nach der zwangsweisen Einstellung aller Arbeiten bei Kriegsende konnte die Produktion im März 1948 wieder aufgenommen werden. Im Gefolge des „Tripartite Agreement on prohibited and limited industries" vom April 1949 jedoch, das die Aluminiumproduktion der westlichen Besatzungszonen auf 85000 Tonnen jährlich begrenzte und den Abbau überschüssiger Kapazitäten anordnete, geriet das Töginger Werk als einziger bayerischer Industriekomplex wieder in den Blick der alliierten Wirtschaftsexperten. Gegen den differenziert vorgetragenen Einspruch von Adenauer[102] und Ehard, gegen den Widerstand auch von Gewerkschaften und Belegschaft begannen Anfang März 1950 unter großem Medieninteresse die Abbauarbeiten im modernsten Teil der Töginger Anlage.[103] Hinhaltender Widerstand war anfänglich aus den Reihen deutscher Firmen gekommen, die sich solidarisch weigerten, Abbaupersonal zu stellen. Auf Intervention des bayerischen Wirtschaftsministers hin konnten die Arbeiten im Frühjahr 1950 dann dennoch ohne Zwischenfälle durchgeführt

---

[101] BayHStA, OMGBY 13/110-2/1, Hanns Seidel to the Director of Military Government for Bavaria, Murray D. Van Wagoner, 9.9.1948; ebenda, Murray D. Van Wagoner, Land Director, to General Lucius D. Clay, Military Governor, Subject: Classification of „Level of Industry" Plants Listed for Reparations, 26.3.1948. Siehe auch: Stenographischer Bericht über die 93. Sitzung des Bayerischen Landtags am 1. Dezember 1948, S. 306f. (Seidel).
[102] Konrad Adenauer (1876-1967), Jurist, CDU-Politiker, 1917-1933 und 1945 Oberbürgermeister von Köln, 1921-1933 Präsident des Preußischen Staatsrats, 1949-1963 Bundeskanzler, zugleich 1951-1955 Bundesminister des Auswärtigen.
[103] NARA, RG 466, HICOG, Bavaria Land Commissioner, Office of the Land Commissioner, 1948-52. Central Files, Box 21, R. Ritz at George L. Erion. Subject: Visit of the Vereinigte Aluminium-Werke, Toeging/Inn, 2.4.1951. Ebenda, Box 6, Land Commissioner Clarence M. Bolds to Minister President Hans Ehard, 30.11.1949; ebenda, Ministerpräsident Hans Ehard an Landeskommissar Clarence M. Bolds, 9.12.1949; ebenda, Adenauer an Ehard, 17.12.1949; ebenda, Landeskommissar Bolds an Ministerpräsident Ehard, 23.3.1950; „Töging erhält endgültig Demontage-Anweisung", in: Die Neue Zeitung, 8.2.1950.

werden; Empörung und Unverständnis vor Ort blieben indes groß.[104] Nicht das Einlenken der Alliierten auf deutsche Einwände hin, sondern die veränderte internationale Lage im Umfeld des Washingtoner Abkommens vom 3. April 1951 brachte die *causa Töging* einer endgültigen Lösung nahe. Erst nachdem alle Restriktionen zu Lasten der westdeutschen Aluminiumindustrie aufgehoben waren, stimmte die Alliierte Hohe Kommission dem Verbleib der noch zu rettenden Töginger Produktionskapazitäten in Bayern zu.[105] Damit fand die Entnahme von Reparationsgütern aus bayerischen Industriewerken Ende April 1951 ihr definitives Ende.

Auf seiten der bayerischen Politik rief dieses konsequente Vorgehen der Besatzungsmacht Enttäuschung und Bitterkeit hervor. Mehr als bloß unnachgiebige Härte spiegelten die amerikanischen Demontageziele allerdings die grundsätzliche Widersprüchlichkeit eines Reparationskonzepts, das die erkannten Notwendigkeiten des ökonomischen Wiederaufbaus in Westeuropa einerseits und die Sicherung seiner internationalen politischen Verankerung andererseits nur unzureichend in Einklang bringen konnte. Im Falle der VAW Töging standen zudem konkrete US-Interessen im Hintergrund. Da die Brüsseler interalliierte Reparationsagentur IARA das Töginger Demontagegut im Mai 1949 den USA selbst zur weiteren Verwendung zugewiesen hatte, mochte man sich im US-Verteidigungsministerium, im Handelsministerium und in Kreisen der amerikanischen Industrie nur ungern mit dem Gedanken an einen Verzicht anfreunden. Als zu dringend erachtete man den Bedarf der eigenen Wirtschaft an zusätzlichen Kapazitäten zur Aluminiumherstellung. Außerdem bestanden innerhalb des federführend verantwortlichen State Department selbst angesichts des nahenden Endes der Reparationen und des amerikanischen Verzichts noch Unstimmigkeiten darüber, ob die Anlage zur Weitervermittlung an die Reparationsagentur zurückgegeben werden oder tatsächlich in Deutschland verbleiben sollte.[106] Ungeachtet seines spektakulären Charakters fügt sich auch dieser Einzelfall in das oben bereits entworfene Gesamtbild der Reparationsentnahmen aus bayerischen Industriebetrieben ein. Gesamtwirtschaftlich betrachtet blieb das materielle Gewicht der alliierten Demontageentnahmen aus der bayerischen Wirtschaft recht begrenzt. Selbst die kaum erkennbaren Verhand-

[104] NARA, RG 466, HICOG, Bavaria Land Commissioner, Office of the Land Commissioner, 1948–52. Central Files, Box 6, R.F. Lamoureux, Reparations and Restitution Liaison Office, to Harrison, Property Branch, OLCB, 16.12.1949; ebenda, John J. May, Resident Officer Passau, to Kenneth E. Van Buskirk, Chief, Field Operations Division, OLCB, 20.2.1950; ebenda, Jacob Fullmer, Chief, Industry Branch, OMGB, to Mr. Nevin, Chief, Economic Affairs Division, OMGB, 13.2.1950 sowie die Situationsberichte vom 13.3., 19.3. und 8.5.1950.
[105] NARA, RG 466, HICOG, Bavaria Land Commissioner, Office of the Land Commissioner, 1948–52. Central Files, Box 6, Wirtschaftsminister Hanns Seidel an Landeskommissar George N. Shuster, 10.11.1950; ebenda, Lorenz Hagen/Max Wönner, DGB Landesbezirk Bayern, an Landeskommissar Shuster, 11.11.1950; ebenda, Industriegewerkschaft Chemie-Papier-Keramik, Verwaltungsstelle Altötting, „Können die Alliierten die Demontage des Ofenhauses III der Vereinigten Aluminiumwerke in Töging jetzt noch verantworten?", 1.12.1950. Ebenda, Box 21, Land Commissioner George N. Shuster an Ministerpräsident Hans Ehard, 26.4.1951; ebenda, Eric G. Gration, HICOG Staff Secretary, an George N. Shuster, 23.4.1951.
[106] NARA, Mikrofilm 0040, Confidential US State Department Central Files: Germany, Internal and Foreign Affairs, 1950–1954, Mr. Martin, Department of State, Office of European Regional Affairs, to Mr. Byroade, Bureau of German Affairs. Secret, 7.9.1950; ebenda, Office Memorandum. W.K. Miller, German Economic Affairs, to Mr. Kennedy, Bureau of German Affairs. Secret, 17.10.1950.

2. Das Erbe des Rüstungsbooms

lungserfolge einer engagiert und hartnäckig agierenden Politik der Demontageabwehr durch staatliche bayerische Stellen können für sich genommen diese Feststellung nicht relativieren. So belief sich nach plausiblen Schätzungen der Wert der aus bayerischen Industrieunternehmen entnommenen Reparationsgüter auf nicht mehr als 80 Mio. DM.[107]

Der bisher erarbeitete Befund wäre unvollständig, würde nicht abschließend neben den politischen Implikationen und ökonomischen Wirkungen der alliierten Abbau- und Demontagepolitik im engeren Sinne auch die Signatur der amerikanischen und deutschen Konversionsbemühungen in das entstehende Bild eingefügt. Als Gegenstück zu ihrer strikt verfolgten Politik der reparationspolitischen Härte hatte die US-Militärregierung in Deutschland von Herbst 1947 an auf Flexibilität in der lokalen Umsetzung als ausgleichendes Prinzip gesetzt: Der quantitativ streng einzuhaltende Abbauplan sollte in den Betrieben vor Ort so variabel angewendet werden, daß die einmal demontierten Werke möglichst fließend wieder in den Produktionsprozeß eingereiht werden konnten.[108] Anders als in der britischen Zone folgte unter amerikanischer Weisungshoheit auf die Abbauaktionen nicht automatisch der Entzug der Produktionserlaubnis oder ein langwieriges Antragsverfahren. Vielmehr erhielten alle auf den Status reiner Friedensproduzenten zurückgeführten Betriebe der Demontageliste sofort nach Beendigung der Entnahmen die Erlaubnis zur Wiederaufnahme der Fertigung.[109]

Zudem war das amerikanische Restrukturierungsbemühen klar zielorientiert: Es umfaßte für Bayern seit Herbst 1947 neben der Beseitigung eindeutig identifizierbarer Rüstungsproduzenten die Teildemontage und rasche Konversion ausgewählter rüstungsnaher Betriebe. Die Prägung der bayerischen Industriestruktur zugunsten eigener, amerikanischer Exportindustrien stand jedoch allem Anschein nach nicht auf dem Programm.[110] Auch eine etwaige organisierte Relokation älterer bayerischer Industriestandorte im Sinne einer ausgeglicheneren industriellen Struktur des Landes geriet nicht in den Interessenskreis der Besatzungsmacht. Wo aufgrund von Bombenschäden, Demontagefolgen oder Wanderungsbewegungen in der Bevölkerung Betriebsmittel und Arbeitskräfte nicht hinreichend zur Deckung zu bringen waren, sollte nach den Vorstellungen von OMGUS ganz flexibel vorgegangen werden. Maschinen und Betriebsausstattungen waren dorthin zu bringen, wo genügend Gebäude und Arbeiter vorzufinden waren; wo dies nicht der Fall war, hatten umgekehrt die verfügbaren Arbeitskräfte den Weg zu den verbliebenen Betriebsstrukturen anzutreten. Diese abseits des bayerischen Schauplatzes formulierten, recht theoretischen Handlungsanleitungen für die amerika-

---

[107] Süddeutsche Zeitung, 17.5.1951.
[108] Siehe hierzu den Tenor einer Unterredung des stellvertretenden amerikanischen Militärgouverneurs in Deutschland, Major General Hays, mit Vertretern der Wirtschaftsabteilung der Militärregierung in Bayern, die am 27.10.1947 stattfand: BayHStA, OMGBY 13/110-2/1, Office of Military Government for Bavaria, Economics Division to Deputy Military Governor, OMGUS, 28.10.1947.
[109] BayHStA, OMGBY 13/110-2/1, Murray D. Van Wagoner to Bavarian Trade Union Federation, 3.12.1947.
[110] Siehe zu den möglichen, diesbezüglichen Absichten der britischen Besatzungsmacht: Treue, Demontagepolitik der Westmächte, S.66-68; Köchling, Demontagepolitik und Wiederaufbau, S.30-36.

nische Militärregierung in Bayern waren denn auch nicht vom Gedanken geleitet, den regionalen Ausgleich von Industriepotentialen vor Ort zu fördern. Im Herbst 1947 formuliert, zielten sie pragmatisch auf die Realisierung des zu diesem Zeitpunkt obersten ökonomischen Ziels der amerikanischen Besatzungsmacht in Bayern: die Produktion so rasch wie möglich wieder in Gang zu setzen und zugleich Unruhen unter den Arbeitern von Demontagebetrieben nach dem Muster der westdeutschen Industriegebiete zu vermeiden.[111]

Auf seiten der bayerischen Staatsregierung und der mit Wirtschaftsangelegenheiten befaßten Ministerien hatte man sich – nicht ohne Bedauern – damit abfinden müssen, daß das ökonomische Potential der ehemaligen Rüstungsindustrien des Landes für den Wiederaufbau nicht zur Verfügung stand. Insbesondere die Beobachtung, daß in der Praxis noch nicht einmal wertvolle Werkzeugmaschinen und betriebsinterne Versorgungseinrichtungen vormaliger Kriegsbetriebe für Zwecke der Friedensproduktion und die Beschäftigung von Vertriebenen genutzt werden konnten, forderte die Kritik der Verantwortlichen heraus.[112] Bei näherem Hinsehen zeigt sich, daß Konversionsanstrengungen in Bayern durch die alliierte Reparationspolitik das Wasser keineswegs vollkommen abgegraben war. Allerdings waren es nicht in erster Linie staatliche Instanzen, die in dieser Frühphase die Initiative übernahmen. Vielmehr setzten auch in Bayern teilweise bereits seit Bekanntwerden der alliierten Abbauplanungen improvisierte innerbetriebliche Umstellungsaktionen ein, die oft mit der organisatorischen Anbahnung der Demontagen durch die Besatzungsmacht Hand in Hand liefen. Unter der Devise „Demontageabwehr durch Konversion" versuchten die Belegschaften und Betriebsleitungen unter anderem bei MAN und Messerschmitt in Augsburg oder bei Kugelfischer in Schweinfurt nicht nur, neue Erwerbsmöglichkeiten zu erschließen oder dringende Nachkriegsbedürfnisse der Bevölkerung zu befriedigen. Zugleich verband man mit der ostentativen Umstellung auf Friedensprodukte die Hoffnung, vor Ort vollendete Tatsachen zu schaffen, um die Alliierten von weiteren Demontageeingriffen abzuhalten.

Bekanntlich erfüllten sich diese Erwartungen nicht. Gleichwohl entfalteten die Maßnahmen mittel- und längerfristig gesehen bemerkenswerte Folgen. Wie schon durch die Abbaumaßnahmen selbst konnten zumindest Teile der Mitarbeiterschaft über die harten Anfangsjahre hinweg in den Betrieben gehalten werden. Wichtiger noch, führten die in einigen Fällen bereits im Kriegswinter 1944/45 aus eigener Initiative vollzogenen Schritte zur Wiederingangsetzung der Friedensproduktion zu einer Ausweitung betrieblicher Produktpaletten, die sich in einigen Fällen als dauerhaft erwies. Selbst ehemaligen Großunternehmen gelang es hierbei wie im Falle von Messerschmitt Augsburg nicht immer, den Status des Provisorischen und der „Low-tech"-Produktion von Kochtöpfen, Metallabfalleimern oder Näh-

---

[111] BayHStA, OMGBY 13/110-2/1, OMGUS, Office of the Deputy Military Governor to Director, OMGB, 17.10.1947.
[112] Vgl. Stenographischer Bericht über die 32. Sitzung des Bayerischen Landtags am 30.10.1947, S.113-115, hier: S.113 (Ehard) und vor allem Stenographischer Bericht über die 33. Sitzung des Bayerischen Landtags am 31.10.1947, S.133-135, hier: S.134 (Seidel). Im gleichen Sinne ein Protestschreiben Ehards: BayHStA, OMGBY 13/110-2/1, Der Bayerische Ministerpräsident, Dr. Hans Ehard, to the Director, Office of Military Government for Bavaria, Brig. General Walter J. Muller, 29.10.1947.

2. Das Erbe des Rüstungsbooms

maschinen rasch zu überwinden. Aufgrund unternehmerischer Fehlentscheidungen geriet die neu aufgenommene Kleinwagenproduktion von Messerschmitt Regensburg und BMW in den 1950er Jahren in die Krise. Die im Jahr 1945 etablierte Druck- und Textilmaschinenherstellung bei MAN konnte sich hingegen über Jahrzehnte hinweg dauerhaft behaupten.[113]

Auf Hilfestellung seitens öffentlicher Stellen bei der Umsetzung von Konversionsmaßnahmen durften während der ersten Nachkriegsjahre vorwiegend größere Unternehmen rechnen, die aufgrund ihrer erhalten gebliebenen Betriebsstrukturen oder des vorhandenen Erfahrungskapitals die relative Gewähr dafür boten, mit Materialzuweisungen in effektiver Weise umzugehen. Die Masse der ehemals rüstungsnahen Klein- und Mittelbetriebe Bayerns blieb in ihren Umstellungsbemühungen bis zum Einsetzen allgemeiner gewerbefördernder Programme ab 1950 vorerst auf sich selbst gestellt.[114] Dies bedeutete jedoch keinesfalls, daß ihr ökonomisches und technisches Potential etwa der bayerischen Nachkriegswirtschaft nicht mehr zur Verfügung gestanden hätte. Denn kaum zu ermessen ist in diesem Zusammenhang der Umfang des immateriellen und personellen Kapitals, das neben den oben bereits diskutierten, klarer faßbaren Kapitalinvestitionen im Konversionsprozeß der Rüstungsbetriebe in die Nachkriegszeit übertragen werden konnte. Gewiß bestand etwa in der Flugzeugherstellung wegen des alliierten Produktionsverbots vorerst kein unmittelbarer Inlandsbedarf an Expertenwissen im Bereich dieser ehemals technologisch führenden Industriesparte. In Gestalt von qualifiziertem Fachpersonal konnte es jedoch vielfach gegen Mitte der 1950er Jahre wieder in die neu entstehende Luftfahrtindustrie integriert werden.[115]

Daneben sind jene Modernisierungseffekte gar nicht zu überschätzen, die sich auch auf der Ebene mittlerer und kleiner Betriebe eingestellt hatten, sofern diese vor 1945 als Rüstungszulieferer zur Normung und Rationalisierung von Produktionsverfahren gezwungen oder Teil eines organisierten regionalen Geflechts von Liefer- und Kommunikationszusammenhängen gewesen waren. Der süddeutsche

---

[113] NARA, RG 466, HICOG, Bavaria Land Commissioner, Office of the Land Commissioner, 1948-52, Box 22, Jacob Fullmer, Chief Military Security Division, OLCB, to Military Security Board (U.S. Element), Koblenz/Rhein. Summary of Inspection made of Messerschmitt G.m.b.H Augsburg, 3.1.1952. Zur Nachkriegsgeschichte des Messerschmitt-Konzerns: Hans J. Ebert/Johann B. Kaiser/Klaus Peters, Willy Messerschmitt – Pionier der Luftfahrt und des Leichtbaus. Eine Biographie, Bonn 1992, hier: S. 301 f.; Christopher Magnus Andres, Die bundesdeutsche Luft- und Raumfahrtindustrie 1945-1970. Ein Industriebereich im Spannungsfeld von Politik, Wirtschaft und Militär (Münchner Studien zur neueren und neuesten Geschichte 15), Frankfurt/Main u.a. 1996, S. 54 ff; 160 ff.; Günter Bouwer, Rüstungsproduktion und Rüstungskonversion in Deutschland, 1883-1956, in: Ulrich Albrecht u.a. (Hg.), Rüstung und soziale Sicherheit, Frankfurt/Main 1985, S. 196. Zur Konversion bei MAN: 150 Jahre Druckmaschinenbau im MAN-Konzern 1845-1995. Hg. von der MAN-Roland-Druckmaschinen AG, München/Offenbach 1995; für BMW: Jürgen Seidl, Die Bayerischen Motorenwerke (BMW) 1945-1969. Staatlicher Rahmen und unternehmerisches Handeln, München 2002, S. 9-49; Dietrich Eichholtz, Geschichte der deutschen Kriegswirtschaft 1939-1945. Band III: 1943-1945, Teil 2, München 1999, S. 603-611, hier: S. 604 f.

[114] Hierzu am Beispiel der Augsburger Messerschmitt-Werke: Gerhard Hetzer, Unternehmer und leitende Angestellte zwischen Rüstungseinsatz und politischer Säuberung, in: Martin Broszat/Klaus-Dietmar Henke/Hans Woller (Hg.), Von Stalingrad zur Währungsreform. Zur Sozialgeschichte des Umbruchs in Deutschland, 3. Aufl. München 1990, S. 551-591, hier: S. 570-573.

[115] Budraß/Prott, Demontage und Konversion; Werner Abelshauser, Kriegswirtschaft und Wirtschaftswunder. Deutschlands wirtschaftliche Mobilisierung für den Zweiten Weltkrieg und die Folgen für die Nachkriegszeit, in: Vierteljahrshefte für Zeitgeschichte 47 (1999), S. 503-538.

Einzugsbereich der Messerschmitt-Flugzeugproduktion mit seinem Netzwerk von mehr als hundert Lieferfirmen repräsentiert ein besonders gut faßbares und bayernspezifisch nur für den Regierungsbezirk Schwaben aufgearbeitetes Beispiel. Da spätestens seit 1941 reichsweit die Tendenz zur Konzentration weniger Rüstungsendfertiger bei gleichzeitiger Streuung und „Diversifikation" einer zunehmenden Zahl von Vorproduzenten zu beobachten war, kann jedoch kaum ein Zweifel bestehen, daß die modernisierenden Effekte solcher strukturprägender Industriebeziehungen ein überregionales Phänomen darstellten.[116] Es steht zu vermuten, daß es etwa im Umkreis der Flugmotorenherstellung von BMW oder der Geschütz-, Munitions- und Motorenproduktion bei MAN ähnliche Verbünde von Zulieferern gab. In ihrer Masse dezentral angesiedelt und deshalb weder Hauptziel von Bombenangriffen noch aufgrund ihrer geringen überregionalen Bedeutung Opfer der alliierten Demontageaktionen, konnten die beteiligten Firmen das erworbene Fertigungswissen nach Kriegsende vielfach erfolgreich in die Friedensproduktion einbringen. Der bereits während des Zweiten Weltkriegs wachsende „Dual-Use"-Charakter moderner Rüstungsindustrien, also die Tatsache, daß ein bedeutender Anteil von militärisch genutzten Gütern sowohl für zivile als auch militärische Verwendungen einsetzbar ist, erleichterte diesen Prozeß der Umorientierung ungemein.[117]

Wo sich deutsche staatliche Stellen mit der Umwidmung ehemaliger Rüstungskapazitäten auf bayerischem Boden beschäftigten, hatten sie sich vor 1949/50 im wesentlichen auf die Betreuung von Wehrmachtsliegenschaften zu beschränken. Erst mit Anlaufen der bayerischen und bundesdeutschen Kredithilfeaktionen konnte anhand sogenannter Restitutions- und Remontagekredite ein beschränkter Kreis von demontagegeschädigten Unternehmen finanziell unterstützt werden.[118] Bis dahin setzten Staatsregierung und Wirtschaftsressort ihre Hoffnungen vorwiegend auf die Konversion und Wiederverwendung einiger der bei Kriegsende vorhandenen ehemaligen Militäranlagen. Ziel war es, ausgewählte Standorte für die Gruppenansiedlung zugewanderter, vielversprechender Flüchtlingsunternehmen zu verwenden und die Areale damit dem industriellen Wiederaufbau nutzbar zu machen. Im Frühjahr 1948 intervenierte Ministerpräsident Ehard in diesem Sinne bei der Militärregierung und sanktionierte damit mehrere Siedlungsprojekte, die aufgrund regionaler und lokaler Initiativen teils schon seit 1946 in Gang gekom-

---

[116] Michael Geyer, Zum Einfluß der nationalsozialistischen Rüstungspolitik auf das Ruhrgebiet, in: Rheinische Vierteljahrsblätter 45 (1981), S. 201-264, hier: S. 233-235; Stefan Grüner, Ökonomischer Strukturwandel und Industriepolitik in der Region: Bayerisch-Schwaben zwischen Rüstungsboom und Wiederaufbau (1933-1950), in: Paul Hoser/Reinhard Baumann (Hg.), Kriegsende und Neubeginn. Die Besatzungszeit im schwäbisch-alemannischen Raum, Konstanz 2003, S. 419-461; Jeffrey Fear, The Armament Industry in Schwaben 1939-1945. Its Effect on the Regional, Economic, and Social Structure, Diss. University of Michigan 1983; ders., Die Rüstungsindustrie im Gau Schwaben 1939-1945, in: Vierteljahrshefte für Zeitgeschichte 35 (1987), S. 193-216.
[117] Siehe etwa die Beispiele für die erfolgreiche und eigenständige Konversion ehemaliger Rüstungszulieferer in: NARA, RG 466, HICOG, Bavaria Land Commissioner, Office of the Land Commissioner, 1948-52. Central Files, Box 21. Darunter befinden sich u. a. Besuchsberichte des zuständigen Resident Officers bei den Münchener Firmen Bayerische Leichtmetallwerke AG, Maschinenfabrik Bungartz & Co., Friedrich Deckel, Junkers Maschinen- und Metallbau sowie bei den Maschinenfabriken Robel & Co., Ernst Grob und Carl Hurth. Die Besuche fanden im Januar und Februar 1951 statt.
[118] Vgl. hierzu die Angaben in: Bayerische Landesanstalt für Aufbaufinanzierung, I. Jahresbericht, Geschäftsjahr 1951, München 1952, S. 12.

men waren. Der Beitrag, den die Fürsprache von Regierungsseite leistete, war bescheiden und weitreichend zugleich, ging es doch vornehmlich um den Erhalt der vorhandenen lokalen Infrastruktur wie Gebäude, Strom- oder Wasserversorgung auf den Militärarealen. Unter den Bedingungen der vorherrschenden Rohstoff-, Baumaterial- und Energieengpässe lag jedoch eben darin eine *conditio sine qua non* für die weitere Entwicklung der Ansiedlungsprojekte. Tatsächlich gelang Ehard ein Kompromiß, der den Weg in die Zukunft öffnete. Als Ergebnis einer Vereinbarung des Ministerpräsidenten mit der Besatzungsmacht waren im Frühjahr 1948 Tausende deutscher Arbeitskräfte in ehemaligen bayerischen Munitionsanstalten damit beschäftigt, nach dem Abtransport der dort entnommenen Reparationsgüter die „Entmilitarisierung" des jeweiligen Geländes vorzunehmen.[119]

Dahinter stand eine Anordnung der Militärregierung, wonach bis Ende April bzw. Ende Mai 1948 sämtliche ehemaligen Rüstungsobjekte in Bayern ihrer militärischen Strukturen vollständig zu entkleiden waren. Hierzu zählte der Abbau militärisch nutzbarer Einrichtungen, die Entfernung der Erdmassen auf den Bunkerdächern oder die Beseitigung der noch vorhandenen Ringwälle. Sollte es nicht gelingen, die gesetzten Termine einzuhalten, waren alle bis dahin nicht demilitarisierten Gebäude zu sprengen. Da indes die meisten der Unterkünfte zu diesem Zeitpunkt für eine umfassendere Ansiedlung von Flüchtlingsindustrien vorgesehen und zum Großteil bereits von Flüchtlingsfirmen belegt waren, hatte sich der Ministerpräsident selbst für eine Terminverschiebung eingesetzt. Bis zum revidierten Endtermin des 30. Juni 1948 gelang es den Verantwortlichen im Wirtschaftsministerium und in seinem „Amt für Reparationsangelegenheiten" tatsächlich, die vorgeschriebenen „Enttarnungsarbeiten" unter großem Einsatz der beteiligten Arbeitskräfte rechtzeitig zu Ende zu führen. Dies ist besonders bemerkenswert, da die vorwiegend aus Flüchtlingskreisen stammenden Arbeiter vielfach unter lebens- und gesundheitsgefährdenden Bedingungen eingesetzt wurden. In ungeheizten und zumeist fensterlosen oder unüberdachten Räumen waren ohne ausreichende Ernährung nicht selten bis zu 14-stündige Schichten zu leisten. Doch der Ertrag dieses Engagements war erheblich. Wie eine Bestandsaufnahme vom Juni 1948 ergab, gelang es damit in Bayern, die Sprengungen der Besatzungsmacht innerhalb ehemaliger Rüstungsobjekte im wesentlichen auf jene Bunkeranlagen zu beschränken, die infolge ihrer speziellen Bauart ohnehin nicht für Friedenszwecke zu retten waren. Nach Einschätzung der bayerischen Reparationsexperten hatte man damit „einen schweren Verlust vom Standpunkt der bayerischen Wirtschaft aus gesehen" vermieden.[120] Dies war das Resultat einer Kraftanstrengung, in der der bayerischen Politik und ihren amerikanischen Gesprächspartnern zweifellos anbahnende und rahmensetzende Funktion zukam, die ohne den Einsatz der betroffenen Neubürger vor Ort jedoch kaum zu realisieren gewesen wäre.

---

[119] Hierzu und zum folgenden: BayHStA, AfR 9, Staatsministerium des Innern, Staatssekretär für das Flüchtlingswesen, an den Herrn Ministerpräsidenten Dr. Hans Ehard, 7.6.1948; ebenda, Amt für Reparationsangelegenheiten an das Bayerische Staatsministerium für Wirtschaft, z. Hd. Herrn Minister Seidel, 7.5.1948; BayHStA, AfR 10, Monatsbericht des Amtes für Reparationsangelegenheiten, Abteilung für die Durchführung der Vernichtung des Kriegs- und Rüstungspotentials für die Zeit vom 15.6.–15.7.1948, 8.8.1948.
[120] BayHStA, AfR 9, Amt für Reparationsangelegenheiten an Leiter des Landeswirtschaftsamts, 14.5.1948 (Zitat).

Die staatlichen Anstrengungen zur Konversion und Demontageabwehr im Bayern der ersten Nachkriegsjahre lassen sich in ihren Wirkungen vor diesem Hintergrund als kaum mehr denn als weitgehend improvisierte Hilfe zur Selbsthilfe zugunsten der betroffenen Unternehmen beschreiben. Gleichwohl war es keineswegs Zufall, daß mehrere mit Wirtschaftsangelegenheiten befaßte bayerische Ministerien, Verwaltungsstellen, Kommunalbehörden und Regionalpolitiker bereits seit der zweiten Jahreshälfte 1945 Anregungen aus Kreisen der Vertriebenen zur Förderung von Gruppenansiedlungen auf ehemaligen Wehrmachtsliegenschaften aufgegriffen haben. Stand auch in der Regel die ökonomische Krisenbewältigung und die Frage der ersten Unterbringung und Daseinssicherung der Neubürger weit im Vordergrund, so verband sich damit bereits zu diesem frühen Zeitpunkt auf verschiedenen Ebenen der Gedanke der sektoralen Ergänzung der bayerischen Industriestruktur. Von der gesamtwirtschaftlichen Bedeutung der Flüchtlingsintegration und von den damit verbundenen Vorgängen improvisierter Lenkung wird im folgenden noch zu sprechen sein.

3. Diskurse und Leitbilder der Krisenbewältigung

Angesichts der durch die wirtschaftlichen, politischen und institutionellen Rahmenbedingungen vielfach begrenzten Handlungsspielräume bayerischer Stellen und der improvisierten Anfänge des Wiederaufbaus bleibt zu klären, welche Rolle umfassendere Konzepte der ökonomischen Krisenbewältigung in dem entstehenden Bedingungsgefüge einer bayerischen Industrie- und Strukturpolitik spielten. Damit sind in erster Linie jene ordnungs- und wirtschaftspolitischen Paradigmen angesprochen, deren Ausgestaltung direkt oder indirekt zur Formung der strukturpolitischen Instrumentarien und der Maximen ihrer Anwendung beitrug. Zwar wurde bisher in der historischen Forschung die Vorreiterrolle der Länder für die westdeutschen Demokratiediskussionen der frühen Nachkriegszeit eingehender untersucht; dabei geriet auch die Gestaltung der Wirtschaftsverfassung als Ausdruck des Verhältnisses zwischen demokratischem Staat und Ordnung der Wirtschaft in den Blick.[121] Weniger Aufmerksamkeit fanden hingegen die konzeptionellen Grundlegungen und frühen Begründungen einer regional orientierten Strukturpolitik, wie sie sich unter dem Eindruck der Kriegsfolgen in den Ländern entwickelten. Erkenntnisbedarf besteht ebenso im Hinblick auf die Wechselwirkungen, die sich in der weiteren Folge zwischen der industriewirtschaftlichen Entwicklung auf Länderebene und ihrer Perzeption einerseits sowie der überregionalen Entfaltung industrie- und strukturpolitischer Konzepte in Fachwissenschaft und Politik andererseits einstellten.

---

[121] Den sachlichen Zusammenhang zwischen den Verfassungsdebatten in den westdeutschen Ländern und denjenigen des Parlamentarischen Rates betonen vor allem: Karlheinz Niclauß, Demokratiegründung in Westdeutschland. Die Entstehung der Bundesrepublik Deutschland 1945-1949, München 1974; ders., Der Weg zum Grundgesetz. Demokratiegründung in Westdeutschland 1945-1949, Paderborn u. a. 1998; Frank R. Pfetsch, Ursprünge der Zweiten Republik. Prozesse der Verfassungsgebung in den Westzonen und in der Bundesrepublik, Opladen 1990.

3. Diskurse und Leitbilder der Krisenbewältigung

Der folgende Abschnitt wird der Frage nach den wirtschaftspolitischen Krisenstrategien im bayerischen Aufbauprozeß anhand dreier Themenkreise nachgehen, welche die Debatten leitmotivisch bestimmten: anhand des diskursiven Weges hin zur zunehmend unabweisbaren ordnungspolitischen Grundsatzentscheidung über die Gewichtung von markt- und planwirtschaftlichen Elementen in der künftigen Wirtschaftsordnung; anhand der Rolle, die sozialisierenden und gemeinwirtschaftlichen Elementen zugewiesen wurde und – für Bayern besonders wichtig – anhand der Genese des Industrialisierungsparadigmas, also jener Bestrebungen, die Sektorenstruktur der bayerischen Wirtschaft im Sinne nachhaltiger industrieller Expansion zu beeinflussen. Erste Konturen einer Antwort lassen sich am Beispiel einer frühen akademisch-administrativen Aufbauinitiative gewinnen, bevor dann in einem zweiten Schritt der wirtschaftsordnungs- und industriepolitische Diskurs in der politischen Öffentlichkeit und der Bürokratie des Landes betrachtet wird.

a) Adolf Weber und die „Volkswirtschaftliche Arbeitsgemeinschaft für Bayern"

Am Anfang der ökonomischen Wiederaufbauplanungen in Bayern nach dem Zweiten Weltkrieg stand nicht ein von politischen Gruppen oder Interessenvertretern getragener Vorstoß. Als Initialzündung wirkte ein Diskussionszirkel, der den Anspruch erhob, in der Art eines „brain trust" den verfügbaren Sachverstand ohne Rücksicht auf „parteipolitische oder berufsständische Interessen" zu bündeln. Ein derartiger Gesprächskreis bildete sich Ende Mai 1945 um den Nationalökonomen Adolf Weber. Weber lehrte seit 1920 als Nachfolger von Max Weber und Lujo Brentano an der Universität München und war dort Inhaber des Lehrstuhls für Nationalökonomie und Finanzwissenschaft. Er galt als Mitbegründer einer Theorie der Wirtschaftspolitik und hatte in seinem Werk ein weitgespanntes Spektrum von Themen wissenschaftlich behandelt, angefangen von Problemen der Sozialpolitik über das Bankwesen, die Bodenreform, das Wohnungswesen bis hin zur Außenhandelspolitik und den ordnungspolitischen Systemvergleich. Dem Verfasser mehrerer, in hoher Auflage verbreiteter Lehrbücher und engagierten Wissenschaftsorganisator war es dabei stets ein Anliegen gewesen, ökonomische Theorie und wirtschaftspolitische Praxis in engem Konnex zu halten. Nicht zufällig gehörte Weber deshalb vor dem Zweiten Weltkrieg zu den Mitbegründern des Osteuropa-Instituts in Breslau oder der Akademie der Arbeit in Frankfurt. Noch am Ende seiner akademischen Laufbahn setzte er sich im Jahr 1948 für die Errichtung des ifo-Instituts für Wirtschaftsforschung in München ein.[122]

---

[122] Bislang existiert keine quellengestützte Biographie oder eine eingehendere Würdigung von Leben und Werk Adolf Webers; vgl. deshalb immer noch Alfred Kruse, Adolf Weber, in: ders. (Hg.), Wirtschaftstheorie und Wirtschaftspolitik. Eine Sammlung von Abhandlungen. Festgabe für Adolf Weber zur Vollendung seines 75. Lebensjahres am 29. Dezember 1951, dargebracht von habilitierten Schülern und Münchner Kollegen, Berlin 1951, S. 9–17; George N. Hahn, Adolf Weber, in: Staatslexikon. Recht, Wirtschaft, Gesellschaft, 6. Aufl. Freiburg 1963, Sp. 462 f.; Dr. Merkt, Adolf Weber 75 Jahre alt, in: Bayerische Staatszeitung, 5.1.1952; Michael Schneider, Die bayerische Wirtschaft in der Fachliteratur von 1918–1946. Mit einer Einleitung: Wesen und Ziele der Volkswirtschaftlichen Arbeitsgemeinschaft für Bayern (Bayerns Wirtschaft. Schriftenreihe der „Volkswirtschaftlichen Arbeitsgemeinschaft für Bayern" 1), München 1947, S. 9–19 (Zitat: S. 11).

Es entsprang dieser anwendungsorientierten wissenschaftlichen Disposition, daß Weber nur wenige Wochen nach Kriegsende einen zunächst losen, dann zunehmend umfangreichen und organisierten Zirkel zur Diskussion der sozialökonomischen Problemlagen im Land um sich versammelte. Die Liste der Teilnehmer an dieser „Volkswirtschaftlichen Arbeitsgemeinschaft", die für Januar 1946 etwa 50 Einträge aufwies, liest sich in weiten Teilen wie ein „Who is who" bayerischer Führungseliten der späten 1940er Jahre aus Politik, Fachwissenschaft, Wirtschaft und Verwaltung. Das Durchschnittsalter lag kriegsbedingt hoch bei etwa 57 Jahren, die jüngere Generation war kaum vertreten. So figurierten neben dem parteilosen[123] Weber unter anderem der bayerische Ministerpräsident Fritz Schäffer, Wirtschaftsminister Ludwig Erhard[124] und Finanzminister Fritz Terhalle[125] sowie mehrere andere Ressortchefs als Mitglieder des Kreises. Neben Politikern, die sich wenige Monate später in der neugegründeten CSU politisch engagierten, fanden mehrere Sozialdemokraten und ein Kommunist Aufnahme in den Kreis. Darüber hinaus nahmen Vertreter der in Bayern vertretenen Banken, des Bayernwerks, der Stadt München, der regionalen Industrie- und Handelskammer, der Gewerkschaften, der höheren Finanz- und Wirtschaftsverwaltung und des Landesarbeitsamtes zumindest zeitweise an den Gesprächen teil.[126]

Es war dieser bewußt gewählte, überparteiliche Ansatz und zudem ein sehr pragmatisch orientiertes Diskursverständnis, welche Webers Initiative in den ersten Nachkriegsjahren einen gewissen Einfluß sicherten. Der selbst gesetzte Anspruch, als Ergebnis akademischer Forschungen oder straff organisierter Arbeit in diversen Ausschüssen „gut vorbereitetes und sorgsam verarbeitetes Material" an die politischen Entscheidungsträger zu übergeben, konnte denn auch bis 1948 mehrfach eingelöst werden. Es entstand eine Serie von Dissertationen und weiteren Studien, in denen unter anderem Ansatzmöglichkeiten zur Neuordnung der Währung in Deutschland, zur Neubelebung des Genossenschaftswesens in der bayerischen Nachkriegswirtschaft, zur Bewältigung der demographischen Überlastung des Landes oder zu seiner weiteren industriellen Entwicklung erkundet wurden.[127] Die

---

[123] Adolf Weber, Schuld und Hoffnung, in: ders., Wohin steuert die Wirtschaft? Gedanken und Vorschläge zur Wirtschafts- und Geldordnung (Europäische Dokumente 3), München 1946, S. 9-25, hier: S. 13.
[124] Ludwig Erhard (1897-1977), Ökonom, 1942-1945 Leiter des Instituts für Industrieforschung, 1945/46 Bayerischer Wirtschaftsminister, 1948/49 Direktor der Verwaltung für Wirtschaft des Vereinigten Wirtschaftsgebietes, 1949-1977 MdB (CDU), 1949-1963 Bundeswirtschaftsminister, 1963-1966 Bundeskanzler.
[125] Fritz Terhalle (1889-1962), Wirtschaftswissenschaftler, 1919-1937 Professuren in Jena, Münster und Hamburg, 1928-1933 Kommissarischer Leiter des Weltwirtschafts-Archivs, ab 1937 Professor für Finanzwirtschaft, Volks- und Arbeitswirtschaftslehre in München, 1945-1946 Bayerischer Finanzminister.
[126] Vgl. zur Zusammensetzung und Arbeitsweise der „Volkswirtschaftlichen Arbeitsgemeinschaft": Adolf Weber, Im Dienste des Wiederaufbaus, in: ders., Hauptfragen der Wirtschaftspolitik. Abhandlungen, Erinnerungen, Erfahrungen, Berlin 1950, S. 320-323; Schneider, Die bayerische Wirtschaft, S. 9-19; Karl-Ulrich Gelberg, Die Volkswirtschaftliche Arbeitsgemeinschaft für Bayern 1945, in: Zeitschrift für bayerische Landesgeschichte 57 (1994), S. 157-169. Siehe daneben die Unterlagen im Personalakt Webers bei der ehemaligen Staatswissenschaftlichen Fakultät der Universität München, darunter: UnivArchiv München, M-IX-55, Bericht über die Besprechung bei Geheimrat Weber am 18.2.1947, 19.2.1947.
[127] Adolf Weber, Übergangswirtschaft und Geldordnung, München 1946; ders. (Hg.), Seßhaftmachung Heimatloser in Bayern. Auf der Grundlage der in der Volkswirtschaftlichen Arbeitsge-

3. Diskurse und Leitbilder der Krisenbewältigung

Arbeiten machen deutlich, worin ein wesentliches Kennzeichen des stark von Weber selbst geprägten, kollektiven Untersuchungsansatzes lag: Die verschiedenen Schichten der bayerischen Krisenlage wurden analytisch voneinander getrennt und nicht als karitative, sondern als vornehmlich wirtschaftspolitische Problemstellungen behandelt. Getragen von „wohldurchdachte[r] Planung" sollte demzufolge das Prinzip der Selbsthilfe vor Staatshilfe stehen, sollten Exportförderung und die Bereitstellung von Betriebskapital vornehmlich für Klein- und Mittelbetriebe den Rahmen der ersten Wiederaufbauarbeit abstecken. Was die konzeptionelle Einbettung der wirtschaftspolitischen Praxis anging, machte Weber selbst keinen Hehl aus seiner Skepsis gegenüber „Theorien und Doktrinen", „staatlicher Bevormundung" der Wirtschaft sowie gegenüber Parteipolitikern, die sich „häufig in eine Theorie verlieben, ohne sie bis zum Ende zu durchdenken".[128]

Für den seit Jahrzehnten bekennenden Anhänger einer marktwirtschaftlich geprägten Wirtschaftsordnung waren die Grenzen aller Aufbauplanung da erreicht, wo das steuernde Eingreifen staatlicher Instanzen auf Dauer zu Lasten der unternehmerischen Freiheit ging. In der Person des verantwortlich handelnden, „dem sozialen Ganzen dienende[n] Unternehmer[s]" sah Weber vielmehr eine Schlüsselfigur funktionierender Volkswirtschaften und damit auch des sozialökonomischen Neuaufbaus in Deutschland und Bayern. In konsequenter Fortsetzung dieser Sichtweise plädierte er dafür, „mögliche Auswüchse des Rentabilitätsstrebens" anhand wirtschafts- und sozialpolitischer Maßnahmen des Staates gering zu halten. Dem Unternehmer kam seinerseits die Aufgabe zu, die Arbeiterschaft nicht „zum Gegenstand einer bloßen rechnerischen Operation" herabzuwürdigen, sondern durch die Berücksichtigung ihrer materiellen wie ideellen Bedürfnisse für eine zugleich effektive und von gegenseitigem Respekt getragene Entfaltung der Arbeitskraft zu sorgen. Als bessere Alternative zur – abzulehnenden – Verstaatlichung von Produktionsmitteln sollte also die aufgeklärte individuelle Initiative entscheidend dazu beitragen, „aus der Volkswirtschaft ein Ineinandergreifen der Einzelwirtschaften zu machen, in der sich alle als Mitarbeiter für alle fühlen und einordnen".[129] Es lag in

---

meinschaft für Bayern gehaltenen Referate, München 1947, S. 1-12; Schneider, Die bayerische Wirtschaft (Zitat: S.13); Otmar Emminger, Die bayerische Industrie (Bayerns Wirtschaft. Schriftenreihe der „Volkswirtschaftlichen Arbeitsgemeinschaft für Bayern" 2), München 1947; Elisabeth Miersch, Die räumliche Dezentralisierung der bayerischen Industrie (Bayerns Wirtschaft. Schriftenreihe der „Volkswirtschaftlichen Arbeitsgemeinschaft für Bayern" 3), München 1948; Helene Ströcker, Die bayerischen Genossenschaften, Diss. München 1947; Therese Ameiser, Die betriebswirtschaftliche Struktur der Landeslieferungsgenossenschaften für das Herrenschneiderhandwerk, insbesondere der bayerischen Landeslieferungsgenossenschaft, Diss. München 1947; Olga Schreiner, Die Bedeutung der Heimarbeit für den Wiederaufbau der bayerischen Wirtschaft, Diss. München 1948.

[128] Vgl. hierzu die Wiedergabe eines Referats von Adolf Weber anläßlich eines Treffens der Volkswirtschaftlichen Arbeitsgemeinschaft an der Universität München am 22.1.1946: Einleitung, in: Weber (Hg.), Seßhaftmachung Heimatloser, S. 1-12 (Zitate: S. 2, 8f.).

[129] Vgl. hierzu Webers Vortrag an der Universität München vom Januar 1946: Adolf Weber, Der freie Unternehmer in der sozialen Marktwirtschaft, in: ders., Hauptfragen der Wirtschaftspolitik. Abhandlungen, Erinnerungen, Erfahrungen, Berlin 1950, S. 119-140 (Zitate: S. 123, 137f.); ders., Unternehmer und Arbeiter, ebenda, S. 115-119 (Zitat: S. 119). Der Text wurde ohne den einleitenden Abschnitt bereits unter dem Titel „Der freie Unternehmer in der sozialisierten Wirtschaft" veröffentlicht: ders., Wohin steuert die Wirtschaft? Gedanken und Vorschläge zur Wirtschafts- und Geldordnung, München 1946, S. 73-99. Über die Haltung des „frühen" Weber zur Marktwirtschaft unterrichtet: Adolf Weber, Der Kampf zwischen Kapital und Arbeit.

der Logik dieser stark personalistisch ausgerichteten Argumentation, daß Weber die Ergänzung des marktwirtschaftlichen Prinzips durch die Genossenschaftsidee, insbesondere in Gestalt von Konsumgenossenschaften, forderte. In Übereinstimmung mit einer Reihe von Nationalökonomen der frühen Nachkriegszeit ging er davon aus, daß diese Form der Konsumentenorganisation das Potential besitze, die ökonomische Distanz zwischen Verbrauchern und Produzenten zu verringern, „überflüssiges Profitmachen" zurückzudrängen und den Übergang zu einer freien, bedarfsgerecht produzierenden und demokratischen Wirtschaftsordnung mit zu ebnen.[130]

Es wird deutlich, daß Weber eine von gemeinwirtschaftlichen Elementen durchdrungene, grundsätzlich marktwirtschaftlich orientierte Neuordnung des Wirtschaftslebens anstrebte. Als konzeptionelle Alternative zu einem sich selbst überlassenen Wirtschaftsliberalismus stellt sein Modell eine von vielen Varianten eines „Dritten Weges" zwischen Staatswirtschaft und Kapitalismus dar, die in den frühen Nachkriegsdebatten für kurze Zeit in den Vordergrund traten. Bekanntlich reichten die Sympathien für derartige Entwürfe in den neu- oder wiedergegründeten Parteien über die gemäßigten Kreise in der SPD hinaus bis in den Arbeitnehmer- und Gewerkschaftsflügel der Unionsparteien. Schon im Laufe des Entscheidungsjahres[131] 1947 allerdings verloren gemeinwirtschaftlich-sozialisierende Wirtschaftsmodelle in den überzonalen Gremien, insbesondere im bizonalen Wirtschaftsrat, an politischer Schwungkraft; die koalitionspolitische Entfremdung und die voranschreitende wirtschaftspolitische Polarisierung zwischen CDU/CSU und SPD trugen dazu seit Juni 1947 entscheidend bei.[132]

Auch in Bayern hatte Webers Arbeitsgemeinschaft als Diskussionsforum der ökonomischen Aufbauplanung nur so lange Aussicht auf Zuspruch, wie die einschlägige Willensbildung in den Parteien noch im Gange und die Wiederherstellung des zuständigen Ministerial- und Behördenapparats im Fluß war. Mit dem Aufleben konturierter partei- und interessenpolitischer Fronten auch in Wirtschaftsfragen, mit der sukzessiven Klärung und Differenzierung von Zuständig-

---

Versuch einer systematischen Darstellung, Tübingen 1910; zu seiner Einschätzung planwirtschaftlicher Modelle sowjetischen Musters: ders., Marktwirtschaft und Sowjetwirtschaft. Ein Vergleich, München 1949.

[130] Weber, Der freie Unternehmer, S. 124 (Zitat). Vgl. zur Geschichte der Konsumgenossenschaften nach 1945: Harm G. Schröter, Der Verlust der „europäischen Form des Zusammenspiels von Ordnung und Freiheit". Vom Untergang der deutschen Konsumgenossenschaften, in: Vierteljahrschrift für Sozial- und Wirtschaftsgeschichte 87 (2000), S. 442–467, hier: S. 443; Erwin Hasselmann, Geschichte der deutschen Konsumgenossenschaften, Frankfurt/Main 1971; Werner Hoth, Die Bedeutung und Stellung der Konsumgenossenschaften in Deutschland nach 1945, Wien 1971; Brett Fairbairn, Wiederaufbau und Untergang der Konsumgenossenschaften in der DDR und in der Bundesrepublik 1945–1990, in: Internationale wissenschaftliche Korrespondenz zur Geschichte der deutschen Arbeiterbewegung 34 (1998), S. 171–198; ders., Konsumgenossenschaften in internationaler Perspektive. Ein historischer Überblick, in: Michael Prinz (Hg.), Der lange Weg in den Überfluss, Paderborn u. a. 2003, S. 437–464 (zu Deutschland: S. 446–448).

[131] Den Begriff verwendet bezogen auf die Lösung der Transport-, Kohlen- und Ernährungsfrage in jenem Jahr: Werner Abelshauser, Probleme des Wiederaufbaus der westdeutschen Wirtschaft 1945–1953, in: Heinrich August Winkler (Hg.), Politische Weichenstellungen im Nachkriegsdeutschland 1945–1953 (Geschichte und Gesellschaft, Sonderheft 5), Göttingen 1979, S. 208–253, hier: S. 232.

[132] Vgl. die eingehende Darstellung der Vorgänge in den bizonalen Verwaltungen bei: Gerold Ambrosius, Die Durchsetzung der Sozialen Marktwirtschaft in Westdeutschland 1945–1949, Stuttgart 1977, S. 82–108.

3. Diskurse und Leitbilder der Krisenbewältigung

keiten im staatlichen und vorstaatlichen Bereich verlor sich die Notwendigkeit, die Möglichkeit und der intellektuelle Reiz einer überparteilichen, ressortübergreifenden Annäherung. Die dominierende Wiederkehr des liberalen Wirtschaftsmodells auf die politische Bühne im Jahre 1947 tat zudem auch in Bayern das ihre, um anders orientierte Denkansätze in den Hintergrund treten zu lassen. Eine Beeinträchtigung ihrer Tätigkeit erfuhr die Arbeitsgemeinschaft bereits im Sommer 1946, als Weber ein Entnazifizierungsverfahren zu bestehen hatte, das erst im Juni 1947 mit der Rehabilitierung seinen Abschluß fand. Die Emeritierung im Jahr 1948 reduzierte den akademischen Wirkungskreis ihres *spiritus rector* weiter und ließ den Publikationsfluß der Arbeitsgemeinschaft allmählich versiegen. So kam es der Sanktionierung eines ohnehin eingetretenen Bedeutungsverlustes gleich, als das bayerische Kultusministerium der Arbeitsgemeinschaft im Juni 1955 die bis dahin gewährten bescheidenen finanziellen Mittel entzog und damit weiteren Veröffentlichungsprojekten ein Ende bereitete.[133]

So wie das Ausklingen der Weber'schen Initiative die politisch und institutionell bedingten Wandlungen im ökonomischen Aufbauprozeß reflektiert, so verweist ihr vorangegangener Erfolg auf die existierenden Defizite. Webers Gesprächskreis bot die Gelegenheit, zu einem Zeitpunkt problemorientierte ökonomische Bewußtseinsbildung zu betreiben und Diskurszusammenhänge zu pflegen, da die zuständigen staatlichen Stellen hierzu aus eigener Kraft noch kaum imstande waren. Das Wirtschaftsministerium hatte wie andere bayerische Behörden in den Jahren 1945/46 aufgrund der alliierten Entnazifizierungsmaßnahmen empfindliche personelle Verluste hinnehmen müssen.[134] Schlimmer noch, erschütterte ein handfester Korruptionsskandal seit Jahresende 1946 die Handlungsfähigkeit der Behörde, in dessen Verlauf es bis April 1948 zu zahlreichen Entlassungen kam. Die von einer parlamentarischen Untersuchungskommission aufgedeckten Mißstände machten klar, daß vielfach unklare Hierarchien und Weisungsstrukturen die reguläre Arbeit behindert hatten. Dem zuständigen Staatsminister Erhard wurde zwar persönliche Integrität bescheinigt. Doch ließ der Untersuchungsbericht kaum Zweifel daran, daß der Wirtschaftsminister sich nicht durch Anstrengungen zur effizienteren Organisation des Ministeriums hervorgetan, sondern vorwiegend mit allgemeineren ordnungs- und wirtschaftspolitischen Fragen beschäftigt hatte. Auch nach eigenem Bekunden befaßte sich Erhard weniger mit der praxisbezogenen Gestaltung und Umsetzung ökonomischer Wiederaufbaukonzepte in Bayern als mit der Verteidigung bayerischer Interessen in den Gremien der US-Besatzungszone. Zukunftsweisende Impulse waren unter dieser Voraussetzung und angesichts des ständigen Zwangs zur Improvisation noch im Jahr 1946 aus dem Wirtschaftsministerium realistischerweise nicht zu erwarten.[135]

---

[133] UnivArchiv München, M-IX-55, Military Government. Liaison and Security Office. Det. E-213, SK-LK Munich, 26.8.1947; ebenda, Adolf Weber an Ministerialrat Elmenau, Bayerisches Staatsministerium für Unterricht und Kultus, 25.6.1955.
[134] Lutz Niethammer, Entnazifizierung in Bayern. Säuberung und Rehabilitierung unter amerikanischer Besatzung, Frankfurt/Main 1972, S. 144-198, 251-255.
[135] Vgl. hierzu den Abschlußbericht des Untersuchungsausschusses: Verhandlungen des Bayerischen Landtags. II. Tagung 1947/48, Beilagen-Band II, Beilage 799: Bericht des Ausschusses zur Untersuchung der Mißstände im Bayerischen Wirtschaftsministerium und in den Wirt-

Die Richtung, die die Beratungen in Webers „think tank" nahmen, demonstriert gleichwohl, daß einige Fachleute in den Ministerien und eine Reihe junger Promovierter, die wie Elisabeth Miersch oder Otmar Emminger auf dem Sprung dorthin waren, durchaus mit klaren Positionen im Hinblick auf die Zukunft des bayerischen Wirtschaftsraumes aufwarten konnten. Gemeinsam war allen verschriftlichten Gedankenexperimenten und Entwürfen, daß sie die ökonomische Entwicklung des Landes kaum anders als in enger Abhängigkeit von der Bewältigung der demographischen Herausforderung in Gestalt des Flüchtlings- und Vertriebenenzustroms denken mochten und konnten. Weber selbst gab das Leitmotiv vor und vertrat eine Betrachtungsweise, die schon im Januar 1946 den Vertriebenenzustrom als menschliche und ökonomische Bereicherung zu begreifen empfahl und die gleichberechtigte Aufnahme der Neubürger dringend nahelegte.[136] In den Diskussionen und Ausarbeitungen der Arbeitsgemeinschaft wurde dabei die Option einer breiter anzusteuernden Industrialisierung des Landes zwar von Anfang an gesehen, doch angesichts der drängenden Schwierigkeiten noch 1947/48 allenfalls als ergänzende und für die Zukunft anzuvisierende Lösung betrachtet. Es wird im folgenden darum gehen, den bis hierher verfolgten, auf die Arbeiten eines inoffiziellen Arbeitskreises konzentrierten Zugriff sowohl sachlich als auch chronologisch auszuweiten. Im Mittelpunkt steht dabei jene Frage, die bislang nur im Ansatz zu klären war: die Genese der ordnungspolitischen Grundentscheidungen sowie des Industrialisierungsimpetus in Bayern mit Blick auf die Positionen der Parteien und den daraus erwachsenden politischen Diskurs.

b) Marktwirtschaft oder Plan?

Systematischere Wiederaufbauanstrengungen im Bereich der künftigen Wirtschafts- und Sozialordnung setzten in Bayern erst im Zuge der Ministerpräsidentschaft Wilhelm Hoegners[137] (SPD) ein. Wie sein Vorgänger, der ehemalige BVP-Politiker Fritz Schäffer[138], war Hoegner von der Besatzungsmacht bestimmt worden. Anders als jener, der bis zu seiner Entlassung durch die Amerikaner Ende September 1945 strikt weisungsgebunden agiert hatte, verfügte Hoegner über eine klare besatzungsrechtliche Basis für seine Arbeit und ein vergleichsweise stabiles Kabinett, dem Vertreter der SPD, der CSU und zeitweise der KPD angehörten.[139]

---

schaftsämtern, S. 10. Zu den Vorgängen im Wirtschaftsministerium unter Erhard auch: Schreyer, Bayern – ein Industriestaat, S. 65-72.
[136] Vgl. die Wiedergabe eines Referats, das Weber am 22.1.1946 hielt: Einleitung, in: Weber (Hg.), Seßhaftmachung Heimatloser, S. 1-4.
[137] Wilhelm Hoegner (1887-1980), Jurist, SPD-Politiker, 1924-1932 MdL (SPD), 1930-1933 MdR (SPD), 1945/46 und 1954-1957 Bayerischer Ministerpräsident, 1946-1947 Bayerischer Justizminister, 1946-1970 MdL (SPD), 1946/47 Vorsitzender der bayerischen SPD, 1950-1954 Bayerischer Innenminister.
[138] Fritz Schäffer (1888-1967), Jurist, BVP/CSU-Politiker, 1929-1933 Vorsitzender der BVP, 1920-1933 Oberregierungsrat im Ministerium für Unterricht und Kultus, 1945 Bayerischer Ministerpräsident, 1949-1961 MdB (CSU), 1949-1957 Bundesfinanzminister, 1957-1961 Bundesjustizminister.
[139] Zur Ablösung Schäffers und zum Prozeß der nachfolgenden Regierungsbildung: Gelberg, Vom Kriegsende, S. 666-684.

3. Diskurse und Leitbilder der Krisenbewältigung

Präzisere Vorstellungen davon, unter welchen konzeptionellen Vorzeichen die Neuorientierung der bayerischen Wirtschaft zu leisten sei, besaß zu diesem Zeitpunkt jedoch keine der Regierungsparteien. Zwar nahm die Wiederaufbauproblematik in allen politischen Parteien des Landes, die ab August bzw. November 1945 von der Besatzungsmacht auf kommunaler Basis, dann auf Landesebene zugelassen worden waren, einen hohen Stellenwert ein. Allerdings galt das Interesse vorwiegend dem politischen Wiederaufbau. Sofern Wirtschaftsfragen diskutiert wurden, standen neben der unmittelbaren Krisenbehebung vorwiegend ordnungspolitische Themen im Vordergrund. Es waren die Ende Januar 1946 von der Besatzungsmacht angestoßenen, vorbereitenden Arbeiten für eine Landesverfassung, welche die wieder- oder neuentstandenen politischen Gruppierungen des Landes dazu zwangen, ihre diesbezüglichen Positionen zu schärfen. Hoegner selbst war aus Anlaß seiner Ernennung am 28. September 1945 gleichzeitig mit der nötigen Legitimation zur Leitung der Verfassungsarbeiten ausgestattet worden. Sein prägender Einfluß auf deren Verlauf und Ergebnis beruhte allerdings nur zum Teil auf dieser Autorität *qua* Amt. Denn der Ministerpräsident hatte es verstanden, durch die Vorlage eines umfangreichen Verfassungsentwurfs über seine eigene Partei hinaus früh meinungsbildend zu wirken. Da keine auch nur annähernd vergleichbaren Alternativkonzepte vorlagen, durchlief Hoegners Entwurf den ab März 1946 tagenden „Vorbereitenden Verfassungsausschuß" mit lediglich kleineren Modifikationen im Bereich der Stellung des Ministerpräsidenten gegenüber dem Landtag und beim Wahlrecht; der Wirtschaftsteil blieb unverändert. Erst in der „Verfassunggebenden Landesversammlung", in der die CSU mit 109 Sitzen gegenüber 51 Vertretern der SPD, 9 KPD-Abgeordneten sowie 8 bzw. 3 Vertretern von WAV und FDP die absolute Mehrheit besaß, kam es im Sommer 1946 zu größeren Veränderungen. Sie erlauben ebenso wie der Gang der Diskussionen selbst einige Rückschlüsse auf die ordnungspolitischen Präferenzen der beteiligten Parteivertreter.

Die bayerische SPD pflegte unter ihrem Vorsitzenden Wilhelm Hoegner einen konturierten Eigenweg innerhalb der wiedergegründeten sozialdemokratischen Partei. Das Ziel einer sozialökonomischen Neuorientierung der Wirtschaftsordnung des Landes nahm allerdings auch im Denken Hoegners eine prominente Position ein. In seinen ersten öffentlichen Stellungnahmen nach der Rückkehr aus dem Exil wandte er sich gegen ein Wiedererstehen der „kapitalistische[n] Profitwirtschaft", forderte mit Blick auf die notwendige Verständigung von Bauern und Arbeiterschaft eine „klassenlose Gesellschaft" und entfaltete bereits seine Vorstellungen von einem dezidiert föderalistischen Aufbau des neuen Deutschland.[140] Geprägt von seinen Erfahrungen und Reflexionen im schweizerischen Exil, begriff er die Fortentwicklung einer selbstbewußten Eigenstaatlichkeit auf Länderebene als vorbeugenden Akt gegen jede Erneuerung des zentralisierten Einheitsstaates einschließlich seines antidemokratischen Gefahrenpotentials. Mit dieser engen Verknüpfung von Föderalismus und Demokratiebildung zog Hoegner erhebliche innerparteiliche Kritik auf sich. Wichtigster Gegenspieler war bekanntlich kein

---

[140] BayHStA, NL Pfeiffer 41, Rede des bayerischen Ministerpräsidenten Dr. Wilhelm Hoegner in der ersten Versammlung der Sozialdemokratischen Partei München am 25. November 1945. Der Redetext findet sich auch in IfZ-Archiv, ED 120, NL Hoegner, 280.

Geringerer als Kurt Schumacher selbst, der das föderative Prinzip als Grundlage des künftigen Staatsaufbaus keineswegs ablehnte, die Vorstellungen Hoegners hinsichtlich eines „Bundes deutscher Länder" aber heftig attackierte. Auch in den fränkischen Bezirksverbänden, wo man sich anders als der zögernde Hoegner bereits im Sommer 1945 für den Anschluß an die SPD der Westzonen entschieden hatte, sah man dessen Kurs mit Unbehagen.[141]

In den frühen wirtschaftsprogrammatischen Ausarbeitungen der Landespartei fand dieses Konfliktpotential jedoch keinen Niederschlag. Im Gegenteil rückte das von Hoegner formulierte „Aktionsprogramm" vom Januar 1946 in dieser Hinsicht durchaus angestammte sozialdemokratische Zielvorstellungen in den Vordergrund. Neben dem Bekenntnis zum föderalistischen Staatsaufbau oder zur Wiederherstellung der Menschen- und Bürgerrechte im demokratischen Gemeinwesen, zur Wiedergutmachung von NS-Verbrechen und zur religiösen Toleranz enthielt das Papier eine Reihe von Einlassungen zur künftigen Sozial- und Wirtschaftspolitik. Ein Hauptaugenmerk galt der Bewältigung der wichtigsten akuten Krisenphänomene wie „Hunger, Wohnungsnot und Arbeitslosigkeit". Den eigentlichen Schwerpunkt des Programms bildeten jedoch neben der Einforderung grundlegender Arbeitnehmerrechte die vorgesehenen Maßnahmen zur Bodenreform, zum planmäßigen Wiederaufbau und zur Sozialisierung von Betrieben im Bereich der Energieerzeugung, des Banken- und Versicherungswesens sowie der bayerischen Schlüsselindustrien. Wie Hoegner aus Anlaß der ersten Landeskonferenz der bayerischen SPD in Erlangen erklärte, verstand er den Ausbau des Genossenschaftswesens als zugleich zentrales und integratives Element innerhalb seiner ökonomischen Neubaukonzeption. Gedacht als Zusammenschluß „von freien und gleichen Menschen" schien ihm diese Organisationsform vor allem geeignet, neue Auswüchse von „Staatssozialismus" dort zu verhindern, wo gleichwohl die Vergesellschaftung von Unternehmen anzustreben war.[142] Insbesondere im Bayerischen Bauernverband stießen Hoegners Ideen eines „genossenschaftlichen Sozialismus" auf große Resonanz.[143]

In den Debatten um die Gestaltung der wirtschafts- und sozialpolitischen Teile einer künftigen bayerischen Verfassung ab Februar 1946 zeigte sich, daß Hoegners Konzepte auch jenseits der Föderalismusfrage weniger theoretisch-dogmatisch und unitarisch-staatsbezogen waren als die in der Hannoveraner Parteizentrale vertretenen Sichtweisen. Diese Disposition erleichterte die Einigung mit der CSU in der Verfassunggebenden Landesversammlung ebenso wie die Tatsache, daß die kräftemäßig eigentlich deutlich überlegene Unionspartei aufgrund sachlicher Divergenzen und innerer Flügelkämpfe in den Verhandlungen geschwächt auftrat. So verständigten sich die beiden großen Parteien rasch auf einen Kompromiß, der starkes Entgegenkommen der Christsozialen gegenüber den wirtschaftstheore-

---

[141] Vgl. Peter Kritzer, Wilhelm Hoegner. Politische Biographie eines bayerischen Sozialdemokraten, München 1979, S. 248-256, 290-307; Hildegard Kronawitter, Wirtschaftskonzeptionen und Wirtschaftspolitik der Sozialdemokratie in Bayern 1945-1949, München u. a. 1988, S. 5f.
[142] Das „Aktionsprogramm" findet sich abgedruckt bei Wolfgang Behr, Sozialdemokratie und Konservatismus. Ein empirischer und theoretischer Beitrag zur regionalen Parteianalyse am Beispiel der Geschichte und Nachkriegsentwicklung Bayerns, Hannover 1969, S. 211f.
[143] „Bauern und Landwirtschaft in der bayerischen Verfassung", in: Landwirtschaftliches Wochenblatt, 31.8.1946.

3. Diskurse und Leitbilder der Krisenbewältigung 75

tischen Zielsetzungen der SPD beinhaltete. Dies war vorwiegend dadurch möglich geworden, daß der entschieden marktwirtschaftlich argumentierende Wirtschaftsexperte der CSU, Johannes Semler[144], in seinen Vorstellungen durch den kompromißbereiten Bauernflügel der Union gezielt überspielt wurde. Im Kreis um Kultusminister Alois Hundhammer[145] und Fritz Schäffer hoffte man, für dieses Entgegenkommen auf die Hilfe der SPD in der Frage der Einführung eines Staatspräsidenten rechnen zu können. Die resultierenden Einigungsformeln haben die Erwartungen der beteiligten Sozialdemokraten angesichts der Kräfteverhältnisse in der Landesversammlung in weiten Teilen mehr als erfüllt. Das galt etwa für die Formulierung des Rechts auf betriebliche Mitbestimmung, die Möglichkeit, „wichtige Produktionsmittel in Gemeineigentum" zu überführen oder auch die besondere Berücksichtigung des Genossenschaftswesens. Da es Hoegner jedoch nicht gelang, die Schaffung des Staatspräsidentenamtes in der sozialdemokratischen Landtagsfraktion durchzusetzen, ging auch die CSU von ihrem Entgegenkommen auf dem Feld der Wirtschaftsordnung in letzter Minute wieder ab. In der Folge wurde jede begriffliche Anspielung auf die Einführung planwirtschaftlicher Elemente aus dem Verfassungstext getilgt und auch die Möglichkeit zur Vergesellschaftung von Betrieben klarer definiert. Ohnehin waren jedwede Ambitionen auf Festschreibung einer umfassenden staatlich organisierten Planwirtschaft in Bayern schon vor Beginn der Beratungen des Wirtschaftsteils im Verfassungsausschuß durch den Einspruch der Besatzungsmacht verhindert worden.[146]

Betrachtet man die nach 1945 entstandenen deutschen Länderkonstitutionen im Vergleich, dann läßt sich die bayerische Verfassung vom 8. Dezember 1946 gleichwohl als marktwirtschaftlich orientierte Grundordnung „mit lenkungswirtschaftlichen Schwerpunkten" charakterisieren.[147] Die Verpflichtung der Wirtschaftssubjekte auf die Beachtung des Gemeinwohls bildet darin nach dem Willen der Verfassungsgeber den Angelpunkt einer Wirtschaftsordnung, die grundsätzlich von den Prinzipien der freien ökonomischen Betätigung und der Vertragsfreiheit gekennzeichnet sein soll (Art. 151). Diese Grundorientierung wird durch Vorgaben über die Staatstätigkeit im Bereich des Wirtschaftslebens sowie über Programmsätze prinzipiell strukturprägender Art konkretisiert. So finden sich lenkungswirt-

---

[144] Johannes Semler (1898-1973), Industrieberater, Finanzfachmann, 1930-1946 im Vorstand der Deutschen Warentreuhandgesellschaft, 1945 Mitbegründer der CSU, 1947/1948 Direktor der Verwaltung für Wirtschaft des Vereinigten Wirtschaftsgebiets, 1950-1953 MdB (CSU), 1960-1961 Vorsitzender des BMW-Aufsichtsrates.
[145] Alois Hundhammer (1900-1974), BVP/CSU-Politiker, 1932/33 MdL (BVP), 1946-1970 MdL (CSU), 1946-1951 Bayerischer Staatsminister für Unterricht und Kultus, 1957-1969 Bayerischer Landwirtschaftsminister.
[146] Zu den Verfassungsberatungen insbesondere mit Blick auf die Gestaltung der Wirtschafts- und Sozialordnung eingehend Barbara Fait, Demokratische Erneuerung unter dem Sternenbanner. Amerikanische Kontrolle und Verfassunggebung in Bayern 1946 (Beiträge zur Geschichte des Parlamentarismus und der politischen Parteien 114), 2. Aufl. Düsseldorf 1998, S. 408-499; Kronawitter, Wirtschaftskonzeptionen und Wirtschaftspolitik, S. 56-97; im Überblick auch Gelberg, Vom Kriegsende, S. 701-725. Die Sozialisierungsvorstellungen der Amerikaner behandelt im Überblick: Dörte Winkler, Die amerikanische Sozialisierungspolitik in Deutschland 1945-1948, in: Heinrich August Winkler (Hg.), Politische Weichenstellungen im Nachkriegsdeutschland 1945-1953, Göttingen 1979, S. 88-110.
[147] Alfred Schwingenstein, Die wirtschaftlichen Ordnungsvorstellungen in den Verfassungen der deutschen Länder, Diss. München 1961, S. 124-127 (Zitat: S. 123).

schaftliche Elemente unter anderem im Bereich der „geordnete[n]" Produktion und Verteilung von Gütern des Grundbedarfs, wo der staatlichen Überwachung ebenso besondere Bedeutung zugewiesen wird wie im Rahmen der „Versorgung des Landes mit elektrischer Kraft" (Art. 152). Daneben räumt die Verfassung dem bayerischen Staat steuernde Befugnisse bei der Festsetzung von Mindestlöhnen (Art. 169), bei der Besteuerung von „arbeitslose[m] Einkommen" (Art. 168) und bei der Gestaltung der Bodennutzung (Art. 161) ein. Die übermäßige Konzentration „wirtschaftlicher Macht" als Folge der Bildung von Kartellen, Konzernen oder Monopolen wird abgelehnt (Art. 156), die Förderung mittelständischer Betriebe in der Landwirtschaft, in Handwerk, Gewerbe und Industrie hingegen zur Staatsaufgabe erhoben. Hierzu wie zur Bewältigung vergleichbarer Aufgaben rückt die Verfassung neben der Hilfestellung durch den Staat das Prinzip der „genossenschaftliche[n] Selbsthilfe" in den Vordergrund (Art. 153). Zusätzlich sollen demokratisch bestellte „Selbstverwaltungsorgane der Wirtschaft" an den ökonomischen Entscheidungsprozessen beteiligt werden (Art. 154). Nach dem Willen der Verfassungsgeber ist außerdem die Überführung von „lebenswichtige[n] Produktionsmittel[n], Großbanken und Versicherungsunternehmen" in Gemeineigentum „gegen angemessene Entschädigung" möglich. Für wichtige Bodenschätze, Energiequellen, Verkehrswege und Eisenbahnen, Wasserleitungen und Energieversorgungsunternehmen gilt, daß sie „in der Regel" im Besitz von öffentlichen Körperschaften oder von Genossenschaften stehen sollen (Art. 160). Der besondere Schutz, den die bayerische Verfassung der heimischen Landwirtschaft generell im Hinblick auf die Sicherung ihrer Existenzgrundlagen gewährt (Art. 164–165), erstreckt sich auch auf den Bereich der Eigentumsordnung. Landwirtschaftlicher Boden soll vor Zweckentfremdung und Spekulation geschützt, seine Enteignung auf wenige gemeinwohlorientierte Ausnahmen beschränkt bleiben (Art. 163–165). Diese Schlüsselbestimmungen werden innerhalb des Abschnittes „Wirtschaft und Arbeit" durch eine Reihe von sozialpolitisch relevanten Vorgaben für das Feld der Arbeitsbeziehungen ergänzt (Art. 166–177).

Im Zusammenhang des Verfassungswerks betrachtet fällt auf, daß die wirtschafts- und arbeitsrechtlichen Teile im Gegensatz zu anderen Abschnitten deutlich stärker von programmatisch getönten Grundsatzaussagen als von verbindlichen Rechtsnormen geprägt sind.[148] Die besondere Sensibilität des Themas in der Wahrnehmung aller Beteiligten schlug sich hierin ebenso nieder wie der bereits angedeutete Kompromißcharakter der Bestimmungen. Die ursprünglichen Intentionen der beteiligten Gruppen läßt der Verfassungstext aufgrund seiner komplexen Entstehungsgeschichte und der zusätzlichen Überformung durch Eingriffe der Besatzungsmacht allerdings nurmehr erahnen. Blicken wir deshalb noch einmal zurück auf die Positionen der Parteien und Interessengruppen im Verlauf der Verfassungsberatungen, um dann im Anschluß die praktische Umsetzung einiger wesentlicher wirtschaftsordnungspolitischer Verfassungsvorgaben bis 1949/50 zu betrachten. Dabei wird das Augenmerk vornehmlich jenen Feldern gelten, die ganz besonders das Potential zur Prägung der bayerischen Wirtschaftsstruktur in sich bargen.

---

[148] Karl Schweiger/Franz Knöpfle (Hg.), Die Verfassung des Freistaates Bayern. Kommentar [Loseblattsammlung], München 2003, Abschnitt III, S. 53–57.

3. Diskurse und Leitbilder der Krisenbewältigung

Als sich der Verfassungsausschuß der Verfassunggebenden Landesversammlung Ende August 1946 mit dem Themenbereich Wirtschaft und Arbeit auseinandersetzte, wurde rasch klar, daß tonangebende Vertreter der beiden stärksten Parteien CSU und SPD in der Frage von Wirtschaftslenkung und Sozialisierung zwar keineswegs deckungsgleiche, doch durchaus vereinbare Positionen vertraten. Dies lag in hohem Maße darin begründet, daß das Spektrum der Verhandlungsgegenstände durch die Beteiligten nicht vollkommen getrennt voneinander behandelt wurde und deshalb im Sinne einer generellen Einigung nach dem oben beschriebenen Prinzip des „do ut des" geformt und herangezogen werden konnte. Der Annäherung kam überdies zugute, daß programmatische Festlegungen im Umkreis der Verfassungsberatungen in vergleichsweise kleinen Zirkeln diskutiert wurden. Im Laufe der Unterredungen erlangten interfraktionelle Gespräche ausschlaggebende Bedeutung, in denen die Vertreter der stärksten Parteien CSU und SPD unter Ausschluß der kleineren Parteien und teilweise gezielter Ausgrenzung der eigenen Fraktionen inoffiziell die Weichen für einen Kompromiß in Sachen Wirtschaftsordnung und Staatspräsidentenfrage stellten. Neben Hoegner und Albert Roßhaupter seitens der SPD waren dies in der CSU insbesondere Hans Ehard, Michael Horlacher, Alois Hundhammer und Alois Schlögl[149]. Der Einfluß von Einzelpersönlichkeiten war in beiden Parteien groß. In den Reihen der Sozialdemokraten trug Hoegners verfassungs- und landespolitische Dominanz dazu bei, daß eine auf Bayern bezogene Wirtschaftskonzeption durch die Landespartei nicht vor Ende 1946 formuliert wurde. In der jungen Christlich-Sozialen Union wurden auf Betreiben Johannes Semlers bis Mai 1946 wirtschaftspolitische „Richtsätze" verabschiedet, welche innerhalb der Partei bis auf weiteres nur von jenen zwei zentralen Arbeitsausschüssen gestützt wurden, die sich mit Fragen der Wirtschafts- bzw. der Sozialpolitik beschäftigten. Erst im August 1947 verabschiedete die CSU eine umfangreiche programmatische Ausarbeitung zu diesem Themenfeld, die wiederum von Semler verantwortet wurde.[150] Noch im Sommer 1946 also waren die Diskussionen in der Unionspartei von großer Fluidität der Vorstellungen geprägt, was dazu führte, daß sich die dominierenden Wirtschaftskonzepte im Laufe der Verfassungsberatungen bis Ende August nicht unerheblich veränderten.

Durchgehend vertrat die CSU nach außen hin das Modell einer freien, durch christliche Grundsätze eingehegten, „sozialbedingten" Wirtschaft, die zur Einlösung dieser Ziele gleichermaßen auf den Prinzipien des „sozialen Ausgleichs" und der längerfristigen „Lenkung der Wirtschaft" aufgebaut sein sollte.[151] Die Differenzen, die im Verhältnis zum Entwurf Hoegners und des Vorbereitenden Ver-

---

[149] Alois Schlögl (1893-1957), BVP/CSU-Politiker, 1925-1933 Direktor des Niederbayerischen Bauernvereins, 1932-1933 MdL (BVP), 1945-1948 Generalsekretär des Bayerischen Bauernverbandes, 1946-1957 MdL (CSU), 1948-1954 Bayerischer Landwirtschaftsminister.
[150] „Das Wirtschafts- und Sozialprogramm der Christlich-Sozialen Union in Bayern. Grundgedanken zu einem System der wirtschaftlichen Leistungssteigerung, des gerechten Lastenausgleichs und sozialen Arbeitsfriedens", 31.8.1947, in: Die CSU 1945-1948. Band 3, S. 1742-1750; Kronawitter, Wirtschaftskonzeptionen und Wirtschaftspolitik, S. 54f.; Fait, Demokratische Erneuerung, S. 412.
[151] Vgl. hierzu das Resümee bei Johannes Semler, Wirtschaftslage und Wirtschaftsgestaltung. Vortrag gehalten vor Vertretern der bayerischen Wirtschaft (Schriftenreihe der Christlich-Sozialen Union in Bayern 1), München 1946 (Zitate: S. 5, 19).

fassungsausschusses existierten, traten erst zutage, nachdem die Verfassunggebende Landesversammlung ihre Arbeit aufgenommen hatte. Kleinere Unterschiede der Schwerpunktsetzung manifestierten sich im Bereich der Arbeitnehmermitbestimmung oder der Eigentumsordnung; wichtiger waren die je spezifischen Ansichten zur Steuerung der Ökonomie. Wo die SPD unter Hoegners Ägide eine einheitliche, wenngleich demokratische Planung der Wirtschaftsabläufe unter Beteiligung der Wirtschaftsorganisationen und auf vorwiegend genossenschaftlicher Basis anstrebte, setzten die frühen Entwürfe der CSU unter konzeptioneller Federführung Semlers andere Prioritäten. Ohne steuernde Eingriffe in die Wirtschaft abzulehnen, galt dort das Augenmerk zunächst einer möglichst weitgehenden wirtschaftspolitischen Abstinenz des bayerischen Staates. Den Vorstellungen Semlers vom Juli 1946 zufolge sollte eine mit starken Befugnissen versehene Selbstverwaltungsorganisation der Wirtschaft geschaffen werden, worin ein weitgehend nach Weimarer Vorbild geformter „Wirtschaftsrat" nicht nur in Planungsfragen die oberste Instanz bildete. Dem ausschlaggebenden Zugriff staatlicher Instanzen war die Leitung der Wirtschaft damit theoretisch ebenso entzogen wie dem Einfluß von Verbandsinteressen oder Gewerkschaften, die Semler aus den Selbstverwaltungsorganen fernzuhalten wünschte.[152]

In die Ende August 1946 im Verfassungsausschuß anstehenden Debatten über die Wirtschaftsverfassung trat die CSU dann allerdings mit einem wesentlich modifizierten Konzept. Eine Resolution ihres Wirtschaftspolitischen Ausschusses, die im Anschluß an eine Arbeitstagung von Unionsmitgliedern und Wirtschaftsvertretern am 28. August entstanden war, kam in wichtigen Punkten geradezu einer Umkehrung des Semlerschen Entwurfs gleich. Der Text geißelte den „ungezügelten Hochkapitalismus" in scharfer Manier, legte größten Wert auf die Gemeinwohlverpflichtung der Wirtschaft und forderte weitgehende Mitbestimmungsrechte für Arbeitnehmer in wichtigen Großbetrieben, welche bis hin zur direkten Mitwirkung an der „Leitung und Verwaltung solcher Unternehmen" reichen sollten. Anders als Semler wies der CSU-Ausschuß dem bayerischen Staat die dominierende Rolle in der Gestaltung des Wirtschaftslebens zu. Konkret hätte dies auch etwa die Befugnis beinhaltet, Betriebe im Bereich der Grundstoffproduktion, des Verkehrs-, Energie- oder Versorgungswesens in Gemeineigentum zu transferieren und genossenschaftlich organisierte Wirtschaftsformen staatlich zu fördern.[153]

Die schließlich erreichte Gestalt des Verfassungskompromisses profitierte außerordentlich davon, daß gemeinwirtschaftlich und wirtschaftsdemokratisch orientierte Konzepte in Teilen der bayerischen Unionspartei noch in den Jahren 1946/47 auf engagierte Befürworter stießen. Neben dem erwähnten Wirtschaftspolitischen sowie dem Sozialpolitischen Ausschuß war es insbesondere der Bauernflügel der CSU, der sich in dieser Hinsicht exponierte.[154] Personell eng mit dem

---

[152] Kronawitter, Wirtschaftskonzeptionen und Wirtschaftspolitik, S. 64f.; Fait, Demokratische Erneuerung, S. 410–425.
[153] „Entschließung des wirtschaftspolitischen Ausschusses. Gegen Planwirtschaft, für Gleichberechtigung der Arbeitnehmer", in: Union-Dienst. Informations-Brief der CSU in Bayern, 5.10.1946, S. 3. Dazu Fait, Demokratische Erneuerung, S. 422–425.
[154] Alf Mintzel, Geschichte der CSU. Ein Überblick, Opladen 1977, S. 59f.

3. Diskurse und Leitbilder der Krisenbewältigung 79

Bayerischen Bauernverband verflochten, waren ihm etwa ein Drittel der Mitglieder der CSU-Fraktion in der Konstituante zuzuordnen. Folgt man den Äußerungen Michael Horlachers und Alois Schlögls, die die Funktionen des Verbandspräsidenten bzw. Generalsekretärs im Bauernverband mit der Wortführerschaft innerhalb des bäuerlichen Zirkels der CSU vereinten, dann lag den ordnungspolitischen Sehweisen in diesem Kreis eine spezifische Mischung von verbandspolitischen, kapitalismuskritischen und modernisierungsskeptischen Motiven zugrunde. Da die beiden führenden Repräsentanten die Bauernschaft tendenziell als Verlierer im säkularen Prozeß der Durchsetzung liberaler Marktprinzipien und der Industrialisierung verstanden, sahen sie mit dem staatlichen Zusammenbruch die Chance für einen grundlegenden verteilungspolitischen Neuanfang gekommen. Hoegners Modell des genossenschaftlich abgestützten Sozialismus stieß deshalb im Bauernverband auf große Sympathien, ebenso wie die Idee staatlicher Wirtschaftslenkung, solange diese ein Gegengewicht in der dezentral organisierten Selbstverwaltung landwirtschaftlicher Belange fand.[155]

Ähnlich nahe wie der Bauernverband und seine Sympathisanten in der CSU standen dem Hoegnerschen Vorentwurf die bayerischen Gewerkschaften. Sie folgten in ihren Vorschlägen vom August 1946 weitgehend dem Text des Vorbereitenden Verfassungsausschusses, nicht ohne allerdings den Wunsch nach Ausbau der wirtschaftlichen Selbstverwaltung durch die Forderung einer starken, gleichberechtigten Rolle der Arbeitnehmervertreter im Prozeß der planmäßigen Lenkung der Wirtschaft zu ergänzen. Besonderen Wert legten die Gewerkschaften auf die Festschreibung des Schlichtungswesens, die innerbetriebliche Mitbestimmung und auf präzise Aufgabenzuweisungen an die gestaltenden Organe innerhalb der angestrebten Wirtschaftsdemokratie. Wie die verfassungspolitischen Vorstellungen der bayerischen Unternehmer, die in einem vom Wirtschaftsministerium bestellten „Wirtschaftsbeirat" Stimme gewannen, erlangten die Konzepte der bayerischen Gewerkschaften jedoch allenfalls indirekten Einfluß auf den Ausgang der Verfassungsberatungen. Nicht so die Konzepte des Bayerischen Bauernverbands, dessen Vertreter Alois Schlögl (CSU) zusammen mit Arbeitsminister Roßhaupter (SPD) im Verfassungsausschuß als Referent für den gesamten Wirtschaftsteil fungierte und dessen Abfassung entscheidend mitprägte.[156]

Die Interessenskoalition aus SPD-Führung, Teilen der CSU und dem Bayerischen Bauernverband erlaubte den kleineren Parteien KPD, FDP oder WAV kaum eine nennenswerte Einflußnahme auf die Gestaltung der Wirtschaftsverfassung. Schon unmittelbar nach ihrem Inkrafttreten aber reflektierten die gefundenen konstitutionellen Regelungen selbst in den beiden großen Parteien das dort tatsächlich vorherrschende Meinungsbild nur zum Teil. Weithin konsensfähig war zweifellos ein wirtschaftspolitisches Ordnungskonzept, das den Willen zum sozialen Ausgleich und zur Verpflichtung der Wirtschaft auf gemeinschaftsorientiertes Handeln umsetzte. Die wirtschaftsdemokratischen, lenkungs- und gemeinwirt-

---

[155] Michael Horlacher, „Führer, Führung, Verfassung", in: Landwirtschaftliches Wochenblatt, 22.6.1946; ders., „Die bayerische Verfassung", ebenda, 29.6.1946; „Bauern und Landwirtschaft in der bayerischen Verfassung", ebenda, 31.8.1946; „Ein neues Blatt im Geschichtsbuch", ebenda, 21.9.1946. Vgl. auch Fait, Demokratische Erneuerung, S. 435–440.
[156] Vgl. Fait, Demokratische Erneuerung, S. 440–446.

schaftlichen Elemente in der bayerischen Verfassung stellen sich freilich nur vordergründig als Ergebnis einer kaum näher zu bestimmenden sachlichen Übereinstimmung der Verhandlungspartner dar. Sie repräsentierten *auch* ein Resultat der geschickten Verhandlungsführung Wilhelm Hoegners, welches durch die internen Flügelkämpfe in der CSU entscheidend befördert worden war. Aufgrund der labilen und schließlich erodierenden verfassungspolitischen Tauschbereitschaft in den Fraktionen von CSU und SPD hatten sie in Gestalt eines in letzter Stunde wieder teilweise rückgängig gemachten Kompromisses Eingang in die Verfassung gefunden. Für die nachfolgende Gestaltung der Verfassungspraxis konnten diese Bestimmungen wegen ihres stark programmatischen Charakters somit von vorneherein nur dann nachhaltige Wirkung entfalten, wenn die dahinterstehende politische Kräftekoalition auch in der Folge über genügend Realisierungsspielraum verfügte. Um im Landtag eine mehr als bloß ansatzweise Umsetzung des Verfassungsauftrags in Form von bayerischen Landesgesetzen zu erreichen, war dieser Spielraum jedoch bis 1949 de facto nicht mehr groß genug.

Als hemmend entpuppte sich nicht nur die theoretisch stets gegebene Möglichkeit des rechtsetzenden Eingreifens der amerikanischen Besatzungsmacht. Immerhin suspendierte die US-Militärregierung in Hessen ungeachtet der Einführung der Planwirtschaft per Verfassungsartikel die Durchführung des einschlägigen Sozialisierungsgebots.[157] Zusätzlich verringerten sich mit der sukzessiven Übertragung länderübergreifender Gesetzgebungskompetenzen an den „ersten" und „zweiten" Wirtschaftsrat der Bizone im August 1947 bzw. Februar 1948 die gestalterischen Freiräume der Länder auch innerhalb der Sphäre rein (west)deutschen Rechts. Das traf insbesondere für den Bereich der Wirtschaftsordnung zu.[158] Seit Inkrafttreten des Grundgesetzes 1949 schließlich gehörte das „Recht der Wirtschaft" (Art. 74 Nr. 11 GG) zum Bereich der konkurrierenden Gesetzgebung, wobei der Bund hierin aufgrund seiner weitreichenden Zuständigkeiten von Anbeginn an ein legislatives Übergewicht besaß. Nur am Rande sei deshalb hinzugefügt, daß die weitreichenden plan- und gemeinwirtschaftlichen Regelungen des Hoegnerschen Vorentwurfs durch die einschlägigen Bestimmungen des Grundgesetzes ohnehin außer Kraft gesetzt worden wären, selbst wenn das amerikanische Eingreifen sie nicht schon vorher abgemildert hätte.[159]

---

[157] Detlev Heiden, Sozialisierungspolitik in Hessen 1946–1965, Münster/Hamburg 1997; Barbara Fait, In einer Atmosphäre von Freiheit. Die Rolle der Amerikaner bei der Verfassunggebung in den Ländern der US-Zone 1946, in: Vierteljahrshefte für Zeitgeschichte 33 (1985), S. 420–455; dies., Demokratische Erneuerung, S. 543 f.; John Gimbel, Amerikanische Besatzungspolitik in Deutschland 1945–1949, Frankfurt/Main 1971, S. 226.
[158] Vgl. hierzu die Erläuterungen von Ministerpräsident Ehard im Rahmen seiner Regierungserklärung am 10. Januar 1947: Stenographischer Bericht über die 3. Sitzung des Bayerischen Landtags am 10.1.1947, S. 34–36.
[159] Georg Müller, Die Grundlegung der westdeutschen Wirtschaftsordnung im Frankfurter Wirtschaftsrat 1947–1949, Frankfurt/Main 1982, S. 54–89; Konrad Stollreither, Die Entwicklung des Staats- und Verfassungsrechts in Bayern seit dem Inkrafttreten der Verfassung vom 2. Dezember 1946, in: Nach 20 Jahren. Diskussion der Bayerischen Verfassung. Hg. von der Bayerischen Landeszentrale für Politische Bildungsarbeit, München 1966, S. 95–109, bes. S. 96; Schreyer, Bayern – ein Industriestaat, S. 76 f. Zur rechtlichen Bindekraft von Programmsätzen der Bayerischen Verfassung: Hans Zacher, Bayern als Sozialstaat, in: Bayerische Verwaltungsblätter 9 (1962), S. 257–263, hier: S. 261.

3. Diskurse und Leitbilder der Krisenbewältigung

Wichtiger noch für die zeitgenössische Fortschreibung des ordnungspolitischen Rahmens wurde indes die Tatsache, daß sich die politischen Bedingungen hierfür sukzessive veränderten. Zwar fand die Interessenskoalition aus CSU und SPD nach den ersten Landtagswahlen vom 1. Dezember 1946 ihre offizielle Fortsetzung über die Zeit der Verfassungsdiskussionen hinaus. Wiederum war die Unionspartei vom Wähler mit 52,3% Stimmenanteil zur stärksten politischen Kraft im Lande gemacht worden und verfügte über 104 von 180 Sitzen im Landtag; zweitstärkste Fraktion wurde erneut die SPD mit 54 Sitzen. Aufgrund der fortdauernden Lagerkämpfe in der CSU blieb eine denkbare Alleinregierung unmöglich, und der mit den Stimmen von CSU und SPD gewählte neue Ministerpräsident Hans Ehard präsentierte am 21. Dezember 1946 ein Kabinett aus Vertretern von CSU, SPD und WAV. Programmatische Grundlage der Zusammenarbeit bildete das „30-Punkte-Programm" der CSU vom Oktober und das „Aktionsprogramm" der SPD vom Dezember 1946.[160] Von Anfang an aber waren es in erster Linie der Flügel um Hundhammer und Horlacher in der CSU sowie die Parteiführung um Hoegner in der SPD gewesen, die die Fortsetzung der Koalition konzipiert hatten und die sie in der Folge im wesentlichen trugen. In den Reihen der sozialdemokratischen Parteibasis stieß die Regierungsbeteiligung auf erhebliche Vorbehalte. Die Zweifel richteten sich vorwiegend auf die Durchsetzungsfähigkeit der SPD-Minister und ihrer Wirtschaftspolitik gegen eine offensichtlich übermächtige CSU. Zu einer gewissen Beruhigung der Gemüter trug deshalb bei, daß es der SPD gelang, ihren Anspruch auf das Wirtschaftsressort geltend zu machen und dieses mit Rudolf Zorn zu besetzen.[161] In der Union hoben die Kritiker eines Bündnisses ihrerseits auf programmatische Divergenzen ab und monierten besonders, daß das Wirtschaftsministerium einem Sozialdemokraten überlassen worden war.[162]

Ausschlaggebend für den Zerfall des Regierungsbündnisses im Herbst 1947 wurde es, daß sich die Koalitionsgegner in der bayerischen SPD zunehmend weniger mit den gegebenen Machtkonstellationen abfinden mochten oder ohnehin aus prinzipiellen Gründen die Regierungszusammenarbeit mit einer bürgerlichen Partei ablehnten. Den letzten Anstoß vermittelte der Kurswechsel der SPD in den Gremien der Bizone im Sommer 1947. Da es nicht gelungen war, den Direktorenposten für Wirtschaft durch einen eigenen Mann zu besetzen, wählte die Partei auf Drängen Schumachers dort den Weg in die Opposition. In durchaus umstrittener Weise zog sich die westdeutsche SPD damit von einer aussichtsreichen Machtposition zurück, die noch in der ersten Jahreshälfte 1947 immerhin von der Besetzung sämtlicher Wirtschaftsministerien der amerikanischen Zone durch sozialdemokratische Politiker und von der Leitung des bizonalen Verwaltungsamtes für Wirtschaft durch Viktor Agartz getragen war. Als erste und für geraume Zeit einzige

---

[160] Die Programme finden sich abgedruckt in: Die CSU 1945–1948. Band 3, S. 1734–1741 sowie bei Behr, Sozialdemokratie und Konservatismus, S. 212–216.
[161] Zur Person Zorns: Hildegard Kronawitter, Rudolf Zorn und sein Beitrag zum marktwirtschaftlichen Denken in der SPD, in: Hartmut Mehringer (Hg.), Von der Klassenbewegung zur Volkspartei. Wegmarken der bayerischen Sozialdemokratie 1892–1992, München u.a. 1992, S. 248–260.
[162] Kronawitter, Wirtschaftskonzeptionen und Wirtschaftspolitik, S. 98–108; Schlemmer, Aufbruch, S. 195, Anm. 361.

Länder-Parteiformation entschloß sich die Führung der bayerischen SPD unter Waldemar von Knoeringen[163], dieser Grundsatzentscheidung gegen den Willen Wilhelm Hoegners auf Landesebene zu folgen.[164]

Während der neun Monate bis zur Aufkündigung des Bündnisses im September 1947 vollführte die Koalition einen wirtschaftspolitischen Spagat, der der Notwendigkeit gerecht werden mußte, zugleich die konkreten Notstände anzugehen und die ordnungspolitischen Präferenzen der Koalitionspartner hinreichend zu berücksichtigen. Zentrale Arbeitsfelder der ersten Regierung Ehard lagen wie schon unter Hoegner und Schäffer im Bereich der Entnazifizierungs-, Flüchtlings- und ökonomischen Krisenpolitik, ebenso wie im Bereich der Bildungspolitik, der Bodenreform und des Lastenausgleichs.[165] In der sensiblen Planungsfrage schlugen Ehard und sein Wirtschaftsminister eine mittlere, pragmatische Linie ein, die beide Seiten befriedigen konnte. Von Planwirtschaft war in den öffentlichen Äußerungen keine Rede. Vielmehr sanktionierten die Äußerungen des Ministerpräsidenten zu diesem Thema das, was angesichts der herrschenden Krisenlagen ohnehin praktiziert wurde: das Projekt einer strengen statistischen Erfassung von Herstellung und Verbrauch, der gezielten Verteilung von Rohstoffen und Gütern sowie der effektiven Kontrolle dieser doppelten Verfahrensweise.

Es ging also um die Realisierung und Rechtfertigung einer umfassenden Bewirtschaftungspraxis, die, so wurde betont, ohne ideologische Ansprüche umgesetzt werden sollte. Vielmehr zwinge „die Knappheit aller lebenswichtigen Roh- und Hilfsstoffe zur sorgfältigen Planung von Produktion und Verteilung, nicht aus doktrinären Gesichtspunkten, sondern aus praktischer Notwendigkeit."[166] Ein 11-Punkte-Programm der CSU, das im Vorfeld der Koalitionsverhandlungen mit den Sozialdemokraten im Juli 1947 zusammengestellt worden war, formulierte Präferenzen, die den Vorstellungen der SPD-Parteiführung sehr nahe kamen.[167]

Für die Sozialdemokraten rückten Rudolf Zorn und andere exponierte Vertreter in der Öffentlichkeit bewußt ideologiearm gestaltete Gedankenmodelle zur Begründung von Lenkung und Planung in der bayerischen Wirtschaft in den Vorder-

---

[163] Waldemar von Knoeringen (1906-1971), SPD-Politiker, 1933-1945 Widerstand im Exil, 1946–1970 MdL (SPD), 1949-1951 MdB (SPD), 1947-1963 Landesvorsitzender der bayerischen SPD.
[164] Wilhelm Hoegner, Der schwierige Außenseiter. Erinnerungen eines Abgeordneten, Emigranten und Ministerpräsidenten, München 1959, S. 294-300; Behr, Sozialdemokratie und Konservatismus, S. 60-66; Hartmut Mehringer, Waldemar von Knoeringen. Eine politische Biographie. Der Weg vom revolutionären Sozialismus zur sozialen Demokratie, München u. a. 1989, S. 315-335; Karl-Ulrich Gelberg, Einleitung, in: Die Protokolle des Bayerischen Ministerrats 1945-1954. Das Kabinett Ehard I (21. Dezember 1946 bis 20. September 1947), München 2000, S. XIX-CXLIII, hier: S. LXXXII-XCII. Zu den Vorgängen auf Bizonenebene: Ambrosius, Durchsetzung der Sozialen Marktwirtschaft, S. 86-95; Kurt Klotzbach, Der Weg zur Staatspartei. Programmatik, praktische Politik und Organisation der deutschen Sozialdemokratie 1945 bis 1965, Berlin u. a. 1982, S. 134-136.
[165] So der Arbeitsbericht von Ministerpräsident Ehard auf der Außerordentlichen Landesversammlung der CSU am 30./31. August 1947 in Eichstätt: Die CSU 1945-1948. Band 2, bes. S. 1065-1067; Gelberg, Vom Kriegsende, S. 689.
[166] Stenographischer Bericht über die 3. Sitzung des Bayerischen Landtags am 10.1.1947, S. 40 (Ehard).
[167] Das Programm findet sich abgedruckt in: Mitteilungen der Christlich-Sozialen Union, 26.7.1947.

grund. So legte der Fraktionsvorsitzende Stock Wert darauf, das Prinzip der demokratischen Planung zu betonen und die Übereinstimmung der Ehard'schen Regierungserklärung mit den Forderungen der SPD herauszustreichen. Der Wirtschaftsminister selbst entfaltete im Juni ein bei aller Realitätsnähe deprimierendes Panorama der bayerischen Wirtschaftslage, das in seinen programmatischen Teilen gleichwohl ganz auf die Aktionsgemeinschaft mit dem Koalitionspartner setzte. Zorns Zurückweisung der „totalen Planwirtschaft" zugunsten einer „realisierbaren Synthese" aus den Elementen des „Wettbewerbs, des freien Markts und des Preismechanismus einerseits und der staatlichen Lenkung und Planung andererseits" stieß über die eigene Landtagsfraktion hinaus auf breite, vielfach erstaunte Zustimmung. Besonderen Widerhall fand die Zorn'sche Zielvorgabe einer „Marktwirtschaft, die sich nicht frei austobt, sondern die in den staatlichen Ordnungsrahmen gespannt ist". Staatliche Wirtschaftslenkung hatte darin ihren Platz lediglich in Gestalt indirekter Steuerung über Mittel der Investitionspolitik oder den Einsatz von staatlichen Krediten.[168] Nach Einschätzung des CSU-Abgeordneten Emmert wichen Zorns Äußerungen zu Wirtschaftsplanung und Sozialisierung denn auch „so wohltuend von dem Tenor ab, den man leider öfter, als uns lieb ist, in anderen Ländern unseres Vaterlandes von der sozialistischen Führung zu hören bekommt", daß er dem sozialdemokratischen Minister die „volle Anerkennung" seiner Partei aussprach.[169]

Zorns Äußerungen geben ein frühes Beispiel für den sporadischen Eingang marktwirtschaftlicher Elemente in die Wirtschaftskonzeptionen der deutschen Sozialdemokratie bereits in der zweiten Hälfte der 1940er Jahre. Anläßlich des Düsseldorfer Parteitags der SPD im September 1948 hatte der Politiker erstmals Gelegenheit, diese Thesen in erweiterter Form einem überregionalen Kreis vorzustellen. Auf große Resonanz stieß seine Aufforderung zur kritischen Überprüfung des marxistischen Erbes und zur Revision überkommener wirtschaftspolitischer Vorstellungen in der Partei zu diesem Zeitpunkt freilich nicht. Zu sehr ähnelte sein Vorschlag einer „regulierten Marktwirtschaft" den ordnungspolitischen Konzepten konservativer Provenienz, als daß er der Parteimehrheit zu vermitteln gewesen wäre. Auf den Parteitagen der Folgejahre kehrte die westdeutsche SPD denn auch zu deutlich dogmatischeren Positionen in der Wirtschaftspolitik zurück und ließ bekanntlich erst gegen Ende der 1950er Jahre marxistisch-planwirtschaftliche Ordnungsvorstellungen offiziell hinter sich.[170]

---

[168] Stenographische Berichte über die 4. Sitzung des Bayerischen Landtags am 29.1.1947, S. 68–71 (Stock) sowie über die 22. Sitzung am 26.6.1947, S. 660–674 (Zitate: S. 668f.) (Zorn). Vgl. auch Zorns Repliken auf parteiinterne Kritiker vom November 1947 in: Rudolf Zorn, Gedanken zur wirtschaftlichen Neuorientierung, München 1948, S. 17ff.
[169] Stenographischer Bericht über die 24. Sitzung des Bayerischen Landtags am 16.7.1947, S. 754 (Emmert). Weitere zustimmende Äußerungen aus der CSU: ebenda, S. 769 (Stinglwagner).
[170] Vgl. Rudolf Zorn, Soziale Neuordnung als sozialistische Gegenwartsaufgabe, in: Protokoll der Verhandlungen des Parteitages der Sozialdemokratischen Partei Deutschlands vom 11. bis 14. September 1948 in Düsseldorf, Hamburg o. J., S. 138–159; Kronawitter, Rudolf Zorn; Dieter Klink, Vom Antikapitalismus zur sozialistischen Marktwirtschaft. Die Entwicklung der ordnungspolitischen Konzeption der SPD von Erfurt (1891) bis Bad Godesberg (1959), Hannover 1965, S. 85f.; Klotzbach, Weg zur Staatspartei, S. 153f.; Mehringer, Waldemar von Knoeringen, S. 354–357.

Auch in der bayerischen SPD fanden Zorns Ansichten insbesondere an der Parteibasis heftige Gegner, und die Unterstützung durch den Parteivorsitzenden von Knoeringen fiel eher lau aus. Anders als Zorn dies propagierte, wurde das Paradigma der Wirtschaftsplanung von der Mehrheit der Partei als ein zentrales, geschichtsmächtiges Ordnungsprinzip wahrgenommen. Um dem Ziel des „demokratischen Sozialismus" näherzukommen, stellte die existierende Mangelplanung demnach nur eine Ausgangsstufe dar. Es galt, die historische Chance des unweigerlich sich vollziehenden, säkularen „Übergangs von der privatkapitalistischen Anarchie zur Planung" zu nutzen, um eine grundlegende Demokratisierung der bayerischen Wirtschaft durchzusetzen.[171] Im größeren geschichtsphilosophischen Rahmen, wie er vom Parteivorsitzenden von Knoeringen aufgespannt wurde, kam dem Planungsprinzip noch grundsätzlichere Funktion zu. Hier mußte es darum gehen, das im 20. Jahrhundert erwachsene Mißverhältnis zwischen den entfesselten produktiven Kräften des kapitalistischen Systems und ihrer defizitären politischen Bändigung auf neue Art steuernd auszugleichen. Denn wenn „die Menschheit dieses Mißverhältnis – das ist nicht nur ein Problem des Bayerischen Landtags – nicht beseitigen kann, werden die dynamischen Kräfte der Produktion unsere Gesellschaft in Stücke sprengen".[172] Die umfassend gedachte Wirtschaftsplanung trug so das Potential einer ebenso umfassend konzipierten Gesellschaftsreform in sich. Jene exponierten Sozialdemokraten, die eine pragmatisch orientierte Aufbaupolitik in Koalitionsgemeinschaft mit der CSU befürworteten, waren damit darauf angewiesen, nicht nur eine möglichst tragfähige Arbeitsbasis mit dem politischen Partner CSU, sondern zugleich einen Kompromiß mit ihren parteiinternen Opponenten anzustreben.

Die wirtschaftspolitischen Diskurse zwischen SPD und CSU im Jahr 1947 dokumentieren deshalb nicht zufällig das Bestreben, ökonomische Krisenpolitik jenseits „des ewigen Parteigezänks" zu betreiben, um auf diese Weise zum Konsens zu finden.[173] Daß solch eine „überparteiliche" oder „entpolitisierte" Wirtschaftspolitik nicht nur als theoretisches Konzept kaum denkbar, sondern schon *ab ovo* unvereinbar mit der Praxis einer ambitionierten Wirtschaftslenkung war, erwies sich bald auf bizonaler Ebene; die bayerische Innenpolitik blieb davon in der Folge nicht unberührt. Der Verlauf des Frankfurter Direktorenstreits im Sommer 1947 und der bewußt gewählte Rückzug der SPD in die Oppositionsrolle markierten deshalb nicht nur eine wichtige Vorentscheidung in bezug auf die künftige Gestalt der parlamentarischen Demokratie in Westdeutschland. Zugleich kam darin die Entfaltung und Konfrontation von stärker konturierten ökonomischen Aufbau-

---

[171] Stenographischer Bericht über die 4. Sitzung des Bayerischen Landtags am 29.1.1947, S.70 (Stock). Zu den Gegnern Zorns in der bayerischen SPD auch: Theo Pirker, Die SPD nach Hitler. Die Geschichte der Sozialdemokratischen Partei Deutschlands 1945-1964, München 1965, S.91.
[172] Vgl. die programmatische Intervention von Knoeringens: Stenographischer Bericht über die 24. Sitzung des Bayerischen Landtags am 16.7.1947, S.760-767 (Zitat: S.761); Mehringer, Waldemar von Knoeringen, S.315-317, 334f.
[173] Stenographischer Bericht über die 22. Sitzung des Bayerischen Landtags am 26.6.1947, S.660-674 (Zitat Zorn: S.674). Stellvertretend für eine Fülle ähnlicher Aufforderungen zur überparteilichen Konfliktlösung seien genannt: Stenographische Berichte über die 24. Sitzung des Bayerischen Landtags am 16.7.1947, S.753 (Schlögl), über die 12. Sitzung am 24.4.1947, S.319 (Baumgartner) sowie über die 8. Sitzung am 20.2.1947, S.191 (Emmert).

3. Diskurse und Leitbilder der Krisenbewältigung

vorstellungen und die Rückkehr parteipolitischer Normalität im entstehenden parlamentarischen Tagesgeschäft zum Ausdruck.[174]

Im Falle der bayerischen Regierungskoalition hatte der konkret problembezogene, regionale Handlungsbedarf ebenfalls einige Monate lang die Illusion einer „parteifreien" Krisenpolitik nähren können. Für die obersten Diskussionsebenen des Ministerrats und des Landtags war dies jedoch nur möglich gewesen, weil die zu diesem Zeitpunkt schwebenden Grundfragen der weiteren wirtschaftsordnungspolitischen Ausgestaltung der bayerischen Verfassung teils einverständlich zurückgestellt, teils auf Betreiben der CSU hin dilatorisch behandelt wurden. So umgingen die Wortführer der beiden großen Koalitionsparteien die Frage, wie denn plan- und marktwirtschaftliche Elemente in einer künftigen Wirtschaftsordnung tatsächlich zu gewichten seien, ganz überwiegend anhand einer praxisorientierten Bewirtschaftungsdebatte. Da über die Parteigrenzen hinweg Einigkeit herrschte, daß an effizienter Bewirtschaftungsplanung in den aktuellen Krisenzeiten kein Weg vorbeiführe, und die herrschende Erfassungs-, Verteilungs- und Kontrollpraxis einhellig als defizitär wahrgenommen wurde, lag die Versuchung nahe, hier einen Teildiskurs zu führen, der den fragilen Minimalkonsens zwischen den Koalitionspartnern bestätigen konnte, ohne die Empfindlichkeiten der parteiinternen Skeptiker auf beiden Seiten allzusehr zu treffen. Dem kam entgegen, daß noch im Jahresverlauf 1947 für keine der beteiligten Parteien die Möglichkeit bestand, die Konsequenzen einer plangesteuerten „wirtschaftlichen Zusammenfassung aller Kräfte auf bestimmte Ziele" hin praktisch zu demonstrieren: nach wie vor stellten „kurzfristige Notplanungen" in Bayern das Äußerste des Realisierbaren dar.[175]

Im Hinblick auf diese wirtschaftspolitische Schwebelage brachten der Rücktritt der SPD-Minister und das Ende der ersten Regierung Ehard im September 1947 einen klärenden ordnungspolitischen Paradigmenwechsel mit sich. Auch in München traten damit jene gemeinwirtschaftlich und wirtschaftsdemokratisch orientierten Ordnungsmodelle in den Hintergrund, die noch in der Bayerischen Verfassung ihren Niederschlag gefunden und im Verlauf des Jahres 1946 auch Eingang in die CSU-Programmatik gefunden hatten. Die Außerordentliche Landesversammlung der bayerischen Unionspartei vom August 1947 hatte bereits einen großen Schritt in die neue Richtung getan. Wohl nicht zuletzt unter dem Eindruck der Münchner Ministerpräsidentenkonferenz vom 6.–8. Juni[176] formulierte Hans Ehard in seinem einleitenden Referat eine ungewohnt harsche Zurückweisung sozialisierender Wirtschaftsformen: „Eine staatlich gelenkte Wirtschaft, in der die wichtigsten Produktionsmittel verstaatlicht sind, bedingt ein autoritatives, von einer Bürokratie kommandiertes Staatssystem. Es geht darum nicht an, die Befreiung von autoritären und totalitären Formen, von offener oder verkappter Diktatur, von Tyrannei und anmaßender Staatsomnipotenz, von den Methoden der Gewalt und des Diktates zu predigen und gleichzeitig das Heil der Zukunft in

---

[174] Vgl. Ambrosius, Durchsetzung der Sozialen Marktwirtschaft, S. 86–95; Peter Jakob Kock, Bayerns Weg in die Bundesrepublik, Stuttgart 1983, S. 247–252.
[175] Stenographischer Bericht über die 22. Sitzung des Bayerischen Landtags am 26.6.1947, S. 668 (Zorn) (Zitat).
[176] Gelberg, Hans Ehard, S. 86–92.

Wirtschaftsformen zu suchen, die letzten Endes nur mit den Mitteln eines autoritären und kommandierten Staatsgeistes verwirklicht werden können."[177] Damit war keineswegs jeglichen Versuchen eine Absage erteilt, in Notzeiten „dirigierend in die wirtschaftlichen Verhältnisse miteinzugreifen". Eine Frontalattacke ritt Ehard aber gegen all jene, die es unter den gegebenen Verhältnissen nicht bei der Rolle des Staates als „Nothelfer" in Krisenzeiten belassen, sondern das Paradigma der Wirtschaftsplanung als „Grundlegung eines immer mehr zu vervollkommnenden, staatlich monopolisierten Wirtschaftssystems"[178] verstanden wissen wollten.

Der Ministerpräsident vollzog damit nicht so sehr eine Wende gegenüber den erst wenige Wochen vorher von August Haußleiter formulierten Koalitionsbedingungen der CSU als gegenüber dem „30-Punkte-Programm" der bayerischen Unionspartei vom Dezember 1946. In starker Anlehnung an die Programmsätze der Bayerischen Verfassung hatte dieses sowohl deren pointiert lenkungswirtschaftliche als auch die stark gemeinwirtschaftlich-sozialpolitischen Elemente übernommen und in den Vordergrund gerückt.[179] Beide Komponenten traten in den Eichstätter Ausführungen Ehards und stärker noch in den nachfolgenden Presseveröffentlichungen der CSU klar zurück. Nicht ohne die „Entfaltung sozialer Sympathien und Gesinnungen" zu propagieren und die Sozialisierung von „monopolistische[n], privatkapitalistische[n] Großunternehmungen" weiter als Möglichkeit, ja Notwendigkeit ins Auge zu fassen, hatte der Ministerpräsident die ordnungspolitische Begrifflichkeit in nuancierter, doch entscheidender Weise verschoben. In seinen mit lebhaften Ovationen belohnten Ausführungen brachte Ehard unüberhörbar zum Ausdruck, daß das Kernstück einer wirklich „demokratischen Wirtschaftsweise" nur zu realisieren war, wenn es gelang, „wieder einen echten Markt als Regler der Arbeitsteilung herzustellen und seiner Kraft zur Bewirkung einer organischen Synthese des Wirtschaftslebens zu vertrauen".[180]

Die Bandbreite der ordnungspolitischen Ansichten in der CSU, die noch während der Verfassungsberatungen zum Ausdruck gekommen war, machte im Gefolge der Eichstätter Landesversammlung vom August 1947 einer nach außen hin einheitlicher vertretenen Linie Platz. Unter der Devise „Produktionssteigerung, Lastenausgleich und soziale Befriedung"[181] rückte eine stärker pragmatisch ausgerichtete, marktorientierte und dezidiert anti-sozialistisch auftretende Wirtschafts-

---

[177] Referat Ehards in: Außerordentliche Landesversammlung der Christlich-Sozialen Union am 30. und 31. August 1947 in Eichstätt, in: Die CSU 1945–1948. Band 2, S. 1063–1081 (Zitat: S. 1072).
[178] Ebenda, S. 1073.
[179] Zur Entwicklung der Wirtschaftsprogrammatik der CSU im knappen Überblick: Mintzel, Geschichte der CSU, S. 215–223. Zum Verlauf der Eichstätter Landesversammlung und den dominierenden innerparteilichen Querelen: Schlemmer, Aufbruch, S. 204–214; die überregionalen wirtschaftspolitischen Implikationen behandelt im Zusammenhang: Ambrosius, Durchsetzung der Sozialen Marktwirtschaft, S. 100–103. Ambrosius verfügte nicht über den Originaltext der Ausführungen Ehards. Das „30-Punkte-Programm" der CSU ist abgedruckt in: Die CSU 1945–1948. Band 3, S. 1734–1741. Die von Haußleiter als Bedingung für den Fortbestand der Koalition zusammengestellten 9 Punkte finden sich in: Mitteilungen der Christlich-Sozialen Union, 26. 7. 1947.
[180] Die CSU 1945–1948. Band 2, S. 1073.
[181] Mitteilungen der Christlich-Sozialen Union, 20. 9. 1947.

3. Diskurse und Leitbilder der Krisenbewältigung 87

auffassung in den Vordergrund. Sie markierte das Ende der wirtschaftsprogrammatischen Experimentierphase in der CSU, die sich noch mit ihren „30 Punkten" von 1946 zunächst ein dem „Ahlener Wirtschaftsprogramm für Nordrhein-Westfalen" der CDU vergleichbares, vom Gedankengut des christlichen Sozialismus geprägtes Ensemble von Zielen gesetzt hatte.[182] Das Ende der Koalition mit der SPD vertiefte diesen Paradigmenwechsel, der seinen Ausdruck überdies in einer Personalentscheidung von nachhaltiger Bedeutung fand. Die Ernennung von Hanns Seidel zum bayerischen Wirtschaftsminister führte nicht nur dazu, daß das politische Quasi-Monopol der SPD auf Besetzung des Wirtschaftsressorts in den Ländern der Bizone durchbrochen wurde. Wie sich bald zeigen sollte, erlangte damit die sich anbahnende neoliberale, marktwirtschaftlich ausgerichtete Grundentscheidung in der bayerischen Wirtschaftspolitik zusätzliche Verfestigung und eigene, bayernspezifische Kontur.[183]

c) Sozialisierung und Gemeinwirtschaft

Von erheblich größerer praktischer Sprengkraft als die abstrakte und überdies durch Vorgaben der Amerikaner wie später auch des Grundgesetzes weitgehend determinierte ordnungspolitische Basisoption stellte sich die Sozialisierungsfrage dar. Sie sorgte für Zündstoff innerhalb der großen Koalitionsparteien und für kaum überbrückbare Differenzen zwischen ihnen. Doch ungeachtet der verfassungspolitischen Anstrengungen Wilhelm Hoegners, ungeachtet auch der Zusage auf Prüfung der Verstaatlichungsoption, die sein Nachfolger Hans Ehard im Januar 1947 machte, kam die Überführung von Großbetrieben der Sparten Bergbau, Energie- und Verkehrswirtschaft in Staatsbesitz auf bayerischem Boden vor Gründung der Bundesrepublik über einige gesetzgeberische Anfänge nicht wesentlich hinaus.[184]

Ohne Wissen einer breiteren Öffentlichkeit waren unter der Auftragsregierung Hoegner bereits mehrere teils erfolgreiche Versuche unternommen worden, um die Rohstoffversorgung Bayerns durch staatliche Beteiligungen an überregional wichtigen Großproduzenten auf eine breitere Basis zu stellen. So stand die ausreichende Belieferung mit chemischen Roh- und Halbfabrikaten im Vordergrund, als die Staatsregierung im Sommer 1946 Verhandlungen mit der amerikanischen Militärregierung in Hessen anregte. Der bayerische Vorschlag lautete, das IG-Farben-

---

[182] Schreyer, Bayern – ein Industriestaat, S. 108; Mintzel, Geschichte der CSU, S. 215-223.
[183] Bernhard Löffler, Wirtschaftspolitische Konzeption und Praxis Hanns Seidels, in: Alfred Bayer/Manfred Baumgärtel (Hg.), Weltanschauung und politisches Handeln. Hanns Seidel zum 100. Geburtstag, München 2001, S. 39-66.
[184] Vgl. zur Geschichte der Sozialisierungsbemühungen in Westdeutschland nach 1945: Wolfgang Rudzio, Die ausgebliebene Sozialisierung an Rhein und Ruhr. Zur Sozialisierungspolitik von Labour-Regierung und SPD 1945-1948, in: Archiv für Sozialgeschichte 18 (1978), S. 1-39; Rolf Steininger, Reform und Realität. Ruhrfrage und Sozialisierung in der anglo-amerikanischen Deutschlandpolitik 1947/48, in: Vierteljahrshefte für Zeitgeschichte 27 (1979), S. 167-240; Helmut Altrichter, Die verhinderte Neuordnung? Sozialisierungsforderungen und Parteienpolitik in den Westzonen 1945-1948, in: Geschichte in Wissenschaft und Unterricht 35 (1984), S. 351-364. Für Bayern existieren nach wie vor nur ältere Untersuchungen, die das Thema der Sozialisierung im Zusammenhang umfassenderer Fragestellungen behandeln: Kronawitter, Wirtschaftskonzeptionen und Wirtschaftspolitik, S. 135-143; Schreyer, Bayern – ein Industriestaat, S. 73-120.

Werk Hoechst durch ein Konsortium der drei Staatsbanken von Bayern, Württemberg und Großhessen in öffentlichen Besitz übernehmen zu lassen. Der ranghöchste bayerische Vertreter bei den Gesprächen, Staatsbankdirektor Franz Elsen, verteidigte dabei das Interesse seines Landes mit der These, daß „im Sinne der sozialen Entwicklung in der europäischen Wirtschaft gewisse Schlüssel-Positionen der Industrie unter Aufsicht des Staates zu stellen seien." Zwar sei der „privaten Initiative nach wie vor größter Spielraum zu lassen"; gleichwohl glaube man in Bayern, „durch eine jetzt aus freien Stücken vorgenommene Übernahme eines Werkes wie der I.G. in Höchst einer politischen Entwicklung vorzugreifen, die über kurz oder lang doch eintreten muß, d.h. einer gemäßigten Sozialisierung."[185] Von dieser Devise war auch der Erwerb von Anteilen an dem oberbayerischen Chemiewerk „Anorgana" getragen, den das Kabinett Ehard mit Blick auf die notwendige Kunstdüngerversorgung Bayerns hinter dem Rücken der Besatzungsmacht und unter strikter Geheimhaltung in die Wege leitete.[186]

Nach Inkrafttreten der Bayerischen Verfassung waren es in erster Linie die Sozialdemokraten, die als Motor bei der Anbahnung von Verstaatlichungsmaßnahmen agierten. Bereits Ende Januar 1947 stellte die SPD-Landtagsfraktion ihren ersten Antrag auf Sozialisierung des bayerischen Bergbaus und der Hüttenbetriebe. Der Vorstoß traf rasch auf praktische Probleme im Bereich der komplizierten Besitzverhältnisse, der alliierten Vorbehaltsrechte oder auch der Vermögenssituation der Betriebe und mündete in langwierige Ausschuß- und Plenumsberatungen über ein Ausführungsgesetz zu Artikel 160 der Bayerischen Verfassung. Die CSU zeigte sich gespalten und demonstrierte starke Vorbehalte; politische Unterstützung für das Sozialisierungsprojekt kam allerdings wiederum vom Bauernflügel der Partei, namentlich von Alois Schlögl. Während der Verfassungsberatungen einer der maßgeblichen Bearbeiter der Wirtschaftsabschnitte, machte sich der Vorsitzende des Wirtschaftsausschusses im Frühjahr 1947 zum Fürsprecher des Gesetzes. Er fuhr dabei schweres argumentatives Geschütz auf und bemühte den englischen Ökonomen Harold Laski, um Vorbehalte gegenüber gemeinwirtschaftlichen Ansätzen als „Angstpsychose" zu entkräften. Im übrigen hatte der von der CSU dominierte Landtag bereits im Februar einem nahezu einhellig vom Wirtschaftsausschuß verabschiedeten Antrag zugestimmt, welcher unter anderem die Einsetzung eines Staatskommissars und eines parlamentarischen Ausschusses zur Prüfung relevanter Veränderungen der Besitzverhältnisse in der bayerischen Bergbau- und Hüttenindustrie vorsah.[187] Doch insbesondere die Einrichtung dieser kommissarischen

---

[185] ACSP, NL Elsen 6.7.16, „Protokoll der Besprechung in Wiesbaden am 18. Juli 1946" (Zitate); ebenda, „Niederschrift über die Besprechung Wiesbaden, Militärregierung, Chemical Section, betreffend Übernahme Hoechst, am 2.8.1946", o.D.; ebenda, „Niederschrift über die Besprechung am 3.8. in I.G. Griesheim (Administration Building) mit dem 1. Kontrolloffizier von Hoechst", o.D.; ebenda, Franz Elsen an das Bayerische Staatsministerium der Finanzen. Betreff: Verkauf des Werkes Hoechst, 19.10.1946.
[186] ACSP, NL Elsen 6.7.7, „Werke der I.G.-Farbenindustrie A.G. in Bayern", 5.8.1946; Ernst Bäumler, Farben, Formeln, Forscher. Hoechst und die Geschichte der industriellen Chemie in Deutschland, München/Zürich 1989, S. 284-288; Karl Winnacker, Nie den Mut verlieren. Erinnerungen an Schicksalsjahre der deutschen Chemie, 2. Aufl. Düsseldorf/Wien 1974, S. 258-261.
[187] Stenographischer Bericht über die 8. Sitzung des Bayerischen Landtags am 20.2.1947, S. 164-179; ArchBayLT, Ausschuß für Aufgaben wirtschaftlicher Art, Protokoll über die 4. Sitzung

3. Diskurse und Leitbilder der Krisenbewältigung

Sonderverwaltung, die seitens der SPD-Landtagsfraktion als Kompromiß akzeptiert und im Sinne einer wirksam „treibende[n] Kraft"[188] weiterer Sozialisierungsmaßnahmen verstanden wurde, entpuppte sich in der Folge als verzögerndes Moment. Allerdings verstanden es die Sympathisanten der Verstaatlichungslösung in SPD und CSU geschickt, die Debatte überwiegend um die gänzlich unstrittige Tatsache der kriegsfolgenbedingten Brennstoffkrise im Land zu gruppieren. Die Idee erweiterter staatlicher Eingriffsrechte in die bayerische Kohlenförderung gewann dadurch im Plenum so festen Rückhalt, daß sich selbst die in Fragen der Wirtschaftssteuerung stets zögerliche FDP ihrer Sogkraft nicht entziehen mochte.

Zum Zeitpunkt der Landtagsberatungen vom Frühjahr 1947 befand sich die im Gesetz genannte Braunkohleförderung mit Ausnahme einiger kleinerer privater Unternehmen bereits überwiegend im Besitz des bayerischen Staates. Kriegsbedingt unterlagen die letzteren jedoch teils so unklaren Besitzverhältnissen, daß man sich in der bayerischen Politik begründete Hoffnungen auf eine Übernahme und damit auf die Nutzung ihres Potentials machen konnte. Diese Disposition verstärkte sich seit der Jahreswende 1946/47, als die bayerische Wirtschaft aufgrund des Zusammentreffens von Engpässen in der Kohle-, Strom- und Nahrungsmittelversorgung an den Rand des Zusammenbruchs geriet.[189] Außerdem sprachen neben den volkswirtschaftlichen Erfordernissen auch betriebswirtschaftliche Gründe dafür, eher zum Erwerb von Anteilen durch den Staat als zur andernfalls unvermeidlichen Kredithilfe für die vielfach hochverschuldeten bayerischen Grubenbetriebe zu schreiten. Seit Kriegsende waren in Bayern sieben vormals stillgelegte Kohlenbergwerke reaktiviert worden. Ihre Förderleistung sollte jene Verluste zumindest teilweise ausgleichen, welche die ausbleibenden Kohlelieferungen aus Oberschlesien und Mitteldeutschland sowie die fortgesetzten Transportprobleme im Westen verursacht hatten. Im Ergebnis konnte dadurch die Eigenversorgung Bayerns mit Kohle von etwa einem Siebtel des Bedarfs auf etwa ein Drittel gesteigert werden. Doch der Preis hierfür war hoch. Nicht nur konnten die bislang importierte Steinkohle und der Steinkohlekoks in ihrer Qualität durch die bayerische Kohle keineswegs ersetzt werden, was wiederum erhöhten Verbrauch oder erhebliche Umstellungskosten für die Nutzer zur Folge hatte. Da die Ertragslage der bayerischen Gruben ungünstig war und der von den Alliierten zentral festgesetzte Kohlenpreis für bayerische Verhältnisse zu niedrig lag, entwickelte sich der Betrieb der bayerischen Bergwerke zudem zu einem stark defizitären Unternehmen, das vorerst nur durch staatliche Kredithilfe aufrechtzuerhalten war. In dem so erwachsenden Dilemma gestaltete sich die Haltung von CSU, SPD und FDP im Landtag recht eindeutig, hielt man doch angemessene staatliche Hilfen

---

am 14.2.1947; Bayerischer Landtag, I. Tagung 1946/1947, Beilagen-Band I, Beilagen 18, 63 und 100; Stenographischer Bericht über die 13. Sitzung des Bayerischen Landtags am 25.4.1947, S.366-368 (Schlögl) (Zitat: S.367); Kronawitter, Wirtschaftskonzeptionen und Wirtschaftspolitik, S.135-137; Schreyer, Bayern – ein Industriestaat, S.79f.
[188] Stenographischer Bericht über die 8. Sitzung des Bayerischen Landtags am 20.2.1947, S.166 (Kiene) (Zitat).
[189] Rudolf Zorn, Sozialisierung in Bayern, in: Das sozialistische Jahrhundert 11/12 (1948), S.174-176; zur Eigentumslage auch: Wirtschaftspolitik und Wirtschaftsentwicklung in Bayern im Jahre 1947. Jahresbericht des Bayerischen Staatsministeriums für Wirtschaft, München 1948, S.1-3; Schreyer, Bayern – ein Industriestaat, S.81f.

aufgrund der Kohlennot der bayerischen Wirtschaft mehrheitlich für unvermeidlich. Mit Blick auf die wachsende Verschuldung der Förderbetriebe zogen die wortführenden Abgeordneten eine Verstaatlichungslösung gegenüber weiteren öffentlichen Krediten vor, da sie bessere Garantien auf rasche und effektive Modernisierung der Kohlegruben zu bieten schien. Selbst der Ministerrat mochte sich angesichts dieser Meinungslage dem Vollzug des entsprechenden Verfassungsgebots nicht entziehen, zumal auch die Öffentlichkeit großen Anteil nahm.[190]

Zu diesem Zeitpunkt deutete jedoch bereits einiges darauf hin, daß sich in der CSU jene Kräfte durchsetzen würden, die in der dilatorischen Behandlung der Sozialisierungsfrage ihr Mittel der Wahl sahen. Aktiver Widerstand kam vor allem aus dem von der Unionspartei geleiteten Finanzressort, und er konzentrierte sich unter anderem auf die taktische Anwendung der vorhandenen Sachkompetenz im Gesetzgebungsprozeß. Schenkt man den rückblickenden Äußerungen Richard Ringelmanns[191] Glauben, der als federführender Redakteur des Ersten Ausführungsgesetzes zu Artikel 160 BV im Finanzministerium fungierte, dann entsprang die Einführung von Beirat und Staatsbeauftragtem unter anderem der Absicht, „etwaige Sozialisierungsgedanken und Gemeinwirtschaftsbestimmungen zunächst auf ein totes Geleise zu schieben."[192]

Das „Erste Gesetz zur Durchführung des Art. 160 der Bayerischen Verfassung" trat am 18. Juli 1947 in Kraft. Mit ihm war jegliche Sozialisierungspolitik in Bayern strikt eingehegt, einem klar definierten Procedere unterworfen und im Einzelfall an die explizite Zustimmung des Landtags gebunden worden. In der verabschiedeten Form stellte es ein Verfahrensgesetz dar, das allein noch keine Handhabe für Enteignungsmaßnahmen bot; hierzu waren in jedem Falle weitere gesetzliche Regelungen nötig. Die „Prüfung und Vorbereitung" derartiger Aktionen wurde dem Staatsministerium für Wirtschaft übertragen, welches seinerseits durch den in Vertretung bestellten, ständigen Beauftragten tätig wurde, der dem Landtag gegebenenfalls alle für eine Entscheidung nötigen Hintergrundinformationen zu liefern hatte.[193] Darüber hinaus kam lediglich ein weiteres und letztes Ausführungsgesetz

---

[190] Zur Lage der bayerischen Kohleversorgung im Jahre 1947 im einzelnen: Stenographischer Bericht über die 13. Sitzung des Bayerischen Landtags am 25. 4. 1947, S. 368-372 (Piehler); zur Eigentumssituation: Stenographische Berichte über die 8. Sitzung des Bayerischen Landtags am 20. 2. 1947, S. 168-171 (Piehler) sowie über die 22. Sitzung am 26. 6. 1947, S. 665 (Zorn). Siehe zur Haltung der Parteien in der Investitionsfrage u. a.: Stenographische Berichte über die 13. Sitzung des Bayerischen Landtags am 25. 4. 1947, S. 367f. (Schlögl), 370 (Piehler), über die 14. Sitzung am 2. 5. 1947, S. 406-415 sowie über die 26. Sitzung am 18. 7. 1947, S. 848 (Stinglwagner). Hierzu auch die „Begründung zum Entwurf eines Ersten Gesetzes zur Durchführung des Art. 160 der Bayerischen Verfassung", in: Bayerischer Landtag, I. Tagung 1946/1947, Beilagen-Band I, Beilage 218, S. 3f. Vgl. darüber hinaus die Ministerratssitzungen vom 1. 3. und 17. 3. 1947 sowie vom 2. 4., 12. 4. und 19. 4. 1947, in: Protokolle Ehard I, Nr. 12 (TOP XIII), Nr. 13 (TOP XV), Nr. 14 (TOP V), Nr. 15 (TOP XX und XXII), Nr. 16 (TOP X), Nr. 17 (TOP II), Nr. 18 (TOP III) und Nr. 21 (TOP XV).
[191] Richard Ringelmann (1889-1965), CSU-Politiker, ab 1919 Regierungs- und Oberregierungsrat im Bayerischen Finanzministerium, 1945-1950 Ministerialdirektor, 1950-1954 Staatssekretär im Bayerischen Finanzministerium.
[192] ACSP, NL Elsen 6. 7. 12, Vortrag Ringelmann „Der Staat als Unternehmer" vor dem Wirtschaftsbeirat der Union e. V., 2. 12. 1952.
[193] Vgl. „Erstes Gesetz zur Durchführung des Art. 160 der Bayerischen Verfassung" vom 18. Juli 1947 (BayGVBl. 1947, S. 152f.) sowie die Erläuterungen des Ministerrats hierzu: Bayerischer Landtag, I. Tagung 1946/1947, Beilagen-Band I, Beilage 218.

3. Diskurse und Leitbilder der Krisenbewältigung

zustande. War im Ersten Durchführungsgesetz noch die Rede von Bodenschätzen, Energiequellen, Eisenbahnen, Verkehrswegen, Wasserleitungen und Energieunternehmen gewesen, so präzisierte und verengte das letztere die Bandbreite des staatlichen Zugriffs. Es stellte „die Stockholzrodung, [den] Torfabbau und die Förderung von Braunkohle" unter staatliche Oberaufsicht und bezeichnete damit nochmals die generelle Richtung, in die sich legislativ initiierte Verstaatlichungsmaßnahmen im Freistaat bewegen würden.[194]

Konsensfähig war angesichts der Mehrheitsverhältnisse im ersten bayerischen Landtag allenfalls eine Politik der Notstandsbehebung unter dem Vorzeichen der Intensivierung und Ausweitung der landeseigenen Brennstoffproduktion. Eine grundsätzlichere, strukturprägende Änderung von Eigentumsverhältnissen, die über die Montanindustrie hinausgereicht hätte, besaß hingegen schon in der zweiten Jahreshälfte 1947 keine Umsetzungschancen mehr. Dies traf die parlamentarische Initiative der SPD zur Verstaatlichung der Kohlenbergwerke Hausham, Penzberg, Stockdorf, Marienstein und Schwanenkirchen ebenso wie ihren grundsätzlicher angelegten Gesetzentwurf zur Schaffung von Gemeinunternehmen im Herbst 1947. Neben drei weiteren Gesetzesprojekten zur betrieblichen Mitbestimmung, zur Organisation von Beiräten in der Wirtschaftsverwaltung und zur wirtschaftskundlichen Bildungsarbeit im Landtag eingebracht, zielte dieser Entwurf auf die Stärkung wirtschaftsdemokratischer Elemente in der bayerischen Nachkriegsökonomie. Inspiriert durch den Entwurf eines hessischen Gesetzes über „Sozialgemeinschaften" stellte er eine besondere Rechtsform für Gemeinunternehmen zur Debatte. Demnach waren die Unternehmen der Sparten Bergbau und Energieversorgung unverzüglich zu sozialisieren und wie alle übrigen Betriebe, die sich im Besitz bayerischer Gebietskörperschaften befanden, im Sinne demokratischer Selbstverwaltung zu leiten. Von der CSU zurückgewiesen, verlor der Gesetzesantrag jedoch bald die nachhaltige Unterstützung der SPD-Abgeordneten und geriet bis zum Ende der ersten Legislaturperiode in Vergessenheit.[195] Im Mai 1949 konnte deshalb das Resümee des zuständigen Staatsbeauftragten, des CSU-Abgeordneten Heinrich Emmert, in bezug auf seine Bemühungen zur Umsetzung des Artikels 160 der Bayerischen Verfassung wahrheitsgemäß nur lauten: „Eigentliche Sozialisierungsmaßnahmen sind in Bayern bisher nicht durchgeführt worden."[196]

Die kurze Phase der Sozialisierungsdebatten der ersten Nachkriegsjahre, die Bayern nicht unberührt ließ, fand hier ihren Niederschlag vorerst nur auf normativer Ebene. Ohne wirtschaftliche Bedeutung blieb das Sozialisierungsparadigma allerdings auch in Bayern keineswegs. Als Instrument der Industrie- und Strukturpolitik kam es vielmehr in seiner weniger offen betriebenen, auch unter den Bedingungen der sozialen Marktwirtschaft akzeptierten Form der Staatsbeteiligungen in der Folge durchaus zum Tragen. So beliefen sich die Kapitalbeteiligungen des bay-

---

[194] „Gesetz Nr. 110 zur Sicherung der Brennstoffversorgung und zur Förderung der Braunkohlenwirtschaft (Zweites Gesetz zur Durchführung des Art. 160 der Bayerischen Verfassung)" vom 31. März 1948 (BayGVBl. 1948, S. 54); Bayerischer Landtag, II. Tagung 1947/48, Beilagen-Band II, Beilage 1132.
[195] Bayerischer Landtag, I. Tagung 1946/1947, Beilagen-Band I, Beilagen 668, 695, 696, 697 und 757; Kronawitter, Wirtschaftskonzeptionen und Wirtschaftspolitik, S. 149-160.
[196] BayHStA, MWI 13136, Der Staatsbeauftragte für Art. 160 der Bayerischen Verfassung, Emmert, an Cand. Jur. Robert Roesener, Balkhausen, 18.5.1949.

erischen Staates an rechtlich selbständigen Unternehmen zu Jahresbeginn 1953 auf etwa 131,5 Mio. DM bei einem Gesamtbetrag an Grund- und Stammkapital von rund 418 Mio. DM. Hiervon entfielen etwa 96 Mio. DM auf den Bereich der Energieversorgung, weitere 24 Mio. DM auf Bergbau und Schwerindustrie sowie 7,2 Mio. DM auf den gemeinnützigen Wohnungsbau, das landwirtschaftliche Bildungswesen und die Förderung des öffentlichen Verkehrs. Bemerkenswert ist, daß von der investierten Gesamtsumme nur etwas mehr als die Hälfte – wie im Falle der Bayerischen Berg-, Hütten- und Salzwerke AG – historisch begründet war. Nicht weniger als 60,7 Mio. DM an Staatsbeteiligungen waren hingegen erst zwischen Juni 1948 und Januar 1953, also unter der Ministerpräsidentschaft von Hans Ehard, hinzugekommen. Unternehmen der Energiewirtschaft hielten mit etwa 45 Mio. DM davon wiederum der Hauptanteil, wobei das Bayernwerk, das Innwerk, die Rhein-Main-Donau AG und die Bayerisch-Österreichische Kraftwerke AG die wichtigsten Nutznießer der neu eingegangenen Direktbeteiligungen waren. Im Bereich des Bergbaus und der Schwerindustrie stellten die Maxhütte mit 13 Mio. DM und das Kohlenbergwerk Marienstein mit 0,5 Mio. DM Beteiligungssumme die bedeutendsten Neuzugänge im Kreis der bayerischen Staatsbetriebe seit der Währungsreform dar. Neben diesen direkten Staatsbeteiligungen hatte die Landesanstalt für Aufbaufinanzierung im Zuge ihrer Industrie- und Gewerbefördertätigkeit bis Anfang 1953 weitere Beteiligungen in Höhe von 5,6 Mio. DM erworben.[197]

Auf wenig spektakuläre Weise und den Blicken der Öffentlichkeit weitgehend entzogen, setzten CSU-geführte Staatsregierungen also nach 1948 jene Politik der langfristigen Sicherung bayerischer Rohstoff- und Energieressourcen fort, die bereits zur Zeit der intensivsten Sozialisierungsdebatten 1946/47 einen wichtigen Anstoß für das eventuelle unternehmerische Engagement des bayerischen Staates geboten hatte. Wie schon unter der Ministerpräsidentschaft Wilhelm Hoegners vorgesehen, gerieten dabei insbesondere der Elektrizitätssektor und die bayerische Stahlindustrie ins Visier früher strukturpolitischer Ansätze. Zu zwingend war die Veränderung der Rohstoffströme seit Kriegsende, als daß sich eine bayerische Staatsregierung den resultierenden Konsequenzen und der Suche nach möglichen Alternativen hätte entziehen können. Unter den Bedingungen des erneut etablierten privat-marktwirtschaftlichen Systems fand damit nur die pragmatische, volkswirtschaftlich unmittelbar relevante Seite der Verstaatlichungsoption ihre Fortsetzung. Erst als in den 1950er Jahren die Rolle des „Staates als Unternehmer" in Bayern und Westdeutschland in die Diskussion geriet, hatte sich diese Form des bis dahin praktizierten bayerischen Staatsinterventionismus öffentlicher Kritik zu stellen.[198] Die ursprünglich von der SPD diskutierten und in Teilen der CSU zeitweise mit Sympathie betrachteten wirtschaftsdemokratischen Elemente hingegen

---

[197] BayHStA, StK 14511, Der Staatsminister im Bayerischen Staatsministerium der Finanzen, Friedrich Zietsch, an den Bayerischen Ministerpräsidenten Dr. Hans Ehard, 24.1.1953; Albert Dobner/Klaus Schwerd, Der Bergbau in Bayern, München 1987; Kronawitter, Wirtschaftskonzeptionen und Wirtschaftspolitik, S. 140f.

[198] Zorn, Sozialisierung in Bayern, S. 175; Der bayerische Staat als Unternehmer. Herausgegeben vom Landesverband der Bayerischen Industrie e.V., o.O. o.J. [München 1958]; vgl. hierzu Kapitel III.1 des zweiten Teils dieser Arbeit.

3. Diskurse und Leitbilder der Krisenbewältigung 93

kamen in Bayern außerhalb des Montanbereichs mit Ausnahme des Genossenschaftswesens nicht zur Umsetzung.[199]

d) Industriewirtschaftliche Erschließung des Landes

Gemessen am Grad der längerfristig erreichten Realisierung stellt das Leitbild der industriellen Erschließung des Landes in der hier untersuchten Reihe zweifellos das wirkmächtigste Paradigma bayerischer Landesentwicklung dar. Verfehlt wäre es freilich, seine frühe Entfaltung etwa in Anlehnung an die rückblickenden Darstellungen von Beteiligten als zwangsläufigen, stets widerspruchsfreien und in sich durchwegs homogenen Prozeß zu begreifen. Gewiß unterlag es schon um 1949/50 in der Öffentlichkeit, in der nationalökonomischen Fachdiskussion und in den ministeriellen Arbeitskreisen des Landes kaum einem Zweifel, daß ein Ausgleich der strukturellen Schwächen im Wirtschaftsgefüge Bayerns nur durch eine forcierte industriell-gewerbliche Expansion zu bewerkstelligen sei. Der Zustrom von Vertriebenen, der bis Mitte 1951 über 1,9 Millionen Menschen vorwiegend aus dem Sudetenland und aus Schlesien ins Land brachte, hatte diese Einsicht entscheidend befördert; grundsätzlich neu war sie jedoch nicht. Vielmehr war die Feststellung, wonach sich Bayern ungeachtet gegebener Standortnachteile „auf dem Weg zum Industriestaat" befinde und deshalb einer revidierten, expansiven Steuer- und Gewerbeförderpolitik bedürfe, bereits in den letzten Jahren vor dem Ersten Weltkrieg ein Thema kontroverser parlamentarischer Debatten gewesen. Hauptsächlich von Vertretern der liberalen Opposition vorgetragen, hatten derartige Überlegungen auch Eingang in die Argumentation konservativer Politiker gefunden, unter ihnen besonders der bayerische Ministerpräsident Georg von Hertling. Bayern hatte in

---

[199] Eine umfassende historische Darstellung zur Geschichte der modernen Genossenschaftsbewegung in Bayern existiert bislang nicht. Vgl. deshalb vorerst die Hinweise in: Die Bedeutung der Konsumgenossenschaften, in: Bayerische Staatszeitung, 14.6.1952; Die Anfänge der modernen Genossenschaftsbewegung in Bayern, Österreich und Südtirol. Hg. vom Historischen Verein Bayerischer Genossenschaften e.V. und vom Genossenschaftsverband Bayern e.V. (Schriftenreihe zur Genossenschaftsgeschichte 1), München 1998; Einführung in die bayerische Genossenschaftsgeschichte und Daten zur bayerischen Genossenschaftsgeschichte. Hg. vom Historischen Verein Bayerischer Genossenschaften (Schriftenreihe zur Genossenschaftsgeschichte 3), München 2000; Heinrich Rid/Ernst Hohenegg, Die landwirtschaftlichen Genossenschaften in Bayern, ihre Organisation in Bayern, München 1951; Wolfgang Vogel, Das Warengeschäft der gemischtwirtschaftlichen Kreditgenossenschaften in Bayern (Veröffentlichungen des Forschungsinstituts für Genossenschaftswesen an der Universität Erlangen-Nürnberg 37), Nürnberg 1999; Andreas Wutz, Effizienz des Bankensektors. Eine empirische Analyse am Beispiel der bayerischen Genossenschaftsbanken, München 2002; Margarete Wagner-Braun/Alfons Hierhammer, Vom „Verband katholischer Ökonomiepfarrer" zur größten Genossenschaftsbank Bayerns. 75 Jahre LIGA Spar- und Kreditgenossenschaft eG Regensburg, München 1992; Rudolf Maxeiner, Die Verwirklichung der Genossenschaftsidee durch Friedrich Wilhelm Raiffeisen in der zweiten Hälfte des 19. Jahrhunderts, in: Zeitschrift für bayerische Sparkassengeschichte 4 (1990), S. 83–96; Gunther Aschhoff, Die Verwirklichung der Genossenschaftsidee durch Hermann Schulze-Delitzsch in der zweiten Hälfte des 19. Jahrhunderts, ebenda, S. 67–82; allgemein auch: Friedrich-Wilhelm Henning, Genossenschaftliche Unternehmen, in: Hans Pohl (Hg.), Die Entwicklung von Unternehmensformen und -strukturen in Westdeutschland seit dem Zweiten Weltkrieg, Stuttgart 1993, S. 87–113; Walter Koch, Der Genossenschaftsgedanke F.W. Raiffeisens als Kooperationsmodell in der modernen Industriegesellschaft, Paderborn 1991; Arnd Kluge, Geschichte der deutschen Bankgenossenschaften (Schriftenreihe des Instituts für bankhistorische Forschung 17), Frankfurt/Main 1991.

dieser Sicht den Ausbau seiner gewerblich-industriellen Produktion weiter voranzutreiben, um nicht den Anschluß an den allgemeineren Strukturwandel zu verlieren und weitere negative Folgen zu Lasten des Wohlstands seiner Bevölkerung und seines ökonomischen Gewichts im Reich zu riskieren.[200] Wo die nationalökonomische Forschung sich mit dem beobachteten industriellen Strukturwandel und mit seinen regionalen Folgen beschäftigte, geriet vor allem in den 1920er und 1930er Jahren vereinzelt auch Bayern in den Blick. So wurde der Ausbau der Stromerzeugung aus landeseigener Wasserkraft mit Blick auf den erwünschten Übergang zum „Gewerbe- und Industriestaat" empfohlen, die rechtliche und kapitalpolitische Basis der industriellen Entwicklung untersucht oder auch die staatliche Förderpolitik nach Umfang und Formen analysiert.[201] Das geschah nicht immer ohne konkreten interessenpolitischen Hintergrund, zumal wenn die Verfasser im Auftrag des Bayerischen Industriellenverbands handelten oder selbst für gewerbliche Interessengruppen tätig waren.[202] Anlaß zur publizistischen Vertretung gewerblich-industrieller Belange gab es jedenfalls. Noch bis in die ausgehenden 1920er Jahre trafen Klagen aus der bayerischen Industriewirtschaft über die „gewerbeunfreundliche Stimmung" und die „planmäßig betonte Vorrechtsstellung der Landwirtschaft Bayerns" auf Widerstand, nicht zuletzt in Kreisen konservativer Politik. Vorbehalte gegenüber einer Stärkung von Industrie und ‚Großkapital', agrarromantische Modernisierungsskepsis oder Elemente der älteren Standorttheorie, wonach Industrien auf Dauer nur in räumlicher Nähe zu ihren Rohstoffquellen und in verkehrsgünstiger Lage überlebensfähig seien, fanden sich dabei in unterschiedlicher Kombination und Betonung. Daß die NS-Wirtschafts- und Rüstungspolitik zum Abbau solcher Argumentationsmuster und

---

[200] Denkschrift über neue Maßnahmen zur Förderung von Industrie und Gewerbe in Bayern, 6.8.1913 (Verhandlungen der Kammer der Abgeordneten des bayerischen Landtags. XXXVI. Landtagsversammlung, II. Session im Jahre 1913/14, Beilagen-Band VIII, Etat Nr. 23, S. 27-61). Vgl. dazu: Hans Mauersberg, Bayerische Entwicklungspolitik 1818-1923. Die etatmäßigen bayerischen Industrie- und Kulturfonds, München 1987, S. 117-152; zum Zitat: Caspar Hartl, Bayern auf dem Weg zum Industriestaat. Eine vergleichende volkswirtschaftliche Studie über die Ausnützung der bayer. Wasserkräfte, sowie über Staats- und Privatbetrieb in den Industrien der schwarzen und der weißen Kohle. Zugleich ein Beitrag zur Kartellfrage, München 1911.
[201] Hartl, Bayern auf dem Weg zum Industriestaat, S. 10 (Zitat); Heinrich Klebe, Entwicklung von Industrie und Gewerbe und der Gewerbegesetzgebung in Bayern, München 1930; Josef Archer, Die bayerischen Aktienbanken und ihre Beziehungen zur Industrie, Diss. Erlangen 1925; E.R. Guttmann, Die Beziehungen der Pfälzer Bank zur bayerischen Industrie. Ein Beitrag zur Geschichte der Industriepolitik der Provinzbanken, Diss. München 1922; Denkschrift über Gewerbeförderung in Bayern 1908 bis 1928. Hg. vom Staatsministerium des Äußern, München 1929; Konrad Fries, Die Dezentralisation der Industrie, mit besonderer Berücksichtigung der Standortverhältnisse Bayerns, Diss. München 1926.
[202] Aufschlußreich hierzu ist der Tenor einer Publikation, die als Verteidigungsschrift zugunsten der krisenbetroffenen bayerischen Industrie der frühen 1920er Jahre angelegt ist: Alfred Kuhlo, Geschichte der bayerischen Industrie, München 1926. Siehe auch ders., Jubiläumsschrift des Bayerischen Industriellenverbandes 1902 bis 1927, München 1927; ders., Jubiläums-Nummer anläßlich des 25jährigen Bestehens des Bayerischen Industriellen-Verbandes e. V. (Die Bayerische Industrie 21/6), München 1927. Caspar Hartl arbeitete als Syndikus des Bayerischen Industriellenverbandes und trat in seiner Studie dafür ein, in der sich anbahnenden ordnungspolitischen Debatte um den künftigen Ausbau der bayerischen Wasserkräfte dem Staatsbesitz gegenüber dem drohenden „Monopol des Privatkapitals" großen Stellenwert einzuräumen (Hartl, Bayern auf dem Weg zum Industriestaat, S. 113).

3. Diskurse und Leitbilder der Krisenbewältigung

mentalen Prägungen beigetragen hat, ist wahrscheinlich, harrt freilich noch der historiographischen Erschließung.[203]

Nach 1945 setzte sich das Industrialisierungsparadigma in Politik und Verwaltung Bayerns durch, ohne daß es dazu eines „Beschlusses" oder eines konsistenten Planes bedurft hätte, der etwa Schritt für Schritt systematisch umgesetzt worden wäre. Eher kann von einer rasch wachsenden, zunächst noch diffusen Grundgewißheit gesprochen werden, die sich erst im Zusammenspiel politisch-administrativer und privatwirtschaftlicher Initiativen bis gegen Ende der Besatzungszeit zu konkreteren institutionellen und industriepolitischen Grundlegungen verdichtete. Mehrere Stadien der konzeptionellen Problemfassung sind dabei zu beobachten. Noch im Frühjahr 1946 stand die Ausweitung der industriellen Basis des Landes keineswegs auf der Agenda der maßgeblichen bayerischen Stellen. Dieser Befund ist für sich genommen weniger überraschend als die Tatsache, daß zu Beginn der systematischen Vertreibungsaktionen im Osten die bewährte Aufnahmefähigkeit des primären Sektors in Bayern als die naheliegendste Option zur Bewältigung der absehbaren demographischen Krisensituation erschien. So verfocht der Leiter der Landesplanung im Wirtschaftsministerium, Helmut Fischer, im März 1946 die Expansion der bayerischen Landwirtschaft als den Königsweg zur Integration der zugewanderten Bevölkerung. Er dachte dabei weniger an die Gründung neuer landwirtschaftlicher Anwesen als an die Beschäftigung zusätzlicher Landarbeiter, die zur Erschließung von Neuland und zur Intensivierung der Veredelungswirtschaft eingesetzt werden sollten. Den industriellen Bereich hielt der Landesplaner hingegen für so grundlegend „übersetzt", daß dort auf absehbare Zeit kaum weitere Existenzmöglichkeiten zu gewinnen seien.[204]

Diese Sicht repräsentierte keinen Einzelfall. Vor allem im ideellen und personellen Umkreis der „Volkswirtschaftlichen Arbeitsgemeinschaft" reflektierten junge Ökonomen und Staatswissenschaftler über alternative Optionen, die keineswegs den Ausbau der klassischen Industriearbeit in den Mittelpunkt stellten. Unter anderem schien sich die Förderung der Heimarbeit anzubieten, da sie die Möglichkeit versprach, Arbeitskraftressourcen innerhalb der Gruppe der Frauen, der Kriegsversehrten und der Vertriebenen zu heben und Beschäftigungsmöglichkeiten auch unter ungünstigen Standortbedingungen zu schaffen. In klarem Bruch mit einer älteren volkswirtschaftlichen Lehrmeinung, wonach Heimarbeit aufgrund ihres oftmals anzutreffenden Ausbeutungscharakters und der niedrigen Produktqualität nurmehr wenig Existenzberechtigung habe, wurden ihre positiven sozialpsychologischen Effekte und der zudem vorhandene volkswirtschaftliche Nutzen

---

[203] StA Augsburg, Regierung von Schwaben, 18361, Referate gehalten beim 9. Bayerischen Industrie- und Handelskammertag am 23. Nov. 1928 in München, o. S. (Zitate). Zur Notwendigkeit einer gezielten Gewerbeförderung auch: Friedrich Zahn, Vorwort, in: Gewerbe und Handel in Bayern. Nach der Betriebszählung vom 16. Juni 1925 (Beiträge zur Statistik Bayerns 114), München 1927, o. S. Über die agrarromantischen Zeitströmungen informiert von ideengeschichtlicher Warte: Klaus Bergmann, Agrarromantik und Großstadtfeindschaft, Meisenheim am Glan 1970, bes. S. 33 ff.
[204] Siehe dazu das Referat Fischers, in: ACSP, NL Elsen 6.7.1, Volkswirtschaftliche Arbeitsgemeinschaft für Bayern, Protokoll über die 2. Sitzung des Unterausschusses für Industrie-Handel und Gewerbe am 27. März 46 im Sitzungssaal der Bayerischen Staatsbank, 27. 3. 1946, hier: S. 5. Dazu auch: Weber (Hg.), Seßhaftmachung Heimatloser, bes. S. 6, 22 und 64.

hervorgehoben.[205] Mit viel Optimismus, der genaugenommen durch die Realität schon überholt war[206], priesen die Untersuchungen der Arbeitsgemeinschaft die zielgenaue und geschlossene Ansiedlung sudetendeutscher Spezialindustrien in Bayern. Die Gründung von „Gartensiedlerstellen" mit beschränkter Landausstattung in den Außenbezirken der Städte und die Förderung des landwirtschaftlichen Nebenerwerbs in den Reihen der Neusiedler sollten den Ausgewiesenen im Idealfall den benötigten Wohnraum, eine Arbeitsstätte und eine zusätzliche Ernährungsbasis geben. Die Arbeitsgemeinschaft entwickelte dazu äußerst präzise Vorstellungen, die bis hin zu Grundrißskizzen für künftige Neusiedlerhäuser oder Satzungs- und Vertragsentwürfen im Bereich des Siedlungs- und Genossenschaftswesens reichten.[207]

Wo man in ihren Reihen über die „Expansion des Industrieapparates" nachdachte oder gar vom „Industrialisierungszwang" sprach, nahm die Gedankenführung ihren Ausgang erwartungsgemäß in dem neu zu bewältigenden „Bevölkerungsüberdruck". Dies gilt insbesondere für den Juristen und Wirtschaftswissenschaftler Otmar Emminger, der im Jahr 1947 seine umfassende Bestandsaufnahme der existierenden Strukturen in der bayerischen Industriewirtschaft vorlegte. Nach seiner Ansicht war der materielle Erhalt der zugewanderten Menschen nur zu leisten, wenn es gelang, geschätzte 800 000 vertriebene Arbeitskräfte in Bayern einzugliedern und eine Steigerung der bayerischen Exportleistung weit über den Vorkriegsstatus hinaus zu erreichen. Als unabdingbare Voraussetzung hierfür vertrat er die Aufstellung umfassender Wiederaufbaupläne zur Organisation der Bauwirtschaft, des Arbeitseinsatzes und der Rohstoffverteilung auf allen Ebenen der Wirtschaftsverwaltung.[208]

Nur wenig später trat die junge Staatswissenschaftlerin Elisabeth Miersch mit ihrer an der Universität München entstandenen Dissertation zur „räumliche[n] Dezentralisation der bayerischen Industrie" an die Öffentlichkeit. Vom Standpunkt einer historisch informierten industriewirtschaftlichen Standortlehre aus untersuchte Miersch die praktischen Möglichkeiten für eine revidierte, stärker dezentrale Anordnung der bayerischen Gewerbelandschaft. Als Leitbild kam nach Ansicht der Autorin jene „gemischtwirtschaftliche Gemengelage" in Frage, wie sie im benachbarten Württemberg anzutreffen war.[209] Den unmittelbaren Anlaß dieser Überlegungen bot wiederum die Flüchtlings- und Vertriebenenfrage; neu waren derartige Dezentralisierungsmodelle indes selbst für Bayern nicht. Sie folgten vielmehr dem Prozeß der Industrialisierung, seitdem die sozialpolitischen Negativfolgen industrieller Agglomerationen deutlich geworden waren. Als Vor- und Gegenbild hatte der württembergische Wirtschaftsraum dabei aufgrund seiner Krisenfestigkeit und der sektoral relativ ausgeglichenen Struktur bereits seit der

---

[205] Schreiner, Bedeutung der Heimarbeit, S. 14-33, 36f., 43; Emminger, Bayerische Industrie, S. 16.
[206] Vgl. zur Geschichte der Gruppenansiedlung sudetendeutscher Flüchtlinge in Bayern die Kapitel II.4. und 5. des ersten Teils dieser Arbeit.
[207] Emminger, Bayerische Industrie, S. 15-17; Weber (Hg.), Seßhaftmachung Heimatloser, S. 52 ff.
[208] Emminger, Bayerische Industrie, S. 11 ff. (Zitate: S. 14, 24, 197).
[209] Miersch, Räumliche Dezentralisation, S. 24 (Zitat), 37-43.

3. Diskurse und Leitbilder der Krisenbewältigung

Weltwirtschaftskrise verschiedentlich die Aufmerksamkeit der Nationalökonomie gefunden.[210]

Nach 1945 war dann das ältere Ziel der Auflösung von städtisch-industriellen Ballungsräumen angesichts der kriegsbedingten Zerstörungen vor allem in den Großstädten, der Notwendigkeit des Wiederaufbaus und der Neuansiedlung vertriebener Gewerbebetriebe unter ganz neuen Voraussetzungen in den Bereich des Möglichen gerückt.[211] Nicht zufällig sah Miersch deshalb in der vertreibungsbedingten Zunahme gerade der Landbevölkerung eine Chance auf „gesunde Strukturwandlung Bayerns": Schien sie doch die Möglichkeit zu eröffnen, die vergleichsweise extensive ökonomische Nutzung der ländlichen Gebiete Bayerns zu intensivieren, die voranschreitende Pendelwanderung in die wenigen industriellen Zentren zu vermindern oder über die Förderung des gewerblich-landwirtschaftlichen Nebenerwerbs nach württembergischen Muster die Verwurzelung möglichst vieler Industriearbeiter auf eigenem Grund und Boden zu forcieren. Was Miersch knapp als „raumwirtschaftliche Neuordnung" Bayerns faßte, zielte auf nichts weniger als die Gestaltung einer eigenständigen Variante regionaler Industrieentwicklung. Räumlich dezentral gelagert und getragen von der engen Verknüpfung von Landwirtschaft und Gewerbe, sollte diese gleichermaßen das Potential in sich tragen, die Bildung eines industriellen Proletariats zu verhindern, den Bedürfnissen vorwiegend der Konsumgüterindustrien entgegenzukommen und ländliche Regionen mit neuen Existenzmöglichkeiten außerhalb des primären Sektors zu versehen. Die Problematik des Konzepts lag selbstverständlich darin, konkrete Handlungsmöglichkeiten für die wirtschaftspolitische Praxis zu erschließen. Entsprechend vorsichtig und allgemein hielt Miersch ihre Anwendungsvorschläge, nicht ohne freilich der staatlichen Arbeitskräftelenkung und Beratungstätigkeit eine Schlüsselfunktion zuzuweisen.[212]

Im Sinne einer aktiven „Raumordnungspolitik" mußte es ihr zufolge möglich sein, „trotz aller Einengung des eigenen Tätigkeitsbereiches [...] durch kluge Politik scheinbar negative Faktoren dieser Übergangsperiode zum Positiven zu wen-

---

[210] Paul F. Walli, Die Dezentralisation der Industrie und der Arbeiterschaft im Großherzogtum Baden und die Verbreitung des Mehrfamilienhauses (Mietskaserne) auf dem Lande, Karlsruhe 1906; Der Zug der Industrie aufs Land. Eine Innenkolonisation, Schlachtensee bei Berlin 1904; Julie Schenk, Industrielle Dezentralisation und Wohnungsfrage, Diss. Freiburg 1918; Rudolf Spiekermann, Zentralisation und Dezentralisation in der Industrie, Diss. Köln 1934; Paul Berkenkopf, Die Auflockerung der Industriestandorte und der Anteil der Verkehrspolitik. Verkehrswissenschaftliche Untersuchungen, Münster 1935; Robert von Keller, Die Verlagerung der großstädtischen Industrie, Leipzig 1938; Luise Böhme, Die Auflockerung der industriellen Konzentration durch differenzierende Lohnpolitik, Diss. Breslau 1939; Konrad Fries, Die Dezentralisation der Industrie mit besonderer Berücksichtigung der Standortverhältnisse Bayerns, Diss. München 1926; Adolf Hilligardt, Württemberg in der Krise, Berlin 1935; Hildegard Hoffmann, Landwirtschaft und Industrie in Württemberg, insbesondere im Industriegebiet der Schwäbischen Alb, Berlin 1935; Hans W. Mayer, München und Stuttgart als Industriestandorte, mit besonderer Berücksichtigung der Wirtschaftskrise, Diss. München 1937; Erich Preiser, Die württembergische Wirtschaft als Vorbild. Die Untersuchungen der Arbeitsgruppe Ostpreußen-Württemberg, Stuttgart 1937.
[211] Vgl. stellvertretend für eine Fülle gleichgerichteter, früher Ansätze nach 1945: Hans Walter Vogt, Auflockerung deutscher Großstädte nach dem Kriege unter dem Gesichtspunkt der Raumordnung – Möglichkeiten und Grenzen, in: Raumforschung – Raumordnung 2 (1948), S. 51-56; Hermann Staubach, Möglichkeiten und Grenzen der Großstadtauflockerung, in: Raumforschung – Raumordnung 5 (1948), S. 138-141.
[212] Miersch, Räumliche Dezentralisation, S. 26, 24 (Zitate), 31-37, 42f., 63-71, 112f., 119-121.

den, die aufgezwungenen Geschicke einigermaßen organisch in das sozialwirtschaftliche Gefüge einzupassen und gleichzeitig Korrekturen an einer bisher keineswegs ganz einwandfrei verlaufenen Entwicklung vorzunehmen."²¹³ Otmar Emminger und Elisabeth Miersch repräsentierten neben dem lediglich sporadisch anwesenden Ludwig Erhard wohl die wichtigsten personellen Bindeglieder zwischen Adolf Webers volkswirtschaftlichem Arbeitskreis und der bayerischen Wirtschaftsverwaltung. Für Emminger, der nach Promotion und Assessorexamen bereits vor dem Zweiten Weltkrieg als Abteilungsleiter am Deutschen Institut für Wirtschaftsforschung (Berlin) tätig gewesen war, blieb die Tätigkeit im Münchner Wirtschaftsministerium zwischen 1947-1949 lediglich Episode einer steilen Karriere, die ihn bis 1977 an die Spitze der Deutschen Bundesbank führte. Elisabeth Miersch hingegen trat 1946 in die Landesplanungsstelle des Ministeriums ein und beendete ihre Karriere dort in den frühen 1980er Jahren.²¹⁴

Anders als etwa mit Blick auf die Debatten vor dem Ersten Weltkrieg zu erwarten, kam es in den ersten Jahren nach 1945 weder in den bayerischen Ministerien noch in der politischen Öffentlichkeit des Landes zu einer differenzierten Grundsatzdiskussion darüber, welchen Stellenwert industriepolitische Maßnahmen im Gefüge der bayerischen Wirtschaftspolitik einnehmen sollten. Emmingers Wort vom „Industrie-Agrarstaat" Bayern, dessen künftige industrielle Expansion lediglich einen bereits zwischen den Weltkriegen angelaufenen Prozeß fortsetze, blieb in Expertenkreisen unwidersprochen.²¹⁵ Der weitere Weg des Landes in die industrielle Moderne wurde vorerst ebenso wie der Aktionsradius staatlicher Stellen von den krisenhaften Rahmenbedingungen und insbesondere von dem alles dominierenden Flüchtlings- und Vertriebenenzustrom diktiert. Pragmatisches Vorgehen und naheliegende, doch keineswegs zwangsläufige Übergangslösungen bestimmten das Bild staatlichen Handelns. Eine längerfristige strukturelle Perspektive zeichnete sich erst in Ansätzen ab. Im begrenzten Arsenal bayerischer Wirtschaftspolitik fungierte deshalb in den Jahren 1946 und 1947 neben der gezielten Ressourcensteuerung im Rahmen eines staatlich alimentierten „Industriebauplans" die Ansiedlung ausgewählter Sparten des zugewanderten Vertriebenengewerbes als das spektakulärste und wohl auch effektivste Maßnahmenbündel. Die konkrete Reichweite dieser Vorformen bayerischer Industrieplanung wird an anderer Stelle zu erörtern sein.²¹⁶

Bezeichnend ist, daß und in welchem Kontext das Paradigma der dezentralen ökonomischen Landesentwicklung als konzeptioneller Hintergrund zu diesem Zeitpunkt bereits greifbar war. So konnte das bayerische Wirtschaftsministerium gegen Jahresende 1947 feststellen, daß in Bayern eine „neuartige Form der Dezentralisation des Gewerbes [...] im Entstehen" begriffen sei. Man bezog sich damit

---

²¹³ Miersch, Räumliche Dezentralisation, S. 8, 18.
²¹⁴ Otmar Emminger (1911-1986), Studium der Rechtswissenschaften und der Volkswirtschaftslehre, 1947-1949 Tätigkeit im Bayerischen Wirtschaftsministerium, 1958-1977 Vizepräsident des Währungsausschusses der EWG, 1969-1977 Vizepräsident, 1977-1979 Präsident der Deutschen Bundesbank; Elisabeth Miersch (1921-1994), Studium der Staatswissenschaften, seit 1946 Tätigkeit im Bayerischen Wirtschaftsministerium, ab 1962 Leiterin des Referats „Regionale Wirtschaftsförderung", 1979-1983 Leiterin der Abteilung VIII im Range einer Ministerialdirigentin.
²¹⁵ Emminger, Bayerische Industrie, S. 21. Vgl. die Rezension des Buches durch Lore Hennig in: Weltwirtschaftliches Archiv 65 (1950 II), S. 28.
²¹⁶ Siehe Kapitel II.4. des ersten Teils dieser Arbeit.

3. Diskurse und Leitbilder der Krisenbewältigung

freilich auf die gruppenweise Unterbringung eines Teils der vertriebenen Unternehmer in neuen Industriesiedlungen wie Wolfratshausen, Kraiburg oder Kaufbeuren, die wiederum auf ehemaligem Wehrmachtsgelände entstanden waren.[217] Dieser früheste konkrete Anstoß zur räumlichen Streuung des bayerischen Gewerbes nach Kriegsende ging nicht auf eine gezielte Dezentralisierungsplanung zurück; er resultierte aus dem akuten Mangel an Baustoffen und Betriebsräumen sowie aus den Zufälligkeiten in der räumlichen Anordnung der genutzten Rüstungsanlagen. Erst das Auslaufen der Welle organisierter Gruppenansiedlungen im Herbst 1947 und die Folgen der Währungsreform bereiteten den Boden für die allmähliche Ablösung des stark improvisierten Vorgehens und für die Konkretisierung eines allgemeineren Industrialisierungskonzepts in den Reihen derjenigen Experten, die damit von Berufs wegen befaßt waren. Sofern man im Bayerischen Wirtschaftsministerium von der Ankunft der Flüchtlinge und Vertriebenen allein bereits den Anstoß für eine gewerblich-industrielle Durchdringung auch peripherer Regionen erhofft hatte, mußte man sich von der sozialökonomischen Entwicklung eines Besseren belehren lassen. Insbesondere wurde jene von Elisabeth Miersch optimistisch vertretene Hypothese eklatant widerlegt, wonach der vertreibungsbedingte demographische Zuwachs in der Praxis „von selbst" für eine ausgeglichenere agrarisch-gewerbliche Mischstruktur der bayerischen Wirtschaft sorgen würde.[218]

Die Betriebszusammenbrüche im Gefolge der Währungsumstellung, welche überproportional stark zu Lasten von Flüchtlingsunternehmern gingen, und die spätestens ab 1947 erneut einsetzende Landflucht machten deutlich, daß sich die erwarteten Struktur- und räumlichen Integrationseffekte auf absehbare Zeit gar nicht einstellen konnten. In diesen empirisch gewonnenen Beobachtungen und nicht in theoretischen Überlegungen lag der eigentliche Anstoß für die fortan im Wirtschaftsministerium dominierende Einsicht, wonach die gewerbliche Eingliederung der Vertriebenen, die Ausweitung der industriellen Basis des Landes und eine aktive bayerische Politik der Industrieförderung auf Dauer wirksam miteinander verbunden werden mußten. Im Frühjahr 1949 war damit das Feld der gewerblich-industriellen Förderpolitik erklärtermaßen zu einer der „Hauptaufgaben" des Ministeriums avanciert. Ihr wollte man vor allem durch die Stabilisierung der Energieversorgung, den Ausbau zukunftsträchtiger Industriezweige und die Einbindung neuer Produktionssparten in das Wirtschaftsgefüge Bayerns nachkommen.[219]

---

[217] Wirtschaftspolitik und Wirtschaftsentwicklung in Bayern im Jahre 1947. Jahresbericht des Bayerischen Staatsministeriums für Wirtschaft, München 1948, S. 33.
[218] „Die zwangsweisen strukturellen Änderungen in den einzelnen Regierungsbezirken Bayerns, hervorgerufen einesteils durch die Zerstörungen des Krieges, anderenteils durch den Bevölkerungszustrom aus außerbayerischen Gebieten, werden von selbst den erstrebten Ausgleich von dünn- und dichtbesiedelten Landstrichen, von reinen Agrargebieten und industriellen Großstädten ergeben, der Voraussetzung für eine wirtschaftliche Aufwärtsentwicklung und Kontinuität ist." (Miersch, Räumliche Dezentralisation, S. 37).
[219] Vgl. hierzu die Unterlagen in BayHStA, MWI 13137. Der Akt enthält vorwiegend Arbeitsberichte aus den Fachabteilungen und -referaten des Wirtschaftsministeriums, die mit Blick auf ein schriftliches Interview von Staatsminister Seidel mit der Regensburger „Mittelbayerischen Zeitung" erarbeitet worden sind. Ein Resümee aktueller industriepolitischer Grundsätze findet sich unter anderem in dem ungezeichneten Dokument „Zu Frage 17.a)b)c)d)e)" (Zitat). Die Stellungnahmen der Referenten erschienen später zumeist fast wörtlich als Teil des Minister-Interviews: „Wirtschaft im Aufbau. „MZ"-Interview des Bayerischen Staatsministers für Wirtschaft", in: Mittelbayerische Zeitung, 30.6.1949 und 7.7.1949.

II. Ausgangslage, Ordnungsvorstellungen und Wiederaufbaupraxis

In raumpolitischer Hinsicht trat ein revidiertes Leitbild dezentraler Landesentwicklung in den Vordergrund, das die Lehren der jüngsten Vergangenheit bereits einbezog. So hielt man in der Landesplanungsabteilung des Ministeriums an dem generellen Ziel fest, eine „gesunde regionale Wirtschaftsstruktur Bayerns" durch die Schaffung von Arbeitsstellen vor allem auch außerhalb der Großstädte zu fördern. Von einer forcierten Ansiedlung von Betrieben in rein ländlichen Regionen nahm man aber Abstand und favorisierte stattdessen die gewerbliche Stärkung von Klein-, Land- und Mittelstädten. Etwa ein Jahrzehnt bevor das Konzept der „Schwerpunktorte" gegen Ende der 1950er Jahre in die bundesdeutsche Regionalförderung einging, deutete sich auf bayerischer Länderebene ein aus der Not geborenes, ähnlich zugeschnittenes Fördermodell an. Es orientierte sich illusionslos an der fortdauernden Attraktivität von gewerblich-industriellen Ballungszonen für Unternehmer wie Arbeitskräfte und suchte zugleich den Gedanken der gewerblichen Streuung damit zu verknüpfen: „Das Abwandern der Industriefacharbeiter vom flachen Land in die gewerblichen Mittelpunkte ist eine natürliche Erscheinung und wird sich nicht verhindern lassen. Es gilt, diese gewerblichen Mittelpunkte als Knotenpunkte eines engmaschigen Netzes über das ganze Land zu verteilen."[220]

Es überrascht kaum, daß sich die Erträge bayerischer Industriepolitik in den Folgejahren keineswegs in jener geradlinigen, logisch folgerichtigen Weise fortentwickelten, wie es diese, vermutlich an den Arbeiten Walter Christallers[221] orientierte, bildhaft geordnete Zukunftsprojektion aus der bayerischen Landesplanung suggerieren mag.[222] Dem Wandel der Plansätze und ihrem Verhältnis zur sozialökonomischen Realität wird deshalb in den folgenden Abschnitten immer wieder nachzugehen sein. Zunächst soll allerdings das Augenmerk für eine kurze Betrachtungsspanne der Praxis industriell-gewerblicher Aufbauanstrengungen *vor* der Wirtschafts- und Währungsreform gelten. Dabei wird es nicht nur um die weiterhin relevante Frage nach den strukturprägenden und langfristig wirksamen Veränderungen der bayerischen Wirtschaftslandschaft gehen, die als Erbe der Besatzungszeit zu verzeichnen waren. Jenseits und in Ergänzung der bis hierher vorgestellten Leitbilddiskussionen wird vor allem von Interesse sein, lenkenden Eingriffen genuin bayerischer Provenienz von den gegebenen Rahmenbedingungen ausgehend über die involvierten Stellen bis hin zu den Auswirkungen an der regionalen Basis nachzuspüren.

---

[220] BayHStA, MWI 13137, Dipl. Wirtschafter Helwig, Landesplanungsstelle, an Referat 1b im Hause, 19.8.1949.
[221] Walter Christaller (1893–1969), Geograph, 1937–1940 Assistent am Kommunalwissenschaftlichen Institut in Freiburg, 1940–1945 Mitarbeiter im „Stabshauptamt Planung und Boden", 1950 Mitgründer des Deutschen Verbandes für Angewandte Geographie (DVAG).
[222] Gemeint ist hier Christallers Werk zur Theorie der regionalen Wirtschaftsentwicklung, das der Verteilung „zentraler Orte" im Raum nachgeht und diese anhand geometrisch geordneter Netzfiguren in ihrer mathematischen „Gesetzmäßigkeit" zu erfassen versucht: Walter Christaller, Die zentralen Orte in Süddeutschland. Eine ökonomisch-geographische Untersuchung über die Gesetzmäßigkeit der Verbreitung und Entwicklung der Siedlungen mit städtischen Funktionen, o.O. 1933.

4. Improvisierte Lenkung: zwei Fallstudien zur Praxis des industriell-gewerblichen Wiederaufbaus

Alle koordinierten Lenkungsversuche der Länderadministrationen, die das Ziel der Produktionssteigerung oder des industriellen Wiederaufbaus verfolgten, fanden sich während der ersten Nachkriegsjahre in ein straffes Korsett begrenzender Faktoren eingespannt. Es war bereits die Rede von den rechtlichen und politischen Vorgaben der Besatzungsmacht, von der alles dominierenden materiellen Mangellage und von den variablen Handlungsspielräumen Bayerns in einem sich fortentwickelnden System der zonalen und bizonalen Wirtschaftsverwaltung.[223] Raum für bayerische Initiativen blieb gleichwohl, auch wenn dieser, wie im Falle der oben behandelten Demontageproblematik, vielfach auf der Grundlage von außerstaatlichen Initiativen erst erschlossen werden mußte. Die beiden folgenden Längsschnitte rücken Vorformen regionaler industriepolitischer Einflußnahme in den Vordergrund, in denen sich die zwischen 1946 und 1948 gegebenen sachlichen Präferenzen der bayerischen Politik unmittelbar manifestieren. Die Arbeitsschwerpunkte und die Hoffnungen des Wirtschaftsministeriums bewegten sich dabei im Falle des sogenannten „Industriebauplans" ganz im Rahmen der vorgegebenen Bahnen und der verteilungspolitischen Möglichkeiten der existierenden Verwaltungswirtschaft; im zweiten Beispiel – der Gruppenansiedlung sudetendeutscher Vertriebenenunternehmen – reichten die Ambitionen weiter in die Sphäre einer stark improvisierten, raum- und strukturbezogenen Gewerbepolitik.

Der „Industriebauplan" von 1946 bildete die erste konzertierte Anstrengung staatlicher bayerischer Stellen, die darauf abgestellt war, den materiellen Wiederaufbau der Industrie des Landes konzeptionell und praktisch zu koordinieren. Das Steuerungsbemühen richtete sich dabei auf die Baustoffversorgung, also auf jene Ressourcen, die neben dem Energieträger Kohle die wichtigste und zugleich knappste dingliche Voraussetzung für eine geordnete Wiederaufnahme der Produktion darstellten. In seiner konkreten Gestalt und Durchführung ein bayerisches Spezifikum, stand das Industriebauprogramm der Staatsregierung innerhalb der westlichen Besatzungzonen keineswegs alleine. Doch während es in den Ländern des britischen Besatzungsgebiets üblich war, die Produktionsvorgaben der bizonalen Verwaltung für Wirtschaft nahezu unverändert der ländereigenen Baustofferzeugung zugrunde zu legen, bestand eine derartige Regelung in der amerikanischen Besatzungszone nicht. Als das bizonale Verwaltungamt für Wirtschaft nach der Zonenvereinigung im Frühjahr 1947 den Versuch unternahm, zentrale Regelungen im Bereich der Baustoffbewirtschaftung auch auf die Länder des US-Besatzungsgebietes auszudehnen, stieß es damit nicht nur in Bayern auf vehemente Ablehnung. Im Ergebnis stellte sich die Baustoffplanung in der Bizone bis zur Aufhebung der Bewirtschaftung um die Jahresmitte 1948 als Summe von Einzelprojekten der Länderverwaltungen und der Mindener Verwaltung für Wirtschaft dar. Auch in Bayern blieb damit die Steuerung der Baustoffproduktion und -verteilung im wesentlichen Ländersache. Lediglich über das allgemeinere Mittel der Kohlebewirtschaftung stand der bizonalen Wirtschaftsverwaltung eine indirekte

---

[223] Siehe oben Kapitel II.1.

II. Ausgangslage, Ordnungsvorstellungen und Wiederaufbaupraxis

Einflußmöglichkeit auf die bayerische Baustoffproduktion offen.[224] Die Schwerpunktsetzungen und Konzepte, die auf diesem Feld des industriellen Wiederaufbaus in Bayern zur Anwendung kamen, spiegeln somit in erster Linie das Gestaltungsbemühen heimischer Stellen wider. Im Bayerischen Wirtschaftsministerium hielt man sich denn auch bereits zum Jahreswechsel 1948/49 zugute, daß „der Industriebauplan trotz aller Schwierigkeiten maßgeblich zu dem Wiederaufbau der bayerischen Wirtschaft beigetragen" habe.[225]

Als das bayerische Industriebauprogramm im Herbst 1946 auf Beschluß des interministeriellen „Baustoffrates" hin vorläufige Form annahm, stand dahinter in erster Linie eine Reaktion der beteiligten Ministerien auf den extremen Mangel an verfügbaren Baumaterialien, dem durch die Straffung der Verteilungsmechanismen Rechnung getragen werden sollte. Zugleich aber manifestierte sich im Zuschnitt der Regelung die unklare organisatorische Situation der Baubewirtschaftung in Bayern. Aufgrund von Anordnungen der amerikanischen Militärregierung seit Herbst 1945 war die Umsetzung staatlicher Bauprojekte de facto zwischen dem Arbeitsministerium und der Obersten Baubehörde im Innenministerium aufgeteilt worden. Die Zuständigkeit für die Produktion und Verteilung von Baustoffen lag hingegen völlig in Händen der Wirtschaftsverwaltung.[226] Im übergeordneten verwaltungsgeschichtlichen Zusammenhang gesehen, markiert diese Konstellation nicht mehr als eine Etappe in der wechselvollen Organisationsgeschichte des bayerischen öffentlichen Bauwesens. Diese fand im April 1948 mit der Wiederherstellung der Obersten Baubehörde im Staatsministerium des Innern als Abteilung mit eigenem Sach- und Personalbudget ihr Ende.[227] Unter den Bedingungen der Verwaltungswirtschaft trugen die in Fluß geratene Zuständigkeitslage und die resultierende Konkurrenz um Einverleibung der Bauabteilung zwischen den Ressorts

---

[224] BayHStA, MWI 13722-I, Verwaltungsamt für Wirtschaft des amerikanischen und britischen Besatzungsgebietes, Außenstelle Bad Pyrmont, an die Wirtschaftsministerien der Länder des amerikanischen und britischen Besatzungsgebietes, 9.9.1947; MWI 13722-II, Der Leiter der Abteilung Steine und Erden im VAW, Ausarbeitung „Baustoffplanung und -bewirtschaftung", 14.4.1947; MWI 13722-I, Bayerisches Staatsministerium des Innern, Bauabteilung, an das Verwaltungsamt für Wirtschaft, Minden, 24.2.1947; ebenda, Landesstelle für Baustoffe an das Bayerische Wirtschaftsministerium, im Hause, 6.10.1947; ebenda, Bayerisches Staatsministerium für Wirtschaft an das Verwaltungsamt für Wirtschaft, Minden, 29.10.1947. Zur Planung und Produktionssteuerung in der Bizone immer noch grundlegend: Gerold Ambrosius, Marktwirtschaft oder Planwirtschaft? Planwirtschaftliche Ansätze der bizonalen deutschen Selbstverwaltung 1946-1949, in: Vierteljahrschrift für Sozial- und Wirtschaftsgeschichte 66 (1979), S. 74-110.
[225] Die Wirtschaftsentwicklung Bayerns im Jahr 1948. Jahresbericht des Bayerischen Staatsministeriums für Wirtschaft, München 1949, S. 7.
[226] Vgl. hierzu die Gesetze über die Errichtung von Wirtschaftskontrollstellen und die Bildung des Bayerischen Arbeitsministeriums vom 25.10.1945 und 20.6.1946 (BayGVBl. 5/1945, S. 1 f. und BayGVBl. 2/1946, S. 9-11).
[227] Wilhelm Volkert (Hg.), Handbuch der bayerischen Ämter, Gemeinden und Gerichte 1799-1980, München 1983, S. 59-61; Karl-Ulrich Gelberg, Die Oberste Baubehörde zwischen 1932 und 1949. Zur Kontinuität einer bayerischen Zentralbehörde, in: Hermann Rumschöttel/Walter Ziegler (Hg.), Staat und Gaue in der NS-Zeit. Bayern 1933-1945, München 2004, S. 297-339, bes. S. 309-314; 150 Jahre Oberste Baubehörde im Bayerischen Staatsministerium des Innern. Hg. vom Bayerischen Staatsministerium des Innern, München 1980; Franz Geiger, Beiträge zur Geschichte des Bauwesens in Bayern. Hg. von der Obersten Baubehörde im Bayerischen Staatsministerium des Innern, München 1980. Zur Situation der Bauverwaltung in der NS-Zeit auch: Thomas Forstner, Die Beamten des bayerischen Innenministeriums im Dritten Reich. Loyale Gefolgsleute oder kritische Staatsdiener?, St. Ottilien 2002, S. 92-109.

4. Improvisierte Lenkung

das ihre dazu bei, die Herausbildung einer koordinierten Verteilungsstruktur zu erschweren. Bereits im Dezember 1945 waren Klagen seitens der wiedererstandenen bayerischen Landesplanung lautgeworden, welche die gravierenden organisatorischen „Schwierigkeiten und Mißstände" bei der Planung wichtiger staatlicher und gewerblicher Bauten zum Inhalt hatten. Es dauerte jedoch noch einmal bis in den Herbst des Folgejahres, bis sich die beteiligten Ministerien auf einen modus vivendi einigten, der die vorhandenen Ansprüche auf steuernde Beeinflussung des gewerblich-industriellen Wiederaufbaus in Bayern klar regelte. Die am 1. Oktober 1946 in Abstimmung mit dem Ministerpräsidenten getroffene Vereinbarung sah vor, daß insgesamt 10% der im Land erfaßten Baustofferzeugung für Rekonstruktionsvorhaben in der bayerischen Industrie verwendet werden sollten. Im Rahmen eines sogenannten „Industriebauplans" konnten hiervon 40% durch das Wirtschaftsministerium verplant werden, wobei die praktische Verwaltung und Ausgabe dieses Kontingents weiterhin der Bauabteilung des Innenministeriums oblag. Die verbleibenden 60% an Industriebaustoffen gingen als „Regierungssammelkontingente" an die Bezirksregierungen und die vier „Großnotstädte" München, Augsburg, Nürnberg und Würzburg, wo sie wiederum an die Kreisbauämter weitergereicht bzw. unmittelbar verwendet wurden.[228]

Obwohl das Wirtschaftsministerium somit formal zunächst nur über 4% der gesamten bayerischen Baustoffproduktion zur Förderung von Wiederaufbaumaßnahmen in der Industrie verfügte, führte doch die fortgesetzte Baustoffmangellage zu einem sukzessiven Zugewinn an Zuständigkeiten für das Ressort. Da sich die Hochbauabteilungen der Regierungen bzw. die Kreisbaumeister nicht in der Lage sahen, auch nur die dringendsten Materialbedürfnisse der bereits arbeitenden Gewerbebetriebe in ihrem Verantwortungsbereich zu erfüllen, stellte das Wirtschaftsministerium Teile seines Kontingents zusätzlich für laufende Instandsetzungsmaßnahmen bereit. Hiermit sollte verhindert werden, daß die schon existierenden Produktionskapazitäten in der bayerischen Industrie ebenfalls gefährdet wurden. Dieses improvisierte Verfahren brachte nicht nur eine Überdehnung der Verteilungskapazitäten, sondern eine deutlich breitere Streuung der Ressourcen mit sich als ursprünglich vorgesehen und zwang das Ministerium zur Bestimmung von Förderschwerpunkten. Unter der Prämisse, solche Sparten und Betriebe zu unterstützen, die das Potential in sich trugen, Bayerns Industriekapazitäten zu stabilisieren oder zu erweitern, wurden im Jahresverlauf 1947 und Frühjahr 1948 Teilkontingente für den Ausbau der Nahrungsmittelindustrie zur Verfügung gestellt. Daneben wurden im Rahmen von Sonderzuweisungen vor allem Großbetriebe der Sparten Maschinenbau, Elektrotechnik und Chemie sowie größere Spinnereien vorwiegend in Nürnberg, Augsburg, München, Erlangen, Bayreuth und Schweinfurt instand gesetzt, darunter die Firmen Kugelfischer, Siemens-Reiniger, Siemens-

---

[228] BayHStA, MWI 13722-III, Helmut Fischer, Landesplanungsbehörde Bayern, an das Bayerische Staatsministerium für Wirtschaft und Landeswirtschaftsamt München, 13.12.1945 (Zitat); MWI 13722-II, Landesstelle für Baustoffe über das Bayerische Landeswirtschaftsamt an das Bayerische Staatsministerium für Wirtschaft, 19.10.1946; ebenda, Bayerisches Staatsministerium für Wirtschaft, Abteilung IV, an das Regierungswirtschaftsamt Schwaben, 30.5.1947; MWI 13723-II, Bayerisches Staatsministerium für Wirtschaft, „Ein Jahr Industriebauplan", 2.8.1948.

Schuckert und MAN. Generell zielten die Maßnahmen des Wirtschaftsministeriums auf den Wiederaufbau zerstörter, „vordringlich" nötiger Betriebe, auf den Neubau von Unternehmen der Flüchtlingsindustrie und auf solche Projekte, die von Bedeutung für die Wirtschaft der gesamten Bizone schienen. Auch achteten die Planer des Wirtschaftsministeriums darauf, möglichst Firmen in Bayern ansässig zu machen, „deren Existenz außerhalb der Grenzen der Bizone bedroht" war. Bauvorhaben von Flüchtlingen aus dem Sudetenland, Ungarn und den ehemaligen deutschen Ostgebieten wurden bevorzugt berücksichtigt und erhielten in jedem Quartal zwischen 13 und 14,5% der Baustoffzuweisungen.[229] Diese Verteilungsstruktur entsprach in ihren Grundzügen den Vorgaben des Landtags, der am 5. Dezember 1947 festgelegt hatte, daß jene geschädigten Industriebetriebe zu bevorzugen seien, die aufgrund vorhandener Betriebsmittel rasch zur Aufnahme und Ausweitung der Produktion sowie zur Beschäftigung von Flüchtlingen in der Lage waren.[230]

Die Allokationsschemata und Zahlenwerte, die das Wirtschaftsministerium im August 1948 im Anschluß an das Ende der Baustoffbewirtschaftung im Sinne einer Erfolgsbilanz präsentierte, umfaßten freilich nur einen Teil der komplexeren Planungs- und Verteilungsrealität im Baustoffbereich. So signalisierte auch nach Herbst 1946 das Fortbestehen von Klagen aller Verwaltungsebenen über „beachtenswerte Unklarheiten in der Durchführung der Industriebauplanung"[231] ein hohes Maß an Reibungsverlusten. Beschwerden über vermeintliche Kompetenzüberschreitungen in der Baustoffvergabe durch das Arbeitsministerium, die Landesstellen oder die unteren und mittleren Verwaltungsbehörden dokumentieren neben den Empfindlichkeiten in den Ressorts das hartnäckige Fortbestehen von „systemwidrigen" parallelen Verteilungswegen im Behördenapparat.[232] Da Baustoffe kontinuierlich Mangelware blieben, erstaunt es nicht, daß unter diesen Umständen sogar Kreisbaumeister in ihrer Beschaffungsnot gelegentlich die Verteilungsabsprachen übergeordneter Verwaltungsstellen ignorierten, um an die begehrten Güter zu kommen.[233] Ohnehin griff die Mehrzahl der industriellen Wiederaufbaubetriebe offensichtlich auf Beschaffungspraktiken zurück, die sich der staatlichen Zuteilungspraxis bewußt entzogen. Nach Schätzungen aus dem Wirtschaftsministerium wurden noch gegen Ende der Bewirtschaftungsphase weniger als 60% der

---

[229] BayHStA, MWI, 13722-I, Vormerkung für Herrn Ministerialdirigenten Dr. Heilmann über Abteilungsleitung IV, 30.10.1947 (Zitat); MWI 13723-I, Bayerisches Staatsministerium für Wirtschaft, Bericht des Referates „Industriebauplan" über das I. Quartal 1948, 11.5.1948; ebenda, Dr. Drexl, Abt. V 25, an die Bayerische Staatskanzlei, 19.5.1948; MWI 13723-II, Bayerisches Staatsministerium für Wirtschaft, „Ein Jahr Industriebauplan", 2.8.1948.
[230] Bayrischer Landtag, II. Tagung 1947/48, Beilagen-Band I, Beilage 548.
[231] BayHStA, MWI 13722-II, Regierungswirtschaftsamt Schwaben an das Bayerische Staatsministerium für Wirtschaft, Abteilung IV, 29.7.1947.
[232] BayHStA, MWI 13722-I, Landesstelle für Baustoffe an das Bayerische Landeswirtschaftsamt, 12.11.1946; ebenda, Bayerisches Landeswirtschaftsamt an das Bayerische Staatsministerium für Wirtschaft, 22.11.1946; ebenda, Bayerisches Staatsministerium des Innern, Bauabteilung, an das Bayerische Wirtschaftsministerium, 16.1.1947.
[233] BayHStA, MWI 13722-I, Der Landrat des Kreises Wolfratshausen an das Bayerische Staatsministerium des Innern, Bauabteilung, 10.12.1946; MWI 13723-I, Landesstelle für Baustoffe an das Bayerische Staatsministerium des Innern, Bauabteilung. Betreff: Illegale Baustofferzeugung unter Mitwirkung von Baubehörden, 10.2.1946.

4. Improvisierte Lenkung

Baustoffproduktion in Bayern tatsächlich durch das staatliche Bewirtschaftungssystem erfaßt.[234]

Auf seiten der Lenkungsbehörden hatte diese fortdauernde Situation zunächst die Tendenz gestärkt, über administrative Eingriffe mehr Effektivität zu erzwingen. Vor allem die Straffung und zunehmend tiefere Staffelung des Kontrollapparats stellten hierzu das Mittel der Wahl dar. So forderte und praktizierte die Bauabteilung des Bayerischen Innenministeriums harte Sanktionen, um den Schwarzhandel mit Baustoffen einzudämmen. In der Praxis führte dies etwa im Regierungsbezirk Schwaben zu der paradoxen Situation, daß gewerbliche Baugenehmigungen verweigert wurden, sofern Baumaterialien nicht auf dem behördlichen Weg, sondern in Eigeninitiative beschafft worden waren. Da sich aber mangels Masse bis Sommer 1947 weder die Bauabteilung der Regierung noch das Regierungswirtschaftsamt in der Lage sahen, Materialzuweisungen für gewerbliche Bauanliegen im Rahmen des „Industriebauplans" zu gewähren, waren dort staatlich unterstützte, legal durchgeführte gewerbliche Bauvorhaben über geraume Zeit hin gar nicht mehr möglich. Bei jenen Betrieben, die in das Industriebauprogramm aufgenommen worden waren, entstand so der Eindruck, nicht privilegiert, sondern im Gegenteil dauerhaft benachteiligt worden zu sein.

Es war für die verantwortlichen Planer im Wirtschaftsministerium ein offenes Geheimnis, daß sich die betroffenen Firmen angesichts der Mangelsituation „weitgehendst bisher selbst geholfen" hatten und dies auch in Zukunft weiter tun würden. Im Hintergrund standen hierbei freilich oft nicht Schwarzmarktpraktiken im engeren Sinne, sondern Kompensationsgeschäfte oder Gefälligkeiten der Firmen untereinander, die mit Baustoffen abgegolten wurden. So hatte beispielsweise eine als Flüchtlingsbetrieb errichtete Gerberei im schwäbischen Ichenhausen durch die Stellung von Arbeitskräften beim Wiederaufbau einer Ziegelei mitgeholfen und sich außerdem zur Instandhaltung der Treibriemen des Betriebs verpflichtet; im Gegenzug waren dafür von der Ziegelei Baumaterialien geliefert worden. Selbst Großbetriebe vom Range der MAN Augsburg hatten auf vergleichbare Selbsthilfeaktionen zurückgreifen müssen. Vorgänge wie diese waren typisch und sorgten in ihrer Gesamtheit dafür, daß in der gesamten Bizone ein immer umfangreicherer Teil der Produktion an den behördlichen Verteilungsstellen vorbei verteilt wurde. Da harte Sanktionen allein zunehmend fruchtlos schienen, entschlossen sich die Wirtschaftsminister der Bizone im Frühjahr 1947, derartige Kompensationsgeschäfte in begrenztem Maße zu legalisieren. Damit aber wurde das ohnehin auf dem Gebiet der amerikanischen Zone von Beginn an stark dezentral organisierte Bewirtschaftungssystem an entscheidender Stelle weiter aufgeweicht.[235]

---

[234] Vgl. die Zahlenangaben in BayHStA, MWI 13723-I, Bayerisches Staatsministerium für Wirtschaft, 6. Erfahrungsbericht des Prüfungsamtes, 28.4.1948, S. 2; MWI 13722-II, Resolution des Bauausschusses des Landessiedlungsamtes Ansbach, 21.8.1946.

[235] Vgl. hierzu den einschlägigen Briefwechsel in BayHStA, MWI 13722-II, darunter die Schreiben des Regierungswirtschaftsamts Schwaben an das Bayerische Staatsministerium für Wirtschaft, Abteilung IV, vom 29.7., 3.9., 4.9., 4.11., 12.11. und 29.11.1947; BayHStA, MWI 13722-I, Aktenvermerk für Herrn Staatssekretär Sedlmayr. Betrifft: Sitzung in der Industrie- und Handelskammer in Augsburg am 25. Juni 1947, 26.6.1947 (Zitat); Ambrosius, Marktwirtschaft, S. 74–88.

II. Ausgangslage, Ordnungsvorstellungen und Wiederaufbaupraxis

Legt man den von der bayerischen Wirtschaftsverwaltung selbst gesetzten Anspruch zugrunde, wonach ein wirksames Bewirtschaftungssystem „vom Rohstoff bis zum Endverbraucher gleichmäßig seine Kontrolle ausüben" müsse, um dadurch unter anderem in der Lage zu sein, „die Industrie soweit mit Rohstoffen zu versorgen, daß sie keine Kompensationsgeschäfte nötig hat"[236], dann kann die Lenkung des industriellen Wiederaufbaus durch staatliche Stellen in Bayern zwischen Kriegsende und Währungsreform kaum als planerische Erfolgsgeschichte bezeichnet werden. Die fortdauernde Engpaßsituation setzte den Verteilungsspielräumen enge Grenzen und akzentuierte die Wirkung von Kompetenzüberschneidungen oder unklaren Weisungsstrukturen innerhalb einer Staatsverwaltung, die sich auf dem Wege der Adaptation an die neu erwachsenen Aufgaben befand. Grundsatzdiskussionen, die den Wert ökonomischer Planung an sich thematisiert hätten, finden sich in den Äußerungen der mit dem materiellen Wiederaufbau beschäftigten Ministerialbeamten nicht. Vielmehr sahen die Planer ihre Aufgabe darin, das System der Baustoffbewirtschaftung durch die kontinuierliche Reform des Erfassungs- und Verteilungswesens in Gang zu halten und so dem Ziel einer gerechten Zuweisung von Aufbauressourcen schrittweise näherzukommen. Der „Industriebauplan" für Bayern stellte ein Resultat derartiger Bemühungen dar. Seine praktische Umsetzung verdeutlicht zugleich, wie sehr es in der Eigenart des verwaltungswirtschaftlichen Systems lag, immer neuen Regelungsbedarf in Detailfragen zu produzieren, welcher dann vorzugsweise über die verschärfte Durchsetzung von Bewirtschaftungsvorschriften beantwortet wurde.[237]

Da es kaum etwas zu verteilen gab, klafften Lenkungsanspruch und konkrete Fördermöglichkeiten während der gesamten Dauer des Bewirtschaftungssystems in einem Maße auseinander, das nicht zu Unrecht zunehmend Kritik auf sich zog. Als die weitgehende Aufhebung der Verwaltungswirtschaft und die Einführung einer neuen Währung im Juni 1948 diesen „viel umstrittenen Bauabschnitt der Industrie"[238] zum Abschluß brachten, zeichnete sich gleichwohl ab, daß die Planer des Wirtschaftsministeriums versucht hatten, Prioritäten auf sinnvolle Weise zu setzen: Nach den verfügbaren Unterlagen waren zwischen Jahresmitte 1947 und Ende Juni 1948 über 21% des dort verfügbaren Baustoffkontingents an die bayerische Textilindustrie gegangen, etwas mehr als 19% waren jeweils Bauvorhaben in den Sparten Eisen und Metalle bzw. Chemie zugute gekommen, während circa 16,5% in die Nahrungsmittelindustrie geflossen waren. Die Verteilung orientierte sich unter anderem am betriebsspezifisch vorhandenen, investierten Kapital, an der Arbeitsplatzkapazität, am Zerstörungsgrad und an den aktuellen Produktionserfordernissen. Ungeachtet der begrenzten Sonderzuteilungen, die im Frühjahr 1948 einmalig vergeben wurden, konnten dabei jedoch lediglich „Baustoffzuweisungen für relativ kleine Bauabschnitte an viele Werke" bereitgestellt werden. Auch darf aufgrund

---

[236] BayHStA, MWI 13723-I, Staatssekretär Hans Müller, Bayerisches Staatsministerium der Finanzen, an das Bayerische Staatsministerium des Innern, Bauabteilung, 11.3.1948.
[237] Sprechende Beispiele für die Bewirtschaftungssituation in Bayern im Frühjahr 1948 wie auch für durchaus innovative Verbesserungsvorschläge bietet: BayHStA, MWI 13723-I, Bayerisches Staatsministerium für Wirtschaft, 6. Erfahrungsbericht des Prüfungsamtes, 28.4.1948.
[238] BayHStA, MWI 13723-II, Bayerisches Staatsministerium für Wirtschaft an die Industrie- und Handelskammern München, Regensburg, Augsburg, Nürnberg, Bayreuth, 13.8.1948.

4. Improvisierte Lenkung

mancher Indizien bezweifelt werden, daß die Umsetzung der Verteilung vor Ort stets im Sinne der ausgeklügelten ministeriellen Rangfolgevorgaben geschah.[239] Zusammengenommen erlauben die geschilderten Vorgänge jedenfalls den Schluß, daß Veränderungsimpulse zur Revision der industriellen Struktur des Landes vom „Industriebauplan" für Bayern nicht ausgingen – und auch gar nicht ausgehen sollten. Sowohl im Verständnis der beteiligten Ministerien als auch in seiner tatsächlichen Wirkung trug das bayerische Industriebauprogramm der Jahre 1946 bis 1948 den Charakter einer improvisierten Lenkungsmaßnahme, die mangels echter Verteilungsspielräume vornehmlich auf die Konsolidierung bestehender Strukturen zielte.

Es bedurfte eines starken exogenen Impulses, um jene, sowohl Ressorts als auch Verwaltungsebenen überschreitende Initiative zu bündeln, die den Gegenstand der zweiten Fallbetrachtung ausmacht. Außerhalb der üblichen Eingriffsmöglichkeiten eines Bewirtschaftungssystems liegend, bietet die im folgenden darzustellende, frühe Förderung des sudetendeutschen Vertriebenengewerbes in Bayern ein aufschlußreiches Exempel. Es verdeutlicht das Zusammenwirken von Improvisationskraft und Eigeninitiative der Zugewanderten mit dem Bemühen bayerischer Stellen, Hilfe zur Selbsthilfe nicht zuletzt aus eigennützigen Motiven zu leisten. Der resultierende politische Prozeß, der die gruppenweise Ansiedlung der Vertriebenen begleitete, präsentiert sich hingegen alles andere als stets koordiniert, stringent umgesetzt oder auch nur von eindeutiger Willensbildung der Beteiligten getragen. Umso bemerkenswerter ist es, daß der mäanderartig anmutende Weg, den die Verhandlungen, Beschlüsse und Gründungsinitiativen nahmen, sich in den rückblickenden Darstellungen mancher Beteiligter zu erstaunlicher Geradlinigkeit umformte.

Chronologisch und sachlich betrachtet, stellte sich in Bayern das Flüchtlingsproblem den Verantwortlichen im staatlichen und vorstaatlichen Raum zunächst als Frage der physischen Daseinssicherung und der regionalen Aufnahmekapazitäten. Aspekte der nationalökonomischen Wirkungen des Bevölkerungszustroms oder seiner raumwirtschaftlich sinnvollen Verteilung traten demgegenüber zwangsläufig in den Hintergrund. Allerdings erwuchsen eben aus der Bewältigung der Notlage erste Ansätze zur ökonomischen Integration, die bewußt darauf abzielten, die Wirtschaftsstruktur Bayerns dauerhaft zu verändern. Improvisierte Versuche der Standortlenkung von Flüchtlingsindustrien in Gestalt von Gruppenansiedlungen standen dabei am Anfang.

Als Folge der Flüchtlingszuwanderung entwickelten sich auf bayerischem Boden bis gegen Mitte der 1950er Jahre nicht weniger als fünfhundert neue „Siedlungskörper". Von unterschiedlicher Größe und Charakteristik, oft aus ehemaligen Barackenlagern der Wehrmacht oder des Arbeitsdienstes erwachsen, in Selbsthilfe unter zumeist ungeklärten Besitzverhältnissen oder mit Duldung der Behörden erstellt, lag den in der Regel improvisierten Neusiedlungen gewöhnlich eine unterschiedlich gewichtete Mischung von Gründungsmotiven zugrunde. Neben der Beschaffung von Wohnraum dominierte der Aspekt der gewerbebezogenen Ansiedlung, sei es, daß sich Pendlersiedlungen im Umkreis von Industriestädten heraus-

---

[239] BayHStA, MWI 13723-II, Bayerisches Staatsministerium für Wirtschaft, „Ein Jahr Industriebauplan", 2.8.1948 (Tabelle I) (Zitat); ebenda, Regierungswirtschaftsamt Ober- und Mittelfranken an das Bayerische Staatsministerium für Wirtschaft, 15.8.1947.

bildeten, Handwerkergemeinden zusammenfanden oder Flüchtlingsindustrien niederließen. Rein agrarische Gründungen blieben demgegenüber weit in der Minderzahl. Allerdings stellten sich bald im Umkreis von München, Augsburg und Nürnberg Übergangsformen ein, deren überwiegend heimatvertriebene Bewohner als Industriearbeiter tätig waren, während sie gleichzeitig die Bewirtschaftung kleinster Anwesen im Nebenerwerb betrieben.[240] Nur ein geringer Teil dieser Gründungen fand die Aufmerksamkeit der bayerischen Wirtschaftsverwaltung. Schon wenige Monate nach Kriegsende war dort die Idee formuliert worden, über das „Ansetzen neuer Industriezweige" dem ökonomischen Wiederaufbau in Bayern exogene, aus dem Flüchtlingsstrom gespeiste Impulse zu verschaffen. Besonders traten Stellen der mittleren Verwaltungsebene mit Vorschlägen und Klagen hervor. Eine Art ideengebende Katalysatorfunktion nahm vor allem die Gablonzer Glas- und Schmuckwarenindustrie ein, die sich bis 1950 zur größten Gruppenansiedlung von Vertriebenen auf bayerischem Boden entwickelte. Daneben galt das Augenmerk der Haida-Steinschönauer Glasindustrie, der Stickerei- und Spitzenherstellung aus Graslitz, den Aberthamer Handschuhmachern, der Tachauer Holzwarenerzeugung sowie dem Schönbacher und Graslitzer Musikinstrumentenbau. In den zuständigen Regierungswirtschaftsämtern nahm man den Zuwanderungsprozeß zum Anlaß, um die im Jahresverlauf 1946 sich einstellende, wenig planvoll wirkende Ansiedlung sudetendeutscher Handwerker zu kritisieren oder bereits Hoffnungen auf den Ausgleich wirtschaftlicher Ungleichgewichte „durch neuanzusiedelnde Industrie" zu nähren.[241]

Es entsprang keineswegs dem Zufall, daß vorwiegend bestimmte Zweige des sudetendeutschen Gewerbes in den Blickkreis der bayerischen Wirtschaftsstellen gerieten. Bereits seit Sommer 1945 hatten sudetendeutsche Gruppen und Einzelpersonen Kontakte nach Westdeutschland geknüpft, um die Ankunft der zu erwartenden Flüchtlingsströme vorzubereiten. Besonderen Elan zeigte hierbei die „Hilfsstelle für Flüchtlinge aus den Sudetengebieten", die im August 1945 in München ihre Arbeit begann. Neben caritativer und logistischer Hilfeleistung leitete man vor allem eine intensive Mittler- und Dokumentationstätigkeit ein, welche die baye-

---

[240] Die kommunalen Neugründungen, welche in Einzelfällen aus derartigen Flüchtlingsansiedlungen erwuchsen, fanden bereits früh das Interesse von Zeitgenossen und Forschung. Vgl. hierzu etwa: Elisabeth Pfeil, Neue Städte auch in Deutschland. Stadtgründungen auf der Grundlage gewerblicher Flüchtlingsunternehmen, Göttingen 1954; dies., Städtische Neugründungen, in: Eugen Lemberg/Friedrich Edding (Hg.), Die Vertriebenen in Westdeutschland. Ihre Eingliederung und ihr Einfluß auf Gesellschaft, Wirtschaft, Politik und Geistesleben. Band I, Kiel 1959, S. 500-520; dies., Regionale Seßhaftmachung, ebenda, S. 447-454; für Bayern: Otto Schütz, Die neuen Städte und Gemeinden in Bayern (Veröffentlichungen der Akademie für Raumforschung und Landesplanung, Abhandlungen 48), Hannover 1967; aus volkskundlicher Sicht: Alfred Karasek-Langer, Neusiedlung in Bayern nach 1945, in: Jahrbuch für Volkskunde der Heimatvertriebenen 2 (1956), S. 24-102.
[241] BayHStA, MWI 9625, Regierungswirtschaftsamt Schwaben an das Bayerische Landeswirtschaftsamt, Monatsbericht für November und Dezember 1945, 2.1.1946 (Zitate); ebenda, Regierung von Schwaben, Monatsbericht für Juli 1946, 15.8.1946; MWI 14752/I, Industrie- und Handelskammer für Oberfranken, Bayreuth, an das Bayerische Wirtschaftsministerium, 2.10.1946; MWI 14705, Erfahrungen bei der Industrieansiedlung, 11.1.1947. Die Bevölkerungs- und Beschäftigtenzahlen deutscher Städteneugründungen findet sich in vergleichender Auflistung bei: Elisabeth Pfeil, Städtische Neugründungen, S. 513. Zum Gesamtzusammenhang auch: Franz J. Bauer, Flüchtlinge und Flüchtlingspolitik in Bayern 1945-1950 (Forschungen und Quellen zur Zeitgeschichte 3), Stuttgart 1982, S. 251-339.

4. Improvisierte Lenkung

rischen Regierungs- und Verwaltungsstellen von den Möglichkeiten der ökonomischen Integration der ausgewiesenen sudetendeutschen Gewerbetreibenden überzeugen sollte. In Denkschriften, persönlichen Vorsprachen und über die Teilnahme an Arbeitskreisen wurde vor allem auf das hohe Exportpotential der sudetendeutschen Wirtschaft, den geringen Rohstoffbedarf und auf die strukturellen Ähnlichkeiten mit der Aufnahmewirtschaft aufmerksam gemacht. Diese Argumentation fiel im bayerischen Wirtschaftsministerium auf fruchtbaren Boden. Die dort mit Ansiedlungsfragen befaßten Referenten akzeptierten zudem jene wiederholt vorgetragene Überlegung, wonach die arbeitsintensive, auf „Gemeinschaftsarbeit" beruhende Wirtschaftsstruktur der Sudetenregion eine geschlossene Umsiedlung ihrer profiliertesten Gewerbesparten erfordere. Ansonsten, so fürchtete man, würden wesentliche volkswirtschaftliche Agglomerationsvorteile verlorengehen. Zwar machte der Leiter der Landesplanungsstelle im Staatsministerium für Wirtschaft, Helmut Fischer, keinen Hehl aus seiner Sorge vor dem Entstehen von landsmannschaftlichen „Inseln" im „bayerischen Volkskörper". Die vermutlichen wirtschaftlichen Vorteile gaben für ihn jedoch den Ausschlag und ließen ihn dezidiert für die möglichst konzentrierte Wiederansiedlung ausgewählter Spezialgewerbe optieren. Auch im Landesarbeitsamt trat man diesem Prinzip bei. Als Mittel der Wahl schien sich die Ergänzungsoption vor allem deshalb anzubieten, da die Aufnahmefähigkeit der existierenden bayerischen Industriesparten für zusätzliche Arbeitskräfte nach Meinung der Experten äußerst begrenzt war.[242]

Zu einem Zeitpunkt, da man in der bayerischen Landesplanung für die ökonomische Integration der Vertriebenen noch vornehmlich auf die Bereiche Landwirtschaft und Handwerk zählte, stellte sich die Diversifikation der bayerischen Industriestruktur vorläufig als die einzige weitere erfolgversprechende und zugleich gewinnbringende Ansatzmöglichkeit dar. So entschloß sich die Industrieabteilung des Wirtschaftsministeriums im Verlauf der ersten Jahreshälfte 1946, die Ansiedlung neuer Gewerbezweige auf dem Terrain vormaliger Rüstungswerke zu einem Schwerpunkt ihrer Fördertätigkeit im Bereich der Flüchtlingsansiedlung zu machen. Ins Auge gefaßt wurden dabei neben Standorten bei Kaufbeuren und Bayreuth unter anderem Liegenschaften auf dem Gemeindegebiet von Kraiburg und Wolfratshausen. Auf der Prioritätenliste des bayerischen Wirtschaftsressorts avancierte diese Form der Ansiedlung damit zum vorerst wichtigsten Element der räumlichen Industrieplanung.[243]

Seit eine erste Bestandsaufnahme der Landesplanungsstelle im August 1945 auf das „wertvolle Kapital"[244] hingewiesen hatte, das in zahlreichen, teilweise zerstör-

---

[242] ACSP, NL Elsen 6.7.1, Volkswirtschaftliche Arbeitsgemeinschaft für Bayern, Protokoll über die 2. Sitzung des Unterausschusses für Industrie-Handel und Gewerbe am 27. März 46 im Sitzungssaal der Bayerischen Staatsbank, 27.3.1946 (Zitate: S. 5f.). Siehe dazu auch: Adolf Weber (Hg.), Seßhaftmachung Heimatloser in Bayern, bes. S. 6, 22 und 64.
[243] BayHStA, MWI 14721, Handschriftliche Notiz „Flüchtlingsansiedlung" (Dr. Sivers), 20.9.1946; Wirtschaftspolitik und Wirtschaftsentwicklung in Bayern im Jahre 1947. Jahresbericht des Bayerischen Staatsministeriums für Wirtschaft, München 1948, S. 35 (Zitat).
[244] ACSP, NL Elsen 6.7.1, Landesplanungsbehörde Bayern, Vormerkung. Betreff: Verwertung von Altmaterial, 28.8.1945: „[...] Ihre Umstellung von der bisherigen Produktion von Pulver und Sprengstoff auf Friedensproduktion ist technisch möglich und wirtschaftlich dringend erwünscht, um dieses wertvolle Kapital zu retten". Zur Verwendung ehemaliger Wehrmachtsanlagen für friedliche Zwecke auch: Georg Heilmann, Stätten des Krieges – Stätten des Frie-

ten Wehrmachtsanlagen Oberbayerns und Schwabens ungenutzt verfiel, war die Idee einer Nutzung dieser Areale für Friedenszwecke nicht mehr aus den Entwürfen verschwunden. Eine derartige Schwerpunktbildung lag umso näher, als staatliches Siedlungsgelände anderweitig kaum aufzutun war, Baumaterial für gewerbliche Neubauten so gut wie nicht zur Verfügung stand und zudem die amerikanische Besatzungsmacht das Projekt prinzipiell unterstützte. Auf dem sachlich benachbarten Feld der landwirtschaftlichen Flüchtlingsansiedlung hatte die Militärregierung schon im Sommer 1945 Entgegenkommen signalisiert und die Verwaltung ehemaliger Wehrmachtsländereien per Gesetz der Obersten Siedlungsbehörde im Landwirtschaftsministerium zugewiesen. In Zusammenarbeit mit der Bayerischen Bauernsiedlung als ausführendem Organ konnte das Ministerium bis Frühjahr 1947 erreichen, daß knapp 30000 Hektar Fläche im Bereich von Flugfeldern und Truppenübungsplätzen ganz oder teilweise für die Bewirtschaftung freigegeben wurden.[245] Das besatzungspolitische Eigeninteresse der Amerikaner an der Bodenreform in Bayern trug erheblich dazu bei, solche Maßnahmen der landwirtschaftlichen Siedlungstätigkeit zu erleichtern und frühzeitig relativ klare Durchführungsvereinbarungen zu erlangen.[246] Etwas anders stellte sich die Lage auf dem Feld der Gewerbeansiedlungspläne im Bereich ehemaliger Munitionsanstalten dar. Hier schwebte das Damoklesschwert der amerikanischen Entmilitarisierungs- und Demontageinteressen jahrelang über den bayerischen Vorhaben und zeigte nach Verkündung der Reparationsliste im Herbst 1947 seine ganze Schärfe. Weitere Hemmnisse taten das ihre, um den Lenkungsprozeß an Grenzen stoßen zu lassen. Dazu gehörten erneut widerstreitende Interessen in der bayerischen Wirtschaftsverwaltung, Fälle unzureichender Umsetzung von Weisungen durch untergeordnete Stellen oder auch die verbissene innerbayerische Konkurrenz um Anteile am industriellen Aufbaupotential. Die Frühgeschichte der Gruppenansiedlung des Gablonzer Glas- und Schmuckgewerbes in Bayerisch-Schwaben und in Oberfranken kann dies beleuchten.

Ungeachtet der hohen Priorität, die der Ansiedlungsprozeß ausgewählter Flüchtlingsindustrien in der bayerischen Wirtschaftsverwaltung und in der Flüchtlingsadministration genoß, charakterisierte den Vorgang in der Praxis eher ein Ineinandergreifen der staatlichen oder vorstaatlichen Hilfestellungen und der äußerst ausgeprägten Eigenleistung der Vertriebenen. Während der bayerische Flüchtlingskommissar persönlich im März 1946 die ersten Schritte unternommen hatte, um der Militärregierung die Nutzungsrechte für ehemalige Munitionsfabriken im südlichen Bayern abzuringen, waren es dann in mehr als einem Falle vertriebene Unternehmer selbst gewesen, die trotz anfänglich ungeklärter Besitzverhältnisse die friedenswirtschaftliche Umwandlung der Areale in Angriff genommen hat-

---

dens, in: Unser Bayern. Politik, Wirtschaft, Kultur. Hg. von der Bayerischen Staatskanzlei, München 1950, S. 79–81.
[245] Stenographischer Bericht über die 10. Sitzung des Bayerischen Landtags am 21.3.1947, S. 235f. Organisationsgeschichtliche Fragen in bezug auf die Bayerische Landessiedlung behandelt: Wolfram Rubenstroth-Bauer, Die Bayerische Landessiedlung GmbH als Instrument bayerischer Agrarpolitik unter besonderer Berücksichtigung der Eingliederung vertriebener Landwirte, Diss. München 1976.
[246] Franz J. Bauer, Der Bayerische Bauernverband, die Bodenreform und das Flüchtlingsproblem 1945-1951, in: Vierteljahrshefte für Zeitgeschichte 31 (1983), S. 443–482.

4. Improvisierte Lenkung

ten.[247] Dies traf auch für das Gelände der ehemaligen Munitionsanstalt der Dynamit AG bei Kaufbeuren zu. Dort waren ab Februar 1946 die ersten ausgewiesenen Arbeitskräfte aus dem tschechischen Gablonz einzeln oder im Rahmen größerer Vertriebenentransporte angekommen. Bis März war ihre Zahl bereits auf 400 Personen angewachsen. Die Ankömmlinge, die zunächst in Barackenlagern der Umgebung oder auf dem Werksgelände untergebracht wurden, fanden in der ehemaligen Muna einen Ort der Zerstörung vor. Noch im November 1945 waren die DAG-Anlagen auf Anordnung der US-Armee als erste Rüstungsproduktionsstätte des IG-Farben-Konzerns in weiten Teilen gesprengt worden. Weder das beachtliche Interesse der deutschen Presse noch die Interventionen von politischen Vertretern aus der Region oder von lokalen Wohlfahrtsorganisationen hatten verhindern können, daß etwa 90 von 160 Gebäuden zerstört wurden.[248]

Dennoch ließ sich das Ansiedlungsunternehmen gut an, da örtliche und regionale Stellen bereitwillig Hilfestellung leisteten. Der Kaufbeurer Bürgermeister, der zuständige Landrat, der örtliche und der für den Regierungsbezirk Schwaben verantwortliche Flüchtlingskommissar sorgten, unterstützt vom Drängen der Besatzungsmacht, dafür, daß Stadt und umliegende Landgemeinden Gewerbe- und Wohnraum zur Verfügung stellten.[249] Angesichts der dennoch beschränkten Möglichkeiten und der anfänglichen Widerstände aus der Bevölkerung erwies es sich für die Vertriebenen von besonderem Nutzen, daß sie in zwei Abteilungen des bayerischen Wirtschaftsministeriums – der Landesstelle Glas, Porzellan und Keramik und in der Landesplanungsstelle – wie auch im Regierungswirtschaftsamt Schwaben weitere Verbündete gefunden hatten.[250] Die geschickte Kontaktpflege und energische Interessenpolitik der Flüchtlinge sowie ihr hoher Organisationsgrad trugen das ihre dazu bei, einen frühen Etappenerfolg in der Frage der Nutzungsregelung des Kaufbeurer Geländes herbeizuführen. Im Juni 1946, zu einem Zeitpunkt, da in anderen Ansiedlungsprojekten eine Regelung der Bodenfrage noch in weiter Ferne lag, erreichte die von ehemals Gablonzer Unternehmern gegründete „Aufbau- und Siedlungs-Gesellschaft" den Abschluß mehrerer Pachtverträge mit dem Regionaloffizier der Property Control Branch der Militärregierung. Die Vereinbarungen waren von den Vertriebenen unter bewußter Umgehung des Wirtschaftsministeriums und der Staatsregierung ausgehandelt worden und sahen die Verpachtung des Geländes für 25 Jahre vor.[251]

---

[247] BayHStA, MArb/Landesflüchtlingsverwaltung 7539, Der bayerische Flüchtlingskommissar an die amerikanische Militärregierung, 24.3.1946.
[248] BayHStA, OMGBY 10/83-3/3, Annual Report 1945/46, Det. G-370, Landkreis Kaufbeuren, S. 38–40.
[249] Ebenda, S. 47, 51f., 55–58; BayHStA, MArb/Landesflüchtlingsverwaltung 1872, Der Landrat des Kreises Kaufbeuren, Dr. Stang, an den Herrn Staatsminister des Innern, Josef Seifried, 14.3.1946.
[250] Vgl. hierzu das Protokoll einer Besprechung am 28.11.1945, an der neben dem Leiter der Landesstelle und Repräsentanten der Sudetendeutschen Flüchtlingsstelle auch Vertreter des Regierungswirtschaftsamtes Schwaben, der bayerischen Glasindustrie und der Landesplanungsbehörde teilnahmen: BayHStA, MWI 14721, Bayerisches Landeswirtschaftsamt. Bayerische Landesstelle für Glas, Porzellan und Keramik, Vormerkung. Betrifft: Verpflanzung des Gablonzer-Gewerbes nach Bayern, 29.11.1945; ebenda, Reinhold F. Bender, Vormerkung. Betrifft: Ansiedlung des Gablonzer Gewerbes, 20.3.1946.
[251] Manfred Heerdegen, Die Ansiedlung der Gablonzer Industrie und die Anfänge von Neugablonz. Ein Rückblick auf die Jahre 1945/46 im Spiegel deutscher und amerikanischer Quellen, in:

Das Verhältnis der Kaufbeurer Neusiedler zur Spitze des bayerischen Wirtschaftsressorts hatte sich zu diesem Zeitpunkt aus guten Gründen abgekühlt. Die Hauptursache lag in den Allokationsplänen, die auf höchster Ebene entwickelt worden waren. Minister Ludwig Erhard selbst stand den Ansiedlungswünschen der Allgäuer Gruppe des Gablonzer Gewerbes distanziert gegenüber, da er sich intern bereits im März 1946 zugunsten eines dezentralisierten Verteilungskonzepts entschieden hatte. Dessen Schwerpunkt sollte nicht in der Gegend von Kaufbeuren, sondern in einem weit ausgedehnteren Gebiet zwischen Coburg im nördlichen Oberfranken und Zwiesel im östlichen Niederbayern liegen. Die Gründe für diese Position, die von Ministerpräsident Hoegner geteilt wurde, waren zum Teil von der Besatzungsmacht vorgegeben. Nach Ansicht der Alliierten hatten deutsche Stellen nicht nur vorwiegend aus eigener Kraft mit dem Flüchtlingsproblem fertigzuwerden, sondern auch dafür zu sorgen, daß die Integration möglichst rasch und reibungslos vonstatten ging. In Umsetzung der entsprechenden OMGUS-Anweisungen zeigte sich die amerikanische Militärregierung in Bayern unter anderem gewillt, ein Koalitionsverbot für Flüchtlinge durchzusetzen. An der koordinierten Ansiedlung von sudetendeutschen Handwerkern in Bayern war man nicht interessiert; die bayerische Staatsregierung hatte diese Vorgaben zu respektieren. Zugleich hoffte Erhard darauf, aus der Not eine Tugend machen zu können und über die Streuung des Gablonzer Glas- und Schmuckwarengewerbes in Ostbayern einen erheblichen ökonomischen Wiederaufbauimpuls für die Region und das Land zu setzen.[252]

Dem Steuerungsbemühen von höchster bayerischer Stelle standen im Frühjahr 1946 allerdings eine Reihe widriger Faktoren entgegen. Nicht nur erwies sich das Niederlassungsverhalten der vertriebenen Betriebsinhaber als von mancherlei Zufälligkeiten und schwer kalkulierbaren Faktoren der Anziehung bestimmt. Auch waren es die Härten der Aufnahmesituation insgesamt, die selbst vage Ansätze einer raumorientierten Flüchtlingspolitik in Frage stellten und die geplante Lenkung von Facharbeitertransporten an bestimmte Orte Bayerns zunächst nur in Ausnahmefällen gelingen ließ. Insbesondere die rasche Aufeinanderfolge der Vertriebenentransporte innerhalb von oft nur 24 Stunden oder die bis zur Ankunft am Grenzbahnhof fehlenden Angaben über die genaue Herkunft und berufliche Schichtung der Neuankömmlinge machten eine geplante Verteilung äußerst schwierig.[253] Bis März 1946 hatte sich so neben dem Raum Bayreuth das östliche Allgäu im Zuge eines staatlicherseits weitgehend ungesteuerten Wanderungsprozesses als wichtigste Aufnahmeregion herausgebildet. Auf Vorschlag Hoegners sah sich der bayerische Ministerrat deshalb am 2. Mai 1946 gezwungen, nunmehr eine

---

1946–1996. 50 Jahre Neugablonz. Beiträge zu seiner Geschichte, seinen Menschen, seiner Industrie, Kaufbeuren 1996, S. 13–71, hier: S. 30f. Der Aufsatz verzichtet auf Quellennachweise.
[252] Heerdegen, Die Ansiedlung der Gablonzer Industrie, S. 22f.
[253] „Die gemeinsam mit Staatskommissar für Flüchtlingswesen aufgestellten Besiedlungspläne werden durch schnelle Ankunft der Flü-Züge, durch Umleitung dieser Züge, durch das Durcheinanderwerfen v. Transporten völlig über den Haufen geworfen. Es ist in der Praxis einfach nicht möglich, die Fachleute aus bestimmten Industriezweigen in den dafür geplanten Ort zu schleusen. Es muß später Entflechtung erfolgen." (BayHStA, MWI 14721, Aktennotiz. Bayreuth Flüchtlingswesen, 25.2.1946). Das Zitat findet sich auf dem Dokument als handschriftliche Notiz des Referenten im Landeswirtschaftsamt, von Sivers.

4. Improvisierte Lenkung

Lösung anzusteuern, die den einmal erreichten Zustand positiv sanktionierte, ohne doch das favorisierte Verteilungsmuster aufzugeben: Alle weiterhin in Bayern eintreffenden Gablonzer Facharbeiter sollten fortan gezielt nach Oberfranken gelenkt werden, ihre bereits im Allgäu ansässigen Landsleute hingegen dort verbleiben dürfen.[254] Der als Kompromiß gedachte Beschluß kam in den Augen Hoegners und Erhards einer Suspendierung weiterer Flüchtlingszuweisungen aus dem Gablonzer Raum für die Region Kaufbeuren gleich.

In der Praxis vermochte es jedoch auch dieser politische Steuerungsakt nicht, die einmal in Gang gekommenen Wanderungs- und Agglomerationstendenzen der sudetendeutschen Flüchtlingsunternehmer in Bayern grundsätzlich zu revidieren. Dies lag zum vorwiegenden Teil an kaum kontrollierbaren Gegebenheiten wie der wachsenden Sogkraft eines ökonomisch zunehmend erfolgreich agierenden Betriebsverbundes des Gablonzer Gewerbes im Ostallgäu. Zu dieser Eigendynamik der Bewegung zugunsten Kaufbeurens trug überdies bei, daß Erhard im eigenen Hause hinhaltender und geschickter Widerstand erwuchs. Der Leiter der zuständigen Landesstelle Glas, Porzellan und Keramik gab auch nach der Ministerratsentscheidung seine aktive Unterstützung des Kaufbeurer Standortes nicht auf. Er suggerierte Interessenten in offiziellen Schreiben sogar weiterhin, daß seitens der bayerischen Wirtschaftsverwaltung die Ansiedlung in beiden Schwerpunkträumen erwünscht sei.[255] Minister Erhard hatte sich für die Ausführung des Kabinettsentscheids gegenüber dem empörten Ministerpräsidenten zu verantworten und sah sich gezwungen, seiner Landesstelle die Praxis einer „eigenen Wirtschaftspolitik" zu untersagen.[256] Doch nicht genug damit, daß die Leitungskompetenz des Ministers solcherart in Frage gestellt war. Im Sommer 1946 verwirrte sich die Situation nicht ohne Mitschuld Erhards noch weiter, als mit der Industrie- und Handelskammer Coburg ein zusätzlicher Interessent im Streit der Regierungsbezirke auf den Plan trat. Der hinhaltend agierende Erhard hatte dort zu Anfang des Jahres die Hoffnung geweckt, auf der Basis einiger Gablonzer Ansiedlungen ein weiteres Zentrum dieses Gewerbezweigs aufbauen zu können und fand in der Folge nur mit Mühe zu einem Vermittlungsvorschlag zugunsten Bayreuths.[257] Von noch größerer Tragweite aber war, daß sich die vordergründig salomonische Kabinetts-

---

[254] Vgl. Die Protokolle des Bayerischen Ministerrats 1945–1954. Das Kabinett Hoegner I (28. September 1945 bis 21. Dezember 1946). Band 1, bearbeitet von Karl-Ulrich Gelberg, München 1997, S. 467–485.
[255] BayHStA, MWI 14753, Auszugsweise Abschrift. Landesstelle Glas, Porzellan und Keramik, Rundschreiben Nr. 27, 31.5.1946. Darauf findet sich die handschriftliche Notiz Hoegners: „Herrn Wirtschaftsminister mit dem Ersuchen um Aufklärung, wie der Beschluß des Ministerrats in dieser Weise ins Gegenteil verkehrt werden konnte."; BWA, IHK Bayreuth, K08/3164, Landesstelle für Glas, Porzellan und Keramik an Rudolf Zappe, PW Camp 407, Ochsenfurt, 13.4.1946.
[256] BayHStA, MWI 14752/2, Wirtschaftsminister Ludwig Erhard an das Landeswirtschaftsamt München, im Hause, 21.6.1946 (Zitat); ebenda, Wirtschaftsminister Ludwig Erhard an den Bayerischen Ministerpräsidenten, 30.7.1946.
[257] BayHStA, MWI 14721, IHK Coburg an den bayerischen Wirtschaftsminister, Dr. Erhardt [!], 28.8.1946; Erhards Antwort: Der bayerische Wirtschaftsminister Erhard an die IHK Coburg, 31.8.1946. Zur Diskussion der Sachlage zwischen den beteiligten Industrie- und Handelskammern und dem Wirtschaftsministerium auch: MWI 14721, Von Sivers an Herrn Minister Dr. Ludwig Erhard, 18.7.1946 (mit handschriftlicher Antwort Erhards); ebenda, Dr. Rolf von Sivers an IHK Bayreuth, 29.7.1946; ebenda, IHK für Oberfranken an das Bayerische Staatsministerium für Wirtschaft, 21.8.1946.

entscheidung vom Mai 1946 schon in der zweiten Jahreshälfte auch in der Sache selbst als eine Fehlentscheidung mit gravierenden Folgen zu entpuppen drohte. Da der Raum Bayreuth wider Erwarten die benötigten Wohn- und Gewerberaumkapazitäten dauerhaft nicht bereitstellen konnte, andererseits aber die rund um Kaufbeuren für den Zuzug von Gablonzern vorgesehenen Landkreise wegen des Ansiedlungsverbots zwischenzeitlich mit anderen Flüchtlingen belegt worden waren, sahen viele vertriebene sudetendeutsche Handwerker keine Alternative mehr, als Bayern endgültig zu verlassen. In Hessen und im Raum von Schwäbisch-Gmünd, Heidelberg, Braunschweig, Hamburg oder im Rheinland erfuhren die zum Teil dort bereits ansässigen Gablonzer Gruppen deshalb seit Sommer 1946 eine erhebliche personelle Verstärkung.[258]

Da unter diesen Umständen das gesamte Ansiedlungsprojekt in die Gefahr des Scheiterns geriet, war ein Kurswechsel unumgänglich. So intensivierten nicht nur die im Wirtschaftsministerium und in der bayerischen Flüchtlingsverwaltung mit Ansiedlungsfragen betrauten Stellen ihre Anstrengungen, um Transporte von Gablonzer Fachkräften in Bayern zu halten. Vielmehr blieb nun auch auf oberster Entscheidungsebene kaum eine andere Wahl mehr, als die überlegene Attraktivität des schwäbischen Standorts hinzunehmen. Zwar erneuerte der Ministerrat am 27. September 1946 sein prinzipielles Votum zugunsten Oberfrankens. In Reaktion auch auf politischen Druck aus Kreisen der schwäbischen CSU hin ließ der Ministerrat jedoch die Ansiedlung von 400 weiteren Gablonzer Fachkräften in Kaufbeuren zu und weichte damit das Zuwanderungsverbot in der Praxis ganz entscheidend auf.[259] Der Regierungswechsel Ende Dezember 1946 und der Abgang Erhards als bayerischer Staatsminister gaben dann im Wirtschaftsministerium jenen Kräften freiere Bahn, die an die kurzzeitig aufscheinende Möglichkeit einer Wiedervereinigung der zersplitterten Gablonzer Strukturen anknüpfen wollten und definitiv auf eine Neuorientierung zugunsten Kaufbeurens hinsteuerten. Ohne daß es je zum Widerruf der Kabinettsentscheidungen vom 2. Mai und 27. September 1946 gekommen wäre, setzte sich ab Frühjahr 1947 bei den Praktikern im bayerischen Wirtschaftsressort eine Lösung durch, die die Beschlüsse „in Schwebe" hielt und damit de facto ihre Außerkraftsetzung betrieb.[260] Die Selbstverwaltungsorgane

---

[258] BayHStA, MWI 14753, Allgäuer Glas- und Schmuckwaren eGmbH an die Bayerische Staatsregierung, 7.1.1947; MWI 14721, Der Landrat Bayreuth, Wohnungsamt, an das Staatsministerium für Wirtschaft, 20.12.1946; ebenda, Der Regierungspräsident in Ansbach, Bezirksplanungsbehörde, an das Staatsministerium für Wirtschaft, 28.3.1947; „Die Gablonzer gehen nach Solingen", in: Wiesbadener Kurier/Wirtschaftskurier, 9.1.1948; Heribert Müller, Die Ansiedlung der deutschböhmischen Glasveredlungsindustrie in Westdeutschland (Forschung und Leben. Bonner Beiträge zur Raumforschung 1), Dortmund 1951, S. 42ff., bes. S. 47, 59, 71-77.

[259] BayHStA, MWI 14721, Bayerisches Staatsministerium für Wirtschaft, Dr. Fernegg, an das Staatskommissariat für das Flüchtlingswesen, 25.11.1946; Der Bayerische Staatskommissar für das Flüchtlingswesen an den Staatskommissar für das Flüchtlingswesen Karlsruhe, Württemberg, 25.11.1946; MWI 14753, Bayerisches Staatsministerium für Arbeit und Soziale Fürsorge an Dr. Fernegg. Betreff: Abwanderung von sudetendeutschen Glasfacharbeitern, 12.3.1947. MWI 14752/1, Mitteilungen der Christlich-Sozialen Union, Ausgabe Schwaben, Nr. 10, 21.9.1946; MWI 14721, Ludwig Erhard, Vormerkung für Herrn Dipl. Ing. Waldmann, Bayerisches Landeswirtschaftsamt, 14.10.1946. Zum neuerlichen Kabinettsbeschluß: Die Protokolle des Bayerischen Ministerrats 1945-1954. Das Kabinett Hoegner I (28. September 1945 bis 21. Dezember 1946). Band 2, bearbeitet von Karl-Ulrich Gelberg, München 1997, S. 838f.

[260] BayHStA, MWI 14753, Landesstelle Glas, Porzellan und Keramik an Wirtschaftsminister Dr. Zorn, 13.1.1947. Darauf findet sich der handschriftliche Vermerk: „Am 25. Januar findet in

4. Improvisierte Lenkung

der Wirtschaft im Raum Bayreuth sahen sich unter solchen Vorzeichen gezwungen, den „Wunsch der Schaffung eines Gablonzer Zentrums in Oberfranken" drastisch einzuschränken. Im Landtag kam es zu einem improvisierten Schlagabtausch zwischen dem oberfränkischen SPD-Abgeordneten Herrmann und dem umtriebigen Landrat des Landkreises Kaufbeuren, Stang (CSU)[261]. Mehr als von den parteipolitischen Fronten zwischen den befreundeten Politikern wurde die Debatte von der regionalpolitisch inspirierten Konkurrenz um das sudetendeutsche Gewerbepotential bestimmt. Empört und nicht ohne eine Spur von Verbitterung brachte der temperamentvolle nordbayerische Politiker dabei jenen Aspekt zur Diskussion, der in seiner Sicht zu einer eklatanten Benachteiligung Oberfrankens geführt hatte. Die offensichtliche Mißachtung des Willens des Ministerrats bot ihm zufolge ein Schauspiel, welches nur als Ausdruck einer „Allianz der Altbajuwaren mit den Preußen gegen die Franken" innerhalb der bayerischen Wirtschaftsverwaltung gedeutet werden könne.[262]

Herrmanns allzu pointierte Darstellung wies in der Tat zu Recht auf die Tatsache hin, daß Ministerratsbeschlüsse durch Kaufbeurer Stellen ignoriert, teils bewußt umgangen und von der zuständigen Landesstelle im Wirtschaftsministerium sogar in ihr Gegenteil verkehrt worden waren. Das unübliche Maß an Handlungsfreiheit, über das mittlere und untere Instanzen des bayerischen Staatsapparates noch im Jahr 1946 verfügten, kann die Umkehrung des Planungsbemühens jedoch nicht alleine erklären. Wichtige weitere Aspekte sind bereits genannt worden, darunter die frühzeitige Initiative und freiwillige Standortentscheidung einer wachsenden Fraktion des Gablonzer Gewerbes selbst, begünstigt durch die Hilfe von regionalen Stellen und das Vorhandensein jener südbayerischen Rüstungsliegenschaften, denen rund um Bayreuth nichts gleichartig Verwertbares gegenüberstand. Das Entgegenkommen der lokalen US-Offiziere erleichterte das Kaufbeurer Projekt zusätzlich: Sie gingen davon aus, daß in Fragen der Flüchtlingshilfe die Prinzipien „Arbeit statt Fürsorge" und „Stärkung des Wiederaufbaus durch Schaffung von exportorientierten Produktionszweigen" Vorrang hatten und vertraten diese Orientierung auch gegenüber ihren vorgesetzten Stellen.[263] Es entbehrt gleichwohl nicht einer gewissen Ironie, daß mit Neugablonz in den folgenden Monaten und

---

Reichenhall eine Versammlung der Vertreter aller in Bayern angesiedelten „Gablonzer" statt, mit dem Ziele einer Vereinigung. Ich darf vorschlagen, das Ergebnis dieser Besprechung [...] abzuwarten. Nachher einen Ministerratsbeschluß über eine Konzentrierung auf Kaufbeuren herbeizuführen. 14.1.47, Sivers."; MWI 14753, Vormerkung für Herrn Minister Dr. Zorn. Bericht über die Besprechungen mit den verschiedenen Gruppen der Gablonzer Industrie in München am 24.1.47 und in Bad Reichenhall am 25. und 26.1.1947, 5.2.1947 (Zitat).

[261] Georg Stang (1880-1951), BVP/CSU-Politiker, 1912-1933 MdL (BVP), 1929-1933 Präsident des Bayerischen Landtages, 1946-1951 Landrat des Kreises Kaufbeuren, 1946-1951 MdL (CSU), 1950-1951 Präsident des Bayerischen Landtages.

[262] BWA, IHK Bayreuth, K08/3164, Ansiedlungsstelle der Gablonzer Industrie bei der Industrie- und Handelskammer in Bayreuth, Monatsbericht November 1946, 23.11.1946; ebenda, Ansiedlungsstelle an Regierungswirtschaftsamt Bayreuth, OB Bayreuth, IHK Bayreuth und Arbeitsamt Bayreuth, 2.12.1946 (Zitat). Stenographischer Bericht über die 10. Sitzung des Bayerischen Landtags am 21.3.1947, S. 235-241, bes. S. 236f. (Herrmann), 237f. (Stang) und 239 (Herrmann) (Zitat: S. 237).

[263] BayHStA, OMGBY 10/83-3/3, Cumulative quarterly report covering period from 1 October to 31 December 1946 from Military Government Liaison and Security Officer, Det. G-370, Landkreis Kaufbeuren, o. D., S. 49-52.

Jahren gerade jenes Industrieansiedlungsvorhaben zu einem Prestigeobjekt bayerischer Aufbauplanung geriet, das über die entscheidende Anfangsphase hinweg vom Ministerrat bewußt hintangestellt und in seiner Entwicklung eher behindert als gefördert worden war. So konnte Ministerpräsident Ehard im Frühsommer 1947 gegenüber dem amerikanischen Militärgouverneur auf durchaus feinsinnig differenzierende Weise treffend herausstellen, daß die Kaufbeurer Vertriebenenansiedlung „in Bayern als Vorbild gelten kann, weil es hier am besten gelungen ist, die Flüchtlinge durch die Unterstützung der Militärregierung und ihrer eigenen Initiative in den Wirtschaftsprozeß einzuschalten und ihnen eine neue Heimat zu schaffen".[264]

Die besondere Relevanz des Fallbeispiels liegt nun unter anderem darin, daß es in mancher Hinsicht *nicht* als typisch für die generelle Lage gewerblicher Betriebsneugründungen durch Vertriebene anzusprechen ist. Denn neben jenen sudetendeutschen Spezialindustrien, die in Bayern aufgrund ihres internationalen Rufs bevorzugt in den Genuß staatlicher oder vorstaatlicher Hilfe zur Selbsthilfe kamen, standen viele Tausende individuell agierender Vertriebenenhandwerker und -unternehmer, die mindestens bis zur Währungsreform ohne gleichwertige Unterstützung auszukommen hatten. Rohstoffmangel, Raumnot, bürokratische Hindernisse und Ressentiments des einheimischen Gewerbes gegenüber potentiellen Konkurrenten bestimmten für sie weit eher die Realität der ersten Nachkriegsjahre als das Spektrum von Hilfestellungen, das die Gruppensiedlungen genossen.[265] Erst die Folgen der Währungsumstellung vom Juni 1948 trafen jegliche Form von kapitalschwachen Unternehmensgründungen gleichermaßen und bewirkten eine Marktbereinigung, welche die Zahl der Flüchtlingsunternehmen insgesamt stark reduzierte. War es zu Zeiten der fortexistierenden, doch stark inflationär geschwächten Reichsmarkwährung relativ einfach gewesen, den Finanzbedarf neugegründeter Unternehmen abzudecken, so verwandelte die Währungsreform den Faktor Kapital praktisch über Nacht in eine entscheidende Engpaßstelle. Was im Falle der sudetendeutschen Spezialgewerbe als Garant guter Integrationsaussichten erschienen war – die hohe Arbeitsintensität bei geringem Kapitaleinsatz oder die Spezialisierung auf teils recht exotisch anmutende, in Bayern bis dahin kaum produzierte Konsumgüter –, konnte sich im neugeordneten Wirtschaftsgefüge als existenzgefährdendes Hemmnis erweisen. So mußte die bis Mitte 1948 vorwiegend auf Luxuserzeugnisse hin orientierte, ehemals Gablonzer Glas- und Schmuckwarenindustrie allein im Raum Kaufbeuren mehr als 2000 von etwa 5700 Arbeitskräften freisetzen und überdauerte bis Jahresende 1948 vorwiegend dank einer Verlagerung ihres Produktionsprogramms. Hatten die sudetendeutschen Neusiedler schon vor der Währungsreform nur einen Bruchteil ihrer ehemals zu 90% exportierten Produktion im Ausland absetzen können, so sahen sie sich in der zweiten Jahreshälfte 1948 nahezu vollständig auf den westdeutschen Binnenmarkt verwie-

---

[264] BayHStA, MWI 13704, Der Bayerische Ministerpräsident Dr. Hans Ehard an den Direktor der Militärregierung für Bayern, Herrn General Muller, 28.5.1947.
[265] Zur Lage der Flüchtlingsunternehmer allgemein: Bauer, Flüchtlinge und Flüchtlingspolitik, S. 332f.

sen. Erst ab Mitte der 1950er Jahre konnte die Neugründung als ökonomisch abgesichert gelten.[266] Die Frühgeschichte der sudetendeutschen Gewerbeansiedlung in Bayern bildet ein Lehrstück für die Praxis raumorientierter Lenkungsvorhaben der ersten Nachkriegszeit, erlaubt sie doch, das deutende Abstraktum der „improvisierten Planung" aus der Nahbetrachtung mit Inhalt zu belegen. Anders als bei oberflächlichem Besehen etwa zu erwarten, blieben die verfügbaren landeseigenen Steuerungsinstrumente für den industriellen Wiederaufbau auch unter den Bedingungen der Verwaltungswirtschaft begrenzt. Der Druck der Bevölkerungsbewegungen und der diversen materiellen Mangellagen limitierte die Durchschlagskraft staatlichen Handelns selbst im internen Instanzenzug; gelegentlich traf dies sogar für Kabinettsentscheidungen zu. Auch handhabbare Aufbaukonzepte mittlerer Reichweite vom Zuschnitt des „Industriebauplans" oder der Allokation vertriebener Unternehmen stießen rasch an die Grenzen des Umsetzbaren. Sofern unter diesen Umständen von planender Prozeßhaftigkeit überhaupt die Rede sein konnte, stellte sie sich auf bayerischer Landesebene vorerst als ein keineswegs staatlich dominierter, lediglich in Ansätzen institutionell geregelter, durchaus kollektiv bestrittener Vorgang dar. Verfehlt wäre es freilich, aufgrund der beschriebenen Eigenarten dieser Prozesse vorschnell auf fehlenden Gestaltungswillen der Landesplaner, behördliche Trägheit, mangelnde „Aufgeschlossenheit zur Tat" oder schlichte „Unkenntnis" der Zusammenhänge in den Reihen der Verantwortlichen zu schließen.[267] Es waren vielmehr gerade die Erfahrungen aus der Zeit vor und unmittelbar nach der Wirtschafts- und Währungsreform vom Juni 1948, die im bayerischen Wirtschaftsministerium die Ausgangsbasis für die Einleitung eines neuen Abschnitts bayerischer Industrieförderung bildeten. Diese nahm auch deshalb den Charakter einer kapitalorientierten Investitionspolitik an, weil das improvisierte Vorgehen der gewerblichen Flüchtlingssiedlung im ländlichen Umfeld sehr bald seine eklatanten Schwächen offenbart hatte. In dieser ökonomisch orientierten Flüchtlingspolitik lagen die Wurzeln einer konzeptionell und materiell auf breitere Grundlage gestellten bayerischen Industriepolitik nach dem Zweiten Weltkrieg.

5. Industriepolitik als Flüchtlingspolitik

Im Hinblick auf ihre Wirkungen für das Einsetzen des westdeutschen „Wirtschaftswunders" lange umstritten[268], markiert die Währungsneuordnung vom Juni

---

[266] Die Wirtschaftsentwicklung Bayerns im Jahr 1948. Jahresbericht des Bayerischen Staatsministeriums für Wirtschaft, München 1949, S. 9-11; Gerold Ambrosius, Der Beitrag der Vertriebenen und Flüchtlinge zum Wachstum der westdeutschen Wirtschaft nach dem Zweiten Weltkrieg, in: Jahrbuch für Wirtschaftsgeschichte 2 (1996), S. 39-71, hier: S. 66; Schütz, Die neuen Städte und Gemeinden, S. 147-155.
[267] Schütz, Die neuen Städte und Gemeinden, S. 164.
[268] Vgl. hierzu die Kontroverse zwischen Werner Abelshauser und Albrecht Ritschl, ausgetragen etwa in: Albrecht Ritschl, Die Währungsreform von 1948 und der Wiederaufstieg der westdeutschen Industrie. Zu den Thesen von Mathias Manz und Werner Abelshauser über die Produktionswirkungen der Währungsreform, in: Vierteljahrshefte für Zeitgeschichte 33 (1985), S. 136-165; Werner Abelshauser, Schopenhauers Gesetz und die Währungsreform. Drei Anmerkungen zu einem methodischen Problem, ebenda, S. 214-218.

II. Ausgangslage, Ordnungsvorstellungen und Wiederaufbaupraxis

1948 ohne Zweifel eine deutliche Zäsur in der Entwicklungsgeschichte des industriepolitischen Wiederaufbaus in Deutschland. Erst unter den Bedingungen stabilen Geldes und eines wiedererstehenden Kreditmarktes war die finanztechnische Basis gegeben, um die bis dahin vorherrschenden, vorwiegend punktuell wirksamen Lenkungs- und Ansiedlungsmaßnahmen durch flächendeckendere kreditpolitische Initiativen zu ergänzen und schließlich zu ersetzen. Jenseits dieser Tatsache macht der historische Befund zugleich deutlich, daß von einem „wurzellosen" industriepolitischen Aufbruch im Gefolge der Währungs- und Wirtschaftsumstellung nicht die Rede sein kann. Vielmehr lag gerade in der Inkubationsphase deutscher und bayerischer Wirtschaftspolitik nach 1945 zugleich ein wichtiger Teilabschnitt der Formationsgeschichte industriepolitischer Ansätze in Deutschland. Wie bereits gezeigt werden konnte[269], lassen sich für Bayern Elemente von Kontinuität im Bereich der strukturellen und materiellen Ausgangslage des gewerblich-industriellen Aufbauprozesses feststellen. Die schließlich eingeschlagenen industriepolitischen Lösungswege und ihre Vorformen jedoch waren weitgehend neu zu konzipieren.

Mehr noch als von der Reaktion auf die allgemein ökonomischen Krisenelemente, auf Einbußen an industrieller Kapazität, auf Kapitalvernichtung, Rohstoffmangel oder Güterknappheit war die bayerische Herangehensweise geprägt von der bis dahin unerhörten Herausforderung durch die Flüchtlingsfrage. Gewiß war es in erster Linie die von Flucht und Vertreibung betroffene Bevölkerung selbst, die die menschlichen, sozialen und ökonomischen Folgen der kriegsbedingten Westmigration und der Ausweisungsmaßnahmen zu tragen hatte. Es kann indes kein Zweifel an der vielberufenen Tatsache bestehen, daß die Aufnahmeregion und deren Gesellschaft ebenso vor eine kaum zu überschätzende Aufgabe gestellt waren, deren längerfristige Implikationen erst allmählich ins öffentliche Bewußtsein drangen. Falls bayerische Spitzenpolitiker tatsächlich bereits im ersten Jahr des organisierten Flüchtlingszustroms 1946 eine Vorstellung vom Ausmaß des wahrscheinlich eintretenden sozial-ökonomischen Wandels besaßen, dann sprachen sie bemerkenswert wenig darüber. Im Prozeß der diesbezüglichen Bewußtseinsbildung und politischen Praxis besaßen die Jahre 1946/47 gleichwohl zentrale Bedeutung. Während zunächst noch Aufgaben der Fürsorge und der unmittelbaren Daseinssicherung im Vordergrund standen, bahnte sich im Jahresverlauf 1947 ein Prozeß der konzeptionellen Umorientierung an, der alternative Strategien und Verfahren der wirtschaftlichen Bewältigung des Flüchtlings- und Vertriebenenproblems in den Vordergrund rücken ließ. Die folgenden beiden Abschnitte werden zunächst der politischen Ausformung und Anwendung der hierbei eingesetzten Instrumente nachgehen, dann die strukturellen Wirkungen des Vertriebenenzustroms in ihren zahlreichen Facetten beleuchten. Dabei gilt das Augenmerk vornehmlich dem industriell-gewerblichen Wiederaufbau; andere Betrachtungsebenen wie der sozialpolitische Aspekt der Vertriebenenintegration, die Bodenreform oder Fragen der landwirtschaftlichen Flüchtlingssiedlung bleiben dem Erkenntnisinteresse der Arbeit entsprechend weitgehend ausgespart.[270]

---

[269] Siehe hierzu oben die Kapitel II.1. bis 3. des ersten Teils dieser Arbeit.
[270] Die Integration der Flüchtlinge und Vertriebenen in Bayern gehört zu den am intensivsten erforschten Teilen der bayerischen Nachkriegsgeschichte in den Jahren 1945 bis 1949. Studien

5. Industriepolitik als Flüchtlingspolitik

a) Von der gewerblichen Flüchtlingsansiedlung zur Kreditpolitik

Das Jahr 1947 ging für die bayerische Landespolitik mit einem Paukenschlag zu Ende. Im November hatte der neue Wirtschaftsminister Seidel die Initiative ergriffen und im Rahmen seiner ersten Haushaltsrede eine explizite Verbindung zwischen der demographischen Entwicklung Bayerns im Gefolge des massiven Flüchtlingszustroms, dem Industrialisierungsgrad des Landes und der Praxis der bizonalen Ressourcenverteilung hergestellt. Vordergründig lag dabei ein rein verwaltungstechnisches Problem zugrunde: Da mit Jahresbeginn 1948 die Neuregelung des Verteilungsschlüssels für Roh- und Hilfsstoffe innerhalb der Doppelzone anstand, forderte der Minister die Aktualisierung des Zuweisungsschemas. Dies war aus bayerischer Sicht nötig, da sich der existierende Verteilungsmodus im wesentlichen immer noch an den Industriekapazitäten der Länder vor 1945 oder gar vor 1939 orientierte. Ungeachtet dieses drängenden Anlasses stand hinter Seidels Vorstoß mehr als das Anliegen, die Details eines Allokationsproblems im Vereinigten Wirtschaftsgebiet zu korrigieren. Es drückte sich darin die klar formulierte Einsicht aus, daß ohne eine Neugewichtung der industriellen Standortstruktur Deutschlands zugunsten der vom Bevölkerungszuwachs besonders betroffenen Krisenregionen eine Lösung des Flüchtlingsproblems unmöglich sei: „Der vielfach vertretene Grundsatz, durch die behördliche Rohstoffzuteilung dürfe die über-

---

zu den ökonomischen Aspekten des Eingliederungsprozesses sind jedoch eher selten und schöpfen kaum die verfügbaren Quellen aus. Es sei deshalb verwiesen auf eine Reihe grundlegender Darstellungen: Bauer, Flüchtlinge und Flüchtlingspolitik; Friedrich Prinz (Hg.), Integration und Neubeginn. Dokumentation über die Leistung des Freistaates Bayern und des Bundes zur Eingliederung der Wirtschaftsbetriebe der Vertriebenen und Flüchtlinge und deren Beitrag zur wirtschaftlichen Entwicklung des Landes. 2 Bände, München 1984; Bodo K. Spiethoff, Untersuchungen zum bayerischen Flüchtlingsproblem (Schriften des Vereins für Sozialpolitik N.F. 7/VI), Berlin 1955; Christa Hermann, Wandel der Sozialstruktur und geschlechtsspezifische Integrationschancen – Zur Eingliederung der weiblichen und männlichen Vertriebenen und Flüchtlinge des Zweiten Weltkrieges in das Bildungs- und Erwerbssystem Bayerns, in: Dierk Hoffmann/Marita Krauss/Michael Schwartz (Hg.), Vertriebene in Deutschland. Interdisziplinäre Ergebnisse und Forschungsperspektiven (Schriftenreihe der Vierteljahrshefte für Zeitgeschichte, Sondernummer), München 2000, S. 313-330; Paul Erker, Revolution des Dorfes? Ländliche Bevölkerung zwischen Flüchtlingszustrom und ländlichem Strukturwandel, in: Broszat u. a. (Hg.), Von Stalingrad zur Währungsreform, S. 367-425. Besonders zu nennen sind auch die Publikationen eines abgeschlossenen Forschungsprojekts zum Thema „Die Entwicklung Bayerns durch die Integration der Vertriebenen und Flüchtlinge", darunter mit besonderem Bezug auf sozioökonomische Integrationsfragen: Jörg Maier/Germano Tullio, Die soziale und wirtschaftliche Eingliederung von Flüchtlingen und Heimatvertriebenen in Bayern, München 1995; Jörg Maier, Die wirtschaftliche Eingliederung von Flüchtlingen und Heimatvertriebenen in Bayern – Ergebnis aus gewerblicher Kompetenz, individuellem Engagement und unterstützenden politischen Rahmenbedingungen, in: Die Entwicklung Bayerns durch die Integration der Vertriebenen und Flüchtlinge. Forschungsstand 1995, München 1995, S. 79-92. Aus der Feder eines beteiligten Ministerialbeamten und eines Kabinettsmitgliedes stammen: Otto Barbarino, Die wirtschaftliche Eingliederung der Heimatvertriebenen in Bayern, in: Zeitschrift für bayerische Landesgeschichte 45 (1982), S. 393-417; ders., Der Zustrom der Heimatvertriebenen und die Notwendigkeit ihrer Eingliederung – ein Anlaß zum Strukturwandel des Landes, in: Prinz (Hg.), Integration und Neubeginn. Dokumentation, Band 1, S. 35-41. Stellvertretend für zahlreiche Regionalstudien sei genannt: Paul Erker, Vom Heimatvertriebenen zum Neubürger. Sozialgeschichte der Flüchtlinge in einer agrarischen Region Mittelfrankens 1945-1955, Wiesbaden 1988.
Als Beispiel für einen mittlerweile überholten, zeitgenössischen Versuch zur Erfassung des Vertriebenenproblems in Bayern: Stephen Kenneth Lane, The integration of the German expellees: a case study of Bavaria 1945-1969, Diss. Columbia University 1972.

kommene Struktur der deutschen Gebiete nicht verändert werden, ist, wirtschaftspolitisch gesehen, verfehlt und geht an den vielfachen Umwälzungen im deutschen Nachkriegsleben ahnungslos vorbei."[271]

In der Tat konnte die praktizierte Bewirtschaftungspolitik der Doppelzone als Konservierung angestammter industrieller Muster interpretiert werden. Nachdem noch bis Anfang 1947 in der amerikanischen Zone eine Politik der wenig planvoll gesteuerten, bloßen Rationierungsmaßnahmen dominiert hatte, war in der Folge auf Veranlassung der US-Militärregierung ein Prozeß der gezielten investiven Schwerpunktbildung eingeleitet worden. Die verfügbaren bizonalen Ressourcen vornehmlich an Kohle und Stahl wurden nun dorthin geleitet, wo die Chance bestand, die erkannten Engpässe der westdeutschen Wirtschaftsstruktur zu erweitern. Das Augenmerk galt dem Ausbau des Gütertransportwesens auf der Schiene, der Produktionssteigerung im Ruhrbergbau, der Ausweitung von Energieerzeugungskapazitäten in der britischen Zone sowie generell der Förderung der Eisen- und Stahlherstellung als Voraussetzung jeglicher Infrastrukturverbesserung.[272] Doch was von übergeordneter Warte aus Sinn machte und im Laufe des Jahres 1947 tatsächlich zur Beseitigung entscheidender Produktionshemmnisse beitrug, verband sich aus bayerischer Perspektive mit einer Situation der „Benachteiligung der Südzone und damit Bayerns".[273] Schon die Transportkrise des Winters 1946/47 hatte das Land aufgrund seiner Revierferne besonders getroffen. Die nachfolgend praktizierte Konzentrationspolitik ging nicht nur allgemein zu Lasten der Verbrauchsgüterindustrien, sondern offenbarte bald auch eine regionale Komponente, da die bevorzugten Empfänger von Eisenzuweisungen vorwiegend im ehemals britischen Besatzungsgebiet angesiedelt waren. In den Worten Hanns Seidels verfolgte die bayerische Wirtschaftspolitik diese Strategie der Schwerpunktbildung mit der Bereitschaft zum Entgegenkommen, gepaart mit „gespannter Aufmerksamkeit". Für ihn war es ein Gebot des wohlverstandenen Eigeninteresses eines demographisch überlasteten Landes, neben der Möglichkeit des „Flüchtlingsausgleich[s]" vor allem die „Chance einer entsprechenden bevorzugten Entwicklung von neuen Industriekapazitäten" eingeräumt zu bekommen.[274]

Kein bayerischer Politiker hatte bis dahin eine derart zentrale Aussage an so herausgehobener Stelle gemacht. Das galt auch und insbesondere für ihre Signalwirkung nach innen. Formuliert unter den Bedingungen und in der Sprache der Verwaltungswirtschaft, besagte sie nichts anderes, als daß all jene, die Bayern nach wie vor bevorzugt in den Kategorien eines Agrarlands begreifen wollten, aufgefordert seien umzudenken und daß der Flüchtlingszustrom als wichtiger Katalysator im weiteren Fortgang des Strukturwandels einzuschätzen war. Sie umfaßte über-

---

[271] Stenographischer Bericht über die 37. Sitzung des Bayerischen Landtags am 28.11.1947, S. 255-265, hier: S. 262f. (Seidel).
[272] Otmar Emminger, Wirtschaftsplanung in der Bizone, in: Wirtschaftsprobleme der Besatzungszonen. Hg. vom Deutschen Institut für Wirtschaftsforschung, Berlin 1948, S. 143-178; Georg Müller, Die Grundlegung der westdeutschen Wirtschaftsordnung im Frankfurter Wirtschaftsrat 1947-1949, Frankfurt/Main 1982, S. 90-103; zur Bewertung des „Entscheidungsjahres" 1947 besonders: Abelshauser, Deutsche Wirtschaftsgeschichte seit 1945, S. 114-119.
[273] Stenographischer Bericht über die 37. Sitzung des Bayerischen Landtags am 28.11.1947, S. 262.
[274] Ebenda, S. 264, 263 (Zitate).

5. Industriepolitik als Flüchtlingspolitik

dies, daß der Ausbau des regionalen Industriepotentials als adäquate und notwendige Reaktion auf die Herausforderung anzusehen sei. Seidel selbst ließ daran in seiner pointiert vorgetragenen Deutung keinen Zweifel: „Bayern ist ein Industrieland geworden, in dem Industrie und Handwerk schon längst mehr Menschen beschäftigen als die Landwirtschaft. Die Eingliederung unserer Neubürger in die bayerische Wirtschaft wird diese Tatsache noch weit mehr unterstreichen."[275]

Der konzeptionelle Brückenschlag, den der Minister zwischen Flüchtlingsproblematik, Industrialisierung und aktueller „außenwirtschaftlicher" Situation Bayerns herstellte, macht zweierlei deutlich. Zum einen wird klar, daß die vielfach beschriebene föderalistische Politik des Landes nicht nur allgemeinpolitische Antriebskräfte, sondern daneben eine genuin ökonomische Motivation besaß. Daß die materiellen Aufbauinteressen des Landes nach außen hin mit aller Entschiedenheit vertreten werden müßten, blieb als Denk- und Handlungsmuster dauerhaft in die bayerische Wirtschaftspolitik eingewoben. Dazu trug jene prägende Krisenerfahrung bei, der Hanns Seidels Situationseinschätzung vom November 1947 Ausdruck gab: Bayerns Wirtschaft stand demzufolge in der Gefahr, eine fatale Überlagerung längerfristig wirksamer struktureller Nachteile, die aus seiner rohstoffarmen Randlage resultierten, durch unmittelbar kriegsbedingte Krisenerscheinungen, allen voran die Flüchtlingsproblematik, zu erleben, ohne daß die neu entstehenden länderübergreifenden Gremien zunächst hinreichende prozedurale Mitwirkungsmöglichkeiten zur Linderung dieser Situation bereitstellten. Das Wissen darum, daß Bayern die Last „aus eigener Kraft"[276] und ohne Bundeshilfe auf absehbare Zeit nicht würde tragen können, bildete ebenso ein Element dieser umfassenden Krisenerfahrung. Vorerst stand bayerischen Politikern auf diesem Handlungsfeld freilich kaum mehr zur Verfügung als die zähe Kleinarbeit in den Gremien der Doppelzone oder später des Bundes und die Entwicklung einer gezielteren Personalpolitik, um die Hebel der überregionalen Wirtschaftspolitik nach Möglichkeit zugunsten Bayerns in Bewegung zu setzen. Diese Strategie und ihre Erfolge werden an anderer Stelle noch ausführlich darzustellen sein.[277]

Es bleibt *zum anderen* festzuhalten, daß im Jahresverlauf 1947 der flüchtlingsbestimmte demographische Wandel in Bayern verstärkt als „[b]estimmend" für die „heutige bayerische Wirtschaft"[278] in das Bewußtsein bayerischer Politiker trat und damit in den Mittelpunkt der Aufmerksamkeit von Ministerrat und Landtag rückte. Gewiß war der Bayerischen Staatsregierung bereits Ende Oktober 1945 die gleichberechtigte Behandlung und Unterhaltssicherung aller Flüchtlinge und Vertriebenen als staatliche Aufgabe zugewiesen worden. Auch hatte die amerikanische Militärregierung am 19. Februar 1947 ein Flüchtlingsgesetz für die gesamte Besatzungszone in Kraft gesetzt, das die deutschen Stellen verpflichtete, „die Eingliederung der Flüchtlinge mit allen Mitteln zu fördern" und dabei insbesondere ihre Integration in den Arbeitsmarkt voranzutreiben. Die Vorgeschichte des Gesetzes und der Beitrag des Kabinetts Hoegner zu seinem Zustandekommen verdeutli-

---

[275] Ebenda, S. 265.
[276] Hierzu ebenfalls Hanns Seidel: ebenda, S. 265.
[277] Siehe hierzu unter anderem Kapitel I. des zweiten Teils dieser Arbeit.
[278] So der Staatssekretär im Wirtschaftsministerium, Hugo Geiger, in der Ministerratssitzung vom 24. September 1947 (Protokolle des Bayerischen Ministerrats, Kabinett Ehard II/1, S. 24).

chen indes, wie schwer es der bayerischen Staatsführung zunächst fiel, die praktischen Implikationen einer dauerhaften Aufnahme von vielen Hunderttausenden Zugewanderten zu akzeptieren und wie wenig man bereit war, sich dabei die Gestaltungskompetenz von den Interessenvertretern der Betroffenen aus der Hand nehmen zu lassen. So repräsentieren die diesbezüglichen Überlegungen und Debatten einen wichtigen Abschnitt in einem Prozeß der Bewußtseinsbildung, der zum allmählichen Übergang von einer Politik der Notstandsbewältigung zur Organisation effektiver Integrationshilfe führte. Die Ausweitung des politischen Status der Flüchtlinge markierte darin einen ersten Schwerpunkt der Aktivitäten, die ökonomische Integration einen weiteren.[279]

Auch das im Dezember 1946 zu seiner ersten Tagung zusammengetretene bayerische Landesparlament hatte sich bis 1947 wiederholt und eingehend mit dem zentralen Problemkreis der Flüchtlingsbetreuung befaßt. Doch ungeachtet der Tatsache, daß die zu diesem Zeitpunkt bereits zu verzeichnende Anwesenheit von mehr als 1,8 Millionen Ausgewiesenen und Evakuierten sämtliche Politikfelder in irgendeiner Form tangierte, hatten die drängenden Probleme der organisatorischen Bewältigung des Menschenstroms und seiner regionalen Verteilung oder aber Fragen der unmittelbaren materiellen Hilfestellung im Vordergrund der Beratungen gestanden. Die Möglichkeiten der Quartierzuweisung und der Arbeitsbeschaffung bestimmten die Grundlinien der staatlichen Flüchtlingspolitik auch in Bayern.[280] Weiterreichende Entscheidungen, wie die ökonomische Integration der vertriebenen Neubürger vor sich zu gehen hatte, waren bis Frühjahr 1947 noch nicht gefallen. Neben den Vermittlungsanstrengungen der Arbeitsämter stellte die Gründung und Ansiedlung von Flüchtlingsunternehmen den wichtigsten, öffentlich thematisierten und staatlich geförderten Ansatz zur wirtschaftlichen Eingliederung der zugewanderten Arbeitskräfte dar. Die Regierungsparteien CSU und SPD trugen diese Strategie.[281] Die gesamte Frage geriet erst neu in Bewegung, als sich im Jahresverlauf abzeichnete, daß die Bewältigung einer Kardinalfrage der bayerischen Flüchtlings- und Wirtschaftspolitik – die sinnvolle Verknüpfung von gewerblich-industriellen Arbeitsstätten und zugewandertem Arbeitskräftepotential – noch nicht annähernd befriedigend gelungen war.

Wie erste vergleichende Zählungen der Flüchtlingsbelastung in den bayerischen Regierungsbezirken aufzeigten, beherbergten zum 1. Januar 1947 nach wie vor die alten ostbayerischen Notstandsgebiete Niederbayern und Oberpfalz zusammen

---

[279] Das „Gesetz Nr. 59 über die Aufnahme und Eingliederung deutscher Flüchtlinge (Flüchtlingsgesetz)" vom 19. Februar 1947 findet sich in: BayGVBl. 1947, S. 51 f. (Zitat: S. 52), dessen Ausführungsbestimmungen vom 8. Juli 1947 in: BayGVBl. 1947, S. 153–157. Vgl. zu seiner Entstehungsgeschichte: Franz J. Bauer, Von der Aufnahme zur Eingliederung: Das Ringen um das Flüchtlingsgesetz, in: Prinz (Hg.), Integration und Neubeginn. Dokumentation, Band 1, S. 113–129, der Text ist identisch mit: Bauer, Flüchtlinge und Flüchtlingspolitik in Bayern, S. 300–321.
[280] Vgl. Franz J. Bauer, Das Dilemma der Verteilung der Flüchtlinge innerhalb Bayerns, in: Prinz (Hg.), Integration und Neubeginn. Dokumentation, Band 1, S. 131–146.
[281] Siehe hierzu den (ungedruckten) Antrag Dr. Seidel und Genossen, in: Stenographischer Bericht über die 11. Sitzung des Bayerischen Landtags am 23. 4. 1947, S. 309, zum Plenumsbeschluß: Bayerischer Landtag, I. Tagung 1946/1947, Beilagen-Band I, Beilage 267; sowie den Antrag Stock und Genossen, in: Stenographischer Bericht über die 10. Sitzung des Bayerischen Landtags am 21. 3. 1947, S. 235–241 sowie Bayerischer Landtag, I. Tagung 1946/1947, Beilagen-Band I, Beilagen 70, 116 und 171.

5. Industriepolitik als Flüchtlingspolitik

die höchste Zahl an Heimatvertriebenen. Legte man eine Aufgliederung nach Gemeindegrößenklassen zugrunde, dann wohnten im Oktober 1946 fast 75% aller Ausgewiesenen in Orten mit weniger als 5000 Einwohnern. Die Masse der Neubürger lebte also außerhalb der urbanen, industriell geprägten Räume Bayerns in Gebieten, wo die Chancen auf Beschäftigung vergleichsweise niedrig lagen.[282] Mehr noch, präsentierten sich die ökonomisch motivierten Gruppensiedlungsprojekte des Vorjahres nach wie vor als ein Wechsel auf die Zukunft, dessen Einlösung weiterhin im ungewissen lag. Hoffnungsträger künftiger Exporterfolge wie die Schönbacher Musikinstrumentenindustrie waren aufgrund lokaler Widerstände standortmäßig noch nicht zur Ruhe gekommen, und auch für andere als besonders förderungswürdig anerkannte, zugewanderte Gewerbezweige war die Suche nach passenden Ansiedlungsräumen nach wie vor im Gange. Da wo man mit dem Neuaufbau begonnen hatte, standen insbesondere im Bereich der Glaserzeugung erhebliche Rohstoffprobleme im Weg, und die ersehnten Exportgewinne der Flüchtlingsindustrien ließen außer für die Gablonzer Produktion in Kaufbeuren auf sich warten. Selbst die vom Wirtschaftsministerium in Kooperation mit dem Landesflüchtlingskommissar besonders geförderten Projekte auf ehemaligen Wehrmachtsarealen waren gegen Kritik nicht gefeit: Dazu waren schon bald die Negativseiten der durchaus innovativen Standortwahl wie die in der Regel ungünstige Verkehrsanbindung, die oft kaum brauchbare interne Infrastruktur und die hohen Betriebskosten allzu sichtbar geworden. Das Zentralproblem jeglicher Industrieansiedlung vor Juni 1948, der allgegenwärtige Mangel an Wohn- und Gewerberäumen, bot generell immer noch jeder systematisierten Planung kaum überwindbare Hindernisse. Für eine erneute, nach standortstrategischen Gesichtspunkten gelenkte Umsiedlung fehlten aber neben Mitteln und Kapazitäten vor allem die gesetzlichen Grundlagen. So stellten sich die vielfach eingetretene räumliche Zersplitterung einiger Gewerbezweige und damit auch der Verlust ursprünglich anvisierter Synergieeffekte schon Mitte 1947 als kaum mehr revidierbar dar.[283]

Im Bayerischen Staatsministerium für Arbeit und soziale Fürsorge, wo man seit 1946 über die Kompetenz zur Regelung des Siedlungs- und Wohnungswesens verfügte, wurden im Herbst 1947 „schwere wirtschaftliche Bedenken" gegen die Fortführung der eingeschlagenen Strategie und die Verwendung weiterer Wehrmachtsareale für Zwecke der gewerblichen Flüchtlingssiedlung laut. Der Minister selbst zeichnete eine Ausarbeitung, die von der Nutzung derartiger Immobilien mit Blick auf die größtmögliche Effektivität des Mitteleinsatzes dringend abriet. Anders argumentierte man im Wirtschaftsministerium, wo man gleichfalls unter Verweis auf den herrschenden Baustoffmangel noch zur Jahreswende 1947/48 an der Generallinie festhielt, weiterhin auf eben diese Form der Industrieansiedlung

---

[282] Statistisches Jahrbuch für Bayern 1952, München 1952, S. 13 (Die Heimatvertriebenen seit 1945 in den Regierungsbezirken); Die Flüchtlinge in Bayern. Ergebnisse einer Sonderzählung aus der Volks- und Berufszählung vom 29. Oktober 1946 (Beiträge zur Statistik Bayerns 142), München 1948, S. 7. Zur Problematik der räumlichen Fehlverteilung der Flüchtlinge allgemein: Franz J. Bauer, Das Dilemma der Verteilung der Flüchtlinge innerhalb Bayerns.
[283] BayHStA, MWI 14753, Aktenvermerk zur Besprechung im Staatssekretariat für das Flüchtlingswesen am 15.3.1947, 17.3.1947; Wirtschaftspolitik und Wirtschaftsentwicklung in Bayern im Jahre 1947. Jahresbericht des Bayerischen Staatsministeriums für Wirtschaft, München 1948, S. 32f.

zu setzen, da es dazu „wahrscheinlich noch auf einige Zeit" keine Alternativen gebe.[284] Uneinigkeit über den künftigen Kurs dominierte auch in der politischen Öffentlichkeit des Landes und schlug sich prominent in den Landtagsberatungen nieder. Sie dokumentieren vor allem, daß die respektablen, doch ambivalenten ersten Erfolge der ökonomischen Integrationsanstrengungen im Sommer 1947 nicht mehr ausreichten, um die wachsende Unzufriedenheit der Vertriebenen und ihrer parlamentarischen Vertreter einzudämmen. In den Diskussionen um die Errichtung einer weiteren Flüchtlingsstadt im niederbayerischen Landkreis Vilshofen, die den Namen „Neuheim am Römerweg" tragen sollte, kam im Juli die Masse der aktuellen Gravamina zum Ausdruck.[285] Die teils weit ausschweifenden Redebeiträge reflektierten aber nicht nur den Nachholbedarf an parlamentarischer Auseinandersetzung in Flüchtlingsbelangen. Sie dokumentierten und förderten zum ersten Mal ein grundsätzlicheres öffentliches Nachdenken über die Frage, wie die arbeitsmarktstrategisch verfehlte räumliche Verteilung der zugewanderten Neubürger in Bayern sinnvolle Korrekturen erfahren könnte und welchen Stellenwert das Konzept der „Flüchtlingssiedlung" darin in Zukunft besitzen sollte.

Im bayerischen Kabinett und in den betroffenen Ministerien sah man sich einem Dilemma gegenüber: Es galt, guten Willen zu zeigen und endlich weitere „praktische Erfolge" in der zunehmend explosiven Frage der Unterbringung der Neubürger zu bieten, ohne doch die gewerblich-industrielle Entwicklung des Landes durch die Fehlinvestition knapper Ressourcen zu kompromittieren. Die Entscheidung fiel umso schwerer, als seitens der Fachwissenschaften praktisch keine differenzierten Analysen zur Frage von Kostenaufwand und Ertrag bei der Gründung neuer Flüchtlingsgemeinden vorlagen.[286] So verdichtete sich im Verlauf der Beratungen um die zuletzt gescheiterte Flüchtlingssiedlung „Neuheim am Römerweg" eine Alternativ- und Kompromißlösung, die aus den jüngsten Erfahrungen und aus politischer Notwendigkeit erwuchs. Mitte Juli 1947 hatte sich der Landtag von Staatssekretär Jaenicke als Vertreter der Staatsregierung davon überzeugen lassen, daß es angebracht sei, das Themenfeld der gewerblichen Siedlung systematischer als bisher zu behandeln, und den Weg für die Begutachtung aller in Frage kommenden Projekte durch eine interministeriell besetzte Kommission freigemacht. Bis Frühjahr 1948 wurden daraufhin elf Objekte in Schwaben, Unter- und Ober-

---

[284] BayHStA, MWI 13722/I, Der Bayerische Arbeitsminister, „Bauprogramm 1948!", 22.10.1947 (Zitat); Wirtschaftspolitik und Wirtschaftsentwicklung, S. 32f. (Zitat: S. 33);
[285] Vgl. Stenographische Berichte über die 23. Sitzung des Bayerischen Landtags am 15.7.1947, S. 716–736, über die 24. Sitzung am 16.7.1947, S. 748f. sowie über die 26. Sitzung am 18.7.1947, S. 854–862, 865–867; Bayerischer Landtag, I. Tagung 1946/47, Beilagen-Band I, Beilage 594. Zuvor bereits: Stenographischer Bericht über die 10. Sitzung des Bayerischen Landtags am 21.3.1947, S. 272f. Zur geplanten Flüchtlingsstadt „Neuheim am Römerweg" auch: Johannes Molitor, Zur Geschichte der Flüchtlinge und Vertriebenen im Landkreis Deggendorf, in: Deggendorfer Geschichtsblätter 22 (2001), S. 237–264, hier: S. 246f.; „Wieder ‚Neuheim am Römerweg'", in: Niederbayerische Nachrichten, 2.12.1947.
[286] Die genannte Zwangslage durchzieht die Beratungen im Ministerrat über das Siedlungsprojekt „Neuheim am Römerweg" durchweg. Vgl. dazu Die Protokolle des Bayerischen Ministerrats 1945–1954. Das Kabinett Ehard I (21. Dezember 1946 bis 20. September 1947), bearbeitet von Karl-Ulrich Gelberg, München 2000, S. 243 (1.3.1947), 301–304 (17.3.1947), 323 (29.3.1947), 401f., 403f. (19.4.1947) (Zitat Innenminister Seifried: S. 403), 591f. (17.7.1947). Zum Stand der Städteforschung noch zu Anfang der 1950er Jahre: Pfeil, Neue Städte auch in Deutschland, bes. S. 122–129.

5. Industriepolitik als Flüchtlingspolitik

franken sowie Nieder- und Oberbayern als förderungswürdig ausgewählt. Vorwiegend als Wohnbauprojekte in Anlehnung an bestehende Industriegründungen konzipiert, konnten sie künftig auf staatliche Hilfen bei der Beschaffung von Immobilien, Baustoffen und Finanzmitteln rechnen.[287] Das wenig spektakulär wirkende und mit geringen Mitteln ausgestattete, doch immerhin von Landtag, Kabinett und mehreren Ministerien gleichermaßen getragene Programm ersetzte vordergründig ein undurchführbares Siedlungsprojekt. Im umfassenderen Zusammenhang betrachtet, verknüpfte es erstmals Flüchtlingsproblematik, industriellen Aufbau und öffentlichen Wohnungsbau in Bayern zu einem stimmigen Konzept. Die Koordinierungsanstrengungen blieben gleichwohl in dieser Form vorerst Episode und in ihrer Prägekraft auf signifikante Weise begrenzt. Denn unter der Prämisse des möglichst effektiven Mitteleinsatzes konnte die Devise nach übereinstimmender Ansicht von Arbeits- und Wirtschaftsressort vorerst nur heißen, den Wohnungsbau dort zu bevorzugen, wo bereits industrielle Anknüpfungspunkte vorhanden waren: in den bombengeschädigten Groß- und Mittelstädten Bayerns. Erste Initiativen des Arbeitsministeriums waren 1946 und 1947 bereits dem Siedlungsbau für Arbeiter im Bergbau und im Umkreis der Bahnausbesserungswerke in München, Nürnberg und Weiden zugute gekommen. Für 1948 sah das Bauprogramm des Arbeitsministeriums die Vergabe von fast zwei Dritteln aller Ressourcen zugunsten von Wohnungsbauten in den vier „Großnotstädten" München, Augsburg, Nürnberg und Würzburg vor; nur etwas mehr als ein Drittel ging an die Gesamtheit der Regierungsbezirke. Im Wirtschaftsministerium hatte man sich dieser Schwerpunktsetzung zu beugen. Zwar war man zu diesem Zeitpunkt bereits daran interessiert, zentral gelegene „Kleinstädte und Marktorte" in den durch Flüchtlinge überlasteten ländlichen Regionen industriell zu entwickeln. Vorerst konnten im Hinblick auf dieses Ziel aber allenfalls erste Weichenstellungen getätigt werden. Sieht man einmal ab von den wenigen gewerblichen Orts- oder Stadtteilgründungen vorwiegend in Südbayern, dann lag die Modifikation des gewerblich-industriellen Standortmusters des Landes noch nicht in Reichweite siedlungs- oder baupolitischer Initiativen bayerischer staatlicher Stellen. Gewiß kam der staatlich geförderten Wohnungsbau vor allem nach Einsetzen staatlicher Kreditprogramme im Sommer 1948 erhebliche sozialpolitische Bedeutung zu; immerhin stand der Ausgleich eines errechneten Fehlbestands von 700 000 Wohnungen allein in Bayern an. Damit entfaltete dieses Instrument implizit auch eine erhebliche, wenngleich schwer zu beziffernde allgemeinwirtschaftliche, wohl auch produktionsfördernde Wirkung. Bis zum Einsetzen der durch Bundesmittel getragenen Fördermaßnahmen zur Entwicklung von Notstandsgebieten im Jahr 1951 hatte der Wohnungsbau in Bayern allerdings vorwiegend strukturbegleitende, kaum jedoch strukturprägende Wirkung.[288]

---

[287] Stenographischer Bericht über die 26. Sitzung des Bayerischen Landtags am 18.7.1947, S. 860–862. Die Liste der ausgewählten Projekte findet sich in: Der Bayerische Ministerpräsident an den Herrn Präsidenten des Bayerischen Landtags. Betrifft: Errichtung von Flüchtlingssiedlungen, 27.4.1948 (Bayerischer Landtag, II. Tagung 1947/48, Beilagen-Band II, Beilage 1360).

[288] Vgl. zur Konzentration der Förderressourcen auf die Großstädte: BayHStA, MWI 13722-I, Der Bayerische Arbeitsminister, „Bauprogramm 1948!", 22.10.1947 sowie in der Anlage des Dokuments die „Berechnung des Schlüssels für die Baustoffverteilung"; Die Wirtschaftsent-

II. Ausgangslage, Ordnungsvorstellungen und Wiederaufbaupraxis

So trat im Gefolge der Wirtschafts- und Währungsreform ein weiterer, *finanzpolitisch* eingefärbter Handlungsstrang in den Vordergrund, der seit Frühjahr 1947 Form angenommen hatte und sich zum künftigen Kernelement einer bayerischen Integrations- wie auch einer allgemeineren Industriepolitik entwickelte. Vorschläge für eine systematischere Bereitstellung finanzieller Mittel waren innerhalb der bayerischen Wirtschaftsverwaltung nicht zufällig schon lange vor der Währungsumstellung formuliert worden. Den unmittelbaren Anlaß hierzu hatten Förderinitiativen jenseits der bayerischen Landesgrenzen gegeben. So waren in Württemberg-Baden und Hessen bis März 1947 jeweils mehrere Millionen Reichsmark aus dem Staatshaushalt als Darlehen oder Zuschüsse an niederlassungswillige Vertriebenenunternehmer weitergereicht worden. Da die Maßnahmen eine nicht geringe Anziehungskraft auch auf Unternehmer in Bayern ausübten und bereits Abwanderungstendenzen zu beobachten waren, reagierten die Fachleute alarmiert. In dem für die Flüchtlingsansiedlung zuständigen Referat des Wirtschaftsministeriums entstanden besorgte Lageanalysen, die aufgrund ihrer Brisanz direkt an den Minister geleitet wurden. Die dort formulierten Empfehlungen auf staatliche Finanzhilfe orientierten sich vor allem an der Tatsache, daß Flüchtlingsunternehmer in Bayern zu diesem Zeitpunkt noch vollständig auf den privaten Kreditmarkt angewiesen waren. Da sie in der Regel zwar ihre persönliche Arbeitskraft und oft auch Geschäftsideen und Eigeninitiative mitbrachten, doch zugleich wenig bankmäßige Sicherheiten anbieten konnten, blieb ihnen der Zugang zu finanziellen Hilfen durch bayerische Banken vielfach verwehrt.[289]

Die bayerische Politik war zusätzlich unter Handlungsdruck geraten, seit Forderungen nach Kredithilfen im Frühjahr 1947 vermehrt in Kreisen der Vertriebenen und ihrer Organisationen oder auch auf der mittleren bayerischen Verwaltungsebene laut geworden waren und Eingang in die Vertriebenenpresse gefunden hatten.[290] In Reaktion auf diese Problematik stimmte das bayerische Kabinett am 12. Mai 1947 einmütig dem Entwurf eines Gesetzes zu, das über die Gewährung

---

wicklung Bayerns im Jahr 1948. Jahresbericht des Bayerischen Staatsministeriums für Wirtschaft, München 1949, S. 11 (Zitat); Bayerns Wirtschaft im Jahre 1950. Jahresbericht des Bayerischen Staatsministeriums für Wirtschaft, München 1951, S. 8; vgl. auch das Resümee bei: Willi Guthsmuths, Die Eingliederung als Gegenstand der Landesplanung in Bayern, in: Raumforschung und Raumordnung 16 (1958), S. 129-139, hier: S. 129f. Zum Wohnraummangel: Karl Wagner, Bayerns Wohnungsbedarf 1947/48, in: Bayern in Zahlen 2 (1948), S. 133f.
Allgemein zu den finanzpolitischen Aspekten des staatlichen Wohnungsbaus in Bayern, speziell zur Lage zwischen Kriegsende und Währungsreform: Wolfgang Hasiweder, Geschichte der staatlichen Wohnbauförderung in Bayern. Von den Anfängen bis zur Gegenwart, Wien 1993, S. 118-132; zu den Rahmenbedingungen in Westdeutschland: Günther Schulz, Wiederaufbau in Deutschland. Die Wohnungsbaupolitik in den Westzonen und der Bundesrepublik von 1945 bis 1957 (Forschungen und Quellen zur Zeitgeschichte 20), Düsseldorf 1994, S. 31-174; Landeswohnungsfürsorge Bayern GmbH (1936-1961). Organ der staatlichen Wohnungspolitik, München 1961.
[289] BayHStA, MWI 14753, Dr. Boustedt, Abteilung IV, Vormerkung für den Herrn Minister, 24.3.1947; MWI 14753, Dr. Fernegg, Für Herrn Dr. Boustedt! Ergänzung Ihrer Vormerkung für den Herrn Minister vom 24. März 1947, 29.3.1947. Zur Lage auf dem Kreditmarkt in Bayern: Bayerische Kreditinstitute Oktober 1945 bis Dezember 1946, in: Bayern in Zahlen 1 (1947), S. 51; über die volks- und betriebswirtschaftliche Problematik der Beschaffung von Fremdkapital für Vertriebenenbetriebe unterrichtet: Willi Albers, Die Kapitalausstattung der Flüchtlingsbetriebe in Westdeutschland, Kiel 1952, S. 6-60.
[290] BayHStA, MWI 11713, Regierung von Schwaben, Monatsbericht für April 1947, 10.5.1947, S. 5; Die Wirtschaftshilfe, 1.6.1947.

5. Industriepolitik als Flüchtlingspolitik

von Staatskrediten und Staatsbürgschaften die Grundlagen für ein wirksames kreditpolitisches Engagement der öffentlichen Hand legen sollte. Die Ministerrunde kam damit um wenige Tage einem Beschluß des Landtagsausschusses für Aufgaben wirtschaftlicher Art zuvor, der die Staatsregierung aufforderte, über organisatorische Vorkehrungen „die Initiative zu ergreifen und alles zu tun, um die Eingliederung der Flüchtlinge in die bayerische Wirtschaft zu bewerkstelligen".[291] Die Gesetzesvorlage erlangte als Teil des Haushalts für das Staatsministerium des Innern im März 1948 verbindliche Form. In der Zwischenzeit hatten die oppositionelle FDP und später erneut die zu diesem Zeitpunkt aus der Regierungsverantwortung ausgeschiedene SPD versucht, den Landtag in der Angelegenheit zu schnellerem Handeln zu bewegen. Dies geschah nicht ohne Erfolg. Doch noch bevor der zuständige Ausschuß für den Staatshaushalt im November eine revidierte Version der beiden Anträge zur Beschlußfassung zurückreichte, war das Finanzministerium von sich aus aktiv geworden.[292] Über eine Ministerialentschließung stellte man bereits am 8. Oktober 1947 Geldmittel für „Produktivkredite" zur Verfügung. Die mit ihrer Ausreichung beauftragte Bayerische Staatsbank wurde zudem ermächtigt, gegenüber anderen Kreditinstituten Ausfallbürgschaften zu übernehmen. Bis Juli 1948 wurden so von den vorerst auf 10 Millionen Reichsmark begrenzten Leistungen etwas mehr als 3,2 Mio. RM an Krediten gewährt; für genau 433 600 RM übernahm die Staatsbank Ausfallbürgschaften. Mit der Integration eines noch höheren Ansatzes in das Haushaltsgesetz für das Rechnungsjahr 1947 war außerdem gegen Ende Mai 1948 die Ausweitung des Bürgschaftsvolumens auf 25 Mio. RM gesetzlich abgesichert.[293]

Zweifellos hafteten dem Verfahren starke Züge von Improvisation an. Mangels eines verfügbaren modus procedendi der Kreditgewährung wurden die Gelder in der Frühphase verteilt, ohne daß zuvor eine interministerielle Koordination stattgefunden hätte oder auch nur die organisatorische Einbindung der Wirtschaftsverwaltung erfolgt wäre. Auch nahm sich die beantragte und verteilte Gesamtsumme, gemessen an der Gesamtzahl von mehr als 8900 Flüchtlingsbetrieben, die bis Ende Dezember 1948 in Bayern lizenziert wurden, fast verschwindend niedrig aus. Daß dies nach Feststellungen der Bayerischen Staatsbank vorwiegend am mangelnden

---

[291] Die Protokolle des Bayerischen Ministerrats 1945–1954. Das Kabinett Ehard I (21. Dezember 1946 bis 20. September 1947), bearbeitet von Karl-Ulrich Gelberg, München 2000, S. 465 (12. 5. 1947); ArchBayLT, Ausschuß für Fragen wirtschaftlicher Art, 13. Sitzung vom 16. 5. 1947. Siehe dazu auch die Reaktionen im Wirtschaftsministerium: BayHStA, MWI 14753, Dr. Odörfer, Vormerkung, 19. 5. 1947 (Zitat) sowie ebenda, Dr. Fernegg, Aktenvermerk für Frl. Dr. Odörfer, 2. 6. 1947. Ferneggs Text bildete die Antwort auf eine Aufforderung durch Wirtschaftsminister Zorn, darzustellen, „was in der Eingliederung der Flüchtlinge in die bayerische Wirtschaft veranlaßt wurde".

[292] Die Protokolle des Bayerischen Ministerrats 1945–1954. Das Kabinett Ehard II (20. September 1947 bis 18. Dezember 1950). Band 1, München 2003, S. 63 (10. 10. 1947); Bayerischer Landtag, I. Tagung 1946/1947, Beilagen-Band I, Beilage 544; Bayerischer Landtag, II. Tagung 1947/1948, Beilagen-Band II, Beilage 790, 874 und 1188.

[293] BayHStA, MWI 13134, Bayerische Staatsbank, Direktorium, an das Bayerische Staatsministerium der Finanzen, 19. 7. 1948. Den normativen Rahmen definierte das „Gesetz über die Feststellung des Haushaltsplanes des bayerischen Staates für das Rechnungsjahr 1947 (Haushaltsgesetz)" vom 21. 5. 1948 (BayGVBl. 1948, S. 90). Zum Mittel der Staatsbürgschaften aus volkswirtschaftlicher Sicht: Ernst-Albrecht Conrad, Bürgschaften und Garantien als Mittel der Wirtschaftspolitik (Volkswirtschaftliche Schriften 115), Berlin 1967, bes. S. 20–108.

Interesse der Betroffenen lag, überrascht dabei weniger als die Tatsache, daß unter den Voraussetzungen einer inflationierten Währung überhaupt ein derartiges Kreditangebot ins Leben gerufen wurde. Denn wie sich im Verlauf dieser ersten Phase der Kreditaktion bestätigte, bildete bis Juni 1948 nicht Kapitalmangel die entscheidende Engpaßstelle auf dem Weg zur Unternehmensgründung, sondern die Tatsache, daß es den Vertriebenenunternehmern nahezu unmöglich war, Produktionsmittel in Form von Sachwerten allein gegen Geld zu beschaffen.[294]

In der Tat waren es denn nicht nur ökonomische Gründe, welche die vorgezogene Kreditgewährung bestimmt hatten. Aus der Sicht der seit September 1947 alleine regierenden CSU galt es vielmehr auch, ein sich zuspitzendes politisches Reizthema so rasch wie möglich zu entschärfen. Dabei spielte eine Rolle, daß sich die Partei seit den Debatten um die projektierte Stadtgründung Neuheim im Sommer 1947 in flüchtlingspolitischen Belangen zurecht in die Defensive gedrängt fühlte. Während sie bekanntermaßen in Vertriebenenkreisen ohnehin auf weniger Resonanz als die Sozialdemokraten rechnen konnte, hatten sich ihre Redner in den Debatten vom Juli zudem den Vorwurf ungebührlicher Härte gegenüber den Integrationswünschen der Neubürger eingehandelt. Daß es sich bei der beschriebenen kreditpolitischen Initiative um eine vorwiegend politisch motivierte Entscheidung gehandelt hatte, tat dem organisatorischen Fortgang der Aktion keinen Abbruch.

Unmittelbar nach der Währungsreform setzten im Sommer 1948 intensive Gespräche zwischen Vertretern des Wirtschaftsministeriums, der Bayerischen Staatsbank, des Finanzministeriums und des Staatssekretariats für das Flüchtlingswesen im Innenministerium ein. Sie dienten der Abstimmung zwischen den Ressorts und dokumentieren den voranschreitenden Reflexionsprozeß, der zur Klärung der technisch-administrativen Seite der Kreditmaßnahme nötig war. Unvermutet nahmen sie bald den Charakter einer doppelt begründeten staatspolitischen Aufgabe an, da sich die „Wirtschaftsstörungen" im Gefolge der Währungsneuordnung bereits im August 1948 klar abzeichneten. Ein Hauptproblem lag darin, daß durch den politischen Entscheidungsakt zwar das Bonitätsproblem der künftigen Kreditvergabe zu Lasten des bayerischen Staates gelöst, nicht aber die Liquiditätsfrage bereinigt worden war. Aufgrund der notorisch geringen Steuereingänge sah sich der Vertreter des Finanzministeriums zunächst außerstande, Mittel für die Refinanzierung der anvisierten Flüchtlingskredite beizubringen. Es bedurfte einiger Überredung durch das Wirtschaftsressort und den eindringlichen Verweis auf die gesamtwirtschaftliche Bedeutung der Vertriebenenunternehmen, um dem zuständigen Finanzstaatssekretär Anfang August 1948 eine Refinanzierungszusage abzuringen, die dann nur wenige Wochen später in ihrer Höhe auf ein Fünftel des ursprünglichen Betrages zurückgesetzt werden mußte. Als Ergebnis des Abstimmungsvorgangs konnte man sich zumindest im Grundsatz darauf einigen, den Neubürgern zwei Arten der kreditwirtschaftlichen Hilfestellung anzubieten: Kreditmittel, die durch Geldinstitute bereitgestellt und seitens des bayerischen Staates über Ausfallbürgschaften in einer Höhe von vorläufig bis zu 25 Millionen DM garantiert wurden, einerseits; staatlich

---

[294] BayHStA, MWI 13134, Bayerische Staatsbank, Direktorium, an das Bayerische Staatsministerium der Finanzen, 19.7.1948.

5. Industriepolitik als Flüchtlingspolitik

refinanzierte Kredite, deren gesamte Höhe aufgrund der geringen finanziellen Spielräume vorläufig nicht mehr als 500 000 DM umfaßte, andererseits.[295] Das Thema der Refinanzierung blieb ein Dauerproblem. Da sie nach dem Willen des Finanzministeriums möglichst wenig in Anspruch genommen werden sollte, griff man anfänglich sogar zu dem Verfahren, die Existenz von entsprechenden Geldern vor der Öffentlichkeit geheimzuhalten. Für den Bereich der Vergabepraxis hingegen ging es zunächst darum, paritätisch organisierte Entscheidungsstrukturen herzustellen, zumal das Flüchtlingsgesetz vom Februar 1947 lediglich die Beteiligung des bayerischen Flüchtlingskommissars zwingend vorsah. Bis August 1948 erreichte das Wirtschaftsministerium, entgegen der bis dahin praktizierten Übung in den Prozeß der Kreditvergabe und der Kreditlenkung eingeschaltet zu werden und damit in Zukunft volkswirtschaftliche Gesichtspunkte allgemeiner Art einbringen zu können.[296] In konfliktfreier Absprache gelangte man daneben zu ersten Vereinbarungen über den vorgesehenen Ablauf der Antragsprozedur oder die zu erhebenden Zinssätze; – Regelungen, deren Bedeutung daraus resultierte, daß sie sowohl der sozial- und wirtschaftspolitischen Komponente der Kreditaktion als auch den Grundsätzen bankmäßiger Sorgfalt bei der Kreditvergabe Rechnung zu tragen hatten. Da sich eine Balance beider prinzipiell widerstreitender Prinzipien nur in der Praxis finden ließ, rückte die Kontaktpflege zu den kreditausreichenden Geschäftsbanken in diesem Zusammenhang zu einem wichtigen Gebot der Stunde auf. Blieb vorerst kaum eine andere Möglichkeit, als seitens der Leitung der Staatsbank gegenüber einzelnen Kreditinstituten nötigenfalls auf die Bereitstellung von Mitteln für Flüchtlingsbelange hinzuwirken, schuf sich das Finanzministerium im Sommer 1948 ein institutionell verankertes Informations- und Diskussionsforum für besondere kreditwirtschaftliche Belange. Der „Beirat des Kreditgewerbes beim Bayerischen Staatsministerium der Finanzen" setzte sich nach dem Willen des Ministeriums aus je einem Mitglied des Vorstands der Landeszentralbank, des Direktoriums der Bayerischen Staatsbank sowie Vertretern der Verbände des bayerischen Kreditgewerbes zusammen. Insbesondere nach der Aufhebung der von der Besatzungsmacht angeordneten Kreditrestriktionen im Frühjahr 1949 machte sich das Gremium unter anderem die Aufgabe zu eigen, die bayerischen Geldinstitute unter dem Vorbehalt des „liquiditätsmäßig Möglichen" zu mehr Verständnis für die Kreditwünsche der Neubürger anzuhalten.[297]

---

[295] BayHStA, MWI 13134, Bayerisches Staatsministerium für Wirtschaft, Abteilung V/Referat 22d, Vermerk. Betr.: Produktivkredite für in Bayern ansässige Flüchtlinge, 7.8.1948; ebenda, Abteilung V/Referat 22d, Vermerk. Betr.: Flüchtlingsproduktivkredite, 18.8.1948 (Zitat).
[296] BayHStA, MWI 13134, Bayerisches Staatsministerium für Wirtschaft, Abteilung V/Referat 22d, Vermerk. Betr.: Flüchtlingsproduktivkredite, 18.8.1948; ebenda, Bayerisches Staatsministerium für Wirtschaft, Abteilung V/21a, Gesichtspunkte für die Verhandlungen mit dem Finanzministerium betr. Kreditlenkung, 22.7.1948; ebenda, Bayerisches Staatsministerium für Wirtschaft an das Bayerische Staatsministerium des Innern, Staatssekretariat für das Flüchtlingswesen, 20.8.1948.
[297] BWA, V 15-203, Niederschrift über die 6. Sitzung des Beirates des Kreditgewerbes am 22.3.1949 im Bayerischen Staatsministerium der Finanzen, o.D., S.2. Vgl. zur Errichtung des Beirats auch: ebenda, Dr. Hans Müller, Staatssekretär, Bayerisches Staatsministerium der Finanzen, an den Bayerischen Genossenschaftsverband, den Bayerischen Raiffeisenverband, den Bayerischen Sparkassen- und Giroverband, den Verband der Privaten Kreditinstitute in Bayern. Betreff: Einberufung eines Beirates des Kreditgewerbes beim Bayerischen Staatsministerium der Finanzen, 18.8.1948.

In der kreditpolitischen Praxis der Monate nach der Wirtschafts- und Währungsreform stellte die Haltung der Geschäftsbanken freilich nur ein Element unter jenen mannigfachen Hemmnissen dar, die sich binnen Jahresfrist zu einer veritablen Krise der bayerischen Flüchtlingsförderung verdichteten. Die vielfach in Kreisen der geflohenen Unternehmer genährten hohen Erwartungen an die Hilfe des Staates machten oft herber Enttäuschung Platz, sobald die erhofften Kredite ausblieben, einmal gewährte Finanzhilfen keine direkte Fortsetzung fanden oder selbst kleinere Kredite von den Banken nur gegen Nachweis eines Mindestmaßes an Sicherheiten bewilligt wurden. In den beteiligten Ministerien häuften sich die Beschwerden über lange Bearbeitungszeiten der Kreditanträge, über monatelang ausbleibende Bürgschaftsurkunden und äußerst umständliche Antragsprozeduren. Zumindest für Kenner der Materie war hierbei weniger überraschend, daß derartige Gravamina etwa aus den ostbayerischen Notstandsgebieten nach München drangen; wirkliche Bestürzung rief hingegen in der informierten Öffentlichkeit bis Herbst 1949 die Tatsache hervor, daß selbst das in finanzwirtschaftlicher Hinsicht durch bayerische staatliche Stellen besonders privilegierte Gablonzer Gewerbe in Kaufbeuren von Kreditrestriktionen und nachfolgend steigenden Arbeitslosenraten nicht verschont blieb.[298]

Neben derart prägnanten Einzelfällen geriet sukzessive auch die Kreditaktion als Ganze ins Visier der veröffentlichten Meinung, was schließlich Landtag und Senat zwang, der Frage möglicher Mißbräuche einige Aufmerksamkeit zu schenken.[299] Insbesondere in der Landesflüchtlingsverwaltung, wo bis Mai 1949 alle Kreditanträge zentral bearbeitet wurden, geriet man unter Rechtfertigungsdruck und suchte die Verantwortung für die schleppende Antragsabwicklung bei den beteiligten Stellen der Wirtschaftsverwaltung zu lokalisieren. Dort reagierte man unter anderem mit dem Hinweis auf formale Mängel in den vorgelegten Kreditanträgen, darunter fehlende Nachweise des Flüchtlingsstatus oder unzulängliche Bilanzaufstellungen, und betonte einige unabdingbare Grundsätze jeder soliden staatlichen Rechnungsführung: „Die Kreditsicherheit des Kreditwerbers muß vorher geprüft sein, denn die Geldmittel, die zur Vergabe gelangen, sind Staatsgelder, die nicht für eine Verschleuderung geeignet sind. Es ist ein Unterschied, ob ein Kaufmann ein Risiko wagt, denn dafür trägt er allein für den Fall des Mißlingens

---

[298] BayHStA, MArb-Landesflüchtlingsverwaltung 1655-II, Landratsamt Kaufbeuren, Abtl. Flüchtlingswesen, „Situationsbericht über die in Kaufbeuren-Hart untergebrachte Gablonzer Industrie", 11.3.1949; ebenda, „Die Lage der Gablonzer Industrie im Siedlungsraume Kaufbeuren. Memorandum der Allgäuer Glas-, Metall- und Schmuckwaren eGmbH", 23.4.1949. Aufschlußreich über den Stellenwert, der der Kaufbeurer Vertriebenenansiedlung in den beteiligten Staatsministerien zugemessen wurde, ist das an gleicher Stelle zu findende „Protokoll über die Besprechung am 26. April 1949 über die Lage der Gablonzer Industrie", o. D. An dem Arbeitstreffen nahmen neben dem Oberbürgermeister von Kaufbeuren und Vertretern der Regierung von Schwaben u. a. die zuständigen Sachbearbeiter des bayerischen Innen-, Finanz-, Wirtschafts- und Arbeitsministeriums teil. Vgl. zum Thema auch „Gablonzer Industrie in Not", in: „Der Neubürger", 15.10.1949.
[299] „Kreditanweisung für einen Flüchtling. Mit dem Laufzettel in der Hand kommst Du durch 16 Ämter", in: Echo der Woche, 19.8.1948; abgedruckt auch in: Prinz (Hg.), Integration und Neubeginn. Band 2, S. 1035; Münchner Merkur, 6.9.1948; „Staatsverbürgte Kredite", in: Der Wirtschaftsmerkur, 10.6.1949. Vgl. außerdem den Stenographischen Bericht über die Sitzung des Bayerischen Senats am 30.6.1949, S. 532–534 sowie den Stenographischen Bericht über die 125. Sitzung des Bayerischen Landtags am 13.10.1949, S. 56f.

5. Industriepolitik als Flüchtlingspolitik

die Verantwortung. Staatsgelder können nicht für Risiken zweifelhafter Art zum Einsatz gelangen."[300]

Gewiß hafteten dem Vergabeverfahren mancherlei Schwächen an. Da die anfänglich äußerst begrenzten Mittel auf der Ebene der Kleinkredite unter der Maxime möglichst vieler Nutznießer vergeben wurden, konnten sie im Einzelfall in ihrer Höhe nicht immer den tatsächlichen Investitionsnotwendigkeiten vor Ort entsprechen. Auch erschwerte das bereits erwähnte Eigeninteresse staatlicher Stellen, bei allem Streben nach breiter Wirksamkeit der staatsverbürgten Produktivkredite doch möglichst selten finanziell einspringen zu müssen, die Kommunikation mit den ausreichenden Banken nicht unerheblich. So ging die bayerische Finanz- und Wirtschaftsverwaltung selbstverständlich davon aus, daß bereits die als erste Instanz bei der Kreditvergabe fungierenden Hausbanken die eingehenden Anträge mit größter branchenüblicher Sorgfalt zu prüfen hatten. In Fällen gescheiterter Darlehen unternahm man deshalb zunächst den Versuch, Formfehler in der Kreditabwicklung durch die Banken ausfindig zu machen. Dem stand in derartigen Fällen vielfach das berechtigte Argument der Kreditinstitute gegenüber, daß bei unnachsichtiger Bonitätsprüfung der Flüchtlingsunternehmer wohl kaum die beabsichtigte Breitenwirkung der Kreditaktion erreicht worden wäre. Als problematische Vorgabe seitens des bayerischen Staates erwies sich auch, daß bei der Einrichtung des Bürgschaftsprogramms aufgrund der prekären Kassenlage jeweils nur kurze Laufzeiten von fünf Jahren vorgesehen worden waren, die Kreditnehmer die verfügbaren Mittel aber zwangsläufig als längerfristig gebundene Anlageinvestitionen eingesetzt hatten und bei der Rückzahlung nicht selten in Schwierigkeiten gerieten.[301]

Die von der Wirtschaft gewünschte verstärkte Bereitstellung staatlich refinanzierter und zu günstigen Konditionen vergebener Kredite aber konnte noch im Jahresverlauf 1949 kaum umgesetzt werden. Daran änderte auch die Aufstockung der hierfür zur Verfügung stehenden Mittel von 6,5 Mio. DM im Dezember 1948 auf 18 Mio. DM im Februar 1949 vorerst nichts. Das bayerische Finanzministerium hatte die eigenen Refinanzierungsanstrengungen auf diese Weise intensiviert, um die für viele Wirtschaftsbetriebe verhängnisvollen Auswirkungen der alliierten Kreditrestriktionen vom Herbst 1948 zu mildern. Im Grunde als finanzpolitisches Remedium zur Abwehr inflatorischer Tendenzen und zur Bekämpfung der Warenhortung eingeführt[302], schadeten die kreditpolitischen Maßnahmen der Militäradministration vornehmlich jenen Unternehmen, die noch kaum die Chance gehabt hatten, größere Warenlager anzulegen und zugleich in überdurchschnitt-

---

[300] BayHStA, MArb-Landesflüchtlingsverwaltung 1655-II, Regierung von Schwaben, „Flüchtlingsproduktivkredite der Gablonzer Industrie", 29.9.1949 (Zitat); Wolfgang Jaenicke, Vier Jahre Betreuung der Vertriebenen in Bayern 1945-1949. Ein Bericht über den Stand der bisherigen Eingliederung und über ungelöste Probleme, anläßlich des vierten Jahrestages der Errichtung der bayerischen Flüchtlingsverwaltung, München 1950, S. 14f.
[301] Das frühe Verfahren wird in seinen Schwächen eindrücklich beschrieben durch den Verantwortlichen im Finanzministerium, Otto Barbarino: ArchBayLT, Kommission zur Prüfung von Staatsbürgschaften, Protokoll der 27. (nichtöffentlichen) Sitzung am 4.6.1956; Spiethoff, Flüchtlingsproblem, S. 92-105.
[302] Zu den kreditpolitischen Hintergründen: Herbert Wolf, Von der Währungsreform bis zum Großbankengesetz (1948-1952), in: Hans Pohl (Hg.), Geschichte der deutschen Kreditwirtschaft seit 1945, Frankfurt/Main 1998, S. 59-110.

lichem Maße auf die Gewährung von Investitionskrediten angewiesen waren. Es liegt auf der Hand, daß die von den direkten Folgen der Währungsreform am stärksten betroffenen Flüchtlingsbetriebe hierdurch wiederum in besonderer Weise in die Gefahr des Scheiterns gerieten. Dies galt umso mehr, als die Refinanzierungsoption unter anderem aufgrund der damit verbundenen niedrigen Gewinnspanne und der in jedem Falle nur teilweisen staatlichen Refinanzierung der Kredite für die Banken und Sparkassen vorerst nur von geringem Interesse war. Dabei ist zudem nicht auszuschließen, daß die bayerische Finanzverwaltung den Zinssatz und die Richtlinien des Refinanzierungsprogramms bewußt unattraktiv gestaltete, um der Bürgschaftsaktion nicht zu schaden und staatliche Kreditmittel nur in überschaubarem Umfang bereitstellen zu müssen.[303]

Daß das bayerische „Kreditwesen [..] auf der ganzen Linie versagt" habe[304], wie es eine Ausarbeitung des Bayerischen Gewerkschaftsbundes vom August 1949 temperamentvoll unterstellte, kann gleichwohl keineswegs als angemessen differenzierte Beschreibung der historischen Realität gelten. Immerhin ist jeder Bewertung zugrundezulegen, daß sich sowohl die alliierte Währungspolitik als auch das Geschäftsverhalten der Kreditinstitute dem direkten Einfluß bayerischer staatlicher Stellen entzogen. Zudem ist jene Hartnäckigkeit hervorzuheben, mit der Politik und Verwaltung in Bayern versuchten, die manifesten Grenzen der kreditpolitischen Steuerungsfähigkeit durch administrative Maßnahmen und durch die Ausweitung des zunächst vom Gesetzgeber gezogenen kreditwirtschaftlichen Rahmens auszudehnen. So kam es mit Wirkung vom 31. Mai 1949 zur Dezentralisierung des Kreditverfahrens. Es wurden Bürgschaftsausschüsse auf Bezirksebene eingerichtet, die sich aus je einem Vertreter der Flüchtlings-, der Wirtschafts- und der Finanzverwaltung der mittleren Verwaltungsebene zusammensetzten. Sie fanden auf Landesebene ihr Pendant in einem parallel hierzu aus den zuständigen Ressorts beschickten interministeriellen Bürgschaftsausschuß, der sich vorwiegend mit Bürgschaftssummen von mehr als 20000 DM befaßte. Nahezu zeitgleich zu dieser effektivitätssteigernden Reorganisationsmaßnahme wurde das Bürgschaftsvolumen im Juni 1949 auf 60 Mio. DM erweitert. Diesem gesetzgeberischen Schritt folgten bis Januar 1954 eine Reihe weiterer, so daß die Bürgschaftsaktion des bayerischen Staates bis Ende Januar 1954 auf insgesamt 6009 ausgereichte Flüchtlingsproduktivkredite bei einer Bürgschaftssumme von insgesamt 96,5 Mio. DM anwuchs.[305] Das im Großen und Ganzen bewährte Verfahren entwickelte sich überdies zum Nukleus für die sukzessive Ausweitung des Bürgschaftsinstrumentariums auch zum Vorteil der einheimischen Wirtschaft. Ab Juni 1949 übernahm der bayerische Staat weitere Bürgschaftsleistungen unter anderem zugunsten von restitutions- und demontagegeschädigten Unternehmen sowie für Kredite aus dem ERP-Sondervermögen oder aus den Arbeitsbeschaffungsprogrammen der Bundes-

---

[303] Karl-Maria Haertle, Der gesetzgeberische Rahmen und die ersten Maßnahmen der Kreditvergabe, in: Prinz (Hg.), Integration und Neubeginn. Band 1, S. 317-360, hier: S. 332-340.
[304] BayHStA, MWI 13137, Bayerischer Gewerkschaftsbund, Ortsausschuß Altötting, an das Bayerische Staatsministerium für Wirtschaft, 11. 8. 1949.
[305] Vgl. das „Gesetz über die Erweiterung der Sicherheitsleistungen des bayerischen Staates vom 14. Juni 1949" (BayGVBl. 1949, S. 139f.); Spiethoff, Flüchtlingsproblem, S. 87.

5. Industriepolitik als Flüchtlingspolitik

regierung. Bis zum 31. Januar 1954 summierte sich der Gesamtbetrag der eingegangenen Bürgschaften auf nicht weniger als 638,6 Mio. DM.[306] Da die vom Finanzministerium betreuten Investitionsfördermaßnahmen allmählich die Kapazitäten des Hauses zu überschreiten begannen, wurde per Gesetz vom 7. Dezember 1950 die „Landesanstalt für Aufbaufinanzierung" (LfA) ins Leben gerufen. Sie begann ihre Tätigkeit Anfang Mai 1951 zunächst am Münchener Karlsplatz, bevor sie ihren Dienstsitz zum 1. Februar 1952 an die Königinstraße unmittelbar am Englischen Garten verlegte.[307] Kreditinstitut im weitesten Sinne, entsprach die Landesanstalt nicht dem Muster einer klassischen Geschäftsbank. Vielmehr etablierte das Gründungsgesetz die Landesanstalt als ein koordinierendes Institut, dessen Aufgabe es war, „Unternehmen von Flüchtlingen und sonstige Unternehmen finanziell zu fördern".[308] Bald weitete die LfA ihren Aufgabenbereich über die Betreuung von Flüchtlingsbetrieben aus, so daß 1953 schon 40% aller gewährten Bürgschaften auf einheimische Unternehmen entfielen. Anders als übliche Geschäftsbanken pflegte die LfA aber keinen direkten Kontakt mit den Letztkreditnehmern. Sie führte stattdessen sämtliche Kredit-, Darlehens- oder Bürgschaftsverhandlungen mit Hilfe der zuständigen Hausbanken durch und vermied es auf diese Weise, konkurrierend zur bayerischen Kreditwirtschaft auf den Plan zu treten. In die wiedererstehende Bankenlandschaft der frühen Bundesrepublik fügte sich die LfA als eine öffentlich-rechtlich fundierte, regional tätige Spezialbank ein.[309]

Überblickt man die Genese dieser anfänglich stark improvisierten Form staatlicher Kredithilfe noch einmal von ihren Anfängen, dann bleibt nicht nur festzuhalten, daß sie in der Abfolge politischer Reaktionsformen auf die Flüchtlingszuwanderung eine wichtige Station auf dem Weg von der bloßen Aufnahme hin zur breiter angelegten Eingliederung markierte. Waren noch die staatlich geförderten Gruppenansiedlungen in ihrer Frühphase primär als stark selektive Maßnahmen zur gezielten Abschöpfung zugewanderten ökonomischen Potentials konzipiert

---

[306] Vgl. hierzu das oben genannte Gesetz vom 14.6.1949 sowie das „Vierte Gesetz über Kreditgewährungen und Sicherheitsleistungen des Bayerischen Staates vom 27.2.1950" (BayGVBl. 1950, S. 55) für Kredite zugunsten von demontierten Betrieben und ERP-Kredite der Kreditanstalt für Wiederaufbau sowie das „Fünfte Gesetz über Sicherheitsleistungen und Kreditaufnahme des Bayerischen Staates vom 27.7.1950" (BayGVBl. 1950, S. 108), das die Übernahme von Bürgschaften für Kredite im Rahmen des ersten Arbeitsbeschaffungsprogramms der Bundesregierung regelt. Siehe dazu auch: BayHStA, MF 71746, Bayerisches Staatsministerium der Finanzen, Betr.: Richtlinien zu einem Landesentwicklungsplan; hier: Staatsbürgschaften für Investitionskredite, 11.7.1951; Spiethoff, Flüchtlingsproblem, S. 87f.
[307] Bislang existiert zur Geschichte der LfA keine umfassende wissenschaftliche Monographie. Vgl. hingegen die historisch orientierten Abschnitte in: 25 Jahre Bayerische Landesanstalt für Aufbaufinanzierung. Geschäftsbericht 1975, München 1975; 40 Jahre (1951-1991) Bayerische Landesanstalt für Aufbaufinanzierung, München 1991; Es war eine bewegende Zeit. Chronik 50 Jahre LfA Förderbank Bayern, München 2001; Bärbel Hamacher, Königinstraße 17. Bayerische Landesanstalt für Aufbaufinanzierung in München, München 1993.
[308] Die Rechtsgrundlage der LfA ist im Gesetz über die Bayerische Landesanstalt für Aufbaufinanzierung vom 7. Dezember 1950 niedergelegt. Es wurde per Gesetz zur Änderung des Gesetzes über die Bayerische Landesanstalt für Aufbaufinanzierung vom 20. Februar 1952 revidiert, ohne daß allerdings grundlegende Ergänzungen vorgenommen wurden (BayGVBl. 1951, S. 4 (Zitat); BayGVBl. 1952, S. 79-81).
[309] Herbert Wolf, Von der Währungsreform bis zum Großbankengesetz (1948-1952), in: Hans Pohl (Hg.), Geschichte der deutschen Kreditwirtschaft seit 1945, Frankfurt/Main 1998, S. 59-110, hier: S. 103-106; 25 Jahre Bayerische Landesanstalt für Aufbaufinanzierung, S. 26.

gewesen, so standen die Flüchtlingsproduktivkredite stellvertretend für den politisch wirksamen Durchbruch einer Auffassung, worin die dauerhafte ökonomische Integration der Masse der Vertriebenen ihren festen Platz hatte. Bemerkenswert ist überdies, daß die Kreditaktion kaum hätte zustandekommen können, wenn die politische Führung des Landes nicht hinreichend Entschlossenheit an den Tag gelegt hätte, um sie nötigenfalls auch gegen Widerstände in der einheimischen Bevölkerung durchzusetzen. Tatsächlich vollzog sich die allmähliche und keineswegs widerspruchsfrei verlaufende Adaption des Integrationsgedankens in der Staatskanzlei und in den maßgeblichen Ministerien im Laufe der Jahre 1946 und 1947 konträr zu einer Tendenz wachsender Flüchtlingsfeindlichkeit.[310] Insbesondere in den ländlichen Gebieten Bayerns lag dieser ein Konglomerat von Ursachen zugrunde, das vom Unmut der Bauern über die vermeintlich zu geringe oder ausbleibende landwirtschaftliche Arbeitsleistung der Einquartierten über die Sorge vor der „Überfremdung" des ländlichen Umfelds bis hin zur Verärgerung angesichts der Eingriffe der Flüchtlingsverwaltung reichte.[311] Kritik und Besorgnis gegenüber den Zugewanderten fanden aber ihren Ausdruck auch und nicht zuletzt auf dem Feld des im engeren Sinne Ökonomischen und des gewerblichen Wiederaufbaus. So kommentierte das bayerische Wirtschaftsministerium die Lage zu Jahresbeginn 1948 lakonisch: „Der Widerstand gegen die Neuzulassung von Gewerbebetrieben der Ausgewiesenen und Flüchtlinge ist an vielen Stellen groß"[312].

Es waren nicht zufällig vornehmlich Vertreter des bayerischen Handwerks, die ihrer Sorge vor wachsender unternehmerischer Beeinträchtigung in Form von Beschwerden über die unzulässige Bevorzugung von Flüchtlingen und Vertriebenen Luft machten. Anders als in der Landwirtschaft, wo absehbar nur in sehr geringem Umfang mit betrieblicher Konkurrenz durch „Flüchtlingsbauern" zu rechnen war, oder in der Industrie, wo bald die Wertschätzung der zugewanderten Arbeitskraft überwog, hatte man im einheimischen Kleingewerbe aufgrund der hunderttausendfachen Zuwanderung wohl am meisten Grund zur Furcht um die eigenen ökonomischen Zukunftschancen. Recht typisch für eine Vielzahl von Eingaben und Beschwerden an Ministerien und andere staatliche Stellen war in dieser Hinsicht ein Schreiben des Bayerischen Handwerkstages an den Direktor der Bayerischen Staatsbank, Franz Elsen, worin dieser im November 1949 aufgefordert wurde, über Fälle mißbräuchlicher Verwendung von Flüchtlingsproduktivkrediten Auskunft zu geben. Elsen ließ sich nicht aus der Reserve locken, verwies darauf, daß neuerrichtete Vertriebenenunternehmen „die gleichen Sorgen und Mühen durchzustehen [hätten] wie die einheimischen Betriebe auch" und machte klar, daß es sich bei den inkriminierten Fehlleitungen um „Ausnahmefälle" handelte.[313]

---

[310] Vgl. die entsprechende Bemerkung bei Bauer, Von der Aufnahme zur Eingliederung, S. 113-129, hier: S. 122f.
[311] Generell zur „Begegnung der Antipoden" Flüchtling und Bauer für das ländliche Bayern: ders., Flüchtlinge und Flüchtlingspolitik in Bayern 1945-1950, S. 341-380; Erker, Vom Heimatvertriebenen zum Neubürger, S. 35-40.
[312] Wirtschaftspolitik und Wirtschaftsentwicklung in Bayern im Jahre 1947. Jahresbericht des Bayerischen Staatsministeriums für Wirtschaft, München 1948, S. 32.
[313] ACSP, NL Elsen 6.7.10, Bayerischer Handwerkstag an Bayerische Staatsbank, z. Hd. Herrn Direktor Franz Elsen, 17.11.1949; ebenda, Direktor Franz Elsen, Bayerische Staatsbank, an den Bayerischen Handwerkstag. Betr.: Flüchtlingsproduktivkredite, 28.11.1949 (Zitate). Vgl.

5. Industriepolitik als Flüchtlingspolitik

Diese klare Haltung zugunsten der Neubürger stellte in den Reihen der bayerischen politischen Eliten zu dem gegebenen Zeitpunkt keineswegs mehr eine Ausnahme dar. Bereits in der zweiten Jahreshälfte 1947 artikulierten Mitglieder der Staatsregierung das ökonomische Integrationsparadigma in wünschenswerter Deutlichkeit. Dies galt für Ministerpräsident Ehard selbst, der in seiner Regierungserklärung davon sprach, daß die „Eingliederung der Heimatvertriebenen in die bayerische Wirtschaft und die organische Verschmelzung von Fremden und Einheimischen" fortan als das „große Hauptziel" bayerischer Flüchtlingspolitik anzusehen sei.[314] An der Spitze des Finanzressorts gab Staatsminister Kraus[315] seiner Hoffnung auf die bereichernde Wirkung des Arbeitskräftezustroms für die ökonomische Entwicklung des flachen Landes Ausdruck, während man im Wirtschaftsministerium ohnehin mit gutem Grund auf die bereits erprobte Entschlossenheit zur effektiven Eingliederung verweisen konnte.[316] Noch die ersten, auf staatsbayerische Identitätsbildung hinorientierten Publikationen aus der Staatskanzlei spiegeln die Ambivalenz des kollektiven Bewußtwerdungsprozesses in der Vertriebenenfrage wider; positive Elemente überwogen auch hier.[317]

Sicherlich konnten Politikeräußerungen und offizielle Sprachregelungen an den fremdenkritischen Mentalitäten und Verhaltensweisen in der Bevölkerung kaum etwas ändern, über die die amerikanischen Verbindungsoffiziere noch zu Anfang der 1950er Jahre immer wieder zu berichten hatten. Um bloße Oberflächenphänomene, die tieferliegende, bestimmende Charakteristika der bayerischen Flüchtlingspolitik wie „Reserviertheit", „Skepsis" und „Perspektivelosigkeit" lediglich verdeckten[318], handelte es sich dabei jedoch nicht. Denn ohne Zweifel war spätestens ab Herbst 1947 eine offiziell verbindliche Ton- und Denkart definiert, der sich die staatliche Bürokratie einzuordnen hatte und die darüber hinaus das Potential zur Prägung des öffentlichen Bewußtseins in sich trug. Wo eine pragmatische Sicht der Dinge nicht ohnehin von Anfang an bestanden hatte, setzte sich in den Reihen der staatlichen Handlungsträger eine Auffassung durch, die den Prozeß der sozialökonomischen Eingliederung als Geben und Nehmen zugleich begriff, denn: „So manche Chance, die den Heimatvertriebenen gegeben wird, wird sich als ein Gewinn für das Aufnahmeland erweisen."[319] Und abgesehen von den nur

---

zu der diesbezüglichen Argumentation auch: „Haushaltsmittel für Kleinkredite. Außer den Flüchtlingen gibt es auch kriegssachgeschädigte Handwerker", in: Bayerische Handwerker-Zeitung, 4.2.1950. Grundsätzlich zu den Animositäten auch: Christoph Boyer, Zwischen Zwangswirtschaft und Gewerbefreiheit. Handwerk in Bayern 1945-1949 (Studien zur Zeitgeschichte 41), München 1992.

[314] Stenographischer Bericht über die 31. Sitzung des Bayerischen Landtags am 24.10.1947, S. 87 (Ehard).
[315] Hans Kraus (1879-1952), CSU-Politiker, 1945 Ministerialdirektor in der bayerischen Staatskanzlei, 1946 Leiter der bayerischen Staatskanzlei, 1947-1949 Bayerischer Finanzminister.
[316] Stenographischer Bericht über die 33. Sitzung des Bayerischen Landtags am 31.10.1947, S. 149 (Kraus); Wirtschaftspolitik und Wirtschaftsentwicklung in Bayern, S. 32f.
[317] Alfons Kristof, Der Reichtum der Heimatvertriebenen, in: Unser Bayern. Politik, Wirtschaft, Kultur. Hg. von der Bayerischen Staatskanzlei, München 1950, S. 95-98; Hans Schumacher, Ein Land ändert sein Gesicht, ebenda, S. 175f.; Martin Kornrumpf, Bayern – neue Heimat, in: Bayern. Ein Land verändert sein Gesicht. Hg. von der Bayerischen Landeszentrale für Heimatdienst, München 1956, S. 49-58.
[318] Bauer, Flüchtlinge und Flüchtlingspolitik, S. 386f.
[319] Walter Swoboda, Bayern und Bund. Die Heimatvertriebenen in Bayern und in der Bundesrepublik, in: Bayern in Zahlen 4 (1950), S. 97-100 (Zitat: S. 100).

notdürftig kaschierten diesbezüglichen Positionen der Bayernpartei blieben ausgesprochen fremdenfeindliche Äußerungen anders als in der Frühphase auch in den politischen Gruppierungen auf die engeren Zirkel interner Parteigremien beschränkt.[320]

Die vermutlichen Folgen des Flüchtlingszustroms für den industriell-gewerblichen Wiederaufbau erfuhren in der politischen Öffentlichkeit des Landes weitaus seltener Erwähnung und Analyse als allgemeinere Fragen der Flüchtlingsfürsorge und der vielfältigen Interaktionsformen zwischen Einheimischen und Neubürgern. Abseits von tagespolitischen Erwägungen interessierten sich in Bayern früher als in manch anderen Bundesländern die Landesstatistiker für die wirtschaftliche Seite des demographischen Wandels.[321] Daneben war es insbesondere der unablässigen rednerischen und publizistischen Tätigkeit von Wirtschaftsminister Hanns Seidel zu danken, wenn der Gedanke eines notwendigen und fortgesetzten ökonomischen Strukturwandels seinen allmählichen Eingang in das öffentliche Bewußtsein des Landes fand. Die zu Anfang dieses Abschnitts zitierten Ausführungen Seidels standen in dieser Hinsicht lediglich am Beginn einer regelrechten Überzeugungskampagne des Ministers. Daß Bayern als „Prototyp eines Industrie-Agrarstaates" auf dem einmal eingeschlagenen Weg weiterzugehen habe, um den Bevölkerungszuwachs produktiv aufzufangen, machte den Kern seiner vielfach wiederholten Argumentation aus. Herausgehobene Anlässe wie der Besuch von Bundeskanzler Konrad Adenauer in München im April 1950 boten willkommene Gelegenheiten, um diese mit Blick auf überregionale Wirkung und die erhoffte Bundeshilfe zu entfalten.[322] Nichts kann die Spanne des zurückgelegten Weges besser verdeutlichen als der Formwandel, den konturierte Ausblicke in die sozialökonomische Zukunft des Landes, welche den zwangsweise zugewanderten Bevölkerungsanteil in die Betrachtung einbezogen, seit Sommer 1947 genommen hatten. Der fraktionslose Abgeordnete Alfred Noske, der selbst erst 1945 aus Schlesien nach Bayern gekommen war, hatte damals als einer von ganz wenigen exponierteren Politikern im Landtag klare Worte gefunden: „Es wird niemals wieder so werden, wie Sie es in der Erinnerung haben als Ihre liebe angestammte bayerische Heimat. Seien Sie froh, daß Sie sich diese soweit erhalten haben. Das wird genau so wenig jemals wieder so werden, wie es für uns aus dem Osten und Südosten wieder so wird, wie es war. Die Zeit ist eine andere geworden. Sie müssen mit einem Strukturwandel auf allen Gebieten vorlieb nehmen."[323]

---

[320] Ilse Unger, Die Bayernpartei. Geschichte und Struktur 1945-1957 (Studien zur Zeitgeschichte 16), Stuttgart 1979, S. 26, 37.
[321] Dazu von zeitgenössischer Warte: Erich Dittrich, Der Aufbau der Flüchtlingsindustrien in der Bundesrepublik, in: Weltwirtschaftliches Archiv 67 (1951/II), S. 327-360, hier: S. 328.
[322] „Wir stehen also in Bayern vor der elementaren Tatsache, daß der Bevölkerungsdruck das Land immer und in jedem Falle zu einer Verstärkung der Industrialisierung zwingt, wenn es nicht verelenden soll." („Kein Armenhaus des Bundes! Wirtschaftsminister Seidel über Auftragsvergebung des Bundes und Betriebsmittelkredite", in: Bayerische Handwerker Zeitung, 15.4.1950; hier auch das Zitat). Vgl. daneben: Hanns Seidel, Bayern – Agrar- oder Industriestaat?, in: Unser Bayern. Politik, Wirtschaft, Kultur. Hg. von der Bayerischen Staatskanzlei, München 1950, S. 43-48.
[323] Stenographischer Bericht über die 23. Sitzung des Bayerischen Landtags am 15.7.1947, S. 735 (Noske). Zur Person Noskes: Monika Glettler (Hg.), Landtagsreden zur bayerischen Vertriebenenpolitik 1946-1950, München 1993, S. 672.

5. Industriepolitik als Flüchtlingspolitik

b) Vertriebenenzustrom und ökonomischer Strukturwandel

Den tatsächlichen Anteil der Flüchtlings- und Vertriebenenzuwanderung an diesem zu Recht vorhergesagten strukturellen Wandlungsprozeß zu ermessen, ist eine schwierige Aufgabe. Wenn im folgenden nach den Konsequenzen für Bayerns Wirtschaftsstruktur und seine ökonomischen Wachstumschancen gefragt wird, dann soll dies nicht im Sinne einer volkswirtschaftlichen Gesamtrechnung mit Blick auf „Kosten" und „Ertrag" des Integrationsvorgangs geschehen. Die methodischen Probleme, welche diesbezügliche Aussagen bereits für die Bundesebene nur als annäherungsweise Schätzungen zulassen, potenzieren sich, sobald man die Betrachtung auf die Länderebene mit ihren für den Betrachtungszeitraum statistisch vielfach weniger dicht dokumentierten Wirtschaftsindikatoren verlagert.[324] Unter der verfolgten Perspektive dieses Abschnitts ist vielmehr vor allem von Interesse, welche *allgemeinen, sektoralen, branchenspezifischen* und *regionalen* Wirkungen die quantitative Erweiterung des Arbeitskräftepotentials in Bayern entfaltet hat. Angesichts der Quellenlage und der oben bereits beschriebenen erkenntnistheoretischen Probleme sind aber auch auf diesem Feld indiziengestützte Plausibilitätsschlüsse gelegentlich unvermeidbar. Dies gilt besonders dann, wenn versucht wird, die Konturen des Wandlungsprozesses und die staatlich-kreditpolitischen Steuerungsansätze zueinander in Bezug zu setzen.

Bis zum Jahr 1950 hatte sich der Umfang der in Bayern lebenden Bevölkerung von 6,9 Mio. im Jahr 1939 auf etwa 9,1 Mio. Menschen erweitert. Der Zuwachs von mehr als 2,2 Mio. Personen war ähnlich wie auf der Bundesebene zu seinem größten Teil auf die Zuwanderung von Flüchtlingen und Vertriebenen zurückzuführen, deren im Mai 1950 über 1,9 Mio. in Bayern lebten. Diese Bevölkerungszunahme ging mit einer erheblichen Ausweitung des Potentials an Arbeitskräften einher. So wuchs die Zahl der Erwerbspersonen in Bayern zwischen 1939 und 1950 um etwa 793 000, was einer Erhöhung um 21,2% gleichkam. Die Wohnbevölkerung war im gleichen Zeitraum um 32,2% angestiegen, womit also für Bayern ein deutlicher Rückgang der Erwerbsquote zu verbuchen war. Zwei Hauptursachen waren hierfür ausschlaggebend geworden. Die Tatsache, daß die Gruppe der Flüchtlinge und Vertriebenen im Jahr 1950 über 816 000 aller bayerischen Erwerbspersonen stellte, macht deutlich, daß seit 1939 die Zahl der einheimischen Erwerbspersonen leicht abgenommen hatte. Als noch wirkmächtiger entpuppte sich, daß die Erwerbsquote der zwangsweise zugewanderten Neubürger mit 42% deutlich niedriger als jene der einheimischen Bevölkerung von 52% lag.[325] Gewiß schlug sich hier die im stark agrarisch geprägten Bayern besonders hohe Frauenerwerbsquote vornehmlich des landwirtschaftlichen Sektors nieder.[326] Zu wesent-

---

[324] Gerold Ambrosius, Der Beitrag der Vertriebenen und Flüchtlinge zum Wachstum der westdeutschen Wirtschaft nach dem Zweiten Weltkrieg, in: Jahrbuch für Wirtschaftsgeschichte 2 (1996), S. 39–71, bes. S. 56–63.
[325] Die Zahlenangaben sind berechnet nach bzw. übernommen aus: Statistisches Jahrbuch für Bayern 1952, München 1952, S. 76 (Tab. 4), 13 (Tab 4), 72 (Tab. 1).
[326] Sie lag für die einheimische weibliche Bevölkerung Bayerns im September 1950 bei 41% und übertraf damit die entsprechenden Quoten in allen anderen Bundesländern. Vgl. dazu als Berechnungsbasis: Statistisches Jahrbuch für Bayern 1952, S. 72 (Tab. 1); zum Ländervergleich: Siegfried Bethlehem, Heimatvertreibung, DDR-Flucht, Gastarbeiterzuwanderung. Wanderungsströme und Wanderungspolitik in der Bundesrepublik Deutschland, Stuttgart 1982, S. 41.

lichen Teilen war das Phänomen aber auch darauf zurückzuführen, daß unter den Heimatvertriebenen die sogenannten „Selbständigen Berufslosen" und die „Angehörigen ohne Hauptberuf" erheblich prominenter vertreten waren. Hinter den dürren Zahlenkolonnen der Statistiken verbargen sich hier einmal mehr gravierende sozialökonomische Kriegsfolgen, die sowohl mit den höheren Menschenverlusten unter den Geflohenen und Ausgewiesenen zu tun hatten als auch mit deren niedrigeren Chancen zur Arbeitsaufnahme im Gastland. So machten allein die Empfängerinnen von Witwengeld und die Sozialversicherungsrentner unter den Vertriebenen mehr als ein Viertel aller Angehörigen dieser Gruppen in der bayerischen Gesamtbevölkerung aus und übertrafen damit nicht nur den entsprechenden Anteil in der Stammbevölkerung um über ein Drittel, sondern auch den Bevölkerungsanteil der Vertriebenen in Bayern von etwa 21%.[327]

Da überdies viele Flüchtlingsbauern nicht mehr in ihrem angestammten Tätigkeitsfeld arbeiten konnten und zumeist eine Arbeit in Industrie und Handwerk aufnehmen mußten, waren ihre vormals im bäuerlichen Betrieb mithelfenden Frauen und Familienangehörigen bis 1950 statistisch vom Status der Erwerbspersonen in denjenigen der „Angehörigen ohne Beruf" übergegangen. In lebensweltlicher Hinsicht hatten Ehefrauen vielfach die Führung des Haushalts übernommen, ohne daß diese Form der Arbeit weiter als Erwerbstätigkeit in den Statistiken aufschien. Erst im Laufe der frühen 1950er Jahre traten offensichtlich auch die Ehefrauen von Vertriebenen vermehrt in ein Arbeitsverhältnis, was den Prozentsatz der „Angehörigen ohne Beruf" schrumpfen ließ. Insgesamt kam hier gleichwohl eine sektorale Wanderungsbewegung unter den vertriebenen Landwirten zum Ausdruck, die im Ergebnis dazu führte, daß im Jahr 1950 von allen Selbständigen in der bayerischen Land- und Forstwirtschaft lediglich 1,1% dem Kreis der Heimatvertriebenen entstammte. Der damit oftmals einhergegangene Statusverlust der vertriebenen Landwirte deutet sich in dem weit über dem bayerischen Durchschnitt liegenden Anteil der Heimatvertriebenen an den landwirtschaftlichen Arbeitern an, der über ein Drittel der Gesamtgruppe ausmachte.[328]

In ihrer Vielschichtigkeit betrachtet, spiegelt die Frage der *Erwerbstätigkeit* nicht nur den zugrundeliegenden sozialgeschichtlichen und wirtschaftsstrukturellen Wandel. Auch die dialektische Verknüpfung der sozialpolitischen Belastung, die dem bayerischen Staat aus der Zuwanderung erwuchs, mit der dem Phänomen zugleich innewohnenden Aufbauchance wird hier greifbar. Daß der Zustrom von mehr als 800 000 Erwerbspersonen zunächst die Aufnahmekapazitäten der bayerischen Wirtschaft überstieg, wurde in den Arbeitslosenzahlen in aller Deutlichkeit manifest. So war die im Herbst 1950 in Bayern anzutreffende hohe Arbeitslosenquote von 10,9%, die deutlich über dem entsprechenden Bundeswert von 8,2% lag, in starkem Maße auf die weiter ausstehende Absorption der Vertriebenen in

---

[327] Berechnet nach den Angaben zu den Selbständigen Berufslosen in Bayern anhand: Statistisches Jahrbuch für Bayern 1952, S. 72 (Tab. 1); S. 82 (Tab. 8 und 9). Siehe für die Bundesebene insgesamt auch: Bethlehem, Heimatvertreibung, DDR-Flucht, Gastarbeiterzuwanderung, S. 38–48.
[328] Statistisches Jahrbuch für Bayern 1952, S. 74 f. (Tab. 3); Spiethoff, Untersuchungen, S. 66 f.; Franz Zopfy, Die wirtschaftliche und soziale Eingliederung der Vertriebenen, in: Bayern in Zahlen 12 (1958), S. 224–227, bes. S. 226 f.

5. Industriepolitik als Flüchtlingspolitik

den Arbeitsmarkt zurückzuführen. Bayern teilte über die gesamten 1950er Jahre hinweg das Los hoher Vertriebenenarbeitslosigkeit mit den anderen wichtigen Flüchtlingsaufnahmeländern Schleswig-Holstein und Niedersachsen. Wie dort führte die Wirtschaftsentwicklung mit ihrem expandierenden Arbeitskräftebedarf aber zu einer kontinuierlichen Verringerung der Zahl arbeitsloser Vertriebener. Während im Jahr 1950 von fast 298 000 bayerischen Arbeitslosen noch 40,8% aus den Reihen der Vertriebenenbevölkerung kamen, waren es bei einer Gesamtarbeitslosigkeit von etwas mehr als 78 000 im Jahr 1958 nurmehr 22,8%.[329] Damit ging eine allmähliche Angleichung der Anteile der Vertriebenen an der Bevölkerung und an den Arbeitslosenzahlen einher, welche sich im Bundesdurchschnitt um 1959 einstellte, in Bayern aber noch bis in die frühen 1960er Jahre auf sich warten ließ.[330] An dieser insgesamt positiven Entwicklung hatten auch die bereits erwähnten Umsiedlungsaktionen des Bundes und der Länder ihren – kaum präzise zu ermessenden – Anteil. In Kombination mit der freien Wanderungsbewegung bewirkten sie eine Umverteilung von mehr als einer Million Menschen aus den drei „Flüchtlingsländern" in die industriellen Zentren vornehmlich Nordrhein-Westfalens und Baden-Württembergs; sie waren bis Mitte der 1950er Jahre im wesentlichen beendet. In Bayern trug die Umsiedlung nach den Beobachtungen der Statistiker zu einer gewissen Entspannung regionaler Arbeitsmärkte etwa im Gebiet des Bayerischen Waldes bei.[331]

Es bedarf eines noch näheren Blicks auf die Struktur des zugewanderten „Produktionsfaktors Arbeit", um seine Wirkung auf die bayerische Wirtschaft einschätzen zu können. Zunächst ist festzuhalten, daß ähnlich einer Tendenz auf Bundesebene die Zuwanderung durchaus zu einer leichten relativen Verjüngung des Arbeitspotentials führte. Auch in Bayern hatte sich die Bevölkerung infolge der Toten zweier Weltkriege und der damit einhergehenden Geburtenausfälle auf Kosten der jüngeren und mittleren Altersgruppen entwickelt. Die sogenannte „Altersmitte"[332] der bayerischen Bevölkerung war deshalb und unter dem Einfluß einer höheren Lebenserwartung zwischen 1910 und 1950 signifikant von 24,1 auf 32,5 Jahre angestiegen. Demgegenüber zeigte sich bereits seit den ersten statistischen Erfassungsversuchen von 1946, daß unter den Heimatvertriebenen ein höherer Anteil an Jugendlichen und Personen im erwerbsfähigen Alter bis 45 Jahre anzutreffen war. Mißlicherweise waren es eben die jüngeren Altersjahrgänge, insbesondere jene zwischen 18 und 32 Jahren, die Bayern wohl vorwiegend aus Gründen der Arbeitssuche bald in Teilen wieder verließen. Der Altersaufbau der Vertriebenen und jener der einheimischen Bevölkerung hatten sich deshalb bereits 1950 deutlich aneinander angenähert. Bis Mitte der 1960er Jahre verloren die Un-

---

[329] Eduard Schmidt, Die Arbeitslage in Bayern seit 1950, in: Zeitschrift des Bayerischen Statistischen Landesamts 90 (1958), S. 164–199, bes. S. 167, 170.
[330] Eingliederung der Vertriebenen und Flüchtlinge in Bayern. Erfolge und Aufgaben. Bericht des Herrn Staatsministers für Arbeit und soziale Fürsorge Paul Strenkert in der Sitzung des Beirats für Vertriebenen- und Fluchtlingsfragen am 11. Februar 1963, Statistische Anlage, o. S.; Ambrosius, Beitrag der Vertriebenen und Flüchtlinge, S. 48.
[331] Schmidt, Arbeitslage in Bayern, S. 175–178; Bethlehem, Heimatvertreibung, DDR-Flucht, Gastarbeiterzuwanderung, S. 48–80.
[332] Diese wurde definiert als jene Altersgrenze, anhand derer die gesamte Bevölkerung in zwei gleich große Gruppen geteilt werden kann.

terschiede in der Altersgliederung dann jede soziologische oder ökonomische Bedeutung.[333] Noch aussagekräftiger für Bayern ist die sektorale und berufliche Schichtung von vertriebener und übriger Bevölkerung. Sie zeigte signifikante Ähnlichkeiten wie Unterschiede und reflektierte bereits 1950 einen tiefreichenden Anpassungsprozeß, dessen Folgen sich sowohl für die Gruppe der Neubürger als auch im Hinblick auf die Gesamtheit des bayerischen Wirtschaftskörpers nachweisen lassen.

Für ein umfassendes Bild ist es erstrebenswert, die ursprüngliche *erwerbliche Gliederung* der Vertriebenen in ihrer alten Heimat mit jener nach der Ankunft in Bayern zu vergleichen, um damit die Dynamik eines umfassenden Bruches in der beruflichen Sozialstruktur einer Bevölkerungsgruppe zu erfassen, die immerhin ein Viertel der bayerischen Stammbevölkerung ausmachte. Das grundsätzliche Problem eines solchen Ansatzes liegt darin, daß er nur anhand von Selbstauskünften der Betroffenen zu realisieren und deshalb mit einem hohen subjektiven Faktor verbunden ist. Da der fragliche Wandel für das Voranschreiten des Integrationsvorganges und die lebensweltliche Befindlichkeit der Heimatvertriebenen zweifellos hochbedeutend, in unserem Zusammenhang aber von etwas geringerer Relevanz ist als die tatsächlich nach der Ankunft im Westen ausgeübte Tätigkeit, genügt im folgenden eine Darstellung der großen Wandlungstendenzen.[334] Dazu stehen für Bayern die Ergebnisse zweier Untersuchungen zur Verfügung, die jeweils auf die Befragung von Heimatvertriebenen im Auftrag des Statistischen Landesamts zurückgehen. Zusammen mit den Resultaten der Volkszählung von 1950 verdeutlichen sie nicht nur, daß etwa zwei Drittel der vorher selbständigen Vertriebenen diesen Status verloren haben, daß die Gruppe der Mithelfenden Familienangehörigen nahezu verschwand und jene der Arbeiter um mehr als die Hälfte des ursprünglichen Standes auf fast zwei Drittel aller erwerbstätigen Vertriebenen anwuchs. Auch zeichnet sich hier das Ausmaß der im anderen Zusammenhang bereits thematisierten intersektoralen beruflichen Mobilität recht präzise ab: Während vor der Ausweisung über ein Viertel aller Vertriebenen einer landwirtschaftlichen Erwerbstätigkeit nachging, waren es im Jahr 1950 in Bayern nurmehr etwa 12%; bis zur Mitte der 1950er Jahre fiel der Anteil sogar weiter auf weniger als 8%. Im sekundären Sektor war zum Zeitpunkt der Vertreibung etwa ein Drittel aller späteren Neubürger Bayerns beschäftigt, im Jahr 1950 dann hingegen fast die Hälfte.[335] Gießt man das verfügbare statistische Material in die Kategorien eines

---

[333] Statistisches Jahrbuch für Bayern 1952, S. 18-20 (Tab. 10 und 11); Walter Swoboda, Überalterte Bevölkerung? Ergebnisse der Volkszählung 1950, in: Bayern in Zahlen 5 (1951), S. 161-163. Erstmals wurde die Altersstruktur der nach Bayern zu- und abgewanderten Menschen für das Jahr 1950 ermittelt: Oskar Roscher, Alter und Familienstand der über die bayerische Landesgrenze Zu- und Fortgezogenen 1950, in: Bayern in Zahlen 5 (1951), S. 282-284; Franz Zopfy, Die regionale Verteilung der Vertriebenen und Flüchtlinge in Bayern, ihre Alters- und ihre konfessionelle Gliederung, in: Bayern in Zahlen 19 (1965), S. 1-3.
[334] Zur Problematik auch Spiethoff, Untersuchungen, S. 60-62. Spiethoff löst die Frage, indem er kurzerhand von einem „wenig unterschiedliche[n] Aufbau der alten und neuen Bevölkerungsteile in der Vorkriegszeit" (ebenda, S. 61) sowie von einer parallel verlaufenen Weiterentwicklung ausgeht und seine Schlüsse aus einer Gegenüberstellung der sozialen und beruflichen Struktur der Heimatvertriebenen mit jener der bayerischen Gesamtbevölkerung für die Zeit nach der Vertreibung zieht.
[335] Eine erste Repräsentativuntersuchung fand im Dezember 1949 statt und berücksichtigte etwas mehr als 4400 Heimatvertriebene: Die Vertriebenen in Bayern. Ihre berufliche und soziale

5. Industriepolitik als Flüchtlingspolitik

interregional orientierten Vergleichs zwischen Vertriebenen und übriger Bevölkerung um, dann stellt sich die sektorale Wanderung wie folgt dar:

Tabelle 6: Die berufliche Gliederung der Vertriebenen und der übrigen Bevölkerung im Bund und in Bayern 1950

Berufe	Erwerbspersonen (in %)[336]			
	Bund		Bayern	
	Vertriebene	übrige Bevölkerung	Vertriebene	übrige Bevölkerung
Land- und Forstwirtschaft	14,5	25,7	12,2	34,6
Industrie und Handwerk	52,4	40,7	49,0	33,8
Handel, Verkehr und Dienstleistungen	33,1	33,6	29,5	28,3
Gesamt	100	100	90,7[337]	96,7[338]

Quellen: Reichling, Die Heimatvertriebenen im Spiegel der Statistik, S. 208; Statistisches Jahrbuch für Bayern 1952, S. 74–77 (Tab. 3).

Unter der Einschränkung, daß zum Erhebungszeitpunkt 1950 nicht für alle Befragten der Volkszählung in Bayern die Betriebszugehörigkeit zu ermitteln war und eine umfassende Erwerbstätigenstatistik für die bayerischen Vertriebenen nicht existierte, bestätigt sich hier die zu erwartende Schwerpunktbildung der Vertriebenenerwerbstätigkeit im Bereich von Industrie und Handwerk als eine bundesweite Tendenz. Infolge der Zuwanderung veränderte sich im Bundesdurchschnitt wie auch in Bayern das berufliche Sozialprofil der Gruppe der Vertriebenen also überaus deutlich zu Ungunsten des agrarischen Sektors. Auf der Basis des bisher Gezeigten kann auf der anderen Seite ebenso eindeutig davon ausgegangen werden, daß die Vertriebenenzuwanderung in Bayern wie im Bund den sektoralen Strukturwandel erleichtert, ja gefördert hat. Charakteristisch hierfür sind die signifikant abweichenden Anteilszahlen der übrigen, einheimischen Bevölkerung: Sie liegen jeweils im primären Sektor höher, im sekundären aber niedriger und ver-

---

Eingliederung bis Anfang 1950 (Beiträge zur Statistik Bayerns 151), München 1950, bes. S. 10–21. Einige Resultate sind vorweg veröffentlicht worden: Walter Swoboda, Zur Eingliederung der Vertriebenen. Ergebnisse einer Repräsentativerhebung bei 4425 Vertriebenen in Bayern Ende 1949, in: Bayern in Zahlen 4 (1950), S. 375 f. Eine weitere Studie wurde auf der Basis einer Befragung durchgeführt, die sich mit der seit 1953 per Bundesgesetz vorgeschriebenen Ausstellung von Flüchtlingsausweisen verband. Dabei wertete das Landesamt die Daten von mehr als 1,2 Mio. Antragstellern anhand eines gegenüber der ersten Erhebung reduzierten Fragenkatalogs aus: Franz Zopfy, Die wirtschaftliche und soziale Eingliederung der Vertriebenen, in: Bayern in Zahlen 12 (1958), S. 224–227.

[336] Angegeben sind die Anteile, in denen sich die Gesamtheit der Erwerbspersonen unter den Heimatvertriebenen bzw. der übrigen Bevölkerung auf die Wirtschaftssektoren verteilte.

[337] Nach den verfügbaren Daten lagen für 9,3% der heimatvertriebenen Erwerbspersonen in Bayern keine Angaben über die Betriebszugehörigkeit vor (Statistisches Jahrbuch für Bayern 1952, S. 76). Ein Vergleich mit den gesicherteren Anteilswerten, die 1958 für die Situation zur Mitte der 1950er Jahre veröffentlicht wurden, zeigt, daß die aufgeführten Zahlen für 1950 gleichwohl eine hohe Plausibilität aufweisen (Zopfy, Wirtschaftliche und soziale Eingliederung, S. 227).

[338] In der Erhebung standen für 4,4% der Erwerbspersonen in der bayerischen Gesamtbevölkerung (einschließlich der Heimatvertriebenen) keine Angaben über die Betriebszugehörigkeit zur Verfügung (Statistisches Jahrbuch für Bayern 1952, S. 76). Durch die notwendige Umrechnung auf die „übrige Bevölkerung" verringerte sich dieser Wert.

körpern *cum grano salis* jene Verteilung, die sich ohne den demographischen Zustrom eingestellt hätte. Ähnlich wie auf der Bundesebene setzte sich die zugrundeliegende Tendenz nach 1950 fort. Wenn also davon gesprochen werden kann, daß die Zunahme von Erwerbspersonen im produzierenden Gewerbe Bayerns zwischen 1946 und 1961 im Jahresdurchschnitt mehr als dreimal so schnell vor sich ging als noch zwischen 1882 und 1925[339], dann ist diese Beschleunigung nicht zuletzt auf die ausgeprägte berufliche Mobilität der Vertriebenen zurückzuführen. Bemerkenswert ist weiter, daß sich auf beiden Ebenen der tertiäre Sektor als hinreichend aufnahmefähig erwies, um der einheimischen und der vertriebenen Bevölkerung jeweils zu annähernd gleichen Anteilen Beschäftigungsmöglichkeiten zu bieten. Für Bayern lag dies weniger in der etwaigen Flexibilität des gewerblichen Dienstleistungsbereichs begründet, als in der großen Zahl von Vertriebenen, die in der öffentlichen Verwaltung des Landes oder der Besatzungsmacht Aufnahme gefunden haben.[340] Ungeachtet dieses Hintergrunds darf angenommen werden, daß das Einströmen von Vertriebenen in den industriell-gewerblichen Sektor der Abwanderung von Einheimischen in den Dienstleistungsbereich auch in Bayern Vorschub geleistet hat.

Überraschende Einsichten bietet die Betrachtung des *strukturellen Wandels innerhalb der gewerblichen Wirtschaft* des Landes. In absoluten Zahlen gefaßt, haben bis 1950 im bayerischen Gewerbe neben den dort beschäftigten 1,9 Mio. einheimischen Arbeitskräften nicht weniger als 408 000 Heimatvertriebene Beschäftigung gefunden. Sie konzentrierten sich zu mehr als zwei Dritteln in der gewerblichen Güterproduktion und im Baugewerbe, wobei einige Gewerbegruppen besondere Bevorzugung erfuhren. Ebenso bemerkenswert wie diese Tendenz ist dabei die Tatsache, daß die anteilige Streuung der Beschäftigten über die güterproduzierenden Gewerbegruppen bei Einheimischen und Neubürgern einen hohen Grad an Übereinstimmung aufwies.

Prägnante Ausnahmen hiervon stellten neben der Wirtschaftsgruppe der Steine und Erden sowie der Glasindustrie insbesondere das Textilgewerbe dar; umgekehrt zeigten sich die Neubürger vor allem im Nahrungsmittelgewerbe, im Handel und im Verkehrswesen stark unterrepräsentiert. Eine grundsätzliche Restrukturierung des bayerischen Gewerbes verband sich mit der Flüchtlings- und Vertriebenenzuwanderung hingegen nicht. Die Textilproduktion erfuhr eine weitere Ausweitung ihrer im Gesamtgefüge der bayerischen Wirtschaft bereits bestehenden starken Stellung: Sie, die schon vor dem Zweiten Weltkrieg bei Beschäftigten und Umsatz alle anderen Industriezweige Bayerns weit übertroffen hatte, erlangte nach dem rüstungswirtschaftlich gesteuerten Bedeutungsverlust zwischen 1936 und 1945 ihren führenden Status bereits bis 1950 wieder. An der erheblichen Ausweitung ihrer Beschäftigtenzahlen um mehr als die Hälfte allein seit der Währungs-

---

[339] Christian Arnold, Strukturwandlungen in der Erwerbsbevölkerung Bayerns seit 1882, in: Bayern in Zahlen 23 (1969), S. 357-359. Bis Anfang der 1960er Jahre verließen doppelt so viele Vertriebene den primären Sektor wie einheimische Arbeitskräfte: Ambrosius, Beitrag der Vertriebenen und Flüchtlinge, S. 64f.
[340] Statistisches Jahrbuch für Bayern 1952, S. 76f.; Karl Pechartscheck, Die Heimatvertriebenen im bayerischen Gewerbe, in: Zeitschrift des Bayerischen Statistischen Landesamts 84 (1952), S. 7-22, hier: S. 10.

5. Industriepolitik als Flüchtlingspolitik

Tabelle 7: *Heimatvertriebene und einheimische Beschäftigte im Gewerbe Bayerns 1950*

Gewerbegruppe	Beschäftigte (in %)	
	Vertriebene	Einheimische
Bergbau, Steine und Erden, grob-keramische Erzeugnisse	7,7	5,8
Energiewirtschaft	1,0	2,5
Eisen- und Metallgewinnung sowie -verarbeitung	27,1	28,8
Chemische Industrie, Kunststoff- und Gummiverarbeitung	4,2	3,3
Feinkeramische Industrie	4,0	2,7
Glasindustrie	2,3	1,1
Sägerei und Holzbearbeitung	2,3	2,2
Holzverarbeitung	7,9	8,6
Papiererzeugung und -verarbeitung, Druckereigewerbe	3,9	4,4
Ledererzeugung und -verarbeitung	4,1	4,7
Bekleidungsgewerbe	9,7	10,6
Textilgewerbe	15,9	8,2
Herstellung von Musikinstrumenten und Spielwaren	1,3	1,1
Nahrungsmittelgewerbe	8,6	16,0
Gesamt	100	100

Quelle: Pechartscheck, Die Heimatvertriebenen im bayerischen Gewerbe, S. 8.

reform hatten die Betriebsgründungen von Heimatvertriebenen neben der Aufnahme von zugewanderten Arbeitern in die einheimischen Betriebe großen Anteil. Entsprechend hoch lag die Bedeutung der Textilsparte unter Integrationsgesichtspunkten, fanden doch etwa 37 000 zugewanderte Arbeitskräfte in diesem Gewerbezweig ein neues Auskommen. Es ist deshalb auch kein bloßer Zufall, daß sich hier eines der wenigen nachweisbaren Beispiele findet, in denen die Sorge des einheimischen Gewerbes vor der „Überfremdung" durch zugewanderte Unternehmensgründer auf reale Anknüpfungspunkte traf: Im Bereich der industriellen Wirkereien und Strickereien, die sich vorwiegend in Oberfranken, im südlichen Schwaben und in München niedergelassen hatten, übertrafen die Zahl der beschäftigten Personen und die durchschnittliche Betriebsgröße die entsprechenden Kennziffern der einheimischen Betriebe deutlich.[341]

Abgesehen vom allgemeinen Zustrom an ausgewiesenen Arbeitskräften beeinflußten die Heimatvertriebenen die Struktur des aufnehmenden Wirtschaftsraumes auch über *eigene Betriebsgründungen*. Augenfällig ist hier die Tatsache, daß damit eine Anzahl von Spezialgewerben seßhaft wurde, die in Bayern bis dahin nicht oder nur in Ansätzen heimisch gewesen war. Dazu zählte im Textilbereich die Herstellung von Spitzen, Stickereien, Gardinen, Taschentüchern und Strümpfen; darüber hinaus kam mit den Vertriebenen unter anderem die Fertigung von Lederhandschuhen, Perlmuttknöpfen, Holzspielwaren und Gablonzer Glaswaren nach

---

[341] Pechartscheck, Die Heimatvertriebenen im bayerischen Gewerbe, S. 8-22 (Zitat: S. 12); ders., Die bayerische Textilindustrie im Mai 1950, in: Bayern in Zahlen 4 (1950), S. 385-387.

Bayern. Die sogenannten „Flüchtlings-" oder „Heimatvertriebenen-Betriebe" stellen zweifellos ein gesondert zu betrachtendes Spezifikum der ökonomischen Integrationsanstrengungen in den westdeutschen „Flüchtlingsländern" dar. Für Bayern im Rahmen der staatlichen Kreditaktion juristisch präzise definiert[342], entwickelten sie sich hier gleichermaßen zum „Paradepferd" und Hoffnungsträger der gewerblichen Vertriebeneneingliederung. Ihnen vor allem galt die wohlwollend fördernde Aufmerksamkeit der bayerischen staatlichen Stellen und der amerikanischen Militärregierung bzw. ihrer Nachfolgebehörde, des „Land Commissioner". In der Öffentlichkeit des Landes wurde die industriell-gewerbliche Tätigkeit der Zugewanderten nicht zuletzt aufgrund der intensiven Werbetätigkeit der Staatsregierung vorwiegend mit diesen Unternehmensneugründungen in Verbindung gebracht, vielfach sogar damit identifiziert.[343]

Tatsächlich waren die Betriebe als politisch prestigeträchtige Träger der Eingliederung nahezu prädestiniert. Sie markierten auf besonders augenfällige Weise die von der bayerischen Flüchtlingspolitik angestrebte Verknüpfung von unternehmerischer Initiative der Neubürger und staatlich geleisteter Hilfe zur Selbsthilfe. In praktischer Hinsicht waren sie um 1950 bereits eng mit Idee und Durchführung der gewerblichen Flüchtlingssiedlungen in Neugablonz, Waldkraiburg oder Geretsried verbunden. So standen sie zurecht für die bis dato weitgehend erfolgreiche Umsetzung jenes Ausgangskonzepts, wonach die offensichtlich begrenzte Aufnahmefähigkeit der bayerischen Wirtschaft durch die Begründung selbständiger Existenzen im gewerblichen Sektor effektiv erweitert werden konnte. Das am Fall der sudetendeutschen Spezialgewerbe entwickelte Konzept ging ja bekanntlich davon aus, daß die Überführung dieser arbeitsintensiven Verbrauchsgüterindustrien nach Bayern die Chance böte, anhand des Mindesteinsatzes von Fördermitteln ein Maximum an neuen Arbeitsplätzen für einheimische und zugewanderte Arbeitnehmer zu schaffen. Zumindest im Nebeneffekt war die flüchtlingspolitische Attraktivität dieser Integrationsindustrien gewiß auch darauf zurückzuführen, daß sie dem Leitbild einer mittelständisch geprägten bayerischen Gesellschaft entgegenkam, in der nicht das industrielle Großunternehmen dominierte, sondern ein Nebeneinander von agrarischen und gewerblichen Klein- und Mittelbetrieben das Bild bestimmte.

---

[342] Als Heimatvertriebenen-Betriebe galten solche Unternehmen, deren Eigentümer mehrheitlich Vertriebenenstatus besaß(en), sofern es sich um Offene Handelsgesellschaften oder Kommanditgesellschaften handelte. Im Falle von Gesellschaften mit beschränkter Haftung, Aktiengesellschaften oder Genossenschaften mußte mindestens 50% des Kapitals in Händen von Vertriebenen liegen und zugleich ein Heimatvertriebener eine leitende Position einnehmen.

[343] Karl Pechartscheck, Die Flüchtlingsindustrie in Bayern im August 1949, in: Bayern in Zahlen 4 (1950), S. 325–327; ders., Die Entwicklung der bayerischen Flüchtlingsindustrie im Jahre 1950, in: Bayern in Zahlen 5 (1951), S. 173 f.; ders., Führende Stellung Bayerns in der Flüchtlingsindustrie des Bundes, in: Bayern in Zahlen 6 (1952), S. 306–308; Hanns Mayr-Erlacher, Die Industrie der Heimatvertriebenen in Bayern, in: Bayern in Zahlen 7 (1953), S. 311 f.; Georg Heilmann, Stätten des Krieges – Stätten des Friedens, in: Unser Bayern. Politik, Wirtschaft, Kultur. Hg. von der Bayerischen Staatskanzlei, München 1950, S. 79–81; Crug, Liquiditätshilfe für Flüchtlingsbetriebe, in: Bayerische Staatszeitung, 7.4.1951. Bezeichnenderweise beschäftigt sich eine zusammenfassende Würdigung der ökonomischen Leistung der Vertriebenen im Rahmen der bayerischen Wirtschaft, die im Herbst 1951 im Büro des Land Commissioner entstand, ausschließlich mit den „Flüchtlingsbetrieben": NARA, RG 466, HICOG, Bavaria Land Commissioner, Office of the Land Commissioner, 1948–52. Central Files, Box 22, „Refugee Contributions to Industry and Handwerk in Bavaria", 4.9.1951.

5. Industriepolitik als Flüchtlingspolitik

Die tatsächliche Bedeutung der Heimatvertriebenen-Betriebe für die bayerische Industrieentwicklung stellt sich diesen Erwartungen gegenüber allerdings ambivalenter dar. Von der Warte eines bundesdeutschen Ländervergleichs aus betrachtet, konnte man im bayerischen Wirtschaftsministerium bereits gegen Ende 1951 darauf verweisen, daß Bayern mit Abstand die umfangreichste Heimatvertriebenen-Industrie aufzuweisen hatte. Gemessen am bayerischen Anteil an allen in Westdeutschland lebenden Heimatvertriebenen von 24,1% entfalteten die von Unternehmern dieser Bevölkerungsgruppe geleiteten Betriebe hier eine überdurchschnittliche Beschäftigungswirkung: über ein Drittel aller Belegschaften der westdeutschen Heimatvertriebenen-Industrie arbeiteten in Bayern. Mit mehr als 40 600 Beschäftigten und über 700 Betrieben lag das Bundesland damit weit vor Niedersachsen, wo bei nur etwas geringerer Vertriebenenquote und vergleichbarer Wirtschaftsstruktur nur knapp 300 Industriebetriebe mit etwa 15 200 Mitarbeitern von Heimatvertriebenen gegründet worden und nach wie vor tätig waren.[344] Doch anders als die quantitative Verteilung im Bund nahelegen, anders auch als das große politische und öffentliche Interesse suggerieren könnte, hielt sich die ökonomische Bedeutung der Heimatvertriebenen-Industrien in Bayern in relativ engen Grenzen. In den Kategorien von Umsatz oder Beschäftigtenzahl gefaßt, bewegte sich ihr Anteil bezogen auf die Gesamtindustrie in der Größenordnung von unter 5 bis 6%. Auch waren es nicht diese Unternehmen, die in Bayern der Masse der heimatvertriebenen Beschäftigten Arbeitsplätze boten. Nur etwas mehr als ein Fünftel aller gewerblich tätigen Heimatvertriebenen, in absoluten Zahlen ausgedrückt etwa 90 000 Personen, arbeiteten zum Zeitpunkt der Arbeitsstättenzählung 1950 in Heimatvertriebenen-Betrieben; die übrigen etwa 318 000 Neubürger hingegen hatten ihre Beschäftigung in *einheimischen* Unternehmen gefunden.[345]

Was also die Veränderung der Produktionsfaktoren Arbeit und Kapital innerhalb der bayerischen Wirtschaft im Gefolge der Zuwanderung von Flüchtlingen und Vertriebenen angeht, so ist zweifellos eine differenzierte Wertung angebracht. Insgesamt hat der Zuwachs an Arbeitskräften zur relativ raschen Ausweitung der Produktion beigetragen. Der überproportional große Eintritt in den gewerblich-industriellen Sektor beschleunigte den Strukturwandel auch in Bayern und förderte damit mittelfristig das Wirtschaftswachstum des Landes. Dabei bleibt allerdings zu berücksichtigen, daß das dem demographischen Zustrom innewohnende belastende Moment in Gestalt einer hohen Arbeitslosenquote in Bayern länger zum Tragen kam als im Durchschnitt der Bundesländer.[346] Die Schwierigkeiten der ökonomischen Vertriebeneneingliederung, die Integrationskosten diverser Art und die vorerst beschränkte Expansionsfähigkeit der bayerischen Wirtschaft, die ihre Hauptursache wiederum im unterdurchschnittlichen Industrialisierungsgrad des Landes hatte, trugen gleichermaßen dazu bei, daß das Sozialprodukt Bayerns pro Kopf noch im Jahr 1952 etwa um ein Sechstel unter dem bundesdeutschen Durchschnittswert lag. Es waren also exogene *und* gegebene endogene Faktoren, die in

---

[344] Pechartscheck, Führende Stellung Bayerns, S. 306f.
[345] Pechartscheck, Die Heimatvertriebenen im bayerischen Gewerbe, S. 11.
[346] Eduard Schmidt, Die Arbeitslage in Bayern seit 1950, in: Zeitschrift des Bayerischen Statistischen Landesamts 90 (1958), S. 164–199, hier: S. 167–170.

ihrer Kombination und Wechselwirkung zur Folge hatten, daß in Bayern ein im Vergleich entsprechend geringerer Pro-Kopf-Betrag für Investitionen zur Verfügung stand.[347]

Was die Wachstumswirksamkeit dieses – verminderten – Investitionspotentials anlangt, ist allerdings ein Weiteres zu bedenken. Denn ohne Zweifel kam es den Gewinnaussichten der bayerischen wie auch der bundesdeutschen Unternehmen zugute, daß die 1950er Jahre eine Periode der Wirtschaftsentwicklung in Westdeutschland darstellten, in welcher dem Kapitaleinsatz eine relativ geringere Bedeutung zufiel als in anderen Phasen. Dies hatte zwei Hauptursachen. Zumindest für die erste Nachkriegsdekade kann von einer ungewöhnlich hohen Grenzproduktivität des Kapitals gesprochen werden, da oftmals relativ begrenzte Investitionen bereits hinreichend waren, um Produktionsanlagen wieder in Gang zu setzen. Daneben bot der sprunghafte Bevölkerungszuwachs verstärkt die Möglichkeit, auf arbeitsintensive Fertigungsverfahren zur Ausweitung der Produktion zu setzen. Wenn es also zutrifft, daß die Expansion der westdeutschen Industrie im internationalen Vergleich sehr prononciert an die Erweiterung des Produktionsfaktors Arbeit gebunden war, dann wies diese Konstellation in Bayern zugleich eigene Signatur und besondere Relevanz auf. Dort lag eine Ausweitung arbeitsintensiver Sparten schon aufgrund der entsprechenden beruflichen Struktur und der regionalen Gewerbetraditionen der vorwiegend sudetendeutschen Zuwanderer nahe. Zugleich blieb anfangs vielen einheimischen und vertriebenen Unternehmern schon deshalb kaum eine andere Wahl, weil der bayerische Kapitalmarkt vorerst nur sehr geringe Flexibilität zeigte. Bezeichnenderweise stellte sich die Liquidität der Kreditinstitute Bayerns noch zur Jahreswende 1949/50 „am ungünstigsten von allen Bundesländern" dar.[348] Mit einer gewissen sachbedingten Zwangsläufigkeit trug die Vertriebenenbeschäftigung somit unter anderem in Bayern dazu bei, daß zeitweise bevorzugt auch solche Gewerbezweige eine Ausweitung erfuhren, die sich im Wandel der industriellen Produktionsstrukturen langfristig als weniger expansiv oder sogar als säkulare Verlierer entpuppten. Dies gilt in Bayern insbesondere für die Textilindustrie, die bereits in den 1950er Jahren ein deutlich unterdurchschnittliches Produktivitätswachstum zeigte und gegen Ende der 1960er Jahre endgültig in eine strukturelle Krise geriet.[349]

Im *Ergebnis* standen also den zu konstatierenden wachstumssteigernden Wirkungen der Vertriebenenzuwanderung belastende Effekte gegenüber, die sich vorwiegend aus den konkreten Kosten der Integration und möglichen Folgen des induzierten intra-industriellen Strukturwandels ergaben. Diese für Bayern jeweils quantitativ zu gewichten ist kaum möglich. Ein erhebliches Hindernis liegt unter anderem darin, daß im Zuge der Volkszählung 1961 anders als noch bei der Zählung von 1950 dauerhaft auf die Erfassung der Sektoren- und Branchengliederung

---

[347] G. von Pokorny, Wo steht die bayerische Wirtschaft?, in: Bayern in Zahlen 6 (1952), S. 242–245, hier: S. 242; Bayerns Sozialprodukt, in: Bayern in Zahlen 5 (1951), S. 359.
[348] Josef Wirnshofer, Bayern und Bund. Geld und Kredit in Bayern im Vergleich zu den übrigen Bundesländern, in: Bayern in Zahlen 4 (1950), S. 43–47, hier: S. 45.
[349] Egon Görgens, Wandlungen der industriellen Produktionsstruktur im wirtschaftlichen Wachstum, Bern/Stuttgart 1975; Ludwig Leiberich, Die Textilindustrie in Bayern, in: Bayern in Zahlen 11 (1957), S. 7–10.

5. Industriepolitik als Flüchtlingspolitik

für Vertriebene verzichtet wurde. Die bisher ausgebreiteten Erkenntnisse erlauben gleichwohl den Schluß, daß von einer sachlich, chronologisch und regional näher zu qualifizierenden ökonomischen Wirkung der Vertriebenenzuwanderung zu sprechen ist. Bezogen auf einen längeren Zeitraum von etwa zwei Dekaden seit Kriegsende kann davon ausgegangen werden, daß sich ohne die Arbeitsleistung und das unternehmerische Engagement der Vertriebenen auch in Bayern eine insgesamt geringere Steigerung des einwohnerbezogenen Sozialprodukts eingestellt hätte. Ihre Aufbauleistung und Mobilität trug dazu bei, die Expansion des industriellen, also des wachstumsstärksten Sektors und wohl auch des tertiären Bereichs zu stärken. Unter den spezifischen Bedingungen der bayerischen Wirtschaftsstruktur war allerdings der Preis für den damit verbundenen beschleunigten Strukturwandel vorwiegend in Form einer im Bundesvergleich zunächst überaus hohen Arbeitslosigkeit und eines reduzierten Wachstums des einwohnerbezogenen Sozialprodukts zu bezahlen: Nicht zufällig wiesen in letztgenannter Hinsicht die „Flüchtlingsländer" Bayern, Schleswig-Holstein und Niedersachsen während der 1950er Jahre durchweg die niedrigsten Steigerungsraten auf. Erst als sich mit dem Eintreten der Vollbeschäftigung im Bund 1954/55 das Arbeitsangebot zu einem potentiellen Engpaßfaktor der industriellen Produktion entwickelte, wandelten sich die in Bayern vorhandenen Arbeitskräftereserven endgültig zu einem Standortvorteil.[350] Dies hatte auch raumstrukturelle Konnotationen, denen anhand der Flüchtlingsindustrien in Bayern abschließend die Aufmerksamkeit gelten soll.

Die *Verteilung der Industrie* im bayerischen Wirtschaftsraum stellte sich im Frühjahr 1949 generell keineswegs einseitig dar. Von den Industriebeschäftigten des Landes waren etwa 30% in den fünf Großstädten München, Nürnberg, Augsburg, Regensburg und Fürth tätig, weitere 30% verteilten sich auf rund 60 Gemeinden zwischen 10000 und 100000 Einwohnern, während die verbleibenden 40% in Orten unter 10000 Einwohnern arbeiteten.[351] Diese Streuung hinderte freilich nicht, daß infolge älterer Notstandslagen oder politisch geschaffener Trennlinien einige Teilregionen Bayerns von der industriewirtschaftlichen Entwicklung der zurückliegenden Jahrzehnte nicht erfaßt worden waren oder bereits wieder in Gefahr standen, weitgehend von ihr abgeschnitten zu werden. Als besonders betroffen zeigten sich Gebiete im Osten und Nordosten des Landes. Nach wie vor waren etwa in Teilen des Bayerischen Waldes keinerlei industrielle Ansätze sichtbar, während im östlichen Oberfranken aufgrund der Zonengrenzziehung erhebliche neue Standortnachteile in Kauf zu nehmen waren. Die Ansiedlung und Förderung gewerblich-industriell orientierter Vertriebenenbetriebe außerhalb der alten industriellen Zentren Bayerns nahm in den aus der Not geborenen, frühen „standortpolitischen" Maßnahmen bayerischer Stellen vorwiegend aus Gründen der Beschäftigungspolitik eine zentrale Position ein. Ihre Ansiedlung auf ehemaligem Wehrmachtsgelände war politisch gewollt: Am Beispiel des steuernden Eingreifens bayerischer Instanzen zugunsten der Gablonzer Glas- und Schmuck-

---

[350] Geschäftsbericht der Landeszentralbank von Bayern für das Jahr 1955, München 1956, S. 8; Charles P. Kindleberger, Europe's Postwar Growth. The Role of Labour Supply, Cambridge/Mass. 1967, S. 35; Ambrosius, Beitrag der Vertriebenen und Flüchtlinge, S. 70.
[351] Rosemarie Bassenge, Die Beschäftigten in der Industrie und ihre Verteilung auf die Gemeindegrößenklassen, in: Bayern in Zahlen 4 (1950), S. 327–331.

warenindustrie sind die involvierten Interessenlagen und Konflikte in anderem Zusammenhang bereits dargestellt worden.[352] Daß im Zuge dieser gewerblichen Ortsgründungen eine gewisse Erweiterung der Sektorenstruktur des bayerischen Gewerbes eintrat und dessen räumliche Streuung eine dezentralisierende Veränderung erfuhr, war gewiß nicht unerwünscht, doch mehr den Umständen der Zuwanderung und des verfügbaren Gewerberaums zu danken als gezielter landesplanerisch-schöpferischer Einflußnahme. Zu klären bleibt die Frage, welche räumliche Wirkung die Vertriebenen-Industriebetriebe in ihrer Gesamtheit tatsächlich entfalteten und welchen erkennbaren Anteil die frühen Investitionsprogramme des bayerischen Staates bzw. die sogenannten „Flüchtlingskredite" daran hatten.

Bereits in der zeitgenössischen Fachdiskussion haftete diesen Bewertungsfragen die Qualität eines Politikums an. Dahinter stand die Tatsache, daß seit der Währungsreform die Kreditfrage zu einem öffentlich kontrovers behandelten Reizthema geworden war. Die diversen Interessen, die sich hierbei überlagerten und gegenüberstanden, fanden ihren Abglanz auch in den Debatten des Landtags. Dort häuften sich ab Herbst 1948 Anträge und mündliche Anfragen von Abgeordneten aller Parteien, die sich die Anliegen der potentiellen und realen Kreditnehmer aus dem Kreis der Vertriebenen zu eigen machten. Vor allem seitdem die von den Alliierten angeordneten Kreditrestriktionen griffen und die ohnehin prekäre Lage der Vertriebenenunternehmer weiter verschärften, mündeten Beschwerden über unzureichende, langwierige oder regional einseitige staatliche Kreditvergaben mehrfach in emotional befrachtete, heftige parlamentarische Wortwechsel. Seitens der Staatsregierung nahm man das Thema sehr ernst, stand doch nicht nur die Gestaltung der staatlichen Kreditpolitik auf dem Spiel, sondern die öffentliche Einschätzung der bayerischen Vertriebenen-Integrationspolitik schlechthin. Wirtschaftsminister Seidel selbst sah sich genötigt, die zugleich moralisch *und* „gar nicht so uneigennützig" motivierte Förderpolitik zu rechtfertigen und seine Sicht der Vertriebenenbetriebe als essentielle „Blutzufuhr für die bayerische Wirtschaft" herauszustellen.[353]

Zwar hatte man sich natürlich auch im Wirtschaftsministerium den Notwendigkeiten sparsamen Wirtschaftens zu beugen, die von den Vertretern des Finanzressorts unablässig ins Gedächtnis gerufen wurden. Doch ging man zugleich fest davon aus, daß mit den Flüchtlingskrediten seit dem Ende der Warenlenkung ein „vorzüglich geeigneter Behelf für die Steuerung der Erzeugung und Verteilung innerhalb der gewerblichen Wirtschaft Bayerns" und damit ein probates Lenkungsmedium des Wiederaufbaus zur Verfügung stand.[354] Angesichts der relativ geringen Einflußmöglichkeiten, die dem planerischen Zugriff generell offenstanden, wog dieser Leitgedanke schwer. Entsprechend großen Wert legten Seidel und der Staatskommissar für das Flüchtlingswesen darauf, die Erfolge der Ansiedlung von Vertriebenenbetrieben in der parlamentarischen Öffentlichkeit auch sinnfällig nachzuweisen. Im Landtagsplenum griff man zu dem ungewöhnlichen Demons-

---

[352] Vgl. oben Kapitel II.4.
[353] Stenographischer Bericht über die 100. Sitzung des Bayerischen Landtags am 27.1.1949, S. 576f. (Seidel).
[354] BayHStA, MWI 13134, Bayerisches Staatsministerium für Wirtschaft an das Bayerische Staatsministerium des Innern, Staatssekretariat für das Flüchtlingswesen, 20.8.1948.

5. Industriepolitik als Flüchtlingspolitik 149

trationsobjekt einer kartographischen Darstellung, um die Strukturwandlungen sichtbar zu machen: „Das ganze Land ist mit Industriebetrieben überzogen, die vorher nicht existierten."[355]

In der Tat konnten die beiden Regierungsvertreter auf etwa 2400 Heimatvertriebenen-Industriebetriebe und 22000 weitere Unternehmen in den Bereichen Handel und Handwerk verweisen, die sich bis Januar 1949 in Bayern niedergelassen hatten. Dem historisch informierten Betrachter mochte die Verteilung der Betriebe das Bild einer „verwirrenden räumlichen Streuung" bieten – zumindest wenn der erreichte Zustand an den vormals existierenden ökonomischen Zweckverbünden in den Herkunftsregionen der Unternehmer gemessen wurde. Eine zwingende innere Logik der Standortwahl war nicht erkennbar.[356] Gleichwohl zeigten sich Tendenzen, die ihrerseits das Ergebnis der von Zufällen geprägten frühen Einweisungen, der Zuzugssperren oder auch des allmählichen Ausbaus der einmal gewählten Standorte darstellten. Auffällig starke Konzentrationen von Vertriebenen-Betrieben waren erwartungsgemäß auf den umgewidmeten ehemaligen Rüstungs- oder Flugplatzarealen zu erkennen, darüber hinaus auch im Einzugsbereich der mittleren und größeren Orte. Die Verteilung der Unternehmen über die Regierungsbezirke hinweg reflektierte im großen und ganzen die Streuung der Vertriebenenpopulation. Gemessen daran wiesen Schwaben und Oberbayern überdurchschnittlich viele Gründungen auf, Niederbayern stand demgegenüber deutlich zurück.[357] Auf der Ebene der Kreise oder kreisfreien Städte kristallisierten sich Kaufbeuren, Memmingen, Wolfratshausen, München, Mühldorf und Bayreuth als besondere Zentren der Vertriebenenindustrien heraus; in geringerem Maße waren die Kreise Eggenfelden, Regensburg-Land, Dinkelsbühl, Höchstadt a.d. Aisch und Kemnath oder sogar noch Landshut und Straubing als Schwerpunkte anzusprechen. Nur vergleichsweise wenige Vertriebenengründungen fanden sich hingegen in den Kreisen des Bayerischen Waldes, in der Rhön und im Spessart.[358]

Auch im Bereich der Gemeindegrößenklassen läßt sich ein bayernspezifisches Muster erkennnen. Die Landeshauptstadt München, die sich bis Anfang der 1950er Jahre zur „Großstadt der Heimatvertriebenen"[359] entwickelte, wies mit 122 Ein-

---

[355] Stenographischer Bericht über die 100. Sitzung des Bayerischen Landtags am 27.1.1949 (Jaenicke).
[356] Erich Dittrich, Der Aufbau der Flüchtlingsindustrien in der Bundesrepublik, in: Weltwirtschaftliches Archiv 67 (1951-II), S. 327-360 (Zitat: S. 352); zur regionalen Verteilung der Flüchtlingsbetriebe bereits: ders., Sitzt die Flüchtlingsindustrie auf dem Lande?, in: Informationen des Instituts für Raumforschung 30/51 vom 30.7.1951, S. 1-5; grundsätzlicher, doch ohne quantitative Aufarbeitung: ders., Die Wiedereingliederung der Flüchtlingsindustrien in die Wirtschaft der Bundesrepublik (Institut für Raumforschung Bonn, Vorträge 1), Bad Godesberg 1951; ders., Verlagerungen in der Industrie, in: Eugen Lemberg/Friedrich Edding (Hg.), Die Vertriebenen in Westdeutschland. Band II, Kiel 1959, S. 296-374; Eberhard Willecke, Die Standortwahl der Flüchtlingsgewerbe in Bayern, Diss. Nürnberg 1952.
[357] NARA, RG 466, HICOG, Bavaria Land Commissioner, Office of the Land Commissioner, 1948-52. Central Files, Box 22, „Refugee Contributions to Industry and Handwork in Bavaria", 4.9.1951, S. 3f.
[358] Erich Dittrich, Industrielle Dezentralisation durch die Flüchtlingsindustrien, in: Informationen des Instituts für Raumforschung 19/58 vom 11.10.1958, S. 499-511, hier: S. 502f.; ders., Verlagerungen in der Industrie, S. 338.
[359] „München, Großstadt der Heimatvertriebenen", in: Bayern in Zahlen 6 (1952), S. 105.

heiten die höchste Zahl an Vertriebenen-Betrieben aller bayerischen Gemeinden auf.[360] Dieser Befund ist für sich genommen allerdings weniger aussagekräftig als der Umstand, daß sich 49,5%, also nahezu die Hälfte aller Betriebe zugewanderter Unternehmer, in Gemeinden von weniger als 5000 Einwohnern niedergelassen hatten. Wie auf der Bundesebene handelte es sich dabei vorwiegend um kleinere Betriebe. Anders als im Bundesdurchschnitt befanden sich in Bayern fast durchwegs relativ mehr Neugründungen auf dem „flachen Land" und in Klein- oder Mittelstädten. In der jeweiligen Beschäftigungswirkung der Betriebe ausgedrückt, wird diese Tendenz noch deutlicher.

Tabelle 8: Verteilung der Flüchtlingsbetriebe[361] nach Ortsgrößenklassen im Bund und in Bayern 1950 (in %)

Einwohnerzahl der Gemeinden	Bund		Bayern	
	Betriebe	Beschäftigte	Betriebe	Beschäftigte
weniger als 2000	19,3	13,3	24,6	16,5
2000 bis unter 5000	19,2	15,7	24,9	21,0
5000 bis unter 10 000	12,7	11,4	12,6	12,9
10 000 bis unter 20 000	13,0	10,7	14,6	12,1
20 000 bis unter 50 000	10,9	14,7	9,2	17,1
50 000 bis unter 100 000	6,1	9,8	4,6	4,5
100 000 und mehr	18,8	24,4	9,5	15,9
Insgesamt	100	100	100	100

Quelle: Dittrich, Aufbau der Flüchtlingsindustrien, S. 344.

Gewiß folgte die beschriebene Standortverteilung in ihrer Generaltendenz der Siedlungsstruktur der Bevölkerung Bayerns, welche zu einem höheren Anteil als jene des Bundes in Landgemeinden und Landstädten unter 5000 Einwohnern lebte. Wie sehr diese Verteilung im Raum mit den in Bayern vorgefundenen demographischen und wirtschaftsstrukturellen Gegebenheiten zusammenhing, erhellt auch aus der Tatsache, daß die Vertriebenenbetriebe sich etwa in dem deutlich stärker urban geprägten Land Nordrhein-Westfalen mit mehr als der Hälfte ihrer Beschäftigtenzahl in Groß- und Mittelstädten niedergelassen hatten.[362] Zieht man jedoch alternativ die Verteilung der Beschäftigten in der gesamten bayerischen Industrie als Vergleichskategorie heran, dann ergibt sich wiederum, daß die zugewanderten Betriebe auch im reinen Bayernvergleich in den unteren Gemeindegrößenklassen bis hin zu den Mittelstädten in überdurchschnittlichen Anteilen präsent waren. Umgekehrt hatten zugewanderte Unternehmer, gemessen an der Beschäftigtenzahl ihrer Betriebe, Bayerns fünf Großstädte in weit geringerem

---

[360] Zur Praxis der Standortwahl: Willecke, Standortwahl der Flüchtlingsgewerbe, S. 40-51. Zur Verteilung der Standorte auch: Wolfgang Jaenicke, Arbeit schafft Heimat. Ein Bildbericht über die Industrien der Heimatvertriebenen in Bayern, München 1950, S. 23.
[361] Die Aufstellung enthält auch jene Betriebe, die bis 1950 aus der sowjetisch besetzten Zone und aus Berlin nach Bayern kamen. Deren Zahl war bis zum Erhebungszeitpunkt noch relativ gering.
[362] Dittrich, Aufbau der Flüchtlingsindustrien, S. 346f.

5. Industriepolitik als Flüchtlingspolitik

Maße als Standort gewählt, als dies dem Durchschnitt der gesamten Industrie entsprach: Insgesamt war ja bekanntlich fast ein Drittel aller bayerischen Industriebeschäftigten in den Städten über 100000 Einwohner tätig.[363]

Diese Verteilung ist der Erklärung bedürftig und interpretatorisch nur zu fassen, wenn weitere Faktoren in die Betrachtung einbezogen werden. Berücksichtigt man zusätzlich die Wohnverteilung der Heimatvertriebenen – noch im Januar 1949 lebten mehr als 70% von ihnen in Landgemeinden bis zu 4000 Einwohnern, während nur 56% der Gesamtbevölkerung dort ihren Wohnsitz hatten – und daneben die Tatsache, daß bayerische Heimatvertriebenen-Unternehmen im Bundesvergleich überdurchschnittlich viele Vertriebene beschäftigten, dann liegt eine Folgerung nahe: Offenkundig waren diese Betriebe mehr als in anderen Teilen Westdeutschlands in den Ansiedlungsgebieten der Vertriebenen errichtet worden und dort besonders für diesen Personenkreis von großer Beschäftigungswirksamkeit.[364] Hierbei kam zum Tragen, daß sowohl die zugewanderten Spezialindustrien als auch die textilgewerblich tätigen Firmen auf Facharbeiter angewiesen waren, deren Können nicht kurzfristig zu ersetzen war, die aber ihrerseits unter anderem aufgrund der noch prekären Wohnungslage bevorzugt in ländlichen Gebieten lebten. Im Ergebnis hatte eine große Zahl von Betrieben den einmal gewählten Standort beibehalten: Ihre Verteilung spiegelte noch im Jahr 1950 die Gegebenheiten der bayerischen Siedlungs- und Gewerbestruktur ebenso wider wie die Wirkungen der frühen Flüchtlingsunterbringung.

Haben die Vertriebenenbetriebe also, so ist zu fragen, die Dezentralisierung des bayerischen Gewerbes vorangetrieben? Auch hier kann eine Antwort nur differenziert ausfallen. Zweifellos wohnte ihnen aufgrund der eben analysierten räumlichen Streuung das Potential inne, zusätzliche Keimzellen einer stärkeren gewerblichen Durchdringung des ländlichen Raumes in Bayern zu werden – sofern sie denn die krisenträchtigen Anfangsjahre ihrer Existenz überdauerten. Diese waren um 1950 noch keineswegs überstanden. Diejenigen Betriebe, welche die Turbulenzen im Gefolge der Wirtschafts- und Währungsreform gemeistert hatten, fanden aufgrund der relativ günstigen Konkurrenzsituation und der vorteilhaften Steuergesetzgebung zunächst vielversprechende Ausgangsbedingungen vor. Mit der Konsolidierung des bundesdeutschen „Wirtschaftswunders" bis Mitte der 1950er Jahre änderte sich dies: Die Zunahme der Zahl einheimischer Anbieter, die Abschwächung begünstigender Konsumtrends und das Auslaufen der in der Regel nur kurzfristig gewährten Fremdfinanzierung stellte insbesondere kapitalschwache Firmen vor existentielle Probleme. In Bayern machte die weltweit grassierende Krise der Textilindustrie 1951/52 den auf diesem Feld zahlenstark vertretenen Heimatvertriebenen-Unternehmen schwer zu schaffen. Jene aber, die auch diese Bewährungsproben überstanden, hatten in der Folge gute Chancen auf erfolg-

---

[363] Vgl. zu diesem Vergleich die Anteilswerte für die bayerische Industrie bei Bassenge, Die Beschäftigten in der Industrie, S. 327.
[364] Für die Bevölkerungsstatistik der Heimatvertriebenen: Wolfgang Jaenicke, Vier Jahre Betreuung der Vertriebenen in Bayern 1945-1949. Ein Bericht über den Stand der bisherigen Eingliederung und über ungelöste Probleme, anläßlich des vierten Jahrestages der Errichtung der bayerischen Flüchtlingsverwaltung, München 1950, S. 11 f.; Pechartscheck, Führende Stellung Bayerns, S. 307.

reiche Integration in den westdeutschen Markt.³⁶⁵ So stieg die Zahl der Vertriebenenbetriebe allein in Bayern bis 1965 auf mehr als 2600 an, wobei die uneinheitliche Entwicklung zeitweise auch von Rückgang und Stagnation gekennzeichnet war.³⁶⁶

Ein weiterer differenzierender Einwand muß dem Umstand gelten, daß die regionale Verteilung der fraglichen Betriebe auf der Bezirksebene keineswegs mehr ein einheitliches Muster erkennen läßt, sobald man sich die Mühe macht, den abstrakten Verhältniszahlen hier näher nachzuspüren. Dann wird sichtbar, daß in Schwaben und Oberbayern, also in jenen Regierungsbezirken, die nach dem Stand von 1950 die meisten Vertriebenen-Betriebe und die höchsten Beschäftigtenzahlen aufweisen konnten, der geringste Anteil aller zugewanderten Unternehmen in ländlichen Gemeinden unterhalb von 5000 Einwohnern angesiedelt war. Einen besonders hohen Prozentsatz an Betrieben in dörflichen Gemeinden solcher Größenordnung hatte hingegen die Oberpfalz aufzuweisen, die im Kreis der bayerischen Regierungsbezirke in dieser Hinsicht das entgegengesetzte Extrem markierte.³⁶⁷

Wiederum läßt sich also feststellen, daß die *aufnehmenden* Raum- und Wirtschaftsstrukturen von erheblicher Prägekraft für das sich herausbildende Standortmuster waren: Dies gilt für das jahrhundertealte Phänomen der schwäbischen „Städtelandschaft" mit ihrer fruchtbaren gewerblichen Wechselbeziehung von Stadt und Umland ebenso wie für die Anziehungskraft der Landeshauptstadt München oder der oberbayerischen gewerblichen Zentren in und um Ingolstadt, Weilheim, Mühldorf oder im Mangfalltal. Gewiß schlug sich in dieser Bilanz auch die Lage der Gewerbesiedlungen Kaufbeuren-Neugablonz, Geretsried, Traunreut und Waldkraiburg in den beiden südbayerischen Regierungsbezirken nieder.³⁶⁸ Mehr noch deutet sich in den eben aufgezeigten Verhältniszahlen zugleich ein Prozeß der gewerblichen Verdichtung an, der in einigen Regionen Bayerns zeitlich parallel zu dem allgemein beobachtbaren Vorgang der Dekonzentration vonstatten ging. Ungeachtet der stärkeren gewerblichen Durchdringung der unteren Gemeindegrößenklassen in *allen* Regierungsbezirken hat die unternehmerische Tätigkeit der Vertriebenen und Zuwanderer also vielfach gerade auch den Klein- und Mittelstädten zwischen 5000 und 50000 Einwohnern wichtige Veränderungsimpulse ge-

---

³⁶⁵ Ambrosius, Beitrag der Vertriebenen und Flüchtlinge, S. 66; Ludwig Leiberich, Die Textilindustrie in Bayern, in: Bayern in Zahlen 11 (1957), S. 7–10.
³⁶⁶ Vgl. hierzu die Rubrik „Vertriebenenbetriebe und Zugewandertenbetriebe in der Industrie" in den Statistischen Jahrbüchern für die Bundesrepublik Deutschland der Berichtsjahre 1955 bis 1967. Im Jahresband 1967 werden die Heimatvertriebenenbetriebe im Rahmen der Industriestatistik zuletzt als gesonderte Einheiten nach Ländern gegliedert erfaßt. Die bayerische Landesstatistik widmete den Vertriebenenbetrieben bereits im Laufe der frühen 1960er Jahre keine separaten Untersuchungen mehr. Siehe etwa Rudolf Kern, Die Teilnahme der Vertriebenen am Erwerbsleben in Bayern. Ergebnisse der Mikrozensus-Erhebung Herbst 1960, in: Bayern in Zahlen 16 (1962), S. 378–380.
³⁶⁷ Willecke, Standortwahl der Flüchtlingsgewerbe, S. 62–67.
³⁶⁸ Vgl. zur historischen Dimension der „Städtelandschaften" in Schwaben: Helmut Flachenecker/Rolf Kießling (Hg.), Städtelandschaften in Altbayern, Franken und Schwaben. Studien zum Phänomen der Kleinstädte während des Spätmittelalters und der Frühen Neuzeit (Zeitschrift für Bayerische Landesgeschichte, Beihefte 15), München 1999; Grüner, Ökonomischer Strukturwandel und Industriepolitik in der Region. Für Oberbayern: Elisabeth Miersch, Oberbayern – Zwischen Donau und Alpen. Landschaft und Wirtschaft, in: Bayern. Ein Land verändert sein Gesicht. Hg. von der Bayerischen Landeszentrale für Heimatdienst, München 1956, S. 121–128.

5. Industriepolitik als Flüchtlingspolitik

geben. Bei jeweils individueller bezirklicher Ausprägung kam diese Tendenz wiederum am deutlichsten in Schwaben und Oberbayern sowie daneben auch in Oberfranken und sogar in Niederbayern zum Ausdruck; am geringsten faßbar war sie in Unterfranken.[369]

Es war also ein komplizierter, regional differenzierter, von vordergründig gegenläufig gerichteten Tendenzen bestimmter Prozeß der räumlichen Restrukturierung im Gange, dessen Richtung und Ergebnis für die Zeitgenossen noch kaum absehbar war. Diese Komplexität erklärt denn auch jene widersprüchlichen Bewertungen, die selbst informierte Beobachter zu seiner Deutung vortrugen: Während in der früh an dem Phänomen interessierten nationalökonomischen Forschung nicht zu Unrecht davon gesprochen wurde, daß die Industriewirtschaft Bayerns durch die Vertriebenenunternehmen „nicht unerheblich aufgelockert" oder „in sehr beträchtlichem Maße zur Dezentralisierung"[370] geführt worden sei, kam man im Bayerischen Wirtschaftsministerium 1950 zum gegenteiligen Schluß: „Trotz beträchtlicher Ausweitung der Industriekapazität hat sich die regionale Streuung und Ballung der Industriestandorte im ganzen wenig verändert; die Vergrößerung des Industriepotentials trat im allgemeinen nur in einer Verstärkung der schon bestehenden Agglomerationen in Erscheinung. Demnach haben sich die säkularen Bestimmungsgründe der Standortverteilung auch in dem stark forcierten Industrialisierungsprozeß der Nachkriegszeit durchgesetzt."[371]

Beide Positionen waren vertretbar. Zusammengenommen bezeichnen sie die Anfänge der wichtigsten raumstrukturellen Folgen des industriewirtschaftlichen Expansionsprozesses in Westdeutschland, welcher bis gegen Anfang der 1960er Jahre erkennbar sowohl von einer *Forcierung der ländlichen Industrialisierung* als auch vom *weiteren Wachstum bestimmter industrieller Ballungsräume* begleitet war. Im Zusammenhang damit stellte sich gegenüber der unmittelbaren Vorkriegszeit eine siedlungsgeschichtliche Umgewichtung ein, die im Bundesgebiet zu einer Stärkung der „mittleren Siedlungseinheiten" zwischen 2000 und 50000 Einwohnern, in geringerem Maße auch von Städten bis unter 100000 Bewohnern führte.[372] Dieser Prozeß einer zunehmend auch dezentral gelagerten Bündelung demographisch-ökonomischen Potentials war von zu generellem Zuschnitt, als daß die

---

[369] Siehe hierzu die tabellarische Aufstellung bei Willecke, Standortwahl der Flüchtlingsgewerbe, S. 64, der das Phänomen allerdings nicht in eine überzeugende umfassendere Deutung einarbeitet. Leonhard Grimme, Ein Versuch zur Erfassung und Bewertung der zentralörtlichen Ausstattung der Gemeinden in Bayern auf der Grundlage der Ergebnisse der Arbeitsstättenzählung 1961, München 1971.
[370] Hans Krezmar, Die Eingliederung der sudetendeutschen Flüchtlinge in die Wirtschaft Bayerns, Diss. München 1949, S. 168 (Zitat 1); Friedrich Edding, Die Flüchtlinge als Belastung und Antrieb der westdeutschen Wirtschaft (Kieler Studien 12), Kiel 1952, S. 41 (Zitat 2).
[371] Bayerns Wirtschaft im Jahre 1950. Jahresbericht des Bayerischen Staatsministeriums für Wirtschaft, München 1951, S. 7 f.; von gleichem Tenor auch: Geschäftsbericht der Landeszentralbank von Bayern für das Jahr 1950, München 1951, S. 9 f.
[372] Erich Egner, Die regionale Entwicklung der Industriewirtschaften, in: Industrialisierung ländlicher Räume (Raum und gewerbliche Wirtschaft 1. Forschungsberichte des Ausschusses „Raum und gewerbliche Wirtschaft" der Akademie für Raumforschung und Landesplanung), Hannover 1961, S. 27–45; Georg Keil, Entwicklungstendenzen der Siedlungsstruktur in ländlichen Räumen, in: Raumforschung. 25 Jahre Raumforschung in Deutschland. Hg. von der Akademie für Raumforschung und Landesplanung, Bremen 1960, S. 267–278, hier: S. 275 f.; Olaf Boustedt, Stadt – Regionale Stadttypen, in: Handwörterbuch der Raumforschung und Raumordnung. Band III, 2. Aufl. Hannover 1970, S. 3110–3115.

gewerblichen Heimatvertriebenen-Betriebe alleine schon aufgrund ihrer relativ geringen Zahl seine ersten Triebkräfte oder zentralen Träger hätten sein können. Nimmt man die allgemeine Beschäftigungswirkung von über 300000 neu eingestellten Arbeitnehmern in einheimischen Betrieben hinzu, dann waren die Heimatvertriebenen allerdings zweifellos wichtige Impulsgeber für die weitere räumliche Disaggregation der gewerblichen Wirtschaft Bayerns wie für den agrarisch-gewerblichen Strukturwandel überhaupt.

Festzuhalten bleibt gleichwohl, daß hierbei die Prägewirkung der aufnehmenden Strukturen keineswegs unterschätzt werden darf. Dies zeigt sich *zum einen* an der regional variablen Wirksamkeit des exogenen Veränderungsimpulses innerhalb Bayerns. So wiesen gewiß jene vormals landwirtschaftlich geprägten Landkreise, die zwischen 1939 und 1961 eine deutliche Vergewerblichung durchliefen, einen höheren Anteil von heimatvertriebenen Neubürgern auf als Kreise des gleichen Typus ohne vergleichbaren Entwicklungsgang. Umgekehrt betrachtet bildete jedoch der Zustrom von Vertriebenen alleine noch keine hinreichende Bedingung für die Herausbildung jener agrarisch-industriellen Mischzonen, denen besonders gute Wachstumsaussichten anhafteten. Am besten standen die Chancen auf erfolgreiche ökonomische Integration der Zugewanderten in der Regel dort, wo sich gewerbliche oder tertiäre Anknüpfungsmöglichkeiten aus der Vorkriegs- oder Kriegszeit erhalten hatten.[373] Im Gefüge der westdeutschen Nachkriegswirtschaft kam *zum anderen* das ökonomische Wachstumspotential, das der neu verteilten und diversifizierten gewerblichen Produktion Bayerns innewohnte, erst dann voll zum Tragen, als den Regionen außerhalb der älteren Industriezentren im Laufe der 1950er Jahre und im Gefolge der erreichten Vollbeschäftigung vermehrt Entwicklungschancen zuwuchsen.[374]

Es ist bereits eingehend dargelegt worden, daß die bayerische Wirtschaftspolitik seit Herbst 1947 anhand eines staatlicherseits angestoßenen Bürgschafts- und Refinanzierungsprogramms versuchte, die Konsolidierung der zwangszugewanderten Vertriebenen-Betriebe voranzutreiben. Dabei standen neben der allgemeinen Integrationsabsicht beschäftigungspolitische Motive im Vordergrund. Strukturpolitische Intentionen waren demgegenüber eher zweitrangig und wurden allenfalls mit den früh im Mittelpunkt stehenden gewerblichen Vertriebenensiedlungen verknüpft. Es war symptomatisch für diese Ausgangsdisposition, daß noch im Frühjahr 1949 eine regelmäßige Beteiligung der bayerischen Landesplanung an der Bearbeitung von Kreditanträgen nicht vorgesehen war.[375] Die Vergabe von Bürgschaften und Refinanzierungszusagen erfolgte vielmehr in Relation zum Eingang

---

[373] Hierzu exemplarisch am Beispiel Bayerisch-Schwabens: Grüner, Ökonomischer Strukturwandel und Industriepolitik; für Bayern: Thomas Grosser, Die Integration der Vertriebenen in der Bundesrepublik Deutschland. Annäherungen an die Situation der Sudetendeutschen in der westdeutschen Nachkriegsgesellschaft am Beispiel Bayerns, in: Hans Lemberg/Jan Kren/Dusan Kovac (Hg.), Im geteilten Europa. Tschechen, Slowaken und Deutsche und ihre Staaten 1948–1989, Essen 1998, S. 41–94, hier: S. 56 f., 70, 88–91; Abelshauser, Deutsche Wirtschaftsgeschichte seit 1945, S. 316–318.
[374] Ambrosius, Beitrag der Vertriebenen und Flüchtlinge, S. 69 f.
[375] BayHStA, MWI 13136, Bayerisches Staatsministerium für Wirtschaft. Aktennotiz für Herrn Dr. Disko. Betr.: Sitzung am 13. April 1949, 8.30 Uhr bei Herrn Ministerialrat Dr. Drexl, Abteilung V, 14. 4. 1949.

5. Industriepolitik als Flüchtlingspolitik

der Anträge, die jeweils nach Bonitätskriterien geprüft und beschieden wurden. Diese vorwiegend betriebswirtschaftlich orientierte Verfahrensweise hatte bis in die erste Jahreshälfte 1949 dazu geführt, daß die Regierungsbezirke Oberbayern und Schwaben im Rahmen von „Flüchtlingsproduktivkrediten" und bei der Vergabe von sonstigen Darlehen weitaus stärker zum Zuge gekommen waren als die übrigen Teile Bayerns. Tatsächlich hatten die beiden südbayerischen Bezirke mit nahezu einem Drittel (32,8%) bzw. mehr als einem Viertel (25,5%) der gewährten Bürgschaftssumme in einem Maße von der Kreditaktion profitieren können, das die jeweiligen Anteile an Vertriebenen-Betrieben in den beiden Landesteilen (22,8 bzw. 18,8%) weit übertraf. Demgegenüber stand vor allem Oberfranken, das immerhin mehr als ein Sechstel aller Gründungen beherbergte, mit einem Anteil am gesamtbayerischen Bürgschaftsvolumen von nur 9% deutlich zurück.[376]

In der Öffentlichkeit war die resultierende förderpolitische Asymmetrie bis dato nicht aufgegriffen worden. Sie stellte sich jedoch aus der Sicht der Ministerialverwaltung immerhin so auffällig dar, daß der Leiter der zuständigen Abteilung im Wirtschaftsministerium Einwendungen zu fürchten begann und intern die Anweisung ausgab, die Grenz- und Notstandsgebiete Bayerns „nach Möglichkeit großzügiger [zu] berücksichtigen".[377] Bis Herbst 1950 wurde aufgrund der Anwendung von regionalen Verteilungsschlüsseln eine gleichmäßigere Verteilung der Flüchtlingskredite erreicht, doch blieb es auch dann beim relativen Übergewicht der beiden Regierungsbezirke.[378] In räumlicher Hinsicht stärkte die Praxis der Kreditgewährung also nicht nur vorwiegend traditionelle Industrieräume Bayerns, sondern sie tat dies zudem zu Lasten des oberfränkischen Raumes. Es wäre freilich nicht gerechtfertigt, den staatlichen Stellen die alleinige Verantwortung hierfür zuzuweisen. Das kaum zu beeinflussende Engagement der Vertriebenenunternehmer im Rahmen der Antragstellung trug ebenso wie die bessere Liquiditätslage der Kreditinstitute in Oberbayern und Schwaben erheblich dazu bei, daß dort in absoluten Werten und nach relativen Anteilen höhere Kreditsummen ausgereicht werden konnten.

Doch abgesehen davon sollte wiederum die statistisch faßbare Reichweite der gesamten Kreditaktion für die Zeit vor 1949/50 nicht zu hoch eingestuft werden. Nach einer Erhebung des amerikanischen Land Commissioner vom September 1950, die anhand von eingehenden Betriebsumfragen der zuständigen Resident Officers in den bayerischen Landkreisen erstellt worden war, hatte etwa ein Fünftel aller Vertriebenenbetriebe aus verschiedenen Gründen gar keine finanzielle Hilfe beantragt. Berücksichtigt man zusätzlich die erfolgten Ablehnungen von Kreditgesuchen, dann erhielten bis Herbst 1950 gerade einmal 10% aller in Bayern

---

[376] Bayerisches Staatsministerium des Innern. Der Staatssekretär für das Flüchtlingswesen, Statistischer Informationsdienst Nr. 96: Staatsverbürgte Produktivkredite für Betriebe der Heimatvertriebenen, 10.7.1949.
[377] BayHStA, MWI 13136, Aktennotiz für Herrn Dr. Disko. Betr.: Sitzung am 13. April 1949, 8.30 Uhr bei Herrn Ministerialrat Dr. Drexl, Abteilung V, 14.4.1949.
[378] Bayerisches Staatsministerium des Innern. Der Staatssekretär für das Flüchtlingswesen, Statistischer Informationsdienst Nr. 131: Verteilung von 77 Millionen DM Staatsverbürgten Flüchtlingsproduktivkrediten (und von 1,2 Millionen DM Kleindarlehen) auf die Stadt- und Landkreise Bayerns, 10.10.1950; Edgar Pscheidt, Die Kreditierung der heimatvertriebenen Spezialindustrie, in: Prinz (Hg.), Integration und Neubeginn. Dokumentation, Band 1, S. 409–459.

tätigen gewerblichen Heimatvertriebenen-Betriebe staatliche Unterstützung in Form von „Flüchtlingsproduktivkrediten".[379] Die tatsächlichen Steuerungskapazitäten dieses Instruments waren also zumindest in den Anfangsjahren seiner Existenz äußerst limitiert. Wo sie zum Tragen kamen, wurde die regionale Lagerung der bayerischen Industrie konserviert und ihre vorerst noch dominierende Konsumgüterkomponente verstärkt.

Daß das besondere Augenmerk, das Politik, Öffentlichkeit und nacharbeitende Forschung jenem Förderwerkzeug widmeten, im Rückblick dennoch gerechtfertigt erscheint, hat mit zwei Beobachtungen zu tun. Zunächst fällt auf, daß die durch bayerische Bürgschaften bei den Banken „hervorgelockten" oder staatlich bereitgestellten Kredite eine erstaunlich geringe Ausfallquote aufwiesen. Nur 2,7 bzw. 3,3% der Kreditsummen, die zugunsten von „Flüchtlingsbetrieben" und „flüchtlingsverwandten Betrieben" bis Mitte 1950 ausgeschüttet worden waren, mußten aufgrund von Konkursen als verloren betrachtet werden. Im Sinne einer reinen Kosten-Nutzen-Kalkulation hatte sich das eingesetzte Kapital außerdem besonders im Hinblick auf die bevorzugt geförderten gewerblichen Vertriebenensiedlungen Südbayerns als gut investiert erwiesen. Allein die außerordentliche Exportleistung der ehemals Gablonzer Glasindustrie in Kaufbeuren und Markt Oberdorf – die von amerikanischen Beobachtern als „nichts weniger als sensationell" eingestuft wurde – brachte dem bayerischen Staat im Jahr 1950 Einnahmen an Einkommen- und Umsatzsteuer in Höhe von 1,6 Mio. DM. Ähnliches galt für die Siedlungen in Waldkraiburg und Geretsried, die dem Finanzminister zusammen über 2 Mio. DM an zusätzlichem Steueraufkommen bescherten.[380] Es versteht sich, daß die Ausfuhranstrengungen der zugewanderten Spezialgewerbe mit der zunehmenden Ausweitung und Diversifizierung der bayerischen Exporte an relativem Gewicht verloren. Auch unter dieser Voraussetzung aber bleiben die quantitativ kaum zu ermessenden „Sekundäreffekte für die einheimische Industrie"[381] und der immaterielle Symbolwert der geleisteten bayerischen Finanzhilfe von keineswegs zu vernachlässigender Bedeutung.

---

[379] NARA, RG 466, HICOG, Bavaria Land Commissioner, Office of the Land Commissioner, 1948-52. Central Files, Box 22, Refugee Contributions to Industry and Handwerk in Bavaria, 4.9.1951, S.5 und Table 1; Hans Mangold, Die wirtschaftliche Wirkung der vom Staate verbürgten Flüchtlingsproduktivkredite, in: Bayern in Zahlen 5 (1951), S.374-376.
[380] NARA, RG 466, HICOG, Bavaria Land Commissioner, Office of the Land Commissioner, 1948-52. Central Files, Box 22, Refugee Contributions to Industry and Handwerk in Bavaria, 4.9.1951, S.9f.
[381] Ambrosius, Beitrag der Vertriebenen und Flüchtlinge, S.67.

Zweiter Teil

Bayern als Nachzügler im bundesdeutschen „Wirtschaftswunder", 1950–1958/59

I. Interregionaler Ausgleich und politische Konkurrenz im föderalen Staat

Von der historischen Forschung bislang wenig beachtet, ist die Herausbildung und Anwendung von Ansätzen zum Ausgleich regionaler Disparitäten im wirtschaftlichen Raumgefüge Westdeutschlands eng mit der Frühgeschichte des bundesdeutschen Staatswesens schlechthin verwoben. Nie zuvor haben sich Politik und Verwaltung in Deutschland in intensiverer Weise mit dem Problem räumlicher Ungleichgewichte auseinandergesetzt als während der ersten Nachkriegsjahrzehnte. Gewiß lagen auch hier die Anfänge vor dem Zweiten Weltkrieg. Die politische und intellektuelle Auseinandersetzung mit den verschärft wirksamen Problemstellungen erreichte indes nach 1945 ebenso neue Breite und Qualität wie die sich herausbildende Systematik und Vielfalt der administrativen Methoden. Mehr noch bildet die Entwicklungsgeschichte der sozialökonomisch orientierten, interregionalen Ausgleichsbemühungen in der Bundesrepublik nicht lediglich eine begleitende Randerscheinung, sondern zweifellos einen essentiellen Teil der Ausformung ihres föderalen Systems. Die wichtigsten politischen Handlungsfelder zur Regulierung räumlicher Disparitäten – der bundesstaatliche Finanzausgleich, die ökonomische Regionalpolitik und die systematisierte Raumordnung – stellten in ihrer Ideengeschichte, prozeduralen Ausformung und institutionellen Verdichtung in hohem Maße das Ergebnis eines komplexen und langwierigen politischen Gestaltungsprozesses zwischen Bund und Ländern dar. Nur in dieser Zusammenschau können sie folglich adäquat erfaßt werden.[1]

In seinem historischen Verlauf betrachtet, wurzelt dieses umfassende Ausgleichsstreben als wichtiges Teilelement eines allgemeineren politischen Bemühens um „Konfliktverminderung und Konsensverbreiterung" in der „Gründungskrise" der Bundesrepublik.[2] Die zunächst prekären Grundlagen des neuen westdeutschen Staatswesens und die drängenden sozialen Aufgaben legten ein Streben nach ge-

---

[1] Quellengestützte historische Darstellungen zu diesem Themenkomplex gibt es für die 1950er und 1960er Jahre noch kaum. Stellvertretend sei deshalb eine systematisierend angelegte Arbeit genannt: Andrea Hoppe/Helmut Voelzkow, Raumordnungs- und Regionalpolitik: Rahmenbedingungen, Entwicklungen, Perspektiven, in: Thomas Ellwein u.a. (Hg.), 50 Jahre Bundesrepublik Deutschland. Rahmenbedingungen – Entwicklungen – Perspektiven, Opladen 1999, S. 279-296. Für den bundesdeutschen Finanzausgleich integrieren historische Perspektiven: Renzsch, Finanzverfassung und Finanzausgleich; Hans Boldt, Föderalismus im Widerstreit der Interessen. Die Bundesrepublik vor und nach der Finanzreform von 1969, in: Jochen Huhn/Peter-Christian Witt (Hg.), Föderalismus in Deutschland. Traditionen und gegenwärtige Probleme. Symposion an der Universität Kassel 10. bis 12. April 1991, Baden-Baden 1992, S. 145-164. Siehe hingegen: Werner Abelshauser, Staat, Infrastruktur und regionaler Wohlstandsausgleich im Preußen der Hochindustrialisierung, in: Fritz Blaich (Hg.), Staatliche Umverteilungspolitik in historischer Perspektive. Beiträge zur Entwicklung des Staatsinterventionismus in Deutschland und Österreich, Berlin 1980, S. 9-58.
[2] Hans Günter Hockerts, Das Ende der Ära Adenauer. Zur Periodisierung der Bundesrepublikgeschichte, in: Winfried Becker/Werner Chrobak (Hg.), Staat, Kultur, Politik. Beiträge zur Geschichte Bayerns und des Katholizismus. FS zum 65. Geburtstag von Dieter Albrecht, Kallmünz/Opf. 1992, S. 461-475 (Zitat S. 465); zu Begriff und Inhalt der „Gründungskrise": ders., Integration der Gesellschaft: Gründungskrise und Sozialpolitik in der frühen Bundesrepublik, in: Zeitschrift für Sozialreform 32 (1986), S. 25-41.

sellschaftspolitischer Integration nahe, dem sich die Bundeskabinette unter Adenauer schon aus wahltaktischen Gründen nicht entziehen konnten. Das rasche Wirtschaftswachstum trug dieses Integrationsbemühen und versah es mit jenen materiellen Verteilungsspielräumen, die seit den frühen 1950er Jahren auch im Bund-Länder-Verhältnis zur Geltung kamen. Für Bayern eröffnete diese Konstellation erhebliche Chancen, die es freilich in der interregionalen Konkurrenz zwischen den Ländern und auch in der Auseinandersetzung mit der keineswegs uneigennützig angelegten finanz- und förderpolitischen Ausgleichsbereitschaft des Bundes wahrzunehmen galt. Aus Sicht der bayerischen Staatsregierungen der 1950er und 1960er Jahre hatte dieses Aufgabenfeld höchste Priorität, blieb doch außer Zweifel, daß mit dem bundesstaatlichen Finanzausgleich in seiner horizontalen und vertikalen Form wohl das wirksamste Instrument zur nachhaltigen Beeinflussung der sozialökonomischen Struktur Westdeutschlands zur Gestaltung anstand. Erst der Bruch des konjunkturellen Wachstumstrends ließ nicht nur den subsidiär verstandenen Finanzausgleich an seine Grenzen stoßen, sondern brachte Politik und Fachwelt gleichermaßen zu Bewußtsein, daß die etablierten regionalpolitischen Instrumente keineswegs den erhofften Erfolg herbeigeführt hatten. Ein in seinem Wesen sozialreformerischer Ansatz entpuppte sich damit als kaum einlösbare Utopie.[3] Ungeachtet dessen profitierte Bayern im Betrachtungszeitraum in erheblichem Maße von den bundesstaatlichen Transfers.

Die folgenden Abschnitte werden dieser Entwicklung in ihrer föderalen Ausprägung anhand der Trias von Finanzausgleich, regionaler Wirtschaftspolitik und Raumordnung[4] nachgehen. Dabei wird Bayern zugleich als Objekt und mittragendes Subjekt des historischen Prozesses im Mittelpunkt stehen.

1. Bayerische Finanzpolitik zwischen eigener „relativer Leistungsschwäche" und Expansionsstreben des Bundes

Bis zur Währungsreform konnte Bayern wie auch die übrigen neu- oder wiedergegründeten Länder über vergleichsweise hohe Staatseinnahmen verfügen. Seit der Finanzapparat der Gebietskörperschaften nach Kriegsende provisorisch wieder in Gang gekommen war, hatten die Länder die Befugnis erhalten, sämtliche vormals dem Reich zustehenden Abgaben für sich zu vereinnahmen. Zudem hatte die amerikanische Militärregierung aus Gründen der Inflationsbekämpfung die Einkommensteuer drastisch nach oben gesetzt. Da den hohen Einnahmen des bayerischen Staates aufgrund des geringen verfügbaren Gegenwerts an Waren bis zur Währungsreform nur relativ begrenzte Ausgabemöglichkeiten gegenüberstanden, wies die Staatskasse im Juni 1948 einen Überschuß von nicht weniger als drei bis vier

---

[3] Vgl. hierzu zeitgenössisch etwa Dietrich Storbeck, Chancen für den ländlichen Raum. Entwicklungspotential, Entwicklungschancen, Entwicklungsziele, in: Raumforschung und Raumordnung 6 (1976), S. 269–277; ders./Michael Lücke, Die gesellschaftspolitische Relevanz regionalpolitischer Ziele, in: Ausgeglichene Funktionsräume. Grundlagen für eine Regionalpolitik des mittleren Weges (Veröffentlichungen der Akademie für Raumforschung und Landesplanung. Forschungs- und Sitzungsberichte 94), Hannover 1975, S. 19–62.
[4] Siehe zu den Teilthemen „Landesplanung" und „Raumordnung" Kapitel II des zweiten und Kapitel II des dritten Teils dieser Arbeit.

Milliarden RM auf. Dieser Überschuß wurde im Zuge der Währungsumstellung im Juni 1948 auf Null reduziert. Zwar entfielen damit auch die Kriegs- und Vorkriegsschulden Bayerns fast in ihrer Gesamtheit. Zugleich wurde aber erst jetzt die geringe Steuerkraft des Landes offensichtlich, die in der Folge hauptverantwortlich dafür war, daß ab dem Steuerjahr 1949 vorerst kein ausgeglichener Staatshaushalt mehr erstellt werden konnte.[5]

a) Finanzlage und Staatsverschuldung Bayerns seit 1949/50

Die finanzpolitische Zwangslage, der sich die Verantwortlichen in Bayern gegenübersahen, erfuhr nach Gründung der Bundesrepublik keineswegs eine unmittelbare oder gar zwangsläufige Milderung. Die strukturellen Belastungen des bayerischen Staatshaushalts, allen voran die Aufgabe der sozialen und ökonomischen Eingliederung von nahezu zwei Millionen Flüchtlingen und Vertriebenen, wirkten fort. Mit den desaströsen Folgen, welche die Währungsumstellung für die ökonomische Überlebensfähigkeit vieler neugegründeter Flüchtlingsunternehmen gezeitigt hatte, schienen sie sich im Gegenteil sogar weiter zu verschärfen. Im Herbst 1949 war daher abzusehen, daß die sich öffnende Schere zwischen künftig erwachsenden Haushaltslasten etwa in Form von Sozialleistungen einerseits und den lahmenden Staatseinnahmen andererseits nur geschlossen werden konnte, wenn es gelang, das Sozialprodukt Bayerns unter Integration der zugewanderten Arbeitskräfte effektiv zu steigern und damit das Steueraufkommen sukzessive zu erhöhen. Diese Aufgabe war unaufschiebbar. Sie stellte sich zugleich umso drängender dar, als rasch klar wurde, daß der finanzpolitische Spielraum, der für die Stützung der wirtschaftlichen Entwicklung zur Verfügung stand, kaum zu kalkulieren war. Aller Voraussicht nach aber würde er auf absehbare Zukunft hin sehr gering ausfallen.

Dies lag unter anderem in den Bestimmungen des Grundgesetzes begründet. In seiner Fassung von 1949 wies es den Ländern keine autonome Gesetzgebungskompetenz auf dem Feld der Steuerbewilligung zu. Im Rahmen der konkurrierenden Gesetzgebung erhielten diese lediglich die legislative Kompetenz über „Steuern mit örtlich bedingtem Wirkungskreis" und die Hebesätze der sogenannten „Realsteuern". Die Gesetzgebung über sämtliche finanzwirtschaftlich gewichtigen und finanziell lukrativen Steuerarten verblieb hingegen de facto beim Bund, und dies galt auch für Landes- und Gemeindesteuern.[6] Im Falle unzureichender Steuereinnahmen war den Ländern also dauerhaft das Mittel verwehrt, zur Haushaltskonsolidierung beispielsweise eigene Landeszuschläge einzuführen. Als wichtigste,

---

[5] Josef Wirnshofer, Der öffentliche Finanzbedarf in Bayern im Rechnungsjahr 1946/47 und seine Deckung, in: Bayern in Zahlen 2 (1948), S. 114–117; ders., Steuerkraft und Finanzlage Bayerns im Vergleich zu anderen Ländern der amerikanisch-britischen Zonen, in: Bayern in Zahlen 1 (1947), S. 220 f.; ders., Entwicklung der Haushaltsausgaben und -einnahmen des bayerischen Staates seit der Geldneuordnung. Ein Überblick auf Grund der monatlichen Kassenstatistik, in: Bayern in Zahlen 4 (1950), S. 14 f.; Berichte zur Wirtschaftslage 1/2 (1948), S. 39 f.
[6] Vgl. hierzu Art. 105 Abs. 2, Nr. 1 und 3 GG (Fassung vom 23.5.1949). Die Urfassung des Grundgesetzes findet sich bei Jürgen Seifert, Das Grundgesetz und seine Veränderungen, 4. Auflage Neuwied-Darmstadt 1983. Zu dieser Eigenart der bundesstaatlichen Finanzverfassung in Deutschland, die im Prinzip bereits die Weimarer Reichsverfassung prägte, aus rechtshistorischer Sicht: Hans Pagenkopf, Der Finanzausgleich im Bundesstaat. Theorie und Praxis, Stuttgart u. a. 1981, S. 111 f.

ländereigene finanzpolitische Hebel standen stattdessen lediglich die Kürzung von Staatsausgaben oder die Aufnahme von Schulden zur Verfügung.[7] Eine weitere Unbekannte erwuchs aus den Änderungen, die sich nach Gründung der Bundesrepublik in bezug auf die Zuweisung des anfallenden Steueraufkommens an die verschiedenen Gebietskörperschaften ergaben. Da der Bund mit Beginn des Rechnungsjahres 1950/51 eine Reihe wichtiger, bisher von den Ländern ausgeübter Aufgaben übernahm, floß von da an ein wesentlicher Teil der bisherigen Ländereinnahmen in den Bundeshaushalt. So hatte Bayern im Jahr 1950 etwa 54% seiner Steuereinnahmen als Bundessteuern abzuführen, während lediglich 33% beim Land sowie 13% bei den bayerischen Gemeinden und Gemeindeverbänden verblieben. Bei insgesamt steigendem Steueraufkommen Bayerns verminderte sich in den Folgejahren der bayerische Anteil bis 1955/56 weiter, während derjenige des Bundes anstieg und nur der der Gemeinden in etwa seinen Stand behielt.[8]

Vor diesem Hintergrund wurde es für die Handlungsoptionen der bayerischen Wirtschafts- und Finanzpolitik entscheidend, daß es während des ersten Nachkriegsjahrzehnts nicht gelang, die wirtschaftliche Leistungskraft Bayerns taktgleich zum bundesdeutschen Aufschwung zu entwickeln. Zwar stieg das erwirtschaftete Volkseinkommen zwischen 1950 und 1958 auf mehr als das Doppelte; entsprechend nahm auch der Umfang der bayerischen Landessteuern trotz der erwähnten Steigerung des Bundesanteils im gleichen Zeitraum insgesamt um nahezu 90% zu. Im Vergleich der Bundesländer blieb die Steuerkraft Bayerns indes trotz nominaler Steigerung Jahr für Jahr weiter zurück: Machte der bayerische Anteil am westdeutschen Landessteueraufkommen im Jahr 1950 bei einem Bevölkerungsanteil von 19% immerhin noch 17% aus, so betrug er acht Jahre später bei leicht gesunkenem Bevölkerungsanteil nurmehr 14,6%.

Abstrakter gefaßt hieß dies nichts anderes, als daß der genuin erwirtschaftete Anteil Bayerns am bundesdeutschen „Wirtschaftswunder" zwar beträchtlich, doch während der gesamten Dauer der 1950er Jahre nicht groß genug war, um die finanzielle Lage des Landes im Kreis der Bundesländer wesentlich zu verbessern. Im Gegenteil war gegenüber den stärker vom Aufschwung begünstigten Regionen wie Nordrhein-Westfalen oder Baden-Württemberg das Einkommens- und Steuerkraftgefälle gegen Ende der Dekade sogar merklich steiler geworden. An der Spitze des bayerischen Finanzministeriums haben die Verantwortlichen diese Generaltendenz mit Sorge beobachtet. Man wußte um die Gefahr, daß sich die Effekte zurückbleibender Wirtschaftskraft, mangelnder Finanzausstattung und abnehmender Flexibilität der Wirtschaftsförderung in der Art eines Teufelskreises weiter verstärken könnten. So erachtete der Leiter der Haushaltsabteilung, Otto Barbarino[9], alleine schon die Aufgabe, ein bayerisches Aufschließen zum bundes-

---

[7] Otto Barbarino, Ein Lebenslauf im 20. Jahrhundert, Landsberg/Lech 1997, S. 32–34; Harry Andreas Kremer, Der Bayerische Landtag als Steuergesetzgeber, in: Paul Kirchhof/Klaus Offerhaus/Horst Schöberle (Hg.), Steuerrecht, Verfassungsrecht, Finanzpolitik. FS für Franz Klein, Köln 1994, S. 577–596.
[8] Bayerns Wirtschaft 10 Jahre nach dem Kriege. Hg. vom Bayerischen Statistischen Landesamt, München 1956, S. 30.
[9] Otto Barbarino (1904–1999), Jurist, seit 1947 Generalreferent für den Staatshaushalt, 1958–1969 Ministerialdirektor im Bayerischen Finanzministerium, Honorarprofessor für Haushaltswesen und Finanzausgleich an der Universität München.

deutschen Durchschnitt zu erreichen, als „äußerst schwierig". Diese Einschätzung resultierte in erster Linie aus den Unwägbarkeiten eines ökonomischen Aufholprozesses, der als solcher noch kaum zu erkennen und in seinem Ausgang ungewiß war. Sie hing aber auch damit zusammen, daß sich die Finanzpolitiker des Landes bereits in den 1950er Jahren in steigendem Maße mit Wünschen und Maßstäben im Bereich der Sozial-, Kultur- oder Infrastrukturpolitik konfrontiert sahen, die sich an der Leistungsfähigkeit finanzstärkerer Bundesländer orientierten.[10]

Da Bayern seit 1949 mangels hinreichender Staatseinnahmen nicht in der Lage war, das Gros seiner Investitionsausgaben direkt aus dem ordentlichen Haushalt zu bestreiten oder außerordentliche Haushalte aus Überschüssen des regulären Etats abzudecken, mußte für beide Zwecke nahezu ausschließlich auf die Finanzierung über Anleihen zurückgegriffen werden. Als direkte Folge hiervon setzte sich Bayern bis gegen Ende der 1950er Jahre im Bereich der Kreditmarktverpflichtungen an die Spitze aller deutschen Bundesländer. Bezogen auf die Einwohnerzahl hatte im Kreis der westdeutschen Flächenstaaten bereits 1957 nur die Bevölkerung Schleswig-Holsteins eine höhere Gesamtschuldenlast zu tragen als jene Bayerns.[11] In absoluten Zahlen ausgedrückt, wuchs die Verschuldung innerhalb des bayerischen Staatshaushalts von etwa 2,5 Mrd. DM im Jahr 1950 auf mehr als 4,8 Mrd. DM Ende Dezember 1960 an. Diese annähernde Verdoppelung der Schuldenlast innerhalb von nur einer Dekade gewinnt allerdings erst dann an Tiefenschärfe, wenn auch die Zusammensetzung und Entwicklung der finanziellen Bürde in den Blick genommen wird. Noch im Ausgangsjahr 1950 bestand die staatliche Schuldensumme Bayerns zu etwa 83% aus sogenannten „Ausgleichsforderungen". Sie erwuchsen dem bayerischen Staat aus den gesetzlichen Regelungen, die die Währungsumstellung begleiteten, und waren vorwiegend gegenüber Kreditinstituten und Versicherungen zu leisten. Die restliche Schuldensumme setzte sich zur Hälfte aus Forderungen des Bundes bzw. den finanziellen Verpflichtungen aufgrund des Lastenausgleichs zusammen.

Im Laufe der Folgejahre verschoben sich dann jedoch die Gewichte deutlich. Während die Ausgleichsforderungen durch Tilgung ab Mitte der fünfziger Jahre kontinuierlich geringer wurden, nahm der Anteil der seit Juni 1948 erwachsenden *Neuverschuldung* während der 1950er Jahre kontinuierlich zu. Im Frühjahr 1960 erreichte diese ihren vorläufigen Höhepunkt mit mehr als 3,1 Mrd. DM; ein Jahr zuvor hatte sie noch etwa 2,8 Mrd. DM ausgemacht.[12] Hier lag also der finanzwirtschaftlich gewichtigste Teil der Verschuldungsentwicklung Bayerns. Ihr Kern ist freilich nur zu erfassen, wenn die statistisch nachweisbaren Zahlen zur Neuverschuldung noch einmal durch den Abzug von staatlichen Sondermitteln oder langfristigen Darlehen des Bundes und des Lastenausgleichsfonds bereinigt werden. Diese Gelder dienten beispielsweise der Förderung des sozialen Wohnungsbaus

---

[10] Otto Barbarino, Die wirtschaftliche Zielsetzung der bayerischen Finanzpolitik (Sonderdruck aus der Bayerischen Staatszeitung), München 1959, S. 7f. (Zitat: S. 8).
[11] Statistisches Jahrbuch für Bayern 1958, München 1959, S. 382f.
[12] Berechnet nach: Statistisches Jahrbuch für Bayern 1961, München 1962, S. 255 (Tabelle 5). Siehe dazu auch: Josef Wirnshofer/Horst Rohland, Die Finanzwirtschaft von Staat und Gemeinden in den Jahren 1950 bis 1958, in: Zeitschrift des Bayerischen Statistischen Landesamts 93 (1961), S. 15-55, hier: S. 24f.

und gingen in den bayerischen Haushalt ein, generierten jedoch keine oder nur sehr niedrige Zinsbelastungen. Die nach Abzug verbleibenden Zahlen sind somit ein weiteres Mal in ihrer Aussagekraft geschärft und enthalten vorwiegend jene Schulden, die aufgrund der seit Juni 1948 wachsenden Inanspruchnahme des öffentlichen Kreditmarkts durch den bayerischen Staat aufgelaufen waren. Als „Gradmesser"[13] für die Finanzlage der Länder sind diese Werte besonders aussagekräftig. Sie zeigen, daß Bayern Ende März 1959 unter den sieben Flächenstaaten der Bundesrepublik die höchste absolute wie auch einwohnerbezogene Kreditmarktneuverschuldung aufwies.

Tabelle 9: *Neuverschuldung der Bundesländer (ohne Stadtstaaten und Berlin), 1948-1959*

Länder[14]	Neuverschuldung zwischen dem 21. 6. 1948 und dem 31. 3. 1959 (ohne Wohnungsbaudarlehen des Bundes und des Lastenausgleichsfonds)	
	in Mio. DM	in DM pro Einwohner
Nordrhein-Westfalen	216,6	14,1
Bayern	1 550,5	167,9
Baden-Württemberg	943,8	128,1
Niedersachsen	577,2	88,8
Hessen	303,2	65,6
Rheinland-Pfalz	500,8	150,2
Schleswig-Holstein	281,6	124,1
Insgesamt	4 373,7	89,9

Quelle: Barbarino, Wirtschaftliche Zielsetzung, S. 8.

Es entsprach deshalb gewiß einem gerüttelt Maß an Zweckoptimismus, wenn die bayerischen Finanzstatistiker und der oberste Haushaltsplaner des Finanzministeriums die Situation als ernst, doch „noch tragbar" einschätzten. Beunruhigend mußte zweifellos wirken, daß die Pro-Kopf-Quote der Neuverschuldung für Bayern nahezu doppelt so hoch wie der westdeutsche Länderdurchschnitt lag: Kam hierin doch die weit überdurchschnittliche Abhängigkeit der bayerischen Staatsfinanzen von den kaum vorhersehbaren Unbilden des Kapitalmarktes klar zum Ausdruck. Man tröstete sich gleichwohl damit, daß seit der Währungsreform zumindest die bis dahin erwachsenen Staatsschulden hinfällig geworden waren und, wichtiger noch, den wachsenden Zinsbelastungen auch wachsende Steuereinnahmen gegenüberstanden. Außerdem sah man es zumal für Zeiten wirtschaftlichen Wachstums als naheliegend und vertretbar an, zur Tätigung längerfristig fruchtbarer Investitionen im Bereich der Infrastruktur, der Wasser- oder der Energieversorgung des Landes auf die Finanzierung über Anleihen zurückzugreifen. Daß der mit der Verschuldung verbundene investive Finanzeinsatz die „relative Leistungsschwäche" Bayerns bereits behoben hatte, mochten die Experten im Herbst 1959 allerdings noch nicht behaupten.[15]

---

[13] Anleihe- und Schuldenpolitik der öffentlichen Hand in der Bundesrepublik (Institut „Finanzen und Steuern", Heft 28), Bonn 1953, S. 36.
[14] Die Länder sind nach der Einwohnerzahl absteigend geordnet.
[15] Wirnshofer, Finanzwirtschaft 1950 bis 1958, S. 24 (Zitat); Barbarino, Wirtschaftliche Zielsetzung, S. 8 (Zitat); Josef Wirnshofer/Horst Rohland, Entwicklung der Ausgaben und Ein-

1. Bayerische Finanzpolitik

Zu diesem Zeitpunkt noch kaum absehbar, stellten sich Anzeichen für eine positive Wendung jedoch schon wenig später ein. Vorwiegend infolge stärker wachsender Steuereinnahmen konnte die beklagte Kreditmarktneuverschuldung zwischen 1960 und 1965 sukzessive reduziert werden, um erst mit der Konjunkturkrise von 1966/67 wieder anzuwachsen und während der Folgejahre bis 1974 in einen unstetigen, tendenziell aber steigenden Verlauf einzumünden. Wichtig für die Beurteilung der finanzwirtschaftlichen Situation Bayerns ist neben dieser Beobachtung die Tatsache, daß Bayern in schuldenwirtschaftlicher Hinsicht „die Seiten wechselte". Dies wird besonders deutlich, wenn die beiden Kategorien der Gesamtverschuldung und der Kreditmarktneuverschuldung über einen längeren Zeitraum hinweg betrachtet und dabei nach der steuerlichen Leistungskraft der Bundesländer gruppiert werden.

Tabelle 10: *Gesamtverschuldung und Kreditmarktneuverschuldung der Länder, 1950–1973*

Stichtag	Flächenländer mit unterdurchschnittlicher Steuerkraft	Flächenländer mit überdurchschnittlicher Steuerkraft	Flächenländer insgesamt[16]	Länder insgesamt
	Bayern	Niedersachsen, Rheinland-Pfalz, Schleswig-Holstein, Saarland[17]	Baden-Württemberg, Hessen, Nordrhein-Westfalen		

Gesamtverschuldung (in Mio. DM) und in DM je Einwohner

31.3.1950	2253,5	2869,6	5798,7	10921,8	12054,6[18]
	243	231[19]	247	241	255
31.3.1954	3927,9	4305,4	9226,7	17459,1	20992,1
	428	353	365	374	410
31.3.1958	4268,6	5735,0	10918,7	20922,3	25343,3
	466	477	407	436	481
31.12.1962	4340,8	7205,4	13805,6	25351,8	31689,1
	449	530	477	486	556
31.12.1965	4345,7	9174,5	15344,3	28864,5	38248,3
	432	655	508	532	647
31.12.1966	4538,5	9904,8	16179,4	30622,8	40725,1
	446	700	529	558	682

nahmen von Staat und Gemeinden 1955 bis 1965, in: Zeitschrift des Bayerischen Statistischen Landesamts 99 (1967), S. 280–327, hier: S. 288.
[16] Ab 1962 einschließlich des Saarlandes.
[17] Erst ab 1962 inbegriffen.
[18] Ohne Berlin.
[19] Zur Ermittlung der kumulierten Verhältniszahlen je Einwohner für beide Gruppen von Bundesländern im Bereich der Gesamt- und der Kreditmarktneuverschuldung wurden jene Einwohnerzahlen zugrundegelegt, die sich aus der für die einzelnen Länder jeweils gegebenen Schuldensumme und der individuellen Verhältniszahl pro Einwohner errechneten. Dieses Verfahren war notwendig, da die zur Erarbeitung der Tabelle zugrundegelegte, beste amtliche Datensammlung nicht die tatsächlich für die Ermittlung der Durchschnittswerte benutzten, in der Finanzstatistik zugrundegelegten „ursprünglichen" Bevölkerungswerte mitteilte, sondern lediglich überarbeitete, durch „Rückschreibung" gewonnene Daten.

I. Interregionaler Ausgleich und politische Konkurrenz

Datum					
31.12.1968	5363,8	11716,8	18579,4	35660,0	47529,8
	515	817	600	651	786
31.12.1973	6018,7	15952,3	22487,0	44458,0	60596,9
	556	1093	703	774	978

Hiervon Kreditmarktneuverschuldung (in Mio. DM) und in DM je Einwohner

31.3.1950	107,2	219,5	138,6	465,3	483,0
	12	17	6	10	10
31.3.1954	969,9	509,8	583,2	2062,9	2426,0
	105	42	23	44	47
31.3.1958	1349,0	1177,9	1108,8	3635,8	4648,1
	147	98	41	76	88
31.3.1962	835,6	1138,3	1362,6	3336,4	4648,7
	86	84	47	64	82
31.12.1965	842,8	2944,3	2319,0	6106,0	8152,7
	84	210	78	113	138
31.12.1966	1062,7	3993,8	3184,2	8240,8	10817,6
	104	282	103	150	181
31.12.1968	2040,5	5884,2	6005,4	13929,9	17932,8
	196	410	194	250	297
31.12.1973	2794,6	10653,4	10422,3	23870,2	32176,1
	258	728	326	416	519

Quellen: Zur Ermittlung der Gesamtverschuldung für die Jahre 1950-1973 wurde benutzt: Bevölkerungsstruktur und Wirtschaftskraft der Bundesländer 1974. Hg. vom Statistischen Bundesamt, Stuttgart/ Mainz 1975, S.192f. Für die Kreditmarktneuverschuldung der Länder (ohne Gemeinden und Gemeindeverbände) im Zeitraum 1950-1974 bietet die amtliche Statistik keine durchgehenden Zahlenreihen. Es liegen deshalb die folgenden Datensammlungen zugrunde: Bevölkerungsstruktur und Wirtschaftskraft der Bundesländer 1974, S. 195 [Kreditmarktneuverschuldung für die Jahre 1950 sowie 1966-1973]; Statistische Unterlagen zur Beurteilung der Bevölkerungsstruktur und Wirtschaftskraft der Bundesländer 1950, 1954-1959 (Statistische Berichte, hg. vom Statistischen Bundesamt, II/6/11), Wiesbaden 1960, S.92 [für das Jahr 1954]; Bevölkerungsstruktur und Wirtschaftskraft der Bundesländer 1966 (Berichtsjahre: 1950, 1958 bis 1965). Hg. vom Statistischen Bundesamt, Stuttgart/Mainz 1967, S. 179 [für die Jahre 1958-1962]; Bevölkerungsstruktur und Wirtschaftskraft der Bundesländer 1970. Hg. vom Statistischen Bundesamt, Stuttgart/Mainz 1971, S.203 [für das Jahr 1965]. Die bei Barbarino, Beziehungen, S.16 angegebenen Werte stimmen mit den neueren Daten der amtlichen bundesdeutschen Statistik aufgrund von methodischen Änderungen in der Berechnungsweise nur teilweise überein.

Die Entwicklung der Gesamtverschuldung macht klar, daß sich im Verlauf zweier Jahrzehnte die Schuldenschere zwischen den „reicheren" und den „ärmeren" Flächenländern des Bundes zunehmend öffnete.[20] Der Abstand wuchs nicht nur in absoluten Werten, sondern auch auf der Ebene der einwohnerbezogenen Daten. An dieser Generaltendenz nahm Bayern vorerst auf seiten der finanzschwächeren Länder teil. Allmählich aber konnte sich das Land im Bereich der Verschuldung je Kopf seiner Bevölkerung zunächst von den steuerschwächeren, dann auch in geringerem Maße von den finanzkräftigeren Bundesländern absetzen: Offensichtlich gelang es hier bereits seit den 1950er Jahren mit besserem Erfolg, die auf-

---

[20] Siehe hierzu allgemein auch: Die Länderfinanzen 1964 bis 1973 (Institut „Finanzen und Steuern" e.V., Heft 112), Bonn 1976, S.74.

gelaufene Schuld zu konsolidieren. Dieser Prozeß beschleunigte sich während des Jahrzehnts und brachte mit sich, daß Bayerns Pro-Kopf-Gesamtverschuldung im Übergang zu den 1960er Jahren unter den Durchschnitt der bundesdeutschen Flächenländer fiel. Mit etwas zeitlicher Verzögerung ließ sich ein ähnlicher Ablauf auch auf dem signifikanten Feld der Kreditmarktneuverschuldung beobachten.

Gewiß besteht zwischen der Verschuldungshöhe und der finanziellen Leistungskraft eines Landes nur ein vermittelter, komplexer Zusammenhang. Doch auch unter dieser notwendigen Prämisse können die Daten verdeutlichen, daß die bayerische Finanzpolitik schon seit den 1950er Jahren mit wachsendem Erfolg am Abbau der Kreditmarktschuld gearbeitet hat. Im Ergebnis lag die Zinsbelastung pro Einwohner in Bayern ab dem Haushaltsjahr 1966 und bis zum Ende des Betrachtungszeitraums 1973/74 im Bundesvergleich weit unter dem Durchschnitt; nur die Bevölkerung Nordrhein-Westfalens hatte in dieser Periode eine geringere schuldenbedingte Zinsenlast zu tragen.[21]

Ungeachtet dieser positiven Entwicklung blieb die finanzwirtschaftliche Situation Bayerns auch in den 1960er Jahren prekär. Zwar manifestierte sich der an der Basis der bayerischen Tilgungspolitik liegende Zugewinn an genuiner Steuerkraft durchaus im wachsenden *Anteil* des Landes am bundesdeutschen Ländersteueraufkommen. Dieser Anteil stieg seit Ende der 1950er Jahre an, während er, wie bereits gesehen, zuvor stark schwankenden Charakter besessen hatte oder sogar zurückgegangen war: Zwischen 1958 und 1967 konnte immerhin ein Anwachsen um 1,5 Prozentpunkte auf 16,1% verbucht werden. Den bundesdeutschen Länderdurchschnitt erreichte die Landessteuerkraft Bayerns in dieser Zeit jedoch nicht. Noch im Steuerjahr 1974 lagen die bayerischen Einnahmen um mehr als 5% unter dem durchschnittlichen Länderwert.[22]

b) Bayern als Empfängerland: Die Gestaltung des Finanzausgleichs zwischen Bund und Ländern in der Ära Schäffer

Die begrenzte finanzielle Leistungsfähigkeit Bayerns war eine Voraussetzung dafür, daß das Bundesland über den gesamten Zeitraum der westdeutschen „Boomjahre" hin in variierendem Maße an finanziellen Ausgleichsleistungen und Zuweisungen des Bundes oder finanzstärkerer Bundesländer partizipierte. Diese Mittel trugen ganz erheblich dazu bei, die eigenen Anstrengungen zugunsten einer Anhebung der bayerischen Wirtschaftskraft mit kaum verzichtbaren Anfangshilfen zu versehen und sie in der Folge zu stützen. Selbst wenn dabei wie im Falle des horizontalen Länderfinanzausgleichs ausschließlich ein Steuerkraftausgleich ohne primär strukturpolitische Absicht anvisiert war, entfalteten die Zuwendungen doch in ihrer Gesamtheit von Beginn an auch „raumbedeutsame" Wirkung. Bereits ge-

---

[21] Länderfinanzen 1964 bis 1973, S.152; Günter Götz, Die Schuldenpolitik der Länder, Meisenheim am Glan 1970, S.39f. Zum stark ansteigenden Anteil der Tilgungssummen im bayerischen Landeshaushalt zwischen 1958 und 1961: Länderhaushalte (Institut „Finanzen und Steuern", Heft 73), Bonn 1964, S.38.
[22] Statistisches Jahrbuch für Bayern 1975, München 1976, S.438f.

gen Mitte der 1950er Jahre gelangte deshalb die zu diesem Zeitpunkt noch junge Raumforschung zu dem Ergebnis, daß der bundesstaatliche Finanzausgleich unter allen Möglichkeiten, die soziale und wirtschaftliche Struktur Westdeutschlands über öffentliche Maßnahmen nachhaltig zu beeinflussen, „diejenige ist, die auf die regionale Verteilung der Bevölkerung und ihres Wohlstandes den mit weitem Abstand größten Einfluß ausübt". Ein umfassend verstandener Finanzausgleich stehe deshalb „unter den raumbedeutsamen Maßnahmen an erster Stelle."[23] Es bedarf freilich eines näheren Blicks auf die Entwicklung dieses komplexen Instruments, um seinem sukzessiven Wandel nach 1945 gerecht zu werden und Bayern als Empfängerland externer Leistungen angemessen zu verorten.[24]

Bekanntlich gehörten Fragen des Finanzsystems schon während der Debatten des Parlamentarischen Rates zu den überaus kontrovers und ausführlich diskutierten Problemkreisen. Das Grundgesetz legte die Basis für eine Finanzverfassung, die „mit föderativen Grundsätzen nicht unvereinbar" war, zugleich aber großen Spielraum für künftige, stärker einheitsstaatlich geprägte Lösungen beließ.[25] So gilt auch für das Feld des Finanzwesens, daß die Ausübung staatlicher Befugnisse, die Erfüllung staatlicher Aufgaben und die Ausführung der Bundesgesetze grundsätzlich bei den Ländern liegt, sofern keine andere Regelung besteht.[26] In der Verfassungspraxis machte der Bund jedoch bereits in den 1950er Jahren von seinem Recht auf konkurrierende Gesetzgebung unter anderem als Finanzgesetzgeber umfassenden Gebrauch. Darüber hinaus gelang es nicht zuletzt dank der Hartnäckigkeit und des Verhandlungsgeschicks des ersten bundesdeutschen Finanzministers Fritz Schäffer, den Bundesanteil an der ursprünglich laut Grundgesetz ganz den Ländern zuste-

---

[23] Gerhard Isenberg, Regionale Wohlstandsunterschiede, Finanzausgleich und Raumordnung, in: Finanzarchiv N.F. 17 (1956/57), S. 64–97, hier: S. 94f.
[24] Zu den finanzwirtschaftlichen Aspekten des bundesdeutschen Finanzausgleichs existiert eine umfangreiche und ständig weiter anwachsende Literatur. Für den Betrachtungszeitraum sei besonders verwiesen auf: Wolfgang Renzsch, Finanzverfassung und Finanzausgleich. Die Auseinandersetzungen um ihre politische Gestaltung der Bundesrepublik Deutschland zwischen Währungsreform und deutscher Vereinigung (1948 bis 1990), Bonn 1991; Gerhard Zabel, Die Entwicklung des Länderfinanzausgleichs in der Bundesrepublik Deutschland, in: Räumliche Aspekte des kommunalen Finanzausgleichs (Veröffentlichungen der Akademie für Raumforschung und Landesplanung, Forschungs- und Sitzungsberichte 159), Hannover 1985, S. 353–406; Pagenkopf, Finanzausgleich im Bundesstaat; Wilhelm Heckt, Die Entwicklung des bundesstaatlichen Finanzausgleichs in der Bundesrepublik Deutschland, Bonn 1973; Peter Götz, Grundprobleme des Finanzausgleichs in der Bundesrepublik Deutschland, Diss. Frankfurt 1957; Hans Müller, Die Entwicklung des Finanzausgleichs zwischen Reich bzw. Bund und Ländern in Deutschland von 1871 bis zur Gegenwart, in: Österreichische Zeitschrift für öffentliches Recht 10 (1959/60), S. 89–126; Michael Stotz, Die Entwicklung und der gegenwärtige Stand des Finanzausgleichs in der Bundesrepublik Deutschland verglichen mit den Finanzausgleichssystemen in anderen Ländern, Diss. Freiburg 1972, S. 30ff.; Helmut Fuchs, Die Entwicklung des Finanzausgleichs unter den Ländern von 1949 bis 1958, Diss. Bonn 1963; Die Finanzbeziehungen zwischen Bund, Ländern und Gemeinden aus finanzverfassungsrechtlicher und finanzwirtschaftlicher Sicht. Hg. vom Bundesministerium der Finanzen, Bonn 1982 (Für die Zeit zwischen 1970 und 1981). Zu den Vorformen während der Besatzungszeit: Dietmar Petzina, Staatsfinanzen im Übergang: Probleme des Finanzausgleichs in der Britischen Zone nach dem Zweiten Weltkrieg, in: Volker Ackermann/Bernd-A. Rusinek/Falk Wiesemann (Hg.), Anknüpfungen. Kulturgeschichte – Landesgeschichte – Zeitgeschichte. Gedenkschrift für Peter Hüttenberger, Essen 1995, S. 363–381.
[25] Karl Littmann, Über einige Untiefen der Finanzverfassung, in: Staatswissenschaften und Staatspraxis 1 (1991), S. 34 (Zitat); Renzsch, Finanzverfassung und Finanzausgleich, S. 54–74; Frank Spieker, Hermann Höpker-Aschoff. Vater der Finanzverfassung, Berlin 2004, S. 52ff.
[26] Vgl. Art. 30 und 83 GG.

henden Einkommen- und Körperschaftsteuer von 27% im Jahre 1951 in mehreren Etappen bis auf 39% zwischen 1964 und 1966 auszudehnen; für die Jahre 1967/68 und 1969 sanken die Quotenanteile des Bundes dann wieder auf 37% bzw. 35%.[27] Diese Veränderungen markieren Elemente einer umfassenderen Entwicklung, in der sich die finanzpolitische Macht im föderalen System der Bundesrepublik tendenziell zunehmend in die Hände der Zentralbehörden verlagerte. Gleichwohl darf nicht übersehen werden, daß seit 1950 parallel dazu insbesondere die finanzschwächeren Länder in hohem Maße von der Neu- und Umverteilung öffentlicher Mittel über den bundesstaatlichen Finanzausgleich profitierten.[28]

Der verfassungsrechtliche Ursprung des westdeutschen Finanzausgleichs liegt bekanntlich im Sozialstaats- und Einheitlichkeitsgebot des Grundgesetzes, wodurch die Staatsorgane im Sinne rechtspolitischer Leitbilder auf die Gestaltung der Lebensverhältnisse unter dem Vorzeichen sozialer Gerechtigkeit und der Einheitlichkeit im Bund verpflichtet werden.[29] Ein konkreter Regelungsanstoß erwuchs aus der Tatsache, daß die Verfassung die Aufgabe der hinreichenden Ausstattung der Länder mit Steuermitteln über die einschlägige Gesetzgebungskompetenz faktisch in die Hände des Bundes legte.[30] Dies geschah aus der grundsätzlichen Erwägung des Parlamentarischen Rates heraus, die finanzielle Autonomie der Länder gegenüber den Zielen der einheitlichen Besteuerung und der Wahrung der Wirtschaftseinheit im Bundesgebiet zurückzustellen.[31] Eine endgültige Zuweisung der Ertragskompetenz nahm das Grundgesetz jedoch nicht vor: In seiner ersten gültigen Fassung verteilte es die Steuerquellen zwischen Bund und Ländern nicht nach dem Steuerbedarf oder dem voraussichtlichen Steuerertrag, sondern aufgrund systematischer Erwägungen. Nach dem Trennprinzip wurden Zölle und indirekte Steuern generell dem Bund zugewiesen, die direkten Steuern hingegen verblieben bei den Ländern. Zur Deckung seines absehbaren Mehrbedarfs erhielt der Bund, wie erwähnt, zusätzlich das Recht, die Erträge aus der Einkommen- und Körperschaftsteuer teilweise für sich zu nutzen. Die „endgültige" Verteilung der steuer-

---

[27] Finanzbericht 1970. Hg. vom Bundesminister der Finanzen, Bonn 1970, S. 38 f. Zum politischen Prozeß, der die Kompromißfindung begleitete: Christoph Henzler, Fritz Schäffer 1945-1967. Eine biographische Studie zum ersten bayerischen Nachkriegs-Ministerpräsidenten und ersten Finanzminister der Bundesrepublik Deutschland, München 1994, S. 266-578, hier: S. 350-363; Gelberg, Hans Ehard, S. 398-417; Hans Boldt, Föderalismus im Widerstreit der Interessen. Die Bundesrepublik vor und nach der Finanzreform von 1969, in: Jochen Huhn/Peter-Christian Witt (Hg.), Föderalismus in Deutschland. Traditionen und gegenwärtige Probleme. Symposion an der Universität Kassel 10. bis 12. April 1991, Baden-Baden 1992, S. 145-164; Karlheinz Neunreither, Der Bundesrat zwischen Politik und Verwaltung, Heidelberg 1959, S. 164 ff. Zur Finanzministerzeit Schäffers, doch ohne Berücksichtigung dieser Problematik: Dieter Grosser, Die Rolle Fritz Schäffers als Finanzminister in den ersten beiden Kabinetten Konrad Adenauers, in: Wolfgang J. Mückl (Hg.), Föderalismus und Finanzpolitik. Gedenkschrift für Fritz Schäffer, Paderborn 1990, S. 67-80. Für die vorwiegend bundesdeutsche Ebene grundlegend: Renzsch, Finanzverfassung und Finanzausgleich.
[28] Karl-Heinrich Hansmeyer, Die Entwicklung von Finanzverfassung und Finanzausgleich in der Bundesrepublik Deutschland bis zum Jahre 1990 aus finanzwissenschaftlicher Sicht, in: Huhn/Witt (Hg.), Föderalismus in Deutschland, S. 165-183.
[29] Vgl. hierzu Art. 20 Abs. 1, Art. 72 Abs. 2 und Art. 106 Abs. 3 GG.
[30] Art. 105 GG (Fassung vom 23. 5. 1949).
[31] Hermann Höpker-Aschoff, Das Finanz- und Steuersystem des Bonner Grundgesetzes, in: Archiv des Öffentlichen Rechts 75 (1950), S. 306-331; Volker Schockenhoff, Wirtschaftsverfassung und Grundgesetz. Die Auseinandersetzungen in den Verfassungsberatungen 1945-1949, Frankfurt/New York 1986; Renzsch, Finanzverfassung und Finanzausgleich, S. 54-74.

lichen Einnahmequellen sollte nach dem Willen des Verfassungsgebers aber erst durch zustimmungspflichtige Bundesgesetze erfolgen.[32]

Nach zweifacher Verlängerung der grundgesetzlich vorgegebenen Regelungsfrist und dreimaliger Anrufung des Vermittlungsausschusses gelangten Bund und Länder bis Dezember 1955 zu einer komplexen Kompromißregelung, die ein sechseinhalbjähriges Provisorium zu einem – vorläufigen – Abschluß brachte. Zusammen mit der Finanzverfassungsreform von 1969 bildeten die gesetzlichen Regelungen von 1955 während der westdeutschen Boomjahre einen Eckpfeiler der bundesdeutschen Finanzordnung und des darin eingebetteten Länderfinanzausgleichs. Von der Warte bayerischer Finanzpolitik im föderalen Rahmen aus betrachtet, sind es gleichwohl die ausgehenden 1950er Jahre, die als erste relative Zäsur in einem Prozeß zutage treten, der insgesamt ein hohes Maß an kontinuierlicher Fortentwicklung der Finanzverfassung zeigte. Zur Verdeutlichung bietet es sich an, die Ebenen des horizontalen und des vertikalen Finanzausgleichs separat zu beleuchten.

Obwohl einige Landesregierungen bereits vor Gründung der Bundesrepublik die Notwendigkeit von Unterstützungsleistungen der Länder untereinander erkannt und angemahnt hatten, kam bis einschließlich 1949 kein auch nur annähernd zufriedenstellender Länderfinanzausgleich zustande. Eine systematisierte Regelung scheiterte vorerst nicht nur am Widerstand der finanzkräftigeren Länder, sondern vor allem am Ausmaß des Problems. Aufgrund der großen strukturbedingten Unterschiede in der ökonomischen Leistungskraft der Länder und ihrer stark differierenden Flüchtlingsbelastung konnten frühe pragmatische Lösungen, die für das Jahr 1949 ein Verteilungsvolumen von lediglich ca. 586 Mio. DM umfaßten, kaum spürbaren Effekt entfalten. Erst mit Beginn des Rechnungsjahres 1950 einigten sich Bund und Länder auf einen bundesgesetzlich festgeschriebenen Verteilungsmodus.[33] Sein Grundprinzip blieb bei allen Modifikationen über die folgenden Jahrzehnte hin erhalten. Demnach zielte der Länderfinanzausgleich ganz überwiegend auf die relative Annäherung der einwohnerbezogenen Steuerkraft der Länder. Zu diesem Zweck wurden von der jeweiligen Summe der Steuereinnahmen sogenannte „Ausgleichslasten" subtrahiert, welche als besondere Belastungen Berücksichtigung finden sollten. Die verbliebenen Zahlen, die die Finanzkraft eines Landes bezeichneten, konnten mit dem Durchschnittswert für den Bund verglichen werden und lagen dann den Ausgleichszahlungen der finanzstärkeren Länder an die Empfängerländer zugrunde. Der reale Bedarf oder die tatsächlich getätigten Ausgaben eines Landes gingen in diese Berechnung nicht ein. Sie wurden lediglich in Gestalt der genannten Ausgleichslasten berücksichtigt, die das Finanzausgleichsgesetz für 1950 in Form fixer und unter den Ländern zu verteilender Summen einbezog.[34]

Die bayerische Staatsregierung hatte bereits im Frühjahr 1949 über ihren Bevollmächtigten beim Vereinigten Wirtschaftsgebiet deutlich gemacht, daß sie es

---

[32] Art. 107 und 106 GG (Fassung vom 23.5.1949). Vgl. dazu Renzsch, Finanzverfassung und Finanzausgleich, S. 27–74; Pagenkopf, Finanzausgleich im Bundesstaat, S. 131–161.
[33] Vgl. BGBl. 1951 I, S. 198.
[34] Zabel, Entwicklung des Länderfinanzausgleichs, S. 354–358; Renzsch, Finanzverfassung und Finanzausgleich, S. 101–112.

gegenüber denkbaren Alternativen vorzog, den unabweisbar nötigen Finanzausgleich als Vereinbarung der Länder untereinander zu organisieren. Hinter dem freizügig geäußerten Lob eines solchen „Solidaritätsbeweis[es]" und der damit anzustrebenden „Stärkung des föderativen Staatsgedankens" verbarg sich die konkrete Sorge, bei einer zentralen Problemregelung nicht hinreichend Gehör zu finden, um die existierenden „Disproportionalitäten" zwischen Steuereinnahmen und kriegsbedingten Lasten in den Ländern zur Geltung zu bringen. Mit hinreichend stichhaltigem Zahlenmaterial konnte man zurecht darauf verweisen, daß das Verhältnis zwischen den regional erwachsenden Staatseinnahmen einerseits und den jeweils zu tragenden Kriegs- und Soziallasten andererseits in den ohnehin strukturschwächeren Ländern Schleswig-Holstein, Niedersachsen und Bayern am ungünstigsten ausgeprägt war.[35] Die Finanzausgleichsregelung von 1950 bescherte Bayern zweifellos eine relevante Verbesserung dieser Situation. Dank des sogenannten Überleitungsgesetzes vom 1. April 1950 übernahm der Bund pauschal sämtliche Kriegsfolge- und Soziallasten sowie weitere überregionale Aufgabenfelder wie den Wasser- und Fernstraßenbau. Damit entfielen vorwiegend solche Lasten, die aufgrund ihrer ungleichen regionalen Streuung die finanzschwächeren Länder absehbar überproportional betroffen hätten. Stattdessen hatte sich Bayern ebenso wie alle anderen Länder über ein System von Interessenquoten an den regional erwachsenden Kriegs- und Soziallasten zu beteiligen. Im Ergebnis verringerte sich damit die den Ländern zur Verfügung stehende Finanzmasse um etwa 7,5 Mrd. DM zugunsten des Bundeshaushalts. Ungeachtet der realen Entlastung, die Bayern als steuerschwaches Land verbuchen konnte, erachteten die Experten des bayerischen Statistischen Landesamtes und des Finanzministeriums die Regelung jedoch nicht als ausreichend.[36]

Die Änderungen der Folgejahre bis 1955 waren zum Teil nicht unerheblich und umfaßten neben einer deutlichen Absenkung der Interessenquoten zugunsten der Länder vor allem die als Ausgleich hierfür konzipierte Beteiligung des Bundes an der Einkommen- und Körperschaftsteuer.[37] Das größte „Sorgenkind" im Bund bildete in dieser Zeit allerdings nicht Bayern, sondern das Land Schleswig-Holstein, dem durch direkte Finanzhilfen und die gezielte Anpassung des horizontalen Finanzausgleichs in der ersten Hälfte der 1950er Jahre wiederholt seitens der Ländergemeinschaft und des Bundes unter die Arme gegriffen werden mußte. Die Position Bayerns stellte sich demgegenüber finanzwirtschaftlich um ein weniges erfreulicher und zugleich verhandlungsstrategisch ungleich komplizierter dar. Da das Bundesland von Anfang an das bevölkerungsreichste unter den Nehmerländern war, verband sich jede Vergünstigung für Bayern innerhalb des existierenden einwohnerbezogenen Ausgleichssystems mit absolut höheren Kosten für die Gemeinschaft als in allen anderen Fällen. Zusammen mit der Tatsache, daß Bayern bis

---

[35] BayHStA, MWI 13136, Der Bevollmächtigte Bayerns für das Vereinigte Wirtschaftsgebiet, Mitteilung Nr. 17, 21.3.1949 (Zitate).
[36] BGBl. 1950 I, S. 773; Drucksache 3169, in: Verhandlungen des Deutschen Bundestages. 1. Wahlperiode 1949. Anlagen zu den stenographischen Berichten, Band 16, S. 9. Zur Bewertung der finanzwirtschaftlichen Folgen: ACSP, NL Elsen 6.5.4, „Die geschichtliche Entwicklung des Finanzausgleichs", o. D. [1957]; Zabel, Entwicklung des Länderfinanzausgleichs, S. 358.
[37] Vgl. hierzu die Bestimmungen des Zweiten Überleitungsgesetzes vom 1. April 1951 (BGBl. 1951 I, S. 774).

in die frühen 1980er Jahre durchwegs die höchste Steuerkraft unter den Nehmerländern aufwies, führte dies dazu, daß bayerische finanzpolitische Wünsche im Kreis der Bundesländer wiederholt auf entgegengerichtete Koalitionen stießen.[38] Immerhin konnte Bayern von Beginn des organisierten Länderfinanzausgleichs an bis in die frühen 1960er Jahre kontinuierlich höhere Zuweisungen aus der ebenfalls im Umfang wachsenden Ausgleichsmasse für sich vereinnahmen. Und in der Tat war das zentrale Anliegen schwer zu vermitteln. Denn der eigentlich schmerzhafte Stachel im Fleisch der bayerischen Finanzplaner lag darin, daß die Finanzkraft des Landes trotz der geleisteten Zuweisungen zeitweise eine deutlich rückläufige Tendenz gegenüber dem Bundesdurchschnitt aufwies. Dies traf umso härter, als man im bayerischen Finanzministerium davon ausgehen mußte, daß sich der prozentuale Rückstand aufgrund der einwohnerorientierten Berechnungsweise zu einem relativ hohen absoluten Fehlbetrag summieren würde. Von solcher Warte aus gesehen, bewirkten die Finanzreformgesetze des Jahres 1955 zwar eine erfreuliche Annäherung der bayerischen finanzwirtschaftlichen Lage an den Länderdurchschnitt im Bund. Eine grundsätzliche Kehrtwende der kritisierten Tendenz, die zu Lasten Bayerns ging, stellte sich vorerst jedoch nicht ein.

Tabelle 11: *Steuereinnahmen Bayerns vor und nach Durchführung des Länderfinanzausgleichs, 1952–1970 (je Einwohner; in % des Bundesdurchschnitts)*

Rechnungsjahre	1952	1954	1955	1956	1957	1958	1966	1967	1970
Ausgleichsmasse (in Mio. DM)	220,8	265,7	541,5	667,3	793,3	954,7	1604,0	1740,0	1218,5
Zuweisungen an Bayern (in Mio. DM)	15,3	39,8	102,2	109,7	138,9	220,3	140,6	122,0	151,7
Steuereinnahmen vor Finanzausgleich (je Einwohner, in Prozent)	83,7	80,8	82,9	83,2	81,9	80,7	90,4	90,9	93,9
Steuereinnahmen nach Finanzausgleich (je Einwohner, in Prozent)	84,6	83,2	88,6	88,3	88,0	89,2	92,8	92,9	95,7

Quellen: ACSP, NL Elsen 6.5.4, Ministerialrat Dr. Henle, Vermerk „Stellung Bayerns im Länderfinanzausgleich", o. D. [April 1959]; Barbarino, Beziehungen, S. 19; ders., Entfaltung, S. 101 f.

Die Finanzgesetze[39] hatten neben der vertikalen Quotenaufteilung der Einkommen- und Körperschaftsteuer in Artikel 106 GG[40], auf die im folgenden noch einzugehen ist, eine Fortschreibung des Länderfinanzausgleichs erbracht, die im Kern

---

[38] ACSP, NL Elsen 6.5.4, Ministerialrat Bensegger, Bayer. Staatsministerium der Finanzen, an Staatsbankdirektor Elsen, 30.4.1959 sowie ebenda, Ministerialrat Dr. Henle, Vermerk „Stellung Bayerns im Länderfinanzausgleich", o. D. [April 1959].
[39] Siehe hierzu die beiden wichtigsten normativen Festlegungen der Finanzreform von 1955, das „Gesetz zur Änderung und Ergänzung der Finanzverfassung" (Finanzverfassungsgesetz) vom 23.12.1955 (BGBl. 1955 I, S. 817) und das „Gesetz über den Finanzausgleich unter den Ländern" (Länderfinanzausgleichsgesetz) vom 27.4.1955 (BGBl. 1955 I, S. 199).
[40] Art. 106 GG (Fassung vom 23.12.1955).

1. Bayerische Finanzpolitik

als erweiterte normative Gestaltung und als finanzwirtschaftliche Intensivierung zu fassen ist. So machte der neu formulierte Artikel 107 des Grundgesetzes unter anderem dem Bundesgesetzgeber die Herstellung eines „angemessenen" Finanzkraftausgleichs zwischen den Ländern erstmals zur Pflicht. Der Ausgleich hatte grundsätzlich über ein Verfahren der horizontalen Umverteilung zu erfolgen; zusätzlich erhielt der Bund neu die Möglichkeit, finanzschwachen Ländern über „Ergänzungszuweisungen" zu Hilfe zu kommen.[41] Außerdem wurde die bereits im Frühjahr 1955 verabschiedete, erhebliche Intensivierung des Finanzausgleichs in Form einer annähernden Verdoppelung der Ausgleichsmasse realisiert. Bayern profitierte hiervon in überdurchschnittlichem Maße und konnte eine Steigerung seiner Zuweisungen um mehr als das Zweieinhalbfache verbuchen.[42]

Diese Regelungen, die in ihrer schließlich beschlossenen Form „alle Zeichen des Kompromisses"[43] trugen, waren das Ergebnis langwieriger und äußerst kontroverser Debatten, in deren Verlauf sich keineswegs nur die Interessen des Bundesfinanzministers und der Ländervertreter idealtypisch gegenüberstanden. Nicht selten kam es in den befaßten parlamentarischen Gremien wie auch den nachgeordneten Expertenkommissionen auf Bundesebene zu Ad-hoc-Koalitionen, die sich an der jeweiligen Problemstellung orientierten. Auf dem Feld des Länderfinanzausgleichs führte dies unter anderem zur regelmäßigen Wiederkehr eines Konfrontationsmusters, in dem sich die dominierenden finanzkräftigen Länder zur Wahrung ihrer Interessen gegen die finanzschwächeren Länder zusammenfanden. Diese Konstellation vertiefte und verschärfte sich dadurch, daß der Bundesfinanzminister seit Beginn der Bund-Länder-Verhandlungen immer wieder gezielt auf die divergierende Interessenstruktur der Länder setzte, um die finanzpolitischen Zielsetzungen seines Ressorts voranzutreiben. So drohte Schäffer wiederholt mit dem Entzug oder der Kürzung von freiwilligen Bundeszuwendungen im Bereich des sozialen Wohnungsbaus und der Notstandsgebietsförderung. Das geschah in der Absicht, die Länderfront gegen eine Anhebung der Beteiligungsquote des Bundes an der Einkommen- und Körperschaftsteuer aufzuweichen. Da insbesondere die „ärmeren", flüchtlingsbelasteten Länder dringend auf derartige Bundesmittel angewiesen waren, konnte Schäffer mit seiner Verfahrensweise schon in den Bund-Länder-Verhandlungen der Jahre 1951 und 1952 einige Überzeugungserfolge verbuchen. Auch die bayerische Staatsregierung unter Hans Ehard sah sich zum Nachgeben gezwungen.[44]

Die Rolle Bayerns in dem oft dissonanten Konzert der Finanzdebatten wurde über die bereits genannten, rein finanzwirtschaftlichen Aspekte hinaus von einer komplexen und keineswegs homogenen Motivkonstellation bestimmt. Gewiß spielte in der Wahrnehmung der involvierten Politiker die wirtschaftliche Lage des Landes eine ebenso gewichtige Rolle wie die resultierende prekäre Entwicklung

---

[41] Art. 107 Abs. 2 GG (Fassung vom 23.12.1955).
[42] Vgl. zu den finanztechnischen Einzelheiten: Zabel, Entwicklung des Länderfinanzausgleichs, S. 360-363; Renzsch, Finanzverfassung und Finanzausgleich, S. 137-146.
[43] Herbert Fischer-Mengershausen, Das Finanzverfassungsgesetz, in: Die Öffentliche Verwaltung 9 (1956), S. 161-171, hier: S. 161.
[44] Vgl. die Beispiele für die Bundesebene bei Renzsch, Finanzverfassung und Finanzausgleich, S. 80-89. Zur bayerischen Haltung bis 1952: Gelberg, Hans Ehard, S. 398-410.

seiner haushaltspolitischen Situation. Hinzu traten aber grundsätzlichere Fragestellungen wie vor allem jene nach der konkreten Ausgestaltung der föderalistisch inspirierten Finanzverfassung, die das Grundgesetz in seinen einschlägigen Abschnitten formuliert hatte. Aus der Kombination beider Problemkreise resultierten einige der finanzpolitischen Herausforderungen, ja Dilemmata bayerischer Politik. Zugleich lag hierin eine Hauptursache für das Meinungsspektrum, das sich in der bayerischen Landespolitik und selbst innerhalb der bis November 1954 in München in der Regierungsverantwortung stehenden CSU abzeichnete.

Mit Fritz Schäffer stand seit Gründung der Bundesrepublik ein Verwaltungspraktiker und CSU-Politiker an der Spitze des Bundesfinanzministeriums, der seine ersten finanzpolitischen Erfahrungen bereits in den 1920er und frühen 1930er Jahren gesammelt hatte.[45] Für die westdeutsche Finanzpolitik unter seiner Ägide wurde diese Tatsache gewiß nachhaltig prägend, doch schlug sie sich keineswegs im Sinne etwa eines dezidiert „föderalistischen" Kurses des Ministers nieder. Im Gegenteil verhinderte die regionale und fachpolitische Herkunft Schäffers nicht seine überaus flexible Wandlung vom überzeugten Verfechter bayerischer Landesinteressen und entschlossenen Kritiker der Reichsfinanzpolitik während der letzten Jahre der Weimarer Republik zu einem ebenso hartnäckigen Vertreter bundesstaatlicher Prärogativen nach 1949. Diese allmählich zutage tretende Disposition des Ministers hing mit seiner wachsenden Überzeugung zusammen, daß die Bewältigung der Kriegsfolgelasten und des Wiederaufbaus nur zu leisten war, wenn frühzeitig finanzpolitische Grundlagen gelegt wurden. Eine strikte Spar- und Geldwertpolitik gehörte hierzu ebenso wie die Anbahnung neuer Einnahmequellen und das kontinuierlich betriebene Unterfangen, Ausgabenwünsche der Ministerien abzuwehren und Erwartungen in der Bevölkerung zu dämpfen. Er zeigte dabei wie etwa in der Frage der Kompetenzenregelung beim Lastenausgleich durchaus ressortpolitisches Machtbewußtsein. Gegenüber den Ländern trat Schäffer von Anbeginn selbstbewußt auf, wobei ihm seine zunächst fortwirkende Reputation einer föderalistisch orientierten Grundhaltung sehr zugute kam.[46]

Dieser Ruf verflüchtigte sich in dem Maße, in dem Fragen der Finanzverfassung und der Steuerverteilung über Aspekte der reinen Gestaltung des Bundeshaushalts hinaus zum Verhandlungs- und Streitthema zwischen Bund und Ländern wurden. Auch das Verhältnis zur bayerischen Staatsregierung und zu Hans Ehard blieb davon nicht unberührt und gestaltete sich spätestens seit Frühjahr 1950 schwieriger, als Schäffer gehofft haben mochte. Grund zur Beschwerde und zur steigenden Wachsamkeit gab es in der Wahrnehmung beider Seiten. Im März 1950 hatte ein hoher Beamter des bayerischen Finanzministeriums im Landtag öffentlich die Haltung des Bundes bei der Übernahme des ehemaligen Reichsvermögens auf bayerischem Boden kritisiert und damit für erhebliche Verstimmung zwischen Schäffer und Ehard gesorgt, der zu diesem Zeitpunkt zugleich das Amt des baye-

---

[45] Zu Schäffers Arbeit als Finanzexperte der Bayerischen Volkspartei: Otto Altendorfer, Fritz Schäffer als Politiker der Bayerischen Volkspartei 1888–1945, München 1993, S. 368–389; Schäffers Tätigkeit als Staatsrat und bayerischer Finanzminister in den Jahren 1931–1933 behandeln: Henzler, Fritz Schäffer, S. 70f. sowie Altendorfer, Fritz Schäffer, S. 450–490.
[46] Henzler, Fritz Schäffer, S. 317–349.

1. Bayerische Finanzpolitik 175

rischen Finanzministers innehatte.[47] Nur wenig später kam es erneut zum Konflikt, als Bayerns Bundesratsvertreter aus Anlaß des sogenannten „Überleitungsgesetzes" im Mai zusammen mit den Kollegen aus Schleswig-Holstein gegen den Gesetzentwurf Schäffers stimmten, da er die Flüchtlingsländer zu benachteiligen schien. Der Bundesfinanzminister reagierte befremdet und pochte mit einiger Übertreibung auf die Tatsache, „daß auch in diesem Fall, wie bisher fast immer, die Mehrheit der Länder auf meiner Seite ist, Bayern regelmäßig gegen mich ist, obwohl ich in diesem Fall der Überzeugung sein muß, daß ich das tue, was Bayern frommt."[48]

Schäffer reagierte nicht allein aus finanzpolitischen Gründen empört, stand er doch in diesen Monaten unter heftigem Beschuß seitens der Konkurrentin Bayernpartei. Diese drohte gefährlichen Profit aus CSU-internen Querelen zu ziehen, sofern es ihr gelang, die Unionspartei in der sensiblen Finanzmaterie als „‚Verräter' Bayerns"[49] darzustellen. Wichtiger war, daß sich das Verhältnis zu Ehard bis zu dessen Ablösung im Amt des Ministerpräsidenten Ende 1954 in Form einer dynamischen Arbeitsbeziehung entwickelte, die parteiinterne Konflikte spiegelte und aufnahm, doch zugleich das Potential in sich trug, diese in die Bahnen des parteipolitisch Verkraftbaren zu lenken und dort zu halten. Deutlich wurde dies schon im Frühjahr 1952, als Schäffer die Bundesländer mit der Forderung konfrontierte, den Bundesanteil an der Einkommen- und Körperschaftsteuer von bis dahin 27% auf 40% zu erhöhen. Gegenüber den heftigen Widerständen, die auch aus der bayerischen CSU und aus dem Münchner Finanzministerium kamen, war die zum entscheidenden Zeitpunkt erzielte temporäre Ausrichtung der CSU auf Schäffers finanzpolitische Linie in mindestens ebenso hohem Maße der Ehard'schen Vermittlungsbereitschaft zuzuschreiben wie Schäffers Einsatz der Rücktrittswaffe, seiner basisnahen Öffentlichkeitsarbeit und seiner sachlichen Überzeugungskraft.

Es ist freilich auch unverkennbar, daß Ehards Geduld spürbar nachließ, als Schäffer schon ab Winter 1952 erneut intensiv in die Debatte um den Bundesanteil eintrat und dabei seine Münchner Parteifreunde durch die Höhe der Forderungen und die Art des Taktierens wiederholt vor den Kopf stieß. Als Parteichef wie auch als Ministerpräsident hatte Ehard freilich aus einer Vielzahl von Gründen daran interessiert zu sein, die scharfen Auseinandersetzungen nicht eskalieren zu lassen. Parteipolitische Loyalität zählte dabei ebenso zu seinen Beweggründen wie die Einsicht in die Notwendigkeit, den wichtigsten Vertreter der CSU im Bundeskabinett nicht über Gebühr zu beschädigen – zumal im Vorfeld der herannahenden Bundestagswahlen. Angesichts der fortdauernden Welle von Protesten aus München und der provozierenden Haltung Schäffers war es außerdem wichtig, der Gefahr einer sich verstetigenden Kritikerrolle Bayerns im Bund rechtzeitig zu begegnen. Mit der Finesse des Juristen machte Ehard dem Bundesfinanzminister indes

---

[47] Stenographischer Bericht über die Sitzung des Bayerischen Landtags am 22.3.1950 (Ringelmann); BSB, NL Schwend 54, Schäffer an Ehard, 24.3.1950; ebenda, Ehard an Schäffer, 19.4.1950; BayHStA, StK 11531, Protokoll des Ministerrats vom 15.3.1950; „Bund beansprucht Reichsvermögen", in: Münchner Merkur, 23.3.1950.
[48] BSB, NL Schwend 54, Schäffer an Ehard, 12.5.1950.
[49] BSB, NL Schwend 54, Schäffer an Ehard, 24.3.1950 (Zitat); Henzler, Fritz Schäffer, S. 373-379.

zugleich klar, daß jede Solidaritätserklärung aus Bayern angesichts der ökonomischen Erfordernisse im Bundesland ihre Grenzen hatte. Auch in Zukunft war deshalb gegebenenfalls mit Widerstand zu rechnen: „Für Bayern eröffnet sich die trübe Perspektive, daß es in die isolierte Ecke einer bloßen Protestpolitik gedrängt wird, wie es in der Weimarer Zeit im großen und ganzen der Fall war. Ich glaube, es muß unser ganzes Bestreben sein, eine solche für uns negative Entwicklung der innerdeutschen Verhältnisse zu verhindern. Darum gehe ich mit Dir völlig einig, daß es eine Selbstverständlichkeit ist, daß man von hier aus Deine auf föderalistische Grundsätze ausgerichtete Arbeit nicht erschwert. Wir wissen, was es bedeutet, daß Du auf Deinem Posten stehst und wir können es uns nur mit großer Sorge ausdenken, was eintreten würde, wenn dies nicht mehr der Fall sein sollte. Auf der anderen Seite muß ich aber ebenso sehr auch um Dein Verständnis für die bayerische Situation bitten, die angesichts der Schwierigkeiten, die Dir das Durchsetzen klarer föderalistischer Grundsätze macht, keine angenehme ist. Es ist unmöglich, daß wir unter solchen Umständen immer zu allem ohne weiteres und von vornherein ja und amen sagen können, was von Deinem Hause kommt."[50]

Ungeschützt und auch in seinen öffentlichen Äußerungen unnachgiebig trat indes der sozialdemokratische Finanzminister Zietsch[51] als eigentlicher Kritiker der Schäffer'schen Finanzpolitik auf. Buchstäblich über Jahre hinweg war es er, der zwischen 1951 und 1957 von der Warte des Fachmanns nicht selten in plastischer Sprache seine Einwände formulierte und sich zusammen mit Staatssekretär Ringelmann auch im Bundesrat als hartnäckiger Opponent Schäffers profilierte. In den Finanzdebatten, die seit 1950/51 an Virulenz gewannen, vertrat er die Interessen Bayerns mit Verve und unter Zuhilfenahme eines Spektrums von Argumenten, das sich über die Jahre zwar im Detail, doch nicht in seiner grundsätzlichen Ausrichtung wandelte. Die instabile Kassenlage Bayerns und das jahrzehntelang zu beklagende Haushaltsdefizit gaben den schwankenden Grund, von dem aus Zietsch zu agieren hatte. Von hier aus kritisierte der Minister den fast alljährlich wachsenden Anspruch des Bundes auf die Quotenverteilung der Einkommen- und Körperschaftsteuer als rücksichtsloses Zugreifen auf eine eigentlich den Ländern zustehende Ressource. Allein für den Haushalt 1953 konnte Zietsch im Landtag vorrechnen, daß im Falle einer Quotenerhöhung um 3 auf 40% selbst ohne Berücksichtigung der zusätzlich vom Bund geplanten Steuersenkungen mit Einnahmeverlusten für den bayerischen Staatshaushalt von mindestens 50 Mio. DM zu rechnen sei. Bereits die Steigerung des Bundesanteils von 27 auf 37% für 1952 hatte zu einer Mehrbelastung von 150 Mio DM geführt. Damit aber war Bayern in die Nähe seines „finanzielle[n] Existenzminimum[s]" gerückt.[52]

Nun überrascht es keineswegs, daß der verantwortliche Haushaltspolitiker eines finanzschwachen Bundeslandes ein Interesse daran haben mochte, die heimatliche Budgetsituation in möglichst drastischer Begrifflichkeit darzustellen. Wie bereits

---

[50] BSB, NL Schwend 55, Ehard an Schäffer, 9.4.1953.
[51] Friedrich Zietsch (1903–1976), SPD-Politiker, 1921–1924 Bankbeamter, 1946–1966 MdL (SPD), 1951–1957 Bayerischer Finanzminister, ab 1961 Präsident der Deutschen Liga für Menschenrechte.
[52] Renzsch, Finanzverfassung, S. 84; Stenographischer Bericht über die 128. Sitzung des Bayerischen Landtags am 11.2.1953, S. 759f., 766 (Zitat: S. 781).

gesehen, stellte sich der Zusammenhang aus Strukturschwäche, zurückbleibender Steuerkraft und wachsender Staatsverschuldung in Bayern über die gesamten 1950er Jahre hin ernst genug dar, um als kategorischer Imperativ das Handeln eines jeden Finanzministers zu bestimmen. Daß der Knoten sich um die Wende zu den 1960er Jahren lösen und die Strukturinvestitionen erste Wirkung zeigen würden, war in den vorhergehenden Jahren selbst für Experten kaum absehbar. Dies galt umso mehr, als der bayerische Finanzminister seine Bilanz mit einer umfassenderen, skeptisch getönten Problemanalyse der finanzpolitischen Entwicklung in der jungen Bundesrepublik verknüpfen konnte. Demzufolge war mit dem Haushaltsjahr 1953 die finanzielle Leistungsfähigkeit des neuen Staatswesens erreicht, wenn nicht sogar überschritten. Die Milliardenverpflichtungen aus steigenden Sozialleistungen, aus Subventions-, Investitions- und Wohnungsbaumitteln oder Hilfen für Berlin, die voraussichtlich erwachsenden Verteidigungslasten und nicht zuletzt die finanziellen Folgen der außenpolitischen Abmachungen der Bundesrepublik im Bereich der Schuldentilgung und der Wiedergutmachung bargen die Gefahr einer nachhaltigen Überspannung der begrenzten Finanzkraft. Die Leidtragenden waren auch die Länder: Liefen sie doch aufgrund der Verfassungskonstruktion Gefahr, kontinuierlich für den „unstillbaren Finanzbedarf" des Bundes geradestehen zu müssen. Gerade ein Land wie Bayern aber, das darauf bauen mußte, die vorhandenen Mittel unter anderem zur Stärkung seiner Finanz- und Wirtschaftsstruktur einzusetzen, werde damit um die verdiente Ernte seiner Anstrengungen gebracht.[53]

Neben dieser haushaltspolitisch orientierten Argumentationsreihe, die Zietsch wiederholt entfaltete, stand die grundsätzlichere Sorge um die Kräfteverteilung zwischen Bund und Ländern. Bedenken, daß sich die westdeutschen Länder aufgrund von wachsenden ertragspolitischen und normativen Zumutungen der Bundesfinanzpolitik aus „Körperschaften, die echter politischer Entscheidungen fähig sind, in bloße Träger großer Verwaltungen verwandeln"[54] könnten, bestimmten die bayerische Finanzpolitik im Bund als leitmotivisch wiederkehrende Sorge weit über die Amtszeit von Friedrich Zietsch hinaus. Auch stand damit das Bundesland gewiß nicht allein. In dem aufschlußreichen Kräftemessen um die Finanzreformen von 1955 war es jedoch eben dieses generelle Anliegen, das die bayerische Politik in den diesbezüglichen Verhandlungen von derjenigen anderer finanzschwacher Länder abhob. Bereits in den Jahren zuvor hatten einige der steuerarmen Länder, darunter vor allem Schleswig-Holstein, Niedersachsen und Berlin, die Bereitschaft zu erkennen gegeben, dem Bund bei der gewünschten Erhöhung seines Anteils an der Einkommen- und Körperschaftsteuer entgegenzukommen. Sie gingen davon aus, über die Verbreiterung seiner finanziellen Basis eine Stärkung der zentralstaatlichen Ausgleichsfunktion zu bewirken und so auf Dauer am ehesten eine Verbesserung ihrer eigenen, nahe am Staatsbankrott liegenden finanzwirtschaftlichen Lage zu erreichen. Dabei rechnete man vor allem auf die großzügige Fortschreibung jener Dotationen und Sonderzuweisungen, die der Bund seit 1950/51 bevor-

---

[53] Ebenda, S. 779–782 (Zitat: S. 781).
[54] Ebenda, S. 780.

zugt an Krisenregionen vergab.⁵⁵ Jenseits der sachlich gebotenen Notwendigkeit derartiger Zuwendungen hatte der Bundesfinanzminister das Seine dazu getan, um den fraglichen Ländern eben diese Entscheidung zu erleichtern. Konkret bedeutete dies, daß er darauf abzielte, die ohnehin bestehenden finanztechnischen Querverbindungen zwischen den verschiedenen Elementen der Finanzreformproblematik durch geschickt angelegte, politisch motivierte Verknüpfungen zu vertiefen und für seine Ziele zu nutzen. Dazu gehörte vor allem der Nexus zwischen Fragen der Finanzverfassung und der Steuerverteilung, später auch des horizontalen Finanzausgleichs, den Schäffer als zusätzliches Mittel in das Arsenal seiner Verhandlungsstrategien gegenüber den Ländern einreihte.⁵⁶

Nicht zufällig verdichtete sich die Anwendung dieser Strategie, als zur Jahreswende 1953/54 die absehbar schwierige parlamentarische Beratung der Finanzreformen ins Haus stand und die Debatten einen Kulminationspunkt erreichten. So schlug Schäffer dem bayerischen Ministerpräsidenten im November 1953 während einer vertraulich gehaltenen Unterredung eine nach solchem Muster zu treffende Abmachung als Grundlage einer späteren Bund-Länder-Vereinbarung vor. Ihr zufolge sollte die Länderzustimmung zur Anhebung des Bundesanteils bei der Einkommen- und Körperschaftsteuer auf 42% durch die Rückvergütung eines Betrages von 240 Mio. DM honoriert werden. Diese Summe würde in erster Linie jenen Ländern zugutekommen, die in ihrer ökonomischen Entwicklung besonders durch die strukturellen Folgen der Grenznähe belastet waren. Unter den begünstigten Kandidaten – Bayern, Niedersachsen, Hessen, Rheinland-Pfalz und Schleswig-Holstein – hätte Bayern Anspruch auf die höchste Zuwendungssumme in Höhe von 29,1 Mio. DM erhalten. Zusammen mit dem Ertrag aus der durch den Bund zu gewährenden Erhöhung der Kraftfahrzeugsteuer – einer den Ländern zufließenden Steuerart – wäre daraus für den bayerischen Landeshaushalt ein Zuwachs von 73 Mio. DM gegenüber 1953 hervorgegangen. Schäffers Strategie, die gemeinsame Abwehrposition der Länder gegenüber seinen Vorstellungen von einer sinnvollen vertikalen Steuerverteilung durch Zugeständnisse an die finanzschwächeren Länder aufzuweichen, wird hier ganz deutlich. Auch gegenüber Bayern setzte er wiederholt darauf, den angestrebten höheren Bundesanteil mit den von den strukturschwachen Ländern bitter benötigten Bundeszuwendungen zu koppeln. Ohne Erhöhung des Bundesanteils, so die Argumentation, könne es auch keine wirksame Hilfe des Bundes etwa für das bayerische Grenzland geben.⁵⁷

---

⁵⁵ Gerhard Stoltenberg, Legislative und Finanzverfassung 1954/55. Parlamentarische Willensbildung in Bundestag, Bundesrat und Vermittlungsausschuß, in: Vierteljahrshefte für Zeitgeschichte 13 (1965), S. 236–271, hier: S. 246.
⁵⁶ Vgl. hierzu etwa die Argumentation des Bundesfinanzministers anläßlich der ersten Lesung der Finanzreformgesetze im Bundestag: Stenographischer Bericht über die 29. Sitzung des Deutschen Bundestags am 20.5.1954, S. 1315–1323.
⁵⁷ BSB, NL Schwend 55, „Vormerkung. Betr.: Besprechung Bundesfinanzminister Schäffer mit Ministerpräsident Dr. Ehard am 22. November 1953 im Hause Isolden-Straße 3. Vertraulich", o. D. Vgl. auch das gleichermaßen argumentierende Manuskript Schäffers in: BSB, NL Schwend 56, Fritz Schäffer, „Bayerisches Grenzland und Bundesanteil", Februar 1954. Wirtschaftsminister Seidel brachte den Schäffer'schen Vorschlag im Dezember zur Kenntnis des Grenzlandausschusses: ArchBayLT, Ausschuß für Grenzlandfragen, Protokoll über die 18. Sitzung am 7.12.1953.

1. Bayerische Finanzpolitik

Im Vorfeld der Bundesratsberatungen über die Finanzreformgesetze formuliert, zielte Schäffers Angebot allerdings vergeblich darauf ab, die bayerischen Stimmen zu gewinnen. Anders als Berlin, Niedersachsen und Schleswig-Holstein verweigerten die Vertreter Bayerns den Regierungsentwürfen für ein Finanzverfassungs- und ein Finanzausgleichsgesetz Anfang April 1954 bereits im Finanzausschuß die Stimme. Erst nach hektischen und kontroversen Gesprächen zwischen Schäffer und dem bayerischen Ministerrat in München konnte ein Kompromiß gefunden werden, der während der Plenarsitzung des Bundesrates am 9. April 1954 zumindest in die Stimmenthaltung Bayerns in Sachen Finanzverfassungsgesetz mündete.[58] Im Münchner Landtag brachte Finanzminister Zietsch die Bedenken des Hauses auf einen auch seitens der CSU zustimmend registrierten Begriff, als er die Gemeinschaft der Bundesländer zu höchster Wachsamkeit aufforderte. Energische Verteidigung der eigenen Interessen sei am Platze, denn „die Vorlagen lassen überall erkennen, daß in Bonn der zentralistische Zug absolut vorherrschend ist und daß eine ehemalige Reichsbürokratie heute als Bundesbürokratie genau das durchzusetzen versucht, was wir im Dritten Reich oder vorher auch in der Weimarer Republik erlebt haben."[59]

So polemisch zugespitzt die Invektiven des Ministers formuliert waren, so sehr führten die hier angedeuteten historischen Reminiszenzen doch ins Zentrum der bayerischen Bedenkenlage. Denn zumindest die Anspielung auf die föderale Struktur der Weimarer Finanzverfassung lag für Kritiker der bundesrepublikanischen Entwicklung in der Sache durchaus nahe. Im Zuge der Erzberger'schen Finanzreform hatte sich das Reich über die Gestaltung der Finanzgesetzgebungskompetenzen und die Verteilung der Steuerquellen erhebliche Ressourcen gesichert. Den Ländern bescherte dies den Verlust der finanzpolitischen Prioritätsstellung, die sie noch zu Zeiten des Kaiserreichs besessen hatten; daneben gingen erhebliche eigene Einnahmequellen verloren, welche durch ein System der Steuerüberweisungen seitens des Reichs ersetzt wurden. Ungeachtet der realen Vorzüge, die der Vereinheitlichung der Finanzgesetzgebung innewohnten und der Möglichkeiten, die das Überweisungssystem im Sinne des Ausgleichs regionaler Disparitäten bot, waren die Länder zu Zeiten der Weimarer Republik damit doch insgesamt an die „Peripherie des Steuersystems" gerückt.[60] Dergleichen sah das Grundgesetz a priori nicht vor. Daß die „föderativ-heitere Wetterlage des Grundgesetzes ganz unmerklich in ein zentralistisch-kühles Klima"[61] umschlug, wie es der bayerische Finanzminister prägnant umschrieb, lag indessen als Möglichkeit durchaus in seinen aufschiebenden Regelungen zur Finanzverfassung enthalten.

---

[58] Stenographischer Bericht über die 121. Sitzung des Deutschen Bundesrats am 9.4.1954, S. 88Af., 91Cf., 92C. Vgl. auch „Neuordnung des bundesstaatlichen Finanzausgleichs", in: Bayerische Staatszeitung, 10.4.1954; „Finanz- und Steuerreform im ersten Durchgang", ebenda, 17.4.1954; Erich Gerner, „Zur Neuordnung des bundesstaatlichen Finanzausgleichs", ebenda, 24.4.1954 und 1.5.1954.
[59] Stenographischer Bericht über die 192. Sitzung des Bayerischen Landtags am 2.4.1954, S. 1155-1160 (Zitat: S. 1159) (Zietsch).
[60] Zur Weimarer Finanzverfassung im Überblick sei genannt: Peter-Christian Witt, Finanzpolitik als Verfassungs- und Gesellschaftspolitik, in: Geschichte und Gesellschaft 8 (1982), S. 386-414; Pagenkopf, Finanzausgleich im Bundesstaat, S. 108-130 (Zitat: S. 126).
[61] Stenographischer Bericht über die 128. Sitzung des Bayerischen Landtags am 11.2.1953, S. 780 (Zietsch).

Wie also bayerische föderalistische Politik nach 1945 kaum ohne ihre finanzpolitische Komponente zu begreifen ist, erschließt sich umgekehrt das finanzpolitische Gebaren bayerischer Landespolitiker im Bund nur, wenn es gelingt, die durch die Kriegsfolgen vertiefte Krisensituation des Landes und den längerfristig wirksamen Erfahrungsbereich historischer Prägungen als Motive ihres politischen Handelns zusammenzudenken. Für das Argumentations- und Abstimmungsverhalten der bayerischen Regierungsvertreter im Bundesrat jedenfalls bieten allein weder die finanzwirtschaftliche Krisenlage Bayerns noch rein parteipolitische Affinitäten ein hinreichend tragfähiges Erklärungsmuster.[62] Daß die bayerische Bundesratspolitik immer wieder zu klaren Akten der Verweigerung gegenüber den Plänen des Bundesfinanzministers schritt, hing eng auch damit zusammen, daß ihre wichtigsten Protagonisten, Finanzminister Zietsch und sein Staatssekretär Ringelmann, aus Gründen einer dezidiert föderalistisch inspirierten Verfassungsdeutung nicht bereit waren, sich der Argumentation anderer finanzschwacher Länder anzuschließen, wonach die finanzielle Stärkung des Bundes im Interesse der strukturell und ökonomisch benachteiligten Länder liege.[63] In der Konsequenz dieser Haltung galt es, sich einer grundsätzlichen Zwangslage zu stellen.

So lag es einerseits für die bayerischen Vertreter nahe, immer wieder taktische Ad-hoc-Allianzen mit den übrigen finanzschwächeren Ländern einzugehen, um dem Landeshaushalt Mittel aus dem horizontalen Finanzausgleich in hinreichender Höhe zu sichern. Dies war nötig, da sich die finanzkräftigeren Länder im Bundesrat der Idee einer Ausweitung der Verteilungsmasse entgegenstellten und dabei im Frühjahr 1954 in einer entscheidenden Phase zeigten, daß sie in der Lage und gewillt waren, die Nehmerländer zu überstimmen.[64] Im Laufe der voranschreitenden Verhandlungen gewann die Kräftekonstellation indes weiter an Komplexität dadurch, daß der bayerische Ansatz spätestens seit 1954 im Prinzip auch eine gewisse Annäherung an die Finanzpolitik des Bundes nahelegte. Im Zuge der Vorlage von Kabinettsentwürfen für drei Finanzreformgesetze im April 1954 schrieb sich die Bundesregierung unter Federführung Schäffers die Intensivierung des Länderfinanzausgleichs auf ihre Fahnen. Damit brachte sie sich verstärkt als Bündnispartnerin der strukturschwachen Länder gegenüber deren „wohlhabenderen" Kontrahenten ins Spiel. In der Verhandlungsführung des Bundesfinanzministers stellte diese Wendung eine Abkehr von der bis dahin verfolgten Strategie dar, den horizontalen Finanzausgleich ganz einer Länderregelung auf Initiative des Bundesrats

---

[62] Ausschließlich auf diese beiden Motivationselemente stützt Neunreither, Bundesrat, S. 163–171, bes. S. 166 seine Deutung des Abstimmungsverhaltens der finanzschwachen Länder im Bundesrat während der Finanzreformdiskussion vom Frühjahr 1954.
[63] Vgl. etwa das Abstimmungsergebnis im Bundesrat über das vom Vermittlungsausschuß vorgelegte Vermittlungsergebnis zum Finanzverfassungsgesetz am 1.4.1955: Stenographischer Bericht über die 139. Sitzung des Deutschen Bundesrats am 1.4.1955, S. 74; zur Argumentation der bayerischen Vertreter im Vermittlungsausschuß: Stoltenberg, Legislative und Finanzverfassung, S. 267.
[64] Siehe zu den Ad-hoc-Bündnissen etwa bereits die Länderstellungnahmen im Bundesrat: Verhandlungen des Bundesrates. 55. Sitzung, 27.4.1951, S. 301ff. Vgl. Paul Hüchting, Kommt es zur Finanzreform?, in: Die Öffentliche Verwaltung 10 (1954), S. 289–292, hier: S. 292; ders., Der Finanzausgleich unter den Ländern, in: ebenda 9/10 (1955), S. 288–293; Renzsch, Finanzverfassung und Finanzausgleich, S. 146–149. Vgl. auch zur Interessenskoalition zwischen Niedersachsen, Rheinland-Pfalz und Bayern: Rolf Seufert, „Der Aufstand der armen Länder", in: Die Welt, 5.10.1957.

hin zu überlassen. Der Regierungsentwurf, wie er sich in der vom Bundesfinanzministerium formulierten Begründung präsentierte, besaß neben seiner erheblichen staatspolitischen Relevanz auch verführerische Attraktivität für die benachteiligten Länder. Es ging darin um nichts weniger, als die „strukturellen Unausgeglichenheiten organisch zu mildern", die sich im wesentlichen aus dem „Entwicklungsvorsprung der industriellen Kerngebiete des Westens gegenüber den östlichen Bundesgebieten, insbesondere den Ländern Schleswig-Holstein, Niedersachsen und Bayern", ergeben hatten. Hierin hatte man zutreffend das Objekt einer „umfassenden Raumordnungsaufgabe" erkannt.[65]

Neben den sonstigen Zielen des Regierungsentwurfs, etwa der Normierung der Lastenverteilung zwischen Bund und Ländern oder der Sicherung der Haushaltsführung des Bundes, besaß diese Verknüpfung von Finanz- und Raumordnungspolitik hohe Priorität. Als konkrete Ansatzstellen im Rahmen des Finanzausgleichs boten sich in der Sicht des Bundeskabinetts beide Richtungen des Finanzausgleichs an, sowohl die Ausweitung der horizontalen Verteilungsmasse als auch die Beibehaltung und Intensivierung der Zahlungen des Bundes an leistungsschwache Regionen. Ohne daß also etwa ein verfassungswidriges, rein zentral organisiertes Zuweisungssystem angestrebt wurde, zielte der Kabinettsentwurf doch darauf ab, die ausgleichende finanzpolitische Tätigkeit des Bundes als „schiedsrichterliche Funktion" oberhalb der Länderebene festzuschreiben. Zur Realisierung dieses Anspruchs schraubte der Entwurf eines Finanzverfassungsgesetzes den Bundesanteil an der Einkommen- und Körperschaftsteuer auf künftig 40 statt 38% nach oben und definierte die Verteilung der Steuererträge in einigen Punkten neu. Insbesondere sollte die Einkommen- und Körperschaftsteuer nach dem Willen des Finanzministers künftig als gemeinsame statt als Steuer der Länder gelten, deren Verteilungsquote fest im Grundgesetz zu verankern sei; daneben gewährte der Entwurf dem Bund die Erhebung einer Ergänzungsabgabe zur Einkommen- und Körperschaftsteuer.[66]

Ungeachtet der Attraktivität der raumpolitischen Zielvorgaben und trotz dringender Intervention Schäffers bei Ehard mit dem Ziel, den bayerischen Finanzminister davon abzuhalten, „mit Nordrhein-Westfalen zu stimmen"[67], reihten sich die bayerischen Vertreter im Finanzausschuß des Bundesrates in Fragen der Finanzverfassung in eine heterogene Länderkoalition ein. Als Ergebnis einer Güterabwägung, die auch künftig bestimmend blieb, wandte sich Bayern gegen Veränderungen im föderalen Kräftegefüge zugunsten des Bundes. Wie auch in der gleichzeitig beratenen Frage des Länderfinanzausgleichs scherte das Land damit aus der Gruppe der drei bzw. vier Nehmerländer aus, die die Kabinettsentwürfe unterstützten. Angesichts der drohenden Schmälerung der eigenen finanziellen Manövriermasse und der Gefahr weiterer schleichender Kompetenzverluste erach-

---

[65] Drucksache 480 vom 29.4.1954 (Entwürfe eines Gesetzes zur Änderung und Ergänzung der Finanzver-fassung (Finanzverfassungsgesetz), eines Gesetzes zur Anpassung der Finanzbeziehungen zwischen Bund und Ländern an die Finanzverfassung (Finanzanpassungsgesetz) und eines Gesetzes über den Finanzausgleich unter den Ländern (Länderfinanzausgleichsgesetz)), in: Verhandlungen des Deutschen Bundestages, 2. Wahlperiode 1953. Anlagen zu den stenographischen Berichten, Band 29, Bonn 1954, S. 1-190, bes. S. 86 (Nr. 127), 84 (Nr. 126) (Zitate).
[66] Ebenda, S. 80 (Nr. 123), 86-88 (Nr. 128-130), 91-99 (Nr. 133-141) (Zitat: S. 91).
[67] BSB, NL Schwend 56, Telegramm Schäffer an Ehard, 1.4.1954.

tete der bayerische Finanzminister demgegenüber die projektierte wachsende Mitverantwortung des Bundes im Bereich der Auflösung regionaler Disparitäten eher als Drohkulisse denn als Strahl der Hoffnung. Als Verluste wogen in dieser Sicht die von Schäffer immer wieder lancierte Anhebung des Bundesanteils an der Einkommen- und Körperschaftsteuer oder später auch die vom Bundestag ins Spiel gebrachte Zuweisung einiger kleinerer Landessteuern an den Bund schwerer denn die Möglichkeit freiwilliger und damit jederzeit widerrufbarer Bundeshilfen.[68]

Nicht Bayern, sondern Berlin, Schleswig-Holstein und Niedersachsen zeigten sich deshalb neben dem hessischen Finanzminister Troeger im Lauf der langwierigen Verhandlungen den Argumenten Schäffers gegenüber am zugänglichsten. Bemerkenswert ist, daß dabei parteipolitische Solidarität nicht die Hauptrolle spielte. So stellten im Sommer 1954 die von konservativen Koalitionen regierten Länder Berlin (CDU, FDP) und Schleswig-Holstein (CDU, FDP, BHE) zeitweise zusammen mit dem SPD-geführten Niedersachsen (SPD, BHE) und dem sozialdemokratischen Finanzminister von Hessen im Bundesrat die effektivsten Bataillone Schäffers und der Bundesregierung (CDU/CSU, FDP, DP, BHE). Umgekehrt traf der Bundesfinanzminister in Gestalt der Bundesratsvertreter von Nordrhein-Westfalen (CDU, FDP, Zentrum), Hamburg (CDU, FDP, DP), Bremen (SPD, CDU, FDP), Rheinland-Pfalz (CDU, FDP) und Bayern (CSU, SPD) auf die entschiedensten Gegner seiner Pläne zur Neuordnung der Finanzverfassung.[69]

Als nach dreimaliger Anrufung des Vermittlungsausschusses die Reformdebatten im Dezember 1955 mit der Verabschiedung des Finanzreformgesetzes[70] ihren vorläufigen Abschluß fanden, konnte die seit Dezember 1954 von der SPD geführte bayerische Landesregierung ein durchmischtes Resümee ziehen. Nach etwa 18 Monaten weiterer Verhandlungen waren Bundestag und Bundesrat zu den lediglich geringfügig modifizierten Regierungsentwürfen vom April 1954 zurückgekehrt. Neben der verbindlichen Regelung und deutlichen Ausweitung des horizontalen Finanzausgleichs zugunsten der finanzschwächeren Glieder konnte die Ländergemeinschaft vor allem den Verbleib einiger kleinerer Ländersteuern in ihren Reihen als positives Verhandlungsergebnis verbuchen; auch war es gelungen, den Bundesanteil an der Einkommen- und Körperschaftsteuer vorläufig auf die für die Länder tragbare Quote von 33 1/3% zu begrenzen. Jedoch wurde vor dem Hintergrund der kompliziert verschränkten Interessenlagen die von der Bundesregierung und vom Finanzausschuß des Bundestags gewünschte weitere Intensivierung des Länderfinanzausgleichs aufgrund des absehbaren Widerstands der finanzstärkeren Länder zurückgestellt. Die als alternative Option diskutierte Aufhebung des horizontalen Ausgleichs zugunsten direkter vertikaler Zuweisungen durch den Bund konnte sich als übermäßiger Eingriff in die Finanzautonomie der Länder ebenfalls nicht durchsetzen. So blieb – zumindest der normativen Festle-

---

[68] Am Beispiel der sogenannten „Schulzuschüsse", die nach einem Vorschlag Schäffers von 1953 gemäß Art. 106 GG im Gefolge einer Erhöhung des Bundesanteils an der Einkommen- und Körperschaftsteuer an die Länder zurückfließen sollten, erläuterte Zietsch den Mitgliedern des Bayerischen Landtags die Nachteile einer derartigen Regelung. Vgl. Stenographischer Bericht über die 128. Sitzung des Bayerischen Landtags am 11.2.1953, S. 760.
[69] Stoltenberg, Legislative und Finanzverfassung, S. 266–268.
[70] BGBl. 1955 I, S. 817.

1. Bayerische Finanzpolitik

gung nach – der „angemessene" Ausgleich von überregionalen Steuerkraftunterschieden in erster Linie eine Aufgabe des Länderfinanzausgleichs; lediglich subsidiär hierzu sollte der Bund künftig die Möglichkeit haben, finanzschwachen Ländern über „Ergänzungszuweisungen" zur Seite zu springen. Demgegenüber hatten die Länder zu akzeptieren, daß das Aufkommen aus der wichtigen Einkommen- und Körperschaftsteuer fortan auch formal nicht mehr als Ländersteuer firmierte, sondern Bund und Ländern gleichermaßen zur Verfügung stand.[71]

Für die bayerische Staatsregierung und den zuständigen Ressortchef Friedrich Zietsch nahm sich das erzielte Resultat dennoch „alles in allem genommen erträglich"[72] aus. Der hartnäckige Kritiker der Schäffer'schen Bundesfinanzpolitik bezog sich dabei in erster Linie auf die erzielte Länderfinanzausgleichsregelung, die er dankbar als Akt der föderativen Solidarität anerkannte. Zugleich machte Zietsch die parlamentarische Öffentlichkeit des Landtags auf die Kehrseite der so sanktionierten Entwicklung aufmerksam, auf ein Phänomen, das er zurecht als das Zusammenwachsen der Haushalte von Bund, Ländern und Gemeinden zu einem „einheitlichen Ganzen" umschrieb. Nur mit großer Skepsis benannte der Minister diesen Prozeß, da er in ihm die ambivalente Entwicklung des bundesdeutschen Föderalismus verkörpert sah: Verband sich doch die voranschreitende Konsolidierung des jungen westdeutschen Staatswesens bis Mitte der 1950er Jahre mit der Herausbildung einer wachsenden Schieflage im finanzwirtschaftlichen Bund-Länder-Verhältnis. Insbesondere das klaffende Mißverhältnis zwischen der zunehmenden Kassenfülle des Bundes und der kontinuierlich ansteigenden Verschuldung der Ländergemeinschaft erregte das betonte Mißfallen des bayerischen Ministers.[73]

In der Tat hatten sich mit als Ergebnis der von den Ländern abgeführten Bundesanteile, der günstigen Wirtschaftsentwicklung und der Schäffer'schen Politik der sparsamen Haushaltsführung seit 1952 Kassenüberschüsse des Bundes eingestellt, die bis 1955 auf mehr als 3,2 Mrd. DM angewachsen waren. Bis zum Ende des dritten Quartals 1956 erreichte dieser sogenannte „Juliusturm" einen maximalen Umfang von mehr als 7 Mrd. DM an Rücklagen. Etwa im gleichen Zeitraum stieg indessen die Verschuldung der Länder auf dem Kapitalmarkt und bei anderen Geldgebern von 283,8 Mio. DM im Jahre 1951 auf mehr als 2,9 Mrd. DM nur vier Jahre später. Es war die Tendenz eben dieser beiden Entwicklungen, die über

---

[71] Vgl. Art. 106 GG und 107 GG (jeweils in der Fassung vom 23.12.1955). Die Details der Reformgesetze finden sich referiert bei Zabel, Entwicklung des Länderfinanzausgleichs, S. 360–363.

[72] Stenographischer Bericht über die 48. Sitzung des Bayerischen Landtags am 19.1.1956, S. 1457–1488, bes. S. 1483–1486 (Zitat: S. 1483).

[73] Ebenda. Zu den auf Bundesebene vertretenen Argumenten der bayerischen Finanzpolitik auch: Stenographischer Bericht über die 150. Sitzung des Deutschen Bundesrats am 2.12.1955, S. 350B–352B (Zietsch). Den im Frühjahr 1955 verabschiedeten Länderfinanzausgleich kommentierte der Finanzminister bereits zuvor: Stenographischer Bericht über die 10. Sitzung des Bayerischen Landtags am 16.3.1955, S. 199–225, hier: S. 222–224. Zum erzielten Kompromiß aus Sicht des Bundesfinanzministeriums: Herbert Fischer-Mengershausen, Das Finanzverfassungsgesetz, in: Die öffentliche Verwaltung 9 (1956), S. 161–171. Die im Finanzausschuß des Bundestags diskutierten Alternativen finden sich in: Drucksache 960 vom 9.11.1954 (Schriftlicher Bericht des Ausschusses für Finanz- und Steuerfragen (19. Ausschuß)), in: Verhandlungen des Deutschen Bundestages, 2. Wahlperiode 1953. Anlagen zu den stenographischen Berichten, Band 32, Bonn 1954, S. 7f.

Bayern hinaus für Verstimmung sorgte und bei einigen Länderregierungen schon kurze Zeit nach Inkrafttreten der Finanzreformgesetzgebung von 1955 den Eindruck verstärkte, daß eine gerechte Regelung der föderalen Finanzbeziehungen nach wie vor ausstehe.[74] Schon 1958 ersetzte deshalb eine revidierte Version des Länderfinanzausgleichsgesetzes die Fassung von 1955. Sie glich einige technisch-methodische Mängel aus und, wichtiger noch, erweiterte erneut die zu verteilende Ausgleichsmasse zugunsten der Nehmerländer. Die zentralen Elemente dieser Konstruktion finanzieller Ausgleichsleistungen zwischen den Ländern blieben jedoch bis zur großen Finanzreform von 1969 im wesentlichen gültig.[75]

Für die bayerische Finanzpolitik, die bereits 1954/55 eine noch stärkere Angleichung der Ländersteuerkraft angestrebt hatte, brachte diese erneute Umgestaltung endlich die gewünschte Wende in der Entwicklung der durch horizontale Zuweisungen gestützten Landessteuerkraft. Vor dem Hintergrund von absoluten Zuweisungssummen, die seit 1952 kontinuierlich angewachsen waren, näherten sich die per Länderfinanzausgleich aufgestockten, einwohnerbezogenen Steuereinnahmen Bayerns im Rechnungsjahr 1958 erstmals seit 1955 wieder dem Bundesdurchschnitt an. Diese Tendenz setzte sich bis zum Ende des bayerischen Nehmerstatus in den frühen 1980er Jahren fort. Zwar blieb der Länderfinanzausgleich aufgrund der sich wandelnden Belastungen der Länderhaushalte in der Diskussion, und auch bayerische Finanzpolitiker meldeten sich in der Folge mit Kritik zu Wort. Im Vergleich zur ersten Dekade seiner Existenz war der Revisionsbedarf indes spürbar geringer geworden. Erst im Gefolge der Konjunkturabflachung von 1966/67 gewann der Wunsch nach neuerlicher Anpassung innerhalb der Ländergemeinschaft wieder an hinreichender Schwungkraft. Wenn im Laufe der 1960er Jahre die geleisteten Länderzuweisungen an Bayern in ihrer Höhe abnahmen, dann war dies vornehmlich auf die wachsende Wirtschaftskraft des Bundeslands zurückzuführen, nicht jedoch auf grundlegende, einzelne Länder oder Ländergruppen diskriminierende Mängel des horizontalen Ausgleichssystems.[76]

Die effektive Begünstigung der finanzschwachen Länder durch die Regelungen von 1955/1958 traf Bayern nicht alleine, sondern führte unter anderem dazu, daß Niedersachsen und Rheinland-Pfalz schon für 1959 ebenfalls eine deutliche Anhebung ihrer Steuerkraft verzeichnen konnten. Mit dieser erneuten Intensivierung in der Gestaltung des Länderfinanzausgleichs war zugleich eine für die nähere Zukunft kaum mehr übersteigbare Grenze erreicht. Zweierlei Ursachen politisch-finanzwirtschaftlicher Art lagen dem zugrunde. Zum einen bot das horizontale Ausgleichsverfahren aufgrund seiner bewußt gewählten finanztechnischen Kons-

---

[74] Vgl. zur Entwicklung des Bundeshaushalts bis Mitte der 1950er Jahre und zu seiner Deutung aus der Perspektive der Länderfinanzminister: BayHStA, StK 14161, „Denkschrift über die Finanzlage der Länder und die Neugestaltung des Finanzausgleichs", o. D. [November 1957], bes. S. 8 f.; hierzu auch: ACSP, NL Elsen 6.5.4, „Die Entwicklung des Bundeshaushalts", o. D. [Januar 1958]. Vgl. zur Geschichte und zum Umfang des angesammelten Finanzvorrats des Bundes: Wilhelm Pagels, Der „Juliusturm". Eine politologische Fallstudie zum Verhältnis von Ökonomie, Politik und Recht in der Bundesrepublik, Diss. Hamburg 1979, hier: S. 59.
[75] Vgl. das Länderfinanzausgleichsgesetz vom 5.3.1959, in: BGBl. 1959 I, S. 73 ff.; zur Gesamteinschätzung: Renzsch, Finanzverfassung und Finanzausgleich, S. 180-194; Zabel, Entwicklung des Länderfinanzausgleichs, S. 363-365.
[76] Siehe hierzu oben Tabelle 11 (Steuereinnahmen Bayerns vor und nach Durchführung des Länderfinanzausgleichs); Zabel, Entwicklung des Länderfinanzausgleichs, S. 365.

1. Bayerische Finanzpolitik

truktion nicht die Möglichkeit zur *vollkommenen* Nivellierung der Länderfinanzkraft. Dies entsprach dem 1955 per Grundgesetzänderung kodifizierten Verfassungsgebot, wonach durch den Bundesgesetzgeber lediglich ein „angemessener finanzieller Ausgleich" zwischen den Bedürfnissen leistungsfähiger und leistungsschwacher Bundesländer sicherzustellen war.[77] Als Teil eines finanzpolitisch motivierten Kompromisses zugunsten der künftigen Geberländer formuliert, hatte diese Regelung zur praktischen Folge, daß sich der bundesdeutsche Länderfinanzausgleich zu einem System des Steuerkraftausgleichs mit variierenden Richtwerten entwickelte. Während sich noch das erste Länderfinanzausgleichsgesetz von 1951 in stark kasuistischer Manier an den spezifischen Kriegsfolgelasten der einzelnen Länder orientiert hatte, machte das zweite Gesetz von 1955 ein systematisiertes Verfahren zur Regel. Fortan waren die Geberländer dazu verpflichtet, die Steuereinnahmen ihrer finanzschwachen Gegenparts auf mindestens 88,75% (1956), 91% (1959), 92,3% (1969) bzw. 95% (ab 1970) des Länderdurchschnitts anzuheben.[78] Eine völlige Aufhebung der Steuerkraftunterschiede oder gar eine Bevorzugung der steuerschwächeren Länder waren damit dauerhaft ausgeschlossen. Zum zweiten hatten sich die ausgleichspflichtigen Länder Nordrhein-Westfalen, Baden-Württemberg, Hessen, Hamburg und Bremen kraft der Gesetzesnovelle von 1958 dazu bereitgefunden, künftig mehr als 62% ihres Finanzkraftüberschusses gegenüber vorher etwa 54% an die Nehmerländer abzugeben. Dies war eine Leistung, die ohnehin nur durch die gleichzeitig in Kraft getretenen, vertikal wirkenden Umschichtungen im Bereich der Körperschaftsteuer möglich geworden war. Im bayerischen Finanzministerium war man sich angesichts dieser Zahlen vollkommen im klaren darüber, daß für die finanzschwachen Länder „das Maß des politisch Durchsetzbaren und des nach politisch-föderativen Grundsätzen Tragbaren" im horizontalen Finanzausgleich ganz offensichtlich ausgeschöpft war. Auf absehbare Zeit war damit der weitere Weg zur Stärkung der Länderfinanzkraft aus bayerischer Sicht recht eindeutig vorgezeichnet: Es mußte fortan in erster Linie darum gehen, die eigenen politischen Initiativen auf die Verbesserung des *vertikalen* Ausgleichs zwischen Bund und Ländern zu richten und – natürlich – in den Maßnahmen zur Steigerung der selbst erwirtschafteten regionalen Steuerkraft entschlossen fortzufahren.[79]

Es entsprach somit einer gewissen, dem Ausgleichssystem immanenten Logik, wenn die *vertikale* Version des Finanzausgleichs um die Wende von den 1950er zu den 1960er Jahren auch jenseits der bayerischen Landesgrenzen verstärkte Aufmerksamkeit im Kreis der Länderregierungen, der Ministerialbürokratie und der Verwaltungswissenschaft erlangte. In diesem Sinne wirkte zudem, daß ein weiterer wichtiger Aspekt der Bund-Länder-Beziehungen nahezu gleichzeitig als konkretes Problem der bundesdeutschen Staatspraxis in den Vordergrund getreten war: Im Februar 1961 brachte das Bundesverfassungsgericht in seinem „Fernsehurteil" die politisch motivierten Bestrebungen Adenauers zur Errichtung eines bundeseige-

---
[77] Vgl. Art. 107 Abs. 2 GG (Fassung vom 23.12.1955).
[78] Zabel, Entwicklung des Länderfinanzausgleichs, S. 386 (Tabelle 2).
[79] ACSP, NL Elsen 6.5.4, Ministerialrat Dr. Henle, Vermerk „Stellung Bayerns im Länderfinanzausgleich", o. D. [April 1959] (Zitat); auch Barbarino, Wirtschaftliche Zielsetzung, S. 5–7; Zahlen für andere Bundesländer finden sich bei Zabel, Entwicklung des Länderfinanzausgleichs, S. 386 (Tabelle 2), 387 (Tabelle 3).

nen Sendekanals zu einem abrupten Ende. Die damit verbundene Zurückweisung der Pläne des Bundeskanzlers verband sich mit einer klaren Bestätigung der Position der Länder im bundesdeutschen Föderalismus. Das Gericht entschied, daß sie es waren, die im Sinne des Artikels 30 GG als zuständig für die „Abhaltung von Rundfunksendungen" zu erachten seien und stellte in diesem Zusammenhang generell klar, daß der Bund „niemals zum hoheitlichen Vollzug von Landesrecht zuständig" sein könne. In der Konsequenz dieser Entscheidung waren auch finanzielle Zuwendungen des Bundes an die Länder zur unmittelbaren Erfüllung reiner Landesaufgaben eindeutig als verfassungswidrig anzusehen.[80]

Die Brisanz des Urteils lag über den Bereich des Rundfunkwesens hinaus darin, daß damit im weiteren Zusammenhang die Frage nach der verfassungstheoretischen und der praktisch-politischen Rechtfertigung der sogenannten „Gemeinschaftsaufgaben" aufgeworfen wurde. Ohne im Grundgesetz konsequent geregelt zu sein, hatten Formen der gemeinschaftlichen Erfüllung von staatlichen Aufgaben durch Bund und Länder seit 1949 im Bereich der Gesetzgebung, der Verwaltung und der Rechtsprechung in vielfältiger Gestalt an Gewicht gewonnen. Experten aus den Verwaltungswissenschaften und Verwaltungspraktiker der Bundes- oder Länderebene fühlten sich deshalb gleichermaßen aufgerufen zu erörtern, ob mangels eindeutiger verfassungsrechtlicher Legitimation von „Entartungserscheinungen" oder eher von „organische[r] Entwicklung" der Verfassungsordnung zu sprechen war.[81]

Das Interesse galt dabei nicht der in Artikel 84 und 85 GG geregelten Ausführung von Bundesgesetzen durch die Länder oder der sogenannten Bundesauftragsverwaltung, wo die Aufgabenverteilung hinreichend klar abgestimmt war. Es galt jenen Feldern, auf denen der Bund vor allem über zweckgebundene Zuschüsse und Beihilfen Einfluß auf staatliche Aufgaben nahm, die eigentlich in die Kompetenz der Länder fielen.[82] Auch in der politischen Öffentlichkeit wurde das Thema im zeitlichen Umfeld des Fernsehstreits aufgegriffen. Dort allerdings richtete sich die Aufmerksamkeit weniger darauf, erste Versuche einer systematisierenden Gesamtschau in die Wege zu leiten, sondern vorwiegend auf die finanzpolitische Seite des Problems. Insbesondere die finanziellen Zuwendungen des Bundes, die sich im Rahmen einer teils bereits seit vielen Jahren wirksamen Förderpraxis zugunsten der Länder etabliert hatten, wurden kritisch thematisiert. Hierunter fielen Leis-

---

[80] Eine ausführliche Dokumentation zum „Fernsehurteil" bietet: Günter Zehner (Hg.), Der Fernsehstreit vor dem Bundesverfassungsgericht. 2 Bände, Karlsruhe 1964/65; zur Interpretation des Urteils auch: Horst Säcker, Das Bundesverfassungsgericht, 4. Aufl. Bonn 2003, S. 115-117; Hans-Peter Schwarz, Adenauer. Band 2: Der Staatsmann 1952-1967, München 1994, S. 621-624; Daniela Münkel, Die Medienpolitik von Konrad Adenauer und Willy Brandt, in: Archiv für Sozialgeschichte 41 (2001), S. 297-316; Knut Hickethier/Peter Hoff, Geschichte des deutschen Fernsehens, Stuttgart 1998.
[81] Vgl. hierzu insbesondere den Tagungsband der Speyerer Verwaltungshochschule: Gemeinschaftsaufgaben zwischen Bund, Ländern und Gemeinden. Vorträge und Diskussionsbeiträge des 29. Staatswissenschaftlichen Fortbildungskursus der Hochschule für Verwaltungswissenschaften Speyer 1961, Berlin 1961; Josef Kölble, Gemeinschaftsaufgaben zwischen Bund und Ländern sowie zwischen den Ländern. Arten, Formen und Ziele, in: Gemeinschaftsaufgaben zwischen Bund, Ländern und Gemeinden, S. 17-62 (Zitate: S. 17).
[82] Fritz Duppré, Auszug aus der Eröffnungsansprache des Chefs der Staatskanzlei Rheinland-Pfalz, in: Gemeinschaftsaufgaben zwischen Bund, Ländern und Gemeinden, S. 11-15, hier: S. 14.

tungen an die Bundesländer zur Förderung von Wissenschaft, Kultur und Sport, zur Intensivierung des Straßenbaus oder zur Stabilisierung wirtschaftlich schwacher Regionen. Ebenso zählten dazu gesetzlich verankerte Gemeinschaftsaufgaben wie die Unterstützung der Landwirtschaft über den sogenannten „Grünen Plan" oder die Förderung des Wohnungsbaus. Ohne gesetzliche Grundlage, doch als Ergebnis politischer Initiativen flossen Bundesmittel in großem Umfang unter anderem in die Durchführung des Bundesjugendplans oder der diversen regionalen Entwicklungsprogramme.[83]

Die mit dem Problem befaßten Verwaltungsjuristen waren sich einig, daß diese Praxis dem vom Grundgesetz statuierten Konnexitätsprinzip nicht entsprach: dem Grundsatz also, wonach die Ausgabenverantwortung einer Körperschaft ihrer Aufgabenkompetenz zu entsprechen habe. In den 1955 revidierten Abschnitten des Grundgesetzes zur Finanzverfassung hatte dieses Lastenverteilungsprinzip in unsystematischer, doch bindender Form seinen Niederschlag gefunden. Ihm zufolge tragen Bund und Länder „gesondert die Ausgaben, die sich aus der Wahrnehmung ihrer Aufgaben ergeben".[84] Verschiedene Ansichten gab es indes darüber, wie die eben an diesem Punkt bestehende Differenz von Verfassungswirklichkeit und Verfassungsrecht zu beheben war und welche Folgen hieraus für die Finanzverantwortung von Bund und Ländern erwuchsen. Da zweifellos ein Lebensnerv der bundesstaatlichen Ordnung berührt war, gewann die Debatte politisches Gewicht, wobei sich die Fronten rasch über Parteigrenzen hinweg zwischen Bundes- und Länderinteressen etablierten. Bayerische Politiker und hohe Verwaltungsbeamte agierten in vorderster Linie, als sich in diesem Zusammenhang die Kritik der Länder an der Finanzpraxis des Bundes erneut verdichtete und im Übergang zu den 1960er Jahren ein Diskussionsprozeß in Gang kam, der in seinen Konsequenzen bis hin zur Finanzverfassungsreform von 1969 führte.

Die Argumentation der Länder, darunter auch diejenige Bayerns, verlief entlang dreier Hauptlinien. In finanzpolitischer Hinsicht wurde – *erstens* – einhellig die Tatsache moniert, daß der Bund den Ländern über den vertikalen Finanzausgleich paradoxerweise jene Mittel zunächst entziehe, die ihn dann in den Stand setzten, die Durchführung von Länderaufgaben durch seine Zuwendungen zu unterstützen. Vor allem die weiterhin verfolgten Forderungen des Bundes nach einem höheren Anteil an der ertragreichen Einkommen- und Körperschaftsteuer verlören vor diesem Hintergrund an Berechtigung: „Würde der Bund darauf verzichten, Länderaufgaben zu finanzieren", so der nordrhein-westfälische Ministerpräsident Meyers, „dann könnte er einen Anspruch auf Erhöhung seines Anteils an dem Steueraufkommen nicht mehr begründen"[85]. Daß – *zweitens* – die Vorgehensweise des Bundes mit Blick auf Art. 106 Abs. 4 GG in verfassungsrechtlicher Hinsicht zumindest zweifelhaft war, wog aus Sicht der Länder ebenfalls schwer. Noch stär-

---

[83] Bernd Reissert, Die finanzielle Beteiligung des Bundes an Aufgaben der Länder und das Postulat der „Einheitlichkeit der Lebensverhältnisse im Bundesgebiet", Berlin 1975, S. 41–107.
[84] Vgl. Art. 106 Abs. 4 Ziff. 1 GG (Fassung vom 23.12.1955).
[85] Referat des Ministerpräsidenten von Nordrhein-Westfalen, Dr. Franz Meyers, aus Anlaß der Ministerpräsidentenkonferenz in Saarbrücken vom 10. bis 12. Juni 1963, abgedruckt in: Franz Meyers, Klare Aufgabenteilung zwischen Bund und Ländern. Eingriffe des Bundes in die Länderzuständigkeiten durch Finanzierung von Länderaufgaben, Düsseldorf 1963 (Zitat: S. 6).

ker allerdings fielen – *drittens* – jene verfassungspolitischen Folgen ins Gewicht, die sich mit der vom Bund angewendeten Praxis der „Dotationsauflagen" verbanden. Da es für die im Licht der Öffentlichkeit agierenden Länderfinanzminister völlig ausgeschlossen war, durch den Bund angebotene Zuschüsse zurückzuweisen, resultierte daraus der Zwang, die von der gebenden Instanz vorgeschriebene Zweckbestimmung und Objektauswahl zu übernehmen. Der sich anbahnende schleichende Kompetenzverlust in den Nehmerländern wurde dadurch noch verschärft, daß seit 1957 die Vergabe von Bundesdotationen in vielen Fällen an die Bereitstellung von Länderhaushaltsmitteln in „angemessener" oder gar gleicher Höhe geknüpft wurde. In der Folge hatten die Länderregierungen zu akzeptieren, daß über die Bundeszuschüsse erhebliche zusätzliche Beträge in den Landeshaushalten gebunden und faktisch ihrer freien Verfügung entzogen wurden. Angesichts der finanziellen Größenordnungen war dies kein geringfügiger Eingriff in die Länderautorität. Nach Angaben von Bundesfinanzminister Etzel[86] beliefen sich die „Bundesausgaben für Länderzwecke" im Frühjahr Jahr 1961 auf jährlich etwa 2,5 bis 3 Mrd. DM. Im Rechnungsjahr 1962 waren hiervon nicht weniger als 1,34 Mrd. DM mit Dotationsauflagen belegt.[87]

Mit Nachdruck beklagte der Finanzausschuß des Bundesrates diese Entwicklung deshalb bereits 1957 als tiefen Eingriff in die „politische und haushaltsmäßige Unabhängigkeit der Länder". Nachdem der Bundesrat mit der Anrufung des Vermittlungsausschusses gedroht hatte, konnte zumindest ein Kabinettsbeschluß der Bundesregierung erreicht werden, wonach Bundeszuschüsse in der Regel nicht mit Selbstbeteiligungsauflagen zu Lasten der Länder verbunden sein sollten.[88] Ungeachtet dessen interpretierten Ländervertreter weiterhin vielfach das Vorgehen des Bundes als mehr oder weniger gezielte Strategie, um dank seiner besseren Finanz-

---

[86] Franz Etzel (1902-1970), Bankier, DNVP/CDU-Politiker, 1947-1949 Vorsitzender des Wirtschaftsausschusses der CDU, 1949-1953 / 1957-1965 MdB (CDU), 1952-1957 Vizepräsident der Hohen Behörde der EGKS, 1957-1961 Bundesfinanzminister.
[87] Vgl. zur Kritik aus den Ländern besonders: Meyers, Klare Aufgabenteilung zwischen Bund und Ländern. Im Anhang der Schrift ist außerdem eine am 12.6.1963 einhellig gefaßte Entschließung der Ministerpräsidentenkonferenz zur Zuwendungspraxis des Bundes abgedruckt (ebenda, S. 21 f.); Julius Seeger, Finanzierung von Länderaufgaben durch den Bund, in: Die Öffentliche Verwaltung 22 (1968), S. 781-788. Die Argumente der bayerischen Seite finden sich bei: Wilhelm Henle, Die Förderung von Landesaufgaben aus Bundesmitteln, in: Gemeinschaftsaufgaben zwischen Bund, Ländern und Gemeinden, S. 63-77; ders., Finanzausgleich im Widerstreit, in: Die Öffentliche Verwaltung 15 (1962), S. 201-207; ders., Die Ordnung der Finanzen in der Bundesrepublik Deutschland (Bücher der Verwaltung in unserer Zeit 1), Berlin 1964, S. 128-132; angedeutet auch in: ders., Finanzpolitik und Finanzverfassung. Eine Einführung für Studenten der Rechtswissenschaft und für Verwaltungsbeamte, München/Wien 1980, S. 280-283. Allgemein zur Dotationspraxis: Pagenkopf, Finanzausgleich im Bundesstaat, S. 197-232. Zur Größenordnung der Bundeszuwendungen: Stenographischer Bericht über die 153. Sitzung des Deutschen Bundestags am 17.3.1961, S. 8791 (Etzel).
[88] Vgl. hierzu die Stellungnahme des Berichterstatters aus dem Finanzausschuß des Bundesrates: Stenographischer Bericht über die 179. Sitzung des Deutschen Bundesrats am 21.6.1957, S. 697D-702D (Frank) (Zitat: S. 699D). Zur Wirkung des Druckmittels im Bundeskabinett: Die Kabinettsprotokolle der Bundesregierung, Band 10: 1957. Hg. für das Bundesarchiv von Hartmut Weber, München 2000, S. 296 (12.6.1957) und 298f. (19.6.1957). Der Runderlaß des Bundesfinanzministers zur Regelung der Selbstbeteiligungsauflagen ist abgedruckt bei Friedrich Karl Vialon, Haushaltsrecht. Kommentar, 2. Aufl. Berlin/Frankfurt 1959, S. 196f.

ausstattung und über das Mittel der „goldenen Zügel" in die Zuständigkeitsfelder untergeordneter Verwaltungsebenen einzudringen.[89] Anders als die kritischen Stimmen aus dem finanzstarken Nordrhein-Westfalen stellten bayerische Politiker und Ministerialbeamte die finanziellen Zuwendungen des Bundes nicht grundsätzlich in Frage. Man war auf sie dringend angewiesen und betonte deshalb unverdrossen ihre Notwendigkeit. So gab Ministerpräsident Ehard im Grunde bereits die Generallinie der bayerischen Position für die kommenden Jahre vor, als er in Anlehnung an Argumente aus dem Finanzressort zwar erhebliche verfassungstheoretische Bedenken formulierte und verwaltungspraktische Nachteile anmahnte: „Die natürliche Folge der vom Bund aus diesen Ansätzen gewährten Dotationen und Subventionen sind Fehlleitungen der Mittel durch die Entscheidung ortsferner Stellen, Doppelfinanzierungen, eine Aufblähung des Verwaltungsapparats und letztlich eine Ausschaltung der verfassungsrechtlich zuständigen Landesstellen."[90] Die radikale Eindämmung dieses vertikalen Geldzuflusses zugunsten einer künftigen Ausweitung von Abkommen unter den Ländern, wie sie Nordrhein-Westfalen favorisierte, konnte nach Ansicht Ehards und des bayerischen Finanzministeriums gleichwohl nicht im Interesse Bayerns liegen. Vielmehr setzte man auf eine Politik der eindeutigeren Trennung von Verwaltungszuständigkeiten zwischen Bund und Ländern, auf „Klarheit" und „Ordnung" in den Finanzbeziehungen und auf den pragmatischen Umgang mit dem nun einmal etablierten Förderinstrument. Dieser bayerischen Interessenlage entsprach es am ehesten, wenn der Bund von jenen fallbezogenen, wenig systematisch eingesetzten Einzeldotationen Abstand nahm, die wesentlich dafür gesorgt hatten, daß seine Finanzierungspraxis zugunsten der Länder „das Bild eines unentflechtbaren Teppichs ohne rechtes Muster" bot. Stattdessen stellte die planvolle Abstimmung jener Programmaufgaben, die die Leistungskraft eines einzelnen Landes überstiegen, aus bayerischer Sicht auch in Zukunft das eigentliche Betätigungsfeld für gemeinschaftliches Handeln von Bund und Ländern dar. Voraussetzung dafür bleibe allerdings die hinreichende Ausstattung des eigenen Landeshaushalts mit Mitteln des Finanzausgleichs zur Deckung des staatlichen Grundbedarfs.[91]

Unverkennbar baute die bayerische Finanzpolitik also darauf, jenseits aller verfassungsrechtlichen Einwände auch weiterhin von der regional orientierten Ausgleichspolitik des Bundes zu profitieren. Der latente Widerspruch, der sich damit auftat, blieb den bayerischen Finanzplanern natürlich nicht verborgen. Ganz offensichtlich war die bayerische Forderung nach Rückkehr zur verfassungskonformen Haushaltstrennung mit dem gleichzeitig gepflegten Wunsch nach weitgehender Fortführung der als verfassungswidrig kritisierten Förderpraxis konzeptionell kaum vereinbar. Im Grunde brachten die Folgen des Dotationssystems nur eine

---

[89] Meyers, Klare Aufgabenteilung; Seeger, Finanzierung von Länderaufgaben, S. 781 f.; vorsichtiger Henle, Förderung von Landesaufgaben, S. 67.
[90] Hans Ehard, Das Verhältnis zwischen Bund und Ländern und der Bundesrat, in: Bayerische Verwaltungsblätter N.F. 1 (1961), S. 1–4 (Zitat: S. 2); ähnlich argumentiert Henle, Förderung von Landesaufgaben.
[91] Ehard, Verhältnis zwischen Bund und Ländern, S. 2; Henle, Ordnung der Finanzen, S. 130 (Zitate 1 und 2); ders., Förderung von Landesaufgaben, S. 70, 75–77 (Zitat 3: S. 70); ders., Finanzausgleich im Widerstreit, S. 205 f.

Spannungslage bayerischer Finanzpolitik verstärkt zur Geltung, die Otto Barbarino bereits 1951 als ein „furchtbares und gefährliches Dilemma" charakterisiert hatte: Kam es doch der Quadratur des Kreises nahe, die finanzpolitischen Expansionstendenzen des Bundes in Schach halten und die grundgesetzlich garantierte Länderfinanzhoheit schützen zu wollen, während man zugleich als finanzwirtschaftlich vergleichsweise schwaches Nehmerland von Anfang an erklärtermaßen auf Bundeshilfe angewiesen war.[92] So war es eine Politik der Gratwanderung und der pragmatischen Kompromisse, die die bayerische Haltung auf dem Feld der Bundesdotationen kennzeichnete. Zweifellos hat die Finanzpolitik des Landes schon in der Ära Zietsch über kontinuierliche, überparteilich abgestützte Forderungen nach mehr Bundeshilfen für Bayern ihren Teil zur Ausweitung des Zuschußwesens beigetragen.[93] Auf der anderen Seite ist angesichts der allgemeinen Krisenlage Bayerns schwer erkennbar, welche alternative Strategie sich angeboten hätte. Dies gilt zumal für die erste Hälfte der 1950er Jahre, als die Lastenverteilung aus Mitteln des horizontalen Finanzausgleichs noch kaum mehr als rudimentären Charakter angenommen hatte. Nicht zufällig verbanden sich bayerische Proteste gegen die Finanzzuweisungs- und Auflagenpolitik des Bundes, die parteiübergreifend ebenfalls schon in den 1950er Jahren formuliert wurden, vielfach mit der Forderung nach Erneuerung oder Ausweitung des Länderfinanzausgleichs.[94]

Allein für Zwecke der regionalen Wirtschaftsförderung erhielt Bayern zwischen 1951 und 1960 nicht weniger als 139,1 Mio. DM aus dem Bundeshaushalt. Im gleichen Zeitraum flossen an die Bundesländer Baden-Württemberg, Hessen, Niedersachsen, Rheinland-Pfalz und Schleswig-Holstein insgesamt etwa 417,7 Mio. DM. Es hieße zweifellos ein einseitiges Bild dieser Entwicklung vermitteln, wollte man darin lediglich eine Verminderung „politische[r] Spielräume und autonome[r] Handlungschancen" der Länder erblicken.[95] Zusammen mit den Zuweisungen aus dem horizontalen Finanzausgleich, die sich für Bayern im gleichen Zeitraum auf deutlich mehr als 600 Mio. DM summierten, trugen diese Mittel ganz erheblich dazu bei, bestimmte Handlungsspielräume der Landespolitik unter anderem auf dem Gebiet des Infrastrukturausbaus überhaupt erst zu schaffen. Die prekäre Reputation, die den Bundeszuweisungen in der Wahrnehmung der Länderregierungen zugewachsen war, ebenso wie die Sorge um den Erhalt von Verhandlungsmasse gegenüber dem Bund mochten eine positivere öffentliche Würdigung dieser Finanzhilfen in der bayerischen Landespolitik als nicht opportun erscheinen lassen. In der bayerischen Finanzverwaltung allerdings wurde der aus horizontalem *und* vertikalem

---

[92] Henle, Ordnung der Finanzen, S. 131 f.; zur frühen Kritik des Leiters der Haushaltsabteilung im bayerischen Finanzministerium, Otto Barbarino: Ernst Bäumler, „Föderalismus und das Portemonnaie", in: Süddeutsche Zeitung, 9./10. 6. 1951 (Zitat).
[93] Vgl. zur Forderung nach mehr Bundeszuschüssen etwa die Abschnitte in der Etatrede von Minister Zietsch (SPD) anläßlich der Präsentation der Haushaltsvorlage 1953: Stenographischer Bericht über die 128. Sitzung des Bayerischen Landtags am 11. 2. 1953, S. 782 f.
[94] Zur Kritik an der Dotationspolitik des Bundes neben den Äußerungen von Hans Ehard u. a. die Stellungnahme des CSU-Finanzexperten Eberhard: Stenographischer Bericht über die 15. Sitzung des Bayerischen Landtags am 21. 4. 1955, bes. S. 335–339.
[95] Renzsch, Finanzverfassung und Finanzausgleich, S. 90 (Zitat). Zu den Zahlenangaben: Reissert, Die finanzielle Beteiligung des Bundes an Aufgaben der Länder, S. 54.

Finanzausgleich resultierende Beitrag zugunsten einer „inneren Entwicklungspolitik", von der auch Bayern in hohem Maße profitierte, ausdrücklich anerkannt.[96]

2. Hilfen aus Bonn: Von der Notstandsbekämpfung zur regionalen Wirtschaftspolitik

Die Anfänge jener Ansätze und Methoden, die in der politischen Praxis der Bundesrepublik schon gegen Mitte der 1950er Jahre als regionale Struktur- oder Wirtschaftspolitik bezeichnet wurden, lagen vor dem Zweiten Weltkrieg. Als direkte Vorbilder zur Bewältigung von Fragen regionaler sozialökonomischer Ungleichentwicklung, insbesondere in Gestalt der „Notstandsgebietsproblematik", konnten nach 1945 freilich weder die Hilfsprogramme der Weimarer Republik noch die investigativen Vorarbeiten der entstehenden Raumwissenschaften aus den 1930er Jahren dienen. Die wichtigsten strukturpolitischen Maßnahmen, die die Kabinette Müller und Brüning ab 1931 unter der Bezeichnung der „Osthilfe" durchführten, zielten vorwiegend auf die Entschuldung und die siedlungspolitische Konsolidierung der landwirtschaftlichen Gebiete West- und Ostpreußens. Zur Behebung der kriegsbedingt entstandenen sozialökonomischen Krisenlagen in Westdeutschland nach 1945 boten sie aufgrund ihres begrenzten Umfangs und ihrer Zielsetzung allenfalls erste Anknüpfungspunkte.[97]

Die in Deutschland von Anfang an sehr staatsnah agierende Raumforschung hatte sich ihrerseits schon in den Jahren vor dem Zweiten Weltkrieg für die Ursachen des ökonomischen Rückstands vorwiegend ländlicher Regionen interessiert. Auch das bayerische Ostrandgebiet war dabei bereits in den Blick geraten. Doch blieb die Reichweite der Studien vor 1945 auf Versuche zur analytischen Eingrenzung des Notstandsphänomens und auf die deskriptive Annäherung an eklatante Einzelfälle beschränkt.[98] Nach Kriegsende waren sich die Raumforscher schon

---

[96] Henle, Ordnung der Finanzen, S. 126f. (Zitat: S. 127).
[97] Angelika Roidl, Die „Osthilfe" unter der Regierung der Reichskanzler Müller und Brüning, Weiden 1994; Walter Gömmel, Die Osthilfe für die Landwirtschaft unter der Regierung der Reichskanzler Müller und Brüning, in: Gunther Schulz (Hg.), Von der Landwirtschaft zur Industrie. Wirtschaftlicher und gesellschaftlicher Wandel im 19. und 20. Jahrhundert. FS für Friedrich-Wilhelm Henning zum 65. Geburtstag, Paderborn 1996, S. 253-274. Über andere Regionen unterrichtet: Rainer Graafen, Die Auswirkungen der Notstandsmaßnahmen des Deutschen Reiches vom ausgehenden 19. Jahrhundert bis zum Ende des Zweiten Weltkrieges auf das Siedlungs- und Kulturlandschaftsbild der Eifel, in: Siedlungsforschung 10 (1992), S. 105-120; Klaus Fehn, Das Rheinische Schiefergebirge: „Kulturlandschaft" oder „Notstandsgebiet"? Bemerkungen zum Verhältnis von „Geographischer Landeskunde" und „Raumforschung" im Dritten Reich, in: Geographie und ihre Didaktik, Trier 1992, S. 127-143.
[98] Georg Müller, Praktische Methoden zur Ermittlung von Notstandsgebieten, durchgeführt am Beispiel Schlesiens, Breslau 1938; Udo Froese, Entwicklung und Lage der Rückstandszonen des alten Reichsgebietes, Leipzig 1939; Konrad Meyer, Ein Beitrag zur Frage der Notstandsgebiete, in: Raumforschung und Raumordnung 1 (1937), S. 200f.; Günther Schmölders, Aufschwungsprovinzen und Aufschwungszentren, ebenda, S. 450-455; Fritz Meyer, Methode zur Ermittlung von Notstandsgebieten. Hg. von der Reichsarbeitsgemeinschaft für Raumforschung, Hochschulgruppe Kiel, Kiel 1937; ders., Raumforschung in den Notstandsgebieten, in: Raumforschung und Raumordnung 1 (1937), S. 523-527; Otto E. Heuser, Landwirtschaftliche Raumforschung im Gebiet der Bayerischen Ostmark, ebenda, S. 128-130; E. Lengfeldt, Die wirtschaftliche Entwicklung der Notstandsgebiete des Oberharzes, in: Beiträge zur Raumforschung und Raumordnung 1, Heidelberg 1938, S. 28-39; Walther Hermann, Die rückständigen Bergländer

aufgrund weniger erster Bestandsaufnahmen darüber einig, daß für das Feld der ökonomischen Notstandssanierung „eine völlig neue Situation"[99] vorlag. Man hatte nicht nur zur Kenntnis zu nehmen, daß sich die Lage in den Gebieten mit bekannter Notstandstradition als direktes oder indirektes Resultat der Kampfhandlungen verschärft hatte. Infolge von Kriegszerstörungen, Demontagen und vor allem aufgrund der Flüchtlingszuwanderung hatten sich zudem neue Krisenherde in vormals wirtschaftlich stabileren Teilen Deutschlands herausgebildet, die sich in ihrer Charakteristik nur bedingt mit den älteren Problemregionen vergleichen ließen. So war etwa neben Krisengebiete wie den Bayerischen und Oberpfälzer Wald, die Eifel oder den Hunsrück nahezu das gesamte Bundesland Schleswig-Holstein getreten. Dessen materielle Existenz war selbst nach Einschätzung des in Ausgabenfragen äußerst restriktiven Bundesfinanzministers ohne externe Hilfe nicht gesichert. Sukzessive erwuchs außerdem aus der fortschreitenden Teilung Deutschlands eine weitere Problemebene, deren Schärfe sich zu Zeiten der weitgehend separat betriebenen Wirtschaftspolitik der Besatzungsmächte bis 1949 lediglich angedeutet hatte. Die ökonomische Eigenentwicklung der SBZ hatte am Ostrand des Territoriums der Westzonen ein Gebiet gehemmter wirtschaftlicher Aktivität entstehen lassen, dessen Minderentwicklung zunehmend auch infrastrukturelle und soziale Folgen zeitigte. Die von den ostzonalen Behörden ab Sommer 1952 gen Westen hin vollzogene Grenzsperre verschärfte diesen Zustand weiter. In der westdeutschen Raumforschung und im Bundeswirtschaftsministerium wurden die überdurchschnittlich hohen Arbeitslosenzahlen und die Abwanderung von Bewohnern wie von Unternehmen gleichermaßen als Warnzeichen interpretiert. Die Besorgnis erhielt umso mehr Nahrung, als erste Versuche einer fachwissenschaftlichen Gesamtschau ergaben, daß die alten und neuen Krisengebiete im verkleinerten Staatsgebiet der Bundesrepublik von 1950/51 deutlich mehr Gewicht einnahmen, als dies noch im Rahmen des Reichs vor dem Zweiten Weltkrieg der Fall gewesen war.[100]

Überregional gelenkte Ausgleichsmaßnahmen zur Minderung derartiger kriegsbedingter Ungleichgewichte setzten allerdings nicht erst nach Gründung der Bundesrepublik ein, und sie beschritten zunächst keineswegs das Feld einer staatlichen Kredit- und Zuwendungspolitik. Vielmehr hatte die erste noch gesamtdeutsche Volkszählung vom Oktober 1946 erkennbar gemacht, in welchem Umfang das vor Kriegsausbruch gegebene Gefüge von Mensch und Raum in Deutschland auf den Kopf gestellt worden war. Zugleich wurde für die mit Flüchtlings- und Vertriebenenfragen befaßten Experten bereits ersichtlich, daß weder die getätigten Abspra-

an der deutschen Westgrenze, ebenda, S.13-27; Joseph Meurer, Der Kreis Vohenstrauß als Notstandsgebiet, Diss. Erlangen 1939; Alfred Krämer, Die Säuglingssterblichkeit im Notstandsgebiet der Rhön, Diss. Würzburg 1939; Der Arbeitseinsatz in der Bayerischen Ostmark 1933-1937 (Beiträge zur Statistik Bayerns 126), München 1939; Helmut Schaller, Die Bayerische Ostmark – Geschichte des Gaues 1933-1945. Zwölf Jahre gemeinsame Geschichte von Oberfranken, Oberpfalz und Niederbayern, Hamburg 2006. Generell zur Behandlung der Problematik von Entleerungs- und Ballungsgebieten im Nationalsozialismus: Klaus Fehn, „Ballungsräume" und „Notstandsgebiete". Kernräume und Peripherien in der nationalsozialistischen Raumordnung, in: Siedlungsforschung 22 (2004), S.119-144.
[99] Die deutschen Notstandsgebiete 1951, in: Deutsche Notstandsgebiete 1951. Sonderheft der Informationen des Instituts für Raumforschung, Bad Godesberg 1952, S.2.
[100] Die deutschen Notstandsgebiete 1951, S.1-7.

2. Hilfen aus Bonn

chen zwischen den alliierten Militäradministrationen noch die praktizierten Quotenzuweisungen eine akzeptable und hinreichend stabile regionale Verteilung des Menschenzustroms erbracht hatten. Die in den Zählungen zutage tretende, stark unterschiedliche Belastung der Länder gab deshalb bereits im Jahr 1947 Anlaß zu Verhandlungen über einen interregionalen Bevölkerungsaustausch, die zwischen den Landesflüchtlingsverwaltungen der anglo-amerikanischen Besatzungszonen und den dortigen Militärregierungen stattfanden. Eine entsprechende Anregung war von der Münchner Ministerpräsidentenkonferenz im Juni 1947 ausgegangen, ohne daß vor Gründung der Bundesrepublik tatsächlich größere gelenkte Umsiedlungsmaßnahmen eingeleitet werden konnten. Der noch in München angestrebte gesamtdeutsche Bevölkerungsausgleich wurde aufgrund der weiteren politischen Entwicklung und der Weigerung der sowjetischen Behörden nie realisiert. Ein geordneter Transfer zwischen den westdeutschen Ländern scheiterte seinerseits bis 1949 am hartnäckigen Widerstand der französischen Besatzungsmacht, aber auch an generellen Erwägungen in den potentiell betroffenen Ländern, die mit deutlichem finanziellen Mehraufwand unter anderem auf dem Feld der Wohnraumbeschaffung zu rechnen hatten. So kam denn der Bevölkerungsaustausch zwischen den Ländern des Vereinigten Wirtschaftsgebiets und der französischen Zone noch im gleichen Jahr nur schleppend in Gang. Im Ergebnis wurden vorerst kaum mehr als 30 000 zugewanderte Menschen aus Schleswig-Holstein, Niedersachsen und Bayern in die Länder Baden und Württemberg-Hohenzollern umgesiedelt.[101]

Ungeachtet dessen konnte die Bundesregierung auf den bis dahin erworbenen Erfahrungen aufbauen, als sie in Anwendung ihrer Befugnisse aus Artikel 119 des Grundgesetzes am 29. November 1949 eine erste Verordnung zur Umsiedlung von Flüchtlingen und Vertriebenen erließ. Ihr zufolge waren 300 000 Personen aus Schleswig-Holstein, Niedersachsen und Bayern auf freiwilliger Basis in die Bundesländer Rheinland-Pfalz, Baden, Württemberg-Hohenzollern und Nordrhein-Westfalen auszusiedeln.[102] Gestützt auf einen weitergehenden Beschluß des Bundestages vom 4. Mai 1950 sowie auf das Umsiedlungsgesetz vom 22. Mai 1951, das Änderungsgesetz vom 23. September 1952 und die Ausführungsverordnungen vom 13. Februar 1953 und vom 19. Januar 1955 wurden bis Jahresanfang 1955 annähernd 723 000 Menschen von den Maßnahmen des Bundes zum Bevölkerungsausgleich zwischen den Ländern erfaßt. Der Großteil davon, nämlich über 335 000 Flüchtlinge und Vertriebene, kam aus Schleswig-Holstein. Als wichtigstes Auf-

---

[101] Grundgedanken zu einem Bevölkerungsausgleich in der Bundesrepublik Deutschland. Denkschrift des Instituts für Raumforschung, Bonn 1950, S. 1-17; Sylvia Schraut, Die westlichen Besatzungsmächte und die deutschen Flüchtlinge, in: Dierk Hoffmann/Michael Schwartz (Hg.), Geglückte Integration? Spezifika und Vergleichbarkeiten der Vertriebenen-Eingliederung in der SBZ/DDR, München 1999, S. 33-46; Regine Just, Die Ministerpräsidentenkonferenz von München und die Flüchtlingsfrage in Vier-Zonen-Deutschland. Erfahrungen und Entscheidungen im Lande Sachsen, in: Alexander Fischer (Hg.), Studien zur Geschichte der SBZ/DDR, Berlin 1993, S. 137-177; Dierk Hoffmann, Binnenwanderung und Arbeitsmarkt. Beschäftigungspolitik unter dem Eindruck der Bevölkerungsverschiebung in Deutschland nach 1945, in: ders./Marita Krauss/Michael Schwartz (Hg.), Vertriebene in Deutschland. Interdisziplinäre Ergebnisse und Forschungsperspektiven, München 2000, S. 219-235.

[102] Vgl. die Verordnung vom 29. 11. 1949 (BGBl. 1950, S. 4). Siehe dazu unter anderem die Protokolle der 15. Kabinettsitzung am 25. 10. 1949, der 27. Kabinettsitzung am 29. 11. 1949 und der 62. Kabinettsitzung am 2. 5. 1950, in: Die Kabinettsprotokolle der Bundesregierung. Band 1: 1949, Boppard 1982, S. 154 f., 232 f. und ebenda, Band 2: 1950, Boppard 1984, S. 361.

nahmeland fungierte Nordrhein-Westfalen, wo mehr als 320 000 Personen zumindest vorläufig eine neue Heimat fanden. Bayern rangierte mit etwa 180 400 tatsächlich abgegebenen Personen an letzter Stelle unter den drei Flüchtlingsländern, wobei die Mehrzahl seiner Übersiedler in Baden-Württemberg und in Nordrhein-Westfalen aufgenommen wurde.[103]

Es lag an der Größenordnung des Problems und seinen erst sukzessive zutage tretenden raumwirtschaftlichen Implikationen, daß die zunächst als flüchtlings- und vertriebenenpolitische Maßnahmen angelegten Umsiedlungsaktionen mehr und mehr die Gestalt einer auch wirtschaftspolitisch folgenschweren Aufgabe annahmen. Zwar war bald absehbar gewesen, daß das Einströmen von weit über 9 Millionen Menschen in das verkleinerte Reichsgebiet dessen Wirtschaftsstruktur nachhaltig beeinflussen würde. Erst allmählich aber wurde deutlich, daß ihre Neuverteilung im Bundesgebiet eine Eigendynamik entfaltete, der sich die staatlichen Lenkungsmaßnahmen auf Dauer nicht widersetzen konnten. Noch die erste bundesdeutsche Umsiedlungsverordnung vom November 1949 hatte die Verteilung der Betroffenen auf die Zielländer alleine nach dem dort festgestellten Vertriebenenanteil oder den vorhandenen Unterbringungsmöglichkeiten vorgenommen. Es waren dann die hieraus resultierenden, im Falle des Aufnahmelandes Rheinland-Pfalz geradezu desaströsen Erfahrungen bei der ökonomischen Eingliederung der Umsiedler, die einen Paradigmenwechsel in der bundesdeutschen Politik nach sich zogen. So sahen sich die Flüchtlingsverwaltungen mit Erlaß der Umsiedlungsgesetze von 1951 und 1952 angehalten, bei der Zuweisung von Arbeitskräften die soziale und berufliche Struktur der jeweiligen Vertriebenengruppen ebenso wie die wirtschaftlichen Aufnahmemöglichkeiten in den Empfängerländern verstärkt zu berücksichtigen. Bis 1955 vertiefte sich diese Neuorientierung zu einer Umsiedlungskonzeption, die sich bewußt Zug um Zug an die weiterhin kontinuierlich fließenden Ströme der freien Arbeitnehmerwanderung anpaßte. Diese aber führte die Neubürger seit Aufhebung der Zuzugssperren bekanntlich in erster Linie dorthin, wo kurzfristig Erwerbsmöglichkeiten zu finden waren, also ganz überwiegend in die traditionellen Industriezentren und in die Städte. Indem die staatliche Umsiedlung der 1950er Jahre ihre Verteilungspräferenzen um des Integrationsziels willen an den traditionellen sozialökonomischen Verflechtungen orientierte, trug sie erheblich zur erneuten demographischen und wirtschaftlichen Stärkung der

---

[103] Vgl. hierzu das Gesetz zur Umsiedlung von Heimatvertriebenen aus den Ländern Bayern, Niedersachsen und Schleswig-Holstein vom 22.5.1951 (BGBl.1951 I, S.350-352); die erwähnten Verordnungen finden sich in: BGBl.1953 I, S.26f. und BGBl.1955 I, S.33. Zu den zitierten Zahlenangaben: Günter Granicky, Die Umsiedlung von Vertriebenen und Flüchtlingen, in: Informationen des Instituts für Raumforschung 15-17/55 vom 5.4.1955, S.209-227, hier: S.225; zum Ablauf der Umsiedlungsaktionen und zu den Problemen in den Aufnahmeländern: Luise Meyers, Erfolge der Umsiedlung nach Nordrhein-Westfalen. Ergebnisse einer Erhebung in 6 Stadt- und 5 Landkreisen, Troisdorf 1953; Erich Dittrich, Probleme der Umsiedlung in Westdeutschland (Institut für Raumforschung. Vorträge 2), Bad Godesberg 1951; Georg Müller, Raumforschung und Umsiedlung (Institut für Raumforschung. Vorträge 3), Bad Godesberg 1951; Die Umsiedlung der Heimatvertriebenen und das Vertriebenenproblem in Nordrhein-Westfalen. Ein Rechenschaftsbericht der Landesregierung Nordrhein-Westfalen, Düsseldorf 1952; Die Umsiedlung von Heimatvertriebenen nach Nordrhein-Westfalen. 3 Bände (Schriftenreihe für die Vertriebenenhilfe. Arbeitshefte 9, 14 und 19), Troisdorf 1950-53.

älteren Agglomerationsräume etwa im Rhein-Ruhr-Gebiet bei. Sie wirkte damit eindeutig „ballungsfördernd"[104].

Daß unter den Bedingungen des Wiederaufbaus und der drängenden sozialpolitischen Notwendigkeiten kaum eine andere Möglichkeit offenstand, ist nicht von der Hand zu weisen; auch kann der quantitativ-administrative Erfolg der bundesdeutschen Umsiedlungspolitik oder die vielfach tatsächlich erreichte Verbesserung individueller Lebenschancen bei den Betroffenen nicht bezweifelt werden.[105] Raumplanerische Gesichtspunkte gingen jedoch in die Umsiedlungspraxis der damit betrauten Landesflüchtlingsverwaltungen schon mangels geeigneter allgemeiner Leitbilder oder hinreichender Planungsunterlagen kaum ein. Zu den Prinzipien eines raumpolitisch geordneten, aktiven Ausgleichs überregionaler Disparitäten, wie sie auf der Ebene der Bundesministerien seit 1950 allmählich entwickelt wurden, stand der Bevölkerungstransfer in deutlichem Kontrast. Das galt insbesondere im Falle des rasch in den Vordergrund tretenden Problemkreises der „Notstandsgebiete" in Westdeutschland: Denn für sich genommen bargen die gelenkten und freien Bevölkerungsverschiebungen gleichermaßen eine starke Tendenz zur passiven, also abwanderungsgestützten Sanierung jener Krisenregionen in sich.

a) Die Herausbildung der bundesdeutschen Förderstrategie

Erste Anstöße zu einer systematischeren Beschäftigung mit Fragen überregional wirksamer, wirtschaftlich-sozialer Ungleichgewichte im Bundesgebiet waren von den zahlreichen Anträgen und Interpellationen ausgegangen, die alle größeren Parteien des Bundestags seit Herbst 1949 an die Bundesregierung gerichtet hatten. Anders als die Umsiedlungsinitiativen zielten sie vornehmlich darauf, ökonomische Mißstände durch direkte Eingriffe vor Ort in den einzelnen Krisengebieten zu beheben. Als Brennpunkte regionaler Notlagen kristallisierten sich zu diesem Zeitpunkt bereits die Kreise Wilhelmshaven und Watenstedt-Salzgitter, das Staatsgebiet von Schleswig-Holstein und Teile Niedersachsens, die Räume Nordhessen und Ostbayern sowie die sogenannte „rote Zone" kriegszerstörter Gebiete im Westen der Bundesrepublik heraus.[106] In Reaktion auf die überregional formulierten Hilfsersuchen beschloß das Bundeskabinett in seinen Sitzungen vom 2. Mai

---

[104] So fanden nicht weniger als 81,4% der von Nordrhein-Westfalen aufgenommenen Umsiedler in den Industriegebieten an Rhein und Ruhr Aufnahme (Granicky, Umsiedlung, hier: S. 226 f.); Die Verteilung der Zuwanderer und Aussiedler auf die Länder der Bundesrepublik Deutschland – ein Schlüsselvorschlag. Gutachten des Instituts für Raumforschung, Bad Godesberg 1959, S. 19 (Zitat).
[105] Vgl. hierzu die Argumentation in: Vertriebene, Flüchtlinge, Kriegsgefangene, heimatlose Ausländer, 1949-1952. Hg. vom Bundesminister für Vertriebene, Bonn 1953, S. 19-22.
[106] Siehe die Beilagen 584, 1955 und 1956 (Wilhelmshaven), 254, 362, 653, 688, 1077 und 1220 (Watenstedt-Salzgitter), 1512, 1867, 2000 (Schleswig-Holstein), 159, 811, 820, 996 und 1861 (Niedersachsen), 1027 (Nordhessen), 80, 111, 951, 1033 und 2069 (Ostbayern) sowie 89, 348, 1056, 1493 und 1495 (Rote Zone), in: Verhandlungen des Deutschen Bundestages, 1. Wahlperiode 1949. Anlagen zu den stenographischen Berichten, Band 1-5, 7 und 9. Zur spezifischen Problematik der „Roten Zone": Friedrich Gercke, Rote Zone, in: Handwörterbuch der Raumforschung und Raumordnung. Hg. von der Akademie für Raumforschung und Landesplanung, Hannover 1966, Sp. 1715 f. Das Stichwort wurde in der folgenden Auflage nicht mehr berücksichtigt.

1950 und vom 9. Januar 1951, ausgewählte Regionen bei der Vergabe öffentlicher Aufträge künftig bevorzugt zu behandeln.[107] Da zugleich ein konkreter Auftrag des Bundestags zur Einrichtung eines „Grenzlandfonds" sowie auf Einleitung gesetzgeberischer Aktivitäten zur Steuerung der Krisenlage in den Grenzgebieten bestand, war auch das Bundeswirtschaftsministerium im Hintergrund bereits vorbereitend tätig geworden. Auf Anregung aus dem Wirtschaftsressort trafen sich erstmals am 24. März 1950 die Vertreter von neun Bundesministerien und des Bundeskanzleramts, um in vorerst informeller Runde über mögliche nächste Schritte zur Umsetzung des Bundestagsbeschlusses zu beraten. Anders als im Kabinett wurde man sich in der Runde schnell einig darüber, daß weder punktuelle noch rein ressortgebundene Maßnahmen dem Ausmaß des Problems gerecht werden konnten. Es sollte deshalb angestrebt werden, das „Rüstzeug zur Bearbeitung dieser Frage" bereitzustellen und zentrale Probleme des organisatorischen und methodischen Vorgehens zu klären.[108]

Die systematisierende Arbeit, die eben dieses Gremium über die folgenden Jahre hinweg leistete, kann kaum überschätzt werden. Seit Sommer 1950 unter der Bezeichnung „Interministerieller Ausschuß für Notstandsgebiete" (IMNOS)[109] tätig, entwickelte sich der Ausschuß zum stabilisierenden Rückgrat der regionalen Wirtschaftspolitik des Bundes. Als Koordinationsorgan sorgte er unter der Federführung des Bundeswirtschaftsministeriums dafür, daß die finanzpolitische Ausgleichs- und Fördertätigkeit der Bundesministerien und des Kabinetts relativ rasch Form annahm und unter den Bedingungen eines einheitlichen konzeptionellen Rahmens umgesetzt werden konnte.[110] Auf diese Weise entstand bereits in den frühen 1950er Jahren ein komplexes Verteilungsverfahren auf Bundesebene, das die Länderregierungen in den Entscheidungsprozeß einbezog und vor allem in seiner Frühphase ebenso planvoll wie rational vorging. Gleichwohl wäre es unangemessen anzunehmen, das Gremium habe als Forum rein fachlicher Diskussionen völlig frei von politischer Einflußnahme agiert. Die Möglichkeit hierzu bot sich allerdings weniger in den Beratungen des Ausschusses selbst, der nicht regelmäßig und in den ersten Jahren seiner Existenz nur etwa alle zwei bis vier Monate tagte. Raum und Gelegenheit zur vertieften Auseinandersetzung erwuchsen vorwiegend

---

[107] Konkret wurden neben West-Berlin auch der Bayerische Wald, die Gebiete um Watenstedt-Salzgitter und Wilhelmshaven sowie Teile Schleswig-Holsteins zu notleidenden Gebieten im Sinne der Verdingungsordnung (VOL) für Leistungen und für Bauleistungen (VOB) erklärt. Dies hatte unter anderem zur Folge, daß Firmen aus diesen Regionen selbst dann für öffentliche Aufträge berücksichtigt werden konnten, wenn ihr Angebot geringfügig über demjenigen anderer Bieter lag. Vgl. hierzu die Protokolle der 62. Kabinettssitzung am 2.5.1950 (TOP 5) und der 121. Kabinettssitzung am 9.1.1951 (TOP 10), in: Die Kabinettsprotokolle der Bundesregierung. Band 2: 1950, Boppard 1984, S. 360 sowie ebenda, Band 4: 1951, Boppard 1988, S. 59.
[108] BAK, B 102/212059, Kurzprotokoll über die erste interministerielle Aussprache über die Frage der Notstandsgebiete am 24. März 1950 im Bundesministerium für Wirtschaft, 29. 3.1950.
[109] Ab Mitte 1951 bürgerte sich die Bezeichnung „Interministerieller Ausschuß für Notstandsgebietsfragen" ein; seit 1965 setzte sich dann als Ausdruck der veränderten Arbeitsschwerpunkte der Name „Interministerieller Ausschuß für regionale Wirtschaftspolitik" durch.
[110] Harm Prior, Die interministeriellen Ausschüsse der Bundesministerien. Eine Untersuchung zum Problem der Koordinierung heutiger Regierungsarbeit, Stuttgart 1968, S. 155-162; Bernhard Löffler, Soziale Marktwirtschaft und administrative Praxis. Das Bundeswirtschaftsministerium unter Ludwig Erhard (Vierteljahrschrift für Sozial- und Wirtschaftsgeschichte, Beihefte), Stuttgart 2002, S. 340; Erich Dittrich, Möglichkeiten großräumiger Entwicklungspläne. Teil II, in: Raumforschung und Raumordnung 2 (1962), S. 65-68.

in seinem Umfeld, also in den vorbereitenden Gesprächen, Korrespondenzen und Absprachen zwischen den beteiligten Bundesministerien, dem stark involvierten Bundeskanzleramt und den jeweils betroffenen Ansprechpartnern aus den Ländern. Hier rückten auch Fragestellungen in den Vordergrund, die den schmalen Grat zwischen verwaltungstechnischen Abstimmungsproblemen und allgemeineren politischen Ermessensfragen überschritten. Anlaß zu interessengebundenen Interventionen seitens der Länder oder auch der Bundesvertreter bestand kontinuierlich, doch häuften sich derartige Bemühungen vor allem dann, wenn Bundestagswahltermine herannahten oder die Neuabgrenzung von Fördergebieten anstand.

In den ersten Monaten und Jahren seines Bestehens hatte sich der Ausschuß dem Umstand zu widmen, daß die jeweiligen regionalen Krisenlagen zwar aufgrund von Erfahrungswerten oder anhand der bald einsetzenden offiziellen Besuchsreisen auf eindrucksvolle Weise einsehbar waren, doch in ihrer tatsächlichen ökonomischen Tragweite erst erschlossen werden mußten. Bis August 1950 erarbeitete das Gremium deshalb einen ersten Vorschlag für eine sozialökonomisch fundierte, bundeseinheitliche Notstandsgebietsdefinition. Die Kriterien wurden anschließend intensiv zwischen den Ministerien diskutiert. In einem nächsten Arbeitsschritt wählten die Ministerialvertreter dann bis März 1951 in Zusammenarbeit mit den Länderregierungen die maßgeblichen Notstandsgebiete aus und forderten Sanierungsvorschläge der Länder ein.[111] Schon im Umkreis des ersten inoffiziellen Treffens hatte der Ausschuß eine recht präzise Zielvorstellung entwickelt, derzufolge seine Tätigkeit umfassend und zugleich vorläufig sein sollte. Es konnte nach Ansicht der Beteiligten zunächst nur darum gehen, durch ein „Herabdrücken der schlimmsten Notstände" besondere „wirtschaftliche Krisenherde und politische und soziale Gefahrenpunkte" zu reduzieren. Erst „im Rahmen eines umfassenden Raumordnungsplanes" sollte dann die „endgültige Bereinigung der Notstände" anvisiert werden.[112]

Dieses vorsichtig tastende und gleichzeitig im Grundton optimistisch-planvolle Vorgehen reflektierte das frühe Selbstverständnis des interministeriellen Ausschusses ebenso wie die Offenheit der Situation und die selbst von den Experten bis dahin nur erahnte Größe der Aufgabe. Um der Individualität der neuen und alten Notstandslagen in Westdeutschland gerecht zu werden, entschieden sich die Ministerialvertreter für ein grundsätzlicheres Vorgehen. Bewußt wurde davon Abstand genommen, die Eingrenzung der Notstandsgebiete durch eine zentrale Institution des Bundes alleine aufgrund statistischer Datensätze vornehmen zu lassen. Auch ein denkbarer Rückgriff auf ältere Ergebnisse der Raumforschung spielte in den konzeptionellen Vorbereitungen keine überragende Rolle. Der Verzicht hierauf dürfte nicht schwergefallen sein, war doch zumindest Kennern der Materie klar, daß die notstandstheoretischen Eingrenzungsversuche der Kriegs- und Vor-

---

[111] BAK, B 102/212059, Der Bundesminister für Wirtschaft, Abteilung I A2, Unterlagen für die Sitzung des Bundestagsausschusses für Wirtschaftspolitik am 9.5.1951, 2.5.1951.
[112] BAK, B 102/212059, Anlage zu dem Kurzprotokoll vom 29.3.1950 über die erste interministerielle Aussprache am 24. März 1950: Richtlinien zur Bearbeitung der Notstandsgebietsfrage, 29.3.1950.

kriegszeit überholt waren.¹¹³ Der Interministerielle Ausschuß entschloß sich zu einem alternativen Verfahren. Er wählte die bayerischen Ostgebiete als Beispielsfall, entsandte im Frühsommer 1950 einen Beamten des Wirtschaftsministeriums zu Feldstudien dorthin und legte dessen Analysen den Meldungen der übrigen Bundesländer als Musterbericht zugrunde. Im Gefolge dieser Untersuchungen kristallisierte sich ein Kriterienkatalog heraus, der neben dem regionalen Arbeitslosenanteil und der Wohnraumbelegung auch die jeweilige Notlage in der Landwirtschaft berücksichtigen sollte.¹¹⁴

Die außerordentlich routinierte, zielführende Koordination und Entscheidungsvorbereitung im Umfeld des IMNOS war gewiß in hohem Maße auf den gesammelten Sachverstand zurückzuführen, den gegen Mitte der 1950er Jahre regelmäßig die Vertreter von mehr als zehn zentralen Bundesministerien in die Beratungen einbrachten.¹¹⁵ Mindestens in der unmittelbaren Anfangsphase mochte sich zudem bemerkbar gemacht haben, daß der Ausschußvorsitz des IMNOS von Beamten des Wirtschaftsministeriums wahrgenommen wurde, die bereits über ausgedehnte Erfahrungen im Bereich der Wirtschaftsplanung verfügten. Dies galt zweifellos für Otto Graf, der bis 1952 kommissarisch die beiden wichtigen Abteilungen I (Wirtschaftspolitik) und IV (Gewerbliche Wirtschaft) des Ministeriums leitete. Er stammte aus dem bayerischen Staatsdienst, hatte nach 1933 verschiedene Funktionen im NS-Wirtschaftsapparat auf Bezirksebene innegehabt und wurde 1947 zum Leiter des Bayerischen Landeswirtschaftsamts berufen; im Mai 1949 wechselte er in die Verwaltung für Wirtschaft der Bizone, dann ins Bundeswirtschaftsministerium. Es galt ebenso für Gustav Fremerey, der bis 1935 die Position eines stellvertretenden Leiters der Landesplanungsstelle beim Oberpräsidenten in Königsberg besetzt hatte, bevor er in die staatliche Wirtschaftsverwaltung wechselte und dort auf Reichs- und Landesebene tätig wurde. Im Bundeswirtschaftsministerium war Fremerey seit 1949 mit der Leitung des Referats I A2 betraut und damit für die „langfristige Strukturplanung" zuständig.¹¹⁶

---

¹¹³ Erich Dittrich, Ungelöste Sanierung der Notstandsgebiete, in: Deutsche Notstandsgebiete 1951. Sonderheft der Informationen des Instituts für Raumforschung, Bad Godesberg 1952, S. 81–90, hier: S. 81 f.
¹¹⁴ BAK, B 102/212059, Der Bundesminister für Wirtschaft an die Regierungen der Länder, 16. 8. 1950. Anlage: Modellbericht über „Die wirtschaftliche Notlage im Gebiet des Bayerischen, Böhmischen und Oberpfälzer Waldes"; ebenda, Kurzprotokoll über die 2. Besprechung des interministeriellen Ausschusses über „Notstandsgebiete" am 5. 5. 1950 im Bundesministerium für Wirtschaft, 9. 5. 1950;. ebenda, Kurzprotokoll über die dritte Besprechung des interministeriellen Ausschusses für Notstandsgebiete am 18. 7. 1950 im Bundesministerium für Wirtschaft, 4. 8. 1950.
¹¹⁵ Vgl. etwa die repräsentative Auflistung in: BAK, B 102/212059, Teilnehmerliste bei der Beratung des Interministeriellen Ausschusses für Notstandsgebietsfragen (IMNOS) am 14. Januar 1954, 25. 1. 1954.
¹¹⁶ Zum hier einschlägigen Personal des Bundeswirtschaftsministeriums im einzelnen: Löffler, Soziale Marktwirtschaft, S. 97–110, bes. S. 102, 104 f., 109 sowie 201, 502 f. Ein Empfehlungsschreiben für Otto Graf als Abteilungsleiter im Bundeswirtschaftsministerium findet sich in BayHStA, StK 13079. Zum Themenkreis allgemein auch Rudolf Morsey, Personal- und Beamtenpolitik im Übergang vom Bi- über den Bizonen- zur Bundesverwaltung (1947–1950). Kontinuität oder Neubeginn?, in: ders. (Hg.), Verwaltungsgeschichte. Aufgaben, Zielsetzungen, Beispiele, Berlin 1972, S. 191–243. Vgl. zum Werdegang Grafs auch: Protokolle des Bayerischen Ministerrats, Kabinett Schäffer, S. 54 f., 156; Protokolle des Bayerischen Ministerrats, Kabinett Hoegner I, S. 955; Udo Wengst, Staatsaufbau und Regierungspraxis 1948–1953. Zur Geschichte der Verfassungsorgane der Bundesrepublik Deutschland, Düsseldorf 1984, S. 160.

2. Hilfen aus Bonn

Beide drückten der konstituierenden Phase des Interministeriellen Ausschusses ihren Stempel auf, wurden aber bereits 1951/52 von ihren Posten entbunden, als im Zuge eines allgemeineren Revirements eine Reihe von Anhängern planwirtschaftlicher Positionen aus dem Ministerium entfernt wurde. Insbesondere Fremerey beschäftigte sich bis zu seinem Ausscheiden intensiv mit den Möglichkeiten, den industriellen Wiederaufbau Westdeutschlands durch Steuerungsmaßnahmen in dezentrale Bahnen auch jenseits der bekannten Ballungsräume zu lenken und setzte dazu auf die verstärkte Abstimmung mit den Landesplanungsstellen der Länder. Er konnte dafür auf die Rückendeckung seines lenkungswirtschaftlich geprägten Unterabteilungsleiters Günter Keiser bauen. Zugleich pflegte Fremerey aktive Beziehungen zur Landesregierung von Schleswig-Holstein, die er nutzte, um inoffiziell vorbereitende gemeinsame Sondierungen in die Wege zu leiten.[117] Mit Otto Graf verfügte die bayerische Landespolitik ihrerseits über einen Verbindungsmann im Bundeswirtschaftsministerium. Grafs fachliches und persönliches Potential wurde in der Münchner Staatskanzlei, im bayerischen Wirtschaftsressort und in der CSU-Landesgruppe mit größten Hoffnungen betrachtet. Aufgrund seiner Nähe zu Erhard wie zu Schäffer und wegen der zentralen administrativen Stellung, die der hohe Beamte einnahm, erwartete etwa Hanns Seidel „Entscheidungen von größter Wichtigkeit" zugunsten des bayerischen industriellen Wiederaufbaus. Mit Unterstützung aus München forcierte die Landesgruppe deshalb die Beförderung von Graf ins Amt des Staatssekretärs im Wirtschaftsministerium. Die personalpolitischen Bemühungen blieben allerdings bis zu Grafs vorzeitigem Tod im Jahr 1953 ohne Erfolg.[118]

Jene Stimmen, die auf Bundesebene die Berücksichtigung bayerischer Notstandsbelange anmahnten, hatten dies in einem Chor von Hilfsersuchen aus allen krisenbetroffenen Bundesländern zu tun. Insbesondere Schleswig-Holstein konnte auf die Tatsache verweisen, nach allgemeiner Einschätzung im Kreis der Bundesländer von Kriegs- und Nachkriegseffekten am härtesten getroffen worden zu sein. Nicht nur hatte die dortige, stark rüstungsindustriell orientierte Wirtschaft schwer unter Kriegsschäden und Demontagen zu leiden. Auch war durch den Wegfall der militärischen Arbeitgeber, die Einstellung der deutschen Ostseeschiffahrt, den Verlust ostdeutscher Absatzgebiete sowie den Einstrom von etwa 1,1 Millionen Flüchtlingen und Vertriebenen die lange verborgene strukturelle Schieflage des Landes offenbar geworden. Behaftet mit dem traurigen Ehrentitel eines „Armenhauses der Bundesrepublik" fand das gesamte Staatsgebiet Aufnahme in die Liste der Sanierungsgebiete, die der IMNOS bis Anfang Mai 1951 erarbeitete und dem Bundestagsausschuß für Wirtschaftspolitik vorlegte. Die Zusammenstellung ging von einer notwendigen Investitionssumme von 100 Mio. DM aus und umfaßte neben dem

---

[117] Vgl. etwa BAK, B 102/13094, Dr. Gustav Fremerey, Bundeswirtschaftsministerium, an ORR Dr. Keil, Landesregierung Kiel, Sozialministerium-Landesplanung, 28.10.1950; ebenda, Der Bundesminister für Wirtschaft, I A2, Dr. Fremerey, Notiz, 27.10.1950. Zu Fremerey auch: Die Kabinettsprotokolle der Bundesregierung. Band 4: 1951, Boppard 1988, S. 765.

[118] ACSP, NL Seidel 29, Hanns Seidel an den bayerischen Ministerpräsidenten Hans Ehard, 19.4.1951 (Zitat); ACSP, LG-P, Protokoll der Landesgruppensitzung vom 9.1.1952. Über die Geschichte der CSU-Landesgruppe im Bundestag unterrichtet umfassend: Petra Weber, Föderalismus und Lobbyismus. Die CSU-Landesgruppe zwischen Bundes- und Landespolitik 1949 bis 1969, in: Schlemmer/Woller (Hg.), Bayern im Bund, Band 3, S. 23–116.

nördlichsten Bundesland weitere Gebiete in den Ländern Hessen, Niedersachsen, Rheinland-Pfalz, Nordrhein-Westfalen, Baden und Bayern.[119] Als Schwerpunkte für ein dringend erforderliches Eingreifen des Bundes wurden dabei große Teile Nordhessens identifiziert, wo die Zonenteilung neben dem Vertriebenenzustrom und dem Verlust von dominanten Rüstungsarbeitgebern krisengenerierend gewirkt hatte. Darüber hinaus erfaßte man die Region Vogelsberg und die hessische Rhön, weite Teile Niedersachsens um Wilhelmshaven, Emden, Aurich, Lüneburg, Dannenberg und Watenstedt-Salzgitter, den Oberharz, die Eifel und den Hunsrück. Außerdem wurden kriegszerstörte Regionen in Rheinland-Pfalz zwischen Bitburg und Zweibrücken, in Nordrhein-Westfalen um Aachen, Jülich, Geldern oder Moers sowie im Land Baden unter anderem in den Räumen Lörrach, Müllheim und Freiburg in die Liste aufgenommen. Für Bayern fiel die Wahl des Interministeriellen Ausschusses in der Region des Bayerischen, Böhmischen und Oberpfälzer Waldes unter anderem auf die Stadtkreise Passau und Deggendorf, auf eine Reihe von Landkreisen entlang der Ostgrenze von Passau bis Vohenstrauß sowie auf ausgewählte Gemeinden in den Kreisen Nabburg, Neustadt an der Waldnaab, Tirschenreuth und Regensburg-Land. Im Gebiet des Frankenwalds, des Thüringer Walds und des Steinachtals umfaßte das bayerische Sanierungsgebiet unter anderem die Landkreise Kronach, Stadtsteinach und den Stadtkreis Neustadt bei Coburg. Außerdem wurde das Gebiet der bayerischen Hochrhön vornehmlich mit den Landkreisen Brückenau, Hammelburg und Gemünden als förderungswürdig anerkannt.[120]

Ungeachtet der voranschreitenden administrativen und parlamentarischen Aufarbeitung der Notstandsproblematik hatte bis März 1951 alleine Schleswig-Holstein vorgezogene, improvisierte Bundeshilfen in größerem Umfang erhalten.[121] Aus der Perspektive der betroffenen Bevölkerung in den bayerischen Ostrandgebieten und der verantwortlichen Stellen vor Ort war es freilich weniger diese Tatsache, die das Gefühl wachsen ließ, daß grundsätzlichere Hilfsmaßnahmen im deutschen Südosten weit überfällig seien. Auch konnte man sich keineswegs über mangelnde Aufmerksamkeit seitens staatlicher Stellen beklagen. Im Gegenteil war Ostbayern seit Ende 1949 und im Jahresverlauf 1950 zum Ziel einer intensiven Reisetätigkeit von Repräsentanten aus Politik und Verwaltung avanciert. Einem Besuch des Staatssekretärs im bayerischen Wirtschaftsministerium im Herbst 1949

---

[119] Vgl zu Schleswig-Holstein insbesondere: BAK, B102/212059, Der Bundesminister für Wirtschaft an den Staatssekretär im Bundeskanzleramt. Anlage: „Memorandum über die wirtschaftliche Lage Schleswig-Holsteins", 6.5.1952. Zusammenfassend auch Günter Nowel, Das Notstandsgebiet Schleswig-Holstein, in: Deutsche Notstandsgebiete 1951, S.63–79. Die Aufstellung des IMNOS findet sich in: BAK, B 102/212059, Der Bundesminister für Wirtschaft, Abt. I A2, Unterlagen für die Sitzung des Bundestagsausschusses für Wirtschaftspolitik am 9.5.1951, 2.5.1951.
[120] Ebenda. Umfangreiches Material zu den Notstandsgebieten in Rheinland-Pfalz bieten: BAK, B 136/691; B 102/13247, zu Niedersachsen: B 136/656, 681–682 und B 102/13258. Siehe außerdem die Abhandlungen über den Bayerischen und Oberpfälzer Wald, den Regierungsbezirk Trier, Nordhessen und die bayerische Rhön: Deutsche Notstandsgebiete 1951, S.9–17, 19–26, 35–44 und 51–62.
[121] Siehe hierzu den Bericht des Bundesinnenministers während der Kabinettssitzung vom 13. März: Protokoll der 135. Kabinettssitzung am 13.3.1951, in: Die Kabinettsprotokolle der Bundesregierung. Band 4: 1951, Boppard 1988, S.225 (TOP 4: „Notlage Schleswig-Holsteins").

2. Hilfen aus Bonn

folgte im Januar 1950 eine zweitägige Informationsfahrt von Bundesverkehrsminister Seebohm, der seine Eindrücke anschließend im Bundeskabinett vortrug.[122] Im Februar/März bereiste der Grenzlandausschuß des Bundestages die Region, und auch amerikanische Gäste ließen im Zusammenhang mit den voraussichtlich zu tätigenden Investitionen aus Mitteln des „European Recovery Program" nicht auf sich warten. So verschaffte sich im Juni 1951 der amerikanische Hochkommissar McCloy[123] in Begleitung des Beauftragten für die Marshallplanhilfe in Europa, Robert M. Hanes[124], einen Überblick über die Lage im Bayerischen Wald. Nur wenige Monate später schloß sich daran eine viertägige Besichtigungstour des bayerischen Ostens durch den Land Commissioner for Bavaria, George N. Shuster[125], an.[126]

Die Crux all dieser Reisen in bezug auf Problembewältigung und Außenwirkung lag jedoch darin, daß unmittelbare Effekte mit Aussicht auf dauerhafte Linderung der Notstandssymptome weiter auf sich warten ließen. Immerhin machte das dürftige Ergebnis der kurzfristig erteilten Bundesaufträge, die dem Besuch des Verkehrsministers gefolgt waren, allen Beteiligten schnell deutlich, daß es mit bloßen Notstandsarbeiten auf Dauer nicht getan sein konnte. Bereits zur Jahreswende 1950/51, als die bestellten Straßen „gebaut und die Schotterlieferungen getätigt" waren, drohte die angestoßene wirtschaftliche Belebung in der Art eines Strohfeuers wieder in sich zusammenzufallen. Die hartnäckig festsitzende Arbeitslosigkeit in der Region, so hob der Regierungspräsident von Niederbayern/Oberpfalz denn auch in seiner Ergebnisanalyse hervor, konnte nur durch kombinierte Anstrengungen von Bund und Land behoben werden. Deren Ziel aber mußte es sein, eine „grundsätzliche Änderung der wirtschaftlichen Struktur des Gebietes" herbeizuführen.[127]

Wie schwierig es gleichwohl war, den Belangen einheimischer Notstandsgebiete in Bonn politische Schwungkraft zu verschaffen, erfuhren bayerische Politiker zur gleichen Zeit. Adenauer selbst hatte Mitte März 1951 den Bundesminister für Angelegenheiten des Bundesrats damit beauftragt, gemeinsam mit dem Finanzressort über

---

[122] Vgl. das Protokoll der 41. Kabinettssitzung am 3.2.1950, in: Die Kabinettsprotokolle der Bundesregierung. Band 2: 1950, Boppard 1984, S. 181f. (TOP 6: „Bericht über die Bereisung der Bayerischen Ostmark").
[123] John J. McCloy (1895-1989), Jurist, Verwaltungsfachmann, 1921-1940 Tätigkeit als Jurist in den USA, 1941-1945 Berater im Kriegsministerium, 1945 Leiter der „Civil Affairs Divison", 1949-1952 Hoher Kommissar der US-Regierung und Militärgouverneur der US-Zone, 1961-1974 Vorsitzender des Beraterkomitees des US-Präsidenten für Abrüstungsfragen.
[124] Robert M. Hanes (1890-1959), Wirtschafts- und Finanzpolitiker, 1920-1949 (Vize-)Präsident der Wachovia Bank and Trust Co, 1949-1950 Leiter der ECA-Mission für Westdeutschland und Chef der Wirtschaftsabteilung der US-Hochkommission in Berlin.
[125] George N. Shuster (1894-1977), Sprachwissenschaftler, Politiker, 1924-1935 Lehrer am St. Josephs College in Brooklyn, 1932/1937 Deutschlandreisen, 1945-1950 Leitung der Historischen Kommission für Deutschland im Kriegsamt, 1950-1951 Amerikanischer Landeskommissar für Bayern.
[126] NARA, RG 466, HICOG/OLCB, Central Files, Box 20, George L. Erion, Chief, Economic Affairs Division, OLCB, to George N. Shuster, Land Commissioner: „Office Memorandum. Economic Aid to the Bayerische Wald", 24.7.1950; ebenda, Box 21, George L. Erion, Chief, Economic Affairs Division, OLCB, to Luther H. Hodges, Chief, Industry Division, Office of Economic Affairs, HICOG, 17.11.1950; vgl. auch die „Übersicht über die wirtschaftliche und soziale Lage des Landkreises Lichtenfels (für die Besichtigungsreise der ostbayerischen Grenzgebiete durch den Grenzlandausschuß des Bundestages im Februar 1950), Lichtenfels 1950".
[127] BAK, B 136/693, Der Regierungspräsident von Niederbayern/Oberpfalz, Dr. Wein, an das Bayerische Staatsministerium für Wirtschaft, 27.2.1951 (Zitate).

den Zuschnitt geeigneter Hilfsprojekte für westdeutsche Krisenregionen zu beraten. Dabei richtete sich das Augenmerk des Kanzlers laut Kabinettsprotokoll allerdings lediglich auf Schleswig-Holstein, Niedersachsen und Rheinland-Pfalz, denen „aus politischen Gründen geholfen werden müsse", nicht jedoch auf Bayern.[128] Daß dem selektiven Zuschnitt der potentiellen Hilfsempfänger ein bloßer Zufall zugrundelag, erscheint angesichts des Arbeitsstils Adenauers und seiner in der Regel präzisen Besprechungsvorbereitung unwahrscheinlich. Vielmehr spielte wohl eine Rolle, daß sich das Verhältnis des Kanzlers zur bayerischen Staatsregierung und zur CSU-Landesgruppe im Frühjahr 1951 nichts weniger als spannungsfrei darstellte. Der Reibungspunkte gab es einige. Noch schwelte der Streit um eine Bereitschaftspolizei des Bundes: Ihre Aufstellung war von Adenauer im Zuge der beginnenden Wehrbeitragsdebatten seit Frühjahr 1950 gefordert, jedoch von der bayerischen Kabinettsspitze wie auch von der Landesgruppe um des Erhalts föderalistischer Prärogativen willen dezidiert zurückgewiesen worden. Für beiderseitige Verstimmung hatte daneben der Verlauf der Koalitionsverhandlungen im Gefolge der bayerischen Landtagswahlen vom November 1950 gesorgt. Nachdem die CSU dort ihre seit 1946 bestehende absolute Mehrheit verloren hatte und statt 52,3% der Stimmen nurmehr 27,4% auf sich vereinen konnte, war es ihr zwar gelungen, mit Hans Ehard weiterhin das Amt des Ministerpräsidenten zu besetzen. Allerdings mußte eine Koalitionsregierung eingegangen werden, die Ehard entgegen dem ausdrücklichen Wunsch Adenauers in Gestalt einer großen Koalition von CSU, SPD und BHE bildete. Der Kanzler war zuvor offen für ein Zusammengehen der bayerischen Unionspartei mit der Bayernpartei eingetreten, da er hoffte, mittelfristig die Bonner Koalition nach ähnlichem Muster auf eine breitere Basis stellen zu können.[129]

Ob Adenauer im Sinn hatte, die bayerische Landespolitik für ihre Unbotmäßigkeit zu strafen, ob er nach den wahlpolitischen Rückschlägen in Bayern, Hessen und Württemberg-Baden der mitregierenden bayerischen SPD politische Erfolgsmeldungen verwehren wollte oder eher anstrebte, die in der Fraktionsgemeinschaft äußerst fordernd auftretende CSU-Landesgruppe in ihre Schranken zu weisen, muß wohl dahingestellt bleiben. In jedem Falle beinhaltete das ostentative Übergehen bayerischer Belange eine Düpierung jener Bonner CSU-Riege, die bereits im Januar 1951 direkt bei Adenauer zugunsten der ostbayerischen Krisenregion interveniert hatte.[130] In der CSU-Landesgruppe um ihren Vorsitzenden Franz Josef Strauß[131] und seinen Stellvertreter Max Solleder[132] vertiefte das zähe Anlaufen der

---

[128] Protokoll der 135. Kabinettssitzung am 13.3.1951, in: Die Kabinettsprotokolle der Bundesregierung. Band 4: 1951, Boppard 1988, S. 226.
[129] Zu den außenpolitischen Zusammenhängen und der Forderung Adenauers nach Einrichtung einer Bundespolizei: Hans-Peter Schwarz, Adenauer. Band 1: Der Aufstieg 1876-1952, München 1994, S. 727ff., bes. S. 738-774; eingehend zu den divergierenden Standpunkten in der Frage einer Regierungsbeteiligung der Bayernpartei, zur Gründung einer Bereitschaftspolizei des Bundes und zum Autonomiestreben der CSU-Landesgruppe: Schlemmer, Aufbruch, S. 372, 389-391; Gelberg, Ehard, S. 324-333, 348-354.
[130] ACSP, LG-P, Protokoll der Landesgruppensitzung vom 26.1.1951, darin der „Bericht über den Besuch der CSU-Delegation beim Bundeskanzler" am Vortag.
[131] Franz Josef Strauß (1915-1988), Altphilologe und Historiker, CSU-Politiker, 1953-1955 Bundesminister für besondere Aufgaben, 1955-1956 Bundesminister für Atomfragen, 1956-1962 Bundesminister der Verteidigung, 1966-1969 Bundesminister der Finanzen, 1978-1988 Bayerischer Ministerpräsident, 1961-1988 Vorsitzender der CSU.
[132] Max Solleder (1894-1966), Jurist, CSU-Politiker, 1949-1953 MdB.

2. Hilfen aus Bonn

Notstandshilfen jedenfalls den Eindruck, daß man nur gut daran tat, in den eigenen Anstrengungen um die Etablierung der Landesgruppe als konturierter Kraft innerhalb der CDU/CSU-Bundestagsfraktion fortzufahren. Schon im Verlauf des Jahres 1950 hatten ihre Forderungen nach mehr politischer und organisatorischer Autonomie zu wiederholten Reibereien geführt. Daß sich Adenauer nach dem Geschmack der Landesgruppe zu sehr mit der gefährlich erstarkten Bayernpartei einließ, daß er die CSU zwang, ihren Status als „die einzige bayerische Partei", die die Positionen der Bonner Koalition öffentlich vertrete, immer wieder zu verteidigen, fügte dem Disput eine wichtige Nuance hinzu.[133]

Daneben aber war es gerade die Wahrnehmung eines bedenklichen Kausalzusammenhangs zwischen fraktionspolitischer Asymmetrie und unzureichender Berücksichtigung bayerischer Belange auf Bundesebene, die eine schlagkräftigere Landesgruppe unverzichtbar erscheinen ließ: „Die aus koalitionstechnischen Gründen angestrebte und verwirklichte Fraktionsgemeinschaft mit der CDU [...] hat sich in staatsrechtlicher (Föderalismus) und wirtschaftspolitischer Hinsicht für Bayern und damit für die Landesgr.[uppe, S.G.] CSU nicht immer bewährt. Der Kanzler nahm Erklärungen von CDU-Politikern entgegen und behandelte sie als Erklärungen der Gesamtfraktion, obwohl von der CSU niemand gehört worden war; auch wurde und wird die CDU besser vom Bundeskanzler informiert als die CSU. In wirtschaftspolitischer Hinsicht besteht bei der CDU angesichts des zahlenmäßigen Übergewichts von Nordrhein-Westfalen das Bestreben die Verhältnisse in diesem größten Bundesland als Richtschnur für die gesamte Wirtschaftspolitik des Bundes zu erklären und Randgebiete, wie Bayern, zu vernachlässigen. Eine stärkere Betonung der bayerischen Wirtschaftsinteressen erschien daher der CSU geradezu wie ein Akt der Selbsterhaltung."[134]

Der Begriff der „Selbsterhaltung", den das Protokoll der CSU-Klausurtagung von 1951 in den Vordergrund rückte, darf daher durchaus im doppelten Sinne verstanden werden. Denn spürbar wirkte der Schock des Wahlergebnisses vom November 1950 nach und ließ in der Landesgruppe im Jahresverlauf 1951 die Überzeugung wachsen, einen schwierigen, doch politisch umso bedeutsameren Spagat vollziehen zu müssen. Franz Josef Strauß brachte die Problematik in einer generell gefaßten Agenda nochmals mit Blick auf die Gesamtpartei auf den Begriff: War auf der einen Seite zu verhindern, daß die SPD in Bayern weiterhin auch in bürgerlichen Kreisen Stimmengewinne verzeichnete und Teile der Wählerschaft überdies nach rechts abwanderten, hatte man andererseits dringend dafür zu sorgen, daß „endlich die notorische Vernachlässigung bay.[erischer, S.G.] Belange" auf Bundesebene aufhörte. Das galt insbesondere für das Feld der Wirtschaftspolitik.[135]

Eine erfolgreiche Aufbaupolitik für Bayern war zugleich die beste Genesungskur für die Partei und umgekehrt: Diese suggestive Verknüpfung dürfte aus der Einsicht resultiert haben, daß das parteipolitische Überleben der jungen Christlich-Sozialen Union in nicht geringem Maße davon abhängen würde, inwieweit es

---
[133] ACSP, LG-P, Protokoll der Landesgruppensitzung vom 11.1.1951.
[134] ACSP, LG-P, Protokoll über die CSU-Landesgruppensitzung im Schloß Kirchheim am 31.8./1.9.1951.
[135] ACSP, LG-P, Protokoll der Landesgruppensitzung vom 11.9.1951 („Grundsätzliche Ausführungen von Abg. Strauß").

gelang deutlich zu machen, daß man gegenüber den Konzepten der Konkurrenten SPD und Bayernpartei in Bonn die bessere Politik für Bayern betrieb. Es lag in dieser Logik, daß auch die Abgrenzung von der Schwesterpartei CDU aus parteitaktischen wie aus sachlichen Gründen gleichermaßen anzustreben war. Mußte es doch für die CSU darum gehen, die spezifisch bayerische Bedürfnislage im Bund einsichtig zu machen, die Abkoppelung Bayerns vom Hauptstrom der ökonomischen Entwicklung zu verhindern und, wo irgend möglich, selbst die politischen Früchte dafür zu ernten. Zur Jahresmitte 1951 befanden sich diese Ziele noch in unbestimmter Ferne, doch entfaltete gerade ihre Verschränkung erhebliche handlungsleitende Kraft. Das Ausscheiden der Bayernpartei aus dem Bundestag nach den Wahlen von 1953 trug entscheidend dazu bei, daß die CSU im Laufe der zweiten Legislaturperiode ihre Stellung als anerkannt eigenständige Kraft im Fraktionsverbund und prononcierteste Fürsprecherin bayerischer Belange auf Bundesebene konsolidieren konnte.[136] Die Durchsetzung bayerischer regionaler Aufbauinteressen blieb indes darüber hinaus ein Anliegen, das von der Landesgruppe gegenüber dem Fraktionspartner kontinuierlich und auch anhand eines Spektrums von gelegentlich brachialen Mitteln verfolgt wurde. So ist es recht charakteristisch für die Bedeutung, die die CSU-Bundestagsabgeordneten der Materie zumaßen, daß sie im Januar 1953 einhellig die Weiterentwicklung der Personalie Graf und die materielle Förderung Ostbayerns gemeinsam als „wesentliche Voraussetzung für eine weitere vertrauensvolle Zusammenarbeit mit dem Bundeskanzler" ultimativ in den Vordergrund rückten.[137]

Es entsprach dieser Generaltendenz, daß sich der „Interministerielle Ausschuß für Notstandsgebietsfragen" im Juni 1951 zu Wort meldete und das Projekt der regionalen Notstandsbekämpfung in der Bundesrepublik einen weiteren Schritt vorantrieb. Als Sprecher des IMNOS wandte sich Ministerialdirigent Otto Graf an den Staatssekretär im Bundeskanzleramt, um einen ausführlichen Arbeitsbericht vorzulegen und erste Ergebnisse zu referieren. Diese waren von beachtlicher Konsistenz. Nach etwas mehr als einjähriger Arbeit konnte der Ausschuß – wie gesehen – geographisch abgegrenzte Sanierungsgebiete präsentieren, wobei die jüngst entstandene Grenzlandproblematik noch ohne sachliche Trennung von Fällen älteren ökonomischen Notstands behandelt wurde. Dazu legte man länderweise spezifizierte Verteilungsschlüssel vor, die auf zwei verschieden hohe Mittelzuweisungen hin ausgearbeitet worden waren. Keinen Zweifel ließ Otto Graf daran, daß nach einhelliger Auffassung des IMNOS ebenso wie der Bundestagsausschüsse für Grenzlandfragen und Wirtschaftspolitik ein Mindestbetrag von 100 Mio. DM allein im Rechnungsjahr 1951/52 erforderlich war. Mit einem weiteren, persönlichen Schreiben an Adenauers Berater Friedrich Ernst erreichte Graf, daß die Notstandsproblematik auf die Tagesordnung der nächsten Kabinettssitzung gesetzt wurde.[138]

---

[136] Schlemmer, Aufbruch, S. 392–394.
[137] Vgl. zur Entwicklung der Angelegenheit Graf aus der Sicht der Landesgruppe: ACSP, LG-P, Protokolle der Landesgruppensitzungen vom 9.1.1952, 28.10.1952, 20.1.1953 (Zitat) und 27.1.1953.
[138] BAK, B 136/657, Dr. Graf, Bundesministerium für Wirtschaft, an den Herrn Staatssekretär des Bundeskanzleramtes, 15.6.1951; ebenda, Ministerialdirektor Dr. Graf, Bundeswirtschaftsministerium, an Dr. Ernst, Bundeskanzleramt, 29.6.1951. Zur Person und kurzzeitigen Funktion des Bankiers Friedrich Ernst im Bundeskanzleramt: Löffler, Soziale Marktwirtschaft, S. 320f., 335f.

Am 3. Juli schließlich konnte sich auch Adenauer den Argumenten nicht mehr entziehen und beauftragte den Bundesminister für Angelegenheiten des Bundesrates mit der künftigen Koordination der Hilfsaktionen – nunmehr unter Einschluß des Bayerischen Waldes.[139]

Die allmähliche Verstetigung von Maßnahmen, die als finanzielle Kriseninterventionen begonnen hatten, ging in hohem Maße auf die Vorarbeiten des IMNOS zurück. Damit sich allerdings ein neues Politikfeld herausbilden konnte, das wenige Jahre später unter der Bezeichnung „regionale Wirtschaftspolitik" firmieren würde, bedurfte es neben der institutionellen Verdichtung zusätzlich der Herausbildung eines weitgefaßten politischen Konsenses über die Notwendigkeit und die Machbarkeit eines interregionalen Wohlstandsausgleichs in Westdeutschland. Ein solcher Konsens bestand nicht von Anbeginn. Sein Grundprinzip geriet ebenso wie die gefundene Form der praktischen Umsetzung schon in der zweiten Hälfte der 1950er Jahre in die Kritik. In seiner Konstitutionsphase nur wenige Jahre zuvor kristallisierten sich gleichwohl erste Grundelemente regionaler Förderpolitik in Westdeutschland heraus, deren Entfaltung das Funktionsgefüge der marktwirtschaftlich organisierten Grundordnung und das Bund-Länder-Verhältnis prägte. Ungeachtet nachfolgender Modifikationen stand das fortan zugrunde gelegte Leitbild spätestens im Frühjahr 1952 prinzipiell fest. Zu diesem Zeitpunkt hatten sich die wichtigsten Bundesministerien über ein gemeinsames Vorgehen verständigt, dessen Grundelemente auf Veranlassung von Bundeswirtschaftsminister Erhard als Kabinettsvorlage gefaßt und schließlich vom Bundeskabinett gebilligt wurden. Als zentral wurde das leitende Motiv des interregionalen Ausgleichs der Wirtschaftskraft festgeschrieben mit dem Ziel, ökonomisch rückständige Regionen einem „Gesundungsprozeß" zu unterwerfen. Die Wortwahl des Kabinettsentwurfs unterstreicht das generelle Anliegen: Mußte es doch demzufolge darum gehen, die „tiefgehende strukturelle Unausgeglichenheit, die alle Bereiche wirtschaftlichen und sozialen Lebens innerhalb der Bundesrepublik beeinflußt und ständig wirtschaftspolitische Spannungen verursacht", in den Griff zu bekommen und über „umfassende und planvolle Hilfsmaßnahmen der Tendenz zu weiterer Verschärfung des West-Ost-Gefälles in der Intensität wirtschaftlichen Lebens entgegenzuwirken." Hierzu leitete die Bundesregierung eine Förderpolitik ein, die kapitalorientiert war und ihren Schwerpunkt auf die unmittelbare Unternehmensförderung legte. Insbesondere durch die Vergabe von Investitionskrediten an Betriebe der Industrie, des Kleingewerbes und des Handwerks sollten dauerhafte Arbeitsplätze geschaffen werden. Zur nachhaltigen Strukturverbesserung waren die bereitgestellten Fördermittel außerdem dazu einzusetzen, über Infrastruktur- oder Erschließungsmaßnahmen die Voraussetzungen für die Ansiedlung von stabilen Betrieben zu schaffen. Von „produktionssteigernde[n] Maßnahmen" in der Landwirtschaft schließlich erhoffte man sich parallel dazu die Schaffung weiterer Arbeitsplätze. Maßnahmen zur subventiven Förderung notleidender Gewerbe-

---

[139] Siehe hierzu das Protokoll der 157. Kabinettssitzung am 3.7.1951 (TOP 1), in: Die Kabinettsprotokolle der Bundesregierung. Band 4: 1951, Boppard 1988, S. 498f.

zweige oder rein konsumbezogene Investitionen sollten hingegen ebenso ausgeschlossen sein wie die Unterstützung bloßer Notstandsarbeiten.[140] Das eingängige Konzept kam nicht ohne Vorannahmen und Schwerpunktbildungen aus. Der Kern der angebotsorientierten Förderstrategie lag zweifellos darin, unter marktwirtschaftlichen Bedingungen die Lenkung und regionale Zufuhr des Produktionsfaktors Kapital in Angriff zu nehmen. Dazu baute man darauf, Anreize für nachhaltige Investitionen durch die Vergabe von Krediten und Zuschüssen zu setzen, die entstehenden Investitionskosten auf direktem oder indirektem Wege zu senken und damit die Kapitalrentabilität in den Fördergebieten zu steigern. Bemerkenswert ist, daß in diesem Zusammenhang westdeutsche Wirtschaftsräume unterhalb der gesamträumlichen Ebene verstärkt als ökonomische Einheiten ins Blickfeld rückten. So forderte der in der Abteilung I A2 des Ministeriums entstandene Kabinettsentwurf des Bundeswirtschaftsministers, die Notstandsregionen als Teil des bundesdeutschen Wirtschaftsgebiets in ihrer jeweiligen Individualität ernstzunehmen und die ökonomische „Therapie"[141] entsprechend auszurichten. Auch gingen interregionale Austauschbeziehungen als Faktor in die Betrachtung ein, blieben aber charakteristischerweise auf den Aspekt der Arbeitskräftewanderungen beschränkt. In innovativer Weise griff das neue Förderprogrammkonzept eben hier ein und stellte neben die laufende „passive Sanierung" durch Arbeitskräfteabwanderung Elemente der aktiven Stärkung krisenbetroffener regionaler Wirtschaftskraft. Ungeachtet dieser stärker teilräumlichen Orientierung blieben die Remedien in Erhards Entwurf aber prinzipiell vom nationalökonomischen Gesamtgefüge her gedacht. Daß und wie der gesamtstaatlich-regionale Zusammenhang in biologisch-medizinischen Kategorien von Krankheit und Gesundheit formuliert wurde, war deshalb charakteristisch: Um die Funktion des westdeutschen Wirtschaftsraumes und der marktwirtschaftlichen Ordnung insgesamt nicht zu gefährden, mußten einzelne, klar isolierbare sozialökonomische Krankheitsherde festgestellt, von ihren „Disproportionen und Fehlern" befreit und einem „Gesundungsprozeß" unterworfen werden, der in der krisenbefallenen Region selbst anzusetzen hatte.[142] Im konzeptionellen Vordergrund stand dabei stets die Behebung einer „schwere[n] Belastung für den gesamten Bund"[143].

Mangels einer operationalisierbaren regionalökonomischen Theorie zur Verknüpfung teilräumlicher und nationaler ökonomischer Prozesse stützte man sich für die Umsetzung notgedrungen auf Theoreme geringerer Reichweite. Hiervon haben insbesondere zwei das Förderkonzept des Bundeswirtschaftsministeriums zu diesem

---

[140] BAK, B 102/212059, Der Bundesminister für Wirtschaft an den Staatssekretär des Bundeskanzleramtes. Betr.: Hilfsmaßnahmen für die von der Not besonders betroffenen Gebiete der Bundesrepublik, 26.3.1952 (Zitate: S. 2, 8); zum Kabinettsbeschluß: Protokoll der 218. Kabinettssitzung am 9.5.1952 (TOP 2), in: Die Kabinettsprotokolle der Bundesregierung. Band 5: 1952, Boppard 1989, S. 268f.
[141] BAK, B 102/212059, Der Bundesminister für Wirtschaft an den Staatssekretär des Bundeskanzleramtes. Betr.: Hilfsmaßnahmen für die von der Not besonders betroffenen Gebiete der Bundesrepublik, 26.3.1952, S. 2.
[142] Ebenda, S. 4, 7f.
[143] BAK, B 102/212059, Der Bundesminister für Wirtschaft, Abteilung I A2, Unterlagen für die Sitzung des Bundestagsausschusses für Wirtschaftspolitik am 9.5.1951, 2.5.1951.

2. Hilfen aus Bonn

frühen Zeitpunkt geprägt. Das Modell der „wirtschaftlichen Tragfähigkeit"[144] von Regionen reflektierte die Annahme, daß das ökonomische Potential eines abgrenzbaren Gebietes sich aus dem Zusammenwirken von Boden, Kapital und Arbeitskraft ergebe. Umgekehrt war deshalb davon auszugehen, daß eine bestimmte regionale Einheit bei effektiver Ausnutzung der vorhandenen Kapazitäten dazu imstande sei, lediglich einer bestimmten Maximalzahl von Einwohnern eine dauerhafte ökonomische Existenz zu bieten. Gegen Anfang der 1950er Jahre hatte dieses Konzept bereits eine gewisse wissenschaftsgeschichtliche und anwendungsbezogene Karriere hinter sich. Nach Anfängen in der Zwischenkriegszeit erlangte die Tragfähigkeitsrechnung zunächst im Zuge der agrarischen Ostraumplanungen durch die Berliner „Reichsstelle für Raumordnung" in den frühen 1940er Jahren einige Bedeutung, bevor sie nach Kriegsende im Zusammenhang mit den Umsiedlungsbemühungen der Bundesregierung erneut zur Anwendung kam.[145] Treibende Kraft hinter ihrer Weiterentwicklung war der Raumplaner Gerhard Isenberg, der seit 1950 und bis zu seiner Pensionierung 1967 im Bundesfinanzministerium tätig war und seine Behörde während dieser Zeit im IMNOS vertrat.[146] In unserem Zusammenhang bemerkenswert ist, daß das Tragfähigkeitskonzept zwischen „,primären' (Existenz-)Grundlagen eines Landes" und „sekundären Existenzmöglichkeiten" unterschied. Übertragen in Relevanzkategorien hieß dies, daß der Land- und Forstwirtschaft, der „fernbedarfstätigen Industrie" und dem kleinen Kreis der „Ferndienstleistungen", darunter dem Tourismus, besonderes Gewicht im ökonomischen Gefüge und damit vorzugsweise Förderungswürdigkeit im Wiederaufbau zufiel.[147]

Daß es notwendig sei, Schwerpunkte im Bereich des exportierenden Gewerbes zu setzen, ergab sich zudem aus der Logik der sogenannten „Exportbasistheorie". Sie ging in wesentlichen Elementen als weitere, grundlegendere Modellannahme in die bundesdeutsche Regionalförderung ein und prägte diese mehr noch als die Isenberg'sche Variante, die vor allem in ihren stark mathematisch-ökonometrischen Weiterungen nie komplett zum Zuge kam. Bereits nach den Förderrichtlinien des Bundes von 1952 waren in erster Linie jene Betriebe mit Krediten zu bedenken, die „einen nennenswerten Export aufweisen oder den überwiegenden Teil ihrer Produktion außerhalb des Sanierungsgebietes absetzen".[148] Hinter die-

---

[144] BAK, B 102/212059, Der Bundesminister für Wirtschaft an den Staatssekretär des Bundeskanzleramtes. Betr.: Hilfsmaßnahmen für die von der Not besonders betroffenen Gebiete der Bundesrepublik, 26.3.1952, S. 5, 2f., 6.
[145] Vgl. hierzu die Studie: Grundgedanken zu einem Bevölkerungsausgleich in der Bundesrepublik Deutschland. Denkschrift des Instituts für Raumforschung, Bonn 1950.
[146] BAK, B 136/656, ORR Dr. Isenberg im Bundesministerium der Finanzen an diverse Empfänger. Betrifft: Karte der Notstandsgebiete, 18.1.1951. Die Publikationstätigkeit Isenbergs fand ihren Niederschlag unter anderem in: Gerhard Isenberg, Tragfähigkeit und Wirtschaftsstruktur, Bremen-Horn 1953; ders./Dietmar Krafft, Tragfähigkeit, in: Handwörterbuch der Raumforschung und Raumordnung. Band III, 2. Aufl. Hannover 1970, Sp. 3382-3414; Gerhard Isenberg, Die praktische Anwendung der Tragfähigkeitsrechnung in Krieg und Frieden, in: Raumforschung und Raumordnung 3/4 (1968), S. 133-140, bes. S. 139f. Zur Person Isenbergs und zu seiner Karriere in der Raumwissenschaft vgl. den Artikel von Karl Heinrich Olsen, Gerhard Isenberg 70 Jahre, in: Raumforschung und Raumordnung 30 (1972), S. 223f.
[147] BAK, B 136/656, ORR Dr. Isenberg, Vermerk betr. ‚Tragfähigkeit', 24.11.1950 (Zitate); dazu auch Isenberg, Tragfähigkeit und Wirtschaftsstruktur.
[148] BAK, B 102/212059, Der Bundesminister für Wirtschaft, Abteilung I A2, Richtlinien für die Sanierungsaktion der Bundesregierung (Teil-Abschnitt 1952/53), 2.7.1952.

ser Vorgabe stand der in seinen Wurzeln bis auf Werner Sombart zurückreichende Grundgedanke, wonach das Wachstum von Regionen ausschließlich auf die durch Exportüberschüsse generierten Einkommensströme und die nachfolgend in der Region erzeugten positiven Multiplikatoreffekte zurückzuführen sei. Demzufolge stellte die außerhalb eines bestimmten Gebietes bestehende Nachfrage nach Gütern und Dienstleistungen dieser Region den entscheidenden Schlüssel zur Erklärung des regionalen Wirtschaftswachstums dar.[149] In den frühen 1950er Jahren bot das Konzept überdies einen vielversprechenden, modernen Denkansatz zur ersten förderpolitischen Annäherung an das Phänomen disparitärer Regionalentwicklung. Abgesehen von den Studien Gerhard Isenbergs hatten verschiedene Arbeiten zum Wiederaufbau kriegszerstörter britischer Städte und zur Entwicklung US-amerikanischer Regionen den Ansatz seit den 1940er Jahren mit einiger Reputation und mit dem Anspruch auf allgemeinere Anwendbarkeit versehen.[150]

Keineswegs aber konnten die vorliegenden Theorieelemente in dieser frühen Phase als empirisch belastbare Säulen einer umfassenderen Theorie regionalen Wachstums und regionaler Wirtschaftsentwicklung angesehen werden. Die verbleibenden Interpretationsspielräume waren weit und zeigten sich spätestens, sobald die Ausgestaltung zu verwendbaren Arbeitsinstrumenten anstand und die jeweils regionalökonomisch entscheidenden und damit förderwürdigen Branchen oder Betriebe zu bestimmen waren. Eine exakte Abgrenzung des grundlegenden „Basic"-Bereichs von den hiervon intraregional abhängigen „Nonbasic"-Sparten hätte zweifellos eingehende Detailuntersuchungen zur Frage des Güter- und Leistungstransfers über die jeweiligen Regionsgrenzen erfordert. Diese lagen in den frühen 1950er Jahren nicht und auch noch bis in die 1970er Jahre hinein nur für wenige Fälle vor. Vereinfachende Vorannahmen waren deshalb unumgänglich. Das von den Praktikern regionaler Förderpolitik im Bundeswirtschaftsministerium 1950/51 zunächst konzipierte Verfahren privilegierte in starker Anlehnung an die Isenberg'sche Variante des Exportbasiskonzepts die Landwirtschaft und das verarbeitende Gewerbe. Umgekehrt waren die für den regionalen Nahbedarf tätigen Sparten, also etwa der Einzelhandel, das Handwerk und der überwiegende Teil des Dienstleistungssektors a priori keine Hauptadressaten der Fördergelder.[151]

---

[149] Zu den ökonomischen und ökonometrischen Implikationen der Exportbasistheorie im einzelnen: Klaus Rittenbruch, Zur Anwendbarkeit der Exportbasiskonzepte im Rahmen von Regionalstudien, Berlin 1968; Hans Kistenmacher, Basic-Nonbasic-Konzept, in: Handwörterbuch der Raumforschung und Raumordnung. Band I, 2. Aufl. Hannover 1970, Sp. 150–158; Harry W. Richardson, Regional Growth Theory, London/Basingstoke 1973, S. 16–22; Knut Gerlach/Peter Liepmann, Zur regionalpolitischen Förderungskonzeption in der Bundesrepublik Deutschland, in: Archiv für Kommunalwissenschaften 12 (1973), S. 269–281, bes. S. 272ff.; Hartmut Krietemeyer, Der Erklärungsgehalt der Exportbasistheorie (Schriften des Zentrums für regionale Entwicklungsforschung 25), Hamburg 1983.
[150] James S. Duesenberry, Some Aspects of the Theory of Economic Development, in: Explorations in Entrepreneurial History 3 (1950), S. 63–102; Richard B. Andrews, Mechanics of the Urban Economic Base: Historical Development of the Base Concept, in: Land Economics 29 (1953), S. 161–167; J.W. Alexander, The Basic-Nonbasic Concept or Urban Economic Functions, in: Economic Geography 30 (1954), S. 246–261; Douglass C. North, Location Theory and Regional Economic Growth, in: The Journal of Political Economy 63 (1955), S. 243–258; Gerald Sirkin, The Theory of the Regional Economic Base, in: The Review of Economics and Statistics 41 (1959), S. 426–429.
[151] Vgl. etwa BAK, B 102/212059, Der Bundesminister für Wirtschaft, Abteilung I A2, Unterlagen für die Sitzung des Bundestagsausschusses für Wirtschaftspolitik am 9.5.1951, 2.5.1951.

2. Hilfen aus Bonn

Die praktischen Folgen dieser förderpolitischen Grundorientierung bekam das designierte Empfängerland Bayern unmittelbar zu spüren. So legte der IMNOS im Herbst 1951 sein Veto ein, als das bayerische Wirtschaftsministerium im Entwurf des Sanierungsprogramms für das Folgejahr eine Handwerks- und Kleingewerbequote von 1,8 Mio. DM vorsah. Die bayerische Staatsregierung hatte sich zu dieser Verteilung entschlossen, nachdem Vertreter des Handwerks im Landtag die Forderung auf gleichberechtigte Berücksichtigung ihrer Kreditwünsche neben jenen der Industrie hatten durchsetzen können.[152] Der Interministerielle Ausschuß hingegen kürzte den geforderten Betrag kurzerhand auf 1 Mio. DM und legte fest, daß die freiwerdenden 800 000 DM ausschließlich der Förderung von Gewerbe, Verkehr und Landwirtschaft in Bayern zugute kommen mußten. Im Sinne der Exportbasistheorie wurde dieser Eingriff damit begründet, daß „entsprechend dem Grundgedanken des Sanierungsprogramms" nur solche Projekte berücksichtigt werden könnten, die exportorientiertes, „,primäres Einkommen' dauernder Natur" in den Sanierungsregionen schufen und damit die notwendige Basis für das vorwiegend intraregional tätige Handwerk und Kleingewerbe bereitstellten.[153] Insofern war es aus der Sicht Bayerns und anderer stark kleingewerblich strukturierter Bundesländer durchaus als ein Entgegenkommen von Bundesseite anzusehen, daß die Kabinettsvorlage des Bundeswirtschaftsministers vom März 1952 neben den Förderzielgruppen Landwirtschaft, Verkehr und Industrie ausdrücklich auch auf den möglichen Empfängerkreis „Kleingewerbe und Handwerk" verwies.[154] An dem dauerhaften Fortbestehen des Exportbasiskonzepts als leitmotivisch wirksamem Basistheorem in der bundesdeutschen regionalen Wirtschaftspolitik änderte diese Differenzierung jedoch wenig. Die damit verknüpfte, lediglich partielle Berücksichtigung des Dienstleistungssektors blieb unangetastet. Und auch als gegen Ende der 1950er Jahre mit dem planerischen Element der „Schwerpunktorte" ein weiteres, längerfristig wirksames Förderparadigma hinzutrat, ließ dies die beschriebene sektorale Grundausrichtung weitgehend unberührt.[155]

Auf dem Feld der ökonomischen Regionalpolitik in Westdeutschland ging die administrative Praxis der wissenschaftlichen Theoriebildung zeitlich klar voran. Zwar wurde ab Frühjahr 1952 regelmäßig wissenschaftliche Expertise in Gestalt von Vertretern des Instituts für Raumforschung direkt zu den Beratungen des IMNOS hinzugezogen.[156] Den Verantwortlichen dort und in den beteiligten Ministerien ließen die politischen Handlungsvorgaben aus dem Bundeskabinett und der

---

[152] BAK, B 102/13250, Bayerisches Staatsministerium für Wirtschaft an das Bundesministerium für Wirtschaft. Betreff: Sanierungsprogramm des Bundes, 13.7.1951.
[153] BAK, B 102/13250, Der Bundesminister für Wirtschaft an das Bayerische Wirtschaftsministerium, z. Hd. Fräulein Dr. Miersch. Betr.: Sanierungsaktion der Bundesregierung, hier: Handwerks- und Kleingewerbequote, 18.10.1951; ebenda, B 102/212059, Kurzprotokoll über die Sitzung einer Arbeitsgruppe des Interministeriellen Ausschusses für Notstandsgebiete am 12.10.1951, 26.10.1951 (Zitate).
[154] BAK, B 102/212059, Der Bundesminister für Wirtschaft an den Staatssekretär des Bundeskanzleramtes. Betr.: Hilfsmaßnahmen für die von der Not besonders betroffenen Gebiete der Bundesrepublik, 26.3.1952, S. 8.
[155] Vgl. hierzu unten Kapitel I.2. des dritten Teils dieser Arbeit.
[156] BAK, B 102/212059, Kurzprotokoll über die Sitzung der Arbeitsgruppe des Interministeriellen Ausschusses für Notstandsgebietsfragen am 6.3.1952 im Institut für Raumforschung, 6.3.1952.

resultierende Zwang zur Gestaltung eines rasch umsetzbaren Konzepts jedoch kaum eine andere Wahl, als bereits im Vorgriff tätig zu werden. Umgekehrt waren es aber gerade die Weitmaschigkeit und die noch begrenzte Reichweite der existierenden regionalökonomischen Theorieangebote, welche die Erarbeitung einer operationalisierbaren, fachlich vertretbaren und zugleich politisch akzeptablen Lösung im vorläufigen Konsens mit den Ländern erleichterten. Anders als eine rein theoretische Betrachtung nahelegen könnte, stellte sich angesichts dieses Fehlens einer umfassenden Theorie regionaler Wirtschaftspolitik keineswegs „zwangsläufig"[157] eine Stärkung der Länderpositionen ein.

b) Die regionale Subventionspraxis und die bayerischen Interessen

Die Position der Nehmerländer in dem entstehenden regionalen Fördersystem des Bundes läßt sich für die frühen 1950er Jahre kaum anders als durch die Analyse praktischer Entfaltungsprozesse erschließen. Vergabeverfahren, Fördergebietsabgrenzungen und Quotendiskurse interessieren dabei allerdings nur insoweit, als sie Aufschluß über den Gang des Bund-Länder-Verhältnisses geben und die komplizierte Lage der bayerischen Aufbaupolitik im entstehenden Gefüge der vertikalen bundesstaatlichen Finanzbeziehungen verdeutlichen können. Dieser Zugriff speist sich aus der Einsicht, daß selbst vordergründig rein „technisch" anmutende Regelungen das Potential in sich tragen, Entwicklungspfade im föderalen Raum zu eröffnen, welche längerfristig politische Qualität annehmen und in der Folge die Handlungsspielräume politischer Entscheidungsträger auf Landes- und Bundesebene in erheblichem Maße beschneiden konnten. Das gilt nicht nur für die finanzpolitische Gewichtsverteilung im föderalen Raum oder die Verschuldungsentwicklung von Bund und Ländern. Vielmehr läßt sich das ambivalente Verhältnis von grundgesetzlich festgeschriebener Länderhoheit und faktisch wachsender Gestaltungsmacht des Bundes, das die Entwicklung des Föderalismus in Westdeutschland prägte, *in nuce* bereits früh im Zusammenspiel von Theorie und Praxis der bundesdeutschen Sanierungsprogramme seit 1951 ausfindig machen. So hob das Bundeswirtschaftsministerium in seinen elaborierten Richtlinien zur Sanierungsaktion für 1952/53 den „betont regionalen Charakter" des Vorhabens hervor, das „weitgehend der Verantwortung der Länder überlassen" werde. Insbesondere konnte man sich zurecht darauf berufen, daß der Interministerielle Ausschuß im Rahmen seiner Mittelverteilung den Bundesländern lediglich eine Gesamtquote zuwies, für deren geographische und fachliche Aufteilung den Länderregierungen ihrerseits das Vorschlagsrecht zustand.[158]

Im administrativen Alltag wog freilich mindestens ebenso schwer, daß die Einplanung und Genehmigung der Projekte den Ländern nicht in eigener Zuständigkeit oblag. Die Planungsvorhaben mußten sich innerhalb der vom IMNOS festgelegten Richtlinien halten und vom Ausschuß in Vertretung der Bundesregierung

---

[157] In diesem Sinne argumentiert Alfred Richmann, Kritik der Export-Basis-Theorie als „Basis" der regionalen Wirtschaftspolitik in der Bundesrepublik Deutschland, in: Raumforschung und Raumordnung 37 (1979), S. 268–273 (Zitat: S. 269).
[158] BAK, B 102/212059, Der Bundesminister für Wirtschaft, Abteilung I A2, Richtlinien für die Sanierungsaktion der Bundesregierung (Teil-Abschnitt 1952/53), 2.7.1952, S. 6.

2. Hilfen aus Bonn

nach eingehender Prüfung genehmigt werden. Die Übertragung des Genehmigungsverfahrens auf die Länder, wie sie die bayerische Landesanstalt für Aufbaufinanzierung als verantwortliches regionales Kreditinstitut zeitweise angeregt hatte, lehnte der Interministerielle Ausschuß dezidiert ab.[159] Die starke Bindewirkung, die die Fördermaßnahmen des Bundes in Richtung der Länder entfalteten, wurde deshalb fortan auf zwei Ebenen wirksam. Da Bundesmittel aufgrund der Haushaltslage und der restriktiven Vorgaben des Bundesfinanzministers vorerst nur in sehr beschränktem Umfang zur Verfügung standen, waren sie lediglich zur „Spitzenfinanzierung von Hilfsmaßnahmen" vorgesehen. Die Empfängerländer durften die Gelder nicht zur Einsparung von Mitteln verwenden, sondern waren von Anfang an verpflichtet, eigene Haushaltsmittel zur Finanzierung der Bundessanierungsprogramme beizusteuern.[160] Dies galt schon seit den frühen 1950er Jahren in der finanzwirtschaftlichen Praxis des Bund-Länder-Verhältnisses für eine Reihe von Förderprogrammen, etwa die sogenannte „Frachthilfe" zugunsten Ostbayerns. Sie diente dem Ausgleich der verlängerten Transportwege und erhöhten Frachtkosten, die den Unternehmen im ostbayerischen Raum nach Schließung der Zonengrenze erwachsen waren und wurde von Finanzminister Schäffer nur gegen eine angemessene Ergänzung aus bayerischen Landesmitteln überhaupt gewährt. Selbst die Vergebung von Notstandsarbeiten war seitens des Bundes an diese Bedingung gebunden worden.[161]

Darüber hinaus nahm der Bund seine Genehmigungsbefugnis in einer Weise wahr, die ihm eine sehr weitreichende sachliche Einflußnahme auf die Gestaltung der durch ihn teilfinanzierten Förderpolitik ermöglichte. Wie tief das Steuerungsbemühen und die Steuerungskompetenz reichten, können einige Beispiele verdeutlichen. So mündete etwa die Prüfung des bayerischen Sanierungsprogramms vom August 1952 durch den IMNOS in die präzise Vorgabe an das Land Bayern, einige Straßenbauprojekte im hinteren Bayerischen Wald zu revidieren: Das ursprünglich vorgesehene Projekt eines Ausbaus der Landstraße II. Ordnung zwischen Rohrstetten und Schwarzach mußte durch die Erweiterung der Landstraße I. Ordnung in Richtung Grafenau ergänzt werden, um der dortigen Wirtschaft einen angemessenen Anschluß an das Verkehrsnetz zu verschaffen. Damit die vom Bund geleistete Spitzenfinanzierung gleichwohl weiter zu gewährleisten war, hatte Bayern die Finanzierung anderer Verkehrsprojekte in gleichem Umfang zu reduzieren.[162] In anderen Fällen führte die detailgenaue Prüfung bayerischer Investitionsvorhaben aufgrund triftiger haushaltstechnischer Gesichtspunkte zur Streichung von beantragten Zuschüssen für Fernsprechverbindungen oder Maßnahmen des Gesund-

---

[159] BAK, B 102/13250, Der Bundesminister für Wirtschaft, Abteilung I A2, an die Bayerische Landesanstalt für Aufbaufinanzierung. Betr.: Sanierungsprogramm 1951 Bayern, 6.2.1953.
[160] BAK, B 102/212059, Der Bundesminister für Wirtschaft an den Staatssekretär des Bundeskanzleramtes. Betr.: Hilfsmaßnahmen für die von der Not besonders betroffenen Gebiete der Bundesrepublik, 26.3.1952.
[161] BAK, B 136/693, Der Bundesminister der Finanzen, Schäffer, an das Bayerische Staatsministerium für Verkehrsangelegenheiten, 2.3.1951; ebenda, Der Bundesminister für Wirtschaft an den Staatssekretär des Innern im Bundeskanzleramt, 21.4.1951.
[162] BAK, B 102/212059, Ergebnis der Prüfung des bayerischen Sanierungsprogramms vom 14.8.52 (Anlage 2 zum Protokoll über die Sitzung des IMNOS am 16.9.1952), 18.9.1952.

heitswesens im Bayerischen Wald.[163] Wiederholt auch bremste der Ausschuß die von bayerischen Planern vorgesehene Aufsplitterung von Fördergeldern in Klein- oder Kleinstvorhaben, mahnte im Bereich der Verkehrserschließung zur Schwerpunktbildung oder riet aus Gründen „volkswirtschaftliche[r] Effizienz" zur Gewährung von Darlehen statt Zuschüssen.[164]

Nicht immer hielten sich derartige Kontroll- und Lenkungsinitiativen im Rahmen technisch-finanzwirtschaftlicher Detailfragen. Als der Interministerielle Ausschuß im Oktober 1951 festlegte, daß von der dem bayerischen Handwerk zugedachten Kreditquote im Sanierungsprogramm 1952 die Hälfte zur Förderung von Flüchtlingsbetrieben zu verwenden sei, provozierte dies bei bayerischen Stellen einen Sturm der Erregung. Ausgelöst durch eine empörte Intervention des Bayerischen Handwerkstages und der Handwerkskammern schalteten sich die CSU-Landesgruppe im Bundestag und schließlich sogar der bayerische Wirtschaftsminister persönlich in die Angelegenheit ein. Die Positionen standen sich klar konturiert gegenüber. Während man im bayerischen Wirtschaftsressort auf die relativ geringe Zahl existierender Flüchtlingsbetriebe, die begrenzte Kreditwürdigkeit der meist kleinen Vertriebenenunternehmen, den hohen Kreditbedarf des einheimischen Gewerbes sowie die staatlicherseits bereits an das bayerische Flüchtlingshandwerk geleisteten Hilfen verwies und die Auflage ablehnte, beharrten die Bonner Ausschußmitglieder auf ihrer Einschätzung: Gerade die geringe Zahl der Flüchtlingshandwerksbetriebe rechtfertige eine bevorzugte Berücksichtigung. Dies gelte umso mehr, als von den qualifizierten Fachkräften aus der Tschechoslowakei hohe exportwirtschaftliche Leistungen zu erwarten seien.[165] Unversehens hatte ein Gewichtungsproblem begonnen, „politischen Charakter anzunehmen"; es ließ sich in der Folge auch nurmehr durch einen taktisch gefärbten Kompromiß bereinigen. Nach längeren Verhandlungen, in die unter anderem das Bundesministerium für Vertriebene eingeschaltet wurde und in deren Verlauf ein internes Vermittlungsgespräch im Bundeswirtschaftsministerium unter dem Vorsitz von Abteilungsleiter Otto Graf den Weg zu einem Kompromiß bahnte, war der Ausschuß trotz schwerer Bedenken schließlich zum Einlenken bereit. In Aufnahme eines bayerischen Vorschlags verzichtete der IMNOS darauf, im Text des Sanierungsprogramms eine feste Flüchtlingsquote zu fordern; das bayerische Wirtschaftsministerium erklärte sich seinerseits bereit, in den öffentlich weniger präsenten Durchführungsrichtlinien zum Sanierungsprogramm eine reduzierte Flüchtlingsquote von 33 1/3% zu akzeptieren. Selbst eine telephonisch im Bundeswirtschaftsministerium vorgetragene Erklärung aus der CSU-Landesgruppe, die Angelegenheit gegebenenfalls als offizielle

---

[163] BAK, B 102/212059, Kurzprotokoll über die Sitzung der Arbeitsgruppe des Interministeriellen Ausschusses für Notstandsgebietsfragen (IMNOS) am 24.7.1953, 25.7.1953.
[164] BAK, B 102/212059, Kurzprotokoll über die Sitzung des Interministeriellen Ausschusses für Notstandsgebietsfragen (IMNOS) am 10.9.1953, 18.9.1953 (Zitat); ebenda, Kurzprotokoll über die Sitzung des Interministeriellen Ausschusses für Notstandsgebietsfragen (IMNOS) am 9.10.1953, 19.10.1953.
[165] BAK, B 102/13250, Der Bundesminister für Wirtschaft, Abteilung I A2, Vermerk betr: Sanierungsprogramm für das Land Bayern, 22.11.1951; ebenda, Vermerk betr. Verwendung der im Rahmen des Sanierungsprogramms für Bayern bereitgestellten Bundesmittel, 23.11.1951; ebenda, Der Bayerische Staatsminister für Wirtschaft, Hanns Seidel, an den Bundesminister für Wirtschaft, Ludwig Erhard, 24.11.1951.

2. Hilfen aus Bonn

Anfrage vor den Bundestag bringen zu wollen, hatte die Einführung einer revidierten Quotenregelung nicht verhindern können.[166] Der Vorgang macht deutlich, wie wenig Raum die Kräfteverhältnisse für Wünsche der Länder ließen, sofern diese nicht auf die ausgelobten Gelder verzichten wollten oder konnten. Hinter dem hartnäckig verfochtenen Anspruch des Bundeswirtschaftsministeriums auf dominante Mittelverfügung stand eine Reihe von Motiven. Zum einen hielt man es für unabdingbar, dafür zu sorgen, daß die verfügbaren ordentlichen Haushaltsmittel im gesamten Bundesgebiet nach einheitlichen Kriterien angewendet wurden. Der Grundsatz finanzwirtschaftlicher Gleichbehandlung aber schien nur gewährleistet durch „eine ständige Einflußnahme der Bundesregierung sowohl auf die Aufstellung wie auch auf die laufende Ergänzung und Abänderung der Programme" der Länder.[167] Unmittelbar begründbar war diese Haltung gewiß durch die angespannte Lage des Bundeshaushalts, den begrenzten Umfang der überhaupt verfügbaren Fördermittel und die Notwendigkeit ihres möglichst effektiven Einsatzes. Daneben ist allerdings ein etatistisch-paternalistischer Grundzug der Mittelverwaltung kaum zu übersehen. Denn das Bundeswirtschaftsministerium betrachtete es keineswegs als seine Aufgabe, die Fördergrundsätze und -ziele im kontinuierlichen Interessenaustausch mit den regional oder sektoral betroffenen Interessenverbänden und Wirtschaftskreisen umzusetzen. Dies blieb allenfalls Aufgabe der Landesregierungen, denen wiederum nachdrücklich aufgegeben wurde, widerstrebenden „Gruppeninteressen entgegenzutreten".[168] Mit Rückendeckung aus dem Haushaltsausschuß des Bundestages und der Bundesregierung praktizierte das Wirtschaftsressort eine strikte Linie, die den bald anwachsenden Begehrlichkeiten aus den Ländern ein zentral geregeltes Verteilungsverfahren und das Leitbild überparteilicher Konfliktregelung entgegenstellte. Würde man davon abgehen, so die im internen Briefverkehr mit den zuständigen Länderinstanzen offen geäußerte Sorge im Wirtschaftsressort, wäre „zu befürchten, daß alle Entscheidungen mehr oder weniger unter dem Druck von Interessentengruppen stehen und die Sanierungsaktion zum Spielball verschiedenster Macht- und Einflußgruppen" werde.[169]

Es ist zweifellos als eine Stärke des sukzessive eingespielten Verfahrens anzusehen, daß es erlaubte, die unabdingbare Selektivität der regionalen Fördermaßnahmen über einen Zeitraum von mehr als zehn Jahren hin weitgehend beizubehalten. Dies bedeutete nicht, daß der Gebietsstand der geförderten Krisenregionen unverändert blieb. Daß jedoch nur dann mit nennenswerten volkswirtschaftlichen Effekten der eingesetzten Mittel zu rechnen war, wenn sie hinreichend konzentriert zum Einsatz kamen, war den Regionalplanern im Bundeswirtschaftsministerium

---

[166] BAK, B 102/13250, Der Bundesminister für Wirtschaft, Abteilung II, Dr. Hartmann, an Abteilung I A2, Dr. Giel, 24.11.1951 (Zitat).
[167] BAK, B 102/13250, Der Bundesminister für Wirtschaft, Abteilung I A2, an die Bayerische Landesanstalt für Aufbaufinanzierung. Betr.: Sanierungsprogramm 1951 Bayern, 6.2.1953.
[168] BAK, B 102/212059, Der Bundesminister für Wirtschaft, Abteilung I A2, Richtlinien für die Sanierungsaktion der Bundesregierung (Teil-Abschnitt 1952/53), 2.7.1952, S.7.
[169] BAK, B 102/212059, Der Bundesminister für Wirtschaft an die Wirtschaftsministerien der Länder Schleswig-Holstein, Hessen, Bayern, Baden-Württemberg und Niedersachsen sowie an das Ministerium für Ernährung, Landwirtschaft und Forsten des Landes Nordrhein-Westfalen und an den Ministerpräsidenten des Landes Rheinland-Pfalz, 15.10.1953, S.3.

von Beginn der Förderaktion an klar. Es wurde deshalb als ausgesprochen störend empfunden, als im Laufe des Jahres 1953 nicht nur die öffentliche Kritik an den festgesetzten Notstandskriterien, sondern auch die Forderung nach geographischer Ausweitung der Sanierungsgebiete stark zunahm. In gewisser Hinsicht war dies ein Effekt erster praktischer Umsetzungserfolge: Da die Abwicklung des Sanierungsprogramms 1951 aufgrund der Streitigkeiten zwischen Bund und Ländern über die Aufteilung von Einkommen- und Körperschaftsteuer weit hinter dem Zeitplan zurücklag, hatte der größere Teil der von den Ländern vorgeschlagenen saisongebundenen Vorhaben erst ein ganzes Jahr später in Angriff genommen werden können.[170] In dem Maße aber, in dem sich damit die Kenntnis sichtbarer Anwendungsfelder der Förderprogramme in den Ländern verbreitete, wuchs der öffentliche Druck, den einzelne Kreise, Interessenverbände und Länderregierungen auf das Bundeswirtschaftsministerium ausübten. Bereits im Frühjahr 1953 mußte sich der IMNOS deshalb mit einem prozeduralen Trick behelfen. Um die Gesamtausdehnung der Sanierungsgebiete im Vergleich zum Vorjahr zumindest annähernd gleich zu halten, formulierte das Gremium die maßgeblichen Notstandsmerkmale erst, *nachdem* die betroffenen Länder anhand vorläufig benannter Kriterien ihren Sanierungsbedarf angemeldet hatten. Ungeachtet solcher methodischer Aushilfen hatte der Umfang der anerkannten Sanierungsgebiete bis Jahresanfang 1954 zwar in geringem Umfang, doch gleichwohl kontinuierlich zugenommen. Der IMNOS entschloß sich deshalb zu dem einschneidenden Schritt, den aktuellen Abgrenzungsstand von Zonenrand- und Sanierungsgebieten bis auf weiteres beizubehalten und erreichte dieses Ziel mit Einverständnis der Landesregierungen erstmals für das Haushaltsjahr 1954.[171]

Damit hatte man es geschafft, jenes Problem vorläufig in Schach zu halten, das sich in der Folge gegen Ende der 1950er Jahre zu einem Politikum auswuchs, der Regionalförderung zusätzliche Aufmerksamkeit seitens der Bundesregierung sicherte und die Neuabgrenzung der Bundesfördergebiete nochmals bis 1963 hinauszögerte. Aufgrund des voranschreitenden konjunkturellen Aufschwungs, des damit verbundenen strukturellen Wandels und der Bevölkerungsverschiebungen war es unvermeidlich, daß ständig kleinere Gebietseinheiten sich das Anrecht auf Anerkennung ihres Notstandsstatus erwarben, während andere bei strenger Handhabung aus der Sanierungsaktion wieder hätten herausfallen müssen. In der Praxis war es jedoch schon vor 1954 nur schwer durchsetzbar gewesen, anerkannten Förderregionen die einmal gewährten Vorteile wieder zu entziehen. Die beiden wichtigsten Merkmalsmodifikationen der Jahre 1952 und 1953 – die Absenkung

---

[170] BAK, B 102/212059, Der Bundesminister für Wirtschaft an den Staatssekretär des Bundeskanzleramtes. Betr.: Hilfsmaßnahmen für die von der Not besonders betroffenen Gebiete der Bundesrepublik, 17.8.1952.
[171] BAK, B 102/212059, Der Bundesminister für Wirtschaft, Abteilung I A2, Vermerk über die Besprechung mit den Ländervertretern am 12.2.1953 im Bundeswirtschaftsministerium, 4.3.1953. Für die Jahre 1954 und 1955: BAK, B 102/212059, Kurzprotokoll über die Sitzung des Interministeriellen Ausschusses für Notstandsgebietsfragen (IMNOS) am 14.1.1954, 25.1.1954; ebenda, Vermerk über die Sitzung des Interministeriellen Ausschusses für Notstandsgebietsfragen am 4.3.1955, 20.4.1955. Im Überblick auch: Peter Thelen/Georg Lührs, Abgrenzung von Fördergebieten. Die Messung der Wirtschaftskraft und der strukturellen Gefährdung von Regionen, Hannover 1971, S. 18–31.

2. Hilfen aus Bonn

der geforderten Arbeitslosenquote von 24 auf 19% und die Aufnahme auch solcher Gebiete, die mindestens zwei der Förderkriterien von 1951 lediglich „annähernd" erfüllten – sanktionierten deshalb nicht nur die ökonomische Entwicklung, sondern umgingen gezielt auch bereits potentielle politische Streitfelder.

Mit der nachfolgenden faktischen Stillegung der Abgrenzungsproblematik über Jahre hinweg bannte der Bund als Träger der Regionalförderung zeitweise die Gefahr einer zunehmenden Zerstreuung knapper Fördermittel, tauschte dafür jedoch einen anderen Nachteil ein. Je länger die Neuordnung hinausgeschoben wurde, desto mehr entfernte sich die Fördergebietsstruktur von den ursprünglich anvisierten Sanierungsmerkmalen. Diese Entwicklung gab den involvierten Bundesländern hinreichend Argumente an die Hand und führte dazu, daß die Gesamtproblematik bald mit Macht und neuer Relevanz auf die bundespolitische Tagesordnung zurückkehrte. Bayerische Politiker taten als Vertreter eines der am stärksten von der Notstandsfrage betroffenen Bundesländer das ihre dazu.

Alles in allem hatte Bayern vordergründig kaum Anlaß, sich über die unzureichende geographische Ausdehnung seiner geförderten Notstandsregionen zu beklagen. So konnte das Bundesland gegenüber dem Ausgangsstand von 1951, der das Gebiet des Bayerischen, Böhmischen und Oberpfälzer Waldes, die Hoch-Rhön, den Frankenwald, den Thüringer Wald und das Steinachtal umfaßt hatte, für die Sanierungsaktion 1952/53 einen deutlichen Zugewinn verbuchen, der im wesentlichen auf die zusätzliche Berücksichtigung des östlichen Niederbayern südlich der Donau zurückzuführen war.[172] Im Folgejahr 1953/54 wurden die Kreise Ebermannstadt, Kemnath, Pegnitz, Bayreuth und Teile des Landkreises Forchheim einbezogen; lediglich einige Gemeinden des Landkreises Pfarrkirchen, die den Notstandsstatus nicht mehr erfüllten, fielen aus der Förderung heraus.[173] Daneben kam fortan wie in allen anderen Nehmerländern regionaler Wirtschaftshilfe per Bundestagsbeschluß vom 2. Juli 1953 ein 40 km breiter Gebietsstreifen entlang der Zonengrenze unter anderem in den Genuß struktureller Förderprogramme, des Bundesgrenzhilfeprogramms 1954 sowie der Regionalen Hilfsprogramme des Bundes, zu denen ab 1955 alle Bundesmaßnahmen im Zonenrandgebiet und in den Sanierungsgebieten zusammengelegt wurden. Als „Zonenrandgebiet" galten fortan jene Landkreise und kreisfreien Städte, die mit mindestens 50% ihres Territoriums oder ihrer Einwohnerzahl höchstens 40 km von der Grenze zur DDR, zur Tschechoslowakei oder zur Ostseeküste entfernt lagen.[174] Kritik aus Bayern blieb dennoch nicht aus und machte sich unter anderem am Zuschnitt der Auswahlkriterien für Notstandsgebiete fest.[175]

Es waren vor allem die Debatten um die Einführung eines strukturell orientierten Förderprogramms für die bundesdeutschen Ostrandländer und der heran-

---

[172] BAK, B 102/212059, Kurzprotokoll über die Sitzung des Interministeriellen Ausschusses für Notstandsgebietsfragen am 17.6.1952, 27.6.1952.
[173] BAK, B 102/212059, Von der Bundesregierung anerkannte Sanierungsgebiete 1953 (Anlage zum Kurzprotokoll über die Sitzung des Interministeriellen Ausschusses für Notstandsgebietsfragen (IMNOS) am 8.5.1953), 23.5.1953.
[174] Hans Kiemstedt, Zonenrandgebiet, in: Handwörterbuch der Raumforschung und Raumordnung. Band III, 2. Aufl. Hannover 1970, Sp. 3871-3878.
[175] Vgl. dazu etwa die Diskussionen in: ArchBayLT, Ausschuß für Wirtschaft und Verkehr, Protokoll über die 58. Sitzung am 25.9.1952 (Schedl).

nahende Bundestagswahlkampf 1953, die weitere Ansatzpunkte und politische Hebel verschafften, um bayerische Wünsche auf effektive Kapitalhilfe des Bundes mit Aussicht auf Gehör zu artikulieren. Der Erfolg solcher Anstrengungen blieb in dieser Phase begrenzt und kam überdies dem Versuch gleich, offene Bonner Türen einzurennen, hinter denen bereits intensiv über eine Zonenrandhilfe diskutiert wurde. Die folgenden Beispiele können gleichwohl verdeutlichen, welche Mittel und Wege genutzt wurden, um an den offiziellen Vergabekriterien des IMNOS zu rütteln, die zwischen 1951 und 1953 festgesetzten Förderrichtlinien aufzuweichen und sie stärker an die spezifisch bayerische Bedürfnislage anzupassen.

c) Die Einführung der Zonenrandförderung als Streitfeld zwischen Bund und Land

Seit ein Unterausschuß des Bundestagsausschusses für Gesamtdeutsche Fragen im Sommer 1952 die Idee entwickelt hatte, die Zonenabsperrung mit der Einführung einer neuen Gebiets- und Förderkategorie zur Stabilisierung der „politische[n] und wirtschaftliche[n] Gefahrenlage der Grenzgebiete entlang des eisernen Vorhangs" zu beantworten, war die Zonenrandfrage nicht mehr aus der politischen Diskussion verschwunden. Den Zielen der CSU-Landesgruppe kam dies entgegen. Seit Beginn der ersten Wahlperiode des Bundestags hatte man versucht, die Einführung eines „Osthilfefonds" zugunsten Bayerns zu lancieren und seither auch nach Beginn der Sanierungsaktion versucht, hinter den Kulissen der offiziellen Verteilungs- oder parlamentarischen Beratungswege direkten Einfluß auf Kabinettsmitglieder und auf das Kanzleramt zu nehmen.[176] Die Parlamentarier und insbesondere ihr „Ostrandexperte", der Regensburger Abgeordnete Max Solleder, waren dabei nicht kleinlich in der Wahl der Mittel. So nutzten die Abgeordneten zur Jahreswende 1952/53 eine Zwangslage des Innenministers und der Bundesregierung. Dort beabsichtigte man, die personelle Verstärkung des neugegründeten Bundesgrenzschutzes im Zuge der Wiederbewaffnungsbemühungen weiter voranzutreiben und benötigte dazu dringend die Unterstützung der CSU-Parlamentarier. Auf eine Idee von Strauß hin stellte die Landesgruppe ein Junktim zwischen ihrer Zustimmung, der Berufung von Otto Graf als Staatssekretär im Bundeswirtschaftsministerium und der finanziellen Hilfe für die bayerischen Ostgebiete in den Raum. Erst nach einigen Wochen des Tauziehens entspannte sich die Angelegenheit, als die CSU Anfang Februar 1953 ihre Zusage zu der gewünschten Vermehrung der Bundesgrenzschutzkontingente gab. Mit Wissen Adenauers, der vom Kanzleramt persönlich informiert wurde, hatte der Bundesinnenminister die bayerischen Grenzlandforderungen durch eine Darstellung der bisherigen und der ge-

---

[176] BAK, B 136/693, Dr. Max Solleder, MdB, an Ministerialdirektor Globke, Bundeskanzleramt, 29.5.1952; ebenda, Der Staatssekretär des Bundeskanzleramtes an den Bundestagsabgeordneten Dr. Max Solleder, 20.8.1952 (Zitat); ebenda, Dr. Max Solleder, MdB, an Herrn Bundeskanzler Dr. Konrad Adenauer, 24.12.1952. Vgl. zur parlamentarischen Initiative der CSU-Landesgruppe im Hinblick auf die Einführung eines „Osthilfefonds" für Bayern: Deutscher Bundestag, 1. Wahlperiode 1949, Drucksache 2069 (Antrag der Abgeordneten Dr. Solleder, Dr. Schatz, Strauß und Genossen), 14.3.1951.

2. Hilfen aus Bonn

planten Bundesförderprogramme beantwortet und damit in der Landesgruppe für wohlwollende Stimmung gesorgt.[177] Willkommene Schützenhilfe erhielt die Sache der Zonenrandländer zudem durch die wachsende Aufmerksamkeit der Öffentlichkeit. Dazu trug zum einen die intensivierte Publikations- und Informationstätigkeit der betroffenen Industrie- und Handelskammern, der Bezirks- und Länderregierungen sowie des Deutschen Landkreistags bei, die sich dabei bereits auf einzelne Veröffentlichungen aus den Wirtschafts- und Raumwissenschaften berufen konnten. Zum anderen hatte die SPD das Thema im Frühjahr 1953 als Teil ihres sozial- und wirtschaftspolitischen Wahlprogramms auf die Parteiagenda gesetzt, hatte eine Reihe detaillierter Forderungen erarbeitet und im Juni sogar eine Tagung zum Thema „Hilfe für das Zonenrandgebiet" veranstaltet. Am 2. Juli beschloß der Bundestag auf Antrag der SPD hin ein „Förderprogramm für die Gebiete an der Zonengrenze".[178] Adenauer selbst mußte sich seitens der Sozialdemokratie den Vorwurf gefallen lassen, die Zonengrenzgebiete bewußt zu vernachlässigen, und gab zu erkennen, daß er nicht bereit war, das zunehmend brisante Aufgabenfeld durch die Opposition besetzen zu lassen. Im Kabinett war man unter diesen Umständen auf äußerste Eile in der

---

[177] „Die Verkoppelung der Bundesgrenzschutzverstärkung mit der Förderung der Notstandsgebiete ist erst vor wenigen Tagen durch den Abgeordneten Strauss erfolgt. Ich hörte über Staatssekretär von Lex, daß meine Auskunft als befriedigend betrachtet wird." (BAK, B 136/693, Der Bundesminister des Innern, Dr. Robert Lehr, an den Bundeskanzler, 27.1.1953). Siehe auch ebenda, Der Bundesminister des Innern, Dr. Robert Lehr, an den Bundeskanzler, 29.1.1953. Die bis zu diesem Zeitpunkt eingeleiteten Sanierungsmaßnahmen zugunsten Bayerns finden sich resümiert in der Ausarbeitung: BAK, B 136/693, Der Bundesminister für Wirtschaft, Abteilung I A2, Durchführung des Sanierungsprogramms, insbesondere in Bayern, 4.2.1953. Zur Behandlung der Frage in der CSU-Landesgruppe und zum Vorschlag Strauß': ACSP, LG-P, Protokolle der Landesgruppensitzungen am 28.10.1952, 28.1.1953 und 3.2.1953.
Eine politische Geschichte des Bundesgrenzschutzes ist bislang ein Desiderat. Vgl. Arved F. Semerak, Entstehung und Entwicklung des Bundesgrenzschutzes bis zum Einsatz in Mogadischu, in: Peter Nitschke (Hg.), Die Deutsche Polizei und ihre Geschichte. Beiträge zu einem distanzierten Verhältnis, Hilden 1996, S. 258-274; Diethelm Brücker, Vom Werden des Bundesgrenzschutzes 1950-1956, in: Archiv für Polizeigeschichte 12 (2001), S. 11-19; Anfänge westdeutscher Sicherheitspolitik 1945-1956. Hg. vom Militärgeschichtlichen Forschungsamt, Band 1: Von der Kapitulation zum Pleven-Plan, München/Wien 1982, Band. 2: Die EVG-Phase, München 1990.
[178] Denkschrift über das Ostgrenzgebiet der Bundesrepublik. Vorgelegt vom „Arbeitskreis-Ostgrenzgebiete der Bundesrepublik" der Länder Bayern, Hessen, Niedersachsen und Schleswig-Holstein, o. O. 1952; Der Wirtschaftsraum Lübeck als „notleidendes Grenzgebiet" an der Ostzonengrenze, Lübeck 1952; Die Zonengrenzprobleme Oberfrankens. Denkschrift der Regierung von Oberfranken, o. O. 1952; Zur Lage der Wirtschaft im Zonengrenzgebiet. Denkschrift der Industrie- und Handelskammer für Oberfranken, Bayreuth 1953; Wilhelm Röpke, „Notstandsgebiete (Beispiel Oberfranken)", in: FAZ, 15.11.1952; ders., Notstandsgebiete, in: Oberfränkische Wirtschaft. Mitteilungsblatt der Industrie- und Handelskammer Oberfranken 12 (1952), S. 1 f.; Erich Dittrich, Die deutschen Notstandsgebiete, eine Aufgabe der Raumpolitik, in: Wirtschaftsdienst 1 (1952), S. 29-36; „Die leidenden Landkreise an der Zonengrenze", in: Die Selbstverwaltung. Organ des deutschen Landkreistages 1 (1953), S. 1-8; „Regierung und SPD machen Vorschläge zur Sanierung der Zonengrenzgebiete", in: Die Neue Zeitung, 10.4.1953. Zum Bundestagsbeschluß und den vorangegangenen Debatten: Stenographischer Bericht über die 279. Sitzung des Deutschen Bundestages vom 2.7.1953, S. 13955-13970, 14407 sowie die einschlägigen Drucksachen 4276, 4467 und 4563. Zur Bedeutung der Zonengrenze in der Wahrnehmung der Regierung Adenauer: Anselm Döring-Manteuffel, Die innerdeutsche Grenze im nationalpolitischen Diskurs der Adenauer-Zeit, in: Bernd Weisbrod (Hg.), Grenzland. Beiträge zur Geschichte der deutsch-deutschen Grenze (Quellen und Untersuchungen zur Geschichte Niedersachsens nach 1945 9), Hannover 1993, S. 127-142; zum Wahlkampf 1953 der SPD: Klotzbach, Weg zur Staatspartei, S. 281-286.

Umsetzung des Bundestagsbeschlusses bedacht. Vizekanzler Blücher drängte den Kabinettsausschuß für Wirtschaft in Vertretung des Kanzlers, die Angelegenheit so beschleunigt zu behandeln, „daß zwei Wochen vor dem Wahltag die Maßnahmen von der Bundesregierung veröffentlicht werden könnten."[179] Da sich die Materie als äußerst kompliziert erwies und mangels weiterreichender Gesetzgebungskompetenz des Bundes vorerst nur in Ansätzen zu lösen war, blieb man auf eigene Haushaltsmaßnahmen im Bereich der Frachthilfe oder auf die Änderung der Verdingungsordnung beschränkt; den betroffenen Ländern wurde empfohlen, ihre Ermessensspielräume bei der Festsetzung der Gewerbesteuer und anderer Abgaben zu nutzen. Ungeachtet der ungelösten Detailfragen und der unabdingbaren Bund-Länder-Verhandlungen verabschiedete der Kabinettsausschuß für Wirtschaft am 18. August ein Förderprogramm für die Zonenrandgebiete, während die Bundesregierung ihrerseits am 22. August in einer Presseerklärung die bisherigen und künftigen Förderleistungen zugunsten des Zonenrandgebiets publik machte.[180]

Zugleich entfaltete das Bundeskanzleramt in Zusammenarbeit mit den Fachministerien eine Reihe von Aktivitäten, die darauf zielten, die Maßnahmen der Bundesregierung im Bereich der Grenzlandhilfe intern zu resümieren, aufzubereiten und ins Bewußtsein der Öffentlichkeit zu tragen.[181] Hiervon profitierte nicht zuletzt Bayern. Um positive Lösungsmöglichkeiten für die weiterhin hartnäckig vorgetragenen, drängenden Wünsche aus der CSU-Landesgruppe und aus dem bayerischen Kabinett zu erkunden, veranlaßte Staatssekretär Globke aufwendige Abstimmungsgespräche zwischen den zuständigen Ministerien. Dabei stand im Sommer 1953 besonders der Fall der Stadt Regensburg im Mittelpunkt, die sich aus bayerischer Sicht als ausgesprochenes „Problemkind" erwiesen hatte. Obwohl dort noch gegen Ende der 1950er Jahre vergleichsweise hohe Arbeitslosenzahlen bei relativ niedriger Industriedichte zu verzeichnen waren, erfüllte die Stadt weder die Kriterien zur Aufnahme in die Sanierungsprogramme des Bundes noch lag sie innerhalb jener 40-km-Zone, die sich bereits zur Jahreswende 1952/53 als maßgeblich für die Grenzlandhilfe des Bundes abzeichnete.[182] Während der zuständige

---

[179] Die Kabinettsprotokolle der Bundesregierung. Kabinettsausschuß für Wirtschaft, Band 1: 1951–1953, München 1999, S. 275–278 (Zitat: S. 277) (19.8.1953). Vgl. zur Behandlung der komplexen Materie im Bundeskabinett unter anderem Die Kabinettsprotokolle der Bundesregierung. Band 6: 1953, Boppard 1989, S. 360f. (23.6.1953), S. 387 (7.7.1953) sowie Die Kabinettsprotokolle der Bundesregierung. Band 7: 1954, Boppard 1993, S. 493f. (10.11.1954).
[180] „Bundesregierung hilft Zonengrenzgebiet", 22.8.1953 (Mitteilung des Bundespresseamts Nr. 832/53); dazu auch BAK, B 136/694, Der Bundesminister für Wirtschaft, Abteilung I A2, an das Bundeskanzleramt, 28.9.1953.
[181] BAK, B 136/693, Leistungen der Bundesregierung für die Bayerische Ostmark (Bundesverkehrsministerium) (Anlage zu: Der Bundesminister für Verkehr an den Bundeskanzler, 10.2.1953); Brief Adenauers an die Redaktion der Zeitschrift „Die Selbstverwaltung", abgedruckt unter dem Titel „Bundeskanzler und Zonengrenzkreise" in: Die Selbstverwaltung 3 (1953); BAK, B 136/694, „Hat die Bundesregierung die Gebiete im Ostzonenvorfeld vergessen? Kurzbericht im Hessischen Rundfunk" (Anlage 1 zu: Bundeskanzleramt, Referat 6. Betr.: Hilfsmaßnahmen für den Ostbayerischen Raum, 21.7.1953).
[182] Vgl. u. a. BAK, B 136/694, Dr. Max Solleder, MdB, an den Bundeskanzler, 30.3.1953; ebenda, Dr. Max Solleder, MdB, an den Bundeskanzler, 16.5.1953 sowie das Memorandum „Die bayerische Ostraumfrage"; dazu ebenda, Bundeskanzleramt, Referat 6. Betr.: Hilfsmaßnahmen für den Ostbayerischen Raum, 21.7.1953. Zum Status Regensburgs auch: „Regensburg ist nicht Notstandsgebiet", in: Regensburger Woche, 25.4.1952; Barbara Finke/Harald Pohl,

2. Hilfen aus Bonn

Referatsleiter im Bundeswirtschaftsministerium auf den Verfahrensweg über den Interministeriellen Ausschuß verwies und ansonsten jegliche Ausnahmeregelung strikt ablehnte[183], zeigte sich das Bundeskanzleramt weitaus entgegenkommender. Als Ergebnis der Abstimmungsgespräche, die mit dem Wirtschafts- und Finanzressort sowie dem Bundesministerium für den Marshallplan stattgefunden hatten, konnte denn auch eine Reihe von alternativen Fördermöglichkeiten ausfindig gemacht werden. So war der Bundeswirtschaftsminister bereit, bis zu einer halben Million DM zur Modernisierung der Regensburger Gas- und Wasserwirtschaft zur Verfügung zu stellen; der Bundesfinanzminister machte Hoffnung auf Kredite für demontierte Regensburger Werke aus dem außerordentlichen Haushalt für 1953, während der Interministerielle Ausschuß auf die Möglichkeit von Frachthilfen für umweggeschädigte Betriebe hinwies. Zwar konnte Regensburg auch weiterhin nicht in das Sanierungsgebiet Bayerischer Wald aufgenommen werden. Aufgrund veränderter Richtlinien für das Rechnungsjahr 1953 wurde es jedoch möglich, Sanierungsmittel auch in angrenzende Räume zu leiten. Somit stand es der bayerischen Staatsregierung frei, Investitionshilfen für Regensburg zu beantragen, sofern diese etwa der Verminderung der Arbeitslosigkeit im eigentlichen Sanierungsgebiet zugute kamen. Adenauer konnte die Vergünstigungen anläßlich seines lange geplanten Besuchs in Regensburg am 12. August 1953 bekanntgeben.[184]

Diese Beispiele des inoffiziellen Ringens um regionale und lokale Entwicklungschancen zeigen, daß sich das neue Politikfeld der ökonomischen Regionalförderung seit Beginn der Sanierungsaktion der Bundesregierung in Form lebendiger Arbeitsbeziehungen etabliert und verselbständigt hatte. Die eingangs dieses Abschnitts angesprochene Position der Länder hierin erschöpfte sich nicht in der Rolle bloßer Bittsteller. Vielmehr stand auch nationalökonomisch weniger gewichtigen Ländern wie Bayern ein gewisses Spektrum von Einfluß- und Verhandlungsoptionen offen, die vielfach erst erschlossen werden mußten und von der Anwendung gezielter Personalpolitik oder der Mobilisierung der öffentlichen Stimmung bis hin zur gezielten Nutzung von Wahlkampfsituationen reichte. Wesentlich weniger offensiv gestaltete sich die im Grunde naheliegende Rolle des Bundeslands, selbst als Geber von Fördermitteln gegenüber seinen Notstandsgebieten tätig zu werden. Ein vergleichbarer Landesfonds existierte bereits vor Gründung der Bundesrepublik in Nordrhein-Westfalen[185]; in Bayern kam ein landeseigenes Grenzhilfeprogramm jedoch nicht vor 1954 zustande. Anders als in rückblickend ver-

---

Studien zur kommunalen Industrieförderung im 20. Jahrhundert. Das Beispiel Regensburg von 1900 bis 1985, Regensburg 1986, S. 87-95.
[183] BAK, B 136/693, Dr. Rau, Abteilung I A2, Durchführung des Sanierungsprogramms, insbesondere in Bayern, 4. 2. 1953.
[184] BAK, B 136/694, Bundeskanzleramt, Referat 6. Herrn Ministerialdirektor Dr. Globke vorzulegen. Betr.: Sanierungsgebiet Bayerischer Wald, hier: Regensburg, 13. 2. 1953; ebenda, Referat 6. Dem Herrn Bundeskanzler vorzulegen. Betr.: Sofortmaßnahmen für den Ostbayerischen Raum, insbesondere für Regensburg, 10. 8. 1953.
[185] Hansjoachim Henning, Der nordrheinwestfälische Grenzlandfond 1948-1955. Restauration oder Innovation für eine regionale Gewerbestruktur?, in: Hans J. Gerhard (Hg.), Struktur und Dimension. FS für Karl Heinrich Kaufhold zum 65. Geburtstag. Band 2: Neunzehntes und Zwanzigstes Jahrhundert (Vierteljahrschrift für Sozial- und Wirtschaftsgeschichte, Beiheft 133), Stuttgart 1997, S. 573-596; Christoph Kopper, Zonenrandförderung und Verkehrspolitik im bundesdeutschen Grenzgebiet: Das Beispiel Niedersachsen, in: Bernd Weisbrod (Hg.), Grenzland. Beiträge zur Geschichte der deutsch-deutschen Grenze, Hannover 1993, S. 95-109.

faßten Darstellungen suggeriert, erwies sich seine Einrichtung nicht nur als ausgesprochen schwierig, sondern stieß im Land selbst auf erhebliche Widerstände.[186] Nachdem Ministerpräsident Ehard in seiner Regierungserklärung vom 9. Januar 1951 die baldige Hilfe für das bayerische Grenzland zu einer besonderen Aufgabe seines Kabinetts erhoben hatte, richtete die SPD-Fraktion im Bayerischen Landtag im Juni 1951 den Antrag an die Staatsregierung, ein eigenes bayerisches Sanierungsprogramm zugunsten der östlichen und nordöstlichen Grenzregionen des Landes auszuarbeiten. Ziel des Vorstosses war es, einen Kabinettsbeschluß herbeizuführen, der dafür gesorgt hätte, die ansonsten proportional über die Regierungsbezirke verteilten Haushaltsgelder konzentriert zu verwenden und für das Jahr 1952 „das Schwergewicht der gesamten staatlichen Mittel auf die Grenze" zu legen.[187] Der Gedanke einer genuin bayerischen Grenzlandförderung hatte bis dahin in der Landespolitik wenig Resonanz gefunden. Dies zeigte sich in geradezu symptomatischer Weise in der Frühgeschichte des eigentlich hierfür zuständigen parlamentarischen Ausschusses. Per Beschluß vom 13. Dezember 1949 hatte der Bayerische Landtag einen Grenzlandausschuß eingesetzt, der sich in Anlehnung an die Gründung des entsprechenden Bundestagsausschusses vom Oktober 1949 mit der Sondersituation der bayerischen Ostrandgebiete befassen sollte. Aktiv wurde dieser allerdings erst nach der Wahl des zweiten bayerischen Landtags im November 1950. Buchstäblich über Monate hinweg setzte sich das Gremium dann in der Folge sehr eingehend mit der Diskussion und Analyse der Notstandsphänomene in Bayern, mit der Definition des Grenzlandbegriffs und mit möglichen Anwendungsfeldern staatlicher Hilfen auseinander. Je länger sich die Beratungen erstreckten, desto öfter und intensiver stießen die Bemühungen allerdings auf ein Hindernis, dessen schiere Unüberwindbarkeit die Parlamentarier seit Herbst 1952 nahezu resigniert über die „Nutzlosigkeit", in melodramatischer Zuspitzung sogar über die „Tragik" ihrer Arbeit reflektieren ließ.[188]

Das Schlüsselproblem jeder effektiven, eigenverantworteten Grenzlandhilfe Bayerns lag in der zwingenden Haushaltsnot des bayerischen Staates. Allein in der fraglichen Periode zwischen März 1950 und März 1954 stieg die Kreditmarktneuverschuldung des Landes von knapp 142 Mio. auf fast 970 Mio. DM, eine Situation, die regelmäßig im Vorfeld der Erstellung des Haushaltsplans zu langwierigen Verteilungsdebatten des Finanzministeriums mit den übrigen Ministerialverwaltungen führte. Da man im Finanzressort alleine für 1954 mit einem voraussichtlichen Defizit von 140 Mio. DM bei einer ohnehin zu tragenden Zins- und Tilgungslast von 229 Mio. DM jährlich rechnete, standen selbst volkswirtschaftliche Grundinvestitionen im Bereich des Infrastrukturausbaus für Gesamtbayern in Frage. Aufgrund des Mangels an staatlichen Refinanzierungsmitteln war sogar die bis dahin angelaufene Vergabe von Industriekrediten unter dem Vorzeichen der

---

[186] Vgl. etwa die beiläufigen Erwähnungen bei Miersch, Staatliche Grenzlandpolitik, S. 38; Emmert, Staatliche Subventionierung, S. 244f.
[187] Siehe die Regierungserklärung Ehards in: Karl Bosl/Andreas Kraus, Dokumente zur Geschichte von Staat und Gesellschaft in Bayern. Band III/9: Die Regierungen 1945–1962, München 1976, S. 160f.; ArchBayLT, Ausschuß für Grenzlandfragen, Protokoll über die 4. Sitzung am 21.8.1951 (Zitat Bantele).
[188] ArchBayLT, Ausschuß für Grenzlandfragen, Protokolle über die 11. und 14. Sitzung am 9.9.1952 (Schuster, Wolf) und 12.5.1953 (Zitat Bantele).

2. Hilfen aus Bonn

Flüchtlingshilfe bereits im Laufe des Jahres 1951 wieder ins Stocken geraten.[189] Ein Sonderfonds für die Belange des Grenzlandes hatte unter diesen Umständen kaum Durchsetzungschancen. So konnte aus Sicht der bayerischen Ostgebiete von wenig mehr als einem ambivalenten Zwischenerfolg gesprochen werden, als das Bayerische Wirtschaftsministerium im April 1952 das Konzept eines bayerischen „Grenzland-Schwerpunktprogramms" vorlegte, für dessen Realisierung ein Betrag von mindestens 78 bis 100 Mio. DM als sinnvoll erachtet wurde. Am wachsenden Dilemma der von Hans Ehard geführten Großen Koalition in der Frage des Umgangs mit den ostbayerischen Krisenregionen änderte dieser planerische Ertrag vorerst nichts: Noch im Herbst 1952 war von den sieben formal bereits laufenden Hilfsprogrammen des Bundes nur ein einziges, das Sanierungsprogramm 1951, tatsächlich mit Mitteln versehen worden. Alle anderen stellten, nach den Worten des zuständigen Referenten im Bayerischen Wirtschaftsministerium, Bernhard Kurtz, vorerst lediglich „Wunschgebilde" dar.[190]

Für die Ausschußabgeordneten, die zumeist den benachteiligten Regionen Bayerns entstammten und die Stimmung in ihren Wahlkreisen kannten, entwickelte sich diese Situation allmählich zu einem veritablen Problem, standen doch den regional wachsenden Erwartungen die teilweise recht vorschnell gemachten Hilfszusagen seitens der Politik gegenüber. Da den Menschen in den von hoher Arbeitslosigkeit und mangelnder Investitionstätigkeit geplagten Kommunen und Landkreisen die politisch-administrative Eigengesetzlichkeit der entstehenden bundesdeutschen Förderlandschaft nur schwer zu vermitteln war, drohte die bayerische Politik in doppelter Hinsicht zur Verantwortung gezogen zu werden. Selbst die Spitzen der Landespolitik wie Ministerpräsident Ehard hatten sich in eine moralisch, politisch und ökonomisch immer drängendere Bringschuld begeben.

Dabei waren es neben den Gegebenheiten in Bayern zweifellos auch die wechselnden Konjunkturlagen in bezug auf die zu erwartenden Mittel aus Bonn gewesen, die die bayerische Landespolitik in diese prekäre Situation geführt hatten. Bundesfinanzminister Schäffer hatte im Sommer 1951 die Gewährung von Mitteln zur Ausführung des ersten Bundessanierungsprogramms an die Zustimmung der Länder zum neuen Finanzausgleichsgesetz geknüpft. Damit wurden die bereits sich anbahnenden Hilfen aus Bonn über Monate hinweg wieder in Frage gestellt, ohne daß bayerische Stellen ihre Hilfsversprechen vor Ort einlösen konnten.[191] Im Sommer 1953 geriet der Fragenkomplex erneut in den Sog der Diskussionen um die Verteilung der Einkünfte aus der Einkommen- und Körperschaftsteuer zwischen Bund und Ländern. Die Initiative hierzu war wiederum von Schäffer ausgegangen: Um die Bundesländer mit regionalem Sanierungsbedarf als Verbündete für seine Steuerpläne zu gewinnen, hatte er die Idee entwickelt, die regionale Wirt-

---

[189] Statistisches Jahrbuch für Bayern 1955, München 1955, S. 410 (Tabelle 12); „Der Staatshaushaltsplan 1953", in: Bayerische Staatszeitung, 7.2.1953; ArchBayLT, Ausschuß für Grenzlandfragen, Protokoll über die 19. Sitzung am 10.2.1954.
[190] ArchBayLT, Ausschuß für Wirtschaft und Verkehr, Protokoll über die 58. Sitzung am 25.9.1952 (Zitat Kurtz).
[191] ArchBayLT, Ausschuß für Grenzlandfragen, Protokoll über die 4. Sitzung am 21.8.1951 (Guthsmuths); Renzsch, Finanzverfassung und Finanzausgleich, S. 77–81. Zu den begleitenden Haushaltsproblemen im einzelnen: Die Kabinettsprotokolle der Bundesregierung. Band 4: 1951, Boppard 1988, S. 534 (13.7.1951).

schaftshilfe im Falle einer Erhöhung des Bundesanteils um 4% erheblich aufzustocken. Im Ergebnis wären 2% der vom Bund verbuchten Mehreinnahmen wieder an die Länder Schleswig-Holstein, Niedersachsen, Rheinland-Pfalz, Hessen und Bayern zurückgeflossen.[192]

Für die Spitzen der bayerischen Wirtschafts- und Finanzpolitik, vornehmlich Hanns Seidel, Friedrich Zietsch und Otto Barbarino, hieß dies, die Frage einer möglichen bayerischen Grenzlandhilfe vor dem Hintergrund der gesamten Neuordnung des vertikalen Finanzausgleichs abzuwägen. Die Interessen waren hierbei gespalten. Im Finanzministerium ging man davon aus, daß sich infolge des Schäffer'schen Vorschlags die Mehrausgaben und zusätzlichen Einnahmen Bayerns in etwa die Waage halten würden. So scheute man die Aussicht, die zurückfließenden Mittel nurmehr als zweckgebundene Dotationen zu erhalten und fürchtete, daß sich die einmal gewährte Erhöhung des Bundesanteils in den Folgejahren verstetigen würde. Zugleich versuchte das Finanzressort ein bayerneigenes Förderprogramm mit Blick auf die extrem angespannte Haushaltslage so lange wie möglich hinauszuzögern. Wirtschaftsminister Seidel optierte für ein Spiel auf Zeit in Anknüpfung an den Ausgang des Steuerstreits: Im Falle eines erhöhten Bundesanteils könne man ohnehin mit erhöhten Zuweisungen für den bayerischen Osten rechnen. Wenn es dagegen bei einem niedrigeren Bundesanteil von 38% bliebe, habe der bayerische Staat kaum eine andere Wahl, als zu eigenen Hilfsprogrammen für das Grenzland zu schreiten. Erst im Frühjahr 1954 gelang ein Kompromiß zwischen den Ressorts, und auch der Bayerische Landtag konnte sich dazu entschließen, für das Haushaltsjahr 1954 erstmals Landesmittel zugunsten einer bayerischen Grenzlandhilfe im reduzierten Umfang von 10 Mio. DM bereitzustellen. Zu groß war in der Zwischenzeit der politische Druck aus den betroffenen Gebieten, aber auch aus Bonn geworden, wo der Bund in Verbindung mit der Festschreibung der Fördergebietsgrenzen das verstärkte Engagement und gegebenenfalls die „volle Selbsthilfe" der Länder eingefordert hatte.[193]

Gegen Mitte der 1950er Jahre veränderten sich die Rahmenbedingungen regionaler Wirtschaftspolitik in Westdeutschland grundlegend und dauerhaft. Zweierlei Problemkreise verschränkten sich hierbei, die die bayerische Grenzlandpolitik gleichermaßen mit neuen Chancen und Herausforderungen versahen. Die Entdeckung der räumlichen Ungleichentwicklung in Westdeutschland und die bald

---

[192] Siehe hierzu oben Kapitel I.1. des zweiten Teils der Arbeit. Zum Vorschlag Schäffers: BSB, NL Schwend 55, „Vormerkung. Betr.: Besprechung Bundesfinanzminister Schäffer mit Ministerpräsident Dr. Ehard am 22. November 1953 im Hause Isolden-Straße 3. Vertraulich", o. D.; ArchBayLT, Ausschuß für Grenzlandfragen, Protokoll über die 18. Sitzung am 7.12.1953. Die argumentative Offensive Schäffers gegenüber der bayerischen Öffentlichkeit spiegelt sich in zwei Artikel- und Redemanuskripten, die um Zustimmung für seine Steuerpläne werben: BSB, NL Schwend 56, Fritz Schäffer, „Bayerisches Grenzland und Bundesanteil", Februar 1954 sowie ebenda, Bayerischer Rundfunk. Pressestelle. Politik aus erster Hand: Ansprache des Bundesfinanzministers Fritz Schäffer, 24.3.1954.

[193] ArchBayLT, Ausschuß für Grenzlandfragen, Protokolle der 18. und 19. Sitzung am 7.12.1953 und 10.2.1954; Stenographischer Bericht über die 188. Sitzung des Bayerischen Landtags am 12.3.1954, S. 1016f.; BAK, B 102/212059, Der Bundesminister für Wirtschaft an die Wirtschaftsministerien der Länder Schleswig-Holstein, Hessen, Bayern, Baden-Württemberg und Niedersachsen sowie an das Ministerium für Ernährung, Landwirtschaft und Forsten des Landes Nordrhein-Westfalen und an den Ministerpräsidenten des Landes Rheinland-Pfalz, 15.10.1953 (Zitat: S. 2).

2. Hilfen aus Bonn

damit verbundene „Ballungsdebatte" hatte neuere Erkenntnisse der Raumwissenschaften zur Voraussetzung, fand aber bis Anfang der 1960er Jahre als Schlüsselproblem rasch Eingang in die politische Diskussion. Es ging im Kern um das rechte Verhältnis zwischen Verdichtungsräumen und sich entleerenden Regionen, um die adäquate räumliche Verteilung von Menschen und Arbeitsstätten. Innerhalb weniger Jahre nahm damit ein vordem nur von Experten diskutierter Problemkreis die Qualität einer gesellschaftspolitischen Kardinalfrage an. Für periphere Regionen vom Zuschnitt Bayerns erlangten die daraus erwachsenden Überlegungen in Politik und Öffentlichkeit verschärfte Bedeutung. Es stellte sich hier nicht nur das ältere konzeptionelle Problem neu, wie denn dem Rückgang der landwirtschaftlichen Erwerbstätigkeit und der Abwanderung ihrer Beschäftigten auf Landesebene am besten zu begegnen war. Unter den Bedingungen der bundesdeutschen Hochkonjunktur hatte sich die bayerische Landespolitik zusätzlich der auf Bundesebene immer drängender formulierten Frage zu stellen, inwieweit die aktive Förderung von Grenzregionen, die offenkundig den Anschluß an die Wachstumsentwicklung verloren hatten, volkswirtschaftlich weiterhin zu verantworten sei. Im Zuge der Neuabgrenzung der Gebiete bundesdeutscher Regionalförderung wuchs dieser Frage bereits gegen Ende der 1950er Jahre unmittelbare Bedeutung zu.[194]

Bevor hierauf eingegangen werden kann, ist allerdings zu fragen, welche landeseigenen Lenkungsinstrumente den bayerischen Verantwortlichen seit Beginn der 1950er Jahre zur Verfügung standen, welche raumwirtschaftlichen Entwicklungskonzepte sich an ihnen ablesen lassen und wie es um deren Umsetzung stand. Anders als auf Bundesebene, wo bis in die erste Hälfte der 1960er Jahre das Instrument der Raumordnung aufgrund des Widerstands der Länder nicht zum Einsatz kam, existierten in den Bundesländern selbst vielfach bereits seit Kriegsende Instanzen der Landesplanung, deren Aufgabenprofil und Einsatzfelder es neu zu definieren galt.

---

[194] Siehe hierzu Kapitel II.1. des dritten Teils dieser Arbeit.

II. Die Aktivierung der Landesplanung als Arbeitsinstrument

Am 22. Juni 1951 gab Ministerpräsident Hans Ehard in einer Sitzung des Bayerischen Landtags die Bildung eines Beirats bekannt, dessen Aufgabe die Erstellung von „Richtlinien eines Landesentwicklungsplans" sein sollte. Ehard löste damit eine Initiative seines Kabinetts ein, die er in einer Regierungserklärung vom Januar verkündet hatte und die in der Zwischenzeit zum Gegenstand eines entsprechenden Landtagsbeschlusses geworden war.[1] Die bayerische Presse berichtete bereitwillig und ausführlich.[2] Mit Beginn der zweiten Amtszeit Hans Ehards wurde die Öffentlichkeit des Landes so zum erstenmal näher mit einem wirtschaftspolitischen Instrument und einem sich entfaltenden Fachgebiet vertraut gemacht, dessen Bedeutung in den zurückliegenden Jahren immer deutlicher hervorgetreten war.

Schon seit Kriegsende war die bayerische Landesplanung vorwiegend im Rahmen der gewerblichen Vertriebenenansiedlung tätig geworden, wobei sie aufgrund geringer Personalausstattung und begrenzter Kompetenzen lediglich beratende Funktion innegehabt hatte. Per Landtagsbeschluß vom April 1951 war ihr die geradezu herkulische Aufgabe zugewachsen, in kurzer Frist einen umfassenden Strukturplan für die Gestaltung der sozialökonomischen Zukunft Bayerns auszuarbeiten. Bereits im September 1951 legte die im Wirtschaftsministerium angesiedelte Landesplanungsstelle erste Ergebnisse in Form einer Bestandsaufnahme vor.[3] Die Ausweitung von Aufgaben und Kompetenzen, die sich hierin manifestierte, setzte sich – zumindest bei vordergründiger Betrachtungsweise – fort. Als die zuständigen Fachleute der bayerischen Staatsverwaltung fast genau ein Vierteljahrhundert später Bilanz zogen, scheuten sie sich denn auch nicht, von der Landesplanung als einem „unentbehrlichen staatlichen und gesellschaftspolitischen Führungsinstrument" zu sprechen, das die „Umstrukturierung Bayerns und die Entwicklung des Landes zu einem modernen Industriestaat" maßgeblich beeinflußt habe.[4]

Die Entwicklungsgeschichte des Arbeitsinstruments „Landesplanung" ist für den argumentativen Fortgang dieser Studie in dreifacher Hinsicht von Interesse. So gilt es *erstens*, seine tatsächliche Gestalt und Reichweite als Lenkungsinstrument im Prozeß des Wiederaufbaus und des strukturellen Wandels zu ermessen. Jede Analyse müßte freilich zu kurz greifen, die die bayerische Landesplanung lediglich als handelndes kollektives Subjekt und nicht zugleich – *zweitens* – als Ob-

---

[1] Vgl. die Stenographischen Berichte über die 32. Sitzung des Bayerischen Landtags am 22.6.1951, S. 982.
[2] „Landesplanung in Bayern wird intensiviert", in: Bayerische Staatszeitung, 23.6.1951.
[3] Die bayerische Landesplanung. Grundlagen für die Aufstellung von Richtlinien zu einem Landesentwicklungsplan. Teil 1: Bestandsaufnahme. Bearbeitet in der Landesplanungsstelle des Bayerischen Staatsministeriums für Wirtschaft und Verkehr, o. O. o. J. [München 1951].
[4] Hans Fischler/Karlheinz Witzmann, Vorwort und Widmung, in: Willi Guthsmuths (Hg.), 25 Jahre Landesarbeitsgemeinschaft Bayern der Akademie für Raumforschung und Landesplanung. Letzter Beitrag der Schriftenreihe zur regionalen Aufbauplanung in Bayern, München 1976, S. 5 f. (Zitat: S. 6).

jekt des historischen Prozesses auffassen würde. In der Tat finden sich in den Besorgnissen und Erwartungen, die man an sie herantrug, grundlegende Paradigmen des sozialökonomischen Aufbaus in Bayern wieder, wie sie seit Ende der 1940er Jahre in Politik, Verwaltung und interessierten gesellschaftlichen Gruppen gepflegt wurden. Die institutionelle Form und die Gestaltungsmöglichkeiten, die dem Instrument schließlich nach jahrelanger diskursiver Auseinandersetzung zugewiesen wurden, standen deshalb nicht nur in engem Konnex mit den technisch-administrativen Funktionen, welche ihm im Rahmen einer räumlichen Strukturplanung billigerweise zukamen. Sie reflektierten von Anfang an auch politische Vorstellungen über die Verteilung von Lenkungschancen im ökonomischen Wiederaufbau und damit über einen wesentlichen Teilbereich des Prozesses der Entscheidungsfindung und -umsetzung im entstehenden demokratischen Staatswesen. Damit nicht genug, bewegte sich – *drittens* – die landesplanerische Tätigkeit ihrerseits, soweit sie sich mit Fragen der Industrieansiedlung auseinandersetzte, in einem fachwissenschaftlichen Organisations- und Diskurszusammenhang. Dieser hatte um 1950 noch kaum hinreichende Grundlagen für eine konsistente „Industriestandortpolitik"[5] erbracht. Die folgenden Abschnitte werden die frühe Entwicklungsgeschichte der Landesplanung in Bayern deshalb auch in den umfassenderen Vorgang der Herausbildung von raumwissenschaftlichen Organisationsformen und Aufbaukonzeptionen im Westdeutschland der späten 1940er und 1950er Jahre einzubetten haben. So verstanden, werden die Debatten um die Landesplanung als ein länderspezifischer, doch überregional beeinflußter Akt der Bewußtseinsbildung über die Reichweite der raumwirtschaftlichen Planung in der demokratisch gefaßten Marktwirtschaft Profil annehmen.

1. Standortlehre und räumliches Gleichgewicht: zum theoretischen Rüstzeug der Industriepolitik

Jedweder ambitioniert angelegte Versuch, planerischen Einfluß auf die ökonomische Raumstruktur in Westdeutschland zu nehmen, hatte sich in den ersten Nachkriegsjahren mit den jüngeren Entwicklungen in der Raumwirtschaftslehre auseinanderzusetzen. Das galt auch für Bayern, wo hinreichend erkannter Handlungsbedarf existierte und wo im Kreis der administrativen wie auch der politischen Eliten ein bemerkenswert ausgeprägtes Interesse am Austausch mit der Fachwelt bestand.

Das relativ junge Arbeitsgebiet der regional orientierten Wirtschaftstheorie war seit der zweiten Hälfte des 19. Jahrhunderts abseits der Hauptströmungen der entstehenden Nationalökonomie zunächst in Gestalt der Standortslehre entwickelt worden. Erst seit den 1920er Jahren kam es zu einer gewissen Annäherung an die allgemeine Theorie, die mit einer Ausweitung und Verschiebung des ursprünglichen Fragenhorizonts einherging. Auch unter den neuen Bedingungen blieb jedoch das vor dem Ersten Weltkrieg formulierte Theoriegebäude Alfred Webers

---

[5] Hans Ulrich Meyer-Lindemann, Typologie der Theorien des Industriestandortes (Raumforschung und Landesplanung. Abhandlungen 21), Bremen-Horn 1951, S. 191.

1. Standortlehre und räumliches Gleichgewicht

jenes dominierende gedankliche Referenzsystem, mit dem sich Anhänger und Kritiker seiner Lehren gleichermaßen auseinanderzusetzen hatten. In seinem zuerst 1909 erschienenen Hauptwerk hatte er eine „reine Theorie des Standorts" entworfen, welche die bereits in den Standortlehren Johann H. von Thünens, Wilhelm Roschers oder Wilhelm Launhardts formulierte Frage nach dem betriebswirtschaftlich optimalen Produktionsstandort in systematisierter Weise behandelte. Weber erklärte die regionale Verteilung der Industrie im Rahmen einer Kostenfaktortheorie. Danach lag der günstigste industrielle Standort innerhalb eines gedachten Kräftedreiecks von benötigten Rohstoffvorkommen, Verbrauchsort und Ort der billigsten Arbeitskraft, wobei zusätzlich die Vorteile der gewerblichen Agglomerationsbildung standortbildende Kraft entfalteten.[6]

Bis in die erste Hälfte der 1940er Jahre führte nicht zuletzt die früh einsetzende fachwissenschaftliche Kritik an der Weberschen Lehre zur Fortentwicklung der älteren Standorttheorie, die damit nach und nach Züge einer differenzierteren Raumwirtschaftstheorie annahm. Hierzu trug die Ausdehnung des Betrachtungshorizonts auf Probleme der Standortverflechtung und der regionalen Arbeitsteilung ebenso bei wie diverse Versuche, die bestehenden Ansätze einer Theorie des internationalen Handels für das Studium interregionaler Austauschbeziehungen fruchtbar zu machen.[7] Bei allen Unterschieden im einzelnen taten die Nationalökonomen Hans Ritschl, Tord Palander oder August Lösch in ähnlicher Weise den Schritt von der rein betriebswirtschaftlichen zur vermehrt volkswirtschaftlichen Betrachtungsweise des Standortproblems. Abgesehen von Palander ging man dabei einhellig davon aus, daß die Herausbildung eines räumlichen Gleichgewichtszustands unter idealen Rahmenbedingungen möglich sei; man übertrug also allgemeinere Prinzipien der Gleichgewichtsökonomie auf die entstehende Raumwirtschaftslehre. Und wie schon im Werk Alfred Webers bildete die Kostenfaktoranalyse unter besonderer Berücksichtigung des Problems der Transportkostenminimierung jeweils den methodischen Kern der Theoriegebäude. Die resultierenden Partialmodelle abstrahierten dabei von historisch-empirisch relevanten Faktoren wie den Unterschieden in der Qualifikation der Erwerbsbevölkerung, der technischen Entwicklung, den individuellen Bedürfnissen der Verbraucher oder auch jedweder Art nicht-rationaler Verhaltensweisen der Wirtschaftssubjekte. Diejenigen Nationalökonomen, Sozialgeographen und Landesplaner, die sich in den ersten Jahren nach dem Zweiten Weltkrieg daran wagten, praxisorientierte Entwürfe einer künftigen Industriepolitik zu gestalten, verfügten also allenfalls über

---

[6] Alfred Weber, Reine Theorie des Standorts, 2. Aufl. Tübingen 1922; ders., Industrielle Standortslehre, 2. Aufl. Tübingen 1923; Johann H. von Thünen, Der isolierte Staat in Beziehung auf Landwirtschaft und Nationalökonomie, Berlin 1875; Wilhelm Roscher, Studien über Naturgesetze, welche den zweckmäßigen Standort der Industriezweige bestimmen, Leipzig/Heidelberg 1878; Wilhelm Launhardt, Mathematische Begründung der Volkswirtschaftslehre, Leipzig 1885.

[7] Hans Ritschl, Aufgabe und Methode der Standortslehre, in: Weltwirtschaftliches Archiv 53 (1941-I), S. 115–125; Tord Palander, Beiträge zur Standortstheorie, Uppsala 1935; Walter Christaller, Die zentralen Orte in Süddeutschland. Eine ökonomisch-geographische Untersuchung über die Gesetzmäßigkeit der Verbreitung und Entwicklung der Siedlungen mit städtischen Funktionen, Jena 1933; August Lösch, Die räumliche Ordnung der Wirtschaft. Eine Untersuchung über Standort, Wirtschaftsgebiete und internationalen Handel, Jena 1940; Bertil Ohlin, International and Interregional Trade (Harvard Economic Studies 39), Cambridge 1933.

Elemente einer Gesamttheorie des industriellen Standortproblems.[8] Die raumbezogene Erkenntnisbildung der Ökonomie war im Fluß begriffen und empfing aus den Notwendigkeiten des materiellen Wiederaufbaus neue Impulse. Nach wie vor aber bildete die Schaffung einer „ganzheitliche[n] Theorie"[9], die sowohl der dynamischen Veränderbarkeit wirtschaftlicher Standortstrukturen wie auch ihrer historischen Bedingtheit gleichermaßen Rechnung trug, ein angestrebtes Ziel.

Für die weitere Ideengeschichte der Wirtschaftstheorie und die landesplanerische Praxis der ersten Nachkriegsjahrzehnte wurde es von Bedeutung, daß eine doppelte konzeptionelle Dichotomie zu überwinden war. Eine von der räumlichen Bezugnahme weitestgehend absehende, neoklassisch orientierte und relativ geschlossene allgemeine Wirtschaftstheorie vorwiegend angelsächsischer Provenienz stand weitgehend unverbunden neben raumbezogenen Partialmodellen, die stark empirisch ausgerichtet und vorwiegend im deutschen Sprachraum verbreitet waren. Auf längere Sicht kam es in der zweiten Hälfte des 20. Jahrhunderts allerdings zu einer allmählichen Annäherung zwischen den Hauptströmungen der Volkswirtschaftslehre und den räumlich-regional orientierten Ansätzen. Im Zuge der Entwicklung dynamischer regionalwirtschaftlicher Theorien und einer zunehmend ambitionierten Ausweitung der Fragestellungen entstanden Modelle, die darauf abzielten, die konstatierte „Zerrissenheit und Inkongruenz der Theoriefragmente" zu einem Konzept der räumlichen Wirtschaftsbeziehungen zu verschmelzen[10]; auch versuchte man, in Anlehnung an die neoklassische Wachstumstheorie den Sektorenwandel mit der Abfolge von Wirtschaftsstufen zu verknüpfen[11] oder Entwicklungsunterschiede zwischen einzelnen Regionen zu deuten.[12]

Ein zweiter prägender Gegensatz erwuchs aus der früh einsetzenden Kritik an der Formulierung und Fortentwicklung der älteren Standortlehre im Sinne einer Gleichgewichtstheorie. Zunächst in Form von Einwänden gegen Alfred Webers

---

[8] Ein Resümee des Forschungsstands um 1950 bietet: Meyer-Lindemann, Typologie der Theorien des Industriestandortes. Im größeren Zusammenhang auch: Christiane Krieger-Boden, Die räumliche Dimension in der Wirtschaftstheorie. Ältere und neuere Erklärungsansätze, Kiel 1995, S. 1–27; Claude Ponsard, History of Spatial Economic Theory, Berlin u. a. 1983, S. 1–97; Harry W. Richardson, The State of Regional Economics: A Survey Article, in: International Regional Science Review 3 (1978), S. 1–48; Edwin von Böventer, Raumwirtschaftstheorie, in: Handwörterbuch der Sozialwissenschaften. Band 8, Stuttgart/Tübingen/Göttingen 1964, S. 704–728; Hubert Kiesewetter, Region und Industrie in Europa 1815–1995 (Grundzüge der modernen Wirtschaftsgeschichte 2), Stuttgart 2000, S. 49–106. Als ältere Synthese von der Warte der Raumwissenschaft aus auch: Eduard Willeke, Die Raumforschung in volkswirtschaftlicher Sicht, in: Raumforschung. 25 Jahre Raumforschung in Deutschland. Hg. von der Akademie für Raumforschung und Landesplanung, Bremen 1960, S. 19–36; Friedrich Hösch, Der Raum in volkswirtschaftlicher Sicht, in: Raumforschung und Raumordnung 29 (1971), S. 1–5.
[9] Ritschl, Aufgabe und Methode [1941], S. 116.
[10] Leonhard Miksch, Zur Theorie des räumlichen Gleichgewichts, in: Weltwirtschaftliches Archiv 66 (1951-I), S. 5–50 (Zitat: S. 7); Edwin von Böventer, Die räumliche Landschaft. Versuch einer Synthese und Weiterentwicklung der Modelle J.H. von Thünens, W. Christallers und A. Löschs, in: Erich Schneider (Hg.), Optimales Wachstum und optimale Standortverteilung (Schriften des Vereins für Socialpolitik N.F. 27), Berlin 1962, S. 77–133; ders., Theorie des räumlichen Gleichgewichts (Schriften zur angewandten Wirtschaftsforschung 5), Tübingen 1962.
[11] Walt W. Rostow, The Stages of Economic Growth. A Non-Communist Manifesto, Cambridge/Mass. 1960; C. Clark, The Conditions of Economic Progress, London 1940; Jean Fourastié, Le grand espoir du XXe siècle. Progrès technique – progrès économique – progrès social, Paris 1949.
[12] Robert M. Solow, A Contribution to the Theory of Economic Growth, in: Quarterly Journal of Economics 70 (1956), S. 65–94.

1. Standortlehre und räumliches Gleichgewicht

Gedankenmodelle vorgetragen, setzte die Kritik im weiteren zeitlichen Verlauf an der empirisch faßbaren Beobachtung fortgesetzter räumlicher Ungleichentwicklung in den westlichen Industriegesellschaften der Nachkriegszeit an. So entstand seit den ausgehenden 1950er Jahren eine größere Zahl von Arbeiten, die das Problem der räumlichen Polarisierung von der Warte der Wirtschaftstheorie aus in den Blick nahmen. Das besondere Augenmerk galt jenen Mechanismen, die zur Verstärkung und Beschleunigung von einmal eingetretenen Situationen asymmetrischer Entwicklung beitrugen. Dabei geriet die Verschiebung von Produktionsfaktoren, von Wissen und Innovationen zwischen bestimmten urbanen Wachstumspolen und ihrem Hinterland ebenso in den Blick[13] wie die Ungleichverteilung ökonomischer Entwicklungschancen zwischen den Industrieländern und der Peripherie.[14] Anders als die vom Gleichgewichtsgedanken getragenen Regionaltheorien, die im Gefolge der neoklassischen Wachstumslehre grundsätzlich davon ausgingen, daß die Marktkräfte in Gestalt von Faktorpreisunterschieden und Faktormobilitäten zur Herstellung einer räumlichen Optimalverteilung tendieren, lehnten die Polarisationstheorien eben diese Annahme ab. Insbesondere wurde das damit verknüpfte Modell des vollkommenen Marktes als inakzeptable Vernachlässigung von raumwirtschaftlich relevanten Faktoren vor allem im Bereich der Agglomerationsvorteile zurückgewiesen.[15]

Es war nicht zuletzt eine Folge der ausgeprägten personellen Verluste, die die deutschen Wirtschaftswissenschaften aufgrund der Emigration ihrer gewichtigsten Theoretiker nach 1933 hinzunehmen hatten, daß derartige Impulse auch für das Feld der ökonomischen Raumtheorie noch bis Anfang der 1960er Jahre ganz überwiegend aus Nordamerika und Frankreich kamen.[16] Als früher Vertreter einer auf die deutschen Verhältnisse zugeschnittenen historisch-soziologisch ausgerichteten Theoriebildung nach 1945, welche die Gleichgewichtsidee bewußt in den Hintergrund rückte, ist hingegen der Wirtschaftswissenschaftler Erich Egner anzusehen.[17] Von Januar 1945 bis zur Emeritierung 1969 als Ordinarius für Volkswirtschaftslehre

---

[13] François Perroux, Esquisse d'une théorie de l'économie dominante, in: Économie appliquée 1 (1948), S. 243–300; Jean H.P. Paelinck, La théorie du développement régional polarisé, in: Cahiers de l'Institut de Science Économique Appliquée 15 (1965), S. 5–47; P. Pottier, Axes de communication et développement économique, in: Revue économique 14 (1963), S. 58–132; Torsten Hägerstrand, Innovation Diffusion as a Spatial Process, Chicago 1967. Zur älteren Kritik an Webers Standortlehre: Friedrich Vasoldt, Die Webersche Standorttheorie der Industrien im Lichte ihrer Kritiken, Berlin 1937; Erich Dittrich, Standortstheorie und Wirklichkeit, in: Raumforschung und Raumordnung 6 (1942), S. 63–67.

[14] Gunnar Myrdal, Economic Theory and Underdeveloped Regions, London 1957; Raúl Prebisch, Commercial Policy in the Underdeveloped Countries, in: American Economic Review 49 (1959), S. 251–273; John Friedmann, Regional Development Policy: A Case Study of Venezuela, Cambridge/Mass. 1966; Krieger-Boden, Räumliche Dimension, S. 36–42.

[15] Ebenda.

[16] Harald Hagemann, The post-1945 development of economics in Germany, in: Alfred W. Bob Coats (Hg.), The Development of Economics in Western Europe since 1945, London/New York 2000, S. 113–128; Karl Häuser, Deutsche Nationalökonomie in der Diaspora: die dreißiger und vierziger Jahre bis Kriegsende, in: Karl Acham/Knut Wolfgang Nörr/Bertram Schefold (Hg.), Erkenntnisgewinne, Erkenntnisverluste. Kontinuitäten und Diskontinuitäten in den Wirtschafts-, Rechts- und Sozialwissenschaften zwischen den 20er und 50er Jahren, Stuttgart 1998, S. 173–209.

[17] Vgl. zur Person: Erich Egner, in: Raumforschung und Raumordnung 29 (1971), S. 176; Bertram Schefold, Nachruf auf Erich Egner, in: Nachrufe auf Erich Egner, Adalbert Erler u. a. (Sitzungsberichte der wissenschaftlichen Gesellschaft an der Johann Wolfgang Goethe-Universität Frankfurt am Main XXXVI/6), Stuttgart 1999, S. 5–10.

an der Universität Göttingen tätig, beeinflußte Egner mit seinem Werk den Erkenntniszuwachs auf dem Gebiet der regionalen Wirtschaftstheorie und -politik wesentlich; er war außerdem maßgeblich an der Entwicklung der Raumforschung in Deutschland beteiligt. Egners Arbeiten erlangten Gewicht nicht nur für die fachliche Bewußtseinsbildung vor allem in den strukturell benachteiligten Ländern Westdeutschlands. Vorwiegend im Laufe der „langen" 1950er Jahre verfaßt, die als das „theoriearme Jahrzehnt"[18] der deutschen Raumwissenschaften gelten können, erhoben Egners historisch-empirisch fundierte Forschungen den Anspruch, unmittelbare Hilfestellung für eine praktische Raumwirtschaftspolitik zu bieten. Dieser Ansatz stand von Anfang an in Konkurrenz zu der um 1950 außerhalb Deutschlands dominierenden „exakten", stark ökonometrisch ausgerichteten Wirtschaftstheorie. Es ist bezeichnend für das existierende Gegensatzverhältnis, daß die Überlegungen Egners noch bis in die jüngere Vergangenheit kaum Eingang in Darstellungen zur Ideengeschichte einer „räumlichen Theorie der Wirtschaftspolitik" gefunden haben.[19] Bereits zeitgenössisch standen sie in Gefahr, von den Hauptströmungen der quantifizierenden Wirtschaftslehre als „philosophische Spekulationen" abgetan zu werden.[20] Dessen ungeachtet ist neben ihrer tatsächlichen Wirksamkeit auch ihr Quellenwert hoch einzuschätzen, geben doch Egners frühe Schriften bei näherer Betrachtung ein konsistentes Bild von zentralen Fragestellungen, theoretischen Grundannahmen und industriepolitischen Optionen, die den Wirtschaftspolitikern und Landesplanern auch in Bayern seitens der sich konstituierenden Raumwissenschaften bis Anfang der 1960er Jahre angeboten wurden.

Im Mittelpunkt des Egnerschen Ideengebäudes steht ein charakteristisch gebrochenes Fortschrittsmodell der modernen industriewirtschaftlichen Entwicklung. Ihm zufolge war die standortliche Lagerung der Wirtschaft in einem Übergangsprozeß begriffen, in dem traditionelle räumliche Strukturen zugunsten eines jüngeren, vorwiegend an betriebswirtschaftlichen Kriterien orientierten Standortgefüges in den Hintergrund traten. Dieser Überlagerungsvorgang in Richtung einer zunehmend „rational" bestimmten Standortwahl der Wirtschaft ging einher mit problembehafteten Konzentrations- und Entleerungssymptomen. Neben der Entstehung von Großbetrieben war es vor allem die „Zusammenballung der Industrie in einigen Industriezentren", die die Herausbildung von bedeutenden Mittelpunkten des Handels und des Verkehrs förderte, während agrarische Regionen „gewerbe-, handels- und verkehrsarm" blieben und in Gefahr gerieten, durch „starke Menschenabgaben an die industriellen Räume" wirtschaftlich zu verkümmern.[21]

---

[18] Der Begriff wird hier übernommen in Anlehnung an Lothar Albertin, Das theoriearme Jahrzehnt der Liberalen, in: Axel Schildt/Arnold Sywottek (Hg.), Modernisierung im Wiederaufbau. Die westdeutsche Gesellschaft der 50er Jahre. Studienausgabe, Bonn 1998, S. 659–676.
[19] Siehe etwa Paul Velsinger/Roger Lienenkamp, Raumwirtschaftslehre, in: Helmut W. Jenkis (Hg.), Raumordnung und Raumordnungspolitik, München/Wien 1996, S. 23–53 (Zitat: S. 32).
[20] Hierzu die sehr differenzierte Auseinandersetzung mit Egner bei: Andreas Predöhl, Von der Standortlehre zur Raumwirtschaftslehre, in: Jahrbuch für Sozialwissenschaft 2 (1951), S. 94–114, hier: S. 107.
[21] Erich Egner, Wirtschaftliche Raumordnung in der industriellen Welt. Abhandlungen zur industriellen Standortpolitik (Raumforschung und Landesplanung. Abhandlungen 16), Bremen-Horn 1950, S. 20–22 (Zitate: S. 21).

1. Standortlehre und räumliches Gleichgewicht

In der Deutung Egners stellte sich diese Entwicklung keineswegs als bloß temporäres Beiwerk, sondern im Gegenteil als notwendige Folge von „Grundprinzipien der kapitalistischen Wirtschaft" dar. Die resultierenden Probleme waren sowohl im internationalen wie im nationalen Zusammenhang gravierend. Denn Prozesse der funktionalen Arbeitsteilung führten Egner zufolge auf der Ebene des Welthandels in vergleichbarer Weise zu erhöhter regionaler Krisenanfälligkeit, wie sie im Rahmen von Nationalwirtschaften die Herausbildung von prekären, monokulturellen Industrie- oder Agrarlandschaften beförderten.[22] Mit dieser Argumentation machte sich Egner keineswegs zum Befürworter einer attentistischen Haltung in der industriepolitischen Praxis: Für ihn stellten sich die säkularen Tendenzen in der ökonomischen Raumnutzung eben nicht vornehmlich als Ausdruck überzeitlich-unabänderlich wirksamer Gesetzmäßigkeiten im Sinne der älteren Standorttheorie Alfred Webers dar, an deren Postulaten er sich kritisch abarbeitete. Vielmehr handelte es sich um überindividuell gebündelte Folgen von ökonomisch und historisch nachvollziehbaren menschlichen Investitionsentscheidungen. Als solche aber unterlagen sie grundsätzlich der lenkenden Einflußnahme. Damit war in konzeptioneller Hinsicht der Weg gebahnt für eine aktive, auf gezielten Ausgleich setzende Standorts- und Industriepolitik, in deren Vermögen es lag, die Nutzung des Raumes den individuellen oder gruppenspezifischen, allein kostenbezogenen Egoismen zu entziehen und den „Belangen der Gesamtheit" anzupassen.[23]

Erich Egner präsentierte seine Einsichten Ende Mai 1947 vor einem Fachpublikum in München. Auf Einladung des Bayerischen Wirtschaftsministeriums hielt er dort im Rahmen einer Sitzung des „Forschungsausschusses für Industriestandortfragen" der „Akademie für Raumforschung und Landesplanung" den zentralen Tagungsvortrag zum Thema der „Möglichkeiten und Grenzen industrieller Standortspolitik".[24] In der Rechtsnachfolge der „Reichsarbeitsgemeinschaft für Raumforschung"[25] war die Akademie erst im Februar des gleichen Jahres gegründet worden und nahm fortan als Ländereinrichtung ihre satzungsgemäße Aufgabe wahr, wissenschaftliche Erkenntnisse der Raumforschung „für die Landesplanung und Raumordnung der deutschen Länder nutzbar zu machen". Dabei kam den westdeutschen Ländern besonders zugute, daß die im Dezember 1935 gegründete „Reichsarbeitsgemeinschaft" ihren Sitz wegen der Bombenangriffe auf die Reichshauptstadt im Laufe des Winters 1944/45 aus Berlin wegverlegt hatte und einschließlich der erhaltenen Unterlagen nach Göttingen bzw. Hannover übergesie-

---

[22] Ebenda, S. 21 f.
[23] Ebenda, S. 22.
[24] Der während der Tagung vom 29./30. Mai 1947 in München gehaltene Vortrag wurde gedruckt unter dem Titel: Erich Egner, Möglichkeiten und Grenzen industrieller Standortpolitik, in: Raumforschung-Raumordnung 1 (1948), S. 3–15. Er ist weitgehend textidentisch mit dem ersten Kapitel der oben zitierten Buchpublikation Egners von 1950: ders., Wirtschaftliche Raumordnung, S. 9–38.
Die im Jahr 1936 als Publikationsorgan der „Reichsarbeitsgemeinschaft für Raumforschung" gegründete Zeitschrift „Raumforschung und Raumordnung" mußte ihr Erscheinen zwischen 1944 und 1948 unterbrechen und nahm erst mit dem Jahrgang 1949 den ursprünglichen Namen wieder an.
[25] Michael Venhoff, Die Reichsarbeitsgemeinschaft für Raumforschung (RAG) und die reichsdeutsche Raumplanung seit ihrer Entstehung bis zum Ende des Zweiten Weltkrieges 1945 (Akademie für Raumforschung und Landesplanung, Arbeitsmaterial 258), Hannover 2000.

delt war. Dort nahm man mit Billigung der Alliierten im Mai 1945 den wissenschaftlichen Teil des ursprünglichen Tätigkeitsspektrums wieder auf. Bis Anfang 1948 wurden so die über 200 haupt- und nebenamtlich tätigen Mitarbeiter der Einrichtung unter neuem Statut und neuem Namen vorwiegend gutachterlich und beratend tätig. Ihrem öffentlichen Auftrag entsprechend bot die „Akademie für Raumforschung und Landesplanung" den deutschen Zentralbehörden und Ländern, aber auch den britischen und amerikanischen Militärregierungen fachliche Hilfestellung unter anderem im Rahmen der Ausarbeitung von Planungsatlanten, Kreisbeschreibungen, statistischen Studien oder Vorschlägen zur Flüchtlingsumsiedlung.[26]

Neben dem Münchner Arbeitstreffen fanden im ersten Jahr ihrer Existenz weitere ähnliche Veranstaltungen unter anderem auf Einladung der hessischen und niedersächsischen Landesregierungen in Wiesbaden und Göttingen statt.[27] Erich Egner leitete mit dem Ausschuß für industrielle bzw. gewerbliche Standortfragen einen von 17 Arbeitskreisen der Akademie seit seinen Anfängen 1947 bis ins Jahr 1964 und drückte diesem wie der neu erstandenen Forschungsgemeinschaft seinen wissenschaftlichen Stempel auf. So machte es von Beginn an einen wesentlichen Teil des raumplanerischen Credos der Akademie aus, daß der industrielle Wiederaufbau Deutschlands in dezentraler Weise vor sich zu gehen habe: „Es muß nicht nur nach kostenmäßig günstigen Industriestandorten, sondern nach einer ausgeglichenen volkswirtschaftlichen Struktur gestrebt werden. Es gilt möglichst Einseitigkeiten zu vermeiden und Mischstrukturen zu entwickeln. Vor allem ist wegen der sozialen Schäden der Großstädte das Wachstum der Klein- und Mittelstädte zu fördern, wenn auch nicht geleugnet wird, daß Großstädte immer ihre Existenzberechtigung haben werden. Jedenfalls sollte die Erhöhung der Siedlungsdichte in Rumpfdeutschland nicht zu einer weiteren Vergroßstädterung und Industrieballung führen. Statt dessen müßte auf einen industriellen Ausbau der kleinen und mittleren Orte hingewirkt werden."[28]

Gewiß hätte Egner sein Münchner Expertenpublikum des Jahres 1947 keineswegs davon überzeugen müssen, standortliche Gegebenheiten nicht aufgrund ökonomischer Gesetzmäßigkeiten als unabänderlich hinzunehmen. Auch ohne den Rückhalt einer geschlossenen fachtheoretischen Fundierung war im bayerischen Wirtschaftsministerium die Notwendigkeit planerischen Tätigwerdens

---

[26] Arbeitsbericht der Akademie für Raumforschung und Landesplanung, in: Raumforschung-Raumordnung 2 (1948), S. 68–76. Vgl. auch die Situationsschilderungen, die Landesplaner aus Niedersachsen, Württemberg, Hessen und Bayern im Rahmen einer Tagung der „Akademie für Raumforschung und Landesplanung" am 4./5. September 1947 in Wiesbaden vorlegten: Raumforschung-Raumordnung 3 (1948), S. 95–98. Dazu auch Josef Umlauf, Wesen und Organisation der Landesplanung, Diss. Braunschweig 1958, S. 120f.

[27] Akademie für Raumforschung und Landesplanung, in: Handwörterbuch der Raumforschung und Raumordnung. Hg. von der Akademie für Raumforschung und Landesplanung, Band I, 2. Aufl. Hannover 1970, Sp. 78–83 (hier: S. 78); Kurt Brüning, Der Raumordnungsplan in Theorie und Praxis, in: Raumforschung-Raumordnung 3 (1948), S. 95f.; Karl C. Thalheim, Gegenwärtige Standortsfragen der deutschen Industrie, in: Raumforschung-Raumordnung 5 (1948), S. 133–138; Hermann Staubach, Möglichkeiten und Grenzen der Großstadtauflockerung, ebenda, S. 138–141.

[28] Arbeitsbericht der Akademie für Raumforschung und Landesplanung, in: Raumforschung-Raumordnung 2 (1948), S. 68–76, hier: S. 72. Das Zitat entstammt dem Teil des Arbeitsberichtes, der dem „Forschungsausschuß für Industriestandortfragen" gewidmet ist.

1. Standortlehre und räumliches Gleichgewicht

vollkommen akzeptiert. Dabei stand das Ziel, die Wirtschaftsstruktur des Landes den neuen, krisenhaft veränderten Gegebenheiten anzupassen, im Vordergrund. Es war dennoch von Belang, daß wenige Jahre nach Kriegsende ein Theorieansatz vorlag, dessen Reichweite in systematischer Hinsicht begrenzt sein mochte[29], der aber den Vorzug in sich trug, operationalisierbar zu sein. Nicht nur als Ermunterung, angesichts der Größe der Aufgabe ohne Resignation die Arbeit aufzunehmen, kam den Egnerschen Ideen deshalb Bedeutung zu. Selbst keineswegs frei von spekulativen Elementen organizistischen Denkens, boten sie eine frühe wissenschaftliche Unterfütterung jener Prinzipien der gemischtwirtschaftlichen Landesentwicklung und der dezentralen Verdichtung in ländlichen Räumen, die bis 1949 zu Leitbildern der bayerischen Industrialisierungspolitik aufrückten.[30]

Die Münchner Tagung von 1947 stand am Beginn einer langjährigen fachlichen Zusammenarbeit. In ihrem Verlauf entwickelte sich die „Akademie für Raumforschung und Landesplanung" aufgrund ihrer Arbeitsergebnisse zur Ballungsproblematik und zur Industrialisierung ländlicher Bezirke über die 1950er Jahre hinweg zu einem natürlichen Verbündeten jener Regionen, die wie Bayern durch erhebliche Strukturprobleme in ihren wirtschaftspolitischen Anstrengungen gehemmt waren. Dies kam bereits in dem ersten umfassenden Richtlinienentwurf des bayerischen Wirtschaftsministeriums zur Landesentwicklung zum Ausdruck, der 1951 und 1954 in zwei Teilen veröffentlicht wurde. Die Grundzüge der entstehenden zeitgenössischen Raumwirtschaftstheorie und die Ideen Erich Egners wurden darin breit rezipiert und auf die bayerischen Verhältnisse angewandt.[31] Im Zuge der einsetzenden Ballungsdebatten zur Mitte des Jahrzehnts konnten sich die wirtschaftspolitisch Verantwortlichen des in mehrfacher Hinsicht peripher gelegenen Wirtschaftsraums Bayern vielfach durch die erarbeiteten Ergebnisse in ihren Anstrengungen bestätigt sehen: „Die Überlegenheit der Ballungszentren ist […] – vielleicht abgesehen von einigen Grenzfällen des glücklichen Zusammentreffens günstiger Kohle- und Eisenlager mit günstigen natürlichen Verkehrswegen – keine natürliche, sondern eine von Menschen gemachte." Und: „Die ländlichen Streuungsgebiete bleiben in bezug auf die in ihnen erzielten Erträge gegenüber den städtischen Ballungsräumen nicht zurück auf Grund einer natürlichen geringeren Leistungsfähigkeit, sondern wegen der sie benachteiligenden historischen Situation."[32]

---

[29] Vgl. Predöhl, Von der Standortlehre, S. 106–114.
[30] Erich Egner, Grundsätze für eine industrielle Standortpolitik in der deutschen Gegenwart, in: Raumforschung-Raumordnung 3 (1948), S. 77–91. Der Aufsatz entspricht weitgehend dem zweiten Kapitel von Egners erster Buchveröffentlichung: Egner, Wirtschaftliche Raumordnung, S. 39–72.
[31] Vgl. in diesem Zusammenhang vor allem den zweiten Teil des Kompendiums: Die bayerische Landesplanung. Grundlagen für die Aufstellung von Richtlinien zu einem Landesentwicklungsplan. Hg. vom Bayerischen Staatsministerium für Wirtschaft und Verkehr – Landesplanungsstelle, Teil 2: Planung, o. O. o. J. [München 1954]. Hierzu ausführlich unten Abschnitt 4 dieses Kapitels.
[32] Erich Egner, Die regionale Entwicklung der Industriewirtschaften, in: Industrialisierung ländlicher Räume (Raum und gewerbliche Wirtschaft 1. Forschungsberichte des Ausschusses „Raum und gewerbliche Wirtschaft" der Akademie für Raumforschung und Landesplanung), Hannover 1961, S. 27–45, hier: S. 36. Vgl. bereits die Berufung auf Erich Egner durch: Helmut Grasser, Die Grenzlandhilfe in grundsätzlicher Sicht, in: Bayerische Staatszeitung, 12.12.1953.

2. Pragmatischer Beginn: der Streit um die Landesplanung und deren praktische Spielräume

Bereits vor der Wirtschafts- und Währungsreform von 1948 setzten in vielen Teilen Deutschlands Bestrebungen ein, die ehemaligen Reichs- und Länderinstitutionen der Raumforschung und Landesplanung in systematischer Weise für den materiellen Wiederaufbau nutzbar zu machen. Die oben dargestellte Umgründung der „Reichsarbeitsgemeinschaft" als ehemaliger Koordinationsstelle der NS-Raumforschung und die Entstehung der „Akademie für Raumforschung und Landesplanung" bieten hierfür nur ein Beispiel. Im Bereich der wissenschaftlichen Gremien wurde die „Deutsche Akademie für Städtebau und Landesplanung" als Nachfolgeorganisation der „Deutschen Akademie für Städtebau, Reichs-, und Landesplanung" bereits 1946 neu gegründet, während die „Reichsarbeitsgemeinschaft" noch 1949 in Gestalt des „Instituts für Raumforschung" eine weitere Nachfolgeorganisation fand, welche ab 1950 unter die Trägerschaft des Bundes genommen wurde.[33] Die seit 1935 als zentrales Aufsichts- und Weisungsorgan fungierende „Reichsstelle für Raumordnung" erlebte hingegen ebensowenig eine unmittelbare Wiedergründung wie die „Reichsplanungsgemeinschaft" der NS-Zeit.[34] Bei näherer Betrachtung läßt sich ein komplexes Geflecht von Brüchen und Kontinuitäten nachweisen, das auch im Prozeß des Wiederaufbaus der Landesplanung in Bayern nach 1945 unmittelbar wirksam wurde.

Die Ursprünge einer staatlich wahrgenommenen Landesplanung in Bayern lagen vor dem Zweiten Weltkrieg. Konkreten Anlaß zur organisatorischen Verdichtung boten die neuen Aufgaben, die den Ländern durch das Reichsgesetz „über die Aufschließung von Wohnsiedlungsgebieten" vom 22. September 1933 zugewiesen

---

[33] Friedrich Tamms, Deutsche Akademie für Städtebau und Landesplanung, in: Handwörterbuch der Raumforschung und Raumordnung. Hg. von der Akademie für Raumforschung und Landesplanung, Band I, 2. Aufl. Hannover 1970, Sp. 458–462; Georg Müller, Institut für Raumordnung, ebenda, Band II, Sp. 1342 f.

[34] Wilhelm Fischer, Die Organisation der Raumordnung, in: Raumforschung und Raumordnung 2 (1938), S. 225–229; Die Arbeit der Reichsstelle für Raumordnung, ebenda, S. 281–287. Vgl. zur Geschichte der Raumforschung in Deutschland zwischen 1933 und 1945: Mechtild Rössler, Geography and Area Planning under National Socialism, in: Margit Szöllösi-Janze (Hg.), Science in the Third Reich (German Historical Perspectives XII), Oxford/New York 2001, S. 59–78; dies., Die Institutionalisierung einer neuen „Wissenschaft" im Nationalsozialismus. Raumforschung und Raumordnung 1935–1945, in: Geographische Zeitschrift 75 (1987), S. 177–194; dies., Applied Geography and Area Research in the Nazi Society: The Central Place Theory and Its Implications, 1933 to 1945, in: Society and Space 7 (1989), S. 419–431; dies., „Area Research" and „Spatial Planning" from the Weimar Republic to the German Federal Republic: Creating a Society with a Spatial Order under National Socialism, in: Monika Renneberg/Mark Walker (Hg.), Science, Technology, and National Socialism, Cambridge 1994, S. 126–138; Marcel Herzberg, Raumordnung im nationalsozialistischen Deutschland (Dortmunder Materialien zur Raumplanung 25), Dortmund 1997; Rolf Messerschmidt, Nationalsozialistische Raumforschung und Raumordnung aus der Perspektive der „Stunde Null", in: Michael Prinz/Rainer Zitelmann (Hg.), Nationalsozialismus und Modernisierung, 2. Aufl. Darmstadt 1994, S. 117–138. Für Bayern ist immer noch einschlägig: Wolfgang Istel, Wurzeln und Entwicklung der Landesplanung in Bayern bis 1945. Von der Stadterweiterungsplanung zur flächendeckenden Reichs- und Landesplanung (Arbeitsmaterialien zur Raumordnung und Raumplanung 124), Bayreuth 1993.

2. Pragmatischer Beginn

wurden.[35] Gedacht als rechtliche Regelung der Siedlungsentwicklung im Reich, machte es die Parzellierung und den Gebrauch von Grundstücken in ausgewiesenen, überörtlich zugeschnittenen Gebieten von der Genehmigung durch die unteren Verwaltungsbehörden abhängig. Zu seiner Umsetzung wurden deshalb in Bayern im Dezember 1934 sogenannte „Landesplanungsstellen" bei den Kreisregierungen[36] eingerichtet, die für die Erstellung der gesetzlich vorgesehenen „Wirtschaftspläne" zuständig und dem Innenministerium unterstellt waren. Ein weiterer, nachhaltig wirksamer exogener Impuls traf die bayerische Landesverwaltung in den Jahren 1935/36, als der zunehmende Flächenbedarf des Reiches für zivile und militärische Zwecke eine Neuordnung der Reichs- und Landesplanung nach sich zog. Im Zuge eines umfassenden Gesetzgebungswerks wurde eine „Reichsstelle zur Regelung des Landbedarfs der öffentlichen Hand" ins Leben gerufen, die ab Juni 1935 unter der Bezeichnung „Reichsstelle für Raumordnung" zur obersten deutschen Raumordnungsbehörde avancierte; getrennt hiervon faßte man die wissenschaftliche Raumerschließung in der „Reichsarbeitsgemeinschaft für Raumforschung" zusammen.[37] Für Bayern hatten diese Gesetze sowie weitere Erlasse und Verordnungen zur Folge, daß das Innenministerium in seiner Funktion als oberste Landesplanungsbehörde durch den Reichsstatthalter abgelöst wurde. Außerdem kam es hier wie in allen übrigen Planungsräumen des Reiches zur Errichtung einer „Landesplanungsgemeinschaft", deren Vorsitzender wiederum der Reichsstatthalter war. Sie sollte als eigentliche Trägerin der Landesplanung fungieren und umfaßte Vertreter der wichtigsten regionalen Selbstverwaltungsorgane, staatlichen Behörden, berufsständischen Organisationen und wissenschaftlichen Einrichtungen. Über Außenstellen bei den Kreisen bzw. den späteren Regierungsbezirken war die „Landesplanungsgemeinschaft" auch auf der mittleren Verwaltungsebene präsent.[38]

Diese Neuerungen wurden nicht ohne Widerstand aus dem Innenministerium und der Staatskanzlei übernommen, wo man zunächst Bedenken formulierte und den Fortbestand der existierenden „Landesplanungsstellen" vorgezogen hätte. De

---

[35] „Gesetz über die Aufschließung von Wohnsiedlungsgebieten" vom 22.9.1933 (RGBl. 1933-I, S. 659).
[36] Erst mit der Verwaltungsreform von 1939 wurden in Bayern nach preußischem Vorbild die existierenden „Kreise" in „Regierungsbezirke", die „Bezirksämter" hingegen in „Landkreise" umbenannt. Vgl. hierzu Wilhelm Volkert, Handbuch der bayerischen Ämter, Gemeinden und Gerichte 1799-1980, München 1983, S. 38.
[37] Vgl. hierzu insbesondere das „Gesetz über die Regelung des Landbedarfs der öffentlichen Hand" vom 29.3.1935 (RGBl. 1935 I, S. 468), den Erlaß zur Gründung einer „Reichsstelle für Raumordnung" vom 26.6.1935 (RGBl. 1935 I, S. 793) sowie die „Erste Verordnung zur Durchführung der Reichs- und Landesplanung" vom 15.2.1936 (RGBl. 1936 I, S. 104). Zur organisatorischen und gesetzgeberischen Entwicklung auf der Reichsebene: Norbert Ley, Landesplanung, in: Handwörterbuch der Raumforschung und Raumordnung. Hg. von der Akademie für Raumforschung und Landesplanung, Band II, 2. Aufl. Hannover 1970, Sp. 1714-1734, hier: Sp. 1719-1722; Wolfgang Istel, Entwicklungslinien einer Reichsgesetzgebung für die Landesplanung bis 1945, in: Beiträge zur Raumforschung, Raumordnung und Landesplanung (Landes- und Stadtentwicklungsforschung des Landes Nordrhein-Westfalen 1/042), Dortmund 1985, S. 67-100; Hans-Burkhard Klamroth, Organisation und rechtliche Grundlagen der Landesplanung in der Bundesrepublik Deutschland und in Berlin (Mitteilungen aus dem Institut für Raumforschung Bonn 16), Bad Godesberg 1952, S. 1-13.
[38] BayHStA, MF 71745, Der Reichsstatthalter in Bayern, von Epp, an den Bayer. Ministerpräsidenten, 24.6.1936; Istel, Wurzeln und Entwicklung der Landesplanung in Bayern, S. 67ff.

facto setzte sich im Laufe eines längeren Prozesses der Regelungsanspruch des Reiches durch, wobei die umgesetzte Neuorganisation den offiziell formulierten, ideologisch getönten Anspruch auf „gemeinschaftlich" verwirklichte Planung mit einem gleichwohl rigoros durchgesetzten Führungsanspruch der Reichsinstitutionen verknüpfte. Um die „freiwillige" Mitgliedschaft aller relevanten Planungsträger in der „Landesplanungsgemeinschaft" als Voraussetzung hierfür sicherzustellen, setzten die interessierten Reichsstellen ein ganzes Spektrum von Mitteln ein. Unverhüllte Pressionen von oben, die zeitweise vom Leiter der „Reichsstelle für Raumordnung", Reichsminister Kerrl, selbst ausgingen, fanden ebenso ihren Niederschlag wie finanzielle Lockungen oder organisatorische Kniffe. Die Durchsetzung der angestrebten inhaltlichen Ausrichtung und Kontrolle wurde etwa dadurch angebahnt, daß der Geschäftsführer der „Landesplanungsgemeinschaft" zugleich als weisungsgebundener Planungsreferent im Amt des Reichsstatthalters angesiedelt war.[39]

In diesem Prozeß der Machtkonsolidierung auf dem neu erkannten Feld der Raumplanung konkurrierten die Interessen des Reichsarbeitsministeriums und der Reichsstelle für Raumordnung miteinander; die Handlungsspielräume der bayerischen Landesregierung unter Ludwig Siebert und seines zuständigen Innenressorts erweiterten sich dadurch allerdings nur unwesentlich. So endete das zeitweise Nebeneinander älterer und neuerer Organisationsformen im Dezember 1937 mit der offiziellen Reduzierung des Aufgabenbereichs der „Landesplanungsstellen" bei den Kreisregierungen auf die städtebauliche Planung und mit ihrer dauerhaften Umbenennung in „Ortsplanungsstellen". Im Zuge einer erneuten Rejustierung, die mit der allgemeinen Neuordnung der Reichsverwaltung zu Kriegsbeginn zusammenfiel, wurden schließlich im Herbst 1939 die Bezirksregierungen in München, Regensburg, Augsburg, Ansbach und Würzburg zu Bezirksplanungsstellen erhoben. In dieser Eigenschaft waren sie direkt dem Reichsstatthalter als dem Leiter der obersten bayerischen Landesplanungsbehörde unterstellt und mit entsprechenden planungsbehördlichen Befugnissen versehen. Im Effekt war damit die Landesplanung dem Einfluß der bayerischen Landesregierung vollkommen entzogen; der Reichsstatthalter hatte sich hingegen auf einem wichtigen, zukunftsträchtigen Feld den Zugriff auf die Instanzen der Landesverwaltung gesichert.[40] Als historischer Erfahrungszusammenhang wirkte die Aushöhlung bayerischer eigenstaatlicher Rechte und Verwaltungszuständigkeiten nicht nur in ihrer eben beschriebenen Ausprägung über das Ende des NS-Regimes hinaus nach. Das von vielen bayerischen Landespolitikern als geradezu traumatisch empfundene historische Wissen um die Gefahren überregionaler Vereinheitlichungstendenzen ist

---

[39] Vgl. zu den frühen organisatorischen und finanziellen Bedenken des Ministerpräsidenten: BayHStA, MF 71745, Bericht des bayerischen Ministerpräsidenten über die konstituierende Versammlung der Landesplanungsgemeinschaft Bayern am 18.8.1936, 18.8.1936; zur Organisation der bayerischen Landesplanungsgemeinschaft: ebenda, Landesplanungsgemeinschaft Bayern. Gesetze, Verordnungen, Satzungen, o.O. o.J.; ebenda, Aufstellung über Mitglieder des Verwaltungsrats der Landesplanungsgemeinschaft Bayern, 1.12.1937.
[40] Vgl. die Darstellung dieses Sachverhalts in: BayHStA, MWI 631, Bayerisches Staatsministerium für Wirtschaft, Betrifft: Landesplanung. Dem Herrn Ministerpräsidenten wieder vorgelegt, 3.11.1939. Weiteres Material zu den Meinungsverschiedenheiten zwischen dem Reichsstatthalter Franz Ritter von Epp und Ministerpräsident Siebert findet sich in BayHStA, MF 71745.

2. Pragmatischer Beginn

deshalb bei der Betrachtung des landesplanerischen Wiederbeginns ebenso in Rechnung zu stellen wie das institutionelle, rechtliche und personelle Erbe der um 1945 jüngst zurückliegenden Vergangenheit.

Sehr bald nach Kriegsende nahmen die bayerischen Landesplanungsbehörden ihre Arbeit wieder auf. Formal behielt das unter dem nationalsozialistischen Regime gesetzte Recht der Raumordnung seine volle Gültigkeit und ging auf die Länder über. Ohne daß es hierüber vorerst zu einer besonderen Anordnung gekommen wäre, wurde die gesamte Organisation der bayerischen Landesplanung durch das Kabinett Schäffer am 1. Juli 1946 einvernehmlich dem Wirtschaftsministerium eingegliedert; dies beinhaltete insbesondere die Auflösung der Landesplanungsstelle als selbständige Behörde. Das ehemalige institutionelle Herzstück auf Landesebene, die Landesplanungsgemeinschaft Bayern, war zwar per Erlaß des Leiters der „Reichsstelle für Raumordnung" mit Wirkung vom 31. Dezember 1944 wie überall im Reichsgebiet stillgelegt worden. Eine offizielle Auflösung erfolgte jedoch nicht, so daß das weitere Schicksal der Institution vorerst in der Schwebe lag. Unbeeinträchtigt von organisationsrechtlichen Fragen hatten hingegen die Bezirksplanungsstellen ihre praktische Tätigkeit fortsetzen können.[41] Entsprechende Elemente von Kontinuität, die aus der zweiten Hälfte der 1930er Jahre bis zumindest in die frühe Nachkriegszeit reichten, gelegentlich aber auch noch weiter wirkten, gab es überdies in personeller Hinsicht. So übten zwei der bayerischen Bezirksplaner, die Anfang März 1948 im Amt waren, diese Funktion schon seit längerem aus: Bereits im Jahr 1938 war Ernst Schmitt an die Außenstelle Augsburg der Landesplanungsgemeinschaft berufen worden, während Dr. Bernhard Kurtz die Funktion des Bezirksplaners in Ansbach seit 1943 innehatte. Der Planungsreferent beim Reichsstatthalter und Geschäftsführer der Landesplanungsgemeinschaft, Dr. Hans Flierl, war im Februar 1939 in sein Amt gelangt und versah es formal bis Dezember 1945, wobei die damit verbundenen Funktionen schon in den ersten Nachkriegsmonaten von Helmut Fischer wahrgenommen wurden. Fischer stand seinerseits bereits seit 1936 als Sachbearbeiter für militärische Belange und das Kartenwesen im Dienst der Landesplanungsgemeinschaft; er wurde Anfang 1946 zugleich zum berufsmäßigen Stadtrat von München bestellt, wobei sein Arbeitsgebiet im Bereich des kommunalen Wiederaufbaus lag.[42]

Auch in anderen Bereichen der öffentlichen Verwaltung kam raumplanerisch vorgeprägter Sachverstand zum Tragen: Martin Kornrumpf war im Dezember 1945 nach der Rückkehr aus der amerikanischen Kriegsgefangenschaft als „Statistischer Berater" des Bayerischen Staatskommissars für das Flüchtlingswesen in

---

[41] Umlauf, Wesen und Organisation der Landesplanung, S. 115; Istel, Wurzeln und Entwicklung der Landesplanung in Bayern, S. 284; zum Problemkreis der Fortgeltung von NS-Recht generell: Bernhard Diestelkamp, Kontinuität und Wandel in der Rechtsordnung, 1945-1955, in: Ludolf Herbst (Hg.), Westdeutschland 1945-1955. Unterwerfung, Kontrolle, Integration, München 1986, S. 85-105. Zur bayerischen Landesplanung nach 1945 im Überblick: Schlemmer/Grüner/Balcar, „Entwicklungshilfe im eigenen Lande".
[42] Personalveränderungen in der Reichsstelle für Raumordnung und bei den Landesplanungsgemeinschaften im Jahre 1938, in: Raumforschung und Raumordnung 3 (1939), S. 37f.; Zur Organisation der Landesplanung in Deutschland. Anschriften der Dienststellen der Landesplanung nach dem Stand vom 1. März 1948, in: Raumforschung-Raumordnung 1 (1948), S. 36-38, hier: S. 37f.; Istel, Wurzeln und Entwicklung der Landesplanung in Bayern, S. 151-154, 168.

den bayerischen Staatsdienst eingetreten und nahm ab 1955 leitende Funktionen im Staatsministerium für Arbeit und Sozialordnung wahr. Seine ersten beruflichen Meriten hatte Kornrumpf indes als junger Sachbearbeiter im Amt des „Siedlungsbeauftragten der NSDAP im Stabe des Stellvertreters des Führers", Dr. J.W. Ludowici, erworben, bevor er nach dessen Entmachtung ab Juli 1936 im Auftrag der „Reichsarbeitsgemeinschaft für Raumforschung" leitend an der Erstellung des ideologisch befrachteten Kartenwerks „Atlas Bayerische Ostmark" mitwirkte.[43]

Diese wenigen Beispiele, die durch weitere ergänzt werden könnten, dokumentieren die fortgesetzte Bedeutung des landesplanerischen Expertenwissens über das Kriegsende hinweg. Hierbei spielte eine Rolle, daß es sich ungeachtet seiner gewollten Staatsnähe zu Zeiten des NS-Regimes auch unter alliierter Besatzungsherrschaft auf Zonen- und Landesebene früh der Duldung oder sogar der Förderung erfreuen konnte. Daneben überdauerten wichtige fachliche Kommunikationsstränge und personelle Verflechtungen die Kriegszeit. Anhand der Hannoveraner „Akademie für Raumforschung und Landesplanung" ist bereits auf ein bedeutendes außeruniversitäres Koordinationsgremium und „personales Netzwerk"[44] hingewiesen worden. Hiervon profitierte man auch in Bayern. Denn die recht eingeschränkte tatsächliche Aktionsfähigkeit der bayerischen Landesplanung während der ersten Nachkriegsjahre wurde dadurch erweitert, daß ihr Anschluß an die in Deutschland überregional verknüpfte Fachgemeinschaft nahezu ungebrochen möglich war. Diese wiederum ergänzte sich in erstaunlich kontinuierlicher Weise aus dem Personalbestand der Kriegs- und Vorkriegszeit.

Über die „Akademie" hinaus rückte nach 1945 eine ganze Reihe von Agrarwissenschaftlern, Geographen oder Nationalökonomen in verantwortliche Positionen an den westdeutschen Hochschulen sowie in den Länder- und Bundesministerien ein, die bereits vor dem Zweiten Weltkrieg Erfahrungen auf dem Gebiet der Raumforschung gesammelt hatten. Sie konstituierten noch in den 1950er Jahren zusammen mit jüngeren Nachwuchskräften das personelle Rückgrat der Raumwissenschaften. Dabei kam sicherlich zum Tragen, daß es sich bei der Raumforschung auch im biologischen Sinne um ein „junges" Fachgebiet handelte. Auffällig viele Wissenschaftler und Fachreferenten, die bei Kriegsbeginn erst zwischen 35 und 40 Jahre alt gewesen waren, konnten ihre Karrieren nach 1945 fortsetzen. Darunter figurierte an prominenter Stelle Konrad Meyer (1901-1973), der die „Reichsarbeitsgemeinschaft für Raumforschung" zwischen 1935 und 1939 als Obmann geleitet hatte und dort verantwortlich zeichnete für die Ausarbeitung des „Generalplans Ost"[45]; im Jahr 1956 wurde er auf einen Lehrstuhl für Landbau und Landes-

---

[43] Martin Kornrumpf, Der Atlas Bayerische Ostmark, in: Raumforschung und Raumordnung 1 (1936), S.125-128. Das Kartenwerk erschien 1939 und wurde aufgrund des Kriegsbeginns verzögert erst im Folgejahr ausgeliefert: ders. (Hg.), Atlas Bayerische Ostmark, Bayreuth 1939. Vgl. zur Biographie Kornrumpfs auch seine persönlichen Erinnerungen: ders., Kleiner unter Großen. Lebenserinnerungen als zeitgeschichtliche Dokumentation, Gräfelfing 1981; ders., Mir langt's an „Grosser Zeit" 1934-1945, Schwalmstadt 1995 sowie Istel, Wurzeln und Entwicklung der Landesplanung in Bayern, S. 288-305.
[44] 50 Jahre ARL in Fakten. Hg. von der Akademie für Raumforschung und Landesplanung, Hannover 1996, S. VII.
[45] Elke Pahl-Weber, Die Reichsstelle für Raumordnung und die Ostplanung, in: Mechtild Rössler/Sabine Schleiermacher (Hg.), Der „Generalplan Ost". Hauptlinien der nationalsozialistischen Planungs- und Vernichtungspolitik, Berlin 1993, S. 148-153.

2. Pragmatischer Beginn

planung an der Technischen Hochschule Hannover berufen. Sein Nachfolger an der Spitze der „Reichsarbeitsgemeinschaft" ab 1944, Kurt Brüning (1897-1961), stand seinerseits der „Akademie für Raumforschung" als Gründungspräsident von 1946 bis 1959 vor, leitete in dieser Zeit zugleich das Niedersächsische Amt für Landesplanung und Statistik und war in dieser Funktion als Gutachter am Entstehungsprozeß dieses Bundeslandes beteiligt. Gerhard Isenberg (1902-1982), der seit 1936 als Referent an der „Reichsstelle für Raumordnung" tätig gewesen war, trat 1946 in das Innenministerium des Landes Württemberg-Hohenzollern, im Jahr 1950 schließlich in das Bundesfinanzministerium ein, wo er bis zu seiner Pensionierung 1967 mit Fragen der regionalen Strukturplanung befaßt war. Heinrich Hunke (1902-2000) schließlich kam nach 1933 zuerst über Arbeiten zu den Themen „Raumstrategie" und „Wehrplanung" in Kontakt mit der „Reichsstelle" und der „Reichsarbeitsgemeinschaft". Als überzeugter Nationalsozialist hatte er 1932 die führende NS-Wirtschaftszeitschrift „Die deutsche Volkswirtschaft" gegründet, wurde im Folgejahr vom Reichspropagandaministerium zum Vizepräsidenten des „Werberats der deutschen Wirtschaft" ernannt, dessen Leitung er ab 1939 übernahm, und avancierte 1941 zum Chef der Abteilung Ausland des Reichspropagandaministeriums; noch Anfang 1944 trat er als Vorstandsmitglied in die Deutsche Bank ein. Nach Kriegsende fungierte Hunke zwischen 1949 und 1954, 1960 und 1965 sowie erneut von 1971 bis 1974 als Generalsekretär bzw. Vizepräsident der „Akademie für Raumforschung". In den Jahren zwischen 1954 und 1967 war er zugleich als leitender Beamter im niedersächsischen Finanzministerium tätig, wo er seine Karriere als Ministerialdirigent beendete.[46]

Ungeachtet ihrer vielfach problematisch anmutenden Nähe zu den politischen Zielen und Planungen des Nationalsozialismus, nahmen Persönlichkeiten wie die eben Genannten in der frühen Bundesrepublik über die akademische Lehre, die praktische Raumordnungsarbeit oder die Mitarbeit an Fachpublikationen, Gutachten und Gesetzeswerken führend an der Gestaltung der Raumforschung und vielfach auch an der Reaktivierung der Landesplanung teil. Die Arbeitsbeziehungen, die aus diesem Kreis nach Bayern führten, waren vielfältig. Nicht selten fanden sie ihren Ausdruck in langjähriger persönlicher Bekanntschaft. Im Falle der jahrzehntelangen Spanne „kollegial-freundschaftlicher Verbundenheit" zwischen Heinrich Hunke und dem Staatssekretär im Bayerischen Wirtschaftsministerium, Willi Guthsmuths, reichte diese sogar bis in die frühen 1930er Jahre zurück. Guthsmuths, der als letzter in dieser knappen Aufzählung genannt werden soll, war als

---

[46] Karl Heinrich Olsen, Konrad Meyer 70 Jahre, in: Raumforschung und Raumordnung 29 (1971), S. 126; Messerschmidt, Nationalsozialistische Raumforschung, S. 126; Professor Dr. Kurt Brüning 60 Jahre, in: Raumforschung und Raumordnung 15 (1957), S. 133; Kirsten Rüther/Hans P. Waldhoff, Landesplanung, Raumforschung und die umstrittene Grenzziehung zu Nordrhein-Westfalen: Zur Rolle Kurt Brünings bei der Gründung des Landes Niedersachsen, in: Neues Archiv für Niedersachsen 44 (1996), S. 3-22; Karl Heinrich Olsen, Gerhard Isenberg 70 Jahre, in: Raumforschung und Raumordnung 30 (1972), S. 223f.; Willi Guthsmuths, Heinrich Hunke 70 Jahre, in: Raumforschung und Raumordnung 30 (1972), S. 272; Harold James, Die Deutsche Bank im Dritten Reich, München 2003; Heil, Selbstbild. Kurzbiographien zu den Genannten finden sich auch in: 50 Jahre ARL in Fakten, S. 136f., 177f., 179f., 207. Der biographische Abriß zur Person Hunkes in dem letztgenannten, 1996 erschienenen Band bietet ebenso wie die Laudatio Guthsmuths' lediglich eine geschönte Darstellung von dessen Rolle im „Dritten Reich"; das Gleiche gilt für die publizierten Kurzviten Konrad Meyers.

ausgebildeter Betriebswirt und Referent im Berliner „Reichskuratorium für Wirtschaftlichkeit" vor 1945 Mitglied in verschiedenen Kommissionen der „Reichsarbeitsgemeinschaft für Raumforschung" gewesen. Nach mehrjähriger Tätigkeit in der Wirtschaft, der kriegsbedingten Übersiedlung nach Bayern und einer politischen Karriere im „Block der Heimatvertriebenen und Entrechteten" (GB/BHE) wurde er 1950 von Hanns Seidel zu seinem Staatssekretär gemacht. Er übte das Amt nachfolgend auch unter den Ministern Bezold (FDP) und Schedl (CSU) bis 1962 aus und agierte in dieser Zeit nicht nur als formeller Leiter, sondern als eigentlicher *spiritus rector* der bayerischen Landesplanung. Deren theoretisches Profil schärfte er entscheidend durch eigene Publikationen und die Gründung der fachwissenschaftlichen Reihe „Raumforschung und Landesplanung", die über Jahrzehnte hinweg „Beiträge zur regionalen Aufbauplanung in Bayern" bereitstellte.[47]

Guthsmuths Initiativen trugen dazu bei, daß die außeruniversitäre Raumforschung in Bayern während der 1950er Jahre ausgesprochen praxisnah vonstatten ging und in starker Anlehnung an staatsbayerische Erkenntnis- und Politikziele organisiert wurde. Auf seine Anregung hin konstituierte sich im Juli 1963 die „Landesarbeitsgemeinschaft Bayern der Akademie für Raumforschung und Landesplanung" als erstes Forschungsgremium der Akademie, das sich den regionalspezifischen Raumproblemen eines Bundeslandes widmete. Für Bayern gehörte dazu neben der Behandlung von Raumordnungs- und Planungsfragen der Vertriebeneneingliederung oder der schwach strukturierten Regionen des Landes vor allem die Pflege von Kontakten zu den staatlichen und kommunalen Planungsgremien sowie die Anregung und Koordination von Forschungsarbeiten. Guthsmuths konnte dabei auf die Vorarbeiten einer informellen Vereinigung von Wissenschaftlern und Verwaltungspraktikern aufbauen, die kurz nach Kriegsende unter der Ägide des bereits in anderem Zusammenhang vorgestellten Münchner Nationalökonomen Adolf Weber zustandegekommen war.[48] Auf die Gründung der „Akademie für Raumforschung und Landesplanung" 1946 hatte Weber im Folgejahr mit der Angliederung eines „Arbeitsausschusses für Raumplanung" an die „Volkswirtschaftliche Arbeitsgemeinschaft für Bayern" reagiert, welcher seinerseits zur Keimzelle für die Gründung der „Bayerischen Arbeitsgemeinschaft für Raumforschung" als eines Kreises von interessierten Wissenschaftlern und Praktikern am 15. Februar 1950 wurde. Auf deren fachliche und personelle Vorläuferschaft berief sich wiederum im Jahr 1963 die LAG Bayern.[49] Legt man diese vielfältigen personellen und fachlichen Verflechtungen zugrunde, kommt es durchaus einer adä-

---

[47] Guthsmuths, Heinrich Hunke 70 Jahre, S. 272 (Zitat); Heinrich Hunke, Willi Guthsmuths 70 Jahre, in: Raumforschung und Raumordnung 29 (1971), S. 233 f.; 50 Jahre ARL in Fakten, S. 161 f. Ein Verzeichnis der Publikationen Guthsmuths', die in dieser Arbeit an geeigneter Stelle heranzuziehen sein werden, findet sich in: Willi Guthsmuths (Hg.), 25 Jahre Landesarbeitsgemeinschaft Bayern der Akademie für Raumforschung und Landesplanung. Letzter Beitrag der Schriftenreihe zur regionalen Aufbauplanung in Bayern, München 1976, S. 14–16.
[48] Siehe Kapitel II.3. des ersten Teils dieser Arbeit.
[49] UnivArchivMünchen, M-IX-55, Bericht über die Besprechung bei Geheimrat Weber am 18.2.1947, 19.2.1947; ebenda, Prof. Dr. Credner, Dekan der Staatswissenschaftlichen Fakultät, München, an Prof. Dr. Adolf Weber, 4.6.1947; Gründung der „Bayerischen Arbeitsgemeinschaft für Raumforschung", in: Bayern in Zahlen 4 (1950), S. 126; Arbeitsbesprechung der „Bayerischen Arbeitsgemeinschaft für Raumforschung", ebenda, S. 282.

2. Pragmatischer Beginn

quaten Beschreibung des historischen Befunds nahe, in den Worten Guthsmuths' von einer „sich selbst gestaltenden Synthese aus raumordnender Wissenschaft und landesplanerischer Praxis" zu sprechen.[50]

Wenn also – besonders unter Berücksichtigung des oben dargestellten „theoretischen Rüstzeugs" der Industriepolitik – die Tätigkeit der Landesplaner in den ersten Nachkriegsjahrzehnten nicht als bloße Anwendung bereits vorliegender und einmal gefaßter theoretischer Konzepte vorzustellen ist, so wäre doch auch die Annahme des Gegenteils unrichtig. Denn sicherlich kann angesichts der bis ins 19. Jahrhundert zurückreichenden raumwirtschaftlichen Theoriegeschichte ebensowenig die Rede davon sein, daß die landesplanerische Praxis ihrer theoretischen Untermauerung durchwegs etwa in Form einer improvisierten, lediglich an kurzfristig wirksamen Erfordernissen orientierten Tätigkeit vorangegangen sei. Dies trifft allenfalls für die ersten Jahre nach Kriegsende zu. Vielmehr stellt sich das Verhältnis zwischen der noch jungen raumwissenschaftlichen Theoriebildung und ihrer Anwendung während der 1950er Jahre in Westdeutschland als ein aktiver, im Fluß befindlicher Vorgang der gegenseitigen Beeinflussung und Reflexion dar. Dabei spielte das lebendige, vornehmlich empirisch gewonnene und auf absehbare Zeit in gleicher Weise fortzuentwickelnde Expertenwissen relativ weniger Spezialisten eine zentrale Rolle. Sie trugen dazu bei, daß Planung als Handlungsoption in Verwaltung und Politik virulent blieb, und zwar auch über das Ende der gelenkten Verwaltungswirtschaft 1948/49 hinaus. Das Interesse, das der Landesplanung in Bayern nach Kriegsende entgegengebracht wurde, manifestierte sich freilich auf unterschiedliche Weise. Die Eigenbelange einiger Fachressorts traten dabei ebenso zutage wie diverse – in unserem Zusammenhang wichtigere – Vorstellungen in der politischen Öffentlichkeit des Landes über ein Arbeitsinstrument zur Vorbereitung der staatlichen Willensbildung und zur Krisenbehebung.

Bereits im Sommer 1945 bemühte sich das bayerische Innenministerium, jenes Joch abzuschütteln, das seiner vormaligen Planungsbefugnis durch die Einführung der Landesplanungsgemeinschaft auferlegt worden war. Dem Appell an den Ministerpräsidenten, diese nicht mehr neuzubeleben, folgte bald der Anspruch, die Landesplanungsstelle in den eigenen Kompetenzbereich zu übernehmen. Den ersten Anknüpfungspunkt hierzu bot die aus praktischen Gründen recht unzweckmäßige Aufteilung der Zuständigkeiten im staatlichen Bauwesen zwischen Innen- und Arbeitsministerium, die auf eine Anordnung der Militärregierung vom Juni 1945 zurückging. Nachdem die oberste Bauaufsicht und die städtebauliche Planung im November 1945 vollends dem Innenministerium entzogen und dem Arbeitsministerium zugewiesen worden war, erhob das letztere schließlich ebenfalls die Forderung auf Eingliederung der Landesplanungsstelle. Zugleich verteidigte Wirtschaftsminister Ludwig Erhard die Ansiedlung in seinem Ressort.[51] Diese

---

[50] Willi Guthsmuths, 25 Jahre Landesarbeitsgemeinschaft Bayern. Rückblick auf Tätigkeit und Arbeitsergebnisse, in: ders. (Hg.), 25 Jahre Landesarbeitsgemeinschaft Bayern, S. 7–13 (Zitat: S. 9); ders., Zwanzig Jahre Raumforschung in Bayern, in: Akademie für Raumforschung und Landesplanung/Landesarbeitsgemeinschaft Bayern (Hg.), Sitzung am 2. und 3. Juli 1970 in Passau. Jahresversammlung 1970. Vorträge-Diskussionsbeiträge, Passau/München 1971, S. 6–15; 50 Jahre ARL in Fakten, S. 91–93.
[51] BayHStA, MF 71746, Bayerisches Staatsministerium des Innern an den Herrn Bayerischen Ministerpräsidenten. Betreff: Landesplanungsstelle Bayern, 31.8.1945; ebenda, Der Leiter

Konkurrenzsituation reproduzierte Frontstellungen der 1930er Jahre und wäre ohne diese historischen Prägungen kaum denkbar gewesen.[52] Daneben kam hierin auch bereits die umfassendere, zukunftsträchtige Frage nach dem Zuschnitt der künftigen landesplanerischen Aufgabenstellung zum Ausdruck. Denn es lag auf der Hand, daß die Ressortierung nicht ohne Einfluß darauf bleiben konnte, ob Landesplanung in Bayern auf absehbare Zukunft eher städtebaulich, siedlungsplanerisch oder gewerblich-wirtschaftlich ausgerichtet sein würde.[53]

Die Unterstützung aus der Staatskanzlei stellte sicher, daß das Wirtschaftsministerium das Planungsinstrument auch weiterhin organisatorisch beherbergte. Damit blieb die Abkehr von der Ressortzuordnung der Vorkriegs- und Kriegszeit ebenso wirksam wie damit ein klares Zeichen zugunsten einer gesamtwirtschaftlich orientierten Aufbaupolitik gesetzt wurde.[54] Die Regelung hatte bis zur Gründung des bayerischen „Staatsministeriums für Landesentwicklung und Umweltfragen" im Jahr 1971 Gültigkeit und widerstand auch allen erneuerten Versuchen des Innenministeriums, die Landesplanung an sich zu ziehen.[55] Da außerdem die Bayerische Verfassung festschrieb, daß alle Aufgaben der Staatsverwaltung einem Fachministerium zuzuteilen waren, kam die ebenfalls diskutierte Option, die Landesplanung dem Ministerpräsidenten direkt zu unterstellen oder gar als neue Behörde zu organisieren, ab Dezember 1946 ohnehin nicht mehr in Frage. Stattdessen legte eine Verordnung vom 23. Juni 1949 fest, daß ein interministerieller „Ausschuß für Landesplanung" die notwendige Koordination aller „raumbeeinflussenden Planungen" der beteiligten Fachministerien übernehmen würde. Die Ressorts hatten ihrerseits die Verpflichtung zu akzeptieren, einschlägige Planungen möglichst frühzeitig an die Landesplanungsstelle zu melden. In Konfliktfällen lag die letzte Entscheidung beim Ministerrat.[56]

Waren bis zu diesem Zeitpunkt vorwiegend die divergierenden Interessen der Fachressorts aufeinandergestoßen, die sich zusätzlich aus der Skepsis gegenüber neueren Formen der fachübergreifenden, raumbezogenen Planung speisten, so än-

---

der Bauabteilung im Bayerischen Staatsministerium des Innern, Fischer. Betreff: Errichtung einer Obersten Planungs- und Baubehörde, 8.12.1946; ebenda, Ludwig Erhard, Bayerischer Staatsminister für Wirtschaft, an Herrn Ministerpräsident Dr. Hoegner. Betreff: Auflösung der Landesplanungsbehörde, 7.12.1945.

[52] Für die 1930er Jahre: Istel, Wurzeln und Entwicklung der Landesplanung in Bayern, S. 88 f., 119 f., 138–140, 163.

[53] Siehe hierzu den kultivierten Meinungsstreit zwischen Innen- und Wirtschaftsministerium anhand: BayHStA, MWI 21500, Ministerialdirigent Ritter von Lex, Staatsministerium des Innern, an Dr. Heilmann, Staatsministerium für Wirtschaft, 31.12.1948; ebenda, Dr. Heilmann an Ritter von Lex, 22.4.1949.

[54] BayHStA, MWI 21500, Ministerialdirigent Heilmann, Vermerk über die Ministerbesprechung zur Frage der Landesplanung am 21. Mai 1949, 20.6.1949. Vgl. auch den von Hoegner angeregten Verordnungsentwurf aus dem Wirtschaftsministerium: BayHStA, MF 71746, Bayerisches Staatsministerium für Wirtschaft, Begründung zum Entwurf einer Verordnung über die Organisation der Wirtschaftsraum-Planung in Bayern, 21.11.1946; MWI 21500, Wirtschaftsminister Hanns Seidel an den Ministerpräsidenten, 24.5.1949.

[55] BayHStA, StK 114371, Der Staatsminister des Innern, Dr. Geislhöringer, an Ministerpräsident Hoegner. Betrifft: Verordnung über die Organisation der Landesplanung in Bayern, 11.9.1956. Hier auch weitere Briefwechsel zu den Ressortstreitigkeiten. Vgl. daneben: ArchBayLT, Ausschuß zur Einbringung von Vorschlägen für die Verwaltungsvereinfachung, Protokoll über die 35. Sitzung am 18.12.1956.

[56] „Verordnung über die Organisation der Landesplanung in Bayern" vom 23.6.1949 (BayGVBl. 1949, S. 173). Einschlägig sind die Artikel 49 und 53 der Bayerischen Verfassung.

2. Pragmatischer Beginn 243

derte sich dies im Sommer 1949. Mit dem „Bayerischen Aufbaurat" meldete sich ein Gremium zu Wort, das im Vorjahr als ein jeweils nur fallweise heranzuziehendes, beratendes Organ der Staatsregierung in Fragen des Wohnungsbaus eingerichtet worden war. Der Rat war besetzt mit Vertretern der Landwirtschaft, der gewerblichen Wirtschaft, der kommunalen Spitzenverbände, des Kreditwesens und der Gewerkschaften und hatte sich bis dahin vorwiegend mit praktischen Fragen der Zuweisung von Baumaterial oder der räumlichen Lenkung des Wohnungsbaus beschäftigt. Als ehrenamtlicher Geschäftsführer stand ihm der bereits erwähnte Münchner Stadtrat und erfahrene Landesplaner Helmut Fischer vor. Dieses Gremium und eine gegen Ende 1950 aus ihm hervorgehende „Arbeitsgemeinschaft zur Vorbereitung der Landesplanungsgemeinschaft" gerierten sich in den folgenden Jahren zu den vernehmbarsten außerparteilichen Befürwortern einer alternativen Organisationsform der bayerischen Landesplanung. Deren Kristallisationszentrum sollte eine zu schaffende bayerische „Landesplanungsgemeinschaft" sein, die als „Organ der regionalen, kommunalen und wirtschaftlichen Selbstverwaltung" organisiert und generell für die „Durchführung der Aufgaben der Landesplanung" zuständig sein würde.[57] Der Vorstoß war im Vergleich zu den ursprünglich im Aufbaurat diskutierten Ideen vorsichtig genug formuliert, um nicht von vorneherein auf Ablehnung zu stoßen. Deutlich wurde gleichwohl, daß eine stärkere Beteiligung von gesellschaftlichen Interessen am landesplanerischen Prozeß anvisiert wurde. So sah der Entwurf in seinem Kern vor, sämtliche privaten und öffentlichen „raumbedeutsamen" Maßnahmen der Beurteilung durch die Landesplanung zu unterziehen. Bei negativer Begutachtung sollte die Landesplanungsgemeinschaft ein Widerspruchsrecht mit aufschiebender Wirkung wahrnehmen können.[58] Damit stand Mitte 1949 nicht nur ein Vorschlag für die Präzisierung der landesplanerischen Aufgaben im Raum. Mehr noch war eine grundsätzliche Aufwertung und organisatorische Ausweitung des Planungsparadigmas über den rein staatlichen Kompetenzbereich hinaus formuliert und öffentlich zur Diskussion gestellt – ein Anstoß, der bald sehr gegensätzliche Reaktionen hervorrief.

Die Initiative des bayerischen „Aufbaurates" reagierte direkt auf die Verordnung der Staatsregierung vom Juni 1949 und markiert eine thematische Verdichtung in den bereits laufenden politischen Diskussionen um die adäquaten Wege und Formen des materiellen Wiederaufbaus in Bayern. Für die Dauer einiger Jahre fand die Frage nach der effektivsten Bündelung aller Kräfte und nach der Verteilung von zukünftigen Gestaltungschancen einen Kristallisationspunkt im politischen Meinungsstreit um die Landesplanung. Von unterschiedlicher Intensität und wechselnder öffentlicher Resonanz, mündete dieser diskursive Prozeß bis 1957 in die Verabschiedung des ersten bayerischen Landesplanungsgesetzes. Daß dabei eine vordergründig technisch-administrative Problematik die Qualität eines Politikums annahm, hatte mehrere Gründe, die gleichermaßen in der interessenpolitischen Hartnäckigkeit des „Aufbaurates" bzw. der „Arbeitsgemeinschaft", in

---

[57] BayHStA, MWI 21500, Entwurf des Bayerischen Aufbaurats zur „Neuregelung der Befugnisse, Zuständigkeit und Organisation der Landesplanung in Bayern", 4.7.1949. Zur Gründung des Aufbaurats auch: Willi Ankermüller, Bayerns Aufbauprobleme, in: Süddeutsche Zeitung, 31.7.1948.
[58] Ebenda.

den entgegenstehenden Bedenken unterschiedlicher Provenienz und in der bald überregional anwachsenen Relevanz des Themas lagen.

Die staatlichen und nichtstaatlichen Initiativen, die sich in Bayern um 1949/50 manifestierten, standen im neu konstituierten Bundesgebiet nicht alleine. Relativ zeitnah hatte in fast allen westdeutschen Ländern eine Re- und Neuaktivierung der landesplanerischen Instrumente eingesetzt. Die gewählten Rechts- und Organisationsformen variierten dabei stark. Auch standen die vorerst bescheidenen und überaus improvisierten praktischen Anfänge in engem Zusammenhang mit den jeweiligen administrativen Traditionen und den politischen Entstehungsbedingungen der Länder. Stets aber lag der sachliche Anstoß in der Bewältigung von mehr oder minder ausgeprägten Kriegsfolgen. Da eine übergeordnete Bundesstelle für das Feld der Raumordnung nicht existierte, hatten die Länder den administrativen Neubeginn aus eigenen Ressourcen zu bewerkstelligen; völlig auf sich selbst gestellt waren sie jedoch nicht. Vielmehr unternahm das Bundeswirtschaftsministerium etwa zur gleichen Zeit den Versuch, koordinierend tätig zu werden.

Als treibende Kräfte wirkten wiederum das Referat I A2 und seine ersten Leiter, die Regierungsdirektoren Gustav Fremerey und Walter Rau. Im Zuge der Anbahnung von Hilfsmaßnahmen des Bundes zugunsten westdeutscher „Notstandsgebiete" setzten sie auf konzeptionelle Abstimmung und vorausschauende Planung, um die zu verteilenden Mittel möglichst effektiv im Bundesgebiet einsetzen zu können. Als lediglich intern formuliertes Ziel stand bereits zu Beginn der 1950er Jahre die Ausarbeitung eines westdeutschen „Raumordnungsplanes" im Hintergrund. Diesem sollte bei künftigen Investitionsprogrammen des Bundes die Rolle einer Beurteilungsgrundlage zufallen. Zugleich gingen die Planer im Bundeswirtschaftsministerium davon aus, daß ein solches Unterfangen ohne die Bereitstellung der behördlichen Voraussetzungen in den Ländern und ohne die entsprechenden Strukturerhebungen vor Ort aussichtslos sei. Eine offizielle Wiederbelebung zentralstaatlicher Raumordnungsorganisationen oder -maßnahmen aber war vorerst diskreditiert und nicht opportun. So ging man informelle Wege, nutzte Arbeitstreffen der deutschen Landesplaner oder das Mittel der vertraulichen Korrespondenz, um Kontakte herzustellen, Inhalte zu diskutieren und die Verantwortlichen der Länder in ihrer Aufbauarbeit zu ermuntern.[59] Fachlich-personelle Kontinuitäten erleichterten das Vorhaben, war Fremerey doch in den 1930er Jahren ebenso als Bezirksplaner im nordöstlichen Teil des Reiches tätig gewesen wie sein später bevorzugter Ansprechpartner in einer westdeutschen Länderverwaltung, der schleswig-holsteinische Landesplaner Georg Keil.[60] Den Gesetzgebungsprozeß in den Ländern behielt man von Bonn aus im Blick und förderte ihn unter anderem

---

[59] Vgl. BAK, B 102/13094, Dr. Isenberg, Bundesministerium des Innern, an Dr. Fremerey, Bundesministerium für Wirtschaft, 3.11.1950; ebenda, Dr. Rau, Bundesministerium für Wirtschaft, Vermerk über die Besprechung mit Professor Dr. Prager, Geschäftsführer der Arbeitsgemeinschaft der Landesplaner in Düsseldorf, 15.10.1951; ebenda, Niederschrift über die sechste Tagung der Landesplaner der Bundesrepublik Deutschland am 17. und 18. Oktober in Trier, 27.10.1950.
[60] BAK, B 102/13094, Dr. Gustav Fremerey im Bundeswirtschaftsministerium an ORR Dr. Keil, Landesregierung Kiel, Landesplanung, 28.10.1950; Georg Keil, Zur Entwicklung der Landesplanung, aus persönlicher Sicht, in: Raumordnung und Landesplanung im 20. Jahrhundert (Historische Raumforschung 10. Forschungsberichte des Ausschusses „Historische Raumforschung" der Akademie für Raumforschung und Landesplanung), Hannover 1971, S. 87-96.

2. Pragmatischer Beginn

durch die vertrauliche Weitergabe von Gesetzesentwürfen über Ländergrenzen hinweg. Ohne daß die Referatsleitung der Abteilung I A2 zu offener Einflußnahme in der Lage gewesen wäre, vertrat sie doch dort, wo ihr Rat erbeten wurde, klare Präferenzen: Die effektive Ordnung des Raumes war als Staatsaufgabe anzusehen, die Landesplanung vorzugsweise als „eine Art Führungsorgan der Landesregierung" im Verwaltungsapparat zu verankern.[61]

Bis Anfang 1950 existierte in der Bundesrepublik kein Landesplanungsgesetz, das die Koordination von raumbedeutsamen Maßnahmen der Länderregierungen geregelt hätte. Das Grundgesetz hatte dem Bund die Befugnis zur Rahmengesetzgebung auf dem Gebiet der Raumordnung zugewiesen, wobei zugleich das „Bedürfnis nach bundesgesetzlicher Regelung" gegeben sein mußte. Da die Länder jedoch die ihnen primär zukommende Gesetzgebungskompetenz nur ungern in Frage gestellt sahen, blieb die Frage nach dem Vorliegen dieses Bedürfnisses vorläufig umstritten. Auch wurde von Staatsrechtlern kontrovers diskutiert, inwiefern das weitgehend fortgeltende Reichsrecht der Raumordnung künftig überhaupt der bundesrechtlichen Regelung unterlag oder vielmehr ganz bzw. in Teilen unter die Befugnis der Landesgesetzgeber fiel.[62]

Ähnlich wie im Falle Bayerns arbeiteten vorerst alle Landesplanungsbehörden in den Ländern auf der Basis von Erlassen und Verordnungen. So war auf Betreiben der britischen Militärregierung im Oktober 1946 in Schleswig-Holstein das erste Landesplanungsamt der westlichen Zonen errichtet worden. In Niedersachsen folgte im Juli 1946 ein „Amt für Landesplanung und Statistik", während das Bundesland Rheinland-Pfalz im Juni 1947 die Befugnisse seiner Landesplanungsbehörde definierte. Aufgrund der ungewissen territorialen Situation in Südwestdeutschland war in Württemberg-Baden im November 1947 ein „Landesplanungsamt Baden" geschaffen worden, wobei das württembergische Innenministerium unabhängig hiervon im Oktober 1948 die vorläufigen Regeln und die Organisation einer überörtlichen Planung festlegte. Die räumliche Koordination von Siedlungen und industriellen Standorten oder die Flüchtlingslenkung gehörten außerdem zu den zentralen Aufgaben eines „Amtes für Landesplanung", das zum 1. Januar 1950 beim hessischen Ministerpräsidenten errichtet wurde.[63]

Das wichtigste Referenzobjekt für alle diesbezüglichen Anstrengungen bildete hingegen das im August 1946 gegründete Land Nordrhein-Westfalen. Dort stand nicht nur mit dem „Siedlungsverband Ruhrkohlenbezirk" von 1920 die Wiege der

---

[61] BAK, B 102/13094, Dr. Fremerey, Bundesministerium für Wirtschaft, an Regierungsdirektor Mayer, Badische Staatskanzlei. Anlage: „Aufgaben und Organisation der Landesplanung in Westdeutschland", 23.10.1950.
[62] Zu den rechtlichen Details im einzelnen: Hans-Burkhard Klamroth, Organisation und rechtliche Grundlagen der Landesplanung in der Bundesrepublik Deutschland und in Berlin (Mitteilungen aus dem Institut für Raumforschung Bonn 16), Bad Godesberg 1952, S. 14-30.
[63] Klamroth, Organisation und rechtliche Grundlagen, S. 31-60; Til P. Koch, Entwicklung und Arbeitsschwerpunkte der Landesplanung in Schleswig-Holstein, in: Zur geschichtlichen Entwicklung der Raumordnung, Landes- und Regionalplanung in der Bundesrepublik Deutschland (Akademie für Raumforschung und Landesplanung, Forschungs- und Sitzungsberichte 182), Hannover 1991, S. 359-378; Heinz Weyl, Zur Geschichte der Landes- und Regionalplanung in Niedersachsen, ebenda, S. 197-251; Anton Georg Schefer, Zur Geschichte der Landesplanung in Rheinland-Pfalz, ebenda, S. 290-320; Hermann Reiff, Geschichte der Landesplanung in Baden-Württemberg, ebenda, S. 52-81; Herbert Schirrmacher, Zur Geschichte der Landesplanung in Hessen, ebenda, S. 153-196.

raumordnenden Regionalplanung in Deutschland. Hier begünstigte der gegebene historische Vorlauf ein ausgebautes Planungswesen, das nach 1945 in seinen differenzierten Funktionen rasch wieder einsatzfähig war und bereits auf eine Reihe von geleisteten Arbeiten aufbauen konnte. Es entsprach einer stimmigen Fortsetzung dieser Traditionen und den sachlichen Notwendigkeiten in einem dicht besiedelten, industriell geprägten Zuwanderungsland, wenn das erste Landesplanungsgesetz der Bundesrepublik im März 1950 in Nordrhein-Westfalen verabschiedet wurde. Das Gesetz dokumentierte eine Niederlage der nordrhein-westfälischen Landesregierung in ihrem Bestreben, die Landesplanung als staatliche Institution neu zu beleben. Anders als im Regierungsentwurf vom Juli 1949 vorgesehen, waren auf Initiative des nordrhein-westfälischen Landtags die drei Landesplanungsgemeinschaften „Rheinland", „Westfalen" und „Siedlungsverband Ruhrkohlenbezirk" als Selbstverwaltungskörperschaften zu den alleinigen Trägern der Landesplanung erhoben worden. Die staatliche Landesplanungsbehörde erhielt demgegenüber lediglich Aufsichtsfunktionen und wurde selbst nicht planerisch tätig.[64]

Beeinflußt von dem Gesetzgebungsprozeß im industriereichsten und wirtschaftlich stärksten Bundesland, wurde in den Jahren 1949/50 auch in Bayern der Ruf nach koordinierender raumbezogener Planung lauter. Die treibenden Kräfte hierfür manifestierten sich in den Parteien und auf verschiedenen Ebenen der Staatsverwaltung. Im Zuge seiner ersten Haushaltsrede als Wirtschaftsminister hatte Hanns Seidel bereits im November 1947 auf die Landesplanung als „wichtige Sonderaufgabe" im Kontext der Vertriebeneneingliederung hingewiesen.[65] Nicht zufällig waren ähnliche Einschätzungen seither immer wieder in jenen Gremien laut geworden, die mit Fragen der Flüchtlingsintegration oder des Wohnungsbaus befaßt waren. Besonders entschlossen in dem Anliegen, die Landesplanung zu einem „arbeitsfähigen Instrument" zu machen, gab sich der Landtagsausschuß für Wohnungs- und Siedlungsbau. Dort zeigte sich der SPD-Parteivorsitzende von Knoeringen mit dem Vertreter der CSU, Franz Michel, durchaus einig darin, die Landesplanung „energisch in den Vordergrund" zu rücken.[66] Das Wort von der „feh-

---

[64] Heinz-Wilhelm Hoffacker, Entstehung der Raumplanung, konservative Gesellschaftsreform und das Ruhrgebiet 1918-1933, Essen 1989; Joachim Gadegast, Zur geschichtlichen Entwicklung der Raumplanung in Nordrhein-Westfalen, in: Zur geschichtlichen Entwicklung der Raumordnung, Landes- und Regionalplanung in der Bundesrepublik Deutschland, S.252-289. Siehe zur Struktur des Planungsraumes Nordrhein-Westfalen, zu den einzelnen Planungsgebieten und -bezirken sowie zu den gesetzlichen Grundlagen bis 1951 vor allem: Raumordnung – Raumforschung – Landesplanungsgesetzgebung in Nordrhein-Westfalen (Schriftenreihe des Ministerpräsidenten des Landes Nordrhein-Westfalen, Landesplanungsbehörde 9), Düsseldorf 1951; Heinz Hohberg, Das Recht der Landesplanung. Eine Synopse der Landesplanungsgesetze in der Bundesrepublik Deutschland (Veröffentlichungen der Akademie für Raumforschung und Landesplanung, Abhandlungen 47), Hannover 1966, S.6f., 76f.
[65] Stenographischer Bericht über die 37. Sitzung des Bayerischen Landtags am 28.11.1947, S.255-265 (Seidel) (Zitat: S.257).
[66] BayHStA, MWI 21500, Dipl. Wirtschafter Helwig, Landesplanungsstelle, Vormerkung. Betr.: Sitzung des Landtagsausschusses für die Gesamtplanung am 10.5.1949; hier: Aufbau und Organisation der Landesplanung in Bayern, 10.5.1949 (Zitat 1). Gemeint ist der gleichnamige Unterausschuß des Landtagsausschusses für Wohnungs- und Siedlungsbau (Gabriele Wiesend, Das Ausschußwesen des Bayerischen Landtags (Beiträge zum Parlamentarismus 3), München 1989, S.131); BayHStA, MWI 21500, Aktenvermerk für Herrn Ministerialrat Dr. Drexl über die Beratung des Landtagsausschusses für Wohnungs- und Siedlungsbau (15. Sitzung) am Freitag, 28.4.1950 (Zitat 2).

2. Pragmatischer Beginn

lenden Planung" nahm darüber hinaus auch in Äußerungen aus Flüchtlingskreisen, aus der bayerischen Landesflüchtlingsverwaltung oder aus dem Landesarbeitsamt Südbayern geradezu den Charakter eines Topos an.[67] Wachsender Druck kam zudem aus Kreisen der fränkischen CSU, deren Landtagsabgeordnete im Dezember 1949 darauf drängten, die Landesplanung stärker als bisher in Prozesse der Industrieansiedlung und der Kreditgewährung einzubeziehen.[68]

Man mußte dabei keineswegs ein Anhänger planwirtschaftlicher oder sozialisierender Ideengänge sein, um sich als Befürworter einer forcierten Aufbauplanung zu exponieren. Dies galt umso mehr, als sich die amerikanische Besatzungsmacht gleichzeitig erhebliche Mühe gab, der möglichen Diskreditierung des Planungsgedankens als Begleiterscheinung totalitärer Politikmuster entgegenzuwirken. Das traf etwa für Major Albert C. Schweizer zu, der als Chef der „Civil Administration Division" trotz seines relativ niedrigen Ranges die Beziehungen zwischen der amerikanischen Militärregierung in Bayern und der Staatskanzlei von 1946 bis zu seinem Tod 1949 mitprägte. In einem vielbeachteten Vortrag versuchte er im September 1949, unter Hinweis auf amerikanische Vorbilder den Gedanken einer demokratischen, „volksnahen" Planung mit Plausibilität und Attraktionskraft zu versehen.[69]

Gleichwohl waren es insbesondere die bayerischen Sozialdemokraten, die sich das Thema zu eigen machten. Seit der Aufkündigung der Koalitionsregierung mit der CSU und dem Ausscheiden von Rudolf Zorn (SPD) als Wirtschaftsminister im September 1947 hatten die Anhänger eines gemäßigten, pragmatisch-marktwirtschaftlich orientierten, auch auf Zusammenarbeit mit der konservativen Seite gestimmten Kurses in der bayerischen SPD an Stimme verloren. Der Parteivorsitzende von Knoeringen hatte wieder stärker Töne einer gewiß demokratischen, doch vom Regelungsanspruch her gesamtheitlich ausgerichteten Planung in den Vordergrund gerückt. Dahinter stand nicht zuletzt die bereits thematisierte Überzeugung von Knoeringens, daß angesichts der materiellen Rekonstruktionsaufgaben eine säkulare Wende hin zur staatlichen Wirtschaftslenkung zwangsläufig bevorstehe. Es gelte deshalb, das Heft in die Hand zu nehmen und die Entwicklung zu steuern im Sinne einer „Synthese zwischen einer notwendig gewordenen Planung, ohne die wir in Anarchie versinken müßten, und der Erhaltung der Freiheit, ohne die wahres Menschentum unmöglich ist."[70]

Gegenüber der bayerischen Staatsregierung, die seit Herbst 1947 als ein reines CSU-Kabinett unter Hans Ehard arbeitete, setzte die Parteiführung der SPD dar-

---

[67] BayHStA, MWI 21500, Niederschrift über die Sitzung des Flüchtlingsbeirates bei der Regierung von Oberbayern am 27. April 1950, 9.5.1950 (Zitat); Martin Kornrumpf, Eingliederung der Vertriebenen in die gewerbliche Wirtschaft, in: Das deutsche Flüchtlingsproblem. Sonderheft der Zeitschrift für Raumforschung, Bielefeld 1950, S. 94–101, hier: S. 101.
[68] Bayerischer Landtag, Tagung 1949/50, Beilage 3219, 3268 und 3366; siehe auch die Antwort des Wirtschaftsministeriums: Hugo Geiger, Staatssekretär, Bayerisches Staatsministerium für Wirtschaft, an den Präsidenten des Bayerischen Landtags, Dr. Georg Stang, 6.8.1950 (Bayerischer Landtag, Tagung 1949/50, Beilage 4165).
[69] BayHStA, MF 71746, „Volksnahe Planung". Rede von Mr. Albert C. Schweizer vor der Internationalen Konferenz über Aufbau-Planung, Nürnberg, 5.9.1949. Zur Person Schweizers: Gelberg, Vom Kriegsende, S. 653 und 721.
[70] Waldemar von Knoeringen, Der Weg der Sozialdemokratie. Referat vor dem Politisch-Akademischen Klub München am 3.10.1947; zitiert nach Mehringer, Waldemar von Knoeringen, S. 335.

auf, sich im Bereich der Wirtschafts- und Sozialpolitik zu profilieren. Neben einer Reihe von gesetzgeberischen Initiativen, unter anderem zur Einführung von Betriebsräten oder zur Sozialisierung von Bergbau und Energieversorgung, lancierte man vor allem ein umfassendes Programm zur Förderung des sozialen Wohnungsbaus in Bayern. Dieser sogenannte „Plan A" vom Juni 1948 sollte in den Augen von Knoerings die Überlegenheit einer demokratisch kontrollierten, von zentraler Stelle aus gelenkten Aufbauplanung augenfällig demonstrieren. Zugleich war damit in seinen Augen ein zugkräftiges politisches Konzept gewonnen, um die CSU-Mehrheit im Bayerischen Landtag mit Aussicht auf Erfolg anzugreifen. In der Konsequenz dieses Plans forderte die SPD die Schaffung eines eigenen Ministeriums für den Wiederaufbau, in dem auch die Landesplanung angesiedelt werden sollte.[71] Diese endlich aus ihrem „Dornröschenschlaf" zu heben, hatte im Rahmen des umfassenderen Ansatzes eine doppelte Zielsetzung: Es ging zum einen darum, mit Blick auf eine „Gesamtlösung" ein Arbeitsinstrument zu beleben, dessen Aufgabe es sein mußte, „den gesamten Prozeß des Aufbaus, sowohl bei der Industriewie der Bauplanung, in diesem Lande als ein organisches Ganzes zu betrachten".[72] Damit würde im Idealfall, zum zweiten, die Demokratisierung der Staatsverwaltung vorangetrieben werden, zumal die Landesplanung als Vehikel dienen konnte, „Stadt- und Landkreise, die Gewerkschaften, die Bauernverbände, Handwerk und Industrie" mehr als bisher in staatliche Entscheidungsprozesse einzubinden.[73]

Diese Einwände und Vorstellungen stießen beim politischen Gegner in Teilen durchaus auf offene Ohren. Ministerpräsident Ehard zeigte sich mit der Führung der bayerischen Sozialdemokraten darin einig, daß die Effektivität der Aufbauanstrengungen erhöht werden mußte. Ein genereller und geradezu bestimmender Schwachpunkt lag nach seiner Meinung in der „schauderhaft" großen Aufsplitterung von Zuständigkeiten und Mitteln, der gegenüber eine „absolute Koordinierung" anzustreben war. Dezidiert abzulehnen war hingegen die Errichtung eines neuen, ressortübergreifenden ministeriellen Machtzentrums, dessen Leiter sich zwangsläufig in einen „Aufbaudiktator" verwandeln müsse, um effektiv zu sein.[74] Damit hatte Ehard fast beiläufig am Rande einer recht spezifisch gehaltenen Debatte zur Wohnraumfrage und in direkter Replik auf den bayerischen SPD-Vorsitzenden einen entscheidenden Aspekt benannt: Keiner Institution sollte es nach Auffassung des Ministerpräsidenten gestattet sein, die politischen Prärogativen der Staatsregierung im Aufbauprozeß in Frage zu stellen. Daß diese Sicht in allen mit der Materie befaßten bayerischen Ministerien geteilt wurde, zeigte sich in den folgenden Monaten.

---

[71] Zur Forderung nach Errichtung eines „Aufbauministeriums" und seiner Ausgestaltung: Stenographischer Bericht über die 51. Sitzung des Bayerischen Landtags am 5.2.1948, S.778–780 (Hille); Stenographischer Bericht über die 54. Sitzung des Bayerischen Landtags am 18.2.1948, S.871–880 (von Knoeringen). Zum „Plan A" der bayerischen Sozialdemokraten auch: Mehringer, Waldemar von Knoeringen, S.336–354.
[72] Stenographischer Bericht über die 105. Sitzung des Bayerischen Landtags am 17.3.1949, S.808–816 (von Knoeringen) (Zitate: S.812).
[73] Stenographischer Bericht über die 142. Sitzung des Bayerischen Landtags am 8.2.1950, S.681–685 (Beck) (Zitat: S.682).
[74] Stenographischer Bericht über die 105. Sitzung des Bayerischen Landtags am 17.3.1949, S.816–819 (Ehard) (Zitate: S.817).

2. Pragmatischer Beginn

Es war der seit Ende Juli 1949 tagende, interministerielle „Ausschuß für Landesplanung", der als „think tank" fungierte, die Klärung der Positionen innerhalb der Staatsregierung übernahm und sie direkt in die bald unabweisbare Gestaltung des Arbeitsinstruments „Landesplanung" einbrachte. Bereits in der Eröffnungssitzung definierte der Leiter der Hauptabteilung B des Wirtschaftsministeriums, Ministerialdirigent Dr. Heilmann, die vorgesehene Rolle: „Aufgabe der Landesplanung sei im wesentlichen die Ordnung des Raumes. Den Bestrebungen, die weitergehenden Planungsaufgaben auf allen Gebieten (z.b. bei der Kreditzuteilung) einbeziehen zu wollen, könne man nicht folgen. Dagegen sei die Anregung, die von verschiedenen Seiten, (z.B. von der Militärregierung und vom Landtag) gegeben worden sei, die Organisation der Landesplanung durch eine beratende Mitwirkung der daran interessierten Kreise zu erweitern, sehr beachtlich. Die Vorschläge des Aufbaurates, die Landesplanung einer von der Staatsverwaltung im wesentlichen unabhängigen Vereinigung der Selbstverwaltungskörperschaften anzuvertrauen, seien nicht annehmbar."[75]

Vorerst noch vor den Augen der Öffentlichkeit verborgen, bahnte sich hier eine geradezu leitmotivisch fortwirkende Gegenposition zu den Vorschlägen des „Bayerischen Aufbaurates" an. Ihre Grundlinien blieben in den kommenden Jahren der legislativen Auseinandersetzungen für die Haltung des Wirtschaftsministeriums und des Kabinetts bestimmend: Die Landesplanung sollte „naturnotwendig"[76] als reine Staatsaufgabe durchgeführt werden, keinen direkten Einfluß auf die jeweiligen Fachplanungen der Ministerien ausüben können und ebensowenig als eine entscheidungsbefugte Gegenkraft zur Staatsverwaltung organisiert sein. Der wachsende Druck der politischen Öffentlichkeit und die deutlichen Hinweise der Amerikaner legten es nahe, ein Gremium vorzusehen, das den betroffenen Interessentengruppen Sitz und Stimme gab. In der Sicht der Ministerien war dieses jedoch möglichst formlos zu halten und allenfalls mit beratenden Befugnissen auszustatten. Darüber hinaus wurden alle Bestrebungen auf Bundesebene, die Kompetenzen des Landes durch mehr als ein Rahmengesetz zu beschneiden und „eine Stelle für Raumordnung beim Bundeskanzler zu errichten", abgelehnt.[77]

Ein Gesetzentwurf aus dem CSU-geführten Wirtschaftsministerium setzte diese Leitlinien noch im Sommer 1950 um. Er traf, wie kaum anders zu erwarten war, auf den Widerstand des Aufbaurates, der die vorgesehene Beiratsregelung nicht für ausreichend hielt. Die Stellungnahme der beteiligten Verbände wurde unter Verweis auf die in Nordrhein-Westfalen getroffenen gesetzlichen Regelungen deut-

---

[75] BayHStA, MF 71746, Ministerialdirigent Dr. Heilmann, Niederschrift über die erste Sitzung des Ausschusses für Landesplanung am 27.7.1949 (Zitat); ebenda, Bayerisches Staatsministerium für Wirtschaft, Begründung zum Entwurf einer Verordnung über die Organisation der Wirtschaftsraum-Planung in Bayern, 21.11.1946. Über Hierarchie und Zuständigkeiten im bayerischen Wirtschaftsministerium zum gegebenen Zeitpunkt unterrichtet: Bayerisches Jahrbuch 1949. Ein Hand- und Nachschlagebuch für Staat, Verwaltung, Kirche, Parteien, Wirtschaft usw. nebst Kalendarium und Bayerischem Gemeindeverzeichnis nach neuestem Stand, München 1949, S. 62f.
[76] BayHStA, MF 71746, Dr. Hessel, Niederschrift über die 5. Sitzung des Ausschusses für Landesplanung am 25.11.1949 (Zitat). Hier auch Ausführungen zur angestrebten Gestalt einer „Landesplanungsgemeinschaft" aus der Sicht des Kabinetts.
[77] BayHStA, MF 71746, Ministerialdirigent Dr. Heilmann, Niederschrift über die erste Sitzung des Ausschusses für Landesplanung am 27.7.1949 (Zitat).

lich: „Wir vermögen keinen stichhaltigen Grund dafür zu sehen, daß in Bayern eine der Form nach mehr bürokratische und weniger demokratische Regelung beibehalten werden müßte."[78] Damit waren die vorbereitenden Abstimmungsgespräche im Herbst 1950 an einem toten Punkt angelangt. Die Positionen hatten sich insbesondere durch die Aufnahme von Planungsgemeinschaften in den Gesetzentwurf angenähert, doch war weiterhin keine Übereinkunft in Sicht. Für die alleine regierende CSU gewann die Fragestellung gleichwohl allmählich an Brisanz, da nun auch die bayerische Wirtschaft auf den Plan trat. Die letzte Eingabe des Aufbaurates hatte deutlich gemacht, daß einige ihrer gewichtigsten Interessenvertretungen hinter dem Alternativkonzept standen: Neben dem Bayerischen Städteverband, dem Landkreisverband und dem Verband der Landgemeinden Bayerns hatten die Arbeitsgemeinschaft der Bayerischen Industrie- und Handelskammern und der Bayerische Handwerkstag die Stellungnahme gezeichnet. Hinzu kamen neben dem Bayerischen Bauernverband, den Gewerkschaften und dem Hauptausschuß der Flüchtlinge und Ausgewiesenen der Bayerische Sparkassen- und Giroverband, die Arbeitsgemeinschaft Süddeutscher Hypothekenbanken und die Direktion der Bayerischen Hypotheken- und Wechselbank.[79]

Zu der Problematik, die diese eindrucksvolle Phalanx ökonomischer, regionaler und kommunaler Interessen für das Kabinett und das landesplanerisch federführende Wirtschaftsministerium darbot, gesellten sich neue Komplikationen im Kreis der Ressorts: die Oberste Baubehörde im Innenministerium nutzte die Situation, um erneut eine Diskussion über die Abgrenzung von Bauplanung und volkswirtschaftlicher Raumordnung zu entfachen.[80] Angesichts der heranrückenden Landtagswahlen, die für den 26. November 1950 angesetzt waren, hatte die Staatskanzlei in dieser Situation großes Interesse daran, struktur- und industriepolitische Erfolge öffentlichkeitswirksam zu dokumentieren. Die landesplanerische Problematik im engeren Sinne zählte vorerst nicht dazu; sie wurde hingegen von der bayerischen SPD zu einem ihrer zentralen Wahlkampfthemen gemacht.[81] Erst das Ergebnis des Urnenganges trug dann dazu bei, die Thematik fest auf der Agenda bayerischer Staatspolitik zu verankern.

---

[78] BayHStA, MF 71746, Referentenentwurf eines Gesetzes über die Landesplanung, o.D. [Sommer 1950]; ebenda, Der Geschäftsführer des Bayerischen Aufbaurats, Fischer, an den Herrn Staatssekretär im Bayerischen Staatsministerium der Finanzen, Dr. Hans Müller, 14.9.1950; ebenda, Der Bayerische Städteverband u. a. an den Bayerischen Landtag-Landtagsamt. Betrifft: Referentenentwurf eines Gesetzes über die Landesplanung, 13.9.1950, Anlage 1: „Stellungnahme der unterzeichneten Verbände und Organisationen zum Referentenentwurf eines Gesetzes über die Landesplanung", 13.9.1950 (Zitat: S.3), Anlage 2: „Zusammenfassung der wichtigsten Grundsätze für die Schaffung eines Gesetzes für die Landesplanung und für ihre organisatorische Gestaltung", 13.9.1950 sowie Anlage 3: „Abschrift des Landesplanungsgesetzes von Nordrhein-Westfalen vom 1.3.1950".
[79] Ebenda.
[80] BayHStA, MF 71746, Bayerisches Staatsministerium für Wirtschaft – Landesplanungsstelle, Vormerkung. Betreff: Gesetz über die Landesplanung, hier: Sitzung am 8.9.1950, 14.9.1950.
[81] Ernst Deuerlein, „Der Staat hat die Jugend nicht vergessen. Aus dem Chaos zu neuen Zielen – Erfolge lohnen staatliche Aufwendungen", in: Bayerische Staatszeitung, 18.11.1950; „Der Bund vergibt Aufträge und Kredite. Bayern schnitt dabei nicht schlecht ab", ebenda, 23.11.1950; „Nachkriegsbilanz der bayerischen Wirtschaft. Grundlegender Strukturwandel – intensive Aufbauarbeit – Bayern führend im Exportgeschäft", ebenda.

2. Pragmatischer Beginn

Die beiden stärksten Parteien Bayerns hatten in den zweiten Landtagswahlen seit Kriegsende ernüchternde Ergebnisse hinzunehmen. Davon war vor allem die CSU betroffen, die gegenüber den Land- und Stadtkreiswahlen von 1946, bei denen sie noch 60,1% der Stimmen erhalten hatte, bis Herbst 1950 auf nurmehr 27,8% der Wählervoten zurückfiel. Vergleichbar dramatische Verluste hatte die SPD nicht zu verzeichnen, doch konnte sie auch die erhofften Gewinne nicht einstreichen und verblieb gegenüber den Kommunalwahlen von 1946 bei einem Wähleranteil von etwa 28% (1946: 28,1%, 1950: 28,0%). Mit 64 Sitzen stellte die CSU gegenüber 63 Mandaten der SPD wieder die stärkste Fraktion im Landtag. Die eigentlichen Gewinner der Wahl bildeten einige kleinere Gruppierungen, an erster Stelle die Bayernpartei, die mit 39 Abgeordneten in das Landesparlament einzog, und der BHE/DG, der 26 Sitze erhielt. Die FDP profitierte mit 12 Mandaten ebenfalls vom Wahlausgang, bevor sie in den Folgejahren wie Bayernpartei und BHE einen langsamen Niedergang erlebte. Im Rückblick stellt sich diese Entwicklung als eine zeitweilige, doch bundesweit wirksame Tendenz dar, die in der zeitgeschichtlichen Forschung als „Gründungskrise" des neuen Parteiensystems akzentuiert wurde. Auch in Bayern ging der Aufschwung kleinerer Alternativ- und Protestparteien zwischen 1946 und 1953 zu Lasten von CDU/CSU und SPD. Aufgrund der Bedeutung der Bayernpartei fiel hier der zeitweilige Rückgang der vermeintlich Etablierten sogar besonders groß aus.[82]

Daß Bayern infolge des Wahlergebnisses ab Dezember 1950 von einer Koalitionsregierung aus CSU, SPD und GB/BHE regiert wurde, gab der Landesplanung neue Impulse. Aufgrund von Koalitionsabsprachen rückte die Thematik erneut in den Vordergrund und mündete in jene Initiative des neuen Kabinetts unter Hans Ehard, die zu Eingang dieses Kapitels beschrieben wurde. Der neue Staatssekretär im Wirtschaftsministerium, Willi Guthsmuths, erhielt im Herbst 1951 die Ministervollmacht für den Ausbau der Landesplanung.[83] Es ist im Sinne der Erkenntnisabsichten dieser Studie nicht nötig, die weiteren Debatten im Umfeld der gesetzgeberischen Entwicklung in allen ihren Wendungen und Details darzustellen. Vor allem für die Phase ab November 1952, als der Gesetzentwurf in die Einzelberatungen im Ausschuß für Wirtschaft und Verkehr überging, dokumentieren sie, welche Probleme bis hin zu begrifflichen Fragen die Einpassung des Phänomens „Landesplanung" in das System des bayerischen Verwaltungsrechts aufwarf.

Interessanter noch sind jene Aspekte der Bewußtseinsbildung und der konzeptionellen Schärfung, in denen das diskursive Spiel der politischen Interessen im Modernisierungsprozeß zu fassen ist. Die Mehrheitsverhältnisse im neuen Landtag von 1950 ließen die Bayernpartei und den BHE/DG als neue Mitspieler auf die Szene treten. Während die Regierungskoalition einschließlich der FDP zunächst recht einhellig hinter der Notwendigkeit eines neuen Gesetzes stand, suchte die Bayernpartei die vorhandenen Bedenken gegenüber dem landesplanerischen Instrument vor allem in der CSU zu stärken und so Zwietracht zwischen den Koaliti-

---

[82] Vgl. zur Analyse des Wahlergebnisses: Thränhardt, Wahlen und politische Strukturen, S. 191-196, 289-327.
[83] Zur Rolle des Staatssekretärs auch: Willi Guthsmuths, 25 Jahre Landesarbeitsgemeinschaft Bayern. Rückblick auf Tätigkeit und Arbeitsergebnisse, in: ders. (Hg.), 25 Jahre Landesarbeitsgemeinschaft Bayern, S. 7-13, hier: S. 7f.

onspartnern zu säen. Für den weiteren sachlichen und zeitlichen Verlauf des legislativen Gestaltungsprozesses wurde ausschlaggebend, daß die Zweifel in den Reihen der bayerischen Unionspartei im Zuge der zweiten parlamentarischen Lesung tatsächlich einem neuen Kulminationspunkt zusteuerten. Eine weitere Behandlung des Gesetzesvorhabens erwies sich unter diesen Umständen bis zum Ende der Legislaturperiode 1954 als nicht mehr möglich. Sachlich ergab die neue politische Konstellation eine Komplizierung der Beratungen, da ältere Fragestellungen jüngere überlagerten und komplexere Frontverläufe entstanden.

Ein neuer Entwurf der Staatsregierung und des Wirtschaftsministeriums war im Mai 1951 unter der Federführung Hanns Seidels fertiggestellt und dem Bayerischen Senat zugeleitet worden. Er hielt an den bisherigen Generalprinzipien fest, beharrte insbesondere auf der klaren Absage an jegliche Ausgestaltung der Landesplanung in Form der „Selbstverwaltung", da so „auf einem wichtigen Gebiet die Gefahr einer selbständigen Willensbildung neben der Staatsregierung" erwachsen würde. Die Landesplanungsgemeinschaft und ihre Pendants auf Bezirksebene sollten demzufolge nach dem Beiräteprinzip errichtet werden. Trotz teils heftiger Meinungsverschiedenheiten akzeptierte die Zweite Kammer den Regierungsentwurf im November 1951 im wesentlichen unverändert.[84] Als neuer Stein des Anstosses entpuppte sich indes in der Folge eine weitere Klausel des Entwurfs. Gegenüber dem Referentenentwurf vom Sommer 1950 neu eingefügt, räumte sie der Landesplanung die Möglichkeit ein, aufschiebenden Widerspruch gegen solche raumbeeinflussenden Vorhaben einzulegen, die mit ihren Zielen nicht in Übereinstimmung standen. Bereits im Ministerrat erregte dieses Vetorecht Aufsehen und Widerstand. So stellte der Kabinettsentwurf, der im Frühjahr 1952 dem Landtag zur Beratung übergeben wurde, bereits eine stark abgeschwächte Version der ursprünglichen Fassung dar: Die endgültige Entscheidung über landesplanerische Einwendungen lag stets bei der Staatsregierung; das Veto der Landesplanung konnte im Höchstfalle bewirken, daß für die fraglichen Projekte keine staatlichen Finanzmittel bereitgestellt werden durften.[85]

Es waren die Sprecher der bayerischen SPD und der Vertreter des bayerischen Wirtschaftsministeriums, Staatssekretär Willi Guthsmuths, die in den beginnenden Ausschußverhandlungen des Landtags mit Nachdruck auf die Verabschiedung des Landesplanungsgesetzes drängten. Für die CSU machte der junge oberpfälzische Landrat Dr. Otto Schedl[86] als Berichterstatter deutlich, daß seine Partei dem Gesetzesvorhaben zentrale Bedeutung für die kommenden Jahrzehnte bayerischer Wirtschaftsentwicklung zuschrieb. Es werde Wege aufzeigen, um „die Möglich-

---

[84] BayHStA, MWI 21500, Wirtschaftsminister Hanns Seidel an den Bayerischen Ministerpräsidenten Hans Ehard, 21.5.1951 (Zitat); „Landesplanung in Bayern wird intensiviert", in: Bayerische Staatszeitung, 23.6.1951. Siehe auch die Kontroverse im Senat: Stenographischer Bericht über die 39. Sitzung des Bayerischen Senats am 16.11.1951, S. 1043-1057 sowie Anlagen 418 und 485.
[85] BayHStA, StK 11538/1, Protokolle des Ministerrats vom 8.1.1952 und vom 22.1.1952; Bayerischer Landtag, Tagung 1951/52, Beilage 2219: Entwurf eines Landesplanungsgesetzes, 25.1.1952.
[86] Otto Schedl (1912-1995), CSU-Politiker, Publizist, 1947/48 Generalsekretär der CSU, 1948-1957 Landrat des Kreises Neumarkt, 1950-1974 MdL (CSU), 1957-1970 Bayerischer Staatsminister für Wirtschaft und Verkehr, 1970-1972 Bayerischer Finanzminister.

2. Pragmatischer Beginn

keiten, die Kräfte, die in Bayern seien, zu erschließen und fruchtbringend einzusetzen", „Fehlinvestitionen, Um- und Irrwege" zu vermeiden und „nicht ewig mehr oder weniger zu improvisieren". Vor allem aber dürfte ein Instrument erwachsen, um die mit dem Flüchtlingszustrom „willkürlich verursachte Strukturwandlung zu ordnen", die räumliche Ungleichentwicklung in Bayern zu dämpfen, Gewerbe und Industrie anzusiedeln und so die Arbeitslosigkeit vorwiegend in den ländlichen Gebieten einzudämmen. Eine „Wirtschaftsplanung in Form einer Rahmenplanung" hielt Schedl „unbedingt für notwendig".[87] Prinzipielle Zustimmung kam auch von den Vertriebenenvertretern im BHE und in der CSU. Für die „Arbeitsgemeinschaft zur Vorbereitung der Landesplanungsgemeinschaft Bayern" unterstützten Sprecher des Bayerischen Bauernverbands und des Gewerkschaftsbunds das Gesetzesvorhaben als „Erleichterung" der künftigen Aufbauarbeit. Sie monierten allerdings die vorgesehene Personalunion in der Leitung von Landesplanung und Landesplanungsgemeinschaft bzw. Bezirksplanung und Bezirksplanungsgemeinschaften, die vom Wirtschaftsressort als „letzte Bremse" gegen einen sich verselbständigenden Planungsapparat gedacht war.[88] Parteiübergreifend aber stimmte man überein darin, „daß das Landesplanungsgesetz eines der wichtigsten Gesetze sei, die der Landtag zu beschließen habe".[89]

Bedenken der Abgeordneten, die ökonomischen Verhältnisse in Bayern könnten Züge einer neuen „Planwirtschaft" annehmen, waren bis dahin nur in moderater Weise angeklungen. Das änderte sich, als die Parteien nach der Sommerpause die Beratungen wieder aufnahmen und in die Einzeldiskussion eintraten. Insbesondere die oppositionelle Bayernpartei, die das Gesetzesprojekt bisher nur zögernd mitgetragen hatte, ging in ihren Stellungnahmen von der moderaten Skepsis zur Grundsatzkritik über. Ihr Hauptreferent, der stellvertretende Landesvorsitzende Dr. August Geislhöringer[90], prägte das Wort von der „Landesplanwirtschaft", die als der „erste Schritt zur Sozialisierung" anzusehen sei und unvermeidlich in ein „neues Zwangsenteignungsgesetz" münde.[91] Geislhöringer, der als Abteilungsleiter bei den Lech-Elektrizitätswerken in Augsburg tätig und in dieser Funktion auch mit langwierigen energiewirtschaftlichen Genehmigungsverfahren befaßt war, reagierte geradezu reflexhaft ablehnend. Für seine Invektiven mochten Überlegungen der politischen Taktik oder anti-sozialistische Ressentiments eine dominante Rolle gespielt haben. Immerhin versuchte Geislhöringer nur wenige Jahre später als bayerischer Innenminister, die Landesplanung dem Wirtschaftsministe-

---

[87] ArchBayLT, Ausschuß für Wirtschaft und Verkehr, Protokoll über die 38. Sitzung am 29.2.1952 sowie über die 39. Sitzung am 6.3.1952 (Zitate Schedl: S. 4f., 20).
[88] Ebenda (Zitat Foag: S. 40); zum Kalkül des Wirtschaftsministeriums, die Planungsgemeinschaften über personelle Verflechtungen im Zaum zu halten: ArchBayLT, Ausschuß für Wirtschaft und Verkehr, Protokoll über die 38. Sitzung am 29.2.1952 (Zitat Guthsmuths: S.10). Zur Präsentation des Ministerratsentwurfs gegenüber der Öffentlichkeit: „Das Landesplanungsgesetz", in: Bayerische Staatszeitung, 26.1.1952.
[89] ArchBayLT, Ausschuß für Wirtschaft und Verkehr, Protokoll über die 39. Sitzung am 6.3.1952, S. 4 (Schedl).
[90] August Geislhöringer (1886–1963), Jurist, 1915–1924 Tätigkeit als Rechtsanwalt in Nürnberg, 1924–1952 Justitiar der Lechwerke in Augsburg, 1950–1958 MdL (BP), 1954–1957 Bayerischer Innenminister.
[91] ArchBayLT, Ausschuß für Wirtschaft und Verkehr, Protokoll über die 65. Sitzung am 13.11.1952, S. 11 und 36.

rium zu entziehen und seinem eigenen Ressort einzuverleiben.[92] Doch zweifellos war sein Widerstand auch veranlaßt durch grundlegende Mißverständnisse über die Ziele und Aufgaben einer modernen Landesplanung. Da Erfahrungen mit dem landesplanerischen Instrument für Bayern mit Ausnahme der Praxis unter dem NS-Regime völlig fehlten, lag die Versuchung nahe, Vorgänge der kommunalen Bauleitplanung, der ministeriellen Fachplanungen oder des Enteignungsrechts zu vermengen und unter den wenig bekannten neuen Gegenstand zu subsumieren. In der Argumentation der Bayernpartei manifestierten sich denn auch erhebliche Ängste, sah man doch unter anderem „die Gefahr darin, daß der Staat oder überstaatliche Mächte (der Bund oder das Großkapital) die reine Wirtschaftsplanung auf die politische Ebene verschieben und dann ein Raumgebilde entsteht, das nach rein wirtschaftlichen Gesichtspunkten zusammengefaßt ist, z. B. daß das Aschaffenburger Gebiet dem Lande Hessen zugeordnet werde."[93]

Da nicht alle Abgeordneten eine vergleichbar pauschale Sicht pflegten, entwickelte sich der diskursive Austausch im Landtagsausschuß im Herbst 1952 zur Arbeit am Begriff: Im Sinne einer Verständigung über das aktuell gestaltbare Hilfsmittel „Landesplanung" debattierte man eingehend über Termini wie „Raumnutzung" und „Landesentwicklung", „Planen" und „Ordnen". Dabei bot gegenüber der ablehnenden Haltung der Bayernpartei und dem entgegengesetzt gerichteten Drängen der Sozialdemokraten vor allem die CSU ein differenziertes Bild. Ihr wichtigster Kopf im Ausschuß, Otto Schedl, mühte sich, jenes Credo der „Rahmenplanung", das er mit einer funktionierenden Landesplanung verknüpfte, selbst angesichts kritischer Stimmen aus der eigenen Partei zu vermitteln. Dort hielten Skeptiker mit ihren Bedenken nicht zurück. Gelegentlich vermutete man hinter dem Kabinettsentwurf auch schon einmal die „Voraussetzungen für eine wirtschaftliche Diktatur".[94]

Die bis dahin behandelten Einschätzungs- und Kodifikationsprobleme erreichten ihren vorläufigen Höhepunkt, als die diffizile Regelung des Vetorechts der Landesplanung anstand. Die Frage nach der Ausgestaltung des Widerspruchsrechts implizierte Entscheidungen über Reichweite und Eingreiftiefe des künftigen Planungsinstruments. Da sich eine Einigung als unmöglich erwies, plädierte der von der CSU gestellte Berichterstatter im Dezember 1952 erfolgreich für eine völlige Streichung des fraglichen Passus. Dies kam einem unfreundlichen Akt gegenüber der Staatsregierung gleich, da die Regelung des Vetorechts Teil des vom Kabinett abgesegneten Entwurfs gewesen war. Zusätzlich bot die Thematik Stoff für Spannungen in der Koalition, da der Staatssekretär im Wirtschaftsministerium, Willi Guthsmuths (BHE), ganz besonders darauf hielt, die in seinem Hause angesiedelte Landesplanung auf diesem Wege mit einem Mindestmaß an Wirkungsfähigkeit zu versehen.[95] Während sich im Laufe der zweiten Lesung zu Jahresanfang

---

[92] BayHStA, StK 114371, Innenminister Geislhöringer an Ministerpräsident Hoegner. Betrifft: Verordnung über die Organisation der Landesplanung in Bayern, 11.9.1956.
[93] So der Abgeordnete Bantele in: ArchBayLT, Ausschuß für Wirtschaft und Verkehr, Protokoll über die 80. Sitzung am 19.2.1953, S. 15.
[94] ArchBayLT, Ausschuß für Wirtschaft und Verkehr, Protokoll über die 67. Sitzung am 20.11.1952, S. 22 (Schedl), 19 (Michel); „Das Landesplanungsgesetz", in: Bayerische Staatszeitung, 29.11.1952.
[95] ArchBayLT, Ausschuß für Wirtschaft und Verkehr, Protokoll über die 67. Sitzung am 20.11.1952, S. 15 (Schedl) und über die 72. Sitzung am 11.12.1952, S. 4–7 (Schedl), 9 (Lenz).

2. Pragmatischer Beginn

1953 auch die SPD bereit zeigte, den Regierungsentwurf zu akzeptieren, versteifte sich in der CSU der Widerstand gegen die vermeintliche „Machtfülle", die aus einem Vetorecht der Landesplanung hervorgehen würde. Da die CSU die Streichung des einschlägigen Artikels im Regierungsentwurf erneut durchsetzen konnte, wurde die Schlußabstimmung über das nach Ansicht der Sozialdemokraten in dieser Form „wertlose" Gesetz Mitte Februar 1953 vertagt. Bis zum Ende der Legislaturperiode 1954 nahm der Landtag die angekündigten Beratungen nicht wieder auf.[96]

Es bedurfte einer Reihe von politischen Veränderungen auf Bundes- und Länderebene, um die Blockade zu lösen und die Debatten über ein bayerisches Landesplanungsgesetz bis Ende 1957 zu einem vorläufigen Abschluß zu bringen.

In Bayern hatte am 14. Dezember 1954 eine „Viererkoalition" aus Vertretern von SPD, Bayernpartei, FDP und GB/BHE unter Ministerpräsident Hoegner die Regierung übernommen. Daß die CSU, die bei den Landtagswahlen vom Vormonat mit Abstand zur stärksten Partei geworden war, dabei aus der Regierungsbeteiligung verdrängt wurde, stellte eine deutschlandweit mit Erstaunen betrachtete Wendung dar. Immerhin konnte die bayerische Unionspartei gegenüber den letzten Landtagswahlen einen Stimmenzuwachs von mehr als 10 Punkten auf 38% verbuchen, während die SPD weiterhin nicht über etwa 28% der Wählervoten hinauskam. Der langfristig zu beobachtende Bedeutungsrückgang von Bayernpartei und Gesamtdeutschem Block/Bund der Heimatvertriebenen und Entrechteten deutete sich seit 1950 ebenfalls bereits an, doch erreichten diese kleineren Gruppierungen mit 13,2 und 10,2% der abgegebenen Stimmen ein respektables Ergebnis. Zusammen mit der FDP, die ihr Ergebnis aus den letzten Landtagswahlen mit einem Anteil von 7,2% im Jahre 1954 stabilisieren konnte, verfügten die drei Parteien zusammen über 60 Vertreter im Bayerischen Landtag, denen 61 Abgeordnete der SPD und 83 der CSU gegenüberstanden. Die erstaunliche Mehrheitsbildung lag gleichwohl nicht von vornherein nahe, sondern kam als Ergebnis mehrerer Faktoren zustande: Die geschickte Verhandlungsführung Waldemar von Knoeringens zählte ebenso dazu wie die internen Führungskämpfe in der CSU und das allzu selbstsichere Auftreten ihrer Parteiführung gegenüber den möglichen Koalitionspartnern.[97]

---

[96] ArchBayLT, Ausschuß für Wirtschaft und Verkehr, Protokoll über die 76. Sitzung am 22.1.1953 sowie die 80. Sitzung am 19.2.1953, S.8 (Piehler), 11 (Zitat: Schedl), 12 (Schuster), 51 (Zitat: Piehler); „Landesplanungsgesetz hart umstritten", in: Süddeutsche Zeitung, 20.2.1953. Vgl. auch die deutliche Kritik von Guthsmuths' Fraktionskollegen Erich Luft: Stenographischer Bericht über die 135. Sitzung des Bayerischen Landtags am 18.3.1953, S.1028-1031, hier: S.1030.

[97] Vgl. zum Wahlergebnis: Gerhard A. Ritter/Merith Niehuss, Wahlen in der Bundesrepublik Deutschland. Bundestags- und Landtagswahlen 1946-1987, München 1987, S.146; zur Geschichte der Viererkoalition seien genannt: Heike Bretschneider, Die Bildung der Viererkoalition. Die parteipolitische Konstellation in Bayern in der ersten Hälfte der fünfziger Jahre, in: Zeitschrift für bayerische Landesgeschichte 41 (1978), S.999-1038; Bernhard Taubenberger, Licht übers Land. Die bayerische Viererkoalition 1954-1957, München 2002; Volkmar Gabert, Die Bedeutung der Viererkoalition und des Spielbankenuntersuchungsausschusses für die Entwicklung der politischen Verhältnisse in Bayern, in: Hans Jochen Vogel/Helmut Simon/Adalbert Podlech (Hg.), Die Freiheit des Anderen. FS für Martin Hirsch, Baden-Baden 1981, S.187-206; Gelberg, Vom Kriegsende, S.817-837; Schlemmer, Aufbruch, Krise und Erneuerung, S.481f.; Fritz Glashauser, Die Bildungs- und Kulturpolitik der bayerischen FDP. Programmpolitik zwischen öffentlicher Darstellung und parteiinterner Willensbildung, München 1988, S.39-61.

II. Die Aktivierung der Landesplanung als Arbeitsinstrument

Die Ambitionen der neuen Koalition, darin insbesondere von SPD und FDP, richteten sich in programmatischer Weise darauf, eine kulturpolitische Modernisierungspolitik zu betreiben und damit – in den Worten Waldemar von Knoeringens – „Licht über's Land" zu bringen. Für die bündnispolitische Zusammenarbeit war dies eine recht schmale Grundlage, zumal die proklamierte gemeinsame Gegnerschaft zur CSU auf schwachen Beinen stand. Die Frage einer raumbezogenen Steuerung des strukturellen Wandels in Bayern figurierte in den Koalitionsvereinbarungen nicht an erster Stelle, fand aber ihren Platz. So initiierte Ministerpräsident Hoegner im Jahr 1955 eine Überarbeitung der bestehenden Landesplanungsverordnung von 1949, die im Juni 1956 vom Ministerrat abgesegnet wurde.[98]

Es waren freilich wiederum der GB/BHE und die Sozialdemokraten, die den grundlegenderen Ausbau des landesplanerischen Instruments auf ihre Fahnen schrieben. Allerdings überließ die bayerische SPD unter anderem aus Koalitionsrücksichten und aufgrund der diesbezüglichen Empfindlichkeiten der FDP der Vertriebenenpartei das Heft des Handelns. Im Gefolge eines Antrags des GB/BHE nahm der Landtagsausschuß für Wirtschaft und Verkehr im Februar 1957 die Arbeit am Landesplanungsgesetz wieder auf. Widerstreitende Tendenzen bestimmten auch nun die Beratungen. Die oppositionelle CSU wandte sich über ihre Sprecher Greib und Schedl zeitweise entschieden gegen eine gesetzliche Regelung, da man, wie man vorgab, die Blockade von Aufbauprojekten fürchtete. Daß dieser Haltung ein gerüttelt Maß an taktischer Motivation innewohnte, erhellt aus der Tatsache, daß die Unionspartei damit einen Entwurf zurückwies, der in seinen Grundzügen wenige Jahre zuvor im Wirtschaftsministerium unter Hanns Seidel erarbeitet worden war. Beinahe zum Eklat innerhalb der Koalition kam es aber erst, als die Liberalen dem BHE in dieser Frage die Unterstützung zu versagen drohten.[99] Nur durch die Vermittlung der SPD konnte zu Anfang 1957 eine Koalitionskrise vermieden werden. Der Preis für die Verständigung lag indes in einer erheblichen Entschärfung der landesplanerischen Einflußmöglichkeiten, die statt der denkbaren „Mitbestimmung" auf bloße „Mitwirkung" beschränkt wurden. Im Juni 1957, also noch unter der Ägide der „Viererkoalition", verabschiedete der Ausschuß mit breiter Mehrheit den Entwurf, der deutlicher als je zuvor die Verankerung der Landesplanung als staatliche Hoheitsaufgabe mit präzise eingehegten Befugnissen vorsah.[100] Die nachfolgenden Einwendungen des Senats, die sich im

---

[98] BayHStA, StK 11553, Protokoll des Ministerrats vom 15.5.1956, S. 19; StK 11554, Protokolle des Ministerrats vom 6.6.1956 und vom 12.6.1956, S.15–17; Verordnung über die Organisation der Landesplanung vom 6.6.1956 (BayGVBl. 1956, S.103f.).
[99] Bayerischer Landtag, 3. Legislaturperiode, Beilagen 1562, 2305: Antrag des Abg. Luft und Fraktion (GB/BHE) betreffend Gesetz über die Landesplanung (Landesplanungsgesetz); vgl. die betreffenden Ausschußsitzungen: ArchBayLT, Ausschuß für Wirtschaft und Verkehr, Protokolle über die 44. und 45. Sitzung am 7.2. und 21.2.1957, über die 49., 50. und 53. Sitzung am 4.4., 11.4. und 9.5.1957 sowie über die 60. Sitzung am 28.11.1957; zur Kommentierung der Beratungen auch: Bayerische Staatszeitung, 16.2.1957. Daneben fanden die Vorgänge in Bayern in Planerkreisen auch überregional Interesse: Landesplanung in Bayern, in: Informationen des Instituts für Raumforschung 4/57 vom 26.2.1957, S. 87f. Vermutlich hatte Guthsmuths seine persönlichen Verbindungen in das Bonner Institut für Raumforschung genutzt, um den Artikel zu lancieren. Allgemein zu den Debatten auch: Taubenberger, Licht übers Land, S.77–80; Bretschneider, Bildung der Viererkoalition, S.1035–1038.
[100] Stenographischer Bericht über die 108. Sitzung des Bayerischen Landtags am 12.7.1957, S.3817–3820; Bayerischer Landtag, 3. Legislaturperiode, Beilage 2730: Bericht des Ausschusses

2. Pragmatischer Beginn

wesentlichen gegen die Kompetenzausstattung der Landesplanungsgemeinschaft richteten, wies der Landtag einstimmig zurück. So konnte das Gesetz weitgehend unverändert am 28. Dezember 1957 von der Regierung Seidel verkündet werden; es trat rückwirkend zum 1. Oktober in Kraft.[101]

Nach mehr als sechsjährigem Streit war damit die bayerische Landesplanung mit einer gesetzlichen Grundlage versehen worden. Bayern erhielt als zweites Bundesland nach Nordrhein-Westfalen ein derartiges Organisationsgesetz. Anders als dort umgesetzt und vom GB/BHE im Bayerischen Landtag noch im Mai 1956 beantragt, sah es davon ab, die Landesplanung dem Selbstverwaltungsgedanken folgend als Körperschaft des öffentlichen Rechts zu organisieren. Entsprechend wurde die Landesplanungsgemeinschaft in Gestalt eines beratend und gutachterlich tätigen Beirats des Wirtschaftsministeriums eingerichtet. Dieser war vom Ministerium einzuberufen und mit Vertretern der Selbstverwaltungskörperschaften und sonstiger Organisationen des wirtschaftlichen, sozialen und kulturellen Lebens zu besetzen.

Als wesentliche Neuerung gegenüber der bisherigen Verordnungspraxis regelte das Gesetz außerdem die Durchführung von Raumordnungsverfahren und die Aufstellung von Raumordnungsplänen. Hier lag der Kernbereich der künftigen verwaltungsrechtlichen und praktischen Stellung: Gegenüber dem ersten Regierungsentwurf von 1951 war insbesondere das ehemals vorgesehene Widerspruchsrecht der Landesplanung in völlig veränderter Form realisiert worden. Die einzige Möglichkeit für die Landesplaner, rechtlichen Zwang auszuüben, lag künftig in der „Verbindlichkeitserklärung" von Raumordnungsplänen, welche ihrerseits auf einen Zeitraum von maximal fünf Jahren begrenzt war. Die Kompetenz zur selbständigen, befehlenden Verwirklichung einer angestrebten Ordnung des Raumes auf der Basis von Initiativplänen besaß die Landesplanung nicht. Wohl aber hatten verbindliche Raumordnungspläne zur Konsequenz, daß „Behörden keine Planungen aufstellen, bestehen lassen, genehmigen oder durchführen dürfen, die mit dem für verbindlich erklärten Raumordnungsplan nicht in Einklang stehen oder zu bringen sind." (Artikel 12).[102]

Hinter diesen Bestimmungen zeichnete sich die doppelte Aufgabenstellung der Landesplanung in Bayern klarer ab als bisher. Zum einen war die „übergeordnete zusammenfassende Planung" des Raumes entsprechend den „wirtschaftlichen, sozialen und kulturellen Erfordernissen" (Artikel 1) vorausschauend zu leisten:

---

für Wirtschaft und Verkehr zum Antrag des Abg. Luft und Fraktion (GB/BHE) sowie Zusammenstellung des Gesetzes über die Landesplanung (Landesplanungsgesetz) (Beilage 2305) mit den Beschlüssen des Ausschusses für Wirtschaft und Verkehr, 27. 6. 1957; ebenda, Beilage 2803: Beschluß. Der Bayerische Landtag an die Bayerische Staatsregierung und an den Bayerischen Senat, 12. 7. 1957.

[101] Gesetz über die Landesplanung (Landesplanungsgesetz) vom 21. 12. 1957 (BayGVBl. 1957, S. 323 f.); Stenographischer Bericht über die 29. Sitzung des Bayerischen Senats am 15. 10. 1957, S. 720 f. und Anlage 331. Dazu auch: Gerhard Isbary, Das Landesplanungsgesetz in Bayern vor den Senatsausschüssen, in: Informationen des Instituts für Raumforschung 19/57 vom 14. 10. 1957, S. 494; „Der Senat stellt sich gegen die Landesplanung", in: Bayerische Staatszeitung, 5. 10. 1957. Eine Deutung des Landesplanungsgesetzes von 1957 findet sich auch bei: Helmut Grasser/Hans Heitzer, Rechts- und Organisationsfragen der Landesplanung in Bayern, in: Raumforschung und Raumordnung 16 (1958), S. 77–83.

[102] BayGVBl. 1957, S. 323.

Konkret bedeutete dies, daß die städtebauliche Planung weiterhin dem Kompetenzbereich der kommunalen Selbstverwaltungsorgane unterlag, Planungen von überörtlicher und weitreichender Bedeutung hingegen durch die Stellen der Landesplanung zu bearbeiten waren. Die damit verknüpfte fachliche Koordinationsleistung beinhaltete die zweite Generalaufgabe: Nach dem Willen des bayerischen Gesetzgebers hatte die Landesplanung die „Planungen der einzelnen Geschäftsbereiche der staatlichen Verwaltung (Fachplanungen), die Planungen der Selbstverwaltungskörperschaften und sonstigen Planungsträger unter Gesichtspunkten der Raumordnung aufeinander abzustimmen." (Artikel 1).[103]

3. Wandlungen des Planungsverständnisses in den Parteien

Als Ministerpräsident Hanns Seidel das Gesetz im Dezember 1957 in Kraft setzte, hatten sich die Erwartungen, die dem neuen Instrument entgegengebracht wurden, gegenüber den gesetzgeberischen Anfängen von 1949/50 nicht unerheblich verschoben. Zumindest unter den wirtschaftssachverständigen Experten der Parteien zweifelte kaum eine ernstzunehmende Stimme mehr daran, daß die koordinierende Raumplanung auf Landesebene tatsächlich ein „Bedürfnis moderner wirtschaftlicher Entwicklung"[104] darstellte. Zugleich hatte sich die Anziehungskraft des Instruments charakteristisch gewandelt. Hoffnungen und Besorgnisse waren insgesamt einer realistischeren, informierteren Einschätzung gewichen. Auch in der bayerischen SPD, die im Lande als früheste und engagierteste Planungsverfechterin hervorgetreten war, hatten die sachkundigen Wortführer ihren Standpunkt modifiziert: Dominierte nach 1947/48 zunächst die theoretisch aufgeladene Vorstellung einer planerischen Koordinationsstelle, der in einem zu errichtenden Aufbauministerium eine zentrale Lenkungsposition zukommen sollte, so setzte man bis gegen Mitte der 1950er Jahre neue Schwerpunkte. In seiner bekannt beredten Weise brachte Waldemar von Knoeringen das veränderte strukturpolitische Planungsverständnis in der SPD gegen Jahresende 1957 unter dem Nenner der „Landesentwicklungsplanung" auf den Punkt: „Landesentwicklung ist also eine Art wissenschaftlichen Vorausdenkens und die Landesentwicklung sollte eigentlich die Grundlagen liefern, auf der der Ministerpräsident die Richtlinien seiner Politik aufbaut. So haben wir es uns einmal erträumt, aber inzwischen sind wir etwas reifer geworden. Ich möchte aber doch sagen, daß wir Achtung vor den Träumen unserer Jugend haben [...]."[105] Signifikant für die nun dominierenden, umsetzbareren Visionen eines mittleren Weges zwischen Wettbewerb und Planung war die Sicht des ehemaligen Staatsministers für Arbeit und soziale Fürsorge in der bayerischen Großen Koalition, Dr. Richard Oechsle (SPD)[106]: Er trat ganz selbst-

---

[103] Ebenda.
[104] „Landesplanung – ein Bedürfnis moderner wirtschaftlicher Entwicklung", in: Bayerische Staatszeitung, 15.6.1957.
[105] Stenographischer Bericht über die 114. Sitzung des Bayerischen Landtags am 4.12.1957, S. 3912 (von Knoeringen).
[106] Richard Oechsle (1898–1986), SPD-Politiker, 1926–1933 Beamter im Arbeitsamt München, 1947–1950 Ministerialdirektor im Bayer. Staatsministerium für Arbeit und soziale Fürsorge, 1950–1970 MdL (SPD), 1950–1954 Bayer. Staatsminister für Arbeit und soziale Fürsorge.

3. Wandlungen des Planungsverständnisses in den Parteien

verständlich für die Industrieansiedlung mit landesplanerischen Mitteln ein, doch „nicht gewaltsam und mit Zwang", sondern über wohlabgewogene Anreize für ansiedlungswillige Unternehmer, die es möglichst geschickt auszuwählen galt.[107]

Daß Elemente marktwirtschaftlichen Denkens das Planungsverständnis der bayerischen Sozialdemokraten beeinflußten, war kein Zufall, hatte sich die Bundespartei doch seit 1953 auf den Weg einer internen Diskussion über den Stellenwert lenkender staatlicher Eingriffe in der Wirtschaft begeben. Fachlich stark inspiriert von den Ideen Karl Schillers[108] und seiner Leitformel „Soviel Wettbewerb wie möglich, soviel Planung wie nötig", mühte man sich, in der Parteiprogrammatik den neuen Gegebenheiten des Wirtschaftsaufschwungs Rechnung zu tragen, ohne den Anspruch auf gerechte Verteilung des Sozialprodukts und demokratische Mitbestimmung in der Wirtschaft aufzugeben. Auf der Bundesebene mündeten diese Debatten bis Herbst 1959 in das Grundsatzprogramm von Godesberg.[109]

In der bayerischen SPD hatten bereits seit den Tagen von Rudolf Zorn im Amt des Wirtschaftsministers einige Parteigenossen aus Fraktionsführung und Vorstand früh versucht, sich nicht nur begrifflich klar von den wirtschaftspolitischen Extremformeln der Hannoveraner Parteiführung abzusetzen.[110] Wie sich allerdings der Landesverband in seiner Gesamtheit etwa zum Thema Sozialisierung stellte, blieb noch bis in die erste Hälfte der 1950er Jahre hinein intern ungeklärt. Die resultierende undeutliche Außenansicht bot den politischen Gegnern willkommene Anknüpfungspunkte, um die Partei im Vorfeld der Bundestagswahlen von 1953 öffentlichkeitswirksam in die Nähe kommunistischer Überzeugungen zu rücken. Auch und insbesondere in Bayern stand die SPD deshalb vor einer veritablen Kommunikationsaufgabe, wenn es darum ging, das aktuelle eigene Wirtschaftsprogramm mit seinen Kategorien des „freiheitlichen Sozialismus", des „Dritten Wegs" sowie dem „Kardinalproblem" der Abgrenzung von Planung und Wettbewerb den bayerischen Wählern insbesondere in den ländlichen Gebieten nahezubringen.[111]

Als das aufkeimende bundesdeutsche „Wirtschaftswunder" dem konkurrierenden

---

[107] ArchBayLT, Ausschuß zur Einbringung von Vorschlägen für die Verwaltungsvereinfachung, Protokoll über die 35. Sitzung am 18.12.1956, hier: S. 9–15.
[108] Karl Schiller (1911–1994), Wirtschaftswissenschaftler, 1947 Professor für Wirtschaftstheorie an der Universität Hamburg, 1948–1966 Mitglied des Wissenschaftlichen Beirats beim Bundeswirtschaftsministerium, 1961–1965 Wirtschaftssenator in Berlin, 1965–1972 MdB (SPD), 1966–1972 Bundeswirtschaftsminister, 1971–1972 Bundesfinanzminister.
[109] Peter Meyer-Dohm, „Wettbewerb soweit wie möglich, Planung soweit wie nötig". Karl Schillers Bochumer Leitregel, in: Heiko Körner/Peter Meyer-Dohm/Egon Tuchtfeldt/Christian Uhlig (Hg.), Wirtschaftspolitik – Wissenschaft und politische Aufgabe. FS zum 65. Geburtstag von Karl Schiller, Bern/Stuttgart 1976, S. 85–109; Helmut Schmidt, Zur Entwicklung der sozialökonomischen Programmatik der deutschen Sozialdemokratie, in: Robert Schwebler/Walter Föhrenbach (Hg.), Jahre der Wende. Festgabe für Alex Möller zum 65. Geburtstag, Karlsruhe 1968, S. 35–50; Helmut Köser, Die Grundsatzdebatte in der SPD von 1945/46 bis 1958/59. Entwicklung und Wandel der Organisationsstruktur und des ideologisch-typologischen Selbstverständnisses der SPD. Eine empirisch-systematische Untersuchung, Diss. Freiburg 1971, S. 184ff.
[110] Siehe hierzu Kapitel II.3. des ersten Teils dieser Arbeit.
[111] Karl Schiller, Das SPD-Wirtschaftsprogramm, in: Bayerische Staatszeitung, 5.9.1953 (Zitate). In der gleichen Nummer druckte das Blatt in Gegenüberstellung hierzu die wirtschaftspolitische Auffassung der Bonner Regierungskoalition ab: Bernhard Pfister, Die soziale Marktwirtschaft, ebenda. Eine ausführliche Analyse der wahlpolitischen Situation der SPD in der bayerischen Provinz während der 1950er Jahre bietet: Balcar, Politik auf dem Land, S. 258–292.

Konzept der „sozialen Marktwirtschaft" und damit der Bonner Wirtschaftspolitik zunehmende Legitimation verschaffte, lenkte Parteichef von Knoeringen den Planungsgedanken programmatisch in neue Richtungen. Die Kultur- und Bildungspolitik schien ihm seit Mitte der 1950er Jahre jenes Feld zu sein, auf dem einer Politik des „demokratischen Sozialismus" angesichts wachsenden gesellschaftlichen Wohlstands und drohender „moralische[r] Entmenschung des Menschen durch die Kräfte des Materialismus" wichtige neue Herausforderungen erwachsen würden.[112] Die Landesplanung hatte demgegenüber als Projektions- und Tätigkeitsfeld gesellschaftspolitischer Umgestaltung für die bayerische SPD an Reiz verloren und war – zumindest vorläufig – in den Hintergrund getreten. Auch aus programmatischen Gründen überließ man das Thema deshalb nach 1954 ohne größeres Bedauern den Initiativen des Gesamtdeutschen Blocks/BHE und seines umtriebigen Vorsitzenden Willi Guthsmuths.

Der langjährige Staatssekretär im Wirtschaftsministerium trat über die 1950er Jahre hinweg als der wohl entschiedenste und hartnäckigste politische Verfechter einer effektiven Landesplanung auf. Die staatspolitische Aufgabe seines Ressorts, den zügigen und geordneten Wiederaufbau voranzutreiben, war dabei gewiß ein zentrales Movens. Es dürfte zudem nicht ohne Belang gewesen sein, daß mit Guthsmuths der Landeschef einer an den Anliegen der Heimatvertriebenen orientierten Partei zwischen 1950 und 1962 an zentralen Hebeln der bayerischen Wirtschafts- und Parteipolitik saß. In Guthsmuths Planungsverständnis spielte der Gedanke einer sozialistischen Kulturbewegung, wie er Waldemar von Knoeringen bewegte, keine Rolle. Ihm ging es darum, die großen Züge des ökonomischen „Strukturumbruches" in Bayern im Rahmen der marktwirtschaftlichen Grundordnung nach Kräften so zu beeinflussen, daß dieser Prozeß „organisch" verlief. Neben dem Ausgleich regionaler Disparitäten innerhalb Bayerns, der eingehegten Industrialisierung des Landes oder der aktiven Sanierung von Notstandsgebieten besaß die ökonomische Integration der Vertriebenen oberste Priorität. Eine einflußreiche Landesplanung war für ihn von Anfang an das Mittel der Wahl, ein modernes Landesplanungsgesetz eine unabweisbare Notwendigkeit.[113] Die Jahre der „Viererkoalition" zwischen Ende 1954 und Herbst 1957 bereiteten Guthsmuths

---

[112] Waldemar von Knoeringen, Rede auf dem Parteitag 1958 in Stuttgart, in: ders., Reden und Aufsätze. Hg. vom SPD-Landesverband Bayern, München 1981, S. 70–81 (Zitate: S. 71 f., 75 f.). Vgl. zu Knoeringen nach 1950 auch: Mehringer, Waldemar von Knoeringen, S. 375–384; Rainer J. Ostermann, Waldemar von Knoeringen und der demokratische Sozialismus, in: Hartmut Mehringer (Hg.), Von der Klassenbewegung zur Volkspartei. Wegmarken der bayerischen Sozialdemokratie 1892–1992, München 1992, S. 261–290; Helga Grebing, Ideengeschichte des Sozialismus in Deutschland. Teil II, in: dies. (Hg.), Geschichte der sozialen Ideen in Deutschland. Sozialismus – Katholische Soziallehre – Protestantische Sozialethik. Ein Handbuch, Essen 2000, S. 355–595, hier: S. 435–437.

[113] Vgl. hierzu den Inhalt zweier Rundfunkansprachen Guthsmuths unter anderem im Landtagswahlkampf 1958: BayHStA, MWI 21503, Bayerischer Rundfunk, Pressestelle, Politik aus erster Hand: Ansprache des Staatssekretärs im Bayerischen Staatsministerium für Wirtschaft und Verkehr, Dr. Willi Guthsmuths, Landesvorsitzender des Gesamtdeutschen Blocks, 27.8.1958; ebenda, Bayerischer Rundfunk, Pressestelle, Politik aus erster Hand: Ansprache des Staatssekretärs Dr. Willi Guthsmuths, Vorsitzender der Gesamtdeutschen Partei, 26.4.1961 (Zitate). Zur Integrationsproblematik aus seiner Feder auch: Willi Guthsmuths, Die Eingliederung als Gegenstand der Landesplanung in Bayern, in: Raumforschung und Raumordnung 16 (1958), S. 129–139.

3. Wandlungen des Planungsverständnisses in den Parteien

deshalb nicht geringe intellektuelle Pein. Sie ließen ihn noch Jahrzehnte später von der „unbegreiflich falsche[n] politische[n] Blickrichtung" sprechen, die Bayernpartei und Liberale gegenüber dem landesplanerischen Paradigma eingenommen hätten.[114]

Gleichwohl kann kaum etwas deutlicher als die wandelbare Haltung der bayerischen FDP die Tatsache dokumentieren, daß die Landesplanung in der zweiten Hälfte der 1950er Jahre im politischen Raum „hoffähig" geworden war. Wenn der von den Liberalen gestellte Wirtschaftsminister Otto Bezold das Instrument nach anfänglicher Zurückhaltung vor mehreren Landtagskommissionen, dem Plenum und vor dem Senat verteidigte, dann war dafür auch ausschlaggebend, daß die landesplanerische Praxis seit 1949/50 die Sorge vor planwirtschaftlich-sozialisierenden Tendenzen nicht bestätigt hatte.[115] Alle am bayerischen Gesetzgebungsprozeß Beteiligten hatten zudem gegen Mitte der 1950er Jahre zu berücksichtigen, daß sich auf Bundesebene die Bestrebungen zur Schaffung einer einheitlichen Raumordnung verdichteten, während zugleich der vergrößerte, europäische Markt erste konkrete Formen annahm. Beide Entwicklungen legten es nahe, anhand einer eigenen Landesplanungsgesetzgebung „Realitäten" zu schaffen und die Partizipationschancen Bayerns zu wahren.[116]

In der Führungsriege der CSU hingegen waren von Anfang an auch pragmatische Überlegungen dafür ausschlaggebend gewesen, der planerischen staatlichen Intervention gewisse Bahnen der Betätigung zu eröffnen. Ministerpräsident Ehard und Wirtschaftsminister Seidel traten bereits in der Frühphase der Beratungen im Ministerrat dafür ein, das Planungsprinzip als Mittel konservativer Politik zu akzeptieren. Die Kriegsfolgen, die hohe Arbeitslosigkeit und die Eingliederungsaufgabe ließen, so Seidel, gar keine andere Möglichkeit, als einen „Landesentwicklungsplan" anzustreben und die gesetzliche Basis hierfür zu schaffen.[117] Nicht alle Meinungsträger in der CSU teilten vorweg diese Einschätzung. Es bedurfte einiger Überzeugungsarbeit, um die grundsätzliche Zielstellung und ihre konkrete normative Umsetzung in ein parteiintern akzeptables Verhältnis zu bringen. Hilfreich war dabei, daß unübersteigbare Grenzen auch für die moderaten Planungsverfechter in der CSU vom Range eines Hanns Seidel dort lagen, wo die im Aufbauprozeß als unabdingbar erachtete ökonomische Bewegungsfreiheit der Wirtschaftsindividuen in Gefahr zu geraten drohte. „Abzulehnen sei", so faßte es Karl Greib (CSU) im Wirtschaftsausschuß in knappe Worte, „die Planung in eine behördliche Zwangsorganisation zu verlegen, die den Unternehmungsgeist und die Freiheit des einzelnen tötet, den Menschen in einer Weise lenkt und leitet, daß er gewissermaßen wie ein Zirkuspferd nach der Peitsche rouliert."[118] Erst die Neugestaltung des umstrittenen Vetorechts

---

[114] Willi Guthsmuths, 25 Jahre Landesarbeitsgemeinschaft Bayern. Rückblick auf Tätigkeit und Arbeitsergebnisse, in: ders. (Hg.), 25 Jahre Landesarbeitsgemeinschaft Bayern, S. 7–13 (Zitat: S. 12).
[115] ArchBayLT, Ausschuß zur Einbringung von Vorschlägen für die Verwaltungsvereinfachung, Protokoll über die 35. Sitzung am 18.12.1956, S. 9f.
[116] ArchBayLT, Ausschuß für Wirtschaft und Verkehr, Protokoll über die 44. Sitzung am 7.2.1957, S. 50 (Luft), über die 45. Sitzung am 21.2.1957, S. 21 (Luft) sowie über die 53. Sitzung am 9.5.1957, S. 12 (Bezold) (Zitat).
[117] BayHStA, StK 11538/1, Protokoll des Ministerrats vom 22.1.1952.
[118] ArchBayLT, Ausschuß für Wirtschaft und Verkehr, Protokoll über die 65. Sitzung am 13.11.1952, S. 7.

II. Die Aktivierung der Landesplanung als Arbeitsinstrument

der Landesplanung einerseits und Otto Schedls Leitbegriff einer anzustrebenden „Rahmenplanung"[119] andererseits konnten Bedenken dieser Art innerhalb der bayerischen Unionspartei in hinreichendem Maße ruhigstellen und den Weg für die breite Zustimmung zu dem gefundenen Gesetzeskompromiß freimachen.

Es entbehrt nicht einer gewissen Paradoxie, daß das bayerische Landesplanungsgesetz zu einem Zeitpunkt zustandekam, da in der politischen Öffentlichkeit des Landes bereits Zweifel laut wurden, ob es überhaupt noch erforderlich sei. Immerhin war offensichtlich, daß sich sowohl die bis dato erreichten Erfolge der Vertriebenenintegration als auch die ersten Anzeichen des ökonomischen Wiederaufstiegs ohne ein solches Gesetz eingestellt hatten. Nach anfänglicher Überschätzung der Wirkmächtigkeit eines derartigen Organisationsstatuts hatte bei Befürwortern und Gegnern nur wenige Jahre später eine gewisse Unterschätzung Raum gegriffen. Diese relativierte Sicht in den Parteien war angesichts der lange verhärteten Fronten geradezu eine Voraussetzung für die Einigung von 1957 gewesen. Doch abgesehen von den konzeptionellen und praktischen Erträgen landesplanerischer Arbeit seit 1949/50 und nach 1957, auf die im folgenden Abschnitt einzugehen ist, manifestierte sich bereits in den *Debatten* um die Landesplanung eine nicht unerhebliche Erweiterung der mentalen Landkarten aller Verantwortlichen. In den politischen Parteien des Landes ging ein intensiver Reflexionsprozeß über den Stellenwert und die Möglichkeiten raumplanerischer Verfahrensweisen in der marktwirtschaftlichen Ordnung vonstatten, der in dieser Form in den jeweiligen Bundesparteien noch keine Entsprechung fand.

Zugleich erfuhr anhand des erreichten Ergebnisses von 1957 und seiner Vorstufen die ordnungspolitische Ausgestaltung des westdeutschen Wirtschaftssystems einen weiteren normativen Impuls. Auf einem Feld, auf dem für die Länder noch erheblicher Gestaltungsspielraum bestand, wurden die Grenzen zwischen Staat, Markt und Verbandseinfluß für Bayern stark zugunsten des ersteren definiert. Daß sich das bayerische Landesplanungsgesetz dabei als das zweite Gesetz dieser Art im Bund von dem älteren Prinzip der Selbstverwaltung in der Planungsorganisation abwandte, rief nicht nur im bayerischen Senat Unzufriedenheit hervor. Offiziös vorgetragene Kritik kam zeitweise auch aus dem Bundesministerium des Innern, wo noch im Laufe der 1950er Jahre die Federführung in Fragen der Raumordnung für die Bundesebene lag.[120] Ungeachtet dessen konnten es die Befürworter des Beiratsprinzips in der bayerischen Landespolitik nur wenige Jahre später als Bestätigung des eigenen Weges verstehen, daß Nordrhein-Westfalen im Mai 1962 das

---

[119] ArchBayLT, Ausschuß für Wirtschaft und Verkehr, Protokoll über die 39. Sitzung am 6.3.1952, S. 20.
[120] Erich Keßler, Soll und Haben der Raumordnung, in: Der Landkreis 29 (1959), S. 373–379, bes. S. 377f. (Wiederabdruck in: Bulletin des Presse- und Informationsamtes der Bundesregierung 6 vom 12.1.1960 und 7 vom 13.1.1960); ders., Und nochmals: Soll und Haben der Raumordnung, ebenda 30 (1960), S. 299–303, hier: S. 302f. Vgl. hierzu die Replik des Bezirksplaners von Oberbayern: Johann Mang, Die Bedeutung der Landesplanung für die Kommunalverwaltung, ebenda 30 (1960), S. 72–75 und die offizielle Stellungnahme des Bayerischen Staatsministeriums für Wirtschaft und Verkehr: Zur Frage der Organisation der Landesplanung. Erwiderung des Staatsministeriums für Wirtschaft und Verkehr, in: Bayerische Staatszeitung, 8.4.1960. Ministerialdirigent Dr. Erich Keßler war im Bundesministerium des Innern unter anderem für Fragen der Raumordnung zuständig.

reine Selbstverwaltungsprinzip aufgab und die Landesplanung zu einer Gemeinschaftsaufgabe von Selbstverwaltung *und* Staat umformte.[121]
Als die westdeutsche Planungsgeschichte mit Beginn der 1960er Jahre auf der Bundesebene in ihre „Inkubationsphase" trat[122], lagen in Bayern auf dem Feld der Landesplanung nicht nur bereits langjährige Erfahrungen und praktische Verfahrensmuster bereit. Vielmehr war die koordinierende Planung als institutionalisiertes Instrument und krisenbewährtes Paradigma zur Steuerung des raum- und wirtschaftsstrukturellen Wandels auch in den Reihen tonangebender konservativer und liberaler Landespolitiker weitestgehend etabliert. Dies und die damit verknüpfte Tatsache, daß bereits über mehr als ein Jahrzehnt hinweg auch die Grenzen der Planbarkeit regionaler Strukturpolitik zutage getreten waren, beeinflußte zweifellos die Aufnahme des Planungsgedankens in Bayern, als dieser in Gestalt eines allumfassenden Imperativs zur „technokratischen Verstetigung" der Nachkriegsprosperität in den 1960er Jahren von der Bundesebene her zurückkehrte.[123]

4. Planen in der Marktwirtschaft

Anders als die teilweise hitzigen Debatten um die normative Fassung der Landesplanung annehmen lassen könnten, realisierte sich die eigentliche landesplanerische Tätigkeit im Verlauf der 1950er Jahre in Bayern nicht in spektakulären Aktionen, sondern in zäher, geduldiger Kleinarbeit. Es war bereits die Rede davon, daß in chronologischer und sachlicher Hinsicht zunächst die Unterbringung von Flüchtlingen und Vertriebenen, die Unterstützung von zugewanderten Betrieben und die zivile Nutzung ehemaliger Wehrmachtseinrichtungen im Vordergrund stand.[124] Der Landtagsbeschluß vom April 1951 und die nachfolgende Aktivierung der Landesplanung durch die Koalitionsregierung Ehard konfrontierten die Landesplanungsstelle im Wirtschaftsministerium mit neuen Herausforderungen. Seit längerem hatten die Bezirksplanungsstellen bei den Regierungen ihre oftmals improvisierte Beratungstätigkeit auf die intensive Kenntnis der regionalen Gegebenheiten und die erhaltenen kartographischen oder statistischen Unterlagen stützen können.[125] Die Erarbeitung der Grundzüge eines „Landesentwicklungsplans" für das gesamte bayerische Staatsgebiet, wie ihn Ehard angekündigt hatte, stellte für die Münchner Landesplaner gleichwohl Neuland dar. Obwohl bereits 1949 im Vorfeld des ersten regionalen Sanierungsprogramms des Bundes eine Denkschrift über die „Lage des Bayerischen, des Böhmer und des Oberpfälzer Waldes" erstellt worden war, hatte man in der bayerischen Landesplanung im Sommer 1951 nicht zu Un-

---
[121] Erster Bericht der Landesregierung Nordrhein-Westfalen gemäß § 24 des Landesplanungsgesetzes vom 7. Mai 1962 über Stand, Maßnahmen und Aufgaben der Landesplanung, Düsseldorf 1964; Gadegast, Zur geschichtlichen Entwicklung der Raumplanung in Nordrhein-Westfalen, S. 263; Hohberg, Recht der Landesplanung, S. 7.
[122] Ruck, Kurzer Sommer der konkreten Utopie, S. 364.
[123] Ebenda, S. 362. Zur breiten Akzeptanz des Instruments der Landesplanung in Bayern gegen Ende der 1950er Jahre: Grasser/Heitzer, Rechts- und Organisationsfragen, S. 77.
[124] Siehe hierzu den einleitenden Abschnitt dieses II. Kapitels.
[125] BayHStA, MWI 21500, Gutachten des Landesplaners von Ober- und Mittelfranken, Dr. Bernhard Kurtz, über die Organisation der Landesplanung in Bayern, 20.6.1947.

recht den Eindruck, daß sich die eigenen konzeptionellen Ausarbeitungen hinter den diesbezüglichen Errungenschaften in Niedersachsen und Nordrhein-Westfalen noch „bescheiden" ausnahmen.[126] Es bedeutete deshalb einen wichtigen Schritt nach vorne, als im September 1951 der erste Teil einer auf zwei Bände angelegten Untersuchung zu den „Grundlagen für die Aufstellung von Richtlinien zu einem Landesentwicklungsplan" vorgelegt werden konnte.[127] Die Schrift repräsentierte den aktuellen landesplanerischen Wissens- und Arbeitsstand im Wirtschaftsministerium und war als breit angelegte Diskussionsgrundlage gedacht. Anhand einer auf knapp 200 Seiten vorgenommenen Bestandsaufnahme der bayerischen Bevölkerungs-, Wirtschafts- und Sozialstruktur illustrierten die Autoren den „schweren Krankheitszustand", in den der „Wirtschafts- und Sozialkörper" Bayerns infolge der Kriegsereignisse verfallen sei. Räumliche „Isolierung" und „Übervölkerung" wurden als Hauptprobleme diagnostiziert. Die von Gerhard Isenberg entwickelte „Tragfähigkeitsrechnung" diente als methodische Grundlage, um das Mißverhältnis von Wirtschaftskraft und aktuellem Bevölkerungsdruck nachzuweisen und erste Folgerungen zu ziehen.[128] Konkrete Maßnahmenvorschläge enthielt die Ausarbeitung – zum Leidwesen insbesondere der bayerischen SPD – aber nicht.[129]

Diesen Erwartungen kam der zweite Teil ein gutes Stück näher, der Ende 1953 abgeschlossen wurde und auf mehr als 850 Seiten die Handlungsoptionen für eine „Ausweitung der Existenzgrundlagen der Bevölkerung" aufzuzeigen suchte.[130] Erklärte Absicht war es, Vorschläge für die Zusammenfassung und Koordination von Fachplanungen der Ressorts und regionalen Stellen zu machen, ohne doch im Stil von „Jahresplänen totalitärer Staaten" die Erarbeitung von Investitions- und Produktionsprogrammen anzustreben. Der gestalterische Ehrgeiz der Verfasser zielte darauf, längerfristige Wandlungen der Wirtschaftsstruktur Bayerns anzuregen und auszuloten, nicht aber die nötigen wirtschaftspolitischen Abläufe zu definieren. Ungeachtet des formulierten Anspruchs auf weltanschauliche „Neutralität" bekannte sich der Planungsteil des Kompendiums zu einer Reihe von „Leitsätzen", nach denen sich der modernisierende Strukturwandel des Landes idealerweise vollziehen sollte. Sie reflektieren einige früh konkretisierten Grundannahmen, deren Genese im Zusammenhang der Darstellung des Industrialisierungsparadigmas bereits verfolgt wurde.[131] Zugleich dokumentieren sie die intensive Auseinandersetzung mit der zeitgenössischen Raumwirtschaftstheorie, insbe-

---

[126] BayHStA, MWI 21554, Bernhard Kurtz, Betreff: Landesplaner-Arbeitstagung, Hannover 4./5.7.1951, 7.7.1951.
[127] Die bayerische Landesplanung. Grundlagen für die Aufstellung von Richtlinien zu einem Landesentwicklungsplan. Teil 1: Bestandsaufnahme. Bearbeitet in der Landesplanungsstelle des Bayerischen Staatsministeriums für Wirtschaft und Verkehr, o. O. o. J. [München 1951].
[128] Die Zitate finden sich ebenda, S. 162 f.; Gerhard Isenberg, Tragfähigkeit und Wirtschaftsstruktur, Bremen-Horn 1953.
[129] „Die Arbeit am Landesentwicklungsplan", in: Bayerische Staatszeitung, 24.5.1952.
[130] Grundlagen für die Aufstellung von Richtlinien. Teil 1, S. 4; Die bayerische Landesplanung. Grundlagen für die Aufstellung von Richtlinien zu einem Landesentwicklungsplan. Hg. vom Bayerischen Staatsministerium für Wirtschaft und Verkehr – Landesplanungsstelle, Teil 2: Planung, o. O. o. J. [München 1954]. Vgl. dazu Schlemmer/Grüner/Balcar, „Entwicklungshilfe im eigenen Lande", S. 386–388.
[131] Siehe oben Kapitel II.3. des ersten Teils der Arbeit.

4. Planen in der Marktwirtschaft

sondere mit den Arbeiten Erich Egners, auf den sich die Verfasser unmittelbar beziehen.[132]

So überrascht es nicht, daß der Text eine „mittlere Linie" zwischen Planwirtschaft und schrankenlosem Liberalismus einzuschlagen versucht. Auch unter den Bedingungen der „sozialen Marktwirtschaft" erachtete man es als legitim, erfolgversprechend und nötig, den obwaltenden Tendenzen ökonomischer Logik ein lenkendes Korrektiv entgegenzusetzen: „Die Wertschätzung der menschlichen Persönlichkeit muß über dem rein wirtschaftlichen Denken stehen. So wenig die Bedeutung einer ausreichenden Gütererzeugung unterschätzt werden darf, so wenig ist durch sie allein bereits eine Gewähr dafür gegeben, daß Recht und Freiheit des Menschen geachtet werden." Landesplanerisches Handeln hatte deshalb dem Trend zur interregionalen und internationalen Arbeitsteilung ebenso entgegenzutreten wie der Tendenz zur Ballung des wirtschaftlichen, sozialen und kulturellen Potentials in wenigen Großstädten. Dieses Streben nach einer „gesunden" ökonomischen Mischstruktur, nach einem sinnvollen Verhältnis zwischen der agrarischen Basis und dem „industriellen Überbau" sowie nach dezentraler Anordnung von zentralörtlichen Funktionen auch in „Mittel-, Klein und Landstädte[n]" trug demnach ein mehrfach stabilisierendes und pazifizierendes Potential in sich: Wo es einerseits möglich war, hierdurch dem System der Marktwirtschaft eine menschlichere, am Individuum ausgerichtete Gestalt zu geben, bestand andererseits die reelle Chance, jene erhöhte Krisenanfälligkeit zu mindern, die als das Los monostrukturierter Regionen zu gelten hatte. Zumal in Bayern kam zusätzlich der Förderung des traditionell stark ausgeprägten, gewerblich-mittelständischen Wirtschaftsaufbaus wegen seiner Flexibilität und Anpassungsfähigkeit der Vorzug gegenüber der forcierten Ausrichtung auf Großindustrien zu.[133]

Es ist offensichtlich, daß dem hier entfalteten Konzept utopische und kulturkritische Momente innewohnten. Der landesplanerischen Tätigkeit wurde die Aufgabe zugewiesen, sich dem als säkular wirksam erachteten Vordringen betriebswirtschaftlicher Rationalität in der Standortlagerung der Wirtschaft entgegenzustemmen und dabei übergeordnete, am Wohl der Gemeinschaft orientierte Belange zur Geltung zu bringen. Verglichen mit den sehr viel „technischer" gehaltenen bayerischen Raumordnungsplänen der 1960er Jahre nehmen die „Grundlagen" wegen ihrer charakteristischen Mischung aus sozialphilosophischem Gehalt und vorausschauendem, zupackendem Realismus sicherlich eine Sonderstellung ein. Hier finden sich Leitmotive einer konservativen Modernisierungskonzeption formuliert, die nur selten mehr in dieser konzentrierten Deutlichkeit thematisiert wurden und doch die Geschichte der bayerischen Industrialisierungs- und Strukturpolitik dauerhaft prägten. Mit ihrer Umsetzung wurde in Bayern begonnen, noch bevor sich auf Bundesebene die Vorstellungen über inhaltliche Ziele der Raumordnung verdichteten oder gegen Mitte der 1950er Jahre die Debatten um ein „Leitbild der Raumordnung"[134] begannen. Zugleich beschäftigten sich die Autoren in fachlich-

---

[132] Grundlagen für die Aufstellung von Richtlinien. Teil 1, S. 2 sowie Teil 2, S. 186 und passim. Vgl. zu Egner oben Kapitel II.1 des zweiten Teils.
[133] Grundlagen für die Aufstellung von Richtlinien. Teil 2, S. 188, 190, 196, 192, 197.
[134] Werner Ernst, Leitbild der Raumordnung, in: Handwörterbuch der Raumforschung und Raumordnung. Hg. von der Akademie für Raumforschung und Landesplanung. Band II,

praktischer Hinsicht bereits mit den Konzepten der „zentralen Orte" und der räumlichen „Entwicklungsachsen" oder präsentierten anhand der Einteilung des bayerischen Staatsgebiets in „Aufbau-", „Ausbau-" und „Ergänzungsgebiete" entwicklungspolitische Kategorisierungsvorschläge, die in modifizierter Form noch zu Beginn der 1960er Jahre aufgenommen wurden.[135]
Das zweiteilige Werk konnte nie rechtliche Verbindlichkeit erlangen. Seine rückblickende Qualifikation als „Magna Charta der Landesentwicklung"[136] in Bayern mag deshalb wohl übertrieben sein. Es macht jedoch gewiß nicht das geringste Verdienst dieser Schrift aus, die raumpolitische Befindlichkeit des Bundeslandes zusammengefaßt und näher ans Bewußtsein der bayerischen Landespolitiker gerückt zu haben. Der weitere Ausbau der bundesdeutschen Marktwirtschaft zu einer nicht nur gegenüber den Wirtschaftsindividuen „sozial" orientierten, sondern auch in regionaler Hinsicht auf Ausgleich bedachten Wirtschaftsordnung lag, das mußte jedem aufmerksamen Leser deutlich werden, im ureigensten Aufbauinteresse Bayerns: „Das Prinzip der privatwirtschaftlichen Rentabilität würde vielfach zu einer einseitigen Bevorzugung der alten industriellen Standorte, zu einem weiteren Ausbau der bereits bestehenden industriellen Ballungsräume führen, und eine derartige ökonomische Raumordnung könnte weder innerhalb Bayerns noch innerhalb Westdeutschlands oder innerhalb Europas verantwortet werden. [...] Entscheidungen, die aus einer rein ökonomisch-geschäftlichen Sphäre heraus getroffen werden, können das an der Peripherie des Bundes liegende Land Bayern hart treffen."[137]
Als Beitrag zur konzeptionellen Einbettung des Paradigmas „Raumplanung" in das Arsenal marktwirtschaftlich kompatibler Steuerungsverfahren in Westdeutschland standen die „Grundlagen" auf halbem Wege zwischen einer rein verfahrenspraktisch orientierten Betrachtungsweise und der beginnenden Integration materieller Zielvorstellungen. Ansätze zur Verknüpfung des Systems der sozialen Marktwirtschaft mit dem raumordnenden Prinzip kamen seit den frühen 1950er Jahren zunehmend aus der Fachwissenschaft selbst. Nicht zuletzt die einschlägigen Studien aus der Hannoveraner „Akademie für Raumforschung und Landesplanung" und aus dem Godesberger „Institut für Raumforschung" trugen dazu bei, daß die Annahme einer grundsätzlichen Vereinbarkeit bis gegen Ende der Dekade in den überregionalen Fachdiskussionen allmählich zum Allgemeingut wurde.[138]

---

2. Aufl. Hannover 1970, Sp. 1907-1911; Kurt Schäfer, Die Leitbild-Konzeption der Raumordnung und ihre Konkretisierung in Plänen der Länder, Diss. Speyer 1975. Vgl. hierzu auch Kapitel II.1. des dritten Teils dieser Arbeit.
[135] Grundlagen für die Aufstellung von Richtlinien. Teil 2, S. 192f., 696-703; siehe etwa die landesplanerische Einteilung Bayerns in „Sicherungs-", „Gestaltungs-" und „Entwicklungsräume" in: Grundlagen und Ziele der Raumordnung in Bayern. Hg. vom Bayerischen Staatsministerium für Wirtschaft und Verkehr, München 1962, S. 3.
[136] Schreyer, Bayern – ein Industriestaat, S. 252.
[137] Grundlagen für die Aufstellung von Richtlinien. Teil 2, S. 195 f.
[138] Erich Dittrich, Marktwirtschaft und Raumordnung, in: ders., Grundfragen deutscher Raumordnung (Mitteilungen aus dem Institut für Raumforschung Bonn 21), Bad Godesberg 1955, S. 36-45; Dietrich Storbeck, Die wirtschaftliche Problematik der Raumordnung. Eine Untersuchung über Notwendigkeit, Ziele und Mittel der Raumordnung im System der Marktwirtschaft, Berlin 1959; Eduard Willeke, Die Raumforschung in volkswirtschaftlicher Sicht, in: Raumforschung. 25 Jahre Raumforschung in Deutschland. Hg. von der Akademie für Raumforschung und Landesplanung, Bremen 1960, S. 19-36; Norbert J. Lenort, Marktwirtschaft und Raumordnung. Gilt die Beeinflussung der unternehmerischen Standortwahl noch als marktkonforme Maßnahme?, in: Der Volkswirt 11 vom 27.4.1957, S. 802-804.

4. Planen in der Marktwirtschaft

In der politischen Realität der Länder war es hingegen vorwiegend die landesplanerische Praxis, die die bestehenden Vorbehalte gegenüber einem möglichen neuen Dirigismus östlichen Vorbilds oder gegenüber der Wiederkehr nationalsozialistischer Planungsmuster abbauen half. Sie machte auch den Planungsskeptikern in Bayern plausibel, daß es möglich war, eine politisch und normativ „eingehegte" Planung zu realisieren, ohne auf die Vorzüge des neuen Steuerungsinstruments zu verzichten.

Neben der konzeptionellen Arbeit bestimmte im Verlauf der 1950er Jahre eine Reihe weiterer Tätigkeitsfelder die Aktivitäten der bayerischen Landesplanung. Aufgrund der begrenzten Personalausstattung stand zunächst die Beratungsaufgabe ganz im Vordergrund. Sie wurde als Dienstleistung gegenüber privaten Unternehmern, staatlichen Stellen oder in Verhandlungen mit der Besatzungsmacht erbracht und umfaßte die fachliche Hilfestellung bei der Ansiedlung von Industriebetrieben, bei der Trassierung von wichtigen Verkehrslinien, der Lokalisierung von Wohnungsbauprojekten, der Bestimmung von sogenannten Vorbehaltsflächen, die von der unmittelbaren Nutzung vorerst ausgeschlossen sein sollten, oder auch bei der Behandlung von Bauprojekten der amerikanischen Armee durch bayerische Stellen. Über eine Vielzahl von Einzelberatungen und Gutachten wurde versucht, den regionalen Industrialisierungsprozeß so zu beeinflussen, daß betriebswirtschaftliche Rentabilität und volkswirtschaftlich relevante Produktivität einander im Falle der behandelten Ansiedlungsprojekte möglichst nahekamen. Dabei spielte die Bereitstellung von Informationen über regionale Standortgegebenheiten, lokale Arbeitsmärkte und Gewerbeflächen, aufnahmewillige Orte und staatliche Kreditfördermöglichkeiten eine zentrale Rolle. Vom Frühjahr 1956 an verfügte die bayerische Landesplanung hierzu über eine komplette Aufstellung von Standorten, die zum aktuellen Zeitpunkt für gewerbliche Neuansiedlungen in Frage kamen. Das in Kartenform aufbereitete Material trug der Leitlinie einer dezentralen Industrieansiedlung Rechnung und differenzierte bereits nach lokaler Aufnahmefähigkeit und möglichen Fertigungssparten.[139]

Der mühsamen Kärrnerarbeit, die hinter der Zusammenstellung derartigen statistischen Datenmaterials stand, kam von Beginn an grundlegende Bedeutung zu. Neben einer Industriestandortkartei, die gegen Mitte der 1950er Jahre etwa 16 000 bayerische Industriebetriebe nach ihren Standorten und teils auch nach ihrer Beschäftigtenzahl und weiteren Standortmerkmalen auflistete[140], erstellten die Landesplaner ein Werk zur kartographischen Erfassung aller Planungen staatlicher bayerischer Stellen, um so Beurteilungsgrundlagen für die Begutachtung der resultierenden, raumbeeinflussenden Maßnahmen zu schaffen. Vorbild hierfür waren jene Planungsatlanten, die für Teile des westdeutschen Raums bereits existierten. Darüber hinaus konnte in Zusammenarbeit mit der Hannoveraner Akademie und dem Bayerischen Statistischen Landesamt im Jahr 1951 der Band „Bayern" eines künftigen Deutschen Planungsatlas in Angriff genommen und bis 1960 zum Ab-

---

[139] BayHStA, MWI 21578, Dr. Kurtz, Landesplanungsstelle, an Herrn Staatsminister Bezold. Betreff: Richtlinien der Politik für das Jahr 1956, 5.3.1956.
[140] BayHStA, MWI 21578, Dr. Kurtz, Landesplanungsstelle, Herrn Ministerialdirigent Dr. Heilmann ergebenst vorgelegt. Betreff: Dreijahres-Bericht der Bayerischen Staatsregierung, 31.3.1954.

schluß gebracht werden. Auf 73 Kartenblättern stellte das Werk jenseits bloßer geographischer Bestandsaufnahme vor allem die sozialökonomischen Problemlagen des Landes augenfällig dar.[141]

Auf der Basis dieses kontinuierlich anwachsenden Materials nahm die Landesplanung mit wachsender Kompetenz ihre Aufgabe wahr, die Fachplanungen der Ressorts und die örtlichen Pläne der Gemeinden dort, wo sie sich überschnitten, zu beurteilen und nach Möglichkeit aufeinander abzustimmen. Die Aufmerksamkeit galt hierbei Einzelplanungen aus den Bereichen der Wasserversorgung und der Abwasserbeseitigung, der Energiewirtschaft und der Verkehrsführung, der Flurbereinigung oder des Naturschutzes. Bis Frühjahr 1953 wurden nach eigenen Angaben bereits über 2100 Projekte gutachterlich betreut. Ein zunehmend umfassendes Aufgabenfeld entstand zudem aus den teilweise sehr umfangreichen Landanforderungen der amerikanischen Besatzungsmacht, die im Zusammenhang des geplanten Ausbaus von Truppenübungs- und Schießplätzen an deutsche Stellen gerichtet wurden. Anhand der eingehenden Prüfung von Ersatzmöglichkeiten konnten etwa im Falle der Errichtung eines zweiten bayerischen Truppenübungsplatzes bei Hohenfels/Oberpfalz den Unterhändlern der Staatsregierung sinnvolle Alternativvorschläge an die Hand gegeben werden. Bestehende Verkehrsverbindungen und landwirtschaftliche Betriebe wurden so erhalten und der Verlust von Nutzflächen auf ein „tragbares Maß" reduziert. Da mit dem Näherrücken eines deutschen Verteidigungsbeitrags die bislang zivil genutzten ehemaligen Wehrmachtsliegenschaften in die Gefahr einer Rekonversion gerieten, stellten die Planer den zuständigen bayerischen Stellen außerdem volkswirtschaftliche Argumente bereit, die dazu beitrugen, daß die Bonner „Dienststelle Blank" etwa 50 Anlagen in ganz Bayern dauerhaft von der erneuten militärischen Nutzung freistellte.[142]

Seit August 1950 oblag der Landesplanungsstelle im Wirtschaftsministerium außerdem die koordinierende Bearbeitung von Fragen der bayerischen Notstands- und Grenzgebiete. Neben der Beschaffung von Material für die bayerischen Abgeordneten in Bonn und die Delegierten des Münchner Landtags stand dabei ab

---

[141] BayHStA, MWI 21578, Dr. Kurtz, Landesplanungsstelle, Unterlagen für die Etatrede des Herrn Staatsministers im Februar 1953, hier: Landesplanung, 12.2.1953. Siehe zum Vergleich etwa das bereits eindrucksvoll umfangreich und differenziert angelegte Karten- und Planungswerk der nordrhein-westfälischen Landesplanung: Raumordnung – Raumforschung – Landesplanungsgesetzgebung in Nordrhein-Westfalen (Schriftenreihe des Ministerpräsidenten des Landes Nordrhein-Westfalen, Landesplanungsbehörde 9), Düsseldorf 1951. Für Bayern lag ab 1960 vor: Deutscher Planungsatlas, Band V: Bayern. Hg. von der Bayerischen Arbeitsgemeinschaft für Raumforschung München in Verbindung mit der Akademie für Raumforschung und Landesplanung, Hannover und dem Bayerischen Staatsministerium für Wirtschaft und Verkehr München, Bremen-Horn 1960. Zur Entstehungsgeschichte: Karl Ruppert, Deutscher Planungsatlas, Band Bayern – als Grundlage einer Regionalgliederung, in: Akademie für Raumforschung und Landesplanung/Landesarbeitsgemeinschaft Bayern (Hg.), Sitzung am 2. und 3. Juli 1970 in Passau. Jahresversammlung 1970. Vorträge-Diskussionsbeiträge, Passau/München 1971, S. 16-27.
[142] BayHStA, MWI 21578, Dr. Kurtz, Landesplanungsstelle, Herrn Ministerialdirigent Dr. Heilmann ergebenst vorgelegt. Betreff: Dreijahres-Bericht der Bayerischen Staatsregierung, 31.3.1954; ebenda, Dr. Kurtz, Landesplanungsstelle, Herrn Ministerialdirigent Dr. Zehler ergebenst vorgelegt. Betreff: Halbjahres-Rechenschaftsbericht der Staatsregierung, 7.6.1955 (Zitat). Zum Planungsaspekt im Zusammenhang der infrastrukturellen Erschließung Bayerns: Deutinger, Lebensfrage, S. 44-50; Gall, „Gute Straßen bis ins kleinste Dorf!" Verkehrspolitik und Landesplanung, S. 134-151.

4. Planen in der Marktwirtschaft

1950/51 die Ausarbeitung von konkreten Verwendungsvorschlägen für jene Gelder im Mittelpunkt, die im Rahmen der Sanierungs- und Sonderprogramme des Bundes, später auch der landeseigenen Grenzhilfeprogramme ausgeschüttet wurden.[143]

Dieses Tätigkeitsprofil macht deutlich, worin die Möglichkeiten und Grenzen des landesplanerischen Steuerungsbemühens lagen. Da die Landesplanung keine direkte, rechtsverbindliche Weisungsbefugnis besaß, war sie in ihrem Tun auf die Bereitschaft aller Beteiligten zur freiwilligen Zusammenarbeit angewiesen. Hieran änderte sich prinzipiell auch nach Inkrafttreten des ersten bayerischen Landesplanungsgesetzes vom Dezember 1957 nichts. Gleichwohl erfuhr der Status des planerischen Instruments über die 1950er Jahre hinweg eine erhebliche Stärkung, die vorwiegend in der Qualität der geleisteten Arbeit, in der hartnäckigen Interessenvertretung der Landesplanung in eigener Sache und in der sukzessiven Formalisierung von Entscheidungsprozessen ihre Wurzeln hatte. So mußten sich die bayerischen Landesplaner ihre gutachterliche Beteiligung an der staatlichen Kreditvergabe im Zuge von Industrieplanungen erst gegen massive Vorbehalte erstreiten, welche noch in den frühen 1950er Jahren von einzelnen Bezirksregierungen und sogar in der Abteilung V des Wirtschaftsministeriums selbst formuliert wurden.[144]

Ein Dauerproblem bot aus der Sicht der Landesplanungsstelle zudem das anfangs noch erhebliche Informationsdefizit, das die eigene Arbeit behinderte. Ohne ein gut organisiertes Meldeverfahren, das möglichst alle raumbeeinflussenden Planungen zur Kenntnis des Wirtschaftsministeriums brachte, ruhte die koordinierende Arbeit der Landesplanung zwangsläufig auf schwankenden Fundamenten. Da die Ressorts und die Bezirksregierungen aber in der Regel nur nachlässig berichteten, kam es aus der Perspektive der Landesplaner einer langjährigen Geduldsprobe gleich, daß sie bis 1956 nur auf gesetzliche Regelungen der NS-Zeit verweisen konnten, um die Meldepflicht der Planungsinstanzen anzumahnen. Hierin lag einer der ganz praktischen Gründe, weshalb die Planer und ihr Staatssekretär, Willi Guthsmuths, schon 1951 hohe Erwartungen an ein „ausreichendes Landesplanungsgesetz" richteten.[145]

Die unter den gegebenen Kräfteverhältnissen politisch durchsetzbare und bis Ende 1957 realisierte normative Lösung gab den bayerischen Landesplanern in dieser Hinsicht im wesentlichen zwei Instrumente an die Hand. Das „Raumordnungsverfahren" (Artikel 10) institutionalisierte ein in der Praxis bereits etabliertes

---

[143] BayHStA, MWI 21580, „Aufgaben und Arbeitsergebnisse der Landesplanung in Bayern. Denkschrift im Auftrag des Herrn Ministerpräsidenten erstellt vom Bayer. Staatsministerium für Wirtschaft und Verkehr – Landesplanungsstelle", November 1956; abgedruckt auch in: Beiträge zur Entwicklung der Landesplanung in Bayern (Arbeitsmaterial der Akademie für Raumforschung und Landesplanung 125), Hannover 1988, S. 201-211.

[144] BayHStA, MWI 21578, Regierung von Niederbayern und der Oberpfalz, Abteilung III (Wirtschaft). Beitrag zum allgemeinen Monatsbericht der Regierung, April 1951, S. 2; MWI 21554, Niederschrift über die Dienstbesprechung der Landesplanungsstelle mit den Bezirksplanungsstellen am 26.6.51 in Bayreuth, o.D.

[145] BayHStA, MWI 21554, Niederschrift über die Dienstbesprechung der Landesplanungsstelle und der Bezirksplanungsstellen am 25.4.1951 in Regensburg, o.D. (Zitat); ebenda, Bezirksplanungsstelle Schwaben an das Bayerische Wirtschaftsministerium, 15.6.1951. Gemeint ist das „Gesetz über einstweilige Maßnahmen zur Ordnung des deutschen Siedlungswesens" vom 3. Juli 1934 und die zugehörige Ausführungsverordnung vom 5. Juli 1934 (RGBl. 1934 I, S. 568 und 582); hierzu: Klamroth, Organisation und rechtliche Grundlagen, S. 11 f.

Verfahren zur kollektiven Willensbildung in raumwirtschaftlichen Fragen. Gestützt auf die breit definierte Melde- bzw. Auskunftspflicht aller Beteiligten kam der Landesplanung die Aufgabe und Möglichkeit zu, auf der Basis von Anhörungen unter Einschluß der Planungsgemeinschaften und der privaten Planungsträger koordinierend tätig zu werden. Die vorgesehenen „Raumordnungspläne" (Artikel 11) regelten im Rahmen der übergeordneten Planungsaufgabe die Bodennutzung in ihren Grundzügen für Teile oder die Gesamtheit des Staatsgebiets. Unmittelbare Rechtswirkungen hatten jedoch weder sie noch die Gutachten, die am Ende eines jeden Raumordnungsverfahrens standen. Generell blieb damit auch nach 1957 die fachliche Überzeugungsarbeit das wirksamste Instrument der bayerischen Landesplanung.

Die Akten demonstrieren die schwierige Durchsetzung des Meldeverfahrens und die anfängliche Unsicherheit der Landesplaner im Umgang mit den Möglichkeiten dieser Verwaltungsprozedur. Sie zeigen aber zugleich, daß dessen Relevanz bald nicht nur zahlenmäßig zunahm. Da das Raumordnungsverfahren von seiner Konstruktion her als Querschnittsverfahren zur Berücksichtigung praktisch aller involvierten Interessenträger angelegt war, erwiesen sich die resultierenden Gutachten in den regelmäßig folgenden Planfeststellungs- und Genehmigungsverfahren der Fachverwaltungen insbesondere vor dem Hintergrund der wachsenden Komplexität der Raumanforderungen als „immer wichtiger".[146] Selbst rechtlich unverbindliche Raumordnungspläne trugen so in der Praxis das Potential in sich, „Planungsbrennpunkte"[147] zu definieren, die eine gewisse sachliche Sogwirkung für das Handeln der Planungsbeteiligten ausübten. Es machte darüber hinaus gewiß nicht die geringste Leistung der bayerischen Landesplanung aus, daß ihre Dienststellen allein zwischen 1958 und 1961 in die Ansiedlung von rund 750 Industrie- und Gewerbebetrieben mit etwa 67 000 Beschäftigten überwiegend außerhalb der altindustriellen Zonen Bayerns involviert waren.[148] Sie wurde damit zu einem wesentlichen Träger des sektoralen und räumlichen Strukturwandels in Bayern.

---

[146] Vgl. beispielsweise BayHStA, MWI 21503, Landesplanungsstelle, Betreff: Sachliche und gebietsmäßige Aufgabenbereiche der Landesplanung, 4.2.1958; MWI 21558, Dienstbesprechung mit den Bezirksplanungsstellen in Nürnberg am 2.6.1959, 22.6.1959; MWI 21578, Dr. Mayer, Landesplanungsstelle, Betreff: Vierteljahresbericht der Staatsregierung; hier: Beitrag der Landesplanung, 12.3.1962, S.7 (Zitat); Franz Förg, Das Raumordnungsverfahren, in: Bayerische Verwaltungsblätter 1 (1961), S.46–48; „Die Praxis überzeugt. Weite Aufgabenstreuung der Landesplanung", in: Bayerische Staatszeitung, 16.3.1957. Zur Thematik allgemein: Istel, Beitrag der Landesplanung, S.401–408; Grasser/Heitzer, Rechts- und Organisationsfragen, S.79–83.
[147] Grasser/Heitzer, Rechts- und Organisationsfragen, S.83.
[148] BayHStA, MWI 21578, Betreff: Beitrag zum Tätigkeitsbericht der bayerischen Staatsregierung; hier: Industriestandortberatung und Industrieansiedlung 1958–1961, 28.2.1962.

III. Wirtschaftspolitische Steuerungspraxis zwischen staatlichem Unternehmertum und öffentlichem Auftragswesen

In dem Maße, in dem diese Studie sich dem Anspruch stellt, Aufbau- und Strukturpolitik in und für Bayern als einen Prozeß der kollektiven Krisenbewältigung und des politischen Interessenausgleichs im bundesdeutschen Rahmen zu analysieren[1], hatte sie sich bisher mit politischen Verhandlungsprozessen im föderalen Rahmen, konkurrierenden Lenkungsansprüchen, kontroversen Planungsvorstellungen und einer energisch in Angriff genommenen Steuerungspraxis insbesondere im Bereich der gewerblichen und infrastrukturellen Erschließung des Landes zu befassen. Dabei trat zutage, inwieweit im Verlauf der 1950er Jahre auf Bundes- und Landesebene marktwirtschaftlich kompatible Lenkungsverfahren zum Ausgleich regionaler Disparitäten erarbeitet und in die Praxis umgesetzt wurden. Die praktischen Erfolgschancen der bayerischen Aufbaupolitik verknüpften sich seit 1949 eng mit dem sukzessiven Ausbau der ordnungs- und strukturpolitischen „Grundausstattung" der jungen bundesdeutschen – und bayerischen – Marktwirtschaft auf den Feldern von Finanzausgleich, regionaler Wirtschaftspolitik und Raumordnung bzw. Landesplanung. Zunächst weniger sichtbar und eher im Verborgenen, wuchsen der bayerischen Wirtschaftspolitik in den 1950er Jahren zusätzliche, langfristig wirksame Steuerungsmöglichkeiten und Handlungsspielräume zu, die erhebliches struktur- und regionalwirtschaftliches Potential in sich trugen.

Die Rolle des bayerischen Staates als Unternehmer, die hier *zum einen* gemeint ist, stand am Schnittpunkt mehrerer Problemebenen und war eben deshalb von besonderer, konfliktgenerierender Brisanz. Ging es aus der Perspektive der zuständigen bayerischen Ministerien um den Erhalt von unverzichtbaren Einflußmöglichkeiten durch die Übernahme von Unternehmensanteilen, so drohte in der Sicht der bayerischen Industrieunternehmerschaft das ordnungspolitische Gefüge an einem sensiblen Punkt aus der Balance zu geraten. Wie auch auf Bundesebene war also das Gewicht der „öffentlichen Wirtschaft" im ökonomischen System des Landes im Verlauf der 1950er Jahre näher zu bestimmen, wobei für Bayern zugleich erstmals die grundsätzlichere Justierung des Verhältnisses von Industriewirtschaft, Parteien und Staat auf die politische Tagesordnung trat. Das in Westdeutschland seit 1949 entstehende öffentliche Auftrags- und Beschaffungswesen entwickelte sich *zum anderen* für die politisch Verantwortlichen in Bayern zu einem Handlungsfeld, auf dem es vornehmlich galt, in pragmatischem Zugriff die ökonomischen Entwicklungschancen des Landes zu wahren. Konkrete Erträge für bayerische Auftragnehmer standen dabei weit im Vordergrund, zunächst im Zuge der zivilen Vergabepraxis des Bundes, dann im Zusammenhang der einsetzenden Beschaffung von Wehrgütern. Anders als auf Bundesebene erzeugten die ökonomischen Implikationen des Prozesses der Wiederbewaffnung in Bayern selbst kein

---

[1] Vgl. hierzu die Einleitung dieser Arbeit.

veritables „Schlachtfeld in der Auseinandersetzung um die Praxis der Wirtschaftsordnung"[2]. Allerdings waren auch bayerische Wirtschaftspolitiker, allen voran Hanns Seidel, davon überzeugt, daß öffentliches Auftragswesen und militärische Beschaffungspraxis im Rahmen des Möglichen ohne marktwidrige Eingriffe zu gestalten waren. Vergleichbar dem Procedere auf den Politikfeldern der ökonomischen Regionalpolitik und des Finanzausgleichs, entstanden so unter bayerischer Mitwirkung auf mehreren Diskusebenen Verfahren der Auftragslenkung und -vergabe, die für alle betroffenen Stellen auf Bundes- und Länderebene akzeptabel und zudem mit den Prämissen der marktwirtschaftlichen Ordnung vereinbar waren. Es charakterisiert indes den Pragmatismus Seidels, daß die bayerische Wirtschaftspolitik noch unter seiner Ministerpräsidentschaft Formen der Unternehmensförderung und Auftragssteuerung wählte, die die Grenzen eines streng wettbewerbswirtschaftlich orientierten Systems überschritten und auch vor zeitweiser Ausweitung der Tätigkeit des bayerischen Staates als „Unternehmer" nicht haltmachten.

Die beiden folgenden Abschnitte werden somit Prozesse zur Regelung der Nachfrage- und Steuerungsmacht des Staates in der Konkurrenzwirtschaft betrachten, um auf diese Weise einige weitere Spezifika bayerischer Struktur- und Industriepolitik herauszuarbeiten.

1. Industriepolitik als „Staatskapitalismus"? Der bayerische Staat als Unternehmer

Im Herbst 1958, wenige Tage vor den Wahlen zum Bayerischen Landtag am 23. November, legte der Landesverband der Bayerischen Industrie der Öffentlichkeit eine Studie vor, die sich sehr eingehend mit der Rolle des „bayerische[n] Staat[s] als Unternehmer" beschäftigte. Sowohl der gewählte Termin als auch der harsche Ton der Ausarbeitung machten deutlich, daß in den Augen der Verfasser ein ökonomisch wie politisch gleichermaßen relevantes Thema behandelt wurde. Die Industrieunternehmer kritisierten Anzeichen eines „heimlich weiterfressenden Staatskapitalismus", der seine Spuren nicht nur in Bayern hinterlassen habe. Gegenwärtig, so der Vorwurf, ruhe die deutsche Volkswirtschaft „höchstens noch zur Hälfte auf den Grundfesten des Privateigentums an Produktionsmitteln".[3] Staatsbeamte und Politiker, die in zunehmender Zahl als „Pseudo-Unternehmer" in den Aufsichtsräten von staatlich dominierten Aktiengesellschaften anzutreffen seien, repräsentierten demzufolge lediglich das äußere Erscheinungsbild dieses Phänomens. Im Hintergrund werde die marktwirtschaftliche Ordnung lautlos und zum Schaden der Privatwirtschaft unterminiert. Auch in Bayern seien derartige „neomerkantilistische" Tendenzen anzutreffen. Die bayerische Ministerialbürokratie konfrontiere die Wirtschaft mit unfairer Konkurrenz seitens des Staates, der die

---

[2] Werner Abelshauser, Wirtschaft und Rüstung in den fünfziger Jahren, in: ders./Walter Schwengler (Hg.), Wirtschaft und Rüstung, Souveränität und Sicherheit (Anfänge westdeutscher Sicherheitspolitik 1945–1956, Band 4), München 1997, S. 1–185, hier: S. 182.
[3] Der bayerische Staat als Unternehmer. Herausgegeben vom Landesverband der Bayerischen Industrie e. V., o. O. o. J. [München 1958], S. 14, 10.

1. Industriepolitik als „Staatskapitalismus"? 273

existierenden öffentlichen Betriebe aus überzogenen Steuern finanziere und mit verfassungswidrigen Steuerprivilegien versehe. Zum Schaden für die freien Unternehmer, so die Industriellenvertretung, geselle sich die volkswirtschaftliche Belastung.[4] Mehr noch als auf Bundesebene hätten in der öffentlichen Wirtschaft Bayerns „unrentable Klein- und Mittelbetriebe" überlebt, die selbst in Zeiten der boomenden Konjunktur nicht gewinnbringend arbeiten könnten. Alles in allem erwachse aus der vordergründig rein ökonomisch abträglichen Entwicklung die Gefahr, daß staatsbürgerliche Freiheitsrechte Einbußen erlitten – und dies umso mehr, als die unzulängliche Offenlegung der einschlägigen Bilanzen durch die verantwortlichen bayerischen Stellen nur als „Zumutung" gewertet werden könne.[5]

Die ungewöhnliche Vehemenz der Angriffe war frappierend. Sie reflektierte die Brisanz eines Themas, das sich bereits in den frühen 1950er Jahren zu einem Streitfeld zwischen dem wichtigsten bayerischen Unternehmerverband und Mitgliedern der seit Dezember 1950 von CSU, SPD und GB/BHE getragenen Staatsregierung verdichtet hatte. Aufgrund seiner Vielschichtigkeit und der spezifischen Gegebenheiten in Bayern kehrte das Problem über die nachfolgende Dekade hinweg immer wieder auf die Tagesordnung zurück; erst gegen Ende des Jahrzehnts fand man zu einem bis auf weiteres tragfähigen Konsens. Bislang von der Forschung noch kaum beachtet, verlief diese Auseinandersetzung um die „öffentliche Wirtschaft" damit zeitlich nahezu parallel zu den thematisch ähnlich gelagerten westdeutschen Kontroversen um die Privatisierung von Bundesbesitz. Sie zählt damit neben den Debatten etwa über die Arbeitsbeschaffungsinitiativen des Bundes von 1950 oder das Investitionshilfegesetz von 1951 zu den frühen wirtschaftspolitischen Grundsatzdiskursen der Bundesrepublik.[6]

Die Betätigung des bayerischen Staates in unternehmerischer Funktion begann nicht erst nach 1945, sondern stand zu diesem Zeitpunkt schon in einem längeren Traditionszusammenhang. Bereits im 19. Jahrhundert hatte hier der Bestand an Unternehmen, die im Rahmen unterschiedlicher Rechts- und Organisationsformen

[4] Ebenda, S. 1, 4.
[5] Ebenda, S. 24, 27, 26.
[6] Vgl zu den beiden erstgenannten Kontroversen: Abelshauser, Deutsche Wirtschaftsgeschichte seit 1945, S. 162 f.; Ambrosius setzt den Beginn der Privatisierungsdebatten für die Bundespolitik erst gegen Ende der 1950er Jahre an: Gerold Ambrosius, Der Staat als Unternehmer. Öffentliche Wirtschaft und Kapitalismus seit dem 19. Jahrhundert, Göttingen 1984, S. 105-158, hier: S. 109 f.; ders., Öffentliche Dienstleistungen und öffentliche Unternehmen am Beginn der europäischen Integration im Rahmen der EWG, in: Wolfram Fischer/Uwe Müller/Frank Zschaler (Hg.), Wirtschaft im Umbruch. Strukturveränderungen und Wirtschaftspolitik im 19. und 20. Jahrhundert. FS für Lothar Baar zum 65. Geburtstag, St. Katharinen 1997, S. 185-205. Parteiisch ist: Kurt Hirche, Die Komödie der Privatisierung. Der Kampf um die öffentliche Wirtschaft, 2. Auflage Köln 1959.
Daneben haben öffentliche Unternehmen seit ihren Anfängen eine umfangreiche, überwiegend jeweils gegenwartsbezogene Literatur hervorgebracht. Herausgegriffen seien: Erich Knollmann, Der Staat als Unternehmer in der Nachkriegszeit, Diss. Gießen 1931; Der Bund als Konzern-Unternehmer. Ein Beitrag zum Kapitel: „Vermögen der öffentlichen Hand". Hg. vom Präsidium des Bundes der Steuerzahler, Bad Wörishofen 1954; Hans Horak, Die wirtschaftliche Betätigung der öffentlichen Hand in der Bundesrepublik Deutschland und ihre Probleme. Ein Überblick, Köln 1964; Dieter Eckstein, Die wirtschaftliche Betätigung der öffentlichen Hand im Bergbau und in der Elektrizitätswirtschaft der Bundesrepublik Deutschland, Stuttgart 1966; Günter Püttner, Die öffentliche Hand. Verfassungsfragen zur wirtschaftlichen Betätigung der öffentlichen Hand, Bad Homburg u. a. 1969; Thomas Lange, Der Staat als Unternehmer, in: Dieter Grosser (Hg.), Der Staat in der Wirtschaft der Bundesrepublik, Opladen 1985, S. 301-374.

als öffentliche Betriebe anzusprechen waren, eine kontinuierliche Ausweitung erfahren. Wie in Deutschland überhaupt, lag dabei eine säkulare Entwicklung zugrunde, die allerdings für Bayern einige Besonderheiten aufwies. Vor dem Ersten Weltkrieg konzentrierte sich der Bestand an öffentlichen Unternehmen des Reiches auf wenige Bereiche, darunter das Post- und Fernmeldewesen, die Reichseisenbahn in Elsaß-Lothringen, Reichsbank und -druckerei sowie militärische Einrichtungen. Ein erheblicher Teil des öffentlichen Besitzes lag in den Händen von Ländern und Gemeinden. Staatliche Unternehmen betätigten sich dort wiederum auf dem Feld des Eisenbahnverkehrs sowie des Bergbaus oder des Energie- und Bankwesens; in den Kommunen stand die Gas-, Wasser- und Stromversorgung neben dem Nahverkehr und den Sparkassen im Vordergrund. Charakteristisch für Bayern war es, daß dort Großunternehmen der Grundstoffindustrie wie etwa in Preußen kaum vorhanden waren; hingegen wurde der bayerische Staat seit dem frühen 20. Jahrhundert im Zuge der Elektrizitätsgewinnung aus Wasserkraft in besonderem Maße als Kapitalgeber aktiv. So resultierte denn auch der bedeutendste staatliche Besitzzuwachs in dieser Periode aus der Gründung der Bayernwerk AG im Jahr 1921: Um ihre Aufgabe als Trägerin der bayerischen Stromversorgung möglichst effektiv wahrnehmen zu können, stand sie als Aktiengesellschaft zu nahezu 100% in staatlichem Eigentum.[7] Nach dem Zweiten Weltkrieg setzte sich die Beteiligungspolitik des Landes Bayern nicht zufällig im Bereich solcher Schlüsselindustrien fort. Den wohl aufsehenerregendsten Fall lieferte der Kauf von 26% aller Geschäftsanteile der Eisenwerk-Gesellschaft Maximilianshütte AG durch den bayerischen Staat im Jahr 1951. Seit 1929 Teil des Flick-Konzerns, wurde die „Maxhütte" im Zuge der alliierten Entflechtungsmaßnahmen in der deutschen Montanindustrie als selbständiges Unternehmen mit etwa 7500 Mitarbeitern geschaffen. Die Kapitalbeteiligung des bayerischen Staates war im Kabinett bis zuletzt umstritten; schließlich setzte sich die Sichtweise der Befürworter durch, wonach auf diesem Wege ein entscheidender Beitrag zum Erhalt von Arbeitsplätzen in der strukturschwachen mittleren Oberpfalz geleistet werden konnte.[8]

Wie eine interne Zusammenstellung des Bayerischen Finanzministeriums zeigt, wiesen die Direktbeteiligungen des bayerischen Staates an rechtlich selbständigen Unternehmungen in den ersten Nachkriegsjahren eine deutlich steigende Tendenz auf: Allein zwischen 1948 und Jahresende 1952 erhöhten sich die Kapitaleinlagen um rund 60,7 Mio. DM. Davon entfielen etwa 45 Mio. DM auf Unternehmen der Energieversorgung und 13 Mio. DM auf die Maxhütte. Alles in allem lagen damit die Staatsbeteiligungen Bayerns zu diesem Zeitpunkt bei rund 131,5 Mio. DM,

---

[7] Ambrosius, Der Staat als Unternehmer, S. 22–54; Siegfried Kurzmann, 30 Jahre Bayernwerk AG. Bayerische Landeselektrizitätsversorgung 1921–1951, München 1951; Manfred Pohl, Das Bayernwerk 1921 bis 1996, München/Zürich 1996, S. 63–80.
[8] BayHStA, StK 11535, Protokoll des Ministerrats vom 4.4.1951; ebenda, StK 14186, Bayerisches Staatsministerium der Finanzen an den Bayerischen Ministerpräsidenten, 19.11.1951; vgl. dazu auch: Süß, Kumpel und Genossen, S. 86; Thilo Krieger, 100 Jahre Eisenwerk-Gesellschaft Maximilianshütte 1853–1953, Sulzbach-Rosenberg 1953; Stefan Helml, Die Maxhütte. Bergbau in Sulzbach-Rosenberg und Auerbach, Amberg u. a. 1989; Oskar Duschinger/Dietmar Zierer, Glanz und Elend der Maxhütte, Burglengenfeld 1990; Edith Zimmermann, 150 Jahre Maxhütte. „…eine wahrhafte Schmiede des Vulkan" (Schriftenreihe des Stadtmuseums und Stadtarchivs Sulzbach-Rosenberg 18), Sulzbach-Rosenberg 2003.

wobei der Hauptanteil von 96 Mio. DM wiederum auf den Energiesektor, ein Teilbetrag von 24 Mio. DM auf Bergbau und Schwerindustrie sowie ein kleinerer Anteil von 7,2 Mio. DM auf gemeinnützige Unternehmungen des Wohnungsbaus, der Landwirtschaftsförderung und des Unterrichtswesens entfiel. Hierzu zählten auch Traditionsunternehmen wie das Staatliche Hofbräuhaus in München, die Staatsbrauerei Weihenstephan oder die aus alten Regalen des bayerischen Staates erwachsene Bayerische Berg-, Hütten- und Salzwerke AG. Neben diesen Formen direkter staatlicher Teilhaberschaft schlugen die Kapitalbeteiligungen der Landesanstalt für Aufbaufinanzierung mit weiteren 5,6 Mio. DM zu Buche. Hier lag die eigentliche Neuerung in der bayerischen Beteiligungspraxis, die in engem Zusammenhang mit der staatlichen Bürgschafts- und Kreditpolitik stand.[9]

Bis 1952 hatte sich die Landesanstalt in einer Reihe von Fällen entschlossen, Unternehmen, die zuvor bereits mit Hilfe von staatsverbürgten Krediten gefördert worden waren, durch eine Beteiligung aus Landesmitteln weiter zu unterstützen. Ein solches Vorgehen lag dann nahe, wenn aufgrund von „Mißwirtschaft" der Unternehmensleitung oder einer zu schmalen Eigenkapitalbasis der Verlust der bereits gewährten Kreditmittel drohte. Der Erwerb von GmbH-Anteilen oder die Zeichnung von Aktien boten den Vorteil, etwaige Belastungen aus Kreditzinsen zu vermindern oder ganz zu vermeiden, zumal wenn der Erhalt des Unternehmens aus übergeordneten sozialen oder regionalwirtschaftlichen Gründen angestrebt wurde.[10] Dieses Verfahren praktizierte man unter anderem bei der Sanierung dreier Flüchtlings- und Vertriebenenbetriebe: Um die Sudetenglashütte in Kaufbeuren, die Allgäuer Glasmanufaktur in Günzach und die Rudolfshütte in Waldkraiburg vor der Insolvenz zu retten, veranlaßte die LfA im Jahr 1951 die Fusion der drei Betriebe zur „Südbayerischen Sudetenglashütte" und ergänzte das Stammkapital der neuen Gesellschaft durch eine Bareinlage von 1,1 Mio. DM. Zur Sicherung des eingelegten Kapitals wurden nicht nur das Procedere der Fusion und die künftigen Gesellschaftsverhältnisse genau geregelt, sondern unter anderem ein Aufsichtsrat bestellt, dem Vertreter bayerischer Ministerien, der Landesanstalt für Aufbaufinanzierung und der kreditgebenden Institute angehörten. Im Falle der Sanierung des oberfränkischen Textilunternehmens Breitfeld stockte die LfA das vorhandene Eigenkapital im gleichen Jahr um 600 000 DM auf und setzte die Umwandlung des Betriebes in eine Aktiengesellschaft durch. Dem übergeordneten Ziel der Konsolidierung stand in all diesen Fällen das Risiko gegenüber, nicht mehr wie im Falle der Kreditvergabe mit fester Verzinsung, sondern nurmehr mit ungewissen Gewinnansprüchen rechnen zu können. Im Aufsichtsrat nahmen daher für gewöhnlich Vertreter des Bayerischen Finanzministeriums, der Bayerischen Staatsbank und der LfA die Mehrheit der Sitze ein.[11]

---

[9] BayHStA, StK 14511, Der Staatsminister im Bayerischen Staatsministerium der Finanzen an den Bayerischen Ministerpräsidenten Dr. Hans Ehard, 24.1.1953. Finanzminister Zietsch sprach im Dezember 1952 öffentlich lediglich von Beteiligungen des bayerischen Staates in Höhe von 115 Mio. DM (Stenographischer Bericht über die 121. Sitzung des Bayerischen Landtags am 17.12.1952, S.504).
[10] Bayerische Landesanstalt für Aufbaufinanzierung, I. Jahresbericht, Geschäftsjahr 1951, München 1952, S.16f.
[11] LfA-Archiv, Vorstandsbeschlüsse 05.1951-12.1956, Vorstandsbeschluß Nr.47 zur Sitzung vom 3.7.1951. Betreff: Sanierungsmaßnahmen für die mit erheblichen Staatsmitteln erstellten Glas-

In der Wahrnehmung der bayerischen Industriewirtschaft war auf dem Weg der staatlichen Beteiligungspolitik bereits im Herbst 1952 ein Stadium erreicht, das nicht mehr länger unwidersprochen hinnehmbar war. Otto Seeling[12], Präsident des Landesverbands der Bayerischen Industrie, machte sich selbst zum Sprecher der Gravamina, die in Unternehmerkreisen schon seit geraumer Zeit formuliert wurden. Die Leitmotive seiner Kritik ähnelten bereits stark jenen Argumenten, die der Unternehmerverband sechs Jahre später ins Feld führen würde. Unter Verweis auf den Anteilserwerb an der Maxhütte verlangte Seeling in einem Schreiben an den Wirtschaftsbeirat der Union dringend eine Revision des „staatskapitalistischen und staatssozialistischen" Kurses der bayerischen Staatsverwaltung. Auch ein Schuldiger war bereits ausgemacht: Richard Ringelmann, CSU-naher Staatssekretär im Finanzministerium, verfolgte den kritisierten „Irrweg" nach Ansicht Seelings mit solchem „Fanatismus", daß Zweifel an seiner „bürgerlich-christlichen Grundauffassung" angebracht erschienen.[13] Wie ernst es Seeling mit seinem Vorstoß war, wurde in den kaum verhüllten Drohungen deutlich, die er mit seinen Ausführungen verknüpfte: Sollte man sich im bayerischen Kabinett nicht eines Besseren besinnen, sei zu befürchten, daß „die Politik des Herrn Staatssekretär Ringelmann nicht nur zu einer Abkehr weiter Wirtschaftskreise von der CSU führen wird, sondern auch zu einer Ablehnung der finanziellen Unterstützung dieser Partei bei den bevorstehenden Wahlen".[14]

So leidenschaftlich die Angriffe des Verbandspräsidenten vorgetragen wurden, so wenig stellten sie doch einen persönlichen Alleingang dar. Vielmehr wurden sie von der Spitze des LBI einmütig unterstützt und waren gerade deshalb geeignet, das Verhältnis zwischen bayerischer Industriewirtschaft und Politik zur Jahreswende 1952/53 in eine veritable Krise zu führen. Beide Seiten sparten bis dahin nicht mit grundsätzlicher Begrifflichkeit, um die Position des jeweils anderen in Mißkredit zu bringen. Mit dem Wort vom „Staatskapitalismus" griff Seeling in bewußt provozierender Weise einen zentralen Begriff der marxistischen Doktrin auf. In der Diktion von Marx, Engels oder auch Wilhelm Liebknecht bezeichnete dieser die Verknüpfung von politischer und wirtschaftlicher Macht in öffentlichen Unternehmen im Sinne eines abzulehnenden, doch gleichwohl als notwendig erachteten Durchgangsstadiums zum Sozialismus.[15]

---

hüttenbetriebe in Kaufbeuren, Günzach und Waldkraiburg; LfA-Archiv, Verwaltungsratsbeschlüsse 05.1951-12.1956, Beschluß Nr.4, Verwaltungsrat-Sitzung vom 21.5.1951. Betreff: Sanierungsmaßnahmen für die mit erheblichen Flüchtlingsproduktivkrediten erstellten Glashüttenbetriebe in Kaufbeuren, Günzach und Waldkraiburg; ebenda, Verwaltungsrats-Beschluß Nr. 14 zur Sitzung vom 9.7.1951. Betreff: Firma Curt Breitfeld, Hof/Saale.

[12] Otto Seeling (1891-1955), Volkswirt und Jurist, 1922 Vorstandsmitglied der Tafel-, Salin- und Spiegelglasfabriken AG Fürth, 1929 Vorsitzender des Fachverbands der Tafelglasindustrie, 1933 Stellvertretender Leiter der Wirtschaftsgruppe Glasindustrie, 1947 Mitglied des Frankfurter Wirtschaftsrats, 1949-1955 Präsident des Landesverbands der Bayerischen Industrie.

[13] BWA, NL Vogel, N 02-148(1), Otto Seeling an den 1. Vorsitzenden des Wirtschaftsbeirats der Union, Georg Haindl, 27.11.1952. Zur Thematik auch: ACSP, NL Seeling 5.1.6, „Staatskapitalismus – eine neue Gefahr". Vortrag von Dr. Otto Seeling, gehalten anläßlich einer Tagung des Verbandes Pfälzischer Industrieller in Bad Dürkheim am 28. April 1953, o. D.

[14] Ebenda. In ähnlichem Sinn: ACSP, NL Seidel 21, Otto Seeling an den Bayer. Staatsminister für Wirtschaft und Verkehr, Hanns Seidel, 27.11.1952.

[15] Gerold Ambrosius, Zur Geschichte des Begriffs und der Theorie des Staatskapitalismus und des staatsmonopolistischen Kapitalismus, Tübingen 1981; ders., Staat als Unternehmer, S. 16-19;

1. Industriepolitik als „Staatskapitalismus"? 277

Während Staatssekretär Ringelmann im Rahmen einer rasch anberaumten Pressekonferenz in der Staatskanzlei die Vorwürfe im einzelnen zurückwies, ging man an der Spitze der bayerischen Finanzpolitik auf Konfrontationskurs. In einer öffentlichen Replik entfaltete Staatsminister Zietsch (SPD) anläßlich der Einweihung eines neuen Kraftwerks vor etwa 300 geladenen Gästen die These, daß ein „nicht ganz unmaßgeblicher Teil" der Wirtschaft in „den letzten Jahren in ein liberalistisches Denken zurückverfallen" sei.[16] Ihren Höhepunkt erreichte die Konfrontation, als Wilhelm Hoegner in seiner Funktion als Stellvertretender Ministerpräsident im Bayerischen Landtag Vorwürfe gegen die bayerische Wirtschaft formulierte, die Seeling prompt hinterbracht wurden.[17] Bei den Beratungen zum „Neunten Gesetz über Sicherheitsleistungen des bayerischen Staates" war es Mitte Dezember zu heftigen und teils erregt geführten, generellen Debatten über die Wirtschaftspolitik der Staatsregierung gekommen. Während der Gesetzentwurf vorsah, weitere bayerische Staatsbürgschaften für Kredite aus Investitionshilfemitteln des Bundes in Höhe von 104 Mio. DM an heimische Unternehmen des Bergbaus und der Energieerzeugung zu vergeben, wandten sich Redner der oppositionellen FDP und der Bayernpartei gegen die Ausweitung staatlicher Hilfen. In der Kritik standen insbesondere die Bürgschaftszusagen für das Bayernwerk, dessen Monopolstellung in der bayerischen Stromerzeugung bei den Liberalen für Unbehagen sorgte, sowie die Praxis staatlicher Unternehmensbeteiligungen. Besonders ernüchternd für die Kritiker im Landtag und die beobachtenden Industrievertreter war es indes, daß sich die tonangebenden Wirtschafts- und Finanzpolitiker aus CSU und SPD bei dem Thema durchaus einig zeigten. Mochten intern auch unterschiedliche Schwerpunktsetzungen bestehen, so gaben Wirtschaftsminister Hanns Seidel (CSU), Finanzminister Friedrich Zietsch (SPD) und der stellvertretende Ministerpräsident Wilhelm Hoegner (SPD) dezidiert zu verstehen, daß sie an der Übernahme von Unternehmensanteilen durch den Staat nicht rütteln lassen wollten, sofern dies aus struktur- und sozialpolitischen Erwägungen zwingend notwendig erschien.[18]

Wer somit wie LBI-Chef Otto Seeling der Ansicht war, daß die regulierende Hand des bayerischen Staates in der Wirtschaft zunehmend weiter ausgriff, der konnte seinen Eindruck durch einige gewichtige Indizien bestätigt finden. Verständlich dürften derartige Sensibilitäten aber nur vor einem weiter zu fassenden,

---

Rudolf Goldscheid, Staatssozialismus oder Staatskapitalismus. Ein finanzsoziologischer Beitrag zur Lösung des Staatsschulden-Problems, Wien/Leipzig 1917; Bruno Müller, Untersuchungen zum Begriff des Staatskapitalismus, Diss. Freiburg/Brsg. 1930; Carl Steuermann, Weltkrise, Weltwende. Kurs auf Staatskapitalismus, Berlin 1931.
[16] ACSP, NL Elsen, 6.7.12., Richard Ringelmann, „Der Staat als Unternehmer". Vortrag vor dem Wirtschaftsbeirat der Union e. V. am 2.12.1952; BWA, LBI, V 10/10, „Auszug aus der Niederschrift über die am 11. Dezember 1952 in der Bayerischen Staatskanzlei stattgefundenen [!] Pressekonferenz", o. D.; „Der Staat als Unternehmer", in: Bayerische Staatszeitung, 20.12.1952 [Bericht über die Rede, die Friedrich Zietsch am 19.12.1952 in Aschaffenburg hielt]. Zur „Affäre Ringelmann" auch: Eva Moser, Unternehmer in Bayern. Der Landesverband der Bayerischen Industrie und sein Präsidium 1948 bis 1978, in: Schlemmer/Woller (Hg.), Bayern im Bund, Band 2, S. 25–86, hier: S. 48 f.
[17] Stenographischer Bericht über die 121. Sitzung des Bayerischen Landtags am 17.12.1952, S. 498–514, hier: S. 502 f.; BWA, LBI, V 10/10, Reinhold Bender, Landesverband der Bayerischen Industrie, an Otto Seeling, Fürth, 20.12.1952.
[18] Stenographischer Bericht über die 121. Sitzung des Bayerischen Landtags am 17.12.1952, S. 498–514; „Das Land Bayern als Unternehmer", in: Süddeutsche Zeitung, 18.12.1952.

auch europäischen Hintergrund werden. Seit Kriegsende war die Verstaatlichung von Schlüsselindustrien in Westeuropa weit vorangeschritten und nur in Teilbereichen wieder rückgängig gemacht worden. So hatte der französische Staat umfassende Sozialisierungsmaßnahmen im Bereich des Bergbaus, der Flugzeugindustrie und der Luftfahrt, in der Elektrizitäts- und Gasversorgung sowie im Kredit- und Versicherungswesen durchgeführt und sich damit wichtige Instrumente zur Wirtschaftslenkung verschafft. Insbesondere das staatseigene Unternehmen „Électricité de France" (EDF) fungierte als Träger und Speerspitze einer ambitionierten Planungspolitik zur Modernisierung der energiewirtschaftlichen Infrastruktur und als Basis für die Steigerung der industriellen Produktion. In Großbritannien hatte die regierende Labour-Partei zwischen 1946 und 1951 vorwiegend unter dem Aspekt der Effektivitäts- und Produktivitätssteigerung zahlreiche Unternehmen des Bankensektors, der Kohlenindustrie, des Transport- und Energiewesens sowie der Stahlproduktion als „public corporation" unter Staatsaufsicht genommen. Letztere wurden unter den konservativen Nachfolgeregierungen bis 1953 rasch reprivatisiert.[19] Anlaß zur Sorge, die in den europäischen Nachbarländern unter maßgeblicher Beteiligung der dortigen Linksparteien initiierte Verstaatlichungswelle könne auf Deutschland und Bayern übergreifen, bot sich in der Wahrnehmung der bayerischen Industrievertreter indes allemal.

Daß Otto Seeling sich aufgerufen sah, dem wie er es nannte, „wachsenden Allmachtstreben des Staates"[20] in so nachdrücklicher Weise Paroli zu bieten, ist kaum zu begreifen ohne die älteren, tiefer reichenden Spannungen, die sich seit einigen Jahren im Verhältnis zwischen Staatsregierung und heimischer Industriewirtschaft angesammelt hatten. Zu den seitens vieler Industrievertreter tief empfundenen Klagepunkten zählte die Tatsache, daß sich die ab September 1947 allein regierende CSU im Dezember 1950 in eine Koalitionsregierung unter Einschluß der Sozialdemokraten und des BHE begeben hatte. Anders als Ministerpräsident Ehard, der die Zusammenarbeit mit der SPD angestrebt hatte und beharrlich daran festhielt, verurteilte man diesen Schritt in der Spitze des bayerischen Industriellenverbands als eine „Politik des bequemen Weges".[21] Die Sorge vor einer Verstetigung der Kooperation bewegte die Verbandsvertreter um Otto Seeling umso mehr, als im Frühjahr 1953 Gerüchte über neuerliche Koalitionsverhandlungen zwischen CSU und SPD kursierten, deren Wellen bis in das von Fritz Schäffer geleitete Bundesfinanzministerium schlugen.[22]

---

[19] James Foreman-Peck, Public and private ownership of British industry 1820–1990, Oxford 1994; Claire Andrieu u. a. (Hg.), Les nationalisations de la libération. De l'utopie au compromis, Paris 1987; Jean-Pierre Rioux, La France de la Quatrième République. Band 1: L'ardeur et la nécessité 1944–1952, Paris 1980, S. 105–112, 235–258; Andrew Shonfield, Geplanter Kapitalismus. Wirtschaftspolitik in Westeuropa und USA, Köln/Berlin 1965, S. 81–279.
[20] BWA, LBI, V 10/10, Otto Seeling, Neujahrsaufruf des Landesverbandes der Bayerischen Industrie, 23.12.1952.
[21] BWA, LBI, V 10/11, Landesverband der Bayerischen Industrie, Rundschreiben 6/53, 18.9.1953. Zu den Umständen der Regierungsbildung von 1950 und zur Signatur des Kabinetts Ehard III: Gelberg, Vom Kriegsende, S. 802–817.
[22] BWA, NL Vogel, N 02-148(1), Der Bundesminister der Finanzen, Fritz Schäffer, an Direktor Seeling, Deutsche Tafelglas AG, 21.3.1953; ebenda, Otto Seeling an den Bundesminister der Finanzen, Fritz Schäffer, 24.3.1953.

1. Industriepolitik als „Staatskapitalismus"? 279

Das Bild von der CSU als eines möglichen, doch vorderhand wenig verläßlichen Partners hatte in Unternehmerkreisen seit 1950 zusätzlich dunkle Tönung erfahren. Das galt vor allem, seit sich dort der Eindruck etabliert hatte, Ehard nehme gegenüber der heimischen Industriewirtschaft eine eher reservierte Haltung ein. Seeling faßte die latent vorhandene Stimmung in klare Worte: „Die bayerische Industrie empfindet es schmerzlich, daß der Herr Ministerpräsident wenig Interesse und Verständnis für die private Wirtschaft zeigt und daß es trotz aller unserer Bemühungen bisher nicht gelungen ist, mit ihm einen engeren Kontakt herzustellen. Wir müssen vielmehr hören, daß der Herr Ministerpräsident des öfteren in Gegenwart seiner sozialdemokratischen Koalitionspartner sich über die Industrie und ihre führenden Männer in recht wenig objektiver Weise ausläßt."[23] Ob exogene Projektion oder reale Vorbehalte Ehards – die Wahrnehmung industriekritischer Töne und Mentalitäten in den Reihen der Staatsregierung traf einen in der bayerischen Unternehmerschaft schon seit längerem schmerzhaft empfundenen Punkt. Nicht zuletzt um der eigenen Imagepflege willen plante man daher für April 1953 einen „Tag der Wirtschaft", der in München im Beisein des Bundeskanzlers unter dem bezeichnenden Motto „Auch wir gehören zum Staat" veranstaltet werden sollte.[24]

Vor diesem Hintergrund stellten die Attacken in Richtung des Finanzstaatssekretärs mehr dar als lediglich sachbezogen gedachte Beschwerden über einen weisungsgebundenen politischen Beamten. Gewiß – Ringelmann hatte sich bereits im Sommer 1952 in besonderem Maße für seine Rolle als Sündenbock der Industrievertreter qualifiziert. Während der Bundestagsdebatten um die Gestaltung des Lastenausgleichs war beschlossen worden, zur Entlastung der Steuerpflichtigen ein Drittel der künftig erwachsenden Vermögensabgabe im Rahmen der Einkommen- und Körperschaftssteuer für abzugsfähig zu erklären. Der Bundesrat hatte diese Bestimmung abgelehnt. Im folgenden Verfahren vor dem Vermittlungsausschuß war Ringelmann im Sinne einer Konsolidierung der Staatsfinanzen für die völlige Streichung dieser teilweisen Steuerfreiheit der Vermögensabgabe eingetreten und hatte sich damit den massiven Unmut des bayerischen Industriellenverbands zugezogen. Erst auf dessen nachdrückliches Drängen hin und nach entschlossener Intervention von Wirtschaftsminister Seidel gelang es, den Vertreter des bayerischen Finanzressorts zu einem veränderten Abstimmungsverhalten zu bewegen. Wohl zurecht konnte sich der LBI daher zugute halten, die teilweise steuerliche Abzugsfähigkeit der Vermögensabgabe für gewerbliches Kapital sowie für Haus- und Grundbesitz durchgesetzt zu haben. Für die westdeutsche Wirtschaft ergab sich daraus eine keineswegs geringfügige finanzielle Erleichterung, schätzte man doch die Mehrbelastung, die im Zusammenhang des kommenden Lastenausgleichs abgewendet worden war, auf nicht weniger als 180 Millionen DM.[25]

---
[23] BWA, NL Vogel, N 02-148(1), Otto Seeling an den Bundesminister der Finanzen, Fritz Schäffer, 24.3.1953.
[24] BWA, LBI, V 10/11, Landesverband der Bayerischen Industrie e. V., Niederschrift über die Sitzung des Präsidiums am 12.1.1953, o. D. (TOP 1).
[25] BWA, LBI, V 10/10, Otto Seeling an Ministerpräsident Hans Ehard, 3.7.1952; ebenda, Otto Seeling, Fürth, an den Landesverband der Bayerischen Industrie, Verbindungsstelle München, 16.7.1952. ebenda, LBI, V 10/11, Landesverband der Bayerischen Industrie e. V., Jahresbericht 1952. Vgl. hierzu aus zeitgenössischer Perspektive: Horst Steinhardt, Der Lastenausgleich in

Die Angriffe gegen Ringelmann richteten sich gegen die politisch Verantwortlichen im SPD-geführten bayerischen Finanzministerium ebenso wie sie einen vernehmbaren Warnschuß in Richtung der bayerischen Unionspartei darstellten: Die Anliegen der Industrieunternehmerschaft, so die Botschaft, waren stärker als bisher zu berücksichtigen, künftige Koalitionsüberlegungen sollten mit mehr Sorgfalt vorgenommen werden.

Es dauerte bis Mai 1953, bis eine Versöhnung zustande kam: Am Rande eines Besuches des Ministerpräsidenten bei der Nürnberger MAN-Niederlassung demonstrierten Ehard und Seeling öffentlichkeitswirksam die wiedergewonnene Einigkeit zwischen Landesregierung und Industrie. Die Geste war Wochen im voraus geplant worden und hatte immerhin zur Folge, daß der Unternehmerverband seine zu Beginn der Auseinandersetzungen unterbrochene finanzielle Unterstützung der CSU wieder aufnahm.[26] Die eigentliche Kontroverse um die Beteiligungspolitik des bayerischen Staates war damit aber nur beiseitegerückt und ruhiggestellt. Die Industrievertretung hatte Stärke demonstriert und ihre Vorstellungen mit Erfolg deutlich gemacht. Eine eindeutige Festlegung des LBI, wer in Zukunft der bevorzugte Ansprechpartner für industriepolitische Anliegen sein würde, stand indes noch aus. Auch zu einer klaren Schwerpunktbildung im Hinblick auf die künftig zu leistenden finanziellen Zuwendungen an die bürgerlichen Parteien Bayerns konnte man sich nicht durchringen.[27] Im Hinblick auf die 1953 und 1954 anstehenden Bundestags- und Landtagswahlen befand man sich sogar in einem ausgesprochenen Dilemma. Der FDP galten erhebliche Sympathien, da man sie als „stabilisierende Kraft" einer unternehmerfreundlichen Wirtschaftspolitik in Bayern und im Bund erachtete. Überwiegend negativ eingeschätzt wurden in der bayerischen Industrieunternehmerschaft jedoch die Chancen der Liberalen, bei den kommenden bayerischen Landtagswahlen die Fünfprozentgrenze zu überspringen. Als bevorzugte Alternative strebte man daher zunächst an, interessierte Unternehmer aus den eigenen Reihen zu mehr politischem Engagement zu bewegen. Da sich kaum geeignete Kandidaten fanden, sah man keine andere Wahl, als „sich halbwegs geeignete Funktionäre zu engagieren" um diese im Vorfeld der kommenden Wahlgänge zu fördern.[28] Wiederum galt dabei das Augenmerk nicht bevorzugt der Unionspartei. Im LBI blieb man vielmehr auch nach der öffentlich vollzogenen Versöhnung skeptisch gegenüber der CSU und setzte nach der Devise „Klasse statt Masse" darauf, mit der Person des ehemaligen Präsidenten des Obersten Rechnungshofes, Dr. Richard Kallenbach, einen ausgewiesenen Verwaltungsexperten als Spitzenkandidaten der FDP in den Landtag zu hieven: „Die Wahl

---

der Bundesrepublik. Entwicklung, Stand, volks- und finanzwirtschaftliche Bedeutung und Problematik, Diss. Bonn 1955.
[26] BWA, LBI, V 10/10, Otto Seeling an Siegfried Balke, Betreff: Zuwendungen an die Parteien, 17.12.1952; ebenda, V 10-11, Otto Seeling, Notizen für Herrn Bender, 31.3.1953; ACSP, NL Seidel 21, Otto Seeling an den Bayer. Staatsminister der Finanzen, Friedrich Zietsch, 8.5.1953; „Regierung und Industrie an einem Tisch. Meinungsverschiedenheiten der letzten Zeit werden als überwunden betrachtet", in: Süddeutsche Zeitung, 20.5.1953.
[27] BWA, LBI, V 10/11, Ungezeichnetes Protokoll der Präsidialsitzung am 12. Januar 1953, o. D.
[28] BWA, NL Vogel, N 02-148(1), Siegfried Balke an Otto Seeling, 3.3.1952.

Kallenbachs ist wichtiger als eine bürgerliche Mehrheit im Landtag. Sie ist vor allem wichtiger als eine große Menge von Stimmvieh der CSU".²⁹

Der Ausgang der Landtagswahlen vom 28. November 1954 und die folgende Koalitionsbildung waren nicht geeignet, die parteienskeptische Grundstimmung an der Spitze des Unternehmerverbands zu entkräften. Wie bereits bei den Bundestagswahlen im September 1953 war die CSU vom Wähler zur stärksten politischen Kraft gemacht worden, mit einem Ergebnis allerdings, das mit 38% der abgegebenen Stimmen deutlich unter jenem vom Vorjahr lag (47,2%). Anders jedoch als aufgrund der Stimmenverteilung allgemein erwartet, stellte eine „Viererkoalition", getragen von SPD, Bayernpartei, FDP und GB/BHE, die Regierung; am 14. Dezember 1954 wurde Wilhelm Hoegner vom Landtag zum Ministerpräsidenten gewählt. Daß die Unionspartei ihr Wahlergebnis aus einer Reihe von Gründen nicht in eine Regierungsbeteiligung ummünzen konnte, zählt gewiß zu den größten politischen Mißerfolgen in ihrer Geschichte.³⁰ An der Spitze des LBI fiel das Urteil vernichtend aus: „Die CSU hat die Wahlschlacht gewonnen und das Spiel verloren – durch Überheblichkeit. Dies ist auch für eine politische Partei ein schwerer Fehler."³¹ Da der LBI eine Koalition unter Ausschluß der SPD für wünschenswert hielt, hatte der Vizepräsident des Verbandes, Otto A.H. Vogel, noch in den letzten Tagen vor der Unterzeichnung des Koalitionsvertrags am 10. Dezember vergeblich versucht, den – wie er es nannte – „Parteienunfug in München" im eigenen Sinne zu bereinigen und zwischen CSU und FDP zu vermitteln.³²

Die Kritik am „Staat als Unternehmer" blieb auch zu Zeiten der Viererkoalition und nach ihrem vorzeitigen Zerfall im Gefolge der Bundestagswahlen vom Herbst 1957 der wichtigste Stein des Anstoßes im Verhältnis der amtierenden bayerischen Staatsregierungen zur heimischen Industrieunternehmerschaft. Gewiß rückten zeitweise tagesaktuelle Fragen in den Vordergrund, darunter die Kritik an der „konfiskatorischen Steuerpolitik" der zweiten Regierung Adenauer, das Problem der Ingenieursausbildung oder die bayerischen Energiepreise.³³ Neue Virulenz erlangte das Thema in der zweiten Hälfte der 1950er Jahre indes aus zweierlei Gründen: Zum einen wurde dem Gegenstand nunmehr auf Bundesebene ein Maß an Aufmerksamkeit zuteil, das die Diskussionen in Bayern neu belebte; zum anderen fürchtete man in den Reihen der bayerischen Industrieunternehmer die Effekte der einsetzenden Wiederbewaffnung im Hinblick auf eine weitere Ausweitung staatlicher Wirtschaftsmacht.³⁴ Daß es – wie noch zu zeigen sein wird – gelang, in

---

²⁹ BWA, NL Vogel, N 02-148(1), Otto Seeling an Generaldirektor Otto Meyer, MAN, 8.7.1954.
³⁰ Siehe hierzu und zur einschlägigen Literatur oben Kap. II.2. des zweiten Teils dieser Arbeit. Zur Position der FDP: Glashauser, Bildungs- und Kulturpolitik, S. 39–44.
³¹ BWA, NL Vogel, N 02-148(1), Otto Seeling an den Bundesminister für das Post- und Fernmeldewesen, Siegfried Balke, 16.12.1954.
³² BWA, LBI, V 10/12, Otto Seeling an Reinhold F. Bender, MdB, 2.12.1954; ebenda, NL Vogel, N 02-148(1), Otto A.H. Vogel an Otto Seeling, 9.12.1954.
³³ BWA, LBI, V 10/15, Rolf Rodenstock, Der bayerischen Industrie zur Jahreswende, o. D. [Januar 1956]; hierzu: Hans-Peter Ullmann, Der deutsche Steuerstaat. Geschichte der öffentlichen Finanzen vom 18. Jahrhundert bis heute, München 2005, S. 188–190; BWA, LBI, V 10/18, Tätigkeit des Landesverbandes in den letzten Monaten, o. D. [Februar 1958].
³⁴ „Der Staat als Unternehmer", in: Süddeutsche Zeitung, 25.7.1958; vgl. für die gesteigerten Aktivitäten des LBI die Materialien in: BWA, V 10/19; für die Bundesebene auch: Ambrosius, Staat als Unternehmer, S. 109f.; BWA, LBI, V 10/13, Niederschrift über die Sitzung des Hauptausschusses am Mittwoch, dem 4. Mai 1955, o. D.

der Frage der Beschaffung von Rüstungsgütern einen Bund-Länder-Kompromiß zu finden, der die Belange der bayerischen Wirtschaft integrierte[35], war für die Annäherung der Positionen zwischen Landesverband und Unionspartei ebenso relevant wie der Regierungswechsel in München im Herbst 1957. Hanns Seidel, nach dem vorzeitigen Rücktritt Hoegners im Oktober vom Ältestenrat des Landtags zunächst übergangsweise zum neuen Ministerpräsidenten bestellt, hatte sich bereits als Wirtschaftsminister verschiedener Kabinette zwischen 1947 und 1954 wachsenden Vertrauenskredit in der bayerischen Industrie und insbesondere bei Otto Seeling erworben. Anders als Ehard galt Seidel als „aufrechter Vertreter der Prinzipien einer freien Wirtschaft", die gleichwohl „auf christlicher Grundlage basierend, der süddeutschen Mentalität entspreche"; daß er zu den „kommenden Männern" gehören würde, stand zur Jahreswende 1954/55 außer Zweifel.[36] Diese besondere Wertschätzung Seidels setzte sich fort, als nach dem Tod Otto Seelings Anfang März 1955 dessen Nachfolger Rolf Rodenstock[37] die Leitung des LBI-Präsidiums übernahm.[38]

Während der Amtszeit Seidels erreichten die Kontroversen ihren eingangs dieses Abschnitts beschriebenen Höhepunkt. Zugleich verdichtete sich in dieser Phase eine stabile Basis für die Zusammenarbeit von Staat und Industriewirtschaft in Bayern, die den Rücktritt des Ministerpräsidenten im Januar 1960 überdauerte. Seidel wahrte gegenüber den Industrievertretern Unabhängigkeit und Distanz, zeigte aber wie schon in der Vergangenheit partielles Entgegenkommen.[39] Nachdem er in seiner Regierungserklärung vom 15. Januar 1959 öffentlich zugesagt hatte, die Tätigkeit des bayerischen Staates als Unternehmer einer Prüfung unterziehen zu lassen, verschwand das Reizthema von der Agenda der Industriellenvereinigung. Die drastisch formulierte Denkschrift des LBI vom November 1958 hatte, wie Wilhelm Hoegner wohl zurecht vermutete, ihre Wirkung auf die neue Staatsregierung nicht verfehlt. Auch der neue Wirtschaftsminister, Otto Schedl, zeigte ostentatives Entgegenkommen.[40]

Seit sich die Industrieunternehmerschaft in den frühen 1950er Jahren erstmals energisch zu Wort gemeldet hatte, war die lange schwankende Beziehung zur bayerischen Politik in ruhigeres Fahrwasser gelangt. Der Aufstieg der CSU zur dominierenden politischen Kraft, der sich bei den Landtagswahlen am 23. November 1958 bestätigte, erleichterte die parteipolitische Schwerpunktbildung in den Reihen der Industrievertretung; die wachsende Entfremdung von den bayerischen

---

[35] Siehe hierzu das folgende Kapitel III.2.
[36] Vgl. das Kommuniqué der Informationsstelle der bayerischen Wirtschaft: BWA, LBI, V 10/11, Landesverband der Bayerischen Industrie e. V., Rundschreiben 4/53, 17.6.1953; ebenda, NL Vogel, N 02-148 (1), Otto Seeling an den Bundesminister für das Post- und Fernmeldewesen, Siegfried Balke, 16.12.1954; Löffler, Wirtschaftspolitische Konzeption, S. 58.
[37] Rolf Rodenstock (1917-1997), Diplom-Kaufmann und Unternehmer, 1948 Vorsitzender des Verbands der Deutschen Feinmechanischen Industrie, 1955-1977 Präsident des Landesverbands der Bayerischen Industrie; 1978-1984 Präsident des Bundesverbands der Deutschen Industrie.
[38] BWA, LBI, V 10/17, Professor Dr. Rolf Rodenstock an den Bayerischen Ministerpräsidenten Dr. Hanns Seidel, 18.10.1957.
[39] BWA, LBI, V 10/18, Rolf Rodenstock, Notizen über meine Unterredung mit Herrn Ministerpräsidenten Dr. Seidel am 6.3.1958, 7.3.1958.
[40] Stenographische Berichte über die 4. und 5. Sitzung des Bayerischen Landtags am 15.1.1959, S. 33 (Seidel) und 28.1.1959, S. 52 (Hoegner); BWA, LBI, V 10/20, Notizen über die Besprechungen mit Minister Dr. Schedl und Staatssekretär Dr. Guthsmuths am 14. Januar 1959, 14.1.1959.

Liberalen und ihrem als SPD-freundlich interpretierten Kurs tat das ihre dazu.[41] Insbesondere aber hatte sich erwiesen, daß zwar das industrie- und strukturpolitische Vorgehen der Staatsregierungen verschiedener Couleur Kritik provozierte, wenn aus unternehmerischer Perspektive das marktwirtschaftliche Konkurrenzprinzip in Gefahr zu geraten schien. Die grundsätzliche Orientierung der bayerischen Politik auf das Ziel der industriewirtschaftlichen Erschließung des Landes und die dabei entwickelten landesplanerischen Mittel waren indes Teil eines früh artikulierten Konsensus. Bereits seit den frühen 1950er Jahren konnte die bayerische Strukturpolitik mit der expliziten Zustimmung der heimischen Industrieunternehmerschaft zu den vom Wirtschaftsministerium vertretenen „materiellen Prinzipien der Planung" rechnen.[42] Willi Guthsmuths, der das Amt des Staatssekretärs im Wirtschaftsministerium unter der Viererkoalition weiter wahrnahm und regelmäßig das Gespräch mit den Industrieunternehmern suchte, bürgte in dieser Hinsicht für Kontinuität.[43]

Eine privilegierte Position der Industrieunternehmerschaft im wirtschaftspolitischen Entscheidungsprozeß resultierte daraus jedoch ebensowenig wie gar die Übernahme staatlicher Aufgaben nach dem Vorbild des zeitweisen rüstungspolitischen Engagements des Bundesverbands der deutschen Industrie (BDI).[44] Strukturpolitische Entscheidungen blieben auch unter den Nachfolgern Hanns Seidels fest in staatlicher Hand. Ungeachtet dessen machte sich die Interessenvertretung der Industrie in der Folge verstärkt öffentlich zur Befürworterin des strukturpolitischen Vorgehens der CSU-geführten Staatsregierungen und stützte nach 1969 die bayerische Position im Streit um die Regionalisierung der bundesdeutschen Konjunkturpolitik.[45] Die sachliche Basis, auf die die Annäherung von 1958/59 zustandegekommen war, erwies sich freilich als fluide. Nachdem noch bis Mitte 1956 keine Anzeichen einer Reduzierung von bayerischen Staatsbeteiligungen zu erkennen waren, sank der Nennwert der in den Geschäftsberichten der LfA ausgewiesenen Beteiligungen im Geschäftsjahr 1958 bis auf 1,25 Mio. DM ab. Bis 1963 erhöhten sich die Unternehmensbeteiligungen dann jedoch wieder auf über 7,6 Mio. DM und erreichten im Geschäftsjahr 1968 einen Stand von 19,6 Mio. DM[46] – zuletzt auf-

---

[41] BWA, LBI, V 10/13, Rolf Rodenstock an Thomas Dehler, Freie Demokratische Partei, 14.3.1955. Anstoß in bayerischen Unternehmerkreisen erregte u. a. die Haltung der FDP in der Saarfrage: Udo Wengst, Thomas Dehler 1897-1967. Eine politische Biographie, München 1997, S. 250-260.
[42] So die Formulierung von Verbandspräsident Otto Seeling in Reaktion auf einen Vortrag von Staatssekretär Guthsmuths über die Prinzipien der bayerischen Landesentwicklung vor dem LBI-Präsidium: BWA, LBI, V 10/11, Landesverband der Bayerischen Industrie e. V., Niederschrift über die Sitzung des Präsidiums am Montag, dem 12. Januar 1953, o. D.
[43] Vgl. die Vorträge des Staatssekretärs vor dem Präsidium des LBI: BWA, LBI, V 10/11, Landesverband der Bayerischen Industrie e. V., Niederschrift über die Sitzung des Präsidiums am Montag, dem 12. Januar 1953, o.D.; ebenda, V 10/16, Niederschrift über die Sitzung des Präsidiums am Mittwoch, dem 26. September 1956, o.D.; ebenda, V 10/17, Niederschrift über die Sitzung des Präsidiums am Freitag, dem 1. März 1957, o.D.
[44] Vgl. hierzu den folgenden Abschnitt III.2.
[45] „Bayerns Industrie fur Strukturpolitik der Staatsregierung", in: Bayerische Staatszeitung, 13.12.1968; „Bayerns Industrie warnt vor Überforderung", in: Bayerische Staatszeitung, 30.6.1972. Siehe hierzu auch Kapitel IV des dritten Teils dieser Arbeit.
[46] BayHStA, MWI 23040, Dr. Hessel, Bayerisches Staatsministerium für Wirtschaft und Verkehr, an die Freie und Hansestadt Hamburg, Behörde für Wirtschaft und Verkehr. Betreff: Wirtschaftliche Betätigung der öffentlichen Hand, 7.7.1956; Bayerische Landesanstalt für Aufbaufi-

grund des politisch gewollten Erwerbs von Anteilen an der Messerschmitt-Bölkow GmbH, München, durch den Freistaat. Trotz der Proteste aus der Wirtschaft blieb der Erwerb von Unternehmensbeteiligungen also auf Dauer ein bewußt gewähltes und flexibel einsetzbares Instrument bayerischer Industrie- und Strukturpolitik.

2. Bundesaufträge für Bayern: Vom öffentlichen Beschaffungswesen zur Wiederkehr der Rüstungswirtschaft

In der bayerischen Politik spielten schon sehr früh Überlegungen eine Rolle, wonach durch gezielte staatliche Auftragsvergabe konjunktur- und strukturpolitische Impulse zugunsten der heimischen Wirtschaft gesetzt werden könnten.[47] So unternahm das zweite Kabinett Ehard bereits im Jahr 1950 einige Anstrengungen, um neben den Staatsministerien auch die Kommunen Bayerns dazu zu bewegen, ihren gesamten Bedarf nach Möglichkeit bei einheimischen Firmen zu decken. Daneben erging auf Anregung von Wirtschaftsminister Seidel ein Beschluß, der Regierungsmitglieder und Ministerialbeamte, die über einen Sitz in Aufsichtsräten verfügten, darauf verpflichtete, bei der Auftragsvergabe nach Möglichkeit bayerische Firmen zu favorisieren. Die Wirkung dieser Anordnung blieb indes begrenzt, da es aufgrund der gegebenen Struktur und Leistungsfähigkeit der bayerischen Wirtschaft gar nicht möglich war, sämtliche denkbaren Bedarfsanforderungen im Land selbst erledigen zu lassen.[48]

Die Hoffnungen der Verantwortlichen richteten sich daher früh auf Bonner Stellen und auf den absehbar hohen Bedarf der neuen Bundeseinrichtungen an Bau- oder Ausstattungsleistungen. Da im Bund-Länder-Verhältnis noch keine verbindlichen Modi für die Vergabe öffentlicher Aufträge geschaffen waren, gingen die bayerischen Interventionen zunächst inoffizielle Wege. Über direkte persönliche Appelle des bayerischen Wirtschaftsministers an den Bundeskanzler, durch Intervention der CSU-Landesgruppe oder auf dem Weg über Bundesminister bayerischer Herkunft kamen bayerische Wünsche nach gerechter regionaler Streuung öffentlicher Aufträge in Bonn zum Tragen. Anläßlich eines Besuchs von Konrad Adenauer in München im April 1950 betonten Ministerpräsident Ehard und Wirtschaftsminister Seidel einmal mehr das regionalwirtschaftliche Leitmotiv dieser Vorstöße: die Sorge um die bundespolitische „Berücksichtigung der Besonderheiten und Schwächen, die sich aus der peripheren Lage unseres Landes ergeben".[49]

---

nanzierung. Geschäftsbericht 1958, München 1959, S. 14, 18; Bayerische Landesanstalt für Aufbaufinanzierung. Geschäftsbericht 1963, München 1964, S. 21, 28; Bayerische Landesanstalt für Aufbaufinanzierung. Geschäftsbericht 1968, München 1969, S. 42, 50.

[47] Die Forschung zum öffentlichen Auftragswesen in der Bundesrepublik setzte spät ein, ist stark gegenwartsorientiert und wurde vorwiegend von finanzwissenschaftlicher Warte aus verfaßt. Herausgegriffen sei: Ulrich Möllhoff, Das öffentliche Auftragswesen des Verteidigungsressorts im Spannungsfeld der Wirtschafts- und Finanzverfassung, Frankfurt a. M./Bern/New York 1985; grundsätzlich zur Problematik von Vergabepraxis und Preisbildung im öffentlichen Auftragswesen: Erich Welter, Der Staat als Kunde. Öffentliche Aufträge in der Wettbewerbsordnung, Heidelberg 1960.

[48] BayHStA, StK 11531, Protokolle des Ministerrats vom 5.1.1950 und 22.5.1950.

[49] ACSP, LG-P, Protokoll der Landesgruppensitzung vom 13.3.1952; „Kein Armenhaus des Bundes! Wirtschaftsminister Seidel über Auftragsvergebung des Bundes und Betriebsmittelkre-

2. Bundesaufträge für Bayern

Den wohl einflußreichsten Bonner Verbündeten bei der Gestaltung einer öffentlichen Auftragspolitik in diesem Sinne fanden bayerische Stellen zunächst in Bundesfinanzminister Schäffer. In Abstimmung mit der Bonner CSU-Landesgruppe machte er sich für eine „gleichmäßige Verteilung der Bestellungen" über alle Bundesländer stark und strebte die Einrichtung einer zentralen Beschaffungsstelle unter Aufsicht des Finanzministeriums an.[50] Schäffer wäre allerdings nicht jener konsequente Bundesfinanzpolitiker gewesen, dessen Positionen bereits an anderer Stelle analysiert wurden[51], wenn er nicht versucht hätte, die wachsende Ausgabenlast des Bundes mit einer steuerpolitischen Umverteilung zu Ungunsten der Länder zu verbinden. Je deutlicher sich seit der Jahreswende 1951/52 in den Verhandlungen mit den Westalliierten ein voraussichtlicher finanzieller Verteidigungsbeitrag Deutschlands in Höhe von rund 11,25 Mrd. DM abzeichnete, umso drängender wurde Schäffers Forderung nach Erhöhung des Bundesanteils aus Einkommen- und Körperschaftsteuer auf 40%. Es war diese drohende Verknüpfung von anstehenden Verteidigungsausgaben und vermindertem Länderanteil, die in der bayerischen Wirtschaftspolitik eine Neuorientierung im Umgang mit der Frage der Bundesaufträge bewirkte. Statt wie bisher auf die informelle Einflußnahme über Vertreter von Handwerk und Industrie in Bonn zu setzen und damit auf die Wirkung eines – wie man sich ausdrückte – „Bitteschön- und Dankeschön-Systems" zu vertrauen, ging man zunehmend dazu über, aus den erhöhten Steuerleistungen des Landes einen Anspruch auf gerechte Versorgung mit Bundesaufträgen abzuleiten. Wie ein Vertreter des Bayerischen Wirtschaftsministeriums im Februar 1952 vor dem zuständigen Landtagsausschuß erläuterte, favorisierte man daher die Einrichtung einer „behördlichen Organisation", die in Zusammenarbeit mit den Selbstverwaltungsorganen der heimischen Wirtschaft bayerische Interessen in der Bundeshauptstadt vertreten sollte.[52]

Die Organisationsform, die nach längerem Tauziehen zwischen den beteiligten bayerischen Stellen gewählt wurde, entstand am Schnittpunkt eines komplexen Willensbildungsprozesses im Bundesland selbst. Über den Verlauf von etwa zwei Jahren hinweg mußten interne Divergenzen ausgetragen und Anregungen von Bundesebene bedacht, Gruppeninteressen eingebunden und damit de facto ordnungspolitische Fragen geklärt werden. Involviert waren dabei neben den bayerischen Industrie- und Handelskammern – vor allem der federführenden „Vorortkammer" München und Oberbayern – die Bayerische Handwerkskammer und der Landesverband der Bayerischen Industrie; lenkend und vermittelnd stand das Bayerische Wirtschaftsministerium im Hintergrund. Als Ergebnis trat am 30. September 1954 die „Auftragsstelle Bayern e. V." als rechtsfähiger Verein mit Sitz in München ins Leben. Die angegliederte Bonner Repräsentanz der „Auftragsstelle" ging aus der „Vertretung Bonn des Landesausschusses der bayerischen Industrie"

---

dite", in: Bayerische Handwerker-Zeitung, 15.4.1950 sowie „Grundsätze unserer Wirtschaftspolitik. Der bayerische Ministerpräsident über die besondere Situation des bayerischen Wirtschaftsgebietes", ebenda, 15.4.1950 (Zitat).
[50] ACSP, LG-P, Protokoll für 4. Gruppensitzung der Landesgruppe CSU am 12.1.1950 (Zitat Schäffer).
[51] Vgl. Kap. I.1. und I.2. des zweiten Teils dieser Arbeit.
[52] ACSP, LG-P, Protokoll der Landesgruppensitzung vom 19.2.1952; ArchBayLT, Ausschuß für Wirtschaft und Verkehr, Protokoll über die 37. Sitzung am 22.2.1952 (Zitat Keppler).

hervor, welche seit November 1949 existierte und ab Mai 1952 unter der Bezeichnung „Vertretung der bayerischen Wirtschaft in Bonn" firmierte. Von Anfang an war die Stelle als „weiß-blauer Horchposten zwischen den Betonkästen der Bonner Ministerien" gedacht.[53]

Mit der Errichtung einer Vermittlungsorganisation auf Vereinsbasis setzte sich eine Lösung durch, die an historische Vorläufer anknüpfte. Im März 1920 war schon einmal eine als rechtsfähiger Verein gestaltete „Landesauftragsstelle" gegründet worden, die öffentliche Aufträge des Landes Bayern und des Reiches an bayerische Unternehmen zu vermitteln und zu verteilen hatte. Getragen von den heimischen Wirtschaftsverbänden sowie von den Handwerks- bzw. Industrie- und Handelskammern, gehörte der Einrichtung ein Vertreter des Ministeriums für Handel, Industrie und Gewerbe als Aufsichtsorgan an, der im Namen seines Dienstherrn Einspruch gegen die getroffenen Beschlüsse erheben konnte.[54] Auch nach Ende des Zweiten Weltkriegs waren es zuerst die Länder, die auf dem Feld aktiv wurden. Ihr Interesse galt vor allem dem in Westdeutschland zu deckenden Bedarf der Besatzungsmächte, der gegen Anfang 1950 ein geschätztes Volumen von 30 bis 50 Mio. DM umfaßte. Als die „Vertretung Bonn des Landesausschusses der bayerischen Industrie" 1949 ihre Arbeit aufnahm, hatten daher Baden und Württemberg-Hohenzollern sowie die Städte Berlin und Wilhelmshaven bereits Auftragsstellen in Bonn eingerichtet. In der Folgezeit kam es zu weiteren Gründungen, die hinsichtlich ihrer Organisation und Finanzierung zahlreiche Varianten realisierten. Das Spektrum reichte von staatlicher Trägerschaft in Bremen bis hin zur Betätigung von reinen Wirtschaftsvertretungen im Falle Hamburgs und Niedersachsens.[55]

Seit Minister Seidel sich im Austausch mit den Beteiligten näher mit der Angelegenheit befaßt hatte, zeichnete sich die Linie des bayerischen Wirtschaftsressorts in ihren zentralen Bestandteilen ab. Selbstverständlich war man an einer effektiven Lenkung öffentlicher Aufträge in Richtung Bayern hochinteressiert. So sah Seidel eine prioritäre Aufgabe der Stelle darin, darüber zu wachen, daß die bayerische Wirtschaft einen „angemessenen Anteil" am künftigen Beschaffungsvolumen erhalte. Eine lenkende Einflußnahme Bayerns im Sinne staatlicher Trägerschaft der Auftragsstelle kam jedoch nicht in Frage: Der auf Landesebene zu regelnde Teil des Auftragswesens, also die Vermittlung von Bundesaufträgen an bayerische Firmen, sollte als Selbstverwaltungsangelegenheit der heimischen Wirtschaft organisiert werden. Das bayerische Wirtschaftsministerium würde sich also etwa von der Benennung geeigneter Firmen nach Möglichkeit fern halten, gleichwohl aber darüber wachen, daß keine einseitige Bevorzugung erfolgte, die den eigenen wirtschaftspolitischen Zielsetzungen zuwiderlief: Auch im Lande selbst sollten die Aufträge breit gestreut werden, „notleidende Gebiete" waren zu berücksichti-

---

[53] BWA, K 08/1970, Ausarbeitung „Seit 50 Jahren vermittelt die Bayerische Landesauftragsstelle öffentliche Aufträge von Reich und Bund für die Wirtschaft Bayerns", o.D., S.10.
[54] Ebenda, S.11; Franz Miethke, Aufgaben und Bedeutung der Landesauftragsstellen, Dresden 1930.
[55] BWA, K 01/3027, 1. Akt, Carl Heinz Sottong, Vermerk. Betrifft: Gründung einer Landesauftragsstelle, 9.2.1953; vgl. auch: ebenda, Aktenvermerk. Betreff: Wirtschaftsvertretungen der Länder in Bonn, 10.9.1952.

2. Bundesaufträge für Bayern

gen.[56] Daß sich die bayerische Politik weitergehender Steuerungsmöglichkeiten bewußt begab, hatte eine Reihe von praktischen und konzeptionellen Gründen. Abgesehen von dem erheblichen Verwaltungsaufwand, der anderenfalls auf die Ministerialbürokratie zugekommen wäre, mußte es im Interesse des Wirtschaftsressorts liegen, sich in keiner Weise an die Einzelvergabe zu binden, um so gegenüber Bonner Beschaffungsstellen mit der nötigen Autorität und Handlungsfreiheit auftreten zu können. Darüber hinaus war Seidel, der seine Position im eigenen Hause gegen widerstreitende Ansichten durchsetzte, mit dem Bundeswirtschaftsminister im Grundsätzlichen einig: Das öffentliche Auftragswesen hatte „ohne eine planwirtschaftliche Lenkung durch den Staat zu bleiben". Das galt insbesondere auch für die kommende Phase der westdeutschen Wiederbewaffnung, die die marktwirtschaftlichen Grundgegebenheiten von Angebot und Nachfrage sowie freier Preisbildung nicht gefährden sollte.[57]

In den folgenden Jahren gelang es der bayerischen Wirtschaftspolitik zusammen mit den übrigen interessierten Ländern, in Konsultationen mit den zuständigen Bundesstellen ein Ensemble von Verfahrensregelungen zu erarbeiten, die das politisch hochsensible Beschaffungswesen gleichermaßen in die sich ausdifferenzierende marktwirtschaftliche Ordnung und in das föderative Gefüge der Bundesrepublik einpaßten. Mehr noch entstand auf diese Weise ein Verteilungsinstrument, dem auf Drängen der Länder hin sukzessive auch strukturpolitische Lenkungsfunktion eingeschrieben wurde. Es wird zu zeigen sein, welche Wirkungen das bundesdeutsche Beschaffungswesen in dieser Hinsicht für Bayern entfaltete.

Daß es den Ländern verhältnismäßig rasch glückte, eigene Positionen vor allem gegenüber der „Dienststelle Blank" bzw. dem Bundesverteidigungsminister geltend zu machen, hing wesentlich mit der Unterstützung aus dem Bundeswirtschaftsressort zusammen. Spätestens mit der Unterzeichnung des Vertrages über die Europäische Verteidigungsgemeinschaft im Mai 1952 war eine bundesdeutsche

---

[56] BWA, K 01/3027, 1. Akt, Günther Bruns, Hauptgeschäftsführer der IHK München, an Ministerialdirektor Dr. Heilmann, Bayerisches Staatsministerium für Wirtschaft und Verkehr, 8.10.1953; ebenda, Industrie- und Handelskammer für München und Oberbayern, Vermerk. Betrifft: Landesauftragsstelle, 5.8.1953 (Zitat 1); vgl. auch: Pressestelle im Bayerischen Staatsministerium für Wirtschaft und Verkehr, Mitteilung für die Presse: Bedarfsträger und Beschaffungsverfahren bei Aufträgen der Verteidigungsgemeinschaft, 6.7.1953; „Bayern und die EVG-Verträge. Schaffung einer Landesauftragsstelle", in: Bayerische Handwerker-Zeitung, 1.8.1953; „Kein Armenhaus des Bundes! Wirtschaftsminister Seidel über Auftragsvergebung des Bundes und Betriebsmittelkredite", in: Bayerische Handwerker-Zeitung, 15.4.1950 (Zitat 2); „Bayerns Grenzland braucht Aufträge. Kredite allein beseitigen die Not nicht", in: Die Neue Zeitung, 24.9.1952.
[57] BWA, K 01/3027, 1. Akt, Günther Bruns, Hauptgeschäftsführer der IHK München, an Ministerialdirektor Dr. Heilmann, Bayerisches Staatsministerium für Wirtschaft und Verkehr, 14.10.1953 (Zitat); ebenda, Industrie- und Handelskammer für München und Oberbayern, Vermerk, 22.12.1953; BA-MA, BW 9/3729, Dr. Rentrop, Vermerk über die Besprechung mit den zuständigen Herren in Stuttgart und München betr. Einschaltung der Länder in Rüstungsaufträge, 16.7.1954.
Vgl. zur Haltung gegenüber den Auftragsstellen der Länder im Bundeswirtschaftsministerium auch: BA-MA, BW 9/3839, Verbindungsreferat des Bundeswirtschaftsministeriums zum Bundeskanzleramt, Außenabteilung Bad Homburg v.d.H., Dr. Rentrop, Vermerk über eine Besprechung mit den Herrn Reg.Dir. Breucha, ORR Walz und Dörr betr. Zusammenarbeit zwischen Außenabteilung und Wirtschaftsministerien der Länder auf dem Gebiet der Beschaffungsfragen, 16.3.1953; BA-MA, BW 9/3729, Der Bundesminister für Wirtschaft, Ludwig Erhard, an den Wirtschaftsminister des Landes Baden-Württemberg, Dr. Hermann Veit. Betr.: Errichtung von Auftragsberatungsstellen in den Ländern, 18.12.1954.

Lösung zur Erfassung und Verteilung von öffentlichen Aufträgen unabweisbar geworden. Generell erwarteten westdeutsche Stellen, daß mit der wachsenden bündnispolitischen Integration der Bundesrepublik der eigene Einfluß auf das militärische Beschaffungswesen zunehmen würde. Im Bundeswirtschaftsministerium war man in diesem Zusammenhang stark daran interessiert, sich der existierenden und der noch zu erwartenden Länderstellen zu bedienen. Neben Gründen der Effektivität lagen diesem Wunsch vor allem ordnungspolitische Erwägungen zugrunde. Denn zu diesem Zeitpunkt stand die Frage noch ungelöst im Raum, welche Form die Rüstungs- und Beschaffungsorganisation der künftigen westdeutschen Streitkräfte genau annehmen würde. Auch die Rolle der interessierten Bundesressorts, insbesondere des Bundeswirtschaftsministeriums und der „Dienststelle Blank", sowie die Aufgabenverteilung zwischen den staatlichen Stellen und den wehrwirtschaftlichen Gremien des Bundesverbands der Deutschen Industrie war vorerst ungeklärt. Während der Koreakrise hatte der BDI ab 1951 die Chance genutzt, steuernde Funktionen bei der Allokation von Rohstoffen und Investitionen zu übernehmen. In Abstimmung mit der Bundesregierung wurden Formen „privatwirtschaftlicher Wirtschaftslenkung" ins Leben gerufen, die es unter anderem erlaubten, den US-amerikanischen Wünschen auf rüstungswirtschaftliche Mobilisierung der deutschen Industrieproduktion nachzukommen. Bis Sommer 1953 baute der BDI mit Billigung des Amtes Blank ein System von wehrwirtschaftlichen Koordinationsgremien auf und erlangte in Rüstungsfragen eine beratende Schlüsselstellung gegenüber den federführenden Ministerien.[58]

Im Bundeswirtschaftsministerium, wo man sich auf diese Mitarbeit angewiesen sah, legte Minister Erhard größten Wert darauf, die westdeutschen Rüstungsanstrengungen in den Bahnen der marktwirtschaftlichen Ordnung zu halten und das politische Vorrecht des Wirtschaftsressorts für dieses Aufgabenfeld gesichert zu sehen. Zutiefst mißtrauisch gegenüber den korporatistischen Traditionen der deutschen Wirtschaft und gegenüber jedem wehrwirtschaftlichen Apparat, strebte er aus ordnungspolitischen Gründen danach, den gewachsenen Einfluß wirtschaftlicher Interessenverbände wieder zurückzudrängen. In der Sicht des Bundeswirtschaftsministeriums sollten Auftragsstellen der Bundesländer daher mit verhindern helfen, daß der BDI „Präjudizien" bei der Konsolidierung des eigenen Einflusses schuf. Ein „föderatives Vergebungswesen" lag insofern ganz im Sinne Erhards, denn es vermochte zusätzliche Dämme gegen übermächtige korporative Strukturen zu errichten und ein der sozialen Marktwirtschaft vermeintlich wesensfremdes

---

[58] Hierzu grundlegend und ausführlich: Abelshauser, Wirtschaft und Rüstung in den fünfziger Jahren, bes. S. 13–19, 59–77, 128–185; ders., Deutsche Wirtschaftsgeschichte seit 1945, S. 168–185 (Zitat: S. 170); Dieter Krüger, Das Amt Blank. Die schwierige Gründung des Bundesministeriums für Verteidigung, Freiburg i.Br. 1993; Gerhard Brandt, Rüstung und Wirtschaft in der Bundesrepublik (Studien zur politischen und gesellschaftlichen Situation der Bundeswehr, Dritte Folge), Witten/Berlin 1966; Michael Geyer, Deutsche Rüstungspolitik 1860–1980, Frankfurt/Main 1984; Dieter H. Kollmer, „Klotzen, nicht kleckern!" Die materielle Aufrüstung des Heeres von den Anfängen bis Ende der sechziger Jahre, in: Helmut R. Hammerich u.a., Das Heer 1950 bis 1970. Konzeption, Organisation, Aufstellung, München 2006, S. 485–614. Die Positionen der Länder und insbesondere Bayerns finden sich hier nicht oder nur am Rande behandelt.

2. Bundesaufträge für Bayern

Element einzuhegen.[59] In den Wirtschaftsministerien der Länder konnte sich der Minister hierbei einiger Unterstützung sicher sein, da man dort schon seit längerem den Eindruck teilte, daß der BDI staatliche Stellen aus dem Beschaffungsverfahren auszuschalten beabsichtigte.[60]

Vor dem Hintergrund dieser Interessenlagen konkretisierten sich bis 1954/55 zwischen Bund und Ländern die Grundstrukturen des westdeutschen öffentlichen Beschaffungswesens und seiner regionalen Komponente. Die Auftragsstellen der Länder, darunter jene Bayerns, fanden darin ihren Platz als Teil eines komplexen Verteilungsmodus, der noch in den frühen 1960er Jahren eine zunehmende Ausdifferenzierung erfuhr. Als Basis der Zusammenarbeit zwischen dem Bundeswirtschaftsministerium und der „Dienststelle Blank" dienten die sogenannten „Leitsätze" vom 2. November 1954, die die generelle Aufgabenverteilung festlegten und die Berücksichtigung marktwirtschaftlicher Grundsätze, insbesondere des Wettbewerbsprinzips, bei der Auftragsvergabe sicherstellen sollten. Zur Durchführung der Leitsätze wurde im Mai 1955 eine Verbindungsstelle des Bundeswirtschaftsministeriums bei der „Außenstelle Koblenz" des Bundesverteidigungsministeriums, dem späteren „Bundesamt für Wehrtechnik und Beschaffung" eingerichtet. Aus Sicht der Länder stand die Verbindungsstelle im Zentrum des Verteilungsverfahrens: Ihr kam unter anderem die Aufgabe zu, auf eine möglichst gleichmäßige Beteiligung der Bundesländer an den Rüstungsaufträgen hinzuwirken und gegensätzliche Interessen in deren Kreis auszugleichen. Aktiv wurde sie stets dann, wenn bei Aufträgen über 5 000 DM keine öffentliche Ausschreibung stattfand. In diesen Fällen kam ihr die Aufgabe zu, unter Einschaltung der jeweiligen Landesauftragsstellen geeignete Lieferunternehmen zu benennen. In Grundsatzfragen hatten die Länder daneben die Möglichkeit, ihren Einfluß im „Länderausschuß für Beschaffungswesen" und im „Länderausschuß für verteidigungswirtschaftliche Fragen" geltend zu machen.[61]

Damit konnten die interessierten Länder Bayern, Baden-Württemberg, Hamburg, Rheinland-Pfalz und Nordrhein-Westfalen ihre Positionen im wesentlichen gewahrt sehen. Alternative Lösungen wie die Einführung fester Länderquoten, die auch in der bayerischen Politik ihre Anhänger gefunden hatten, kamen demgegenüber nicht zum Tragen.[62] Aus bayerischer Sicht waren mit der gefundenen orga-

---

[59] BWA, K01/3027, 1. Akt, Vermerk. Informationen aus Amt Blank und Bundeswirtschaftsministerium über den Stand der Verhandlungen über Auftragsvergabe, 28.10.1953 (Zitate); Abelshauser, Deutsche Wirtschaftsgeschichte seit 1945, S. 179.
[60] BA-MA, BW 9/3839, Bundesstelle für den Warenverkehr der gewerblichen Wirtschaft – Gruppe Besatzungsbedarf, Ref. B 1, Betr.: Sitzung des Länderausschusses „Besatzungsbedarf" der Wirtschaftsverwaltungen am Freitag, den 27.3.1953, 28.3.1953.
[61] BA-MA, BW 1/373623, Der Bundesminister der Verteidigung, Abt. W II 1, Dr. Brandau, Sprechzettel. Betreff: Besuch des Herrn Abteilungsleiters W bei Herrn Ministerialdirektor Risse, Bundesministerium für Wirtschaft, 16.11.1964; „Die Zusammenarbeit mit den Ländern. Einigung über die Vergabe von Rüstungsaufträgen", in: FAZ, 11.6.1955. Zum Charakter und zur praktischen Umsetzung der „Leitsätze": Abelshauser, Wirtschaft und Rüstung in den fünfziger Jahren, S. 139–146.
[62] Siehe hierzu: BA-MA, BW 9/3729, Wirtschaftsministerium Baden-Württemberg, Der Minister, an Staatssekretär Westrick, Bundeswirtschaftsministerium. Betreff: Organisation des Beschaffungswesens für Rüstungsbedarf, 25.11.1954. Zur Idee einer proportionalen Verteilung von Rüstungsaufträgen: Stenographischer Bericht über die 29. Sitzung des Bayerischen Landtags am 2.8.1955, S. 915 (Bezold).

nisatorischen Regelung vor allem zwei perhorreszierte Entwicklungsvarianten abgewendet worden: einerseits die Verstetigung der bevorzugten Behandlung des wirtschaftsstarken Bundeslandes Nordrhein-Westfalen, wo man zeitweise allein aufgrund der räumlichen Nähe zu den Bundesstellen auf eine gewisse Sogwirkung bei der Auftragsvergabe hatte bauen können; andererseits die Konzentration von Vergabeentscheidungen in den Händen einflußreicher Bundesinstanzen oder einzelner Ministerialreferenten mit dem daraus resultierenden Verlust an Transparenz.[63] Gegen Widerstände vor allem aus der Koblenzer Beschaffungsverwaltung, wo man schon im Zuge der Einschaltung der Länder um die Effektivität, Wirtschaftlichkeit und hinreichende Geheimhaltung der Ausschreibungsverfahren gefürchtet hatte[64], wurden in der Folge zusätzlich sozial- und strukturpolitische Zielsetzungen in das Beschaffungswesen eingefügt. Aufgrund von Gesetzen und Ministerialerlassen, die zwischen März 1954 und November 1961 zustandekamen und für alle Bundesressorts Geltung hatten, waren mehrere Gruppen von „bevorzugten Bewerbern" bei der Auftragsvergabe zu berücksichtigen. Dazu zählten neben Heimatvertriebenen und Sowjetzonenflüchtlingen, Evakuierten und Schwerbeschädigten insbesondere Unternehmen in Sanierungs- und Notstandsgebieten sowie mittelständische Betriebe mit weniger als 50 Beschäftigten. Ihnen sollte der Zuschlag auch dann erteilt werden, wenn die eingereichten Angebote nur geringfügig, d.h. um 5%, über dem wirtschaftlichsten Angebot lagen.[65] Abgeordnete der CDU und der Bonner CSU-Landesgruppe hatten sich in Gesprächen mit dem Bundeswirtschaftsministerium und mit der Koblenzer Beschaffungsstelle vor allem zu Fürsprechern der angemessenen Beteiligung mittelständischer Betriebe gemacht.[66]

Als am 1. Oktober 1955 die Vergabe von Aufträgen für die Bundeswehr offiziell begann, konnte die bayerische Wirtschaft im Rahmen des bundesdeutschen öffentlichen Auftragswesens bereits auf eine Positivbilanz zurückblicken. Zwischen Herbst 1949 und Ende Februar 1956 waren etwa 9,1% aller Bau- und Ausstattungsvorhaben des Bundes an bayerische Firmen vergeben worden, die damit im Ländervergleich an dritter Stelle rangierten: Aus Bayern stammten in der Bundeshauptstadt unter anderem Einrichtungselemente wie Möbel, Großkochanlagen, Büromaschinen, Fenster oder Aufzüge der neuen Gebäude, und insbesondere bei Holzarbeiten kamen Lieferbetriebe dieser Herkunft zum Zuge. An den Gesamtaufträgen des zu diesem Zeitpunkt größten Beschaffungsträgers, des Bundesgrenzschutzes, waren bayerische Unternehmen mit einem Anteil von etwa 12,5%, an

---

[63] Stenographischer Bericht über die 128. Sitzung des Deutschen Bundesrats am 1.10.1954, S.246f. (Seidel).
[64] BA-MA, BW 9/3729, Der Beauftragte des Bundeskanzlers für die mit der Vermehrung der alliierten Truppen zusammenhängenden Fragen, Außenabteilung Koblenz, Abt. B1, Derzeitiger Stand der Beteiligung der Länder im Rahmen der Beschaffung für die britische Besatzungsmacht, 23.11.1954.
[65] BA-MA, BW 1/373623, Der Bundesminister der Verteidigung, Abt. W II 1, Dr. Brandau, an W II 6. Betreff: Vorbereitung eines Standardvortrages des Herrn Abteilungsleiters W über das Aufgabengebiet der Abteilung W, 31.3.1965; siehe hierzu u.a.: Kleine Anfrage der Abgeordneten Dr. Graf (München), Gumrum und Genossen, Drucksache 2571, in: Verhandlungen des Deutschen Bundestages. 2. Wahlperiode 1953. Anlagen zu den stenographischen Berichten, Band 47, o. S.
[66] ACSP, LG-P, Protokoll der Landesgruppensitzung vom 8.11.1955.

den Beschaffungen der Bundeszollverwaltung mit mehr als 20% beteiligt.[67] Für den bayerischen Wirtschaftsminister boten die sichtbaren Resultate schon früh Grund genug, internen Klagen aus der Unionspartei über die Zurücksetzung Bayerns dezidiert zu widersprechen.[68] Ursache zur Unzufriedenheit gab es aber auch in der Folgezeit kaum. Allein für das Geschäftsjahr 1962, ein Jahr von repräsentativem Zuschnitt, vergab die Beschaffungsstelle des Bundesinnenministeriums Aufträge für mehr als 18,6 Mio. DM nach Bayern, wovon fast 5,6 Mio. DM in Notstandsgebiete und an Vertriebenenunternehmer gingen. Insbesondere Bundesbahn und Bundespost kamen ihrer Verpflichtung zur Berücksichtigung von „bevorzugten Bewerbern" offenkundig in großem Umfang nach: Von allen Aufträgen, die beide Institutionen in dem genannten Jahr an Unternehmen im westdeutschen Zonenrandgebiet vergaben, gingen mit 122,1 Mio. DM und 34,2 Mio. DM etwa 18,4 bzw. 31% in den bayerischen Grenzraum.[69]

Zum gewichtigsten Posten in der öffentlichen Vergabebilanz und zum Gradmesser einer erfolgreichen Auftragseinwerbung der Länder avancierte allerdings schon gegen Ende der 1950er Jahre das militärische Beschaffungswesen. Aufgrund der Geheimhaltungsvorschriften sind bis heute verläßliche Angaben über den Umfang der westdeutschen Rüstungsproduktion oder auch nur die Identität der auftragnehmenden Firmen nicht oder nur auf Umwegen zu gewinnen.[70] Die Akten der „Landesauftragsstelle Bayern" machen immerhin deutlich, daß das Bundesland schon zum Stichjahr 1960 auf ein deutlich überdurchschnittliches Ergebnis verweisen konnte: „Bei Betrachtung der statistischen Daten kann mit Genugtuung gesagt werden, daß die bayerische Wirtschaft bei der Vergabe von Aufträgen durch die Bundeswehr bis jetzt ganz besonders günstig abgeschnitten hat. Bayern marschiert mit 7907 Aufträgen und mit einem Gesamtauftragsvolumen von DM 2882 Millionen absolut an der Spitze aller Länder der Bundesrepublik."[71] Bis Jahresende 1970 addierten sich die vom Bundesamt für Wehrtechnik und Beschaffung seit 1955 zentral nach Bayern vergebenen Aufträge auf einen Betrag von mehr als 15,6 Mrd. DM; etwa 1,2 Mrd. DM wurden dezentral von Standortverwaltungen innerhalb des Bundeslandes vergeben. Auch wenn die verfügbaren Unterlagen keinen systematischen, direkten Ländervergleich über einen größeren Zeitraum hinweg erlauben, zeigen die Daten, daß im Betrachtungszeitraum kontinuierlich höhere Anteile an zentralen Beschaffungsaufträgen des Bundesverteidigungsministeriums auf bayerische Unternehmen entfielen, als dem Bevölkerungsanteil Bayerns im

---

[67] BWA, S 14/74, Tätigkeitsbericht der Auftragsstelle Bayern e.V., 15.10.1956, S.2f.; ebenda, K 08/1970, Ausarbeitung „Seit 50 Jahren vermittelt die Bayerische Landesauftragsstelle öffentliche Aufträge", S.10f.
[68] BWA, K 01/1502/3, Kurzbericht über die Ausschußsitzung beim Wirtschaftsbeirat der Union am 3. März 1952, 5.3.1952.
[69] BWA, S 14/74, Landesauftragsstelle Bayern e.V. Beratungsstelle für das öffentliche Auftragswesen. Bericht des Vorstandes über das Geschäftsjahr 1962 (1.Jan. – 31.Dez. 1962), München 1963, S.16.
[70] Manfred Berger u. a., Produktion von Wehrgütern in der Bundesrepublik Deutschland (ifo-Studien zur Industriewirtschaft 42), München 1991, S.40f. Die im Bayerischen Wirtschaftsarchiv niedergelegten Akten der „Landesauftragsstelle Bayern" enthalten keine umfangreicheren Angaben zu Firmenbenennungen oder Auftragsübernahmen.
[71] BWA, K 01/3027/11, Geschäftsbericht der Landesauftragsstelle Bayern e.V. für die Mitgliederversammlung am 1.Juni 1960, 13.7.1960, S.11.

Bund entsprochen hätte. In Pro-Kopf-Werten ausgedrückt, lagen die Anteile stets mehr oder weniger deutlich über dem Bundesdurchschnitt.

Tabelle 12: Aufträge des Bundesamts für Wehrtechnik und Beschaffung: Anteile von Unternehmen in Bayern (in DM bzw.%), 1959-1970

Stichtag	Anteil Bayerns an allen inländischen Aufträgen (zentral) (seit 1.10.1955)	Bevölkerungsanteil Bayerns im Bund	Anteile pro Kopf der Bevölkerung (zentrale Aufträge, in DM)[72]	
			Bayern	Bundesdurchschnitt
31.03.1959	21,4%	17,7%	140,0	110,0
31.12.1959	30,6%	17,7%	284,86	159,21
31.12.1960	29,1%	17,7%	363,72	212,97
31.12.1961	28,1%	17,6%	457,6	278,3
31.12.1962	27,6%	17,6%	574,21	367,21
31.12.1963	27,9%	17,6%	705,99	445,22
31.12.1964	28,7%	17,0%	837,0	517,0
31.12.1965	28,6%	17,0%	941,0	582,0
31.12.1966	27,8%	17,0%	1 027,0	630,0
31.12.1967	27,3%	17,0%	1 099,0	679,0
31.12.1968	27,5%	17,1%	1 203,0	750,0
31.12.1969	27,3%	17,2%	1 216,0	827,0
31.12.1970	28,1%	17,2%	1 477,0	928,0

Quellen: Ergebnisprotokoll der Mitgliederversammlung der Landesauftragsstelle Bayern e.V. am 8. September 1959 in München, 12.10.1959; Geschäftsbericht der Landesauftragsstelle Bayern e.V. [über das Rechnungsjahr 1959/60], München 1960; Landesauftragsstelle Bayern e.V. Beratungsstelle für das öffentliche Auftragswesen. Bericht des Vorstandes über das Geschäftsjahr 1960 (1.April 1960 bis 31.März 1961), München 1961; Bericht des Vorstandes über das Rumpfgeschäftsjahr 1961 (1.April bis 31.Dezember 1961), München 1962; Bericht des Vorstandes über das Geschäftsjahr 1962 (1.Jan. bis 31. Dez. 1962), München 1963; Bericht des Vorstandes über das Geschäftsjahr 1963 (1.Januar bis 31.Dezember), München 1964; Bericht des Vorstandes über das Geschäftsjahr 1964 (1.Januar bis 31.Dezember), vorgelegt in der Mitgliederversammlung am 23.August 1965, München 1965; Bericht des Vorstandes über das Geschäftsjahr 1965 (1.Januar bis 31.Dezember), München 1966; Bericht des Vorstandes über das Geschäftsjahr 1966 (1.Januar bis 31.Dezember), München 1967; Bericht des Vorstandes über das Geschäftsjahr 1967 (1.Januar bis 31.Dezember), München 1968; Bericht des Vorstandes über das Geschäftsjahr 1968 (1.Januar bis 31.Dezember), München 1969; Bericht des Vorstandes über das Geschäftsjahr 1969 (1.Januar bis 31.Dezember), München 1970; Bericht des Vorstandes über das Geschäftsjahr 1970 (1.Januar bis 31.Dezember). Nur für den Dienstgebrauch! München 1971.

Die Ursachen dieser für Bayern günstigen Entwicklung sind vielschichtig und gewiß nicht auf einen einzelnen Wirkungsfaktor zu reduzieren. Die Tätigkeit der Landesauftragsstelle trug über Jahre hinweg dazu bei, Wege zu bahnen und Kontakte herzustellen. Als Mediator zwischen den Beschaffungsträgern und der bayerischen Wirtschaft informierte sie Interessenten über öffentlich gehaltene Ausschreibungen. Im Falle von beschränkten Ausschreibungen oder der „freihändigen", d.h. gezielten Vergabe benannte sie der Verbindungsstelle des Bundeswirtschaftsministers beim Bundesamt für Wehrtechnik und Beschaffung oder den jeweiligen Beschaffungsträgern geeignete bayerische Firmen, wies auf freie Kapa-

---

[72] In einigen Fällen wurden die Zahlenwerte im Jahresbericht des Folgejahres korrigiert. Hier liegen jeweils die jüngsten Angaben zugrunde.

2. Bundesaufträge für Bayern

zitäten hin und gab vertrauliche Unternehmensauskünfte. Diese Tätigkeit kam in erster Linie kleineren und mittleren Firmen zugute, da die Großindustrie von anstehenden Projekten in der Regel ohnehin Kenntnis hatte.[73] Dabei bot die Struktur der bayerischen Wirtschaftslandschaft mit ihrem relativ hohen Anteil an Gewerbebetrieben mittlerer Größe der Auftragsstelle eine besondere, arbeitsintensive Herausforderung. So gelang es in den Anfangsjahren, etwa ein Sechstel aller zentral nach Bayern vergebenen Rüstungsaufträge an mittelständische Betriebe zu vermitteln. Im Verlauf der 1960er Jahre wurde dies immer schwieriger: Gehörten im Rechnungsjahr 1959/60 rund 16,75% aller bayerischen Auftragnehmer zur Gruppe der Mittelstandsbetriebe mit höchstens 50 Beschäftigten, so ging diese Quote bis 1962 auf etwa 16,2%, bis 1964 auf rund 13% und bis 1970 sogar auf nurmehr 5,2% zurück. Parallel dazu verminderte sich der Anteil von Firmen aus dem Zonenrandgebiet, von Vertriebenenbetrieben und sonstigen zu bevorzugenden Bewerbern unter den bayerischen Auftragnehmern von 15,28% (1959/60) über 7% (1964) auf 4,2% (1970).[74]

Diese rückläufige Tendenz hing eng mit der zunehmenden Komplexität von Rüstungsaufträgen und deren Vergabe an „Generalunternehmer" zusammen, die für Projekte in ihrer Gesamtheit verantwortlich zeichneten.[75] Im Ergebnis reduzierte sich damit aber die beeinflußbare Wirkung des öffentlichen Auftragswesens als sozial- und strukturpolitisches Instrument erheblich. Insbesondere die angestrebte räumliche und betriebsgrößenbezogene Streuung der Aufträge innerhalb Bayerns – und damit die diesbezügliche Effektivität der Landesauftragsstelle – mußten sich relativieren. Die von den Standortverwaltungen seit 1956 dezentral getätigten Beschaffungen konnten aufgrund ihres vergleichsweise geringen Auftragsvolumens diese Entwicklung keineswegs ausgleichen. Bereits 1960 läßt sich eine derartige Tendenz für Bayern im Ansatz fassen. Eine Untersuchung, die auf der Basis eines ausnahmsweise vom Bundesverteidigungsministerium zur Verfügung gestellten Datensatzes aller Rüstungskäufe des genannten Jahres zustandekam, bietet für das Bundesland bereits ein ambivalentes Bild: Zwar verteilten sich die Aufträge über ein Spektrum von Industrien, das in der Reihenfolge ihrer Bedeutung unter anderem den Maschinenbau, den Fahrzeugbau, die Elektrotechnik, die Bekleidungsindustrie und die Munitionsherstellung umfaßte. Hierbei zeigte sich aber bereits eine deutliche räumliche Konzentration der Rüstungskäufe in der Region München. Nicht nur, aber auch in Bayern wurden Verteidigungsaufträge in der Tendenz eher in stärker industrialisierte Ballungsgebiete vergeben, wobei der Münchner Raum deutschlandweit ein überproportional hohes Gewicht aufwies.[76]

In dem Maße, in dem sich offenkundig das Gewicht der „Landesauftragsstelle Bayern" und der institutionalisierten Verteilungsmechanismen als Faktor der Auftragsbeschaffung verminderte, wurden für Bayern strukturelle Voraussetzungen

---

[73] BWA, K 01/3027/11, Niederschrift des Ergebnisses der Arbeitstagung der Landesauftragsstellen in Koblenz am 21.5.1958, o. D.
[74] Geschäftsbericht 1959/60, S. 11; Bericht des Vorstandes 1962, S. 15; Bericht des Vorstandes 1964, S. 12; Bericht des Vorstandes 1970, S. 11.
[75] Bericht des Vorstandes 1970, S. 4.
[76] Horst Zimmermann/Hans D. Klingemann, Der Einfluß der Verteidigungskäufe auf die Regionalstruktur in der Bundesrepublik Deutschland, in: Raumforschung und Raumordnung 25/2 (1967), S. 49–59, bes. S. 54, Tab. 4, S. 56, Tab. 5.

und „pragmatische Formen der Staatsintervention"[77] immer wichtiger. Im Gesamtzusammenhang der räumlich-ökonomischen Entwicklung des Landes, die im folgenden Kapitel näher zu analysieren ist, stellt sich der Strom an Rüstungsaufträgen in Richtung Bayern als Indikator und Mitträger eines akzentuierteren wirtschaftlichen Aufschwungs dar, der im Übergang zu den 1960er Jahren demographisch und ökonometrisch faßbare Form annahm.[78] Die bereits seit der Zwischenkriegszeit wirksame Nord-Süd-Verlagerung ökonomischer Potentiale in Deutschland kreuzte sich hier nach 1945 mit einem Prozeß der Umschichtung rüstungswirtschaftlicher Schwerpunkte. Nicht mehr allein die Industriegebiete im Westen und im Zentrum Deutschlands, sondern die norddeutschen Küstenländer, Baden-Württemberg und Bayern gehörten in den 1950er Jahren zu den „rüstungswirtschaftlich interessanten Regionen".[79] Siemens, MAN, BMW, Krauss-Maffei, Diehl, Messerschmitt oder Dornier waren nur die bekanntesten Unternehmen mit Nachkriegssitz in Bayern, die bereits vor 1945 Erfahrungen in der Rüstungsproduktion gesammelt hatten.[80]

Vor allem die Förderung der Luftfahrtindustrie durch die bayerische Wirtschaftspolitik seit der zweiten Hälfte der 1950er Jahre bietet ein prägnantes Beispiel für die frühe Einbindung rüstungspolitischer Aspekte in das strukturpolitische Handeln der Länder. Allein das ökonomische Schicksal der Firma Messerschmitt beschäftigte bayerische Finanz- und Wirtschaftspolitiker über Jahre hinweg. Schon bevor das Bundesverteidigungsministerium im Jahr 1956 die Vergabe von Flugzeugaufträgen für die künftige Bundeswehr in Angriff nahm, hatte eine Integration der in Regensburg und Augsburg ansässigen Messerschmitt AG in die Produktionsplanungen im Raum gestanden. Auf Druck aus dem Bundeswirtschafts- und Bundesverteidigungsministerium hin schloß sich das Unternehmen mit der Ernst Heinkel Fahrzeugbau GmbH, Speyer, zur „Flugzeug-Union Süd GmbH" zusammen, um auf diese Weise hinreichende Kapazitäten für den Lizenznachbau des französischen Düsentrainingsflugzeugs „Fouga-Magister" zu schaffen. Ein entscheidendes Hindernis für die Erteilung öffentlicher Aufträge lag in der Tatsache, daß Messerschmitt während der Nachkriegsjahre den Einstieg in die zivile Ersatzproduktion nicht finden hatte können und gegen Mitte der 1950er Jahre nahe am Bankrott stand. Da der Bund vor der Auftragserteilung eine Konsolidierung der notorisch desolaten Finanzsituation der Messerschmitt AG und die Wiederherstellung ihrer Liquidität verlangte, entschloß sich der bayerische Staat unter Federführung des Finanzministeriums zu einer Sanierungsaktion. Um die Flugzeugaufträge in Bayern zu halten, einigten sich Vertreter Bayerns, des Bundes und der Altaktionäre unter Vorsitz von Verteidigungsminister Strauß im Januar 1957 auf eine Kapitalerhöhung der Messerschmitt AG. Das Land Bayern beteiligte

---

[77] Abelshauser, Deutsche Wirtschaftsgeschichte seit 1945, S. 181.
[78] Vgl. hierzu das anschließende Kapitel IV des zweiten Teils dieser Arbeit.
[79] Abelshauser, Wirtschaft und Rüstung in den fünfziger Jahren, S. 139 (Zitat).
[80] Vgl. die umfangreiche Firmenliste in: Burkhardt J. Huck/Sabine Lauxen/Karl Winklmair, Register der Rüstungsfirmen in Bayern, in: Jo Angerer/Erich Schmidt-Eenboom (Hg.), Rüstung in weiß-blau. Politik und Waffenwirtschaft in Bayern, Starnberg 1988, S. 74–156.

2. Bundesaufträge für Bayern

sich am Grundkapital mit zusätzlichen 4,9 Mio DM und übernahm damit die Hauptlast der Stützungsaktion.[81] Im Rückblick betrachtet, stellte diese Konsolidierung, nach der sich „Bayern wegen der Firma Messerschmitt keine so großen Sorgen mehr" zu machen brauchte, die entscheidende Voraussetzung nicht nur für die Übertragung eines festen Auftrags zur Produktion von 210 Düsenflugzeugen an die „Flugzeug-Union Süd GmbH" dar, der zur Hälfte der Messerschmitt AG zugute kam.[82] Vielmehr lag hier und in den ersten Herstellungsaufträgen des Bundes an Dornier, die in den Werken Oberpfaffenhofen und München-Neuaubing durchgeführt wurden, der Nukleus einer wiedererstehenden bayerischen Luftfahrtindustrie. Mittelfristig war die Sanierung auch die Grundlage dafür, daß im Dezember 1959 wichtige Anschlußaufträge für die Fertigung der Flugzeugtypen Fiat G 91 und F 104 Starfighter an Arbeitsgemeinschaften vergeben wurden, an denen neben der Messerschmitt AG und der Ernst Heinkel Fahrzeugbau GmbH die Dornier Werke GmbH und die Donauwörther Siebel-Werke beteiligt waren. Für diese süddeutschen Flugzeughersteller waren damit gegen Jahresende 1959 die notorischen Probleme mangelnder Kapazitätsauslastung behoben.[83] Der bayerische Staat trennte sich wenige Jahre später zugunsten des Flick-Konzerns von seinen Anteilen an der Messerschmitt AG, leistete aber in der zweiten Hälfte der 1960er Jahre erneut aktive Vermittlerdienste im Zuge des schwierigen Fusionsprozesses, der unter Beteiligung des Bundes bis 1969 zur Gründung der „Messerschmitt-Bölkow-Blohm GmbH" mit Sitz in Ottobrunn führte.[84]

Bereits an der Wende zu den 1960er Jahren waren somit wichtige Entwicklungsimpulse gesetzt, die wesentlich dazu beitrugen, den süddeutschen Raum und vor allem die Region um München in der Folgezeit zu einem Zentrum der Elektronik- sowie der Luft- und Raumfahrtindustrie werden zu lassen. Öffentliche Aufträge des Bundes in Form von Rüstungskäufen setzten eben zu dem Zeitpunkt ein, da die Wirtschaftsregion Bayern verstärkte Anziehungskraft für die Zuwanderung von Arbeitskraft bzw. Unternehmenskapital entfaltete und der Strukturwandel im Land neues Tempo erreichte.[85] Für das Feld der Rüstungs- und rüstungsnahen Produktion entstand so bald eine sich selbst tragende Dynamik: Die wachsende ökonomische Leistungsfähigkeit, die sich seit Ende der 1950er Jahre unter anderem in stark ansteigenden Beschäftigtenzahlen im Bereich der bayerischen Luftfahrtindustrie manifestierte, förderte nicht nur die Zuwanderung weiterer Unter-

---

[81] BA-MA, BW 1/1622, Dr. Barbarino, Bayer. Staatsministerium der Finanzen, an den Bundesminister für Verteidigung. Betreff: Messerschmitt AG, 25.10.1961; ACSP, NL Elsen 6.7.20, Kommission zur Prüfung von Staatsbürgschaften, Protokoll der 49. (nichtöffentlichen) Sitzung am 4.11.1957; Otto Barbarino, Ein Lebenslauf im 20. Jahrhundert, Landsberg/Lech 1997, S. 65–69.
[82] ACSP, NL Elsen 6.7.20, Kommission zur Prüfung von Staatsbürgschaften, Protokoll der 49. (nichtöffentlichen) Sitzung am 4.11.1957 (Zitat); Andres, Bundesdeutsche Luft- und Raumfahrtindustrie, S. 167–211; Peter Kidess, Die räumliche und unternehmerische Konzentration in der deutschen Luftfahrtindustrie nach 1945, Köln 2003, S. 18–32; 33f., 59f.
[83] Andres, Bundesdeutsche Luft- und Raumfahrtindustrie, S. 212–224, hier: S. 219.
[84] BA-MA, BW 1/1622, Dr. Otto Barbarino, Bayer. Staatsministerium der Finanzen, an Dr. Hans Heinrich Ritter von Srbik, Bankhaus Aufhäuser. Betreff: Aufsichtsrat der Firma Messerschmitt AG, 1.9.1965. Vgl. zum Fusionsprozeß u. a. das Material in: BA-MA, BW 1/181344.
[85] Bericht der Landeszentralbank in Bayern – Hauptverwaltung der Deutschen Bundesbank – über die Entwicklung der Wirtschaft und des Geld- und Kreditwesens in Bayern im Jahre 1959, München 1960, S. 7. Siehe dazu eingehend das folgende Kapitel IV des zweiten Teils dieser Arbeit.

nehmen dieser Branche sowie der Bereiche Elektrotechnik, Maschinen- und Fahrzeugbau, sondern machte die Vergabe von Beschaffungsaufträgen in die Region immer wahrscheinlicher.[86] Durch geglückte industriepolitische Stützungsaktionen, die unter anderem mit Blick auf Bundesaufträge zwischen 1959 und 1961 auch das Überleben der Bayerischen Motorenwerke sicherten, nahm die bayerische Wirtschaftspolitik die exogenen Impulse in – keineswegs zwangsläufig – erfolgreicher Weise auf.[87] Der Einfluß einzelner Persönlichkeiten in diesem Prozeß bemißt sich vor jenem größeren Hintergrund. Ohne den unterstützenden Einfluß von Franz Josef Strauß, der sich in seiner Funktion als Bundesverteidigungsminister des Schicksals der Messerschmitt AG persönlich annahm und sich auch in bezug auf die Kapazitätsauslastung der Dornier-Werke entgegenkommend zeigte, wäre die beschriebene Entwicklung kaum in dieser Form zustandegekommen. Zweifellos auffällig ist der starke Zuwachs an militärischen Forschungs- und Erprobungskapazitäten im bayerischen, insbesondere im Münchner Raum während der Amtszeit des Ministers.[88] Allein für das Jahr 1962 gingen über 121,8 Mio. DM an Aufträgen für die wehrtechnische Forschung, Entwicklung und Erprobung nach Bayern.[89]

Der zweifellos stimulierenden Wirkung öffentlicher Aufträge für die bayerische Gesamtwirtschaft, die allein im militärischen Beschaffungswesen bei gewissen Schwankungen zwischen 1955 und 1970 in der Größenordnung von jährlich etwa einer Milliarde DM lagen (1959: 1,6 Mrd. DM; 1960: 716 Mio. DM; 1963: 1,3 Mrd. DM; 1967: 1,1 Mrd. DM; 1970: 1,9 Mrd. DM)[90], standen freilich ambivalente raumstrukturelle Wirkungen gegenüber. Ähnlich den Verhältnissen im Gefolge des Aufbaus von Bundeswehrgarnisonen begünstigte die Vergabepraxis im Rahmen des militärischen Auftragswesens offenkundig eher die ohnehin bereits stärker entwickelten Räume als die strukturschwachen Teile Bayerns.[91]

---

[86] Vgl. Kidess, Räumliche und unternehmerische Konzentration, S. 124–128; zum Wandel der Industriestruktur des Münchner Raumes für den Zeitraum 1950 bis 1968: Thürauf, Industriestandorte in der Region München, S. 40–134.
[87] Seidl, Die Bayerischen Motorenwerke, S. 128–255, bes. S. 223–233; Barbarino, Ein Lebenslauf, S. 69–74.
[88] Helmuth Trischler, Nationales Innovationssystem und regionale Innovationspolitik. Forschung in Bayern im westdeutschen Vergleich 1945 bis 1980, in: Schlemmer/Woller (Hg.), Bayern im Bund, Band 3, S. 117–194, hier: S. 134–147.
[89] BWA, S 14/74, Landesauftragsstelle Bayern e. V. Beratungsstelle für das öffentliche Auftragswesen. Bericht des Vorstandes über das Geschäftsjahr 1962 (1. Jan. bis 31. Dez. 1962), München 1963, S. 15; BayHStA, StK 11562, Protokoll des außerordentlichen Ministerrats vom Montag, den 14. Juli 1958. In der Zuspitzung auf die Person von Strauß nicht immer überzeugend: Milosch, Modernizing Bavaria, bes. S. 69–77, 100–116; ders., Die Rolle von Franz Josef Strauß bei der Ansiedlung der Luftfahrtindustrie in Bayern, in: Renate Höpfinger (Hg.), Franz Josef Strauß, Ludwig Bölkow, Sepp Hort (Bayerische Lebensbilder, Band 2), München 2004, S. 14–55. Bedauerlicherweise stellt sich die Aktenlage im Bundesarchiv-Militärarchiv Freiburg i. Br. für die Leitungsebene des Bundesverteidigungsministeriums als äußerst lückenhaft dar.
[90] Die Zahlenwerte beziehen sich lediglich auf zentral vergebene Rüstungsaufträge des Bundesamtes für Wehrtechnik und Beschaffung; dezentral erteilte Aufträge der Standortverwaltungen sind darin nicht enthalten. Sämtliche Angaben sowie die Berechnungsgrundlage für die Berechnung des genannten Durchschnittswertes sind den unter Tabelle 12 genannten Quellen entnommen.
[91] Wolfgang Schmidt, „Eine Garnison wäre eine feine Sache." Die Bundeswehr als Standortfaktor 1955 bis 1975, in: Schlemmer/Woller (Hg.), Bayern im Bund, Band 1, S. 357–441, hier: S. 424–438; mit Bezug auf Westdeutschland: Wolfgang Schmidt, Integration und Wandel. Die Infrastruktur der Streitkräfte als Faktor sozioökonomischer Modernisierung in der Bundesrepublik 1955 bis 1975, München 2006, S. 359–428.

IV. Das Ende der Nachkriegszeit und der Wandel der demographisch-industriellen Raumstruktur – ein Zwischenresümee und Ausblick für Bayern

Zu Jahresanfang 1958 konfrontierte die „Bayerische Staatszeitung" ihre Leser mit einer wirtschaftlichen Lageeinschätzung, die in der politischen Öffentlichkeit Westdeutschlands bereits seit einigen Monaten kursierte. „Das Wirtschaftswunder ist vorbei", so gab das Blatt die verbreitete Stimmung wieder und kritisierte zugleich die „Selbstgefälligkeit", die sich in der Begriffsschöpfung ausdrücke. Daß das „Wirtschaftswunder" nicht nur als Resultat der vielgepriesenen deutschen Arbeitskraft, sondern gleichermaßen als Ausdruck günstiger Weltmarktkonstellationen und der ERP-Hilfe anzusehen sei, sah der Autor ebenso als gesichert an wie das definitive Ende der Boomphase und das Heranrücken gewichtiger Konsolidierungsprobleme.[1] Das pessimistische Gesamtbild war verfrüht. Im Zusammenhang der bundesdeutschen Wirtschaftsgeschichte betrachtet, stieß sich der warnende Kommentar aus Bayern lediglich am Ende eines jener „Wachstumszyklen", die die konjunkturelle Entwicklung zwischen 1949 und 1954, 1955 und 1958 sowie zwischen 1959 und 1963 bei fortdauernd positiver Wachstumsentwicklung strukturierten. Erst in der zweiten Hälfte der 1960er Jahre und insbesondere mit der Rezessionskrise von 1966/67 verdichteten sich die Anzeichen dafür, daß die außerordentlichen Expansionsvoraussetzungen der westdeutschen Nachkriegswirtschaft tatsächlich ihre Wirksamkeit einbüßten.[2]

Auch der bayerische Wirtschaftsraum folgte der Wirtschaftsentwicklung im Hinblick auf die Zäsuren des westdeutschen Wachstumsprozesses und ordnete sich damit in die generell zu beobachtende „enge konjunkturelle Interdependenz" der Bundesländer ein.[3] Es widerspricht diesem Befund keineswegs, daß der konjunkturgeschichtliche Weg Bayerns durch die westdeutschen „Boomjahre" gleichwohl eigene Signatur aufwies. Dies läßt sich quantitativ deutlich machen, sobald neben der Lage und Dauer der Wachstumszyklen zusätzlich die Wachstumsraten des Bruttoinlandsprodukts, die Industriekonjunktur oder die regionale Arbeitslosigkeit in die Betrachtung einbezogen werden.[4] Deutlicher als es die rein wirt-

---

[1] „Das ‚Wunder' ist vorbei", in: Bayerische Staatszeitung, 14.2.1958.
[2] Gerd Hardach, Krise und Reform der Sozialen Marktwirtschaft. Grundzüge der wirtschaftlichen Entwicklung in der Bundesrepublik der 50er und 60er Jahre, in: Axel Schildt/Detlef Siegfried/Karl Christian Lammers (Hg.), Dynamische Zeiten. Die 60er Jahre in den beiden deutschen Gesellschaften (Hamburger Beiträge zur Sozial- und Zeitgeschichte 37), Hamburg 2000, S. 197-217, bes. S. 204 (Zitat), 208-210; Abelshauser, Die Langen Fünfziger Jahre, S. 69-73 sowie 93, Abb. 7; Gerold Ambrosius, Das Wirtschaftssystem, in: Wolfgang Benz (Hg.), Die Bundesrepublik Deutschland. Geschichte in drei Bänden, Band 1: Politik, Frankfurt/Main 1983, S. 238-297, hier: S. 242; Gerd Hardach, Wirtschaftsgeschichte Deutschlands im 20. Jahrhundert (1914-1970), 3. Aufl. Göttingen 1993, S. 213-244.
[3] Karl Keinath, Regionale Konjunkturschwankungen. Eine empirische Analyse der Bundesrepublik Deutschland 1950-1974 (Tübinger wirtschaftswissenschaftliche Abhandlungen 23), Tübingen 1978, S. 125.
[4] Keinath, Regionale Konjunkturschwankungen, S. 126 ff.

schaftlichen Stukturdaten ausdrücken können, bezeichnen die ausgehenden 1950er und beginnenden 1960er Jahre für Bayern eine umfassende Periode des sozialökonomischen Übergangs, innerhalb derer sich ältere Problemlagen entspannten, während der strukturelle Wandlungsprozeß zugleich auf verschiedenen Feldern neue Impulse erhielt. Insbesondere das Bezugsgefüge von Raum, Bevölkerung und Wirtschaft erfuhr wichtige, für den Fortgang der ökonomischen Entwicklung des Landes sogar entscheidende Veränderungen. Diese trugen und reflektierten ihrerseits raumstrukturelle Wandlungsvorgänge auf Bundesebene, die das Wanderungsverhalten der Bevölkerung, das demographisch-wirtschaftliche Verhältnis zwischen Ballungsräumen und ländlichen Gebieten, die Suburbanisierung der Agglomerationsräume oder die industrielle Aufrüstung ländlicher Regionen betrafen. Nur innerhalb dieses überregionalen Zusammenhangs kann die Position Bayerns näher bestimmt werden.

1. Nord-Süd-Bewegung: Bevölkerung und Wirtschaft in Bayern und im Bund

In bevölkerungsgeschichtlicher Hinsicht stellten noch die 1950er Jahre für Westdeutschland eine Periode hoher Dynamik dar. Die umfassende Ost-West-Bewegung, die im Zuge der erzwungenen Flucht und der Vertreibung von mehr als 10 Millionen Menschen zwischen 1945 und 1950 angestoßen worden war, fand bis 1961 ihre unmittelbare Fortsetzung in der Übersiedlung von fast 3,6 Millionen DDR-Bürgern in den Westen. Bereits in der zweiten Hälfte der 1950er Jahre trat die Zuwanderung von ausländischen Arbeitnehmern hinzu, die bis 1965 mehr als 1,2 Millionen Erwerbstätige nicht-deutscher Herkunft in die Bundesrepublik führte. Alles in allem stieg die Zahl der westdeutschen Bevölkerung zwischen 1950 und 1965 um mehr als 8 Millionen Menschen, wobei der Zuwachs fast zur Hälfte, nämlich zu 42%, auf die grenzüberschreitende Wanderung und nicht auf den natürlichen Geborenenüberschuß zurückzuführen war.[5] Diese generelle Zuwanderung schlug sich in der Bevölkerungsentwicklung der Bundesländer zunächst in höchst unterschiedlicher Weise nieder. Verantwortlich dafür war neben der natürlichen Bevölkerungsbewegung und der unterschiedlichen Attraktivität der Länder die ausgeprägte bundesdeutsche Binnenwanderung. In ihr wiederum spiegelten sich die frühen Zufälligkeiten der Vertriebenenaufnahme, die differierende Wirtschaftskraft der Bundesländer, aber auch die Umsiedlungsprogramme der Bundesregierung wider, auf die im Zusammenhang der Notstandsgebietsproblematik an anderer Stelle bereits hingewiesen wurde.[6] Legt man der Analyse die jährlichen Zuwachsraten der Bevölkerungszahl in den westdeutschen Flächenländern zugrunde, dann wird deutlich, daß die „Flüchtlingsländer" Schleswig-Holstein, Niedersachsen und Bayern auch unter der beschriebenen Generaltendenz noch über

---

[5] Peter Marschalck, Bevölkerungsgeschichte Deutschlands im 19. und 20.Jahrhundert, Frankfurt/Main 1984, S.86-97, 147 (Tabelle 1.4); Siegfried Bethlehem, Heimatvertreibung, DDR-Flucht, Gastarbeiterzuwanderung. Wanderungsströme und Wanderungspolitik in der Bundesrepublik Deutschland, Stuttgart 1982, S.125.
[6] Vgl. Kapitel I.2. des zweiten Teils dieser Arbeit.

1. Nord-Süd-Bewegung 299

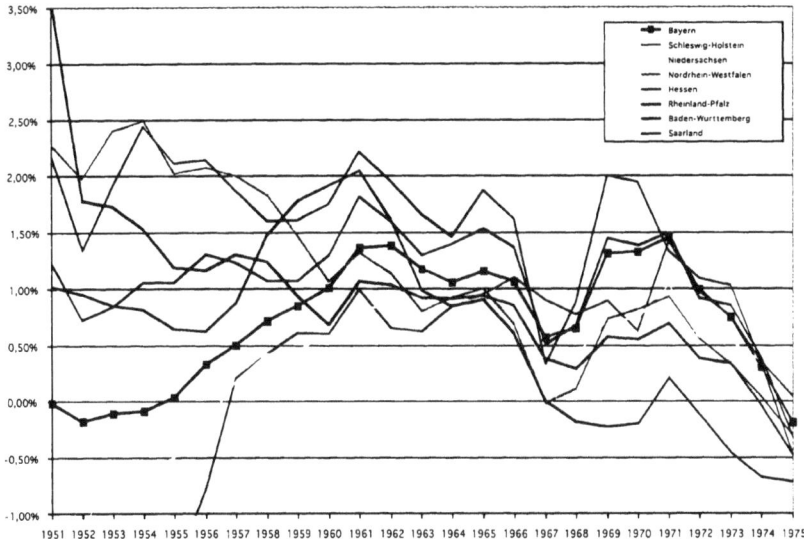

Abb. 1: *Jährliche Zuwachsraten der Bevölkerung in den bundesdeutschen Flächenländern, 1950-1975 (in %)*
Quellen: Bevölkerungsstruktur und Wirtschaftskraft der Bundesländer 1973, Stuttgart 1974, S. 35 f., Tab. I/5; Bevölkerungsstruktur und Wirtschaftskraft der Bundesländer 1982, Stuttgart 1983, S. 40 f., Tab. 1.5.

einige Jahre hinweg negative Wanderungssalden aufwiesen. Ihnen korrespondierten zunächst vergleichsweise hohe Zuwachsraten in jenen Bundesländern, die als bevorzugte Ziele der gelenkten Umsiedlung und der freien Wanderung fungierten, darunter an erster Stelle das wirtschaftsstarke Nordrhein-Westfalen sowie daneben Baden-Württemberg, Rheinland-Pfalz und Hessen.

Im Gefolge dieser Bevölkerungsverschiebungen gab Schleswig-Holstein zwischen 1950 und 1961 über 400 000, Niedersachsen annähernd 900 000 und Bayern mehr als 400 000 Menschen an andere Bundesländer ab. Erst mit Beginn der 1960er Jahre trat eine Normalisierung der Wanderungsbewegungen ein, die statistisch in der starken nominellen Annäherung der regionalen Zuwachsraten zum Ausdruck kam. Mehr als zuvor ließen diese ein gemeinsames Entwicklungsmuster erkennen, welches offensichtlich mit den Wechselfällen der bundesdeutschen Wachstumszyklen in engem Zusammenhang stand. Recht deutlich machten sich in dieser Phase die Konjunkturabflachungen von 1958/59, 1963/64 und 1966/67 jeweils mit etwas Verspätung in Form von sinkenden demographischen Zuwachsraten bemerkbar. Diese hohe Reaktivität der Quoten wurde wesentlich dadurch erzeugt und befördert, daß die in der Regel auf Dauer gestellte Übersiedlung aus der DDR mit der Errichtung der Berliner Mauer 1961 weitgehend zum Erliegen kam. Sie wurde in wachsendem Maße vom Zuzug ausländischer Arbeitskräfte überlagert und abgelöst, die ihren Wohnsitz vielfach nur vorübergehend in Westdeutschland einrichteten. Der Anwerbestop vom November 1973 für Arbeitnehmer, die nicht aus

Ländern der Europäischen Gemeinschaften kamen, fiel deshalb in seiner diesbezüglichen Wirkung mit der Rezession von 1973/74 zusammen.[7] Ungeachtet des zeitweiligen Zuwachsrückgangs lagen der demographischen Entwicklung im Bundesgebiet zu diesem Zeitpunkt im wesentlichen bereits zwei dominierende Faktoren zugrunde, die auch in den Folgejahren bestimmend blieben: die weiter wachsende Ausländerzuwanderung und die seit Mitte der 1960er Jahre rapide sinkenden Geburtenziffern. Darüber hinaus machte sich auf dem Feld der regionalen Bevölkerungsstruktur noch eine weitere langfristig wirksame Tendenz früh bemerkbar. Sieht man von Schleswig-Holstein ab, dessen zeitweise relativ hohen Wanderungsgewinne vor allem auf den Wegzug aus Hamburg in die benachbarten Kreise zurückzuführen waren, dann manifestierte sich bereits mit Beginn der 1960er Jahre ein „Wanderungsgefälle" zwischen Niedersachsen und Nordrhein-Westfalen einerseits sowie Baden-Württemberg, Hessen und Bayern andererseits. Diese Nord-Süd-Schräglage der westdeutschen Binnenwanderung akzentuierte sich im folgenden Jahrzehnt weiter und prägte das demographische Erscheinungsbild Westdeutschlands in den Folgejahren entscheidend.[8]

Die genauen Konturen dieser sozialökonomisch höchst bedeutsamen Vorgänge waren ebenso wie die Folgen für die Verteilung von Entwicklungschancen zwischen den Bundesländern zeitgenössisch zunächst nur schwer zu erkennen. Erst gegen Mitte der 1960er Jahre wurde in Fachwelt und Politik hinreichend deutlich, daß sich im Gefolge der demographischen Mobilität eine regionale Verteilung der Bevölkerung einstellte, die keineswegs über die Benennung klarer, einsträngiger Trends zu erfassen war. Insbesondere die verbreitete Annahme eines fortschreitenden Ballungs- und Entleerungsprozesses im Hinblick auf Menschen und Wirtschaftspotentiale machte mit wachsender Fülle des verfügbaren Datenmaterials einem zunehmend komplexen Bild Platz. Das Jahresgutachten 1965 des Sachverständigenrats zur Begutachtung der gesamtwirtschaftlichen Entwicklung und der zweite Raumordnungsbericht der Bundesregierung von 1966 stellten in diesem Zusammenhang entscheidende Wegmarken im Erkenntnisprozeß dar.[9] Allgemein bestätigte sich der Eindruck, daß ein enger Zusammenhang zwischen der räum-

---

[7] Auf die erstaunlich hohe Fluktuation der Beschäftigtenzahlen von ausländischen Arbeitnehmern in Westdeutschland im Zusammenhang mit der konjunkturellen Lage weist hin: Hellmut Körner, Untersuchungen über Konsequenzen des Zustroms von Arbeitskräften in die Bundesrepublik Deutschland für die Funktionsweise des Arbeitsmarktes, Frankfurt/München 1976, S. 178–246.
[8] Josef Filser, Anwerbestop wirkt sich aus, in: Bayern in Zahlen 28 (1974), S. 297; vgl. zur vorangegangenen Ausländerzuwanderung speziell nach Bayern: Walter Maier, Die Zahl der Ausländer nimmt zu, ebenda 16 (1962), S. 1–3; ders., Die Wanderungsbewegung im Jahre 1961, ebenda, S. 195–197; ders., Die Zahl der Ausländer in Bayern nimmt weiter stark zu, ebenda 17 (1963), S. 6–8; ders., Langsame Zunahme der Ausländerzahl in Bayern, ebenda 18 (1964), S. 1–3; ders., Die Zahl der Ausländer nimmt weiter zu, ebenda 19 (1965), S. 3–6; ders., Die Zahl der Ausländer nahm immer noch zu, ebenda 21 (1967), S. 17–19. Zur generellen demographischen Entwicklung in Deutschland seit 1965: Marschalck, Bevölkerungsgeschichte Deutschlands, S. 89, 98–114; als tabellarische Zusammenfassung der verstreuten statistischen Befunde zu den demographischen Kriegsfolgen und zur Ost-West-Wanderung für das Bundesgebiet auch: Ralf Rytlewski/Manfred Opp de Hipt, Die Bundesrepublik Deutschland in Zahlen 1945/49–1980. Ein sozialgeschichtliches Arbeitsbuch, München 1987, S. 29–35.
[9] Der Sachverständigenrat zur Begutachtung der gesamtwirtschaftlichen Entwicklung, Jahresgutachten 1965, in: Verhandlungen des Deutschen Bundestages, 5. Wahlperiode. Anlagen zu den stenographischen Berichten, Band 101, Drucksache V/123 vom 15. 12. 1965; Raumordnungsbe-

lichen Verteilung der Wirtschaft und der Bevölkerung im Bundesgebiet bestand. Was sich indes zunächst als genereller Konzentrationsvorgang in den westdeutschen Verdichtungsräumen dargestellt hatte, entpuppte sich nun lediglich als Zwischenetappe. Zweifellos waren die großen Bevölkerungsbewegungen und der industrielle Wiederaufbau über weite Phasen der 1950er Jahre hinweg vorwiegend zu Gunsten der Großstädte und der überkommenen Gewerbestandorte verlaufen. Umgekehrt hatten vornehmlich jene ländlichen Regionen, die zuvor zu Auffangräumen kriegsbedingter Migration geworden waren, durch Sekundärwanderung in hohem Maße wieder an Bevölkerung verloren. So waren die westdeutschen Gemeinden mit über 20000 Einwohnern zwischen 1950 und 1961 um mehr als 4 Millionen zugezogener Personen gewachsen und hatten damit prozentual weit überdurchschnittlich zugelegt, während die Orte unterhalb von 2000 Einwohnern erhebliche Wanderungsverluste in der Größenordnung von fast 2,5 Millionen Menschen hinzunehmen hatten.[10]

Mit voranschreitender Zeit wurde freilich klar, daß dieser vermeintlich unaufhaltsame Trend seit den ausgehenden 1950er Jahren bereits eine Differenzierung erfuhr. An wirtschaftspolitisch relevanter Stelle machte zuerst der Sachverständigenrat 1965 darauf aufmerksam, daß die Konzentrationstendenz in den Großstädten und größeren Gemeinden offensichtlich nachließ. Diese hatten sich zwischen 1950 und etwa 1956/57 am stärksten entwickelt, während im nachfolgenden Zeitraum bis 1964 hingegen die Anteile der Klein- und Mittelstädte an der Bundesbevölkerung am deutlichsten anwuchsen. Die Verdichtungsräume nahmen in dieser Phase demographisch nurmehr wenig stärker zu als die dünner besiedelten Regionen. Selbst Ballungsgebiete vom Range des Rhein-Ruhr-Raumes oder der Gebiete um Hamburg, Stuttgart, München, Hannover, Nürnberg und Bremen entwickelten sich zwischen 1957 und 1964 in ihrer Bevölkerungszahl prozentual kaum kräftiger als Westdeutschland insgesamt.[11] Die hierbei zugrunde liegende Entwicklungstendenz tritt noch klarer zutage, wenn anhand des Referenzjahrs 1939 die raumstrukturelle Entwicklung seit der Vorkriegszeit in die Betrachtung einbezogen wird: Wie der Raumordnungsbericht 1966 zurecht herausstellte, unterschied sich die Verteilung der bundesdeutschen Bevölkerung auf die verschiedenen Gemeindegrößenklassen in den Erhebungsjahren 1957, 1961 und 1964 nicht mehr wesentlich von jener im Jahre 1939 für ein vergleichbares Gebiet. Die Ballungszonen Westdeutschlands durchliefen also etwa bis zur Wende von den 1950er zu den 1960er Jahren einen Prozeß der demographischen Wiederauffüllung, der einem „Einpendeln über verschiedene Bewegungen in die Ausgangslage" der unmittelbaren Vorkriegszeit gleichkam und offensichtlich vorerst an Sättigungsgrenzen stieß. Zugleich erlebten die Klein- und Mittelstädte zwischen 2000 und 20000 Einwohnern, auch das erweist der Langfristvergleich, seit 1939 und insbesondere seit Ende der 1950er Jahre das *relativ größte* Wachstum.[12]

---

richt 1966 der Bundesregierung, in: Verhandlungen des Deutschen Bundestages, 5. Wahlperiode. Anlagen zu den Stenographischen Berichten, Drucksache V/1155 vom 24.11.1966.
[10] Schwarz, Räumliche Bevölkerungsbewegung, S. 142f. (Tabelle 30).
[11] Jahresgutachten 1965, S. 147-151.
[12] Raumordnungsbericht 1966, S. 12-24 (Zitat: S. 16).

Eine Bilanz der räumlichen Bevölkerungsbewegung für die folgenden 1960er Jahre im Bundesgebiet zeigt, daß sich die eben beschriebenen Generaltendenzen fortsetzten und dabei doch gleichzeitig weitere charakteristische Ausdifferenzierungen erfuhren. Die Ballungsgebiete dehnten sich räumlich generell weiter aus. Völlig neu hieran war, daß sich damit in den Stadtregionen Westdeutschlands eine konturierte Abwanderung der Bevölkerung aus den Kernstädten in die Rand- und Nachbargebiete der Verdichtungszonen verband. Diese Bewegung fand ihr Pendant in der Tatsache, daß nach wie vor etwa die Hälfte des Staatsgebiets der Bundesrepublik von einer negativen Wanderungsbilanz betroffen war. Wenngleich die Differenzen zwischen den regionalen Wanderungssalden keineswegs mehr die Ausmaße der 1950er Jahre erreichten, blieben doch unter anderem das Zonenrandgebiet und weitere strukturschwache Räume in Nordwestdeutschland, in der Eifel und im Hunsrück, im südlichen Landesteil von Rheinland-Pfalz, in Teilen Nordwürttembergs und Mittelfrankens sowie in der Oberpfalz und in Niederbayern von der Abwanderungsbewegung erfaßt. Damit zeigten sich jene älteren Problemregionen in ihrem Bevölkerungsbestand gefährdet, die zumeist schon seit Jahrzehnten aufgrund ihrer Verkehrslage, Infrastruktur- oder Wirtschaftsausstattung mit Entwicklungshemmnissen zu kämpfen hatten. Dieser Entwicklung entsprach auch, daß nach wie vor Gemeinden von weniger als 2000 Einwohnern und starker landwirtschaftlicher Prägung am stärksten von den Bevölkerungsverlusten betroffen waren; nur aufgrund ihrer Geburtenüberschüsse wiesen diese noch eine in etwa stagnierende Entwicklung auf. Neu war indes, daß altindustrielle Gebiete vom Zuschnitt des Saarlands oder vor allem der rheinland-westfälischen Gewerberegion seit den frühen 1960er Jahren von Abwanderungstendenzen nicht mehr verschont blieben. In gegenläufiger Manier profitierten Landkreise im näheren Umkreis von Großstädten nach 1962 über ganz Westdeutschland verteilt von den höchsten Zuwanderungsraten. Eine bemerkenswerte Zahl von Kreisen mit positiver Wanderungsbilanz lag allerdings auch außerhalb der eigentlichen Ballungsräume, wobei diese Tendenz vor allem in Baden-Württemberg und Bayern anzutreffen war.[13]

In engem Konnex mit diesen größeren bundesdeutschen Bevölkerungsbewegungen trat *Bayern* an der Wende von den 1950er zu den 1960er Jahren bereits in die *dritte* Phase seiner demographischen Nachkriegsentwicklung ein. Nach der *ersten* prägenden Periode des Flüchtlings- und Vertriebenenzustroms, die zwischen 1950 und 1956 von einer *zweiten* Phase der Wanderungsdefizite abgelöst wurde, wandelte sich das Bundesland im Jahresverlauf 1956/57 erstmals seit der frühen Nachkriegszeit wieder zu einer Zuwanderungsregion.[14] Wie eng dieses Phänomen der grenzüberschreitenden Einwanderung mit der Bevölkerungsentwicklung Bayerns insgesamt korrelierte, erhellt daraus, daß die Zuwachsraten der letzteren nahezu im gleichen Zeitraum positive Werte annahmen (siehe oben Abb. 1). Dabei ist besonders bemerkenswert, daß sich die bayerischen Wanderungsgewinne in diesem dritten Entwicklungsabschnitt vorwiegend gegenüber Ostdeutschland, den

---

[13] Schwarz, Räumliche Bevölkerungsbewegung, S. 144–159.
[14] Adolf Voelcker, Wachstum und Verstädterung der bayerischen Bevölkerung in den letzten Jahren, in: Zeitschrift des Bayerischen Statistischen Landesamts 91 (1959), S. 139–143.

Ostgebieten des ehemaligen Deutschen Reiches und dem Ausland ergaben, wobei erstere klar an der Spitze lagen. Im Verhältnis zum übrigen Bundesgebiet hatte Bayern indes noch 1958 erhebliche Wanderungsverluste zu verbuchen, die sich erst 1960 ebenfalls ins Positive wendeten. Innerhalb Bayerns setzte sich in dieser Phase des spürbaren wirtschaftlichen Aufschwungs die Bewegung der Bevölkerung in die Städte und die industrialisierten Räume des Landes fort. Sie hatte schon in den Jahren nach 1950 begonnen und reflektierte die Tatsache, daß der ökonomische Aufbau und die Ausweitung der Arbeitsplatzkapazitäten im sekundären und tertiären Bereich dort zunächst am schnellsten vonstatten gingen.[15]

Der *vierte* Entwicklungsabschnitt, der zwischen 1962 und 1967 verortet werden kann, sah für Bayern eine Verstetigung der Zuwanderungsgewinne, die seit Einrichtung der Grenzsperre zu Ostberlin ähnlich wie auf Bundesebene wesentlich von der Migration ausländischer Arbeitnehmer bestimmt wurden. Auch gegenüber dem Bundesgebiet hatte Bayern für Arbeitsuchende nunmehr entscheidend an Attraktivität gewonnen, so daß die Zuwanderungsbilanz in dieser Hinsicht auch dann noch positiv blieb, als mit der Konjunkturabflachung von 1966/67 eine bedeutende Zahl von Gastarbeitern in die Heimat zurückkehrte. Zwischen Jahresbeginn 1962 und Ende 1969 nahm die Bevölkerung Bayerns auf diese Weise um fast eine Million Menschen, d. h. etwa 978 000 Einwohner zu, was einem Zuwachs von 10,2% entsprach. Für die räumliche Verteilung von Bevölkerung und Wirtschaft innerhalb des Landes korrespondierte die seit 1957 andauernde, fortgesetzt starke Zuwanderung mit weitreichenden Veränderungen. Mehr als zwei Drittel des Bevölkerungszuwachses kam den bayerischen Ballungsräumen zugute, die damit gegen Ende 1969 fast die Hälfte, nämlich 47% der Bevölkerung des Landes beherbergten. Da das kräftigste Bevölkerungswachstum in den Gemeinden zwischen 1000 und 20 000 Einwohnern sowie in den Großstädten anzutreffen war, verschob sich die Bevölkerungsverteilung zu Lasten der übrigen Gemeindegrößen. Darunter hatten vor allem stadtfern gelegene Gemeinden von weniger als 1000 Einwohnern mit den ausgeprägtesten Abwanderungserscheinungen zu leben.[16] Es war somit eine neue, wenngleich nur zusätzlich wirksame Art der räumlichen Mobilität, die sich in diesen Tendenzen andeutete: Sie führte die Menschen nicht mehr wie noch in den 1950er Jahren vorwiegend vom Land in die Verdichtungsräume, sondern manifestierte sich *auch* als kleinräumigere Wanderung in die Klein- und Mittelstädte.

Die Entwicklung in Bayern folgte hier durchaus einem Bundestrend, der, wie gesehen, generell Orte zwischen 2 000 und 20 000 Einwohnern in ihrem Wachstum

---

[15] Voelcker, Wachstum und Verstädterung, S. 143; Schwarz, Räumliche Bevölkerungsbewegung, S. 140 f. (Tabelle 29); Olaf Boustedt, Grundzüge der regionalen Bevölkerungsentwicklung in Bayern (Raumforschung und Landesplanung 5), München 1958; der Text bietet eine leicht veränderte Fassung von: ders., Wachsende, stagnierende und schrumpfende Gemeinden. Die Analyse der regionalen Bevökerungsentwicklung auf dem Wege der Typisierung, in: Raumforschung und Raumordnung 15 (1957), S. 134–145.
[16] Zur zeitlich übergreifenden Bevölkerungsentwicklung in Bayern mit besonderem Blick auf das Ballungsproblem: Karl Ruppert/Heidi Esterhammer/Peter Lintner/Thomas Polensky, Zum Wandel räumlicher Bevölkerungsstrukturen in Bayern. 2. Teil: Die Entwicklung der Nahbereiche (Veröffentlichungen der Akademie für Raumforschung und Landesplanung, Forschungs- und Sitzungsberichte 130), Hannover 1981; Raumordnungsbericht 1971 der Bayerischen Staatsregierung, München 1971, S. 59–70.

begünstigte. Die bayerische Landesstatistik deutete den zugrundeliegenden Prozeß als „Verstädterung" und konnte in ihren ersten Analysen des Phänomens auf eine Reihe älterer und neu erwachsender Verdichtungsräume hinweisen. Die drei großen „Zunahmegebiete" Bayerns lagen demzufolge erwartungsgemäß um München und Augsburg, im Nürnberger Raum sowie in der Gewerbezone rund um Aschaffenburg, Würzburg, Schweinfurt und Bad Kissingen. Mehr noch aber machte sich eine Reihe von jüngeren Wachstumsräumen um Ingolstadt[17], Landshut, Neu-Ulm sowie Bamberg und Coburg bemerkbar. Daneben war auch bereits zu erkennen, daß selbst kleinere Gemeinden zwischen 3000 und 10000 Einwohnern eine Chance auf überdurchschnittliche Entwicklung hatten, sofern sie von der räumlichen Nähe zu den bayerischen Großstädten oder zu einigen Mittelstädten profitieren konnten. Bereits bis Ende der 1950er Jahre traf dies unter anderem im Regierungsbezirk Oberbayern für Unterbiberg, Altenerding oder Germering im Einzugsbereich Münchens, in Schwaben für Kissing bei Augsburg, in der Oberpfalz für Neutraubling bei Regensburg, in Mittelfranken für Stadeln bei Fürth, in Oberfranken für Memmelsdorf bei Bamberg oder in Niederbayern für die Gemeinde Ergolding bei Landshut zu. Als Sonderentwicklung zu bewerten waren ausgesprochene Industrie-, Fremdenverkehrs- und Garnisonsgemeinden, die wie Waldkraiburg, Traunreut, Geretsried oder Mittenwald trotz ihrer Großstadtferne prosperierten.[18]

Parallel hierzu erfuhren die Verdichtungsräume auch in Bayern schon seit den ausgehenden 1950er Jahren einen inneren räumlichen Strukturwandel. Mehr noch als die Großstädte, die ohnehin leicht über dem Landesdurchschnitt liegende Zuwachsraten zeigten, wurden deren Randzonen und die Umlandgemeinden zu Zielen einer umfangreichen „Stadt-Rand"-Wanderungsbewegung. Hiervon waren München, Nürnberg, Augsburg, Regensburg und Würzburg, daneben bereits einige Mittelstädte wie Bamberg oder Fürth betroffen. Auch hier also reflektierte Bayern jenen übergeordneten, bundesdeutschen Trend, der von den Statistikern zeitnah beschrieben, doch erst in den 1970er Jahren als „Suburbanisierung" begrifflich und konzeptionell näher gefaßt wurde. Im Umland von München bildete sich so bereits seit den ausgehenden 1950er Jahren ein kommunal individuelles Verteilungsmuster der Bevölkerungs- und Industriezuwanderung heraus.[19]

Im gegebenen Zusammenhang ist von Interesse, daß die Stärkung der städtischen Randgebiete bei allen überregionalen Gemeinsamkeiten unterschiedlich verlief und gerade in Bayern spezifische Signatur annahm. Als Ergebnis der Randwanderungsbewegung hatten die *Kernstädte* der Ballungsregionen in der zweiten Hälfte der 1960er Jahre nahezu bundesweit erhebliche Binnenwanderungsverluste hinzunehmen, die allein zwischen 1965 und 1967 in der Größenordnung von rund 430 000 Menschen lagen. Während diese Abwanderung in den Stadtregionen Norddeutschlands, in Hessen und Baden-Württemberg durch Zuwanderungsüberschüsse in den Außenbereichen der Ballungsräume mehr oder weniger deut-

---

[17] Zur Region Ingolstadt nunmehr in umfassendem Zugriff: Schlemmer, Industriemoderne in der Provinz.
[18] Voelcker, Wachstum und Verstädterung, S. 139-141.
[19] Thürauf, Industriestandorte in der Region München.

1. Nord-Süd-Bewegung 305

lich ausgeglichen wurde, konnte Bayern in der gleichen Phase als einziges Bundesland nicht nur im Umland, sondern auch im Kerngebiet seiner Stadtregionen München und Ingolstadt eine positive Wanderungsbilanz vorweisen. Verantwortlich hierfür war der ausgeprägte Bevölkerungszustrom aus anderen bayerischen Kreisen und aus dem Bundesgebiet, welcher die Abwanderung aus den Kernstädten in die Nahbereiche signifikant übertraf.[20] Ein Gegenbild dazu boten die Stadtregionen Nordrhein-Westfalens und des Saarlands, die allein zwischen 1965 und 1967 zusammen mehr als 130 000 Menschen überwiegend an andere Bundesländer verloren. Die Ballungsräume in Bayern hingegen gehörten neben jenen Hessens und Baden-Württembergs zu den Regionen, die am stärksten von der Abwanderungsbewegung aus Nordrhein-Westfalen profitierten.[21]

Dieses räumliche Mobilitätsmuster verdeutlicht die Attraktivität, die die bayerischen gewerblichen Zentren seit den späten 1950er Jahren entfalteten. Besonders bemerkenswert ist, daß sich ihre Anziehungskraft seit dieser Zeit auch in verstärktem Maße auf das Bundesgebiet erstreckte und in den Zeiten der Konjunkturabschwächung 1966/67 fortdauernd wirksam war. Das ökonomische Gewicht Süddeutschlands und Bayerns im Bund hatte sich spürbar vergrößert, und das galt jenseits der Wachstumswerte des Bruttoinlandsprodukts auch für die Perzeption der Wirtschaftsregion in der Wahrnehmung der arbeitsuchenden Bevölkerung.

Tabelle 13: Entwicklung der Wohnbevölkerung und des Bruttoinlandsprodukts in den großen Ballungsräumen Westdeutschlands, 1950–1964 (in %)

Ballungsraum	Wohnbevölkerung			Bruttoinlandsprodukt	
	Anteil	Zuwachs		Anteil	Zuwachs
	1950	1950 bis 1957	1957 bis 1964	1957	1957 bis 1961
Rhein-Ruhr	17,2	+18,0	+9,1	24,3	+32,0
Rhein-Main	4,2	+15,4	+14,5	5,5	+50,5
Hamburg	4,2	+6,3	+6,6	6,5	+40,7
Stuttgart	2,8	+19,8	+16,4	4,0	+60,0
Rhein-Neckar	2,6	+10,6	+11,7	2,9	+44,1
München	2,2	+15,9	+20,7	3,3	+51,4
Hannover	1,7	+10,7	+10,4	2,1	+45,8
Nürnberg	1,7	+10,5	+10,5	2,0	+43,3
Bremen	1,2	+10,6	+10,8	1,7	+26,3
Insgesamt	37,8	+15,0	+11,0	52,3	+39,9
Bundesgebiet (ohne Saarland)	100	+5,7	+8,5	100	+42,4

Quelle: Jahresgutachten 1965, S. 150.

Während noch zwischen 1951 und 1958 über 300 000 Menschen mehr aus Bayern in die übrigen Bundesländer weggezogen als zugezogen waren, wandelte sich diese Negativbilanz in der Folgezeit in ihr Gegenteil. Zwischen 1959 und 1966 konnte Bayern einen Wanderungsgewinn gegenüber dem Bund in der Größenordnung

[20] Schwarz, Räumliche Bevölkerungsbewegung, S. 144–152 sowie Tabelle 32 und 35.
[21] Ebenda, S. 149.

von über 109 000 Personen verbuchen, wobei dieser im Austausch mit Nordrhein-Westfalen den höchsten absoluten Wert, nämlich etwa 47 600 Menschen erreichte.[22]

Für das Zustandekommen dieser Bilanz wurde ausschlaggebend, daß Bayerns ökonomische Entwicklung in der zweiten Hälfte der 1950er Jahre in doppelter Weise von übergeordneten Tendenzen in der bundesdeutschen Volkswirtschaft profitierte. Die Absatzprobleme im Ruhrkohlenbergbau, die im Frühjahr 1958 erstmals auftraten und bald die Gestalt einer „Dauerkrise"[23] annahmen, beschäftigten die westdeutsche Wirtschaftspolitik in ihren Folgen über Jahrzehnte hinweg. Sie stellten nicht nur ein ordnungs- und krisenpolitisches Problem dar, dessen Sperrigkeit zum Vertrauensverlust der Regierung Erhard und zu ihrem Sturz im November 1966 beitrug. Die Krise an der Ruhr war vielmehr auch das Symptom eines Strukturwandels in der bundesdeutschen Energieversorgung, dessen Verlauf die revierferne Position Bayerns am Rande des westdeutschen Wirtschaftsraums direkt wie indirekt beeinflußte und langfristig stärkte. Abgesehen von den qualitativen Implikationen für eine bayerische „Ölpolitik", die an anderer Stelle näher zu erläutern sind[24], erhielt der süddeutsche Arbeitsmarkt im Laufe der 1960er Jahre in quantitativer Hinsicht erhebliche Zugewinne durch Arbeitsuchende aus den krisenbetroffenen Stadtregionen an Rhein und Ruhr.[25]

Damit wurde freilich nur ein zweiter Trend in seiner räumlichen Wirksamkeit akzentuiert, der sich infolge des Übergangs zur Vollbeschäftigung auf Bundesebene im Herbst 1955 eingestellt hatte. Es ist kaum übertrieben, die überaus positive Beschäftigungsentwicklung als „Einschnitt" in jenem kontinuierlichen Wandlungsprozeß zu betrachten, den die regionale Wirtschaftsstruktur Westdeutschlands während der Wiederaufbau- und Wachstumsphase nach 1945 durchlief. Die Vollbeschäftigung verminderte die demographische Sogwirkung, die von den hochindustrialisierten Verdichtungsräumen ausging. Da nicht nur die räumlichen Zwänge in den Ballungszonen, sondern auch die allgemeineren Wirkungen des Kräftemangels immer spürbarer wurden, lag es für potentielle Investoren nahe, die Arbeitskraftreserven dort auszuschöpfen, wo sie vornehmlich in der Landwirtschaft noch zu finden waren. In volkswirtschaftlichen Kategorien gefaßt, veränderten sich damit die Entwicklungschancen der anvisierten peripheren Räume dergestalt, daß die Bedeutung der regionalen Branchenstruktur in ihrer Qualität als Regulativ der Unternehmenszuwanderung gegenüber dem vor Ort anzutreffenden Potential an Produktionsfaktoren zurücktrat.[26] Statt wie bisher lediglich Arbeitskräfte in den schwach strukturierten Regionen anzuwerben und sie in den bestehenden Werken einzusetzen, gingen expansionswillige westdeutsche Unternehmen dazu über, Zweigbetriebe in der Region zu errichten. Für die Praxis versprach man sich von diesem Vorgehen vor allem, die bis dahin noch „unsichtbaren" Reserven

---

[22] Walter Meier, Bayern unter den Ländern des Bundesgebietes begehrtes Wanderziel. Ergebnisse der Wanderungsstatistik 1966, in: Bayern in Zahlen 21 (1967), S. 223–225.
[23] Abelshauser, Deutsche Wirtschaftsgeschichte seit 1945, S. 203; Nonn, Ruhrbergbaukrise.
[24] Siehe Kapitel III des dritten Teils dieser Arbeit.
[25] Abelshauser, Deutsche Wirtschaftsgeschichte seit 1945, S. 200–214 (Zitat: S. 203); Schwarz, Räumliche Bevölkerungsbewegung, S. 149, 151 (Tabelle 36).
[26] Jahresgutachten 1965, S. 147–157 (Zitat: S. 147).

1. Nord-Süd-Bewegung

zu heben, also Menschen in den Arbeitsprozeß zu integrieren, die durch Familie, Einstellung oder Besitz an ihren industriefernen Wohnort gebunden waren. So nahm die Zahl der Betriebsaus- und Neugründungen gegen Ende der 1950er Jahre in den dezentralen, schwächer strukturierten Räumen der Bundesrepublik erheblich zu. Die östlichen Grenz- und Notstandsgebiete Bayerns wurden Mitte 1959 von dieser Gründungswelle industrieller Zweigwerke erreicht.[27] Es bleibt zu prüfen, welche Konsequenzen die beschriebenen Bewegungen für Bayerns Stellung im Bund und für die Entwicklung der innerbayerischen Standortlagerung hatten.

Der Sachverständigenrat zur Begutachtung der gesamtwirtschaftlichen Entwicklung deutete den so erwachsenden, kombinierten Befund in seinem Jahresgutachten von 1965 im Rückblick als eine generelle Trendwende. Im Fortgang des regionalen Strukturwandels und des regionalen Wirtschaftswachstums in Westdeutschland habe sich demzufolge ab 1957 eine grundlegende Neuausrichtung der Entwicklungspfade eingestellt: Während bis dahin die altindustrialisierten Länder Nordrhein-Westfalen und Baden-Württemberg, gemessen am erwirtschafteten Bruttoinlandsprodukt, im ökonomischen Aufbauprozeß überdurchschnittlich expandieren konnten, war es danach den vormals wachstumsschwächeren, traditionell agrarisch geprägten Ländern Niedersachsen, Schleswig-Holstein, Bayern und sogar Rheinland-Pfalz vergönnt, bis zur Mitte der 1960er Jahre insgesamt höhere Wachstumsraten zu erzielen. Hieraus wie aus der Zielrichtung der Bevölkerungsbewegungen und der „Angleichung der Produktionsstrukturen" leiteten die Experten die Wirksamkeit genereller „Nivellierungstendenzen" ab, die sich zugunsten der weniger entwickelten Regionen entfalteten.[28]

Es besteht einiger Grund, diese Thesen in ihrer Reichweite zu relativieren. Gewiß legen es die Daten auch bei näherem Besehen nahe, einen Aufholprozeß in der Verteilung regionaler Wirtschaftspotentiale zu konstatieren und dessen Beschleunigung gegen Ende der 1950er Jahre anzusiedeln. In den Kategorien der Wachstumsraten des jeweiligen Bruttoinlandsprodukts der Bundesländer gefaßt, setzte sich jedoch die postulierte Umkehr der Entwicklungspfade keineswegs durchgängig fort. So nahm bis gegen Anfang der 1970er Jahre die Zuwachsentwicklung für Schleswig-Holstein einen durchaus uneinheitlichen Verlauf, und auch Niedersachsen konnte seine zunächst überdurchschnittlichen Wachstumsraten in diesem Zeitraum nicht verstetigen.[29] Für die Einordnung der spezifischen Entwicklung Bayerns wird dies im folgenden noch von Belang sein. Zugleich ist – wiederum in

---

[27] „Industrialisierungswelle im Zuge der Hochkonjunktur. Nun kommt die Industrie zu den noch verfügbaren Kräften im Grenz- und Sanierungsgebiet", in: Bayerische Staatszeitung, 9.10.1959 (Zitat). Vgl. zur Analyse des Phänomens die zeitnah entstandene Studie des Instituts für Raumforschung „Arbeitskraftreserven in schwach industrialisierten Gebieten der Bundesrepublik" von 1959. Da die Arbeit aufgrund ihres Umfangs unveröffentlicht bleiben mußte, liegen ihre Hauptergebnisse in Aufsatzform vor: Georg Müller, Ursachen geminderter Erwerbstätigkeit sowie ders., Möglichkeiten zur Behebung geringer Erwerbstätigkeit, in: Bundesarbeitsblatt 12 (1961), S. 414–426.
[28] Jahresgutachten 1965, S. 147 ff. (Zitate: S. 153).
[29] Siehe hierzu die Daten zu den Veränderungen des Bruttoinlandsprodukts der Bundesländer (in Preisen von 1954) für die Jahre 1951 bis 1967 in: Bevölkerungsstruktur und Wirtschaftskraft der Bundesländer 1968. Hg. vom Statistischen Bundesamt, Wiesbaden 1969, S. 206 f.; zu den Variationen des Bruttoinlandsprodukts der Bundesländer (in Preisen von 1970) für die Jahre bis 1976: Bevölkerungsstruktur und Wirtschaftskraft der Bundesländer 1977. Hg. vom Statistischen Bundesamt, Wiesbaden 1978.

Differenzierung der zeitgenössischen Experteneinschätzung – hierfür von wesentlicher Bedeutung, daß die bestehenden absoluten Niveauunterschiede in der Wirtschaftskraft der Bundesländer zwar bereits in den 1950er Jahren in Bewegung gerieten, sich aber vorerst nur langsam und keineswegs grundstürzend veränderten. Ein Rechenexempel kann deutlich machen, daß ein nennenswerter interregionaler Ausgleich selbst bei günstigsten Wachstumswerten viele Jahre in Anspruch nehmen mußte. Geht man für die wirtschaftlich schwächsten Kreise der Bundesrepublik, deren Bruttoinlandsprodukt pro Kopf der Wirtschaftsbevölkerung im Jahre 1957 bei etwa 2000 DM lag, von einer überdurchschnittlichen Wachstumsrate von 50% in nur vier Jahren aus, dann ergibt sich ein ernüchterndes Ergebnis. Denn selbst wenn die ökonomisch potentesten Kreise im gleichen Zeitraum lediglich Zuwächse in Höhe von 10% verbuchen konnten, würde sich die anfängliche absolute Differenz zwischen den Pro-Kopf-Werten von 2000 DM und etwa 12000 DM noch weiter leicht vergrößern, statt verringern.[30]

Vor diesem Hintergrund wird einsichtig, weshalb das einwohnerbezogene Bruttoinlandsprodukt des wirtschaftsstarken Bundeslandes Nordrhein-Westfalen zwischen 1950 und 1975 trotz uneinheitlicher oder abnehmender Zuwachsraten dauerhaft – wenngleich in den 1960er Jahren nurmehr knapp – über dem Bundesdurchschnitt lag. Umgekehrt deuten sich in den statistischen Daten die Chancen wie auch die noch verbleibenden wirtschaftspolitischen Herausforderungen an, die sich für das Land Bayern an der Wende zu den 1960er Jahren präsentierten. Als einziges Bundesland konnte Bayern ab 1957 über fast den gesamten folgenden Betrachtungszeitraum hinweg ein oberhalb des Bundesdurchschnitts liegendes *Wachstum* seines Bruttoinlandsprodukts verbuchen und zeigte damit eine privilegierte Entwicklung; lediglich die Krisenjahre 1967 und 1973 machten hiervon Ausnahmen. Seit 1960 erreichte die Aufwärtsentwicklung dieses Wirtschaftsindikators in Bayern für den Betrachtungszeitraum sogar den höchsten Wert unter allen Bundesländern. Was die absolute *Höhe* des Bruttoinlandsprodukts, bezogen auf die Wohnbevölkerung, anlangte, hielt sich hingegen die Wirtschaftskraft Bayerns im gleichen Zeitraum kontinuierlich unterhalb des westdeutschen Durchschnitts. Erst gegen Mitte der 1980er Jahre erreichte das Land hier den Bundesdurchschnitt.[31]

Die ausgehenden 1950er und beginnenden 1960er Jahre markieren also im Hinblick auf den Ausgleich regionaler ökonomischer Disparitäten weder für das Bundesgebiet noch für die Situation Bayerns im Bund eine Trendwende umfassender Art. Wohl aber manifestierte sich jeweils auf *einzelnen* Ebenen des historischen Wandlungsprozesses eine teils erhebliche Neuverlagerung von Gewichten, die vorerst noch von den strukturellen und kriegsbedingten Lasten der Vergangenheit ausbalanciert oder konterkariert wurde, bald aber eigene längerfristige Wirkmäch-

---

[30] Das aufschlußreiche statistische Rechenbeispiel findet sich bei Dietrichs, Entwicklungstendenzen, S. 112.
[31] Bevölkerungsstruktur und Wirtschaftskraft der Bundesländer 1969, Wiesbaden 1970, S. 216, Tab. XVIII.2; Bevölkerungsstruktur und Wirtschaftskraft der Bundesländer 1979, Wiesbaden 1980, S. 200, Tab. 17.1.2.; Franz Mörtlbauer, Das Bruttoinlandsprodukt in Bayern und im Bundesgebiet 1960 bis 1976. Erste Ergebnisse der Revision der Entstehungsrechnung 1977, in: Bayern in Zahlen 31 (1977), S. 394–402, hier: S. 399; Bayerns Wirtschaft gestern und heute. Ein Rückblick auf die wirtschaftliche Entwicklung. Ausgabe 1992. Hg. vom Bayerischen Landesamt für Statistik und Datenverarbeitung, München 1992, S. 14.

tigkeit entfalten konnte. Die Volkswirte der Bayerischen Landeszentralbank, die sich über die finanzwirtschaftlichen Aspekte hinaus für Wachstum und Strukturwandel in Bayern interessierten, machten in ihren Analysen früh auf den wohl wichtigsten exogenen Impuls dieser Jahre aufmerksam. Für sie hatte die bayerische Wirtschaft gegen Ende der 1950er Jahre aus der positiven bundesdeutschen Konjunkturentwicklung „in ganz besonderem Maße Nutzen ziehen" können, da sie sich noch in der Lage zeigte, umfangreichere „Produktionsreserven" einzusetzen und namentlich beim Produktionsfaktor Arbeit erhebliche „stille" Reserven zu mobilisieren. Der überdurchschnittliche Anstieg des Sozialprodukts in Bayern sei vor allem hierauf zurückzuführen.[32]

Auch wenn es sich in theoretischer Sicht verbietet, eine allzu kurzschlüssige, kausale Verbindung zwischen dem Wachstum der Bevölkerung und jenem der gesamtwirtschaftlichen Produktionsleistung herzustellen[33], haftet dieser Deutung doch große Plausibilität an. Hinzuzufügen wäre der Verweis auf die Rolle der heimatvertriebenen Arbeitnehmer. Ihre Präsenz wandelte sich unter den Bedingungen der Vollbeschäftigung und des Arbeitskräftemangels gegen Ende der 1950er Jahre vollends zu einem Trumpf in den Händen der bayerischen Wirtschaftspolitik. Zusätzlich lagen die fortan gesteigerten Entwicklungschancen Bayerns in der singulären wirtschaftsgeschichtlichen Konstellation begründet, die im Verlauf der zurückliegenden Dekade Teile der ländlichen Räume Bayerns wie auch seiner Verdichtungsgebiete, allen voran die Region München, als Anlaufzonen für die überregionale Zuwanderung von Menschen und Unternehmenskapital mit wachsender Attraktivität versehen hatte. Der Antagonismus von traditionell stark agrarisch geprägten und altindustrialisierten Regionen Westdeutschlands, den der Sachverständigenrat 1965 als Deutungsvorschlag in den Vordergrund rückte, kam bei der Genese der Wanderungsbewegung sicherlich zum Tragen. Allerdings deuten das langfristig zu beobachtende, relative Zurückbleiben Schleswig-Holsteins im Kreis der Erstgenannten oder auch die kontinuierlich günstige Wachstumsentwicklung Baden-Württembergs als Prototyp einer gewerblich-agrarischen Mischregion auf die begrenzte Reichweite dieses Interpretationsmusters hin.[34] Verständlich wird der Zuwachs an bayerischen Entwicklungschancen gegen Ende der 1950er Jahre deshalb nur dann, wenn er in jenen langfristigen Prozeß der Nord-Süd-Verlagerung ökonomischer Potentiale eingeordnet wird, der bereits in der Zwischenkriegszeit einsetzte.[35]

---

[32] Bericht der Landeszentralbank in Bayern – Hauptverwaltung der Deutschen Bundesbank – über die Entwicklung der Wirtschaft und des Geld- und Kreditwesens in Bayern im Jahre 1959, München 1960, S. 7.
[33] Rainer Metz, Säkulare Trends der deutschen Wirtschaft, in: Michael North (Hg.), Deutsche Wirtschaftsgeschichte. Ein Jahrtausend im Überblick, 2. Aufl. München 2005, S. 427-500, hier: S. 430.
[34] Siehe hierzu die Daten in: Statistisches Jahrbuch für Bayern 1978, S. 367.
[35] Vgl. hierzu ausführlich oben Kapitel I des ersten Teils.

2. Die gewerbliche Durchdringung des Landes

Im Lichte des bisher Dargelegten überrascht es nicht, daß sich die gewerblich-industrielle Raumstruktur Bayerns in ihren Wandlungen der Erfassung anhand eindimensionaler Kategorien gleichfalls entzieht. Auffällig ist wiederum der enge Zusammenhang zwischen der demographischen Entwicklung der Gemeinden und den Gegebenheiten der gewerblichen Wirtschaft, wobei noch zu Beginn der 1970er Jahre der industrielle Sektor eine „Schlüsselfunktion" innehatte. Trotz der wachsenden Relevanz des Dienstleistungsgewerbes vor allem in den Groß- und Mittelstädten Bayerns, war es nach wie vor die Art und Zahl der industriellen Arbeitsplätze, die die ökonomischen Expansionschancen bayerischer Gemeinden in der Regel prägte.[36]

Seit der Wiederauffüllung der Großstädte und dem Rückgewinn ihrer Bedeutung als gewerbliche Zentren in der Nachkriegszeit hatte sich in Bayern eine räumliche Struktur der industriellen Standorte eingestellt, die gleichermaßen Elemente von Konzentration und Dezentralisierung aufwies. Die Ansiedlung von „Flüchtlingsbetrieben" und die Gründung gewerblicher Vertriebenengemeinden vornehmlich im südbayerischen Raum war mitverantwortlich dafür, daß dem demographisch-ökonomischen Zug zur Großstadt von Anfang an auch gegenläufige Impulse gegenüberstanden. Eine nicht unerhebliche Zahl der frühesten Unternehmensgründungen von Einheimischen und Zugewanderten nach 1945 überdauerte offensichtlich die Verwerfungen im Gefolge der Wirtschafts- und Währungsreform ebenso wie die Herausforderungen der jungen westdeutschen Marktwirtschaft. So waren allein in den Regierungsbezirken Niederbayern und Oberpfalz, die selbst keine neu entstandenen Siedlergemeinden aufwiesen, von allen im Jahr 1965 existierenden Industriebetrieben nicht weniger als 15 bzw. 14% bereits im Zeitraum zwischen 1946 und 1950 gegründet worden.[37]

Diese grundlegenden Tatsachen vorausgeschickt, bleibt doch festzuhalten, daß die Industrieansiedlung in Bayern erst im Übergang zu den 1960er Jahren signifikant zunahm. Bis dahin läßt das vorhandene Datenmaterial für die Jahre 1953 bis 1958 den Schluß zu, daß das oben bereits für die demographische Entwicklung beschriebene Phänomen der „Auffüllung" städtischer Bezirke seine Entsprechung im Ausbau der existierenden industriellen Standorte fand. Nur auf diese Weise ist zu erklären, daß sich im genannten Zeitraum die Gesamtzahl der Industriebeschäftigten in Bayern um nahezu 250 000 Personen erhöhte, wobei die Zahl jener ländlichen Gemeinden, die mindestens einen Industriebetrieb aufweisen konnten, ebenfalls anstieg, während die Zahl der Industriebeschäftigten in dieser Kategorie von Gemeinden gleichzeitig leicht zurückging. Bei einer leichten Diversifikation der Industriestandorte nahm folglich, gemessen an der Beschäftigtenzahl, die Bedeutung der mittleren und großen Agglomerationen ab 2 000 Industriebeschäftigten im Laufe der 1950er Jahre weiter zu. Aus der Sicht der Fachwissenschaft war deshalb das Resümee für Bayern eindeutig: „Eine gewisse „Vergewerblichung"

---

[36] Raumordnungsbericht 1971 der Bayerischen Staatsregierung, S. 70.
[37] Georg Müller, Tendenzen regionaler Industrieentwicklung, in: Raumforschung und Raumordnung 25 (1967), S. 111–118, hier: S. 115.

2. Die gewerbliche Durchdringung des Landes

des flachen Landes ist also zweifellos erreicht worden – eine Dezentralisation der Industrie aber ebenso zweifellos nicht."[38] Es bezeichnet diese Periode der räumlichen Industrieentwicklung in Bayern außerdem, daß in der zweiten Hälfte der 1950er Jahre neben den weiter oben bereits benannten Industriezonen im städtischen Umkreis auch jene Räume verstärkt Kontur annahmen, die die bayerische Landespolitik aufgrund ihrer strukturellen Problematik bereits beschäftigten oder künftig beschäftigen würden. Hierzu zählt, daß die Stadtregion München die vordem nach den Beschäftigungswerten größte Industriezone Bayerns um Nürnberg und Fürth in ihrer Bedeutung auf den zweiten Platz verwies und zum größten industriellen Verdichtungsraum Bayerns aufstieg. Teile des oberfränkischen Industriegebiets gaben hingegen als Zonen industrieller Abwanderung ebenso zur Sorge Anlaß wie der Bayerische Wald, der in seiner Gesamtheit offensichtlich noch keinen Anschluß an die jüngsten, dezentral gelagerten Industrialisierungsansätze gefunden hatte.[39] Bayern stand mit diesem Entwicklungsgang der selektiven industriellen Verdichtung keineswegs alleine. Vielmehr machte es geradezu eine Generaltendenz der bundesdeutschen regionalen Industrialisierungsgeschichte in der ersten Hälfte der 1950er Jahre aus, daß „die Masse der Zunahme wieder in den alten Vorkriegsballungen erfolgte."[40]

Dies änderte sich im Übergang zu den 1960er Jahren, die damit für Bayern insgesamt eine neue Phase der industriellen Erschließung einläuteten. Zu ihrer Beschreibung stand erstmals 1957 das regionale Bruttoinlandsprodukt als eine neuartige ökonometrische Kategorie zur Verfügung. Sie erlaubt es, die wirtschaftliche Gesamtleistung eines Raumes bis zur Kreisebene hinab auszudrücken und damit regionale Leistungsunterschiede zu erfassen oder sie mit wirtschaftsstrukturellen Wandlungsprozessen zu verknüpfen. Zieht man die jeweils nur im Abstand einiger Jahre erhobenen Daten für Bayern zu Rate, dann wird zunächst deutlich, daß sich die Wirtschaftskraft der bayerischen *Land*kreise zwischen 1957 und 1966 günstiger als jene der *Stadt*kreise entwickelte. Dabei fällt auf, daß sich insbesondere der Anteil des *warenproduzierenden* Gewerbes in den Landkreisen stark von der ebenfalls positiven Entwicklung in den kreisfreien Städten absetzte. Der Grund hierfür lag in der Verschiebung des Anteils der einzelnen Wirtschaftsbereiche am regionalen Bruttoinlandsprodukt der bayerischen Kreise, also im Wandel der Wirtschaftsstruktur. Pointiert ausgedrückt, resultierte die relativ gesehen günstigere Steigerung der ökonomischen Leistungskraft der bayerischen *Land*kreise für den

---

[38] Vgl. zu dieser Interpretation die Zahlenreihen bei: Olaf Boustedt, Regionale Entwicklungstendenzen in der bayerischen Industrie 1953 bis 1958, in: Industrialisierung ländlicher Räume (Raum und gewerbliche Wirtschaft 1. Forschungsberichte des Ausschusses „Raum und gewerbliche Wirtschaft" der Akademie für Raumforschung und Landesplanung), Hannover 1961, S. 95-123 (Zitat: S. 111).
[39] Boustedt, Regionale Entwicklungstendenzen, S. 113-116.
[40] Dies geht aus dem umfangreichen Datenmaterial hervor, das vom Statistischen Bundesamt in dieser Form erstmals im Jahr 1957 vorgelegt wurde: Die regionale Verteilung der Industriebetriebe. Betriebe und Beschäftigte der Industrie in den kreisfreien Städten und Landkreisen 1950 bis 1956. Ergebnisse der Industrieberichterstattung (Die Industrie der Bundesrepublik Deutschland, Reihe 4: Sonderveröffentlichungen 16). Hg. vom Statistischen Bundesamt, Stuttgart 1957; vgl. zur Auswertung auch: Gerhard Isbary, Regionale Aspekte der Entwicklung des Industriebesatzes in den Kreisen der Bundesrepublik Deutschland 1952-1956, in: Raumforschung und Raumordnung 15 (1957), S. 188-193 (Zitat: S. 192).

fraglichen Zeitraum aus ihrer voranschreitenden Vergewerblichung.[41] Gewiß ist bei der Einschätzung dieser relativen Zunahmen zu beachten, daß die kreisfreien Städte Bayerns auch weiterhin im Durchschnitt die günstigere Wirtschaftsstruktur und die höhere Wirtschaftsleistung aufwiesen. Die Unterschiede der Wirtschaftskraft aber zwischen Stadt und Land schwächten sich seit 1957 deutlich ab. In Zahlen gefaßt, lag das Bruttoinlandsprodukt je Kopf der Wirtschaftsbevölkerung in den bayerischen Landkreisen im Jahre 1966 nurmehr um 32% unter jenem der kreisfreien Städte; im Jahre 1957 hatte der Unterschied hingegen noch 44% betragen.[42]

So gültig, aufschlußreich und unverzichtbar diese Beobachtungen sind, so wichtig ist es doch, sich zu ihrer Bewertung wiederum vor Augen zu führen, daß vergleichbare Tendenzen des beschleunigten räumlichen Strukturwandels im Übergang zu den 1960er Jahren auch in anderen Teilen des Bundesgebiets zu beobachten waren. Anhand der monatlichen Industrieberichterstattung in den Bundesländern läßt sich eine weitverbreitete Verschiebung des Anteils der Industriebeschäftigten zugunsten der westdeutschen *Land*kreise und zu Lasten der kreisfreien *Städte* nachweisen. Allein in den Jahren 1958 bis 1960 veränderte sich der Anteil der Stadtkreise an der bundesdeutschen Zahl der Industriebeschäftigten von 50,1% auf 49,8%, während jener der Landkreise von 49,9% auf 50,2% anstieg. Gemessen an der Zahl der involvierten Kreise lag Bayern im Bundesvergleich allerdings vorne und wies damit in dieser Phase die ausgeprägteste Veränderungstendenz auf.[43]

Die sichtbare Folge dieser statistisch faßbaren Wandlungsvorgänge war eine erhebliche Änderung des Erscheinungsbilds der bayerischen Wirtschaftslandschaft. Eine typisierende Auswertung der ökonomischen Struktur der Verwaltungskreise des Landes, die das Statistische Landesamt gegen Mitte der 1960er Jahre vornahm, zeigt die vorherrschenden Entwicklungstendenzen (Abb. 2 und 3).

Abgesehen von der unübersehbaren gewerblichen Durchdringung wachsender Teile Bayerns fallen einige räumliche Schwerpunkte des Wandels besonders ins Auge. Dies betrifft jene im Jahr 1957 noch ausgedehnten, geschlossenen Zonen landwirtschaftlicher Prägung, deren eine sich aus der geographischen Mitte Bayerns bis in die nördlichen Teile des Bayerischen Waldes erstreckte; ein weiterer überwiegend agrarisch orientierter Raum reichte vom nördlichen Mittelfranken ausgehend bis ins östliche Unterfranken. Im Jahr 1966 hingegen existierten in Bayern keine größeren zusammenhängenden Gebiete mehr, die in ihrer Struktur vornehmlich landwirtschaftlich ausgerichtet waren. Die Zonen gemischtwirtschaftlicher Natur, die noch 1957 in Mittelfranken, Ober- und Niederbayern bestanden hatten, hatten ihren Charakter überwiegend zugunsten des warenproduzierenden

---

[41] Herbert Paula, Entwicklung des Bruttoinlandsprodukts in den Regierungsbezirken, kreisfreien Städten und Landkreisen Bayerns 1957 bis 1966, in: Bayern in Zahlen 23 (1969), S. 149–156; ders., Das Bruttoinlandsprodukt in den kreisfreien Städten und Landkreisen Bayerns 1957 bis 1964, in: Bayern in Zahlen 21 (1967), S. 98–114. Beide Aufsätze ergänzen sich und sind gemeinsam zu benutzen.
[42] Paula, Entwicklung des Bruttoinlandsprodukts in den Regierungsbezirken, kreisfreien Städten und Landkreisen, S. 155.
[43] Wilhelm Sahner, Die Industrie in den Landkreisen der Bundesrepublik Deutschland 1960, in: Informationen des Instituts für Raumforschung 14/61 vom 26.7.1961, S. 368–384, hier: S. 374.

2. Die gewerbliche Durchdringung des Landes

Gewerbes verändert, das dort etwa in den Landkreisen Neustadt/Aisch, Dinkelsbühl, Weißenburg in Bayern, Erding, Ebersberg, Wasserburg, Mühldorf, Kötzting, Viechtach oder Deggendorf bis gegen Mitte der 1960er Jahre vorherrschend wurde. In Niederbayern war im gleichen Zeitraum zwischen Rottenburg/Laaber im Westen und Vilshofen im Osten ein annähernd zusammenhängender Raum gemischtwirtschaftlicher Prägung entstanden, der 1957 noch vorwiegend landwirtschaftlich orientiert gewesen war. Eine tendenziell positive, doch uneinheitliche Entwicklung zeigten die Grenzlandkreise des bayerischen Ostens.

Kaum sichtbar werden in dieser Form der Darstellung jedoch die räumlichen Disparitäten innerhalb Bayerns, die zutage treten, sobald die Betrachtung nach Gemeindegrößenklassen und Stadt-Land-Kategorien durch den Blick auf die Regierungsbezirke ergänzt wird. So ergab sich bis Mitte der 1960er Jahre im innerbayerischen Vergleich der Bezirke nur eine „leichte Nivellierung"[44] der Wirtschaftskraft. Die wirtschaftsschwächsten Kreise lagen nach wie vor im Ostgrenzgebiet. Zugleich konzentrierte sich die industrielle Wertschöpfung in zunehmendem Maße und bis 1969 schließlich zu mehr als einem Drittel in Oberbayern.[45]

Daß die bayerische Landespolitik die generelle Entwicklung als Erfolg der eigenen Strukturmaßnahmen verbuchte, ist naheliegend. So betonte Wirtschaftsminister Schedl im Frühjahr 1960, daß „die Erfolge der Ansiedlungspolitik nicht ohne die Grenzlandförderung zustande gekommen wären."[46] Verifizierbar ist ein direkter Zusammenhang jedoch nicht. Allenfalls Indizien machen es möglich, zu einer näheren Einschätzung zu gelangen. So fällt auf, daß sich in jenen 56 bayerischen Landkreisen, deren Wirtschaftskraft im Jahr 1957 noch unter 2500 DM lag, die zugrundeliegenden Werte bis 1964 stärker erhöhten (98%) als im Landesdurchschnitt (77%): das Bruttoinlandsprodukt pro Kopf der Wirtschaftsbevölkerung stieg dort von 2191 DM im Jahr 1957 auf 4342 DM im Jahr 1964 an. Diese Kreise umfaßten ihrerseits überwiegend Fördergebiete des Bundes – und des Landes – in Niederbayern und der Oberpfalz sowie in Ober-, Mittel- und Unterfranken.[47]

Aus dieser quantitativ auffälligen Erscheinung bedenkenlos auf die Effektivität eines exogenen Faktors, also die Wirksamkeit staatlicher Fördermaßnahmen zurückzuschließen, verbietet sich aus methodischen Gründen. Kein quantifizierendes Verfahren ist in der Lage, industrielle Neugründungen, die infolge der allgemeinen ökonomischen Entwicklung zustandekamen, eindeutig von jenen zu trennen, welche alleine oder überwiegend auf den Einfluß staatlicher Fördermaßnahmen zurückgingen. Experten, die nicht im Blick der Öffentlichkeit standen oder eigene

---

[44] Herbert Paula, Entwicklung des Bruttoinlandsprodukts in den Regierungsbezirken und Großstädten Bayerns von 1957 bis 1964, in: Bayern in Zahlen 20 (1966), S. 403–408, hier: S. 406.
[45] Bericht der Landeszentralbank in Bayern – Hauptverwaltung der Deutschen Bundesbank – über die Entwicklung der Wirtschaft und des Geld- und Kreditwesens in Bayern im Jahre 1960, München 1961, S. 10; Bericht der Landeszentralbank in Bayern – Hauptverwaltung der Deutschen Bundesbank – über die Entwicklung der Wirtschaft und des Geld- und Kreditwesens in Bayern im Jahre 1963, München 1964, S. 11; Paula, Entwicklung des Bruttoinlandsprodukts in den Regierungsbezirken, kreisfreien Städten und Landkreisen, S. 150.
[46] Vgl. die Haushaltsrede des Staatsministers für Wirtschaft und Verkehr für die Rechnungsjahre 1960 und 1961, in: Stenographischer Bericht über die 50. Sitzung des Bayerischen Landtags am 16.3.1960, S. 1376–1391 (Zitat: S. 1383) (Schedl).
[47] Siehe hierzu das Datenmaterial bei Paula, Bruttoinlandsprodukt in den kreisfreien Städten und Landkreisen, S. 113f.

314 IV. Das Ende der Nachkriegszeit

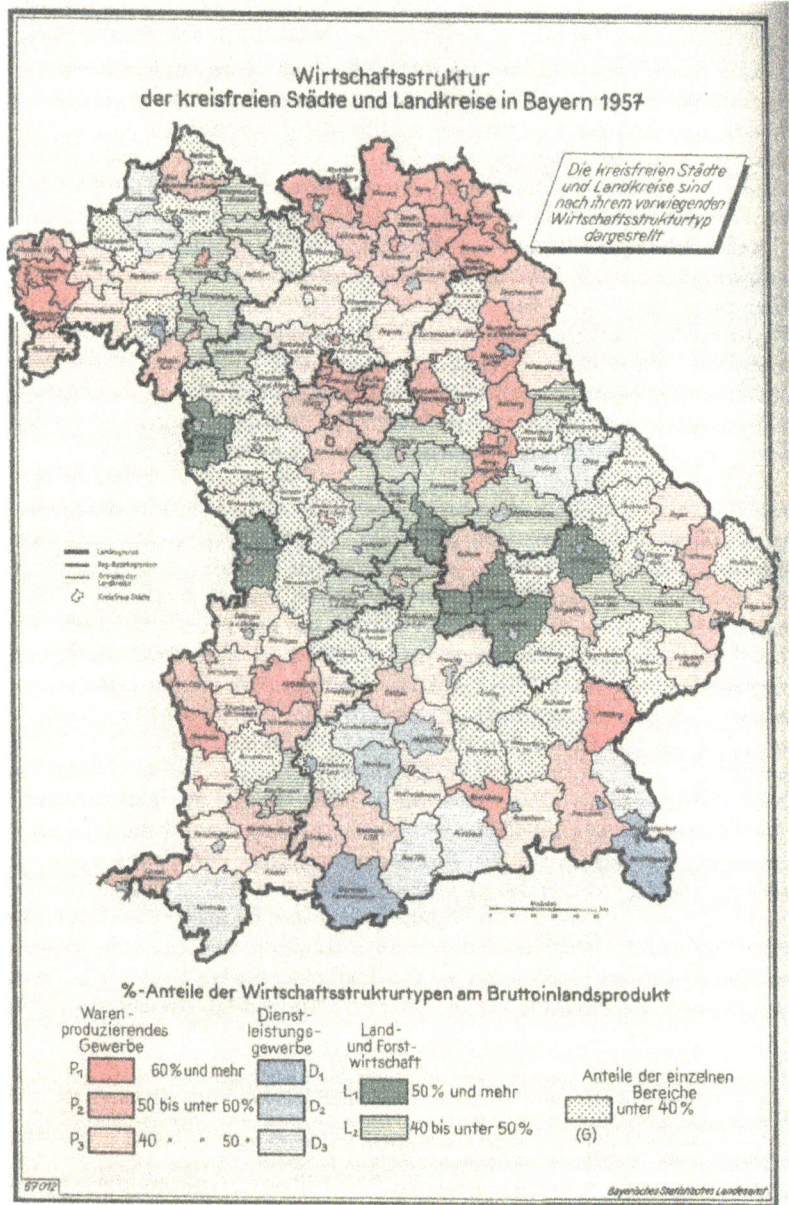

Abb. 2: Die Wirtschaftsstruktur der bayerischen Kreise 1957

Quelle: Paula, Entwicklung des Bruttoinlandsprodukts in den Regierungsbezirken, kreisfreien Städten und Landkreisen, S. 164 (Anhang)

2. Die gewerbliche Durchdringung des Landes

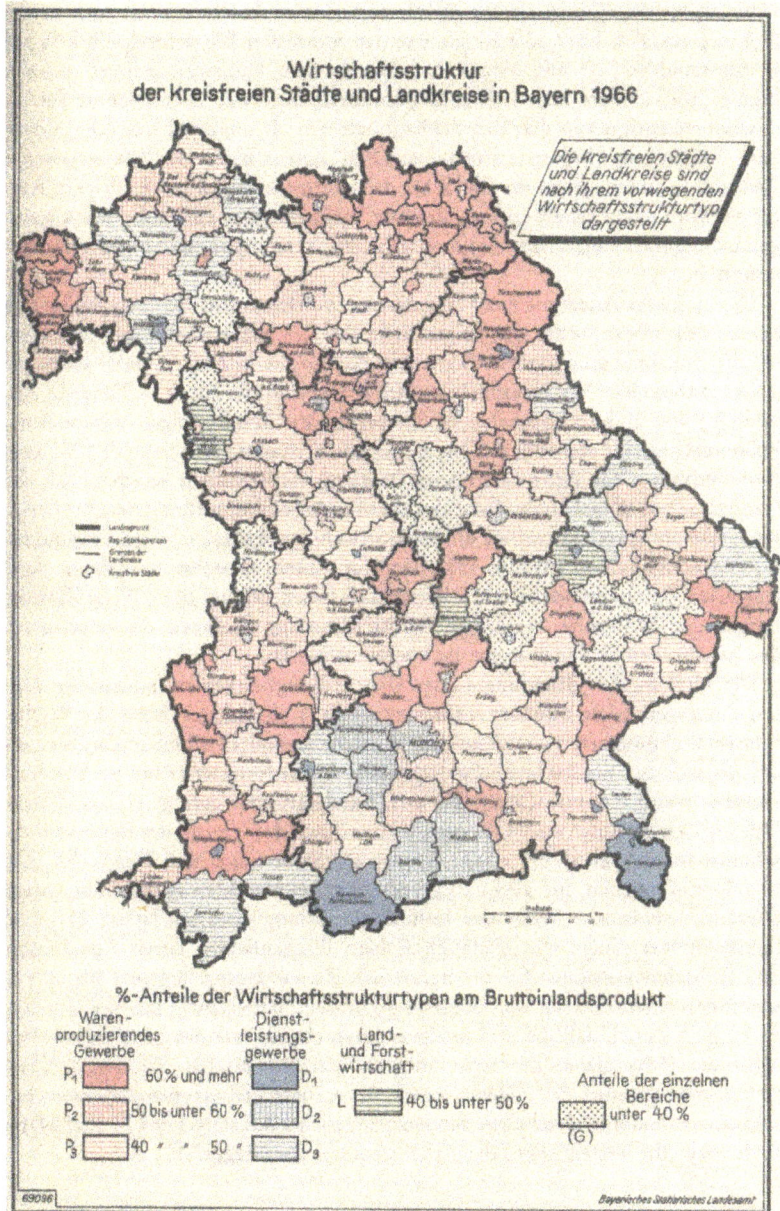

Abb. 3: Die Wirtschaftsstruktur der bayerischen Kreise 1966
Quelle: siehe Abb. 2.

strukturpolitische Initiativen zu rechtfertigen hatten, machten denn auch keinen Hehl daraus, daß über „die Ergebnisse der regionalen Wirtschaftspolitik in der Bundesrepublik [...] mit statistischen Mitteln kein Nachweis geführt" werden könne. Insbesondere ließe sich „nicht ermitteln, inwieweit die Zunahme der Industriebeschäftigten in den Entwicklungsgebieten als unmittelbares oder mittelbares Ergebnis der Industrieansiedlungshilfen" einzuschätzen sei.[48] Im gegebenen Fall legt es zudem allein die Tatsache, daß rein rechnerisch bei niedrigem Ausgangsniveau schon relativ geringe absolute Veränderungen eine hohe Wachstumsgeschwindigkeit suggerieren können, nahe, die Veränderungsraten nicht überzubewerten.

Die mögliche Annahme einer singulären bayerischen Entwicklung müßte sich zudem relativieren, wenn sich zeigen ließe, daß der hauptverantwortliche Faktor für die Zunahme an regionaler Wirtschaftskraft – die in Abb. 2 und 3 kartographisch dargestellte Vergewerblichung der Kreise und die damit verbundene Ansiedlung von Industriebetrieben – überregionalen Trends folgte. Als probates Hilfsmittel hierfür stehen jene Datensätze zur Verfügung, die erstmals 1961 vom Bundesminister für Arbeit und Sozialordnung veröffentlicht wurden. Auf der Grundlage von Angaben der Bundesanstalt für Arbeitsvermittlung und Arbeitslosenversicherung reflektieren sie die Standortwahl von Industriebetrieben zunächst für den Zeitraum von 1955 bis 1957, dann für weitere zunächst zweijährige, dann einjährige Zeitabschnitte bis 1975. Tatsächlich lassen sich auf diese Weise Zäsurierungen und Wellen der regionalen Industrialisierung erkennen, die es erlauben, den bayerischen Fall noch weiter zu kontextualisieren.

Der Umfang der Gründungs- oder Übersiedlungsinitiativen industrieller Unternehmungen folgte offenbar nicht nur in relativ eindeutiger Weise der Wachstumsentwicklung in der westdeutschen Wirtschaft, sondern offenbart darüber hinaus die Existenz unterschiedlicher regionaler Verlaufsmuster (Abb. 4). Dabei ist zunächst weniger überraschend, daß zwei Ländergruppen geringerer und höherer Dynamik zu erkennen sind. Getrennt in etwa durch den Verlauf des Bundesdurchschnitts, finden sich in der ersten Gruppe die Stadtstaaten und Westberlin, also räumliche Einheiten, die allein aufgrund ihrer beschränkten Ausdehnung kaum überdurchschnittliche Werte der Industrieansiedlung erwarten lassen. Daneben figurieren hier einige wirtschaftsschwächere Flächenländer, deren Attraktivität und Aufnahmevermögen für die industrielle Zuwanderung begrenzt bis durchschnittlich einzuschätzen war: Schleswig-Holstein, Rheinland-Pfalz und Hessen. Es ist kein Zufall, daß die drei letztgenannten ebenso wie das Land Bayern seit Mitte der 1950er Jahre Zuwächse aufgrund der industriellen Standortmobilität verzeichnen konnten: Sie bildeten jeweils bevorzugte Zielregionen der bereits beschriebenen unternehmerischen Tendenz, angesichts des steigenden Kräftebedarfs auch noch „die letzten Ecken des Arbeitsmarktes auszufegen".[49]

---

[48] BAK, B 102/59700, Der Bundesminister für Wirtschaft, i. A. Dr. Giel, an Rolf Oldewage, 14.7.1961.
[49] „Industrialisierungswelle im Zuge der Hochkonjunktur", in: Bayerische Staatszeitung, 9.10.1959.

2. Die gewerbliche Durchdringung des Landes

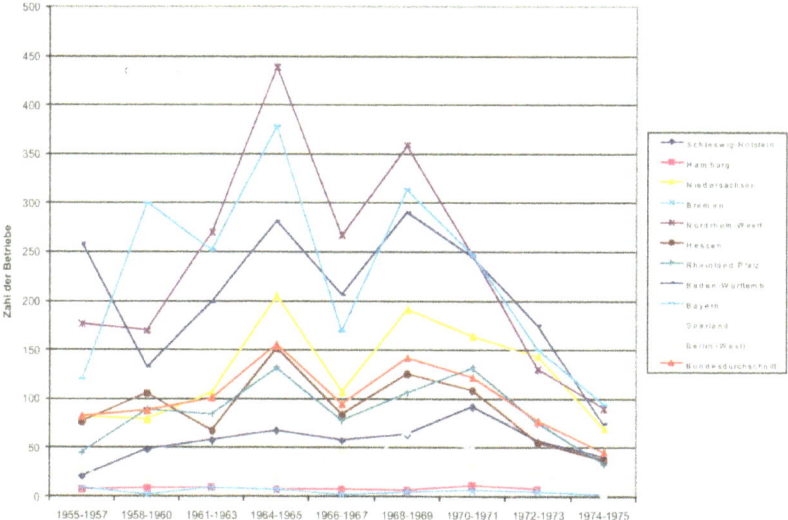

Abb. 4: Verlagerungen und Neugründungen von Industriebetrieben nach Bundesländern, 1955-1975[50]

Quellen: Die Standortwahl der Industriebetriebe in der Bundesrepublik Deutschland im Zeitraum von 1955 bis 1960. Hg. vom Bundesministerium für Arbeit und Sozialordnung, Bonn 1961; Die Standortwahl der Industriebetriebe in der Bundesrepublik Deutschland. Verlagerte und neuerrichtete Betriebe im Zeitraum von 1961 bis 1963. Hg. vom Bundesministerium für Arbeit und Sozialordnung, Bonn 1964; Die Standortwahl der Industriebetriebe in der Bundesrepublik Deutschland. Verlagerte und neugegründete Betriebe in den Jahren 1964 und 1965. Bearbeitet im Institut für Raumforschung. Hg. vom Bundesministerium für Arbeit und Sozialordnung, Bonn 1966; Die Standortwahl der Industriebetriebe in der Bundesrepublik Deutschland. Verlagerte, neuerrichtete und stillgelegte Industriebetriebe in den Jahren 1966 und 1967. Bearbeitet im Institut für Raumordnung. Hg. vom Bundesministerium für Arbeit und Sozialordnung, Bonn 1968; Die Standortwahl der Industriebetriebe in der Bundesrepublik Deutschland mit Berlin (West). Verlagerte, neuerrichtete und stillgelegte Industriebetriebe in den Jahren 1968 und 1969. Bearbeitet im Institut für Raumordnung. Hg. vom Bundesministerium für Arbeit und Sozialordnung, Bonn 1971; Die Standortwahl der Industriebetriebe in der Bundesrepublik Deutschland und Berlin (West). Neuerrichtete, verlagerte und stillgelegte Industriebetriebe in den Jahren 1970 und 1971. Bearbeitet in der Bundesforschungsanstalt für Landeskunde und Raumordnung. Hg. vom Bundesminister für Arbeit und Sozialordnung, Bonn 1975; Die Standortwahl der Industriebetriebe in der Bundesrepublik Deutschland und Berlin (West). Neuerrichtete, verlagerte und stillgelegte Industriebetriebe in den Jahren 1972 bis 1975. Bearbeitet in der Bundesforschungsanstalt für Landeskunde und Raumordnung. Hg. vom Bundesminister für Arbeit und Sozialordnung, Bonn 1977.

Bayern profitierte hiervon in besonders hohem Maße. Obwohl vom Verlauf „seiner" Mobilitätskurve her diesen gewerblichen Ausweich- und Erschließungsräumen zugehörig, zeigte sich das Bundesland, den Größenordnungen nach, bereits mit Beginn der 1960er Jahre einer zweiten Ländergruppe nahestehend. Diese umfaßte die Länder der höchsten wirtschaftlichen Dynamik und Anziehungskraft,

---

[50] Die durchgezogenen Linien der Graphen suggerieren, mathematisch gesehen, eine unendliche Menge von abgebildeten Datenpunkten, die im Falle dieser Erhebung selbstverständlich nicht gegeben ist. Die Darstellungsart wurde dennoch gewählt, um die zusammengehörigen Länderwerte und damit die wirksamen größeren Tendenzen besser sichtbar zu machen.

also Baden-Württemberg und Nordrhein-Westfalen. Als ältere Zonen industrieller Aktivität dienten beide während der ersten Nachkriegsdekade als Zuwanderungsräume, verloren gegen Ende der 1950er Jahre an Attraktivität und konnten erst mit Beginn der 1960er Jahre wieder zulegen. In dieser Phase kristallisierte sich in der regionalen Industrieansiedlung ein einheitlicheres Verlaufsmuster heraus. Dessen Spitzen lagen zeitlich zur Mitte und zum Ende der 1960er Jahre hin. Perioden starken Rückgangs zeigten sich im Laufe des „rezessionsbedingten Kontraktionsprozesses" des industriellen Sektors 1966/67 sowie mit Beginn der 1970er Jahre. Erstmals 1973 fiel die Zahl der Beschäftigten von neuerrichteten oder verlagerten Industriebetrieben unter den Wert des Krisenjahres 1967, wofür neben der strukturell bedingten Kontraktion des industriellen Sektors wohl vor allem die abnehmende Investitionsbereitschaft der Unternehmen im konjunkturellen Abschwung verantwortlich war.[51] Beeinflußt wurde die Entwicklung wohl auch schon vorher durch die Entspannung der Arbeitskräftelage in den Industriezentren aufgrund der Zuwanderung ausländischer Arbeitskräfte.[52]

Alle bisher dargelegten Indizien deuten also darauf hin, daß sich die Phase der verstärkten industriellen Erschließung Bayerns ab den frühen 1960er Jahren im Rahmen übergreifender Tendenzen abspielte, die in unterschiedlichem Maße auch in anderen bundesdeutschen Flächenländern anzutreffen waren. Die Annahme einer umfassenden Sonderentwicklung Bayerns, basierend auf Faktoren genuin bayerischer Provenienz, läßt sich vor diesem Hintergrund für das Feld der Industrieansiedlung nicht halten. Die bayerischen Anstrengungen zur Industrieansiedlung erweisen sich so als Impulse, die die existierenden Tendenzen der überregionalen Nord-Süd-Bewegung und der gewerblichen Standorterweiterung in die Landkreise allenfalls – und sehr wahrscheinlich – verstärkten, nicht aber erzeugten. Eine solche Deutung schließt die Annahme der Wirksamkeit strukturpolitischer Maßnahmen keineswegs aus, sondern bietet vielmehr die Chance, diese differenzierter zu fassen.

Zweifellos erhebliche Bedeutung dafür, daß die vorerst begrenzte gewerbliche Expansion zugunsten Bayerns und seiner weniger entwickelten Räume überhaupt im Bereich des Möglichen lag, ist der allgemeineren infrastrukturellen Erschließung des Landes zuzuschreiben, die bayerische Wirtschaftspolitiker seit den 1950er Jahren in die Wege leiteten.[53] Energiepolitische Großprojekte zur verstärkten Nutzung der bayerischen Wasserkraft wie der Ausbau des Lechs, die Errichtung des Sylvensteinspeichers an der oberen Isar, der Bau des Flußkraftwerks Jochenstein an der Donau und zahlreiche kleinere Ausbaumaßnahmen trugen dazu bei, die gegen Ende der 1940er Jahre noch stark defizitäre öffentliche Stromversorgung in Bayern innerhalb eines Jahrzehnts auf eine deutlich breitere Basis zu stel-

---

[51] Die Standortwahl der Industriebetriebe 1970 und 1971, S. 19; Die Standortwahl der Industriebetriebe 1972 bis 1975, S. 11.
[52] Erich Dittrich, Notstandsgebiete in der Bundesrepublik, in: Wirtschaftsdienst 10 (1962), S. 431–436.
[53] Allgemein zur Bedeutung von Infrastrukturinvestitionen für die wirtschaftliche Entwicklung: Reimut Jochimsen/Knut Gustafsson, Infrastruktur. Grundlage der marktwirtschaftlichen Entwicklung, in: Udo Ernst Simonis (Hg.), Infrastruktur. Theorie und Politik, Köln 1977, S. 38–55; Egon Tuchtfeldt, Infrastrukturinvestitionen als Mittel der Strukturpolitik, in: ebenda, S. 145–157.

2. Die gewerbliche Durchdringung des Landes

len. Bis 1963 hatte sich die Gesamtleistung öffentlicher Kraftwerke um den Faktor 3,7 vermehrt, woran knapp zur einen Hälfte die Energieerzeugung aus Wasserkraft, zur anderen die Verfeuerung von Kohle in Wärmekraftwerken beteiligt war. Noch bevor die bayerische Wirtschaftspolitik mit Beginn der 1960er Jahre im Zeichen von Kohlekrise und Ölboom dazu überging, eine zukunftsträchtige Reorientierung der heimischen Energieversorgung fördernd voranzutreiben[54], war es gelungen, ein potentielles energiepolitisches Engpaßproblem zu entschärfen. Da elektrische Energie in Bayern im Laufe der 1960er Jahre flächendeckend verfügbar war, schied sie als restringierender Faktor bei der Ansiedlung von Industriebetrieben fortan weitgehend aus.[55]

Vergleichbares gilt für die verkehrstechnische Erschließung des Landes. Von der bayerischen Landesplanung wurde sie schon früh als unverzichtbare Vorbedingung erachtet, um dem Ziel der ökonomischen Hebung und dezentralen gewerblichen Durchdringung Bayerns näherzukommen und die nordöstlichen und östlichen Landesteile aus der politisch bedingten „Totwinkellage"[56] im Gefolge der Teilung Deutschlands herauszuführen. Großvorhaben wie die Elektrifizierung und Beschleunigung der Bahnstrecke zwischen Nürnberg und Frankfurt sowie der Bau einer parallel verlaufenden Autobahnstrecke nahmen daher schon in den 1950er Jahren auf der Agenda bayerischer Wirtschaftspolitiker hohe Priorität ein: Hier stand die strategische Neuausrichtung der Hauptverkehrsachsen des Landes auf dem Spiel, die künftig nicht mehr in Richtung des mitteldeutschen Raumes, sondern der Rhein-Ruhr-Region verlaufen sollten. Dominierend im Spektrum der verkehrspolitischen Maßnahmen der bayerischen Staatsregierungen während des Betrachtungszeitraums waren Infrastrukturverbesserungen in der Breite des heimischen Straßennetzes. Das Ausmaß der hier zu erbringenden finanziellen und planerischen Aufbauleistung deutet sich allein darin an, daß im Jahr 1950 zwar schon mehr als 90% aller Bundesstraßen in Bayern über Teerdecken verfügten, jedoch über die Hälfte aller Staats- bzw. fast 90% aller Kreisstraßen lediglich wassergebundene Oberflächen aufwiesen. Geringe Fahrbahnbreiten, Spurrinnen und Schlaglöcher erwiesen sich als vielbeklagte Ärgernisse und reale Hemmnisse angesichts eines schon im Verlauf der Dekade auch in Bayern deutlich anwachsenden Individual- und Güterverkehrs. Aufgrund begrenzter Finanzmittel konnte der Umfang des bayerischen Straßennetzes bis Anfang der 1960er Jahre lediglich um vier Prozent erweitert werden – nur etwas mehr als die Hälfte des Prozentsatzes, der im Bundesdurchschnitt für den gleichen Zeitraum zu verzeichnen war. Erst als seit der zweiten Hälfte der 1950er Jahre Mittel aus der Kraftfahrzeug- und Mineralölsteuer in wachsendem Maße für die Länder verfügbar wurden und der bayerische Staat diese Zuwächse über Änderungen im kommunalen Finanzausgleich teilweise an die Gemeinden weiterreichte, minderten sich die Finanzierungsprobleme. Im Ergebnis verbesserte sich die Verkehrsinfrastruktur Bayerns in Umfang und Qualität seit Beginn der 1960er Jahre erheblich und bot damit eine wich-

---

[54] Vgl. hierzu Kapitel III des dritten Teils dieser Arbeit.
[55] Deutinger, Lebensfrage, bes. S. 40–55, 62–72, 79–86.
[56] Grundlagen für die Aufstellung von Richtlinien. Teil 2, S. 902. Vgl. dazu Kapitel II.4. des zweiten Teils dieser Arbeit.

tige Grundlage, um dem Ziel einer stärker dezentral gelagerten gewerblichen Struktur des Landes näherzukommen.[57] Freilich trat spätestens angesichts der Rezessionskrise von 1966/67 deutlich zutage, daß angemessene Energieversorgung oder ausgebaute Straßen zwar eine notwendige, aber allein keine hinreichende Bedingung darstellten, um strukturschwache Regionen mit hinreichender Attraktivität für Betriebsgründungen zu versehen und gravierende regionale Disparitäten nachhaltig auszugleichen.

---

[57] Gall, „Gute Straßen bis ins kleinste Dorf!" Verkehrspolitik und Landesplanung, bes. S. 128-182; ders., „Gute Straßen bis ins kleinste Dorf!" Verkehrspolitik in Bayern, S. 23-206. Vgl. für eine Gesamteinschätzung auch Kapitel IV des Dritten Teils und die Zusammenfassende Schlußbetrachtung dieser Arbeit.

Dritter Teil

„Bayern auf festerem Fundament" –
Strukturpolitik in der Phase
der Expansion, 1958/59–1973

I. Raum, Wirtschaftswachstum und Modernisierung der Politik

Die Wahrnehmung des erreichten Status in der ökonomischen Entwicklung Bayerns durch Politik und Wirtschaft des Landes wurde an der Wende von den 1950er zu den 1960er Jahren von widerstreitenden Beobachtungen geprägt. Unverkennbar gewann der Eindruck an Kontur, wonach eine Phase des „stürmischen Wiederaufbaus [...] mehr oder weniger abgeschlossen"[1] sei, Bayern „auf festerem Fundament"[2] stehe oder gar mit der baldigen Lösung der „wichtigsten Fragen der bayerischen Landespolitik"[3] zu rechnen wäre. Parteiübergreifend verdichtete sich daneben das Gefühl, in einem „ungeheuren Umbruch"[4] zu leben, der gerade auch das Feld der strukturpolitischen Gestaltungsmöglichkeiten berühre. In der Tat markiert das Aufeinandertreffen von vorläufiger Konsolidierung und neuer Herausforderung wohl die entscheidende Signatur dieser Übergangsjahre für Bayern. Insbesondere die Gründung der Europäischen Wirtschaftsgemeinschaft 1957 gab der Frage Gewicht, welche Folgen der vergrößerte Wirtschaftsraum für die eben erst erreichte relative Stabilisierung der Stellung Bayerns im Bund haben würde und welche Reaktionsstrategien angemessen seien. Die akzentuierte Randlage Bayerns im vereinten Europa und die wirtschaftspolitischen Ambitionen der Gemeinschaft rückten den Abgleich von Industrie- und Landwirtschaftspolitik ebenso in den Vordergrund wie die Problematik neuer planerischer Herangehensweisen an die immer komplexeren Koordinationsaufgaben. Der Raum als Wirtschaftsfaktor geriet im Rahmen der EWG-Anpassung vermehrt ins Blickfeld bundesdeutscher und bayerischer Politiker. Er erforderte aber auch insofern verstärkte Aufmerksamkeit, als das Fortbestehen älterer und das Entstehen neuer Disparitäten im westdeutschen Wachstumsprozeß die Situation peripher gelegener Regionen vom Zuschnitt Bayerns gefährden konnte und eine Reform des bundesdeutschen regionalen Fördersystems notwendig machte.

1. Bayern im vergrößerten Wirtschaftsraum der Europäischen Wirtschaftsgemeinschaft: Perzeption und Anpassungsprobleme

In der zweiten Hälfte der 1950er Jahre trat das Europathema in den öffentlichen und internen Äußerungen bayerischer Politiker mit bis dahin ungewohnter Nachdrücklichkeit auf den Plan. Am 25. März 1957 wurden mit der Unterzeichnung der Verträge über die Europäische Wirtschaftsgemeinschaft und die Europäische Atomgemeinschaft zwei weitere Elemente in das Gebäude der europäischen Inte-

---

[1] „Bayerns Wirtschaft bedarf besonderer Pflege", in: Bayerische Staatszeitung, 10.10.1958.
[2] Geschäftsbericht der Vereinigung der Arbeitgeberverbände in Bayern 1958/1959. Materialien zur wirtschaftlichen und sozialen Entwicklung in Bayern und im Bund, München 1959, S. 65.
[3] ACSP, LG-P, Protokoll der Landesgruppensitzung vom 18. Juni 1958, S. 1 (Hanns Seidel).
[4] So der SPD-Abgeordnete Essl in: ArchBayLT, Ausschuß für Wirtschaft und Verkehr, Protokoll über die 8. Sitzung am 28.3.1963, S. 8.

gration eingefügt. Bis dahin hatte man in der bayerischen Wirtschaftspolitik die ökonomische Seite des Einigungsprozesses mit eher gemischten Gefühlen betrachtet. Hierfür waren vorwiegend jene Erfahrungen ausschlaggebend geworden, die die Gründung und die Tätigkeit der Europäischen Gemeinschaft für Kohle und Stahl mit sich gebracht hatte. Zwar begrüßte man die Vereinbarungen über die Montanunion vom April 1951 als allgemeinpolitische Notwendigkeit. Die Errichtung eines gemeinsamen Marktes für Kohle- und Stahlerzeugnisse stieß jedoch auf Bedenken, da man hiervon eine weitere Stärkung der Position schwerindustriell begünstigter Regionen erwartete und das absolute Subventionsverbot des EGKS-Vertrags als unvereinbar mit dem eigenen Anspruch auf Ausgleich standortbedingter regionaler Nachteile erachtete.[5]

Insbesondere war man in der bayerischen Staatsregierung besorgt darum, die Wettbewerbsnachteile der eisenschaffenden und -verarbeitenden Industrie des Landes zum Gegenstand von Verhandlungen mit den zuständigen Stellen in Bonn und Brüssel zu machen. Nicht zufällig standen dabei die Belange des wichtigsten Eisen- und Stahlwerks Bayerns und Süddeutschlands, der Amberger Maximilianshütte, im Zentrum der Aufmerksamkeit. Daß es dem Bundeswirtschaftsministerium im Sommer 1953 gelang, gegenüber der Hohen Behörde der Montanunion spezielle Frachttarife zu Gunsten revierferner Regionen auszuhandeln, war nicht nur für die wettbewerbsgünstige Rohstoffversorgung der Maxhütte von großer Bedeutung. Dieser zumindest mittelfristig wirksame, konkrete Erfolg stärkte das Vertrauen der bayerischen Wirtschaftspolitik in den ökonomischen Einigungsprozeß Europas erheblich. Wie Ministerpräsident Hans Ehard bei herausgehobener Gelegenheit zurecht betonte, war dadurch in den Augen der Staatsregierung deutlich geworden, „daß auch die Lebensfähigkeit der regionalen Wirtschaftsgebiete der Teilnehmer-Staaten bei allen Anpassungsmaßnahmen in gebührender Weise berücksichtigt wird".[6]

a) Am Rande Europas? Bayern und die frühe Regionalpolitik der Gemeinschaft

Die räumliche Lage des Landes blieb bestimmend für die bayerische Haltung, als mit dem 1. Januar 1959 jener Termin herannahte, zu dem die ersten Vertragsbestimmungen der Europäischen Wirtschaftsgemeinschaft in Kraft treten sollten. Das Römische Vertragswerk vom März 1957 sah vor, daß ein einheitlicher, supranationaler Wirtschaftsraum zu schaffen sei, dessen Wirksamkeit sich auf den unge-

---

[5] EGKS 1952-1962. Ergebnisse, Grenzen, Perspektiven. Bericht eines Sachverständigenausschusses. Hg. von der Europäischen Gemeinschaft für Kohle und Stahl, Hohe Behörde, Luxemburg 1963, S. XXIIf.; Siegfried Fußeder, Die bayerische Wirtschaft in der Bewährung, in: Auf neuen Wegen. Die Wirtschaft in Bayern. Hg. vom Bayerischen Staatsministerium für Wirtschaft und Verkehr, München 1956, S. 6-30, hier: S. 24-27. Zur normativen Umsetzung des Wettbewerbsgedankens in den EGKS- und EWG-Verträgen: M. Hochbaum, Das Diskriminierungs- und Subventionsverbot in der EGKS und EWG (Schriftenreihe zum Handbuch für Europäische Wirtschaft 13), Baden-Baden/Bonn 1962; Hans-Georg Koppensteiner, Das Subventionsverbot im Vertrag über die Europäische Gemeinschaft für Kohle und Stahl (Schriftenreihe zum Handbuch für Europäische Wirtschaft 30), Baden-Baden 1965 (zur Subventionspraxis: ebenda, S. 65-110).
[6] AsD, LTF Bayern, 980-981, Ansprache des bayerischen Ministerpräsidenten Dr. Hans Ehard auf dem Festakt aus Anlaß der Hundertjahr-Feier der „Eisenwerk-Gesellschaft Maximilianshütte" im Kongreß-Saal des Deutschen Museums zu München, 28. 9.1953.

1. Bayern im vergrößerten Wirtschaftsraum der EWG

hinderten Austausch von Waren, Dienstleistungen und Kapital ebenso erstrecken sollte wie auf den freien Personenverkehr zwischen den Mitgliedsstaaten. Gemeinsame Wettbewerbsregeln waren dazu bestimmt, das Integrationswerk nach innen zu organisieren; einheitliche Zolltarife sollten gegenüber Drittländern die Kohärenz nach außen hin sichern. Langfristig beabsichtigten die Vertragspartner Belgien, Niederlande, Luxemburg, Frankreich, Italien und die Bundesrepublik Deutschland außerdem, auf den Feldern der Handels-, Agrar-, Verkehrs- und Wirtschaftspolitik zu weiterer Koordination und Verdichtung zu gelangen.[7]

Die Zollunion war das erste Glied in der Kette der geplanten Maßnahmen. Nicht ihr allein jedoch, sondern allgemeineren wettbewerbs-, standort- und verkehrspolitischen Fragen galt die vornehmliche Sorge bayerischer Politiker. In den Überlegungen von Ministerpräsident Seidel und der tonangebenden Ressortvertreter war die Einschätzung dominierend, wonach die „wirtschaftliche Entwicklung zum Großraum" zwangsläufig die „Randlage" Bayerns weiter akzentuieren würde.[8] Vor allem das in Artikel 3 des Vertragstextes niedergelegte Gemeinschaftsziel, den ungehinderten Wettbewerb innerhalb des EWG-Raumes zu sichern und vor „Verfälschungen" zu bewahren, gab den Bedenken Nahrung. In der Wahrnehmung von Wirtschaftsminister Schedl konnte dies zusammen mit dem in Artikel 92 ausgesprochenen Verbot staatlicher Beihilfen zur Folge haben, daß die jahrzehntelangen Anstrengungen bundesdeutscher oder bayerischer regionaler Wirtschaftspolitik zugunsten der benachteiligten Wirtschaftsräume des Landes „einer dogmatischen Anwendung des Prinzips des freien Wettbewerbs" zum Opfer fielen.[9]

Ungeachtet derartiger Szenarien waren die Befürchtungen auch von Anfang an mit Elementen konkreter Zukunftshoffnung durchsetzt. Ein wesentlicher Grund hierfür lag darin, daß die bestimmenden Vertreter der bayerischen Wirtschaftspolitik dem Gedanken der europäischen Integration ausgesprochen zustimmend gegenüberstanden. Diese Disposition hatte schon unter den Ministerpräsidenten Ehard und Hoegner in einer bemerkenswert offenen Haltung gegenüber den Institutionen der „Europäischen Gemeinschaft für Kohle und Stahl" ihren Ausdruck gefunden. Als offizielle und allem Anschein nach von echter Überzeugung getragene Position der Staatsregierung setzte sie sich in der Folge fort, und zwar auch da, wo es nicht um öffentlichkeitswirksame, politisch korrekte Deklarationen ging. Zu Jahresanfang 1959 formulierte Wirtschaftsminister Schedl einige dauerhaft wirksame Leitmotive der bayerischen Argumentation. Demnach war die europäische

---

[7] Das umfangreiche EWG-Vertragswerk findet sich abgedruckt in: BGBl. 1957 II, S. 753-1223. Siehe zur Deutung auch: Eberhard Grabitz (Hg.), Kommentar zum EWG-Vertrag. Loseblattsammlung, München 1988; Hans von der Groeben/Hans von Boekh/Jochen Thiesing/Claus-Dieter Ehlermann, Kommentar zum EWG-Vertrag, 3. Aufl. Baden-Baden 1983. Zum Gründungsprozeß vor allem: Hanns Jürgen Küsters, Die Gründung der Europäischen Wirtschaftsgemeinschaft, Baden-Baden 1992.
[8] Siehe zur europapolitischen Haltung Seidels: ACSP, NL Seidel 17, Ansprache des Bayerischen Ministerpräsidenten Dr. Hanns Seidel anläßlich der Eröffnung der „Europäischen Wochen" in Passau am 28. Juli 1959; Stenographischer Bericht über die 111. Sitzung des Bayerischen Landtags am 5.11.1957, S. 3842-3859, Zitate: S. 3844 (Seidel).
[9] Stenographischer Bericht über die 136. Sitzung des Bayerischen Landtags am 1.7.1958, S. 4671-4684, Zitat: S. 4680 (Schedl). In ausführlicher Form findet sich die Position des bayerischen Wirtschaftsministeriums und des Ministers dargelegt: Otto Schedl, Europäische Wirtschaftsgemeinschaft und Bayern, in: Bayerische Verwaltungsblätter 1 (1959), S. 1-4 und ebenda 2 (1959), S. 40-44.

Einigungsbewegung eine zugleich politisch und ökonomisch unabweisbare Notwendigkeit. Für Schedl spielten die synergetischen Effekte der Einigung eine zentrale Rolle. Die Chance aller Marktteilnehmer, im Gemeinsamen Wirtschaftsraum auf dem Wege von (Massen-)Produktion und rationeller Arbeitsteilung zu höherem Volkseinkommen und mehr Wohlstand zu gelangen, war für ihn ausschlaggebend. Hinzu kam die Bedeutung, die er der gesteigerten Wirtschaftskraft Europas für die Position des Kontinents zwischen den Großmächten, also im ökonomischen Wettbewerb mit den USA und in der Systemkonkurrenz mit dem Ostblock zuschrieb: „Die europäische Integration ist politisch notwendig, weil sonst wohl die letzte Chance Europas, sich seine Existenz und Freiheit zwischen den Machtblöcken der Welt zu sichern, endgültig vertan würde. [...] Uns allen ist die Unfreiheit in diesem Zeitalter der geballten Machtblöcke, der entfesselten Atomkräfte und der Weltraumordnung schon näher gerückt als wir in der Hast des Alltags einzusehen vermögen. [...] Es wäre die größte Utopie, zu glauben, daß Freiheit und daß soziale Sicherheit ohne steigenden wirtschaftlichen Fortschritt zu halten und zu garantieren wären. [...] Ein steigender wirtschaftlicher Fortschritt ist bei uns heute nicht mehr auf der Basis nationalstaatlicher Zersplitterung, sondern nur auf der einer europäischen Einigung möglich. Wer also gegen die Integration Europas sich wenden wollte, handelt gegen die wirtschaftliche Vernunft und versündigt sich zugleich an der Sicherung unserer Freiheit und unseres sozialen Fortschrittes."[10]

In ähnlich gerichteten Gedankengängen stellte Alfons Goppel[11] zu Beginn seiner Amtszeit als Ministerpräsident in kaum zu überbietender Deutlichkeit klar: „Wie die Bundesrepublik Deutschland, so sagt auch Bayern, als integrierender Bestandteil der Bundesrepublik, vor dem großen politischen Hintergrund aus ganzem Herzen Ja zum europäischen Zusammenschluß, Ja auch zur europäischen Wirtschaftsgemeinschaft als einer Vorstufe zu einem einigen Europa. Bei diesem Ja bleiben wir. Wir nehmen es nicht zurück wegen der Übergangsschwierigkeiten, die bei einem so gewaltigen Vorhaben unvermeidlich sind."[12]

Die friedenserhaltende Kraft des europäischen Zusammenschlusses, seine föderative Struktur und das auf diesem Wege ins Europäische transferierte Potential des marktwirtschaftlichen Systems, als Garant politischer, ökonomischer und sozialer Stabilität in Mitteleuropa zu wirken – diese Aspekte rahmten und minderten die Besorgnisse bayerischer Wirtschaftspolitiker; aufheben konnten sie sie jedoch nicht. Dazu trug auch die fortwirkende Unsicherheit über die tatsächlichen Auswirkungen des Einigungsprozesses bei. Da wesentliche Elemente des EWG-Vertrages nur als Zielstellungen formuliert, doch noch nicht in Kraft, geschweige denn in die Praxis umgesetzt waren, blieb man weit über den Jahresbeginn 1959 hinaus auf indiziengestützte Spekulationen und fortdauernde Beobachtung der europäischen Meinungsbildungsprozesse verwiesen. Lediglich für das Feld der Zollunion

---

[10] Schedl, Europäische Wirtschaftsgemeinschaft und Bayern, S. 43 f.
[11] Alfons Goppel (1905–1991), Jurist, CSU-Politiker, 1952–1954 Zweiter Bürgermeister von Aschaffenburg, 1954–1978 MdL, 1957–1958 Staatssekretär im Bayerischen Justizministerium, 1958–1962 Bayerischer Innenminister, 1962–1978 Bayerischer Ministerpräsident.
[12] Alfons Goppel, Bayern und die EWG. Vortrag im Rahmen einer Veranstaltung der Europa-Union in München am 7. Oktober 1963, in: ders., Reden. Ausgewählte Manuskripte aus den Jahren 1958–1965, Würzburg 1965, S. 29–45, hier: S. 32.

1. Bayern im vergrößerten Wirtschaftsraum der EWG

existierte ein klarer Zeitplan, der den Abbau der Binnen- und die Einrichtung der Außenzölle über einen Zeitraum von 12 Jahren hin vorsah. Für die Sachgebiete der geplanten gemeinsamen Agrar-, Verkehrs-, Steuer- oder Währungspolitik hingegen war allenfalls eine übergreifende Rahmensetzung festgeschrieben worden, die im Laufe der kommenden Jahre von den Gremien und Teilnehmerstaaten der EWG mit Inhalt versehen werden mußte.

In Bayern, wo man sich in dieser Frühphase vorwiegend für die künftige Konkurrenzsituation der heimischen Wirtschaft, das Schicksal der etablierten Instrumente regionaler Wirtschaftspolitik und für die Aussichten der bayerischen Agrarwirtschaft interessierte, wendete man deshalb einige Sorgfalt auf, um den Vertragstext nach belastbaren Hinweisen zu durchkämmen. Das Ergebnis der Prüfung war zwiespältig, bot aber Anlaß zur Zuversicht. So hielt Schedl selbst es für ausgesprochen unwahrscheinlich, daß die bestehenden Notstandsgebiets- und Grenzlandprogramme in ihrer Existenz beeinträchtigt oder die geltenden Frachthilfemaßnahmen abgeschafft werden könnten. Dafür schienen ihm einige Abschnitte des Vertragswerks wie etwa Artikel 82 zu bürgen: Hier war niedergelegt, daß ausgleichende verkehrspolitische Maßnahmen zugunsten der westdeutschen Zonenrandgebiete nicht den einschlägigen Regeln des Gemeinsamen Marktes unterworfen waren. Wirkliche Sicherheit über die „möglichen negativen Auswirkungen der EWG auf die bayerische Wirtschaft" war aus solchen – notwendigen – Betrachtungen aber nicht zu gewinnen.[13] Erst nach einigen Jahren praktischer Erfahrung konnte die Bundesregierung 1963 mit Gewißheit feststellen, daß die Förderprogramme des Bundes und der Länder durch die Wettbewerbsbestimmungen der Römischen Verträge nicht beeinträchtigt wurden.[14]

Es ist nicht weiter verwunderlich, daß ein Vertragsgebilde, dessen Intentionen sich vornehmlich auf die Vereinheitlichung stark divergierender Wirtschaftsräume richtete, der Betrachtung und Bewahrung regionaler Besonderheiten nur in zweiter Linie Aufmerksamkeit schenkte. Die Römischen Verträge wiesen deshalb den entstehenden Gemeinschaftsinstitutionen zunächst kein Instrumentarium zur Gestaltung einer eigenen regionalen Wirtschaftspolitik zu. Erst im Jahre 1975 gab sich die Europäische Wirtschaftsgemeinschaft mit dem „Europäischen Fonds für regionale Entwicklung (EFRE)" ein derartiges Hilfsmittel an die Hand.[15] Dennoch gehörte der Ausgleich wirtschaftsräumlicher Disparitäten von Anfang an zu den Zielsetzungen. Bereits die Präambel des EWG-Vertrages stellte neben dem Gedanken der Einigung der beteiligten Volkswirtschaften die Förderung ihrer „harmonische[n] Entwicklung" heraus und betonte, daß diese mit der Verminderung

---

[13] Stenographischer Bericht über die 136. Sitzung des Bayerischen Landtags am 1.7.1958, S. 4680f. (Schedl); Schedl, Europäische Wirtschaftsgemeinschaft und Bayern, S. 41 f. (Zitat: S. 43).
[14] Erster Raumordnungsbericht der Bundesregierung, in: Verhandlungen des Deutschen Bundestages, 4. Wahlperiode. Anlagen zu den stenographischen Berichten, Band 86, Drucksache IV/1492 vom 1.10.1963, S. 30.
[15] Vgl. zur Tätigkeit des Fonds unter anderem seinen ersten Rechenschaftsbericht: Der EFRE in Zahlen. 1984/1975–1984, Luxemburg 1985; Henning Klodt/Jürgen Stehn u.a., Die Strukturpolitik der EG (Kieler Studien 249), Tübingen 1992; Martin Gornig/Bernhard Seidel/Dieter Vesper/Christian Weise, Regionale Strukturpolitik unter den veränderten Rahmenbedingungen der 90er Jahre (Deutsches Institut für Wirtschaftsforschung, Sonderheft 157), Berlin 1996, S. 94 ff.

des Rückstands benachteiligter Gebiete einhergehen müsse. Ähnlich argumentierte Artikel 2 des Vertrages. In rechtlich verbindlicher Form sah darüber hinaus vor allem Artikel 92 eine Reihe von Ausnahmen zu dem ansonsten gültigen, generellen Verbot von staatlichen „Beihilfen" vor.[16]

Ausgleichende Regionalpolitik war demnach, das belegen die Ausnahmebestimmungen dieses Abschnitts auf indirekte Weise, vorerst Aufgabe der Mitgliedsländer. Sie konnten nach positivem Votum der EWG-Kommission unter anderem in jenen Gebieten förderpolitisch eingreifen, wo „die Lebenshaltung außergewöhnlich niedrig" anzusetzen war oder eine „erhebliche Unterbeschäftigung" vorlag. Auch waren Beihilfen zur „Förderung wichtiger Vorhaben von gemeinsamem europäischem Interesse" gegebenenfalls ebenso erlaubt wie Maßnahmen zur „Behebung einer beträchtlichen Störung im Wirtschaftsleben eines Mitgliedstaates" (Artikel 92(3)). Der Bundesrepublik war außerdem gestattet, in allgemein förderpolitischer Hinsicht dort aktiv zu werden, wo dies „zum Ausgleich der durch die Teilung verursachten wirtschaftlichen Nachteile erforderlich" schien (Artikel 92(2)).[17] Daneben schufen die Römischen Verträge selbst bereits einige Instrumente, die es der Gemeinschaft erlaubten, regionale Fördermaßnahmen zumindest auf indirekte Weise zu unterstützen. Parallel zur Gründung der EWG wurde 1958 der „Europäische Sozialfonds (ESF)" ins Leben gerufen, der dazu bestimmt war, Maßnahmen der beruflichen Weiterbildung, der Umschulung oder der Beschäftigung von Jugendlichen zu forcieren. Speziell für die Belange der Landwirtschaft entstand 1964 der „Europäische Ausrichtungs- und Garantiefonds (EAGFL)", dessen Fördermittel die strukturelle Anpassung des agrarischen Sektors an die Erfordernisse des Gemeinsamen Marktes vorantreiben sollten.[18]

Bereits gegen Ende der 1950er Jahre drangen aus den Gremien der EWG Äußerungen an die Öffentlichkeit, die von Ambitionen zeugten, die ökonomischen Gegebenheiten im Gemeinschaftsgebiet einer grundlegenden Bestandsaufnahme zu unterziehen. Von dem früh gesteckten Ziel, auch nur ein „Inventar der Probleme" zu erarbeiten, war man jedoch noch in der ersten Hälfte der 1960er Jahre weit entfernt.[19] Dies lag nicht nur an den sachlichen Schwierigkeiten, die die raumwirtschaftliche Analyse eines Gebietes aufwarf, das von der Norddeutschen Tiefebene bis Sizilien und von der französischen Atlantikküste bis an die bundesdeutsche Zonengrenze reichte. Auch wurde die Suche nach möglichen Handlungsorientierungen in Gestalt von regionalwirtschaftlichen Strategien durch die Abstimmungsprobleme auf europäischer Ebene weiter kompliziert: Längerfristig war der effektive Ausgleich

---

[16] Vertrag zur Gründung der Europäischen Wirtschaftsgemeinschaft, in: BGBl.1957 II, S.770, 772, 830-832; Hochbaum, Diskriminierungs- und Subventionsverbot in der EGKS und EWG.
[17] Vertrag zur Gründung, S.830-832.
[18] Vgl. zum ESF: BGBl.1957 II, S.850-852 (Artikel 123-128); Amtsblatt der Europäischen Gemeinschaften vom 31.8.1960, S.1189/60f.; zur Grundlage des EAGFL: BGBl.1957 II, S.796-798 (Artikel 40,4); Amtsblatt der Europäischen Gemeinschaften vom 20.4.1962, S.991/62f. und 27.2.1964, S.586/64f. Über die Instrumente der Regionalpolitik in der EWG bis Ende 1963 unterrichtet auch: Willi Birkelbach, Bericht im Namen des Wirtschafts- und Finanzausschusses über die Regionalpolitik in der EWG, in: Europäisches Parlament, Sitzungsdokumente 1963-1964, Dokument 99 vom 17.12.1963, hier: S.23-32.
[19] Bericht über Fragen der langfristigen Wirtschaftspolitik anläßlich der Vorlage des ersten Gesamtberichtes der Europäischen Wirtschaftsgemeinschaft und der Europäischen Atomgemeinschaft (Europäisches Parlament, Dokument Nr.54), Straßburg 1958, S.17.

von Disparitäten im Rahmen der Gemeinschaft kaum ohne Reibungsverluste in Angriff zu nehmen, wenn es nicht gelang, die auf nationaler Ebene existierenden regionalpolitischen Förderinitiativen zumindest annäherungsweise zu koordinieren. Da aber entsprechende Anpassungsbemühungen auf dem neu erkannten Feld der „regionalen Wirtschaftspolitik" in den Mitgliedsstaaten selbst erst in Gang gebracht wurden, war an eine rasche Umsetzung auf supranationaler Ebene schlechterdings nicht zu denken. In der westdeutschen Raumwissenschaft artikulierten die Fachleute zu diesem Zeitpunkt denn auch einige Zweifel, ob den europäischen Institutionen überhaupt eine Regionalpolitik größeren Ausmasses zuzutrauen sei.[20]

Der EWG-Kommission blieb vorerst keine andere Möglichkeit, als sich auf die Anbahnung von internationalen Kontakten und den Erfahrungsaustausch unter Regionalexperten, auf das Sammeln und Verteilen von Informationen über nationale Krisenstrategien sowie auf die Förderung von Studien zu konzentrieren. Eine vorbereitende internationale Konferenz zu „Fragen der regionalen Wirtschaft" fand bereits 1961 statt[21]; erste tragfähige Sachverständigengutachten zur Förderung strukturschwacher Regionen sowie zur Unterstützung altindustrieller Räume mit Umstellungsproblemen wurden im Juli 1964 vorgelegt.[22] Zugleich leitete die Kommission zu Anfang der 1960er Jahre unter anderem Untersuchungen in die Wege, anhand derer ein geeigneter Wirtschaftsraum zur praktischen Erprobung eines effektiven Industrialisierungsverfahrens ermittelt werden sollte. Die EWG-Kommission entschied sich schließlich für die Region Tarent-Bari im süditalienischen Apulien. Dort wurden seit 1965/66 Mittel der Gemeinschaft über die Europäische Investitionsbank eingesetzt, um einen florierenden Industriekomplex zur Stahlerzeugung und -verarbeitung zu fördern und so den Musterfall eines „industriellen Entwicklungspols" zu schaffen. Zur Mitte der 1960er Jahre stellte dieses Vorhaben das wichtigste räumlich konzentrierte Projektvorhaben der Kommission dar.[23]

Spätestens in dieser Phase bewegten sich die theoretischen Ausarbeitungen, die der Kommission zur Verfügung standen, in sachlicher und qualitativer Hinsicht auf dem Niveau der internationalen regionalwirtschaftlichen Forschung. Das bedeutete vor allem, daß Lösungen nicht in punktuellen Eingriffen, sondern im Rah-

---

[20] Erich Dittrich, Regionale Wirtschaftspolitik im europäischen Rahmen: Wirrwarr der Vorstellungen und Pläne, in: Informationen des Instituts für Raumforschung 6/61 vom 27.3.1961, S. 103-122 und 7/61 vom 10.4.1961, S. 133-152.
[21] Dokumente der Konferenz über Fragen der regionalen Wirtschaft. Brüssel, 6.-8. Dezember 1961. Hg. von der Europäischen Wirtschaftsgemeinschaft, Kommission. 2 Bände, Brüssel 1961.
[22] Berichte von Sachverständigengruppen über die Regionalpolitik in der EWG. Hg. von der Europäischen Wirtschaftsgemeinschaft, Kommission, Brüssel 1964. Im Überblick: Yves Delamotte/Erika Georges, Die Rolle der Europäischen Gemeinschaft für Kohle und Stahl und der Europäischen Wirtschaftsgemeinschaft in der Regionalpolitik, in: Regionale Entwicklungspolitik in Großbritannien und den Ländern der EWG. Hg. vom Zentralinstitut für Raumplanung an der Universität Münster, Münster 1968, S. 266-303; Dieter Heymans, Die Regionalpolitik der EWG und die Länder der Bundesrepublik Deutschland, Diss. Köln 1969; Horst Zepperitz, Die Regionalpolitik der Europäischen Wirtschaftsgemeinschaft der Sechs und der Neun (1958-1980), Diss. Oldenburg 1982, S. 21 ff.
[23] Delamotte/Georges, Rolle der Europäischen Gemeinschaft, S. 285-301; vgl. für die zeitgenössische Wahrnehmung seitens der Bundesregierung auch: Erster Raumordnungsbericht der Bundesregierung 1963, S. 28-34. Die rückblickende Langzeitperspektive bis in die frühen 1990er Jahre bietet: Karin Beckmann, Probleme der Regionalpolitik im Zuge der Vollendung des Europäischen Binnenmarktes. Eine ökonomische Analyse (Hohenheimer Volkswirtschaftliche Schriften 19), Frankfurt/Main u. a. 1995.

men möglichst umfassender Ansätze gesucht wurden. Eine Arbeitsgruppe, die sich mit dem Entwicklungspotential schwach strukturierter Gebiete befaßte, rückte als „Faktoren der Regionalwirtschaft" die Rolle der Infrastruktur in den Vordergrund und betonte die Interferenzen zwischen dem industriellen Strukturwandel, der Entwicklung des Dienstleistungssektors und den grundstürzenden Wandlungsprozessen in der Landwirtschaft. Zur theoretischen Abstützung der eigenen Empfehlungen rekurrierte man auf das Konzept der zentralen Orte oder „Wachstumspole" und differenzierte zwischen dem „motorischen" und dem „induzierten Leistungsbereich" einer Wirtschaftsregion. Auf diesem Wege fand die „Exportbasis-Theorie" ihren Eingang in die Förderstrategie auch der europäischen Ebene.[24]

Als Gegenstück zu den wachsenden eigenen Koordinierungsanstrengungen regte die Gemeinschaft die Ausarbeitung von Regionalprogrammen für benachteiligte Regionen seitens der Mitgliedsländer an. Dort sollten aus Mitteln der Gemeinschaft „Entwicklungsschwerpunkte" gesetzt oder vorhandene Industriezentren ausgebaut werden. Als regionale Zielgruppen kamen dabei randständige, industriearme Räume der EWG in Frage. Schnelle Erfolge waren diesen Ansätzen entgegen den zeitgenössischen Erwartungen aber nicht beschieden. Bezogen auf das erweiterte Gemeinschaftsgebiet vergrößerten sich die Unterschiede der regionalen Wirtschaftskraft bis zu Beginn der 1990er Jahre vor allem aufgrund des Beitritts Griechenlands, Spaniens und Portugals sogar noch.[25]

Bayern war in den frühen regionalwirtschaftlichen Studien der Gemeinschaft in durchaus angemessener Weise präsent. Die Probleme des oberfränkischen Industriegebiets wurden von den bundesdeutschen Sachverständigen sogar mehrfach als Musterbeispiel eingesetzt, um auf europäischer Bühne die besonderen ökonomischen Folgen der Zonengrenzziehung deutlich zu machen. Während der Brüsseler Koordinationskonferenz von 1961 nahm der CSU-Bundestagsabgeordnete Gerhard Wacher[26] die Gelegenheit wahr, in seiner Eigenschaft als Vorsitzender des Unterausschusses für Zonenrand- und Grenzlandfragen die Krisenlagen Oberfrankens an privilegierter Stelle zur Kenntnis der internationalen Expertenrunde zu bringen.[27]

---

[24] Arbeitsgruppe Nr.1, beauftragt mit dem Studium der zu entwickelnden Gebiete. Bericht und Anhänge über die Ziele und Methoden der Regionalpolitik, in: Berichte über die Regionalpolitik in der Europäischen Wirtschaftsgemeinschaft, ausgearbeitet von drei Sachverständigengruppen. Hg. von der Europäischen Wirtschaftsgemeinschaft, Kommission, Brüssel 1964, S. 9–137, bes. S. 32 und 48 ff.
[25] Die Regionen in den 90er Jahren. Vierter periodischer Bericht über die sozio-ökonomische Lage und Entwicklung der Regionen der Gemeinschaft. Hg. von der Kommission der Europäischen Gemeinschaft, Brüssel 1991, S. II–IV; Beckmann, Probleme der Regionalpolitik, S. 51–69.
[26] Gerhard Wacher (1916–1990), CSU-Politiker, 1946–1948 Wirtschaftsberater am Landwirtschaftsamt in Hof, 1952–1967 Landwirtschaftsrat, später Oberlandwirtschaftsrat an gleicher Stelle, 1953–1963 MdB (CSU), 1966–1974 MdL (CSU), 1970–1974 Vorsitzender des Ausschusses für Grenzlandfragen im Bayerischen Landtag.
[27] Gerhard Wacher, Probleme eines peripheren Industriegebiets unter besonderer Berücksichtigung der Zonenrandschwierigkeiten, dargestellt am Beispiel Oberfrankens, in: Dokumente der Konferenz über Fragen der regionalen Wirtschaft, Band 1, S. 341–350. Vgl. zur Präsenz Oberfrankens und Bayerns in den EWG-Dokumenten auch: Anlage A. Versuch einer regionalen Unterteilung der Europäischen Wirtschaftsgemeinschaft, erstellt von der Arbeitsgruppe der nationalen Sachverständigen, in: Dokumente der Konferenz über Fragen der regionalen Wirtschaft, Band 2, S. 59–163 (für Deutschland: S. 64–87); Arbeitsgruppe Nr.2, beauftragt mit der Prüfung der Probleme bereits industrialisierter Gebiete mit veralteter Struktur, in: Berichte über die Regionalpolitik in der Europäischen Wirtschaftsgemeinschaft, S. 139–264, hier: S. 207.

1. Bayern im vergrößerten Wirtschaftsraum der EWG

Ungeachtet dessen war bereits früh klar, daß das Bundesland Bayern als Zielregion für räumlich zugeschnittene Fördermaßnahmen nicht in erster Linie in Frage kam. Denn wie die Gutachten mit wachsender Eindringlichkeit zeigten, lagen die Brennpunkte ökonomischer Rückständigkeit im Rahmen des entstehenden „Europas der Sechs" keineswegs in Westdeutschland. Es kam deshalb durchaus einem Signal für die nähere Zukunft gleich, wenn Kommissions-Vizepräsident Robert Marjolin am Ende der ersten internationalen Koordinationskonferenz im Dezember 1961 herausstellte, daß die europäischen Förderstrategen vorerst ausschließlich an die „südlichen" und „westlichen" Teile des Gemeinschaftsgebiets, also an die schwach strukturierten Zonen Süditaliens und West- bzw. Südwestfrankreichs dachten.[28]

Man war sich in den Reihen der bayerischen Wirtschaftspolitiker selbstverständlich bewußt, daß das ökonomische Gewicht des Bundeslands im Rahmen des europäischen Gemeinschaftsgebiets nur als „vergleichsweise bescheidener Anteil" einzustufen war. Gemessen an der Fläche, an der Zahl der Erwerbspersonen und am Bruttosozialprodukt lag dieser Anteil jeweils etwa zwischen 5 und 6%.[29] Ohnedies war eine Einflußnahme Bayerns auf Entscheidungen der EWG allenfalls über indirekte Wege möglich. Zum Zeitpunkt der Gründung 1957 war die Bundesrepublik Deutschland der einzige föderal aufgebaute Mitgliedsstaat; eine Erwähnung der Bundesländer fand sich jedoch an keiner Stelle des EWG-Vertrags. Für bereits existierende oder künftige Gliedstaaten eines Mitgliedslandes sah das Vertragswerk weder eine Vertretung in den Organen der Gemeinschaft noch eine direkte Beteiligung am europäischen legislativen Prozeß vor. Als maßgeblicher und staatsrechtlich einziger deutscher Verhandlungs- und Diskussionspartner der europäischen Institutionen fungierte die Bundesregierung. Im Zuge des Ratifizierungsverfahrens von EWG und Euratom im Sommer 1957 konnten die Länder allerdings durchsetzen, daß der Bundesrat über politische Vorhaben der EWG „laufend zu unterrichten"[30] war. Erst im September 1987 eröffnete Bayern als vorletztes westdeutsches Bundesland ein eigenes Länderbüro in Brüssel. Im Gefolge der Einheitlichen Europäischen Akte vom Februar 1986 und der damit umgesetzten Reform der Römischen Verträge hatte sich der Bund auf Druck aus dem Bundesrat hin bereitgefunden, die stärkere Beteiligung der Länder in dieser institutionalisierten Form zuzugestehen.[31]

---

[28] Einleitender Bericht von Herrn R. Marjolin, Vizepräsident der Kommission der Europäischen Wirtschaftsgemeinschaft, in: Dokumente der Konferenz über Fragen der regionalen Wirtschaft, Band 1, S. 19-34; Zusammenfassender Schlußbericht von Herrn Vizepräsident Marjolin, in: Dokumente der Konferenz über Fragen der regionalen Wirtschaft, Band 2, S. 51-57, hier: S. 57; Erste Mitteilung der Kommission über die Regionalpolitik in der Europäischen Wirtschaftsgemeinschaft (II/SEK (65) 1170 endg.), Brüssel 1965, S. 12f. Zur Intensivierung der Planungsdiskussionen auf europäischer Ebene auch: Metzler, Am Ende aller Krisen?, S. 88.
[29] Goppel, Bayern und die EWG, S. 33.
[30] Drucksache 343/57 vom 5.7.1957, in: Verhandlungen des Deutschen Bundesrates, Drucksachen, Band 1957/11, Bonn 1958.
[31] Doris Fuhrmann-Mittlmeier, Die deutschen Länder im Prozeß der Europäischen Einigung. Eine Analyse der Europapolitik unter integrationspolitischen Gesichtspunkten (Beiträge zur Politischen Wissenschaft 62), Berlin 1991, S. 161-179, 273-316; Michael Borchmann, Verbindungsbüros der Bundesländer bei der EG, in: Neue Zeitschrift für Verwaltungsrecht (1988), S. 218-220; Karl-Heinrich Rolfes, Regionale Wirtschaftsförderung und EWG-Vertrag. Die Aktionsräume von Bund, Ländern und Kommunen (Schriftenreihe Recht – Technik – Wirtschaft 60), Köln u. a. 1991, S. 45-224.

Bis dahin blieben die offiziellen Einwirkungsmöglichkeiten der Länder im wesentlichen auf Initiativen im Bundesrat beschränkt. Dieser richtete auf Vorschlag der bayerischen Staatsregierung einen „Sonderausschuß für Fragen des Gemeinsamen Marktes und der Freihandelszone" ein. Das Kabinett Goppel scheute sich darüber hinaus auch gegen den Widerstand aus Bonn nicht, informelle Kontakte zu pflegen. Der neue bayerische Staatsminister für Bundesangelegenheiten, Franz Heubl[32], legte Wert darauf, mehrmals jährlich zu Gesprächen mit europäischen Spitzenbeamten nach Brüssel zu reisen. Im Juli 1963 entsandte das bayerische Kabinett dorthin eine Regierungsdelegation zu einer „informatorischen" Mission, um auf die besonderen wirtschaftspolitischen Probleme des Landes aufmerksam zu machen.[33] In weniger Aufsehen erregender Weise waren bayerische Abgeordnete aus CSU, SPD und FDP seit März 1958 im Europäischen Parlament als der gemeinsamen Versammlung von EWG, Euratom und EGKS vertreten. Die seit Ende der Viererkoalition 1957 unangefochten stärkste bayerische Regierungspartei CSU entsandte die Bundestagsabgeordneten Hans August Lücker, Joseph Oesterle, Maria Probst und Hugo Geiger; letzterer hatte in den beiden ersten Kabinetten Hans Ehards zwischen 1947 und 1950 das Amt des Staatssekretärs im Wirtschaftsministerium wahrgenommen. Für die bayerische SPD traten Gerhard Kreyssig und Käte Strobel, für die FDP Heinz Starke ihre Mandate in Brüssel an.[34]

Der bayerischen Unionspartei war aufgrund ihrer politisch-parlamentarischen Stellung bereits gegen Ende der 1950er Jahre für Bayern eine dominierende Stellung im Verkehr mit den europäischen Institutionen zugewachsen. Gleichwohl fiel es der CSU und den von ihr dominierten Staatsregierungen zunächst spürbar schwer, zu einer in sich abgestimmten, alle wesentlichen Felder der Integrationspolitik umspannenden europapolitischen Position zu gelangen. Erst unter der Ministerpräsidentschaft von Alfons Goppel verdichteten sich die Bemühungen in dieser Richtung. Das Zögern der bayerischen Verantwortlichen hatte vornehmlich, doch nicht allein mit den bereits erwähnten, in der Sache begründeten Einschätzungsproblemen zu tun. Neben dem Feld der ökonomischen Regionalpolitik war davon die Agrarwirtschaft tangiert, wo die Brüsseler Behörden besonders rasche Fortschritte anstrebten. Aufgrund der ergebnisungewissen Teilprozesse der europäischen wirtschaftlichen Integration standen Politiker überall in der Gemeinschaft vor der Aufgabe, „in einer Zeit, in der die ganze Entwicklung im Fluß ist und nicht überschaut werden kann"[35], Reaktionsstrategien zu entwickeln.

---

[32] Franz Heubl (1924–2001), CSU-Politiker, 1950–1960 Beamter im Bayerischen Staatsministerium für Unterricht und Kultus, 1953–1990 MdL (CSU), 1958–1962 Vorsitzender der CSU-Fraktion im Bayerischen Landtag, 1960–1962 Leiter der Bayerischen Staatskanzlei, 1962–1978 Bayerischer Staatsminister für Bundesangelegenheiten.
[33] Interview mit Landtagspräsident a.D. Dr. Franz Heubl, in: Geschichte einer Volkspartei. 50 Jahre CSU 1945–1995. Hg. von der Hanns-Seidel-Stiftung, München 1995, S. 541–561, hier: S. 559; Goppel, Bayern und die EWG, S. 34f.
[34] Zur Terminologie grundlegend: Europäisches Parlament. Die ersten zehn Jahre 1958–1968. Hg. vom Generalsekretariat des Europäischen Parlaments, Veröffentlichung der Generaldirektion Parlamentarische Dokumente und Information, Brüssel 1969, S. 22; Schedl, Europäische Wirtschaftsgemeinschaft und Bayern, S. 3.
[35] So der bayerische Landwirtschaftsminister Alois Hundhammer in seiner Etatrede des Jahres 1963: Stenographischer Bericht über die 13. Sitzung des Bayerischen Landtags am 2.4.1963, S. 445.

1. Bayern im vergrößerten Wirtschaftsraum der EWG

In Bayern stellte sich die resultierende Problematik in verschärftem Maße. Die exogenen Anstöße trafen hier auf einen Wirtschaftsraum im beschleunigten Umbruch, dessen überdurchschnittliche Wachstumsentwicklung jüngeren Datums und nur im Schatten des bundesdeutschen „Wirtschaftswunders" überhaupt denkbar gewesen war. Für die CSU-geführte bayerische Landespolitik galt es daher in dieser Phase, die verheißungsvollen binnenwirtschaftlichen Ansätze nach Kräften zu stabilisieren, ohne zuzulassen, daß die Wirkungen des herannahenden Gemeinsamen Marktes die bekannten Schwächen der bayerischen Wirtschaftsstruktur wieder stärker zum Tragen brachten. Die Entwicklung adäquater Reaktionen fiel umso schwerer, als in Teilen der CSU wahlpolitische Bedenken ins Spiel kamen und erhebliches Gewicht entfalteten. Besonders auf dem Feld der Landwirtschaftspolitik scheuten christlich-soziale Politiker über den „agrarpolitischen" Flügel der Partei hinaus davor zurück, die eigene bäuerliche Klientel in der Frage möglicher Anpassungsmaßnahmen an den Gemeinsamen Markt vor den Kopf zu stoßen. Aufs Ganze gesehen, kamen in den frühen Jahren der EWG zwischen 1958 und 1962 Impulse konstruktiven Nachdenkens über die allgemein- und strukturpolitischen Folgen der europäischen Integration für Bayern ganz überwiegend aus dem Münchner Wirtschaftsministerium und aus der Staatskanzlei.

Ein instruktives Beispiel für eine Haltung des temporären Verdrängens und der intellektuellen Abwehr lieferte hingegen die CSU-Landesgruppe im Bundestag. Fragen der europäischen Wirtschaftspolitik, sofern sie die Bonner CSU-Politiker in der Frühzeit der EWG überhaupt beschäftigten, stellten sich in den Debatten der Landesgruppe in erster Linie als Probleme der Agrarpolitik dar. Den Ansätzen einer europäischen regionalen Wirtschaftspolitik galt das Augenmerk kaum. Doch selbst akute landwirtschaftspolitische Problemstellungen wurden zunächst nicht mit Blick auf die Antizipation möglicher Folgen für Bayern diskutiert. Hinreichend Anlaß hierzu hätte bestanden. Ähnlich den Verfahrensweisen für das Feld der ökonomischen Regionalpolitik hatte der EWG-Vertrag die Koordination der Agrarpolitik der Mitgliedsstaaten als Ziel postuliert. Eine europäische Marktordnung zur Regelung der Handelspolitik in der Gemeinschaft war jedoch 1957/58 nicht erlassen worden und seither Gegenstand schwieriger Abstimmungsgespräche. Dabei stand die Liberalisierung der europäischen Handelsbeziehungen für Agrarprodukte von Anfang an im Mittelpunkt der Beratungen im Landwirtschaftsausschuß der EWG. Denn obwohl der internationale Warenaustausch zwischen den EWG-Staaten eindeutig vom Handel mit Industrieprodukten dominiert wurde, konnte die agrarpolitische Ebene des Gemeinsamen Marktes als einer der Kernbereiche des Einigungsprozesses nicht zurückgestellt werden. Die EWG-Kommission plante deshalb, bis zum 1. Januar 1960 einen konkreten ersten Vorschlag für eine europäische Agrarpolitik vorzulegen.[36] Ein besonders „heißes Eisen" in den Verhandlungen und in der Außenwahrnehmung seitens der organisierten Landwirtschaft in Westdeutschland stellte die Frage der künftigen Getreidepreise

---

[36] Ulrich Kluge, Vierzig Jahre Agrarpolitik in der Bundesrepublik Deutschland. Band 1, Hamburg/Berlin 1989, S. 230 ff. Eine zugleich präzise und pointierte Zusammenfassung bundesdeutscher Landwirtschaftspolitik bietet: ders., Vierzig Jahre Landwirtschaftspolitik der Bundesrepublik Deutschland 1945/49–1985. Möglichkeiten und Grenzen staatlicher Agrarintervention, in: Aus Politik und Zeitgeschichte B 42/86 vom 18.10.1986, S. 3–19.

dar. Hier existierten für den Handelsaustausch mit Futtergetreide enorme Differenzen in den Partnerländern, worin sich wiederum die großen Unterschiede zwischen den jeweiligen Agrarsystemen niederschlugen. Eine Angleichung der hohen deutschen Preise an das wesentlich niedrigere Niveau in den Niederlanden oder Belgien schien daher auf Dauer unvermeidlich, wenn man gleiche Wettbewerbsbedingungen herstellen und zugleich der Gefahr der Überproduktion aus dem Wege gehen wollte.[37]

In der CSU-Landesgruppe kam die schwebende Problematik gegen Jahresanfang 1959 zur Sprache. Die dringende Aufforderung des CSU-Europaabgeordneten Lücker, zumindest parteiintern eine klare Position in der Preisfrage zu erarbeiten, stieß jedoch auf wenig Gegenliebe. Zur großen Bestürzung Lückers riet der Landesgruppenvorsitzende Höcherl[38] mit Blick auf die Wahlaussichten der Partei zu einem dilatorischen Vorgehen. Da die Gefahr drohe, in der Frage der EWG-Landwirtschaftspolitik seitens der SPD mit dem Vorwurf konfrontiert zu werden, „an diesen Entscheidungen aktiv mitgearbeitet" zu haben, legte er nahe, derartige Festlegungen vorerst überhaupt zu vermeiden. Stattdessen solle beschwichtigend und aufklärend auf die bäuerliche Bevölkerung in Bayern eingewirkt werden: „Wegen der Entwicklung gäbe es auf dem Lande draußen keine richtigen Vorstellungen. Auf jeden Fall sei sehr viel Unruhe zu verzeichnen. Das sei ein Zeichen, daß die Bevölkerung nicht richtig unterrichtet sei. Die Bevölkerung müsse wissen, daß es noch lange dauern werde, ehe etwas Konkretes herauskommt. Wir müßten eine Sprachregelung finden, die wir verkaufen können."[39]

Im Rückblick betrachtet, sprach eine gewisse politische Instinktsicherheit aus der Vorgabe Höcherls. Denn tatsächlich geriet die bayerische Agrarpolitik nicht ins Visier jener bäuerlichen Proteste, die der „Kampf um den Getreidepreis" in den frühen 1960er Jahren in Teilen Norddeutschlands provozierte.[40] Ebenso richtig ist jedoch, daß die Landesgruppe ihre denkbare Rolle als Mittlerstelle und Ideenlieferantin für eine aktive Europapolitik der CSU vorerst nicht wahrnahm. Die von Hans August Lücker vorgetragene Mahnung, daß man sich „nicht in einzelnen Punkten zurückziehen könne", wenn man die „Gesamtkonzeption [der Europäischen Wirtschaftsintegration, S.G.] für richtig halte"[41], blieb unberücksichtigt. Hieran konnten zunächst auch kritische Äußerungen einzelner Abgeordneter in der Folgezeit nichts ändern, wonach die „CDU/CSU bisher zu wenig an Aufklärung über den EWG-Vertrag und die Landwirtschaft im Rahmen dieses Vertrages" betrieben habe, oder „daß sich die CSU tatsächlich früher hätte mit diesen Dingen befassen sollen."[42]

---

[37] Kluge, Vierzig Jahre Agrarpolitik, Band 1, S. 241-243; Paul Ackermann, Der Deutsche Bauernverband im politischen Kräftespiel der Bundesrepublik. Die Einflußnahme des DBV auf die Entscheidung über den europäischen Getreidepreis (Tübinger Studien zur Geschichte und Politik 27), Tübingen 1970, S. 52ff.
[38] Hermann Höcherl (1912-1989), Jurist, CSU-Politiker, 1948-1951 Tätigkeit als Rechtsanwalt, später Staatsanwalt, 1953-1976 MdB (CSU), 1961-1965 Bundesinnenminister, 1965-1969 Bundesminister für Ernährung, Landwirtschaft und Forsten.
[39] ACSP, LG-P, Protokoll der Landesgruppensitzung vom 16.2.1959, S. 1-6, Zitat: S. 4.
[40] Eichmüller, Landwirtschaft und bäuerliche Bevölkerung, S. 370-373 (Zitat: S. 372).
[41] ACSP, LG-P, Protokoll der Landesgruppensitzung vom 16.2.1959, S. 5.
[42] ACSP, LG-P, Protokoll der Landesgruppensitzung vom 4. Dezember 1961, S. 1 (Probst); ebenda, Protokoll der Landesgruppensitzung der CSU vom 29. Januar 1962, S. 5 (Wacher).

b) Die „größte und schwierigste Aufgabe der Nachkriegszeit": Planung im Zeichen der Integration von Landwirtschafts- und Industriestrukturpolitik

Unter der Ministerpräsidentschaft Alfons Goppels, der sein Amt im Dezember 1962 antrat, geriet die bayerische Position gegenüber der EWG neu in Bewegung. Diese Feststellung gilt weniger für die fortbestehende, grundsätzlich positiv getönte Ambivalenz der Einschätzungen, mit der die führenden bayerischen Landespolitiker dem Prozeß der Einigung gegenübertraten. Neu war die veränderte Konstellation von Sachfragen, Personen und Initiativen, die sich einstellte: Sie machte das abwartende Aufschieben nötiger wirtschaftsstruktureller Anpassungsvorgänge auch auf der Landesebene zunehmend unmöglich. Als problematische Mitgift im neuen Amt war Goppel unter anderem der Übergang in die zweite Stufe des Gemeinsamen Marktes und die Verabschiedung der neuen Agrarmarktordnung im Januar 1962 zuteil geworden. Die zugehörigen, vom EWG-Ministerrat beschlossenen Ausführungsverordnungen für den Agrarsektor traten am 1. Juli 1962 in Kraft und wurden damit zu unmittelbar geltendem, nationalen Recht in den sechs Mitgliedsstaaten. Damit entstand auf dem Feld der Landwirtschaftspolitik die Basis für eine europäische Wirtschaftsunion, die deutlich in nationalstaatliche Souveränitätsrechte eingriff. Im Unterschied dazu hatte der EWG-Vertrag für den gewerblich-industriellen Sektor – wie gesehen – lediglich den Aufbau einer Zollunion und einige Ansätze regionaler Wirtschaftspolitik vorgesehen.[43]

Diese jüngste Entwicklung, zusammen mit der Tatsache, daß der agrarische Sektor im Strukturwandel der beginnenden 1960er Jahre ohnehin gegenüber den übrigen Wirtschaftsbereichen benachteiligt erschien, machte beschleunigte Reaktionen unabweisbar. Das galt umso mehr, als die potentiellen Folgen des Beitritts Großbritanniens zur EWG in Kreisen der westdeutschen Bauernschaft und ihrer Verbandsvertretung ebenso für Unruhe sorgten wie neue, kontrovers diskutierte agrarwirtschaftliche Zukunftsprognosen. Im Gefolge des sogenannten „Professoren-Gutachtens" deutscher Agrarwissenschaftler vom Sommer 1962 verdichteten sich die schwelenden Gravamina zu einer überregional äußerst emotional geführten Debatte. Sie reflektierte im Gesamtzusammenhang der bundesdeutschen Agrarpolitik eine entscheidende Etappe des Übergangs im Prozeß der öffentlichen Meinungsbildung. Von großer Brisanz war nicht allein die Empfehlung der Gutachter, das deutsche Getreidepreisniveau in Annäherung an europäische Standards abzusenken und diesen Schritt auf eine Reihe anderer Bodenerzeugnisse auszudehnen. Auf Empörung und Protest stießen vor allem die weiteren Schlußfolgerungen. Die vom Bundeslandwirtschaftsministerium und von EWG-Agrarkommissar Sicco Mansholt gemeinsam beauftragten Wissenschaftler regten an, die Produktivität in der deutschen Landwirtschaft energisch zu steigern und die Anpassung ihrer Produktionsvoraussetzungen an den Binnenmarkt zu beschleunigen. Getragen von wissenschaftlicher Expertise stand damit die Forderung im Raum, daß die von der Bundesregierung bisher zugunsten der westdeutschen Landwirtschaft praktizierte Preis- und Marktpolitik durch eine strukturelle Umgestaltung der hei-

---

[43] Zum Gesamtzusammenhang und zu den Einzelheiten der Brüsseler Agrarbeschlüsse: Kluge, Vierzig Jahre Agrarpolitik, Band 1, S. 325-335.

mischen Agrarwirtschaft zu ergänzen war. Es lag in der Konsequenz dieser Überlegungen, daß sich die Fachleute nicht nur für die förderpolitische Begünstigung von hinreichend leistungsfähigen Betriebsgrößen in der deutschen Landwirtschaft stark machten. Mit Blick auf die mittlere Zukunft empfahlen sie zudem das Ausscheiden einer größeren Anzahl vorwiegend älterer Landwirte aus dem angestammten Beruf. Die Voraussetzungen hierzu sollten anhand von regionalen Bildungs- und Sozialprogrammen ebenso verbessert werden wie durch staatliche Investitionshilfen für die verbleibenden Betriebe.[44]

Die Empfehlungen der Expertenkommission hätten in Westdeutschland kaum so bemerkenswert große negative Resonanz erzeugt, wenn sie nicht einer seit längerem von der Brüsseler EWG-Kommission vertretenen Position äußerst nahegekommen wären. Insbesondere Kommissions-Vizepräsident Mansholt hatte seit den späten 1950er Jahren unablässig dafür geworben, dem ökonomischen Strukturwandel durch den entschlossenen Abbau landwirtschaftlicher Produktionskapazitäten entgegenzuarbeiten. Im Herbst 1962 ging Mansholt davon aus, daß der Anteil der agrarisch tätigen Bevölkerung in den Ländern der Gemeinschaft von aktuell 30% auf etwa 6 bis 10% herabgesetzt werden könnte. Die Bundesregierung sah sich angesichts der Proteste von mehr als 10000 norddeutschen Bauern im Herbst 1962 genötigt, zu Teilen des Gutachtens auf Distanz zu gehen. Nur wenig später machte indes ein Vorstoß des Staatssekretärs im Bundeslandwirtschaftsministerium deutlich, daß man gleichwohl auf eine Wende in der staatlichen Agrarpolitik zusteuerte. Die Vorschläge Rudolf Hüttebräukers vom Februar 1963 zielten darauf ab, die Fördermittel aus dem „Grünen Plan" nur noch lebensfähigen Vollerwerbsbetrieben zukommen zu lassen.[45]

Gegen Ende der Ära Adenauer wandte sich die bundesdeutsche Agrarpolitik von einer Förderstrategie ab, die bislang darauf gesetzt hatte, bestehende Einkommensdifferenzen zwischen Betrieben unterschiedlicher Größenordnung über großzügige strukturbezogene Hilfen auszugleichen. Die neue Förderpolitik der Bundesregierung sah vor, die Eigentümer wenig rentabler Neben-, Zuerwerbs- und Kleinbetriebe durch gezielte Anreize entweder zur Erweiterung ihrer Höfe oder aber zur Aufgabe und zum Eintritt in eine gewerblich-industrielle Erwerbstätigkeit zu bewegen. Unter der Kanzlerschaft Ludwig Erhards fand diese Politik des forcierten landwirtschaftlichen Strukturwandels ihre Fortsetzung und Erweiterung.[46]

Vor solchem Hintergrund bahnte sich in der bayerischen Landespolitik in den frühen 1960er Jahren ein – begrenztes – Umdenken im Umgang mit den Belangen der heimischen Landwirtschaft an. Die Reorientierung bedurfte einiger Zeit und verdichtete sich bis gegen Ende der Dekade zum Konzept eines „bayerischen Weges" in der Agrarpolitik. Im Gegensatz zu den weitergehenden Restrukturierungsplänen des Bundes und der EWG-Kommission hielten die bayerischen Kabi-

---

[44] Richard Reile, Der bayerische Bauer im Gemeinsamen Markt. Das Professorengutachten über die Problematik der künftigen EWG-Agrarpreise, in: Bayerische Staatszeitung, 19.10.1962; Kluge, Vierzig Jahre Agrarpolitik, Band 1, S. 335–338; Wolfram Kaiser, Großbritannien und die Europäische Wirtschaftsgemeinschaft 1955–1961. Von Messina nach Canossa, Berlin 1996.
[45] Kluge, Vierzig Jahre Agrarpolitik, Band 1, S. 338–342.
[46] Ebenda, S. 351 ff.

1. Bayern im vergrößerten Wirtschaftsraum der EWG

nette am grundsätzlichen Nebeneinander verschiedener Betriebs- und Bewirtschaftungsformen fest. In der Förderpraxis bedeutete dies, daß einerseits Anstöße zur Verpachtung landwirtschaftlicher Nutzflächen und damit zur Flächenaufstockung gegeben wurden. Andererseits praktizierte man weiterhin die Vergabe von Kredithilfen an Kleinbetriebe und unterstützte bäuerliche Kooperationsinitiativen etwa in Gestalt von Maschinen- und Erzeugerringen. Die harte Alternative zwischen Verkauf oder Erweiterung von Betriebsvermögen sollte damit abgemildert werden, die Bewirtschaftung von Neben- oder Zuerwerbsbetrieben weiterhin als Möglichkeit erhalten bleiben. Der Schaffung zusätzlicher gewerblich-industrieller Erwerbsmöglichkeiten für die ländliche Bevölkerung kam unter diesen Umständen große Bedeutung zu.[47] Wie im folgenden zu zeigen ist, hatte gerade deshalb die von der europäischen und nationalen politischen Ebene induzierte Agrarstrukturpolitik direkte Folgen auch für die weitere Gestaltung der bayerischen Industrialisierungsanstrengungen.

Die revidierte bayerische Agrarförderpolitik war weder in sich noch im Verhältnis zu den seit den ausgehenden 1940er Jahren im Lande betriebenen Industrialisierungsbestrebungen vollkommen widerspruchsfrei. Überblickt man die Schwerpunkte der Fördermaßnahmen und des Mitteleinsatzes, dann lassen sich sowohl Impulse zur Beschleunigung als auch zur Verzögerung des sektoralen Strukturwandels in Bayern erkennen. Zwar erfuhren die vom Land seit Anfang der 1950er Jahre vergebenen Subventionen zur Unterstützung der agrarischen Investitionstätigkeit gegen Ende des Jahrzehnts eine erhebliche Ausweitung. Neben der Verbesserung der ländlichen Infrastruktur und der technischen Ausstattung wurde vor allem das landwirtschaftliche Beratungs- und Fortbildungswesen gefördert, wobei die Stärkung der internationalen Konkurrenzfähigkeit durch effektivere, rationelle Betriebsführung als Leitgedanke im Hintergrund stand. Auf der anderen Seite vergab die bayerische Agrarpolitik in stark zunehmendem Maße breit gestreut Mittel zur Verbesserung der Ertragslage der Bauern und zur Anhebung des Preisniveaus für landwirtschaftliche Produkte, insbesondere für Milch. In Zahlen gefaßt, beliefen sich die Subventionen Bayerns für die Landwirtschaft zwischen 1957 und 1965 auf einen Betrag von fast 1,28 Mrd. DM. Dies kam für den genannten Zeitraum einer Ausweitung von mehr als 862% gegenüber der zwischen 1951 und 1956 erreichten Fördersumme gleich. Hiervon erhöhten sich die für den Zeitraum 1957 bis 1965 verausgabten Mittel für landwirtschaftliche Investitionen gegenüber dem Stand von 1956 um etwa 518%, für „sonstige Subventionen zur Verbesserung der Ertragslage" hingegen um mehr als 3268%! Damit stieg der Anteil der Agrarförderung am Staatshaushalt von etwa 6,0% im Jahr 1958 auf 10,0% im Jahr 1965 an.[48]

---

[47] Hans Eisenmann, Die Integration der bayerischen Landwirtschaft in die Industriegesellschaft, in: Bayerisches Landwirtschaftliches Jahrbuch 48 (Sonderheft 1), München 1971, S. 11–18; Kluge, Vierzig Jahre Agrarpolitik, Band 2, S. 134 f.; Eichmüller, Landwirtschaft und bäuerliche Bevölkerung, S. 94–96.
[48] Die Steigerungsraten der Agrarsubventionen in Bayern wurden berechnet nach: Démètre Zavlaris, Die Subventionen in der Bundesrepublik Deutschland seit 1951. Eine Untersuchung ihres Umfangs, ihrer Struktur und ihrer Stellung in der Finanz- und Volkswirtschaft (DIW-Beiträge zur Strukturforschung 14), Berlin 1970, S. 100 (Tabelle 10). Siehe hierzu auch die Stellungnahme von Landwirtschaftsminister Hundhammer: Stenographischer Bericht über die 13. Sitzung des Bayerischen Landtags am 2.4.1963, S. 445.

Für die Methoden und Inhalte der Strukturpolitik in Bayern erwuchs aus dieser Entwicklung eine komplexe Herausforderung. Denn je mehr in den 1960er Jahren unter dem Druck der EWG-Anpassung eine gezielte Agrar*struktur*politik die Aufmerksamkeit der Staatskanzlei und der befaßten Ministerien beanspruchte, desto unabweisbarer wurde es, für Bayern zu einem gesamtwirtschaftlich sinnvollen und politisch vertretbaren Abgleich von Industrialisierungs- und Landwirtschaftspolitik zu finden. So entfalteten sich eben hier die wohl wichtigsten Konsequenzen des EWG-Anpassungsprozesses für die strukturpolitische Arbeit bayerischer staatlicher Stellen. Ohne daß spektakuläre Modernisierungsdiskurse oder Überlegungen zur Interdependenz der Politikfelder vorangegangen wären, machte die wirtschaftspolitische Praxis im vergrößerten Wirtschaftsraum *einerseits* ein bis dahin nicht praktiziertes Maß an Koordination der ministeriellen Arbeit unabweisbar. Darüber hinaus kehrte *andererseits* der Planungsgedanke auf dem Umweg über die europäische wirtschaftliche Einigung auch in Bayern mit neuer Durchsetzungskraft auf die politische Tagesordnung zurück. Der Gemeinsame Markt bot hierfür nicht den alleinigen Anstoß. Der exogene Impuls war jedoch entscheidend daran beteiligt, daß die Debatte um die Mittel und Ziele von Raumordnung und Landesplanung in Bayern nach einigen Jahren der Latenz in der ersten Hälfte der 1960er Jahre wieder auflebte.

Die neu erwachsene Notwendigkeit zur fachübergreifenden Zusammenarbeit vereinfachte die Arbeit der staatlichen Stellen zunächst nicht. Anders als bisher waren überkommene Formen von Sprachlosigkeit zwischen einzelnen Ministerien zu überwinden oder Planungen unter den Ressorts abzustimmen. Dies galt besonders für das Verhältnis zwischen dem bayerischen Wirtschafts- und dem Landwirtschaftsministerium. Alois Hundhammer, der das Amt des Staatsministers für Ernährung, Landwirtschaft und Forsten zwischen 1957 und 1969 ununterbrochen wahrnahm, hatte zunächst wenig Hehl aus seiner Skepsis gegenüber den Bestrebungen zur ländlichen Industrieansiedlung gemacht. Er stand damit der Haltung des Bayerischen Bauernverbands nahe, der noch bis in die 1960er Jahre vor Abwanderung der ohnehin knappen landwirtschaftlichen Arbeitskräfte warnte und Bedenken angesichts der kulturellen Überfremdung des Landes formulierte. Auf Dauer konnte man sich allerdings auch dort den Argumenten aus der Staatsregierung und aus Teilen der CSU nicht mehr verschließen.[49] Insofern kam es der öffentlichen Sanktion einer seit längerem anstehenden Neuorientierung gleich, als sich Hundhammer in seiner Etatrede für das Haushaltsjahr 1965 zum erstenmal die Idee der Bereitstellung von nichtlandwirtschaftlichen Arbeitsplätzen im ländlichen Raum als eines der vornehmlich verfolgten Ziele bayerischer Agrarpolitik zu eigen machte.[50]

Umgekehrt hatten die Strukturplaner im bayerischen Wirtschaftsministerium über Jahre hinweg kaum Wert auf die breiter angelegte, konsequente Einbindung

---

[49] Eichmüller, Landwirtschaft und bäuerliche Bevölkerung, S. 374–381.
[50] Vgl. den Stenographischen Bericht über die 66. Sitzung des Bayerischen Landtags am 2.2.1965, S. 2433–2442, hier: S. 2446 („Anhang zur Rede von Staatsminister Dr. Hundhammer"). Siehe zur Person: Alois Hundhammer, Mein Beitrag zur bayerischen Politik 1945–1965, München 1965; Oliver Braun, Konservative Existenz in der Moderne. Das politische Weltbild Alois Hundhammers (1900–1974), München 2006.

1. Bayern im vergrößerten Wirtschaftsraum der EWG

landwirtschaftlicher Belange in ihre Überlegungen zur ökonomischen Zukunft Bayerns gelegt. Selbstverständlich waren die ersten großen Ausarbeitungen von 1951 und 1953 auch auf die land- und forstwirtschaftlichen Erwerbsgrundlagen innerhalb der bayerischen Wirtschaft eingegangen. Auch hatte man die Erhaltung „eines gesunden proportionalen Verhältnisses zwischen der Agrarbasis und dem industriellen Überbau" als einen der theoretischen Leitsätze für eine erstrebenswerte Landesentwicklung formuliert. Das Hauptaugenmerk lag jedoch auf der „Verstärkung der Industriewirtschaft" und der konsequenten Ausweitung der gewerblichen Erwerbsmöglichkeiten im Land.[51] Diese Wahl von Aufgabenschwerpunkten entsprang nicht willkürlicher Setzung, sondern der zutreffenden Einsicht, daß die „Größe des Sozialproduktes und damit die Wirtschaftskraft Bayerns" entscheidend von der „Größe und Wirksamkeit der industriellen Leistung" abhing.[52] Anzeichen einer Ausweitung des landesplanerischen Ansatzes machten sich um 1960 bemerkbar, als in der von Staatssekretär Guthsmuths herausgegebenen Reihe „Raumforschung und Landesplanung" erstmals ein eigener Beitrag aus dem Bayerischen Landwirtschaftsministerium veröffentlicht wurde.[53]

Es bedurfte primär des indirekten Anstosses durch die frühe Agrar- und Regionalpolitik der EWG, um das Wirtschaftsministerium zu einer vollständig erneuerten, begrifflich und programmatisch geschärften Denkschrift zu veranlassen. Die „Grundlagen und Ziele der Raumordnung in Bayern" erschienen zu Jahresende 1962 und führten mit ihrer Unterscheidung von „Sicherungs-", „Gestaltungs-" und „Entwicklungsräumen" eine revidierte Form der Darstellung landesplanerischer Aufgaben nach „Raumtypen" ein. In den formulierten Leitsätzen wurde nunmehr auch der „Strukturverbesserung in der Landwirtschaft" eine prominente Rolle zugewiesen. Der Landesplanung wuchs dabei ausdrücklich die doppelte Aufgabe zu, die Bedürfnisse der Landwirtschaft „sorgfältig" mit den sonstigen Planungen zu koordinieren und die Durchführung der agrarstrukturellen Maßnahmen vor unnötigen Beeinträchtigungen zu bewahren.[54]

Im Landwirtschaftsministerium griff man die Anregungen unverzüglich auf. In Abkehr von der bisher geübten Praxis wurde dort im Frühjahr 1963 die Aufstellung eines „landwirtschaftlichen Entwicklungsplanes für die von Natur benachteiligten Gebiete Bayerns" in Angriff genommen. Ausschlaggebend dafür waren Überlegungen, in denen sich der Meinungswandel in bezug auf die ländliche Industrialisierung widerspiegelte. Die Führungsebene des Staatsministeriums akzeptierte die Leitsätze der Denkschrift „Grundlagen und Ziele der Raumordnung" als sinnvolle Herangehensweise auch an die gegebenen agrarwirtschaftlichen Probleme. Die „sinnvolle und bodenständige Ansiedlung von gewerblichen Betrie-

---

[51] Grundlagen für die Aufstellung von Richtlinien. Teil 2, S. 196 und 266.
[52] Ebenda, S. 268.
[53] Hermann Lauerbach, Der Strukturwandel in Bayerns Landwirtschaft, in: Willi Guthsmuths (Hg.), Strukturwandel und Raumplanung. Probleme der Fachplanungen und Strukturprogramme in Bayern (Raumforschung und Landesplanung. Beiträge zur regionalen Aufbauplanung in Bayern 8), München 1960, S. 17–19.
[54] Zitate: Grundlagen und Ziele der Raumordnung in Bayern. Hg. vom Bayerischen Staatsministerium für Wirtschaft und Verkehr, München 1962, S. 3, 10, 14. Vgl. zur Entstehung der Schrift das programmatische Geleitwort des Wirtschaftsministers: Otto Schedl, Vorwort, in: Grundlagen und Ziele der Raumordnung, S. 5.

ben" rückte intern zu einem „vordringlich" verfolgten Ziel auf, denn: „Die Maßnahmen zur Verbesserung der Agrarstruktur, – insbesondere die verstärkte Aufstockung zu lebensfähigen und existenzsicheren bäuerlichen Familienbetrieben als Schwerpunkt der Betriebsgrößenstruktur – könnten dadurch vermehrten Auftrieb bekommen und den übrigen Agrarstrukturverbesserungsmaßnahmen zur vollen Auswirkung verhelfen."[55]

Für die strukturpolitische Praxis bedeutete dies nicht nur, daß die verantwortlichen Sachgebietsleiter des Landwirtschaftsministeriums die Arbeiten der Landesplanungsabteilung im Wirtschaftsministerium intensiv zur Kenntnis nahmen, Kartenmaterial und „Raumgliederungsentwürfe" anforderten oder in interministerielle Gesprächsrunden eingebunden wurden. Es kennzeichnet die große Anziehungskraft, die derartige Ansätze eines fachübergreifenden, vernetzenden Vorgehens mittlerweile gewonnen hatten, daß Hundhammers Staatssekretär Vilgertshofer selbst eine „Gesamtplanung" als „unbedingt erforderlich" ansah.[56] Tatsächlich kam es in Bayern nie so weit. Wohl aber mündeten die im Sommer 1963 begonnenen Arbeiten an dem „landwirtschaftlichen Entwicklungsplan" in die Erstellung dreier regionaler Raumordnungspläne für den „Östlichen Oberpfälzer Wald", den „Mittleren Bayerischen Wald" und die „Bayerische Rhön", die in der zweiten Hälfte der 1960er Jahre abgeschlossen wurden. Sie markierten eine Erweiterung in der konzeptionellen Tätigkeit der Landesplanungsstelle, die sich bis Frühjahr 1964 vornehmlich mit den „wirtschaftlichen Aktivräumen" Bayerns als den „Brennpunkte[n] der Entwicklung" beschäftigt hatte. Nach der aktuellen Lage der Dinge waren dies in erster Linie die Verdichtungsräume um München, Nürnberg, Regensburg und Ingolstadt gewesen.[57]

Von kaum zu überschätzender Bedeutung erwies sich überdies, daß damit im Laufe der ersten Hälfte der 1960er Jahre die bayerische Agrarpolitik als aktiver Partner in die Gestaltung des strukturellen Wandlungsprozesses einbezogen werden konnte. Die wesentliche Voraussetzung dafür war gegeben, seit sich die bayerischen Staatsregierungen ein ressortübergreifend tragbares Konzept zu eigen gemacht hatten, das es dem CSU-dominierten Bayerischen Bauernverband erleichterte, seine bisher gepflegte, weitgehende Ablehnung ländlicher Industrialisierungsmaßnahmen aufzugeben. Diese Konzeption konkretisierte sich erstmals in der vom Wirtschafts- und Landwirtschaftsressort gleichermaßen getragenen Ausarbeitung und Umsetzung der drei regionalen Raumordnungspläne. Im Jahr 1970 wurde sie schließlich

---

[55] BayHStA, MWI 21954, Bayerisches Staatsministerium für Ernährung, Landwirtschaft und Forsten an die Oberste Baubehörde im Bayer. Staatsministerium des Innern. Betreff: Besprechung zur Erarbeitung eines landwirtschaftlichen Entwicklungsprogramms, 11.7.1963, Anlage: Kurzprotokoll über die am 24.6.1963 [...] stattgefundene Besprechung zur Erarbeitung eines „landwirtschaftlichen Entwicklungsprogrammes" für die benachteiligten Gebiete Bayerns. Vgl. zur Genese der interministeriellen Zusammenarbeit auch: ebenda, Wolfgang Helwig, Landesplanungsstelle, Pläne im Rahmen der Regionalpolitik, 23.3.1964 (Zitate: S.3f.).
[56] BayHStA, MWI 21954, Niederschrift über die Besprechung mit Vertretern des Staatsministeriums für Ernährung, Landwirtschaft und Forsten vom 16.1.1964 über Fragen der Strukturverbesserung überwiegend landwirtschaftlich orientierter Gebiete (Zitate: S.2).
[57] Vgl. zum Stand der Arbeiten an den Raumordnungsplänen für Bayern im Frühjahr 1963: BayHStA, MWI 21954, Wolfgang Helwig, Landesplanungsstelle, Pläne im Rahmen der Regionalpolitik, 23.3.1964 (Zitate: S.1); Terhalle, Landesplanung im Bayerischen Staatsministerium für Wirtschaft und Verkehr, S.39; Schlemmer/Grüner/Balcar, „Entwicklungshilfe im eigenen Lande", S.401–416; Balcar, Politik auf dem Land, S.402ff.

1. Bayern im vergrößerten Wirtschaftsraum der EWG

im „Gesetz zur Förderung der Landwirtschaft" mit dem Anspruch einer eigenständigen bayerischen Agrarpolitik niedergelegt.[58] Anders als von EWG und Bund favorisiert, zielte die bayerische Förderpolitik auf die fortgesetzte Unterstützung des landwirtschaftlichen Neben- und Zuerwerbs. Indem so die Möglichkeit eröffnet wurde, die vielfach unvermeidliche Aufgabe des bäuerlichen Berufs abzufedern oder zeitlich zu strecken, sollte der Strukturwandel in seinen individuellen Folgen gemildert und der „drohenden sozialen Erosion" des Landes Einhalt geboten werden.[59] Daß man gleichwohl im Grunde erst am Beginn einer Herausforderung stand, die „vielleicht die größte und schwierigste Aufgabe der Nachkriegszeit"[60] darstellte, war den Planern im Wirtschaftsministerium durchaus bewußt.

Das wachsende Kooperationsbemühen der Ministerien, die Planungsanstöße und die vorangegangene Initiative des Landwirtschaftsministeriums wären kaum denkbar gewesen ohne den von vielen Verantwortlichen in den bayerischen Ministerien als beunruhigend empfundenen Schlagschatten, den die „Umstellung auf den EWG-Großmarkt"[61] vorauswarf. Doch existierten neben der verbreiteten Bereitschaft zur Anpassung bayerischer Wirtschaftsstrukturen an die bald veränderten Wettbewerbsbedingungen noch weitere Motive, vorausgreifend aktiv zu werden. Die Aussicht auf Fördergelder aus Fonds der Gemeinschaft veranlaßte Staatsregierung und Ministerien, intensiv über zielführende Wege dorthin nachzudenken. Den unmittelbaren Anlaß hierfür bot die Reise, die der bayerische Staatsminister für Bundesangelegenheiten, Franz Heubl, Ende Januar 1964 nach Brüssel unternommen hatte. Als Kondensat seiner Gespräche mit Kommissions-Vizepräsident Mansholt und Kommissions-Mitglied von der Groeben gab Heubl dem bayerischen Ministerrat zwei Wochen später einen ausführlichen Situationsbericht. Darin skizzierte er vor den Kabinettsmitgliedern die Umrisse der geltenden EWG-Förderstrategie, die eine formal lediglich koordinierende Rolle der Gemeinschaft mit konkreten, lenkenden Anreizen in Richtung der Mitgliedsländer zu verbinden suchte. Die Kommission setzte hierfür inhaltlich auf einen regionalpolitischen Ansatz, der die „Einheit von Wirtschafts-, Agrar-, Sozial- und Kulturpolitik" garantieren sollte. Mittel aus dem „Europäischen Ausrichtungs- und Garantiefonds für Landwirtschaft", so Heubl, würden deshalb bevorzugt an solche Vorhaben vergeben, deren Integration in ein umfassendes regionales Wirtschaftsprogramm für die zielstrebige Umsetzung bürge.[62] Diese Einsichten waren keineswegs neu. Sie hatten bereits hinter der Initiative des Landwirtschaftsministeriums vom Vorjahr gestanden. Für Goppel war indes der Bericht Heubls ausschlaggebend: Bayern müsse sich nunmehr, so die Schlußfolgerung des Ministerpräsidenten, dazu

---

[58] BayGVBl. 1970, S. 504 ff.; Eichmüller, Landwirtschaft und bäuerliche Bevölkerung, S. 96.
[59] BayHStA, MWI 21954, Wolfgang Helwig, Landesplanungsstelle, Pläne im Rahmen der Regionalpolitik, 23.3.1964 (Zitat: S. 5); Eichmüller, Arbeiterbauern.
[60] BayHStA, MWI 21955, Ausarbeitung der Landesplanungsstelle, „Raumordnung, insbesondere Industrialisierung auf dem Lande", Mai 1964, S. 3.
[61] So der Regierungsdirektor im Staatsministerium für Ernährung, Landwirtschaft und Forsten, Dr. Gehrlicher, anläßlich einer interministeriellen Aussprache: BayHStA, MWI 21954, Niederschrift über die Besprechung mit Vertretern des Staatsministeriums für Ernährung, Landwirtschaft und Forsten vom 16.1.1964, S. 7.
[62] BayHStA, StK 11567, Protokoll des Ministerrats vom 18.2.1964 (Zitate). Die wesentlichen Resultate der Ministerratssitzung wurden aufgrund ihrer Bedeutung wenig später an alle Ressorts weitergeleitet: ebenda, MWI 21954, Bayerische Staatskanzlei an alle Ministerien, 17.3.1964.

"durchringen, einer umfassenden regionalen Planung näher zu treten". Dies galt umso mehr, als auch bereits andere Bundesländer wie Schleswig-Holstein, Nordrhein-Westfalen und Rheinland-Pfalz im Begriff standen, vergleichbare Pläne aufzustellen.[63] Auf Wunsch des Ministerpräsidenten kam ein Ministerratsbeschluß zustande, der unter anderem die Einberufung von regelmäßigen Koordinationssitzungen der Ministerialdirektoren vorsah und bereits wenige Wochen später im März 1964 in die Tat umgesetzt wurde.[64]

Zum zweiten Mal nach der Ankündigung von Ministerpräsident Hans Ehard im Frühsommer 1951 schrieb sich damit eine bayerische Staatsregierung die Aktivierung ihrer landesplanerischen Anstrengungen auf die Fahnen. Anders als 13 Jahre vorher stand dieser Schritt nicht mehr unter dem beherrschenden Vorzeichen der Krisenbewältigung in schwieriger Nachkriegszeit. Es ging vielmehr um die Konsolidierung des Erreichten und um die Wahrung von regionalen Entwicklungschancen unter rasch sich wandelnden raumwirtschaftlichen Rahmenbedingungen. Die exogenen Impulse, denen sich die bayerische Politik seit Schaffung der EWG ausgesetzt sah, wurden zudem in ihrer Wirkung durch einen weiteren motivierenden Faktor erheblich verstärkt. Denn die Forderung nach mehr staatlichem Engagement auf der Planungsebene wurde in den frühen 1960er Jahren auch in Bayern von einer anwachsenden Meinungsströmung im öffentlichen Raum getragen. Diese stellte sich in erster Linie als landesspezifisches Pendant zu jener Verdichtung des Interesses dar, die als typisch für die „Inkubationsphase" des Planungsgedankens in Westdeutschland zwischen 1962/63 und 1966 gelten kann.[65] Wie auf Bundesebene nahm auch in Bayern vornehmlich die Sozialdemokratie den Trend als politisch treibende Kraft auf und versuchte ihn zu prägen. Der Kern ihrer Argumentation lag hier wie dort in der dringenden Aufforderung an die Politik, der wachsenden Komplexität der sozialökonomischen Herausforderungen über eine qualitative und quantitative Stärkung der planerischen Instrumente gerecht zu werden. Die zentralen Felder staatlichen Handelns waren dabei in ihrer Gesamtheit und Interdependenz zu berücksichtigen. Wenn es also nach Ansicht bayerischer SPD-Politiker nötig war, angesichts der „verschärften Auseinandersetzung im europäischen Wirtschaftsraum der Landesplanung, der Raumordnung und der Landesentwicklung neue Impulse zu geben", dann nicht allein aus Gründen der ökonomischen Logik. Mehr noch war für sie von Bedeutung, daß es auf diese Weise gelingen sollte, „die gesamte Wirtschaftsstruktur, die Sozialstruktur und die kulturellen Bedürfnisse des Landes in einen harmonischen Einklang zueinander" zu bringen.[66]

---

[63] Ebenda; BayHStA, MWI 21503, Bayerische Staatskanzlei, Dr. Ehard, an Ministerialdirektor Kuchtner, Bayerisches Staatsministerium für Wirtschaft und Verkehr, 4.3.1964; ebenda, MWI 21954, Kurzprotokoll über die am 24.6.1963 [...] stattgefundene Besprechung zur Erarbeitung eines „landwirtschaftlichen Entwicklungsprogrammes" für die benachteiligten Gebiete Bayerns, S. 2.
[64] BayHStA, MWI 21503, Niederschrift über die Erste Koordinierungs-Besprechung der Ministerialdirektoren über die Landesplanung am 25. März 1964, 31.3.1964.
[65] Ruck, Kurzer Sommer der konkreten Utopie, S. 364; Schlemmer/Grüner/Balcar, „Entwicklungshilfe im eigenen Lande", S. 398–420.
[66] So der SPD-Landtagsabgeordnete Erwin Essl in: ArchBayLT, Ausschuß für Wirtschaft und Verkehr, Protokoll über die 8. Sitzung am 28.3.1963 (Zitate: S. 13 und 7). Zu Strategie und Motiven der Bundes-SPD im EWG-Anpassungsprozeß auch: Jürgen Bellers, Reformpolitik und

1. Bayern im vergrößerten Wirtschaftsraum der EWG

Derartige Formen einer neu orientierten, gesellschaftspolitischen Indienstnahme des Planungsparadigmas stießen in der Führungsriege der CSU durchaus auf offene Ohren. Der Ministerpräsident selbst warb in der Landtagsfraktion dafür, den Gedanken der intensivierten planenden Vorausschau aufzunehmen. Er machte dabei aber zugleich keinen Hehl aus einer gewissen resignativen Haltung angesichts des übermächtigen Trends: „Wir sind in den Kreis des Planens, des Vorausberechnens und Projektierens und Programmierens hineingekommen und die Öffentlichkeit entläßt uns nicht aus diesem Kreis."[67] Was in der gegebenen Lage die Taktik der Wahl für die CSU zu sein hatte, daran ließ Goppel ebenfalls keinen Zweifel. Es gelte, den dominierenden Meinungsstrom aufzunehmen und ihn zugleich im eigenen Sinne auszugestalten. Abzulehnen sei hingegen, die „Würde und Freiheit" der Menschen einem überzogenen Sicherheitsdenken zu opfern, indem politisches Handeln nach dem Vorbild der sozialistischen Staaten in ein „Korsett der Planung" eingezwängt und damit der Gefahr des bürokratischen „Dirigismus" überlassen werde.[68]

Ähnlich ihren Reaktionen eine Dekade zuvor, stellte die Unionspartei dem Lenkungsoptimismus der Sozialdemokraten in der Folge ab Frühjahr 1964 einen pragmatischen, eingehegten Planungsbegriff gegenüber. Der politische Meinungsstreit um die angemessene Strategie für eine bayerische Strukturpolitik wurde davon auf zwei Ebenen geprägt. *Zum einen* entlud sich die diskursive Konkurrenz mit der SPD wiederum in langwierigen Debatten um die Gestalt und Aufgabenstellung der Landesplanung in Bayern. Einen wichtigen Anstoß hierzu bot die Verabschiedung des Bundesraumordnungsgesetzes im April 1965, dessen inhaltliche und formale Vorgaben die Novellierung der Ländergesetzgebung unabweisbar machten. Die Positionen und Argumente der bayerischen Diskussionen werden im Kontext der bundesdeutschen Raumordnungsdebatten an anderer Stelle eingehender zu erörtern sein.[69] *Zum anderen* schuf die notwendige Definition der Stellung Bayerns im erweiterten EWG-Wirtschaftsraum neue Gründe, den Status quo und die erstrebenswerten Strukturziele einer kontroversen Betrachtung zu unterziehen. Die bayerische SPD nahm den Eintritt in die zweite Stufe des Gemeinsamen Marktes denn auch zum Anlaß, ihre ältere Forderung nach einem umfassenden „Gesamtentwicklungsplan" für Bayern neu zum Leben zu erwecken. Dies geschah auf dem Umweg über ein EWG-Anpassungsprogramm für Bayern, dessen Aufstellung die SPD-Fraktion im Rahmen mehrerer parlamentarischer Initiativen durchzusetzen versuchte.[70]

Die Staatsregierung lehnte planerische Ausarbeitungen dieses Zuschnitts für Bayern ab. Sie konnte sich dabei auf die Expertise des Wirtschaftsministeriums

---

EWG-Strategie der SPD. Die innen- und außenpolitischen Faktoren der europapolitischen Integrationswilligkeit einer Oppositionspartei (1957–1963), München 1979.
[67] ACSP, LTF-Sitzungen 1964, Protokoll der Sitzung der CSU-Landtagsfraktion am 19.2.1964.
[68] Ebenda.
[69] Vgl. Kapitel II des dritten Teils dieser Arbeit.
[70] ArchBayLT, Ausschuß für Wirtschaft und Verkehr, Protokoll über die 48. Sitzung am 3.6.1965 (Zitat: S.7) (Essl); Bayerischer Landtag, Tagung 1962–1966, Beilagen-Band 66, Beilage 63 (Antrag der Abg. Gabert, Essl und Fraktion betr. Vorlage eines Strukturverbesserungsplanes für die bayerische Wirtschaft) sowie Beilagen-Band 66, Beilage 1414 (Antrag der Abg. Gabert, Essl und Fraktion betr. Vorlage eines Strukturverbesserungsplanes für die bayerische Wirtschaft).

stützen, wo man einen EWG-Anpassungsplan schlichtweg für überflüssig hielt. Die für Industriefragen zuständige Abteilung III erachtete detaillierte Studien großen Stils wegen der kaum vorhersehbaren Ausgestaltung der Wirtschaftsunion und der geringen Einflußmöglichkeiten Bayerns als „utopisches Ziel". Sie seien weder dem „Land dienlich" noch könnten sie die „darauf verwandte Mühe lohnen".[71] Trotz der unklaren Rechtslage riet man freilich zur Aufnahme einer „gewisse[n] regionale[n] Planung" ohne umfassenden räumlichen Anspruch. Eine solche liege umso näher, als sie sich an bereits laufende Projekte des Wirtschaftsressorts anschließen könnte.[72] Diese Empfehlung bestimmte in den folgenden Jahren die Generallinie der Staatsregierung in der Frage eines möglichen Landesentwicklungsprogramms. Von Goppel in seiner zweiten Regierungserklärung von Ende Oktober 1964 angekündigt und von CSU-Wirtschaftsexperten ihrem Prinzip nach in den Landtagsgremien verteidigt, waren es vorerst die drei Raumordnungspläne für Teile des Bayerischen Waldes, des Oberpfälzer Waldes und die Rhön, die das Konzept eines „mittleren Weges" in der Planungsfrage für Bayern in die Tat umsetzten.[73] Erst die Phase der Konjunkturabflachung 1966/67 mit ihren Folgen für die strukturschwachen Gebiete Bayerns, die wirtschafts- und finanzpolitischen Reformvorhaben der Bonner Großen Koalition und nicht zuletzt das fortgesetzte Drängen der bayerischen SPD schufen in der zweiten Hälfte der 1960er Jahre in Bayern die Voraussetzungen für ein verändertes Planungsverständnis.[74]

Es bezeichnete den in dieser Phase eintretenden Wandel des politischen Meinungsklimas, daß sich die Staatsregierung dem Wunsch nicht mehr entziehen konnte, ihre strukturpolitischen Zielsetzungen angesichts des Gemeinsamen Marktes der Öffentlichkeit gebündelt darzubieten. Ungeachtet großer methodischer Bedenken legte das Wirtschaftsministerium im Frühjahr 1967 eine Studie zur „Anpassung Bayerns an die EWG" vor.[75] Die Denkschrift trug damit einem Landtagsbeschluß vom 10. Juni 1964 Rechnung, der die Staatsregierung zur diesbezüglichen Berichterstattung aufgefordert hatte. Anders als von der SPD erwartet, wurde die Ausarbeitung indes bewußt „nicht in der starren Form eines Planes" erstellt. Entsprechend präsentierte sie eher eine Bestandsaufnahme der bislang eingeleiteten strukturpolitischen Maßnahmen als eine intensive Auseinandersetzung mit den Regionalprogrammen der EWG. Für die nähere Zukunft hatte sich die

[71] BayHStA, MWI 21506, Dr. Henninger, Abteilung III, an die Landesplanungsstelle, 7.1.1964, Anlage. Betreff: Interpellation der SPD-Landtagsfraktion über Raumordnung und Landesplanung vom 18.12.1963, 7.1.1964.
[72] BayHStA, MWI 21503, Dr. Heigl, Abteilung I. Betreff: Landesplanung, 12.3.1964 (Zitat); zu den diesbezüglichen internen Überlegungen auch: MWI 21954, Bayerisches Staatsministerium für Wirtschaft und Verkehr, Abt. III/1, Vermerk, 12.3.1964; ebenda, Dr. Miersch, Abteilung III/2, Betreff: Strukturberichte, 23.3.1964.
[73] Vgl. hierzu den Stenographischen Bericht über die 55. Sitzung des Bayerischen Landtags am 29.10.1964, S. 1918–1928 (Goppel). Zur favorisierten Methode der „koordinierten Einzelprogramme": ArchBayLT, Ausschuß für Wirtschaft und Verkehr, Protokoll über die 48. Sitzung am 3.6.1965, S. 14, 17f. (Zitat) (Röhrl). Vgl. dazu auch die gleichgerichtete Stellungnahme von Wirtschaftsminister Schedl: ebenda, S. 3–7.
[74] Schlemmer/Grüner/Balcar, „Entwicklungshilfe im eigenen Lande", S. 420ff. Vgl. dazu auch Kapitel IV des dritten Teils dieser Arbeit.
[75] Die Anpassung Bayerns an die EWG. Chancen, Probleme und Aufgaben. Hg. vom Bayerischen Staatsministerium für Wirtschaft und Verkehr, München 1967.

bayerische Wirtschaftspolitik demzufolge an der grundlegenden Einsicht zu orientieren, daß die EWG-Anpassung für das Land zuvörderst „ein Problem der strukturschwachen Gebiete" darstellte.[76] Die Konsequenz daraus konnte in der Einschätzung des Ministeriums nur lauten, „den beschrittenen Weg entschlossen fortzusetzen": Oberhalb aller Einzelüberlegungen waren deshalb zwei struktur- und raumordnungspolitische Folgerungen zentral. Es mußte weiterhin angestrebt werden, die stärker sichtbar gewordenen strukturellen Schwächen der bayerischen Wirtschaft auszugleichen, die Verkehrsanbindung an die Zentralräume des europäischen Marktgeschehens zu verbessern und damit die Krisenanfälligkeit des einheimischen Wirtschaftsraumes zu mindern. Zugleich lag es im Interesse Bayerns, eine möglicherweise voranschreitende Liberalisierung der Wirtschaftspolitik in der Gemeinschaft nach Kräften abzuwenden. Sie würde, davon war man überzeugt, vornehmlich zum Nutzen der ohnehin wirtschaftlich starken Regionen ausfallen und das vorhandene Kräftegefälle weiter vergrößern.[77]

Die wichtigsten Betätigungsfelder einer bayerischen ökonomischen Europapolitik, so die Einsicht, die dem aufmerksamen Leser der Studie vermittelt wurde, lagen also weiterhin und auf absehbare Zeit nicht in Brüssel. Sie lagen vielmehr in Bayern selbst und in einem nicht unerheblichen Maße auch in der Gestaltung seiner raum- und regionalpolitischen Stellung im Bund. Dieses Beziehungsfeld trat in seiner ganzen Aktualität zutage, als nahezu zeitgleich zur Gründung der Europäischen Wirtschaftsgemeinschaft eine erste grundsätzliche Revision der bundesdeutschen regionalen Förderpolitik anstand.

2. Zwischen Effektivitätsstreben und Konfliktreduktion: Bayern und die Expansion der Regionalförderung des Bundes, 1958–1969

Wenn zurecht die Rede davon sein kann, daß die ausgehenden 1950er und beginnenden 1960er Jahre als eine „Gelenkzeit" in der Geschichte der Bundesrepublik gelten können, in deren Verlauf die innenpolitischen Stabilisierungsansätze der ersten Jahre einer neuen Veränderungsdynamik Platz machten[78], so trifft dies in besonderem Maße auch auf das subventionspolitische Bund-Länder-Verhältnis zu. Die Phase des beschleunigten Wandels, die sich auf diesem Politikfeld in der zweiten Hälfte der 1960er Jahre einstellte, hatte sich zuvor über einen längeren Zeitraum hinweg in eben dieser Übergangsperiode latent angebahnt. Es bedurfte allerdings erst der Konjunkturabflachung von 1966/67 und der wirtschaftspolitischen Reaktionen der Großen Koalition, um auch auf diesem Feld einem vielschichtigen Reformprozeß freie Bahn zu geben. In der Regionalförderung gewann eine bereits im Schwung befindliche Tendenz zur räumlichen und finanziellen Expansion sowie

---

[76] Anpassung Bayerns an die EWG, S. 8, 18.
[77] Ebenda, S. 12 (Zitat), 18 und passim. Die Studie übernimmt hier teilweise wörtlich bereits ältere Grundgedanken der für Europafragen zuständigen Abteilung im Wirtschaftsministerium: BayHStA, MWI 21506, Abteilung III/1, Betreff: Interpellation der SPD-Landtagsfraktion über Raumordnung und Landesplanung vom 18.12.1963, 7.1.1964.
[78] Hockerts, Ende der Ära Adenauer, S. 464.

zum Bemühen um verstärkte Koordination die Oberhand und nahm schließlich die Gestalt eines Methodenwechsels in der bundesdeutschen Subventionspolitik an.

a) Verzögerte Reform: politische Debatten um die Neuabgrenzung der Fördergebiete

Seit 1951 hatte die Bundesregierung Maßnahmen der regionalen Wirtschaftsförderung zur Unterstützung der wirtschaftlich schwächer entwickelten Teile des Bundesgebiets ins Leben gerufen. Die Auswahlkriterien berücksichtigten insbesondere Gebiete mit hoher Arbeitslosigkeit, überwiegend landwirtschaftlicher Prägung oder hohen kriegsbedingten Verlusten an landwirtschaftlichem Betriebsvermögen. Damit kamen unter anderem solche ländlichen Gebiete in den Genuß von Fördermitteln, die große Kontingente von Flüchtlingen und Vertriebenen aufgenommen hatten, ohne hinreichend Arbeitsplätze bieten zu können oder deren ehemals rüstungswirtschaftlich bedingtes Industriepotential durch Kriegszerstörungen und Demontagen verlorengegangen war. Weitere Zielregionen umfaßten neben den bekannten, „alten" kleinbäuerlichen Notstandsgebieten Deutschlands jene Bezirke an der Westgrenze der Bundesrepublik, in denen größere Teile des landwirtschaftlichen Besitzes den Kriegshandlungen zum Opfer gefallen waren. Im Gefolge der östlichen Grenzschließung wurde über diese Sanierungsgebiete hinaus das „Zonenrandgebiet" seit 1953 kontinuierlich gefördert.[79]

Nach dieser Entfaltungsphase der bundesdeutschen „Notstandsgebietsförderung" in den frühen 1950er Jahren konstituierten die Jahre 1958/59 eine zweite Schlüsselperiode für die Gestaltung der regionalen Förderpolitik des Bundes. Während es etwa eine Dekade vorher vergleichsweise einfach gewesen war, regionale Krisenherde eindeutig zu lokalisieren und Mittel im Zuge eines interministeriell kontrollierten Verwaltungsaktes zuzuweisen, veränderte der gleiche Vorgang in der gewandelten Umgebung der späten 1950er Jahre seine ursprüngliche Charakteristik. Nicht nur war es angesichts der Relativierung der augenfälligsten, durch direkte Kriegsschäden, die Vertriebenenzuwanderung und die räumliche Überbevölkerung bedingten regionalen Notstände schwieriger geworden, tragfähige und allgemein anerkannte Förderkriterien zu erarbeiten. Paradoxerweise machte gerade der wachsende Wohlstand der bundesdeutschen Gesellschaft, der als kollektive Erfahrung und als Schlagwort der Politik in eben dieser Zeit in den Vordergrund trat[80], das Unterfangen der Angleichung regionaler Entwicklungschancen zu einer komplexeren und zugleich politisch sensibleren Aufgabe. Dies galt zumal, seit sich die Öffentlichkeit und in ihrem Gefolge die Politik dem Aufgabenfeld verstärkt zugewandt hatten. So rückte Adenauer selbst in Reaktion auf die verstärkte Diskussion der Ballungsproblematik in den Medien die dezentrale Industrialisierung Westdeutschlands als „staatspolitische Aufgabe ersten Ranges" in den Vordergrund.[81]

---

[79] Siehe hierzu oben Kapitel I.2. des zweiten Teils dieser Arbeit.
[80] Vgl. etwa Ludwig Erhard, Wohlstand für alle, Bonn 1957.
[81] BAK, B 136/2426, Der Staatssekretär des Bundeskanzleramtes an den Herrn Bundesminister für Wirtschaft. Betr.: Ansiedlung von Industriebetrieben auf dem Lande, 24.11.1958. Siehe zur Ballungsproblematik unten Kapitel II.1 dieser Arbeit.

2. Zwischen Effektivitätsstreben und Konfliktreduktion 347

Es war der positiven Wachstumsentwicklung der 1950er Jahre zu verdanken, daß bereits wenige Jahre nach der Einführung der regionalen Förderprogramme des Bundes eine Neuausrichtung notwendig wurde. Vor allem der deutliche Rückgang der Arbeitslosenzahlen legte eine Überarbeitung der Bemessungskriterien nahe, die seit 1953 unverändert gültig gewesen waren. So wurde im Jahr 1956 das Godesberger „Institut für Raumforschung" vom zuständigen „Interministeriellen Ausschuß für Notstandsgebietsfragen (IMNOS)" beauftragt, eine revidierte Abgrenzung der Sanierungsgebiete zu erstellen. Die Ergebnisse der Untersuchung lagen bis Frühjahr 1958 vor und wurden am 18. März im Interministeriellen Ausschuß diskutiert, ohne daß die vorgeschlagenen Umgruppierungen auf Widerspruch stießen.[82] Dies änderte sich rasch, nachdem die sachlich „längst fällig[e]"[83] Neuabgrenzung vorzeitig bekannt geworden war. Die Woge des Protests, die sich erhob, wurde von einer heterogenen Interessenskoalition getragen. In ihr fanden sich betroffene Wahlkreisabgeordnete, Regionalpolitiker und Landesregierungen zusammen in dem Bestreben, das Ausscheiden einzelner Förderkreise und den befürchteten Verlust von Bundesmitteln nach Möglichkeit abzuwenden. Per Saldo hätte allerdings im Gefolge der geplanten Verschiebungen nur Schleswig-Holstein eine reale Verminderung seiner Sanierungsgebiete hinnehmen müssen. Dies war kaum überraschend, da bis dahin nahezu das gesamte nördlichste Bundesland als Fördergebiet deklariert war. Für alle übrigen Länder wären Verluste und Zugewinne annähernd gleich hoch ausgefallen. Bayern hatte mit dem Verzicht auf einige niederbayerische Fördergebiete südlich der Donau zu rechnen, wäre aber aufgrund der Eingliederung von Teilen der Rhön und des Steigerwalds sogar in den Genuß eines etwas höheren Förderanteils gekommen.[84]

Diese Tatsachen sind umso bemerkenswerter, als sie keineswegs verhindern konnten, daß sich die Frage der Sanierungsgebiete im Frühsommer 1958 in ein Politikum verwandelte. Mitte Juni hatte sich die Bundesregierung hierzu einer parlamentarischen Anfrage aus den Reihen der SPD zu stellen, deren Beantwortung durch Staatssekretär Westrick bewußt „sehr vorsichtig" gehalten wurde.[85] Ungeachtet dessen griffen Tagespresse und Rundfunk das Thema in den ersten Augustwochen intensiv auf. Schritt für Schritt setzte das Bundeswirtschaftsministerium nun zum Rückzug an. Mehrere beruhigende Stellungnahmen wurden an die Landesregierungen versandt und – vergeblich – in die bundesdeutsche Presse lanciert; als Zeichen des guten Willens gab das Ministerium außerdem ein neues Gutachten in Auftrag.[86]

---

[82] BAK, B 136/2394, Der Staatssekretär des Bundeskanzleramtes, Vermerk, 20.3.1958.
[83] BAK, B 136/2394, Der Bundesminister für Wirtschaft, i.V. Westrick, an den Staatssekretär des Bundeskanzleramtes. Betr.: Monatlicher Bericht an den Herrn Bundeskanzler. Berichtsmonat Mai 1958, 20.6.1958, S. 2.
[84] BAK, B 136/2394, Bundeskanzleramt, Referat 6, Zusatz-Vermerk, 20.3.1958; ebenda, Der Staatssekretär des Bundeskanzleramtes, Vermerk, 20.3.1958. Das Gutachten aus dem Institut für Raumforschung findet sich veröffentlicht: Georg Müller, Grundlagen für eine Neuabgrenzung der Fördergebiete. Methoden und Ergebnisse einer statistischen Analyse, in: Raumforschung und Raumordnung 16 (1958), S. 15-24.
[85] Stenographischer Bericht über die 30. Sitzung des Deutschen Bundestags am 12.6.1958, S. 1617f. (Westrick); BAK, B 136/2394, Der Bundesminister für Wirtschaft, i.A. Dr. Giel, Vermerk über die Sitzung des „Kleinen IMNOS" am 13.6.1958, 3.7.1959 (Zitat).
[86] „Hessen ist nicht einverstanden. Einwände gegen die von Bonn geplante Neuordnung der Notstandsgebiete", in: Frankfurter Rundschau, 6.8.1958; „Notstandsgebiete in neuer Sicht", in:

Bayerische Politiker hatten das ihre dazu beigetragen, die politische Durchsetzbarkeit des Vorhabens zu erschweren. Dies galt weniger für die Position des bayerischen Wirtschaftsressorts in den Verhandlungen mit dem Bundeswirtschaftsminister. Zwar legte Bayern wie die Länder Niedersachsen und Schleswig-Holstein scharfen Protest gegen das Bundesvorhaben ein. Auch monierte man die Anwendung offensichtlich fehlpositionierter Stichtage für die Feststellung der Arbeitslosenquote und behielt sich die weitere Prüfung der Frage vor. In der bayerischen Öffentlichkeit riet Schedl jedoch zur Besonnenheit und verwies doppeldeutig auf die Chance weiterer Verhandlungen, um „alle berechtigten Interessen" beim Bund zu vertreten. Zugleich verbarg man in München nicht, daß man auch mit einer Neuabgrenzung leben könnte, da sie ja Bayern in seiner Gesamtheit aller Voraussicht nach nicht schlechter stellen würde.[87] Wachsender Druck hingegen entstand auf der Parteiebene. Nicht genug damit, daß sich eine Gruppe von niederbayerischen Bundestagsabgeordneten direkt an das Bonner Wirtschaftsministerium wandte. In einem geharnischten Protestbrief beschworen sie für den Fall des Ausscheidens der altbayerischen Fördergebiete den „unaufhaltsamen Niedergang" der Region und kritisierten den drohenden Verlust des Wenigen, „was bisher vom Tisch des satten Westens abfiel". Widerstand erwuchs auch im Bundesministerium für das Post- und Fernmeldewesen. Von einem leitenden Beamten formuliert und stark von Sachargumenten getragen, ließ das Schreiben gleichwohl erkennen, daß der Minister, Richard Stücklen (CSU)[88], selbst die Beibehaltung der alten Fördertopographie begrüßte. Nicht zuletzt die Auswahl des Fördergebiets, an dem die Beweisführung exemplifiziert wurde, machte dies deutlich: Handelte es sich doch bei Weißenburg/Roth um den Bundestagswahlkreis Stücklens.[89] Konnte man die bis dahin formulierten Bedenken im Bundeswirtschaftsministerium noch als individuelles Lamento betroffener Wahlkreispolitiker abtun, so war zur Jahresmitte 1958 der Rubikon überschritten. Nach eingehender Diskussion hatte sich die CSU-Landesgruppe entschlossen, bei Erhard darauf zu dringen, daß die Neuabgrenzung der Sanierungsgebiete bis nach den bevorstehenden bayerischen Landtagswahlen vom Herbst 1958 verschoben wurde.[90]

Dieses Argument seitens des Koalitionspartners war ausschlaggebend. In Absprache mit dem Bundeskanzleramt sah sich das Bundeswirtschaftsministerium veranlaßt, eine doppelte Reaktionsstrategie zu entwickeln. Sie ist im gegebenen Zu-

---

Münchner Merkur, 16./17.8.1958; BAK, B 136/2394, Erstellung eines wissenschaftlichen Gutachtens für die Neuabgrenzung der Sanierungsgebiete, 19.9.1958.
[87] „Noch ein weiter Weg bis zur Neuabgrenzung", in: Bayerische Staatszeitung, 8.8.1958; „Notstandsgebiete in neuer Sicht", in: Münchner Merkur, 16./17.8.1958; „450 Millionen und ihr Gewinn. Die Wirksamkeit der Grenzlandhilfe", in: Bayerische Staatszeitung, 5.9.1958; BAK, B 136/2394, Der Bundesminister für Wirtschaft, i. A. Dr. Giel, an die Mitglieder des Interministeriellen Ausschusses für Notstandsgebietsfragen (IMNOS), 9.5.1958, Anhang: Diskussionsunterlage betr. Neuabgrenzung der Sanierungsgebiete, o. D.
[88] Richard Stücklen (1916-2002), Elektroingenieur, CSU-Politiker, 1945 Mitbegründer der CSU, 1949-1990 MdB (CSU), 1957-1966 Bundespostminister, 1977-1979 Vorsitzender der Deutschen Parlamentarischen Gesellschaft, 1979-1983 Präsident des Deutschen Bundestages.
[89] BAK, B 136/2394, Die Mitglieder des Deutschen Bundestages, Fritz Hörauf, Dr. Kempfler, Carl Prennel, Franz Unertl, an das Bundesministerium für Wirtschaft, 18.3.1958 (Zitate); ebenda, Bundesministerium für das Post- und Fernmeldewesen, Dr. Garbe, an das Institut für Raumforschung, z.Hd. Herrn Dr. Müller, 23.5.1958.
[90] ACSP, LG-P, Protokolle der Landesgruppensitzungen vom 10.2.1958 und 18.6.1958.

2. Zwischen Effektivitätsstreben und Konfliktreduktion 349

sammenhang deswegen von Belang, da sie Strukturelemente einer Förderstrategie etablierte, deren Konsequenzen die bundesdeutsche regionale Wirtschaftspolitik über Jahre hinaus prägten. Da eine „durchgreifende Neuabgrenzung" zu „Beunruhigungen in der politischen Öffentlichkeit" und zu „unerwünschten" Debatten im Bundestag führen mußte, entschloß man sich *zum einen*, den festgelegten Zuschnitt der Sanierungsgebiete tatsächlich auch für 1959 – und de facto für eine nicht näher bestimmte Zahl von Folgejahren – beizubehalten. Statt wohlentwickelte Landkreise offiziell aus den Fördermaßnahmen zu entlassen, sollten sie künftig von Bundesseite nurmehr „zurückhaltend" unterstützt werden. Für dieses „stille", doch angesichts öffentlicher Proteste nicht durchwegs realisierbare Regelungsverfahren konnte die Zustimmung der betroffenen Länder, auch jene Bayerns, gewonnen werden.[91] Damit wurde die Revision der Fördergebietsgrenzen bereits zum zweiten Mal seit 1956 aus *politischen* Gründen verschoben. Schon im Vorfeld der Bundestagswahlen von 1957 hatte der IMNOS aus dem Bundeskanzleramt die Anweisung erhalten, in Anbetracht des bevorstehenden Wahlentscheids keine unpopulären Änderungen mehr vorzunehmen.[92] Über das Ende der Ära Adenauer hinaus und bis in die Kanzlerschaft Erhards hinein blieb es Usus, das Thema auf diese Weise im Rahmen von vertraulichen Bund-Länder-Verhandlungen zu regeln und damit weitgehend aus der öffentlichen Diskussion zu halten. Keineswegs bewältigt war damit jedoch das Problem des mehr und mehr zurückgestauten realen Handlungsbedarfs. Dieser und die fortschreitende Überlagerung von Fördergebieten des Bundes und der Länder trugen deshalb als einer von mehreren Faktoren dazu bei, daß die bundesdeutsche Regionalförderung in den Kreis der wirtschafts- und finanzpolitischen Reformvorhaben der Großen Koalition einbezogen wurde.[93]

Den Ländern war eine positive Reaktion auf den Bonner Vorschlag 1958/59 umso leichter gefallen, als sich die intern gehaltene Absprache *zum anderen* mit der Eröffnung einer völlig neu konzipierten Förderaktion des Bundes verband. Sie basierte auf den Erfahrungen der zurückliegenden Jahre und sah die Implementierung des „Zentrale-Orte"-Prinzips in die bundesdeutsche Regionalförderung vor. Die Überlegungen hierzu hatten im Bundeswirtschaftsministerium nicht zufällig im Herbst 1958 festere Formen angenommen, als sich das Scheitern der ursprünglichen Neuabgrenzungspläne bereits greifbar abzeichnete. Die Alternativlösung vereinte mehrere Vorteile in sich. Bestechend an ihr war vor allem, daß die gezielte Verlagerung von Fördermitteln eine – begrenzte – Reform der bisherigen Förderpraxis erlaubte und zugleich den Vorzug besaß, politisch durchsetzbar zu sein. Sachlich geboten war der neue Plan allemal. Hegte man doch im Wirtschaftsressort keine Zweifel mehr daran, daß die geographische Ausdehnung der Programmgebiete mittlerweile zu groß geworden war, um mit den verfügbaren Mitteln noch spürbare Wirkungen vor Ort zu erzielen.

---

[91] BAK, B 136/2426, Der Bundesminister für Wirtschaft, Ludwig Erhard, an den Staatssekretär des Bundeskanzleramtes, Kabinettsvorlage, 15.5.1959, Anlage: Vorschlag für die Ausgestaltung des Regionalen Förderungsprogramms 1959, o. D. (Zitate: S. 3f.) sowie in der Entwurfsfassung: ebenda, Bundesministerium für Wirtschaft, Abteilung I A2, Entwurf einer Kabinettsvorlage, 22.4.1959.
[92] BAK, B 136/2394, Der Staatssekretär des Bundeskanzleramtes, Vermerk, 20.3.1958.
[93] Siehe dazu unten das folgende Kapitel I.2.b).

350　I. Raum, Wirtschaftswachstum und Modernisierung der Politik

Das neue Prinzip lag darin, die Regionalen Förderprogramme des Bundes stärker als bisher zur Kräftigung der ländlichen Industrieansiedlung einzusetzen und dazu – ohne gebietliche Änderung – vorzugsweise die Wachstumskräfte einer *begrenzten* Zahl von ausgewählten bundesdeutschen Klein- und Mittelstädten zu nutzen. Ihre Entwicklung sollte anhand von Bundeshilfen besonders vorangetrieben werden. Eine Hauptbedingung für die Auswahl war, daß die in Frage kommenden Orte als Versorgungszentren inmitten schwach strukturierter ländlicher Gebiete lagen. Überdies hatten sie für Pendler leicht erreichbar zu sein, eine Mindestzahl von Kultur- und Bildungseinrichtungen zu besitzen und für ihre jüngere Vergangenheit eine aufstrebende gewerbliche Entwicklung vorzuweisen. In der Regel, so die Überzeugung im Bundeswirtschaftsministerium, besaßen die zu fördernden Orte unter solchen Voraussetzungen das Potential, als Standorte von Industrie- und Gewerbebetrieben jene Arbeitskräfte anzuziehen, die aus den landwirtschaftlichen Betrieben der umliegenden agrarischen Zonen ganz oder teilweise ausschieden. Auf Vorschlag der Landesregierungen waren vorerst etwa 15 Orte auszuwählen. Die ihnen zu gewährenden Bundesmittel sollten dann vor Ort der Erschließung von Gewerbegelände oder der Bereitstellung von zinsgünstigen Investitionskrediten für ansiedlungswillige Unternehmer zugute kommen.[94] Zur Finanzierung dieses „Entwicklungsprogramms für zentrale Orte in ländlichen, schwach strukturierten Gebieten" kam man überein, von den aktuell vorgesehenen 128 Mio. DM des Regionalen Förderprogramms 10 Mio. DM abzuzweigen; weitere bis zu 50 Mio. DM sollten zusätzlich aus Mitteln des ERP-Fonds eingespeist werden.[95]

Die gefundene politische Kompromißregelung wurde im Frühjahr 1959 von allen beteiligten Länderregierungen, auch von Bayern, akzeptiert. Sie bot die Basis dafür, daß sich die Regionalförderung nach dem Schwerpunktverfahren in den kommenden Jahren neben dem älteren, flächenbezogenen Vorgehen als ein zunehmend relevantes Förderprinzip etablieren konnte. Fachliche Anknüpfungspunkte hierfür gab es seit den Studien des Geographen Walter Christaller, der sein Standardwerk zur ökonomischen Regionaltheorie im Jahr 1933 in erster Auflage veröffentlicht hatte.[96]

---

[94] Ebenda. Vgl. auch die zugrundeliegende Ausarbeitung des Referats für regionale Wirtschaftspolitik im Bundeswirtschaftsministerium: BAK, B 136/2426, Bundesministerium für Wirtschaft, Abteilung I A2, Dezentralisation der industriellen Wirtschaft in der Bundesrepublik, 18.11.1958. Im Interministeriellen Ausschuß wurde das neue Konzept gegen Jahresende 1958 gebilligt: ebenda, Der Bundesminister für Wirtschaft, i.A. Dr. Giel, Vermerk über die Sitzungen der Arbeitsgruppe des Interministeriellen Ausschusses für Notstandsgebietsfragen (IMNOS) am 7. und 13. November 1958 im Bundeswirtschaftsministerium, 25.11.1958; ebenda, Bundeskanzleramt, Referat 6, Vermerk. Betr.: Sitzung des IMNOS am 12.12.58 im Bundeswirtschaftsministerium unter Vorsitz von ORR Dr. Giel, 18.12.1958. Vgl. auch: Entwicklungsprogramm für zentrale Orte in ländlichen, schwach strukturierten Gebieten, in: Ministerialblatt des Bundesministers für Wirtschaft 11 (1959), S. 454f.
[95] BAK, B 136/2426, Bundeskanzleramt, Referat 6, Dem Herrn Bundeskanzler vorzulegen. Betr.: Industrialisierung ländlicher Gebiete, o.D. [Juni 1959].
[96] Christaller, Die zentralen Orte in Süddeutschland; Otto Schlier, Die zentralen Orte des Deutschen Reichs. Ein statistischer Beitrag zum Städteproblem, in: Zeitschrift der Gesellschaft für Erdkunde zu Berlin 5/6 (1937), S.161-170; Struktur und Gestaltung der zentralen Orte des deutschen Ostens. Gemeinschaftswerk im Auftrage der Reichsarbeitsgemeinschaft für Raumforschung, Leipzig 1941; Ernst Neef, Das Problem der zentralen Orte, in: Petermanns geographische Mitteilungen 94 (1950), S.6-17; H. Arnhold, Das System der zentralen Orte in Mitteldeutschland, in: Berichte zur Deutschen Landeskunde 9 (1951), S.353-362; Paul Klemmer, Theorie der Entwicklungspole – Strategisches Konzept für die regionale Wirtschaftspolitik, in: Raumforschung und Raumordnung 30 (1972), S. 102-107.

2. Zwischen Effektivitätsstreben und Konfliktreduktion 351

Im Bundesraumordnungsgesetz von 1965 verankert, ging das Schwerpunktortprinzip in die novellierten Landesplanungsgesetze der Länder ebenso ein wie in die bald entstehenden regionalen Raumpläne.[97] Bayerische Wirtschaftspolitiker und Landesplaner sahen vorerst weder in förderstrategischer noch in materieller Hinsicht Grund zur Klage über die Ausgestaltung der bundesdeutschen Regionalförderung. Zur frühen Akzeptanz der Neuregelung von 1958/59 trug vor allem bei, daß das Denken in zentralörtlichen Kategorien für die Planer im Bayerischen Wirtschaftsministerium nichts Neues war, im Gegenteil. Seit sich in den späten 1940er Jahren herausgestellt hatte, daß die staatlich forcierte Gewerbeansiedlung in rein agrarischen Gebieten kaum zu nachhaltigen Resultaten führen würde, war die Idee einer dezentral orientierten, auf Klein- und Mittelstädte konzentrierten Industrieansiedlungspolitik zur internen Leitlinie aufgerückt.[98] Schon in den frühen 1950er Jahren hatten deshalb für Bayern Vorarbeiten begonnen, um geeignete Gemeinden zu ermitteln und im Rahmen eines Planungsatlas kartographisch darzustellen.[99] Da das neue Schwerpunktkonzept dem bayerischen Ansatz unmittelbar entsprach, konnte Schedl dem Bundeswirtschaftsminister im Frühjahr 1959 rasch erste Vorschläge für eine Auswahl von „Zentralen Orten" vorlegen. Dies war umso wichtiger, als die Auswahl seitens des Bundes nach dem „Windhundverfahren", also nach dem Eingangstermin der Anträge vorgenommen wurde. Mit Scheinfeld, Dinkelsbühl, Gunzenhausen, Beilngries, Höchstadt und Pfarrkirchen gelangten allein sechs bayerische Kommunen in den eng umgrenzten Kreis der Förderorte, der lediglich 16 westdeutsche Kommunen umfaßte.[100]

Grund zur Klage gab es zunächst auch deshalb umso weniger, als Bayern eindeutig von der Tendenz zur Expansion profitierte, die den Regionalen Förderprogrammen des Bundes innewohnte. Insofern war jene Teilrevision des Fördersys-

---

[97] Vgl. Raumordnungsgesetz (ROG) vom 8. April 1965 (BGBl. I 1965, S. 306); Ingrid Hoffmann, Die Zentrale-Orte-Konzeption in der BRD, in: Fallstudien zur regionalen Strukturpolitik (Schriften zur Mittelstandsforschung 60), Köln o. J., S. 100–136.
[98] Siehe zur Genese des Konzepts oben Kapitel II.3.d) des ersten Teils.
[99] Deutscher Planungsatlas. Band V: Bayern, Blatt 72 (Die Verkehrslage der Gemeinden im System der zentralen Orte); Heinz Lehmann, Die zentralen Orte und ihre kartographische Darstellung, in: Zeitschrift des Bayerischen Statistischen Landesamts 83 (1951), S. 16–22; ders., Die zentralen Orte und ihre kartographische Darstellung als Problem der Raumforschung und Landesplanung, in: Deutscher Geographentag Frankfurt a. M. 12.–18. 5. 1951. Tagungsbericht und wissenschaftliche Abhandlungen, Remagen 1952, S. 155–157; Olaf Boustedt, Zentrale Orte in Bayern. Eine Methode zu ihrer Ermittlung auf Grund der Arbeitsstättenzählung vom 13. September 1950, in: Zeitschrift des Bayerischen Statistischen Landesamts 84 (1952), S. 1–6; ders., Die zentralen Orte und ihre Einflußbereiche. Eine empirische Untersuchung über die Größe und Struktur der zentralörtlichen Einflußbereiche, in: Proceedings of the IGU Symposium in Urban Geography Lund 1960, Lund 1962, S. 201–226.
[100] BAK, B 136/2426, Bayerisches Staatsministerium für Wirtschaft und Verkehr an den Bundesminister für Wirtschaft. Betreff: Förderung zentraler Orte in ländlichen Gebieten, 4. 4. 1959; Karlheinz Witzmann, Oberbayerns neue Gemeinden und ihr Einzugsbereich, in: Informationen des Instituts für Raumforschung 15/59 vom 8. 8. 1959, S. 325–341. Vgl. Zur Auswahl und Lage der Zentralen Orte für die Stichjahre 1959, 1961 und 1963 die Lagekarte bei: Wilhelm Giel, Die Grundzüge der regionalen Wirtschaftspolitik in der Bundesrepublik, in: Raumforschung und Raumordnung 22 (1964), S. 113–117 (Karte nach S. 116); Wolfgang Albert, Bundesausbauorte – Beispiel für Planung in der regionalen Wirtschaftspolitik der Bundesregierung, in: Joseph H. Kaiser, Planung. Band II: Begriff und Institut des Plans, Baden-Baden 1966 S. 272, Anm. 7 (Zitat).

tems von 1958/59, die ja nach den Intentionen des Bundeswirtschaftsministeriums eine stärkere Bündelung der Mittel anvisierte, nur teilweise erfolgreich. Bis 1961 wuchs die Zahl der Schwerpunktorte auf 31, bis 1963 auf 48 an und erhöhte sich 1966 noch einmal um 16 auf 64 Gemeinden, die seit 1964 als „Bundesausbauorte" bezeichnet wurden.[101] Noch deutlicher kam der Zuwachs bei der nach wie vor betriebenen Flächenförderung zum Ausdruck. Zu Anfang der 1960er Jahre war bereits etwa ein Drittel des Bundesgebiets in die Programme einbezogen, deutlich mehr als zu Beginn der Notstandsgebietsförderung im Jahr 1951.[102] Sukzessive stieg der Anteil der sogenannten „Bundesausbaugebiete" von 36,7% des westdeutschen Territoriums im Jahr 1963 auf 40,3% im Jahr 1968.[103] Vor diesem Hintergrund konnte Schedl dem Bayerischen Landtag im Jahr 1964 zurecht mitteilen, daß sich die Neuabgrenzung für Bayern als „sehr vorteilhaft" entpuppt hatte.[104]

Dazu hatte nicht zuletzt die Flexibilität des Vergabesystems durch den Bonner Interministeriellen Ausschuß (IMNOS) beigetragen: Erlaubte es doch nicht nur dem Bund, die seit Jahren praktizierten Förderungsgrundsätze so bundeseinheitlich wie möglich und doch in Einzelfällen so variabel wie nötig zu handhaben. Umgekehrt hatten die Bundesländer die Möglichkeit, ihre Interessen in bilateralen Verhandlungen zu vertreten und dabei, wie im Falle des bayerischen „Zentralen Ortes" Scheinfeld, auch ein bereits beschlossenes Auslaufen der Förderung noch einmal rückgängig zu machen.[105] Die hieraus erwachsenden Vorteile wogen auch aus bayerischer Sicht schwer gegenüber der wichtigsten Konzession, die dem Bund zu erbringen war: Zur Steigerung der Effektivität der vergebenen Mittel hatten die Länder seit dem Haushaltsjahr 1957 eine finanzielle Eigenbeteiligung an den geförderten Projekten zu leisten, die anfangs bei 20% des Förderumfangs angesiedelt war. Dieser vom Bund erhobenen Bedingung haftete eine eigene Logik an, die nachvollziehbar ist, wenn man sie an ihrer historischen Wurzel aufsucht. Die Mitfinanzierung sollte die Länder zwingen, bei der eigenen Projektauswahl „strengste Maßstäbe anzulegen" und auf diese Weise garantieren, daß nur solche Vorhaben gefördert wurden, die „unmittelbar und sichtbar einen hohen ökonomischen Effekt erwarten" ließen.[106] Dabei spielte seitens der Bundesministerien der starke –

---

[101] Vgl. zu den Abstimmungsgesprächen u.a.: BAK, B 102/59700, Besprechung mit Vertretern der Bundesländer am 21.2.1961 im Bundesministerium für Wirtschaft, o.D. Zur Ausweitung der Zahl der Förderorte: Entwicklungsprogramm für zentrale Orte in ländlichen, schwach strukturierten Gebieten, in: Ministerialblatt des Bundesministers für Wirtschaft 13 (1961), S. 178f.; Albert, Bundesausbauorte, S. 272.
[102] Wilhelm Sahner, Ein Drittel der Bundesrepublik Förderungsgebiete, in: Informationen des Instituts für Raumforschung 12 (1962), S. 167-171; Thomas M. Strunden, Neuabgrenzung der Sanierungsgebiete: Bundesausbaugebiete, in: Informationen des Instituts für Raumforschung 13 (1963), S. 397-408.
[103] Peter Thelen/Georg Lührs, Abgrenzung von Fördergebieten. Die Messung der Wirtschaftskraft und der strukturellen Gefährdung von Regionen, Hannover 1971, S. 18-31.
[104] Stenographischer Bericht über die 34. Sitzung des Bayerischen Landtags am 4.2.1964, S. 1180.
[105] „Vorzeitiges Ende der Industrieansiedlung? Scheinfeld bedauert Bonner Entscheid", in: Bayerische Staatszeitung, 6.7.1962.
[106] BAK, B 136/2395, Der Bundesminister für Wirtschaft/Der Bundesminister der Finanzen an die Wirtschafts- und Finanzminister der Länder. Betr.: Finanzielle Beteiligung der Länder an den regionalen Förderungsmaßnahmen des Bundes im Rechnungsjahr 1957, 7.11.1956 (Zitate); B 136/2396, Der Bundesminister für Wirtschaft, Richtlinien für die Aufstellung der Regionalen Förderungsprogramme des Bundes im Haushaltsjahr 1957, 7.5.1957.

2. Zwischen Effektivitätsstreben und Konfliktreduktion 353

und zum gegebenen Zeitpunkt durchaus gerechtfertigte – Verdacht eine Rolle, wonach die Länder die Bundeshilfen als willkommene Gelegenheit nutzten, um den Einsatz eigener Landesmittel in der Strukturförderung zurückzuschrauben. Zuvor war unter anderem im Falle Bayerns von den Vertretern des Bundeswirtschaftsministeriums im IMNOS kritisch festgestellt worden, daß das Land in seinen Vorschlag für ein regionales Förderprogramm 1956 vornehmlich solche Mittelanforderungen eingesetzt hatte, die den Bund als Geber von Zuschüssen in die Pflicht nahmen. Aus bayerischen Landesmitteln wurden hingegen überwiegend die weniger belastenden „Darlehensfälle" bestritten.[107]

Bis gegen Mitte der 1960er Jahre stellte sich so ein förderpolitischer Modus vivendi zwischen Bundes- und Landesebene ein. Seine praktischen Vorzüge konnten, wie noch zu zeigen ist, das allmähliche Anwachsen von Konfliktpotential nicht verhindern. Gleichwohl hatte sich ein funktionierendes Fördersystem etabliert, dessen Stärke darin lag, auf sehr pragmatischem Wege ein erreichbares „Höchstmaß an horizontaler und vertikaler Koordinierung"[108] im föderalen Gefüge realisiert zu haben. Allein im Beispielsjahr 1966 gingen im Rahmen dieses Fördergefüges Mittel aus Kreditprogrammen des Bundes in Höhe von 20,2 Mio. DM an Bayern. Zusammen mit Geldern aus Kreditprogrammen des Freistaates und zusätzlichen Darlehensaktionen der Bayerischen Landesanstalt für Aufbaufinanzierung konnten so Finanzmittel in Höhe von 220,4 Mio. DM eingesetzt werden. Im Rahmen von nicht weniger als 18 verschiedenen Förderprogrammen kamen diese unter anderem der Wirtschaftsförderung in den bayerischen Grenzräumen, der Förderung der mittelständischen gewerblichen Wirtschaft oder der Unterstützung von Unternehmen der Vertriebenen, Flüchtlinge und Kriegssachgeschädigten zugute.[109]

b) Intensivierung und Koordination: der Weg zur Gemeinschaftsaufgabe „Verbesserung der regionalen Wirtschaftsstruktur"

Die erreichte Balance wurde auf ihre bis dahin härteste Probe gestellt, als der Bund in den Jahren 1968/69 zu einer grundlegenden Reform seiner regionalen Strukturpolitik ansetzte. Vordergründig auf eine Initiative des Bundeswirtschaftsministers zur Einführung von „Regionalen Aktionsprogrammen" in die Strukturförderung zurückzuführen, lagen der Neuorientierung eine ganze Reihe von Faktoren zugrunde. Der grundsätzliche Strategiewechsel, den der Nachfolger Erhards im Amt des Wirtschaftsministers in der bundesdeutschen Wirtschaftspolitik einleitete, fand auch hier seine Ausprägung und Anwendung. Damit eng verflochten war die Tatsache, daß die Konjunkturabflachung 1966/67 eine Verschärfung der sozioökonomischen Problemlagen in den prekären Regionen Westdeutschlands nach sich gezogen hatte. Vor allem die krisenhafte Entwicklung des Steinkohlenbergbaus

---

[107] BAK B 136/2394, Der Bundesminister für Wirtschaft, i. A. Dr. Rau, Vermerk Nr. 5/56 über die Sitzung des Interministeriellen Ausschusses für Notstandsgebietsfragen am 23. Juli 1956 im Bundeswirtschaftsministerium, 2.8.1956, S. 4.
[108] Albert, Bundesausbauorte, S. 272.
[109] Bayerische Landesanstalt für Aufbaufinanzierung. Geschäftsbericht 1966, München 1967, S. 11-25.

provozierte subventionspolitische Hilfen des Bundes, die wiederum das überkommene Gefüge der bundesdeutschen Regionalförderung erheblich verschoben und eine Neuordnung unvermeidlich machten.[110] Fraglich blieb dabei zunächst, welcher Status den älteren Empfängerländern, darunter Bayern, innerhalb der veränderten Förderstrukturen eingeräumt werden würde. Diese Problematik stellte sich aus bayerischer Perspektive umso komplizierter dar, als die seit 1960 wieder aufgenommenen Bund-Länder-Gespräche über eine Reform des bundesstaatlichen Finanzsystems zu etwa der gleichen Zeit in eine entscheidende Phase eingetreten waren.

Der regional- und strukturpolitische Vorstoß, den Bundeswirtschaftsminister Schiller im September 1968 unternahm, stand im Zusammenhang seiner umfassenderen Intention, dem Staat eine aktivere, lenkende Rolle im Wirtschaftsablauf zuzuweisen und die dafür nötigen Instrumente bereitzustellen. Dazu kam es nicht nur darauf an, im Sinne des neuen Schlagworts von der „Globalsteuerung" eine antizyklische Ausgabenpolitik zu betreiben. Auch konnte es nicht genügen, Länder und Gemeinden so weit wie möglich ebenfalls auf die neue Konjunkturpolitik zu verpflichten. Gerade die höhere Anfälligkeit der strukturschwachen Regionen Westdeutschlands für die Wirkungen der Rezessionsphase hatte gemäß der neuen Sichtweise deutlich gemacht, daß dort ökonomisches Potential nach wie vor „nicht optimal" ausgeschöpft wurde. Neue Impulse in der regionalen Strukturpolitik waren demnach nötig, um die „noch ungenutzten oder schlecht genutzten Produktionsfaktoren voll zu mobilisieren".[111] Erfolgreiche Strukturhilfen hatten damit gleichermaßen dem Ziel zu dienen, ein „möglichst gleichgewichtiges Wirtschaftswachstum" zu erreichen und erneut aufbrechenden regionalen Krisenherden vorzubeugen. Außerdem wurde regionale Strukturpolitik als Wachstumspolitik verstanden, auf der über das Ausgleichsziel hinaus die Erwartung ruhte, anhand von Produktivitätssteigerungen an der Peripherie das allgemeine volkswirtschaftliche Wachstum zu stärken.[112]

Dieser optimistisch vorgetragene Anspruch auf Effektivitätsmaximierung sollte vorwiegend durch Koordination und Vereinheitlichung eingelöst werden. In „Regionalen Aktionsprogrammen" waren die Förderprogramme des Bundes und der Länder aufeinander abzustimmen und einem einheitlichen Planungskonzept zu unterwerfen. Dazu würden insbesondere die bestehenden Fördergebiete beider Ebenen in größeren räumlichen Einheiten kombiniert werden. Neu war auch, daß an die Stelle der bisher praktizierten Kreditförderung die Vergabe von Investiti-

---

[110] Konrad Lammers, Die Bund-Länder-Regionalförderung – Ziele, Ansatzpunkte, ökonomische Problematik, in: Die Weltwirtschaft 1 (1987), S. 61–81; Zoltán Jákli, Vom Marshallplan zum Kohlepfennig. Grundrisse der Subventionspolitik in der Bundesrepublik Deutschland 1948–1982, Opladen 1990, S. 210–213; Helmut Karl/Helmut Krämer-Eis, Entwicklung der regionalen Wirtschaftspolitik in Deutschland, in: Hans H. Eberstein/Helmut Karl (Hg.), Handbuch der regionalen Wirtschaftsförderung, 3. Aufl. Köln 1996 (Loseblattsammlung), Teil A, Abschnitt II, S. 1–58.
[111] Intensivierung und Koordinierung der regionalen Strukturpolitik. Vorschläge des Bundesministers für Wirtschaft (BMWI-Texte), Bonn o. J. [1969], S. 7 f.
[112] Ebenda, S. 8–10. Vgl. zu den Positionen Schillers in Fragen der sektoralen und regionalen Strukturpolitik auch: Stenographischer Bericht über die 148. Sitzung des Deutschen Bundestags am 19.1.1968, S. 7603–7610 (Schiller). Generell zum wirtschaftspolitischen Ansatz Schillers: Nützenadel, Stunde der Ökonomen, S. 308–316.

2. Zwischen Effektivitätsstreben und Konfliktreduktion 355

onszuschüssen trat. Um die Konkurrenz der Bundesländer im Wettstreit um die Ansiedlung von neuen Unternehmen in Grenzen zu halten, wurde ein gestaffeltes Vergabesystem eingeführt, in dem der Umfang der Zuschüsse auf 10 bis maximal 25% der Investitionssumme beschränkt war. Außerdem übernahmen die „Regionalen Aktionsprogramme" das neue Prinzip der mehrjährigen Finanzplanung: Statt wie bisher die Fördervorhaben in Absprache mit den Ländern jährlich festzulegen, führte das Bundeswirtschaftsministerium fünfjährige Planungszeiträume ein. Gegenüber den Ländern leitete der Bund daraus die Forderung ab, ihre sämtlichen eigenen Förderprogramme für den gleichen Zeitraum in den „Aktionsprogrammen" darzulegen und verbindlich festzuschreiben.[113]

Die bayerische Wirtschaftspolitik teilte zunächst die ablehnende Haltung, die die Bundesländer dem Vorschlag im Herbst 1968 entgegenbrachten.[114] Wenige Monate später, im Januar 1969, einigten sich Bayerns Landesvertreter mit dem Bundeswirtschaftsministerium indes prinzipiell auf die Einrichtung der vorgeschlagenen „Aktionsprogramme", nicht ohne allerdings bis Jahresende 1969 weiter über die konkreten Durchführungsbedingungen zu verhandeln. Das Dilemma der bayerischen Landespolitiker bestand wie schon in den 1950er Jahren darin, daß bei der gegebenen Interessenlage des Bundes, welche die verstärkte Einflußnahme auf Teile der Länderwirtschaftspolitik implizierte, eine finanzwirtschaftlich akzeptable Regelung der offenen Fragen in der regionalen Förderpolitik offensichtlich nur zu erreichen war, wenn die Länder beim Zuschnitt der regionalpolitischen Kompetenzen des Bundes Zugeständnisse machten.

Solche Zugeständnisse aber lagen nach Ansicht von Wirtschaftsminister Schedl umso näher, als die weiteren Entwicklungsmöglichkeiten der Problemregionen Bayerns, ja die „Erfolgschancen der regionalen Strukturpolitik"[115] Bayerns schlechthin auf dem Spiel standen. In der Tat hatte die Rezessionskrise 1966/67 das Bundesland in mehrfacher Hinsicht getroffen. Wie im übrigen Bundesgebiet war das Inlandsprodukt zum erstenmal seit Kriegsende real zurückgegangen. Die generell drastisch abgesunkene Nachfrage- und Investitionsneigung beeinträchtigte auch in Bayern weniger die Ballungszonen wirtschaftlicher Aktivität als die ohnehin strukturschwächeren Räume. So ging nicht nur die Zahl der Betriebsneugründungen in den ländlichen Regionen Bayerns stark zurück, während die Zahl der Stillegungen deutlich zunahm. Schlimmer noch waren die steil anwachsenden Arbeitslosenquoten, die in Teilen Ostbayerns, so etwa im Arbeitsamtsbezirk Deggendorf, zum 31. Januar 1968 auf über 20% anstiegen. Insgesamt hatte sich die Zahl der Menschen ohne Arbeit in Bayern im Jahre 1967 gegenüber dem Jahresdurchschnitt 1966 um fast das Zweieinhalbfache erhöht.[116] Diese Fakten brachten der bayerischen Öffentlichkeit und der Wirtschaftspolitik des Landes gleichermaßen zu Bewußtsein, daß die bestehenden strukturellen Schwächen im Wirtschafts-

---

[113] Intensivierung und Koordinierung der regionalen Strukturpolitik, S. 29-31.
[114] BayHStA, StK 14356, Der Bayerische Staatsminister für Wirtschaft und Verkehr an den bayerischen Ministerpräsidenten, 18.1.1969.
[115] Stenographischer Bericht über die 36. Sitzung des Bayerischen Landtags am 13.3.1968, S. 1725-1738, hier: S. 1727 (Schedl).
[116] Die Arbeitslosenquote stieg von 1,2% 1966 auf 2,9% 1967 an (Statistisches Jahrbuch für Bayern 1969, S. 135).

gefüge Bayerns während der zurückliegenden Jahre des konjunkturellen Wachstums vielfach nur überdeckt und keineswegs aufgelöst worden waren. Hinzu trat aus der Sicht der Experten das Problem, daß ein Gutteil jener Konstellation, die Bayern noch zu Beginn der Dekade einen erheblichen Zuwachs an Unternehmensgründungen und Arbeitsplätzen beschert hatte, mittlerweile einem neuartigen Krisenszenario gewichen war. Die Verschärfung der Steinkohlenkrise an Ruhr und Saar hatte dafür gesorgt, daß nicht mehr nur die peripher gelegenen Regionen der Bundesrepublik den „Aktivposten" einer attraktiven, verfügbaren Arbeitskräftereserve vorzuweisen hatten. In der somit erweiterten Konkurrenz um die Ansiedlung expansionswilliger Betriebe aber würden die strukturschwachen Gebiete Bayerns, darüber war man sich im Bayerischen Wirtschaftsministerium im klaren, mit den Standort- und Infrastrukturvorteilen des Rhein-Ruhr-Raumes kaum mithalten können.[117]

Umso beunruhigender erschien aus bayerischer Sicht die bevorzugte Förderung, die die Bundesregierung dem Ruhrgebiet seit einer Reihe von Jahren zukommen ließ. Seit der ersten Absatzkrise von 1958 hatten sich die zunächst eher begleitend angelegten staatlichen Hilfsmaßnahmen zu einer Krisenstrategie verdichtet, die ein immer stärkeres gesetzgeberisches und finanzielles Engagement des Bundes mit sich brachte. Die erneute Absatzkrise 1965 stellte insofern eine Zäsur dar, als die lenkende Subventionspolitik des Bundes in den Folgejahren neue Intensität erreichte und insbesondere auch die Ansiedlung von alternativen Industriezweigen an der Ruhr in den Vordergrund rückte.[118] Zwischen 1958 und 1967 gingen so finanzielle Unterstützungsleistungen des Bundes in Höhe von 16,7 Mrd. DM an den Ruhrkohlenbergbau. Davon fanden etwa 3 Mrd. DM als Subventionen im engeren Sinne Verwendung, kamen also direkt einer Entlastung der Bergbauunternehmen zugute. Im Zuge des „Kohleanpassungsgesetzes", das im Mai 1968 in Kraft trat, wurde das Ruhrgebiet außerdem in das System der bundesdeutschen Regionalförderung miteinbezogen. Private Investitionen in Gebieten des Steinkohlenbergbaus hatten demnach befristet bis 1971 Anspruch auf eine steuerfreie Investitionsprämie in Höhe von 10% des eingesetzten Kapitals. Auf diesem Wege sollte die Schaffung von Ersatzarbeitsplätzen außerhalb der Kohlenindustrie angeregt und unterstützt werden.[119]

Es war die erhebliche strukturpolitische Attraktivität der Investitionsprämie sowie der sonstigen staatlichen Vergünstigungen und Infrastrukturleistungen zugunsten von Ruhr und Saar, die den Unmut der Länder mit „älteren" Fördergebieten erregte. Der bayerische Wirtschaftsminister nahm kein Blatt vor den Mund und kritisierte öffentlich die Politik des Bundes, „das Revier forciert auf Kosten

---

[117] Stenographischer Bericht über die 36. Sitzung des Bayerischen Landtags am 13.3.1968, S. 1727f. (Schedl).
[118] Werner Abelshauser, Der Ruhrkohlenbergbau seit 1945. Wiederaufbau, Krise, Anpassung, München 1984; ders., Deutsche Wirtschaftsgeschichte seit 1945, S. 200–214; Christoph Nonn, Die Ruhrbergbaukrise. Entindustrialisierung und Politik 1958–1969, Göttingen 2001; Jäkli, Vom Marshallplan zum Kohlepfennig, S. 100–120.
[119] Jahreswirtschaftsbericht 1968 der Bundesregierung, in: Verhandlungen des Deutschen Bundestages, 5. Wahlperiode. Anlagen zu den stenographischen Berichten, Drucksache V/2511, S. 18f.; Jäkli, Vom Marshallplan zum Kohlepfennig, S. 109–114.

2. Zwischen Effektivitätsstreben und Konfliktreduktion 357

anderer Regionen zu subventionieren".[120] Ihn trieb die Sorge, daß durch die geographische Ausdehnung der Bundesförderung die Wirkung jener Mittel, die zugunsten der peripher gelegenen Regionen wie Bayern eingesetzt wurden, „mehr als neutralisiert" würde: „Die natürlichen Standortbedingungen würden dann doch wieder den Ausschlag geben und die regionalpolitischen Beihilfen verlören ihre ausgleichende Funktion."[121] Überblickt man die weitere Entwicklung der staatlichen Investitionszuschüsse für die Ruhr, dann erscheint die zunächst allzu länderegoistisch anmutende Kritik Schedls an der Destabilisierung der überkommenen Regionalförderung des Bundes durchaus berechtigt: Zwischen 1968 und 1971 flossen etwa 2 Mrd. DM an Investitionsprämien in die Ruhrregion. Dies entsprach in etwa jener Summe, die im Rahmen der Regionalen Förderprogramme zwischen 1951 und 1971 an alle strukturschwachen Gebiete der Bundesländer gemeinsam vergeben wurde![122]

Vor solchem Hintergrund berechtigter Länderinteressen gewann der Vorschlag Schillers vom September 1968 zusätzliche taktische Qualität. Er wurde in einer Phase der Wirtschaftsentwicklung vorgelegt, in der zwar die Folgen der Rezessionskrise für die bundesdeutsche Konjunkturentwicklung bereits überwunden schienen. Keineswegs ausgeräumt waren zu diesem Zeitpunkt jedoch Besorgnisse in den Ländern, die daher rührten, daß die ohnehin prekäre Lage der eigenen Problemregionen im Gefolge der Konjunkturkrise durch die Subventionspolitik des Bundes gegenüber der Ruhr eine weitere Verschärfung zu erfahren drohte. Das Interesse an einer Neuregelung, das auf seiten der Länder daraus erwuchs, wurde in Bayern geteilt. Für den Bundeswirtschaftsminister ergab sich aus dieser Konstellation eine starke Verhandlungsposition, da er die gegebene Finanzkraft des Bundes nutzen und bald auch auf die divergierenden materiellen Interessen der Bundesländer rechnen konnte.[123] Hier wie auf anderen Feldern favorisierte Schiller durchaus die freiwillige Zustimmung seiner Verhandlungspartner, war aber zugleich darauf bedacht, Rahmenbedingungen zu schaffen, die eine rasche Entscheidung zu seinen Gunsten wahrscheinlich machten.[124]

Die bayerische Verhandlungsposition wurde zusätzlich dadurch kompliziert und bestimmt, daß eine bedeutsame Vorentscheidung in der Frage der Neuregelung der Regionalförderung bereits im Rahmen der Verhandlungen um eine Bundesfinanzreform gefallen war. Die Debatten hierüber waren seit Beginn der 1960er Jahre zunächst auf Betreiben des damaligen Bundesfinanzministers Etzel neu aufgelebt. Allzu offensichtlich hatte sich die Einnahmesituation der Länder seit der letzten großen Finanzreform von 1955 zu ihren Gunsten und zu Lasten des Bundes

---

[120] Stenographischer Bericht über die 36. Sitzung des Bayerischen Landtags am 13.3.1968, S. 1728f. (Schedl).
[121] Ebenda, S. 1730 (Zitate); „Bayern in der Regionalförderung ‚neutralisiert'. Wirtschaftsminister Dr. Schedl vor dem Landesverband der Bayerischen Industrie in Nürnberg", in: Bayerische Staatszeitung, 19.7.1968.
[122] Vgl. zur Berechnung: Leistung in Zahlen '74. Hg. vom Bundesministerium für Wirtschaft, Bonn 1975, S. 126.
[123] Vgl. hierzu die Schilderung der zurückliegenden Bund-Länder-Verhandlungen durch die Vertreterin des Bayerischen Wirtschaftsministeriums, Dr. Miersch: BayHStA, StK 14356, Niederschrift der interministeriellen Sitzung vom 18.12.1968, 2.1.1969.
[124] Zur Charakteristik dieser verhandlungstaktischen Disposition Schillers: Abelshauser, Deutsche Wirtschaftsgeschichte seit 1945, S. 208.

entwickelt. Dieser hatte annähernd parallel hierzu in den ausgehenden 1950er Jahren verstärkt Aktivitäten entfaltet, um seine vorhandene Finanzstärke zugunsten der finanzschwachen Bundesländer einzusetzen und dazu in großem Umfang in die Finanzierung von Länderaufgaben einzugreifen.[125] Obwohl noch unter der Kanzlerschaft Erhards vorangetrieben, wurde die Finanzreform allerdings erst unter dem Kabinett Kiesinger wieder mit neuem Elan aufgenommen. Die SPD hatte sich das Thema bereits im Vorfeld ihres Eintritts in die Große Koalition zu eigen gemacht und unterstützte eine Neuverteilung der Kompetenzen und Lasten im Bund-Länder-Verhältnis. Die wichtigste Diskussionsbasis hierfür bot seit Frühjahr 1966 ein „Gutachten über die Finanzreform in der Bundesrepublik Deutschland", das eine Kommission unter dem ehemaligen hessischen Finanzminister Heinrich Troeger erarbeitet hatte.[126]

Als Kernstück der Finanzreform vertrat das „Troeger-Gutachten" neben der Schaffung eines „großen Steuerverbunds" die Einführung von sogenannten „Gemeinschaftsaufgaben". Sie sollten die Zusammenarbeit zwischen Bund und Ländern auf verschiedenen Gebieten von übergeordneter Bedeutung klar regeln und zugleich die bislang außerhalb der Verfassungsordnung praktizierte, anteilige Planungs- und Finanzierungskompetenz des Bundes in Länderangelegenheiten grundgesetzlich festlegen.[127] Bis Februar 1968 einigten sich der Bund und die Ministerpräsidenten der Länder darauf, entgegen dem ursprünglichen Vorschlag des Bundes nur drei derartige „Gemeinschaftsaufgaben" vorzusehen: für den Hochschulbau sowie für die Verbesserung der Agrar- und der regionalen Wirtschaftsstruktur.[128] Weitere zentrale Fragen einer Finanzreform – Probleme des Steuerverbunds oder der konjunkturbezogenen Finanzhilfen des Bundes – blieben vorerst ungeklärt. Was die Gestaltung der bundesstaatlichen Finanzverfassung anlangte, war indes seither klar, daß die Länderwirtschaftsminister mit einer verfassungsrechtlichen Festschreibung des Bundeseinflusses in der Regionalförderung zu rechnen hatten, ohne daß noch exakt feststand, welche Auswirkungen auf die Planungskompetenzen und die Budgets der Länder daraus erwachsen würden.[129]

Die Reaktionen der bayerischen Staatsregierung gegenüber den Vorstößen des Bundes nahmen unter diesen Bedingungen den Charakter eines schrittweisen Zurückweichens an. Im ganzen gesehen, lösten sich dabei wiederholte Zugeständnisse mit weiter hartnäckig unternommenen Versuchen ab, angestammte rechtliche Positionen zu wahren. Zustimmung zu Bundesplänen wurde von Bayern in der Regel dann signalisiert, wenn es darum ging, die Chancen des Landes auf finanzielle Bundeshilfen zu wahren. Fortdauernden argumentativen Widerstand leisteten bayerische Kabinettsvertreter bis hin zum Ministerpräsidenten dagegen, wenn

---

[125] Renzsch, Finanzverfassung und Finanzausgleich, S. 170–232; Ernst Heinsen, Der Kampf um die Große Finanzreform 1969, in: Rudolf Hrbek (Hg.), Miterlebt – Mitgestaltet. Der Bundesrat im Rückblick, Stuttgart 1989, S. 187–223.
[126] Kommission für die Finanzreform, Gutachten über die Finanzreform in der Bundesrepublik Deutschland, Stuttgart u. a. 1966. Vgl. hierzu auch die Darstellung bei Gerhard Stoltenberg, Wendepunkte. Stationen deutscher Politik 1947–1990, Berlin 1997, S. 176–178.
[127] Gutachten über die Finanzreform, S. 25 ff.
[128] Renzsch, Finanzverfassung und Finanzausgleich, S. 223–229.
[129] Alfons Goppel, Gemeinschaftsaufgaben – zentrale Frage der Finanzreform, in: Bayerische Staatszeitung, 14.7.1967.

2. Zwischen Effektivitätsstreben und Konfliktreduktion

ungeachtet des eigenen partiellen Einlenkens der Verlust von Landeskompetenzen abzuwehren war. So stimmte Bayern zusammen mit den übrigen betroffenen Ländern im Januar 1969 der Ausarbeitung von „Regionalen Aktionsprogrammen" zu, nachdem sich das Bundesfinanz- und das Bundeswirtschaftsministerium bereit erklärt hatten, die hierfür vorgesehenen Finanzmittel um nicht weniger als 50% der bisherigen Regionalförderung aufzustocken.[130] Damit keine Fördergelder für Bayern verlorengingen, machte man sich im Bayerischen Wirtschaftsministerium unverzüglich an die Arbeit und präsentierte dem Interministeriellen Ausschuß bereits im Juli 1969 ein erstes „Aktionsprogramm" für das oberfränkisch-nordoberpfälzische Grenzgebiet.[131]

Das pragmatische Einlenken hinderte bayerische Regierungs- und Ministerialvertreter nicht daran, ihre Kritik an der „radikale[n] Umstellung" der Bundesförderung und ihren Begleiterscheinungen weiter öffentlich zu artikulieren. Neben Stilfragen, die die verspätete oder völlig ausbleibende Übermittlung von essentiellen Informationen durch das Bundeswirtschaftsministerium betrafen, monierte man vor allem den Methodenwandel in der regionalen Wirtschaftspolitik und die drohenden Folgen für das bundesstaatliche System. Süffisant formulierte Schedl in einem Schreiben an Bundeswirtschaftsminister Schiller seine Zweifel daran, daß angesichts der mit großem Anspruch vorgetragenen Reformabsichten des Bundes bald „goldene Zeiten" in der Regionalförderung anbrächen. Kritisch sah man im Bayerischen Wirtschaftsministerium allerdings nicht allein die „übersteigerte Koordinierungstätigkeit" des Bundes.[132] Der Kernbestand aller öffentlich oder intern diskutierten Bedenken gruppierte sich *zum einen* um Fragen der künftigen förderpolitischen Effizienz. Wichtiger noch war *zum anderen* die Sorge, daß gerade die vermeintlich politisch neutrale „Technik" der Bundesprogramme zum Einfallstor für relevante Machtverschiebungen im Bund-Länder-Verhältnis werden könnte. Besonderen Anstoß erregte hierbei die Vorgabe des Bundeswirtschaftsministers an die Länder, die landeseigenen Förderprogramme in die „Aktionsprogramme" des Bundes einzubringen und gemeinsam zu verplanen. Nicht ein Mehr an „Effizienz und Transparenz" wäre die Folge, so Schedl, sondern der Verlust jeglicher „Eigen-

---

[130] BayHStA, StK 14356, Der Bayerische Staatsminister für Wirtschaft und Verkehr, Otto Schedl, an den Bayerischen Ministerpräsidenten Alfons Goppel, 18.1.1969.
[131] Vgl. BayHStA, StK 14358, Der Bayerische Staatsminister für Wirtschaft und Verkehr an die Bayerische Staatskanzlei. Betr.: Oberfränkisch-nordoberpfälzisches Zonenrand- und Ausbaugebiet, 20.8.1969.
Im Bestand der CSU-Landesgruppe, der im Archiv für Christlich-Soziale Politik aufbewahrt wird, fehlen sämtliche Protokolle der Landesgruppensitzungen für die Jahre 1967 und 1968, einschließlich des Monats Januar 1969. Es fällt auf, daß dieser Zeitraum weitgehend mit der intensiven Schlußphase der Debatten um die Finanzreform übereinstimmt, in deren Verlauf sich die CSU tief gespalten zeigte. Vgl. deshalb: Münch, Freistaat im Bundesstaat, S. 19-25; „CSU diskutiert die Finanzreform", in: Süddeutsche Zeitung, 21.4.1967; „Debatte über Föderalismus", ebenda, 11.5.1967; „Landesvorstand der CSU berät über Finanzreform", ebenda, 26.5.1967; „Widerstand gegen Bonner Finanzreform", ebenda, 10.5.1968; „Mißtrauen gegenüber der Finanzreform", ebenda, 2.12.1968; „Münchner Bedingungen an Bonn", ebenda, 4.12.1968; „Es bleibt bei der Absage an Bonn", ebenda, 15.1.1969. Schließlich: „CSU-Kompromiß zur Finanzreform", ebenda, 28.1.1968.
[132] Der Bayerische Staatsminister für Wirtschaft und Verkehr, Otto Schedl, an den Bundesminister für Wirtschaft, Professor Dr. Schiller. Betr.: Regionale Wirtschaftsförderung, 29.1.1969; abgedruckt in: Aus den Akten der Bayerischen Staatskanzlei 4/69 vom 22.4.1969, S. 1-5.

ständigkeit Bayerns auf dem Gebiet der regionalen Strukturpolitik".[133] Verdächtig schien zudem, daß die „Aktionsprogramme" damit in ihrer Verlagerung von Kompetenzen noch über die Konzeption der in Aussicht genommenen Gemeinschaftsaufgabe „Verbesserung der regionalen Wirtschaftsstruktur" hinausreichten.[134] Im August 1969 unternahm Ministerpräsident Goppel selbst einen letzten, vergeblichen Versuch, durch eine Intervention beim Bundeskanzler auf die Rücknahme der Reformpläne hinzuwirken.[135] Der Bonner Regierungswechsel verhinderte eine persönliche Antwort Kiesingers. Aufgrund der geringen Erfolgsaussichten verzichtete die Staatsregierung nur wenige Monate später auf eine zunächst ins Auge gefaßte Verfassungsklage gegen die Neuordnung der bundesdeutschen Strukturförderung.[136] Noch im gleichen Jahr wurden daraufhin die ersten „Regionalen Aktionsprogramme" wirksam. Bis 1970 vereinbarten Bund und Länder 20 derartige Programme, die 1971 durch die Einbeziehung des nördlichen Ruhrgebiets um ein weiteres ergänzt wurden. Sie fanden ihre verfassungsrechtliche Absicherung durch die Änderung des Grundgesetzes im Zuge der Finanzreform von 1969. Mit den Bestimmungen des neu eingefügten Artikels 91a, weiteren Ausführungsgesetzen und dem Ersten Rahmenplan der Gemeinschaftsaufgabe „Verbesserung der regionalen Wirtschaftsstruktur" von 1972 erreichte schließlich jener Reformprozeß, der 1968 in Gang gekommen war, ein vorläufiges Ende.[137]

Damit war die über viele Jahre hin bereits gepflegte Praxis der Mischfinanzierung von Bund und Ländern im Bereich der gewerblichen Wirtschaftsförderung und der Infrastrukturhilfen in geltendes Recht verwandelt worden. Unter dem Dach der „Gemeinschaftsaufgabe" rückte die regionale Strukturpolitik in den Rang eines Aufgabengebiets, das nach dem Willen des Gesetzgebers aufgrund seiner Bedeutung für die Allgemeinheit und aus Gründen der Herstellung einheitlicher und gleichwertiger Lebensverhältnisse die Mitwirkung des Bundes rechtfertigte. Zwar blieben „Gemeinschaftsaufgaben" weiterhin Aufgaben der Länder, denen auch die praktische Ausführung oblag. Der Bund übernahm indes künftig für Zwecke der Verbesserung der regionalen Wirtschaftsstruktur die Hälfte der Ausgaben, die den Ländern auf diesem Feld erwuchsen. Im Gegenzug war ein erhebliches Mitspracherecht zu seinen Gunsten verankert worden. So hatte unter anderem ein gemeinsamer Planungsausschuß über die Verwendung der Mittel und die Abgrenzung der Förderregionen zu befinden, wobei dem Bund die gleiche Zahl an Sitzen zustand wie allen Bundesländern gemeinsam.[138]

---

[133] Stenographischer Bericht über die 60. Sitzung des Bayerischen Landtags am 29.1.1969, S. 2807–2819, hier: S. 2811 f. (Zitate: S. 2812) (Schedl).
[134] BayHStA, StK 14356, Dr. Heigl, Bayerisches Staatsministerium für Wirtschaft und Verkehr, an die Bayerische Staatskanzlei. Betr.: Regionale Aktionsprogramme, 9.4.1969.
[135] BayHStA, StK 14358, Der Bayerische Ministerpräsident, Alfons Goppel, an Bundeskanzler Kurt Georg Kiesinger. Betreff: Zusammenarbeit zwischen Bund und Ländern auf dem Gebiet der regionalen Strukturpolitik; hier: Regionale Aktionsprogramme, 8.8.1969.
[136] Hofmann, Industriepolitik, S. 307–311.
[137] Lammers, Die Bund-Länder-Regionalförderung, S. 63.
[138] Hans-Friedrich Eckey/Wilfried Stock, Verbesserung der regionalen Wirtschaftsstruktur. Gesetz über die Gemeinschaftsaufgabe vom 6. Oktober 1969, in: Hans H. Eberstein/Helmut Karl (Hg.), Handbuch der regionalen Wirtschaftsförderung, 3. Aufl. Köln 1996 (Loseblattsammlung), Teil A, Abschnitt V, S. 1–56; Hans H. Eberstein, Grundlagen der Regionalpolitik und ihre wesentlichen Grundsätze, in: ders./Karl (Hg.), Handbuch der regionalen Wirtschaftsförderung, Teil A, Abschnitt III, S. 12 f.; Jäkli, Vom Marshallplan zum Kohlepfennig, S. 214 f.

2. Zwischen Effektivitätsstreben und Konfliktreduktion 361

Die reale Leistungskraft der bundesdeutschen regionalen Wirtschaftsförderung zu bewerten und ihre Ergebnisse für Bayern zu gewichten ist ein schwieriges Unterfangen. Auch kann es an dieser Stelle nicht darum gehen, das bis in die 1980er Jahre besonders kontrovers diskutierte Institut der „Gemeinschaftsaufgaben" in seiner Entfaltung eingehend zu würdigen.[139] Zweifellos aber verbieten sich für den Betrachtungszeitraum dieser Studie eindimensionale Bewertungen, die nicht gleichermaßen die verfassungspraktische, finanzwirtschaftliche und regionalpolitische Ebene einbeziehen.

Der Einfluß des Bundes auf die regionale Förderpolitik der Länder hat sich bereits in der Frühphase der bundesdeutschen Regionalpolitik zunehmend vergrößert. Die Formen der Einflußnahme und die Gründe, die hierfür bis gegen Ende der 1950er Jahre maßgeblich waren, wurden bereits an anderer Stelle erörtert.[140] Der Übergang zu einem System des „kooperativen Föderalismus", wie er für die Bundesrepublik von dem Staatsrechtler Ulrich Scheuner 1966 konstatiert wurde, bahnte sich insofern auf Teilgebieten der bundesstaatlichen Ordnung bereits seit längerem an.[141] Manches spricht allerdings dafür, daß sich die Verluste an landeseigener Planungskompetenz, die von bayerischen Politikern für das Feld der Strukturförderung befürchtet wurden, zumindest bis 1969 in Grenzen hielten. Wie gesehen, entsprach die Einführung des „Zentrale-Orte"-Prinzips in die bundesdeutsche Regionalförderung durchaus den bayerischen Prioritäten einer dezentralen Landesentwicklung; auch ermöglichte das Verfahren der bilateralen Bund-Länder-Absprachen eine flexible Handhabung der verfügbaren Fördermittel.

Als gravierender einzuschätzen sind deshalb jene Gravamina, die die wachsende Bindung von Landesmitteln aufgrund der Dotationspraxis des Bundes zum Inhalt hatten. Kam im Dotationssystem das berechtigte Anliegen des Bundes zum Ausdruck, bei der Verteilung von Bundesfördergeldern mitzusprechen und deren sparsame Verwendung zu sichern, so entstand eben hier aus bayerischer Ländersicht ein erhebliches Dilemma. Wie sich etwa bei der Mittelvergabe des „Zentrale-Orte-Programms" erwies, wäre es im Wettlauf der Länder um die jeweils bereitgestellten Bundesmittel keinem verantwortlichen bayerischen Minister möglich gewesen, auf den Versuch der Einwerbung zu verzichten und sich in der Folge massiven Protesten aus der eigenen politischen Öffentlichkeit auszusetzen.[142] Aufgrund der geteilten Finanzierung begab sich das Nehmerland Bayern damit jeweils „freiwillig" eines Teils seiner finanzpolitischen Verantwortung für die Durchfüh-

---

[139] Vgl. hierzu etwa Paul Klemmer, Die Gemeinschaftsaufgabe „Verbesserung der regionalen Wirtschaftsstruktur". Zwischenbilanz einer Erscheinungsform des kooperativen Föderalismus, in: Franz Schuster (Hg.), Dezentralisierung des politischen Handelns (III). Konzeption und Handlungsfelder (Forschungsberichte der Konrad-Adenauer-Stiftung 61), Melle 1987, S. 299-349; Willi Blümel, Verwaltungszuständigkeit, in: Josef Isensee/Paul Kirchhof (Hg.), Handbuch des Staatsrechts der Bundesrepublik Deutschland. Band IV, Heidelberg 1990, S. 857-963, hier: S. 940.
[140] Vgl. Kapitel I.1. und 2. des zweiten Teils dieser Arbeit.
[141] Ulrich Scheuner, Wandlungen im Föderalismus der Bundesrepublik, in: Die Öffentliche Verwaltung 19 (1966), S. 513-520; Wiederabdruck in: ders., Staatstheorie und Staatsrecht. Gesammelte Schriften. Hg. von Joseph Listl und Wolfgang Rüfner, Berlin 1978, S. 435-452, hier: S. 449.
[142] So aus der Sicht des langjährigen Amtschefs des Bayerischen Finanzministeriums: Barbarino, Geldwert, Konjunktur und öffentlicher Haushalt, S. 222f.

rung einer genuinen Landesaufgabe. Im Effekt resultierte daraus eine Einschränkung finanzpolitischer Verfügungsautonomie, da die Verwendung der Bundesfördergelder festgelegt und an die Einspeisung von gleichgerichteten Landesmitteln gebunden war. Diese von bayerischen Politikern vielfach in den Vordergrund gerückte Bewertung wäre indes unvollständig, würde nicht auch der Zugewinn an finanzieller Verfügungsmasse berücksichtigt, den das Bundesland im Gegenzug einstreichen konnte: Zwischen 1951 und 1974 flossen allein zur Förderung der regionalen Wirtschaftsstruktur über 750 Mio. DM an Bundeshilfen nach Bayern.

Tabelle 14: Die Förderung der wirtschafts- und strukturschwachen Gebiete durch den Bund, 1951-1974 (in Mio. DM; ohne Berlin und die Stadtstaaten)

	Baden-Württ.	Bayern	Hessen	Niedersachsen	NRW	Rheinld.-Pfalz	Saarland	Schlesw.-Holstein	Insges.
1951	-	5,0	1,4	4,7	-	4,7	-	9,0	24,8
1952	5,0	7,8	2,0	7,7	-	5,0	-	15,0	42,5
1954	3,5	27,2	9,6	34,0	-	15,6	-	52,0	141,9
1955	0,4	23,4	6,2	22,2	-	9,8	-	10,4	72,4
1956	0,4	27,7	9,0	30,3	-	13,3	-	20,8	101,5
1958	0,4	28,1	8,5	29,8	-	11,2	-	21,0	99,0
1960	0,3	19,9	6,9	23,7	-	6,7	-	16,9	74,4
1961	0,4	25,6	8,4	28,6	-	7,9	-	21,1	92,0
1962	0,4	30,2	10,7	32,8	-	13,2	-	27,7	115,0
1963	1,0	34,3	10,7	31,4	0,6	13,7	1,0	24,0	116,7
1964	-	27,5	10,3	25,9	1,4	7,9	0,6	22,4	96,0
1965	-	26,4	10,1	30,5	0,6	6,8	0,3	27,3	102,0
1966	-	22,2	9,6	24,4	0,4	5,3	0,2	22,9	85,0
1967	-	19,6	8,5	22,4	0,3	4,3	0,3	21,6	77,0
1968	-	28,2	12,3	32,9	0,1	7,4	0,1	33,6	114,6
1969	0,6	50,1	18,2	45,5	1,2	15,9	17,4	36,4	185,3
1970	3,0	85,8	26,5	65,7	6,0	23,2	42,0	44,4	296,6
1971	6,0	69,0	23,0	59,0	3,0	23,0	42,0	43,0	268,0
1972	6,0	66,0	23,0	59,0	3,0	23,0	42,0	43,0	266,0
1973	6,0	66,0	23,0	59,0	3,0	23,0	42,0	43,0	266,0
1974	6,0	66,0	23,0	59,0	3,0	23,0	42,0	43,0	266,0
Insgesamt	39,4	756,0	260,9	728,5	22,6	263,9	229,9	598,5	2902,7

Quelle: Leistung in Zahlen '74. Hg. v. Bundesministerium für Wirtschaft, Bonn 1975, S. 126.

Dabei schnitt Bayern im Ländervergleich sehr gut ab, erhielt doch für den Zeitraum eines knappen Vierteljahrhunderts alles in allem kein anderes Bundesland mehr einschlägige Fördermittel aus Bonn. Insbesondere die von der bayerischen Politik zunächst so heftig abgelehnten „Regionalen Aktionsprogramme" des Bundes schlugen stark zum Vorteil des Landes aus. Sie wurden in den Ersten Rahmenplan der „Gemeinschaftsaufgabe Verbesserung der regionalen Wirtschaftsstruktur" von 1971 übernommen. Da sie als Maßstab der Mittelverteilung vor allem die bestehende Infrastrukturausstattung und das regionale Einkommensniveau zugrunde legten, spiegeln die Fördersummen für Bayern *zum einen* in hohem

2. Zwischen Effektivitätsstreben und Konfliktreduktion

Maße die dort nach wie vor anzutreffenden strukturellen Schwächen und die Folgen der Konjunkturkrise von 1966/67 wider.[143] Ebenso deutlich ist allerdings erkennbar, daß die Einführung der „Aktionsprogramme" für alle Bundesländer mit einer erheblichen Ausweitung der Fördermittel verbunden war. Bayern profitierte also *zum anderen* wie die übrigen Länder von jener – oben bereits benannten – Form der Kompromißbildung, die in den Bund-Länder-Verhandlungen 1968/69 zur Einigung geführt hatte. Um allen Teilinteressen gerecht zu werden, hatte sich der Bund sowohl zur Expansion der Finanzhilfen als auch zur deutlichen Ausweitung der Fördergebiete bereitgefunden. Statt zu einer gezielten Auswahl anhand einheitlicher Kriterien zu schreiten, wurden für die ersten „Regionalen Aktionsprogramme" alle bereits anerkannten Bundesfördergebiete mit bislang allein länderspezifischen Förderräumen zusammengelegt. Im Jahr 1969 umfaßte damit der Flächenanteil der „Aktionsprogramme" bereits 48% des Bundesgebiets; im Jahresverlauf 1970 stieg ihr Anteil weiter auf nicht weniger als 58% des westdeutschen Territoriums.[144] In Bayern nahmen die „Regionalen Aktionsräume" bis Jahresende 1970 ebenfalls mehr als die Hälfte des Staatsgebiets ein; Ausnahmen hiervon bildeten im wesentlichen weite Teile Oberbayerns und Schwabens sowie die Region um Nürnberg.[145]

Ungeachtet des – in den späten 1960er Jahren noch nicht klar absehbaren – erheblichen Zugewinns an Fördermitteln für Bayern zielte man in München nach dem Bonner Regierungswechsel vom Herbst 1969 weiter darauf, die Möglichkeiten zur Umsetzung einer eigenen Linie in der regionalen Förderpolitik zu wahren und auszuweiten.[146] Die Grundzüge einer solchen bayerischen Förderstrategie und die Etappen ihrer Herausbildung lassen sich an der Tätigkeit der Bayerischen Landesanstalt für Aufbaufinanzierung (LfA) ablesen. Deren Fortentwicklung über den Status einer „Flüchtlingsbank" hinaus spiegelt einen funktionalen Wandlungsprozeß, der auch und gerade auf die Ausweitung ihrer regional gerichteten Förderaktivitäten zurückzuführen war.[147] Lag in den 1950er Jahren ein Tätigkeitsschwerpunkt in der Betreuung von Bürgschaften und staatlich finanzierten Krediten zugunsten von Flüchtlingen, Remontage- und Restitutionsgeschädigten, so gehörte doch bereits seit 1951 die Durchleitung der Kredite aus den „Sanierungsprogrammen" des Bundes zu den Aufgaben der LfA. Der Umfang landeseigener bayerischer Kreditprogramme blieb vorerst gering: Im Jahr 1958 standen im Rahmen des neu angelaufenen Sanierungsprogramms des Bundes über 28 Mio. DM für die regionale Wirtschaftsförderung in Bayern zur Verfügung, während das Bundes-

---

[143] Rahmenplan der Gemeinschaftsaufgabe „Verbesserung der regionalen Wirtschaftsstruktur" für den Zeitraum 1972 bis 1975 (Bundestags-Drucksache VI/2451 vom 14.6.1971), S. 8.
[144] Karl Demand, Ergänzung der Bundesausbaugebiete, in: Informationen des Instituts für Raumordnung 19 (1969), S. 73 f.; Günter Kroner, Eine neue Karte zur regionalen Wirtschaftspolitik: „Bundesfördergebiete und Räume der Regionalen Aktionsprogramme", in: Informationen des Instituts für Raumordnung 20 (1970), S. 769 f.; Thelen/Lührs, Abgrenzung von Fördergebieten, S. 30 f.
[145] Raumordnungsbericht 1971 der Bayerischen Staatsregierung. Hg. vom Bayerischen Staatsministerium für Landesentwicklung und Umweltfragen, München 1971, S. 156 (Karte „Regionale Aktionsräume").
[146] Siehe hierzu Kapitel IV des dritten Teils dieser Arbeit.
[147] Bayerische Landesanstalt für Aufbaufinanzierung. Geschäftsbericht 1969, München 1970, S. 25 (Zitat).

land für vergleichbare Zwecke etwas mehr als 7 Mio. DM aus dem Bayerischen Grenzhilfeprogramm 1958 und Mitteln zum Ausbau der ländlichen Stromversorgung beisteuerte. Für den Förderzeitraum zwischen 1954 und 1965 addierten sich die eindeutig regional gerichteten Kredite aus den bayerischen Grenzhilfeprogrammen auf mehr als 48,1 Mio. DM; aus den Sanierungs- und Regionalen Förderprogrammen des Bundes erhielt Bayern zwischen 1951 und 1965 nach Angaben der LfA über 130,7 Mio. DM. Neben der Ansiedlung und Erweiterung von Betrieben wurden daraus im Bereich der Infrastruktur der Ankauf von Industriegelände durch die Gemeinden, die Versorgung mit Energie- und Wasseranschlüssen, der Bau regionaler Verkehrsverbindungen oder auch die Errichtung von beruflichen Weiterbildungseinrichtungen gefördert.[148]

Aussagen über die Verteilung der Lasten in der regionalen Förderpolitik sind trotz dieser offenkundig eindeutigen Gewichtung nicht einfach zu treffen. Im Jahr 1961 nahm die bayerische Wirtschaftspolitik eine landesspezifische Akzentsetzung mit längerfristigen Folgen vor. Die Einführung des „Refinanzierungsprogramms mit staatlicher Zinsverbilligung zugunsten der mittelständischen Wirtschaft" bildete nicht nur den Auftakt für eine Form der systematischen Kreditförderung, die dem hohen Anteil mittelständischer Betriebe in Bayern Rechnung trug und bis 1965 bereits ein Volumen von mehr als 45 Mio. DM erreichte. Zugleich erwuchs damit ein Förderinstrument, das in einem erheblichen, doch schwer zu beziffernden Ausmaß auch die schwach strukturierten Regionen Bayerns erfaßte. Ungeachtet dieser Unschärfen kann davon ausgegangen werden, daß sich das Engagement der bayerischen Wirtschaftspolitik im Bereich der regionalen Wirtschaftsförderung ab 1967/68 erheblich ausweitete.[149] Die Landesanstalt fungierte in dieser Situation als Instrument des Freistaats, um entgegen den neuen Förderpräferenzen des Bundes eine „prozyklische" Förderpolitik zu betreiben. Damit geriet sie in den Brennpunkt des Bund-Länder-Streits um die regionale Differenzierung der bundesdeutschen Konjunkturpolitik in der Ära von Bundeswirtschaftsminister Schiller. Diese Kontroverse wird in einem der folgenden Abschnitte für die Jahre 1969 bis 1973 ebenso darzustellen sein wie eine resümierende Erfolgseinschätzung bayerischer Regionalpolitik.[150]

---

[148] Bayerische Landesanstalt für Aufbaufinanzierung. Geschäftsbericht 1958, München 1959, S. 10 f.; Bayerische Landesanstalt für Aufbaufinanzierung. Geschäftsbericht 1965, München 1966, S. 15, 51 f.
[149] Paul Erker, Krisenbewältigung und Stärkung strukturschwacher Regionen 1966–1982, in: Es war eine bewegende Zeit. Chronik 50 Jahre LfA Förderbank Bayern, München 2001, S. 40–45.
[150] Vgl. hierzu eingehend Kapitel IV des dritten Teils dieser Arbeit.

II. Raumordnung als Gesellschaftspolitik?

Als erster bayerischer Ministerpräsident führte Alfons Goppel Rechenschaftsberichte der Staatsregierung vor dem Landtag ein, die Parlament und Öffentlichkeit zur Mitte einer Legislaturperiode über „besonders wichtige Aufgaben und Vorhaben"[1] unterrichten sollten. Im Oktober 1964, fast genau zwei Jahre nach seinem Amtsantritt, rückte er in der ersten Erklärung dieser Art die „Probleme der Wirtschaftsstruktur"[2] Bayerns in den Mittelpunkt. Die vorgetragene Konzeption war umfassend und bot nichts weniger als ein Leitbild der sozialökonomischen Landesentwicklung Bayerns für die absehbare Zukunft. Die Einzelthemen, die Goppel vortrug, waren bekannt. Neu war hingegen der Versuch einer in sich geschlossenen, stimmigen Gesamtschau: Die weitere Kräftigung der bayerischen Wirtschaft mit Blick auf die EWG, das Problem der „Entvölkerung des flachen Landes und der weiteren Verdichtung in wenigen Zentren" sowie das Schicksal der schwachstrukturierten Gebiete Bayerns, vor allem im östlichen Grenzland, standen im Mittelpunkt. Goppels Konzeptvorschlag war eindeutig: Bayern war „weiter zu industrialisieren", doch hatte dies nach den Prinzipien einer dezentralen Landesentwicklung zu geschehen, also mit dem Ziel der möglichst ausgewogenen räumlichen Verteilung von Bevölkerung und Wirtschaftskraft.[3]

Die Aufgabe, die sich hierbei stellte, umfaßte daher mehr als bloße Gewerbeförderung. Es mußte darum gehen, das steuernde Potential der Politik einzusetzen, um jene zentrifugalen Kräfte zu bändigen, denen sich das Land unter den Bedingungen seiner industriewirtschaftlichen Entwicklung ausgesetzt sah. Ohne daß Goppel es direkt benannt hätte, waren alle seine Vorschläge diesem Ziel der Integration gegenläufiger Tendenzen untergeordnet: Das kulturelle und ökonomische Auseinanderstreben von Stadt und Land, die vom Strukturwandel erzeugten Einkommens- und Statusverluste in der bäuerlichen Bevölkerung, schließlich die Belastungen, denen vor allem ländliche Familien durch die arbeitsbedingte Abwesenheit der Familienväter unterworfen waren, markierten einige der Bereiche, die der Ministerpräsident in den Vordergrund rückte.[4] Ein entscheidendes Hilfsmittel aber, über das die Politik verfügte, lag nach Goppel in der zielbewußten Ordnung des Raumes. Keineswegs zufällig griff er deshalb auf den jüngsten Stand der landesplanerischen Arbeiten im Wirtschaftsministerium zurück. Die Streuung der Industrieansiedlung anhand ausgewählter zentraler Orte, die Einteilung des bayerischen Territoriums in zusammenhängende „sozio-ökonomische Räume" und die Aufstellung von regionalen Raumordnungsplänen waren die wichtigsten Maßnahmen, mit denen die Staatsregierung die herandrängenden Probleme angehen wollte.[5]

---

[1] Stenographischer Bericht über die 55. Sitzung des Bayerischen Landtags am 29.10.1964, S. 1918–1928, hier: S. 1918 (Goppel).
[2] Ebenda.
[3] Ebenda, S. 1918f.
[4] Ebenda, S. 1919–1921.
[5] Ebenda, S. 1921f.

Das öffentliche Sprechen über Strukturpolitik und Planung hatte sich in Bayern seit den ausgehenden 1950er Jahren verändert. Das lag zunächst nicht am Ministerpräsidenten selbst. Bezeichnend für Goppels Herangehensweise an die neue Aufgabe war eher der Stil seiner Regierungserklärung vom Dezember 1962, in der er einen systematischen, doch segmentierten Abriß sämtlicher relevanter Themen der Regierungsarbeit geboten hatte.[6] Im Stilwandel seiner Ausführungen vom Herbst 1964 spiegelte sich vielmehr der neue Stellenwert, den die Gestaltung des Raumes in der öffentlichen Diskussion seit einiger Zeit genoß. Anfang Juli 1964 hatte ein Mitglied des bayerischen Landtagsausschusses für Wirtschaft und Verkehr rückblickend konstatieren können, „im laufenden Jahr sei die Debatte über Landesentwicklung und Raumordnung in besonderem Maße in die Bevölkerung hineingetragen worden"[7]. Tatsächlich hatte die Diskussion um das Thema mittlerweile auch in Bayern neue Breite erreicht und war aus den Expertenkreisen in Verwaltung und Politik allmählich in die Öffentlichkeit diffundiert. Gesellschaftliche Gruppen von Gewicht wie die Katholische Landvolkbewegung, der Landkreisverband Bayern oder der Landesbezirk Bayern des Deutschen Gewerkschaftsbundes hatten den Problemkreis „Raumplanung" zustimmend aufgegriffen, eigene Vorstellungen entwickelt oder, wie die Evangelische Akademie für politische Bildung, bereits zum Gegenstand von Studienkolloquien gemacht. Befürwortende Stimmen kamen auch aus der bayerischen Industrie oder aus den Zonenrandgebieten.[8]

Die Erwartungen, die sich mit dem neu zu erobernden Instrument verbanden, waren äußerst vielgestaltig: Sie reichten von der Hoffnung auf mehr Wohlstand insbesondere in Krisenregionen, auf Stärkung der regionalen Selbstverwaltung oder Wege aus der „Sackgasse des Lokalpatriotismus"[9] bis hin zur Schaffung „lebensfähiger Pfarrgemeinden"[10]. Eines war indes allen Interessenten gemeinsam: der Anspruch, Raumordnung künftig als Vehikel einer neuen, aktiveren Wirtschafts- und Gesellschaftspolitik eingesetzt zu sehen.

Goppels Halbzeit-Resümee stellte sich in diesen Kontext, griff den öffentlichkeitswirksamen Trend auf und versuchte zugleich, ihn mitzuformen. Anders als noch im Dezember 1962 war es zwei Jahre später aus mehreren Gründen unverzichtbar geworden, ein genuines raumpolitisches Leitbild bayerischer Landesentwicklung zu formulieren. Dies geboten *erstens* die wettbewerbs- und förderpolitischen Entwicklungen im vergrößerten europäischen Wirtschaftsraum, auf die es

---

[6] Stenographischer Bericht über die 3. Sitzung des Bayerischen Landtags am 19.12.1962, S. 11-19 (Goppel). Vgl. zur Entstehungsgeschichte der Regierungserklärung: Friemberger, Alfons Goppel, S. 181-184.
[7] ArchBayLT, Ausschuß für Wirtschaft und Verkehr, Protokoll über die 32. Sitzung am 2.7.1964 (Röhrl).
[8] BayHStA, MWI 21955, Entschließung der Diözesanversammlung der Katholischen Landvolkbewegung der Erzdiözese München-Freising, 1.3.1963. Vgl. auch „Leitsätze zur Raumordnung", in: Süddeutsche Zeitung, 18.3.1965; „Landkreise für Raumordnungsgesetz", in: Süddeutsche Zeitung, 31.3.1965; „Raumordnung hat nichts mit Diktatur zu tun", in: Industriekurier, 14.4.1965; „Bundesraumordnungsgesetz berücksichtigt Zonenrandgebiet", in: Passauer Neue Presse, 19.3.1965.
[9] „Regionalplanung zeitgemäß", in: Main-Post, 12.5.1965.
[10] „Die bayerische Dreieinigkeit erreichen. Raumordnung nicht ohne die Kirche", in: Mittelbayerische Zeitung, 11.12.1964.

zum Nutzen Bayerns zu reagieren galt.[11] Ebensosehr standen *zweitens* die drängender denn je formulierten Leistungsanforderungen an staatliches Handeln zur Debatte, die aus der bayerischen Gesellschaft – und aus der oppositionellen Landtags-SPD – vorgetragen wurden. Und nicht zuletzt hatte die Neubelebung des Themas Raumordnung auf der Bundesebene *drittens* dazu geführt, daß das Projekt eines Bundesraumordnungsgesetzes 1963 durch das Bundeskabinett wieder aufgenommen worden war. Im Herbst 1964 war es bis zur Verabschiedungsreife gediehen. Der wachsende raumpolitische Gestaltungswille des Bundes, der sich hierin manifestierte, führte in einigen Ländern und insbesondere auch in Bayern zu erheblicher Besorgnis. Immerhin stand für ein Politikfeld von zunehmender Relevanz die Verteilung von Kompetenzen und Gestaltungschancen zwischen Bund und Ländern auf dem Spiel. Mindestens genauso schwer wog die Tatsache, daß nach wie vor keine Entscheidung über die Festlegung materieller Grundsätze einer bundesdeutschen Raumordnungspolitik gefallen war. Von der Gestaltung eines solchen Leitbildes aber konnten künftige planerische Einflußmöglichkeiten der Länder ebenso abhängen wie die ökonomischen Entwicklungsspielräume peripherer Regionen im Raumgefüge der Bundesrepublik.

1. Gedachte Räume: Ballungsproblematik, Leitbilddiskussion und Bundesraumordnung

Die Möglichkeit eines raumpolitischen Tätigwerdens des Bundes stand seit der Mitte der 1950er Jahre verstärkt zur Diskussion. Dabei lassen sich eine normative und eine inhaltlich-konzeptionelle Ebene unterscheiden, die zunächst getrennt verliefen und erst im Vorfeld der Verabschiedung eines Bundesraumordnungsgesetzes in den frühen 1960er Jahren ineinander übergingen.

Ähnlich den Verhältnissen auf dem Feld der regionalen Wirtschaftspolitik war die politische Gestaltung der bundesdeutschen Raumordnung nicht vom Grundgesetz vorgegeben, sondern durch den Verfassungsgeber einer nachfolgenden Regelung überlassen worden. Der Bund besaß nach Artikel 75 des Grundgesetzes die Kompetenz zur Rahmengesetzgebung auf dem Gebiet der Raumordnung, schöpfte diese jedoch keineswegs aus. Ein erster größerer Anlauf in den Jahren 1954/55 zur „Aktivierung der Raumordnung auf Bundesebene", der von Adenauer selbst unterstützt[12] und in interfraktionellen Gesprächen der Bundestagsparteien weiter verfolgt worden war, verlief bis zum Ende der zweiten Legislaturperiode ergebnislos.[13] Um die Empfindlichkeiten der Länder im Hinblick auf eine bundeseinheitliche Regelung zu schonen, entschied sich die Bundesregierung im November 1955 dafür, den rein

---

[11] Siehe hierzu oben Kapitel I.1. dieses dritten Teils.
[12] BAK, B 102/12688, Vermerk des Bundeskanzlers, 1.6.1955 (Zitat).
[13] Vgl. hierzu die Erklärung von Bundesminister Oberländer im Bundestag: Stenographischer Bericht über die 44. Sitzung des Deutschen Bundestags am 23.9.1954, S. 2073-2079, hier: S. 2078; dazu auch: Bundesraumordnungsplan und Bundesraumordnungsstelle gefordert, in: Informationen des Instituts für Raumforschung 39-40/54 vom 8.10.1954, S. 573-576; Erich Keßler, Die Aktivierung der Raumordnung, in: Der Betriebsberater 10 (1955), S. 1065-1067.

administrativen Weg zu beschreiten.[14] Zur Koordination der raumpolitischen Anstrengungen in den Ländern trat im Dezember 1957 ein Verwaltungsabkommen in Kraft, das den Landesregierungen aufgab, ihre jeweilige Landesplanungsorganisation hinreichend an den Fachplanungen der Ressorts zu beteiligen.[15] Diese Lösung und die folgenden Bund-Länder-Gespräche in der neu eingerichteten „Konferenz für Raumordnung" trugen erheblich zur Entspannung der „bis dahin hauptsächlich durch die Gesetzgebungsabsichten des Bundes vergifteten Atmosphäre"[16] bei. Außerdem richtete das Bundeskabinett bereits 1955 einen Sachverständigenausschuß für Raumordnung ein, dessen Aufgabe es war, Richtlinien für eine „klare raumpolitische Zielsetzung der Bundesregierung" zu erarbeiten.[17]

Parallel zu dieser ersten normativen Regelung setzte gegen Mitte der 1950er Jahre in der bundesdeutschen Öffentlichkeit allmählich ein „Gespräch über die Raumordnung"[18] ein. Wesentlich motiviert durch die vorangegangenen Aktivitäten des Bundestages und der Bundesregierung, rückte dabei die Ballungsthematik in den Vordergrund. Unter anderem die Kirchen und Gewerkschaften thematisierten mit wachsendem Engagement die sozialen und wirtschaftlichen Folgen der zu beobachtenden Bevölkerungskonzentration an vergleichsweise wenigen städtischen Standorten. Ungeachtet der unterschiedlichen gesellschaftspolitischen Herkunft nahm man Anstoß an der vermeintlich drohenden Entvölkerung ländlicher Regionen, an zunehmenden Pendlerzahlen, überproportional wachsenden Infrastrukturkosten in den Ballungszonen und am Wohlstandsgefälle zwischen Stadt und Land. Von „Planungsphobie" oder „Tabuisierung"[19] des Planungsbegriffs waren diese Stellungnahmen nicht gekennzeichnet. Vielmehr war es gerade der Ruf nach „weitschauende[r] Planung" oder übergreifender Raumplanung, der hier bereits in der zweiten Hälfte der 1950er Jahre angesichts der Komplexität der Problemstellungen laut wurde.[20]

---

[14] BAK, B 102/59700, Dr. Isenberg, Bundesinnenministerium, Vermerk. Betr.: Raumordnung, 22.2.1961.
[15] Verwaltungsabkommen über die Zusammenarbeit auf dem Gebiet der Raumordnung vom 16.12.1957 (GMBl. 1958, S.54); zur Deutung des Abkommens aus bayerischer Sicht: Wilhelm Henninger, Die Rechtsgrundlagen der Landesplanung in den Bundesländern, in: Bayerische Verwaltungsblätter 6 (1960), S.73–75.
[16] BAK, B 102/59700, Dr. Isenberg, Bundesinnenministerium, Vermerk. Betr.: Raumordnung, 22.2.1961.
[17] Die Raumordnung in der Bundesrepublik Deutschland. Gutachten des Sachverständigenausschusses für Raumordnung, Stuttgart 1961, S.7.
[18] Erich Dittrich, Die Raumordnung in der öffentlichen Diskussion. Ein Rückblick auf 1955, in: Informationen des Instituts für Raumforschung 1/56 vom 10.1.1956, S.1–6 (Zitat: S.1).
[19] So die Charakterisierung der Zeit bis 1962 bei: Ruck, Kurzer Sommer der konkreten Utopie, S.364.
[20] Felix zu Löwenstein SJ, Ballung oder Lockerung, in: Stimmen der Zeit 157 (1955), S.206–211; Die industriellen Ballungsgebiete. Problematik und Aufgabe. Bericht über ein Gespräch, das vom 15.–17.Juli 1955 in Herrenalb/Schwarzwald veranstaltet wurde von den Evangelischen Akademien Bad Boll und Herrenalb, der Wirtschaftsgilde und dem Deutschen Verband für Wohnungswesen, Städtebau und Raumplanung (Schriften des Deutschen Verbandes für Wohnungswesen, Städtebau und Raumplanung), Köln 1955; Erich Dittrich, Ballung – Gestaltung oder Zwang, in: Freiheit und Planung. Tagung für Raumplanung der Evangelischen Akademie Loccum vom 14. bis 18.September 1956, Loccum 1956, S.9–20; Ewald Jansen, Industrielle Standortpolitik durch weitschauende Planung, in: Gewerkschaftliche Monatshefte 7 (1956), S.294–300; Norbert J. Lenort, Raumordnung und Wirtschaftspolitik, in: Gewerkschaftliche Monatshefte 8 (1957), S.296–301; Probleme und Aufgaben der Landesplanung. Ein Tagungsbericht. Hg. von der Akademie der Diözese Rottenburg, Stuttgart 1961.

1. Gedachte Räume

Im Expertendiskurs der Raumplaner und einschlägig befaßten Ministerialbeamten nahm die Problematik zur gleichen Zeit abstraktere Form an. Den neuen Erwartungen an eine aktive Gestaltung des Raumes begegnete man hier mit der Suche nach einem tragfähigen „Leitbild". Der Volkswirt und Raumwissenschaftler Erich Dittrich beeinflußte die Debatte maßgeblich und schlug vor, die Kategorien „Freiheit", „sozialer Ausgleich" und „Sicherheit" zu zentralen Prinzipien einer künftigen Raumordnung der Bundesrepublik zu erheben.[21] So wenig konkret und operationalisierbar diese Vorschläge zunächst waren, so sehr prägten die Vorstellungen Dittrichs die weitere Entwicklung des Raumordnungsdenkens. Als Direktor des vom Bund getragenen Godesberger „Instituts für Raumforschung" und Mitglied des Sachverständigenausschusses für Raumordnung (SARO) beeinflußte er dessen gutachterliche Stellungnahme bis in einzelne Formulierungen hinein. Das sogenannte SARO-Gutachten wurde im Jahre 1961 abgeschlossen und in einer Auflage von 800 Exemplaren an die Abgeordneten des Bundestags, des Bundesrats und an die verschiedenen Bundesressorts verteilt.[22] Es leitete einen „Neuansatz in der Raumordnungspolitik"[23] des Bundes ein, dem im Gegensatz zu den bisherigen Initiativen seit Mitte der 1950er Jahre auch eine Reihe von materiellen Kriterien zugrundelagen. Insbesondere in der zentralen Frage nach der Regelung des Verhältnisses von strukturschwachen ländlichen Räumen und wirtschaftsstarken städtischen Ballungsregionen wurden einige eindeutige Akzente gesetzt:

„Wie die räumliche Ordnung gegenwärtig in Deutschland beschaffen ist, wird die Lösung der Problematik „Ballung – Dezentralisation" vom Leitbild der Raumordnung her nicht auf eine radikale Umkehr der vorliegenden Verhältnisse abzielen, sondern vornehmlich in der Begrenzung des Ballungsprozesses auf sein Optimum und in der Förderung der raumgerechten Dezentralisation das Ordnungsziel sehen. Dem wirtschaftlichen Prozeß, der zur Ballung geführt hat, liegen, wie früher ausgeführt wurde, sehr gewichtige ökonomische und soziale Vorteile und respektable Motive der handelnden Personen zugrunde."[24] Auch wenn nach Meinung der Gutachter durchaus eine „Gleichmäßigkeit der Lebensverhältnisse" im Bundesgebiet anzustreben war, so dürfe doch „keineswegs eine Zerschlagung der Ballungen und eine Beseitigung des normalen, in der Regel auf natürlichen Gegebenheiten beruhenden wirtschaftlichen und sozialen Raumgefälles gefordert" werden. Vielmehr sei dieses räumliche Ungleichgewicht unbedingt zu erhalten, „denn auf

---

[21] Erich Dittrich, Zum Begriff des „Leitbildes" in der Diskussion über die Raumordnung, in: Informationen des Instituts für Raumforschung 14 (1958), S. 1-13; ders., Das Leitbild in der Raumordnung, ebenda, S. 53-75; ders., Raumordnung und Leitbild, Wien 1962; ders., Das Leitbild und seine Problematik, in: Raumforschung. 25 Jahre Raumforschung in Deutschland, Bremen 1960, S. 107-116. Zu den wirtschaftstheoretischen Grundlagen und widerstreitenden Bewertungen der Leitbild-Konzeption: Kurt Schäfer, Die Leitbild-Konzeption der Raumordnung und ihre Konkretisierung in Plänen der Länder, Diss. Speyer 1975, S. 1-49; Rainer Wahl, Rechtsfragen der Landesplanung und Landesentwicklung. Band 2: Die Konzepte zur Siedlungsstruktur in den Planungssystemen der Länder (Schriften zum Öffentlichen Recht 341/II), Berlin 1978, S. 4-11.
[22] BAK, B 134/2876, Verlag Kohlhammer an das Ministerium für Wohnungswesen, Städtebau und Raumordnung, 18.11.1963. Vgl. zum Einfluß Dittrichs unter anderem ders., Das Leitbild in der Raumordnung, S. 56 und Die Raumordnung in der Bundesrepublik Deutschland, S. 52-54.
[23] Werner Väth, Raumplanung. Probleme der räumlichen Entwicklung und Raumordnungspolitik in der Bundesrepublik Deutschland, Königstein/Ts. 1980, S. 147.
[24] Die Raumordnung in der Bundesrepublik Deutschland, S. 56.

ihm beruht eine wesentliche Antriebskraft der wirtschaftlichen und sozialen Entwicklung überhaupt. Ohne ein solches Gefälle könnte sogar weitgehend Stagnation im Wirtschafts- und Sozialleben, insbesondere im Kulturleben, eintreten."[25] Diesem Ansatz lag die Überlegung zugrunde, wonach regional unterschiedliche Lebenshaltungskosten oder Lohn- und Preisniveaus durchaus erstrebenswerte Effekte haben könnten. Ohne dies näher zu begründen, gingen die Gutachter offenbar davon aus, daß gerade die Nivellierung derartiger Differenzen den Konzentrationsprozeß von Menschen und Wirtschaftspotential eher beschleunigen als abbremsen würde. Vor dem Hintergrund der bisherigen Fachdiskussion in den Raumwissenschaften kam diese Einschätzung einer Aufwertung und Anerkennung des Ballungsprozesses als eines notwendig sich vollziehenden, sozialökonomischen Vorgangs gleich. Bezeichnend für diese Umwertung war es, daß parallel dazu ein terminologischer Neuanfang stattfand. Um die negativen Konnotationen des Ballungsbegriffs zu vermeiden, erhielt auf Vorschlag des Raumforschers Gerhard Isbary die Ersatzschöpfung des „Verdichtungsraums" um 1962 Eingang in die Fachsprache. Sowohl im Ersten Raumordnungsbericht der Bundesregierung von 1963 als auch im Bundesraumordnungsgesetz von 1965 fand diese Wortbildung ihren Niederschlag, rückte dort in den Vordergrund oder ersetzte den älteren Begriff sogar vollständig.[26]

Die volkswirtschaftliche und politische Brisanz des Paradigmenwandels, der dahinterstand, erklärt sich aus der keineswegs theoretischen, sondern regionalpolitisch höchst relevanten Konkurrenz gegensätzlicher Raumkonzepte. Umstritten war, inwieweit der unausweichliche strukturelle Anpassungsprozeß auf dem Wege der „aktiven" oder der „passiven" Sanierung von strukturschwachen Räumen vor sich gehen sollte. War also das Strukturgefälle zu den hinreichend industrialisierten Verdichtungsräumen dadurch auszugleichen, daß staatliche und private Investitionen in die ländlichen Gebiete geleitet wurden, um so das aktuell prekäre Verhältnis zwischen dem Mangel an Produktionskapital und Infrastruktur einerseits sowie dem dort vorhandenen Arbeitskräfteüberschuß andererseits zu verbessern? Oder war es stattdessen vorzuziehen, die Abwanderung eines Teils der unzureichend oder gar nicht beschäftigten Arbeitskräfte hinzunehmen, um auf diese Weise die Erwerbs- und Verdienstchancen der verbliebenen Bevölkerung zu steigern?[27] Gewiß vertrat das SARO-Gutachten von 1961 in dieser Hinsicht keine eindeutige Empfehlung. Die Fachleute bemühten sich um Ausgewogenheit und legten Wert darauf, den politischen Charakter jeglicher Entscheidungsbildung in dieser Frage zu betonen.[28] In der Bayerischen Staatskanzlei und im Wirtschaftsministerium sorgten die neuesten Tendenzen raumpolitischen Denkens gleichwohl für Beunruhigung. Denn die Verlagerung der Schwerpunkte erhielt ihre Aussage und Bedeutung dadurch, daß eine für die peripheren Regionen der Bundesrepub-

---

[25] Ebenda.
[26] Georg Müller, Verdichtungsraum, in: Handwörterbuch der Raumforschung und Raumordnung. Hg. von der Akademie für Raumforschung und Landesplanung, Band III, Hannover ²1970, Sp. 3536–3545; Wahl, Rechtsfragen II, S. 9f.
[27] Bruno Dietrichs, Entwicklungsstadien des Konzepts der passiven Sanierung zurückgebliebener Gebiete, in: J. Heinz Müller (Hg.), Determinanten der räumlichen Entwicklung (Schriften des Vereins für Socialpolitik N.F. 131), Berlin 1983, S. 55–73.
[28] Die Raumordnung in der Bundesrepublik Deutschland, S. 54.

1. Gedachte Räume 371

lik wirtschaftspolitisch ausgesprochen unangenehme Diskussion neue Nahrung zu erhalten drohte.

Während der Sachverständigenausschuß für Raumordnung zwischen 1955 und 1961 seine Stellungnahme erarbeitete, hatten die Begleiterscheinungen des Wirtschaftsaufschwungs das Konzept der aktiven Sanierung, wie es die Bundesregierung seit 1951 praktizierte, unter verstärkten Begründungszwang geraten lassen. Die Maßnahmen zugunsten der Notstandsgebiete hatten während der ersten Jahre die Diskrepanzen in der wirtschaftlichen Entwicklung kaum mildern können. Auf weithin augenfällige Weise sichtbar wurde dies dadurch, daß sich in den industriell expandierenden Teilen Nordrhein-Westfalens oder Badens-Württembergs bereits ein Trend zur Vollbeschäftigung abzeichnete, während die hohe Arbeitslosigkeit in den marktfernen Notstandsgebieten unter anderem in Bayern nach wie vor ein hartnäckiges Problem darstellte. Angesichts dieser Situation stellte sich die Frage, ob es nicht geraten schien, Arbeitskräfte in die boomenden Regionen zu leiten, wo sie für den industriellen Aufbau am dringendsten benötigt wurden. Kein geringerer als der Präsident der Bundesanstalt für Arbeitsvermittlung und Arbeitslosenversicherung vertrat zur Jahreswende 1954/55 diese Ansicht, und er ging in seiner Argumentation noch einen Schritt weiter. Ihm zufolge mußte angesichts des absehbar begrenzten Industrialisierungspotentials in den peripheren Gebieten sogar darauf geachtet werden, das strukturelle Gefälle zu den Wachstumsgebieten mehr als bisher zu pflegen. Nur so konnten die Anreize zur Abwanderung in die Zonen verfügbarer Arbeit dem Bedarf entsprechend stark gehalten werden, stärker jedenfalls als durch die partiellen Anwerbungsbemühungen der Arbeitsämter allein.[29]

In der Tat sprachen im Laufe der zweiten Hälfte der 1950er Jahre eine Reihe von ökonomischen, demographischen und politischen Gründen dafür, die Rückkehr zum Konzept der „passiven" Sanierung wirtschaftsschwacher Regionen neu ins Auge zu fassen. Neben den ambivalenten Erfahrungen im Bereich der Industrieansiedlung gab vor allem der akute hohe Arbeitskräftebedarf zu denken. Er trat zu einem Zeitpunkt ein, da gleichzeitig die Wiederbewaffnung der Bundesrepublik demographisch zu verkraften war. Bei voraussichtlich abnehmenden und durch die Einführung des Wehrdienstes zusätzlich verkleinerten Beschäftigtenjahrgängen stellte sich damit mittelfristig eine komplizierte wirtschaftspolitische Aufgabe. Folgte man hierbei dem Gebot des möglichst effektiven Kräfteeinsatzes, dann lag in der vorzugsweisen Förderung der industriellen Kernräume eine naheliegende Option. Dafür sprach überdies nach wie vor die arbeitsmarkt- und sozialpolitische Notwendigkeit, die vielfach regional fehlverteilten Heimatvertriebenen möglichst rasch in Arbeit und Brot zu setzen. Generell war ohnehin fraglich, ob es auf Dauer angeraten war, sich den räumlich wirkenden Kräften des Marktes und damit der offensichtlich übergreifenden Tendenz zur Ballung zu widersetzen.[30] Zwar hatte

---

[29] Julius Scheuble, Die Bilanz des deutschen Arbeitsmarktes, in: Der Volkswirt. Doppelnummer vom 25.12.1954, S. 48–51.
[30] Zur Diskussion der beiden Sanierungskonzepte im Bundesfinanz- und Bundeswirtschaftsministerium: BayHStA, MWI 21503, Dr. Isenberg, Bundesministerium der Finanzen, „Finanzausgleich und regionale Wirtschaftspolitik", 13.12.1957; allgemein zu den wichtigsten Argumenten auch: Helmut Grasser, „Der Arbeitsmarkt in der Hochkonjunktur und die Notstandsgebiete", in: Bayerische Staatszeitung, 19.3.1955.

ein weiteres politiknahes Beratungsgremium, der „Wissenschaftliche Beirat beim Bundeswirtschaftsministerium", im Januar 1955 eine ordnungspolitische Einordnung der bisher verfolgten regionalen Wirtschaftsförderung vorgenommen, die aus bayerischer Sicht Anlaß zur Hoffnung geben konnte. Vom Bundeswirtschaftsminister aufgefordert, seine Sicht der „Möglichkeiten und Grenzen regionaler Wirtschaftspolitik" auszuarbeiten, hatte der Beirat regional wirksame Anpassungshilfen als prinzipiell vereinbar mit der bundesdeutschen Wirtschaftsverfassung erachtet.[31] Mehr als eine Empfehlung an die Politik stellte das Gutachten indes bei aller fachlichen Expertise, die in ihm zum Ausdruck kam, nicht dar. So wog es aus bayerischer Sicht nach wie vor schwer, daß sich das Bundeswirtschaftsministerium keineswegs unempfänglich für die grundsätzliche Frage zeigte, „in welchem Umfange eine derartige regionale Förderung auch in künftiger Zeit noch ökonomisch vertretbar sei."[32]

Es war diese komplexe, über das engere Feld der Raumordnung hinausreichende Kombination von politischen Erfahrungen und Entwicklungen, welche die bayerischen Verantwortlichen zur Skepsis veranlaßte, als sich in den frühen 1960er Jahren der Gestaltungswille der Bundesorgane auf eben jenem Feld erneut aktualisierte und verdichtete. Zwar griffen bayerische Politiker und Ministerialvertreter in der Öffentlichkeit vornehmlich auf staatsrechtliche Argumente zurück, um ihre Ablehnung einer bundeseinheitlichen Raumordnungsgesetzgebung zu begründen. Im Grunde aber sah man auch und vor allem den Nerv der bayerischen landeseigenen Strukturpolitik und ihre materiellen Grundlagen gefährdet. Gerade das Zusammenfließen neuerlicher gesetzgeberischer Initiativen auf der Bundesebene mit der anwachsenden Tendenz zur Bestimmung materieller Grundsätze der bundesdeutschen Raumordnung wurde als besonders bedrohlich empfunden. So prägte die Sorge vor der möglichen Durchsetzung des Trends zur „passiven" Sanierung in der bundesdeutschen regionalen Wirtschaftspolitik die abwehrende Haltung der Bayerischen Staatsregierung mindestens ebensosehr wie grundsätzlichere Überlegungen zur künftigen Stellung der Länder im föderalen System der Bundesrepublik.

Das Politikfeld Raumordnung kehrte im Frühjahr 1960 auf die bundespolitische Tagesordnung zurück. In Fortführung des ersten Anlaufs von 1955 und in unmittelbarem zeitlichem Zusammenhang mit der Verabschiedung des Bundesbaugesetzes forderte der Bundestag im Mai 1960 die Bundesregierung in einem Entschließungsantrag auf, weitere gesetzgeberische Schritte zur Belebung und Kodifizierung der Raumordnung anzubahnen. Wie schon fünf Jahre zuvor ging der Anstoß dazu von einer überparteilichen Initiative aus, die von allen drei großen Bundestagsparteien getragen wurde.[33] Es bedurfte allerdings erst einer Ressortneuvertei-

---

[31] Gutachten vom 23. Januar 1955. Thema: Möglichkeiten und Grenzen regionaler Wirtschaftspolitik, in: Der Wissenschaftliche Beirat beim Bundeswirtschaftsministerium. Band 4: Gutachten vom Januar 1955 bis Dezember 1956. Hg. vom Bundeswirtschaftsministerium, Göttingen 1957, S. 13–22. Die offiziöse bayerische Sicht hierzu bietet: „Regionale Wirtschaftspolitik. Ein Gutachten des wissenschaftlichen Beirats beim Bundeswirtschaftsministerium", in: Bayerische Staatszeitung, 28. 5. 1955.
[32] BAK, B 102/13138, Dr. Rau, Bundeswirtschaftsministerium, Abteilung I A2, Bericht über die Dienstreise vom 27. bis 28. August 1956 zur Tagung der Jahreshauptversammlung 1956 der Ostgrenzlandkammern in Bayreuth, 30. 8. 1956, S. 6.
[33] Stenographischer Bericht über die 116. Sitzung des Deutschen Bundestags am 20. 5. 1960, S. 6655.

1. Gedachte Räume

lung im Gefolge der Bundestagswahlen von 1961, um dem Planungsgedanken in Raumfragen auf der Bundesebene zum Durchbruch zu verhelfen. Die Trendwende erfolgte, als das Bundesministerium für Wohnungsbau unter Erweiterung seines Aufgabenbereichs die Zuständigkeit für die bundesdeutsche Raumordnung vom Innenministerium übernahm.[34] Die Aufgeschlossenheit des Bundesministers für Wohnungswesen, Städtebau und Raumordnung, Paul Lücke[35], gegenüber Planungsfragen mündete unmittelbar in die Berufung eines „Beirats für Städtebau und Raumordnung", der unter Mitarbeit von Fachleuten und Vertretern gesellschaftlicher Gruppen eine Reihe von Entwürfen seines Hauses diskutierte und modifizierte. Ausgehend von den sichtbaren Folgen des „wohl unaufhaltsamen"[36] Urbanisierungsprozesses strebte die Spitze des Ministeriums danach, Maßnahmen der Raumordnung für eine „bessere Ordnung unserer sozialen Umwelt" einzusetzen. Da das Schwergewicht der landesplanerischen Befugnisse bei den Ländern lag, kam es darauf an, ein umfassendes „Leitbild für alle raumbedeutsamen Maßnahmen" zu erarbeiten, die Strukturprogramme der Länder weitestgehend zu koordinieren und hierfür eine bundesgesetzliche Regelung zu schaffen.[37] „Raumordnungspolitik als angewandte Gesellschaftspolitik"[38] – so lautete oberhalb aller politischen Details der Kern und das Leitmotiv der diesbezüglichen Initiativen aus dem seit 1961 federführenden Bonner Wohnungsbauministerium.

Ein erster ambitiöser Regierungsentwurf eines Bundesraumordnungsgesetzes, der diesen Zielen Rechnung trug und dem Bundesrat am 1. März 1963 vorgelegt wurde, scheiterte gleichwohl am Widerstand der Länder. Nach wie vor waren es verfassungspolitische Argumente, die unter anderem der bayerische Vertreter im Bundesrat, Staatssekretär Hartinger, ins Feld führte: Insbesondere beharrte man darauf, daß gemäß den Artikeln 30 bzw. 70[39] des Grundgesetzes Landesplanung und Raumordnung als Ländersache anzusehen seien. Wo darüber hinaus aktuell rechtsfreie Räume existierten, stehe dem Bund nur dann eigene Regelungskompetenz zu, wenn ein tatsächliches Bedürfnis zur überregionalen Gestaltung nach Artikel 72 des Grundgesetzes vorliege. Da dies nicht der Fall sei, reiche für die nötige Bund-Länder-Koordination auch weiterhin ein Verwaltungsabkommen aus.[40]

---

[34] Zu den Ressortstreitigkeiten und den damit verbundenen veränderten Schwerpunktsetzungen in der Raumordnungsfrage: BAK, B 102/59700, Dr. Giel, Bundesministerium für Wirtschaft, an Ministerialdirektor Dr. Langer über Ministerialdirigent Dr. Gocht, 21. 4. 1961.
[35] Paul Lücke (1914–1976), Ingenieur, Amtsdirektor i. R., 1957–1965 Bundesminister für Wohnungsbau, 1965–1968 Bundesminister des Inneren.
[36] BAK, B 134/7482, Bundesministerium für Wohnungswesen, Städtebau und Raumordnung, Stichworte zu „Verstädterung und Bevölkerungsbewegung in der Bundesrepublik", 20. 4. 1963, S. 9.
[37] BAK, B 134/7482, Bundesministerium für Wohnungswesen, Städtebau und Raumordnung, Stichworte für den Vortrag des Herrn Staatssekretär beim Herrn Bundespräsidenten über Raumordnung auf Bundesebene, o. D. [April 1963] (Zitate: S. 3, 4). Zu den Vorstellungen im Bundeswohnungsbauministerium auch: „Raumordnung und Städtebau in der Bundesrepublik", in: Die Zeit, 16. 2. 1962.
[38] Stenographischer Bericht über die 163. Sitzung des Deutschen Bundestags am 12. 2. 1965, S. 8016 (Lücke).
[39] Die beiden Grundgesetzartikel weisen die Ausübung der staatlichen Befugnisse und das Recht der Gesetzgebung grundsätzlich den Ländern zu.
[40] Vgl. die ablehnende Stellungnahme Hartingers in der abschließenden Bundesratsdebatte: Stenographischer Bericht über die 279. Sitzung des Deutschen Bundesrats am 5. 3. 1965, S. 37 f. Auf die obige knappe Formel lassen sich insgesamt die überaus zähen Verhandlungen bringen, die den Gesetzgebungsprozeß in Bundesrat und Bundestag begleiteten.

Wiederholt hatten die bayerischen Staatsregierungen – unabhängig von ihrer politischen Ausrichtung – klar ablehnende Positionen in diesem Sinne eingenommen, seit sich gegen Mitte der fünfziger Jahre die Anzeichen dafür gemehrt hatten, daß auf Bundesebene mit einer übergreifenden normativen Regelung der Raumordnung gerechnet werden mußte.[41]

Intern zeigte man sich im Bayerischen Wirtschaftsministerium auch aus ganz praktischen Gründen skeptisch. Man war dort davon überzeugt, daß die bislang praktizierte informelle Abstimmung zwischen Bund und Ländern einer gesetzlichen Regelung deutlich überlegen war. Flexibilität sei vor allem bei der Aufstellung von inhaltlichen Grundsätzen der Raumordnung erstes Gebot: „Man kann diese nämlich keinesfalls als Richtlinien ansehen, die eine lange Zeit richtig bleiben und daher zweckmäßigerweise in einem Gesetz festgelegt werden sollten. Es sind vielmehr Grundgedanken, die man derzeit für richtig hält, deren Auswirkung aber nicht in vollem Umfang bekannt ist oder errechnet werden kann, deren Änderung sich also vielleicht schon in kurzer Zeit als notwendig erweist. Eine Änderung sollte also möglichst leicht vollzogen werden können." Die Festschreibung von Leitbildern der Raumordnung, wie sie der Bund plane, trage somit politischen Charakter und sei in dieser Form abzulehnen.[42]

Bedenken überwogen auch im bayerischen Kabinett, wo die Frage in der entscheidenden Aussprache nur ansatzweise kontrovers diskutiert wurde. Lediglich Staatssekretär Bruno Merk konnte dort im Frühjahr 1964 einem bundeseinheitlichen Leitbild positive Seiten abgewinnen. Sein Argument, daß damit auch Planungen des Bundes „an die Kette gelegt" werden könnten, blieb indes nicht unwidersprochen. Goppel selbst wandte sich entschieden dagegen, die Raumordnung „über den Umweg eines Rahmengesetzes aus der Hand zu geben" und warnte davor, daß im Zuge von Leitbilddiskussionen aufgrund der sozialen Zusammensetzung des Bundestages aller Wahrscheinlichkeit nach vornehmlich die strukturpolitischen Interessen der „Großstadträume" zum Zuge kämen.[43] Wirtschaftsminister Schedl stieß ins gleiche Horn: Ein bundeseinheitliches Planungssystem würde nach seiner Ansicht zwangsläufig in eine Benachteiligung Bayerns gegenüber anderen bundesdeutschen Regionen münden, vor allem, was das weitere Schicksal seiner strukturschwachen Regionen im Osten und Nordosten des Landes anging.[44] Goppels außer der Reihe angesetzte Landtagserklärung vom Oktober 1964 bot in dieser Situation ein Leitbild bayerischer Provenienz, das jenseits seiner gesellschaftspolitischen Inhalte auch gezielte raumpolitische Akzente setzte. Man werde sich, so der Ministerpräsident an die Adresse der Zweifler, weder mit sozialem

---

[41] BayHStA, Bevollmächtigter Bayerns beim Bund [BBB] 344, Ministerpräsident Wilhelm Hoegner an den Bundesminister des Inneren, 14.4.1956; BBB 343/II, Ministerpräsident Hans Ehard an die Interparlamentarische Arbeitsgemeinschaft, 30.5.1962. Resümierend auch: BayHStA, MWI 21503, Dr. Förg, Landesplanung, Vermerk, 28.9.1961; „Raumordnung läßt sich nicht perfektionieren", in: Bayerische Staatszeitung, 15.2.1963; „Die Länder stimmen gegen das Raumordnungsgesetz", ebenda, 29.3.1963.
[42] BayHStA, MWI 21506, Antwortentwurf aus dem Bayerischen Wirtschaftsministerium zum Thema „Interpellation der SPD-Landtagsfraktion über Raumordnung und Landesplanung", Punkt 7, o.D. [Januar 1964].
[43] BayHStA, MWI 21506, Minister Dr. Schedl über Landesplanung, o.D. [April 1964].
[44] Ebenda.

1. Gedachte Räume

und ökonomischem „Gefälle" zwischen Stadt und Land abfinden, noch den Vorschlägen nachgeben, „industriell kaum besetzte und wegen schlechter Böden und schlechten Klimas für die Landwirtschaft wenig geeignete Landesteile einfach mit Wäldern zu bedecken, sie zu entvölkern und so sie aufzugeben."[45]

In den Verhandlungen auf Bundesebene konnte Bayern in seiner ablehnenden Haltung bis Januar 1965 auf die Unterstützung der übrigen Bundesländer bauen, bevor die Konzessionsbereitschaft der Bundesregierung und das Verhandlungsgeschick Lückes buchstäblich im letzten Moment ein mehrheitliches Umschwenken bewirkten. Der Kompromiß basierte auf der Modifikation einiger Grundsätze der Raumordnungspolitik, auf der Einschränkung ihrer Geltungskraft in den Ländern und auf der verstärkten Bindung des Bundesgesetzgebers an die Programme und Pläne der Landesplanung auf Länderebene.[46] Nachdem der Bundestag am 12. Februar 1965 den Schlußentwurf mit großer Mehrheit gebilligt hatte, konnten sich auch im Bundesrat sämtliche Länder mit Ausnahme Bayerns und Hessens zur Zustimmung durchringen. Das Bundesraumordnungsgesetz trat daraufhin am 8. April 1965 in Kraft.[47]

Die Bedeutung des Gesetzes in der Geschichte des bundesdeutschen Raumordnungsrechts liegt in zweierlei Neuansätzen begründet, aus denen auch seine Rückwirkungen auf den Ausbau der Landesplanung in den Ländern resultieren. Einerseits wurde in Gestalt der „Grundsätze der Raumordnung" (§ 2 ROG) zum erstenmal materielles Recht in bezug auf verpflichtende Leitvorstellungen und Planinhalte bei der strukturellen Weiterentwicklung der sozialökonomischen Verhältnisse im Bundesgebiet formuliert. Zum anderen geschah dies unter wesentlicher Anteilnahme und Mitarbeit der parlamentarischen und außerparlamentarischen Öffentlichkeit. Damit waren prozedurale und inhaltliche Standards gesetzt, die bei den folgenden Novellierungen der Planungsgesetzgebung auf Landesebene nicht mehr zu umgehen waren.[48]

Die Vorgaben des Bundesgesetzgebers, wie sie im April 1965 Gesetzeskraft erlangten, markierten den – weitgesteckten – normativen Kontext, innerhalb dessen

---

[45] Stenographischer Bericht über die 55. Sitzung des Bayerischen Landtags am 29.10.1964, S. 1918–1928, hier: S. 1919.
[46] Zur Veränderung der Länderpositionen: BayHStA, BBB 344, Notiz. Entwurf eines „Abkommens zwischen dem Bund und den Ländern über die Zusammenarbeit auf dem Gebiete der Raumordnung", hier: Beschluß der Ministerpräsidentenkonferenz am 26.–28.10.1964 in Hamburg, 3.11.1964; ebenda, BBB 344, Abschrift aus Länder-Spiegel. Monatsbericht des Bundesministeriums für Angelegenheiten des Bundesrates und der Länder, Januar 1965. Zu den Streitpunkten und den gefundenen Regelungen im abstrakten Überblick auch: Willy Zinkahn/Walter Bielenberg, Raumordnungsgesetz des Bundes. Kommentar unter Berücksichtigung des Landesplanungsrechts, Berlin 1965, S. 11–165.
[47] Stenographischer Bericht über die 163. Sitzung des Deutschen Bundestags am 12.2.1965, S. 8002–8020. Zum verabschiedeten Gesetzestext: BGBl. 1965 I, S. 306. Die weiterhin ablehnende bayerische Haltung formulierte der Staatssekretär im Wirtschaftsministerium: Gerhard Wacher, Brauchen wir ein Bundesraumordnungs-Rahmengesetz?, in: Bayerische Staatszeitung, 12.3.1965.
[48] Hans-Gerhart Niemeier, Das Recht der Raumordnung und Landesplanung in der Bundesrepublik Deutschland. Eine systematische Darstellung (Veröffentlichungen der Akademie für Raumforschung und Landesplanung, Abhandlungen 75), Hannover 1976, hier: S. 10–16; ders., Entwicklungstendenzen im Landesplanungsrecht, in: Raumplanung – Entwicklungsplanung. Forschungsberichte des Ausschusses „Recht und Verwaltung" der Akademie für Raumforschung und Landesplanung (Veröffentlichungen der Akademie für Raumforschung und Landesplanung, Forschungs- und Sitzungsberichte 80), Hannover 1972, S. 1–22.

sich jede politische Reformdiskussion in den Ländern zu bewegen hatte. Als Rahmengesetz regelte das Bundesraumordnungsgesetz Fragen der Planung sowohl in bezug auf die Bund-Länder-Beziehungen als auch im Hinblick auf die Normensysteme in den einzelnen Bundesländern; aufgrund seiner politischen Entstehungsgeschichte machte das Gesetz allerdings von den existierenden Bundeskompetenzen keinen vollen Gebrauch. Nur zurückhaltend ausgestaltet waren Elemente einer „Bundesraumordnung", wie sie sich in erster Linie in den bereits genannten „Grundsätzen der Raumordnung" umgesetzt fanden. Darin wurden Bundes- und Länderbehörden aufgefordert, zur Sicherung von „gesunden Lebens- und Arbeitsbedingungen" und speziell zur Verbesserung der wirtschaftlichen, sozialen und kulturellen Verhältnisse in „zurückgeblieben[en]" Regionen beizutragen. Dies habe vor allem über die Verbesserung der „Wohnverhältnisse" sowie der „Verkehrs- und Versorgungseinrichtungen" zu geschehen. Besondere Dringlichkeit schrieb das Gesetz der Anpassung der Zonenrandgebiete an die Lebensverhältnisse im übrigen Bundesgebiet zu. Verdichtungsräume wurden raumordnerisch grundsätzlich akzeptiert, „unausgewogene Strukturen" jedoch abgelehnt. Daneben sollte dem Erhalt der Land- und Forstwirtschaft als „wesentlicher Produktionszweig der Gesamtwirtschaft" das Augenmerk gelten; Natur- und Landschaftsschutz genossen besondere Priorität (§ 2 ROG).

Die Tatsache derart weitgefaßter „Grundsätze", welche die landesplanerische Gestaltungsfreiheit der Länder nicht drastisch einschränken konnten, darf eindeutig als Verhandlungserfolg der Länder gewertet werden. Deren Handlungsspielräume manifestierten sich auch in einer expliziten Geltungseinschränkung der „Grundsätze": Diese hatten zwar für *Bundesbehörden* sowie für die *Landesplanung* in den Bundesländern unmittelbar bindende Wirkung (§ 3 ROG); nur mittelbar davon betroffen waren jedoch alle übrigen Länderbehörden, landesunmittelbaren Körperschaften oder auch die Gemeinden. Für sie erwuchs die umfassende, rechtswirksame Beachtenspflicht erst aus den entsprechenden Zielformulierungen in den „übergeordneten und zusammenfassenden Programmen und Plänen", zu deren Aufstellung die Länder ihrerseits verpflichtet waren (§ 5 Abs. 1 ROG). Es erstaunt nicht, daß besonders diese Bestimmung in den Bund-Länder-Verhandlungen hart umkämpft war. Was darüber hinaus die Ausgestaltung der Landesplanungssystematik anging, gewährte das Bundesraumordnungsgesetz den Ländern ebenfalls große Bewegungsfreiheit: Weder die Zahl und Gestalt der Planungsebenen noch die Art oder genaue Reichweite der Pläne und Programme waren genau vorgeschrieben. So war einerseits die Einrichtung der Regionalplanung keineswegs verbindlich geregelt: Die Länder waren lediglich verpflichtet, hierzu „Rechtsgrundlagen" zu schaffen, wenn dies „für Teilräume des Landes geboten erscheint" (§ 5 Abs. 3 ROG). Andererseits blieb es den Ländern unter anderem überlassen, ob sie die geforderten Ziele der Landesplanung gesammelt oder nach Regionen bzw. Sachgebieten spezifiziert niederlegen wollten.[49]

---

[49] Vgl. zu den Einzelbestimmungen des ROG und ihrer Deutung: Werner Cholewa/Hartmut Dyong/Hans-Jürgen von der Heide/Willi Arenz, Raumordnung in Bund und Ländern. Kommentar zum Raumordnungsgesetz des Bundes und Vorschriftensammlung aus Bund und Ländern. Band 1: Kommentar [Loseblattsammlung], Stuttgart u.a. 1992, bes. die Abschnitte „Synoptische Gegenüberstellung" und „Kommentar"; Rainer Wahl, Rechtsfragen der Landes-

1. Gedachte Räume 377

Wichtiger noch aus der Sicht Bayerns war es, daß es gelungen war, das Prinzip der „aktiven" Sanierung im Bundesraumordnungsgesetz zu verankern.[50] Obwohl dies in so allgemeiner Form geschah, daß Kritiker von „Leerformeln" sprechen konnten, war damit doch zumindest die latente Gefahr abgewendet, die strukturschwachen Regionen des Landes per „Leitbild" der Raumordnung benachteiligt oder gar aufgegeben zu sehen.[51] Von anderer Qualität ist allerdings die Frage nach den praktisch-politischen Wirkungen derartiger gesetzlicher Formulierungen. Die Expansion der regionalen Wirtschaftsförderung des Bundes, die in einem vorangegangenen Abschnitt dieser Arbeit eingehend dargestellt wurde[52], belegt indes, daß Gegenkonzepte zur „aktiven" Sanierung von Rückstandsgebieten zumindest bis zur Mitte der 1970er Jahre keine realistische Chance auf politisches Gehör oder Umsetzung hatten. Dies änderte sich mit dem Auslaufen der Periode des „Wirtschaftswunders" in Westdeutschland. Der Rückgang der außerordentlichen Wachstumsraten und der öffentlichen Finanzspielräume ließ das Konzept der „passiven" Sanierung als raumpolitische Strategie erneut in den Vordergrund treten. Nachdem die Politik der dezentralen Industrialisierung schon in den ausgehenden 1960er Jahren in die Kritik geraten war, formulierte die Kommission für wirtschaftlichen und sozialen Wandel der Bundesregierung im Jahre 1977 einen elaborierten Gegenentwurf. Dieser sah vor, ländliche Gebiete von weiteren Verdichtungs- und Industrialisierungsbemühungen auszunehmen und diese Räume stattdessen für Erholungs- oder ökologische Ausgleichszwecke zu reservieren.[53] Die Problematik steht weiterhin im Raum und fand im Gefolge der deutschen Vereinigung 1989/90 eine bezeichnende Wendung: Neu hinterfragt wurde seither, ob das bislang verfolgte Postulat der Herstellung gleichwertiger Lebensbedingungen im Bundesgebiet nicht zugunsten einer vorrangigen Förderung der wirtschaftsstarken städtischen Räume abgelöst werden sollte.[54]

Vor diesem Hintergrund besehen, stellen sich die bayerischen Besorgnisse der 1960er Jahre gegenüber einem möglichen Paradigmenwandel in der bundesdeutschen regionalen Wirtschaftspolitik zwar als verfrüht, doch keineswegs als vollkommen unbegründet dar. Einmal mehr zeigt sich hier, in welch hohem Maße der bayerische Wiederaufbau gleichermaßen von den materiellen wie den auf Aus-

---

planung und Landesentwicklung. Band 1: Das Planungssystem der Landesplanung. Grundlagen und Grundlinien, Berlin 1978, S. 203-223.
[50] Zur Diskussion dieser Frage in der entscheidenden Sitzung der beteiligten Bundestagsausschüsse: BayHStA, BBB 343/I, Deutscher Bundestag, 4. Wahlperiode, Kurzprotokoll der 69. Sitzung des Ausschusses für Wohnungswesen, Städtebau und Raumordnung, gemeinsam mit dem Ausschuß für Kommunalpolitik und Sozialhilfe, dem Wirtschaftsausschuß und dem Ausschuß für Ernährung, Landwirtschaft und Forsten am 7.10.1964.
[51] Erich Dittrich, Leerformeln in Raumforschung und Raumordnungspolitik, in: Leitgedanken zur Raumforschung und Raumordnung. Eine Auswahl aus den Arbeiten von Erich Dittrich anläßlich seines 65. Geburtstages. Hg. von der Österreichischen Gesellschaft für Raumforschung und Raumplanung, Wien 1969, S. 58-65; Dietrichs, Entwicklungsstadien des Konzepts der passiven Sanierung, S. 58.
[52] Siehe hierzu Kapitel I.2. des dritten Teils dieser Arbeit.
[53] Kommission für wirtschaftlichen und sozialen Wandel, Wirtschaftlicher und sozialer Wandel in der Bundesrepublik Deutschland, Göttingen 1977, S. 326-341; Dietrichs, Entwicklungsstadien des Konzepts der passiven Sanierung, S. 61-70.
[54] Horst Lutter/Karl Peter Schön/Wendelin Strubelt, Raumordnung und Wirtschaftsförderung, in: Eberstein/Karl (Hg.), Handbuch der regionalen Wirtschaftsförderung, Teil A, Abschnitt IV, S. 1-41, hier: S. 39.

gleich räumlicher Disparitäten gestimmten, ideellen Begleiterscheinungen der bundesdeutschen Expansionsphase profitierte.

2. „Nur eine lästige Pflichtübung"?[55] Politische Debatten um die Neuordnung des bayerischen Landesplanungsrechts

Es entspricht dem Charakter rahmenrechtlicher Vorschriften des Bundesgesetzgebers, daß sie durch Landesrecht ausgefüllt und ergänzt werden müssen. Im Falle Bayerns stellte sich diese Aufgabe zudem, da die Bestimmungen des Landesplanungsgesetzes von 1957 dem neugesetzten Bundesstandard in mehrfacher Hinsicht nicht mehr entsprachen.[56] Damit sah sich auch Bayern, das sich in der Vergangenheit bemüht hatte, bundesgesetzgeberischen Regelungen auf diesem Feld möglichst zuvorzukommen, in die Rolle eines Ausführenden mit beschränkter Gestaltungskompetenz gestellt. Eine Situation, die um so prekärer erschien, als in der bayerischen Öffentlichkeit jene Stimmen bedeutend an Gewicht gewonnen hatten, die der Materie „Raumordnung" aufgeschlossen gegenüberstanden. Auf der Staatsregierung als Hauptansprechpartner lag somit ein Reformdruck, der sich aus rechtlichen wie allgemeinpolitischen Quellen speiste und bis Januar 1965 zudem bereits in Form einer Gesetzesinitiative der Opposition Form angenommen hatte.

Der wohl größte Anteil an der Intensivierung und Erweiterung der Debatten kam den bayerischen Sozialdemokraten zu. Ausgehend von einer Arbeitstagung im Oktober 1963 hatte die Partei beschlossen, einen neuen Schwerpunkt ihrer Arbeit auf die Forcierung der Landesplanungspolitik zu legen. So kam es im Dezember 1963 zu einer Interpellation der Staatsregierung durch die Landtagsfraktion der SPD, an die sich im April 1964 der erste größere parlamentarische Schlagabtausch in Sachen Planungspolitik seit 1957 anschloß. Die Redner der Opposition, allen voran Waldemar von Knoeringen und Helmut Rothemund[57], legten einen Katalog von Reformvorschlägen vor, dessen Grundlinien bis Januar 1965 in einen SPD-Entwurf für ein neues Landesplanungsgesetz eingingen. Man begriff Raumordnung als eine „neue Dimension der Politik", geeignet, die sich abzeichnenden gesellschaftlichen Umschichtungsvorgänge zu erfassen und die Voraussetzungen zu schaffen, um „auf das Ganze hin" zu planen. So forderte man die Stärkung der regionalen Ebene im Raumordnungsprozeß und die intensive Einbindung des Landtags; daneben regte von Knoeringen unter anderem den Ausbau der einschlägigen Forschung und Lehre sowie die Aufstellung eines landesplanerisch koordinierten „EWG-Anpassungsplans" für Bayern an.[58]

---

[55] „Nur eine lästige Pflichtübung?", in: Münchner Merkur, 18.8.1967.
[56] Vgl. zur Problematik: Bayerischer Landtag, 6. Legislaturperiode, Beilagen-Band 70, Beilage 1332, S.11ff.; Schlemmer/Grüner/Balcar, „Entwicklungshilfe im eigenen Lande", S.435–441.
[57] Dr. Helmut Rothemund (1929–2004), Jurist, 1958–1970 Landrat in Rehau, 1962–1992 MdL (SPD), 1976–1986 Vorsitzender der SPD-Landtagsfraktion, 1977–1985 Vorsitzender der bayerischen SPD.
[58] Die Landespolitik der SPD in Bayern. Bericht der Landtagsfraktion für das Jahr 1964, München 1965, S.3f., 17f.; zum Text der Interpellation: Bayerischer Landtag, 5. Legislaturperiode, Beilage 815 (Zitate). Vgl. zur Begründung und Beantwortung den Stenographischen Bericht über die 44. Sitzung des Bayerischen Landtags am 9.4.1964, S.1583–1619 sowie bes. die Stel-

2. „Nur eine lästige Pflichtübung"?

In ihrem Gesetzentwurf vom 20. Januar 1965 legte die SPD entsprechend großen Wert auf die Einführung des „Gegenstromprinzips" und die Umsetzung echter Dreistufigkeit im bayerischen Planungssystem. In Erweiterung der bis dahin geltenden Regelungen forderte der Entwurf, daß ein künftiges Landesentwicklungsprogramm erst nach Anhörung durch den Landtag beschlossen werden könne. Außerdem war die Mitwirkung von Landtagsabgeordneten im beratenden „Landesplanungsbeirat" und die jährlich einzulösende Berichtspflicht der Staatsregierung gegenüber der Volksvertretung vorgesehen. Regionale Planungsgemeinschaften sollten im Gegensatz zur bisherigen Praxis das Recht haben, in Abstimmung mit den betroffenen Bundes- oder Landesbehörden Raumordnungspläne aufzustellen. De facto hätten sie die bisher damit betrauten Bezirksplanungsstellen bei den Regierungen in dieser Funktion weitgehend abgelöst.[59] Der Gesetzesantrag sah also nicht nur eine Novellierung, sondern eine grundlegende Neufassung des Landesplanungsgesetzes von 1957 vor. Orientierungshilfe hatte die SPD-Fraktion dabei aus den Beratungen um die Novellierung des rheinland-pfälzischen Landesplanungsgesetzes bezogen, berücksichtigt wurden aber auch die Raumordnungsdiskussionen auf bundesdeutscher Ebene.[60]

Da der Zeitpunkt der SPD-Initiative geschickt gewählt war – wenige Tage zuvor war in Bonn der Durchbruch bei den Verhandlungen um ein Raumordnungsgesetz gelungen[61] –, geriet die bayerische Staatsregierung damit im Frühjahr 1965 in doppelter Weise unter Zugzwang. Eine schnelle Riposte aber war zunächst schon aus rein technischen Gründen nicht möglich, hatte man doch eine so rasche Wendung nicht erwartet und demzufolge nur einige Vorentwürfe seitens der Landesplanungsstelle parat. Auch erachtete man es wohl aus politischen Gründen nicht für opportun, die Beratungen im Landtag auf der Basis eines Oppositionsentwurfs beginnen zu lassen. So stellte sich in der Folge eine Entwicklung auf zwei Ebenen ein, die im Prinzip bis in den Herbst 1968 wirksam blieb: Während in den Ministerien unter Federführung des Wirtschaftsressorts, später im Kabinett intensiv an der Formulierung eines Regierungsentwurfs gearbeitet wurde, blockierte die CSU-Mehrheit im zuständigen Landtagsausschuß für Wirtschaft und Verkehr die Beratung des SPD-Vorschlags. Zunächst noch in Übereinstimmung mit der SPD setzte die Unionspartei erstmals im Januar und Mai 1966, dann erneut im Februar 1967, die Vertagung durch. Man verwies dabei wiederholt auf den bald zu erwartenden Regierungsentwurf oder auch auf das baldige Ende der Legislaturperiode.[62] Über mehr als drei Jahre hinweg standen sich so wiederholte Ankündigungen aus der Staatsregierung und zunehmend ungeduldige parlamentarische Nachfragen der

---

lungnahmen von Helmut Rothemund, SPD (Stenographischer Bericht über die 45. Sitzung des Bayerischen Landtags am 28. 4. 1964, S. 1674–1687), Franz Sackmann, CSU (Stenographischer Bericht über die 46. Sitzung am 29. 4. 1964, S. 1689–1701), Anton Jaumann, CSU (ebenda, S. 1701–1707) und Erwin Essl, SPD (ebenda, S. 1714–1720).
[59] Bayerischer Landtag, 5. Legislaturperiode, Beilagen-Band 66, Beilage 1670.
[60] Die Landespolitik der SPD 1964, S. 17.
[61] „Raumordnungsgesetz hat freie Bahn", in: Süddeutsche Zeitung, 22. 1. 1965.
[62] ArchBayLT, Ausschuß für Wirtschaft und Verkehr, Protokolle über die 54. Sitzung am 13. 1. 1966, die 60. Sitzung am 26. 5. 1966 und die 3. Sitzung am 16. 2. 1967. Vgl. auch die erneute Interpellation der SPD vom 8. 6. 1967 (Bayerischer Landtag, 6. Legislaturperiode, Beilagen-Band 70, Beilage 337).

SPD gegenüber. Erst im August 1967 lag ein Entwurf des Wirtschaftsministeriums, schließlich im November eine vom Kabinett abgesegnete Fassung vor. Nach der Begutachtung durch den Senat dauerte es nochmals fast ein Jahr, bis der Bayerische Landtag am 15. Oktober 1968 mit der Beratung über eine Regierungsvorlage beginnen konnte.[63] Zu diesem Zeitpunkt hatte der Entwurf bereits ein wechselvolles Schicksal hinter sich, dessen Wendungen eine Reihe von retardierenden Faktoren bestimmt hatten: Die Materie war komplex, die Interessen der einzelnen Ressorts divergierten, und jene Kräfte in der Regierung und der Mehrheitsfraktion, die mit einer weitgehenden Neugestaltung des Landesplanungsrechts altbekannte Befürchtungen verbanden, entpuppten sich nach wie vor als einflußreich.[64] Das bekam nicht zuletzt der Staatssekretär im Wirtschaftsministerium, Franz Sackmann, zu spüren. Als einem der Befürworter eines neuen Landesplanungsgesetzes in der CSU war es ihm überlassen geblieben, in Vertretung Schedls den Entwurf des Wirtschaftsministeriums abzuzeichnen und an das Kabinett weiterzuleiten. Auf seinen Einfluß hin waren den regionalen Planungsverbänden relativ weitgehende Mitentscheidungsrechte eingeräumt worden. Doch obschon der Entwurf im Ganzen durchaus den bayerischen Staat als dominierende Planungsinstanz in seinen Rechten beließ, stießen seine „kommunalfreundlichen" Abschnitte im Ministerrat und bei Goppel selbst auf entschiedenen Widerstand.[65] Bis Oktober 1968 kam daraufhin ein revidierter Regierungsentwurf zustande, der die anschließenden Beratungen im Landtagsplenum und im Wirtschaftsausschuß ohne wirklich einschneidende Veränderungen überdauerte und im Kern dem Text entsprach, den der bayerische Landtag am 17. Dezember 1969 gegen die Stimmen der SPD verabschiedete.[66]

Das Bayerische Landesplanungsgesetz vom 6. Februar 1970 definierte die Landesplanung weiterhin eindeutig als alleinige Aufgabe des Staates.[67] Im Unterschied zum Gesetz vom Dezember 1957, das im wesentlichen organisatorische Regelungen traf, enthielt es weitgefaßte „Grundsätze der Raumordnung", die die einschlägigen Bestimmungen des Bundesraumordnungsgesetzes aufnahmen und erweiterten. „Nahtlos"[68] schloß die Neufassung auch an die Vorgabe des Bundesgesetzgebers an, übergreifende „Ziele der Raumordnung" zu bestimmen und programmatisch festzuschreiben: Hier steckte das Gesetz den verbindlichen Rahmen ab, den sowohl ein künftiges bayerisches „Landesentwicklungsprogramm" als

---

[63] Vgl. das Senatsgutachten vom März 1968: Verhandlungen des bayerischen Senats, 6. Legislaturperiode, Anlagen zu den stenographischen Berichten, Beilage 59.
[64] Vgl. zu den Ressortbesprechungen, zu den Gesprächen mit den kommunalen Spitzenverbänden und den Beratungen im Ministerrat die umfangreiche Dokumentation in: BayHStA, MWI 21517–21523.
[65] Vgl. „Schedls neues Landesplanungsgesetz", in: Süddeutsche Zeitung, 5./6.8.1967; „Tauziehen um die Landesplanung", ebenda, 11./12.11.1967; „Kommunen ohne Planungshoheit", in: Augsburger Allgemeine Zeitung, 16.11.1967.
[66] Siehe hierzu den Entwurf der Regierung Goppel vom 15.10.1968 in: Bayerischer Landtag, 6. Legislaturperiode, Beilagen-Band 70, Beilage 1332; den verabschiedeten Gesetzestext vom 17.12.1969: ebenda, Beilage 2599.
[67] BayGVBl. 1970, S. 9–16. Zum Inhalt des Gesetzes im einzelnen: Ludwig Heigl/Rüdiger Hosch, Raumordnung und Landesplanung in Bayern. Kommentar und Vorschriftensammlung, München 1973; Klaus Mayer/Dieter Engelhardt/Alfred Helbig, Landesplanungsrecht in Bayern, München 1973; Istel, Beitrag der Landesplanung, S. 413.
[68] Wahl, Rechtsfragen I, S. 215.

2. "Nur eine lästige Pflichtübung"? 381

auch die zu schaffenden „fachlichen Pläne" und „Regionalpläne" auszufüllen hatten. Was den organisatorischen Bereich anging, lag der größte Innovationsschub in der Institutionalisierung der Regionalplanung. Zwar blieb auch sie weiterhin Staatsaufgabe, doch wurden die neuzubildenden Regionalen Planungsverbände ermächtigt, auf der Ebene künftiger Planungsregionen im „übertragenen Wirkungskreis" tätig zu werden.[69]

Überblickt man die Regelungen im Hinblick auf die Umsetzung der Bundesvorgaben, so zeigt sich, daß Bayern wichtige normative Schritte in die landesplanerische Moderne in Anwendung des Bundesgesetzes vom April 1965 tat. Den Weg von der reinen Bodennutzungsplanung zur Positiv- und Entwicklungsplanung, den man in Bayern beschritt, hatte der Bundesgesetzgeber bereits vorweggenommen.[70] Als Schrittmacher einer Neuregelung lassen sich dabei in der bayerischen Landespolitik neben der SPD nur einzelne Vertreter der Mehrheitsfraktion ansprechen, neben Franz Sackmann wohl vor allem der Diplomvolkswirt Wilhelm Röhrl[71]. Wie man sich in der CSU eine effektive Landesentwicklungspolitik dachte, hatte man seit den 1950er Jahren immer wieder demonstriert. Bevorzugt wurde nicht ein umfassender Planungsansatz mit gesamtgesellschaftlichem Reformanspruch, sondern eine pragmatisch gehaltene, vorwiegend ökonomisch orientierte Politik der regionalen Strukturverbesserung, die dort eingreifen sollte, wo unmittelbarer Bedarf bestand.[72] In den Rängen der Landesplaner im Wirtschaftsministerium dachte man ebenso. Nicht eine zentralisierte Gesamtplanung wurde anvisiert, sondern ein pragmatisches Planungsverfahren, das wesentliche Anstöße aus der Arbeit der Bezirksplanungsstellen „von unten nach oben" empfing; darüber hinaus hatte man sich auf die Formulierung der großen Linien und ihre Konkretisierung in Gestalt von Regionalplänen zu konzentrieren.[73]

Insofern stellte die juristisch-politische Prozedur der Neuordnung des Landesplanungsrechts für die Unionspartei tatsächlich eher eine „lästige Pflichtübung"[74] denn eine bewußt gesuchte Reformchance dar. Daß noch im Sommer 1967 Stimmen im Ministerrat laut wurden, wonach ein neues Gesetz eigentlich gar nicht nötig sei, war hier symptomatisch. Was man anstrebte, war weniger ein gesellschaftspolitisches Steuerungsinstrument als die Bewältigung einer von außen herangetragenen Regelungsaufgabe, die, als sie unabweisbar wurde, im eigenen Sinne gelöst werden sollte. Demgegenüber war es der bayerischen SPD zwar gelungen, die öffentliche Planungsdiskussion wesentlich zu beleben. Im Gesetzgebungspro-

---

[69] Bayerischer Landtag, 6. Legislaturperiode, Beilagen-Band 70, Beilage 2599.
[70] Vgl. die Begründung, die die bayerische Staatsregierung ihrem Gesetzesentwurf beifügte (Bayerischer Landtag, 6. Legislaturperiode, Beilage 1332). Zum hier angesprochenen Charakter des Bundesraumordnungsgesetzes: Wahl, Rechtsfragen I, S. 213, 217 f.
[71] Wilhelm Röhrl (*1921), Diplomvolkswirt, 1958–1978 MdL (CSU).
[72] Vgl. dazu die Stellungnahmen verschiedener CSU-Politiker: Stenographische Berichte über die 9. Sitzung des Bayerischen Landtags am 14.2.1963, bes. S. 283 f. (Schedl), über die 44. Sitzung am 9.4.1964, S. 1600-1619 (Schedl), über die 46. Sitzung am 29.4.1964, S. 1689-1701 (Sackmann) und S. 1701-1707 (Jaumann) sowie über die 11. Sitzung am 12.4.1967, S. 313-325 (Schedl), S. 332-339 (Wilhelm Röhrl) und S. 349-352 (Fischer).
[73] In diesem Sinne der Leiter der Landesplanungsabteilung im Wirtschaftsministerium, Dr. Klaus Mayer: ArchBayLT, Ausschuß für Wirtschaft und Verkehr, Protokoll über die 8. Sitzung am 28.3.1963, S. 16-18 (Zitat: S. 16).
[74] „Nur eine lästige Pflichtübung?", in: Münchner Merkur, 18.8.1967.

zeß selbst hatte die Partei indes kaum eigene Vorstellungen umsetzen können, in den Ausschuß- und Plenumsberatungen waren ihre zahlreichen Abänderungsanträge zumeist von der CSU-Mehrheit zurückgewiesen worden. So gelang es zwar, entgegen dem ursprünglichen Regierungsentwurf das Recht der Planungsverbände auf Ausarbeitung von Regionalplänen zu verankern und daneben eine Reihe kleinerer, oft redaktioneller Veränderungen anzubringen. Auch in der Schlußfassung des Gesetzes blieb den Verbänden jedoch zwingend vorgeschrieben, sich zur Planerstellung staatlicher Stellen zu bedienen, was die gewährte Befugnis empfindlich minderte. Nicht durchgedrungen war die SPD überdies mit der Forderung, den Landtag an der Einteilung Bayerns in Regionen oder an der Ratifizierung des Landesentwicklungsprogramms zu beteiligen.[75] Resümierend bescheinigte die bayerische SPD dem neuen Gesetz deshalb ein hohes Maß an „Kommunalfeindlichkeit" wie auch „ausgesprochen obrigkeitsstaatliche Züge"[76], zumal man mit dem Antrag auf Einrichtung eines Landtagsausschusses für „Fragen der Raumordnung und Landesplanung" ebensowenig zum Zuge kam. Erst in seiner 8. Legislaturperiode 1974-1978 erhielt der bayerische Landtag in Form des „Ausschusses für Landesentwicklung und Umweltfragen" ein entsprechendes Gremium.[77]

Die Modernisierung des bayerischen Planungsrechts im Gefolge des Bundesraumordnungsgesetzes bestätigte die Stellung der Landesplanung als Aufgabe von Politik und Verwaltung und ging somit einher mit der Zurückweisung zusätzlicher politischer Partizipationschancen, wie sie die SPD angestrebt hatte. Auch war es den Sozialdemokraten nicht gelungen, den künftig zu schaffenden Planungsregionen echte Vollzugsaufgaben zukommen zu lassen und sie so als Hebel zur Verknüpfung von Landesplanung und anstehender Gebietsreform einzusetzen.[78] Der wohl wichtigste Versuch der bayerischen SPD in den 1960er Jahren, sich im öffentlichen Bewußtsein dauerhaft als „Triebkraft der Reform und des Fortschrittes"[79] zu etablieren, war damit im wesentlichen gescheitert. Hingegen darf Goppels intern geäußerte politische Zielvorstellung von 1964, den zunehmend unabweisbaren Trend zur projektierenden und planenden Vorausschau im staatlichen Handeln zwar aufzunehmen, doch nach eigenen Vorstellungen zu prägen[80], durchaus als eingelöst gelten. Dies trifft für die Durchsetzung einer stets pragmatisch gehaltenen, marktwirtschaftlich orientierten Planungspraxis gegenüber konkur-

---

[75] Vgl. dazu vor allem den Schlagabtausch im Wirtschaftsausschuß: ArchBayLT, Ausschuß für Wirtschaft und Verkehr, Protokolle über die 54., 60., 3., 34.-40., 42., 46.-48. Sitzung am 13.1. und 26.5.1966, 16.2.1967, 5.-6.12.1968 sowie am 16.-17.1.1969, 23.-24.1.1969, 30.1.1969, 13.2.1969, 6.3.1969, 24.4. und 29.4.1969. Daneben auch: Bayerischer Landtag, 6. Legislaturperiode, Beilage 2494: „Bericht des Ausschusses für Wirtschaft und Verkehr, des Ausschusses für Ernährung und Landwirtschaft und des Ausschusses für den Staatshaushalt und Finanzfragen", 29.4.1969. Der Verlauf der abschließenden Ratifikationsdebatte findet sich in: Stenographischer Bericht über die 81. Sitzung des Bayerischen Landtags am 17.12.1969.
[76] Die Landespolitik der SPD in Bayern. Bericht der Landtagsfraktion für die Jahre 1969/70, München 1971, S. 90.
[77] Zu den SPD-Anträgen: Bayerischer Landtag, 5. Legislaturperiode, Beilagen 1694, 2312 und 2384; vgl. auch Gabriele Wiesend, Das Ausschußwesen des Bayerischen Landtags, München 1989, S. 136f.
[78] Zu diesem Themenkreis eingehend: Balcar, Politik auf dem Land, S. 362-370.
[79] Die Landespolitik der SPD in Bayern. Bericht der Landtagsfraktion für die Jahre 1967/1968, München 1969, S. 3.
[80] Siehe oben Kapitel I.1.b) des dritten Teils.

2. „Nur eine lästige Pflichtübung"?

rierenden, weitergehenden Vorstellungen in der bayerischen Landespolitik zu. Es gilt aber auch für das Bund-Länder-Verhältnis, wo es im Bereich der Raumordnung anders als auf den Feldern der regionalen Wirtschaftspolitik und des vertikalen Finanzausgleichs stärker gelungen war, bayerische Gestaltungsräume gegen die Einflußnahme des Bundes zu erhalten.

Es bietet sich an, ein Fallbeispiel in den Blick zu nehmen, in dem sich die Planungspraxis der 1960er Jahre in Bayern an einer der größeren strukturpolitischen Herausforderungen dieser Dekade zu bewähren hatte. Der Wandel in der weltweiten und bundesdeutschen Energieversorgung einschließlich des Vordringens des Mineralöls als Energieträger konfrontierte nicht nur den Bund mit erheblichen Lenkungsproblemen, in denen sich energie-, sozial- und industriepolitische Fragen trafen. Auch das revierferne Bundesland Bayern war im Gefolge der Kohlenkrise der ausgehenden 1950er Jahre von krisenhaften Erscheinungen in seinen monoindustriell geprägten, altindustriellen Kohlenfördergebieten nicht verschont geblieben. Anhand des Beispielzusammenhangs soll die Problematik von der bundespolitischen bis zur kommunalen Ebene verfolgt, die Komplexität der Wirkungsfaktoren ermessen und der Weg politischer Entscheidungsfindung zwischen Planung und Pragmatik nachvollzogen werden.

III. Prüfstein Kohlenbergbau: die bayerische Energiepolitik und der Weg von der regionalen monoindustriellen Prägung zur gewerblichen Diversifikation

Aus Sicht der bayerischen Wirtschaftspolitik stellte sich die Kohlenproblematik als Teil der grundsätzlichen energiewirtschaftlichen Bedürfnislage des Landes dar. Diese definierte sich im wesentlichen dadurch, daß Bayern noch in der ersten Hälfte der 1960er Jahre lediglich ein Viertel seines Energiebedarfs aus eigener Produktion abzudecken in der Lage war. Das ungünstige Verhältnis wog schwer, da für die ansässigen, revierfern gelagerten und energieintensiven Veredelungsindustrien ein hinreichendes und günstiges Energieangebot zu den wesentlichen Standortfaktoren zählte. Nicht zuletzt im Hinblick auf die Attraktivität des Industriestandorts Bayern für weitere Gewerbeansiedlungen lagen deshalb Bemühungen um die Bereitstellung preiswerter Energie seit den 1950er Jahren im Interesse der bayerischen Wirtschaftspolitik.[1] Auch Wirtschaftsminister Schedl wählte aus konjunkturpolitischen Gründen eine Strategie der „billigen Energie" für Bayern und konnte sich zumindest darin der konzeptionellen Übereinstimmung mit Bundesminister Erhard sicher sein. Die divergierenden Interessenlagen zwischen Bayern und dem Bund, die mit der Ruhrkohlenkrise für das Feld der Energiepolitik zutage traten, standen so im Kontext einer grundsätzlichen Orientierung am Wettbewerb der Energieformen, die beide Ressortchefs teilten. Erstaunlich früh und konsequent hat Schedl die Basis für eine Neuausrichtung der bayerischen Energiestrategie gelegt, als gegen Ende der 1950er Jahre das Erdöl als ernstzunehmender Konkurrent zur Kohle auf den Plan trat. Dies ist umso bemerkenswerter, als seine Umorientierung zwischen Herbst 1958 und Frühjahr 1959 zu einem Zeitpunkt erfolgte, da in der deutschen Politik und in der CSU selbst noch mancherlei Fehleinschätzungen über den Charakter der Kohlenkrise vorherrschten.

Im Überblick betrachtet, fand im Gefolge der Ruhrkohlenkrise ab 1958 ein industriepolitischer Balancezustand sein Ende, der die Jahre des bundesdeutschen Wirtschaftsaufschwungs geprägt hatte. Seit den frühen 1950er Jahren hatte die Bundesregierung ihr energiepolitisches Vorgehen an den beiden Kernzielen der Versorgungssicherheit und der Begrenzung des Energiepreisniveaus orientiert. Um die geringe Produktivität des Steinkohlenbergbaus zu erhöhen, stellte der Bund umfangreiche Fördermittel zur Verfügung, die unter anderem aus ERP-Hilfen stammten und für den Zeitraum zwischen 1951 und 1959 einen Umfang von etwa 8 Mrd. DM erreichten. Die Kostenhilfen für die Unternehmer wurden durch staatlich vorgegebene Höchstpreise ergänzt, um die Preisentwicklung unter Kontrolle zu behalten. Da es trotz dieser faktischen Sonderstellung des Kohlenbergbaus im marktwirtschaftlichen System nicht gelang, das Förderniveau dem wach-

---

[1] Oskar Bauer, Der Energiepreis, in: Auf neuen Wegen. Die Wirtschaft in Bayern, München 1956, S. 109–113; Deutinger, Lebensfrage.

III. Prüfstein Kohlenbergbau 385

senden bundesdeutschen Bedarf auch nur annähernd anzugleichen, mußte zusätzlich amerikanische Steinkohle eingeführt werden. Die Absatzkrise im Ruhrbergbau, die sich auch für Experten vollkommen überraschend ab Anfang 1958 einstellte, hatte eine Reihe von Ursachen. Als unmittelbarer Anlaß lag ihr eine verminderte Kohlenabnahme infolge des milden Winters und einer leichten Konjunkturabschwächung zugrunde.[2] Mehr noch spielte aber eine wichtige Rolle, daß sich gegenüber den deutschen Kohlenprodukten schon 1958/59 klare Preisvorteile zugunsten der amerikanischen Importkohle und des Öls ergaben, die sich bis Mitte der 1960er Jahre weiter vergrößerten. Bezogen auf den erzielbaren Heizwert, fielen außerdem die Preise für Heizöl 1958/59 deutlich unter jene Beträge, die für eine gleichwertige Menge an deutscher Kohle zu bezahlen waren. Für den privaten Verbraucher konnten daraus im Ruhrgebiet und sogar in Süddeutschland Preisunterschiede von bis zu 80 DM pro Tonne erwachsen.[3]

Bundeswirtschaftsminister Erhard reagierte zunächst äußerst zurückhaltend. Sein Ziel war es, die Ruhrkohlenindustrie mittelfristig in das Marktgeschehen zurückzuführen, da er in ihren kollektiven Produktions- und Vermarktungsverfahren eine störende Engpaßstelle für das Wirtschaftswachstum und die Modernisierung der bundesdeutschen Industriestrukturen erblickte.[4] So zeichneten sich bald erhebliche Meinungsverschiedenheiten zwischen ihm und Adenauer ab, der sich für den Erhalt der Kohlenproduktion und der damit verknüpften Arbeitsplätze stark machte. Auf erheblichen Druck der Industriegewerkschaft Bergbau hin führte die Bundesregierung schließlich im September 1958 eine Genehmigungspflicht für amerikanische Kohlenimporte ein. Ab Februar 1959 wurde zusätzlich für die Einfuhr von Steinkohle aus Drittländern außerhalb der Montanunion ein Kohlenzoll von 20 DM je Tonne erhoben.[5] Nur zögernd und unter dem Eindruck möglicher sozialer Unruhen an der Ruhr stimmte Erhard im Sommer 1959 der Einführung einer Mineralölsteuer zu, die aufgrund des Widerstands aus den revierfernen Ländern erst im Mai 1960 in Kraft trat.[6]

An der Spitze des Bayerischen Wirtschaftsministeriums nahm man im Sommer 1958 die „unerwarteten" Veränderungen in der Versorgungslage nicht ohne Genugtuung zur Kenntnis. Für Bayern, so Schedl, war damit zu hoffen, daß aufgrund des verstärkten Wettbewerbs auf dem westdeutschen Energiemarkt endlich auch

---

[2] Vgl. hierzu die Stellungnahme von Wirtschaftsminister Erhard im Bundestag: Stenographischer Bericht über die 59. Sitzung des Deutschen Bundestags am 29.1.1959, S. 3219f.
[3] Zum Verhältnis der „Wärmeäquivalenzpreise" für Kohle und Öl nach 1957: Manfred Horn, Die Energiepolitik der Bundesregierung von 1958 bis 1972. Zur Bedeutung der Penetration ausländischer Ölkonzerne in die Energiewirtschaft der BRD für die Abhängigkeit interner Strukturen und Entwicklungen (Volkswirtschaftliche Schriften 256), Berlin 1977, S. 71f.; Abelshauser, Ruhrkohlenbergbau seit 1945, S. 87-117.
[4] Ebenda, S. 80. Zu Erhards Wahrnehmung des Ruhrbergbaus und zu seiner Verärgerung über dessen Unternehmervertretung im Gefolge der Bundestagswahl von 1957: Werner Abelshauser, Kohle und Marktwirtschaft. Ludwig Erhards Konflikt mit dem Unternehmerverband Ruhrbergbau am Vorabend der Kohlenkrise, in: Vierteljahrshefte für Zeitgeschichte 33 (1985), S. 488-546.
[5] Horn, Energiepolitik der Bundesregierung, S. 244f.
[6] Volker Bahl, Staatliche Politik am Beispiel der Kohle, Frankfurt/New York 1977, S. 236-246; Nonn, Ruhrbergbaukrise, S. 113-126; zur historischen Entwicklung der Mineralölbesteuerung in Deutschland seit den 1930er Jahren bis 1961: Rolf Funck, Mineralölsteuer, in: Handwörterbuch der Sozialwissenschaften, Band 7, Göttingen 1961, S. 359-365.

hier die „Gesetze eines echten Käufermarktes" zum Nutzen der Verbraucher zum Tragen kämen. Abgesehen davon jedoch ging der Minister davon aus, daß „die deutsche Kohle auch in Zukunft die Grundlage unserer Versorgung mit Brennstoffen bleiben" werde. Die bayerischen Kohlengruben, darunter vornehmlich die Pechkohlenförderung im Regierungsbezirk Oberbayern, schloß er in diesen Zukunftswunsch ausdrücklich mit ein.[7] Nur wenige Monate später begann Schedl im Frühjahr 1959 damit, die Öffentlichkeit auf mögliche negative Konsequenzen für die bayerische Kohlenförderung vorzubereiten. Kaum verklausuliert wies der Minister im Landtag auf das Vordringen des Öls als Energieträger hin und deutete „sehr schmerzliche Entwicklungsmöglichkeiten" an, die sich aus dem „Vormarsch des Besseren" ergeben könnten.[8]

Mehrere Faktoren waren in dieser Periode geeignet, eine Neuorientierung der bayerischen Energiepolitik zu befördern. Zunächst ließen die wirtschaftspolitischen Signale aus Bonn kaum einen anderen Schluß zu, als daß Erhard gewillt war, das Wettbewerbsprinzip auf dem bundesdeutschen Energiemarkt nach Kräften zur Geltung zu bringen. Die Einführung des Kohlenzolls und weitere Maßnahmen des Bundes zum Schutz der deutschen Kohlenindustrie waren nach Ansicht des Ministers lediglich als vorübergehende Hilfen zu verstehen, die trotz „ernste[r] wirtschaftspolitische[r] Bedenken"[9] gewährt wurden. In den Händen des Steinkohlenbergbaus selbst lag es, aus der Situation die nötigen strukturellen Konsequenzen zu ziehen: „Wenn der Bergbau auch zu Stillegungen von dauernd unwirtschaftlichen Schachtanlagen oder von Betriebsteilen übergeht, so müßte ich mit dem Bergbau eine solche Bereinigung struktureller Art angesichts des unaufhaltsamen Wettbewerbs anderer Energie in den kommenden Jahren als ein Gebot vernünftigen wirtschaftlichen Verhaltens ansehen."[10] Durch die verschachtelte Diktion des Ministers hindurch wurde deutlich, daß Erhard für die nächste Zukunft eine Kombination von Rationalisierungsmaßnahmen im Kohlenbergbau und von Zechenschließungen als geeignete Krisenstrategie erachtete, um die Branche an die veränderten Marktverhältnisse anzupassen. Die Kombination von Kohleimportrestriktionen und flankierenden Bundessubventionen sollte jene zeitlichen Spielräume erkaufen, die nötig waren, um den Personalabbau im Kohlenbergbau möglichst schonend und „organisch" zu gestalten. Umfassendere Wettbewerbsbeschränkungen zu Lasten des Öls jedoch waren aus dieser Sicht abzulehnen: „Die Expansion des Heizöls […] kann und darf grundsätzlich nicht aufgehalten werden. Im Interesse der Wettbewerbsfähigkeit unserer Industrie kommt es im Gegenteil immer stärker auf die Nutzung des technischen und wirtschaftlichen Fortschritts an, den das Heizöl in manchen Verwendungsrichtungen zweifellos darstellt."[11] Im Bundeswirtschaftsministerium konnte man deshalb den krisenhaften Entwicklungen an der Ruhr sogar positive Seiten abgewinnen: Die raschen Marktzuwächse des

---

[7] Stenographischer Bericht über die 136. Sitzung des Bayerischen Landtags am 1.7.1958, S.4670–4684, hier: S.4671.
[8] Stenographischer Bericht über die 15. Sitzung des Bayerischen Landtags am 21.4.1959, S.473–480, hier: S.474f.
[9] Stenographischer Bericht über die 59. Sitzung des Deutschen Bundestags am 29.1.1959, S.3223.
[10] Ebenda.
[11] Ebenda, S.3225.

III. Prüfstein Kohlenbergbau 387

neuen Energieträgers machten Befürchtungen hinsichtlich neuer Energieengpässe überflüssig und versprachen zudem absehbar günstigere Verbraucherpreise. Außerdem konnte der Einsatz neuer Technologien, der sich mit dem Gebrauch des Öls verband, der abflachenden Konjunkturentwicklung neue Impulse verleihen.[12]

In der anpassungspolitischen Praxis der folgenden Jahre setzte Erhard zunächst auf ein weitgehend arbeitsteiliges Vorgehen, das den Unternehmen des Steinkohlenbergbaus die Umstrukturierungsmaßnahmen in eigener Regie überließ, dem Bund hingegen die Rolle des Finanziers und zunehmend stark involvierten Subventionsgebers zuwies. Aufgrund der unbefriedigenden Ergebnisse kam es zur wachsenden Verflechtung zwischen den Selbsthilfeorganisationen der Ruhrunternehmen und der staatlichen Ebene. Die erneute Absatzkrise von 1965 bereitete einem revidierten Förderkonzept den Weg. Unter der Großen Koalition umgesetzt, sah es im Zuge des Kohleanpassungsgesetzes von 1968 eine restriktivere Subventionsvergabe vor und mündete schließlich bis Juli 1969 in die völlige organisatorische Neuordnung des Ruhrkohlenbergbaus im Rahmen der „Ruhrkohle AG".[13]

Diese Entwicklung war vor allem in ihren subventionspolitischen Implikationen noch an der Wende zu den 1960er Jahren kaum vorhersehbar. Aus der Perspektive eines revierfernen Bundeslandes vom Profil Bayerns repräsentierten deshalb die frühen Stellungnahmen und zurückhaltenden Marktkorrekturen Erhards ein akzeptables, ja begrüßenswertes wirtschaftspolitisches Reaktionsmuster. Die Bonner CSU-Landesgruppe teilte die Lageeinschätzung des Bundeswirtschaftsministers. Sie sandte Ende 1958 in der Angelegenheit Loyalitätsbekundungen an das Kabinett und trug – nach einigen Zugeständnissen des Bundes bei der Höhe des zollfreien Kontingents zugunsten süddeutscher Verbraucher – auch die Einführung des Kohlenzolls mit. Die Position der CSU war eindeutig: Rationalisierung und, wo nötig, Zechenstillegungen im Ruhrbergbau hatten das Mittel der Wahl zu sein. Eine staatlich geförderte Monopolstellung der Kohle zu Lasten neuer Energieträger kam hingegen nicht in Frage.[14] Für Schedl markierte diese generelle Linie ein wichtiges Element der Rahmenbedingungen, unter denen sich eine künftige bayerische Energiepolitik zu vollziehen hatte. Die nähere Zukunft würde zeigen, inwieweit die künftige Kostenentwicklung und die Versorgungslage in Bayern vergleichbare Anpassungsmaßnahmen notwendig machten.

Jedenfalls mußte der Minister davon ausgehen, daß die Änderungen der Verbrauchsgewohnheiten auf dem Energiesektor das eigene Bundesland bereits erfaßt hatten. Im Jahre 1956, zu jenem Zeitpunkt, als der Ruhrkohlenbergbau im Zenit seiner Entwicklung stand, war auch der Kohlenkonsum der bayerischen Industrie an seinem Höhepunkt angelangt. Während die vorangegangenen Wiederaufbaujahre von einem kontinuierlichen Anstieg der Verbrauchszahlen begleitet gewesen waren, wies der Kohlenverbrauch allerdings seither stets rückläufige Tendenz auf.[15] Nach Einschätzung der Statistiker konnte das Erdöl der Kohle den dominanten

---
[12] Abelshauser, Ruhrkohlenbergbau seit 1945, S. 103.
[13] Jäkli, Vom Marshallplan zum Kohlepfennig, S. 103–117.
[14] ACSP, LG-P, Protokolle der Landesgruppensitzungen am 24.11. und 1.12.1958; Nonn, Ruhrbergbaukrise, S. 136.
[15] Josef Filser, Der Kohle- und Heizölverbrauch in der bayerischen Industrie, Bayern in Zahlen 22 (1968), S. 258f.; Abelshauser, Ruhrkohlenbergbau seit 1945, S. 75–86.

Part in der bayerischen Energieversorgung zu diesem Zeitpunkt noch nicht streitig machen. Immerhin entfielen 1959 in der bayerischen Industrie noch etwa drei Viertel des Verbrauchs auf den traditionellen Energieträger. Eine „zunehmende Rolle" des Öls bahnte sich aber an, zumal der flüssige Brennstoff viele Vorteile auf seiner Seite hatte. Er war leichter und raumsparender zu lagern, sauberer im Umgang und bezogen auf den Heizwert billiger. Auch der Transport war einfacher, vor allem wenn es gelang, die benötigten Mengen an Rohöl über Pipelines von den Seehäfen in die Nähe der Endverbraucher zu bringen.[16] Dabei zeichnete sich schon bald ab, daß beide Energieformen in direkter „Substitutionskonkurrenz" zueinander standen. Sofern Kohle und Öl nicht als Rohstoffe, sondern als Energieträger Verwendung fanden, waren sie bei relativ geringen Investitionskosten gegeneinander austauschbar. Die Energiebilanz der bayerischen Industrie wies denn auch für die frühen 1960er Jahre aus, daß die Verbrauchsverlagerung im direkten Austausch zwischen Kohle und Öl vor sich gegangen war. Die Deckung des steigenden Bedarfs an elektrischer Energie wurde dabei von dem strukturellen Wandel in der Stellung der beiden fossilen Energieträger vorerst nicht tangiert. Diese physikalisch-energietechnischen Gegebenheiten machten zusammen mit den Kostenverhältnissen jene Prognosen sehr plausibel, die auch für Bayern von einem weiteren Bedeutungszuwachs des Heizöls zu Lasten der heimischen Kohle ausgingen.[17]

Wie sehr man in Bayern bereits auf das Vordringen und die Preisvorteile des Öls setzte, zeigte sich im Jahresverlauf 1959. In Übereinstimmung mit den Positionen im Bayerischen Wirtschaftsministerium trat die CSU-Landesgruppe hinter den Kulissen der Bonner Politik und im Bundestag vehement gegen die geplante Wiedereinführung einer Verbrauchssteuer auf schweres und leichtes Heizöl ein. Die Idee war im Bundeswirtschaftsministerium entwickelt worden, um restriktivere Formen der Marktreglementierung zu vermeiden, und reagierte zugleich auf den wachsenden politischen Druck, den der Unternehmensverband Ruhrbergbau und die IG Bergbau zugunsten protektionistischer Maßnahmen entfalteten.[18] Wie sich bald an den Abstimmungsverhältnissen im Bundesrat erwies, wurde der Widerstand gegen die Steuer von den revierfernen Bundesländern getragen.[19] Innerhalb der Bonner Regierungskoalition exponierte sich die CSU als die einflußreichste kritische Kraft. Nach wie vor optierten die CSU-Abgeordneten für eine „Anpassung des Bergbaus an die veränderte Marktlage" ohne „planwirtschaftliche Eingriffe des Staates". Die Heizölsteuer hielt man für verfehlt, da sie die Wettbewerbsfähigkeit des Bergbaus nicht verbessern und zudem das weitere Vordringen des Öls nicht verhindern könne. Außerdem sei es „ungerecht, eine Million Haushalte,

---

[16] Karl Wobbe, Die Entwicklung des Kohle- und Heizölverbrauchs in der bayerischen Industrie 1957/58, in: Bayern in Zahlen 13 (1959), S. 333–336 (Zitat: S. 336); zur Verbrauchsentwicklung im Rückblick: Josef Filser, Der Kohle- und Heizölverbrauch in der bayerischen Industrie, ebenda 22 (1968), S. 258f.
[17] Josef Filser, Kohle- und Heizölverbrauch in der Industrie, in: Bayern in Zahlen 15 (1961), S. 251f. (Zitat: S. 252).
[18] Horn, Energiepolitik der Bundesregierung, S. 244–247; Nonn, Ruhrbergbaukrise, S. 124–126.
[19] Vgl. zum Abstimmungsergebnis von 8 gegen 3 Bundesländern über den nicht zustimmungspflichtigen Gesetzentwurf und zu den begleitenden Debatten: Stenographischer Bericht über die 210. Sitzung des Deutschen Bundesrats am 23.10.1959, S. 161–199. Zur Haltung im Bayerischen Wirtschaftsministerium: „Die Belastung der Wirtschaft durch die Heizölsteuer", in: Bayerische Staatszeitung, 21.8.1959.

III. Prüfstein Kohlenbergbau 389

die sich auf Ölfeuerung umgestellt haben, einseitig zugunsten der Kohle zu belasten." Ziel der Landesgruppe war es deshalb, zumindest das leichte Heizöl von der Verbrauchssteuer ausgenommen zu sehen.[20] Der Landesgruppenvorsitzende Hermann Höcherl, der die Angelegenheit persönlich im Kabinett und im Bundestag vertrat, sprach öffentlich von der Heizölsteuer als einem „abscheulichen Wechselbalg"[21] und zeigte sich trotz der Bitten von „allerhöchste[n] Persönlichkeiten des Bundes", deren Einführung doch zuzugestehen, zunächst unzugänglich.[22] Erst nach heftigen fraktionsinternen Auseinandersetzungen mit Vertretern der nordrhein-westfälischen CDU gelang es im März 1960, einen Kompromiß zu finden.[23] Im Unterschied zum ursprünglichen Regierungsentwurf sah dieser statt eines Steuersatzes von 30 DM pro Tonne bei schwerem Heizöl lediglich 25 DM vor; leichtes Heizöl wurde nach dem Willen der CDU/CSU-Fraktionsmehrheit sogar nur mit 10 DM pro Tonne belastet. Daß es sich dabei um eine Übereinkunft „auf Gegenseitigkeit zwischen West und Süd" handelte, machten die Regelungen über die Aufteilung der Steuererträge deutlich. Die prognostizierten Einnahmen von etwa einer Milliarde DM sollten zu knapp zwei Dritteln sozialpolitisch motivierten Ausgleichs- und Unterstützungszahlungen zugunsten der Ruhrbergleute zugute kommen. Das restliche Drittel von etwa 390 Mio. DM wurde dazu bestimmt, die Transportkosten der Ruhr- und Saarkohle beim Versand nach Süddeutschland zu subventionieren.[24]

Die CSU-Landesgruppe hatte damit ihre Verhandlungsziele zumindest teilweise erreicht: Die süddeutschen Energieverbraucher konnten im Gefolge der Vereinbarungen von niedrigeren Preisen profitieren, da die Transportsubventionen die westdeutsche Kohle im Süden erheblich günstiger machten. Zugleich war es immerhin gelungen, die Steuerbelastung des Heizöls relativ moderat zu halten, so daß dieses Element des Kompromißpakets kaum mehr effektiven Schutz der Ruhrkohle versprach. Nimmt man die weitere quantitative Entwicklung des Heizölabsatzes zum Maßstab, dann konnte die Heizölsteuer das weitere Vordringen des alternativen Energieträgers im süddeutschen Raum allenfalls bremsen, keineswegs aber entscheidend auffangen. Die positiven Effekte, welche die bayerischen Energieverbraucher somit trotz der Einführung der Mineralölsteuer verzeichnen konnten, hatten freilich im Gesamtzusammenhang betrachtet für Bayern eine ambivalente Wirkung. In dem Maße, in dem die Frachtsubventionen den Bergbauindustrien an Ruhr und Saar den süddeutschen Markt buchstäblich näher brachten, erhöhten sie zugleich den Konkurrenzdruck, dem sich der bayerische Kohlenbergbau im eigenen Land ausgesetzt sah.[25] Die bayerischen Unterhändler in Bonn

---

[20] ACSP, LG-P, Beschlüsse der Landesgruppe der CSU im Bundestag auf ihrer Arbeitstagung auf Schloß Kirchheim/Schwaben am 2. und 3. Oktober 1959, 5.10.1959 (Zitate: S.2).
[21] Stenographischer Bericht über die 86. Sitzung des Deutschen Bundestags am 4.11.1959, S.4646.
[22] ACSP, LG-P, Protokoll der Landesgruppensitzung am 18.1.1960 (Zitat). Siehe zur Haltung der Landesgruppe auch die Protokolle vom 11.1.1960 und 8.2.1960.
[23] ACSP, LG-P, Protokolle der Landesgruppensitzungen am 22.2. und 7.3.1960.
[24] Zur Haltung der Parteien, Arbeitgeberverbände und Gewerkschaften auf Bundesebene gegenüber der Heizölsteuer 1959/60: Nonn, Ruhrbergbaukrise, S.126–139 (Zitat: S.136).
[25] „Geändertes Mineralölsteuergesetz: Entlastungssteuer für den Kohlebergbau", in: Bayerische Staatszeitung, 6.5.1960; Nonn, Ruhrbergbaukrise, S.134f.

hatten eine Kompromißlösung erreicht, die geeignet war, die energiepolitischen Standortbedingungen für die Industrie des Landes zu wahren und die Interessen der heimischen privaten Energieverbraucher zu schützen. Der landeseigene Bergbau stand zweifelsohne im Schatten dieser Lösung.

Eine Vorentscheidung hinsichtlich der weiteren energiepolitischen Orientierung Bayerns war bereits im Frühjahr 1959 gefallen. Mit Unterstützung aus dem Bayerischen Wirtschaftsministerium, doch auf Initiative des Generaldirektors des staatlichen italienischen Energieunternehmens ENI (Ente Nazionale Idrocarburi), Enrico Mattei[26] hin, wurde im Juni 1959 zunächst eine Studiengesellschaft ins Leben gerufen, die die Möglichkeiten für den Bau einer alpenüberquerenden Ölleitung von Genua nach Süddeutschland untersuchen sollte.[27] Für die schillernde Unternehmerpersönlichkeit Mattei stellte Bayern nur einen Schauplatz dar, um dem von ihm geleiteten Staatsbetrieb größere Marktanteile auf dem kommenden Energiemarkt und gegen die konkurrierenden großen Erdölgesellschaften zu verschaffen.[28] So kam es im September des Jahres erneut auf Vorschlag Matteis zur Gründung eines deutsch-italienisch-schweizerischen Konsortiums, das sich unter dem Namen „Südpetrol" die Finanzierung und den Bau der Pipeline zur Aufgabe machte. Aufgrund der günstigen geographischen Lage wählte die ENI als Zielpunkt der ersten Ölleitung und Standort einer eigenen Raffinerie den Raum um Ingolstadt und Neuburg/Donau. Das Beispiel des italienischen Unternehmens zog bald weitere Investoren an. Allein zwischen Dezember 1963 und Frühjahr 1966 gingen dort vier Erdölraffinerien weiterer großer Ölkonzerne in Betrieb, die eine Jahresleistung von mehr als 10 Mio. Tonnen Rohöl erbrachten. Sie wurden bis Oktober 1967 nochmals um zwei weitere Anlagen ergänzt, welche gegen Anfang der 1970er Jahre etwa 24 Mio. Tonnen jährlich verarbeiten konnten und damit etwa 18% der westdeutschen Gesamtkapazität erreichten.[29]

Damit war in Bayern zugleich ein neuer Industriezweig entstanden. Bis dahin hatte lediglich eine kleine Mineralölindustrie existiert, die sich mit der Aufbereitung von Altöl oder der Herstellung von Motorenöl beschäftigte. Die Errichtung von sechs Raffinerien bis Ende der 1960er Jahre führte dazu, daß der überwiegende Teil des bayerischen Mineralölverbrauchs aus den einheimischen Produktionsanlagen gedeckt werden konnte.[30] Für die Region Ingolstadt geriet die Standortwahl der Ölkonzerne zum Anstoß für einen nach bayerischen Maßstäben beispiellosen Aufbau-Boom, der der Stadt zur „Chance ihrer Geschichte" verhalf.[31]

---

[26] Enrico Mattei (1906–1962), Unternehmer, 1953–1962 Generaldirektor der Ente Nazionale Idrocarburi.
[27] BayHStA, NL Schedl 195, „Transalpin. Verein zum Studium des Baues alpenüberquerender Ölleitungen nach Bayern e. V.". Zu den Zusammenhängen auch aus der Sicht eines zeitgenössischen Wirtschaftsjournalisten: Hermann Bössenecker, Bayern, Bosse und Bilanzen. Hinter den Kulissen der weiß-blauen Wirtschaft, München 1972, S. 34–48; Deutinger, Lebensfrage, S. 62–72.
[28] Milosch, Modernizing Bavaria, S. 85–92.
[29] Egon Riffel, Mineralöl-Fernleitungen im Oberrheingebiet und in Bayern (Forschungen zur deutschen Landeskunde 195), Bonn-Bad Godesberg 1970.
[30] Josef Filser, Die Mineralölindustrie in Bayern, in: Bayern in Zahlen 22 (1968), S. 383–385.
[31] Bössenecker, Bayern, S. 37 (Zitat). Hierzu eingehend: Schlemmer, Industriemoderne in der Provinz, S. 201–244; ders., „Bayerns Ruhrgebiet". Politik, Wirtschaft und Gesellschaft in der Region Ingolstadt 1948 bis 1975. Eine Studie aus dem Projekt „Gesellschaft und Politik in Bayern" des Instituts für Zeitgeschichte, in: Theresia Bauer/Winfried Süß (Hg.), NS-Diktatur, DDR,

Daß die energiepolitischen Modernisierungsgewinne für Bayern zugleich auch Grenzen des strukturpolitischen Steuerungsanspruchs deutlicher hervortreten ließen, zeigte sich allerdings erst auf längere Frist: Der umstrittene, doch über Jahrzehnte hinweg einhellig von den Landtagsparteien verfolgte Bau des Rhein-Main-Donau-Kanals konnte die ihm zugedachte Bedeutung für die Milderung der Revierferne Bayerns vor allem deshalb nie erlangen, weil die Relevanz von Kohlenimporten aus dem Ruhrgebiet für das Bundesland schon in den 1960er Jahren deutlich abnahm. Eben hierzu aber hatte die von der bayerischen Staatsregierung geförderte energiepolitische Reorientierung wesentlich beigetragen.[32]

Unklar blieb zunächst auch, welche Folgen der Strukturwandel auf dem Energiesektor für jene altindustriell geprägten Zonen Bayerns haben würde, die bislang überdurchschnittlich vom Kohlenbergbau geprägt waren. Dies betraf neben einem Abbaugebiet für qualitativ minderwertige Steinkohle bei Stockheim im oberfränkischen Landkreis Kronach und dem oberpfälzischen Braunkohlenbergbau vor allem die oberbayerischen Pechkohlengruben. Im Gebiet der Gemeinden Penzberg und Hausham angesiedelt, konnten die beiden wichtigsten Bergwerke auf eine über 100jährige Fördergeschichte verweisen. Nach dem Zweiten Weltkrieg erlangten diese Vorkommen aufgrund der zunächst angespannten Versorgungslage, der blockierten Bezugswege aus Westdeutschland und des sukzessiven Ausbleibens osteuropäischer Kohlenlieferungen neue Bedeutung. Die Absatzkrise der Kohlenindustrie erfaßte gleichwohl gegen Ende der 1950er Jahre auch die bayerische Pechkohlenförderung. Der Abbau von Arbeitsplätzen war dort bereits seit 1958 im Gange, als bayerische staatliche Stellen sich im Herbst 1961 genötigt sahen, die Problematik aufzugreifen.[33]

Ungeachtet der beschwichtigenden Äußerungen des bayerischen Wirtschaftsministers und alarmiert von dessen Initiativen zum Ausbau der regionalen Ölversorgung, hatte der Bürgermeister der Stadt Penzberg aus eigener Initiative damit begonnen, die Ansiedlung von neuen gewerblichen Unternehmen am Ort zu forcieren. Ein aussichtsreicher Kandidat hierfür war u. a. das Münchener Maschinenbauunternehmen Deckel, das sich interessiert zeigte, in Penzberg eine Fertigungsstätte mit mehreren Hundert Beschäftigten zu errichten. Anders als von der Stadtverwaltung erhofft, war damit jedoch die Problematik, ein neues Unternehmen an den ländlich gelegenen Bergbauort zu ziehen, keineswegs gelöst. Gerade jener Faktor, der die Attraktivität des Standorts Penzberg ausmachte, das vorhandene Arbeitskräfteangebot, bot Anlaß zu unerwartetem Widerstand sowohl seitens des bislang regional dominierenden Arbeitgebers als auch seitens der bayerischen

---

Bundesrepublik. Drei Zeitgeschichten des vereinigten Deutschland. Werkstattberichte, Neuried 2000, S. 181–213; Deutinger, Lebensfrage, S. 66–70.
[32] Vgl. dazu die eingehende Darstellung bei: Gall, „Gute Straßen bis ins kleinste Dorf!" Verkehrspolitik und Landesplanung, S. 187–200.
[33] Bayerns Wirtschaft im Jahre 1950. Jahresbericht des Bayerischen Staatsministeriums für Wirtschaft, München 1951, S. 3, 35 f.; Georg Gillitzer, Geologische Neuaufnahme des Peißenberger Kohlenreviers (Geologica Bavarica 23), München 1955; Karl Balthasar, Geschichte und Bergtechnik der Kohlenbergwerke Penzberg und Hausham, in: Die oberbayerische Pechkohle (Geologica Bavarica 73), München 1975, S. 7–24. Vgl. hierzu unter den Aspekten von regionaler Arbeiterkultur und strukturellem Wandel: Margarete Drexel, „Alles was getan wird, geschieht für den Menschen!". Ende der Bergbaukultur und erfolgreicher Strukturwandel in Penzberg/ Oberbayern 1960–1972, Penzberg 2001.

Landesplanung. Der latente Konflikt kam zum Austrag, nachdem die Betreiberin der Kohlengrube, die „Oberbayerische Aktiengesellschaft für Kohlenbergbau" („Oberkohle"), direkt interveniert und das mittelständische Unternehmen davon abgebracht hatte, sich in Penzberg niederzulassen.[34] Den Anlaß für das Eingreifen boten Bedenken der Bergwerksleitung, durch den Zuzug von Ersatzbetrieben zur Konkurrenz um die verfügbaren Arbeitskräfte und eventuell zu Lohnerhöhungen gezwungen zu sein, wodurch die weitere Existenz der Kohlenzeche ernsthaft gefährdet werden konnte.[35]

Da der Interessenskonflikt um die ökonomische Zukunft der Stadt vorerst nicht zu lösen war, wandte sich der erboste Bürgermeister an die Regierung von Oberbayern, deren Bezirksplanungsstelle seine Bemühungen um die Ansiedlung von Ausgleichsindustrien unterstützte. Die vorgesetzte Behörde im Bayerischen Wirtschaftsministerium lehnte das Hilfsersuchen der Stadt indes ab und machte im Frühjahr 1962 gegenüber der Bezirksplanungsstelle von ihrem Weisungsrecht in diesem Sinne Gebrauch. Wie der Leiter der Landesplanungsstelle in seinem Begründungsschreiben ausführte, waren dafür praktische Überlegungen ausschlaggebend: Solange die Betreibergesellschaft „Oberkohle" keine Entscheidung über das Fortbestehen des Grubenbetriebs getroffen habe, erscheine es angesichts der drohenden Abwanderung von Arbeitskräften aus dem Grubenbetrieb „zweckmäßig, sich gegenüber den Ansiedlungsbestrebungen der Stadt Penzberg [...] Zurückhaltung aufzuerlegen".[36]

Aus Gründen, die keineswegs von der Hand zu weisen waren, machte sich die Landesplanung also die Argumentation der Bergwerksleitung zu eigen und zögerte eigene Initiativen zur Förderung der gewerblichen Diversifikation im Raum Penzberg bewußt hinaus. Nicht die Landes-, sondern die Bezirksplanungsstelle übernahm in der Folge die Rolle einer aktiven, drängenden und auf Koordination der regionalen Interessen bedachten Instanz. Zwar konnte man sich über die Stillhaltevorgabe aus dem Wirtschaftsministerium nicht hinwegsetzen und vertrat die verordnete Position gegenüber der Stadt, um die laufenden Sanierungsbestrebungen der „Oberkohle" nicht zu beeinträchtigen.[37] Doch bemühte sich der Bezirksplaner, die Angelegenheit im Wirtschaftsressort in Erinnerung zu halten, und machte vorsichtig deutlich, daß er den Ansiedlungsplänen der Stadt mit Sympathie gegenüberstand. Im Wirtschaftsministerium blieb man gleichwohl unnachgiebig. Noch bis in die zweite Julihälfte 1965, als im bayerischen Kabinett eine wichtige Vorentscheidung gegen den Erhalt der Zechen fiel, beharrte das Wirtschaftsministerium auf seiner Weigerung, die Ansiedlung von Ersatzindustrien zu unterstützen. Dort vertraute man auf ein konkurrierendes Krisenkonzept, das vorsah, einen

---

[34] Staatsarchiv München [StAM], RA 104406, Protokoll der Aussprache im Penzberger Rathaus am 4. Dezember 1961 zwischen Bürgermeister Prandl und der Direktion der Oberkohle AG, o. D. Vgl. zu den Ansiedlungsplänen der Firma Deckel auch: StAM, Landesarbeitsamt Südbayern 5052.
[35] StAM, RA 104406, Protokoll der Aussprache im Penzberger Rathaus am 4. Dezember 1961 zwischen Bürgermeister Prandl und der Direktion der Oberkohle AG, o. D.
[36] StAM, RA 104406, Dr. Klaus Mayer, Bayerisches Staatsministerium für Wirtschaft und Verkehr, Landesplanungsstelle, an die Regierung von Oberbayern, Bezirksplanungsstelle, 28. 3. 1962.
[37] StAM, RA 104406, Protokoll einer Besprechung bei der Regierung von Oberbayern am 13. 4. 1962, o. D.

III. Prüfstein Kohlenbergbau

Großteil der Zechenproduktion durch die Umwandlung in elektrischen Strom in höherwertige Energie zu verwandeln und so den Grubenbetrieb zu sichern.[38] Dieses Festhalten an einer Strategie des lokalen Nichteingreifens erweist sich bei genauer Betrachtung als Teil eines energiepolitischen Konzepts, das im Wirtschaftsministerium vorerst nur unscharf vorlag, doch im Laufe der frühen 1960er Jahre zunehmend an Kontur gewann. Mit der Einführung der Heizölabgabe 1960 und der Fertigstellung der ersten Ölleitung von Karlsruhe nach Ingolstadt vier Jahre später veränderten sich die Rahmenbedingungen einer bayerischen Energiepolitik vor dem Hintergrund der fortwährenden Ruhrkohlenkrise erheblich. Zwar hatten die bayerischen Verbraucher jene fiskalischen Lasten mitzutragen, die der Gemeinschaft zugunsten der Ruhr auferlegt wurden. Zugleich konnten doch vor allem die gewerblichen Abnehmer von Ölprodukten von Preisvorteilen profitieren, die sich seit der Aufnahme der Produktion in mehreren Raffinerien des Raumes um Ingolstadt eingestellt hatten: Insbesondere die Preise für schweres Heizöl waren deutlich zurückgegangen und lagen im Frühjahr 1965 bereits um etwa 30% unter jenen für Kohle. Für viele bayerische Industriebetriebe, die die Hauptabnehmer dieses Energieträgers darstellten, ergab sich so eine deutliche Verbesserung ihrer Kostensituation.[39]

Der bayerische Wirtschaftsminister plädierte in dieser Situation dafür, Regelungen für den bundesdeutschen Energiemarkt zu finden, die die Hilfen für den Ruhrbergbau prinzipiell nicht antasteten, doch gleichzeitig die daraus resultierenden Lasten für die revierfernen Bundesländer „in zumutbaren Grenzen"[40] hielten. Sein Ziel war es deshalb, mögliche Wettbewerbsbeschränkungen zu Lasten des Öls nach Kräften abzuwehren und flankierend hierzu auf Bundesebene konstruktive Vorschläge zu machen, die die Lage des Steinkohlenbergbaus verbessern konnten, ohne massiv in den bundesdeutschen Energiemarkt einzugreifen.[41] Im Mittelpunkt seiner Vorschläge hierzu stand die Empfehlung, den Bau von Heizkraftwerken im Einzugsgebiet der Zechen zu fördern, um den krankenden Grubenbetrieben neue, sichere Absatzmärkte zu erschließen.[42]

---

[38] StAM, RA 104406, Regierung von Oberbayern, Bezirksplanungsstelle, an das Bayerische Staatsministerium für Wirtschaft und Verkehr, Landesplanungsstelle, 7.3.1963; ebenda, Bayerisches Staatsministerium für Wirtschaft und Verkehr, Landesplanungsstelle, an die Regierung von Oberbayern, Bezirksplanungsstelle, 15.7.1963. Gegen die Werbung von Ersatzindustrien sprach sich die Landesplanung noch im Juli 1965 aus: ebenda, RA 104401, Bayerisches Staatsministerium für Wirtschaft und Verkehr, Landesplanungsstelle, Vormerkung, 21.7.1965. Anders die Deutung bei Hofmann, Industriepolitik, S.150, der davon ausgeht, daß das Bayerische Wirtschaftsministerium bereits Anfang 1965 den Aufbau von Ersatzarbeitsplätzen unterstützte.
[39] Bericht der Landeszentralbank in Bayern – Hauptverwaltung der Deutschen Bundesbank – über die Entwicklung der Wirtschaft und des Geld- und Kreditwesens in Bayern im Jahre 1964, München 1965, S.9; Stenographischer Bericht über die 69. Sitzung des Bayerischen Landtags am 9.3.1965, S.2582 (Schedl).
[40] Ebenda, S.2580 (Schedl).
[41] Mit Unterstützung der CSU-Landesgruppe richtete Schedl sein Augenmerk u.a. auf einen Gesetzentwurf zur Anmeldepflicht von Raffineriekapazitäten und Ölleitungen, der einen Teil der bisher den Ländern zustehenden Energieaufsicht dem Bund zugewiesen hätte: ACSP, LG-P, Protokolle der Landesgruppensitzungen am 25.1. und 22.2.1965, S.7.
[42] Stenographische Berichte über die 147. Sitzung des Deutschen Bundestags am 13.11.1964, S.7259f. und über die 148. Sitzung am 2.12.1964, S.7307f.; vgl. auch bereits: „Die Belastung der Wirtschaft durch die Heizölsteuer", in: Bayerische Staatszeitung, 21.8.1959.

III. Prüfstein Kohlenbergbau

Eben diese Lösung verfolgte das Bayerische Wirtschaftsministerium auch für Penzberg. Die konkrete Alternative, die seit 1963 angesteuert wurde, sah vor, mehr als die Hälfte der Zechenproduktion auf solche Weise in Strom zu verwandeln.[43] Das endgültige Aus für den oberbayerischen Kohlenbergbau erfolgte ungeachtet dieser Pläne in mehreren Etappen. Entgegen einem von Bund und Land ausgearbeiteten Kreditkonzept zur Finanzierung des Kraftwerksbaus forderte die Betreibergesellschaft im Mai 1965 zusätzliche Finanzhilfen in Höhe von 30 Mio. DM, die der bayerische Staat bereitstellen sollte. In einer Sondersitzung am 13. August weigerte sich der Bayerische Landtag daraufhin mit den Stimmen der CSU, dem SPD-Antrag auf Gewährung dieser Überbrückungshilfe zuzustimmen. Staatsminister Schedl, der zuvor bereits einige Überzeugungsarbeit aufgewendet hatte, um das Kabinett, den Parteivorsitzenden Strauß und schließlich den Landtag von seiner Linie zu überzeugen, stand als treibende Kraft hinter dem Beschluß. Aufgrund wachsender Haldenbestände auch in der bayerischen Kohlenindustrie, wegen der hohen Investitionskosten für den Weiterbetrieb der Grube und mit Blick auf die große Wahrscheinlichkeit weiterer unabsehbarer Subventionen hatte Schedl sich entschlossen, die Schließung zu befürworten. Die sozialpolitischen Belange, die ihm von Abgeordneten der SPD, der FDP und auch von Partei- und Kabinettskollegen der CSU als Argument für den Erhalt der bayerischen Kohlengruben entgegengehalten wurden, interpretierte er eher als Anlaß, auf die rasche Ansiedlung von Ersatzindustrien statt auf den Beibehalt prekärer Arbeitsstätten zu setzen.[44] Im Gefolge der Landtagsentscheidung wurden so die oberbayerischen Zechen Penzberg und Hausham im März bzw. September 1966 stillgelegt; die Einstellung weiterer Grubenbetriebe folgte bis Anfang der 1970er Jahre.[45]

Trotz der Verärgerung in Kreisen der betroffenen Bergleute und der unverhohlen geäußerten Befremdung vor Ort[46], schadeten die Vorgänge dem Ansehen Schedls nicht grundlegend. In die nacharbeitende Wirtschaftspublizistik ging die „Exekution des Pechkohlenbergbaus" sogar als eine „Meisterleistung"[47] des Ministers ein. Dazu trug wesentlich bei, daß sich die Entscheidung gerade im Lichte der jahrzehntelangen Krisenerscheinungen an der Ruhr zweifellos als richtig erwies. Dabei sollte indes nicht vergessen werden, daß die klare Wendung gegen die landeseigene Kohlenförderung in Bayern durch eine Reihe von Faktoren begünstigt wurde. So gestalteten sich die Dimensionen des Problems allein aufgrund der Zahl von nur etwas mehr als 2000 betroffenen Bergleuten erheblich geringer als an der Ruhr. Die Sorge vor sozial motivierten, schlimmstenfalls kommunistisch inspirierten Unruhen, die Adenauer umtrieb, brauchte für Schedl keine Rolle zu spielen.[48] Auch kam es der Reputation seiner Stillegungsstrategie wohl zugute, daß sie sich keineswegs „diametral entgegen"[49] dem Kurs der Bundespolitik bewegte, sondern im Gegen-

---

[43] Stenographischer Bericht über die 69. Sitzung des Bayerischen Landtags am 9.3.1965, S.2580f. (Schedl).
[44] Stenographischer Bericht über die 82. Sitzung des Bayerischen Landtags am 13.8.1965, S.3065-3110, hier: S.3077-3092; Drexel, Ende der Bergbaukultur, S.142-151.
[45] Deutinger, Lebensfrage, S.72.
[46] StAM, RA 104401, Beschluß des Kreistags Weilheim, 26.7.1965.
[47] Bössenecker, Bayern, S.24.
[48] Nonn, Ruhrbergbaukrise, S.96ff.
[49] So Deutinger, Lebensfrage, S.70.

III. Prüfstein Kohlenbergbau

teil eine ihrer Tendenzen aufgriff. In der bayerischen Wirtschaft und besonders bei den einheimischen Industrieverbänden, die Schedls Politik der „billigen Energie" mittrugen, genoß der Minister in dieser Frage starken Rückhalt.[50] Demgegenüber war durchaus zu verkraften, daß Schedls Krisenpolitik und die Tätigkeit der Landesplanung in den Landtagsdebatten je nach Standpunkt der Redner kontrovers als Belege für völlig mißlungene oder auch vielversprechende raumplanerische Maßnahmen interpretiert wurden.[51] Tatsächlich hatte das Wirtschaftsressort die Ansiedlung von Ausweichbetrieben bis zur Entscheidung über die Grubenschließung nicht unterstützt und mußte deshalb im Sommer 1965 relativ kurzfristig tätig werden. Das Kalkül des Ministers ging jedoch auf, da es unter den Bedingungen der Hochkonjunktur und des herrschenden Arbeitskräftemangels in den Verdichtungsräumen relativ schnell gelang, mit Zweigbetrieben der MAN und der „Württembergischen Metallwarenfabrik" bedeutendere neue Arbeitgeber in Penzberg und Hausham anzusiedeln.[52] Daß der Preis für die regionale Restrukturierung höher war, als man seitens des Wirtschaftsministeriums öffentlich zugab, wurde in Kauf genommen. Zusammen erreichten jene Subventionen, die zur Förderung von industriellen Ansiedlungen in Penzberg und Hausham zur Verfügung gestellt wurden, eine Höhe von fast 28 Mio. DM. Umgerechnet auf die 2200 neuen gewerblichen Arbeitsplätze in beiden Orten investierte der bayerische Staat damit für jeden Arbeitnehmer etwa 10500 DM, während der seit 1954 durchschnittlich eingesetzte Förderbetrag in den Sanierungsgebieten Bayerns bis dahin lediglich bei etwa 3500 DM gelegen hatte.[53]

Vor diesem Hintergrund stellen sich die zukunftsträchtige Neuausrichtung der bayerischen Energieversorgung und die Bewältigung der resultierenden regionalpolitischen Folgen keineswegs als singuläre oder gar vom Alleingang eines Verantwortlichen vorangetriebene Vorgänge dar. Eher kann von Veränderungsprozessen gesprochen werden, in deren Verlauf dem Strukturwandel der internationalen und bundesdeutschen Energieversorgung und den damit verknüpften unternehmerischen Entscheidungen erhebliches Gewicht zufiel. Die hieraus für Bayern erwachsenden Chancen erkannt und genutzt zu haben, macht wohl das eigentliche Verdienst des bayerischen Wirtschaftsministers und seiner Energie- und Strukturpolitik aus. Legt man die recht abstrakte Einschätzung zugrunde, wonach das Eingehen auf „Anpassungsnotwendigkeiten"[54] zu den wesentlichen Möglichkeiten regionaler Entscheidungsträger gehört, das ökonomische Schicksal eines Wirtschaftsraumes zu beeinflussen, dann illustrieren die dargestellten Vorgänge zweifellos das Beispiel einer vorausschauenden und geglückten Aufnahme neuer Entwicklungen innerhalb der bayerischen Strukturpolitik der 1960er Jahre.

---

[50] Vgl. als Beispiele einschlägiger Stellungnahmen: BWA, IHK Augsburg, K 09/474, Struktur und Situation der Wirtschaft in Schwaben. Vortrag des Präsidenten der IHK Augsburg, Dr. Georg Haindl, in: Mitteilungen der IHK Augsburg, 5.3.1963; Bericht der Landeszentralbank in Bayern – Hauptverwaltung der Deutschen Bundesbank – über die Entwicklung der Wirtschaft und des Geld- und Kreditwesens in Bayern im Jahre 1964, München 1965, S.9.
[51] Stenographischer Bericht über die 82. Sitzung des Bayerischen Landtags am 13.8.1965, S.3074 (Widmann) und S.3102 (Jaumann).
[52] Stenographischer Bericht über die 87. Sitzung des Bayerischen Landtags am 14.12.1965, S.3213 (Schedl); Drexel, Ende der Bergbaukultur, S.200–255.
[53] Anpassung Bayerns an die EWG, S.44; Hofmann, Industriepolitik, S.168f.
[54] Gornig, Gesamtwirtschaftliche Leitsektoren und regionaler Strukturwandel, S.266.

IV. Ausblick: Bayern im „kooperative[n] Wettbewerb"[1] 1969–1973

Der Wahlsieg der sozialliberalen Koalition und der Bonner Regierungswechsel vom Herbst 1969 veränderten die rahmenden Gegebenheiten bayerischer Politik im Bund grundlegend.[2] Für das Feld der regionalen Struktur- und Förderpolitik trug der „Machtwechsel"[3] indes zunächst Wandel und Kontinuität gleichermaßen in sich. Gewiß, zum erstenmal seit Jahrzehnten sahen sich christsoziale Politiker ihrer direkten Einflußmöglichkeiten und Informationsquellen im Regierungsapparat der Bundeshauptstadt beraubt. Wichtiger noch als zu Zeiten der Großen Koalition wurde es nun in ihrer Sicht, bundespolitische Entwicklungen genau zu beobachten und Alternativen aufzuzeigen, um bei den anstehenden bayerischen Landtagswahlen von 1970 durch den erneuten Gewinn der absoluten Mehrheit einen möglichen „Tendenzwandel" in Bonn vorzubereiten.[4] Aus dem bayerischen Ministerrat unter Alfons Goppel erging die Anweisung an alle Landesressorts, finanzielle Zuweisungen und Fördermittel des Bundes strikt zu prüfen, um mögliche Unregelmäßigkeiten zu Lasten Bayerns rechtzeitig aufdecken zu können.[5] Die Münchner Staatsregierung und dezidierter noch die Bonner CSU-Landesgruppe suchten in den Folgejahren die Konfrontation auf zahlreichen Feldern, darunter in erster Linie die Ostpolitik der Bundesregierung und jene „Politik der inneren Reformen", die die sozialliberale Koalition mit großem Elan und erheblichem planerischen Aufwand in Angriff nahm.[6] Fragen der Innen- und Gesellschaftspolitik, der Ausbau des Sozialstaats sowie die Finanz- und Wirtschaftspolitik der Regierung Brandt[7] rückten zu Leitthemen der politischen Auseinandersetzung auf. Rasch geriet auch das Feld der Konjunktur- und Strukturpolitik ins Visier.[8]

---

[1] Anton Jaumann, Zukunft ist Leistung. Ein Beitrag für die achtziger Jahre, München 1979, S. 119.
[2] Vgl. hierzu als ausführlicher, narrativ gehaltener Gesamtüberblick immer noch: Karl Dietrich Bracher/Wolfgang Jäger/Werner Link, Republik im Wandel 1969–1974. Die Ära Brandt (Geschichte der Bundesrepublik Deutschland 5/I), Stuttgart/Mannheim 1986 sowie Wolfrum, Geglückte Demokratie, S. 290–329; Görtemaker, Geschichte, S. 496–578.
[3] Arnulf Baring, Machtwechsel. Die Ära Brandt-Scheel, Stuttgart 1982.
[4] ACSP, LG-P, Protokoll über die Sitzung der CSU-Landesgruppe am 15. Oktober 1969 (Stücklen).
[5] Münch, Freistaat im Bundesstaat, S. 26.
[6] Ruck, Kurzer Sommer der konkreten Utopie, S. 396–401; Metzler, Konzeptionen politischen Handelns, S. 350–382; Tim Schanetzky, Die große Ernüchterung. Wirtschaftspolitik, Expertise und Gesellschaft in der Bundesrepublik 1966 bis 1982, Berlin 2007; Nützenadel, Stunde der Ökonomen, S. 344–352; Dieter Blumenwitz, Die Christlich-Soziale Union und die deutsche Frage, in: Geschichte einer Volkspartei, S. 333–365; Andreas Grau, Gegen den Strom. Die Reaktion der CDU/CSU-Opposition auf die Ost- und Deutschlandpolitik der sozial-liberalen Koalition 1969–1973, Düsseldorf 2005.
[7] Willy Brandt (1913–1992), SPD-Politiker, 1957–1966 Regierender Bürgermeister von Berlin, 1966–1969 Bundesaußenminister, 1969–1974 Bundeskanzler, 1964–1987 Vorsitzender der SPD.
[8] ACSP, LG-P, Kurzprotokoll über die Sondersitzung der CSU-Landesgruppe vom Donnerstag, dem 9. Juli 1970. Vgl. auch die politischen Resümees aus den Reihen der CSU-Landesgruppe nach zwei Jahren Bonner Oppositionstätigkeit, darunter u. a.: ACSP, LG-P, Protokoll über die Klausurtagung der CSU-Landesgruppe am 17./18. Sept. 1971 in München, Anlage 1: Rede des Vorsitzenden der CSU-Landesgruppe, Bundesminister a.D. Richard Stücklen, auf der Herbsttagung am 17./18. Sept. 1971 in München.

IV. Ausblick

Wollte man das Verhältnis zwischen den CDU/CSU-regierten Bundesländern und der Bonner Koalition auf den alleinigen Leitbegriff vom politischen Wettbewerb festlegen, träfe man nur eine Ebene des äußerst vielschichtigen Beziehungsgeflechts. Im Falle Bayerns umfaßte es neben energischer politischer Konkurrenz und fortdauernder kritischer Zusammenarbeit im Rahmen des „kooperativen Föderalismus" auch durchaus parallel gerichtete Antworten, mit denen man in Bund und Ländern auf die wachsenden Leistungsanforderungen an den Staat und insbesondere an dessen Fähigkeit zur zukunftsgerichteten, planenden Vorausschau reagierte.

Von Anfang an verknüpfte die neue Bundesregierung ihre optimistisch vorgetragenen Zielperspektiven in bezug auf mehr demokratische Teilhabe der Bürger und auf Modernisierung des politischen Handelns mit Plänen zur massiven Ausweitung der staatlich gelenkten Daseinsvorsorge. Diese reichten über den Ausbau des Sozialstaates und die dort realisierte finanzielle und funktionale Expansion weit hinaus. Zusätzlich wurden neben den Feldern Bildung und Forschung insbesondere die Raumordnungs- und Strukturpolitik zu tragenden Säulen eines Reformprojekts gemacht, das im Zeichen von umfassender Erneuerung, gesellschaftlicher Solidarität und individueller Partizipation stehen sollte.[9]

Sowohl was die bevorzugt herausgegriffenen Politikfelder als auch was die planerischen Instrumente anging, konnte die sozialliberale Regierung hierbei unmittelbar an Vorarbeiten und mediale Erfolge der Großen Koalition anknüpfen. Seit ab Frühjahr 1968 ein kräftiger Aufschwung das Ende der Rezessionskrise von 1966/67 angekündigt hatte, war in der westdeutschen Öffentlichkeit das Vertrauen in die konjunkturpolitischen Maßnahmen der Bundesregierung und das Konzept der „Globalsteuerung" erheblich angewachsen. Der weiteren Durchsetzung des Planungsgedankens kam dieser Umstand zugute: Er förderte die Vorstellung, daß vorausblickendes Handeln und präventive Abwehr von Krisenlagen nicht nur als notwendige, sondern auch als lösbare Staatsaufgaben anzusehen seien. Neu war gleichwohl der Anspruch der sozialliberalen Planungsverfechter, diese Aufgabe über ein Mehr an ressortübergreifender Koordination im Regierungsapparat anzugehen; neu war zudem ihr Bestreben, hierbei nicht allein den ökonomischen und finanzpolitischen Sektor, sondern die Gesamtheit staatlicher Tätigkeit in die planende Vorausschau einzubeziehen und dabei einen gegenüber bisherigen Usancen erheblich erweiterten zeitlichen Zielhorizont aufzuspannen.[10]

Unter den Prämissen einer solcherart universal gedachten Steuerung kam denn auch ein gewandeltes Verständnis räumlich gerichteter Politik auf der Bundesebene zum Durchbruch. Raumordnung, Strukturpolitik und regionale Wirtschaftsförde-

---

[9] Vgl. hierzu die erste Regierungserklärung Willy Brandts: Stenographischer Bericht über die 5. Sitzung des Deutschen Bundestags am 28.10.1969, S. 20–34; Bracher/Jäger/Link, Republik im Wandel, S. 24–34; Winfried Süß, Der keynesianische Traum und sein langes Ende. Sozioökonomischer Wandel und Sozialpolitik in den siebziger Jahren, in: Konrad H. Jarausch (Hg.), Das Ende der Zuversicht? Die siebziger Jahre als Geschichte, Göttingen 2008, S. 120–137.
[10] Nützenadel, Stunde der Ökonomen, S. 327f.; Winfried Süß, „Wer aber denkt für das Ganze?" Aufstieg und Fall der ressortübergreifenden Planung im Bundeskanzleramt, in: Matthias Frese u. a. (Hg.), Demokratisierung und gesellschaftlicher Aufbruch. Die sechziger Jahre als Wendezeit der Bundesrepublik, Paderborn 2003, S. 349–377, hier: S. 360–364; Metzler, Konzeptionen politischen Handelns, S. 362–372; Heribert Schatz, Das politische Planungssystem des Bundes – Idee, Entwicklung, Stand, in: Hans-Christian Pfohl/Bert Rürup (Hg.), Anwendungsprobleme moderner Planungs- und Entscheidungstechniken, Königstein/Ts. 1978, S. 241–257.

rung hatten sich mittelfristig – so Brandt bereits in seiner ersten Regierungserklärung – in die Konzepte eines noch zu schaffenden „Bundesraumordnungsprogramms" einzufügen.[11] Wie sich bald zeigen sollte, wurde die hier artikulierte programmatische Vision bis in die frühen 1970er Jahre über Parteigrenzen hinweg schlechterdings unabweisbar: Die räumliche Entwicklung des Bundesgebiets stellte eines der zentralen Aufgabenfelder dar, auf denen der Leistungsträger Staat seinen Bürgern über das Ziel ökonomischer Effektivität hinaus gesteigerte „Lebensqualität" und „gleichwertige Lebenschancen" zu bieten und zu sichern hatte.[12] Für die Länder erwuchs hieraus eine Aufgabe, die keineswegs grundsätzlich neu, wohl aber unter veränderten, teils mit Sorge beobachteten Rahmenbedingungen umzusetzen war. Aus der Sicht der bayerischen Staatsregierung bestand die Gefahr, daß sich die politischen Spielräume im Verhältnis zwischen Bund und Ländern weiter zu Ungunsten der letzteren verschoben. Dieser Einschätzung lagen in erster Linie die Erfahrungen der zurückliegenden Jahre zugrunde. Ein Gegensteuern erschien nun umso dringender, als man fürchtete, daß die unter der Großen Koalition angelegten Koordinations- und Vereinheitlichungsbestrebungen im Gesamtzusammenhang der gesellschaftspolitischen Aufbruchsatmosphäre und des intensivierten Planungsdenkens seit Ende 1969 neue Durchschlagskraft erhielten.[13]

Betrachtet man die Entwicklung der Gestaltungschancen näher, über die bayerische Politiker zu Anfang der 1970er Jahre auf dem Feld der Strukturpolitik verfügten, dann bietet sich freilich ein differenziertes Bild. Die große Finanzreform von 1969, deren regional- und strukturpolitische Implikationen an anderer Stelle bereits eingehend dargelegt wurden[14], hatte das Bundesland Bayern in materieller Hinsicht keineswegs schlechter gestellt als zuvor. Insgesamt zeigt sich bei einem Vergleich der in den Länderbudgets verbuchten Einnahmen aus Steuermitteln, daß (ohne Berücksichtigung des Sonderfalls Berlin) die je Einwohner verfügbare Finanzmasse zur Mitte der 1970er Jahre gleichmäßiger über die Bundesländer verteilt war als noch 1969. Bayern konnte dabei über eine Finanzausstattung verfügen, die für den Bereich der Gesamteinnahmen pro Einwohner im Jahr 1976 näher am Bundesdurchschnitt lag als noch sieben Jahre zuvor. Allein bei der Verteilung der Gemeinschaftssteuern, vornehmlich Einkommen- und Umsatzsteuer, steigerte sich die finanzielle Ausstattung bezogen auf die Einwohnerzahl von 92,7% (1969) auf 94,7% (1976) des Bundesdurchschnitts. In absoluten Zahlen ausgedrückt, kam dies im Effekt fast einer Verdoppelung der verfügbaren Einnahmen aus Gemeinschaftssteuern von 998 DM (1969) auf 1 974 DM (1976) pro Kopf gleich.[15] Zwei

---

[11] Stenographischer Bericht über die 5. Sitzung des Deutschen Bundestags am 28.10.1969, S. 20–34, hier: S. 28 (Brandt).
[12] Zitate: Raumordnungsprogramm für die großräumige Entwicklung des Bundesgebietes (Bundesraumordnungsprogramm) (Schriftenreihe „Raumordnung" des Bundesministers für Raumordnung, Bauwesen und Städtebau 06.002), Bonn-Bad Godesberg 1975, S. II.
[13] Franz Heubl, Die gegenwärtige Lage unserer föderativen Struktur, in: Bayerische Verwaltungsblätter 12 (1968), S. 413–417; Herbert Wüst, Der Föderalismus als zeitgemäßes Ordnungsprinzip, in: Bayerische Verwaltungsblätter 12 (1970), S. 417–420; „Großes Unbehagen gegenüber dem Bonner Rahmenplan", in: Bayerische Staatszeitung, 16.7.1971.
[14] Vgl. Kapitel I.2.b) des dritten Teils dieser Arbeit.
[15] Ernst-Adolf Baumann, Die Finanzreform 1969. Ihre Auswirkungen auf den Föderalismus und die Lebensverhältnisse in den Ländern der Bundesrepublik Deutschland, München 1980, S. 194, 99–143, 144–152, bes. S. 135, Tab. 15, S. 139, Tab. 17 und S. 113, Tab. 7.

IV. Ausblick 399

weitere Beispielkomplexe bestätigen dieses günstige Entwicklungsbild: Bei der Vergabe von staatlichen Investitionen im Rahmen der beiden Konjunkturprogramme, die die Bundesregierung 1967/68 lancierte, lag Bayern, gemessen in absoluten Beträgen, hinter Nordrhein-Westfalen an zweiter Stelle. Umgerechnet auf die Einwohnerzahl, erhielt Bayern insgesamt mehr Investitionsmittel, als seinem Bevölkerungsanteil im Bund entsprochen hätte.[16] Von der im Ländervergleich bevorzugten Berücksichtigung Bayerns bei der Vergabe von Bundesmitteln zur Förderung der regionalen Wirtschaftsstruktur im Zeitraum zwischen 1951 und 1974 war an anderer Stelle bereits die Rede.[17] Im Ergebnis wurden im Rahmen der regionalen Strukturpolitik in Bayern zwischen 1960 und 1970 aus Förderprogrammen des Bundes 844 Mio. DM ausgegeben, aus bayerischen Landesmitteln hingegen 1,039 Mrd. DM. Nicht weniger als 44,8% der Gesamtsumme stammten somit vom Bund.[18] Für eine spürbare materielle Benachteiligung Bayerns bieten sich also auf den genannten Feldern bundesstaatlicher Leistungstransfers in der Phase „subventionspolitischer Prosperität"[19] seit 1966/67 keine Anhaltspunkte.

Ungeachtet dieses – Anfang der 1970er Jahre noch nicht klar absehbaren – Positivtrends war es eben die regionale Förder- und Strukturpolitik, die unter anderem auf bayerische Initiative hin zu einem öffentlichkeitswirksam umkämpften Streitfeld zwischen Bund und Land wurde. Neben den Effektivitätsverlusten aufgrund des Zuschnitts der Fördergebiete stand die Deutung der Konjunkturkrise von 1966/67 im Zentrum der Debatten und damit die Frage, ob deren Verlauf die regionale Differenzierung der „Globalsteuerung" als eines übergreifend angelegten Lenkungsinstruments erforderlich machte.

Die räumliche Bemessung der Förderregionen war spätestens zum Problem geworden, seit sich infolge der politisch motivierten Expansion von Bundesförderleistungen recht ambivalente Effekte eingestellt hatten. Das standardisierte Verteilungsverfahren, das in dem gemeinsamen Planungsausschuß von Bund und Landesregierungen praktiziert wurde, führte gewiß zu mehr Transparenz bei der Mittelvergabe. Die ursprünglich anvisierte regionale Ausgleichsfunktion des Förderinstruments ging allerdings in dem Maße verloren, in dem bis gegen Ende der 1960er Jahre deutlich mehr als die Hälfte des Bundesgebiets von Zuschüssen profitierte. Im Jahr 1970 umfaßten die Gebiete der „Regionalen Aktionsprogramme" annähernd 59% des Bundesgebiets und mehr als 33% der Bevölkerung.[20] Zugleich hatte die „Multilateralisierung" des Verfahrens zur Folge, daß eine Veränderung der einmal festgelegten Fördersätze und -regionen – in der Begrifflichkeit der Wirtschaftstheorie – nurmehr „pareto-optimal" zu erreichen war.[21] Statt im Rahmen von individuellen Bund-Länder-Verhandlungen relativ flexibel handhabbar zu sein,

---

[16] Karl Keinath, Regionale Aspekte der Konjunkturpolitik. Ein Beitrag zum Problem der regionalen Differenzierung der Globalsteuerung, Tübingen 1978, S. 113, Tab. 3; Nützenadel, Stunde der Ökonomen, S. 321-328.
[17] Siehe oben Tabelle 14.
[18] Raumordnungsbericht 1971 der Bayerischen Staatsregierung. Hg. vom Bayerischen Staatsministerium für Landesentwicklung und Umweltfragen, München 1971, S. 151.
[19] Jákli, Vom Marshallplan zum Kohlepfennig, S. 221-225 (Zitat: S. 221).
[20] Müller, Regionale Strukturpolitik in der Bundesrepublik. Kritische Bestandsaufnahme, S. 14, Tab. 2.
[21] Fritz Scharpf/Bernd Reissert/Fritz Schnabel, Politikverflechtung. Theorie und Praxis des kooperativen Föderalismus in der Bundesrepublik, Kronberg/Ts. 1976, S. 100 (Zitate).

war der Mittel- und Gebietszuschnitt seit Einführung der Gemeinschaftsaufgabe nurmehr durch seine generelle Vergrößerung zum Nutzen *aller* beteiligten Länder zu verändern.[22] Diese Entwicklung hatte sich, wie gesehen, schon im Gefolge der Neuabgrenzungsverhandlungen zwischen Bund und Ländern unter Mitwirkung Bayerns in den späten 1950er Jahren angebahnt. Möglich war sie in einer Phase der bundesdeutschen Wirtschaftsentwicklung, in der der Bund in der Lage war, seine konjunkturbedingt wachsenden finanzpolitischen Spielräume zur Erweiterung der eigenen regionalpolitischen Steuerungskompetenzen einzusetzen. Erst mit der Wirtschafts- und Haushaltskrise von 1974/75 reduzierten sich diese Gestaltungsräume wieder.[23] Es bedurfte denn auch der gravierenden Verschlechterung der Finanzlage des Bundes im Laufe der 1970er Jahre, um das Politikfeld der regionalen Wirtschaftsförderung gegen Ende der Dekade wieder in Bewegung zu bringen. Im Zusammenhang mit den Bestrebungen der sozialliberalen Bundesregierung zum Subventionsabbau wurde im Zehnten Rahmenplan der Gemeinschaftsaufgabe „Verbesserung der regionalen Wirtschaftsstruktur" von 1981 erstmals wieder eine Verkleinerung der Fördergebiete vorgenommen; zeitgleich begann man in der Fachwissenschaft, über eine „Reföderalisierung der Regionalpolitik" nachzudenken.[24]

Dieses Phänomen des „relativen Abbau[s] der Förderpräferenz"[25], also der verminderten Wirksamkeit der Mittel aufgrund der Ausweitung der Förderkulisse, bereitete der bayerischen Wirtschaftspolitik lange vorher nicht geringe Sorge. In der Staatsregierung und im Wirtschaftsministerium verfolgte man daher seit 1969/70 eine doppelte Reaktionsstrategie. Sie zielte *einerseits* ungeachtet der bayerischen Fördergebietszugewinne auf eine Begrenzung der Zahl der bundesdeutschen Förderregionen. Noch im Frühjahr 1971 lehnte Bayern deshalb die Aufnahme des nördlichen Ruhrgebietes in den Kreis der Nutznießer „Regionaler Aktionsprogramme" strikt, wenngleich vergeblich ab.[26] *Andererseits* hielt man entgegen den ursprünglichen Vorgaben des Bundes hartnäckig an der Durchführung von bayerischen Landesprogrammen fest, um eigene strukturpolitische Vorstellungen umsetzen zu können. In der Diktion des Bayerischen Wirtschaftsministeriums entsprach dies dem Unterfangen, die Bundesmaßnahmen „in die bayerischen Programme zu transplantieren"[27]. Dabei ging es keineswegs nur um den

---

[22] Bernd Reissert, Die finanzielle Beteiligung des Bundes an Aufgaben der Länder und das Postulat der „Einheitlichkeit der Lebensverhältnisse im Bundesgebiet", Berlin 1975, S. 52–63; Jäkli, Vom Marshallplan zum Kohlepfennig, S. 215 f.; Baumann, Finanzreform, S. 156–161.
[23] Wolfgang Rudzio, Das politische System der Bundesrepublik Deutschland, Opladen 1987, S. 310.
[24] Paul Klemmer, Regionalisierung der Regionalpolitik, in: Josef H. Müller (Hg.), Planung der regionalen Strukturpolitik, Berlin 1982, S. 140–153. Zu dieser Entwicklung und zur jüngeren Kritik an der regionalen Wirtschaftspolitik in der Bundesrepublik auch: Karl/Krämer-Eis, Entwicklung der regionalen Wirtschaftspolitik in Deutschland, S. 21–42, 53–58 (Zitat: S. 54).
[25] Stenographischer Bericht über die 14. Sitzung des Bayerischen Landtags am 25. 5. 1971, S. 587 (Jaumann).
[26] Ebenda. Vgl. auch AsD, LTF Bayern 40, Das Bayerische Staatsministerium für Wirtschaft und Verkehr teilt mit, 24. 8. 1971; „Jaumann auf Nordrhein-Westfalen eifersüchtig", in: Süddeutsche Zeitung, 4. 9. 1971. Siehe auch bereits: „Bayern in der Regionalförderung ,neutralisiert'. Wirtschaftsminister Dr. Schedl vor dem Landesverband der Bayerischen Industrie in Nürnberg", in: Bayerische Staatszeitung, 19. 7. 1968.
[27] Siehe hierzu die Stellungnahme des Vertreters des Bayerischen Wirtschaftsministeriums, Dr. Zirngibl, im Wirtschaftsausschuß des Landtags: ArchBayLT, Ausschuß für Wirtschaft und Verkehr, Protokoll über die 32. Sitzung am 24. 10. 1968 (Zitat: S. 6).

IV. Ausblick

Ausgleich jener bürokratischen Schwerfälligkeiten, die sich im Rahmen der Bundesförderung ungeachtet des Anspruchs auf effektivere Koordination eingestellt hatten. Wichtiger noch war es, weiterhin jenen spezifischen Gegebenheiten der Siedlungs- und Wirtschaftsstruktur des Landes gerecht zu werden, die von der stärker schematisierten Bundesförderung nur unzureichend abgedeckt wurden. Hierzu leitete das bayerische Wirtschaftsressort Fördermittel auch in solche „Zentrale Orte", deren Einzugsbereich unterhalb der vom Bundeswirtschaftsministerium favorisierten Mindestgrenze von 20 000 Einwohnern lag. In Übereinstimmung mit dem Deutschen Industrie- und Handelstag ging man außerdem davon aus, daß es sinnvoller sei, die in Bayern stärker als im Bundesdurchschnitt vertretenen Klein- und Mittelbetriebe mit langfristigen Krediten zu versorgen, als die Umstellung der Bundesförderung auf ein System der Investitionszulagen und -zuschüsse mitzuvollziehen.[28]

Die Konjunkturpolitik der Bundesregierung bot weitere Angriffsflächen. So gelang es im Herbst 1971, eine wirtschaftspolitische Debatte anzustoßen, in deren Verlauf sich neben Bayern die Länder Schleswig-Holstein und Niedersachsen für eine Änderung des Wachstums- und Stabilitätsgesetzes von 1967 stark machten. Bayerische Wirtschaftspolitiker standen bis dahin dem Gesetz und den darin niedergelegten Grundsätzen keineswegs ablehnend gegenüber. So hatte Schedl diesbezüglich im Landtag vom „wohl modernste[n] Instrumentarium zur Konjunktursteuerung in der Welt" gesprochen; in einer Neujahrsbotschaft zur Jahreswende 1969/1970 gebrauchte er die Terminologie des „magischen Vierecks" ungeschützt und zustimmend.[29] Ministerpräsident Goppel forderte seinerseits noch im Sommer 1970 ausdrücklich die Anwendung dieses Steuerungsinstruments in Zeiten des Booms.[30] Als Untermauerung des Vorstoßes, den die drei Länder schließlich im Mai 1972 im Bundesrat unternahmen, dienten indes empirische Erhebungen des Münchner Ifo-Instituts für Wirtschaftsforschung. Sie beleuchteten die Entwicklung des bayerischen Arbeitsmarktes während der Rezessionskrise von 1966/67 und hatten erbracht, daß die Quote der entlassenen Arbeitskräfte zwischen 1964 und 1968 in den schwach strukturierten Gebieten Bayerns über viermal höher anzusiedeln war als in den Ballungsregionen und den rein ländlichen Gebieten.[31] Die Schlußfolgerung lag nahe, daß strukturschwache Regionen besonders sensibel auf Konjunkturabschwünge reagierten, vom Wiederaufschwung indes später und in

---

[28] Vgl. zu den Schwächen der bundesdeutschen Regionalförderung aus bayerischer Sicht die Stellungnahme Schedls in der CSU-Landesgruppe: ACSP, LG-P, Protokoll der Landesgruppensitzung am 9.12.1969, TOP 2; zur fortbestehenden Problemlage auch: Stenographische Berichte über die 14. und 15. Sitzung des Bayerischen Landtags am 25.5. und 26.5.1971, S.587f. (Jaumann) bzw. S.691 (Huber).
[29] Stenographischer Bericht über die 36. Sitzung des Bayerischen Landtags am 13.3.1968, S.1725-1738, hier: S.1726 (Schedl); „Anzustreben ist ein gleichgewichtiges Wachstum, bei dem die Ziele Stabilität, Vollbeschäftigung und Zahlungsbilanzausgleich möglichst optimal verwirklicht werden" (Otto Schedl, Anzustreben ist ein gleichgewichtiges Wachstum, in: Bayerische Staatszeitung, Beilage, 2.1.1970).
[30] „Wirtschaftsprobleme zwischen Bayern und dem Bund. Ministerpräsident Goppel vor dem Bayerischen Juniorentag", in: Bayerische Staatszeitung, 10.7.1970.
[31] Lothar Scholz/Luitpold Uhlmann, Investitionstätigkeit und Auswirkungen technischer Umstellungen auf den Arbeitskräfteeinsatz in Bayern. Gutachten erstellt im Auftrag des Bayerischen Staatsministeriums für Arbeit und soziale Fürsorge vom ifo-Institut für Wirtschaftsforschung, München 1971, S.75-77, 114f.

geringerem Maße ergriffen wurden. Der Befund vermochte die allmählich ins Bewußtsein von Politikern und Planern tretende allgemeinere Beobachtung zu stützen, wonach der Konjunkturverlauf im Bundesgebiet generell keineswegs einheitlich verlief, sondern regional bedeutende Unterschiede aufwies.[32] In der Wahrnehmung der bayerischen Verantwortlichen wurde diese aus der jüngsten Vergangenheit geschöpfte Einsicht durch die Konjunkturabschwächung vom Sommer/Herbst 1971 aktualisiert: Ähnlich den Vorgängen nur wenige Jahre zuvor, schienen sich die Arbeitslosenzahlen schon wieder „deutlich zuungunsten" der strukturschwachen Regionen zu entwickeln.[33]

Damit aber eröffnete sich ein grundlegendes Anwendungsproblem der wirtschaftlichen „Globalsteuerung". Die zentrale Prämisse der Schiller'schen Konjunkturpolitik lag darin, innerhalb einer wachsenden Wirtschaft durch die Anpassung der gesamtwirtschaftlichen Nachfrage an das gegebene Angebot Preisstabilität zu erreichen und zugleich hohe Beschäftigung zu fördern. Hierzu stellte das Stabilitätsgesetz in erster Linie Instrumente der Finanz- und Geldmarktpolitik zur Verfügung. Daneben wurden die öffentlichen Haushalte im Sinne der keynesianischen Lehre darauf festgelegt, in ihrem Ausgabenverhalten antizyklisch zu agieren. Steuerpolitische Eingriffsmöglichkeiten des Bundes ergänzten diesen Katalog und sollten die Lenkung des privaten Nachfrageverhaltens erlauben. Fraglich blieb zunächst, wie mit den sektoralen und regionalen Differenzierungen der konjunkturellen Entwicklung in Westdeutschland umzugehen war. Vor allem im Umgang mit Krisensymptomen in strukturschwachen Regionen kristallisierten sich Zielkonflikte zwischen den verfügbaren konjunktur- und strukturpolitischen Interventionsmöglichkeiten heraus. Der „reinen" keynesianischen Lehre entsprechend waren in Aufschwungphasen Maßnahmen zur Dämpfung der Kaufkraft einzuschlagen und öffentliche Aufträge antizyklisch zu variieren; in Zeiten der Rezession hingegen sollte auf zusätzliche Ausgaben zur Nachfragebelebung zurückgegriffen werden.[34]

Demgegenüber hatten bayerische Landespolitiker die Erfahrung machen müssen, daß zu Zeiten gestörten Wachstums kaum Erfolge bei der gewerblichen Durchdringung von Krisenregionen zu erzielen waren. Umgekehrt fürchtete man hingegen, daß eine ökonomische Restriktionspolitik in Phasen des Aufschwungs die mühsam erzeugten Entwicklungsimpulse in den strukturarmen Gebieten gefährden könnte oder gar nicht erst entstehen ließe. So hatte man sich seitens der bayerischen Wirtschaftspolitik schon in unmittelbarer Reaktion auf die Rezession 1966/67 dafür entschieden, „in der Strukturverbesserungspolitik prozyklisch vorzugehen".

---

[32] Entwurf eines Gesetzes zur Änderung des Gesetzes zur Förderung der Stabilität und des Wachstums der Wirtschaft, Drucksache 331/72 vom 30.5.1972, in: Verhandlungen des Deutschen Bundesrates, Drucksachen, Band 1972/10, Bonn 1972 („Begründung"); Gesetzentwurf des Bundesrates. Entwurf eines Zweiten Gesetzes zur Änderung des Gesetzes zur Förderung der Stabilität und des Wachstums der Wirtschaft, Drucksache 7/499 vom 2.5.1973, in: Verhandlungen des Deutschen Bundestages, 7. Wahlperiode. Anlagen zu den stenographischen Berichten, Band 174, Bonn 1973.
[33] Bayerns Wirtschaft im Herbst 1971, in: Bayern in Zahlen 26 (1972), S.1-11; Gerhard A. Friedl, Jaumann für regionale Konjunkturpolitik, in: Bayerische Staatszeitung, 12.11.1971; Anton Jaumann, Gefahren für die regionale Strukturpolitik, ebenda, 17.12.1971 (Zitat).
[34] Keinath, Regionale Aspekte, S.86-120; Nützenadel, Stunde der Ökonomen, S.308-316.

IV. Ausblick

Konkret setzte man auf den steten Einsatz von Fördermitteln und auf Investitionen insbesondere im Infrastrukturbereich, für den man sich öffentlich auf eine Steigerung der staatlichen Ausgaben um mindestens ein Prozent jährlich festlegte.[35] Der Ländervorschlag vom Mai 1972, der ein Jahr später im wesentlichen unverändert dem Bundestag vorgelegt wurde, zielte vornehmlich darauf, über eine Novellierung des Stabilitätsgesetzes sicherzustellen, daß die Mittel der Gemeinschaftsaufgabe „Verbesserung der regionalen Wirtschaftsstruktur" in Phasen der Hochkonjunktur von möglichen Kürzungen ausgenommen blieben. Umgekehrt sollten die fraglichen Fördergebiete in Zeiten der Rezession „bevorzugt berücksichtigt" werden.[36] Obwohl es sich bei diesem Entwurf bereits um einen Kompromiß handelte, der dem Bund weiter einige Spielräume für eine antizyklische Konjunkturpolitik ließ, konnte sich der Ländervorschlag nicht durchsetzen. Im Bundeswirtschafts- und Finanzministerium, die Karl Schiller seit Mai 1971 in Personalunion leitete, fürchtete man, bei einer Gesetzesänderung weitere Forderungen nach Regionalisierung der Kreditpolitik oder Sektoralisierung der Konjunkturpolitik zu provozieren und so das Prinzip der Globalsteuerung sukzessive unterminiert zu sehen. Das Jahresgutachten des Sachverständigenrats bestätigte diese Einschätzung und sprach sich gegen eine „fragwürdige Differenzierung der Globalsteuerung" ebenso aus wie gegen eine Revision des Stabilitätsgesetzes.[37]

Wenngleich also keine gesetzliche Neuregelung zustandekam, wäre es doch verfehlt, für die Folgejahre von der völligen Mißachtung regionaler Belange durch die Bundeswirtschaftspolitik auszugehen. Abgesehen vom ersten Konjunkturprogramm des Jahres 1967 wurden bei allen konjunkturpolitischen Maßnahmen der Bundesregierung zwischen 1967 und 1975 regionale Gegebenheiten auf der Ebene der konjunkturellen Entwicklung oder der Wirtschaftsstruktur in variierendem Maße berücksichtigt. Dies gilt insbesondere für das „Zweite Konjunkturprogramm" von 1967/68, das „Sonderprogramm zur regionalen und lokalen Abstützung der Beschäftigung" vom September 1974 oder das „Bundesprogramm zur Stärkung von Bau- und anderen Investitionen" vom August 1975. Die Effekte dieser konjunkturpolitischen Praxis im Hinblick auf Investitionen des Bundes waren für Bayern zeitweise so spürbar, daß die heimische Landesauftragsstelle schon für 1967 vom „Jahr der öffentlichen Aufträge" sprach.[38]

Ebenso richtig ist freilich, daß das „Zweite Stabilitätsprogramm" der Bundesregierung vom Mai 1973 ganz im Sinne einer restriktiven Nachfragepolitik Aus-

---

[35] Stenographischer Bericht über die 36. Sitzung des Bayerischen Landtags am 13.3.1968, S.1725–1738, bes. S.1727 (Schedl); Franz Sackmann, Bayerische Strukturpolitik für bessere Zukunft, in: Bayerische Staatszeitung, Beilage, 3.1.1969 (Zitat); ders., Öffentliche Strukturmaßnahmen – ihre Bedeutung für die Gesamtwirtschaft und für die Verbesserung des Lebensstandards, in: Bayerische Staatszeitung, 4.7.1969.
[36] Entwurf eines Gesetzes zur Änderung des Gesetzes zur Förderung der Stabilität und des Wachstums der Wirtschaft („Begründung", S.3) (Zitat); Keinath, Regionale Aspekte, S.214–217.
[37] „Globalsteuerung käme ‚auf den Hund' der Detailplanung. Länder wollen Stabilitätsgesetz ändern", in: Handelsblatt, 5.6.1972; Gleicher Rang für den Geldwert. Sachverständigenrat zur Begutachtung der gesamtwirtschaftlichen Entwicklung, Jahresgutachten 1972/73, Stuttgart/Mainz 1972, S.96f., Ziff. 277 (Zitat: S.97).
[38] BWA, S 014/74, Landesauftragsstelle Bayern e.V. Beratungsstelle für das öffentliche Auftragswesen. Bericht des Vorstandes über das Geschäftsjahr 1967 (1.Januar bis 31.Dezember), München 1968, S.17.

gabenkürzungen vornahm, die die Gemeinschaftsaufgaben betrafen und damit teils zu Lasten strukturschwacher Räume gingen. Im Bereich der Förderung der regionalen Wirtschaftsstruktur hatte Bayern ab 1971 – moderate – Kürzungen der Bundeshilfen hinzunehmen, nachdem 1970 ein Höhepunkt der Zuweisungen erreicht worden war.[39] Auch darüber hinaus schlug die antizyklisch orientierte Wirtschaftspolitik des Bundes wiederholt auf das strukturpolitische Feld durch: So wurde im Februar 1973 die Investitionszulage zugunsten von Industrieansiedlungen in Fördergebieten von 10 auf 7,5% reduziert und erst im Herbst 1975 wieder auf 10% erhöht; – eine Kürzungsmaßnahme, die selbst seitens der Fachwissenschaft Kritik hervorrief. Insgesamt jedoch bleibt festzuhalten, daß für den genannten Zeitraum von einer gewissen, pragmatisch orientierten Modifizierung der Globalsteuerung durch den Bund mit Blick auf regionale Bedürfnisse gesprochen werden kann.[40] Was die konjunkturpolitische Praxis angeht, fand sich die Forderung der drei Länder damit allerdings nur in Ansätzen umgesetzt; insbesondere stellte sich keine „prozyklische" Ausrichtung der regionalen Strukturpolitik im Sinne der bayerischen Forderung ein.

Im Laufe der 1970er und der 1980er Jahre hat eine Reihe von Bundesländern weiterhin versucht, das zunehmend als „Korsett" empfundene Institut der Gemeinschaftsaufgaben durch eigene regionale Förderkonzepte zu ergänzen.[41] In Bayern überdauerte diese Strategie ein personelles Revirement in den Reihen der Staatsregierung, in dessen Verlauf Wirtschaftsminister Schedl im Dezember 1970 nach 12jähriger Amtszeit in das Finanzressort gewechselt hatte.[42] Nach der Landtagswahl vom 22. November, die von der CSU mit absoluter Mehrheit für sich entschieden worden war, hatte Ministerpräsident Goppel gegen den Willen Schedls die Einrichtung eines neuen Ministeriums für „Landesentwicklung und Umweltfragen" angekündigt. Unter der Leitung des CSU-Generalsekretärs Max Streibl[43] übernahm das Haus zusammen mit den Mitarbeitern der Landesplanungsabteilung unter anderem auch die Funktion einer Obersten Landesplanungsbehörde.[44] Im Wirtschaftsministerium verstetigte sich indes unter der Ägide des neuen Ressortchefs Anton Jaumann[45] die Argumentationslinie der bayerischen Politik in Strukturfragen zu einem Konzept, das die bekannten Problemfelder aufgriff und in

---

[39] Vgl. oben Tabelle 14.
[40] Keinath, Regionale Aspekte, S. 211, 223–245.
[41] Bayerische Landesanstalt für Aufbaufinanzierung. Geschäftsbericht 1973, München 1974, S. 15f. Siehe auch die Beiträge in: Ulrich Jürgens/Wolfgang Krumbein (Hg.), Industriepolitische Strategien. Bundesländer im Vergleich, Berlin 1991; Hoppe/Voelzkow, Raumordnungs- und Regionalpolitik, S. 287 (Zitat).
[42] Ferdinand Kramer, Wirtschaftsminister Anton Jaumann. Eine politisch-biographische Skizze, in: Wirtschaftsminister Anton Jaumann (1927–1994). Eine Ausstellung aus dem neuerworbenen Nachlaß anläßlich seines 70. Geburtstags (Bayerisches Hauptstaatsarchiv, Kleine Ausstellungen 9), München 1997, S. 9–30; Gelberg, Vom Kriegsende, S. 893–895.
[43] Max Streibl (1932–1998), Jurist, CSU-Politiker, 1961–1967 Landesvorsitzender der Jungen Union, 1962–1994 MdL, 1967–1971 Generalsekretär der CSU, 1970–1977 Staatsminister für Landesentwicklung und Umweltfragen, 1977–1988 Finanzminister, 1988–1993 Bayerischer Ministerpräsident.
[44] Gelberg, Vom Kriegsende, S. 893 f.; Ludwig Heigl, Ab der Stunde Null, in: 10 Jahre Bayerisches Staatsministerium für Landesentwicklung und Umweltfragen, München 1980, S. 23–26.
[45] Anton Jaumann (1927–1994), Jurist, CSU-Politiker, 1958–1990 MdL, 1963–1967 Generalsekretär der CSU, 1966–1970 Staatssekretär im Bayerischen Staatsministerium der Finanzen, 1970–1988 Bayerischer Staatsminister für Wirtschaft und Verkehr.

IV. Ausblick 405

neuer Systematik zu analysieren beanspruchte. Die gleichermaßen sachlich wie parteipolitisch motivierte Auseinandersetzung mit dem Bund – und mit der bayerischen SPD, die Landesentwicklung weiter als umfassende „Gesellschaftspolitik" verstand[46] – wirkte in diesem Sinne katalytisch, gab aber nicht den einzigen Anstoß. Wirksam wurde darüber hinaus ein verändertes, im wesentlichen durch die Wahrnehmung der Rezessionskrise von 1966/67 induziertes Planungsverständnis in den Reihen der maßgeblichen Gestalter bayerischer Wirtschaftspolitik. Mit einigem publizistischen Aufwand rückte Jaumann die „Grundsätze regionaler Strukturpolitik in Bayern" verstärkt in den Blick der Öffentlichkeit.[47] Wie unter seinem Vorgänger standen weiter die übergreifenden Ziele der bayerischen Landesentwicklung im Vordergrund: die möglichst ausgewogene Verteilung von ökonomischen Potentialen und Einkommenslagen innerhalb des Landes ebenso wie der Abbau von Standortnachteilen Bayerns im wachsenden europäischen Wirtschaftsraum. Nach wie vor wurde strukturpolitischem Handeln die Aufgabe zugewiesen, in allen Landesteilen eine tragfähige ökonomische Basis herzustellen und die Rahmenbedingungen für Verbesserungen in den Produktionsstrukturen zu schaffen, so daß auch auf lange Sicht Wachstum und mehr Beschäftigung erwartet werden konnten. Akzentsetzungen nahm Jaumann allerdings mit Blick auf die Gestaltung des Verhältnisses von Stadt und Land vor. Über die ökonomische Kernaufgabe hinaus, die „noch nicht voll genutzten Produktivkräfte der schwach strukturierten Räume zum größeren Nutzen der Gesamtgesellschaft" einzubinden, sollte es verstärkt darum gehen, „den Menschen in Stadt und Land das Leben so lebenswert wie möglich zu machen".[48]

Regionale Förderpolitik wurde damit ostentativ aus einer vorwiegend am gesamtökonomischen Erfolg orientierten Kosten-Nutzen-Argumentation herausgelöst und mit einem aktuellen, sozialpolitisch akzentuierten Aspekt verknüpft: der Förderung von flächendeckend möglichst gleichwertigen Lebensbedingungen im Land. Inhaltlich neu war dieser Ansatz nicht. Wie bereits ausführlich dargestellt, hatte sich die Landesplanung mit Beginn ihrer Arbeiten nach 1945 um den Ausgleich innerbayerischer Disparitäten oder die aktive Sanierung von Notstandsgebieten bemüht. Strukturpolitisches Eingreifen zugunsten ländlicher Räume zählte seit den 1950er Jahren ohnehin zu den Kernfeldern bayerischer Politik. Unter dem Eindruck der projektierten Mittelvergabe aus Fonds der EWG-Agrarförderung hatte man sich dann an der Spitze der Staatsregierung bereits gegen Mitte der 1960er Jahre – nicht ohne Widerstreben – dazu entschlossen, planerische Bestands-

[46] Vgl. etwa Hans-Jochen Vogel, Bayerns Chance – Landesentwicklung als aktive Gesellschaftspolitik, in: Entwicklungsland Bayern. Strukturpolitik und Landesplanung (Tutzinger Studien), München 1973, S. 32–42.
[47] Vgl. u.a.: Grundsätze regionaler Strukturpolitik in Bayern. Praktische Erfahrungen bei ihrer Anwendung und Auseinandersetzung mit den Vorstellungen der Bundesregierung. Hg. vom Bayerischen Staatsministerium für Wirtschaft und Verkehr, München 1973; Wachstumsland Bayern, Chance für alle. Haushaltsrede des Bayerischen Staatsministers für Wirtschaft und Verkehr, Anton Jaumann, vor dem Bayerischen Landtag am 21. März 1973, München 1973; Anton Jaumann, Bayerns Strukturpolitik, in: Bayerns Industrie. Leistungen und Zukunftspläne. Beilage der Bayerischen Staatszeitung, 6.7.1973; ders., Strukturelle Entwicklung der bayerischen Wirtschaft 1960 bis 1971, München 1973.
[48] Zitate: Grundsätze regionaler Strukturpolitik, S. 8 und 5; Stenographischer Bericht über die 59. Sitzung des Bayerischen Landtags am 21.3.1973, S. 3087 (Jaumann).

aufnahmen in Form von Raumordnungsplänen zu forcieren, die zunächst auf wenige abgegrenzte, ländliche Teilräume Bayerns konzentriert blieben.[49] Auch gehörte es spätestens seit den Debatten um ein Bundesraumordnungsgesetz zum Repertoire bayerischer Strukturdiskurse, sich dezidiert gegen eine Politik der „passiven" Sanierung ländlicher Gebiete zu wenden. Noch im November 1968 hatte Ministerpräsident Goppel öffentlich erneut vor der „kalt und rechnerisch" argumentierenden, konzeptionellen Aufwertung der Ballungsregionen ebenso gewarnt wie vor der bevorzugten strukturpolitischen Förderung von Verdichtungsräumen zugunsten eines „höchsten Grenznutzen[s]" der eingesetzten Finanzmittel.[50]

Konturierter als zuvor trat jedoch in den frühen 1970er Jahren in der öffentlichen Selbstdarstellung der bayerischen Strukturpolitik das Bestreben hervor, die anstehenden Probleme in den Kategorien von wirtschaftsräumlichen Beziehungen und „sozioökonomischen Verflechtungen" zu erfassen.[51] Der gewandelte Sprachgebrauch reflektierte den Anspruch, auf das „Ganze" hin zu denken und war gewiß von den entsprechenden Leitbegriffen der Bonner Planungskultur beeinflußt. Er hatte zugleich sein Gegenstück in den intensivierten Anstrengungen der bayerischen Landesplanung. Diese verfolgte seit den späten 1960er Jahren auf Veranlassung der Politik hin ein ganzheitliches Konzept, das im folgenden noch darzustellen sein wird. Festzuhalten ist bereits an dieser Stelle, daß nunmehr keineswegs zufällig auf der aktuellen Agenda bayerischer Strukturpolitik u. a. die Pendlerproblematik an zentraler Stelle figurierte. Obwohl aus Sicht der Fachleute kein neues Phänomen, traf sich hier die erhöhte Sensibilität der Verantwortlichen für die Vernetzungen der planungsrelevanten Lebensabläufe im Raum mit dem politischen Anliegen, den individuellen Bedürfnissen der Menschen demonstrativ entgegenzukommen.[52]

In den Publikationen und Äußerungen aus dem bayerischen Wirtschaftsministerium wurde die stark technisch gehaltene Konfrontation mit der sozialliberalen Bundesregierung in Sachen „Gemeinschaftsaufgaben" und „Regionalisierung der Konjunkturpolitik" um die Ebene des politisch motivierten Wettbewerbs ergänzt. Ebensosehr wie das Problem der angemessenen Förderstrategien und die Ausgestaltung des bundesdeutschen Föderalismus rückte in der öffentlichkeitsbezogenen Aufbereitung die Frage ins Zentrum, welches struktur- und wirtschaftspolitische Paradigma auf Dauer die größere Leistungs- und Anziehungskraft aufweisen würde. An der Wende zu den 1970er Jahren konnten bayerische Wirtschaftspolitiker hierbei auf eine ganze Reihe von „harten" ökonomischen und demographischen Fakten verweisen, die imstande waren, die These eines spezifisch regionalen Erfolgsmodells zu untermauern: Seit 1957 zeigte Bayern als einziges Bundesland

---

[49] BayHStA, StK 11567, Protokoll des Ministerrats vom 18.2.1964; MWI 21954, Bayerische Staatskanzlei an alle Ministerien, 17.3.1964; vgl. zur Genese der Raumordnungspläne „Mittlerer Bayerwald" und „Östlicher Oberpfälzer Wald" eingehend: Balcar, Politik auf dem Land, S. 404–419 sowie Kap. I.1.b) des dritten Teils dieser Arbeit.
[50] Stenographischer Bericht über die 53. Sitzung des Bayerischen Landtags am 7.11.1968, S. 2415 (Goppel).
[51] Raumordnungsbericht 1971 der Bayerischen Staatsregierung. Hg. vom Bayerischen Staatsministerium für Landesentwicklung und Umweltfragen, München 1971, S. 9.
[52] Vgl. die Ausführungen in: Grundsätze regionaler Strukturpolitik, S. 9–12.

IV. Ausblick

fast durchwegs über dem Bundesdurchschnitt liegende Zuwachsraten des Bruttoinlandsprodukts; lediglich die Jahre 1967 und 1973 entsprachen nicht diesem Trend.[53] Für die Zeit ab 1960 konnte man sogar kontinuierlich auf die höchsten Wachstumsraten aller Bundesländer zurückblicken.[54] Die vermehrte Attraktivität des Wirtschaftsraums wurde zudem in Wanderungsgewinnen sichtbar, die allein im Jahr 1972 eine Größenordnung von 110 000 Personen erreichten. Über die Rezessionskrise von 1966/67 hinweg manifestierte sich also eine überdurchschnittliche Steigerung der ökonomischen Leistungskraft Bayerns, die seit Ende der 1950er Jahre ökonometrisch faßbar geworden war und als Teil einer jahrzehntelang wirksamen Nord-Süd-Verschiebung demographisch-wirtschaftlicher Potentiale in Deutschland interpretiert werden kann.[55]

Das Ursachenspektrum für diese überproportionale Expansion hatte gegenüber der Situation zu Beginn der 1960er Jahre eine Erweiterung erfahren: Wie die Experten der bayerischen Landeszentralbank einleuchtend darlegten, war nun nicht mehr nur das Potential an verfügbarer Arbeitskraft im Bundesland als Hauptfaktor für die Zuwächse verantwortlich, sondern der in der Zwischenzeit erfolgte Wandel der bayerischen Wirtschaftsstruktur selbst. Die Ausweitung des Wirtschaftsbereiches „Warenproduzierendes Gewerbe" als „Hauptstütze des gesamtwirtschaftlichen Wachstums", die vorteilhafte Branchenstruktur und die „gesunde Mischung" von größeren und mittelständischen Unternehmen wurden neben den staatlichen Infrastrukturmaßnahmen als wichtigste Faktoren des Wandels ausgemacht.[56] Zur Publizität dieser Wachstumsentwicklung trug bei, daß sich die nationalökonomische Forschung im Laufe der 1970er Jahre zunehmend Aufschluß über das Phänomen regional „gespaltener Konjunkturen bei stagnierendem gesamtwirtschaftlichem Wachstum" in Westdeutschland verschaffte. Unter anderem die Expansion der bayerischen Wirtschaft fand so ihre wissenschaftliche Bekräftigung.[57]

---

[53] Im Jahr 1967 lag die Steigerungsrate im Bund bei 0,9, in Bayern hingegen nur bei 0,6%; im Jahr 1973 wiesen Bund und Bayern mit 4,9% gleiche Zuwachsraten auf. Für 1975 fiel der Einbruch in Bayern mit einem Rückgang von 1,7% geringer aus als im Bundesdurchschnitt, der bei -2,1% anzusiedeln ist. Vgl. hierzu: Bevölkerungsstruktur und Wirtschaftskraft der Bundesländer 1969, S. 216, Tab. XVIII.2; Bevölkerungsstruktur und Wirtschaftskraft der Bundesländer 1979, S. 200, Tab. 17.1.2.

[54] Franz Mörtlbauer, Das Bruttoinlandsprodukt in Bayern und im Bundesgebiet 1960 bis 1976. Erste Ergebnisse der Revision der Entstehungsrechnung 1977, in: Bayern in Zahlen 31 (1977), S. 399.

[55] Vgl. etwa die Stenographischen Berichte über die 15. Sitzung des Bayerischen Landtags am 26.5.1971, S. 684–686 (Röhrl) und die 59. Sitzung des Bayerischen Landtags am 21.3.1973, S. 3087 (Jaumann); Mörtlbauer, Bruttoinlandsprodukt in Bayern und im Bundesgebiet, S. 394–402; hierzu auch bereits ausführlich Kapitel IV.1. des zweiten Teils dieser Arbeit.

[56] Landeszentralbank in Bayern. Hauptverwaltung der Deutschen Bundesbank. Bericht über die Entwicklung der Wirtschaft und des Geld- und Kreditwesens in Bayern im Jahre 1970, München 1971, S. 9f. (Zitate 1 und 2: S. 9); Landeszentralbank in Bayern. Hauptverwaltung der Deutschen Bundesbank. Jahresbericht 1976, München 1977, S. 10f. (Zitat 3: S. 10). Zur überdurchschnittlichen Bedeutung des „Warenproduzierenden Gewerbes" für den Anstieg der Bruttowertschöpfung in Bayern auch: Franz Mörtlbauer, Das Bruttoinlandsprodukt und die Bruttowertschöpfung der Wirtschaftsbereiche in Bayern und im Bundesgebiet 1960 bis 1976. Ergebnisse der Revision der Entstehungsrechnung 1977, in: Bayern in Zahlen 32 (1978), S. 41-48.

[57] Wolfgang Stöckmann, Regionale Konjunkturprobleme. Das Beispiel der norddeutschen Küstenländer, Göttingen 1970; Heinz Hoffmann, Bedeutung und Erklärung regionaler Konjunkturphänomene, Bochum 1975; Gerhard Zabel, Möglichkeiten selektiver Konjunkturpolitik. Dargestellt am Beispiel einer Regionalisierung der Instrumente, Köln 1975; Armin Gebhardt/Otfried Hatzold, Konjunkturschwankungen in Bayern. Analyse für den Zeitraum 1960-1971

Gegen Ende der 1960er Jahre nahmen bayerische Politiker diese ökonomischen Fakten auf und präsentierten sie unter dem Leitbegriff vom „Wachstumsland" Bayern.[58] In der Selbstdarstellung der Wirtschaftspolitik fügte sich so eine argumentative Trias zusammen: Der spezifisch bayerische Weg einer an regionalen Problemlagen orientierten Strukturpolitik hatte erfolgreich zur Verstetigung der regionalen Wachstumsentwicklung beigetragen, welche wiederum die unverzichtbare Voraussetzung dafür bot, daß die Wachstumsregion Bayern gesteigerte Lebensqualität bieten und – in Abwandlung des Erhard'schen Slogans vom „Wohlstand für alle" durch Jaumann – „Chance für alle" sein konnte.[59] Es ist bemerkenswert, daß diese durchaus faktengestützte, optimistische Sehweise eben zu einem Zeitpunkt formuliert wurde, da kritisch gestimmte Experten damit begannen, die Öffentlichkeit auf „Grenzen des Wachstums" vorzubereiten.[60] Wenn im Verlauf der 1970er Jahre das bis dahin in Westdeutschland dominierende Bild vom vorwiegend agrarisch geprägten, rückständigen Bayern der Wahrnehmung einer modernen, aufstrebenden Industrieregion Platz machte[61], dann hatte dieser Perzeptionswandel seine Ursache auch und gerade in den weiterhin überdurchschnittlichen Zuwachsraten des bayerischen Sozialprodukts selbst in den Jahren unsteter Wachstumsentwicklung im Bund seit 1973/74. Deutlich sichtbar wurde damit auch die Tatsache, daß die Wachstumszentren in Westdeutschland in einem Prozeß der Verlagerung begriffen waren: Allein für die Zeitspanne zwischen 1970 und 1982 konnte Bayern eine Steigerungsrate seiner volkswirtschaftlichen Ge-

---

unter regionalen und sektoralen Aspekten, Berlin/München 1976; Karl-Friedrich Kühner, Der Zusammenhang zwischen regionalen Konjunkturunterschieden und der räumlichen Struktur, Diss. Regensburg 1977; Karl Keinath, Regionale Konjunkturschwankungen. Eine empirische Analyse der Bundesrepublik Deutschland 1950–1974, Tübingen 1978; Elisabeth Lauschmann, Regionalisierung der Konjunkturpolitik?, in: Raumforschung und Raumordnung 36 (1978), S. 265–274.

[58] Das Zitat findet sich in der Regierungserklärung Alfons Goppels: Stenographischer Bericht über die 58. Sitzung des Bayerischen Landtags am 20.3.1973, S.3034 (Goppel); daneben auch: Wachstumsland Bayern, Chance für alle. Haushaltsrede des Bayerischen Staatsministers für Wirtschaft und Verkehr; vgl. zuvor bereits die erste Etatrede Anton Jaumanns: Stenographischer Bericht über die 14. Sitzung des Bayerischen Landtags am 25.5.1971, S.579; im gleichen Sinne: Franz Sackmann, Bayerische Strukturpolitik für bessere Zukunft, in: Bayerische Staatszeitung, Beilage, 3.1.1969; Anton Jaumann, Bayerns Industriepolitik, in: Bayerns Industrie. Leistungen und Zukunftspläne. Beilage der Bayerischen Staatszeitung, 6.7.1973; siehe zudem Heft 11 der Zeitschrift „Bayerland", das unter dem Motto „Bayerns Wirtschaft an der Spitze des Wachstums" stand (Das Bayerland 71 (1969)); dazu Stephan Deutinger, Vom Agrarland zum High-Tech-Staat. Zur Geschichte des Forschungsstandorts Bayern 1945–1980, München/Wien 2001, S.17–37, bes. S.32. Zur Geschichte des Wachstumsparadigmas in Deutschland: Harald Hagemann, Wachstums- und Entwicklungstheorien: Vom Beginn der 1960er Jahre bis Ende der 1980er Jahre, in: Karl Acham/Knut Wolfgang Nörr/Bertram Schefold (Hg.), Der Gestaltungsanspruch der Wissenschaft. Aufbruch und Ernüchterung in den Rechts-, Sozial- und Wirtschaftswissenschaften auf dem Weg von den 1960er zu den 1980er Jahren, Stuttgart 2006, S.187–212.

[59] Jaumann, Strukturelle Entwicklung, S.14f. (Abschnitt „Strukturpolitik als Wachstumspolitik"); Wachstumsland Bayern, Chance für alle. Haushaltsrede des Bayerischen Staatsministers für Wirtschaft und Verkehr.

[60] Dennis Meadows, Die Grenzen des Wachstums. Bericht des Club of Rome zur Lage der Menschheit, Stuttgart 1972.

[61] Vgl. die Interpretation Jaumanns: Stenographischer Bericht über die 14. Sitzung des Bayerischen Landtags am 25.5.1971, S.582; Erker, Keine Sehnsucht nach der Ruhr, S.480; Deutinger, Vom Agrarland, S.17–37.

IV. Ausblick 409

samtleistung verbuchen, die um 25 Prozentpunkte höher lag als in Nordrhein-Westfalen.[62]

Ausschlaggebend für die praktische Gestaltung bayerischer Strukturpolitik im Übergang zu den 1970er Jahren wurde es indessen, daß sich die Verantwortlichen über die Ambivalenz des bis dahin Erreichten und die Grenzen des Möglichen zunehmend klar wurden. Zwar konnte man mit Genugtuung darauf verweisen, daß nach Feststellungen des Bonner Instituts für Raumordnung im Untersuchungszeitraum 1955 bis 1969 „in Bayern das Schwergewicht der Industrieansiedlungen außerhalb der Verdichtungsräume" lag.[63] Kein Zweifel bestand aber daran, daß die nach wie vor gegebenen gravierenden Unterschiede der Wirtschaftsstruktur des Landes vor allem in den östlichen und nordöstlichen Landesteilen erhebliche sozialökonomische Wirkung in Form von hoher Arbeitslosigkeit und starker Abwanderung entfalteten. Noch in den Jahren der erreichten Vollbeschäftigung entfiel seit Mitte der 1960er Jahre stets etwa ein Viertel aller bayerischen Arbeitslosen allein auf die Gebiete des Bayerischen Waldes; im Jahr 1970 lag dieser Anteil bei 26,7%. Entsprechend hoch waren die Wanderungsverluste, welche sich im Zeitraum zwischen 1960 und 1969 für Niederbayern und das von industriestrukturellen Anpassungsproblemen geplagte Oberfranken auf 32000 bzw. 23000 Menschen beliefen.[64]

Gegenläufig dazu hatte sich das demographisch-ökonomische Gewicht Oberbayerns und insbesondere der Region um München im gleichen Zeitraum erheblich erhöht. Als Indikator kann einmal mehr die Bevölkerungsentwicklung fungieren: In Fortsetzung eines Trends der 1950er Jahre kamen zwischen 1960 und 1969 150000 Personen mehr aus dem Bundesgebiet nach Oberbayern als von dort abwanderten; die Nettozuwanderung aus dem Ausland belief sich auf etwa 230000 Menschen. Allein in den Aufschwungjahren 1969 und 1970 entschieden sich nicht weniger als 87 bzw. 80% aller westdeutschen Zuwanderer, die nach Oberbayern kamen, dafür, ihren Wohnsitz in den Münchner Raum zu verlegen. Es war gewiß nicht nur der „Glanz der Olympia-Stadt", der diese bereits längerfristig wirksame Konzentrationsbewegung förderte. Geprägt von einem hohen Anteil des tertiären Sektors, hatte die Landeshauptstadt seit Beginn der 1960er Jahre einen starken Zuwachs an industriellen Arbeitsplätzen zu verbuchen, der in der Gesamtregion deutlich über dem bayerischen Landesdurchschnitt lag. Neben den Agglomerationsvorteilen, die die gewerblich-tertiär strukturierte Region im Hinblick auf die Nähe zu Verwaltungen, Verbänden, Politik und Forschungseinrichtungen bot, fand hierin die zunehmende Wirkmächtigkeit „weicher" Standortfaktoren wie Freizeitwert und Kulturangebot ihren Niederschlag. Hohe Zuwachsraten wiesen in dieser Zeit insbesondere der Fahrzeugbau und die elektrotechnische Industrie

---

[62] Kurt Geppert u. a., Die wirtschaftliche Entwicklung der Bundesländer in den siebziger und achtziger Jahren. Eine vergleichende Analyse (Deutsches Institut für Wirtschaftsforschung, Beiträge zur Strukturforschung 94), Berlin 1987, S. 40–42, Tab. 2.2.1 und 2.2.2.
[63] Raumordnungsbericht 1972 der Bundesregierung. Hg. vom Presse- und Informationsamt der Bundesregierung, Bonn 1973, S. 53; Stenographischer Bericht über die 59. Sitzung des Bayerischen Landtags am 21.3.1973, S. 3087 f. (Jaumann).
[64] Bayerns Wirtschaft gestern und heute. Ein Rückblick auf die wirtschaftliche Entwicklung. Ausgabe 1971. Hg. vom Bayerischen Statistischen Landesamt, München 1971, S. 22; Raumordnungsbericht 1971 der Bayerischen Staatsregierung, S. 30 f.

auf, woran die Expansion ansässiger Großfirmen wie Siemens oder BMW erheblichen Anteil hatte.[65]

Bis Anfang der 1970er Jahre hatten aber unter anderem auch Initiativen der bayerischen Wirtschaftspolitik dazu beigetragen, den zunehmend mit Sorge betrachteten Verdichtungsprozeß zu intensivieren. So waren etwa bayerische staatliche Stellen während der 1960er Jahre in Fortsetzung eines bereits länger währenden Engagements des Landes zugunsten des Erhalts der Messerschmitt-Flugzeugwerke intensiv in die Verhandlungen über den Zusammenschluß der süddeutschen Luftfahrtindustrie eingebunden gewesen. Als Ergebnis eines hürdenreichen Prozesses, der seinen Ursprung im Interesse des Bundes am Wiederaufbau einer deutschen Flugzeugproduktion hatte, kam so bis Juni 1968 die Fusion der „Messerschmitt AG" und der „Bölkow GmbH" zur „Messerschmitt-Bölkow GmbH" zustande. Im Jahr darauf folgte wiederum unter Beteiligung des Bundes, des bayerischen Kabinetts, des Finanz- und Wirtschaftsministeriums sowie der Landesanstalt für Aufbaufinanzierung die Erweiterung zur „Messerschmitt-Bölkow-Blohm GmbH" mit Sitz in Ottobrunn. Im Gefolge von industriepolitischen Initiativen der bayerischen Politik, doch auch als Ergebnis von lang angelegten, standortbezogenen Pfadabhängigkeiten und exogenen Impulsen seitens der Bundespolitik verdichtete sich um München der Bestand an Unternehmen aus forschungs- und entwicklungsintensiven Branchen, darunter vor allem der Luftfahrt-, Fahrzeug- und Elektroindustrie.[66]

In der bayerischen Politik und in der heimischen Landesplanung war man auf die Gefahren des Ballungsprozesses in der Region München schon seit einiger Zeit aufmerksam geworden. Als Katalysator für eine vertiefte Beschäftigung wirkte wiederum die Rezession von 1966/67. Ihre Wirkungen legten den Verdacht nahe, daß die relative Resistenz des Münchner Verdichtungsraums gegenüber dem Konjunktureinbruch den Abstand zu den Problemgebieten weiter vergrößern und insgesamt das Ziel der dezentralen Landesentwicklung kompromittieren würde. Während das bayerische Finanzministerium daher gegen Ende der 1960er Jahre

[65] Ebenda; Stenographischer Bericht über die 14. Sitzung des Bayerischen Landtags am 25.5.1971, S.584 (Jaumann) (Zitat); vgl. zur hochkomplexen Entwicklung des Verdichtungsraumes München bis 1970 u.a.: Thürauf, Industriestandorte in der Region München, S.81-89; Karl Ganser, Image als entwicklungsbestimmendes Steuerungsinstrument, in: Stadtbauwelt 26 (1970), S.104-108; Regionalbericht Region München. Hg. vom Bayerischen Staatsministerium für Landesentwicklung und Umweltfragen und vom Regionalen Planungsverband München, München o.J. [1975], S.42-55; Seidl, Die Bayerischen Motorenwerke, S.309-371; Wolfgang Poschwatta, Industrialisierung und Regionalpolitik in Bayern, in: Konrad Goppel/Franz Schaffer (Hg.), Raumplanung in den 90er Jahren. Grundlagen, Konzepte, politische Herausforderungen in Deutschland und Europa – Bayern im Blickpunkt. FS für Karl Ruppert, Augsburg 1991, S.109-121, hier: S.113, 116f.

[66] BA-MA, BW 1/181344, Der Bayerische Staatsminister für Wirtschaft und Verkehr, Otto Schedl, an den Bundesminister der Verteidigung, Dr. Gerhard Schröder. Persönlich, 28.6.1968; „Fusion Messerschmitt-Bölkow perfekt", in: FAZ, 2.11.1968; Barbarino, Ein Lebenslauf, S.65-69; Andres, Bundesdeutsche Luft- und Raumfahrtindustrie, S.54-67, 155-164; Kidess, Räumliche und unternehmerische Konzentration, S.18-32, 55-69; Hans-Dieter Haas, Die Industrie im Verdichtungsraum München. Entwicklungsprozesse, regionale und branchenspezifische Strukturen, in: Industrie- und Gewerbeentwicklung in Verdichtungsräumen. Ein Vergleich zwischen München und Rhein-Main. Gemeinsame Sitzung der Landesarbeitsgemeinschaften Hessen/Rheinland-Pfalz/Saarland und Bayern am 9./10. Juni 1986 in Wiesbaden, Hannover 1988, S.69-86; Trischler, Nationales Innovationssystem, S.142-147. Vgl. auch oben Kap. III.2 des zweiten Teils dieser Arbeit.

IV. Ausblick

mit volks- und finanzwirtschaftlichen Argumenten gegen einen unkontrollierten Ballungsprozeß an die Öffentlichkeit trat, mußte die bayerische Landesplanung konstatieren, daß man sich für das Gebiet der „stadträumlichen Regionalplanung" und kommunalen Standortpolitik erst am „Anfang einer Forschungsentwicklung" befinde. Willi Guthsmuths nahm diesen Befund zum Anlaß, den verstärkten Einsatz von „Regionalstatistik und Datenverarbeitung", „Programmierung und Netzplantechnik" zu fordern, um auf solche Weise landesplanerische Zielvorstellungen „bis in die Kerngebiete der Agglomeration hinein" voranzutreiben.[67]

Seitens der bayerischen Wirtschaftspolitik sah man sich zwischen 1970/71 und 1973/74 gezwungen, angesichts der offenkundigen Zwiespältigkeit des strukturpolitisch Erreichten, des fortbestehenden „Spannungsverhältnis[ses]" zwischen Verdichtungsräumen und ländlichen Gebieten sowie der ungewissen „Nachhaltigkeit der bisher erzielten Erfolge" sukzessive eine Rejustierung der ökonomischen Regionalpolitik vorzunehmen.[68] Nach wie vor hielt man an der Prämisse fest, in den Problemgebieten im Gegensatz zum Ansatz des Bundes die Förderung von zentralen Orten *aller* Stufen, also auch der Kleinzentren, zu betreiben. Maßnahmen der traditionellen, gewerblichen Wirtschaftsförderung unter regionalpolitischer Zielsetzung waren hingegen auf das Zonenrandgebiet und schwachstrukturierte Gebiete zu beschränken, hatten also – so kann hinzugefügt werden – durchschnittlich entwickelte Räume und Verdichtungsregionen auszusparen. Gleichermaßen gegen die Beschleunigung des Ballungsprozesses und gegen die „passive Sanierung" ländlicher Räume gerichtet, stand dieses Konzept nach Einschätzung des Wirtschaftsministers allerdings unter massivem Zeitdruck: Bereits um 1975 werde sich das Zeitfenster für eine „optimale Strukturpolitik" wieder schließen, wenn die Bereitschaft wachstumsorientierter Branchen, Zweigbetriebe in Bayern anzusiedeln, aller Voraussicht nach stark nachlasse.[69]

Unter dem Eindruck geringer Arbeitslosigkeit und vor dem Hintergrund des konjunkturpolitischen Dämpfungsprogramms der Bundesregierung vom Mai 1973 sah Jaumann einen „Wendepunkt" in der regionalen Strukturpolitik erreicht. Die „Zunahme der Industriedichte eines Gebietes" dürfe angesichts „ausgeschöpft[er]" Arbeitsmärkte nicht mehr vorwiegender Gradmesser für regionale Entwicklungsfortschritte sein. Stattdessen habe in der bundesdeutschen Wirtschaftsförderung zum einen die „qualitative" Aufwertung der vorhandenen Arbeitsplätze in den Vordergrund zu treten: Stärker als bisher müsse der Einsatz von Mitteln „auf den infrastrukturellen Ausbau wirtschaftsschwacher Regionen konzentriert" werden.

---

[67] Vgl. hierzu Otto Barbarino, Die Beziehungen zwischen Finanzausgleich und Raumordnung. Dargelegt an der Finanzpolitik des Landes Bayern, in: Finanzpolitik als Gegenstand der Regionalplanung. Forschungsberichte der Landesarbeitsgemeinschaft Bayern der Akademie für Raumforschung und Landesplanung, Hannover 1969, S. 13-55, bes. S. 31-55; Willi Guthsmuths, Landesplanerische Zielsetzungen im Bereich von stadträumlicher Regionalplanung und kommunalen Finanzausgleich, in: Finanzpolitik als Gegenstand der Regionalplanung, S. 1-12, hier: S. 7 (Zitate). Vgl. zum Forschungsstand gegen Anfang der 1970er Jahre auch: Raumplanung in Verdichtungsräumen – Wunsch und Wirklichkeit. Referate und Diskussionsbericht anläßlich der wissenschaftlichen Plenarsitzung 1974 in Wiesbaden (Veröffentlichungen der Akademie für Raumforschung und Landesplanung, Forschungs- und Sitzungsberichte 96), Hannover 1974.
[68] Zitate: Barbarino, Beziehungen, S. 29; Stenographischer Bericht über die 14. Sitzung des Bayerischen Landtags am 25.5.1971, S. 584 (Jaumann).
[69] Ebenda, S. 583-585 (Zitat: S. 583).

Zum anderen gelte es, sich vom „Leitbild einer reinen Industriegesellschaft" in der Regionalpolitik abzuwenden und das gegebene Förderinstrumentarium an die absehbar anders gelagerten Bedürfnisse einer „postindustriellen Dienstleistungsgesellschaft" anzupassen.[70]

Es charakterisiert die Vielschichtigkeit der bayerischen Entwicklung, daß dieser operationalisierbar gehaltene, aus der Einsicht in Grenzen der Steuerbarkeit geborene strukturpolitische Ansatz eben zu einem Zeitpunkt Form annahm, da die Planungsgeschichte Bayerns in die „Zeit der großen Pläne" eintrat.[71] Schon in der zweiten Hälfte der 1960er Jahre war die Expertenthematik der Landesplanung in Politik und Öffentlichkeit des Landes auf zunehmendes Interesse gestoßen. Noch unter dem Eindruck der Rezession von 1966/67 hatte Alfons Goppel in seiner Regierungserklärung vom Januar 1967 neben der Intensivierung strukturpolitischer Anstrengungen und der Erarbeitung eines Landesplanungsgesetzes die Aufstellung eines Landesentwicklungsprogramms angekündigt.[72] Am 19. März 1968 faßte der Ministerrat daraufhin den Beschluß, ein umfassendes „Strukturentwicklungsprogramm für Bayern" erarbeiten zu lassen, das einen Planungshorizont von 20 Jahren abdecken sollte. Die Vorgabe seitens der Politik setzte nicht nur die bayerischen Planungsbehörden unter erheblichen zeitlichen Druck, sondern traf die beteiligten Ministerien vielfach unvorbereitet: Hatten die Praktiker in der Landesplanungsbehörde noch zur Mitte der 1960er Jahre detaillierte Pläne in Kenntnis der Probleme nur für eng umgrenzte Gebiete für möglich gehalten und daher vor der Umsetzung zurückgescheut, so lagen in den konsultierten Ministerien kaum hinreichend tief gestaffelte Datensätze oder langfristige Prognosewerte vor. Im Vorgriff auf die erstrebte große Ausarbeitung wurde daher im April 1969 vom Ministerrat zunächst ein „Programm für Bayern I" verabschiedet. Es widmete sich den strukturellen Gegebenheiten in den ländlichen Gebieten ebenso wie den altindustriellen Problemzonen Oberfrankens und der Oberpfalz. Im Juli 1970 fand es durch das „Programm für Bayern II" eine umfangreiche Ergänzung, die sich mit elf städtischen Verdichtungsräumen befaßte.[73]

Nahezu Schlag auf Schlag folgten in der ersten Hälfte der 1970er Jahre planerische Initiativen, Verordnungen und programmatische Ausarbeitungen aufeinander. Sie machen deutlich, daß die seit Ende der 1960er Jahre vom Ministerrat angestoßene, also von der politischen Ebene gewollte *ganzheitliche* Konzeption strukturbezogener Politik nun Zug um Zug elaboriert und mit Inhalt versehen wurde. Die Aufnahme und Abspiegelung von erkannter Komplexität fungierte dabei als Leitbild: Verflechtungszusammenhänge zwischen sozialökonomischen und kulturellen Gegebenheiten sollten aufgegriffen, die Interdependenz von Zentren und Peripherie thematisiert und klare finanzielle Zielhorizonte aufgezeigt werden. Es war nicht zuletzt die Einbindung von Experten und von wissenschaftlicher Expertise,

---

[70] Anton Jaumann, Regionalpolitik am Wendepunkt?, München o.J. [1973/74], S.6f., 8, 12, 3.
[71] Schlemmer/Grüner/Balcar, „Entwicklungshilfe im eigenen Lande", S.420–450 (Zitat: S.427); Balcar, Politik auf dem Land, S.420–424.
[72] Stenographischer Bericht über die 4. Sitzung des Bayerischen Landtags am 25.1.1967, S.28ff.
[73] Ein Programm für Bayern I. Hg. vom Bayerischen Staatsministerium für Wirtschaft und Verkehr, München 1969; Ein Programm für Bayern II. Hg. vom Bayerischen Staatsministerium für Wirtschaft und Verkehr, München 1970.

IV. Ausblick 413

die diesen Prozeß der konzeptionellen Vernetzung vorantrieb. So setzte eine 1969 auf Veranlassung des Wirtschaftsministeriums vom wirtschaftsgeographischen Institut der Universität München erarbeitete Studie über mögliche Planungsregionen in Bayern eine wichtige Wegmarke für die endgültige Einteilung des Staatsgebiets in dieser Hinsicht, die bis 1972 zustande kam. Die strikte phänomenologische Trennung von Ballungsgebieten und ländlichen Räumen, die noch die beiden „Programme für Bayern" zugrundegelegt hatten und die man in der Forschung äußerst kritisch sah, wurde durch die Einführung des Regionalprinzips in die Landesplanung aufgehoben. Nach langen Jahren der Diskussion wurden zudem „Zentrale Orte" Bayerns festgelegt, die fortan eine weitere wichtige Basis für eine den landeseigenen Bedürfnissen angemessene Politik der dezentralen Verdichtung boten.[74] Die Erhebung kommunaler Daten, die hierfür nötig war, kam einer strukturstatistischen Erfassung des gesamten Staatsgebiets gleich und trug erheblich dazu bei, den planerischen Prozeß mit zusätzlicher Dynamik zu versehen. So führte nun am Einsatz von elektronischen Datenverarbeitungssystemen und computergestützten Datenbanken auch in der Landesplanung kein Weg mehr vorbei. Vom Ziel der „weitgehenden Automatisierung der Raumbeobachtung im Sinne eines Kontrollsystems für die Raumordnungspolitik" war man indes in der ersten Hälfte der 1970er Jahre noch weit entfernt. Ungeachtet der Zusammenarbeit mit dem 1971 gegründeten Landesamt für Datenverarbeitung, mit dem Statistischen Landesamt und verschiedenen Ministerien, stand in den frühen 1970er Jahren allenfalls das „Grobkonzept" eines Informationssystems zur Verfügung. Bewährt hatten sich zu diesem Zeitpunkt allerdings bereits Verfahren zur kartographischen Aufbereitung und anschaulichen Darstellung von raumbedeutsamen Informationen.[75]

Generell manifestierte sich in der bayerischen Politik ein Zug zur Ausweitung der Berichtstätigkeit und zur publizistischen Einbindung der Öffentlichkeit. Die umfassende Berichtspflicht, die der Landtag im Landesplanungsgesetz von 1970 der Staatsregierung und den zuständigen Behörden auferlegt hatte, ging dabei Hand in Hand mit dem spürbaren Streben nach betonter Bürgernähe. Die Publikation von Raumordnungsberichten und Rechenschaftslegungen zur „strukturellen Entwicklung der bayerischen Wirtschaft" seit 1971 bzw. 1973 reflektierte diesen Trend eben-

---

[74] Vgl. Terhalle, Landesplanung im Bayerischen Staatsministerium für Wirtschaft und Verkehr, S. 44–46; Knut Gerlach/Peter Liepmann, Konjunkturelle Aspekte der Industrialisierung peripherer Regionen – dargestellt am Beispiel des ostbayerischen Regierungsbezirks Oberpfalz, in: Jahrbücher für Nationalökonomie und Statistik 187 (1972/73), S. 1–21, hier: S. 19–21; Landesentwicklung Bayern. Einteilung des Staatsgebiets in Regionen. Hg. vom Bayerischen Staatsministerium für Landesentwicklung und Umweltfragen, München 1971; Landesentwicklung Bayern. Zentrale Orte und Nahbereiche in Bayern. Hg. vom Bayerischen Staatsministerium für Landesentwicklung und Umweltfragen, München 1972; Schlemmer/Grüner/Balcar, „Entwicklungshilfe im eigenen Lande", S. 427–429; Balcar, Politik auf dem Land, S. 421.
[75] Klaus Mayer, Datenbanken für die Landesplanung. Ein Erfahrungsbericht über die Probleme des Aufbaus und Einsatzes der Datenbank für die Landesplanung in Bayern. Europäisches Symposium „Informationsverarbeitung in Planung und Verwaltung" am 30.3.1971 in Bonn. Hg. vom Bayerischen Staatsministerium für Landesentwicklung und Umweltfragen, München o. J. [1971]; Datenverarbeitung in der bayerischen Verwaltung. Hg. von der Bayerischen Staatskanzlei und dem Landesamt für Datenverarbeitung, München 1971, S. 10 (Zitat), 17; Gerhard Leßmann/Petra Schüler, Raumplanung und Datenverarbeitung. Stand und Einsatzbedingungen automatisierter Planungshilfen, Dortmund 1983; 3. Raumordnungsbericht der Bayerischen Staatsregierung. Hg. vom Bayerischen Staatsministerium für Landesentwicklung und Umweltfragen, München 1976, S. 194–198.

so, wie ihn zahlreiche Broschüren zu relevanten Politikfeldern, zur ministeriellen Planungstätigkeit und zur Zukunftsorientierung bayerischer Politik schlechthin aufnahmen.[76] Je intensiver „Komplexität" und „ungekannte Probleme" seitens der Politik als Aufgaben empfunden wurden, je weniger man sich der „explosionsartigen Ausweitung der Anforderungen an die praktische Politik"[77] entziehen zu können glaubte, desto dringlicher wurde die Notwendigkeit, zu sinnvollen Formen von Komplexitätsreduktion zu finden. „Landesplanung auf gut deutsch" lautete daher nicht zufällig die Kapitelüberschrift einer Publikation, mit der die eher spröde Expertenproblematik einer breiteren Öffentlichkeit nahegebracht werden sollte.[78]

Die Jahre „zwischen den Krisen" markieren für Bayern eine Periode intensiver struktur- und lenkungspolitischer Debatten, die ihre Virulenz in hohem Maße aus den intensiv erfahrenen Wirkungen der Rezession von 1966/67, aus dem Bonner Machtwechsel von 1969 und dem schon unter der Großen Koalition sich anbahnenden Trend zur Durchsetzung von wachstums- und planungsorientierten Politikkonzeptionen bezogen, die auch das Bundesland nicht unberührt ließen. Es machte eine ausgesprochene Stärke bayerischer Wirtschaftspolitik aus, daß es gelang, auch unter den Bedingungen allgemeiner „Beschleunigung der Planungen"[79] handlungsfähig zu bleiben und zu Formen von Komplexitätsreduktion zu finden, die vor dem Hintergrund des zeitgenössischen Erfahrungs- und Erkenntnishorizonts als sinnvoll bezeichnet werden müssen. Bevor noch die Wirkungen des Ölpreisschocks vom Herbst 1973 sichtbar wurden, hat man sich in der bayerischen Wirtschaftspolitik intensiv mit den Möglichkeiten einer Stabilisierung des sichtbaren, doch keineswegs als gesichert wahrgenommenen landeseigenen Wachstumspfades auseinandergesetzt. An der strukturpolitischen Grundkonzeption, die unter Wachstumsbedingungen entworfen worden war, hielt man auch nach der Rezession von 1974/75 fest. Insbesondere die prioritäre Behandlung von Infrastrukturinvestitionen in den wirtschaftsschwachen Räumen und die Kritik an der aktuellen Form der Gemeinschaftsaufgabe „Verbesserung der regionalen Wirtschaftsstruktur" bis hin zur Forderung nach ihrer Abschaffung blieben Leitmotive. Hinzu traten neben Investitionsprogrammen zugunsten strukturschwacher Landesteile insbesondere auch Kredit- und Bürgschaftsaktionen zur Stärkung der mittelständischen Wirtschaft und ihres Exportpotentials im Zonenrandgebiet.[80]

---

[76] Siehe u. a. die Reihe der Raumordnungsberichte, die in jährlichem Abstand vorgelegt wurden, darunter: Raumordnungsbericht 1971 der Bayerischen Staatsregierung sowie Jaumann, Strukturelle Entwicklung; Bericht über die strukturelle Entwicklung der bayerischen Wirtschaft. Strukturbericht 1977. Hg. vom Bayerischen Staatsministerium für Wirtschaft und Verkehr, München o. J. [1977]; Ernst Schmacke (Hg.), Bayern auf dem Weg in das Jahr 2000, Düsseldorf 1971; Landesplanung in Bayern. Eine Einführung. Hg. vom Bayerischen Staatsministerium für Landesentwicklung und Umweltfragen, München 1973.
[77] Zitate: Max Streibl/Alfred Dick, Vorwort, in: Landesplanung in Bayern. Eine Einführung, S. 3; Reimut Jochimsen, Für einen Bundesentwicklungsplan. Zur Forderung im Regierungsprogramm der SPD nach einem langfristigen Orientierungsrahmen für die Handlungspläne der Regierung, in: Die Neue Gesellschaft 16 (1969), S. 237–241, hier: S. 237.
[78] Landesplanung in Bayern. Eine Einführung, S. 35–37. Vgl. hierzu die gegen Anfang der 1970er Jahre in den Sozialwissenschaften intensiv diskutierten Ansätze, Planung und Partizipation zu verbinden: Metzler, Konzeptionen politischen Handelns, S. 399–403.
[79] Friedrich H. Tenbruck, Zur Kritik der planenden Vernunft, Freiburg/München 1972, S. 11.
[80] Bericht über die strukturelle Entwicklung der bayerischen Wirtschaft. Strukturbericht 1977, S. 189–203; Landeszentralbank in Bayern. Hauptverwaltung der Deutschen Bundesbank. Jah-

IV. Ausblick

Hiermit wie auch mit der Forderung nach langfristiger Verbesserung von regional gegebenen Entwicklungspotentialen im Infrastrukturbereich stand das bayerische Konzept in weitgehender Übereinstimmung mit Positionen in der zeitgenössischen Raumforschung. Diese spiegelten ihrerseits wachsende Zweifel an der Effektivität der ökonomischen Regionalpolitik des Bundes wider und plädierten daher nicht zufällig für einen stärker individualisierten, an den Verhältnissen vor Ort orientierten, eher infrastruktur- als konjunkturpolitisch geprägten Zugriff.[81]

Die jahrzehntelang betriebene bayerische Politik zur strukturellen Erschließung des Landes fand auf diese Weise eine eklatante Bestätigung. Das galt umso mehr, als man auch für strukturpolitisch relevante Felder außerhalb des Geschäftsbereichs des bayerischen Wirtschaftsministeriums auf sichtbare Erfolge verweisen konnte: In den Jahren 1969 bis 1973 verabschiedete der Bayerische Landtag die Gründungsgesetze für die Universitäten Augsburg, Bayreuth, Bamberg und Passau, außerdem wurde die Errichtung der Kirchlichen Gesamthochschule Eichstätt zugelassen und die Hochschule der Bundeswehr in München ins Leben gerufen. Diese Welle des Hochschulausbaus ging nur teilweise auf staatliche bayerische Leistung zurück und profitierte sowohl von regionalen Initiativen als auch vor allem in finanzieller Hinsicht von der wachsenden Bund-Länder-Zusammenarbeit im universitären Bildungswesen seit den 1960er Jahren. Und anders als noch während der ersten Expansionsphase der Hochschulen in Bayern bis gegen Ende der Dekade rückten nun veränderte Gründungsmotive in den Vordergrund: Während noch im Falle der vierten Landesuniversität in Regensburg, die im Wintersemester 1967/68 ihren Lehrbetrieb aufgenommen hatte, vorwiegend die Entlastung der Münchner Hochschulen anvisiert worden war, bestimmten in den 1970er Jahren strukturpolitische und regionalwirtschaftliche Aspekte die Debatten. Im Ergebnis erweiterte sich die bayerische Hochschullandschaft innerhalb weniger Jahre gerade auch im ostbayerischen Raum in einer Weise, die zusammen mit dem Ausbau der schulischen Infrastruktur gute Voraussetzungen für höhere Bildungschancen an der Peripherie und für die Mobilisierung von verborgenem Begabungspotential schuf.[82]

---

resbericht 1976, München 1977, S. 11; Christoph Boyer/Thomas Schlemmer, „Handwerkerland Bayern"? Entwicklung, Organisation und Politik des bayerischen Handwerks 1945 bis 1975, in: Schlemmer/Woller (Hg.), Bayern im Bund, Band 2, S. 87-178, hier: S. 157.

[81] Vgl. die Thesen und Literaturbeispiele bei Lauschmann, Regionalisierung, bes. S. 268, 271 (zur Exportförderung: Anm. 41), 273f.; Joachim Strunz, Die Industrieansiedlungen in der Oberpfalz in den Jahren 1957 bis 1966. Ihr Zusammenhang mit der gesamtwirtschaftlichen industriellen Entwicklung. Die Bedeutung ausgewählter Infrastrukturkomponenten und staatlicher Kredithilfen für die Standortwahl, Regensburg 1974, S. 118-120; Bernhard Oswald, Erfolgskontrolle in der Regionalpolitik. Eine theoretische und empirische Analyse für Bayern, Göttingen 1980.

[82] Vgl. hierzu ausführlich: Winfried Müller/Ingo Schröder/Markus Mößlang, „Vor uns liegt ein Bildungszeitalter". Umbau und Expansion – das bayerische Bildungssystem 1950 bis 1975, in: Schlemmer/Woller (Hg.), Bayern im Bund, Band 1, S. 273-355, bes. S. 344-355; Werner Wiater, Geschichte der Universitäten und Hochschulen. Von 1900-1990, in: Max Liedtke (Hg.), Handbuch der Geschichte des bayerischen Bildungswesens. Band 4, Bad Heilbrunn 1997, S. 679-717, hier: S. 706; Grundsätze regionaler Strukturpolitik, S. 32; vgl. allerdings zu den komplexen Voraussetzungen, die erfüllt sein müssen, um durch den Hochschulbau positive sozioökonomische Effekte zu induzieren: Gerhard Engelbrech/Georg Küppers/Joachim Sonntag, Regionale Wirkungen von Hochschulen (Schriftenreihe „Raumordnung" des Bundesministers für Raumordnung, Bauwesen und Städtebau 06.025), Bad Godesberg 1978, bes. S. 148-155.

IV. Ausblick

Auch unter den veränderten Rahmenbedingungen seit 1974/1975 lebte der Planungsgedanke in der bayerischen Strukturpolitik zunächst in veränderter Form weiter. Auf dem Feld der Energiepolitik fand das von Anton Jaumann bereits 1973 formulierte Bekenntnis zur Nutzung der Kernenergie Aufnahme in das Landesentwicklungsprogramm von 1976 und wurde in der Folge mit erheblichem planerischen Aufwand umgesetzt.[83] In „bewußter wirtschaftspolitischer Planung", so lautete in allgemeinerer Weise das gültige Leitbild noch 1977 im Strukturbericht des bayerischen Wirtschaftsministeriums, werde man sich in Problemregionen auf „gestaltbare Faktoren" konzentrieren, vor allem auf die „Ausstattung mit einer leistungsfähigen Infrastruktur". Ein vergleichbar optimistischer Gebrauch des Planungsbegriffs findet sich im folgenden dritten Strukturbericht der Staatsregierung von 1982 nicht mehr.[84] Akzeptiert und zugestanden werden mußte freilich schon vorher, daß sich die Spielräume für steuerndes Handeln verkleinert hatten. Angesichts der rezessiven Wirtschaftslage und der abnehmenden Investitionsneigung der Unternehmen war nicht nur die strukturpolitisch beeinflußbare „Investitionsmenge" insgesamt zurückgegangen; auch drohten die Entwicklungschancen peripherer Gebiete aufgrund des veränderten unternehmerischen Risikoverhaltens wiederum deutlich ins Hintertreffen zu geraten.[85] Als das „Landesentwicklungsprogramm Bayern" im Februar 1976 von der Staatsregierung verabschiedet und einen Monat später auf dem Verordnungswege in Kraft gesetzt wurde, hatten sich denn auch neben überschwänglichen Kommentaren bereits Anzeichen dafür manifestiert, daß die Stimmen der „Planungsverdrossenen" lauter geworden waren.[86] Die Folgen der Ölpreiskrise 1973/74, die eintretenden Stagflationserscheinungen und die verkleinerten Spielräume der öffentlichen Haushalte mochten dafür in erster Linie verantwortlich gewesen sein.[87]

Für Bayern spielten aber wohl auch die noch ungelösten Probleme regionaler Strukturpolitik eine wichtige Rolle dabei, daß in den Reihen von Politikern und Bürgern der Glaube an die Steuerbarkeit sozialökonomischer Wandlungsprozesse erhebliche Einbußen erlitt. Gewiß setzte sich nach 1975 die überdurchschnittliche Wachstumsentwicklung der bayerischen Wirtschaft fort, die das Bundesland zusammen mit Baden-Württemberg in dieser Hinsicht in einer bundesweiten Spitzenposition hielt. Das Bruttoinlandsprodukt als umfassendster Indikator für die volkswirtschaftliche Gesamtleistung des Landes wies nicht nur weiterhin steigende

---

[83] Deutinger, Lebensfrage, S. 109–118; Pohl, Bayernwerk, S. 373–397.
[84] Bericht über die strukturelle Entwicklung der bayerischen Wirtschaft. Strukturbericht 1977, S. 190 (Zitat); Bericht über die strukturelle Entwicklung der bayerischen Wirtschaft. Strukturbericht 1982. Hg. vom Bayerischen Staatsministerium für Wirtschaft und Verkehr, München o. J. [1982].
[85] Bericht über die strukturelle Entwicklung der bayerischen Wirtschaft. Strukturbericht 1977, S. 186–189.
[86] Landesentwicklungsprogramm Bayern. Anlage zur Verordnung über das Landesentwicklungsprogramm Bayern vom 10. März 1976 (BayGVBl. 1976, S. 123); „Vorprogrammierung der Zukunft Bayerns", in: Bayerische Staatszeitung, 10.5.1974; „Landesentwicklungsprogramm – Konzeption für Bayern bis 1990", ebenda, 17.5.1974; Stenographischer Bericht über die 37. Sitzung des Bayerischen Landtags am 14.1.1976, S. 1785 (Glück) (Zitat).
[87] Jens Hohensee, Der erste Ölpreisschock 1973/74. Die politischen und gesellschaftlichen Auswirkungen der arabischen Erdölpolitik auf die Bundesrepublik Deutschland und Westeuropa, Stuttgart 1996; vgl. auch zum folgenden: Schlemmer/Grüner/Balcar, „Entwicklungshilfe im eigenen Lande", S. 447–450.

IV. Ausblick

Tendenz auf, sondern zeigte darüber hinaus, daß sich die einwohnerbezogene Wirtschaftsleistung bis 1981 noch weiter dem Bundesdurchschnitt annäherte. Von den Rezessionsfolgen blieb das bayerische „Erfolgsmodell" jedoch nicht unberührt. So erhöhte sich die Arbeitslosenquote im Land zwischen 1973 und 1981 von 1,4 auf 5,1% und stieg damit auf den 3,6-fachen Wert. Die „klassischen" Problemregionen Niederbayern und Oberpfalz wiesen dabei noch gegen Ende des Jahrzehnts die höchsten Quoten von 7,5 bzw. 7,7% auf. Die Abwanderung der Bevölkerung aus den strukturschwachen Grenzgebieten im Osten und Nordosten Bayerns hatte nicht gestoppt werden können und spiegelte sich auch 1977 in negativen Wanderungssalden für die Regierungsbezirke Oberpfalz und Oberfranken.[88]

Wie die nacharbeitende Forschung bald zeigte, hatten strukturpolitische Maßnahmen im Grenzland immer wieder auch ungewollte, ja gegengerichtete Folgen gezeigt: Wo vermeintlich regional wachstumsstarke, doch realiter konjunkturell anfällige Branchen wie der Maschinenbau in der Oberpfalz gefördert wurden, konnten die Industrialisierungsanstrengungen in der Tendenz sogar zur Intensivierung von Konjunkturschwankungen führen. Auch hatte man sich mit dem Phänomen vertraut zu machen, daß verbesserte Schul- und Verkehrsinfrastruktur dazu beitragen konnte, Abwanderung und Pendlertätigkeit eher zu verstärken, solange die regionale Arbeitsmarktlage instabil blieb. Dies galt umso mehr, wenn – wie im Falle Ostbayerns – aus Mitteln der Regionalförderung überwiegend Zweigwerke angesiedelt worden waren, die in erster Linie Entlastungsfunktionen für die Ballungsräume übernommen hatten.[89] Auf der Basis einer umfassenden Auswertung von Indikatoren der gesamtwirtschaftlichen und industriellen Entwicklung in Bayern konnte Bernhard Oswald daher zu dem Schluß kommen, daß sich der Abstand zwischen den „hoch entwickelten" und den „schwach strukturierten" Räumen des Landes zwischen 1960 und 1975 nicht vermindert hatte.[90] Das Pendlerwesen erwies sich unter anderem deshalb als eine dauernde Begleiterscheinung der industriellen und infrastrukturellen Erschließung Bayerns und zog als „Zwang zur Mobilität" in den 1970er Jahren wachsende Kritik auf sich.[91]

Spürbare Verbesserungen der regionalen Arbeitsmarktlage blieben dennoch nicht aus. Aussagekräftig in dieser Hinsicht sind aufgrund der methodischen Schwierigkeiten weniger jene Befunde, die den Erfolg regionaler Wirtschaftspolitik an der Zahl geschaffener Arbeitsplätze bemessen. Demzufolge konnten in Bayern außerhalb der industriellen Kernzonen in den Jahren zwischen 1954 und 1970 380 Betriebe angesiedelt werden, in denen 1970 50 821 Beschäftigte ihrer Arbeit nachgingen. Auch erweist sich diese Zahl als vergleichsweise gering, sobald man berücksichtigt, daß im gleichen Zeitraum in ganz Bayern 572 276 Arbeitsplätze im

---

[88] Bericht über die strukturelle Entwicklung der bayerischen Wirtschaft. Strukturbericht 1982, S. 58–63, 202; Bericht über die wirtschaftliche Entwicklung der strukturschwachen Gebiete Bayerns. Grenzlandbericht 1977. Hg. vom Bayerischen Staatsministerium für Wirtschaft und Verkehr, München 1978, S. 154f.
[89] Gebhardt/Hatzold, Konjunkturschwankungen in Bayern, S. 102–104; Gerlach/Liepmann, Konjunkturelle Aspekte der Industrialisierung, S. 3, 19–21.
[90] Oswald, Erfolgskontrolle in der Regionalpolitik, S. 289; vgl. bereits Lohmüller, Erfolg, S. 137–139.
[91] Gall, „Gute Straßen bis ins kleinste Dorf!" Verkehrspolitik in Bayern, S. 228–272 (Zitat: S. 272); Alois Stingl, Änderung der Wirtschaftsstruktur und Mobilität der Arbeitskräfte, in: Entwicklungsland Bayern, S. 20–31, hier: S. 24f.

industriellen Sektor entstanden sind.[92] Gleichwohl macht der Bundesvergleich Fortschritte deutlich: Immerhin, so zeigten unabhängige Untersuchungen, konnten bezogen auf den Zeitraum zwischen 1972 und 1978 „relativ viele bayerische Arbeitsmarktregionen bemerkenswerte Positionsgewinne verbuchen", darunter die Erfassungsbezirke um Donauwörth, Freising, Kempten, Landshut und Pfarrkirchen.[93] Für die niederbayerischen Problemräume kamen die Verfasser einer differenzierten Arbeitsmarktstudie zu dem Ergebnis, daß die Entwicklung des Regierungsbezirks mit derjenigen des übrigen Bayern „so gut wie Schritt gehalten" habe.[94] Die Feststellung, wonach Niederbayern „kein Armenhaus mehr" sei, ohne ins „Paradies" gelangt zu sein, traf die zeitgenössische Situation in der Region daher wohl recht genau.[95]

Alles in allem bot die industriewirtschaftliche Raumstruktur Bayerns in der zweiten Hälfte der 1970er Jahre ein Bild, das frühe, hochfliegende Erwartungen auf „räumliche Dezentralisierung"[96] der bayerischen Industrielandschaft nicht bestätigen konnte. Eher war sichtbar geworden, daß das „industrielle Standortgrundmuster" des Landes in den 1950er und 1960er Jahren zwar eine Auflockerung erfahren hatte. Neben dem Raum München, der die Wachstumskräfte des Landes zunehmend bündelte, konnten indes bis in die zweite Hälfte der 1970er Jahre vorwiegend ländliche Regionen im Süden und Osten Bayerns von den ökonomischen Impulsen profitieren. Diffusere „Schrumpfungs-, Stagnations- und Expansionseffekte" im Verlauf dieser Dekade verhinderten nicht, daß sich das innerbayerische industriewirtschaftliche „Süd-Nord-Gefälle" zugunsten des süd- und südostbayerischen Raumes offenkundig weiter verstetigte.[97] Für sich genommen bereits ein Beleg für die Grenzen wirtschaftspolitischer Steuerung, trug die immer offenkundiger werdende Kluft zwischen den allzu optimistischen Deutungs- und Handlungsperspektiven der „großen Pläne" und dem nur in mühsamer Kleinarbeit zu bewältigenden Problem regionaler Disparitäten und Ballungsprozesse auch in Bayern dazu bei, das Planungsparadigma zu diskreditieren.

---

[92] Die Industrialisierungspolitik der Bayerischen Staatsregierung in den Jahren 1954–1970. Ergebnisse einer empirischen Studie. Hg. vom Bayerischen Staatsministerium für Wirtschaft und Verkehr, München 1973, S. 26f.; Frey, Industrielle Entwicklung Bayerns, S. 212f., 357, Tab. D 3.10. Zur Problematik der Bewertung regionaler Wirtschaftsförderung anhand der Zahl „geschaffener Arbeitsplätze": Oswald, Erfolgskontrolle in der Regionalpolitik, S. 266–268.
[93] Bernd Hof, Regionale Arbeitsmarktanalyse für die Bundesrepublik Deutschland 1960/78 (Beiträge zur Wirtschafts- und Sozialpolitik 74), Köln 1979, S. 25–37 (Zitat: S. 37); Bericht über die strukturelle Entwicklung der bayerischen Wirtschaft. Strukturbericht 1982, S. 20, 200f.; Landeszentralbank in Bayern. Hauptverwaltung der Deutschen Bundesbank, Jahresbericht 1979, München 1980, S. 18–20.
[94] Hans Kohler/Lutz Reyher, Zu den Auswirkungen von Förderungsmaßnahmen auf den Arbeitsmarkt des Regierungsbezirks Niederbayern nach kreisfreien Städten, Landkreisen und Arbeitsamtsbezirken (Institut für Arbeitsmarkt- und Berufsforschung der Bundesanstalt für Arbeit, Beiträge zur Arbeitsmarkt- und Berufsforschung 6), Nürnberg 1975, S. 32.
[95] „Kein Armenhaus mehr, aber auch kein Paradies. Niederbayern hat seine Situation durch Fremdenverkehr und neue Betriebe verbessert", in: FAZ, 24.4.1976.
[96] Miersch, Räumliche Dezentralisierung.
[97] Karl Ruppert/Peter Gräf/Franz X. Heckl u.a., Bayern. Eine Landeskunde aus sozialgeographischer Sicht (Wissenschaftliche Länderkunden 8), Darmstadt 1987, S. 149; Poschwatta, Industrialisierung und Regionalpolitik, S. 113f. (Zitate: S. 113).

Zusammenfassende Schlußbetrachtung

Sucht man nach bedeutsamen Zäsuren in der sozialökonomischen Entwicklung Bayerns nach dem Zweiten Weltkrieg, dann wird die Wahl zweifellos auf den Übergang von den ausgehenden 1950er zu den 1960er Jahren fallen. Daß die Zuwachsraten des bayerischen Bruttoinlandsprodukts 1957 zum erstenmal höher lagen als im Bundesdurchschnitt, hatte in diesem Zusammenhang Verweischarakter. Hinter den nüchternen makroökonomischen Daten stand nichts weniger als ein quantitativer und qualitativer Sprung in der Verlagerung ökonomischer Gewichte aus den traditionellen Wachstumsgebieten Westdeutschlands nach Süden. Zum erstenmal seit dem Ende der Flüchtlings- und Vertriebenenzuwanderung nahm zudem der Saldo der Bevölkerungsbewegung über die bayerischen Landesgrenzen seit 1956/57 wieder positive Werte an. Bayern gewann den Status einer Zuwanderungsregion, die insbesondere in ihren Verdichtungsräumen wachsende Anziehungskraft auf die arbeitsuchende Bevölkerung auch aus anderen Bundesländern ausübte. Als Indikator und Träger einer sich wandelnden räumlichen Verteilung von Wirtschaftspotentialen im Bund stand der demographische Zuwachs für die Beschleunigung eines Aufholprozesses, den der bayerische Wirtschaftsraum seit der Zwischenkriegszeit und verstärkt seit Ende des Zweiten Weltkriegs durchlief.

Dabei hatte die Wirtschaft des Landes im Verlauf der zweiten Hälfte der 1950er Jahre in erheblichem Maße von exogenen Faktoren profitieren können. Der Anschluß Bayerns an die positive bundesdeutsche Konjunkturentwicklung wurde durch zwei übergeordnete, prinzipiell zueinander gegenläufige wirtschaftshistorische Gegebenheiten erleichtert. Die Krise des Ruhrkohlenbergbaus seit Frühjahr 1958 reflektierte *zum einen* den Eintritt in die akute Phase eines langfristig wirksamen Strukturwandels der bundesdeutschen Energieversorgung. Sie setzte qualifizierte Arbeitskräfte frei, die zu Tausenden dem süddeutschen Arbeitsmarkt zugute kamen. Damit verstärkte sich *zum anderen* ein Trend zugunsten Bayerns, der seit Eintritt der Vollbeschäftigung auf Bundesebene im Herbst 1955 die Attraktivität der hochindustrialisierten westdeutschen Verdichtungsräume für die Zuwanderung von Arbeit und Kapital vermindert hatte. Der Mangel an Betriebsflächen und Arbeitskräften in den Ballungszonen führte dazu, daß expandierende Unternehmen arbeitsintensiver Branchen gegen Ende der 1950er Jahre vermehrt in schwach strukturierten, ländlichen Regionen Zweigbetriebe errichteten. Auch Bayern wurde seit Mitte 1959 von dieser räumlichen Verlagerungstendenz erreicht. Zwar entpuppten sich die neu errichteten Betriebe in zahlreichen Fällen als krisenanfällig und boten vielfach lediglich Arbeitsplätze für gering Qualifizierte. Generell kann jedoch festgehalten werden, daß sich unter den Bedingungen der bundesdeutschen Vollbeschäftigung, des Arbeitskräftemangels und der Krisenphänomene in den altindustriellen Regionen an Ruhr und Saar die Entwicklungschancen eher peripher gelegener Wirtschaftsräume vom Zuschnitt Bayerns seit Ende der 1950er Jahre erheblich verbesserten.

Bayerische Politiker unterschiedlicher Couleur hatten bis dahin erhebliche Anstrengungen unternommen, um die als Kardinalproblem empfundene ökonomische Stabilisierung des Landes voranzutreiben. Die konzeptionellen und praktischen Anfänge dieser Bestrebungen lagen bereits unter den Bedingungen der Besatzungszeit und der Verwaltungswirtschaft. Dabei war innerhalb weniger Jahre klar geworden, daß nicht die unmittelbaren Kriegsschäden, sondern die indirekten Folgen des Krieges, darunter an erster Stelle die umfangreiche Zuwanderung von Flüchtlingen und Vertriebenen, die Wirtschaft und Gesellschaft des Landes vor die größere Belastungsprobe und politische Herausforderung stellten. Gewiß hatten die alliierten Luft- oder Bodenangriffe vor allem der letzten Kriegsphase auch bayerische Städte und industrielle Zonen schwer getroffen. München, Augsburg, Nürnberg, Schweinfurt, Aschaffenburg und Würzburg gehörten neben Ingolstadt oder Donauwörth zu den am stärksten zerstörten bayerischen Orten. Ähnlich den Effekten der Bombardements in anderen Teilen Süddeutschlands resultierte die Lähmung der bayerischen Wirtschaft seit Herbst 1944 vornehmlich aus der Unterbrechung von Transportwegen und dem nachfolgenden Energie- und Rohstoffmangel. Die Produktionskapazitäten der bayerischen Industrie hingegen wurden nur in relativ geringem Maße unbrauchbar gemacht; nach plausiblen Schätzungen der amerikanischen Besatzungsmacht beliefen sich die Schäden auf etwa 15% der zuvor maximal erreichten Kapazitäten.

Auch die alliierten Demontagemaßnahmen in Bayern, die keineswegs unerheblich waren, konnten den Produktionsgüterbereich der bayerischen Industrie nicht nachhaltig schädigen. Zwar wurde Bayern seit 1946 durchaus zum Objekt einer konsequent durchgesetzten amerikanischen Reparationspolitik. Auf der alliierten Demontageliste vom Oktober 1947 nahm das Land, gemessen an der Zahl der abzubauenden Betriebe, hinter Nordrhein-Westfalen und Niedersachsen den dritten Platz ein. Ungleich den Verhältnissen in Nordrhein-Westfalen zielten die amerikanischen Abbaumaßnahmen jedoch in Bayern weniger auf die Reduktion von Überkapazitäten im Sinne des zweiten Industrieplans für das Vereinigte Wirtschaftsgebiet vom August 1947. Vielmehr wurden hier ganz überwiegend jene Industriesparten demontiert, deren Betriebe vordem die bayerische Rüstungswirtschaft hauptsächlich getragen hatten, also die Werke der Flugzeugindustrie und der ehemals unmittelbar kriegswichtigen waffenchemischen Produktion. Die in den ersten Nachkriegsjahren zu konstatierende, vergleichsweise rasche Erholung der bayerischen Produktionsgütererzeugung, die sich bezogen auf das Referenzjahr 1936 zeigte, macht deutlich, daß weder die Kriegszerstörungen noch die bis 1951 fortdauernden Demontageentnahmen der Alliierten eine gravierende Engpaßsituation für die bayerische Wirtschaftsentwicklung schufen.

Auch für die Entwicklung industriepolitischer Ansätze durch bayerische Politiker war die Demontageproblematik anders als etwa in Nordrhein-Westfalen von eher nachrangiger Bedeutung. Gewiß, auch in Bayern machten sich Ministerpräsident Hans Ehard und sein Wirtschaftsminister Hanns Seidel 1947/48 eine Strategie der Demontageabwehr zu eigen, die auf den fortgesetzten direkten Gesprächskontakt mit den amerikanischen Stellen und auf die dilatorische Behandlung des Demontagebeginns setzte. Angesichts der wachsenden Widerstände gegen Reparationsentnahmen in Deutschland, die sich im Herbst 1947 in der amerikanischen politischen Öffentlichkeit regten, haftete einem solchen Vorgehen durchaus innere Logik an. Die Unnachgiebigkeit der US-Militärbehörden in Bayern und der begrenzte Verhandlungsspielraum der Staatsregierung erlaubten indes nur geringfügige Korrekturen an dem einmal festgelegten Abbauprogramm. Umso bedeutsamer war, daß es Ehard bis Mitte 1948 zumindest gelang, in Absprache mit den amerikanischen Verantwortlichen die Infrastruktur einiger ausgewählter ehemaliger Wehrmachtsliegenschaften vor der Zerstörung zu bewahren. Diese äußerst bescheidenen ersten Erfolge kamen Projekten zur Gruppenansiedlung von zugewanderten Flüchtlingsunternehmen zugute, die aufgrund von Anstößen aus den Reihen der Betroffenen teils bereits 1946 begonnen worden waren und seither die Unterstützung bayerischer lokaler und regionaler Verwaltungsstellen gefunden hatten. Nicht als kohärent geplante und von staatlicher Seite her umgesetzte Initiative, sondern als zunächst weitgehend improvisierte Hilfe zur Selbsthilfe zugunsten der vertriebenen Neubürger entwickelte sich so die bayerische Variante einer staatlichen Konversionspolitik. Gleichwohl lagen hier, in der Reaktion auf die erzwungene Zuwanderung von nahezu zwei Millionen Flüchtlingen und Vertriebenen, die eigentlichen Wurzeln einer bayerischen Industriepolitik.

Im Gesamtzusammenhang der in Bayern bereits vor der Währungsreform intensiv diskutierten Konzepte zur ökonomischen Krisenbewältigung nahm das Industrialisierungsparadigma zweifellos eine Schlüsselposition ein. Zugleich konnte seine Ausgestaltung nicht unbeeinflußt bleiben von den ordnungspolitischen Grundsatzdebatten, die auf Landesebene seit Kriegsende geführt wurden. Noch die bayerische Verfassung vom Dezember 1946, die zutreffend als eine marktwirtschaftlich ausgerichtete Grundordnung mit „lenkungswirtschaftlichen Schwerpunkten"[1] bezeichnet wurde, spiegelt den Stellenwert wider, den wirtschaftsdemokratische, gemein- und lenkungswirtschaftliche Konzepte in den bayerischen Parteien über die SPD hinaus zeitweise auch in Teilen der frühen CSU genossen. Die ersten Debatten derartiger Ordnungsvorstellungen hatten seit 1945 in dem überparteilichen Diskussionszirkel stattgefunden, den der Münchner Wirtschaftswissenschaftler Adolf Weber unmittelbar nach Kriegsende zur Erörterung der sozialökonomischen Problemlagen Bayerns um sich gesammelt hatte. Erst im Herbst 1947 verlor die damit verbundene Suche nach einem gangbaren „Dritten Weg" zwischen staatswirtschaftlicher und kapitalistischer Ordnung auch in Bayern an politischer Relevanz. Ausschlaggebend dafür wurde die Herausbildung stärker konturierter wirtschaftspolitischer Standpunkte in den Parteien seit den Verfassungsberatungen und die damit verbundene Klärung der Fronten. Annähernd parallel zum Zerfall der Koalition aus CDU/CSU und SPD im Wirtschaftsrat der Bizone bekräftigte in Bayern der Austritt der sozialdemokratischen Minister aus der ersten Regierung Ehard im September 1947 diese allgemeine Neuausrichtung und Polarisierung der Parteienlandschaft. Mit dem Ende der ordnungspolitischen Experimentierphase in der CSU und der Ernennung Hanns Seidels zum Wirtschaftsminister rückte in Bayern zugleich eine marktwirtschaftlich orientierte, liberale Wirtschaftspolitik in den Vordergrund.

Die recht weitgehenden Befugnisse, die die Bayerische Verfassung dem Gesetzgeber unter anderem zur Überführung von Unternehmen der Verkehrs- oder Energiewirtschaft in öffentliches Eigentum zuwies, fanden so in den nächsten Jahren nur eine kaum nennenswerte normative Umsetzung. Aufgrund des dilatorischen

---

[1] Schwingenstein, Die wirtschaftlichen Ordnungsvorstellungen, S. 123.

Widerstands der CSU mündeten die Sozialisierungsdebatten der ersten Nachkriegsjahre, die auch in Bayern vorwiegend auf Anstöße seitens der Sozialdemokraten hin ausgetragen wurden, nicht in eine grundsätzlichere, strukturprägende Umgestaltung der industriellen Eigentumsordnung. Auf weniger eklatante Weise und den Blicken der Öffentlichkeit weitgehend entzogen, nutzten CSU-geführte bayerische Kabinette hingegen bereits in den frühen 1950er Jahren das Instrument der Staatsbeteiligungen als Mittel der Industrie- und Strukturpolitik.

Ohne daß es dazu eines formellen Beschlusses oder eines offiziellen Planes bedurft hätte, setzte sich das Industrialisierungsparadigma bereits in der zweiten Hälfte der 1940er Jahre in Politik und Verwaltung Bayerns durch. Allerdings geschah dies nicht in Form eines geradlinigen oder gar zwangsläufigen Prozesses der Willensbildung, sondern eher in Gestalt einer wachsenden, zunächst diffusen Grundgewißheit. Bis gegen Ende der Besatzungszeit verdichtete sich diese in Expertenkreisen zum Leitbild der dezentralen, industriell-gewerblichen Durchdringung des Landes nach dem Vorbild des benachbarten Württemberg. Noch im Frühjahr 1946 hatte man an der Spitze der Landesplanungsabteilung im Bayerischen Wirtschaftsministerium die Ausweitung des landwirtschaftlichen Sektors als den geeigneten Weg zur Integration der zugewanderten Neubürger favorisiert. Der rasch sich abzeichnende „Bevölkerungsüberdruck"[2] machte derartige Konzepte obsolet. Zudem führten die Folgen der Wirtschafts- und Währungsreform 1948, die in Form von Betriebszusammenbrüchen überdurchschnittlich stark zu Lasten von Flüchtlingsunternehmern ging, und die spätestens zu diesem Zeitpunkt einsetzende Land-Stadt-Bewegung der bayerischen Bevölkerung den Verantwortlichen noch in weiterer Hinsicht die Grenzen ihrer frühen Deutungsansätze vor Augen. Sofern man wie die junge Landesplanerin Elisabeth Miersch optimistisch davon ausgegangen war, daß die Ankunft der Vertriebenen allein bereits den Anstoß zur gewerblich-industriellen Durchdringung Bayerns geben und so „von selbst"[3] für eine ausgeglichenere gewerblich-agrarische Mischstruktur sorgen würde, hatte man derartige Hoffnungen bald zu korrigieren.

Aus der Krisenwahrnehmung resultierte bis Frühjahr 1949 die fortan im Wirtschaftsministerium dominierende Einsicht, wonach die gewerbliche Integration der Vertriebenen und eine aktive bayerische Industrieförderpolitik mit dem Ziel der Ausweitung der industriellen Basis des Landes auf Dauer wirksam miteinander verbunden werden mußten. Von der gewerblichen Aufrüstung rein ländlicher Räume wollte man dabei bewußt Abstand nehmen. Stattdessen rückte die strukturelle Stärkung von Klein-, Land- und Mittelstädten in den Vordergrund und damit ein Förderkonzept, das etwa ein Jahrzehnt später gegen Ende der 1950er Jahre offiziell in die bundesdeutsche Regionalförderung einging. Gleichwohl blieb die bayerische Wirtschaftspolitik angesichts der krisenhaften Rahmenbedingungen vorerst auf ein stark improvisiertes Vorgehen angewiesen. Im Arsenal der frühen bayerischen Industrialisierungsbemühungen fungierten daher die gezielte Steuerung knapper Ressourcen, die Stabilisierung der Energieversorgung und die Grup-

---

[2] Emminger, Bayerische Industrie, S. 197.
[3] Miersch, Räumliche Dezentralisierung, S. 37.

penansiedlung ausgewählter Sparten des zugewanderten Vertriebenengewerbes zunächst als wichtige Instrumente.

Jenseits übergreifender raumpolitischer Visionen, die im Sommer 1948 weiter entfernt schienen denn je, war es die Praxis der bayerischen Kredithilfen zugunsten neu ansässiger Vertriebenenunternehmer, die sich zum Kernelement der ökonomischen Integrationsbemühungen, dann zum Nukleus einer allgemeineren staatlichen Industriepolitik Bayerns entwickelte. Als Ergebnis einer Krise der bayerischen Vertriebenenpolitik von allen Landtagsparteien unterstützt, wurden die sogenannten „Flüchtlingsproduktivkredite" ab Herbst 1947 in die Wege geleitet und im Zusammenwirken von Landtag, Staatsregierung, mehreren Ministerien, Flüchtlingsverwaltung und Staatsbank, ab 1951 auch der LfA, realisiert. Sie repräsentieren nicht nur den Übergang zu einer Strategie der aktiven ökonomischen Vertriebeneneingliederung innerhalb der bayerischen Landespolitik. Besonders bemerkenswert ist auch nicht allein die „technische" Findigkeit der Verantwortlichen im Finanzministerium, die angesichts der prekären Haushaltslage auf das Instrument der Staatsbürgschaften setzten, um den Kapitalmangel vieler Vertriebenenbetriebe als entscheidende Engpaßstelle ihres Aufbaus zu mildern. Von kaum zu überschätzender Wirkung war zudem die Tatsache, daß bayerische Politiker, allen voran Ministerpräsident Ehard und Wirtschaftsminister Seidel, auch entgegen manchen fremdenkritischen Tendenzen in der Bevölkerung an dem Konzept der kreditpolitischen Hilfe zur Selbsthilfe festhielten. Bayern hatte auf dem einmal begonnenen Weg der Industrialisierung weiterzugehen, um den Bevölkerungszuwachs produktiv aufzufangen – dieser Verknüpfung von Strukturwandel und Zuwanderung korrespondierte die „gar nicht so uneigennützig" gedachte Einsicht, daß Maßnahmen der Eingliederungshilfe sich im Gegenzug in Form einer essentiellen „Blutzufuhr für die bayerische Wirtschaft"[4] auszahlen konnten.

Die tatsächlichen Wirkungen der Vertriebenenzuwanderung für die allgemeine ökonomische und wirtschaftsstrukturelle Entwicklung Bayerns zu ermessen, ist gleichwohl ein schwieriges Unterfangen. Eine eingehende Analyse der verfügbaren Indikatoren legt ein differenziertes Resümee nahe, das vor allem die Veränderungen im Bereich der Produktionsfaktoren Arbeit und Kapital zu berücksichtigen hat. Zweifellos förderte der Arbeitskräftezuwachs die rasche Ausweitung der Nachkriegsproduktion in Bayern. Da die Neubürger in überdurchschnittlichem Maße in den wachstumsstarken gewerblich-industriellen Sektor eintraten, beschleunigte ihre Arbeitsleistung den Strukturwandel und förderte mittelfristig auch das Wirtschaftswachstum des Landes. Die belastenden Momente der Zuwanderung manifestierten sich hingegen in Gestalt einer hartnäckigen und im Bundesvergleich zunächst überaus hohen Arbeitslosigkeit und eines geringeren Wachstums des einwohnerbezogenen Sozialprodukts. Nicht zufällig wiesen die „Flüchtlingsländer" Bayern, Schleswig-Holstein und Niedersachsen in letztgenannter Hinsicht im Verlauf der 1950er Jahre die niedrigsten Steigerungsraten auf. Erst als sich mit Eintritt der Vollbeschäftigung im Bund 1954/55 das Arbeitskräfteangebot zu einem potentiell restringierenden Faktor der industriellen Produktion ent-

---

[4] So Hanns Seidel vor dem Plenum des Bayerischen Landtags: Stenographischer Bericht über die 100. Sitzung des Bayerischen Landtags am 27.1.1949, S. 576f.

wickelte, wandelten sich die in Bayern noch vorhandenen Arbeitskräftereserven zu einem entscheidenden Standortvorteil für das Land.

In diesem Zusammenhang ist die ökonomische Wirkung der über 300000 vertriebenen Arbeitnehmer in der bayerischen Wirtschaft wohl höher einzuschätzen als jene der relativ wenigen, doch in der zeitgenössischen Diskussion stärker präsenten „Flüchtlingsbetriebe". Insbesondere was deren Beitrag zur angestrebten räumlichen Streuung des bayerischen Gewerbes anging, wohnte ihnen das Potential zur Auflockerung der bayerischen Gewerbelandschaft nur eingeschränkt inne. Sieht man von den Ansiedlungsprojekten unter anderem in Kaufbeuren-Neugablonz, Geretsried, Traunreut oder Waldkraiburg ab, dann läßt sich vielfach eher von einer starken Prägkraft der aufnehmenden Raum- und Wirtschaftsstrukturen für das entstehende Standortmuster sprechen. Pointiert gefaßt, standen die Chancen auf Herausbildung wachstumsstarker agrarisch-industrieller Mischregionen dort am besten, wo sich gewerbliche Anknüpfungspunkte aus der Vorkriegs- oder Kriegszeit erhalten hatten. Entsprechend differenziert ist auch die Wirkung der bayerischen Flüchtlingskreditaktion zu bewerten. Weniger geeignet, die dezentrale Lagerung des bayerischen Gewerbes von sich aus zu ermuntern, förderte sie die unternehmerische Eigeninitiative der Vertriebenen, setzte ihnen gegenüber ein Zeichen für den ökonomischen Integrationswillen der bayerischen Politik und gab die Basis für ein Fördersystem, das bald auch den einheimischen Betrieben zugute kam.

Nach 1949 änderten sich die Rahmenbedingungen für strukturpolitische Interventionen der Länder und damit auch für Bayern grundlegend. Mit der Formel von der herzustellenden „Einheitlichkeit der Lebensverhältnisse über das Gebiet eines Landes hinaus"[5] hatte das Gleichheitspostulat des Grundgesetzes auch eine raumbezogene Ausprägung gefunden. In der Verfassungspraxis und im Bund-Länder-Diskurs der frühen Bundesrepublik war dieses staatsrechtlich verankerte Leitbild allerdings erst mit konkretem politischem Inhalt zu versehen. Dies traf für den bundesdeutschen *Finanzausgleich* ebenso zu wie für das allmählich sich herausbildende Arbeitsfeld der *regionalen Wirtschaftspolitik* und für die gleichermaßen grundgesetzlich verortete *Raumordnung*[6]. Eine aktive bayerische Ausgleichs- und Strukturpolitik mußte deshalb, darüber waren sich verantwortliche Politiker wie Hanns Seidel bereits im klaren, auf überregionaler Ebene ansetzen und darauf bedacht sein, das föderative System so mitzugestalten, daß die Entwicklungschancen eines peripher gelegenen, finanzschwachen Landes wie Bayern gewahrt blieben. Aus eigener Kraft und ohne Hilfe des Bundes jedenfalls, so die Überzeugung Seidels, waren die gestellten Aufgaben nicht zu bewältigen.

Es war für die wirtschafts- und finanzpolitischen Spielräume der bayerischen Landespolitik von ausschlaggebender Bedeutung, daß es bis gegen Ende der 1950er Jahre nicht gelang, die ökonomische Leistungskraft Bayerns im Maße des bundesdeutschen Aufschwungs zu entwickeln. Ungeachtet eines zwischen 1950 und 1958 auf mehr als das Doppelte ansteigenden Volkseinkommens blieb die Steuerkraft des Landes im Ländervergleich von Jahr zu Jahr weiter zurück. Da für staatliche

---

[5] Artikel 72 Abs. 2 GG (Fassung von 23.5.1949).
[6] Vgl. hierzu Art. 75 GG.

Investitionen überwiegend auf das Mittel der Anleihen zurückgegriffen werden mußte, setzte sich Bayern bis gegen Ende der 1950er Jahre im Bereich der Kreditmarktverschuldung an die Spitze aller Bundesländer. Überkommene Strukturschwächen der bayerischen Wirtschaft, darunter an erster Stelle der vergleichsweise geringere Industrialisierungsgrad, und die neu hinzugetretenen Kriegsfolgebelastungen überlagerten sich als Hintergrund dieses unerfreulichen Bildes. Für die bayerischen Staatsregierungen nahm daher die Schaffung eines *Finanzausgleichs*systems, welches das existierende Mißverhältnis zwischen Steuerleistung und kriegsbedingten Lasten im Sinne der besonders betroffenen, ohnehin strukturschwächeren „Flüchtlingsländer" regelte, als angewandte überregionale Strukturpolitik im Bund oberste Prioritätsstufe ein.

Anders als etwa zu erwarten, entpuppte sich die Präsenz des bayerischen CSU-Politikers Fritz Schäffer im Amt des Bundesfinanzministers dabei keineswegs als reiner Vorteil für sein Herkunftsland. Vielmehr verbesserte sich aufgrund der geschickten Verhandlungsstrategie des Ministers, der es verstand, Fragen der Finanzverfassung, der Steuerverteilung und des horizontalen Finanzausgleichs zu verknüpfen, die Einnahmesituation des Bundes bis gegen Ende der 1950er Jahre erheblich zu Lasten der Länder. Zugleich aber sorgten die Finanzreformen von 1955/1958 dafür, daß die finanzschwachen Länder unter Einschluß Bayerns eine deutliche Anhebung ihrer Steuerkraft aus den Mitteln des Länderfinanzausgleichs verzeichneten. Bayern konnte als Empfängerland ohnehin seit Beginn des horizontalen Ausgleichssystems 1950 bis gegen Mitte der 1960er Jahre kontinuierlich höhere Zuweisungen aus der im Umfang ebenfalls wachsenden Ausgleichsmasse für sich verbuchen. Wenn diese Länderzuweisungen im Laufe der 1960er Jahre in ihrer absoluten Höhe zurückgingen, dann war dies in erster Linie auf die wachsende Wirtschaftskraft des Bundeslands zurückzuführen, nicht jedoch auf diskriminierende Mängel des horizontalen Ausgleichssystems. Im Ergebnis verhalf das Institut des Länderfinanzausgleichs Bayern dazu, daß sich die aufgestockten Steuereinnahmen des Landes bis zum Ende des bayerischen Nehmerstatus in den frühen 1980er Jahren – bezogen auf die Einwohnerzahl – bis auf 95% an den bundesdeutschen Länderdurchschnitt annäherten.

Die durch den Bund ermunterte Solidarität anderer Bundesländer kam Bayern seit den frühen 1950er Jahren überdies in Form der staatlich gelenkten Umsiedlung von mehr als 180 000 Flüchtlingen und Vertriebenen vornehmlich nach Baden-Württemberg und Nordrhein-Westfalen zugute. Nahezu zur gleichen Zeit begab sich die Bundespolitik auf Anregung der größeren Parteien in das Stadium eines raumpolitisch durchdachteren, aktiven Ausgleichs überregionaler Disparitäten. Seit 1950/51 trat ein bislang von der historischen Forschung kaum beachtetes, komplexes *regionalpolitisches Fördersystem* des Bundes in Aktion, das in Zusammenarbeit mit den Länderregierungen auf den Ausgleich der gravierendsten sozialökonomischen Entwicklungsdefizite und Ungleichgewichte im Bundesgebiet abzielte. Die bayerischen „Notstandsgebiete" vor allem im Osten und Nordosten des Landes wurden dabei von Anfang an berücksichtigt. Für die bayerische Politik eröffnete sich damit auf Bundesebene ein weiteres intensiv gepflegtes Aufgabenfeld. Insbesondere die Landesgruppe der CSU im Bundestag übernahm hierin die Rolle einer Scharnierstelle. Dieses Vorgehen erschien umso dringlicher, als es nach Einschätzung des Landesgruppenvorsitzenden Strauß bei der Vertretung bayerischer Wirtschaftsinteressen in Bonn um zweierlei gehen mußte: Gegenüber der starken Resonanz nordrhein-westfälischer Wirtschaftsinteressen im Kanzleramt war die davon abweichende, spezifisch bayerische Bedürfnislage dringend zur Geltung zu bringen, während zugleich die CSU in der Wahrnehmung der bayerischen Wähler als kompetente Vertreterin landeseigener Belange auf Bundesebene etabliert werden sollte. Dazu setzte man auf die üblichen Mittel parlamentarischer Initiative, nutzte Wahlkampfsituationen oder öffentliche Stimmungslagen, pflegte zudem eine gezielte Personalpolitik und versuchte darüber hinaus, hinter den Kulissen der offiziellen Gremien Einfluß auf Kabinettsmitglieder oder auf Adenauer selbst zu nehmen.

Wie im Falle des Finanzausgleichs entstand mit der bundesdeutschen Regionalförderung auf Verlangen der Länder gleichwohl ein rational geordnetes Interventionsverfahren, das um ein Höchstmaß an gerechtem Ausgleich bemüht war und das Prinzip der aktiven Sanierung von ökonomischen Krisenregionen in sich verkörperte. Zwischen 1951 und 1974 flossen so aus Mitteln zur Förderung der regionalen Wirtschaftsstruktur mehr als 750 Mio. DM an Bundeshilfen nach Bayern, der höchste Gesamtbetrag, der einem einzelnen Bundesland an einschlägigen Fördermitteln in dem genannten Zeitraum zugute kam.

Anders als auf der Bundesebene, wo Ansätze zur Aktivierung einer überregional koordinierenden *Raumordnungs*politik aufgrund des Widerstands der Länder bis gegen Mitte der 1960er Jahre kaum zum Zuge kamen, entstand mit der bayerischen *Landesplanung* nach Kriegsende früh ein raumpolitisch einsetzbares Instrument. Beeinflußt wurden die Initiativen dazu von den organisatorischen Bemühungen in anderen Bundesländern, insbesondere in Nordrhein-Westfalen. Bereits 1951 von Ministerpräsident Ehard mit der Aufgabe betraut, einen Strukturplan für die weitere sozialökonomische Entwicklung des Landes zu erarbeiten, entwickelte sich die bayerische Landesplanung gleichermaßen zum tragenden Akteur im Aufbauprozeß wie zum Objekt von Debatten um die adäquaten Wege dorthin. So fand für einige Jahre die Frage nach der effektivsten Bündelung der Kräfte und nach der Verteilung von strukturpolitischen Gestaltungschancen einen Kristallisationspunkt im Meinungsstreit um dieses Politikfeld. Sympathien für den Planungsgedanken fanden sich mit Blick auf die bevorstehende Aufbauarbeit in der bayerischen Öffentlichkeit, bei Verbänden und in den Parteien, vor allem bei Vertretern von CSU, SPD und beim BHE. Das Spektrum der Positionen war allerdings weit und reichte von den Vorstellungen Otto Schedls über eine am Vorrang marktwirtschaftlicher Mechanismen orientierten „Rahmenplanung" bis zu Auffassungen in der SPD über eine demokratische, doch gesamtheitlich ausgerichtete Planungsorganisation mit umfassenden Befugnissen und institutionell starker Stellung.

Von variierender Intensität und öffentlicher Resonanz, mündeten die Debatten bis 1957 in die Verabschiedung des ersten bayerischen Landesplanungsgesetzes. Die seit 1946/47 mehrfach wechselnden parlamentarischen Mehrheits- und Regierungsverhältnisse und die komplizierte Verschränkung der Interessen im Gang der Beratungen lassen es nicht zu, dessen Ausgestaltung dem überwiegenden Einfluß einer Partei zuzuschreiben. Festzuhalten bleibt, daß noch gegen Ende der 1950er Jahre in Bayern nur eine stark eingehegte Form der Landesplanung politisch mehrheitsfähig war. Entgegen den Vorstellungen der bayerischen SPD sah das neue Gesetz kein Vetorecht vor. Anders als kommunale oder wirtschaftliche Interessenvertretungen gewünscht hatten, wurde die Landesplanung nicht als Selbstverwaltungs-, sondern als staatliche Hoheitsaufgabe definiert.

Wenn die Bundesrepublik bereits im Übergang zu den 1960er Jahren „kein planerisches Niemandsland"[7] mehr darstellte, dann lag die Ursache hierfür auch und vor allem in der Tatsache, daß akute Krisenlagen und Probleme des strukturellen Wandels in den Ländern ein koordiniertes Eingreifen nahelegten und Verfahren der politischen Steuerung mit einiger Autorität versahen. Als die Verdichtung der bundesdeutschen Planungsdiskussion in der ersten Hälfte der 1960er Jahre zu einer bis dahin beispiellosen öffentlichen Hochschätzung des Politikfelds der Raumordnung führte, lagen auf der bayerischen Landesebene daher bereits langjährige Erfahrungen und eingespielte Verfahrenswege vor. Dies und die Tatsache, daß dabei auch die Grenzen der Steuerbarkeit regionaler Strukturpolitik in den Blick getreten waren, beeinflußte die Rezeption des Planungsgedankens in Bayern, als dieser in Form eines umfassenden Imperativs in den 1960er Jahren von der Bundesebene her zurückkehrte und im vergrößerten europäischen Raum verstärkte Aufmerksamkeit einforderte.

Die Gründung der Europäischen Wirtschaftsgemeinschaft 1957 und die nachfolgenden diplomatischen Bemühungen zur Herstellung eines einheitlichen Wirtschaftsraumes trafen Bayern in einer sensiblen Phase seiner ökonomischen Nachkriegsentwicklung. Während die wirtschaftlichen Indikatoren eine gewisse Konsolidierung seiner Stellung im Bund anzeigten, drohten die europäischen Einigungsbestrebungen das Erreichte erneut zu gefährden. Der erweiterte Wirtschaftsraum akzentuierte die Randlage Bayerns und warf damit die Frage nach der künftigen Widerstandsfähigkeit der bayerischen Industriewirtschaft ebenso auf wie jene nach der angemessenen Stellung der Landwirtschaft innerhalb des einheimischen Wirtschaftsgefüges. Dessen Struktur aber schien die weitere Industrialisierung des Landes zu einem dringenden Gebot der Stunde zu machen. Die fortbestehenden Disparitäten zwischen Ballungsräumen und zurückbleibenden Gebieten in Bayern konfrontierten den Wirtschaftsminister zudem mit der Sorge, inwiefern die marktorientierten Subventionsverbote der EWG das etablierte System der bundesdeutschen, auf Behebung regionaler Entwicklungsdefizite ausgerichteten Regionalförderung in Gefahr brachten.

Die komplexe Herausforderung mündete auf mehreren Ebenen in einen Wandel der politischen und ministeriellen Arbeit, der von modernisierendem Anspruch getragen war. Der zunehmend notwendige Abgleich von Industrialisierungs- und Landwirtschaftspolitik bereitete neuen Kooperationsformen zwischen den befaßten Ressorts den Weg. Zugleich trat der Planungsgedanke auch in Bayern mit neuer Schwungkraft auf die politische Tagesordnung. Zum zweiten Mal nach der Initiative Hans Ehards von 1951 nahm sich eine bayerische Staatsregierung die Aktivierung ihrer landesplanerischen Anstrengungen zum Ziel. Getragen auch von einer anwachsenden Meinungsströmung im öffentlichen Raum, stellte die seit Dezember 1962 allein regierende CSU dem umfassenden Lenkungsoptimismus der

---

[7] Ruck, Kurzer Sommer der konkreten Utopie, S. 374.

bayerischen Sozialdemokraten wie schon eine Dekade zuvor einen pragmatisch eingeschränkten Planungsbegriff gegenüber. Nicht der von der SPD geforderte große EWG-Anpassungsplan, sondern auf Veranlassung der Staatsregierung vorerst lediglich regional begrenzte Raumordnungspläne mittlerer Reichweite wurden in Angriff genommen. Auch trieben nicht die planerischen Ausarbeitungen an sich die Entwicklung in erster Linie voran. Von größter Bedeutung wurde vielmehr die Tatsache, daß erst im Zuge der EWG-Anpassung die bayerische Agrarpolitik als aktiver Partner in die Gestaltung des strukturellen Wandlungsprozesses einbezogen wurde.

Entgegen den ursprünglichen Befürchtungen im bayerischen Wirtschaftsministerium war es indes nicht die EWG, die die Stellung Bayerns in der bundesdeutschen Regionalförderung der 1960er Jahre gefährdete. Vielmehr brachte die Krise des westdeutschen Steinkohlenbergbaus seit 1958 das Fördersystem in einem Maße aus der Balance, das seine Neujustierung unabweisbar machte und zugleich den Reformplänen von Bundeswirtschaftsminister Schiller willkommene Eingriffsmöglichkeiten bot. In den regionalpolitischen Konzepten der Großen Koalition stand seit 1968/69 – in Reaktion auf die Erfahrung der vorhergegangenen Rezessionskrise – nicht mehr vorwiegend der Ausgleich von räumlichen Ungleichgewichten im Vordergrund, sondern das Bestreben, bislang ineffektiv genutzte ökonomische Potentiale an der Peripherie des bundesdeutschen Wirtschaftsraums durch vermehrte Koordination und zentrale Lenkung dem allgemeinen Wachstum nutzbar zu machen. Die Krise von 1966/67 traf Bayern damit in doppelter Weise, waren doch nicht nur die ökonomischen Negativeffekte vorwiegend zu Lasten der eigenen strukturschwachen Gebiete zu bewältigen, sondern auch die Folgen einer revidierten, auf Vereinheitlichung und Steuerung setzenden Regionalpolitik des Bundes.

Für die bayerische Wirtschaftspolitik verschärfte diese Entwicklung ein älteres Dilemma, das sich seit den 1950er Jahren mit dem Politikfeld der bundesdeutschen regionalen Wirtschaftsförderung als Teil des vertikalen Finanzausgleichs verband. Im Zentrum der Problematik stand dabei die grundgesetzlich vor 1969 nicht gedeckte Praxis des Bundes, den Ländern finanzielle Zuwendungen zur Wahrnehmung von Länderaufgaben zukommen zu lassen. Dem in der begleitenden Dotationspraxis verankerten Bundesanliegen, bei der Anwendung von Fördergeldern maßgeblich mitzubestimmen, standen auf bayerischer Landesebene zunehmende Bedenken gegenüber, sich eines Teils der finanzpolitischen Verfügungsautonomie in der Durchführung eigener Aufgaben zu begeben und einen wachsenden Anteil des eigenen Staatshaushalts zu binden. Zugleich aber machte die über Jahrzehnte hin prekäre Haushaltslage des bayerischen Staates den Verzicht auf derartige Bundeszuwendungen kaum möglich. Allein im Zeitraum zwischen 1960 und 1970 wurde so fast die Hälfte (44,8%) aller Fördermaßnahmen im Rahmen der regionalen Strukturpolitik in Bayern aus Mitteln des Bundes finanziert. Die Finanzreform von 1969 verknüpfte die Stärkung der Bundeskompetenzen im Bereich der regionalen Wirtschaftsförderung mit einer erheblichen Ausweitung der verfügbaren Mittel und brachte damit für Bayern ein ambivalentes Ergebnis; mit einer finanzwirtschaftlichen Verschlechterung verband sie sich für das Bundesland nicht. Dies gilt auch angesichts der kontroversen Debatten um die Regionalisierung der bundesdeutschen Konjunkturpolitik, die Bayern nach dem Bonner Machtwechsel von 1969 mit der sozialliberalen Bundesregierung führte. Ungeachtet aller bayerischen Proteste gegen die manifeste Kräfteverschiebung im föderalen System bleibt überdies festzuhalten, daß sich die Stellung der Länder stets als stark genug erwies, um die Durchsetzung von Gegenkonzepten zum Prinzip der aktiven Sanierung von ökonomisch zurückliegenden Räumen zu verhindern. Im Ergebnis profitierte das Bundesland während der „Boom-Jahre" und darüber hinaus nicht nur von den materiellen, sondern auch von den ideellen Grundlagen einer auf die „Einheitlichkeit der Lebensverhältnisse" verpflichteten bundesstaatlichen Ordnung.

Die Jahre zwischen 1967 und 1973 brachten Bayern eine Periode intensiver struktur- und lenkungspolitischer Debatten. Die Rezeption der Rezessionskrise von 1966/67 und die Aufnahme von Leitbegriffen der Bonner Planungskultur führten an der Wende zu den 1970er Jahren dazu, daß auch die bayerische Landespolitik in eine „Zeit der großen Pläne" eintrat. Unter dem Eindruck der drohenden Verschärfung regionaler ökonomischer Disparitäten im Land hatte der Ministerrat Ende der 1960er Jahre die Erarbeitung einer ganzheitlichen Konzeption strukturbezogener Politik in Form eines „Strukturentwicklungsprogramms für Bayern" angestoßen. Die folgenden Jahre waren gekennzeichnet von der planerischen Umsetzung dieser Vorgabe, die im Zeichen gestiegener Anforderungen an die Leistungskapazitäten staatlichen Handelns stand. Es markiert eine dezidierte Stärke bayerischer Wirtschaftspolitik unter Anton Jaumann, daß es gelang, auch in Zeiten allgemeiner „Beschleunigung der Planungen" (Friedrich H. Tenbruck) handlungsfähig zu bleiben und zu sinnvollen Formen der strukturpolitischen Komplexitätsreduktion zu finden.

Die Wirkungstiefe strukturpolitischen Handelns vor dem Hintergrund des Gesagten für einen Betrachtungszeitraum von annähernd dreißig Jahren zu bemessen, ist ein schwieriges Unterfangen. Zu komplex ist das dargestellte Beziehungsgefüge von übergreifenden ökonomischen Entwicklungen, raumstrukturellen Veränderungen in Westdeutschland, fortwirkenden Pfadabhängigkeiten und Akzidentien, die in der bayerischen Entwicklung zum Tragen kamen. Die Tatsache, daß die bayerische Wirtschaft bereits während der Zwischenkriegszeit an städtischen Standorten Unternehmen in wichtigen Branchen wie dem Maschinen- und Fahrzeugbau sowie der Elektrotechnik aufwies, war ebenso von Bedeutung wie die Verlagerung rüstungswirtschaftlicher Kapazitäten nach Süden im Laufe des Zweiten Weltkrieges, die teilweise an die gegebene Branchenstruktur anschließen konnte. Während die ökonomischen Wirkungen der Vertriebenenzuwanderung – wie gesehen – differenziert einzuschätzen sind, schlug die Zuwanderung von Industriebetrieben nicht nur aus der sowjetischen Besatzungszone und Berlin ebenso zweifellos zum Vorteil Bayerns aus wie die relative „industrielle Rückständigkeit" des Landes noch bis gegen Ende der 1950er Jahre: Die vergleichsweise späte Industrialisierung bot die Chance, dort Wachstumszuwächse zu erzielen, wo ältere Standorte außerhalb Bayerns bereits an Expansionsgrenzen stießen.[8]

---

[8] Frey, Industrielle Entwicklung Bayerns, S. 17–235, hier: S. 219.

Es konnte daneben gezeigt werden, in welchem Ausmaß finanz- und strukturpolitische Hilfen des Bundes dazu beigetragen haben, einer im Betrachtungszeitraum von Politikern verschiedener Couleur getragenen Industrie- und Strukturpolitik in Bayern vergrößerte Spielräume zu eröffnen. Die Relevanz der einschlägigen ordnungs- und verteilungspolitischen Diskurse zwischen Bund und Ländern früh erkannt und sie zum Nutzen des Bundeslandes mitgestaltet zu haben, macht ein erhebliches Verdienst der damit befaßten bayerischen Finanz- und Wirtschaftspolitiker aus. Es wurde ausführlich dargestellt, in welcher Weise einer früh aufgenommenen, kontinuierlich vorgetragenen, vom maßvollen Einsatz des planerischen Instruments geprägten und vor dem Hintergrund beschränkter Ressourcen oft einfallsreichen Politik zur infrastrukturellen wie energiewirtschaftlichen Aufrüstung und gewerblichen Durchdringung des Landes exogene Hilfen unterstützend zugute kamen. Nicht zuletzt die westdeutsche Wiederbewaffnung schlug so zum Vorteil bayerischer Unternehmen aus. Am Beispiel der zukunftsträchtigen Neuausrichtung der bayerischen Energieversorgung während der Amtszeit von Wirtschaftsminister Otto Schedl konnte zudem demonstriert werden, über welche Gestaltungsmöglichkeiten politische Initiativen innerhalb eines komplexen Bedingungsgefüges verfügen konnten.

Bemißt man den Wirkungsgrad des im Laufe der 1960er Jahre zunehmend an Bedeutung gewinnenden strukturpolitischen Instruments der Landesplanung an den erreichten raumpolitischen Ergebnissen, dann zeigt sich ein ambivalentes Bild. Zwar machte die gewerbliche Durchdringung des Landes nachweisbar bedeutende Fortschritte, die sich allein zwischen 1957 und 1966 im Wandel der ökonomischen Struktur vieler bayerischer Landkreise und in der Verminderung der gleichwohl fortbestehenden Unterschiede in der Wirtschaftskraft zwischen Stadt und Land niederschlugen. Ein überregionaler Vergleich der Tendenzen industrieller Standortwahl im Bundesgebiet zeigt allerdings ebenso, daß sich die für Bayern zu konstatierenden Wandlungen der demographisch-industriellen Raumstruktur in der Zeit der „Langen Fünfziger Jahre" (Werner Abelshauser) als stark abhängige Variable übergeordneter Entwicklungen darstellen und keineswegs eine genuin bayerische Sonderentwicklung indizieren. Wie gesehen, gelang es im Betrachtungszeitraum zwischen 1945 und 1973 offenkundig auch nicht, die regionale Anordnung der industriellen Kraftzentren der bayerischen Wirtschaft im südbayerischen Raum über begrenzte Korrekturen hinaus auf grundsätzlichere Weise zu verändern. Immerhin aber hatten sich die Disparitäten regionaler Wirtschaftskraft innerhalb Bayerns, die sich damit verbanden, bis gegen Mitte der 1970er Jahre auch nicht weiter vergrößert.

Zu keinem Zeitpunkt, auch nicht in der Endphase unseres Betrachtungszeitraums, stellte sich Industrie- und Strukturpolitik in Bayern als bloße Umsetzung planerischer Ausarbeitungen dar. Vielmehr kann von einem hochkomplexen Prozeß der kollektiven Krisenbewältigung und des politischen Interessenausgleichs im Verhältnis zum Bund und im Land selbst gesprochen werden. Ungeachtet ihrer parteipolitischen Orientierung setzten bayerische Kabinette, dezidiert seit der Alleinregierung der CSU ab 1962, bis an die Schwelle der 1970er Jahre konsequent darauf, die Instrumente der Strukturpolitik im wesentlichen in staatlicher Hand zu halten. Diese Grundorientierung, die sich unter anderem an der Entwicklung des

Landesplanungsrechts und der Gestaltung einer staatlichen Beteiligungspolitik aufzeigen läßt, ging mit einem im Laufe der Untersuchung immer wieder hervortretenden, pragmatischen Zugriff einher. Dieser manifestierte sich auf vielfache Weise: in der flexiblen Auslegung von marktwirtschaftlichen Ordnungsprinzipien, wenn es galt, den Staat als Unternehmer strukturwirksam tätig werden zu lassen; im Widerstand der bayerischen Wirtschaftspolitik gegen die konjunkturpolitischen Implikationen der Globalsteuerung, wo es nötig war, für heimische Krisenregionen eine individuelle Lösung zu finden, oder auch im Rahmen einer hartnäckig vorgetragenen Vermittlungs- und Sanierungspolitik zur Sicherung von Bundesaufträgen für den bayerischen Flugzeugbau. Gewiß war die Verschränkung von Planung und Pragmatik ein Charakteristikum der bayerischen Industrie- und Strukturpolitik; sie stellte wohl auch eines ihrer wesentlichen Erfolgsrezepte dar.

Anhang

I. Verzeichnis der Abkürzungen

Abg.	Abgeordneter
ACSP	Archiv für Christlich-Soziale Politik
AfR	Amt für Reparationsangelegenheiten
AG	Aktiengesellschaft
ArchBayLT	Archiv des Bayerischen Landtags
ARL	Akademie für Raumforschung und Landesplanung
Art.	Artikel
AsD	Archiv der sozialen Demokratie
Aufl.	Auflage
BAK	Bundesarchiv Koblenz
BA-MA	Bundesarchiv-Militärarchiv
BayGVBl.	Bayerisches Gesetz- und Verordnungsblatt
BayHStA	Bayerisches Hauptstaatsarchiv
BBB	Bevollmächtigter Bayerns beim Bund
BDI	Bundesverband der Deutschen Industrie
BGBl.	Bundesgesetzblatt
BMW	Bayerische Motorenwerke
BMWI	Bundesministerium für Wirtschaft
BSB	Bayerische Staatsbibliothek
BVP	Bayerische Volkspartei
BWA	Bayerisches Wirtschaftsarchiv
CSU	Christlich-Soziale Union
DAG	Dynamit AG
DBV	Deutscher Bauernverband
DM	Deutsche Mark
DP	Deutsche Partei
EAGFL	Europäischer Ausrichtungs- und Garantiefonds
EFRE	Europäischer Fonds für regionale Entwicklung
EGKS	Europäische Gemeinschaft für Kohle und Stahl
ENI	Ente Nazionale Idrocarburi
ESF	Europäischer Sozialfonds
EWG	Europäische Wirtschaftsgemeinschaft
FAZ	Frankfurter Allgemeine Zeitung
FDP	Freie Demokratische Partei
FOD	Field Operations Division
FRUS	Foreign Relations of the United States
FS	Festschrift
GB/BHE	Gesamtdeutscher Block/Bund der Heimatvertriebenen und Entrechteten
GG	Grundgesetz
GMBl.	Gemeinsames Ministerialblatt
Hg.	Herausgeber
HICOG	Office of the United States High Commissioner for Germany

IG	Interessen-Gemeinschaft
IHK	Industrie- und Handeskammer
IMNOS	Interministerieller Ausschuß für Notstandsgebiete
KPD	Kommunistische Partei Deutschlands
LAG	Landesarbeitsgemeinschaft
LBI	Landesverband der Bayerischen Industrie
LfA	Bayerische Landesanstalt für Aufbaufinanzierung
LG-P	Protokolle der CSU-Landesgruppe im Deutschen Bundestag
LTF	Landtagsfraktion
MAN	Maschinenfabrik Augsburg-Nürnberg
NARA	National Archives and Records Administration
NRW	Nordrhein-Westfalen
o. D.	ohne Datum
o. J.	ohne Jahr
OLCB	Office of Land Commissioner for Bavaria
OMGB	Office of Military Government for Bavaria
OMGUS	Office of Military Government for Germany (U. S.)
o. O.	ohne Ort
ORR	Oberregierungsrat
o. S.	ohne Seiten
RAG	Reichsarbeitsgemeinschaft für Raumforschung
RGBl.	Reichsgesetzblatt
RM	Reichsmark
ROG	Raumordnungsgesetz
SARO	Sachverständigenausschuß für Raumordnung
SJ	Societas Jesu
SPD	Sozialdemokratische Partei Deutschlands
StAM	Staatsarchiv München
StK	Bayerische Staatskanzlei
TOP	Tagesordnungspunkt
USSBS	United States Strategic Bombing Survey
VAW	Verwaltungsamt für Wirtschaft
Vf.	Verfasser
VOB	Verdingungsordnung für Bauleistungen
VOL	Verdingungsordnung für Leistungen
WAV	Wirtschaftliche Aufbau-Vereinigung

II. Quellen- und Literaturverzeichnis

1. Ungedruckte Quellen

National Archives and Records Administration, Washington D.C.

RG 466: Records of the U.S. High Commissioner for Germany, 1948-1952
Mikrofilme C 40 und C 56: Confidential U.S.State Department Central Files: Germany.
Internal and Foreign Affairs, 1950-1959

Bundesarchiv Koblenz

B 102 Bundesministerium für Wirtschaft
B 134 Bundesministerium für den Wohnungsbau
B 136 Bundeskanzleramt

Bundesarchiv-Militärarchiv Freiburg i.Br.

BW 1 Leitung des Bundesministeriums der Verteidigung
BW 9 Dienststellen zur Vorbereitung des westdeutschen Verteidigungsbeitrages

Bayerisches Hauptstaatsarchiv, München

Akten der Bayerischen Staatskanzlei (StK)
Bayerisches Staatsministerium für Wirtschaft (MWI)
Bayerisches Staatsministerium der Finanzen (MF)
Bayerisches Staatsministerium des Innern (MInn)
Bayerisches Staatsministerium für Arbeit und soziale Fürsorge (MArb)
Bevollmächtigter Bayerns beim Bund (BBB)
Amt für Reparationsangelegenheiten (AfR)
Landesflüchtlingsverwaltung (MArb-Landesflüchtlingsverwaltung)
Office of Military Government for Bavaria (OMGBY)
Nachlaß Hans Ehard
Nachlaß Anton Pfeiffer
Nachlaß Otto Schedl

Staatsarchiv Oberbayern, München

Regierung von Oberbayern
Landesarbeitsamt Südbayern

Staatsarchiv Schwaben, Augsburg

Regierung von Schwaben

Archiv des Bayerischen Landtags, München

Ausschuß für Wirtschaft und Verkehr
Ausschuß für Grenzlandfragen
Kommission zur Prüfung von Staatsbürgschaften

Bayerische Staatsbibliothek, München

Nachlaß Karl Schwend

Universitätsarchiv München

M-IX-55 Personalakt Adolf Weber (Staatswissenschaftliche Fakultät)

Bayerisches Wirtschaftsarchiv, München

K 01 IHK für München und Oberbayern
1502 Vertretung der bayerischen Wirtschaft
3027 Landesauftragsstelle Bayern e. V.
K 08 IHK Bayreuth
K 09 IHK Augsburg
S 14 Geschäftsberichte von Verbänden, Vereinen und Einrichtungen der Wirtschaft
V 10 Landesverband der Bayerischen Industrie
V 15 Bayerischer Bankenverband e. V.
Nachlaß Otto A.H. Vogel

Archiv für Christlich-Soziale Politik, München

Akten und Protokolle der CSU-Landesgruppe im Deutschen Bundestag
Akten und Protokolle der CSU-Fraktion im Bayerischen Landtag
Nachlaß Hanns Seidel
Nachlaß Franz Elsen
Nachlaß Otto Seeling

Archiv des Instituts für Zeitgeschichte, München

ED 120 Nachlaß Wilhelm Hoegner
MA 1566/3 The United States Strategic Bombing Survey

Archiv der Landesanstalt für Aufbaufinanzierung, München

Vorstandsbeschlüsse 05.1951-12.1956
Verwaltungsratsbeschlüsse 05.1951-12.1956

Archiv der sozialen Demokratie, Bonn

Landtagsfraktion der SPD in Bayern

2. Zeitgenössische statistische Publikationen

Amtliches Zahlenmaterial zum Flüchtlingsproblem in Bayern. Hg. vom Bayerischen Staatsministerium des Innern, Staatskommissar für das Flüchtlingswesen. Folge I, München 1946
Arnold, Christian, Strukturwandlungen in der Erwerbsbevölkerung Bayerns seit 1882, in: Bayern in Zahlen 23 (1969), S. 357-359
Bassenge, Rosemarie, Die Beschäftigten in der Industrie und ihre Verteilung auf die Gemeindegrößenklassen, in: Bayern in Zahlen 4 (1950), S. 327-331

2. Zeitgenössische statistische Publikationen 439

Bayerische Kreditinstitute Oktober 1945 bis Dezember 1946, in: Bayern in Zahlen 1 (1947), S. 51
Bayerisches Staatsministerium des Innern. Der Staatssekretär für das Flüchtlingswesen, Statistischer Informationsdienst Nr. 96: Staatsverbürgte Produktivkredite für Betriebe der Heimatvertriebenen, 10.7.1949
Bayerisches Staatsministerium des Innern. Der Staatssekretär für das Flüchtlingswesen, Statistischer Informationsdienst Nr. 131: Verteilung von 77 Millionen DM Staatsverbürgten Flüchtlingsproduktivkrediten (und von 1,2 Millionen DM Kleindarlehen) auf die Stadt- und Landkreise Bayerns, 10.10.1950
Bayerns Sozialprodukt, in: Bayern in Zahlen 5 (1951), S. 359
Bayerns Wirtschaft 10 Jahre nach dem Kriege. Hg. vom Bayerischen Statistischen Landesamt, München 1956
Bayerns Wirtschaft gestern und heute. Ein Rückblick auf die wirtschaftliche Entwicklung. Ausgabe 1971. Hg. vom Bayerischen Statistischen Landesamt, München 1971
Bayerns Wirtschaft gestern und heute. Ein Rückblick auf die wirtschaftliche Entwicklung. Ausgabe 1992. Hg. vom Bayerischen Landesamt für Statistik und Datenverarbeitung, München 1992
Bayerns Wirtschaft im Herbst 1971, in: Bayern in Zahlen 26 (1972), S. 1-11
Berichte zur Wirtschaftslage. Hg. vom Bayerischen Statistischen Landesamt, Heft 1/1 und 1/2 (1948)
Bevölkerungsstruktur und Wirtschaftskraft der Bundesländer 1966 (Berichtsjahre: 1950, 1958 bis 1965). Hg. vom Statistischen Bundesamt, Stuttgart/Mainz 1967
Bevölkerungsstruktur und Wirtschaftskraft der Bundesländer 1968. Hg. vom Statistischen Bundesamt, Wiesbaden 1969
Bevölkerungsstruktur und Wirtschaftskraft der Bundesländer 1969. Hg. vom Statistischen Bundesamt, Wiesbaden 1970
Bevölkerungsstruktur und Wirtschaftskraft der Bundesländer 1970. Hg. vom Statistischen Bundesamt, Stuttgart/Mainz 1971
Bevölkerungsstruktur und Wirtschaftskraft der Bundesländer 1973. Hg. vom Statistischen Bundesamt, Stuttgart 1974
Bevölkerungsstruktur und Wirtschaftskraft der Bundesländer 1974. Hg. vom Statistischen Bundesamt, Stuttgart/Mainz 1975
Bevölkerungsstruktur und Wirtschaftskraft der Bundesländer 1977. Hg. vom Statistischen Bundesamt, Wiesbaden 1978
Bevölkerungsstruktur und Wirtschaftskraft der Bundesländer 1979. Hg. vom Statistischen Bundesamt, Wiesbaden 1980
Bevölkerungsstruktur und Wirtschaftskraft der Bundesländer 1982. Hg. vom Statistischen Bundesamt, Stuttgart 1983
Boustedt, Olaf, Zentrale Orte in Bayern. Eine Methode zu ihrer Ermittlung auf Grund der Arbeitsstättenzählung vom 13. September 1950, in: Zeitschrift des Bayerischen Statistischen Landesamts 84 (1952), S. 1-6
Das Bruttoinlandsprodukt in Bayern und im Bundesgebiet 1960-1982, in: Bayern in Zahlen 37 (1983), S. 156-162
Die Flüchtlinge in Bayern. Ergebnisse einer Sonderzählung aus der Volks- und Berufszählung vom 29. Oktober 1946 (Beiträge zur Statistik Bayerns 142), München 1948
Die regionale Verteilung der Industriebetriebe. Betriebe und Beschäftigte der Industrie in den kreisfreien Städten und Landkreisen 1950 bis 1956. Ergebnisse der Industrieberichterstattung (Die Industrie der Bundesrepublik Deutschland, Reihe 4: Sonderveröffentlichungen 16). Hg. vom Statistischen Bundesamt, Stuttgart 1957
Die Vertriebenen in Bayern. Ihre berufliche und soziale Eingliederung bis Anfang 1950 (Beiträge zur Statistik Bayerns 151), München 1950
Filser, Josef, Kohle- und Heizölverbrauch in der Industrie, in: Bayern in Zahlen 15 (1961), S. 251 f.
Filser, Josef, Die Mineralölindustrie in Bayern, in: Bayern in Zahlen 22 (1968), S. 383-385
Filser, Josef, Der Kohle- und Heizölverbrauch in der bayerischen Industrie, in: Bayern in Zahlen 22 (1968), S. 258 f.

Filser, Josef, Anwerbestop wirkt sich aus, in: Bayern in Zahlen 28 (1974), S. 297
Finanzbericht 1970. Hg. vom Bundesminister der Finanzen, Bonn 1970
Kern, Rudolf, Die Teilnahme der Vertriebenen am Erwerbsleben in Bayern. Ergebnisse der Mikrozensus-Erhebung Herbst 1960, in: Bayern in Zahlen 16 (1962), S. 378-380
Lehmann, Heinz, Die zentralen Orte und ihre kartographische Darstellung, in: Zeitschrift des Bayerischen Statistischen Landesamts 83 (1951), S. 16-22
Leiberich, Ludwig, Die Textilindustrie in Bayern, in: Bayern in Zahlen 11 (1957), S. 7-10
Leistung in Zahlen '74. Hg. vom Bundesministerium für Wirtschaft, Bonn 1975
Maier, Walter, Die Zahl der Ausländer nimmt zu, in: Bayern in Zahlen 16 (1962), S. 1-3
Maier, Walter, Die Wanderungsbewegung im Jahre 1961, in: Bayern in Zahlen 16 (1962), S. 195-197
Maier, Walter, Die Zahl der Ausländer in Bayern nimmt weiter stark zu, in: Bayern in Zahlen 17 (1963), S. 6-8
Maier, Walter, Langsamere Zunahme der Ausländerzahl in Bayern, in: Bayern in Zahlen 18 (1964), S. 1-3
Maier, Walter, Die Zahl der Ausländer nimmt weiter zu, in: Bayern in Zahlen 19 (1965), S. 3-6
Maier, Walter, Die Zahl der Ausländer nahm immer noch zu, in: Bayern in Zahlen 21 (1967), S. 17-19
Mangold, Hans, Die wirtschaftliche Wirkung der vom Staate verbürgten Flüchtlingsproduktivkredite, in: Bayern in Zahlen 5 (1951), S. 374-376
Mayr-Erlacher, Hanns, Die Industrie der Heimatvertriebenen in Bayern, in: Bayern in Zahlen 7 (1953), S. 311 f.
Meier, Walter, Bayern unter den Ländern des Bundesgebietes begehrtes Wanderziel. Ergebnisse der Wanderungsstatistik 1966, in: Bayern in Zahlen 21 (1967), S. 223-225
Mörtlbauer, Franz, Das Bruttoinlandsprodukt in Bayern und im Bundesgebiet 1960 bis 1976. Erste Ergebnisse der Revision der Entstehungsrechnung 1977, in: Bayern in Zahlen 31 (1977), S. 394-402
Mörtlbauer, Franz, Das Bruttoinlandsprodukt und die Bruttowertschöpfung der Wirtschaftsbereiche in Bayern und im Bundesgebiet 1960 bis 1976. Ergebnisse der Revision der Entstehungsrechnung 1977, in: Bayern in Zahlen 32 (1978), S. 41-48
München, Großstadt der Heimatvertriebenen, in: Bayern in Zahlen 6 (1952), S. 105
Paula, Herbert, Entwicklung des Bruttoinlandsprodukts in den Regierungsbezirken und Großstädten Bayerns von 1957 bis 1964, in: Bayern in Zahlen 20 (1966), S. 403-408
Paula, Herbert, Das Bruttoinlandsprodukt in den kreisfreien Städten und Landkreisen Bayerns 1957 bis 1964, in: Bayern in Zahlen 21 (1967), S. 98-114
Paula, Herbert, Entwicklung des Bruttoinlandsprodukts in den Regierungsbezirken, kreisfreien Städten und Landkreisen Bayerns 1957 bis 1966, in: Bayern in Zahlen 23 (1969), S. 149-156
Pechartscheck, Karl, Die bayerische Textilindustrie im Mai 1950, in: Bayern in Zahlen 4 (1950), S. 385-387
Pechartscheck, Karl, Die Flüchtlingsindustrie in Bayern im August 1949, in: Bayern in Zahlen 4 (1950), S. 325-327
Pechartscheck, Karl, Die Entwicklung der bayerischen Flüchtlingsindustrie im Jahre 1950, in: Bayern in Zahlen 5 (1951), S. 173 f.
Pechartscheck, Karl, Die Heimatvertriebenen im bayerischen Gewerbe, in: Zeitschrift des Bayerischen Statistischen Landesamts 84 (1952), S. 7-22
Pechartscheck, Karl, Führende Stellung Bayerns in der Flüchtlingsindustrie des Bundes, in: Bayern in Zahlen 6 (1952), S. 306-308
Pokorny, G. von, Die bayerische Industrie im Februar 1948, in: Bayern in Zahlen 2 (1948), S. 126 f.
Pokorny, G. von, Die bayerische Industrie im März 1948, in: Bayern in Zahlen 2 (1948), S. 127 f.
Pokorny, G. von, Wo steht die bayerische Wirtschaft?, in: Bayern in Zahlen 6 (1952), S. 242-245
Reichling, Gerhard, Die Heimatvertriebenen im Spiegel der Statistik (Schriften des Vereins für Sozialpolitik N.F. 6,3), Berlin 1958

3. Gedruckte Quellen und Literatur

Roscher, Oskar, Die Wanderungsbewegungen in Bayern in den Jahren 1947, 1948 und 1949, in: Zeitschrift des Bayerischen Statistischen Landesamts 82 (1950), S. 137–140
Roscher, Oskar, Alter und Familienstand der über die bayerische Landesgrenze Zu- und Fortgezogenen 1950, in: Bayern in Zahlen 5 (1951), S. 282–284
Schmidt, Eduard, Die Arbeitslage in Bayern seit 1950, in: Zeitschrift des Bayerischen Statistischen Landesamts 90 (1958), S. 164–199
Statistische Unterlagen zur Beurteilung der Bevölkerungsstruktur und Wirtschaftskraft der Bundesländer 1950, 1954–1959 (Statistische Berichte, hg. vom Statistischen Bundesamt, II/6/11), Wiesbaden 1960
Statistisches Jahrbuch für Bayern 1947–1978, München 1948–1979
Swoboda, Walter, Bayern und Bund. Die Heimatvertriebenen in Bayern und in der Bundesrepublik, in: Bayern in Zahlen 4 (1950), S. 97–100
Swoboda, Walter, Zur Eingliederung der Vertriebenen. Ergebnisse einer Repräsentativerhebung bei 4425 Vertriebenen in Bayern Ende 1949, in: Bayern in Zahlen 4 (1950), S. 375 f.
Swoboda, Walter, Überalterte Bevölkerung? Ergebnisse der Volkszählung 1950, in: Bayern in Zahlen 5 (1951), S. 161–163
Voelcker, Adolf, Die Verteilung der Bevölkerung Bayerns auf Stadt und Land, in: Bayern in Zahlen 1 (1947), S. 135 f.
Voelcker, Adolf, Wachstum und Verstädterung der bayerischen Bevölkerung in den letzten Jahren, in: Zeitschrift des Bayerischen Statistischen Landesamts 91 (1959), S. 139–143
Volks- und Berufszählung am 13. September 1950 in Bayern. Volkszählung, Band 1: Gliederung der Wohnbevölkerung (Beiträge zur Statistik Bayerns 171), München 1952
Wagner, Karl, Bayerns Wohnungsbedarf 1947/48, in: Bayern in Zahlen 2 (1948), S. 133 f.
Wirnshofer, Josef, Steuerkraft und Finanzlage Bayerns im Vergleich zu anderen Ländern der amerikanisch-britischen Zonen, in: Bayern in Zahlen 1 (1947), S. 220 f.
Wirnshofer, Josef, Der öffentliche Finanzbedarf in Bayern im Rechnungsjahr 1946/47 und seine Deckung, in: Bayern in Zahlen 2 (1948), S. 114–117
Wirnshofer, Josef, Bayern und Bund. Geld und Kredit in Bayern im Vergleich zu den übrigen Bundesländern, in: Bayern in Zahlen 4 (1950), S. 43–47
Wirnshofer, Josef, Entwicklung der Haushaltsausgaben und -einnahmen des bayerischen Staates seit der Geldneuordnung. Ein Überblick auf Grund der monatlichen Kassenstatistik, in: Bayern in Zahlen 4 (1950), S. 14 f.
Wirnshofer, Josef/Horst Rohland, Die Finanzwirtschaft von Staat und Gemeinden in den Jahren 1950 bis 1958, in: Zeitschrift des Bayerischen Statistischen Landesamts 93 (1961), S. 15–55
Wirnshofer, Josef/Horst Rohland, Entwicklung der Ausgaben und Einnahmen von Staat und Gemeinden 1955 bis 1965, in: Zeitschrift des Bayerischen Statistischen Landesamts 99 (1967), S. 280–327
Wobbe, Karl, Die Entwicklung des Kohle- und Heizölverbrauchs in der bayerischen Industrie 1957/58, in: Bayern in Zahlen 13 (1959), S. 333–336
Zahn, Friedrich, Vorwort, in: Gewerbe und Handel in Bayern. Nach der Betriebszählung vom 16. Juni 1925 (Beiträge zur Statistik Bayerns 114), München 1927, o. S.
Zopfy, Franz, Die wirtschaftliche und soziale Eingliederung der Vertriebenen, in: Bayern in Zahlen 12 (1958), S. 224–227
Zopfy, Franz, Die regionale Verteilung der Vertriebenen und Flüchtlinge in Bayern, ihre Alters- und ihre konfessionelle Gliederung, in: Bayern in Zahlen 19 (1965), S. 1–3

3. Gedruckte Quellen und Literatur

25 Jahre Bayerische Landesanstalt für Aufbaufinanzierung. Geschäftsbericht 1975, München 1975
40 Jahre (1951–1991) Bayerische Landesanstalt für Aufbaufinanzierung, München 1991
50 Jahre ARL in Fakten. Hg. von der Akademie für Raumforschung und Landesplanung, Hannover 1996

150 Jahre Druckmaschinenbau im MAN-Konzern 1845-1995. Hg. von der MAN-Roland-Druckmaschinen AG, München/Offenbach 1995
150 Jahre Oberste Baubehörde im Bayerischen Staatsministerium des Innern. Hg. vom Bayerischen Staatsministerium des Innern, München 1980
Abelshauser, Werner, Wirtschaft in Westdeutschland 1945-1948. Rekonstruktion und Wachstumsbedingungen in der amerikanischen und britischen Zone, Stuttgart 1975
Abelshauser, Werner, Probleme des Wiederaufbaus der westdeutschen Wirtschaft 1945-1953, in: Heinrich August Winkler (Hg.), Politische Weichenstellungen im Nachkriegsdeutschland 1945-1953 (Geschichte und Gesellschaft, Sonderheft 5), Göttingen 1979, S. 208-253
Abelshauser, Werner, Staat, Infrastruktur und regionaler Wohlstandsausgleich in Preußen der Hochindustrialisierung, in: Fritz Blaich (Hg.), Staatliche Umverteilungspolitik in historischer Perspektive. Beiträge zur Entwicklung des Staatsinterventionismus in Deutschland und Österreich, Berlin 1980, S. 9-58
Abelshauser, Werner, Wirtschaftsgeschichte der Bundesrepublik Deutschland 1945-1980, Frankfurt/Main 1983
Abelshauser, Werner, Der Ruhrkohlenbergbau seit 1945. Wiederaufbau, Krise, Anpassung, München 1984
Abelshauser, Werner, Kohle und Marktwirtschaft. Ludwig Erhards Konflikt mit dem Unternehmerverband Ruhrbergbau am Vorabend der Kohlenkrise, in: Vierteljahrshefte für Zeitgeschichte 33 (1985), S. 488-546
Abelshauser, Werner, Schopenhauers Gesetz und die Währungsreform. Drei Anmerkungen zu einem methodischen Problem, in: Vierteljahrshefte für Zeitgeschichte 33 (1985), S. 214-218
Abelshauser, Werner, Die Langen Fünfziger Jahre. Wirtschaft und Gesellschaft der Bundesrepublik Deutschland 1949-1966, Düsseldorf 1987
Abelshauser, Werner, Wirtschaft und Rüstung in den fünfziger Jahren, in: ders./Walter Schwengler (Hg.), Wirtschaft und Rüstung, Souveränität und Sicherheit (Anfänge westdeutscher Sicherheitspolitik 1945-1956, Band 4), München 1997, S. 1-185
Abelshauser, Werner, Kriegswirtschaft und Wirtschaftswunder. Deutschlands wirtschaftliche Mobilisierung für den Zweiten Weltkrieg und die Folgen für die Nachkriegszeit, in: Vierteljahrshefte für Zeitgeschichte 47 (1999), S. 503-538
Abelshauser, Werner, Deutsche Wirtschaftsgeschichte seit 1945, Bonn 2005
Ackermann, Paul, Der Deutsche Bauernverband im politischen Kräftespiel der Bundesrepublik. Die Einflußnahme des DBV auf die Entscheidung über den europäischen Getreidepreis (Tübinger Studien zur Geschichte und Politik 27), Tübingen 1970
A Decade of American Foreign Policy. Basic Documents 1941-1949. Prepared at the Request of the Senate Committee on Foreign Relations by the Staff of the Committee and the Department of State, Washington 1950
Ahrens, Hanns D., Demontage. Nachkriegspolitik der Alliierten, München 1982
Aircraft Division Industry Report, in: David MacIsaac (Hg.), The United States Strategic Bombing Survey. Band II, New York/London 1976
Akademie für Raumforschung und Landesplanung, in: Handwörterbuch der Raumforschung und Raumordnung. Hg. von der Akademie für Raumforschung und Landesplanung, Band 1, 2. Aufl. Hannover 1970, Sp. 78-83
Albers, Willi, Die Kapitalausstattung der Flüchtlingsbetriebe in Westdeutschland, Kiel 1952
Albert, Wolfgang, Bundesausbauorte – Beispiel für Planung in der regionalen Wirtschaftspolitik der Bundesregierung, in: Joseph H. Kaiser, Planung. Band II: Begriff und Institut des Plans, Baden-Baden 1966, S. 271-279
Albert, Wolfgang, Die Entwicklung der regionalen Wirtschaftspolitik in der Bundesrepublik Deutschland, in: Hans H. Eberstein (Hg.), Handbuch der regionalen Wirtschaftsförderung, Köln 1971 (Loseblattsammlung), Teil II A, S. 1-16
Albertin, Lothar, Das theoriearme Jahrzehnt der Liberalen, in: Axel Schildt/Arnold Sywottek (Hg.), Modernisierung im Wiederaufbau. Die westdeutsche Gesellschaft der 50er Jahre. Studienausgabe, Bonn 1998, S. 659-676
Alexander, J.W., The Basic-Nonbasic Concept or Urban Economic Functions, in: Economic Geography 30 (1954), S. 246-261

3. Gedruckte Quellen und Literatur 443

Altendorfer, Otto, Fritz Schäffer als Politiker der Bayerischen Volkspartei 1888-1945, München 1993

Altrichter, Helmut, Die verhinderte Neuordnung? Sozialisierungsforderungen und Parteienpolitik in den Westzonen 1945-1948, in: Geschichte in Wissenschaft und Unterricht 35 (1984), S. 351-364

Ambrosius, Gerold, Die Durchsetzung der Sozialen Marktwirtschaft in Westdeutschland 1945-1949, Stuttgart 1977

Ambrosius, Gerold, Funktionswandel und Strukturveränderung der Bürokratie 1945-1949: Das Beispiel der Wirtschaftsverwaltung, in: Heinrich A. Winkler (Hg.), Politische Weichenstellungen im Nachkriegsdeutschland 1945-1953 (Geschichte und Gesellschaft, Sonderheft 5), Göttingen 1979, S. 167-207

Ambrosius, Gerold, Marktwirtschaft oder Planwirtschaft? Planwirtschaftliche Ansätze der bizonalen deutschen Selbstverwaltung 1946-1949, in: Vierteljahrschrift für Sozial- und Wirtschaftsgeschichte 66 (1979), S. 74-110

Ambrosius, Gerold, Zur Geschichte des Begriffs und der Theorie des Staatskapitalismus und des staatsmonopolistischen Kapitalismus, Tübingen 1981

Ambrosius, Gerold, Das Wirtschaftssystem, in: Wolfgang Benz (Hg.), Die Bundesrepublik Deutschland. Geschichte in drei Bänden, Band 1: Politik, Frankfurt/Main 1983, S. 238-297

Ambrosius, Gerold, Der Staat als Unternehmer. Öffentliche Wirtschaft und Kapitalismus seit dem 19. Jahrhundert, Göttingen 1984

Ambrosius, Gerold/Hartmut Kaelble, Einleitung: Gesellschaftliche und wirtschaftliche Folgen des Booms der 1950er und 1960er Jahre, in: Hartmut Kaelble (Hg.), Der Boom 1948-1973. Gesellschaftliche und wirtschaftliche Folgen in der Bundesrepublik Deutschland und in Europa, Opladen 1992, S. 7-32

Ambrosius, Gerold, Wirtschaftsstruktur und Strukturwandel: Gesamtwirtschaft, in: ders./Dietmar Petzina/Werner Plumpe (Hg.), Moderne Wirtschaftsgeschichte. Eine Einführung für Historiker und Ökonomen, München 1996, S. 175-191

Ambrosius, Gerold, Der Beitrag der Vertriebenen und Flüchtlinge zum Wachstum der westdeutschen Wirtschaft nach dem Zweiten Weltkrieg, in: Jahrbuch für Wirtschaftsgeschichte 2 (1996), S. 39-71

Ambrosius, Gerold, Öffentliche Dienstleistungen und öffentliche Unternehmen am Beginn der europäischen Integration im Rahmen der EWG, in: Wolfram Fischer/Uwe Müller/Frank Zschaler (Hg.), Wirtschaft im Umbruch. Strukturveränderungen und Wirtschaftspolitik im 19. und 20. Jahrhundert. FS für Lothar Baar zum 65. Geburtstag, St. Katharinen 1997, S. 185-205

Ambrosius, Gerold, Wirtschaftlicher Strukturwandel und Technikentwicklung, in: Axel Schildt/Arnold Sywottek (Hg.), Modernisierung im Wiederaufbau. Die westdeutsche Gesellschaft der 50er Jahre, Studienausgabe, Bonn 1998, S. 107-128

Ameiser, Therese, Die betriebswirtschaftliche Struktur der Landeslieferungsgenossenschaften für das Herrenschneiderhandwerk, insbesondere der bayerischen Landeslieferungsgenossenschaft, Diss. München 1947

Amsden, Alice, Asia's Next Giant. South Korea and Late Industrialization, New York 1989

Amtsblatt der Europäischen Gemeinschaften 1960-1964

Andres, Christopher Magnus, Die bundesdeutsche Luft- und Raumfahrtindustrie 1945-1970. Ein Industriebereich im Spannungsfeld von Politik, Wirtschaft und Militär (Münchner Studien zur neueren und neuesten Geschichte 15), Frankfurt/Main u. a. 1996

Andrews, Richard B., Mechanics of the Urban Economic Base: Historical Development of the Base Concept in: Land Economics 29 (1953), S. 161-167

Andrieu, Claire u. a. (Hg.), Les nationalisations de la libération. De l'utopie au compromis, Paris 1987

Anfänge westdeutscher Sicherheitspolitik 1945-1956. Hg. vom Militärgeschichtlichen Forschungsamt. 4 Bände, München 1982-97

Anlage A. Versuch einer regionalen Unterteilung der Europäischen Wirtschaftsgemeinschaft, erstellt von der Arbeitsgruppe der nationalen Sachverständigen, in: Dokumente der Konferenz über Fragen der regionalen Wirtschaft, Band 2, Brüssel 1961, S. 59-163

Anleihe- und Schuldenpolitik der öffentlichen Hand in der Bundesrepublik (Institut „Finanzen und Steuern", Heft 28), Bonn 1953

Arbeit und Wirtschaft in Bayern. Hg. vom Bayerischen Staatsministerium für Arbeit und soziale Fürsorge, München 1946 ff.

Arbeitsbericht der Akademie für Raumforschung und Landesplanung, in: Raumforschung-Raumordnung 2 (1948), S. 68-76

Arbeitsbesprechung der „Bayerischen Arbeitsgemeinschaft für Raumforschung", in: Bayern in Zahlen 4 (1950), S. 282

Arbeitsgruppe Nr. 1, beauftragt mit dem Studium der zu entwickelnden Gebiete. Bericht und Anhänge über die Ziele und Methoden der Regionalpolitik, in: Berichte über die Regionalpolitik in der Europäischen Wirtschaftsgemeinschaft, ausgearbeitet von drei Sachverständigengruppen. Hg. von der Europäischen Wirtschaftsgemeinschaft, Kommission, Brüssel 1964, S. 9-137

Arbeitsgruppe Nr. 2, beauftragt mit der Prüfung der Probleme bereits industrialisierter Gebiete mit veralteter Struktur, in: Berichte über die Regionalpolitik in der Europäischen Wirtschaftsgemeinschaft, ausgearbeitet von drei Sachverständigengruppen. Hg. von der Europäischen Wirtschaftsgemeinschaft, Kommission, Brüssel 1964, S. 139-264

Archer, Josef, Die bayerischen Aktienbanken und ihre Beziehungen zur Industrie, Diss. Erlangen 1925

Area Studies Division Report, in: David MacIsaac (Hg.), The United States Strategic Bombing Survey. Band II, New York/London 1976, S. 17-24

Arnhold, H., Das System der zentralen Orte in Mitteldeutschland, in: Berichte zur Deutschen Landeskunde 9 (1951), S. 353-362

Aschhoff, Gunther, Die Verwirklichung der Genossenschaftsidee durch Hermann Schulze-Delitzsch in der zweiten Hälfte des 19. Jahrhunderts, in: Zeitschrift für bayerische Sparkassengeschichte 4 (1990), S. 67-82

Aufgaben und Arbeitsergebnisse der Landesplanung in Bayern. Denkschrift im Auftrag des Herrn Ministerpräsidenten erstellt vom Bayer. Staatsministerium für Wirtschaft und Verkehr – Landesplanungsstelle, November 1956, in: Beiträge zur Entwicklung der Landesplanung in Bayern (Arbeitsmaterial der Akademie für Raumforschung und Landesplanung 125), Hannover 1988, S. 201-211

Aus den Akten der bayerischen Staatskanzlei, München 1968-1973

Baer, Fritz, Die Ministerpräsidenten Bayerns 1945-1962. Dokumentation und Analyse, München 1971

Bäumler, Ernst, Farben, Formeln, Forscher. Hoechst und die Geschichte der industriellen Chemie in Deutschland, München 1989

Bäumler, Ernst, Die Fabrik im Grünen – oder Das Werk, das niemand haben wollte, Burgkirchen 1990

Bahl, Volker, Staatliche Politik am Beispiel der Kohle, Frankfurt/New York 1977

Balabkins, Nicholas, Germany under Direct Controls. Economic Aspects of Industrial Disarmament 1945-1948, New Brunswick 1964

Balcar, Jaromír, Politik auf dem Land. Studien zur bayerischen Provinz 1945 bis 1972 (Bayern im Bund, Band 5), München 2004

Balcar, Jaromír/Thomas Schlemmer (Hg.), An der Spitze der CSU. Die Führungsgremien der Christlich-Sozialen Union 1946 bis 1955, München 2007

Balthasar, Karl, Geschichte und Bergtechnik der Kohlenbergwerke Penzberg und Hausham, in: Die oberbayerische Pechkohle (Geologica Bavarica 73), München 1975, S. 7-24

Barbarino, Otto, Die wirtschaftliche Zielsetzung der bayerischen Finanzpolitik (Sonderdruck aus der Bayerischen Staatszeitung), München 1959

Barbarino, Otto, Die Beziehungen zwischen Finanzausgleich und Raumordnung. Dargelegt an der Finanzpolitik des Landes Bayern, in: Finanzpolitik als Gegenstand der Regionalplanung. Forschungsberichte der Landesarbeitsgemeinschaft Bayern der Akademie für Raumforschung und Landesplanung, Hannover 1969, S. 13-55

Barbarino, Otto, Entfaltung der eigenen Angelegenheiten der Länder unter den Aspekten der Aufgabenbereiche und ihrer Finanzierung, in: Entwicklung der Aufgaben und Ausgaben von Bund, Ländern und Gemeinden. Vorträge und Diskussionsbeiträge der 39. Staats-

3. Gedruckte Quellen und Literatur

wissenschaftlichen Fortbildungstagung der Hochschule für Verwaltungswissenschaften Speyer 1971, Berlin 1971, S. 81–108
Barbarino, Otto, Geldwert, Konjunktur und öffentlicher Haushalt, München 1981
Barbarino, Otto, Die wirtschaftliche Eingliederung der Heimatvertriebenen in Bayern, in: Zeitschrift für bayerische Landesgeschichte 45 (1982), S. 393–417
Barbarino, Otto, Der Zustrom der Heimatvertriebenen und die Notwendigkeit ihrer Eingliederung – ein Anlaß zum Strukturwandel des Landes, in: Friedrich Prinz (Hg.), Integration und Neubeginn. Dokumentation über die Leistung des Freistaates Bayern und des Bundes zur Eingliederung der Wirtschaftsbetriebe der Vertriebenen und Flüchtlinge und deren Beitrag zur wirtschaftlichen Entwicklung des Landes. Band 1, München 1984, S. 35–41
Barbarino, Otto, Ein Lebenslauf im 20. Jahrhundert, Landsberg/Lech 1997
Baring, Arnulf, Machtwechsel. Die Ära Brandt-Scheel, Stuttgart 1982
Bauer, Franz J., Flüchtlinge und Flüchtlingspolitik in Bayern 1945–1950 (Forschungen und Quellen zur Zeitgeschichte 3), Stuttgart 1982
Bauer, Franz J., Das Dilemma der Verteilung der Flüchtlinge innerhalb Bayerns, in: Prinz (Hg.), Integration und Neubeginn. Dokumentation, Band 1, S. 131–146
Bauer, Franz J., Von der Aufnahme zur Eingliederung: Das Ringen um das Flüchtlingsgesetz, in: Prinz (Hg.), Integration und Neubeginn. Dokumentation, Band 1, S. 113–129
Bauer, Franz J., Der Bayerische Bauernverband, die Bodenreform und das Flüchtlingsproblem 1945–1951, in: Vierteljahrshefte für Zeitgeschichte 31 (1983), S. 443–482
Bauer, Oskar, Der Energiepreis, in: Auf neuen Wegen. Die Wirtschaft in Bayern, München 1956, S. 109–113
Bauer, Richard, Fliegeralarm. Luftangriffe auf München 1940–1945, München 1987
Bauer, Rudolf, Der Wandel der Bedeutung der Verkehrsmittel im nordbayerischen Raum (Mitteilungen der Fränkischen Geographischen Gesellschaft 9), Erlangen-Nürnberg 1962
Bauer, Wilhelm, Der gegenwärtige und künftige Lebensstandard in Deutschland, in: Die deutsche Wirtschaft zwei Jahre nach dem Zusammenbruch. Tatsachen und Probleme. Hg. vom Deutschen Institut für Wirtschaftsforschung (Institut für Konjunkturforschung), Berlin 1947, S. 159–194
Bauer, Wilhelm, Die Kriegsschäden am deutschen Volkskörper, in: Die deutsche Wirtschaft zwei Jahre nach dem Zusammenbruch. Tatsachen und Probleme. Hg. vom Deutschen Institut für Wirtschaftsforschung (Institut für Konjunkturforschung), Berlin 1947, S. 14–36
Baumann, Ernst-Adolf, Die Finanzreform 1969. Ihre Auswirkungen auf den Föderalismus und die Lebensverhältnisse in den Ländern der Bundesrepublik Deutschland, München 1980
Baumgärtner, Franz J., Bürger, Bauern, Handwerker und Arbeiter, in: Bayern. Ein Land verändert sein Gesicht. Hg. von der Bayerischen Landeszentrale für Heimatdienst, München 1956, S. 43–48
Bayerische Handwerker-Zeitung 1950ff.
Bayerische Landesanstalt für Aufbaufinanzierung, I. Jahresbericht, Geschäftsjahr 1951, München 1952
Bayerische Landesanstalt für Aufbaufinanzierung. Geschäftsbericht 1958, München 1959
Bayerische Landesanstalt für Aufbaufinanzierung. Geschäftsbericht 1963, München 1964
Bayerische Landesanstalt für Aufbaufinanzierung. Geschäftsbericht 1965, München 1966
Bayerische Landesanstalt für Aufbaufinanzierung. Geschäftsbericht 1966, München 1967
Bayerische Landesanstalt für Aufbaufinanzierung. Geschäftsbericht 1968, München 1969
Bayerische Landesanstalt für Aufbaufinanzierung. Geschäftsbericht 1969, München 1970
Bayerische Landesanstalt für Aufbaufinanzierung. Geschäftsbericht 1973, München 1974
Bayerische Staatszeitung 1950–1974
Bayerisches Gesetz- und Verordnungsblatt 1945–1976
Bayerisches Jahrbuch 1949. Ein Hand- und Nachschlagebuch für Staat, Verwaltung, Kirche, Parteien, Wirtschaft usw. nebst Kalendarium und Bayerischem Gemeindeverzeichnis nach neuestem Stand, München 1949
Bayerns Wirtschaft im Jahre 1950. Jahresbericht des Bayerischen Staatsministeriums für Wirtschaft, München 1951

Becker, Winfried, Stationen amerikanischer Besatzungspolitik am Beispiel Bayerns, in: ders. (Hg.), Die Kapitulation von 1945 und der Neubeginn in Deutschland. Symposion an der Universität Passau, 30.-31.10.1985, Köln u. a. 1987, S. 155-180
Beckmann, Karin, Probleme der Regionalpolitik im Zuge der Vollendung des Europäischen Binnenmarktes. Eine ökonomische Analyse (Hohenheimer Volkswirtschaftliche Schriften 19), Frankfurt/Main u. a. 1995
Behr, Wolfgang, Sozialdemokratie und Konservatismus. Ein empirischer und theoretischer Beitrag zur regionalen Parteianalyse am Beispiel der Geschichte und Nachkriegsentwicklung Bayerns, Hannover 1969
Bellers, Jürgen, Reformpolitik und EWG-Strategie der SPD. Die innen- und außenpolitischen Faktoren der europapolitischen Integrationswilligkeit einer Oppositionspartei (1957-1963), München 1979
Berger, Manfred u. a., Produktion von Wehrgütern in der Bundesrepublik Deutschland (ifo-Studien zur Industriewirtschaft 42), München 1991
Bergmann, Klaus, Agrarromantik und Großstadtfeindschaft, Meisenheim am Glan 1970
Bericht der Landeszentralbank in Bayern – Hauptverwaltung der Deutschen Bundesbank – über die Entwicklung der Wirtschaft und des Geld- und Kreditwesens in Bayern im Jahre 1959, München 1960
Bericht der Landeszentralbank in Bayern – Hauptverwaltung der Deutschen Bundesbank – über die Entwicklung der Wirtschaft und des Geld- und Kreditwesens in Bayern im Jahre 1960, München 1961
Bericht der Landeszentralbank in Bayern – Hauptverwaltung der Deutschen Bundesbank – über die Entwicklung der Wirtschaft und des Geld- und Kreditwesens in Bayern im Jahre 1963, München 1964
Bericht der Landeszentralbank in Bayern – Hauptverwaltung der Deutschen Bundesbank – über die Entwicklung der Wirtschaft und des Geld- und Kreditwesens in Bayern im Jahre 1964, München 1965
Bericht über die strukturelle Entwicklung der bayerischen Wirtschaft. Strukturbericht 1977. Hg. vom Bayerischen Staatsministerium für Wirtschaft und Verkehr, München o. J. [1977]
Bericht über die strukturelle Entwicklung der bayerischen Wirtschaft. Strukturbericht 1982. Hg. vom Bayerischen Staatsministerium für Wirtschaft und Verkehr, München o. J. [1982]
Bericht über die wirtschaftliche Entwicklung der strukturschwachen Gebiete Bayerns. Grenzlandbericht 1977. Hg. vom Bayerischen Staatsministerium für Wirtschaft und Verkehr, München 1978
Bericht über Fragen der langfristigen Wirtschaftspolitik anläßlich der Vorlage des ersten Gesamtberichtes der Europäischen Wirtschaftsgemeinschaft und der Europäischen Atomgemeinschaft (Europäisches Parlament, Dokument Nr. 54), Straßburg 1958
Berichte von Sachverständigengruppen über die Regionalpolitik in der EWG. Hg. von der Europäischen Wirtschaftsgemeinschaft, Kommission, Brüssel 1964
Berkenkopf, Paul, Die Auflockerung der Industriestandorte und der Anteil der Verkehrspolitik. Verkehrswissenschaftliche Untersuchungen, Münster 1935
Beseler, Hartwig/Niels Gutschow, Kriegsschicksale deutscher Architektur. Verluste-Schäden-Wiederaufbau. Eine Dokumentation für das Gebiet der Bundesrepublik Deutschland. Band II: Süd, Neumünster 1988
Bethlehem, Siegfried, Heimatvertreibung, DDR-Flucht, Gastarbeiterzuwanderung. Wanderungsströme und Wanderungspolitik in der Bundesrepublik Deutschland, Stuttgart 1982
Biehl, Dieter u. a., Zur regionalen Einkommensverteilung in der Europäischen Wirtschaftsgemeinschaft, in: Weltwirtschaftliches Archiv 1 (1972), S. 64-78
Birkelbach, Willi, Bericht im Namen des Wirtschafts- und Finanzausschusses über die Regionalpolitik in der EWG, in: Europäisches Parlament, Sitzungsdokumente 1963-1964, Dokument 99 vom 17.12.1963
Blümel, Willi, Verwaltungszuständigkeit, in: Josef Isensee/Paul Kirchhof (Hg.), Handbuch des Staatsrechts der Bundesrepublik Deutschland. Band IV, Heidelberg 1990, S. 857-963
Blumenwitz, Dieter, Die Christlich-Soziale Union und die deutsche Frage, in: Geschichte einer Volkspartei. 50 Jahre CSU 1945-1995. Hg. von der Hanns-Seidel-Stiftung, München 1995, S. 333-365

Boehling, Rebecca L., A Question of Priorities. Democratic Reforms and Economic Recovery in Postwar Germany. Frankfurt, Munich, and Stuttgart under U.S. Occupation 1945-1949, Providence u. a. 1996

Böhme, Luise, Die Auflockerung der industriellen Konzentration durch differenzierende Lohnpolitik, Diss. Breslau 1939

Boelcke, Willi A., „Glück für das Land". Die Erfolgsgeschichte der Wirtschaftsförderung von Steinbeis bis heute, Stuttgart 1992

Bössenecker, Hermann, Bayern, Bosse und Bilanzen. Hinter den Kulissen der weiß-blauen Wirtschaft, München 1972

Böventer, Edwin von, Die Struktur der Landschaft. Versuch einer Synthese und Weiterentwicklung der Modelle J.H. von Thünens, W. Christallers und A. Löschs, in: Erich Schneider (Hg.), Optimales Wachstum und optimale Standortverteilung (Schriften des Vereins für Socialpolitik N.F. 27), Berlin 1962, S. 77-133

Böventer, Edwin von, Theorie des räumlichen Gleichgewichts (Schriften zur angewandten Wirtschaftsforschung 5), Tübingen 1962

Böventer, Edwin von, Raumwirtschaftstheorie, in: Handwörterbuch der Sozialwissenschaften. Band 8, Stuttgart/Tübingen/Göttingen 1964, S. 704-728

Boldt, Hans, Föderalismus im Widerstreit der Interessen. Die Bundesrepublik vor und nach der Finanzreform von 1969, in: Jochen Huhn/Peter-Christian Witt (Hg.), Föderalismus in Deutschland. Traditionen und gegenwärtige Probleme. Symposion an der Universität Kassel 10. bis 12. April 1991, Baden-Baden 1992, S. 145-164

Borchardt, Knut, Zäsuren in der wirtschaftlichen Entwicklung. Zwei, drei oder vier Perioden?, in: Martin Broszat (Hg.), Zäsuren nach 1945. Essays zur Periodisierung der deutschen Nachkriegsgeschichte, München 1990, S. 21-33

Borchmann, Michael, Verbindungsbüros der Bundesländer bei der EG, in: Neue Zeitschrift für Verwaltungsrecht (1988), S. 218-220

Bosl, Karl/Andreas Kraus, Dokumente zur Geschichte von Staat und Gesellschaft in Bayern. Band III/9: Die Regierungen 1945-1962, München 1976

Bosl, Karl, Die „geminderte" Industrialisierung in Bayern, in: Claus Grimm (Hg.), Aufbruch ins Industriezeitalter. Band 1, München 1985, S. 22-39

Boustedt, Olaf, Wachsende, stagnierende und schrumpfende Gemeinden. Die Analyse der regionalen Bevölkerungsentwicklung auf dem Wege zur Typisierung, in: Raumforschung und Raumordnung 15 (1957), S. 134-145

Boustedt, Olaf, Grundzüge der regionalen Bevölkerungsentwicklung in Bayern (Raumforschung und Landesplanung 5), München 1958

Boustedt, Olaf, Regionale Entwicklungstendenzen in der bayerischen Industrie 1953 bis 1958, in: Industrialisierung ländlicher Räume (Raum und gewerbliche Wirtschaft 1. Forschungsberichte des Ausschusses „Raum und gewerbliche Wirtschaft" der Akademie für Raumforschung und Landesplanung), Hannover 1961, S. 95-123

Boustedt, Olaf, Die zentralen Orte und ihre Einflußbereiche. Eine empirische Untersuchung über die Größe und Struktur der zentralörtlichen Einflußbereiche, in: Proceedings of the IGU Symposium in Urban Geography Lund 1960, Lund 1962, S. 201-226

Boustedt, Olaf, Stadt – Regionale Stadttypen, in: Handwörterbuch der Raumforschung und Raumordnung. Band III, 2. Aufl. Hannover 1970, S. 3110-3115

Bouwer, Günter, Rüstungsproduktion und Rüstungskonversion in Deutschland 1883-1956, in: Ulrich Albrecht u.a. (Hg.), Rüstung und soziale Sicherheit, Frankfurt/Main 1985, S. 193-226

Boyer, Christoph, Zwischen Zwangswirtschaft und Gewerbefreiheit. Handwerk in Bayern 1945-1949 (Studien zur Zeitgeschichte 41), München 1992

Boyer, Christoph/Thomas Schlemmer, „Handwerkerland Bayern"? Entwicklung, Organisation und Politik des bayerischen Handwerks 1945 bis 1975, in: Thomas Schlemmer/Hans Woller (Hg.), Bayern im Bund, Band 2: Gesellschaft im Wandel 1949 bis 1973, München 2002, S. 87-178

Bracher, Karl Dietrich/Wolfgang Jäger/Werner Link, Republik im Wandel 1969-1974. Die Ära Brandt (Geschichte der Bundesrepublik Deutschland 5/I), Stuttgart/Mannheim 1986

Brandt, Gerhard, Rüstung und Wirtschaft in der Bundesrepublik (Studien zur politischen und gesellschaftlichen Situation der Bundeswehr, Dritte Folge), Witten/Berlin 1966
Braun, Oliver, Konservative Existenz in der Moderne. Das politische Weltbild Alois Hundhammers (1900-1974), München 2006
Bretschneider, Heike, Die Bildung der Viererkoalition. Die parteipolitische Konstellation in Bayern in der ersten Hälfte der fünfziger Jahre, in: Zeitschrift für bayerische Landesgeschichte 41 (1978), S. 999-1038
Brücker, Diethelm, Vom Werden des Bundesgrenzschutzes 1950-1956, in: Archiv für Polizeigeschichte 12 (2001), S. 11-19
Brüning, Kurt, Der Raumordnungsplan in Theorie und Praxis, in: Raumforschung-Raumordnung 3 (1948), S. 95 f.
Budraß, Lutz, Flugzeugindustrie und Luftrüstung in Deutschland 1918-1945, Düsseldorf 1998
Budraß, Lutz/Stefan Prott, Demontage und Konversion. Zur Einbindung rüstungsindustrieller Kapazitäten in technologiepolitische Strategien im Deutschland der Nachkriegszeit, in: Johannes Bähr/Dietmar Petzina (Hg.), Innovationsverhalten und Entscheidungsstrukturen. Vergleichende Studien zur wirtschaftlichen Entwicklung im geteilten Deutschland 1945-1990, Berlin 1996, S. 303-339
Bühl, Walter L., Die Sondergeschichte der Bayerischen Industrialisierung im Blick auf die postindustrielle Gesellschaft. Vom industriellen Nachzügler zum postindustriellen Vorreiter?, in: Claus Grimm (Hg.), Aufbruch ins Industriezeitalter. Band 1, München 1985, S. 203-227
Bundesgesetzblatt 1949-1973
Bundesraumordnungsplan und Bundesraumordnungsstelle gefordert, in: Informationen des Instituts für Raumforschung 39-40/54 vom 8. 10. 1954, S. 573-576
Bundesregierung hilft Zonengrenzgebiet, 22. 8. 1953 (Mitteilung des Bundespresseamts Nr. 832/53)
Cairncross, Alec, The Price of War. British Policy on German Reparations, 1941-1949, Oxford/New York 1986
Cairncross, Alec, A Country to Play with. Level of Industry Negotiations in Berlin 1945-1946, Gerrads Cross 1987
Cholewa, Werner/Hartmut Dyong/Hans-Jürgen von der Heide/Willi Arenz, Raumordnung in Bund und Ländern. Kommentar zum Raumordnungsgesetz des Bundes und Vorschriftensammlung aus Bund und Ländern. Band 1: Kommentar [Loseblattsammlung], Stuttgart u. a. 1992
Christaller, Walter, Die zentralen Orte in Süddeutschland. Eine ökonomisch-geographische Untersuchung über die Gesetzmäßigkeit der Verbreitung und Entwicklung der Siedlungen mit städtischen Funktionen, o. O. 1933
Clark, C., The Conditions of Economic Progress, London 1940
Conrad, Ernst-Albrecht, Bürgschaften und Garantien als Mittel der Wirtschaftspolitik (Volkswirtschaftliche Schriften 115), Berlin 1967
Crafts, Nicholas F.R., The Golden Age of economic growth in Western Europe, 1950-1973, in: Economic History Review 48 (1995), S. 429-447
Czada, Roland, Wirtschaftsstrukturpolitik: Institutionen, Strategien, Konfliktlinien, in: Klaus von Beyme/Manfred G. Schmidt (Hg.), Politik in der Bundesrepublik Deutschland, Opladen 1990, S. 283-308
Das Bayerland 71 (1969), H. 11: Bayerns Wirtschaft an der Spitze des Wachstums
Datenverarbeitung in der bayerischen Verwaltung. Hg. von der Bayerischen Staatskanzlei und dem Landesamt für Datenverarbeitung, München 1971
Daxelmüller, Christoph u. a. (Hg.), Wiederaufbau und Wirtschaftswunder in Bayern. Aufsätze zur bayerischen Landesausstellung 2009, Regensburg 2009
Dehlinger, Alfred, Reichsrecht, Bundesrecht, Besatzungsrecht und völkerrechtliche Verträge seit 1867. Systematische Übersicht nach dem Stand vom 1.1.1950, 23. Aufl. Stuttgart 1950
Delamotte, Yves/Erika Georges, Die Rolle der Europäischen Gemeinschaft für Kohle und Stahl und der Europäischen Wirtschaftsgemeinschaft in der Regionalpolitik, in: Regionale

3. Gedruckte Quellen und Literatur 449

Entwicklungspolitik in Großbritannien und den Ländern der EWG. Hg. vom Zentralinstitut für Raumplanung an der Universität Münster, Münster 1968, S. 266-303
Demand, Karl, Ergänzung der Bundesausbaugebiete, in: Informationen des Instituts für Raumordnung 19 (1969), S. 73 f.
Denkschrift über das Ostgrenzgebiet der Bundesrepublik. Vorgelegt vom „Arbeitskreis-Ostgrenzgebiete der Bundesrepublik" der Länder Bayern, Hessen, Niedersachsen und Schleswig-Holstein, o. O. 1952
Denkschrift über Gewerbeförderung in Bayern 1908 bis 1928. Hg. vom Staatsministerium des Äußern, München 1929
Denkschrift über neue Maßnahmen zur Förderung von Industrie und Gewerbe in Bayern, 6.8.1913, in: Verhandlungen der Kammer der Abgeordneten des bayerischen Landtags. XXXVI. Landtagsversammlung, II. Session im Jahre 1913/14, Beilagen-Band VIII, Etat Nr. 23, S. 27-61
Der Anteil der Ballungsgebiete an den öffentlichen Haushalten unter besonderer Berücksichtigung der Investitionen. Dargestellt an den Beispielsräumen Bayern und Niedersachsen-Bremen (Forschungsberichte des Ausschusses „Raum und Finanzen" der Akademie für Raumforschung und Landesplanung), Hannover 1972
Der Arbeitseinsatz in der Bayerischen Ostmark 1933-1937 (Beiträge zur Statistik Bayerns 126), München 1939
Der bayerische Staat als Unternehmer. Herausgegeben vom Landesverband der Bayerischen Industrie e. V., o. O. o. J. [München 1958]
Der Bund als Konzern-Unternehmer. Ein Beitrag zum Kapitel: „Vermögen der öffentlichen Hand". Hg. vom Präsidium des Bundes der Steuerzahler, Bad Wörishofen 1954
Der EFRE in Zahlen. 1984/1975-1984, Luxemburg 1985
Der Neubürger 1949 ff.
Der Sachverständigenrat zur Begutachtung der gesamtwirtschaftlichen Entwicklung, Jahresgutachten 1965, in: Verhandlungen des Deutschen Bundestages, 5. Wahlperiode. Anlagen zu den stenographischen Berichten, Band 101, Drucksache V/123 vom 15.12.1965
Der Wirtschaftsraum Lübeck als „notleidendes Grenzgebiet" an der Ostzonengrenze, Lübeck 1952
Der Zug der Industrie aufs Land. Eine Innenkolonisation, Schlachtensee bei Berlin 1904
Deser, Robert/Sieghard Riedel, Die Fabrik im Grünen – Geschichte des Werkes Gendorf der Hoechst AG, in: Öttinger Land 1 (1981), S. 61-65
Deutinger, Stephan, Vom Agrarland zum High-Tech-Staat. Zur Geschichte des Forschungsstandorts Bayern 1945-1980, München/Wien 2001
Deutinger, Stephan, Eine „Lebensfrage für die bayerische Industrie". Energiepolitik und regionale Energieversorgung 1945 bis 1980, in: Thomas Schlemmer/Hans Woller (Hg.), Bayern im Bund, Band 1: Die Erschließung des Landes 1949-1973, München 2001, S. 33-118
Deutsche Notstandsgebiete 1951. Sonderheft der Informationen des Instituts für Raumforschung, Bad Godesberg 1952
Deutsche Wirtschaft und Industrieplan. Hg. vom Institut für Weltwirtschaft an der Universität Kiel, Essen 1947
Deutscher Planungsatlas, Band V: Bayern. Hg. von der Bayerischen Arbeitsgemeinschaft für Raumforschung München in Verbindung mit der Akademie für Raumforschung und Landesplanung, Hannover und dem Bayerischen Staatsministerium für Wirtschaft und Verkehr München, Bremen-Horn 1960
Die Anfänge der modernen Genossenschaftsbewegung in Bayern, Österreich und Südtirol. Hg. vom Historischen Verein Bayerischer Genossenschaften e. V. und vom Genossenschaftsverband Bayern e. V. (Schriftenreihe zur Genossenschaftsgeschichte 1), München 1998
Die Anpassung Bayerns an die EWG. Chancen, Probleme und Aufgaben. Hg. vom Bayerischen Staatsministerium für Wirtschaft und Verkehr, München 1967
Die Arbeit der Reichsstelle für Raumordnung, in: Raumforschung und Raumordnung 2 (1938), S. 281-287
Die bayerische Landesplanung. Grundlagen für die Aufstellung von Richtlinien zu einem Landesentwicklungsplan. Teil 1: Bestandsaufnahme. Bearbeitet in der Landesplanungs-

stelle des Bayerischen Staatsministeriums für Wirtschaft und Verkehr, o. O. o.J. [München 1951]
Die bayerische Landesplanung. Grundlagen für die Aufstellung von Richtlinien zu einem Landesentwicklungsplan. Hg. vom Bayerischen Staatsministerium für Wirtschaft und Verkehr – Landesplanungsstelle, Teil 2: Planung, o.O. o.J. [München 1954]
Die CDU/CSU im Frankfurter Wirtschaftsrat. Protokolle der Unionsfraktion 1947-1949. Bearb. v. Rainer Salzmann (Forschungen und Quellen zur Zeitgeschichte 13), Düsseldorf 1988
Die CSU 1945-1948. Protokolle und Materialien zur Frühgeschichte der Christlich-Sozialen Union. Hg. von Barbara Fait und Alf Mintzel unter Mitarbeit von Thomas Schlemmer, 3 Bände, München 1993
Die deutsche Wirtschaft seit Potsdam. Ein Arbeitsbericht der Wirtschaftsabteilung der amerikanischen Militärregierung (Dokumente und Berichte des Europa-Archivs I), Oberursel im Ts. 1947
Die deutschen Notstandsgebiete 1951, in: Deutsche Notstandsgebiete 1951. Sonderheft der Informationen des Instituts für Raumforschung, Bad Godesberg 1952, S. 1-7
Die Finanzbeziehungen zwischen Bund, Ländern und Gemeinden aus finanzverfassungsrechtlicher und finanzwirtschaftlicher Sicht. Hg. vom Bundesministerium der Finanzen, Bonn 1982
Die Industrialisierungspolitik der Bayerischen Staatsregierung in den Jahren 1954-1970. Ergebnisse einer empirischen Studie. Hg. vom Bayerischen Staatsministerium für Wirtschaft und Verkehr, München 1973
Die industriellen Ballungsgebiete. Problematik und Aufgabe. Bericht über ein Gespräch, das vom 15.-17. Juli 1955 in Herrenalb/Schwarzwald veranstaltet wurde von den Evangelischen Akademien Bad Boll und Herrenalb, der Wirtschaftsgilde und dem Deutschen Verband für Wohnungswesen, Städtebau und Raumplanung (Schriften des Deutschen Verbandes für Wohnungswesen, Städtebau und Raumplanung 11), Köln 1955
Die Kabinettsprotokolle der Bundesregierung. Band 1 ff.: 1949 ff., Boppard 1982 ff.
Die Kabinettsprotokolle der Bundesregierung. Kabinettsausschuß für Wirtschaft, Band 1: 1951-1953, München 1999
Die Länderfinanzen 1964 bis 1973 (Institut „Finanzen und Steuern" e.V., Heft 112), Bonn 1976
Die Landespolitik der SPD in Bayern. Bericht der Landtagsfraktion für das Jahr 1964, München 1965
Die Landespolitik der SPD in Bayern. Bericht der Landtagsfraktion für die Jahre 1967/1968, München 1969
Die Landespolitik der SPD in Bayern. Bericht der Landtagsfraktion für die Jahre 1969/70, München 1971
Die leidenden Landkreise an der Zonengrenze, in: Die Selbstverwaltung. Organ des deutschen Landkreistages 1 (1953), S. 1-8
Die Neue Zeitung 1945 ff.
Die Protokolle des Bayerischen Ministerrats 1945-1954. Das Kabinett Schäffer (28. Mai bis 28. September 1945), bearbeitet von Karl-Ulrich Gelberg, München 1995
Die Protokolle des Bayerischen Ministerrats 1945-1954. Das Kabinett Hoegner I (28. September 1945 bis 21. Dezember 1946). Band 1, bearbeitet von Karl-Ulrich Gelberg, München 1997
Die Protokolle des Bayerischen Ministerrats 1945-1954. Das Kabinett Hoegner I (28. September 1945 bis 21. Dezember 1946). Band 2, bearbeitet von Karl-Ulrich Gelberg, München 1997
Die Protokolle des Bayerischen Ministerrats 1945-1954. Das Kabinett Ehard I (21. Dezember 1946 bis 20. September 1947), bearbeitet von Karl-Ulrich Gelberg, München 2000
Die Protokolle des Bayerischen Ministerrats 1945-1954. Das Kabinett Ehard II (20. September 1947 bis 18. Dezember 1950). Band 1, bearbeitet von Karl-Ulrich Gelberg, München 2003
Die Raumordnung in der Bundesrepublik Deutschland. Gutachten des Sachverständigenausschusses für Raumordnung, Stuttgart 1961

Die Regionen in den 90er Jahren. Vierter periodischer Bericht über die sozio-ökonomische Lage und Entwicklung der Regionen der Gemeinschaft. Hg. von der Kommission der Europäischen Gemeinschaft, Brüssel 1991
Die Standortwahl der Industriebetriebe in der Bundesrepublik Deutschland im Zeitraum von 1955 bis 1960. Hg. vom Bundesministerium für Arbeit und Sozialordnung, Bonn 1961
Die Standortwahl der Industriebetriebe in der Bundesrepublik Deutschland. Verlagerte und neuerrichtete Betriebe im Zeitraum von 1961 bis 1963. Hg. vom Bundesministerium für Arbeit und Sozialordnung, Bonn 1964
Die Standortwahl der Industriebetriebe in der Bundesrepublik Deutschland. Verlagerte und neugegründete Betriebe in den Jahren 1964 und 1965. Bearbeitet im Institut für Raumforschung. Hg. vom Bundesministerium für Arbeit und Sozialordnung, Bonn 1966
Die Standortwahl der Industriebetriebe in der Bundesrepublik Deutschland. Verlagerte, neuerrichtete und stillgelegte Industriebetriebe in den Jahren 1966 und 1967. Bearbeitet im Institut für Raumordnung. Hg. vom Bundesministerium für Arbeit und Sozialordnung, Bonn 1968
Die Standortwahl der Industriebetriebe in der Bundesrepublik Deutschland mit Berlin (West). Verlagerte, neuerrichtete und stillgelegte Industriebetriebe in den Jahren 1968 und 1969. Bearbeitet im Institut für Raumordnung. Hg. vom Bundesministerium für Arbeit und Sozialordnung, Bonn 1971
Die Standortwahl der Industriebetriebe in der Bundesrepublik Deutschland und Berlin (West). Neuerrichtete, verlagerte und stillgelegte Industriebetriebe in den Jahren 1970 und 1971. Bearbeitet in der Bundesforschungsanstalt für Landeskunde und Raumordnung. Hg. vom Bundesminister für Arbeit und Sozialordnung, Bonn 1975
Die Standortwahl der Industriebetriebe in der Bundesrepublik Deutschland und Berlin (West). Neuerrichtete, verlagerte und stillgelegte Industriebetriebe in den Jahren 1972 bis 1975. Bearbeitet in der Bundesforschungsanstalt für Landeskunde und Raumordnung. Hg. vom Bundesminister für Arbeit und Sozialordnung, Bonn 1977
Die Umsiedlung der Heimatvertriebenen und das Vertriebenenproblem in Nordrhein-Westfalen. Ein Rechenschaftsbericht der Landesregierung Nordrhein-Westfalen, Düsseldorf 1952
Die Umsiedlung von Heimatvertriebenen nach Nordrhein-Westfalen. 3 Bände (Schriftenreihe für die Vertriebenenhilfe. Arbeitshefte 9, 14 und 19), Troisdorf 1950-53
Die Verteilung der Zuwanderer und Aussiedler auf die Länder der Bundesrepublik Deutschland – ein Schlüsselvorschlag. Gutachten des Instituts für Raumforschung, Bad Godesberg 1959
Die Welt, 1957ff.
Die Wirtschaftsentwicklung Bayerns im Jahr 1948. Jahresbericht des Bayerischen Staatsministeriums für Wirtschaft, München 1949
Die Zonengrenzprobleme Oberfrankens. Denkschrift der Regierung von Oberfranken, o. O. 1952
Diestelkamp, Bernhard, Kontinuität und Wandel in der Rechtsordnung, 1945-1955, in: Ludolf Herbst (Hg.), Westdeutschland 1945-1955. Unterwerfung, Kontrolle, Integration, München 1986, S. 85-105
Dietrichs, Bruno, Entwicklungstendenzen in der räumlichen Struktur des Bundesgebietes, in: Informationen des Instituts für Raumforschung 4/67 vom 28. 2. 1967, S. 101-119
Dietrichs, Bruno, Entwicklungsstadien des Konzepts der passiven Sanierung zurückgebliebener Gebiete, in: J. Heinz Müller (Hg.), Determinanten der räumlichen Entwicklung (Schriften des Vereins für Socialpolitik N.F. 131), Berlin 1983, S. 55-73
Dittrich, Erich, Standortstheorie und Wirklichkeit, in: Raumforschung und Raumordnung 6 (1942), S. 63-67
Dittrich, Erich, Der Aufbau der Flüchtlingsindustrien in der Bundesrepublik, in: Weltwirtschaftliches Archiv 67 (1951/II), S. 327-360
Dittrich, Erich, Die Wiedereingliederung der Flüchtlingsindustrien in die Wirtschaft der Bundesrepublik (Institut für Raumforschung Bonn, Vorträge 1), Bad Godesberg 1951
Dittrich, Erich, Probleme der Umsiedlung in Westdeutschland (Institut für Raumforschung. Vorträge 2), Bad Godesberg 1951

Dittrich, Erich, Sitzt die Flüchtlingsindustrie auf dem Lande?, in: Informationen des Instituts für Raumforschung 30/51 vom 30.7.1951, S.1-5
Dittrich, Erich, Die deutschen Notstandsgebiete, eine Aufgabe der Raumpolitik, in: Wirtschaftsdienst 1 (1952), S.29-36
Dittrich, Erich, Ungelöste Sanierung der Notstandsgebiete, in: Deutsche Notstandsgebiete 1951. Sonderheft der Informationen des Instituts für Raumforschung, Bad Godesberg 1952, S.81-90
Dittrich, Erich, Marktwirtschaft und Raumordnung, in: ders., Grundfragen deutscher Raumordnung (Mitteilungen aus dem Institut für Raumforschung Bonn 21), Bad Godesberg 1955, S.36-45
Dittrich, Erich, Ballung – Gestaltung oder Zwang, in: Freiheit und Planung. Tagung für Raumplanung der Evangelischen Akademie Loccum vom 14. bis 18. September 1956, Loccum 1956, S.9-20
Dittrich, Erich, Die Raumordnung in der öffentlichen Diskussion. Ein Rückblick auf 1955, in: Informationen des Instituts für Raumforschung 1/56 vom 10.1.1956, S.1-6
Dittrich, Erich, Das Leitbild in der Raumordnung, in: Informationen des Instituts für Raumforschung 14 (1958), S.53-75
Dittrich, Erich, Industrielle Dezentralisation durch die Flüchtlingsindustrien, in: Informationen des Instituts für Raumforschung 19/58 vom 11.10.1958, S.499-511
Dittrich, Erich, Zum Begriff des „Leitbildes" in der Diskussion über die Raumordnung, in: Informationen des Instituts für Raumforschung 14 (1958), S.1-13
Dittrich, Erich, Verlagerungen in der Industrie, in: Eugen Lemberg/Friedrich Edding (Hg.), Die Vertriebenen in Westdeutschland. Band II, Kiel 1959, S.296-374
Dittrich, Erich, Das Leitbild und seine Problematik, in: Raumforschung. 25 Jahre Raumforschung in Deutschland, Bremen 1960, S.107-116
Dittrich, Erich, Raumordnungspolitik als Strukturpolitik, in: Informationen des Instituts für Raumforschung 1-2/61 vom 26.1.1961, S.1-21
Dittrich, Erich, Regionale Wirtschaftspolitik im europäischen Rahmen: Wirrwarr der Vorstellungen und Pläne, in: Informationen des Instituts für Raumforschung 6/61 vom 27.3.1961, S.103-122 und 7/61 vom 10.4.1961, S.133-152
Dittrich, Erich, Möglichkeiten großräumiger Entwicklungspläne. Teil II, in: Raumforschung und Raumordnung 2 (1962), S.65-68
Dittrich, Erich, Notstandsgebiete in der Bundesrepublik, in: Wirtschaftsdienst 10 (1962), S.431-436
Dittrich, Erich, Raumordnung und Leitbild, Wien 1962
Dittrich, Erich, Leerformeln in Raumforschung und Raumordnungspolitik, in: Leitgedanken zur Raumforschung und Raumordnung. Eine Auswahl aus den Arbeiten von Erich Dittrich anläßlich seines 65. Geburtstages. Hg. von der Österreichischen Gesellschaft für Raumforschung und Raumplanung, Wien 1969, S.58-65
Dittrich, Irene/Martin Grundmann, Kiel – Marine, Rüstungsindustrie und Konversion, in: Detlef Bald (Hg.), Rüstungsbestimmte Geschichte und das Problem der Konversion in Deutschland im 20. Jahrhundert (Jahrbuch für Historische Friedensforschung 1992), Münster/Hamburg 1993, S.48-67
Dobner, Albert/Klaus Schwerd, Der Bergbau in Bayern, München 1987
Döring-Manteuffel, Anselm, Die innerdeutsche Grenze im nationalpolitischen Diskurs der Adenauer-Zeit, in: Bernd Weisbrod (Hg.), Grenzland. Beiträge zur Geschichte der deutsch-deutschen Grenze (Quellen und Untersuchungen zur Geschichte Niedersachsens nach 1945 9), Hannover 1993, S.127-142
Dokumente der Konferenz über Fragen der regionalen Wirtschaft. Brüssel, 6.-8. Dezember 1961. Hg. von der Europäischen Wirtschaftsgemeinschaft, Kommission. 2 Bände, Brüssel 1961
Dokumente deutscher Kriegsschäden. Evakuierte, Kriegssachgeschädigte, Währungsgeschädigte. Die geschichtliche und rechtliche Entwicklung. Hg. vom Bundesminister für Vertriebene, Flüchtlinge und Kriegsgeschädigte, Bonn 1964
Domarus, Max, Der Untergang des alten Würzburg im Luftkrieg gegen die deutschen Großstädte, 7. Aufl. Gerolzhofen 1995

3. Gedruckte Quellen und Literatur

Domarus, Wolfgang, Nationalsozialismus, Krieg und Bevölkerung. Untersuchungen zur Lage, Volksstimmung und Struktur in Augsburg während des Dritten Reiches, München 1977
Dorn, Walter L., Inspektionsreisen in der US-Zone. Notizen, Denkschriften und Erinnerungen aus dem Nachlaß übersetzt und herausgegeben von Lutz Niethammer, Stuttgart 1973
Drexel, Margarete, „Alles was getan wird, geschieht für den Menschen!" Ende der Bergbaukultur und erfolgreicher Strukturwandel in Penzberg/Oberbayern 1960–1972, Penzberg 2001
Duesenberry, James S., Some Aspects of the Theory of Economic Development, in: Explorations in Entrepreneurial History 3 (1950), S. 63–102
Duppré, Fritz, Auszug aus der Eröffnungsansprache des Chefs der Staatskanzlei Rheinland-Pfalz, in: Gemeinschaftsaufgaben zwischen Bund, Ländern und Gemeinden. Vorträge und Diskussionsbeiträge des 29. Staatswissenschaftlichen Fortbildungskursus der Hochschule für Verwaltungswissenschaften Speyer 1961, Berlin 1961, S. 11–15
Duschinger, Oskar/Dietmar Zierer, Glanz und Elend der Maxhütte, Burglengenfeld 1990
Eberstein, Hans H., Grundlagen der Regionalpolitik und ihre wesentlichen Grundsätze, in: ders./Helmut Karl (Hg.), Handbuch der regionalen Wirtschaftsförderung, 3. Aufl. Köln 1996, Teil A, Abschnitt III, S. 1–65
Ebert, Hans J./Johann B. Kaiser/Klaus Peters, Willy Messerschmitt – Pionier der Luftfahrt und des Leichtbaus. Eine Biographie, Bonn 1992
Eckey, Hans-Friedrich/Wilfried Stock, Verbesserung der regionalen Wirtschaftsstruktur. Gesetz über die Gemeinschaftsaufgabe vom 6. Oktober 1969, in: Hans H. Eberstein/Helmut Karl (Hg.), Handbuch der regionalen Wirtschaftsförderung, 3. Aufl. Köln 1996 (Loseblattsammlung), Teil A, Abschnitt V, S. 1–56
Eckstein, Dieter, Die wirtschaftliche Betätigung der öffentlichen Hand im Bergbau und in der Elektrizitätswirtschaft der Bundesrepublik Deutschland, Stuttgart 1966
Edding, Friedrich, Die Flüchtlinge als Belastung und Antrieb der westdeutschen Wirtschaft (Kieler Studien 12), Kiel 1952
EGKS 1952–1962. Ergebnisse, Grenzen, Perspektiven. Bericht eines Sachverständigenausschusses. Hg. von der Europäischen Gemeinschaft für Kohle und Stahl, Hohe Behörde, Luxemburg 1963
Egner, Erich, Grundsätze für eine industrielle Standortspolitik in der deutschen Gegenwart, in: Raumforschung-Raumordnung 3 (1948), S. 77–91
Egner, Erich, Möglichkeiten und Grenzen industrieller Standortspolitik, in: Raumforschung-Raumordnung 1 (1948), S. 3–15
Egner, Erich, Wirtschaftliche Raumordnung in der industriellen Welt. Abhandlungen zur industriellen Standortpolitik (Raumforschung und Landesplanung. Abhandlungen 16), Bremen-Horn 1950
Egner, Erich, Die regionale Entwicklung der Industriewirtschaften, in: Industrialisierung ländlicher Räume (Raum und gewerbliche Wirtschaft 1. Forschungsberichte des Ausschusses „Raum und gewerbliche Wirtschaft" der Akademie für Raumforschung und Landesplanung), Hannover 1961, S. 27–45
Ehard, Hans, Das Verhältnis zwischen Bund und Ländern und der Bundesrat, in: Bayerische Verwaltungsblätter N.F. 1 (1961), S. 1–4
Eichholtz, Dietrich, Geschichte der deutschen Kriegswirtschaft 1939–1945. Band III: 1943–1945, München 1999
Eichmüller, Andreas, Landwirtschaft und bäuerliche Bevölkerung in Bayern. Ökonomischer und sozialer Wandel 1945 – 1970. Eine vergleichende Untersuchung der Landkreise Erding, Kötzting und Obernburg, München 1997
Eichmüller, Andreas, „I hab' nie viel verdient, weil i immer g'schaut hab', daß as Anwesen mitgeht." Arbeiterbauern in Bayern nach 1945, in: Thomas Schlemmer/Hans Woller (Hg.), Bayern im Bund, Band 2: Gesellschaft im Wandel 1949–1973, München 2002, S. 179–268
Einführung in die bayerische Genossenschaftsgeschichte und Daten zur bayerischen Genossenschaftsgeschichte. Hg. vom Historischen Verein Bayerischer Genossenschaften (Schriftenreihe zur Genossenschaftsgeschichte 3), München 2000

Eingliederung der Vertriebenen und Flüchtlinge in Bayern. Erfolge und Aufgaben. Bericht des Herrn Staatsministers für Arbeit und soziale Fürsorge Paul Strenkert in der Sitzung des Beirats für Vertriebenen- und Flüchtlingsfragen am 11. Februar 1963, Statistische Anlage, o. S.

Einleitender Bericht von Herrn R. Marjolin, Vizepräsident der Kommission der Europäischen Wirtschaftsgemeinschaft, in: Dokumente der Konferenz über Fragen der regionalen Wirtschaft, Band 1, S. 19-34

Ein Programm für Bayern I. Hg. vom Bayerischen Staatsministerium für Wirtschaft und Verkehr, München 1969

Ein Programm für Bayern II. Hg. vom Bayerischen Staatsministerium für Wirtschaft und Verkehr, München 1970

Eisenmann, Hans, Die Integration der bayerischen Landwirtschaft in die Industriegesellschaft, in: Bayerisches Landwirtschaftliches Jahrbuch 48 (Sonderheft 1), München 1971, S. 11-18

Emmert, Heinrich, Die staatliche Subventionierung der bayerischen Fördergebiete. Eine Zwischenbilanz, in: Raumforschung und Raumordnung 14 (1956), S. 240-245

Emmet, Christopher/Fritz Baade, Destruction at our Expense, New York 1947 [dt. Zerstörung auf unsere Kosten. Wie die Demontage von Fabriken in Deutschland der Inflation in den USA hilft und den Marshallplan sabotiert, Hamburg 1948]

Emminger, Otmar, Die bayerische Industrie (Bayerns Wirtschaft. Schriftenreihe der „Volkswirtschaftlichen Arbeitsgemeinschaft für Bayern" 2), München 1947

Emminger, Otmar, Wirtschaftsplanung in der Bizone, in: Wirtschaftsprobleme der Besatzungszonen. Hg. vom Deutschen Institut für Wirtschaftsforschung, Berlin 1948, S. 143-178

Emminger, Otmar, D-Mark, Dollar, Währungskrisen. Erinnerungen eines ehemaligen Bundesbankpräsidenten, Stuttgart 1986

Empfehlungen der Humphrey-Kommission, in: Europa-Archiv 4 (1949), S. 2113 f.

Engelbrech, Gerhard/Georg Küppers/Joachim Sonntag, Regionale Wirkungen von Hochschulen (Schriftenreihe „Raumordnung" des Bundesministers für Raumordnung, Bauwesen und Städtebau 06.025), Bad Godesberg 1978

Entschließung des wirtschaftspolitischen Ausschusses. Gegen Planwirtschaft, für Gleichberechtigung der Arbeitnehmer, in: Union-Dienst. Informations-Brief der CSU in Bayern, 5. 10. 1946, S. 3

Entwicklungsprogramm für zentrale Orte in ländlichen, schwach strukturierten Gebieten, in: Ministerialblatt des Bundesministers für Wirtschaft 11 (1959), S. 454 f.

Entwicklungsprogramm für zentrale Orte in ländlichen, schwach strukturierten Gebieten, in: Ministerialblatt des Bundesministers für Wirtschaft 13 (1961), S. 178 f.

Equipment Division, The German Anti-Friction Bearings Industry, in: David MacIsaac (Hg.), The United States Strategic Bombing Survey. Band III, New York/London 1976, S. 36-39

Erhard, Ludwig, Wohlstand für alle, Bonn 1957

Erhard, Ludwig, Ausblicke, in: ders., Gedanken aus fünf Jahrzehnten. Reden und Schriften, Düsseldorf/Wien/New York 1988, S. 62-65

Erich Egner, in: Raumforschung und Raumordnung 29 (1971), S. 176

Erker, Paul, Revolution des Dorfes? Ländliche Bevölkerung zwischen Flüchtlingszustrom und ländlichem Strukturwandel, in: Martin Broszat/Klaus-Dietmar Henke/Hans Woller (Hg.), Von Stalingrad zur Währungsreform. Zur Sozialgeschichte des Umbruchs in Deutschland, München 1988, S. 367-425

Erker, Paul, Vom Heimatvertriebenen zum Neubürger. Sozialgeschichte der Flüchtlinge in einer agrarischen Region Mittelfrankens 1945-1955, Wiesbaden 1988

Erker, Paul, Ernährungskrise und Nachkriegsgesellschaft. Bauern und Arbeiterschaft in Bayern 1943-1953, Stuttgart 1990

Erker, Paul, Keine Sehnsucht nach der Ruhr. Grundzüge der Industrialisierung in Bayern 1900-1970, in: Geschichte und Gesellschaft 17 (1991), S. 480-511

Erker, Paul, Industriewirtschaft und regionaler Wandel. Überlegungen zu einer Wirtschaftsgeschichte Bayerns 1945-1995, in: Maximilian Lanzinner/Michael Henker (Hg.), Landesgeschichte und Zeitgeschichte. Forschungsperspektiven zur Geschichte Bayerns nach 1945, Augsburg 1997, S. 41-51

Erker, Paul, Krisenbewältigung und Stärkung strukturschwacher Regionen 1966-1982, in: Es war eine bewegende Zeit. Chronik 50 Jahre LfA Förderbank Bayern, München 2001, S. 40-45

Ernst, Werner, Leitbild der Raumordnung, in: Handwörterbuch der Raumforschung und Raumordnung. Hg. von der Akademie für Raumforschung und Landesplanung. Band II, 2. Aufl. Hannover 1970, Sp. 1907-1911

Erste Mitteilung der Kommission über die Regionalpolitik in der Europäischen Wirtschaftsgemeinschaft (II/SEK (65) 1170 endg.), Brüssel 1965

Erster Bericht der Landesregierung Nordrhein-Westfalen gemäß § 24 des Landesplanungsgesetzes vom 7. Mai 1962 über Stand, Maßnahmen und Aufgaben der Landesplanung, Düsseldorf 1964

Erster Raumordnungsbericht der Bundesregierung, in: Verhandlungen des Deutschen Bundestages, 4. Wahlperiode. Anlagen zu den stenographischen Berichten, Band 86, Drucksache IV/1492 vom 1. 10. 1963

Esenwein-Rothe, Ingeborg, Sozialpolitische Probleme der Industrialisierung strukturschwacher Räume, in: Zeitschrift für die gesamte Staatswissenschaft 118 (1962), S. 296-310

Es war eine bewegende Zeit. Chronik 50 Jahre LfA Förderbank Bayern, München 2001

Eucken, Walter, Deutschland vor und nach der Währungsreform, in: Albert Hunold (Hg.), Vollbeschäftigung, Inflation und Planwirtschaft, Erlenbach/Zürich 1951, S. 134-183; wiederabgedruckt in: Jürgen Schneider/Wolfgang Harbrecht (Hg.), Wirtschaftsordnung und Wirtschaftspolitik in Deutschland (1933-1993) (Beiträge zur Wirtschafts- und Sozialgeschichte 63), Stuttgart 1996, S. 327-360

Europäisches Parlament. Die ersten zehn Jahre 1958-1968. Hg. vom Generalsekretariat des Europäischen Parlaments, Veröffentlichung der Generaldirektion Parlamentarische Dokumente und Information, Brüssel 1969

Evans, Peter, Embedded Autonomy. State and Industrial Transformation, Princeton 1995

Fairbairn, Brett, Wiederaufbau und Untergang der Konsumgenossenschaften in der DDR und in der Bundesrepublik 1945-1990, in: Internationale wissenschaftliche Korrespondenz zur Geschichte der deutschen Arbeiterbewegung 34 (1998), S. 171-198

Fairbairn, Brett, Konsumgenossenschaften in internationaler Perspektive. Ein historischer Überblick, in: Michael Prinz (Hg.), Der lange Weg in den Überfluss, Paderborn u. a. 2003, S. 437-464

Fait, Barbara, In einer Atmosphäre von Freiheit. Die Rolle der Amerikaner bei der Verfassunggebung in den Ländern der US-Zone 1946, in: Vierteljahrshefte für Zeitgeschichte 33 (1985), S. 420-455

Fait, Barbara, Demokratische Erneuerung unter dem Sternenbanner. Amerikanische Kontrolle und Verfassunggebung in Bayern 1946 (Beiträge zur Geschichte des Parlamentarismus und der politischen Parteien 114), 2. Aufl. Düsseldorf 1998

Fear, Jeffrey, The Armament Industry in Schwaben 1939-1945. Its Effect on the Regional, Economic, and Social Structure, Diss. University of Michigan 1983

Fear, Jeffrey, Die Rüstungsindustrie im Gau Schwaben 1939-1945, in: Vierteljahrshefte für Zeitgeschichte 35 (1987), S. 193-216

Fehn, Klaus, Das Rheinische Schiefergebirge: „Kulturlandschaft" oder „Notstandsgebiet"? Bemerkungen zum Verhältnis von „Geographischer Landeskunde" und „Raumforschung" im Dritten Reich, in: Geographie und ihre Didaktik, Trier 1992, S. 127-143

Fehn, Klaus, „Ballungsräume" und „Notstandsgebiete". Kernräume und Peripherien in der nationalsozialistischen Raumordnung, in: Siedlungsforschung 22 (2004), S. 119-144

Fiereder, Helmut, Demontage in Deutschland nach 1945 unter besonderer Berücksichtigung der Montanindustrien, in: Zeitschrift für Unternehmensgeschichte 34 (1989), S. 209-239

Filser, Karl/Peter Sobczyk, Augsburg im Dritten Reich, in: Gunther Gottlieb u. a. (Hg.), Geschichte der Stadt Augsburg. 2000 Jahre von der Römerzeit bis zur Gegenwart, Stuttgart 1984, S. 620-637

Final Report on Dismantlement of Industrial Plants Located in the Three Western Zones of Occupation of Germany, July 1948, in: Foreign Relations of the United States (FRUS) 1948/II: Germany and Austria, Washington 1973, S. 778-788
Finke, Barbara/Harald Pohl, Studien zur kommunalen Industrieförderung im 20. Jahrhundert. Das Beispiel Regensburg von 1900 bis 1985, Regensburg 1986
Fisch, Jörg, Reparationen nach dem Zweiten Weltkrieg, München 1992
Fischer, Wilhelm, Die Organisation der Raumordnung, in: Raumforschung und Raumordnung 2 (1938), S. 225-229
Fischer-Mengershausen, Herbert, Das Finanzverfassungsgesetz, in: Die Öffentliche Verwaltung 9 (1956), S. 161-171
Fischler, Hans/Karlheinz Witzmann, Vorwort und Widmung, in: Willi Guthsmuths (Hg.), 25 Jahre Landesarbeitsgemeinschaft Bayern der Akademie für Raumforschung und Landesplanung. Letzter Beitrag der Schriftenreihe zur regionalen Aufbauplanung in Bayern, München 1976, S. 5f.
Flachenecker, Helmut/Rolf Kießling (Hg.), Städtelandschaften in Altbayern, Franken und Schwaben. Studien zum Phänomen der Kleinstädte während des Spätmittelalters und der Frühen Neuzeit (Zeitschrift für Bayerische Landesgeschichte, Beihefte 15), München 1999
Foelz-Schroeter, Marie Else, Föderalistische Politik und nationale Repräsentation 1945-1947. Westdeutsche Länderregierungen, zonale Bürokratie und politische Parteien im Widerstreit, Stuttgart 1974
Förg, Franz, Das Raumordnungsverfahren, in: Bayerische Verwaltungsblätter 1 (1961), S. 46-48
Först, Walter, Die Politik der Demontage, in: ders. (Hg.), Entscheidungen im Westen, Köln/Berlin 1979, S. 111-143
Foreign Relations of the United States 1948. Band II, Germany and Austria, Washington 1973
Foreman-Peck, James, Public and private ownership of British industry 1820-1990, Oxford 1994
Forstner, Thomas, Die Beamten des bayerischen Innenministeriums im Dritten Reich. Loyale Gefolgsleute oder kritische Staatsdiener?, St. Ottilien 2002
Foschepoth, Josef, Konflikte in der Reparationspolitik der Alliierten, in: ders. (Hg.), Kalter Krieg und Deutsche Frage. Deutschland im Widerstreit der Mächte 1945-1952, Göttingen/Zürich 1985, S. 175-197
Fourastié, Jean, Le grand espoir du XXe siècle. Progrès technique – progrès économique – progrès social, Paris 1949
Frank, Lothar, Gesichtspunkte der Raumordnung für den hessischen Finanzausgleich, in: Informationen des Instituts für Raumforschung 39-40/55 vom 6. 10. 1955, S. 556-559
Frank, Lothar, Finanzpolitische Mittel in der Raumordnung, in: Informationen des Instituts für Raumforschung 1/56 vom 10. 1. 1956, S. 15-22
Frankfurter Allgemeine Zeitung 1952ff.
Frankfurter Rundschau 1958ff.
Frey, Alfons, Die industrielle Entwicklung Bayerns von 1925 bis 1975. Eine vergleichende Untersuchung über die Rolle städtischer Agglomerationen im Industrialisierungsprozeß (Schriften zur Wirtschafts- und Sozialgeschichte 76), Berlin 2003
Friedensburg, Ferdinand, Drei Grundprobleme der deutschen Wirtschaft: Kohle, in: Die deutsche Wirtschaft zwei Jahre nach dem Zusammenbruch. Tatsachen und Probleme. Hg. vom Deutschen Institut für Wirtschaftsforschung (Institut für Konjunkturforschung), Berlin 1947, S. 144-158
Friedmann, John, Regional Development Policy: A Case Study of Venezuela, Cambridge/Mass. 1966
Friemberger, Claudia, Alfons Goppel. Vom Kommunalpolitiker zum Bayerischen Ministerpräsidenten (Untersuchungen und Quellen zur Zeitgeschichte 5), München 2001
Fries, Konrad, Die Dezentralisation der Industrie, mit besonderer Berücksichtigung der Standortverhältnisse Bayerns, Diss. München 1926
Froese, Udo, Entwicklung und Lage der Rückstandszonen des alten Reichsgebietes, Leipzig 1939

Fuchs, Helmut, Die Entwicklung des Finanzausgleichs unter den Ländern von 1949 bis 1958, Diss. Bonn 1963
Fürst, Dietrich/Paul Klemmer/Klaus Zimmermann, Regionale Wirtschaftspolitik, Tübingen 1976
Fuhrmann-Mittlmeier, Doris, Die deutschen Länder im Prozeß der Europäischen Einigung. Eine Analyse der Europapolitik unter integrationspolitischen Gesichtspunkten (Beiträge zur Politischen Wissenschaft 62), Berlin 1991
Funck, Rolf, Mineralölsteuer, in: Handwörterbuch der Sozialwissenschaften, Band 7, Göttingen 1961, S. 359-365
Fußeder, Siegfried, Die bayerische Wirtschaft in der Bewährung, in: Auf neuen Wegen. Die Wirtschaft in Bayern. Hg. vom Bayerischen Staatsministerium für Wirtschaft und Verkehr, München 1956, S. 6-30
Gabert, Volkmar, Die Bedeutung der Viererkoalition und des Spielbankenuntersuchungsausschusses für die Entwicklung der politischen Verhältnisse in Bayern, in: Hans Jochen Vogel/Helmut Simon/Adalbert Podlech (Hg.), Die Freiheit des Anderen. FS für Martin Hirsch, Baden-Baden 1981, S. 187-206
Gadegast, Joachim, Zur geschichtlichen Entwicklung der Raumplanung in Nordrhein-Westfalen, in: Zur geschichtlichen Entwicklung der Raumordnung, Landes- und Regionalplanung in der Bundesrepublik Deutschland (Akademie für Raumforschung und Landesplanung, Forschungs- und Sitzungsberichte 182), Hannover 1991, S. 252-289
Galbraith, John K., Leben in entscheidender Zeit, München 1981
Gall, Alexander, „Gute Straßen bis ins kleinste Dorf!" Verkehrspolitik und Landesplanung 1945 bis 1976, in: Thomas Schlemmer/Hans Woller (Hg.), Bayern im Bund, Band 1: Die Erschließung des Landes 1949 bis 1973, München 2001, S. 119-204
Gall, Alexander, „Gute Straßen bis ins kleinste Dorf!" Verkehrspolitik in Bayern zwischen Wiederaufbau und Ölkrise (Beiträge zur historischen Verkehrsforschung 7), Frankfurt/New York 2005
Ganser, Karl, Image als entwicklungsbestimmendes Steuerungsinstrument, in: Stadtbauwelt 26 (1970), S. 104-108
Gebhardt, Armin/Otfried Hatzold, Konjunkturschwankungen in Bayern. Analyse für den Zeitraum 1960-1971 unter regionalen und sektoralen Aspekten, Berlin/München 1976
Geiger, Franz, Beiträge zur Geschichte des Bauwesens in Bayern. Hg. von der Obersten Baubehörde im Bayerischen Staatsministerium des Innern, München 1980
Gelberg, Karl-Ulrich, Hans Ehard. Die föderalistische Politik des bayerischen Ministerpräsidenten 1946-1954, Düsseldorf 1992
Gelberg, Karl-Ulrich, Die Volkswirtschaftliche Arbeitsgemeinschaft für Bayern 1945, in: Zeitschrift für bayerische Landesgeschichte 57 (1994), S. 157-169
Gelberg, Karl-Ulrich, Einleitung, in: Die Protokolle des Bayerischen Ministerrats 1945-1954. Das Kabinett Ehard I. 21. Dezember 1946 bis 20. September 1947, München 2000, S. XIX-CXLIII
Gelberg, Karl-Ulrich, Vom Kriegsende bis zum Ausgang der Ära Goppel (1945-1978), in: Alois Schmid (Hg.), Handbuch der Geschichte Bayerns, Band IV, München 2003, S. 635-956
Gelberg, Karl-Ulrich, Die Oberste Baubehörde zwischen 1932 und 1949. Zur Kontinuität einer bayerischen Zentralbehörde, in: Hermann Rumschöttel/Walter Ziegler (Hg.), Staat und Gaue in der NS-Zeit. Bayern 1933-1945, München 2004, S. 297-339
Gemeinschaftsaufgaben zwischen Bund, Ländern und Gemeinden. Vorträge und Diskussionsbeiträge des 29. Staatswissenschaftlichen Fortbildungskursus der Hochschule für Verwaltungswissenschaften Speyer 1961, Berlin 1961
Geppert, Kurt u. a., Die wirtschaftliche Entwicklung der Bundesländer in den siebziger und achtziger Jahren. Eine vergleichende Analyse (Deutsches Institut für Wirtschaftsforschung, Beiträge zur Strukturforschung 94), Berlin 1987
Gercke, Friedrich, Rote Zone, in: Handwörterbuch der Raumforschung und Raumordnung. Hg. von der Akademie für Raumforschung und Landesplanung, Hannover 1966, Sp. 1715f.
Gerlach Knut/Peter Liepmann, Konjunkturelle Aspekte der Industrialisierung peripherer Regionen – dargestellt am Beispiel des ostbayerischen Regierungsbezirks Oberpfalz, in: Jahrbücher für Nationalökonomie und Statistik 187 (1972/73), S. 1-21

Gerlach, Knut/Peter Liepmann, Zur regionalpolitischen Förderungskonzeption in der Bundesrepublik Deutschland, in: Archiv für Kommunalwissenschaften 12 (1973), S. 269-281
Gerschenkron, Alexander, Economic Backwardness in Historical Perspective, Cambridge 1962
Geschäftsbericht der Landeszentralbank von Bayern für das Jahr 1950, München 1951
Geschäftsbericht der Landeszentralbank von Bayern für das Jahr 1955, München 1956
Geschäftsbericht der Vereinigung der Arbeitgeberverbände in Bayern 1958/1959. Materialien zur wirtschaftlichen und sozialen Entwicklung in Bayern und im Bund, München 1959
Geyer, Michael, Zum Einfluß der nationalsozialistischen Rüstungspolitik auf das Ruhrgebiet, in: Rheinische Vierteljahrsblätter 45 (1981), S. 201-264
Geyer, Michael, Deutsche Rüstungspolitik 1860-1980, Frankfurt/Main 1984
Giel, Wilhelm, Die Grundzüge der regionalen Wirtschaftspolitik in der Bundesrepublik, in: Raumforschung und Raumordnung 22 (1964), S. 113-117
Gillitzer, Georg, Geologische Neuaufnahme des Peißenberger Kohlenreviers (Geologica Bavarica 23), München 1955
Gimbel, John, Amerikanische Besatzungspolitik in Deutschland 1945-1949, Frankfurt/Main 1971
Glashauser, Fritz, Die Bildungs- und Kulturpolitik der bayerischen FDP. Programmpolitik zwischen öffentlicher Darstellung und parteiinterner Willensbildung, München 1988
Gleicher Rang für den Geldwert. Sachverständigenrat zur Begutachtung der gesamtwirtschaftlichen Entwicklung, Jahresgutachten 1972/73, Stuttgart/Mainz 1972
Gleissner, Franz, Die Probleme des Ballungsraumes München ohne Maßnahmen der Raumordnung unlösbar, in: Die freie Wohnungswirtschaft 5 (1962), S. 136-143
Glettler, Monika (Hg.), Landtagsreden zur bayerischen Vertriebenenpolitik 1946-1950, München 1993
Gömmel, Walter, Die Osthilfe für die Landwirtschaft unter der Regierung der Reichskanzler Müller und Brüning, in: Gunther Schulz (Hg.), Von der Landwirtschaft zur Industrie. Wirtschaftlicher und gesellschaftlicher Wandel im 19. und 20. Jahrhundert. FS für Friedrich-Wilhelm Henning zum 65. Geburtstag, Paderborn 1996, S. 253-274
Görgens, Egon, Wandlungen der industriellen Produktionsstruktur im wirtschaftlichen Wachstum, Bern/Stuttgart 1975
Görtemaker, Manfred, Geschichte der Bundesrepublik Deutschland. Von der Gründung bis zur Gegenwart, München 1999
Götz, Günter, Die Schuldenpolitik der Länder, Meisenheim am Glan 1970
Götz, Peter, Grundprobleme des Finanzausgleichs in der Bundesrepublik Deutschland, Diss. Frankfurt a. M. 1957
Götzger, Heinrich, Augsburg. Ein Beitrag zum Wiederaufbau zerstörter Altstädte, München 1948
Goldscheid, Rudolf, Staatssozialismus oder Staatskapitalismus. Ein finanzsoziologischer Beitrag zur Lösung des Staatsschulden-Problems, Wien/Leipzig 1917
Goppel, Alfons, Bayern und die EWG. Vortrag im Rahmen einer Veranstaltung der Europa-Union in München am 7. Oktober 1963, in: ders.: Reden. Ausgewählte Manuskripte aus den Jahren 1958-1965, Würzburg 1965, S. 29-45
Goppel, Alfons, Rückblicke 1957-1984. Hg. von Claudia Friemberger und Ferdinand Kramer, St. Ottilien 2005
Gornig, Martin/Bernhard Seidel/Dieter Vesper/Christian Weise, Regionale Strukturpolitik unter den veränderten Rahmenbedingungen der 90er Jahre (Deutsches Institut für Wirtschaftsforschung, Sonderheft 157), Berlin 1996
Gornig, Martin, Gesamtwirtschaftliche Leitsektoren und regionaler Strukturwandel. Eine theoretische und empirische Analyse der sektoralen und regionalen Wirtschaftsentwicklung in Deutschland 1895-1987, Berlin 2000
Goschler, Constantin, Reformversuche gegen siegreiche Traditionen. Bayerische Politik und amerikanische Kontrolle, in: Wolfgang Benz (Hg.), Neuanfang in Bayern 1945-1949. Politik und Gesellschaft in der Nachkriegszeit, München 1988, S. 64-81

3. Gedruckte Quellen und Literatur

Graafen, Rainer, Die Auswirkungen der Notstandsmaßnahmen des Deutschen Reiches vom ausgehenden 19. Jahrhundert bis zum Ende des Zweiten Weltkrieges auf das Siedlungs- und Kulturlandschaftsbild der Eifel, in: Siedlungsforschung 10 (1992), S. 105-120
Grabitz, Eberhard (Hg.), Kommentar zum EWG-Vertrag. Loseblattsammlung, München 1988
Granicky, Günter, Die Umsiedlung von Vertriebenen und Flüchtlingen, in: Informationen des Instituts für Raumforschung 15-17/55 vom 5. 4. 1955, S. 209-227
Grasser, Helmut/Hans Heitzer, Rechts- und Organisationsfragen der Landesplanung in Bayern, in: Raumforschung und Raumordnung 16 (1958), S. 77-83
Grau, Andreas, Gegen den Strom. Die Reaktion der CDU/CSU-Opposition auf die Ost- und Deutschlandpolitik der sozial-liberalen Koalition 1969-1973, Düsseldorf 2005
Grebing, Helga, Ideengeschichte des Sozialismus in Deutschland. Teil II, in: dies. (Hg.), Geschichte der sozialen Ideen in Deutschland. Sozialismus – Katholische Soziallehre – Protestantische Sozialethik. Ein Handbuch, Essen 2000, S. 355-595
Grimm, Claus u. a. (Hg.), Aufbruch ins Industriezeitalter. 4 Bände, München 1985
Grimme, Leonhard, Ein Versuch zur Erfassung und Bewertung der zentralörtlichen Ausstattung der Gemeinden in Bayern auf der Grundlage der Ergebnisse der Arbeitsstättenzählung 1961, München 1971
Groeben, Hans von der/Hans von Boekh/Jochen Thiesing/Claus-Dieter Ehlermann, Kommentar zum EWG-Vertrag, 3. Aufl. Baden-Baden 1983.
Groß, Hans Ferdinand, Hanns Seidel 1901-1961. Eine politische Biographie (Untersuchungen und Quellen zur Zeitgeschichte 1), München 1992
Grosser, Dieter, Die Rolle Fritz Schäffers als Finanzminister in den ersten beiden Kabinetten Konrad Adenauers, in: Wolfgang J. Mückl (Hg.), Föderalismus und Finanzpolitik. Gedenkschrift für Fritz Schäffer, Paderborn 1990, S. 67-80
Grosser, Thomas, Die Integration der Vertriebenen in der Bundesrepublik Deutschland. Annäherungen an die Situation der Sudetendeutschen in der westdeutschen Nachkriegsgesellschaft am Beispiel Bayerns, in: Hans Lemberg/Jan Kren/Dusan Kovac (Hg.), Im geteilten Europa. Tschechen, Slowaken und Deutsche und ihre Staaten 1948-1989, Essen 1998, S. 41-94
Gründung der „Bayerischen Arbeitsgemeinschaft für Raumforschung", in: Bayern in Zahlen 4 (1950), S. 126
Grüner, Stefan, Ökonomischer Strukturwandel und Industriepolitik in der Region: Bayerisch-Schwaben zwischen Rüstungsboom und Wiederaufbau (1933-1950), in: Paul Hoser/Reinhard Baumann (Hg.), Kriegsende und Neubeginn. Die Besatzungszeit im schwäbisch-alemannischen Raum, Konstanz 2003, S. 419-461
Grundgedanken zu einem Bevölkerungsausgleich in der Bundesrepublik Deutschland. Denkschrift des Instituts für Raumforschung, Bonn 1950
Grundlagen für die Aufstellung von Richtlinien siehe unter: Die bayerische Landesplanung.
Grundlagen für die Aufstellung von Richtlinien
Grundlagen und Ziele der Raumordnung in Bayern. Hg. vom Bayerischen Staatsministerium für Wirtschaft und Verkehr, München 1962
Grundsätze regionaler Strukturpolitik in Bayern. Praktische Erfahrungen bei ihrer Anwendung und Auseinandersetzung mit den Vorstellungen der Bundesregierung. Hg. vom Bayerischen Staatsministerium für Wirtschaft und Verkehr, München 1973
Gutachten vom 23. Januar 1955. Thema: Möglichkeiten und Grenzen regionaler Wirtschaftspolitik, in: Der Wissenschaftliche Beirat beim Bundeswirtschaftsministerium. Band 4: Gutachten vom Januar 1955 bis Dezember 1956. Hg. vom Bundeswirtschaftsministerium, Göttingen 1957, S. 13-22
Guthsmuths, Willi, Die Eingliederung als Gegenstand der Landesplanung in Bayern, in: Raumforschung und Raumordnung 16 (1958), S. 129-139
Guthsmuths, Willi, Landesplanerische Zielsetzungen im Bereich von stadträumlicher Regionalplanung und kommunalem Finanzausgleich, in: Finanzpolitik als Gegenstand der Regionalplanung. Forschungsberichte der Landesarbeitsgemeinschaft Bayern der Akademie für Raumforschung und Landesplanung, Hannover 1969, S. 1-12

Guthsmuths, Willi, Zwanzig Jahre Raumforschung in Bayern, in: Akademie für Raumforschung und Landesplanung/Landesarbeitsgemeinschaft Bayern (Hg.), Sitzung am 2. und 3. Juli 1970 in Passau. Jahresversammlung 1970. Vorträge-Diskussionsbeiträge, Passau/ München 1971, S. 6-15

Guthsmuths, Willi, Heinrich Hunke 70 Jahre, in: Raumforschung und Raumordnung 30 (1972), S. 272

Guthsmuths, Willi, 25 Jahre Landesarbeitsgemeinschaft Bayern. Rückblick auf Tätigkeit und Arbeitsergebnisse, in: ders. (Hg.), 25 Jahre Landesarbeitsgemeinschaft Bayern der Akademie für Raumforschung und Landesplanung. Letzter Beitrag der Schriftenreihe zur regionalen Aufbauplanung in Bayern, München 1976, S. 7-13

Guthsmuths, Willi (Hg.), 25 Jahre Landesarbeitsgemeinschaft Bayern der Akademie für Raumforschung und Landesplanung. Letzter Beitrag der Schriftenreihe zur regionalen Aufbauplanung in Bayern, München 1976

Guttmann, E. R., Die Beziehungen der Pfälzer Bank zur bayerischen Industrie. Ein Beitrag zur Geschichte der Industriepolitik der Provinzbanken, Diss. München 1922

Haas, Hans-Dieter, Die Industrie im Verdichtungsraum München. Entwicklungsprozesse, regionale und branchenspezifische Strukturen, in: Industrie- und Gewerbeentwicklung in Verdichtungsräumen. Ein Vergleich zwischen München und Rhein-Main. Gemeinsame Sitzung der Landesarbeitsgemeinschaften Hessen/Rheinland-Pfalz/Saarland und Bayern am 9./10. Juni 1986 in Wiesbaden, Hannover 1988, S. 69-86

Hägerstrand, Torsten, Innovation Diffusion as a Spatial Process, Chicago 1967

Härtel, Lia, Der Länderrat des amerikanischen Besatzungsgebiets, Stuttgart 1951

Haertle, Karl-Maria, Der gesetzgeberische Rahmen und die ersten Maßnahmen der Kreditvergabe, in: Friedrich Prinz (Hg) Integration und Neubeginn. Dokumentation über die Leistung des Freistaates Bayern und des Bundes zur Eingliederung der Wirtschaftsbetriebe der Vertriebenen und Flüchtlinge und deren Beitrag zur wirtschaftlichen Entwicklung des Landes. Band I, München 1984, S. 317-360

Häuser, Karl, Deutsche Nationalökonomie in der Diaspora: die dreißiger und vierziger Jahre bis Kriegsende, in: Karl Acham/Knut Wolfgang Nörr/Bertram Schefold (Hg.), Erkenntnisgewinne, Erkenntnisverluste. Kontinuitäten und Diskontinuitäten in den Wirtschafts-, Rechts- und Sozialwissenschaften zwischen den 20er und 50er Jahren, Stuttgart 1998, S. 173-209

Hagemann, Harald, The post-1945 development of economics in Germany, in: Alfred W. Bob Coats (Hg.), The Development of Economics in Western Europe since 1945, London/New York 2000, S. 113-128

Hagemann, Harald, Wachstums- und Entwicklungstheorien: Vom Beginn der 1960er Jahre bis Ende der 1980er Jahre, in: Karl Acham/Knut Wolfgang Nörr/Bertram Schefold (Hg.), Der Gestaltungsanspruch der Wissenschaft. Aufbruch und Ernüchterung in den Rechts-, Sozial- und Wirtschaftswissenschaften auf dem Weg von den 1960er zu den 1980er Jahren, Stuttgart 2006, S. 187-212

Haggard, Stephen, Pathways from the Periphery. The Politics of Growth in the Newly Developing Countries, Ithaca 1990

Hahn, George N., Adolf Weber, in: Staatslexikon. Recht, Wirtschaft, Gesellschaft, 6. Aufl. Freiburg 1963, Sp. 462f.

Hamacher, Bärbel, Königinstraße 17. Bayerische Landesanstalt für Aufbaufinanzierung in München, München 1993

Handfest, Irene, Der Luftkrieg in Nürnberg. Quellen des Stadtarchivs zum 2. Januar 1945, Nürnberg 1985

Hansmeyer, Karl-Heinrich, Die Entwicklung von Finanzverfassung und Finanzausgleich in der Bundesrepublik Deutschland bis zum Jahre 1990 aus finanzwissenschaftlicher Sicht, in: Jochen Huhn/Peter-Christian Witt (Hg.), Föderalismus in Deutschland. Traditionen und gegenwärtige Probleme. Symposion an der Universität Kassel 10. bis 12. April 1991, Baden-Baden 1992, S. 165-183

Hardach, Gerd, Wirtschaftsgeschichte Deutschlands im 20. Jahrhundert (1914-1970), 3. Aufl. Göttingen 1993

Hardach, Gerd, Der Marshall-Plan. Auslandshilfe und Wiederaufbau in Westdeutschland 1948-1952, München 1994

3. Gedruckte Quellen und Literatur 461

Hardach, Gerd, Krise und Reform der Sozialen Marktwirtschaft. Grundzüge der wirtschaftlichen Entwicklung in der Bundesrepublik der 50er und 60er Jahre, in: Axel Schildt/Detlef Siegfried/Karl Christian Lammers (Hg.), Dynamische Zeiten. Die 60er Jahre in den beiden deutschen Gesellschaften (Hamburger Beiträge zur Sozial- und Zeitgeschichte 37), Hamburg 2000, S. 197-217

Harmssen, Gustav W., Reparationen, Sozialprodukt, Lebensstandard. Hauptheft mit zwölf Anlagen, Bremen 1947

Harmssen, Gustav W., Am Abend der Demontage. Sechs Jahre Reparationspolitik, Bremen 1951

Hartl, Caspar, Bayern auf dem Weg zum Industriestaat. Eine vergleichende volkswirtschaftliche Studie über die Ausnützung der bayer. Wasserkräfte, sowie über Staats- und Privatbetrieb in den Industrien der schwarzen und weißen Kohle. Zugleich ein Beitrag zur Kartellfrage, München 1911

Hasenack, Wilhelm, Betriebsdemontage als Reparation. 2 Teile, Essen bzw. Köln/Opladen 1948

Hasenack, Wilhelm, Bilanz der Demontage. Nachkriegsmethoden internationaler Industriepolitik und ihr Einfluß auf die Zukunft der europäischen Wirtschaft, in: Jahrbuch der Sozialwissenschaften 2 (1951), S. 21-61

Hasiweder, Wolfgang, Geschichte der staatlichen Wohnbauförderung in Bayern. Von den Anfängen bis zur Gegenwart, Wien 1993

Hasselmann, Erwin, Geschichte der deutschen Konsumgenossenschaften, Frankfurt/Main 1971

Heckt, Wilhelm, Die Entwicklung des bundesstaatlichen Finanzausgleichs in der Bundesrepublik Deutschland, Bonn 1973

Heerdegen, Manfred, Die Ansiedlung der Gablonzer Industrie und die Anfänge von Neugablonz. Ein Rückblick auf die Jahre 1945/46 im Spiegel deutscher und amerikanischer Quellen, in: 1946-1996. 50 Jahre Neugablonz. Beiträge zu seiner Geschichte, seinen Menschen, seiner Industrie, Kaufbeuren 1996, S. 13-71

Hefele, Peter, Die Verlagerung von Industrie- und Dienstleistungsunternehmen aus der SBZ/DDR nach Westdeutschland, Stuttgart 1998

Heiden, Detlev, Sozialisierungspolitik in Hessen 1946-1965, Münster/Hamburg 1997

Heigl, Ludwig/Rüdiger Hosch, Raumordnung und Landesplanung in Bayern. Kommentar und Vorschriftensammlung, München 1973

Heigl, Ludwig, Ab der Stunde Null, in: 10 Jahre Bayerisches Staatsministerium für Landesentwicklung und Umweltfragen, München 1980, S. 23-26

Heil, Peter, Zum Selbstbild von Raumplanern zwischen Nationalsozialismus und Bundesrepublik, in: Burkhard Dietz u. a. (Hg.), Griff nach dem Westen. Die „Westforschung" der völkisch-nationalen Wissenschaften zum nordwesteuropäischen Raum (1919-1960). Band 1, Münster u. a. 2003, S. 91-105

Heilmann, Georg, Stätten des Krieges – Stätten des Friedens, in: Unser Bayern. Politik, Wirtschaft, Kultur. Hg. von der Bayerischen Staatskanzlei, München 1950, S. 79-81

Heilmann, Georg, Bundesraumordnung? Eine verfassungsrechtliche Betrachtung, in: Bayerische Verwaltungsblätter N.F. 4 (1958), S. 357-360 und 5 (1959), S. 4-8

Heinsen, Ernst, Der Kampf um die Große Finanzreform 1969, in: Rudolf Hrbek (Hg.), Miterlebt – Mitgestaltet. Der Bundesrat im Rückblick, Stuttgart 1989, S. 187-223

Helml, Stefan, Die Maxhütte. Bergbau in Sulzbach-Rosenberg und Auerbach, Amberg u. a. 1989

Hemmeter, Karlheinz, Bayerische Baudenkmäler im Zweiten Weltkrieg: Verluste, Schäden, Wiederaufbau, München 1995

Henle, Wilhelm, Die Förderung von Landesaufgaben aus Bundesmitteln: Gemeinschaftsaufgaben zwischen Bund, Ländern und Gemeinden. Vorträge und Diskussionsbeiträge des 29. Staatswissenschaftlichen Fortbildungskursus der Hochschule für Verwaltungswissenschaften Speyer 1961, Berlin 1961, S. 63-77

Henle, Wilhelm, Finanzausgleich im Widerstreit, in: Die Öffentliche Verwaltung 15 (1962), S. 201-207

Henle, Wilhelm, Die Ordnung der Finanzen in der Bundesrepublik Deutschland (Bücher der Verwaltung in unserer Zeit 1), Berlin 1964

Henle, Wilhelm, Finanzpolitik und Finanzverfassung. Eine Einführung für Studenten der Rechtswissenschaft und für Verwaltungsbeamte, München/Wien 1980

Henning, Friedrich-Wilhelm, Genossenschaftliche Unternehmen, in: Hans Pohl (Hg.), Die Entwicklung von Unternehmensformen und -strukturen in Westdeutschland seit dem Zweiten Weltkrieg, Stuttgart 1993, S. 87-113

Henning, Friedrich-Wilhelm, Die Industrialisierung in Deutschland 1800 bis 1914, 9. Aufl. Paderborn u. a. 1995

Henning, Hansjoachim, Der nordrheinwestfälische Grenzlandfond 1948-1955. Restauration oder Innovation für eine regionale Gewerbestruktur?, in: Hans J. Gerhard (Hg.), Struktur und Dimension. FS für Karl Heinrich Kaufhold zum 65. Geburtstag. Band 2: Neunzehntes und Zwanzigstes Jahrhundert (Vierteljahrschrift für Sozial- und Wirtschaftsgeschichte, Beiheft 133), Stuttgart 1997, S. 573-596

Henninger, Wilhelm, Die Rechtsgrundlagen der Landesplanung in den Bundesländern, in: Bayerische Verwaltungsblätter 6 (1960), S. 73-75

Henzler, Christoph, Fritz Schäffer 1945-1967. Eine biographische Studie zum ersten bayerischen Nachkriegs-Ministerpräsidenten und ersten Finanzminister der Bundesrepublik Deutschland, München 1994

Hermann, Christa, Wandel der Sozialstruktur und geschlechtsspezifische Integrationschancen – Zur Eingliederung der weiblichen und männlichen Vertriebenen und Flüchtlinge des Zweiten Weltkrieges in das Bildungs- und Erwerbssystem Bayerns, in: Dierk Hoffmann/Marita Krauss/Michael Schwartz (Hg.), Vertriebene in Deutschland. Interdisziplinäre Ergebnisse und Forschungsperspektiven (Schriftenreihe der Vierteljahrshefte für Zeitgeschichte, Sondernummer), München 2000, S. 313-330

Hermann, Walther, Die rückständigen Bergländer an der deutschen Westgrenze, in: Beiträge zur Raumforschung und Raumordnung 1, Heidelberg 1938, S. 13-27

Herzberg, Marcel, Raumordnung im nationalsozialistischen Deutschland (Dortmunder Materialien zur Raumplanung 25), Dortmund 1997

Hetzer, Gerhard, Unternehmer und leitende Angestellte zwischen Rüstungseinsatz und politischer Säuberung, in: Martin Broszat/Klaus-Dietmar Henke/Hans Woller (Hg.), Von Stalingrad zur Währungsreform. Zur Sozialgeschichte des Umbruchs in Deutschland, 3. Aufl. München 1990, S. 551-591

Heubl, Franz, Die gegenwärtige Lage unserer föderativen Struktur, in: Bayerische Verwaltungsblätter 12 (1968), S. 413-417

Heuser, Otto E., Landwirtschaftliche Raumforschung im Gebiet der Bayerischen Ostmark, in: Raumforschung und Raumordnung 1 (1937), S. 128-130

Heymans, Dieter, Die Regionalpolitik der EWG und die Länder der Bundesrepublik Deutschland, Diss. Köln 1969

Hickethier, Knut/Peter Hoff, Geschichte des deutschen Fernsehens, Stuttgart 1998

Hildebrand, Klaus, Von Erhard zur Großen Koalition 1963-1969 (Geschichte der Bundesrepublik Deutschland 4), Wiesbaden 1984

Hilligardt, Adolf, Württemberg in der Krise, Berlin 1935

Hirche, Kurt, Die Komödie der Privatisierung. Der Kampf um die öffentliche Wirtschaft, 2. Auflage Köln 1959

Hochbaum, M., Das Diskriminierungs- und Subventionsverbot in der EGKS und EWG (Schriftenreihe zum Handbuch für Europäische Wirtschaft 13), Baden-Baden/Bonn 1962

Hockerts, Hans Günter, Integration der Gesellschaft: Gründungskrise und Sozialpolitik in der frühen Bundesrepublik, in: Zeitschrift für Sozialreform 32 (1986), S. 25-41

Hockerts, Hans Günter, Das Ende der Ära Adenauer. Zur Periodisierung der Bundesrepublikgeschichte, in: Winfried Becker/Werner Chrobak (Hg.), Staat, Kultur, Politik. Beiträge zur Geschichte Bayerns und des Katholizismus. FS zum 65. Geburtstag von Dieter Albrecht, Kallmünz/Opf. 1992, S. 461-475

Hoebink, Hein, Demontage in Nordrhein-Westfalen, 1947-1950, in: Westfälische Forschungen 30 (1980), S. 47-59

Hoegner, Wilhelm, Der schwierige Außenseiter. Erinnerungen eines Abgeordneten, Emigranten und Ministerpräsidenten, München 1959

3. Gedruckte Quellen und Literatur

Höpker-Aschoff, Hermann, Das Finanz- und Steuersystem des Bonner Grundgesetzes, in: Archiv des Öffentlichen Rechts 75 (1950), S. 306-331
Hösch, Friedrich, Der Raum in volkswirtschaftlicher Sicht, in: Raumforschung und Raumordnung 29 (1971), S. 1-5
Hof, Bernd, Regionale Arbeitsmarktanalyse für die Bundesrepublik Deutschland 1960/78 (Beiträge zur Wirtschafts- und Sozialpolitik 74), Köln 1979
Hoffacker, Heinz-Wilhelm, Entstehung der Raumplanung, konservative Gesellschaftsreform und das Ruhrgebiet 1918-1933, Essen 1989
Hoffmann, Dierk, Binnenwanderung und Arbeitsmarkt. Beschäftigungspolitik unter dem Eindruck der Bevölkerungsverschiebung in Deutschland nach 1945, in: ders./Marita Krauss/Michael Schwartz (Hg.), Vertriebene in Deutschland. Interdisziplinäre Ergebnisse und Forschungsperspektiven, München 2000, S. 219-235
Hoffmann, Friedrich, Die Entwicklung der Raumordnung und Landesplanung bis zum Bundesraumordnungsgesetz und der Raumordnungsbericht 1966 der Bundesregierung, Köln 1968
Hoffmann, Heinz, Bedeutung und Erklärung regionaler Konjunkturphänomene, Bochum 1975
Hoffmann, Hildegard, Landwirtschaft und Industrie in Württemberg, insbesondere im Industriegebiet der Schwäbischen Alb, Berlin 1935
Hoffmann, Ingrid, Die Zentrale-Orte-Konzeption in der BRD, in: Fallstudien zur regionalen Strukturpolitik (Schriften zur Mittelstandsforschung 60), Köln o. J., S. 100-136
Hofmann, Stephan, Industriepolitik und Landesplanung in Bayern 1958-1970, Diss. München 2004
Hogan, Michael J., The Marshall Plan. America, Britain and the Reconstruction of Western Europe 1947-1952, New York 1987
Hohberg, Heinz, Das Recht der Landesplanung. Eine Synopse der Landesplanungsgesetze in der Bundesrepublik Deutschland (Veröffentlichungen der Akademie für Raumforschung und Landesplanung, Abhandlungen 47), Hannover 1966
Hohensee, Jens, Der erste Ölpreisschock 1973/74. Die politischen und gesellschaftlichen Auswirkungen der arabischen Erdölpolitik auf die Bundesrepublik Deutschland und Westeuropa, Stuttgart 1996
Hohls, Rüdiger/Hartmut Kaelble (Hg.), Die regionale Erwerbsstruktur im Deutschen Reich und in der Bundesrepublik 1895-1970 (Quellen und Forschungen zur historischen Statistik von Deutschland 9), St. Katharinen 1989
Hopmann, Barbara, Von der Montan zur Industrieverwaltungsgesellschaft (IVG), 1916-1951, Stuttgart 1996
Hoppe, Andrea/Helmut Voelzkow, Raumordnungs- und Regionalpolitik: Rahmenbedingungen, Entwicklungen, Perspektiven, in: Thomas Ellwein/Everhard Holtmann (Hg.), 50 Jahre Bundesrepublik Deutschland. Rahmenbedingungen – Entwicklungen – Perspektiven, Opladen 1999, S. 279-296
Horak, Hans, Die wirtschaftliche Betätigung der öffentlichen Hand in der Bundesrepublik Deutschland und ihre Probleme. Ein Überblick, Köln 1964
Horn, Manfred, Die Energiepolitik der Bundesregierung von 1958 bis 1972. Zur Bedeutung der Penetration ausländischer Ölkonzerne in die Energiewirtschaft der BRD für die Abhängigkeit interner Strukturen und Entwicklungen (Volkswirtschaftliche Schriften 256), Berlin 1977
Hoser, Paul, Die Geschichte der Stadt Memmingen. Band 2: Vom Neubeginn im Königreich Bayern bis 1945, Stuttgart 2001
Hoth, Werner, Die Bedeutung und Stellung der Konsumgenossenschaften in Deutschland nach 1945, Wien 1971
Huck, Burkhardt J./Sabine Lauxen/Karl Winklmair, Register der Rüstungsfirmen in Bayern, in: Jo Angerer/Erich Schmidt-Eenboom (Hg.), Rüstung in weiß-blau. Politik und Waffenwirtschaft in Bayern, Starnberg 1988, S. 74-156
Hüchting, Paul, Kommt es zur Finanzreform?, in: Die Öffentliche Verwaltung 10 (1954), S. 289-292
Hüchting, Paul, Der Finanzausgleich unter den Ländern, in: Die Öffentliche Verwaltung 9/10 (1955), S. 288-293

Hundhammer, Alois, Mein Beitrag zur bayerischen Politik 1945-1965, München 1965
Hunke, Heinrich, Willi Guthsmuths 70 Jahre, in: Raumforschung und Raumordnung 29 (1971), S. 233 f.
In stummer Klage. Zeugnisse der Zerstörung Würzburgs. Zur Sonderausstellung aus Anlaß der 40. Wiederkehr des 16. März 1945, Würzburg 1985
Intensivierung und Koordinierung der regionalen Strukturpolitik. Vorschläge des Bundesministers für Wirtschaft (BMWI-Texte), Bonn o. J. [1969]
Interview mit Landtagspräsident a. D. Dr. Franz Heubl, in: Geschichte einer Volkspartei. 50 Jahre CSU 1945-1995. Hg. von der Hanns-Seidel-Stiftung, München 1995, S. 541-561
Ipsen, Detlev/Thomas Fuchs, Die Modernisierung des Raumes – Blockierung und Öffnung. Raumbilder als historische Bedingung regionaler Entwicklung in Nordhessen und Oberbayern, in: 1999 6 (1991), S. 13-33
Isbary, Gerhard, Das Landesplanungsgesetz in Bayern vor den Senatsausschüssen, in: Informationen des Instituts für Raumforschung 19/57 vom 14.10.1957, S. 494
Isbary, Gerhard, Regionale Aspekte der Entwicklung des Industriebesatzes in den Kreisen der Bundesrepublik Deutschland 1952-1956, in: Raumforschung und Raumordnung 15 (1957), S. 188-193
Isbary, Gerhard, Um eine Aktivierung der Raumordnung, in: Informationen des Instituts für Raumforschung 8 (1958), S. 17-20
Isenberg, Gerhard, Tragfähigkeit und Wirtschaftsstruktur, Bremen-Horn 1953
Isenberg, Gerhard, Regionale Wohlstandsunterschiede, Finanzausgleich und Raumordnung, in: Finanzarchiv N.F. 17 (1956/57), S. 64-97
Isenberg, Gerhard, Die praktische Anwendung der Tragfähigkeitsrechnung in Krieg und Frieden, in: Raumforschung und Raumordnung 3/4 (1968), S. 133-140
Isenberg, Gerhard/Dietmar Krafft, Tragfähigkeit, in: Handwörterbuch der Raumforschung und Raumordnung. Band III, 2. Aufl. Hannover 1970, Sp. 3382-3414
Istel, Wolfgang, Entwicklungslinien einer Reichsgesetzgebung für die Landesplanung bis 1945, in: Beiträge zu Raumforschung, Raumordnung und Landesplanung (Landes- und Stadtentwicklungsforschung des Landes Nordrhein-Westfalen 1/042), Dortmund 1985, S. 67-100
Istel, Wolfgang, Der Beitrag der Landesplanung in Bayern zur Landesentwicklung von 1945 bis 1970, in: Berichte zur deutschen Landeskunde 61 (1987), S. 391-423
Istel, Wolfgang, Wurzeln und Entwicklung der Landesplanung in Bayern bis 1945. Von der Stadterweiterungsplanung zur flächendeckenden Reichs- und Landesplanung (Arbeitsmaterialien zur Raumordnung und Raumplanung 124), Bayreuth 1993
Jaenicke, Wolfgang, Arbeit schafft Heimat. Ein Bildbericht über die Industrien der Heimatvertriebenen in Bayern, München 1950
Jaenicke, Wolfgang, Vier Jahre Betreuung der Vertriebenen in Bayern 1945-1949. Ein Bericht über den Stand der bisherigen Eingliederung und über ungelöste Probleme, anläßlich des vierten Jahrestages der Errichtung der bayerischen Flüchtlingsverwaltung, München 1950
Jahresgutachten 1965 siehe unter: Der Sachverständigenrat zur Begutachtung der gesamtwirtschaftlichen Entwicklung, Jahresgutachten 1965
Jahreswirtschaftsbericht 1968 der Bundesregierung, in: Verhandlungen des Deutschen Bundestages, 5. Wahlperiode. Anlagen zu den stenographischen Berichten, Drucksache V/2511
Jákli, Zoltán, Vom Marshallplan zum Kohlepfennig. Grundrisse der Subventionspolitik in der Bundesrepublik Deutschland 1948-1982, Opladen 1990
James, Harold, Die D-Mark, in: Etienne François/Hagen Schulze (Hg.), Deutsche Erinnerungsorte. Band II, München 2001, S. 434-449
James, Harold, Die Deutsche Bank im Dritten Reich, München 2003
Jansen, Ewald, Industrielle Standortpolitik durch weitschauende Planung, in: Gewerkschaftliche Monatshefte 7 (1956), S. 294-300
Jansen, Ewald, Nationale Rekordziffern – regionale Depression, in: Gewerkschaftliche Monatshefte 8 (1957), S. 121 f.
Jaumann, Anton, Bayerns Strukturpolitik, in: Bayerns Industrie. Leistungen und Zukunftspläne. Eine Beilage der Bayerischen Staatszeitung, 6.7.1973

Jaumann, Anton, Strukturelle Entwicklung der bayerischen Wirtschaft 1960 bis 1971, München 1973
Jaumann, Anton, Regionalpolitik am Wendepunkt?, München o.J. [1973/74]
Jaumann, Anton, Zukunft ist Leistung. Ein Beitrag für die achtziger Jahre, München 1979
Jenkis, Helmut W. (Hg.), Raumordnung und Raumordnungspolitik, München/Wien 1996
Jerchow, Friedrich, Deutschland in der Weltwirtschaft 1944-1947. Alliierte Deutschland- und Reparationspolitik und die Anfänge der westdeutschen Außenwirtschaft, Düsseldorf 1978
Jochimsen, Reimut, Für einen Bundesentwicklungsplan. Zur Forderung im Regierungsprogramm der SPD nach einem langfristigen Orientierungsrahmen für die Handlungspläne der Regierung, in: Die Neue Gesellschaft 16 (1969), S. 237-241
Jochimsen, Reimut/Knut Gustafsson, Infrastruktur. Grundlage der marktwirtschaftlichen Entwicklung, in: Udo Ernst Simonis (Hg.), Infrastruktur. Theorie und Politik, Köln 1977, S. 38-55
Jürgens, Ulrich/Wolfgang Krumbein (Hg.), Industriepolitische Strategien. Bundesländer im Vergleich, Berlin 1991
Just, Regine, Die Ministerpräsidentenkonferenz von München und die Flüchtlingsfrage im Vier-Zonen-Deutschland. Erfahrungen und Entscheidungen im Lande Sachsen, in: Alexander Fischer (Hg.), Studien zur Geschichte der SBZ/DDR, Berlin 1993, S. 137-177
Kaelble, Hartmut/Rüdiger Hohls, Der Wandel der regionalen Disparitäten in der Erwerbsstruktur Deutschlands 1895-1970, in: Jürgen Bergmann u.a., Regionen im historischen Vergleich. Studien zu Deutschland im 19. und 20. Jahrhundert, Opladen 1989, S. 288-413
Kaiser, Wolfram, Großbritannien und die Europäische Wirtschaftsgemeinschaft 1955-1961. Von Messina nach Canossa, Berlin 1996
Karasek-Langer, Alfred, Neusiedlung in Bayern nach 1945, in: Jahrbuch für Volkskunde der Heimatvertriebenen 2 (1956), S. 24-102
Karl, Helmut/Helmut Krämer-Eis, Entwicklung der regionalen Wirtschaftspolitik in Deutschland, in: Hans H. Eberstein/Helmut Karl (Hg.), Handbuch der regionalen Wirtschaftsförderung, 3. Aufl. Köln 1996 (Loseblattsammlung), Teil A, Abschnitt II, S. 1-58
Keil, Georg, Entwicklungstendenzen der Siedlungsstruktur in ländlichen Räumen, in: Raumforschung. 25 Jahre Raumforschung in Deutschland. Hg. von der Akademie für Raumforschung und Landesplanung, Bremen 1960, S. 267-278
Keil, Georg, Zur Entwicklung der Landesplanung, aus persönlicher Sicht, in: Raumordnung und Landesplanung im 20. Jahrhundert (Historische Raumforschung 10. Forschungsberichte des Ausschusses „Historische Raumforschung" der Akademie für Raumforschung und Landesplanung), Hannover 1971, S. 87-96
Keinath, Karl, Regionale Aspekte der Konjunkturpolitik. Ein Beitrag zum Problem der regionalen Differenzierung der Globalsteuerung, Tübingen 1978
Keinath, Karl, Regionale Konjunkturschwankungen. Eine empirische Analyse der Bundesrepublik Deutschland 1950-1974 (Tübinger wirtschaftswissenschaftliche Abhandlungen 23), Tübingen 1978
Keller, Robert von, Die Verlagerung der großstädtischen Industrie, Leipzig 1938
Keßler, Erich, Die Aktivierung der Raumordnung, in: Der Betriebsberater 10 (1955), S. 1065-1067
Keßler, Erich, Soll und Haben der Raumordnung, in: Der Landkreis 29 (1959), S. 373-379
Keßler, Erich, Und nochmals: Soll und Haben der Raumordnung, in: Der Landkreis 30 (1960), S. 299-303
Kidess, Peter, Die räumliche und unternehmerische Konzentration in der deutschen Luftfahrtindustrie nach 1945, Köln 2003
Kiemstedt, Hans, Zonenrandgebiet, in: Handwörterbuch der Raumforschung und Raumordnung. Band III, 2. Aufl. Hannover 1970, Sp. 3871-3878
Kiesewetter, Hubert, Erklärungshypothesen zur regionalen Industrialisierung in Deutschland im 19. Jahrhundert, in: Vierteljahrschrift für Sozial- und Wirtschaftsgeschichte 67 (1980), S. 305-333
Kiesewetter, Hubert, Industrielle Revolution in Deutschland (1815-1914), Frankfurt/Main 1989

Kiesewetter, Hubert, Regionale Lohndisparitäten und innerdeutsche Wanderungen im Kaiserreich, in: Jürgen Bergmann u. a., Regionen im historischen Vergleich. Studien zu Deutschland im 19. und 20. Jahrhundert, Opladen 1989, S. 133-199

Kiesewetter, Hubert, Region und Industrie in Europa 1815-1995 (Grundzüge der modernen Wirtschaftsgeschichte 2), Stuttgart 2000

Kindleberger, Charles P., Europe's Postwar Growth. The Role of Labour Supply, Cambridge/Mass. 1967

Kistenmacher, Hans, Basic-Nonbasic-Konzept, in: Handwörterbuch der Raumforschung und Raumordnung. Band I, 2. Aufl. Hannover 1970, Sp. 150-158

Klamroth, Hans-Burkhard, Organisation und rechtliche Grundlagen der Landesplanung in der Bundesrepublik Deutschland und in Berlin (Mitteilungen aus dem Institut für Raumforschung Bonn 16), Bad Godesberg 1952

Klebe, Heinrich, Entwicklung von Industrie und Gewerbe und der Gewerbegesetzgebung in Bayern, München 1930

Klee, Katja, Im „Luftschutzkeller des Reiches". Evakuierte in Bayern 1939-1953: Politik, soziale Lage, Erfahrungen (Schriftenreihe der Vierteljahrshefte für Zeitgeschichte 78), München 1999

Kleinhenz, Gerhard D., Wirtschafts- und Sozialpolitik: Die Verwirklichung einer Sozialen Marktwirtschaft durch die Landespolitik der CSU, in: Geschichte einer Volkspartei. 50 Jahre CSU 1945-1995. Hg. von der Hanns-Seidel-Stiftung, München 1995, S. 253-289

Klemmer, Paul, Theorie der Entwicklungspole – Strategisches Konzept für die regionale Wirtschaftspolitik, in: Raumforschung und Raumordnung 30 (1972), S. 102-107

Klemmer, Paul, Regionalisierung der Regionalpolitik, in: Josef H. Müller (Hg.), Planung der regionalen Strukturpolitik, Berlin 1982, S. 140-153

Klemmer, Paul, Die Gemeinschaftsaufgabe „Verbesserung der regionalen Wirtschaftsstruktur". Zwischenbilanz einer Erscheinungsform des kooperativen Föderalismus, in: Franz Schuster (Hg.), Dezentralisierung des politischen Handelns (III). Konzeption und Handlungsfelder (Forschungsberichte der Konrad-Adenauer-Stiftung 61), Melle 1987, S. 299-349

Klink, Dieter, Vom Antikapitalismus zur sozialistischen Marktwirtschaft. Die Entwicklung der ordnungspolitischen Konzeption der SPD von Erfurt (1891) bis Bad Godesberg (1959), Hannover 1965

Klodt, Henning/Jürgen Stehn u. a., Die Strukturpolitik der EG (Kieler Studien 249), Tübingen 1992

Klotzbach, Kurt, Der Weg zur Staatspartei. Programmatik, praktische Politik und Organisation der deutschen Sozialdemokratie 1945 bis 1965, Berlin u. a. 1982

Kluge, Arnd, Geschichte der deutschen Bankgenossenschaften (Schriftenreihe des Instituts für bankhistorische Forschung 17), Frankfurt/Main 1991

Kluge, Ulrich, Vierzig Jahre Landwirtschaftspolitik der Bundesrepublik Deutschland 1945/49-1985. Möglichkeiten und Grenzen staatlicher Agrarintervention, in: Aus Politik und Zeitgeschichte B 42/86 vom 18. 10. 1986, S. 3-19

Kluge, Ulrich, Vierzig Jahre Agrarpolitik in der Bundesrepublik Deutschland. 2 Bände, Hamburg/Berlin 1989

Kniep, Jürgen/Evamaria Brockhoff (Hg.), Wiederaufbau und Wirtschaftswunder in Bayern. Bildband zur Bayerischen Landesausstellung 2009, Regensburg 2009

Knoeringen, Waldemar von, Rede auf dem Parteitag 1958 in Stuttgart, in: ders., Reden und Aufsätze. Hg. vom SPD-Landesverband Bayern, München 1981, S. 70-81

Knollmann, Erich, Der Staat als Unternehmer in der Nachkriegszeit, Diss. Gießen 1931

Koch, Christian/Rainer Büschel/Uli Kuhnle, Trümmerjahre. Nürnberg 1945-1955, München 1989

Koch, Til P., Entwicklung und Arbeitsschwerpunkte der Landesplanung in Schleswig-Holstein, in: Zur geschichtlichen Entwicklung der Raumordnung, Landes- und Regionalplanung in der Bundesrepublik Deutschland (Akademie für Raumforschung und Landesplanung, Forschungs- und Sitzungsberichte 182), Hannover 1991, S. 359-378

Koch, Walter, Der Genossenschaftsgedanke F. W. Raiffeisens als Kooperationsmodell in der modernen Industriegesellschaft, Paderborn 1991

3. Gedruckte Quellen und Literatur

Kock, Peter Jakob, Bayerns Weg in die Bundesrepublik, Stuttgart 1983
Köchling, Martina, Demontagepolitik und Wiederaufbau in Nordrhein-Westfalen, Essen 1995
Kölble, Josef, Gemeinschaftsaufgaben zwischen Bund und Ländern sowie zwischen den Ländern. Arten, Formen und Ziele, in: Gemeinschaftsaufgaben zwischen Bund, Ländern und Gemeinden. Vorträge und Diskussionsbeiträge des 29. Staatswissenschaftlichen Fortbildungskursus der Hochschule für Verwaltungswissenschaften Speyer 1961, Berlin 1961, S. 17-62
Köllmann, Wolfgang, Die Bedeutung der Regionalgeschichte im Rahmen struktur- und sozialgeschichtlicher Konzeptionen, in: Archiv für Sozialgeschichte 11 (1975), S. 43-50
Köllmann, Wolfang u. a. (Hg.), Das Ruhrgebiet im Industriezeitalter. Geschichte und Entwicklung. 2 Bände, Düsseldorf 1990
Köllner, Lutz, Abrüstung und Konversion als Problem der Wirtschaftspolitik der Bundesrepublik Deutschland, in: Detlef Bald (Hg.), Militär, Ökonomie und Konversion. Beiträge und Bibliographie. Das Werk von Lutz Köllner, Baden-Baden 1993, S. 19-32
Körner, Hellmut, Untersuchungen über Konsequenzen des Zustroms von Arbeitskräften in die Bundesrepublik Deutschland für die Funktionsweise des Arbeitsmarktes, Frankfurt/München 1976
Köser, Helmut, Die Grundsatzdebatte in der SPD von 1945/46 bis 1958/59. Entwicklung und Wandel der Organisationsstruktur und des ideologisch-typologischen Selbstverständnisses der SPD. Eine empirisch-systematische Untersuchung, Diss. Freiburg 1971
Kohler, Hans/Lutz Reyher, Zu den Auswirkungen von Förderungsmaßnahmen auf den Arbeitsmarkt des Regierungsbezirks Niederbayern nach kreisfreien Städten, Landkreisen und Arbeitsamtsbezirken (Institut für Arbeitsmarkt- und Berufsforschung der Bundesanstalt für Arbeit, Beiträge zur Arbeitsmarkt- und Berufsforschung 6), Nürnberg 1975
Kohli, Atul, State-Directed Development. Political Power and Industrialization in the Global Periphery, Cambridge 2004
Koll, Robert/Eberhard von Pilgrim, Entwicklungsperspektiven der bayerischen Wirtschaft – Wege zur Sicherung und Stärkung der Wirtschaftskraft Bayerns (ifo studien zur regional- und stadtökonomie 1), München 1991
Kollmer, Dieter H., „Klotzen, nicht kleckern!" Die materielle Aufrüstung des Heeres von den Anfängen bis Ende der sechziger Jahre, in: Helmut R. Hammerich u. a., Das Heer 1950 bis 1970. Konzeption, Organisation, Aufstellung, München 2006, S. 485-614
Kommission für die Finanzreform, Gutachten über die Finanzreform in der Bundesrepublik Deutschland, Stuttgart u. a. 1966
Kommission für wirtschaftlichen und sozialen Wandel, Wirtschaftlicher und sozialer Wandel in der Bundesrepublik Deutschland, Göttingen 1977
Koppensteiner, Hans-Georg, Das Subventionsverbot im Vertrag über die Europäische Gemeinschaft für Kohle und Stahl (Schriftenreihe zum Handbuch für Europäische Wirtschaft 30), Baden-Baden 1965
Kopper, Christopher, Zonenrandförderung und Verkehrspolitik im bundesdeutschen Grenzgebiet: Das Beispiel Niedersachsen, in: Bernd Weisbrod (Hg.), Grenzland. Beiträge zur Geschichte der deutsch-deutschen Grenze, Hannover 1993, S. 95-109
Kornrumpf, Martin, Der Atlas Bayerische Ostmark, in: Raumforschung und Raumordnung 1 (1936), S. 125-128
Kornrumpf, Martin (Hg.), Atlas Bayerische Ostmark, Bayreuth 1939
Kornrumpf, Martin, Eingliederung der Vertriebenen in die gewerbliche Wirtschaft, in: Das deutsche Flüchtlingsproblem. Sonderheft der Zeitschrift für Raumforschung, Bielefeld 1950, S. 94-101
Kornrumpf, Martin, Bayern – neue Heimat, in: Bayern. Ein Land verändert sein Gesicht. Hg. von der Bayerischen Landeszentrale für Heimatdienst, München 1956, S. 49-58
Kornrumpf, Martin, Kleiner unter Großen. Lebenserinnerungen als zeitgeschichtliche Dokumentation, Gräfelfing 1981
Kornrumpf, Martin, Mir langt's an „Grosser Zeit" 1934-1945, Schwalmstadt 1995
Krämer, Alfred, Die Säuglingssterblichkeit im Notstandsgebiet der Rhön, Diss. Würzburg 1939

Kramer, Alan, British Dismantling Politics, 1945-9. A Reassessment, in: Ian Turner (Hg.), Reconstruction in Post-War Germany. British Occupation Policy and the Western Zones 1945-55, Oxford/New York/München 1989, S. 125-154

Kramer, Alan, Die britische Demontagepolitik am Beispiel Hamburgs, 1945-1950, Hamburg 1991

Kramer, Ferdinand, Wirtschaftsminister Anton Jaumann. Eine politisch-biographische Skizze, in: Wirtschaftsminister Anton Jaumann (1927-1994). Eine Ausstellung aus dem neuerworbenen Nachlaß anläßlich seines 70. Geburtstags (Bayerisches Hauptstaatsarchiv, Kleine Ausstellungen 9), München 1997, S. 9-30

Kremer, Harry Andreas, Der Bayerische Landtag als Steuergesetzgeber, in: Paul Kirchhof/ Klaus Offerhaus/Horst Schöberle (Hg.), Steuerrecht, Verfassungsrecht, Finanzpolitik. FS für Franz Klein, Köln 1994, S. 577-596

Krezmar, Hans, Die Eingliederung der sudetendeutschen Flüchtlinge in die Wirtschaft Bayerns, Diss. München 1949

Krieg, Nina A., München, leuchtend und ausgebrannt... Denkmalpflege und Wiederaufbau in den Nachkriegsjahren, in: Friedrich Prinz (Hg.), Trümmerzeit in München. Kultur und Gesellschaft einer deutschen Großstadt im Aufbruch 1945-1949, München 1984, S. 69-87

Krieger, Christiane/Carsten S. Thoroe/Wolfgang Weskamp, Regionales Wirtschaftswachstum und sektoraler Strukturwandel in der Europäischen Gemeinschaft, Tübingen 1985

Krieger, Thilo, 100 Jahre Eisenwerk-Gesellschaft Maximilianshütte 1853-1953, Sulzbach-Rosenberg 1953

Krieger, Wolfgang, General Lucius D. Clay und die amerikanische Deutschlandpolitik 1945-1949 (Forschungen und Quellen zur Zeitgeschichte 10), Stuttgart 1987

Krieger-Boden, Christiane, Die räumliche Dimension in der Wirtschaftstheorie. Ältere und neuere Erklärungsansätze, Kiel 1995

Krietemeyer, Hartmut, Der Erklärungsgehalt der Exportbasistheorie (Schriften des Zentrums für regionale Entwicklungsforschung 25), Hamburg 1983

Kristof, Alfons, Der Reichtum der Heimatvertriebenen, in: Unser Bayern. Politik, Wirtschaft, Kultur. Hg. von der Bayerischen Staatskanzlei, München 1950, S. 95-98

Kritzer, Peter, Wilhelm Hoegner. Politische Biographie eines bayerischen Sozialdemokraten, München 1979

Kronawitter, Hildegard, Wirtschaftskonzeptionen und Wirtschaftspolitik der Sozialdemokratie in Bayern 1945-1949, München u. a. 1988

Kronawitter, Hildegard, Rudolf Zorn und sein Beitrag zum marktwirtschaftlichen Denken in der SPD, in: Hartmut Mehringer (Hg.), Von der Klassenbewegung zur Volkspartei. Wegmarken der bayerischen Sozialdemokratie 1892-1992, München u. a. 1992, S. 248-260

Kroner, Günter, Eine neue Karte zur regionalen Wirtschaftspolitik: „Bundesfördergebiete und Räume der Regionalen Aktionsprogramme", in: Informationen des Instituts für Raumordnung 20 (1970), S. 769f.

Krüger, Dieter, Das Amt Blank. Die schwierige Gründung des Bundesministeriums für Verteidigung, Freiburg i.Br. 1993

Kruse, Alfred, Adolf Weber, in: ders. (Hg.), Wirtschaftstheorie und Wirtschaftspolitik. Eine Sammlung von Abhandlungen. Festgabe für Adolf Weber zur Vollendung seines 75. Lebensjahres am 29. Dezember 1951, dargebracht von habilitierten Schülern und Münchener Kollegen, Berlin 1951, S. 9-17

Kühner, Karl-Friedrich, Der Zusammenhang zwischen regionalen Konjunkturunterschieden und der räumlichen Struktur, Diss. Regensburg 1977

Küsters, Hanns Jürgen, Die Gründung der Europäischen Wirtschaftsgemeinschaft, Baden-Baden 1982

Kuhlo, Alfred, Geschichte der bayerischen Industrie, München 1926

Kuhlo, Alfred, Jubiläums-Nummer anlässlich des 25jährigen Bestehens des Bayerischen Industriellen-Verbandes e. V. (Die Bayerische Industrie 21/6), München 1927

Kuhlo, Alfred, Jubiläumsschrift des Bayerischen Industriellenverbandes 1902 bis 1927, München 1927

Kuklick, Bruce, American Policy and the Division of Germany. The Clash with Russia over Reparations, London 1972

Kurzmann, Siegfried, 30 Jahre Bayernwerk AG. Bayerische Landeselektrizitätsversorgung 1921-1951, München 1951
Laak, Dirk van, Planung. Geschichte und Gegenwart des Vorgriffs auf die Zukunft, in: Geschichte und Gesellschaft 34 (2008), S. 305-326
Länderhaushalte (Institut Finanzen und Steuern, Heft 73), Bonn 1964
Lammers, Konrad, Die Bund-Länder-Regionalförderung – Ziele, Ansatzpunkte, ökonomische Problematik, in: Die Weltwirtschaft 1 (1987), S. 61-81
Landesentwicklung Bayern. Einteilung des Staatsgebiets in Regionen. Hg. vom Bayerischen Staatsministerium für Landesentwicklung und Umweltfragen, München 1971
Landesentwicklung Bayern. Zentrale Orte und Nahbereiche in Bayern. Hg. vom Bayerischen Staatsministerium für Landesentwicklung und Umweltfragen, München 1972
Landesentwicklungsprogramm Bayern. Anlage zur Verordnung über das Landesentwicklungsprogramm Bayern vom 10. März 1976 (BayGVBl. 1976, S. 123)
Landesplanung in Bayern, in: Informationen des Instituts für Raumforschung 4/57 vom 26. 2. 1957, S. 87 f.
Landesplanung in Bayern. Eine Einführung. Hg. vom Bayerischen Staatsministerium für Landesentwicklung und Umweltfragen, München 1973
Landeswohnungsfürsorge Bayern GmbH (1936-1961), Organ der staatlichen Wohnungspolitik, München 1961
Landeszentralbank in Bayern. Hauptverwaltung der Deutschen Bundesbank. Bericht über die Entwicklung der Wirtschaft und des Geld- und Kreditwesens in Bayern im Jahre 1970, München 1971
Landeszentralbank in Bayern. Hauptverwaltung der Deutschen Bundesbank. Jahresbericht 1976, München 1977
Landeszentralbank in Bayern. Hauptverwaltung der Deutschen Bundesbank. Jahresbericht 1979, München 1980
Landwirtschaftliches Wochenblatt 1946 ff.
Lane, Stephen Kenneth, The integration of the German expellees: a case study of Bavaria 1945-1969, Diss. Columbia University 1972
Lange, Thomas, Der Staat als Unternehmer, in: Dieter Grosser (Hg.), Der Staat in der Wirtschaft der Bundesrepublik, Opladen 1985, S. 301-374
Lanzinner, Maximilian, Zwischen Sternenbanner und Bundesadler. Bayern im Wiederaufbau 1945-1958, Regensburg 1996
Lauerbach, Hermann, Der Strukturwandel in Bayerns Landwirtschaft, in: Willi Guthsmuths (Hg.), Strukturwandel und Raumplanung. Probleme der Fachplanungen und Strukturprogramme in Bayern (Raumforschung und Landesplanung. Beiträge zur regionalen Aufbauplanung in Bayern 8), München 1960, S. 17-19
Laufer, Rudolf, Industrie und Energiewirtschaft in Land Baden 1945-1952. Südbaden unter französischer Besatzung (Forschungen zur Oberrheinischen Landesgeschichte XXVIII), Freiburg/München 1979
Launhardt, Wilhelm, Mathematische Begründung der Volkswirtschaftslehre, Leipzig 1885
Lauschke, Karl, Schwarze Fahnen an der Ruhr. Die Politik der IG Bergbau und Energie während der Kohlenkrise 1958-1968, Marburg 1984
Lauschmann, Elisabeth, Grundlagen einer Theorie der Regionalpolitik, Hannover 1970
Lauschmann, Elisabeth, Regionalisierung der Konjunkturpolitik?, in: Raumforschung und Raumordnung 36 (1978), S. 265-274
Lehmann, Heinz, Die zentralen Orte und ihre kartographische Darstellung als Problem der Raumforschung und Landesplanung, in: Deutscher Geographentag Frankfurt a. M., 12.-18. 5. 1951. Tagungsbericht und wissenschaftliche Abhandlungen, Remagen 1952, S. 155-157
Lengfeldt, E., Die wirtschaftliche Entwicklung der Notstandsgebiete des Oberharzes, in: Beiträge zur Raumforschung und Raumordnung 1, Heidelberg 1938, S. 28-39
Lenort, Norbert J., Marktwirtschaft und Raumordnung. Gilt die Beeinflussung der unternehmerischen Standortwahl noch als marktkonforme Maßnahme?, in: Der Volkswirt 11 vom 27. 4. 1957, S. 802-804

Lenort, Norbert J., Raumordnung und Wirtschaftspolitik, in: Gewerkschaftliche Monatshefte 8 (1957), S. 296–301

Leßmann, Gerhard/Petra Schüler, Raumplanung und Datenverarbeitung. Stand und Einsatzbedingungen automatisierter Planungshilfen, Dortmund 1983

Ley, Norbert, Landesplanung, in: Handwörterbuch der Raumforschung und Raumordnung. Hg. von der Akademie für Raumforschung und Landesplanung, Band II, 2. Aufl. Hannover 1970, Sp. 1714–1734

Lill, Georg, Um Bayerns Kulturbauten. Zerstörung und Wiederaufbau (Geistiges München 2), München 1946

Lill, Georg, Um Bayerns Kulturbauten. Zerstörung und Wiederaufbau, in: Karlheinz Hemmeter: Bayerische Baudenkmäler im Zweiten Weltkrieg: Verluste, Schäden, Wiederaufbau, München 1995, S. VII–XVIII

Lindbeck, Assar, Industrial Policy as an Issue in the Economic Environment, in: The World Economy 4 (1981), S. 391–406

Lindlar, Ludger, Das mißverstandene Wirtschaftswunder. Westdeutschland und die westeuropäische Nachkriegsprosperität, Tübingen 1997

Littmann, Karl, Über einige Untiefen der Finanzverfassung, in: Staatswissenschaften und Staatspraxis 1 (1991), S. 31–45

Löffler, Bernhard, Wirtschaftspolitische Konzeption und Praxis Hanns Seidels, in: Alfred Bayer/Manfred Baumgärtel (Hg.), Weltanschauung und politisches Handeln. Hanns Seidel zum 100. Geburtstag, München 2001, S. 39–66

Löffler, Bernhard, Soziale Marktwirtschaft und administrative Praxis. Das Bundeswirtschaftsministerium unter Ludwig Erhard (Vierteljahrschrift für Sozial- und Wirtschaftsgeschichte, Beihefte), Stuttgart 2002

Lösch, August, Die räumliche Ordnung der Wirtschaft. Eine Untersuchung über Standort, Wirtschaftsgebiete und internationalen Handel, Jena 1940

Lohmüller, Jürgen, Erfolg und Erfolglosigkeit der Landesplanung in Bayern, München 1975

Lutter, Horst/Karl Peter Schön/Wendelin Strubelt, Raumordnung und Wirtschaftsförderung, in: Hans H. Eberstein/Helmut Karl (Hg.), Handbuch der regionalen Wirtschaftsförderung, 3. Aufl. Köln 1996, Teil A, Abschnitt IV, S. 1–41

MacIsaac, David, General Introduction, in: ders. (Hg.), The United States Strategic Bombing Survey. Band I, New York/London 1976, S. XVIII

MacIsaac, David, Strategic Bombing in World War Two: The story of the United States Strategic Bombing Survey, New York 1976

Maier, Jörg, Die wirtschaftliche Eingliederung von Flüchtlingen und Heimatvertriebenen in Bayern – Ergebnis aus gewerblicher Kompetenz, individuellem Engagement und unterstützenden politischen Rahmenbedingungen, in: Die Entwicklung Bayerns durch die Integration der Vertriebenen und Flüchtlinge. Forschungsstand 1995, München 1995, S. 79–92

Maier, Jörg/Germano Tullio, Die soziale und wirtschaftliche Eingliederung von Flüchtlingen und Heimatvertriebenen in Bayern, München 1995

Maneval, Helmut, Theoretische und empirische Grundlagen der volkswirtschaftlichen Untersuchung von Rüstungskonversion, in: Lutz Köllner/Burkhardt J. Huck (Hg.), Abrüstung und Konversion. Politische Voraussetzungen und wirtschaftliche Folgen in der Bundesrepublik, Frankfurt/New York 1990, S. 211–233

Mang, Johann, Die Bedeutung der Landesplanung für die Kommunalverwaltung, in: Der Landkreis 30 (1960), S. 72–75

Marglin, Stephen A./Juliet Schor (Hg.), The Golden Age of Capitalism. Reinterpreting the Postwar Experience, Oxford 1990

Marschalck, Peter, Bevölkerungsgeschichte Deutschlands im 19. und 20. Jahrhundert, Frankfurt/Main 1984

Mauerer, Josef H., Dr. Otto Schedl. Ein Oberpfälzer strukturiert Bayerns Wirtschaft um (Bayerische Profile 1945–1972, Band 8), München 1972

Mauersberg, Hans, Bayerische Entwicklungspolitik 1818–1923. Die etatmäßigen bayerischen Industrie- und Kulturfonds, München 1987

Mausbach, Wilfried, Zwischen Morgenthau und Marshall. Das wirtschaftspolitische Deutschlandkonzept der USA 1944-1947 (Forschungen und Quellen zur Zeitgeschichte 30), Düsseldorf 1996
Maxeiner, Rudolf, Die Verwirklichung der Genossenschaftsidee durch Friedrich Wilhelm Raiffeisen in der zweiten Hälfte des 19. Jahrhunderts, in: Zeitschrift für bayerische Sparkassengeschichte 4 (1990), S. 83-96
Mayer, Hans W., München und Stuttgart als Industriestandorte, mit besonderer Berücksichtigung der Wirtschaftskrise, Diss. München 1937
Mayer, Hans, Probleme und Strukturen der bayerischen Wirtschaft – Bayerns Entwicklung vom Agrar- zum Industriestaat, in: Rainer A. Roth (Hg.), Freistaat Bayern. Die politische Wirklichkeit eines Landes der Bundesrepublik Deutschland, 4. Aufl. München 1986, S. 371-386
Mayer, Klaus, Datenbanken für die Landesplanung. Ein Erfahrungsbericht über die Probleme des Aufbaus und Einsatzes der Datenbank für die Landesplanung in Bayern. Europäisches Symposium „Informationsverarbeitung in Planung und Verwaltung" am 30. 3. 1971 in Bonn. Hg. vom Bayerischen Staatsministerium für Landesentwicklung und Umweltfragen, München o. J. [1971]
Mayer, Klaus/Dieter Engelhardt/Alfred Helbig, Landesplanungsrecht in Bayern, München 1973
Meadows, Dennis, Die Grenzen des Wachstums. Bericht des Club of Rome zur Lage der Menschheit, Stuttgart 1972
Mehringer, Hartmut, Waldemar von Knoeringen. Eine politische Biographie. Der Weg vom revolutionären Sozialismus zur sozialen Demokratie, München u. a. 1989
Mehringer, Hartmut (Hg.), Von der Klassenbewegung zur Volkspartei. Wegmarken der bayerischen Sozialdemokratie 1892-1992, München u. a. 1992
Messerschmidt, Rolf, Nationalsozialistische Raumforschung und Raumordnung aus der Perspektive der „Stunde Null", in: Michael Prinz/Rainer Zitelmann (Hg.), Nationalsozialismus und Modernisierung, 2. Aufl. Darmstadt 1994, S. 117-138
Metz, Rainer, Säkulare Trends der deutschen Wirtschaft, in: Michael North (Hg.), Deutsche Wirtschaftsgeschichte. Ein Jahrtausend im Überblick, 2. Aufl. München 2005, S. 427-500
Metzler, Gabriele, Am Ende aller Krisen? Politisches Denken und Handeln in der Bundesrepublik der sechziger Jahre, in: Historische Zeitschrift 275 (2002), S. 57-103
Metzler, Gabriele, Konzeptionen politischen Handelns von Adenauer bis Brandt. Politische Planung in der pluralistischen Gesellschaft, Paderborn u. a. 2005
Meurer, Joseph, Der Kreis Vohenstrauß als Notstandsgebiet, Diss. Erlangen 1939
Meyer, Fritz, Methode zur Ermittlung von Notstandsgebieten. Hg. von der Reichsarbeitsgemeinschaft für Raumforschung, Hochschulgruppe Kiel, Kiel 1937
Meyer, Fritz, Raumforschung in den Notstandsgebieten, in: Raumforschung und Raumordnung 1 (1937), S. 523-527
Meyer, Konrad, Ein Beitrag zur Frage der Notstandsgebiete, in: Raumforschung und Raumordnung 1 (1937), S. 200f.
Meyer-Dohm, Peter, „Wettbewerb soweit wie möglich, Planung soweit wie nötig". Karl Schillers Bochumer Leitregel, in: Heiko Körner/Peter Meyer-Dohm/Egon Tuchtfeldt/Christian Uhlig (Hg.), Wirtschaftspolitik – Wissenschaft und politische Aufgabe. FS zum 65. Geburtstag von Karl Schiller, Bern/Stuttgart 1976, S. 85-109
Meyer-Lindemann, Hans Ulrich, Typologie der Theorien des Industriestandortes (Raumforschung und Landesplanung. Abhandlungen 21), Bremen-Horn 1951
Meyers, Franz, Klare Aufgabenteilung zwischen Bund und Ländern. Eingriffe des Bundes in die Länderzuständigkeiten durch Finanzierung von Länderaufgaben, Düsseldorf 1963
Meyers, Luise, Erfolge der Umsiedlung nach Nordrhein-Westfalen. Ergebnisse einer Erhebung in 6 Stadt- und 5 Landkreisen, Troisdorf 1953
Miersch, Elisabeth, Die räumliche Dezentralisierung der bayerischen Industrie (Bayerns Wirtschaft. Schriftenreihe der „Volkswirtschaftlichen Arbeitsgemeinschaft für Bayern" 3), München 1948

Miersch, Elisabeth, Oberbayern – Zwischen Donau und Alpen. Landschaft und Wirtschaft, in: Bayern. Ein Land verändert sein Gesicht. Hg. von der Bayerischen Landeszentrale für Heimatdienst, München 1956, S. 121-128
Miersch, Elisabeth, Staatliche Grenzlandpolitik, in: Bayerische Verwaltungsblätter 6 (1960), S. 37-39
Mierzejewski, Alfred C., The Collapse of the German War Economy, 1944-1945, Chapel Hill/London 1988
Miethke, Franz, Aufgaben und Bedeutung der Landesauftragsstellen, Dresden 1930
Miksch, Leonhard, Zur Theorie des räumlichen Gleichgewichts, in: Weltwirtschaftliches Archiv 66 (1951-I), S. 5-50
Milosch, Mark S., Die Rolle von Franz Josef Strauß bei der Ansiedlung der Luftfahrtindustrie in Bayern, in: Renate Höpfinger (Hg.), Franz Josef Strauß, Ludwig Bölkow, Sepp Hort (Bayerische Lebensbilder 2), München 2004, S. 14-55
Milosch, Mark S., Modernizing Bavaria. The Politics of Franz Josef Strauß and the CSU, 1949-1969 (Monographs in German History 15), New York/Oxford 2006
Mintzel, Alf, Geschichte der CSU. Ein Überblick, Opladen 1977
Mitteilungen der Christlich-Sozialen Union 1947 ff.
Mittelbayerische Zeitung 1949 ff.
Möllhoff, Ulrich, Das öffentliche Auftragswesen des Verteidigungsressorts im Spannungsfeld der Wirtschafts- und Finanzverfassung, Frankfurt a. M./Bern/New York 1985
Molitor, Johannes, Zur Geschichte der Flüchtlinge und Vertriebenen im Landkreis Deggendorf, in: Deggendorfer Geschichtsblätter 22 (2001), S. 237-264
Molle, Willem u. a., Regional Disparity and Economic Development in the European Community, Westmead 1980
Mommsen, Wolfgang J., Wandlungen der nationalen Identität, in: Werner Weidenfeld (Hg.), Die Identität der Deutschen, Bonn 1983, S. 173-192
Morsey, Rudolf, Personal- und Beamtenpolitik im Übergang von der Bizonen- zur Bundesverwaltung (1947-1950). Kontinuität oder Neubeginn?, in: ders. (Hg.), Verwaltungsgeschichte. Aufgaben, Zielsetzungen, Beispiele, Berlin 1972, S. 191-243
Moser, Eva, Unternehmer in Bayern. Der Landesverband der Bayerischen Industrie und sein Präsidium 1948 bis 1978, in: Thomas Schlemmer/Hans Woller (Hg.), Bayern im Bund, Band 2: Gesellschaft im Wandel 1949 bis 1973, München 2002, S. 25-86
Müller, Bruno, Untersuchungen zum Begriff des Staatskapitalismus, Diss. Freiburg/Brsg. 1930
Müller, Georg, Praktische Methoden zur Ermittlung von Notstandsgebieten, durchgeführt am Beispiel Schlesiens, Breslau 1938
Müller, Georg, Raumforschung und Umsiedlung (Institut für Raumforschung. Vorträge 3), Bad Godesberg 1951
Müller, Georg, Regionale Bevölkerungsentwicklung 1950-1956, in: Informationen des Instituts für Raumforschung 13 vom 8.7.1957, S. 339-345
Müller, Georg, Grundlagen für eine Neuabgrenzung der Fördergebiete. Methoden und Ergebnisse einer statistischen Analyse, in: Raumforschung und Raumordnung 16 (1958), S. 15-24
Müller, Georg, Ursachen geminderter Erwerbstätigkeit, in: Bundesarbeitsblatt 12 (1961), S. 414-419
Müller, Georg, Möglichkeiten zur Behebung geringer Erwerbstätigkeit, in: Bundesarbeitsblatt 12 (1961), S. 420-426
Müller, Georg, Tendenzen regionaler Industrieentwicklung, in: Raumforschung und Raumordnung 25 (1967), S. 111-118
Müller, Georg, Institut für Raumordnung, in: Handwörterbuch der Raumforschung und Raumordnung. Hg. von der Akademie für Raumforschung und Landesplanung, Band II, 2. Aufl. Hannover 1970, Sp. 1342 f.
Müller, Georg, Verdichtungsraum, in: Handwörterbuch der Raumforschung und Raumordnung. Hg. von der Akademie für Raumforschung und Landesplanung, Band III, 2. Aufl. Hannover 1970, Sp. 3536-3545

3. Gedruckte Quellen und Literatur

Müller, Georg, Die Grundlegung der westdeutschen Wirtschaftsordnung im Frankfurter Wirtschaftsrat 1947-1949, Frankfurt/Main 1982

Müller, Hans, Die Entwicklung des Finanzausgleichs zwischen Reich bzw. Bund und Ländern in Deutschland von 1871 bis zur Gegenwart, in: Österreichische Zeitschrift für öffentliches Recht 10 (1959/60), S. 89-126

Müller, Heribert, Die Ansiedlung der deutschböhmischen Glasveredlungsindustrie in Westdeutschland (Forschung und Leben. Bonner Beiträge zur Raumforschung 1), Dortmund 1951

Müller, Josef Heinz, Regionale Strukturpolitik in der Bundesrepublik. Kritische Bestandsaufnahme (Schriften der Kommission für wirtschaftlichen und sozialen Wandel 3), Göttingen 1973

Müller, Winfried/Ingo Schröder/Markus Mößlang, „Vor uns liegt ein Bildungszeitalter". Umbau und Expansion – das bayerische Bildungssystem 1950 bis 1975, in: Thomas Schlemmer/Hans Woller (Hg.), Bayern im Bund, Band 1: Die Erschließung des Landes 1949 bis 1973, München 2001, S. 273-355

Müller-Armack, Alfred, Wirtschaftslenkung und Marktwirtschaft, Hamburg 1947

Münch, Ursula, Freistaat im Bundesstaat. Bayerns Politik in 50 Jahren Bundesrepublik Deutschland, München 1999

Münchner Merkur 1948ff.

Münkel, Daniela, Die Medienpolitik von Konrad Adenauer und Willy Brandt, in: Archiv für Sozialgeschichte 41 (2001), S. 297-316

Mulzer, Erich, Der Wiederaufbau der Altstadt von Nürnberg 1945 bis 1970 (Erlanger Geographische Arbeiten 31), Erlangen 1972

Myrdal, Gunnar, Economic Theory and Underdeveloped Regions, London 1957

Neef, Ernst, Das Problem der zentralen Orte, in: Petermanns geographische Mitteilungen 94 (1950), S. 6-17

Neunreither, Karlheinz, Der Bundesrat zwischen Politik und Verwaltung, Heidelberg 1959

Niclauß, Karlheinz, Demokratiegründung in Westdeutschland. Die Entstehung der Bundesrepublik Deutschland 1945-1949, München 1974

Niclauß, Karlheinz, Der Weg zum Grundgesetz. Demokratiegründung in Westdeutschland 1945-1949, Paderborn u. a. 1998

Niederbayerische Nachrichten 1947ff.

Niedhart, Gottfried, Lernfähigkeit und Lernbereitschaft nach Kriegen. Beobachtungen im Anschluß an die deutschen Nachkriegszeiten im 20. Jahrhundert, in: Detlef Bald/Paul Klein (Hg.), Historische Leitlinien für das Militär der neunziger Jahre, Baden-Baden 1988, S. 13-27

Niemeier, Hans-Gerhart, Entwicklungstendenzen im Landesplanungsrecht, in: Raumplanung – Entwicklungsplanung. Forschungsberichte des Ausschusses „Recht und Verwaltung" der Akademie für Raumforschung und Landesplanung (Veröffentlichungen der Akademie für Raumforschung und Landesplanung. Forschungs- und Sitzungsberichte Band 80), Hannover 1972, S. 1-22

Niemeier, Hans-Gerhart, Das Recht der Raumordnung und Landesplanung in der Bundesrepublik Deutschland. Eine systematische Darstellung (Veröffentlichungen der Akademie für Raumforschung und Landesplanung. Abhandlungen Band 75), Hannover 1976

Niethammer, Lutz, Die amerikanische Besatzungsmacht zwischen Verwaltungstradition und politischen Parteien in Bayern 1945, in: Vierteljahrshefte für Zeitgeschichte 15 (1967), S. 153-210

Niethammer, Lutz, Entnazifizierung in Bayern. Säuberung und Rehabilitierung unter amerikanischer Besatzung, Frankfurt/Main 1972

Noé, Claus, Regionale Wirtschaftspolitik, in: Grundriß der Raumordnung. Hg. von Akademie für Raumforschung und Landesplanung, Hannover 1982, S. 496-503

Nonn, Christoph, Die Ruhrbergbaukrise. Entindustrialisierung und Politik 1958-1969, Göttingen 2001

North, Douglass C., Location Theory and Regional Economic Growth, in: The Journal of Political Economy 63 (1955), S. 243-258

Nowel, Günter, Das Notstandsgebiet Schleswig-Holstein, in: Deutsche Notstandsgebiete 1951. Sonderheft der Informationen des Instituts für Raumforschung, Bad Godesberg 1952, S. 63-79

Nübel, Otto, Die amerikanische Reparationspolitik gegenüber Deutschland 1941-1945 (Dokumente zur Deutschlandpolitik, Beihefte 4), Frankfurt/Main 1980

Nützenadel, Alexander, Stunde der Ökonomen. Wissenschaft, Politik und Expertenkultur in der Bundesrepublik 1949-1974 (Kritische Studien zur Geschichtswissenschaft 166), Göttingen 2005

Ohlin, Bertil, International and Interregional Trade (Harvard Economic Studies 39), Cambridge 1933

Oil Division, Final Report, in: David MacIsaac (Hg.), The United States Strategic Bombing Survey. Band V, New York/London 1976

Olsen, Karl Heinrich, Konrad Meyer 70 Jahre, in: Raumforschung und Raumordnung 29 (1971), S. 126

Olsen, Karl Heinrich, Gerhard Isenberg 70 Jahre, in: Raumforschung und Raumordnung 30 (1972), S. 223f.

Ostermann, Rainer J., Waldemar von Knoeringen und der demokratische Sozialismus, in: Hartmut Mehringer (Hg.), Von der Klassenbewegung zur Volkspartei. Wegmarken der bayerischen Sozialdemokratie 1892-1992, München u. a. 1992, S. 261-290

Oswald, Bernhard, Erfolgskontrolle in der Regionalpolitik. Eine theoretische und empirische Analyse für Bayern, Göttingen 1980

Overall Economic Effects Division, The Effects of Strategic Bombing on the German War Economy, in: David MacIsaac (Hg.), The United States Strategic Bombing Survey. Band I, S. 1-14

Paczkowski, Jörg, Der Wiederaufbau der Stadt Würzburg nach 1945 (Mainfränkische Studien 30), Würzburg 1982

Paelinck, Jean H.P., La théorie du développement régional polarisé, in: Cahiers de l'Institut de Science Économique Appliquée 15 (1965), S. 5-47

Pagels, Wilhelm, Der „Juliusturm". Eine politologische Fallstudie zum Verhältnis von Ökonomie, Politik und Recht in der Bundesrepublik Deutschland, Diss. Hamburg 1979

Pagenkopf, Hans, Der Finanzausgleich im Bundesstaat. Theorie und Praxis, Stuttgart u. a. 1981

Pahl-Weber, Elke, Die Reichsstelle für Raumordnung und die Ostplanung, in: Mechtild Rössler/Sabine Schleiermacher (Hg.), Der „Generalplan Ost". Hauptlinien der nationalsozialistischen Planungs- und Vernichtungspolitik, Berlin 1993, S. 148-153

Palander, Tord, Beiträge zur Standortstheorie, Uppsala 1935

Perroux, François, Esquisse d'une théorie de l'économie dominante, in: Économie appliquée 1 (1948), S. 243-300

Personalveränderungen in der Reichsstelle für Raumordnung und bei den Landesplanungsgemeinschaften im Jahre 1938, in: Raumforschung und Raumordnung 3 (1939), S. 37f.

Peterson, Birgit, Die amerikanische Reparationspolitik in Deutschland 1945-1949 im Spannungsfeld der deutschlandpolitischen Zielsetzungen der vier Mächte, Diss. Würzburg 1993

Petzina, Dietmar, Standortverschiebungen und regionale Wirtschaftskraft in der Bundesrepublik Deutschland seit den fünfziger Jahren, in: Josef Wysocki (Hg.), Wirtschaftliche Integration und Wandel von Raumstrukturen im 19. und 20. Jahrhundert, Berlin 1994, S. 101-127

Petzina, Dietmar, Staatsfinanzen im Übergang: Probleme des Finanzausgleichs in der Britischen Zone nach dem Zweiten Weltkrieg, in: Volker Ackermann/Bernd-A. Rusinek/Falk Wiesemann (Hg.), Anknüpfungen. Kulturgeschichte – Landesgeschichte – Zeitgeschichte. Gedenkschrift für Peter Hüttenberger, Essen 1995, S. 363-381

Petzina, Dietmar, Eine Industrieregion im Wandel. Siegerland, Wittgenstein und Südsauerland. Wirtschaftsgeschichte des Kammerbezirks Siegen seit dem Zweiten Weltkrieg, Siegen 1995

Pfeil, Elisabeth, Neue Städte auch in Deutschland. Stadtgründungen auf der Grundlage gewerblicher Flüchtlingsunternehmen, Göttingen 1954

3. Gedruckte Quellen und Literatur

Pfeil, Elisabeth, Regionale Seßhaftmachung, in: Eugen Lemberg/Friedrich Edding (Hg.), Die Vertriebenen in Westdeutschland. Ihre Eingliederung und ihr Einfluß auf Gesellschaft, Wirtschaft, Politik und Geistesleben. Band I, Kiel 1959, S. 447-454
Pfeil, Elisabeth, Städtische Neugründungen, in: Eugen Lemberg/Friedrich Edding (Hg.), Die Vertriebenen in Westdeutschland. Ihre Eingliederung und ihr Einfluß auf Gesellschaft, Wirtschaft, Politik und Geistesleben. Band I, Kiel 1959, S. 500-520
Pfetsch, Frank R., Ursprünge der Zweiten Republik. Prozesse der Verfassungsgebung in den Westzonen und in der Bundesrepublik, Opladen 1990
Physical Damage Division Report (ETO), in: David MacIsaac (Hg.), The United States Strategic Bombing Survey. Band V, New York/London 1976, S. 59-76
Pirker, Theo, Die SPD nach Hitler. Die Geschichte der Sozialdemokratischen Partei Deutschlands 1945-1964, München 1965
Plumpe, Gottfried, Die I.G. Farbenindustrie AG. Wirtschaft, Technik und Politik 1904-1945, Berlin 1990
Pohl, Manfred, Das Bayernwerk 1921 bis 1996, München/Zürich 1996
Ponsard, Claude, History of Spatial Economic Theory, Berlin u. a. 1983
Poschwatta, Wolfgang, Industrialisierung und Regionalpolitik in Bayern, in: Konrad Goppel/ Franz Schaffer (Hg.), Raumplanung in den 90er Jahren. Grundlagen, Konzepte, politische Herausforderungen in Deutschland und Europa - Bayern im Blickpunkt. FS für Karl Ruppert, Augsburg 1991, S. 109-121
Pottier, P., Axes de communication et développement économique, in: Revue économique 14 (1963), S. 58-132
Prebisch, Raúl, Commercial Policy in the Underdeveloped Countries, in: American Economic Review 49 (1959), S. 251-273
Predöhl, Andreas, Von der Standortslehre zur Raumwirtschaftslehre, in: Jahrbuch für Sozialwissenschaft 2 (1951), S. 94-114
Preiser, Erich, Die württembergische Wirtschaft als Vorbild. Die Untersuchungen der Arbeitsgruppe Ostpreußen-Württemberg, Stuttgart 1937
Preuß, Johannes/Rainer Haas, Die Standorte der Pulver-, Sprengstoff-, Kampf- und Nebelstofferzeugung im ehemaligen Deutschen Reich, in: Geographische Rundschau 39 (1987), S. 578-584
Prinz, Friedrich (Hg.), Integration und Neubeginn. Dokumentation über die Leistung des Freistaates Bayern und des Bundes zur Eingliederung der Wirtschaftsbetriebe der Vertriebenen und Flüchtlinge und deren Beitrag zur wirtschaftlichen Entwicklung des Landes. 2 Bände, München 1984
Prior, Harm, Die interministeriellen Ausschüsse der Bundesministerien. Eine Untersuchung zum Problem der Koordinierung heutiger Regierungsarbeit, Stuttgart 1968
Probleme und Aufgaben der Landesplanung. Ein Tagungsbericht. Hg. von der Akademie der Diözese Rottenburg, Stuttgart 1961
Professor Dr. Kurt Brüning 60 Jahre, in: Raumforschung und Raumordnung 15 (1957), S. 133
Pscheidt, Edgar, Die Kreditierung der heimatvertriebenen Spezialindustrie, in: Prinz (Hg.), Integration und Neubeginn. Dokumentation, Band 1, S. 409-459
Püttner, Günter, Die öffentlichen Unternehmen. Verfassungsfragen zur wirtschaftlichen Betätigung der öffentlichen Hand, Bad Homburg u. a. 1969
Rahmenplan der Gemeinschaftsaufgabe „Verbesserung der regionalen Wirtschaftsstruktur" für den Zeitraum 1972 bis 1975 (Bundestags-Drucksache VI/2451 vom 14. 6. 1971)
Rasch, Manfred, Ruhrchemie AG 1945-1951. Wiederaufbau, Entnazifizierung und Demontage, in: Technikgeschichte 54 (1987), S. 101-120
Raumordnung, Landesplanung, Städtebau. Referate und Diskussionen eines Fachseminars vom 7.-9. Juni 1961 in Münster (Schriftenreihe des deutschen Industrie- und Handelstages 75), Bonn 1961
Raumordnung - Raumforschung - Landesplanungsgesetzgebung in Nordrhein-Westfalen (Schriftenreihe des Ministerpräsidenten des Landes Nordrhein-Westfalen, Landesplanungsbehörde 9), Düsseldorf 1951
Raumordnungsbericht 1971 der Bayerischen Staatsregierung. Hg. vom Bayerischen Staatsministerium für Landesentwicklung und Umweltfragen, München 1971

3. Raumordnungsbericht der Bayerischen Staatsregierung. Hg. vom Bayerischen Staatsministerium für Landesentwicklung und Umweltfragen, München 1976
Raumordnungsbericht 1966 der Bundesregierung, in: Verhandlungen des Deutschen Bundestages, 5. Wahlperiode. Anlagen zu den Stenographischen Berichten, Drucksache V/1155 vom 24.11.1966
Raumordnungsbericht 1972 der Bundesregierung. Hg. vom Presse- und Informationsamt der Bundesregierung, Bonn 1973
Raumordnungsprogramm für die großräumige Entwicklung des Bundesgebietes (Bundesraumordnungsprogramm) (Schriftenreihe „Raumordnung" des Bundesministers für Raumordnung, Bauwesen und Städtebau 06.002), Bonn-Bad Godesberg 1975
Raumplanung in Verdichtungsräumen – Wunsch und Wirklichkeit. Referate und Diskussionsbericht anläßlich der wissenschaftlichen Plenarsitzung 1974 in Wiesbaden (Veröffentlichungen der Akademie für Raumforschung und Landesplanung, Forschungs- und Sitzungsberichte 96), Hannover 1974
Regionalbericht Region München. Hg. vom Bayerischen Staatsministerium für Landesentwicklung und Umweltfragen und vom Regionalen Planungsverband München, München o.J. [1975]
Regionale Strukturpolitik in der Bundesrepublik und der EWG (Deutscher Industrie- und Handelstag, Schriftenreihe 90), Bonn 1964
Reichelt, Werner-Otto, Die Demontageliste. Eine vollständige Übersicht über die Reparationsbetriebe sowie die amtlichen Erklärungen der Militärbefehlshaber der Britischen und USA-Zone, Hamburg 1947
Reiff, Hermann, Geschichte der Landesplanung in Baden-Württemberg, in: Zur geschichtlichen Entwicklung der Raumordnung, Landes- und Regionalplanung in der Bundesrepublik Deutschland (Akademie für Raumforschung und Landesplanung, Forschungs- und Sitzungsberichte 182), Hannover 1991, S. 52-81
Reissert, Bernd, Die finanzielle Beteiligung des Bundes an Aufgaben der Länder und das Postulat der „Einheitlichkeit der Lebensverhältnisse im Bundesgebiet", Berlin 1975
Renzsch, Wolfgang, Finanzverfassung und Finanzausgleich. Die Auseinandersetzungen um ihre politische Gestaltung in der Bundesrepublik Deutschland zwischen Währungsreform und deutscher Vereinigung (1948 bis 1990), Bonn 1991
Retallack, James, Einleitung, in: ders. (Hg.), Sachsen in Deutschland. Politik, Kultur und Gesellschaft 1830-1918, Bielefeld 2000, S. 11-32
Reuter, Christiane, „Graue Eminenz der bayerischen Politik". Eine politische Biographie Anton Pfeiffers (1888-1957) (Miscellanea Bavarica Monacensia 117), München 1987
Richardson, Harry W., Regional Growth Theory, London/Basingstoke 1973
Richardson, Harry W.: The State of Regional Economics: A Survey Article, in: International Regional Science Review 3 (1978), S. 1-48
Richmann, Alfred, Kritik der Export-Basis-Theorie als „Basis" der regionalen Wirtschaftspolitik in der Bundesrepublik Deutschland, in: Raumforschung und Raumordnung 37 (1979), S. 268-273
Rid, Heinrich/Ernst Hohenegg, Die landwirtschaftlichen Genossenschaften und ihre Organisation in Bayern, München 1951
Riedel, Matthias, Vorgeschichte, Entstehung und Demontage der Reichswerke im Salzgittergebiet, Düsseldorf 1967
Riffel, Egon, Mineralöl-Fernleitungen im Oberrheingebiet und in Bayern (Forschungen zur deutschen Landeskunde 195), Bonn-Bad Godesberg 1970
Ringelmann, H./B. Stiglitz, Die Frachthilfemaßnahmen in Bayern, München 1956
Rioux, Jean-Pierre, La France de la Quatrième République. Band 1: L'ardeur et la nécessité 1944-1952, Paris 1980
Ritschl, Albrecht, Die Währungsreform von 1948 und der Wiederaufstieg der westdeutschen Industrie. Zu den Thesen von Mathias Manz und Werner Abelshauser über die Produktionswirkungen der Währungsreform, in: Vierteljahrshefte für Zeitgeschichte 33 (1985), S. 136-165
Ritschl, Hans, Aufgabe und Methode der Standortslehre, in: Weltwirtschaftliches Archiv 53 (1941-I), S. 115-125

3. Gedruckte Quellen und Literatur

Rittenbruch, Klaus, Zur Anwendbarkeit der Exportbasiskonzepte im Rahmen von Regionalstudien, Berlin 1968
Ritter, Gerhard A./Merith Niehuss, Wahlen in der Bundesrepublik Deutschland. Bundestags- und Landtagswahlen 1946-1987, München 1987
Rödder, Andreas, Die Bundesrepublik Deutschland 1969-1990, München 2004
Röpke, Wilhelm, Notstandsgebiete, in: Oberfränkische Wirtschaft. Mitteilungsblatt der Industrie- und Handelskammer Oberfranken 12 (1952), S. 1f.
Rössler, Mechtild, Die Institutionalisierung einer neuen „Wissenschaft" im Nationalsozialismus. Raumforschung und Raumordnung 1935-1945, in: Geographische Zeitschrift 75 (1987), S. 177-194
Rössler, Mechtild, Applied Geography and Area Research in the Nazi Society: The Central Place Theory and Its Implications, 1933 to 1945, in: Society and Space 7 (1989), S. 419-431
Rössler, Mechtild, „Area Research" and „Spatial Planning" from the Weimar Republic to the German Federal Republic: Creating a Society with a Spatial Order under National Socialism, in: Monika Renneberg/Mark Walker (Hg.), Science, Technology, and National Socialism, Cambridge 1994, S. 126-138
Rössler, Mechtild, Geography and Area Planning under National Socialism, in: Margit Szöllösi-Janze (Hg.), Science in the Third Reich (German Historical Perspectives XII), Oxford/New York 2001, S. 59-78
Roidl, Angelika, Die „Osthilfe" unter der Regierung der Reichskanzler Müller und Brüning, Weiden 1994
Rolfes, Karl-Heinrich, Regionale Wirtschaftsförderung und EWG-Vertrag. Die Aktionsräume von Bund, Ländern und Kommunen (Schriftenreihe Recht – Technik – Wirtschaft 60), Köln u. a. 1991
Roscher, Wilhelm, Studien über Naturgesetze, welche den zweckmäßigen Standort der Industriezweige bestimmen, Leipzig/Heidelberg 1878
Rostow, Walt W., The Stages of Economic Growth. A Non-Communist Manifesto, Cambridge/Mass. 1960
Rubenstroth-Bauer, Wolfram, Die Bayerische Landessiedlung GmbH als Instrument bayerischer Agrarpolitik unter besonderer Berücksichtigung der Eingliederung vertriebener Landwirte, Diss. München 1976
Ruck, Michael, Ein kurzer Sommer der konkreten Utopie – Zur westdeutschen Planungsgeschichte der langen 60er Jahre, in: Axel Schildt/Detlef Siegfried/Karl Christian Lammers (Hg.), Dynamische Zeiten. Die 60er Jahre in den beiden deutschen Gesellschaften (Hamburger Beiträge zur Sozial- und Zeitgeschichte 37), Hamburg 2000, S. 362-401
Rudzio, Wolfgang, Die ausgebliebene Sozialisierung an Rhein und Ruhr. Zur Sozialisierungspolitik von Labour-Regierung und SPD 1945-1948, in: Archiv für Sozialgeschichte 18 (1978), S. 1-39
Rudzio, Wolfgang, Das politische System der Bundesrepublik Deutschland, Opladen 1987
Rüther, Kirsten/Hans P. Waldhoff, Landesplanung, Raumforschung und die umstrittene Grenzziehung zu Nordrhein-Westfalen: Zur Rolle Kurt Brünings bei der Gründung des Landes Niedersachsen, in: Neues Archiv für Niedersachsen 44 (1996), S. 3-22
Ruppert, Karl, Deutscher Planungsatlas, Band Bayern – als Grundlage einer Regionalgliederung, in: Akademie für Raumforschung und Landesplanung/Landesarbeitsgemeinschaft Bayern (Hg.), Sitzung am 2. und 3. Juli 1970 in Passau. Jahresversammlung 1970. Vorträge-Diskussionsbeiträge, Passau/München 1971, S. 16-27
Ruppert, Karl/Heidi Esterhammer/Peter Lintner/Thomas Polensky, Zum Wandel räumlicher Bevölkerungsstrukturen in Bayern. 2. Teil: Die Entwicklung der Nahbereiche (Veröffentlichungen der Akademie für Raumforschung und Landesplanung, Forschungs- und Sitzungsberichte 130), Hannover 1981
Ruppert, Karl/Peter Gräf/Franz X. Heckl u. a., Bayern. Eine Landeskunde aus sozialgeographischer Sicht (Wissenschaftliche Länderkunden 8), Darmstadt 1987
Ruppert, Rasso, Räumliche Strukturen und Orientierungen der Industrie in Bayern. Ein methodischer Beitrag zur industriegeographischen Analyse komplex strukturierter Räume. 2 Bände, Trier 1981

Rytlewski, Ralf/Manfred Opp de Hipt, Die Bundesrepublik Deutschland in Zahlen 1945/49–1980. Ein sozialgeschichtliches Arbeitsbuch, München 1987
Säcker, Horst, Das Bundesverfassungsgericht, 4. Aufl. Bonn 2003
Sahner, Wilhelm, Unterschiede der Bevölkerungskonzentration in der Bundesrepublik Deutschland, in: Raumforschung und Raumordnung 19 (1961), S. 201–205
Sahner, Wilhelm, Die Industrie in den Landkreisen der Bundesrepublik Deutschland 1960, in: Informationen des Instituts für Raumforschung 14/61 vom 26.7.1961, S. 368–384
Sahner, Wilhelm, Ein Drittel der Bundesrepublik Förderungsgebiete, in: Informationen des Instituts für Raumforschung 12 (1962), S. 167–171
Salewski, Michael, Entwaffnung und Militärkontrolle in Deutschland, 1919–1927, München 1966
Salin, Edgar, Standortsverschiebungen der deutschen Wirtschaft, in: Bernhard Harms (Hg.), Strukturwandlungen der Deutschen Volkswirtschaft. Vorlesungen gehalten während des Herbst-Lehrganges 1927 der Deutschen Vereinigung für Staatswissenschaftliche Fortbildung. Erster Band, Berlin 1928, S. 75–108
Sandbrook, Richard, Politics of Africa's Economic Stagnation, Cambridge 1985
Schäfer, Kurt, Die Leitbild-Konzeption der Raumordnung und ihre Konkretisierung in Plänen der Länder, Diss. Speyer 1975
Schätzl, Ludwig, Wirtschaftsgeographie 1: Theorie, 6. Aufl. Paderborn u. a. 1996
Schaller, Helmut, Die Bayerische Ostmark – Geschichte des Gaues 1933–1945. Zwölf Jahre gemeinsame Geschichte von Oberfranken, Oberpfalz und Niederbayern, Hamburg 2006
Schanetzky, Tim, Die große Ernüchterung. Wirtschaftspolitik, Expertise und Gesellschaft in der Bundesrepublik 1966 bis 1982, Berlin 2007
Scharpf, Fritz/Bernd Reissert/Fritz Schnabel, Politikverflechtung. Theorie und Praxis des kooperativen Föderalismus in der Bundesrepublik, Kronberg/Ts. 1976
Schatz, Heribert, Das politische Planungssystem des Bundes – Idee, Entwicklung, Stand, in: Hans-Christian Pfohl/Bert Rürup (Hg.), Anwendungsprobleme moderner Planungs- und Entscheidungstechniken, Königstein/Ts. 1978, S. 241–257
Schedl, Otto, Europäische Wirtschaftsgemeinschaft und Bayern, in: Bayerische Verwaltungsblätter 1 (1959), S. 1–4; ebenda 2 (1959), S. 40–44
Schedl, Otto, Vorwort, in: Grundlagen und Ziele der Raumordnung in Bayern. Hg. vom Bayerischen Staatsministerium für Wirtschaft und Verkehr, München 1962, S. 5
Schefer, Anton Georg, Zur Geschichte der Landesplanung in Rheinland-Pfalz, in: Zur geschichtlichen Entwicklung der Raumordnung, Landes- und Regionalplanung in der Bundesrepublik Deutschland (Akademie für Raumforschung und Landesplanung, Forschungs- und Sitzungsberichte 182), Hannover 1991, S. 290–320
Schefold, Bertram, Nachruf auf Erich Egner, in: Nachrufe auf Erich Egner, Adalbert Erler u. a. (Sitzungsberichte der wissenschaftlichen Gesellschaft an der Johann Wolfgang Goethe-Universität Frankfurt am Main XXXVI/6), Stuttgart 1999, S. 5–10
Schenk, Julie, Industrielle Dezentralisation und Wohnungsfrage, Diss. Freiburg 1918
Scheuble, Julius, Die Bilanz des deutschen Arbeitsmarktes, in: Der Volkswirt. Doppelnummer vom 25.12.1954, S. 48–51
Scheuner, Ulrich, Wandlungen im Föderalismus der Bundesrepublik, in: Die Öffentliche Verwaltung 19 (1966), S. 513–520; Wiederabdruck in: ders., Staatstheorie und Staatsrecht. Gesammelte Schriften. Hg. von Joseph Listl und Wolfgang Rüfner, Berlin 1978, S. 435–452
Schirrmacher, Herbert, Zur Geschichte der Landesplanung in Hessen, in: Zur geschichtlichen Entwicklung der Raumordnung, Landes- und Regionalplanung in der Bundesrepublik Deutschland (Akademie für Raumforschung und Landesplanung, Forschungs- und Sitzungsberichte 182), Hannover 1991, S. 153–196
Schlange-Schöningen, Hans (Hg.), Im Schatten des Hungers. Dokumentarisches zur Ernährungspolitik und Ernährungswirtschaft in den Jahren 1945–1949, Hamburg 1955
Schlemmer, Thomas, Die Amerikaner in Bayern. Militärregierung und Demokratisierung nach 1945, in: Heinrich Oberreuter/Jürgen Weber (Hg.), Freundliche Feinde? Die Alliierten und die Demokratiegründung in Deutschland, München u. a. 1996, S. 67–99

Schlemmer, Thomas, Aufbruch, Krise und Erneuerung. Die Christlich-Soziale Union 1945 bis 1955, München 1998
Schlemmer, Thomas, „Bayerns Ruhrgebiet". Politik, Wirtschaft und Gesellschaft in der Region Ingolstadt 1948 bis 1975. Eine Studie aus dem Projekt „Gesellschaft und Politik in Bayern" des Instituts für Zeitgeschichte, in: Theresia Bauer/Winfried Süß (Hg.), NS-Diktatur, DDR, Bundesrepublik. Drei Zeitgeschichten des vereinigten Deutschland. Werkstattberichte, Neuried 2000, S. 181-213
Schlemmer, Thomas/Hans Woller (Hg.), Bayern im Bund, Band 1: Die Erschließung des Landes 1949 bis 1973, München 2001
Schlemmer, Thomas/Hans Woller (Hg.), Bayern im Bund, Band 2: Gesellschaft im Wandel 1949 bis 1973, München 2002
Schlemmer, Thomas/Hans Woller (Hg.), Bayern im Bund, Band 3: Politik und Kultur im föderativen Staat 1949 bis 1973, München 2004
Schlemmer, Thomas/Stefan Grüner/Jaromír Balcar, „Entwicklungshilfe im eigenen Lande" – Landesplanung in Bayern nach 1945, in: Matthias Frese/Julia Paulus/Karl Teppe (Hg.), Demokratisierung und gesellschaftlicher Aufbruch. Die sechziger Jahre als Wendezeit der Bundesrepublik, Paderborn u. a. 2003, S. 379-450
Schlemmer, Thomas, Industriemoderne in der Provinz. Die Region Ingolstadt zwischen Neubeginn, Boom und Krise 1945 bis 1975 (Bayern im Bund, Band 6), München 2009
Schlier, Otto, Die zentralen Orte des Deutschen Reichs. Ein statistischer Beitrag zum Städteproblem, in: Zeitschrift der Gesellschaft für Erdkunde zu Berlin 5/6 (1937), S. 161-170
Schlier, Otto, Verkehrsströme des deutschen Güterverkehrs vor und nach dem Kriege (Forschungs- und Sitzungsberichte der Akademie für Raumforschung und Landesplanung VII), Bremen-Horn 1957
Schmacke, Ernst (Hg.), Bayern auf dem Weg in das Jahr 2000, Düsseldorf 1971
Schmidt, Helmut, Zur Entwicklung der sozialökonomischen Programmatik der deutschen Sozialdemokratie, in: Robert Schwebler/Walter Föhrenbach (Hg.), Jahre der Wende. Festgabe für Alex Möller zum 65. Geburtstag, Karlsruhe 1968, S. 35-50
Schmidt, Lothar, Das Besatzungsrecht in der U.S. Zone Deutschlands 1945-1948. Rechtsbildung und Rechtsentwicklung, o. O. 1948
Schmidt, Wolfgang, „Eine Garnison wäre eine feine Sache." Die Bundeswehr als Standortfaktor 1955 bis 1975, in: Schlemmer/Woller (Hg.), Bayern im Bund, Band 1, S. 357-441
Schmidt, Wolfgang, Integration und Wandel. Die Infrastruktur der Streitkräfte als Faktor sozioökonomischer Modernisierung in der Bundesrepublik 1955 bis 1975, München 2006
Schmölders, Günther, Aufschwungprovinzen und Aufschwungzentren, in: Raumforschung und Raumordnung 1 (1937), S. 450-455
Schmoller, Gustav von/Hedwig Maier/Achim Tobler, Handbuch des Besatzungsrechts. 2 Bände, Tübingen 1951
Schneider, Michael, Die bayerische Wirtschaft in der Fachliteratur von 1918-1946. Mit einer Einleitung: Wesen und Ziele der Volkswirtschaftlichen Arbeitsgemeinschaft für Bayern (Bayerns Wirtschaft. Schriftenreihe der „Volkswirtschaftlichen Arbeitsgemeinschaft für Bayern" 1), München 1947
Schneider, Wolfgang, Der Marshallplan und die Demontage in der westdeutschen Industrie, Frankfurt/Main 1948
Schockenhoff, Volker, Wirtschaftsverfassung und Grundgesetz. Die Auseinandersetzungen in den Verfassungsberatungen 1945-1949, Frankfurt/New York 1986
Scholz, Lothar/Luitpold Uhlmann, Investitionstätigkeit und Auswirkungen technischer Umstellungen auf den Arbeitskräfteeinsatz in Bayern. Gutachten erstellt im Auftrag des Bayerischen Staatsministeriums für Arbeit und soziale Fürsorge vom ifo-Institut für Wirtschaftsforschung, München 1971
Schraut, Sylvia, Die westlichen Besatzungsmächte und die deutschen Flüchtlinge, in: Dierk Hoffmann/Michael Schwartz (Hg.), Geglückte Integration? Spezifika und Vergleichbarkeiten der Vertriebenen-Eingliederung in der SBZ/DDR, München 1999, S. 33-46
Schreiner, Olga, Die Bedeutung der Heimarbeit für den Wiederaufbau der bayerischen Wirtschaft, Diss. München 1948

Schremmer, Eckart, Die Wirtschaft Bayerns. Vom hohen Mittelalter bis zum Beginn der Industrialisierung. Bergbau, Gewerbe, Handel, München 1970

Schreyer, Klaus, Bayern – ein Industriestaat. Die importierte Industrialisierung. Das wirtschaftliche Wachstum nach 1945 als Ordnungs- und Strukturproblem, München/Wien 1969

Schröter, Harm G., Der Verlust der „europäischen Form des Zusammenspiels von Ordnung und Freiheit." Vom Untergang der deutschen Konsumgenossenschaften, in: Vierteljahrschrift für Sozial- und Wirtschaftsgeschichte 87 (2000), S. 442–467

Schütz, Otto, Die neuen Städte und Gemeinden in Bayern (Veröffentlichungen der Akademie für Raumforschung und Landesplanung, Abhandlungen 48), Hannover 1967

Schultze-Rhonhof, Friedrich-Carl, Die Verkehrsströme der Kohle im Raum der Bundesrepublik zwischen 1913 und 1957. Eine wirtschaftsgeographische Untersuchung (Forschungen zur deutschen Landeskunde 146), Flensburg 1964

Schulz, Günther, Wiederaufbau in Deutschland. Die Wohnungsbaupolitik in den Westzonen und der Bundesrepublik von 1945 bis 1957 (Forschungen und Quellen zur Zeitgeschichte 20), Düsseldorf 1994

Schumacher, Hans, Ein Land ändert sein Gesicht, in: Unser Bayern. Politik, Wirtschaft, Kultur. Hg. von der Bayerischen Staatskanzlei, München 1950, S. 175f.

Schwarz, Hans-Peter, Die Ära Adenauer. Gründerjahre der Republik 1949-1957 (Geschichte der Bundesrepublik Deutschland 2), Wiesbaden 1981

Schwarz, Hans-Peter, Die Ära Adenauer. Epochenwechsel 1957-1963 (Geschichte der Bundesrepublik Deutschland 3), Wiesbaden 1983

Schwarz, Hans-Peter, Adenauer. 2 Bände, München 1994

Schwarz, Karl, Analyse der räumlichen Bevölkerungsbewegung (Veröffentlichungen der Akademie für Raumforschung und Landesplanung, Abhandlungen 58), Hannover 1969

Schweiger, Karl/Franz Knöpfle (Hg.), Die Verfassung des Freistaates Bayern. Kommentar [Loseblattsammlung], München 2003

Schwingenstein, Alfred, Die wirtschaftlichen Ordnungsvorstellungen in den Verfassungen der deutschen Länder, Diss. München 1961

Seeger, Julius, Finanzierung von Länderaufgaben durch den Bund, in: Die Öffentliche Verwaltung 22 (1968), S. 781–788

Seidel, Hanns, Bayern – Agrar- oder Industriestaat?, in: Unser Bayern. Politik, Wirtschaft, Kultur. Hg. von der Bayerischen Staatskanzlei, München 1950, S. 43–48

Seidl, Jürgen, Die Bayerischen Motorenwerke (BMW) 1945-1969. Staatlicher Rahmen und unternehmerisches Handeln, München 2002

Seifert, Jürgen, Das Grundgesetz und seine Veränderungen, 4. Aufl. Neuwied-Darmstadt 1983

Semerak, Arved F., Entstehung und Entwicklung des Bundesgrenzschutzes bis zum Einsatz in Mogadischu, in: Peter Nitschke (Hg.), Die Deutsche Polizei und ihre Geschichte. Beiträge zu einem distanzierten Verhältnis, Hilden 1996, S. 258–274

Semler, Johannes, Wirtschaftslage und Wirtschaftsgestaltung. Vortrag gehalten vor Vertretern der bayerischen Wirtschaft (Schriftenreihe der Christlich-Sozialen Union in Bayern 1), München 1946

Seume, Franz, Drei Grundprobleme der deutschen Wirtschaft: Industrie, in: Die deutsche Wirtschaft zwei Jahre nach dem Zusammenbruch. Tatsachen und Probleme, Berlin 1947, S. 104–143

Shonfield, Andrew, Geplanter Kapitalismus. Wirtschaftspolitik in Westeuropa und USA, Köln/Berlin 1965

Sirkin, Gerald, The Theory of the Regional Economic Base, in: The Review of Economics and Statistics 41 (1959), S. 426–429

Solow, Robert M., A Contribution to the Theory of Economic Growth, in: Quarterly Journal of Economics 70 (1956), S. 65–94

Sperl, Gabriela, Wirtschaft und Staat in Bayern 1914-1924 (Schriften der Historischen Kommission zu Berlin 6), Berlin 1996

Spieker, Frank, Hermann Höpker-Aschoff. Vater der Finanzverfassung, Berlin 2004

Spiekermann, Rudolf, Zentralisation und Dezentralisation in der Industrie, Diss. Köln 1934

Spiethoff, Bodo K., Untersuchungen zum bayerischen Flüchtlingsproblem (Schriften des Vereins für Sozialpolitik N.F. 7/VI), Berlin 1955

Stadtmüller, Alois, Maingebiet und Spessart im Zweiten Weltkrieg. Überblick – Luftkrieg – Eroberung, Aschaffenburg 1982

Stahl, Franz, Wirtschaftserschließung – ein Finanzausgleichsproblem. Schulbeispiel Ostbayern, Regensburg 1955

Staubach, Hermann, Möglichkeiten und Grenzen der Großstadtauflockerung, in: Raumforschung – Raumordnung 5 (1948), S. 138-141

Steinhardt, Horst, Der Lastenausgleich in der Bundesrepublik. Entwicklung, Stand, volks- und finanzwirtschaftliche Bedeutung und Problematik, Diss. Bonn 1955

Steininger, Rolf, Reform und Realität. Ruhrfrage und Sozialisierung in der anglo-amerikanischen Deutschlandpolitik 1947/48, in: Vierteljahrshefte für Zeitgeschichte 27 (1979), S. 167-240

Stenographische Berichte über die Verhandlungen des Bayerischen Landtags 1946-1976, München o.J.

Stenographische Berichte über die Verhandlungen des Bayerischen Senats 1947-1968, München o.J.

Stenographische Berichte über die Verhandlungen des Deutschen Bundestags 1949-1973, Bonn 1949-1973

Stenographische Berichte über die Verhandlungen des Deutschen Bundesrats 1954-1973, Bonn 1954-1973

Steuermann, Carl, Weltkrise, Weltwende. Kurs auf Staatskapitalismus, Berlin 1931

Stingl, Alois, Änderung der Wirtschaftsstruktur und Mobilität der Arbeitskräfte, in: Entwicklungsland Bayern. Strukturpolitik und Landesplanung (Tutzinger Studien), München 1973, S. 20-31

Stöckmann, Wolfgang, Regionale Konjunkturprobleme. Das Beispiel der norddeutschen Küstenländer, Göttingen 1970

Stokes Ballard, Jack, The Shock of Peace. Military and Economic Demobilization after World War Two, Washington 1983

Stollenwerk, A., Das Problem der Wachstumsgemeinden, in: Kommunalpolitische Blätter 9 (1957), S. 502f.

Stollreither, Konrad, Die Entwicklung des Staats- und Verfassungsrechts in Bayern seit dem Inkrafttreten der Verfassung vom 2. Dezember 1946, in: Nach 20 Jahren. Diskussion der Bayerischen Verfassung. Hg. von der Bayerischen Landeszentrale für Politische Bildungsarbeit, München 1966, S. 95-109

Stoltenberg, Gerhard, Legislative und Finanzverfassung 1954/55. Parlamentarische Willensbildung in Bundestag, Bundesrat und Vermittlungsausschuß, in: Vierteljahrshefte für Zeitgeschichte 13 (1965), S. 236-271

Stoltenberg, Gerhard, Wendepunkte. Stationen deutscher Politik 1947-1990, Berlin 1997

Storbeck, Dietrich, Die wirtschaftliche Problematik der Raumordnung. Eine Untersuchung über Notwendigkeit, Ziele und Mittel der Raumordnung im System der Marktwirtschaft, Berlin 1959

Storbeck, Dietrich/Michael Lücke, Die gesellschaftspolitische Relevanz regionalpolitischer Ziele, in: Ausgeglichene Funktionsräume. Grundlagen für eine Regionalpolitik des mittleren Weges (Veröffentlichungen der Akademie für Raumforschung und Landesplanung. Forschungs- und Sitzungsberichte 94), Hannover 1975, S. 19-62

Storbeck, Dietrich, Chancen für den ländlichen Raum. Entwicklungspotential, Entwicklungschancen, Entwicklungsziele, in: Raumforschung und Raumordnung 6 (1976), S. 269-277

Stotz, Michael, Die Entwicklung und der gegenwärtige Stand des Finanzausgleichs in der Bundesrepublik Deutschland verglichen mit den Finanzausgleichssystemen in anderen Ländern, Diss. Freiburg 1972

Streibl, Max/Alfred Dick, Vorwort, in: Landesplanung in Bayern. Eine Einführung. Hg. vom Bayerischen Staatsministerium für Landesentwicklung und Umweltfragen, München 1973, S. 3

Ströcker, Helene, Die bayerischen Genossenschaften, Diss. München 1947

Struktur und Gestaltung der zentralen Orte des deutschen Ostens. Gemeinschaftswerk im Auftrage der Reichsarbeitsgemeinschaft für Raumforschung, Leipzig 1941

Strunden, Thomas M., Neuabgrenzung der Sanierungsgebiete: Bundesausbaugebiete, in: Informationen des Instituts für Raumforschung 13 (1963), S. 397–408

Strunz, Joachim, Die Industrieansiedlungen in der Oberpfalz in den Jahren 1957 bis 1966. Ihr Zusammenhang mit der gesamtwirtschaftlichen industriellen Entwicklung. Die Bedeutung ausgewählter Infrastrukturkomponenten und staatlicher Kredithilfen für die Standortwahl, Regensburg 1974

Süddeutsche Zeitung 1946 ff.

Süß, Dietmar, Kumpel und Genossen. Arbeiterschaft, Betrieb und Sozialdemokratie in der bayerischen Montanindustrie 1945 bis 1976 (Bayern im Bund, Band 4), München 2003

Süß, Winfried, „Wer aber denkt für das Ganze?" Aufstieg und Fall der ressortübergreifenden Planung im Bundeskanzleramt, in: Matthias Frese u. a. (Hg.), Demokratisierung und gesellschaftlicher Aufbruch. Die sechziger Jahre als Wendezeit der Bundesrepublik, Paderborn 2003, S. 349–377

Süß, Winfried, Der keynesianische Traum und sein langes Ende. Sozioökonomischer Wandel und Sozialpolitik in den siebziger Jahren, in: Konrad H. Jarausch (Hg.), Das Ende der Zuversicht? Die siebziger Jahre als Geschichte, Göttingen 2008, S. 120–137

Tamms, Friedrich, Deutsche Akademie für Städtebau und Landesplanung, in: Handwörterbuch der Raumforschung und Raumordnung. Hg. von der Akademie für Raumforschung und Landesplanung, Band I, 2. Aufl. Hannover 1970, Sp. 458–462

Taubenberger, Bernhard, Licht übers Land. Die bayerische Viererkoalition 1954–1957, München 2002

Tenbruck, Friedrich H., Zur Kritik der planenden Vernunft, Freiburg/München 1972

Terhalle, Winfried, Die Landesplanung im Bayerischen Staatsministerium für Wirtschaft und Verkehr (1945–1970), in: Beiträge zur Entwicklung der Landesplanung in Bayern (Arbeitsmaterial der Akademie für Raumforschung und Landesplanung 125), Hannover 1988, S. 11–62

Terhalle, Winfried, Zur Geschichte der Landesplanung in Bayern nach dem Zweiten Weltkrieg: Landesebene, in: Zur geschichtlichen Entwicklung der Raumordnung, Landes- und Regionalplanung in der Bundesrepublik Deutschland (Akademie für Raumforschung und Landesplanung. Forschungs- und Sitzungsberichte 182), Hannover 1991, S. 105–133

Thalheim, Karl C., Gegenwärtige Standortsfragen der deutschen Industrie, in: Raumforschung – Raumordnung 5 (1948), S. 133–138

The Effects of Strategic Bombing on German Morale, in: David MacIsaac (Hg.), The United States Strategic Bombing Survey. Band IV, New York/London 1976

The United States Strategic Bombing Survey. Over-all Report (European War), in: David MacIsaac (Hg.), The United States Strategic Bombing Survey. Band I, New York/London 1976

Thelen, Peter/Georg Lührs, Abgrenzung von Fördergebieten. Die Messung der Wirtschaftskraft und der strukturellen Gefährdung von Regionen, Hannover 1971

Thiele, Hans, Industrielle Standortpolitik und Raumordnung, in: Raumforschung und Raumordnung 15 (1957), S. 223 f.

Thränhardt, Dietrich, Wahlen und politische Strukturen in Bayern 1848–1953. Historisch-soziologische Untersuchungen zum Entstehen und zur Neuerrichtung des Parteiensystems, Düsseldorf 1973

Thünen, Johann H. von, Der isolierte Staat in Beziehung auf Landwirtschaft und Nationalökonomie, Berlin 1875

Thürauf, Gerhard, Industriestandorte in der Region München. Geographische Aspekte des Wandels industrieller Strukturen (Münchner Studien zur Sozial- und Wirtschaftsgeographie 16), Kallmünz/Regensburg 1975

Timmermann, Heiner (Hg.), Potsdam 1945. Konzept, Taktik, Irrtum?, Berlin 1997

Tipton, Frank B., Regional Variations in the Economic Development of Germany During the 19th Century, Middletown 1976

Transportation Division, The Effects of Strategic Bombing on German Transportation, in: David MacIsaac (Hg.), The United States Strategic Bombing Survey. Band VI, New York/London 1976

3. Gedruckte Quellen und Literatur

Treue, Wilhelm, Die Demontagepolitik der Westmächte nach dem Zweiten Weltkrieg. Unter besonderer Berücksichtigung ihrer Wirkung auf die Wirtschaft in Niedersachsen, Frankfurt/Zürich 1967
Trischler, Helmuth, Nationales Innovationssystem und regionale Innovationspolitik. Forschung in Bayern im westdeutschen Vergleich 1945 bis 1980, in: Schlemmer/Woller (Hg.), Bayern im Bund, Band 3, S. 117-194
Tuchtfeldt, Egon, Infrastrukturinvestitionen als Mittel der Strukturpolitik, in: Udo Ernst Simonis (Hg.), Infrastruktur. Theorie und Politik, Köln 1977, S. 145-157
Turner, Ian, British Policy Towards German Industry, 1945-9: Reconstruction, Restriction or Exploitation?, in: ders. (Hg.), Reconstruction in Post-War Germany. British Occupation Policy and the Western Zones 1945-55, Oxford/New York/München 1989, S. 67-91
Übersicht über die wirtschaftliche und soziale Lage des Landkreises Lichtenfels (für die Besichtigungsreise der ostbayerischen Grenzgebiete durch den Grenzlandausschuß des Bundestages im Februar 1950), Lichtenfels 1950
Ullmann, Hans-Peter, Der deutsche Steuerstaat. Geschichte der öffentlichen Finanzen vom 18. Jahrhundert bis heute, München 2005
Umlauf, Josef, Wesen und Organisation der Landesplanung, Diss. Braunschweig 1958
Unger, Ilse, Die Bayernpartei. Geschichte und Struktur 1945-1957 (Studien zur Zeitgeschichte 16), Stuttgart 1979
U.S. House of Representatives, Committee on International Relations. Selected Executive Session Hearings of the Committee, 1943-1950. Band II: Problems of World War II and Its Aftermath. Part 2, Washington 1976, S. 499-599
Utley, Freda, The High Cost of Vengeance, Chicago 1949 [dt.: Kostspielige Rache, Hamburg 1950]
Väth, Werner, Raumplanung. Probleme der räumlichen Entwicklung und Raumordnungspolitik in der Bundesrepublik Deutschland, Königstein/Ts. 1980
Vasoldt, Friedrich, Die Webersche Standortstheorie der Industrien im Lichte ihrer Kritiken, Berlin 1937
Velsinger, Paul/Roger Lienenkamp, Raumwirtschaftslehre, in: Helmut W. Jenkis (Hg.), Raumordnung und Raumordnungspolitik, München/Wien 1996, S. 23-53
Venhoff, Michael, Die Reichsarbeitsgemeinschaft für Raumforschung (RAG) und die reichsdeutsche Raumplanung seit ihrer Entstehung bis zum Ende des Zweiten Weltkrieges 1945 (Akademie für Raumforschung und Landesplanung, Arbeitsmaterial 258), Hannover 2000
Vertriebene, Flüchtlinge, Kriegsgefangene, heimatlose Ausländer, 1949-1952. Hg. vom Bundesministerium für Vertriebene, Bonn 1953
Vialon, Friedrich Karl, Haushaltsrecht. Kommentar, 2. Aufl. Berlin/Frankfurt 1959
Vogel, Hans-Jochen, Bayerns Chance - Landesentwicklung als aktive Gesellschaftspolitik, in: Entwicklungsland Bayern. Strukturpolitik und Landesplanung (Tutzinger Studien), München 1973, S. 32-42
Vogel, Walter, Westdeutschland 1945-1950. Der Aufbau von Verfassungs- und Verwaltungseinrichtungen über den Ländern der drei westlichen Besatzungszonen. Teil II. Einzelne Verwaltungszweige: Wirtschaft, Marshallplan, Statistik (Schriften des Bundesarchivs 12) Boppard 1964, S. 127-156
Vogel, Wolfgang, Das Warengeschäft der gemischtwirtschaftlichen Kreditgenossenschaften in Bayern (Veröffentlichungen des Forschungsinstituts für Genossenschaftswesen an der Universität Erlangen-Nürnberg 37), Nürnberg 1999
Vogt, Hans Walter, Auflockerung deutscher Großstädte nach dem Kriege unter dem Gesichtspunkt der Raumordnung - Möglichkeiten und Grenzen, in: Raumforschung - Raumordnung 2 (1948), S. 51-56
Volkert, Wilhelm (Hg.), Handbuch der bayerischen Ämter, Gemeinden und Gerichte 1799-1980, München 1983
Wacher, Gerhard, Probleme eines peripheren Industriegebiets unter besonderer Berücksichtigung der Zonenrandschwierigkeiten, dargestellt am Beispiel Oberfrankens, in: Dokumente der Konferenz über Fragen der regionalen Wirtschaft, Band 1, S. 341-350

Wachstumsland Bayern, Chance für alle. Haushaltsrede des Bayerischen Staatsministers für Wirtschaft und Verkehr, Anton Jaumann, vor dem Bayerischen Landtag am 21. März 1973, München 1973

Wade, Robert, Governing the Market: Economic Theory and the Role of Government in East Asian Industrialization, Princeton 1990

Wagemann, Karl, Die Stunde Null – 40 Jahre danach. Zerstörung, Demontage, Wiederaufstieg und Zukunft der Wirtschaft am Beispiel der Region Duisburg, Duisburg 1984

Wagenführ, Rolf, Die deutsche Industrie im Kriege 1939-1945 (Unveränderter Nachdruck der 1954 erschienenen ersten Auflage), 3. Aufl. Berlin 2006

Wagner-Braun, Margarete/Alfons Hierhammer, Vom „Verband katholischer Ökonomiepfarrer" zur größten Genossenschaftsbank Bayerns. 75 Jahre LIGA Spar- und Kreditgenossenschaft eG Regensburg, München 1992

Wahl, Rainer, Rechtsfragen der Landesplanung und Landesentwicklung. Band 1: Das Planungssystem der Landesplanung. Grundlagen und Grundlinien; Band 2: Die Konzepte zur Siedlungsstruktur in den Planungssystemen der Länder (Schriften zum Öffentlichen Recht 341/I und II), Berlin 1978

Walli, Paul F., Die Dezentralisation der Industrie und der Arbeiterschaft im Großherzogtum Baden und die Verbreitung des Mehrfamilienhauses (Mietskaserne) auf dem Lande, Karlsruhe 1906

Weber, Adolf, Der Kampf zwischen Kapital und Arbeit. Versuch einer systematischen Darstellung, Tübingen 1910

Weber, Adolf, Der freie Unternehmer in der sozialisierten Wirtschaft, in: ders., Wohin steuert die Wirtschaft? Gedanken und Vorschläge zur Wirtschafts- und Geldordnung (Europäische Dokumente 3), München 1946, S. 73-99

Weber, Adolf, Schuld und Hoffnung, in: ders., Wohin steuert die Wirtschaft? Gedanken und Vorschläge zur Wirtschafts- und Geldordnung (Europäische Dokumente 3), München 1946, S. 9-25

Weber, Adolf, Übergangswirtschaft und Geldordnung, München 1946

Weber, Adolf (Hg.), Seßhaftmachung Heimatloser in Bayern. Auf der Grundlage der in der Volkswirtschaftlichen Arbeitsgemeinschaft für Bayern gehaltenen Referate, München 1947

Weber, Adolf, Einleitung, in: ders. (Hg.), Seßhaftmachung Heimatloser in Bayern. Auf der Grundlage der in der Volkswirtschaftlichen Arbeitsgemeinschaft für Bayern gehaltenen Referate, München 1947, S. 1-12

Weber, Adolf, Marktwirtschaft und Sowjetwirtschaft. Ein Vergleich, München 1949

Weber, Adolf, Der freie Unternehmer in der sozialen Marktwirtschaft, in: ders., Hauptfragen der Wirtschaftspolitik. Abhandlungen, Erinnerungen, Erfahrungen, Berlin 1950, S. 119-140

Weber, Adolf, Im Dienste des Wiederaufbaus, in: ders., Hauptfragen der Wirtschaftspolitik. Abhandlungen, Erinnerungen, Erfahrungen, Berlin 1950, S. 320-323

Weber, Adolf, Unternehmer und Arbeiter, in: ders., Hauptfragen der Wirtschaftspolitik. Abhandlungen, Erinnerungen, Erfahrungen, Berlin 1950, S. 115-119

Weber, Alfred, Reine Theorie des Standorts, 2. Aufl. Tübingen 1922

Weber, Alfred, Industrielle Standortslehre, 2. Aufl. Tübingen 1923

Weber, Petra, Föderalismus und Lobbyismus. Die CSU-Landesgruppe zwischen Bundes- und Landespolitik 1949 bis 1969, in: Thomas Schlemmer/Hans Woller (Hg.), Bayern im Bund, Band 3: Politik und Kultur im föderativen Staat 1949 bis 1973, München 2004, S. 23-116

Welter, Erich, Der Staat als Kunde. Öffentliche Aufträge in der Wettbewerbsordnung, Heidelberg 1960

Wengst, Udo, Staatsaufbau und Regierungspraxis 1948-1953. Zur Geschichte der Verfassungsorgane der Bundesrepublik Deutschland, Düsseldorf 1984

Wengst, Udo, Thomas Dehler 1897-1967. Eine politische Biographie, München 1997

Weyl, Heinz, Zur Geschichte der Landes- und Regionalplanung in Niedersachsen, in: Zur geschichtlichen Entwicklung der Raumordnung, Landes- und Regionalplanung in der Bundesrepublik Deutschland (Akademie für Raumforschung und Landesplanung, Forschungs- und Sitzungsberichte 182), Hannover 1991, S. 197-251

3. Gedruckte Quellen und Literatur

Wiater, Werner, Geschichte der Universitäten und Hochschulen. Von 1900–1990, in: Max Liedtke (Hg.), Handbuch der Geschichte des bayerischen Bildungswesens. Band 4, Bad Heilbrunn 1997, S. 679–717

Wiederaufbau und Tradition kirchlicher und profaner Bauten in Augsburg und Schwaben. Hg. vom Historischen Verein für Schwaben, Augsburg 1951

Wiesend, Gabriele, Das Ausschußwesen des Bayerischen Landtags (Beiträge zum Parlamentarismus 3), München 1989

Willecke, Eberhard, Die Standortwahl der Flüchtlingsgewerbe in Bayern, Diss. Nürnberg 1952

Willeke, Eduard, Die Raumforschung in volkswirtschaftlicher Sicht, in: Raumforschung. 25 Jahre Raumforschung in Deutschland. Hg. von der Akademie für Raumforschung und Landesplanung, Bremen 1960, S. 19–36

Williamson, Jeffrey, Regional Inequality and the Process of National Development: A Description of the Pattern, in: Economic Development and Cultural Change 13 (1965), S. 178–196

Winkler, Dörte, Die amerikanische Sozialisierungspolitik in Deutschland 1945–1948, in: Heinrich August Winkler (Hg.), Politische Weichenstellungen im Nachkriegsdeutschland 1945–1953, Göttingen 1979, S. 88–110

Winnacker, Karl, Nie den Mut verlieren. Erinnerungen an Schicksalsjahre der deutschen Chemie, 2. Aufl. Düsseldorf/Wien 1974

Wirtschaftspolitik und Wirtschaftsentwicklung in Bayern im Jahre 1947. Jahresbericht des Bayerischen Staatsministeriums für Wirtschaft, München 1948

Witt, Peter-Christian, Finanzpolitik als Verfassungs- und Gesellschaftspolitik, in: Geschichte und Gesellschaft 8 (1982), S. 386–414

Witzmann, Karlheinz, Oberbayerns neue Gemeinden und ihr Einzugsbereich, in: Informationen des Instituts für Raumforschung 15/59 vom 8.8.1959, S. 325–341

Wolf, Herbert, Von der Währungsreform bis zum Großbankengesetz (1948–1952), in: Hans Pohl (Hg.), Geschichte der deutschen Kreditwirtschaft seit 1945, Frankfurt/Main 1998, S. 59–110

Wolfrum, Edgar, Die geglückte Demokratie. Geschichte der Bundesrepublik Deutschland von ihren Anfängen bis zur Gegenwart, Stuttgart 2007

Woller, Hans, Zur Demokratiebereitschaft in der Provinz des amerikanischen Besatzungsgebiets. Aus den Stimmungsberichten des Ansbacher Oberbürgermeisters an die Militärregierung 1946–1949, in: Vierteljahrshefte für Zeitgeschichte 31 (1983), S. 335–364

Wüst, Herbert, Der Föderalismus als zeitgemäßes Ordnungsprinzip, in: Bayerische Verwaltungsblätter 12 (1970), S. 417–420

Wutz, Andreas, Effizienz des Bankensektors. Eine empirische Analyse am Beispiel der bayerischen Genossenschaftsbanken, München 2002

Zabel, Gerhard, Möglichkeiten selektiver Konjunkturpolitik. Dargestellt am Beispiel einer Regionalisierung der Instrumente, Köln 1975

Zabel, Gerhard, Die Entwicklung des Länderfinanzausgleichs in der Bundesrepublik Deutschland, in: Räumliche Aspekte des kommunalen Finanzausgleichs (Veröffentlichungen der Akademie für Raumforschung und Landesplanung, Forschungs- und Sitzungsberichte 159), Hannover 1985, S. 353–406

Zacher, Hans, Bayern als Sozialstaat, in: Bayerische Verwaltungsblätter 9 (1962), S. 257–263

Zavlaris, Démètre, Die Subventionen in der Bundesrepublik Deutschland seit 1951. Eine Untersuchung ihres Umfangs, ihrer Struktur und ihrer Stellung in der Finanz- und Volkswirtschaft (DIW-Beiträge zur Strukturforschung 14), Berlin 1970

Zehner, Günter (Hg.), Der Fernsehstreit vor dem Bundesverfassungsgericht. 2 Bände, Karlsruhe 1964/65

Zepperitz, Horst, Die Regionalpolitik der Europäischen Wirtschaftsgemeinschaft der Sechs und der Neun (1958–1980), Diss. Oldenburg 1982

Zimmermann, Edith, 150 Jahre Maxhütte. „...eine wahrhafte Schmiede des Vulkan" (Schriftenreihe des Stadtmuseums und Stadtarchivs Sulzbach-Rosenberg 18), Sulzbach-Rosenberg 2003

Zimmermann, Horst/Hans D. Klingemann, Der Einfluß der Verteidigungskäufe auf die Regionalstruktur in der Bundesrepublik Deutschland, in: Raumforschung und Raumordnung 25/2 (1967), S. 49-59

Zimmermann, Horst/Rolf-Dieter Postlep, Regionale Strukturpolitik, in: Kurt G.A. Jeserich/Hans Pohl/Georg-Christoph von Unruh (Hg.), Deutsche Verwaltungsgeschichte. Band 5: Die Bundesrepublik Deutschland, Stuttgart 1987, S. 861-874

Zinkahn, Willy/Walter Bielenberg, Raumordnungsgesetz des Bundes. Kommentar unter Berücksichtigung des Landesplanungsrechts, Berlin 1965

Zorn, Rudolf, Gedanken zur wirtschaftlichen Neuorientierung, München 1948

Zorn, Rudolf, Soziale Neuordnung als sozialistische Gegenwartsaufgabe, in: Protokoll der Verhandlungen des Parteitages der Sozialdemokratischen Partei Deutschlands vom 11. bis 14. September 1948 in Düsseldorf, Hamburg o.J., S. 138-159

Zorn, Rudolf, Sozialisierung in Bayern, in: Das sozialistische Jahrhundert 11/12 (1948), S. 174-176

zu Löwenstein SJ, Felix, Ballung oder Lockerung, in: Stimmen der Zeit 157 (1955), S. 206-211

Zur Lage der Wirtschaft im Zonengrenzgebiet. Denkschrift der Industrie- und Handelskammer für Oberfranken, Bayreuth 1953

Zur Organisation der Landesplanung in Deutschland. Anschriften der Dienststellen der Landesplanung nach dem Stand vom 1. März 1948, in: Raumforschung – Raumordnung 1 (1948), S. 36-38

Zusammenfassender Schlußbericht von Herrn Vizepräsident Marjolin, in: Dokumente der Konferenz über Fragen der regionalen Wirtschaft, Band 2, S. 51-57

III. Verzeichnis der Tabellen und Abbildungen

1. Tabellen

Tabelle 1:	Volkseinkommen (1913-1936) bzw. Bruttoinlandsprodukt (seit 1950) je Einwohner in Bayern und im Reich bzw. in der Bundesrepublik, 1913-1980	19
Tabelle 2:	Veränderungen der Erwerbsstruktur in Deutschland, 1895-1970	21
Tabelle 3:	Index der industriellen Produktion in Bayern, in ausgewählten Bundesländern und im Bundesgebiet, 1948-1951	35
Tabelle 4:	Eisenbahngüterverkehr Bayerns mit nichtbayerischen Gebieten, 1938 und 1951	37
Tabelle 5:	Demontagebetriebe nach Ländern der britischen und amerikanischen Zone	47
Tabelle 6:	Die berufliche Gliederung der Vertriebenen und der übrigen Bevölkerung im Bund und in Bayern 1950	141
Tabelle 7:	Heimatvertriebene und einheimische Beschäftigte im Gewerbe Bayerns 1950	143
Tabelle 8:	Verteilung der Flüchtlingsbetriebe nach Ortsgrößenklassen im Bund und in Bayern 1950 (in %)	150
Tabelle 9:	Neuverschuldung der Bundesländer (ohne Stadtstaaten und Berlin), 1948-1959	164
Tabelle 10:	Gesamtverschuldung und Kreditmarktneuverschuldung der Länder, 1950-1973	165
Tabelle 11:	Steuereinnahmen Bayerns vor und nach Durchführung des Länderfinanzausgleichs, 1952-1970 (je Einwohner; in % des Bundesdurchschnitts)	172
Tabelle 12:	Aufträge des Bundesamts für Wehrtechnik und Beschaffung: Anteile von Unternehmen in Bayern (in DM bzw. %), 1959-1970	292
Tabelle 13:	Entwicklung der Wohnbevölkerung und des Bruttoinlandsprodukts in den großen Ballungsräumen Westdeutschlands, 1950-1964 (in %)	305
Tabelle 14:	Die Förderung der wirtschafts- und strukturschwachen Gebiete durch den Bund, 1951-1974 (in Mio. DM; ohne Berlin und die Stadtstaaten)	362

2. Abbildungen

Abb. 1:	Jährliche Zuwachsraten der Bevölkerung in den bundesdeutschen Flächenländern, 1950-1975 (in %)	299
Abb. 2:	Die Wirtschaftsstruktur der bayerischen Kreise 1957	314
Abb. 3:	Die Wirtschaftsstruktur der bayerischen Kreise 1966	315
Abb. 4:	Verlagerungen und Neugründungen von Industriebetrieben nach Bundesländern, 1955-1975	317

IV. Register

1. Personenregister

Abelshauser, Werner 117, 430
Adenauer, Konrad 59, 136, 160, 169, 185, 201–205, 216–219, 281, 284, 336, 346, 349, 367, 385, 394, 426
Agartz, Viktor 81
Ambrosius, Gerold 273
Arnold, Karl 55

Balke, Siegfried 280–282
Bantele, Georg 220, 254
Barbarino, Otto 131, 162, 190, 222, 295
Baumgartner, Josef 84
Beck, Heinz 248
Bender, Reinhold F. 111, 277, 280 f.
Bensegger, Rudolf 172
Bezold, Otto 240, 261, 267, 289
Blank, Theodor 289
Blücher, Franz 218
Bolds, Clarence M. 59
Boustedt, Olaf 126
Brandau, Helmut 289 f.
Brandt, Willy 396–398
Brentano, Lujo 67
Brüning, Heinrich 191
Brüning, Kurt 239
Bruns, Günther 287
Byroade, Henry A. 60

Christaller, Walter 100, 350
Clay, Lucius D. 44, 47, 50, 58 f.
Credner, Wilhelm 240

Dehler, Thomas 51, 283
Disko, Werner 154 f.
Dittrich, Erich 369
Douglas, Sir Sholto 47
Drexl, Josef 104, 154 f., 246

Eberhard, Rudolf 190
Egner, Erich 229–233, 265
Ehard, Hans 12, 41, 43, 51 f., 56, 59 f., 62, 64 f., 77, 80–83, 85–88, 92, 116, 135, 173–176, 178, 181, 189 f., 199, 202, 220–222, 225, 247 f., 251 f., 261, 263, 275, 278–280, 282, 284, 324 f., 332, 342, 374, 420 f., 423, 426 f.
Elmenau, Johannes von 71
Elsen, Franz 12, 88, 134, 172
Emmert, Heinrich 51, 83 f., 91

Emminger, Otmar 72, 96, 98
Engels, Friedrich 276
Epp, Franz Ritter von 235 f.
Erhard, Ludwig 49 f., 68, 71 f., 98, 112–114, 199, 205 f., 212, 241 f., 287 f., 306, 336, 348 f., 353, 358, 384–387, 408
Erion, George L. 59, 201
Ernst, Friedrich 204
Essl, Erwin 323, 342 f., 379
Etzel, Franz 188, 357

Fernegg, Rudolf 114, 126 f.
Fischer, Franz 242
Fischer, Helmut 95, 103, 109, 237, 243, 250
Fischer, Max 381
Flierl, Hans 237
Foag, Anton 253
Förg, Franz 374
Frank, Karl 188
Fremerey, Gustav 198 f., 244 f.
Fullmer, Jacob 60, 63

Gabert, Volkmar 343
Galbraith, John K. 32 f.
Garbe, Georg 348
Garde, George H. 41
Gehrlicher, Erich Emil 341
Geiger, Hugo 121, 247, 332
Geislhöringer, August 242, 253 f.
Giel, Wilhelm 213, 316, 347 f., 350, 373
Globke, Hans 216, 218 f.
Glück, Alois 416
Gocht, Rolf 373
Goppel, Alfons 326, 332, 335, 341–344, 359 f., 365 f., 374 f., 380, 382, 396, 401, 404, 406, 408, 412
Graf, Benno 290
Graf, Otto 198 f., 204, 212, 216
Gration, Eric G. 60
Greib, Karl 256, 261
Groeben, Hans von der 341
Gumrum, Otto 290
Guthsmuths, Willi 221, 239–241, 251–256, 260 f., 269, 282 f., 339, 411

Hagen, Lorenz 60
Haindl, Georg 276, 395
Hanes, Robert M. 201

Harrison, William 60
Hartinger, Josef 373
Hartl, Caspar 94
Hartmann, Karl 213
Haußleiter, August 86
Hays, George P. 58, 61
Heigl, Ludwig 344, 360
Heilmann, Georg 104, 242, 249, 267f., 287
Helwig, Wolfgang 100, 246, 340
Henle, Wilhelm 172, 185
Hennig, Lore 98
Henninger, Wilhelm 344
Herrmann, Matthäus 115
Hertling, Georg von 93
Hessel, Hermann August 249, 283
Heubl, Franz 332, 341
Hille, Arnold 248
Hodges, Luther H. 201
Höcherl, Hermann 334, 389
Hoegner, Wilhelm 23, 72-75, 77-82, 87, 92, 112f., 121, 242, 254-256, 277, 281f., 325, 374
Hörauf, Fritz 348
Hoffman, Paul 59
Hoover, Herbert C. 50
Horlacher, Michael 77, 79, 81
Huber, Herbert 401
Hüttebräuker, Rudolf 336
Hundhammer, Alois 75, 77, 81, 332, 337f., 340
Hunke, Heinrich 239

Isbary, Gerhard 370
Isenberg, Gerhard 207f., 239, 244, 264, 368, 371

Jaenicke, Wolfgang 124, 149
Jaumann, Anton 379, 381, 395, 400f., 404f., 407-411, 416, 429

Kallenbach, Richard 280f.
Keil, Georg 199, 244
Keiser, Günter 199
Kempfler, Friedrich 348
Keppler, Hermann 285
Kerrl, Hanns 236
Keßler, Erich 262
Keynes, John Maynard 402
Kiene, Josef 89
Kiesinger, Kurt Georg 358, 360
Knoeringen, Waldemar von 82, 84, 246-248, 255f., 258, 260, 378
Köllmann, Wolfgang 4
Kornrumpf, Martin 237f.
Kraus, Hans 135

Kreyssig, Gerhard 332
Krug, Julius A. 57
Kuchtner, Eberhard 342
Kurtz, Bernhard 221, 237, 263f., 267f.

Lamoureux, R.F. 60
Langer, Wolfram 373
Laski, Harold 88
Launhardt, Wilhelm 227
Lehr, Robert 217
Lenz, Karl 254
Lex, Hans Ritter von 217, 242
Liebknecht, Wilhelm 276
Lill, Georg 23
Lindbeck, Assar 7
Lösch, August 227
Ludowici, Johann Wilhelm 238
Lücke, Paul 373, 375
Lücker, Hans August 332, 334
Luft, Erich 255-257, 261

Mansholt, Sicco 335f., 341
Manz, Mathias 117
Marjolin, Robert 331
Marshall, George C. 50f., 55, 58f., 201, 219
Marx, Karl 276
Mattei, Enrico 390
May, John J. 60
Mayer, Klaus 270, 381, 392
Mayer, Otto 245
McCaslin, James F. 58
McCloy, John J. 201
McGiffert, Stephen Y. 53
Merk, Bruno 374
Meyer, Konrad 238f.
Meyer, Otto 281
Meyers, Franz 187
Michel, Franz 246, 254
Miersch, Elisabeth 72, 96-99, 209, 344, 357, 422
Miller, W.K. 60
Müller, Georg 348
Müller, Hans 106, 129, 250
Müller, Hermann 191
Muller, Walter J. 49, 53, 58, 62, 116

Nevin, Paul S. 60
Nölting, Erik 55
Noske, Alfred 136

Oberländer, Theodor 367
Odörfer, Sieglinde 127
Oechsle, Richard 258f.
Oesterle, Joseph 332
Oldewage, Rolf 316

1. Personenregister

Oswald, Bernhard 417

Palander, Tord 227
Pfeiffer, Anton 23f.
Piehler, Andreas 90, 255
Prager, Stephan 244
Prandl, Anton 392
Prennel, Carl 348
Probst, Maria 332, 334

Rau, Walter 219, 244, 353, 372
Rentrop, Wilhelm 287
Ringelmann, Richard 90, 175f., 180, 276f., 279f.
Risse, Roland 289
Ritschl, Albrecht 117
Ritschl, Hans 227
Ritz, R. 59
Rodenstock, Rolf 281–283
Röhrl, Wilhelm 344, 366, 381, 407
Roesener, Robert 91
Roscher, Wilhelm 227
Roßhaupter, Albert 77, 79
Rothemund, Helmut 378f.

Sackmann, Franz 379–381
Schäffer, Fritz 28, 68, 72, 75, 82, 167–169, 173–176, 178–183, 199, 211, 221f., 237, 278f., 285, 425
Schatz, Josef 216
Schedl, Otto 12, 215, 240, 252–256, 262, 282, 313, 325–327, 344, 348, 351f., 355–357, 359f., 374, 380f., 384–387, 393–395, 400f., 403f., 410, 426, 430
Scheuble, Julius 371
Scheuner, Ulrich 361
Schiller, Karl 259, 354, 357, 359, 364, 402f., 428
Schlögl, Alois 77, 79, 84, 88–90
Schmitt, Ernst 237
Schröder, Gerhard 410
Schumacher, Kurt 74, 81
Schuster, Georg 220, 255
Schweizer, Albert C. 247
Schwend, Karl 12, 23f.
Sedlmayr, Lorenz 105
Seebohm, Hans-Christoph 201
Seeling, Otto 276–283
Seidel, Hanns 12, 53, 57–60, 62, 65, 87, 99, 119–122, 136, 148, 178, 199, 212, 222, 240, 242, 246, 252, 256–258, 261, 272, 276f., 279, 282–284, 286f., 290, 323, 325, 420f., 423f.

Seifried, Josef 111, 124
Semler, Johannes 75, 77f.
Shuster, George N. 60, 201
Siebert, Ludwig 236
Sivers, Rolf von 109, 112f., 115
Solleder, Max 202, 216, 218
Sombart, Werner 208
Sottong, Carl Heinz 286
Srbik, Hans Heinrich Ritter von 295
Stang, Georg 111, 115, 247
Starke, Heinz 332
Stinglwagner, Alois 83, 90
Stock, Jean 51, 83f., 122
Strauß, Franz Josef 7, 202f., 216f., 294, 296, 394, 426
Streibl, Max 404
Strobel, Käte 332
Stücklen, Richard 348, 396

Taylor, Harold A. 58
Terhalle, Fritz 68
Thünen, Johann H. von 227
Troeger, Heinrich 182, 358
Truman, Harry S. 50

Unertl, Franz Xaver 348

Van Buskirk, Kenneth E. 60
Van Wagoner, Murray D. 34, 52, 56–59, 61
Veit, Hermann 287
Vilgertshofer, Lorenz 340
Vogel, Otto A.H. 281

Wacher, Gerhard 330, 334, 375
Wagenführ, Rolf 32
Waldmann, Rolf 114
Weber, Adolf 26, 67–72, 98, 240, 421
Weber, Alfred 226–229, 231
Weber, Max 67
Weigand, Josef 44
Wein, Franz 201
Westrick, Ludger 289, 347
Widmann, Rudolf 395
Wönner, Max 60
Wolf, Hans 220

Zappe, Rudolf 113
Zehler, Friedrich 268
Zietsch, Friedrich 92, 176f., 179f., 182f., 190, 222, 275, 277, 280
Zirngibl, Wilhelm 400
Zorn, Rudolf 34, 42, 81–85, 90, 114f., 127, 247, 259

2. Ortsregister

Aachen 200
Abertham 108
Ahlen 87
Altenerding 304
Altötting 132
Amberg 324
Ansbach 105, 114, 236f.
Aschaffenburg 28, 30, 57, 59, 254, 277, 304, 326, 420
Augsburg 27, 30f., 51f., 62f., 103, 105f., 108, 125, 147, 236f., 253, 294, 304, 395, 415, 420
Aurich 20f., 200

Bad Brückenau 200
Bad Dürkheim 276
Bad Godesberg 259, 266, 347, 369
Bad Kissingen 304
Bad Nauheim 32
Bad Pyrmont 102
Bad Reichenhall 115
Balkhausen 91
Bamberg 56f., 304, 415
Bayreuth 23, 103, 106, 108f., 112-115, 149, 215, 269, 372, 415
Beilngries 351
Berlin 17f., 41, 47, 98, 150, 164f., 177, 179, 182, 196, 201, 207, 231, 240, 259, 286, 299, 303, 316, 362, 396, 398, 429
Bitburg 200
Bonn 8, 13, 179, 191, 201-204, 212, 216, 221f., 244, 256, 259f., 268, 284-287, 290, 324, 332f., 344, 348f., 352, 360, 362f., 373, 379, 386-389, 396f., 406, 409, 414, 426, 429
Braunschweig 114
Bremen 41, 47, 182, 185, 286, 301, 305
Breslau 26, 67
Brüssel 60, 324, 330-332, 335f., 341, 345
Burghausen 59

Coburg 112f., 200, 304

Dannenberg 200
Deggendorf 200, 313, 355
Dinkelsbühl 149, 313, 351
Donauwörth 28, 295, 418, 420

Ebermannstadt 215
Ebersberg 313
Eggenfelden 149
Eichstätt 82, 86, 415
Emden 200

Erding 313
Ergolding 304
Erlangen 28, 74, 103

Forchheim 215
Frankfurt a.M. 26, 43f., 58, 67, 84, 276, 319
Freiburg i.Br. 100, 200, 296
Freising 366, 418
Fürth 28, 147, 276f., 279, 304, 311

Gablonz (Jablonec nad Nisou) 51, 108, 110-116, 123, 130f., 143, 147, 156
Geldern 200
Gemünden 200
Gendorf 32, 49, 52, 59
Genua 390
Geretsried 144, 152, 156, 304, 424
Germering 304
Göttingen 230-232
Grafenau 211
Graslitz (Kraslice) 108
Günzach 275f.
Gunzenhausen 351

Haida (Nový Bor) 108
Hamburg 18, 47, 68, 114, 182, 185, 259, 283, 286, 289, 300f., 305, 375
Hammelburg 200
Hannover 74, 231, 238f., 259, 264, 266f., 301, 305
Hausham 91, 391, 394f.
Heidelberg 114
Höchstadt a.d. Aisch 149, 351
Hof 276, 330
Hohenfels (Oberpfalz) 268

Ichenhausen 105
Ingolstadt 7, 28, 152, 304f., 340, 390, 393, 420

Jalta 48
Jena 68
Jülich 200

Karlsruhe 114
Kaufbeuren 99, 109, 111-116, 123, 130, 149, 152, 156, 275f., 424
Kemnath 149, 215
Kempten 418
Kiel 199
Kirchheim/Schwaben 203, 389
Kissing 304

2. Ortsregister

Koblenz 20f., 63, 289f., 293
Köln 59
Kötzting 313
Kraiburg a. Inn 99, 109
Kronach 200, 391

Landshut 149, 304, 418
Lichtenfels 201
Lörrach 200
Lüneburg 20f., 200

Marienstein 91f.
Markt Oberdorf 156
Memmelsdorf 304
Memmingen 149
Minden 43, 102
Mittenwald 304
Moers 200
Mühldorf 59, 149, 152, 313
Müllheim 200
München 6, 23, 25f., 28–31, 49, 58f., 64, 67–69, 73, 85, 95f., 98, 103, 106, 108, 113, 115, 125, 130, 133, 136, 143, 147, 149, 152, 162, 174f., 179, 193, 199, 231–233, 236f., 240, 243, 247, 258, 263, 268, 275, 279, 281f., 284f., 287, 290, 293, 295f., 301, 304f., 309, 311, 324, 326, 333, 340, 348, 363, 366, 391, 396, 401, 409f., 413, 415, 418, 420f.
Münster 68

Nabburg 200
Neuburg a.d. Donau 390
Neugablonz 115, 144, 152, 424
Neumarkt/Oberpfalz 252
Neustadt a.d. Aisch 313
Neustadt a.d. Waldnaab 200
Neustadt bei Coburg 200
Neutraubling 304
Neu-Ulm 304
Nürnberg 28–31, 52, 59, 103, 106, 108, 125, 147, 247, 253, 270, 280, 301, 304f., 311, 319, 340, 357, 363, 400, 420

Oberpfaffenhofen 295
Ochsenfurt 113
Oppau/Pfalz 34
Osnabrück 20f.
Ottobrunn 295, 410

Paris 50
Passau 60, 200, 268, 325, 415
Pegnitz 215
Penzberg 91, 391f., 394f.
Pfarrkirchen 215, 351, 418
Potsdam 48f.

Regensburg 28, 31, 63, 99, 106, 147, 149, 200, 216, 218f., 236, 269, 294, 304, 340, 415
Rehau 378
Rohrstetten 211
Rom 324, 327f., 331
Roth 348
Rottenburg a.d. Laaber 313

Saarbrücken 187
Salzgitter 53, 195f., 200
Scheinfeld 351f.
Schönbach (Luby) 108, 123
Schwäbisch-Gmünd 114
Schwanenkirchen 91
Schwarzach 211
Schweinfurt 28, 30, 33, 49, 51f., 62, 103, 304, 420
Speyer 186, 294
Stade 21
Stadeln 304
Stadtsteinach 200
Steinschönau (Kamenický Šenov) 108
Stockheim 391
Straubing 149
Stuttgart 41, 260, 287, 301, 305

Tachau (Tachov) 108
Tirschenreuth 200
Töging a. Inn 49, 59f.
Traunreut 152, 304, 424
Trier 20f., 200, 244

Unterbiberg 304

Viechtach 313
Vilshofen 124, 313
Vohenstrauß 200

Wackersdorf 7
Waldkraiburg 144, 152, 156, 275f., 304, 424
Washington 43, 50, 60
Wasserburg a. Inn 313
Watenstedt-Salzgitter 195f., 200
Weiden 125
Weihenstephan 275
Weilheim 152, 394
Weimar 78, 161, 174, 176, 179, 191
Weißenburg in Bayern 313, 348
Wiesbaden 88, 232
Wilhelmshaven 53, 195f., 200, 286
Wolfratshausen 99, 104, 109, 149
Würzburg 28, 30, 103, 125, 236, 304, 420

Zweibrücken 200
Zwiesel 112